Concorso Centri impiego Regione Calabria

456 Posti

177 Istruttori amministrativo-contabili
279 Istruttori direttivo amministrativo-finanziario

Manuale e Quiz per la prova scritta

EDIZIONI SIMONE®
dal 1968
Gruppo Editoriale Simone

341_1 | Concorso Centri impiego Regione Calabria – 456 Posti

Impaginazione e grafica | curvilinee

La pubblicazione di questo volume, pur curato con scrupolosa attenzione dagli Autori e dalla redazione, non comporta alcuna assunzione di responsabilità da parte degli stessi e della Casa editrice per eventuali errori, incongruenze o difformità dai contenuti delle prove effettivamente somministrate in sede di concorso. Tuttavia per continuare a migliorare la qualità delle sue pubblicazioni e renderle sempre più mirate alle esigenze dei lettori, la Edizioni Simone sarà lieta di ricevere segnalazioni o osservazioni all'indirizzo *info@simone.it*

Questo volume è stato stampato nel mese di gennaio 2022 presso:
SA.GRAF s.r.l. semplificato a socio unico
Via Einstein, n. 16 - Arzano (NA)

PREMESSA

Il manuale **Concorso Centri Impiego Regione Calabria – 456 posti** è destinato alla preparazione dell'unica prova selettiva scritta dei concorsi per **177 Istruttori amministrativo - contabili** (aperto ai diplomati) **e 279 Istruttori direttivi amministrativo - finanziari** (aperto ai laureati), banditi dalla Regione Calabria il 31 dicembre 2021.

Entrambi i bandi prevedono una **prova con 40 quiz a risposta multipla** sulle stesse materie, anche se con livelli di approfondimento diversi. Per questo motivo, il manuale in aderenza ai bandi, è strutturato nelle seguenti parti:

— Parte I - *Diritto amministrativo;*
— Parte II – *Disciplina del pubblico impiego e C.C.N.L. Funzioni locali*;
— Parte III - *Trattamento dei dati personali, anticorruzione e trasparenza;*
— Parte IV - *Reati contro la pubblica amministrazione;*
— Parte V - *Diritto del lavoro;*
— Parte VI – *Accesso al mercato del lavoro, politiche attive e gestione dei servizi per l'impiego;*
— Parte VII – *Lingua Inglese e Tecnologie informatiche.*

Il libro, pertanto, viene incontro alle esigenze anche di spesa di coloro che in questo periodo si trovano a dover affrontare la preparazione in contemporanea di più concorsi, in quanto tratta gli istituti fondamentali di tutte le materie richieste sia dal bando per diplomati che da quello per laureati, che sono strutturate *su due livelli di approfondimento*:

— per chi, come i **laureati**, ha già una preparazione giuridica di base, lo studio di questo manuale costituirà un momento di ripasso di tutti gli argomenti fondamentali delle varie discipline, che, come è noto, per loro natura possono essere approfondite quasi all'infinito. Si raccomanda per questi profili lo studio anche delle *parti stampate nei corpi più piccoli* e la *lettura comparata dei testi normativi* e delle **espansioni di approfondimento**;
— per i **diplomati**, che si presuppone non abbiano alcuna cultura giuridica, lo studio di questo manuale permette, invece, di acquisire una visione generale delle nozioni fondamentali di ogni materia e di comprenderle appieno al fine del superamento delle prove a quiz. Per chi effettivamente si cimenta per la prima volta con le materie giuridiche si raccomanda, inoltre, lo studio preliminare delle **Espansioni semplificate** di ogni materia.

A completamento del manuale, facendo tesoro della tipologia di quiz somministrati negli ultimi concorsi RIPAM, un **software online con migliaia di quiz, suddiviso per profili**, indispensabili per allenarsi in vista del concorso.

Le espansioni online e il software sono disponibili *nell'area riservata online*, cui si può accedere attraverso il **QrCode** posto sull'ultima pagina di questo libro.

Libro Concorso Simone

Che cos'è un Manuale Concorso e come si usa

I Manuali Concorso Simone sono testi che racchiudono tutte le materie richieste per le prove di un concorso e sono costruiti appositamente in funzione del programma del bando e del profilo messo a concorso. Come è evidente, concentrare tante materie in un numero relativamente contenuto di pagine comporta inevitabilmente un'opera di **sintesi**, seppure esauriente e completa di tutti gli argomenti.

Ciò permette anche di avere un'opera che tende ad ottenere un costo particolarmente contenuto, la spesa per l'acquisto dei volumi delle singole materie sarebbe, infatti, necessariamente molto più alta.

Per le loro caratteristiche i Manuali Concorso Simone sono, quindi, utilissimi:

- per **coloro che per la prima volta** si avvicinano a certe discipline in quanto forniscono una panoramica **completa di tutti gli argomenti principali**;
- per chi, conoscendo le materie perché già studiate in passato, vuole avere un testo per il **ripasso rapido**.

Basta studiare il Manuale Concorso per affrontare le prove?

Molti lettori ci chiedono se i nostri Manuali Concorso sono sufficienti per raggiungere una buona preparazione in vista delle prove: in genere la risposta a questa domanda è "**Sì**", ma è ovvio che ogni materia può essere approfondita all'infinito, e una "buona preparazione" dipende anche dalle conoscenze di base che ciascuno ha.

Nel catalogo editoriale della Edizioni Simone per tutte le discipline esiste un ventaglio di libri che corrispondono ad altrettanti livelli di approfondimento:

- dagli *Elementi* agli *Ipercompendi*;
- dai *Compendi* ai *Manuali*;
- sino ai *Manuali Superiori* che offrono il massimo dell'approfondimento.

Così ciascuno potrà, se lo vorrà, scegliere il testo di approfondimento più vicino alle proprie esigenze di studio, di tempo e di spesa.

In genere però, ribadiamo, studiando bene un Manuale Concorso Simone si acquisisce una preparazione di base più che sufficiente per superare tutte le prove di un concorso.

Bisogna studiare anche codici e norme?

Per perfezionare lo studio delle materie giuridiche è sempre utile consultare il codice o i testi normativi di riferimento. Anche in questo caso nel catalogo Simone si può trovare il **codice** o la **raccolta normativa** più consona:

- *Codici Minor*;
- *Codici Tradizionali*;
- *Codici Esplicati* (Normali o Minor);
- *Codici Operativi*;
- *Codici Commentati*.

La consultazione dei testi normativi può essere consigliabile soprattutto in vista delle **prove preselettive** dove quasi sempre i quiz fanno riferimento al dato testuale del singolo comma o articolo.

In definitiva un Manuale Concorso Simone è utile perché:

- consente di **inquadrare in via generale le diverse discipline**, cosa indispensabile per i concorsi che non prevedono la pubblicazione di una banca dati di quiz ufficiali;
- permette di **acquisire il lessico specifico** idoneo ai test da affrontare. Infatti, anche la spiegazione di una sigla o di un acronimo può fare la differenza;
- migliora la capacità di **ricordare i concetti** ripresi nelle domande ufficiali, tramite le parole chiave e la disposizione dei paragrafi;
- dà ordine alla rete tra istituti, facilitando e velocizzando l'apprendimento;
- rende discorsive la parti del programma più normative e favorisce la memorizzazione dei contenuti;
- laddove si passi la preselettiva, **agevola lo studio in vista della prova scritta** che in genere si svolge in tempi molto ravvicinati.

I Diritto amministrativo

Per una rapida introduzione alla materia vedi la nostra **Espansione semplificata** in cui vengono illustrati i concetti fondamentali e le parole chiave di questa disciplina

Sommario Parte I

1
Il diritto amministrativo e le sue fonti

1 La pubblica amministrazione e il diritto amministrativo

In generale la pubblica amministrazione costituisce l'insieme degli organi preposti allo svolgimento dell'attività amministrativa.

Per **pubblica amministrazione**, in particolare, si intende:

- in *senso oggettivo*, la **funzione amministrativa**, quale cura concreta degli interessi pubblici (cd. amministrazione-attività);
- in *senso soggettivo*, la sede dell'attività amministrativa, ovvero il **soggetto che quell'attività svolge** (cd. amministrazione apparato o amministrazione-organizzazione).

Il **diritto amministrativo** è la **disciplina giuridica della pubblica amministrazione**: esso, in particolare, è quella branca del diritto pubblico che concerne l'**organizzazione**, i **mezzi** e le forme delle **attività della pubblica amministrazione (P.A.)**, nonché i **rapporti** tra la P.A. e gli altri soggetti dell'ordinamento, sia quando agisce con poteri autoritativi che quando usa strumenti e forme del diritto privato.

Il diritto amministrativo è:

- *diritto pubblico interno*, in quanto deriva dalla volontà dello Stato e regola rapporti in cui *uno dei soggetti è necessariamente lo Stato* stesso o un *ente pubblico* (cioè la P.A.) nell'esercizio di potestà amministrative;
- *autonomo*, in quanto si giova di *propri principi e proprie regole*, diversi da quelli delle altre branche del diritto;
- *comune*, in quanto si riferisce a *tutti* i soggetti che fanno parte dell'ordinamento e non soltanto a determinate categorie (ciò ha rilievo ai fini dell'interpretazione e dell'applicazione del diritto);
- *ad oggetto variabile*, in quanto la P.A. in ogni epoca storica persegue *fini differenti*, inglobando o escludendo alcuni settori dalla propria gestione.

Oltre ai menzionati caratteri, bisogna ricordare che il diritto amministrativo è sempre più un diritto *ultrastatale*, nel senso che le norme giuridiche che vengono in rilievo rinvengono la loro fonte tanto nell'ordinamento nazionale quanto in atti di origine sovranazionale.

2 Funzione politica e funzione amministrativa

Nello studio del diritto amministrativo è importante avere chiara la nozione di *funzione amministrativa* e la differenza con la *funzione politica*.

L'**individuazione** e la **scelta dei fini di interesse generale** che lo Stato vuole perseguire in un determinato momento storico costituiscono oggetto della **funzione politica**, che incontra come unico limite le previsioni della Costituzione: espressione concreta della funzione politica sono gli **atti politici**.

La **funzione amministrativa** (o *funzione esecutiva*) consiste, invece, nella **realizzazione dei fini determinati dagli organi e dal potere politico** e, dunque, deve essere svolta nel rispetto dei principi costituzionali, ma anche in armonia con le leggi ordinarie e con gli atti ad esse equiparati (decreti legge, decreti legislativi). Nell'esercizio di tale funzione i soggetti pubblici emanano gli **atti amministrativi**.

Alla distinzione fra funzione politica e funzione amministrativa **corrisponde** l'ulteriore differenza fra **atti politici** e **atti di alta amministrazione**.

Gli atti politici sono quelli con cui si esercita in concreto il potere politico, ossia gli «*atti con cui viene esercitata l'attività di governare*», in quanto **atti di suprema direzione dello Stato** nonché di *coordinamento e di controllo delle singole manifestazioni in cui la direzione stessa si estrinseca* (SANDULLI).

Tipici **esempi** di atti politici sono quelli con i quali il Presidente della Repubblica indice le elezioni e i referendum, gli atti di iniziativa legislativa, la scelta dei propri rappresentanti da parte del corpo elettorale, le sentenze della Corte costituzionale. Peculiarità degli atti politici sono la **libertà nel fine** e l'**insindacabilità da parte del giudice amministrativo**.

Gli **atti di alta amministrazione**, invece, sono quegli *atti amministrativi* che **raccordano la funzione politica e la funzione amministrativa**; costituiscono, quindi, una manifestazione di impulso all'adozione di atti amministrativi, funzionali all'attuazione dei fini della legge (si pensi, ad esempio, alle decisioni dei Comitati interministeriali, o alle deliberazioni di nomina e revoca dei più alti funzionari dello Stato).

Trattandosi di atti amministrativi, essi sono in tutto e per tutto soggetti al loro *regime giuridico* e *non possono ritenersi liberi nei fini*, come invece gli atti politici, ma **sono vincolati ai fini ed alla funzione loro assegnati dalla legge** (SANDULLI); inoltre, sono sempre sottoposti al **vaglio del giudice amministrativo**, in quanto in grado di ledere direttamente gli interessi dei destinatari.

3 Il pluralismo della Pubblica Amministrazione

Nel nostro ordinamento, la funzione amministrativa è svolta da una **pluralità di soggetti**, ciascuno dei quali ha una *competenza specifica*, ossia il perseguimento di un *determinato interesse pubblico* (cd. pluralismo della P.A.).

La pubblica amministrazione, pertanto, è formata da **tutti gli organi dello Stato** e dagli **enti pubblici sia che territoriali che non territoriali**, a cui sono affidate le funzioni di realizzazione degli interessi pubblici.

4 Le fonti del diritto amministrativo

Nelle fonti del diritto rientrano alcuni atti che sono **formalmente** o **soggettivamente amministrativi** (in quanto adottati da una pubblica amministrazione), ma **sostanzialmente normativi** (cioè idonei a innovare l'ordinamento giuridico): tali atti, rappresentando lo strumento normativo tipico per orientare l'azione della P.A., costituiscono le **fonti specifiche del diritto amministrativo** e sono definite **fonti secondarie**.

Rientrano in questa categoria i **regolamenti**, le **ordinanze** e gli **Statuti** degli enti pubblici.

Le fonti secondarie, in particolare, sono atti o fatti normativi *subordinati alle norme di grado primario* e, pertanto:

- *non* possono *derogare* né contrastare con le norme costituzionali;
- *non* possono *derogare* né contrastare con tutti gli atti legislativi ordinari (fonti primarie); perciò si dice che *non hanno forza né valore di legge, ma solo forza normativa,* ossia, non possono equipararsi alle leggi ma, nei limiti di esse, hanno una loro forza giuridica quali fonti di diritto;
- possono *modificare* le *leggi* (ordinarie) *solo se* una *legge ordinaria* abbia **delegificato** una materia, autorizzando atti del potere esecutivo (di solito regolamenti) a disporre norme (in quella materia) che hanno la stessa forza di quelle emanate con la legge.

5 I regolamenti

5.1 Nozione e limiti

I *regolamenti* sono atti **formalmente amministrativi**, poiché emanati da organi del potere esecutivo (cioè Governo, enti locali territoriali, enti autarchici, ed in certi casi anche da organi della P.A.), e aventi **forza normativa**, in quanto contenenti norme idonee a *innovare* l'ordinamento giuridico, con i caratteri di *generalità* ed *astrattezza*, quindi classificabili come fonti di produzione del diritto; in questo risiede la differenza tra tali regolamenti e quelli adottabili dagli enti di diritto privato, assimilabili ai regolamenti cd. interni.

Il **fondamento della potestà regolamentare** è riposto nella **legge**: gli organi amministrativi possono emanare regolamenti solo quando una *legge* attribuisca loro tale potere.

Principale norma attributiva del potere regolamentare è data dall'**art. 17, L. 400/1988** che, per l'appunto, funge da clausola generale.

I regolamenti **non possono**:

- *derogare* o contrastare con la *Costituzione*, né con i principi in essa contenuti;
- *derogare* né contrastare con le *leggi ordinarie*, salvo che sia una legge ad attribuire loro il potere, in un determinato settore e per un determinato caso, di innovare anche nell'ordine legislativo (*delegificando* la materia);
- *regolamentare* le *materie riservate* dalla *Costituzione alla legge* ordinaria o costituzionale (*riserva assoluta di legge*);
- *derogare* al principio di *irretroattività* della legge (la legge, invece, può derogarvi, in quanto tale principio è sancito dall'art. 11 disp. prel. al Codice civile e, dunque, da una fonte di pari efficacia). Sul punto, la giurisprudenza (Consiglio di Stato, ad. plen. 4-5-2012, n. 9) ha affermato che «un regolamento legittimamente può contenere una disciplina ad effetto retroattivo, purché tale disciplina venga qualificata come di interpretazione autentica»;
- contenere *sanzioni penali*, per il principio della riserva di legge in materia penale (art. 25 Cost.);
- i regolamenti emanati da *autorità inferiori* non possono mai *contrastare* con i regolamenti emanati da *autorità* gerarchicamente *superiori*;
- regolamentare istituti fondamentali dell'ordinamento.

5.2 Classificazione

1. A seconda dei **soggetti pubblici** che li emanano, i regolamenti si distinguono in:
   - **regolamenti statali**, se vengono emanati da organi dello Stato. I regolamenti statali, a loro volta, si distinguono in:
     - *governativi*, se *deliberati* dal *Governo* ai sensi della L. 400/1988;
     - *ministeriali*, se emanati da singoli componenti del Governo o dal suo Presidente;
     - *non governativi*, se emanati da autorità amministrative inferiori (Prefetto, comandante di porto ecc.). Tali regolamenti, a differenza di quelli governativi, hanno portata *settoriale* e la loro efficacia è limitata al *territorio* nella cui sfera ha *competenza* l'autorità che li ha emanati;
   - **regolamenti non statali**, se vengono emanati dagli *enti territoriali*, quali Regioni, Province, Comuni e Città metropolitane. Possono anche essere emanati da **altri enti o organi**, quali Ordini e Collegi professionali, Camere di commercio, industria, artigianato e agricoltura. La potestà regolamentare è attribuita anche alle Autorità amministrative indipendenti, che sono enti o organi pubblici dotati di sostanziale indipendenza dal Governo e caratterizzati da autonomia organizzativa, finanziaria e contabile.

2. A seconda che siano destinati ad operare nell'**ordinamento generale** o in un **ambito ristretto**, i regolamenti si distinguono in:
   - **regolamenti esterni**. Sono espressione del potere di supremazia di cui l'esecutivo dispone verso tutti i cittadini e chiunque altro si trovi nel territorio dello Stato. Sono **fonti del diritto** e la loro violazione costituisce *violazione di legge*;
   - **regolamenti interni**. Essi dettano disposizioni relative all'organizzazione *interna* di un organo o di un ente, obbligando solo coloro che fanno parte dell'ufficio, organo o ente. Sono espressioni del *potere di autorganizzazione* dell'ente o dell'organo stesso, perciò **non sono fonti del diritto** e la loro violazione non costituisce vizio dell'atto emanato dall'organo o ente, salvo casi eccezionali.
3. A seconda del **contenuto**, i regolamenti si distinguono in (art. 17, L. 400/1988):
   - **regolamenti di esecuzione** (art. 17, comma 1, lett. *a)*), destinati a specificare una disciplina di rango legislativo con norme di dettaglio. Sono gli unici ammessi ad operare nell'ambito di una *riserva assoluta di legge*;
   - **regolamenti di attuazione e di integrazione** (art. 17, comma 1, lett. *b)*), volti a completare la trama di principi fissati da leggi e decreti legislativi. Tali regolamenti non possono, tuttavia, regolare *materie riservate alla competenza regionale* (per le quali il compito di specificare la legislazione statale di principio spetta, *ex* art. 117 Cost., alle leggi regionali);
   - **regolamenti indipendenti**. Questa tipologia di regolamenti può essere usata dal Governo (in virtù di quanto prevede la L. 400/1988, art. 17, lett. c) per disciplinare materie in cui l'intervento di norme primarie non si sia ancora configurato, purché non si tratti di materie soggette a *riserva assoluta o relativa di legge*;
   - **regolamenti di organizzazione** (art. 17, comma 1, lett. *d)*), che disciplinano l'organizzazione e il funzionamento delle pubbliche amministrazioni secondo disposizioni dettate dalla legge, cui l'art. 97 Cost. riserva la disciplina di queste materie. Tale tipologia di regolamenti *non gode di autonomia*, in quanto può avere natura esecutiva o attuativo-integrativa a seconda che la disciplina di rango legislativo abbia maggiore o minore estensione;
   - **regolamenti delegati o autorizzati**, detti anche **regolamenti di delegificazione** (art. 17, comma 2), che sono emanati in base ad apposite leggi che autorizzano i regolamenti a introdurre una determinata disciplina di una specifica materia che andrà a sostituire quella di rango legislativo che, pertanto, si ha per abrogata dal momento dell'entrata in vigore di quella regolamentare.
     Tale procedimento di delegificazione **non è ammesso nelle materie coperte da riserva assoluta di legge**;
   - **regolamenti di riordino** (art. 17, comma 4ter, introdotto dall'art. 5, L. 69/2009), con i quali si provvede al periodico riordino delle disposizioni regolamentari vigenti, alla ricognizione di quelle che sono state oggetto di abrogazione implicita e all'espressa abrogazione di quelle che hanno esaurito la loro funzione o sono prive di effettivo contenuto normativo o sono comunque obsolete. Ciò ai fini di una migliore conoscenza delle fonti normative secondarie.

6 Le ordinanze

Per **ordinanze** s'intendono tutti quegli atti che creano *obblighi* o *divieti* e che, in sostanza, impongono **ordini**.

Le ordinanze, per essere **fonti del diritto**, devono avere **carattere normativo**, e cioè creare delle statuizioni precettive *generali* e *astratte*.

Esse *non* possono *contrastare* con la Costituzione e le leggi ordinarie e non possono mai contenere norme penali.

La dottrina prospetta la seguente classificazione generale:

1. **ordinanze** previste dalla legge per **casi ordinari**;
2. **ordinanze** previste dalla legge per **casi eccezionali di particolare gravità**, in cui sarebbe impossibile l'utilizzazione e l'osservanza delle norme ordinarie (bandi militari, ordinanze del Prefetto, ordinanze eccezionali in caso di calamità pubbliche e catastrofi nazionali);
3. **ordinanze di necessità ed urgenza o libere** emanate per far fronte a **situazioni di urgente necessità**. La legge attribuisce *solo il potere*, ma *non* prevede i *casi concreti* in cui esercitarlo *né* pone *limiti precisi* (salvo quelli risultanti dalle leggi costituzionali e dai principi generali dell'ordinamento) al *contenuto* di tali ordinanze (in tal senso, si definiscono *extra ordinem* perché non possono essere predeterminate nel contenuto e costituiscono un'eccezione al principio di tipicità del provvedimento amministrativo).

Le ordinanze di necessità presentano i seguenti **caratteri**:

— sono *atipiche*, nel senso che per la loro emanazione la legge, che ne attribuisce il potere, fissa solo i *presupposti (necessità* e *urgenza*), mentre lascia all'autorità amministrativa un'ampia sfera di discrezionalità circa il loro contenuto;
— presuppongono il **pericolo di un danno grave** e l'**indifferibilità dell'intervento urgente** che costituiscono presupposto di legittimità dell'ordinanza;
— sono *straordinarie*, nel senso che il ricorso ad esse è possibile solo ove la situazione di pericolo non possa essere fronteggiata con atti tipici;
— la loro *efficacia nel tempo è limitata*, in quanto esse possono avere efficacia solo fin quando perdura la necessità che ne ha legittimato l'emanazione;
— trovano *fondamento esclusivamente nella legge*;
— non *possono*, in nessun caso, derogare a norme costituzionali o ai principi generali dell'ordinamento e disciplinare *materie coperte da riserva assoluta di legge;*
— debbono essere adeguatamente **motivate** (Corte cost., 14-4-1995, n. 127) e vanno **pubblicizzate** con mezzi idonei laddove siano destinate ad avere efficacia nei confronti della generalità dei soggetti o di più soggetti determinati.

7 Gli Statuti degli enti pubblici

Lo **Statuto** è **un atto normativo** che disciplina **l'organizzazione dell'ente e le linee fondamentali della sua attività**. Lo Statuto è, quindi, espressione di una potestà organizzatoria a carattere normativo, che può essere attribuita o allo stesso ente sulla cui organizzazione si statuisce (in questo caso si parla di **autonomia statutaria**), oppure a un organo o ente diverso (cd. *etero-Statuti*).

Ricordiamo, in particolare:

— gli **Statuti regionali (art. 114 Cost.)**. In seguito alla riforma dell'art. 123 Cost., introdotta dalla L. cost. 1/1999, gli Statuti delle Regioni ordinarie sono **leggi regionali rinforzate**, cioè approvate con un procedimento rafforzato (due deliberazioni successive adottate ad intervallo non minore di due mesi ed eventuale sottoposizione a *referendum* popolare), non soggette ad alcun visto. Gli Statuti delle Regioni speciali sono, invece, rivestiti della forma della **legge costituzionale**, adottata dal Parlamento con la maggioranza di cui all'art. 138 Cost.;
— gli **Statuti delle autonomie locali (art. 114 Cost.)**. L'art. 6, D.Lgs. 267/2000 (Testo Unico degli enti locali) ha riconosciuto espressamente agli enti locali la potestà di **adottare un proprio Statuto**. Ai sensi dell'art. 114 Cost., anche le autonomie locali sono enti autonomi «con propri statuti, poteri e funzioni secondo i principi fissati dalla Costituzione».

Hanno, infine, **potestà statutaria molti enti pubblici**. Di regola, gli Statuti degli enti pubblici — che possono avere carattere di *norme interne* — sono *adottati dagli enti stessi ed approvati* da un ente superiore (Stato o Regione): tale approvazione ha la funzione di *atto di controllo* e *condiziona l'efficacia* dello Statuto stesso.

8 Testi unici e codici

I testi unici sono gli atti che **raccolgono e coordinano disposizioni originariamente comprese in atti diversi, per semplificare il quadro normativo** (si pensi, ad esempio, al T.U. sul pubblico impiego, di cui al D.Lgs. 165/2001).

È possibile distinguere fra testi unici:

— **normativi** (innovativi, delegati o di coordinamento), se modificano o abrogano le disposizioni legislative esistenti;
— **compilativi** (non innovativi o di mera compilazione), se si limitano al raccoglimento in un unico atto delle norme già esistenti, lasciando immutata la legislazione vigente.

Esistono, poi, i **testi unici misti**, aventi cioè ad oggetto non solo il coordinamento di disposizioni di fonte primaria (*potestà legislativa delegata*) ma anche la raccolta di disposizioni di rango secondario (*potestà regolamentare delegificante*).

Inoltre, nell'intento di fornire un riassetto di interi settori legislativi sono stati previsti i cd. **codici di settore**, che in determinate materie raccolgono un complesso di norme stabili e organizzate (**ad esempio**, il Codice dei contratti pubblici, il Codice del processo amministrativo ecc.).

9 Le norme interne della P.A.

Tutte le pubbliche amministrazioni emanano **norme relative al funzionamento dei loro uffici** o alle modalità di svolgimento della loro attività che danno luogo ad un «**ordinamento amministrativo interno**» distinto dall'ordinamento giuridico generale che rileva all'esterno. Queste norme hanno come destinatari soltanto coloro che fanno parte di una determinata amministrazione e sono qualificate dalla dottrina *norme interne* (ad **esempio**, le regole con cui una biblioteca comunale disciplina il prestito dei libri. Tale regolamento trova applicazione solo per i dipendenti pubblici di quel Comune e per gli utenti della biblioteca).

Esse trovano il loro fondamento:

— nel potere di *autorganizzazione* proprio di ogni P.A. (es.: i regolamenti interni);
— nel potere di *supremazia speciale* dell'organo o ufficio, nei confronti di altri organi o uffici inferiori (es.: gli ordini interni).

Le norme interne:

— **non sono fonti del diritto**;
— *non* possono essere in *contrasto* con *norme di legge*, né con regolamenti o ordinanze;
— la loro *violazione* da parte di un *organo* amministrativo può dar luogo al vizio di «*eccesso di potere*»: in tal caso le «norme interne» violate assumono indirettamente *rilevanza esterna (per i terzi*);
— la loro *inosservanza* da parte di *funzionari* o *impiegati* della P.A. può dar luogo, a seconda dei casi, a *responsabilità* civile, amministrativa (disciplinare), contabile, o anche penale, nonché a forme di controllo repressivo-sostitutivo.

Le norme interne delle P.A. possono essere emanate attraverso:

— **regolamenti**. Molte norme interne consistono in *regolamenti interni*, disciplinanti il funzionamento interno dell'ufficio;

— **ordini**. Si tratta di *atti amministrativi* emanati da una *autorità gerarchicamente superiore* nei confronti di una inferiore, e contenenti un comando ad agire in un dato modo;
— **istruzioni**. Sono atti contenenti regole di comportamento di carattere tecnico, a chiarimento di altre norme (di legge) generali o (amministrative) particolari, ed inviati da uffici superiori ad uffici inferiori, o talvolta da uffici tecnici ad uffici amministrativi;
— **circolari**. Sono **atti non aventi carattere normativo**, mediante i quali l'amministrazione fornisce indicazioni in via generale e astratta in ordine alle modalità con cui dovranno comportarsi in futuro i propri dipendenti ed i propri uffici (CASETTA). In quanto tali, le circolari non vincolano *erga omnes* (cioè l'intera comunità degli amministrati), ovvero non costituiscono fonte del diritto, ma sono una mera *fonte direttiva* per gli uffici dipendenti dalla pubblica amministrazione emanante. È utile, comunque, ricordare che, stante il carattere «conoscitivo» delle circolari e della funzione che esse assolvono, non è consentita la loro impugnazione — salvo rari e documentati casi — in sede giurisdizionale; detta impugnazione può infatti essere proposta nei confronti del provvedimento cui esse si riferiscono.

La dottrina ha individuato i seguenti **tipi** di circolare:

1. **organizzativa**, contenente disposizioni sull'organizzazione degli uffici;
2. **interpretativa**, recante l'interpretazione di leggi e regolamenti al fine di assicurarne l'uniforme interpretazione nell'ambito dell'*apparato amministrativo*;
3. **regolamento** o **normativa**, recante precetti (norme di azione) vincolanti per le azioni successive dell'amministrazione. Si tratta comunque di norme interne, come tali non vincolanti all'esterno e quindi prive di efficacia lesiva all'esterno. Ferma tale regola generale, in ogni caso, si segnala che parte della dottrina e della giurisprudenza hanno riconosciuto la possibilità di attribuire a tale tipologia di circolari un «*valore normativo esterno*», dovuto al fatto che, sebbene in *ipotesi eccezionali*, le stesse contengono previsioni generali ed astratte che innovano l'ordinamento giuridico con riferimento all'attività della P.A.;
4. **di cortesia**, contenente voti augurali, saluti, attestati di stima;
5. **informativa**, tesa a informare su determinati atti o problemi, come la situazione normativa o l'orientamento della giurisprudenza, e, quindi, a fornire notizie utili per l'esercizio dell'attività amministrativa.

10 La consuetudine e la prassi amministrativa

La **prassi amministrativa** si concreta in un **comportamento costantemente tenuto** da un'**amministrazione** nell'esercizio di un potere, ma **in difetto della convinzione della sua obbligatorietà**. Essa **non costituisce fonte del diritto** e la sua inosservanza non configura una violazione di legge, ma può essere sintomo, se non sorretta da adeguata motivazione, di eccesso di potere (CASETTA).

La prassi si differenzia pertanto dalla **consuetudine**, che è invece la tipica fonte del diritto non scritta: essa consiste nella ripetizione di un comportamento da parte di una generalità di persone, con la convinzione della sua giuridica necessità.

2
Le situazioni giuridiche soggettive del diritto amministrativo

1 La «situazione giuridica soggettiva»

Si definisce **situazione giuridica soggettiva** una **situazione sostanziale di interesse**, che fa capo ad un soggetto o a un ente, **tutelata dall'ordinamento giuridico**, anche nei confronti della pubblica amministrazione

Le situazioni soggettive vengono, infatti, *attribuite da norme giuridiche* e costituiscono il contenuto dei rapporti giuridici. In tali rapporti, i soggetti sono portatori di posizioni soggettive che possono essere:

— **attive**, o **di vantaggio** (diritto, interesse legittimo, potere, potestà, aspettativa), quando attribuiscono una posizione favorevole al titolare attribuendo all'interesse di quest'ultimo una prevalenza rispetto a quello di altri soggetti;
— **passive**, o **di svantaggio** (obbligo, dovere, onere, soggezione), quando attribuiscono una posizione sfavorevole al titolare, prevedendo la subordinazione dell'interesse di quest'ultimo a quello di altri soggetti.

Il concetto di situazione giuridica va tenuto distinto da quello di ***status***. La situazione giuridica attiene a specifici rapporti mentre lo *status* si riferisce ad una condizione da cui derivano un *complesso di situazioni giuridiche, attive e passive*. Per *status* si intende la posizione di un soggetto rispetto ad un determinato gruppo (così, ad esempio, l'appartenenza ad una famiglia conferisce al soggetto uno *status*, ossia un complesso di diritti ed obblighi riconducibili a tale condizione).

2 Il diritto soggettivo

Il diritto soggettivo è il *potere, riconosciuto e tutelato dall'ordinamento giuridico, di agire per il soddisfacimento di un proprio interesse.*

Si tratta della *più ampia posizione giuridica soggettiva* che l'ordinamento riconosce ad un soggetto in ordine a un certo bene; ne deriva che il titolare può pretendere che *tutti gli altri soggetti osservino i doveri imposti dall'ordinamento nel suo interesse* (ad esempio: il diritto di godere della proprietà privata, il diritto ad essere retribuiti per il lavoro svolto ecc.).

La *tutela* dei diritti soggettivi è, di regola, rimessa al **giudice ordinario** e solo in casi tassativamente previsti (cd. *giurisdizione esclusiva*) al giudice amministrativo.

Tradizionalmente si distingue tra:

— **diritti soggettivi perfetti**, qualora una **norma cd. di relazione**, rivolta a disciplinare comportamenti intersoggettivi, attribuisca ad un soggetto un **potere diretto ed immediato per la realizzazione di un proprio interesse** cui corrisponde necessariamente un obbligo facente capo a soggetti determinati ovvero alla collettività. L'elemento caratterizzante di tali diritti sta, dunque, nella *correlazione con uno o più obblighi altrui*, e nella *immediatezza* e *pienezza* della tutela accordata dall'ordinamento;
— **diritti condizionati**, qualora l'**esercizio di essi è sottoposto a condizione**, che può essere *risolutiva* o *sospensiva*. Si tratta evidentemente di ipotesi in cui l'ordinamento consente,

a determinate condizioni, il *sacrificio* o la *limitazione* di un *diritto* del singolo a vantaggio della collettività (si pensi, ad esempio, all'esproprio di un terreno — appartenente ad un singolo — per costruirvi un'autostrada).

I diritti condizionati si distinguono, a loro volta, in:

a) **diritti sospensivamente condizionati** (*diritti in attesa di espansione* per SANDULLI) il cui *esercizio* è inizialmente limitato da un ostacolo giuridico, per la cui rimozione è necessario un provvedimento amministrativo che consenta al diritto di espandersi ed acquistare la sua pienezza. È il caso del diritto di costruire sul proprio fondo, per il cui esercizio occorre il rilascio del permesso di costruire o quello del diritto all'esercizio della professione, per il cui espletamento occorre l'iscrizione nel relativo albo;
b) **diritti risolutivamente condizionati** (cd. *fenomeno dell'affievolimento dei diritti*), che si hanno qualora il diritto, di fronte alla potestà riconosciuta alla P.A. di incidere su di esso, affievolisce ad *interesse legittimo*.
La teoria dell'affievolimento è tuttavia oggetto di contestazione da parte di NIGRO, il quale osserva che *non di degradazione può parlarsi*, e quindi di *successione* fra due situazioni per estinzione dell'una, il diritto soggettivo, e l'emergere dell'altra, l'interesse legittimo, bensì di **coesistenza** fra le due.
Sulla stessa linea CERULLI IRELLI, secondo il quale la «teoria della degradazione» o dell'affievolimento sul piano sostanziale è inaccettabile *in toto*, in quanto il «diritto a fronte dell'esercizio del potere amministrativo non degrada in alcunché»: non si pone come situazione soggettiva di diritto ma come *interesse legittimo*.

3 L'interesse legittimo

3.1 Che cos'è l'interesse legittimo?

L'interesse legittimo è una posizione di vantaggio riservata ad un soggetto in relazione ad un **bene della vita oggetto di un provvedimento amministrativo** e consistente nell'attribuzione, a tale soggetto, di poteri idonei ad influire sul **corretto esercizio del potere**, in modo da rendere possibile la realizzazione dell'interesse al bene (**Cass., SS.UU., 22-7-1999, n. 500**).

I **parametri** che caratterizzano la figura dell'interesse legittimo sono:

— la **differenziazione**, cioè è titolare di un interesse legittimo colui che, rispetto all'esercizio di un potere pubblico, si trovi in una posizione differenziata rispetto a quella della generalità degli altri soggetti;
— la **qualificazione**, nel senso che la *norma* preordinata a disciplinare l'esercizio del potere della P.A. per il perseguimento dell'*interesse pubblico primario* ha *indirettamente* preso in considerazione, e quindi protetto, un *interesse sostanziale individuale* connesso o coincidente con l'interesse pubblico.

L'interesse legittimo ha trovato riconoscimento nel nostro ordinamento con la L. 5992/1889, istitutiva della IV sezione del Consiglio di Stato, quale giudice di quegli interessi sostanziali diversi dai diritti soggettivi che fino ad allora erano rimasti del tutto sforniti di tutela.

Di interesse legittimo si occupano espressamente anche tre norme della Costituzione, gli **artt. 24, 103 e 113**, tese appunto a riconoscere a tali interessi piena dignità e tutela, ma in realtà nessuna di esse, né altra norma positiva, si occupa di fornire una definizione di interesse legittimo.

Tale espressione si deve alla dottrina, la quale si è subito preoccupata di individuarne la portata, al fine di riconoscere agli interessi legittimi piena autonomia rispetto ai diritti soggettivi.

In particolare, l'interesse legittimo viene definito come la **posizione giuridica soggettiva riconosciuta ai privati grazie alla quale essi incidono sull'attività amministrativa condizionandola, anche attraverso la partecipazione al procedimento per tutelare un bene pertinente alla loro sfera di interessi** (NIGRO).

Mentre il diritto soggettivo è una posizione autonoma, perché compiutamente configurata dalla stessa previsione di legge, e dunque spettante ad una persona sulla base di un titolo che può avere la natura più varia, ma che non dipende da una pubblica amministrazione (sono proprietario di una casa perché l'ho comprata o ereditata), l'interesse legittimo si esprime in termini di *posizione inautonoma* in quanto l'utilità sperata cui tende l'interesse del privato dipende dalla intermediazione provvedimentale dell'amministrazione pubblica (PALMA). **L'interesse legittimo è necessariamente correlato all'esercizio del potere amministrativo**, come disciplinato dalla **norma** cd. **di azione: il provvedimento amministrativo subentra comunque, o come oggetto di un'aspirazione** (domanda di concessione di suolo pubblico per installarvi un'edicola) **o come oggetto di una ripulsa** (impugnazione del decreto di espropriazione).

3.2 Distinzione tra diritti soggettivi ed interessi legittimi

Ciò che **caratterizza** l'interesse legittimo, e che ne rappresenta il principale tratto distintivo rispetto al diritto soggettivo, è la sua attinenza all'*esercizio del potere amministrativo*: l'interesse legittimo, infatti, non è percepibile sul piano, per così dire, «statico», senza cioè che la P.A. abbia esercitato o negato di esercitare, nei confronti del soggetto, il suo potere (*C.d.S., sez. IV, 7-3-2013, n. 1403*).

Il criterio di differenziazione tra diritto soggettivo e interesse legittimo maggiormente accreditato si fonda, a sua volta, sulla distinzione tra **carenza assoluta** e **cattivo esercizio del potere**.

In particolare:

— nel caso di **cattivo uso**, da parte della P.A., **del proprio potere discrezionale**, sussistendo una norma di legge che le attribuisce il potere di emanare l'atto, si avrà solo la **lesione di un interesse legittimo**, rappresentato dall'interesse del privato a che l'amministrazione, nell'adottare l'atto, osservi le forme ed il procedimento stabiliti dalla norma attributiva del potere (interesse che può essere tutelato solo in sede di *giurisdizione amministrativa*);

— nell'ipotesi di **carenza assoluta di potere**, quando cioè *manchi in radice il potere discrezionale della P.A.* di interferire nella sfera giuridica del privato, ovvero non sussistano i presupposti di fatto che consentano l'esercizio di tale potere, l'atto amministrativo è considerato inidoneo ad incidere legittimamente sul diritto soggettivo del privato, che quindi sussiste nella sua integrità e può essere fatto valere davanti al *giudice ordinario*.

La distinzione tra diritti soggettivi e interessi legittimi è importante ai fini del riparto di giurisdizione tra giudice ordinario e giudice amministrativo: infatti, *tutte le volte che si lamenta il cattivo uso del potere dell'amministrazione*, si fa valere un **interesse legittimo** e la giurisdizione è del **G.A.**, mentre si ha questione di **diritto soggettivo** e la giurisdizione è del **G.O.** quando si contesta la *stessa esistenza del potere*. In tal modo si è posto il seguente collegamento: **carenza di potere-diritto soggettivo, cattivo uso del potere-interesse legittimo**.

3.3 Tipologia

Nell'ambito della categoria degli interessi legittimi, in base al tipo di interesse materiale protetto (NIGRO), si distingue tra:

— **interessi legittimi pretensivi**: si sostanziano in una pretesa del privato a che l'amministrazione adotti un determinato provvedimento o ponga in essere un dato comportamento;

— **interessi legittimi oppositivi**: legittimano il privato ad opporsi all'adozione di atti e comportamenti da parte della pubblica amministrazione, che sarebbero pregiudizievoli per la propria sfera giuridica.

Una diversa dottrina (GIANNINI), seguita dalla giurisprudenza, distingue tra:

— **interesse sostanziale**: considera il momento in cui l'interesse del privato ad ottenere o a conservare un bene della vita, viene a confronto con il potere della P.A. di soddisfare l'interesse o di sacrificarlo;

— **interesse procedimentale**: è l'interesse del privato che emerge nel corso di un procedimento amministrativo. Tali interessi possono essere fatti valere in giudizio al fine di eliminare quegli atti e quei comportamenti preclusivi della prosecuzione del procedimento.

Interesse procedimentale e sostanziale rappresentano due aspetti dell'interesse legittimo, in quanto il primo è strumentale alla tutela degli interessi sostanziali, rappresentandone la proiezione in giudizio.

3.4 La risarcibilità degli interessi legittimi

La **Cassazione, a Sezioni Unite**, con la storica **sentenza 22-7-1999, n. 500**, ha riconsiderato la tradizionale interpretazione dell'art. 2043 c.c., che identificava il danno ingiusto con la lesione di un diritto soggettivo e ha ammesso che **la tutela risarcitoria deve essere assicurata in relazione alla ingiustizia del danno che può verificarsi sia nei confronti di un diritto soggettivo, sia di un interesse legittimo**.

La lesione di un interesse legittimo, al pari di quella di un diritto soggettivo o di altro interesse giuridicamente rilevante, rientra nella fattispecie della responsabilità di cui all'art. 2043 c.c., (responsabilità aquiliana) ai fini della qualificazione del danno come ingiusto.

La definitiva consacrazione del diritto al risarcimento del danno per la lesione di un interesse legittimo è avvenuta ad opera della **L. 205/2000** che, all'art. 7, riscrivendo il terzo comma dell'art. 7, L. 1034/1971, disponeva che: «Il **tribunale amministrativo regionale**, nell'ambito della sua giurisdizione, conosce anche di tutte le questioni relative all'eventuale **risarcimento del danno**, anche attraverso la reintegrazione in forma specifica, e agli altri diritti patrimoniali consequenziali».

Con tale previsione, il legislatore riconosceva una generale competenza del G.A. in materia di risarcimento del danno, sia nell'ambito della giurisdizione esclusiva che in quella generale di legittimità.

Successivamente, la Corte costituzionale, con la sentenza n. 204/2004 precisava il ruolo del risarcimento del danno nel giudizio amministrativo, specificando che «il potere riconosciuto al giudice amministrativo di disporre, anche attraverso la reintegrazione in forma specifica, il **risarcimento del danno ingiusto** non costituisce sotto alcun profilo una nuova «materia» attribuita alla sua giurisdizione, bensì uno strumento di tutela ulteriore, rispetto a quello classico demolitorio (e/o conformativo), da utilizzare per rendere giustizia al cittadino nei confronti della pubblica amministrazione».

La risarcibilità dell'interesse legittimo è disciplinata dall'**art. 30 del Codice del processo amministrativo** (**D.Lgs. 104/2010**) ai sensi del quale, nell'ambito dell'azione di condanna, si colloca l'azione esperibile contro la P.A. per danni da illegittimo esercizio dell'azione amministrativa (quindi a tutela di *interessi legittimi*), nonché nei casi di giurisdizione esclusiva, per danni da lesione di diritti soggettivi.

4 Gli interessi collettivi e gli interessi diffusi

Le situazioni giuridiche soggettive possono assumere anche una «**dimensione superindividuale**». In questa prospettiva si parla di:

a) **interessi diffusi** (o adespoti), che sono quelli comuni a tutti gli individui di una formazione sociale non organizzata e non individuabile autonomamente;
b) **interessi collettivi** (o di categoria), che sono, invece, quelli che *hanno come portatore un ente esponenziale di un gruppo non occasionale,* della più varia natura giuridica (es. ordini professionali, associazioni private riconosciute, associazioni di fatto), ma autonomamente individuabile.

L'interesse collettivo, a sua volta, si presenta come:

— **differenziato**, in quanto fa capo ad un soggetto individuato e cioè ad una *organizzazione di tipo associativo* che si distingue tanto dalla collettività che dai singoli partecipanti; da ciò consegue che la lesione dell'interesse collettivo legittima al ricorso solo l'organizzazione e non i singoli che di essa fanno parte;
— **qualificato**: nel senso che è previsto e considerato sia pure indirettamente, dal diritto oggettivo.

Discusso è il problema della *tutelabilità* davanti al giudice degli interessi superindividuali.

Il più recente orientamento dottrinale e giurisprudenziale, in tema di tutela giurisdizionale di questi ultimi, ha elaborato il **criterio procedimentale**. Trattasi di un criterio in forza del quale la *legittimazione processuale* va ricollegata alla *partecipazione procedimentale*.

Quando, per legge, l'organizzazione è ammessa a partecipare alla fase della formazione del provvedimento amministrativo, si deve ritenere configurabile in capo alla medesima un interesse *differenziato e qualificato*, con conseguente sua legittimazione ad impugnare il provvedimento, ove questo si riveli lesivo di un suo interesse.

Il suddetto criterio assume un particolare rilievo pratico alla luce dell'**art. 9 L. 241/1990**, che ha sancito la *legittimazione procedimentale* dei **portatori di interessi diffusi costituiti in associazioni e comitati**: tale norma ha previsto, infatti, la facoltà «dei portatori di interessi diffusi costituiti in associazioni o comitati» di intervenire nei procedimenti amministrativi relativi ad atti da cui possa derivare loro un pregiudizio. Si può, quindi, ritenere che la disposizione in questione costituisca la fonte normativa generale della *legittimazione* processuale dei portatori di interessi diffusi, con la conseguenza che la legittimazione processuale stessa va ascritta a tutte quelle organizzazioni che siano abilitate a partecipare al procedimento amministrativo successivamente sfociato nell'atto da impugnare.

Tale legittimazione, a sua volta, deve riferirsi ad un interesse **originariamente diffuso** (e quindi «adespota») che, attenendo a beni a fruizione collettiva «si "**personalizza**" in capo a un ente esponenziale, munito di dati caratteri, ponendosi per tale via come interesse legittimo proprio dell'ente» (**C.d.S., Ad. Plen., 20-2-2020, n. 6**).

5 Gli interessi semplici e gli interessi di fatto

Gli **interessi semplici**, detti anche *amministrativamente protetti*, sono quelli vantati dal cittadino nei confronti della P.A. affinché questa, nell'esercizio del suo potere discrezionale, osservi le regole di **buona amministrazione**, di **opportunità** e **convenienza** (cd. **merito amministrativo**). Essi sono tutelabili solo amministrativamente attraverso lo strumento del *ricorso gerarchico*, salvo i casi tassativamente indicati dalla legge in cui il privato può adire il G.A. per vizi di merito.

Gli **interessi di fatto**, infine, possono essere definiti come quelle **situazioni giuridiche soggettive non protette**, cui, cioè, l'ordinamento non accorda alcuna tutela.

Tipici interessi di fatto sono quelli vantati da tutti all'osservanza da parte dell'amministrazione dei doveri pubblici posti a vantaggio della collettività indifferenziata (es.: illuminazione, manutenzione delle strade).

Sono interessi, dunque, che, essendo privi del carattere della differenziazione, tipico dell'interesse legittimo, **non ricevono alcun tipo di tutela**.

6 Le situazioni giuridiche soggettive passive

Le situazioni giuridiche soggettive passive o di svantaggio sono quelle che attribuiscono al titolare una posizione sfavorevole, prevedendo la subordinazione dell'interesse di quest'ultimo a quello di altri soggetti.

Esse sono:

1. **obbligo**: è il dovere di un soggetto di tenere un comportamento funzionalmente rivolto alla realizzazione di un interesse particolare facente capo ad un altro e determinato soggetto. Tale dovere è correlato ad un diritto soggettivo altrui, nell'ambito di un rapporto giuridico. Il comportamento in cui si sostanzia può consistere in un dare (es.: pagare una somma di denaro), un fare (es.: eseguire un manufatto), un non fare (es.: astenersi dalla concorrenza);
2. **dovere**: è una posizione passiva che si pone in correlazione ad un diritto soggettivo, che assume un contenuto diverso a seconda che corrisponda ad un diritto assoluto o ad un

diritto relativo dell'altro soggetto: nel primo caso, infatti, si concreta in un mero dovere di astensione da atti lesivi del diritto, mentre nel secondo caso, al titolare è imposto al soggetto un comportamento specifico, che si desume dal rapporto obbligatorio;

3. **onere**: importa il sacrificio di un interesse al fine di ottenere o conservare un vantaggio giuridico. La legge condiziona, quindi, il soddisfacimento di un interesse del singolo ad un suo comportamento che, però, non costituisce un obbligo;
4. **soggezione**: è correlata all'esercizio di un diritto potestativo di un altro soggetto. La soggezione si sostanzia in un comportamento di *mero pati* del soggetto, nei cui confronti è esercitato un diritto potestativo: essa, quindi, è caratterizzata da un ruolo meramente passivo del titolare, in quanto, a differenza del dovere, non richiede una attività di cooperazione o di adempimento.

3
Lo Stato e gli enti territoriali

1 Principi costituzionali

Per capire la *struttura organizzativa della pubblica amministrazione* occorre partire dalla Carta costituzionale e dai principi in essa sanciti.

1.1 Il principio democratico e la separazione fra indirizzo politico e gestione

L'art. 1 Cost. sancisce il **principio democratico**, in base al quale il **popolo** esercita la **sovranità**, fra l'altro, eleggendo i suoi *rappresentanti* ai vertici degli organi pubblici per esercitare il potere politico.

Ai **pubblici uffici**, che sono organizzati secondo disposizioni di legge in modo che siano assicurati il *buon andamento* e l'*imparzialità* dell'amministrazione, si accede invece mediante **concorso**, in omaggio al criterio meritocratico di selezione del personale amministrativo (art. 97 Cost.).

L'organizzazione dei pubblici uffici, a sua volta, è ispirata anche al principio della **distinzione tra funzioni di indirizzo politico-amministrativo** e **attività gestionale**, che costituisce uno dei cardini dell'ordinamento nonché della disciplina del lavoro pubblico. L'indirizzo politico spetta agli *organi politici* — o di vertice — mentre la sfera della gestione amministrativa è di competenza dei *dirigenti pubblici.*

1.2 Autonomia e decentramento

I principi di autonomia e di decentramento sono proclamati dall'**art. 5** della **Costituzione**, che traccia le coordinate del pluralismo autonomistico mediante il riconoscimento di centri di poteri diversi dallo Stato dotati di una più o meno ampia autonomia, pur entro i limiti del mantenimento dell'unità politica e della indivisibilità della Repubblica.

Il decentramento, a sua volta, può essere:

- **autarchico**, laddove i compiti pubblici vengono affidati ad enti diversi dallo Stato;
- **burocratico**, quando agli uffici periferici vengono trasferite potestà decisionali (con relative responsabilità) e non soltanto compiti preparatori o esecutivi;
- **funzionale**, quando determinate funzioni vengono attribuite a strutture che, pur rimanendo assorbite nell'organizzazione complessiva dell'ente di riferimento, godono di una certa *autonomia operativa, finanziaria e contabile*.

1.3 Sussidiarietà, differenziazione, adeguatezza e leale collaborazione

Il conferimento delle funzioni amministrative da parte della legge statale o regionale, secondo le rispettive competenze, è regolato dai *principi di sussidiarietà, differenziazione ed adeguatezza*.

La distribuzione delle funzioni fra livelli di governo differenti deve avvenire in modo tale che alle autorità territorialmente più vicine ai cittadini (ad. es.: ai Comuni) sia attribuita la generalità dei compiti che esigenze di carattere unitario non impongano di radicare a livello più alto (**sussidiarietà verticale**) o ai quali individui e formazioni sociali non siano in grado di assolvere (**sussidiarietà orizzontale**). Il conferimento deve, inoltre, tener conto delle diverse caratteristiche strutturali, organizzative, demografiche e associative dei diversi livelli di governo e adeguarsi alle effettive capacità organizzative dell'amministrazione cui le funzioni e i compiti sono attribuiti (**differenziazione ed adeguatezza**).

Il **principio di leale cooperazione** riguarda invece le *relazioni organizzative fra amministrazioni pubbliche*. Il referente è l'*art. 120, comma 2, Cost.* che definisce l'esercizio dei poteri sostitutivi da parte del Governo, azionabili nel caso in cui gli enti territoriali non adempiano correttamente o nel termine fissato a precisi obblighi loro imposti. Il Costituente prescrive in tali circostanze che la legge definisca le procedure atte a garantire che i poteri sostitutivi siano esercitati nel rispetto del principio di leale collaborazione.

1.4 I principi sull'organizzazione dei pubblici uffici

In merito non si può prescindere dal dettato degli **artt. 95, comma 3, e 97, comma 2**, i quali statuiscono, rispettivamente che «La legge provvede all'ordinamento della Presidenza del Consiglio e determina il numero, le attribuzioni e l'organizzazione dei ministeri», e che «I pubblici uffici sono organizzati secondo disposizioni di legge, in modo che siano assicurati il buon andamento e l'imparzialità dell'amministrazione».

Pur non mancando orientamenti di segno contrario, l'opinione generalmente invalsa è quella del *carattere relativo* di *entrambe le riserve di legge*, con il conseguente residuare, in materia, di ambiti di esplicazione del potere regolamentare da parte dell'esecutivo.

2 L'organizzazione amministrativa statale

L'organizzazione amministrativa dello Stato si struttura in:

a) **organizzazione diretta**, quando la struttura operativa appartiene direttamente allo Stato. L'organizzazione amministrativa diretta si divide in: **centrale ordinaria**, nella quale rientrano, ad esempio, i Ministeri; **centrale speciale**, all'interno della quale si collocano le aziende autonome, che realizzano il decentramento funzionale di servizi di interesse pubblico attraverso una gestione flessibile ma pur sempre sottoposta al potere di direzione del Ministro; **locale o periferica**, attraverso la quale si realizza il decentramento burocratico. Vi rientra, ad esempio, il Prefetto;

b) **organizzazione indiretta**, che si articola:
   - **attraverso enti pubblici istituzionali**, quando la struttura operativa è costituita da enti che, pur perseguendo scopi generali e propri dello Stato, sono distinti dalle strutture statali e godono di un certo grado di autonomia (ad es., le Camere di commercio);
   - **attraverso enti territoriali**, quando le attività di carattere amministrativo sono svolte da enti che esprimono gli interessi di una determinata collettività stanziata su una porzione del territorio nazionale (Regione, Provincia, Comune ecc.), operando il *decentramento autarchico* (rispettivamente *istituzionale* e *locale*).

3 L'apparato amministrativo centrale. Il Governo e l'organizzazione per Ministeri

3.1 Il Governo

Il **Governo** è l'organo costituzionale che partecipa alla *funzione di direzione politica dello Stato* e che esprime la volontà delle forze politiche di maggioranza che lo sostengono con la **fiducia**. Esso si compone di più organi, distinti ma articolati unitariamente (art. 92 Cost.):

- il **Consiglio dei Ministri**;
- il **Presidente del Consiglio dei Ministri**;
- i **Ministri**.

A questi si aggiungono alcuni *organi non necessari*, individuati dagli artt. 6-11 della L. 400/1988: **Consiglio di Gabinetto**, **Comitati di Ministri** e **Comitati interministeriali**, **vicepresidenti del Consiglio**, **Ministri senza portafoglio**, **Sottosegretari di Stato** e **Commissari straordinari del Governo**.

3.2 Le Agenzie e le Aziende autonome

L'**Agenzia pubblica** è un'*entità autonoma ausiliaria del Governo con compiti prevalentemente tecnici*, dotata spesso di personalità giuridica e di autonomia organizzativa e gestionale, sottoposta agli indirizzi, alla vigilanza e ai controlli ministeriali. Essa è stata resa di generale applicazione con il D.Lgs. 300/1999, di riforma dei Ministeri, che inquadra tale strumento come **braccio operativo** dei dicasteri **per le attività a carattere tecnico**. I Ministeri svolgono, quindi, le funzioni di spettanza statale non solo per mezzo dell'organizzazione propria, ma anche per mezzo delle Agenzie (art. 2, comma 2, D.Lgs. 300/1999).

Le Agenzie sono **vigilate** e **controllate** dai Ministeri competenti, ma godono di **piena autonomia operativa e di bilancio** nell'ambito degli indirizzi politici generali e degli obiettivi concreti, assegnati loro dai Ministri e formalizzati in apposite «convenzioni» stipulate con i rispettivi direttori generali. Alcune Agenzie hanno personalità giuridica ed agiscono, pertanto, *jure proprio*, altre agiscono come organi delle amministrazioni di riferimento. Tutte, in ogni caso, svolgono funzioni operative di tipo strumentale all'amministrazione statale.

La posizione di **separatezza** delle Agenzie è giustificata esclusivamente dalla **natura tecnica delle funzioni** svolte e non — come per le amministrazioni indipendenti — da funzioni tutorie e di garanzia che postulino una posizione *super partes*.

Tra le Agenzie presenti nel nostro ordinamento si menzionano, tra le altre: le *Agenzie fiscali* (delle *entrate*, delle *dogane* e dei *monopoli*, e del *demanio*, quest'ultima trasformata in ente pubblico economico *ex* D.Lgs. 173/2003); l'*Agenzia italiana del farmaco*; l'*Agenzia per la rappresentanza negoziale delle pubbliche amministrazioni*; l'*Agenzia nazionale per i giovani*, l'*Agenzia per l'Italia digitale*; l'*Agenzia per la coesione territoriale*.

Le **Aziende autonome** (o amministrazioni dello Stato ad ordinamento autonomo) sono invece *organismi atipici*, privi, di solito, di personalità giuridica (e quindi non titolari di patrimonio proprio) ma dotati di una **propria e distinta organizzazione amministrativa**, pur se incardinata nell'amministrazione statale.

Le aziende godono di **autonomia amministrativa, contabile** (il loro bilancio è distinto da quello statale ma allegato allo stesso) e **finanziaria**, ma sono soggette a **controllo politico** da parte del Parlamento, **gerarchico** da parte del Ministro competente e **successivo** da parte della Corte dei conti.

Il fenomeno della *privatizzazione* di vasti settori dell'economia pubblica ha investito anche le aziende autonome, che costituiscono la forma più leggera di intervento pubblico nell'economia (dopo le partecipazioni statali e gli enti pubblici economici). Numerose aziende, infatti, sono state trasformate in enti pubblici economici e, successivamente, in società per azioni, con l'intento di metterle sul mercato e di dismetterne progressivamente, in parte o del tutto, la proprietà pubblica (ad esempio, l'ex *Azienda autonoma delle ferrovie dello Stato*, ora *Ferrovie dello Stato s.p.a.* e l'ex *Amministrazione delle poste e telecomunicazioni*, ora *Poste italiane s.p.a.*).

Figure residue di aziende si rinvengono, dunque, a **livello locale** piuttosto che nazionale (ad. es.: le ASL).

4 Organi consultivi: Consiglio di Stato, C.N.E.L. e Avvocatura dello Stato

Dell'amministrazione centrale fanno parte alcuni organi che svolgono prevalentemente funzioni consultive.

4.1 Il Consiglio di Stato

Il **Consiglio di Stato** è l'organo di consulenza giuridico-amministrativa e di tutela della giustizia nell'amministrazione (art. 100 Cost.).

La **funzione consultiva** del Consiglio di Stato, in particolare, è svolta dalle apposite Sezioni, secondo le disposizioni organizzative interne impartite dal suo Presidente (la L. 127/1997 ha, inoltre, introdotto una specifica sezione normativa, per l'esame degli schemi di atti normativi per i quali il parere del C.d.S. è prescritto per legge o è richiesto dalla P.A.).

Nell'esercizio di tale funzione, il Consiglio di Stato dà **pareri** in materia giuridico-amministrativa, cioè valuta l'attività amministrativa degli altri organi amministrativi, sia sotto il profilo della *legittimità* (corrispondenza a norme giuridiche), che del *merito* (opportunità e convenienza dell'azione amministrativa), e riferisce all'Amministrazione richiedente la sua opinione.

I pareri del Consiglio di Stato possono essere **facoltativi** o **obbligatori**, a seconda che la Pubblica Amministrazione sia tenuta per legge o meno a richiederli.

I pareri obbligatori possono, a loro volta, a seconda di come sia disposto dalla legge, *vincolare* la Pubblica Amministrazione ad agire nel modo ritenuto dal Consiglio, oppure *non obbligarla*; si parla perciò di pareri **vincolanti e non vincolanti**.

I pareri obbligatori riguardano (L. 127/1997):

— l'emanazione degli atti normativi del Governo e dei singoli Ministri, nonché dei testi unici;
— la decisione di ricorsi straordinari al Presidente della Repubblica;
— gli schemi generali di contratti-tipo, accordi e convenzioni predisposti da uno o più Ministri.

I pareri del Consiglio di Stato devono essere resi entro il termine perentorio di **45 giorni**, salvo che ne sia previsto uno inferiore da leggi speciali; decorso inutilmente il detto termine, l'Amministrazione può procedere indipendentemente dall'acquisizione del parere medesimo (cd. silenzio facoltativo). Tale termine comunque può essere interrotto una sola volta ed esclusivamente per esigenze istruttorie; in tale evenienza il parere deve essere reso definitivamente entro 20 giorni dal ricevimento degli elementi istruttori.

Si tenga presente, però, che il Consiglio di Stato svolge anche funzioni giurisdizionali e, in particolare, ai sensi dell'art. 6 del Codice del processo amministrativo (D.Lgs. 104/2010) è l'organo di ultimo grado della giurisdizione amministrativa.

4.2 Il Consiglio nazionale dell'economia e del lavoro (C.N.E.L.)

Il C.N.E.L. costituisce un *organo collegiale di rilievo costituzionale* previsto dall'art. 99 Cost. con **funzioni ausiliarie** *(solo consultive) del Parlamento e del Governo.*

Il compito principale del C.N.E.L. è quello di dare **pareri e consulenze al Governo e al Parlamento, sui problemi dell'economia e del lavoro**. Il C.N.E.L. ha anche il **potere di iniziativa legislativa** *per le materie di sua competenza.*

Dagli artt. 10 e 11 della L. 936/1986, che danno attuazione alle disposizioni dell'art. 99 Cost., si evince che il CNEL svolge le seguenti **funzioni**:

1. **attività consultiva**, attraverso l'emanazione di *pareri* in materia economica, sociale e del lavoro su richiesta di ciascuna Camera, del Governo, delle Regioni e delle Province autonome (nelle materie che rientrano nella loro competenza).
   Il CNEL esprime, inoltre, su richiesta del Governo, *valutazioni e proposte* sui più importanti documenti ed atti di politica e di programmazione economica e sociale, anche con riferimento alle politiche dell'Unione europea;
2. **iniziativa legislativa** nell'ambito delle materie economiche e sociali (che costituiscono l'orizzonte operativo del Consiglio);
3. **partecipazione all'elaborazione della legislazione economica e sociale**, esprimendo *pareri* e compiendo *studi e indagini* su richiesta delle Camere o del Governo o delle Regioni o delle Province autonome;
4. **attività informativa e conoscitiva**.

4.3 L'Avvocatura dello Stato

Rientra tra gli organi consultivi anche l'Avvocatura dello Stato, che è un *organo a competenza generale* cui sono affidate la **rappresentanza e difesa in giudizio di tutte le amministrazioni**

dello Stato (nonché di quegli enti pubblici per i quali sia espressamente prevista dalla legge) sia davanti alla *giurisdizione ordinaria*, che innanzi alle *giurisdizioni amministrative* generali e speciali, ai *collegi arbitrali*, ed alle giurisdizioni *costituzionali*. Spetta ad essa la difesa dello Stato anche davanti alle giurisdizioni *internazionali* (Corte internazionale di Giustizia de L'Aja - Corte di giustizia dell'UE ecc.) (R.D. 1611/1933).

L'Avvocatura dello Stato svolge anche una **funzione consultiva** nei confronti della P.A., che si traduce nella collaborazione alla soluzione di questioni tecnico-giuridiche ed interpretative; con tale funzione, quindi, l'Avvocatura assiste l'amministrazione richiedente, sul piano della legalità e correttezza operativa, nello svolgimento della propria azione amministrativa.

Per quanto concerne la **struttura**, l'Avvocatura si compone di un corpo di *Avvocati e Procuratori*, legati allo Stato da un rapporto di pubblico impiego ed assunti mediante *concorso*, e si articola in un ufficio centrale (*Avvocatura generale dello Stato*), con sede in *Roma*, e nelle *Avvocature distrettuali* (con sede in ciascun capoluogo di regione e, comunque, dove siano istituite sedi di Corti d'Appello), le quali, per quanto riguarda l'organizzazione del lavoro, dipendono *burocraticamente dall'Avvocatura Generale*.

5 Organi di controllo: la Corte dei conti

Gli *organi di controllo* mirano ad assicurare, nell'interesse pubblico, che gli organi dell'amministrazione attiva agiscano in modo conforme alle leggi e secondo le effettive esigenze dell'Amministrazione e dello Stato.

La **Corte dei conti**, in particolare, costituisce organo della giustizia amministrativa con *giurisdizione sulle questioni inerenti alla contabilità pubblica* e su quelle espressamente indicate dalla legge; è, inoltre, *istituzione superiore di controllo*.

In base agli artt. 100 e 103 Cost., la Corte dei conti esercita, infatti, *funzioni di controllo e giurisdizionali*. Ad esse si affiancano *funzioni di autorganizzazione* e *consultive* affidate alla Corte da leggi ordinarie.

Quanto alla struttura, la Corte si articola in:

- una *sezione centrale di controllo di legittimità su atti del Governo e delle amministrazioni dello Stato*;
- una *sezione centrale di controllo sulla gestione delle amministrazioni dello Stato*, suddivisa in due collegi;
- una *sezione autonomie*, che esercita i controlli finanziari e le analisi comparative sull'andamento della gestione degli enti locali;
- una *sezione di controllo per gli affari comunitari ed internazionali*;
- *sezioni regionali di controllo* in ogni Regione ad autonomia ordinaria. La *L. 15/2009* prevede che le sezioni regionali di controllo della Corte dei conti possono essere integrate da due componenti designati dal Consiglio Regionale e dal Consiglio delle Autonomie locali e scelti tra persone esperte nelle materie aziendalistiche, giuridiche e contabili. Il loro *status* è equiparato a quello dei consiglieri della Corte dei conti;
- una *sezione di controllo sugli enti*, che esercita il controllo (*ex lege* 259/1958) sulla gestione finanziaria degli enti cui lo Stato contribuisce in via ordinaria;
- *tre sezioni giurisdizionali centrali* d'Appello per le materie di contabilità pubblica;
- *sezioni giurisdizionali regionali* in tutte le Regioni e due *sezioni giurisdizionali* con sede in Trento e Bolzano.

In casi particolari la Corte dei conti procede a *sezioni riunite* distinguendosi tra *sezioni riunite in sede giurisdizionale* e *sezioni riunite in speciale composizione*.

In sede di controllo, inoltre, le sezioni riunite svolgono le funzioni di cui all'art. 6 della delib. 14/2000, come modificato dalla delib. 19/2008.

6 L'organizzazione periferica dello Stato

L'amministrazione dello Stato, oltre ad essere articolata in Ministeri ed Agenzie, si avvale anche dell'opera di enti strumentali e di diversi uffici amministrativi distribuiti sul territorio nazionale; questi ultimi hanno competenza territoriale limitata e costituiscono l'**amministrazione periferica dello Stato**.

6.1 Il ruolo del Prefetto e delle Prefetture-Uffici territoriali del Governo

Il Prefetto è un **organo monocratico** posto alle dirette dipendenze del Ministro dell'Interno, con compiti di *rappresentanza generale* del Governo sul territorio e di *garanzia istituzionale* a tutela dell'ordinamento giuridico.

È nominato con decreto del Presidente della Repubblica, su proposta del Ministro dell'Interno, previa deliberazione del Consiglio dei Ministri.

Poiché rappresenta il Governo, il Prefetto è tenuto ad *uniformarsi alle direttive governative* e deve godere della *fiducia del Gabinetto* che può in ogni tempo rimuoverlo previa delibera del Consiglio dei Ministri.

Ai sensi dell'art. 11 del D.Lgs. 300/1999, i **Prefetti** sono a capo delle **Prefetture - Uffici territoriali del Governo (UTG)**, chiamate ad assicurare l'esercizio coordinato dell'attività amministrativa degli uffici periferici dello Stato e a garantire la leale collaborazione di detti uffici con gli enti locali.

Al citato art. 11 è stata data attuazione con il *D.P.R. 3-4-2006, n. 180* che, oltre a riconfermare le attribuzioni del Prefetto titolare della Prefettura – UTG, contempla in maniera innovativa la definizione delle modalità di svolgimento dell'*intervento sostitutivo del Prefetto* nel caso in cui venga a conoscenza di disfunzioni nell'attività amministrativa svolta a livello periferico tali da compromettere la qualità dei servizi resi alla cittadinanza.

All'art. 2 del D.P.R. 180/2006 sono definiti i *compiti del Prefetto* in sede di **rappresentanza generale del Governo sul territorio**. Sono espressamente indicati, tra gli altri, quelli direttamente funzionali alla *potestà di impulso, di indirizzo* e *di coordinamento* del Presidente del Consiglio dei Ministri, alla *semplificazione delle procedure* in vista di una migliore efficacia ed efficienza dell'azione amministrativa in periferia, all'attuazione delle *misure di coordinamento* nei rapporti tra lo Stato e le autonomie locali definite dalla Conferenza Stato-città e autonomie locali, all'*implementazione nel sistema amministrativo delle leggi generali sul procedimento* e alla promozione della *cooperazione fra le pubbliche amministrazioni*.

Il Prefetto titolare dell'UTG promuove, inoltre, tutte le possibili forme di *collaborazione interistituzionale* fra lo Stato e le autonomie territoriali, nel rispetto dei principi delineati dalla L. cost. 3/2001.

Con l'art. 10 della L. 131/2003 è stata, poi, istituita la figura del **Rappresentante dello Stato per i rapporti con il sistema delle autonomie**, cui sono stati *attribuiti tutti i compiti di raccordo tra lo Stato e le Regioni*; la carica è ricoperta dal **Prefetto titolare della Prefettura - UTG avente sede nel capoluogo della Regione**.

6.2 Il Sindaco come ufficiale di Governo

Il Sindaco ricopre un **duplice ruolo**: da un lato è posto al *vertice dell'amministrazione comunale*, e in quanto tale esercita attribuzioni che gli sono proprie; dall'altro, svolge nell'ambito del territorio comunale anche delle attività come **ufficiale del Governo** e rappresenta, quindi, un organo periferico dell'amministrazione statale. In quest'ultimo caso il Sindaco dipende gerarchicamente dal Prefetto e, attraverso questi, dal Ministero dell'Interno.

Ai sensi dell'art. 54, T.U. degli enti locali, il Sindaco, quale ufficiale del Governo, sovrintende:

- all'emanazione degli atti che gli sono attribuiti dalla legge e dai regolamenti in materia di ordine e sicurezza pubblica;
- allo svolgimento delle funzioni affidategli dalla legge in materia di pubblica sicurezza e di polizia giudiziaria;
- alla vigilanza su tutto quanto possa interessare la sicurezza e l'ordine pubblico, informandone il Prefetto;

— alla tenuta dei registri di stato civile e di popolazione e agli adempimenti demandatigli dalle leggi in materia elettorale, di leva militare e statistica;
— all'adozione di provvedimenti contingibili ed urgenti al fine di prevenire ed eliminare gravi pericoli che minacciano l'incolumità pubblica e la sicurezza urbana, come in caso di emergenza sanitaria o di igiene pubblica a livello a locale.

7 Le Autorità amministrative indipendenti

Le autorità amministrative indipendenti sono soggetti pubblici dotati di *sostanziale indipendenza dal Governo*, caratterizzati da *autonomia organizzatoria, finanziaria e contabile*, e dalla *mancanza di controlli e di soggezione al potere di direttiva dell'esecutivo*, forniti di garanzie di autonomia nella nomina, nei requisiti soggettivi e nella durata delle cariche dei vertici, ed aventi **funzioni di tutela di interessi costituzionali** in campi socialmente rilevanti.

Esse, essenzialmente, si occupano della **regolamentazione** e della **tutela** degli **interessi collettivi** in ambiti della vita sociale nei quali il bilanciamento degli interessi si presenti delicato (**ad esempio**: privacy, tutela della concorrenza, tutela del mercato ecc.).

Nel nostro ordinamento **manca** una nozione generale di autorità amministrativa indipendente, che consenta di inquadrare giuridicamente tale figura, adattandosi a tutte le tipologie presenti.

Al di là delle possibili qualificazioni soggettive con cui le stesse possono essere etichettate (come *organismi*, *enti*, *organizzazioni* ecc.), è evidente che la locuzione «autorità amministrativa indipendente» cela un **modello di amministrazione pubblica anomalo** per la nostra tradizione giuridica (PERICU le definiva «organizzazioni sostanzialmente atipiche»), nato sulla scorta dell'esperienza sviluppatasi in altri Paesi ed in concomitanza con l'affermarsi, nel nostro ordinamento, dei principi dell'economia di mercato.

La **carenza di un disegno legislativo organico** è stata colmata dalla giurisprudenza amministrativa che ha cercato di definire il campo di indagine.

In particolare, con un importante parere, il Consiglio di Stato ha definito le autorità amministrative indipendenti come «organizzazioni titolari di poteri pubblici che si caratterizzano per un **grado notevole di indipendenza dal potere politico**, esercitando funzioni neutrali nell'ordinamento giuridico, specie in delicati settori economici, mediante l'utilizzazione di **elevate competenze tecniche**. In sostanza le autorità indipendenti hanno **funzioni di regolazione di determinati settori della vita economica mediante attribuzione di poteri normativi, amministrativi e giustiziali**. Esperienza tecnica e neutralità pongono i settori economici regolati al riparo da condizionamenti politici, tutte le volte che il legislatore decida di istituire un regolatore riconducibile al genus dell'amministrazione indipendente» (**C.d.S., sez. II, parere 25-2-2011, n. 872** cfr. **T.A.R. Lazio, Roma, sez. I, 13-9-2018, n. 9328**).

Tali peculiarità non intaccano comunque la natura di **pubblica amministrazione in senso stretto** delle Autorità indipendenti (C.d.S., sez. VI, 30-5-2014, n. 2818) e la caratteristica tipica della «*piena indipendenza di giudizio e di valutazione*», che non solo non costituisce un esonero dall'applicazione della disciplina di carattere generale riguardante le pubbliche amministrazioni, ma «comporta che, tranne i casi espressamente previsti dalla legge, il **Governo non può esercitare la tipica funzione di indirizzo e coordinamento**, nel senso che non può influire sull'esercizio dei poteri tecnico-discrezionali, spettanti alle Autorità» (C.d.S., sez. IV, 21-8-2013, n. 4231).

7.1 Caratteristiche e poteri

Le caratteristiche in genere comuni alle diverse Autorità, alla luce di quanto detto sono:
— l'**indipendenza** dall'esecutivo;
— l'**elevata competenza tecnica** dei componenti;
— la funzione tutoria di **settori «sensibili»**, coinvolgenti interessi di rilevanza costituzionale;
— la **posizione di neutralità e di imparzialità** rispetto agli interessi in gioco.

La connotazione principale delle *authorities* è, senza dubbio, l'**indipendenza dal potere politico**.

La regolazione del mercato e l'assunzione di decisioni che investano tutti i soggetti interessati allo stesso richiedono una libertà di azione che può essere garantita solo dalla **mancanza di subordinazione rispetto al potere politico**, *in primis* il Governo: le autorità, infatti, devono poter agire in una posizione di *equidistanza rispetto a tutti gli interessi in gioco*, siano essi pubblici che privati. A tal fine, la roccaforte dell'indipendenza è rappresentata dall'**elevata conoscenza del settore** e dall'assunzione di **decisioni «tecniche»**, uniche vere garanzie per un'azione regolatoria libera da condizionamenti.

Al fine di esercitare le funzioni di tutela loro assegnate, la legge attribuisce alle Autorità amministrative indipendenti:

- **poteri ispettivi e d'indagine**. Consistono nella possibilità di chiedere notizie ed informazioni, di convocare persone interessate alle attività controllate, di esaminare atti e documenti;
- **poteri sanzionatori e di sollecitazione**. Pressoché a tutte le amministrazioni indipendenti spettano poteri di sollecitazione, raccomandazione e proposta; ad alcune autorità spettano anche poteri sanzionatori veri e propri: ad esempio, l'*Autorità per le garanzie nelle comunicazioni* può diffidare le imprese editoriali e radiotelevisive dal perseverare in comportamenti che violino le norme sull'editoria e la radiodiffusione;
- **poteri decisori**. Essi consistono nella facoltà di decidere su controversie rientranti nella competenza dell'autorità indipendente (ad esempio, la Commissione di garanzia per l'attuazione della L. 146/1990, la quale decide sulle controversie interpretative o applicative degli accordi collettivi);
- **poteri regolamentari**. L'attribuzione della potestà regolamentare costituisce l'aspetto più significativo dell'indipendenza delle Autorità in esame, poichè esse dispongono della possibilità di decidere direttamente le modalità di espletamento dell'attività di regolazione e di controllo dei settori alla cui salvaguardia le stesse sono preposte; in pratica, esse regolano e decidono nei propri settori.

7.2 Le Autorità amministrative nel nostro ordinamento

Numerose sono le Autorità nel nostro ordinamento. Tra le tante, si segnalano:

- **Banca d'Italia**, che ha, fra gli altri, importanti compiti di regolazione e vigilanza sugli enti creditizi e sugli intermediari finanziari;
- **CONSOB**, istituita nel 1974 per la vigilanza sugli intermediari finanziari, sui mercati e sugli emittenti quotati;
- **IVASS** (Istituto per la vigilanza sulle assicurazioni), avente compiti di vigilanza sul mercato delle assicurazioni;
- **Autorità garante della concorrenza e del mercato** (*Antitrust*) che ha la funzione di garantire la libera concorrenza e il corretto funzionamento del mercato;
- **Garante per la protezione dei dati personali**, istituito nel 1996 con compiti di vigilanza sul trattamento dei dati personali, con la modifica del Codice della privacy (D.Lgs. 196/2003) ad opera del **D.Lgs. 101/2018**, il Garante è definito come autorità di controllo indipendente addetto a sorvegliare l'applicazione della normativa di riferimento ed agevolare la libera circolazione dei dati personali all'interno dell'UE (reg. UE 2016/679);
- **Autorità nazionale anticorruzione (A.N.AC.)**, inserita nella *governance* del sistema dei contratti pubblici con il compito di vigilare sugli stessi e di contrastare e prevenire la corruzione.

8 Gli enti territoriali nella Costituzione e il principio di sussidiarietà

L'art. 5 della Costituzione, pur affermando il principio di unità ed indivisibilità della Repubblica, riconosce e promuove le autonomie locali, ovvero enti o istituzioni diversi dallo Stato medesimo con competenze autonome su un determinato territorio. Attua, inoltre il principio del decentramento nell'erogazione dei servizi che dipendono dallo Stato. Sempre la Costituzione nel Titolo V, Parte II (artt. 114-133), come modif. dalla **L. cost. 3/2001**, disegna una «Repubblica delle autonomie», articolata su più livelli territoriali di governo, ciascuno dotato di autonomia politica costituzionalmente garantita.

In particolare l'**art. 114 Cost.** (come novellato dalla L. cost. 3/2001) dispone che, oltre che allo Stato, la Repubblica è costituita dai **Comuni, dalle Province, dalle Città metropolitane e dalle Regioni**.

Si tratta di *enti autonomi* dotati di propri Statuti, poteri e funzioni, nei quali il *territorio* costituisce non soltanto l'elemento delimitativo della sfera di competenza e di efficacia dei relativi poteri, ma è *elemento costitutivo*, nel senso che l'ente non potrebbe esistere senza di esso; per tale motivo sono chiamati *enti territoriali*.

Comuni, Province e Città metropolitane sono, inoltre, definiti come *enti locali*, per l'ambito spaziale circoscritto nel quale esercitano i loro poteri.

Mentre le *Regioni* rinvengono nella Costituzione la loro disciplina generale, gli enti locali sono individuati ma non regolamentati dalla Costituzione e la loro discipina specifica è contenuta nella legislazione ordinaria. Per la trattazione specifica dell'**ordinamento regionale** si rinvia alla **Parte V**, per gli enti locali si rinvia al paragrafo seguente.

L'art. **118 Cost.** ha costituzionalizzato il **principio di sussidiarietà**, in base al quale la **titolarità generale delle funzioni amministrative** è attribuita *in primis* **ai Comuni** e, *solo in via subordinata*, quando lo impongano esigenze di unitarietà, a *Province*, *Città metropolitane*, *Regioni* e *Stato* (comma 1).

A differenza che in passato, tali funzioni devono, quindi, essere svolte dall'ente più vicino ai cittadini (il Comune) fintanto che ciò sia possibile.

Si parla in tal caso di **sussidiarietà verticale**, che intercorre fra i diversi livelli di governo e consente la realizzazione di un modello decentrato di amministrazione pubblica.

Sempre l'art. 118 Cost., laddove prevede che «Stato, Regioni, Città metropolitane, Province e Comuni favoriscono l'autonoma iniziativa dei cittadini, singoli e associati, per lo svolgimento di attività di interesse generale, sulla base del principio di sussidiarietà» si riferisce, invece, alla **sussidiarietà orizzontale**, che opera nei rapporti tra ente pubblico e privato cittadino.

9 Le Regioni

9.1 Elementi costitutivi

La **Regione** può essere definita quale *ente territoriale esponenziale degli interessi della collettività sottostante* composto da:

— un **territorio**, che costituisce non solo l'*ambito spaziale* in cui essa esercita i suoi poteri e le sue funzioni, ma anche il *centro di riferimento* degli interessi dell'Unione europea che gli organi regionali sono chiamati a soddisfare nella loro azione.

Per la *fusione di Regioni esistenti* o la *creazione di nuove Regioni*, l'art. 132 Cost. prevede la seguente procedura:

— una *legge costituzionale*;
— un *minimo di popolazione* di un milione di abitanti;
— la *richiesta* di un numero di Consigli comunali tali da rappresentare un terzo delle popolazioni interessate;
— il *parere* dei Consigli regionali coinvolti;
— l'*approvazione*, mediante *referendum*, delle popolazioni interessate;

— una **popolazione**, che si identifica con quella appartenente ai Comuni compresi nel territorio regionale. La comunità locale residente nel territorio non solo è destinataria dei *servizi* predisposti dalla Regione e dell'*attività autoritativa* posta in essere dai suoi organi, ma vanta anche numerosi *diritti di partecipazione* alla vita politica regionale (ad es. elezione dei Consigli regionali e del Presidente della Giunta regionale, diritto di richiedere *referendum* ecc.);
— un **apparato di governo**, costituito da *Consiglio*, *Giunta* e *Presidente*, che svolge la funzione legislativa e amministrativa.

9.2 Statuti speciali e Statuti ordinari

L'art. 131 Cost. riconosce **20 Regioni**, così suddivise:

— **5 a Statuto speciale**: Friuli-Venezia Giulia, Sardegna, Sicilia, Trentino-Alto Adige e Valle d'Aosta;
— **15 a Statuto ordinario**: Piemonte, Lombardia, Veneto, Liguria, Emilia-Romagna, Toscana, Umbria, Marche, Lazio, Abruzzo, Molise, Campania, Puglia, Basilicata, Calabria.

La **differenza** fra i due tipi di Regioni è che mentre gli *Statuti speciali* sono approvati, *ex* art. 116 Cost., mediante *legge costituzionale*, gli *Statuti ordinari*, *ex* art. 123 Cost., seguono l'*iter* di una *legge regionale*.

In particolare, l'art. 123 Cost. (commi 1-3) prevede che lo Statuto ordinario deve determinare la forma di governo e i princìpi fondamentali di organizzazione e funzionamento della Regione *in armonia con la Costituzione*.

Per quanto riguarda il *procedimento*, lo Statuto ordinario è approvato e modificato dal *Consiglio regionale* con legge approvata a maggioranza assoluta dei suoi componenti, con due deliberazioni successive adottate ad intervallo non minore di due mesi. Il Governo della Repubblica può promuovere la questione di legittimità costituzionale sugli Statuti regionali dinanzi alla Corte costituzionale entro trenta giorni. Esso è sottoposto a *referendum popolare* qualora entro tre mesi dalla sua pubblicazione ne faccia richiesta un cinquantesimo degli elettori della Regione o un quinto dei componenti il Consiglio regionale. Lo Statuto sottoposto a referendum non è promulgato se non è approvato dalla maggioranza dei voti validi.

10 L'autonomia delle Regioni

10.1 La potestà legislativa

Alla Regione è riconosciuta un'**autonomia legislativa** che la pone in una posizione «differenziata» rispetto agli altri enti territoriali (Comuni, Città metropolitane ecc.), titolari della sola *potestà statutaria e regolamentare*.

Per quanto riguarda le **Regioni ordinarie** è possibile distinguere, *ex* art. 117 Cost., tra **potestà legislativa**:

— **esclusiva dello Stato**: si tratta dei settori nei quali la potestà legislativa spetta esclusivamente allo Stato (art. 117, comma 2, Cost.);
— **concorrente Stato-Regioni**: si tratta dei settori nei quali si assiste a una suddivisione dei compiti tra lo Stato e le Regioni: al primo spetta il compito di «determinare i principi fondamentali» (attraverso le leggi quadro o leggi cornice), mentre alle Regioni spetta il compito di emanare la legislazione specifica di settore (art. 117, comma 3, Cost.);
— **residuale delle Regioni**: si tratta dei settori nei quali che vanno ricavati per esclusione. Pertanto, nelle materie diverse da quelle riservate alla potestà legislativa esclusiva dello Stato o a quella concorrente, alle Regioni spetta una *potestà legislativa di tipo primario*, ossia limitata soltanto al rispetto delle norme costituzionali, europee e internazionali.

Nel caso delle **Regioni speciali** si può, invece, distinguere fra una **potestà legislativa**:

— *esclusiva della Regione*, in riferimento a materie rimesse per intero alla disciplina regionale;
— *concorrente Stato-Regione*, che non differisce da quanto previsto per le Regioni ordinarie, se non per la diversità di materie su cui si esercita;
— *integrativo-attuativa*, che consente alle Regioni speciali di integrare e dare attuazione alle leggi statali nelle materie individuate dagli Statuti.

L'autonomia legislativa attribuita alle Regioni ordinarie può essere condizionata a partire dal **principio della differenziazione degli ordinamenti delle Regioni a Statuto ordinario** (art. 116, comma 3, Cost.).

In particolare, è attribuita a ciascuna Regione la possibilità di negoziare con lo Stato *forme e condizioni particolari di autonomia* che incidono non solo sul piano amministrativo e finanziario, ma possono estendersi anche al versante legislativo. Le materie per le quali può essere «esercitato» il **regionalismo differenziato** sono quelle rientranti nella *legislazione concorrente Stato-Regioni* e nella *legislazione esclusiva dello Stato*: l'*organizzazione della giustizia di pace*; le *norme generali sull'istruzione*; la *tutela dell'ambiente, dell'ecosistema e dei beni culturali*.

Le Regioni, nell'esercizio della potestà legislativa, devono rispettare:

— **la Costituzione** (art. 117, comma 1), sia per quanto riguarda la potestà legislativa concorrente (art. 117, comma 3) che la potestà legislativa esclusiva (art. 117, comma 4);
— **l'ordinamento dell'Unione europea e gli obblighi internazionali**, al fine di evitare che lo Stato italiano sia posto *in condizione di infrazione nei confronti della normativa dell'Unione europea ovvero degli obblighi internazionali* (NOBILI);
— **il limite territoriale**, dovendo soddisfare interessi, esclusivamente o prevalentemente, localizzati sul territorio di loro pertinenza;
— **i principi fondamentali**, i quali esprimono le direttive e gli orientamenti generali cui, nelle intenzioni del legislatore statale, dovrebbe ispirarsi la legislazione regionale nella disciplina delle singole materie. Tale limite è quindi riferibile alla *legislazione concorrente*;
— **il principio della riserva di legge**, per cui, come ricordato dalla Corte costituzionale (sent. n. 273/1995), quando la Costituzione rinvia alla legge per la disciplina di una determinata materia, fa riferimento alla sola legge dello Stato (ad es. in base all'art. 25 Cost., le Regioni non hanno competenza legislativa in materia penale e non possono quindi munire i precetti delle loro leggi di sanzioni penali);
— **il limite delle materie**, che vige sia per la *legislazione concorrente*, le cui materie sono elencate dall'art. 117 Cost., sia per la *legislazione residuale* che pure può esplicarsi in ogni ambito non riservato alla legislazione esclusiva statale e tassativamente individuato dalla Costituzione;
— **le norme fondamentali delle riforme economico-sociali e dei principi generali dell'ordinamento giuridico dello Stato**.

10.2 Il potere regolamentare

La potestà regolamentare spetta allo Stato nelle materie di **legislazione esclusiva**, salvo delega alle Regioni.

Spetta, poi, alle **Regioni in ogni altra materia**.

Le Regioni, pertanto, sono titolari di **potestà regolamentare**:

— nelle materie di *legislazione residuale* (art. 117, comma 4, Cost.);
— nelle materie di *legislazione esclusiva statale* per le quali lo Stato abbia delegato alle Regioni la normazione secondaria (art. 117, comma 2, Cost.).

È lo Statuto che attribuisce la potestà regolamentare al Consiglio, alla Giunta o al Presidente, oppure introduce un sistema misto incentrato su tipologie differenti di regolamenti la cui emanazione è affidata ad organi diversi. È sempre lo Statuto che disciplina il procedimento di formazione dei regolamenti regionali e la tipologia dei regolamenti.

10.3 L'esercizio delle funzioni amministrative e il principio di sussidiarietà

L'**art. 118, comma 1, Cost.**, attribuisce la **titolarità generale delle funzioni amministrative** in capo ai **Comuni** e, qualora lo impongano esigenze di unitarietà, ne prevede il conferimento a *Province*, *Città metropolitane*, *Regioni* e *Stato* sulla base dei principi di sussidiarietà, differenziazione e adeguatezza.

Se, infatti, in passato vigeva il criterio del parallelismo delle funzioni, in base al quale l'ente che aveva la competenza legislativa in un settore svolgeva, in quello stesso settore, anche le relative funzioni amministrative, dopo la riforma costituzionale del 2001, invece, i compiti *di gestione amministrativa della cosa pubblica sono affidati alla struttura più vicina alla cittadinanza* (principio della **sussidiarietà verticale**), lasciando ai livelli amministrativi sovraordinati soltanto quelle funzioni che, per la loro natura, non possono essere svolte localmente.

L'attribuzione delle funzioni amministrative all'ente che ne sarebbe istituzionalmente e naturalmente titolare può infatti aversi nei seguenti casi:

— per il **principio di adeguatezza**, in relazione al quale l'amministrazione ricevente deve possedere una struttura *organizzativa idonea a garantire, anche in forma associata con altri enti, l'esercizio delle funzioni*;

— per il **principio di differenziazione**, per cui l'allocazione delle funzioni deve necessariamente prendere in considerazione *le diverse caratteristiche, anche associative, demografiche, territoriali e strutturali degli enti riceventi*.

Inoltre, l'allocazione delle funzioni deve avvenire attraverso il coinvolgimento degli enti territoriali nelle relative decisioni: si tratta del **principio di leale collaborazione**, che rileva anche nella fase di concreto esercizio delle funzioni.

Quanto alle funzioni amministrative esercitabili dall'autorità territorialmente più vicina ai cittadini interessati, Comuni, Province e Città metropolitane sono titolari di **funzioni proprie** nonché di **funzioni conferite con legge statale** o **regionale**, secondo le rispettive competenze (art. 118 Cost., comma 2).

L'imputazione delle funzioni in capo ai soggetti territoriali avviene con legge statale o regionale a seconda della relativa legittimazione *ratione materiae*, *ex* art. 117 Cost. Ciò vuol dire che l'allocazione delle funzioni avviene:

— con **legge statale**, se le funzioni riguardino uno degli ambiti di *legislazione esclusiva* dello Stato, *ex* art. 117, comma 2, Cost.;

— con **legge regionale**, se le funzioni da ripartire sono relative alle materie di *potestà legislativa concorrente* (art. 117, comma 3) o a quelle *residuali* (art. 117, comma 4).

Dal punto di vista costituzionale rileva anche la cd. **sussidiarietà orizzontale**, in funzione della quale sia lo Stato che gli altri enti territoriali sono tenuti a favorire «l'*autonoma iniziativa dei cittadini, singoli e associati, per lo svolgimento di attività di interesse generale*» (art. 118, comma 4, Cost.).

Va infine ricordato come, in base a quanto previsto dalla **L. 127/1997** (cd. *Bassanini bis sulla semplificazione amministrativa*) gli **atti soggetti a controllo amministrativo** sono:

1. i *regolamenti regionali*, con esclusione di quelli attinenti all'autonomia organizzativa, funzionale e contabile dei Consigli regionali;
2. gli *atti costituenti adempimento degli obblighi derivanti dall'appartenenza all'Unione europea*.

10.4 L'autonomia finanziaria e il federalismo fiscale

L'autonomia garantita ai vari enti territoriali dalla Costituzione risulterebbe una mera affermazione di principio se non fosse completata dalla possibilità di avere a disposizione risorse finanziarie tali da poter concretamente portare a termine le azioni che si intende intraprendere nei settori di competenza.

In considerazione di ciò, l'**art. 119 Cost.** riconosce l'**autonomia finanziaria** delle Regioni, vale a dire la **potestà di stabilire e gestire in modo autonomo le risorse finanziarie di cui necessitano per la realizzazione delle funzioni loro affidate**.

Ai sensi dell'art. 119 Cost., in particolare:

— l'autonomia finanziaria viene esplicitamente attribuita non solo alle Regioni ma anche agli enti locali «chiamati a produrre integralmente le risorse gestibili per alimentare la propria attività e la realizzazione dei compiti fondamentali attribuiti» (BARBIERO);
— è prevista un'autonomia di entrata e di spesa, che deve essere esercitata:
  a) in **armonia con la Costituzione**, con evidente riferimento ai principi costituzionali in materia tributaria (artt. 23 e 53) e del pareggio di bilancio (art. 81);
  b) nel **rispetto dei principi di coordinamento della finanza pubblica** e **del sistema tributario**;
— la legislazione statale può imporre, per ragioni di coordinamento finanziario connesse ad obiettivi nazionali, condizionati anche dagli obblighi europei, **vincoli alle politiche di bilancio** che si traducono, inevitabilmente, in limitazioni indirette all'autonomia di spesa;
— viene esplicitamente affermato il **principio della territorialità dell'imposta**, in base al quale, almeno in parte, il gettito prelevato da un territorio dovrà essere impiegato a favore della comunità che lo ha prodotto.

Inoltre, l'art. 119, comma 5, Cost. prevede anche la possibilità che lo Stato attribuisca a *Comuni, Province, Città metropolitane e Regioni* delle **risorse aggiuntive** per:

— *promuovere lo sviluppo economico, la coesione e la solidarietà sociale*;
— *rimuovere gli squilibri economici e sociali*;
— *favorire l'effettivo esercizio dei diritti della persona*;
— *provvedere a scopi diversi dal normale esercizio delle loro funzioni*.

Tali risorse, caratterizzate da *un vincolo di destinazione*, essendo erogate per il perseguimento di finalità esplicitamente enunciate, si differenziano dal **fondo perequativo**, istituito con legge dello Stato «*per i territori con minore capacità fiscale per abitante*», che non è sottoposto ad alcun vincolo (art. 119, comma 3, Cost.).

Il *fondo perequativo* è uno **strumento che dovrebbe compensare eventuali squilibri fra le entrate tributarie delle Regioni** e consentire a tali enti di erogare i servizi di loro competenza a livelli uniformi su tutto il territorio nazionale; lo scopo è quello di garantire che in tutte le Regioni, a prescindere quindi dalla capacità di ricavare risorse fiscali dal loro territorio, siano rispettati gli stessi *standard* nella prestazione di determinati servizi, in particolare quelli concernenti i diritti sociali, come opportunamente sottolineato dall'art. 120, comma 2, Cost.

Per l'attuazione dell'art. 119 della Costituzione è stata emanata la **L. 5 maggio 2009, n. 42** (**federalismo fiscale**).

Essa intende assicurare **autonomia di entrata e di spesa degli enti territoriali** e garantire i principi di solidarietà e di coesione sociale, in modo da garantire, per tutti i livelli di governo, la loro massima responsabilizzazione nonché l'effettività e la trasparenza del controllo democratico nei confronti degli eletti.

Tale legge stabilisce i **princìpi fondamentali del coordinamento della finanza pubblica e del sistema tributario, disciplina l'istituzione** ed il **funzionamento del fondo perequativo** per i territori con minore capacità fiscale per abitante nonché **l'utilizzazione delle risorse aggiuntive** e **l'effettuazione degli interventi speciali di cui all'art. 119, comma 5**, della Costituzione perseguendo lo sviluppo delle aree sottoutilizzate nella prospettiva del superamento del dualismo economico del Paese.

Vengono dettati, ancora, princìpi generali per **l'attribuzione di un proprio patrimonio agli enti territoriali** nonché norme transitorie sull'ordinamento, anche finanziario, di Roma capitale.

11 Il sistema di governo regionale

L'art. 123 Cost. attribuisce allo Statuto il compito, tra l'altro, di definire la forma di governo regionale, in armonia con la Costituzione. È la Costituzione, infatti, che individua gli **organi necessari** di ogni Regione e cioè il Consiglio, la Giunta e il Presidente della Regione, delineandone le attribuzioni (art. 121 Cost.).

11.1 Il Consiglio regionale

È l'**organo rappresentativo della collettività regionale**: esso esercita, infatti, le potestà legislative attribuite alla Regione e le altre funzioni conferitegli dalla Costituzione e dalle leggi. È, dunque, titolare della *potestà legislativa regionale* (art. 121 Cost.). Inoltre, approva e modifica lo Statuto.

I consiglieri sono eletti dai cittadini maggiorenni mediante suffragio universale e dirette e durano in carica 5 anni.

Il Consiglio esercita anche *poteri di controllo politico* sull'operato della Giunta e del Presidente della Regione e approva il *bilancio preventivo*, i relativi storni di fondi da un capitolo all'altro e il *conto consuntivo*. Approva, inoltre, i piani generali concernenti l'esecuzione di opere pubbliche e l'organizzazione di servizi pubblici di interesse della Regione e dei finanziamenti relativi.

Al Consiglio spetta, inoltre, partecipare ad alcuni momenti significativi della vita politica del Paese:

— formula proposte di legge al Parlamento (art. 121 Cost.);
— esprime i pareri previsti dagli artt. 132 e 133 Cost.;
— elegge i delegati a partecipare all'elezione del Presidente della Repubblica (art. 83 Cost.);
— può richiedere il *referendum* abrogativo e quello consultivo (artt. 75 e 138 Cost.).

11.2 La Giunta regionale

La Giunta è l'**organo esecutivo della Regione**; **presiede all'attuazione delle deliberazioni e delle leggi del Consiglio** (art. 121 Cost.).

Inoltre: ha l'*iniziativa legislativa*; provvede alla gestione dell'ente, dirige l'attività degli uffici regionali e amministra il patrimonio; predispone il *bilancio preventivo* e il *conto consuntivo*; predispone i *programmi di sviluppo* regionale; decide, sentito il Consiglio, sui ricorsi di legittimità costituzionale e sui conflitti di attribuzione.

Per motivi di urgenza, la Giunta può *sostituirsi* al Consiglio, salva *ratifica* di quest'ultimo nella prima adunanza successiva.

Non può, tuttavia, esercitare la funzione legislativa in sostituzione del Consiglio, atteso il disposto dell'art. 121 Cost.: non sono, quindi, ammissibili né decreti-legge, né decreti legislativi emanati dalla Giunta.

Ai sensi dell'art. 122 i membri della Giunta sono nominati e revocati dal Presidente della Regione (art. 122, comma 5).

11.3 Il Presidente della Regione

Il *Presidente della Regione è anche Presidente della Giunta regionale* e questo spiega la comune denominazione di «capo del Governo» o «capo della Regione».

Per quel che concerne l'*elezione*, il comma 5 dell'art. 122 Cost., come modificato dalla L. cost. 1/1999, prevede che venga **eletto a suffragio universale e diretto**, salvo che lo Statuto regionale disponga diversamente. L'elezione a suffragio universale e diretto è stata introdotta anche per i Presidenti delle Regioni a Statuto speciale dalla L. cost. 31 gennaio 2001, n. 2.

Secondo il disposto della L. 165/2004, il Presidente non è immediatamente rieleggibile allo scadere del secondo mandato.

Il Presidente è un organo che cumula in sé le seguenti funzioni:

- **rappresenta la Regione** e quindi è titolare di un potere *proprio ed esclusivo* ogniqualvolta la Regione deve esprimersi come ente unitario; promulga le leggi ed emana i regolamenti regionali;
- come Presidente della Giunta, è **capo del Governo regionale** e in tale veste dirige la politica regionale e ne è responsabile.

12 I controlli sulle Regioni

12.1 Il controllo sulle leggi e sugli atti amministrativi regionali

Il previgente art. 127 Cost. istituiva e disciplinava il procedimento di *controllo sulle leggi regionali* e attribuiva la veste di organo controllore al Governo.

La L. cost. 3/2001, in piena sintonia con la volontà di attribuire maggiore autonomia in tutti gli ambiti di operatività ai poteri locali, elimina del tutto le forme di controllo preventivo dello Stato nei confronti degli atti legislativi regionali.

L'art. 125, comma 1, Cost., nella sua originaria formulazione, prevedeva che nelle Regioni a Statuto ordinario il *controllo sugli atti amministrativi* fosse affidato ad un'apposita **Commissione statale di controllo**.

L'abolizione di ogni forma di controllo tanto sulle leggi regionali (secondo il combinato disposto degli articoli 124 e 127 Cost.) quanto sugli atti amministrativi (*ex* art. 125 Cost.) non deve far ritenere, tuttavia, che l'operato delle Regioni sia totalmente sganciato da qualsiasi vincolo, ovvero, per contro, da qualsiasi garanzia posta a presidio dell'unità della Repubblica.

Oltre ai limiti che, infatti, sono insiti nello stesso riconoscimento dell'autonomia legislativa ed amministrativa, va considerato che la nuova formulazione dell'art. 120, comma 2, Cost. prevede il meccanismo del **potere sostitutivo dello Stato** nei confronti dell'operato degli enti locali.

La L. 131/2003 ha, poi, disciplinato la *procedura* di tale intervento sostitutivo: il Presidente del Consiglio dei Ministri assegna all'ente interessato un congruo termine per provvedere, scaduto il quale, il Consiglio dei Ministri o un apposito commissario nominato *ad acta* adotta i provvedimenti necessari anche normativi (non però legislativi).

12.2 I controlli sugli organi regionali

Gli organi del Governo centrale esercitano una forma di controllo anche verso gli **organi territoriali**.

L'art. 126 della Costituzione (riscritto dalla L. cost. 1/1999) annovera, infatti, fra le cause di **scioglimento degli organi delle Regioni** il compimento di atti contrari alla Costituzione e la presenza di ragioni di sicurezza nazionale; in questi casi, lo scioglimento è disposto con decreto motivato del Capo dello Stato, previa deliberazione del Consiglio dei Ministri.

13 Gli enti locali

Avendo riguardo alla legislazione primaria la principale fonte che disciplina le autonomie locali è il **D.Lgs. 18 agosto 2000, n. 267**, ovvero il **Testo unico delle leggi dell'ordinamento degli enti locali** (cosiddetto T.U.E.L.), che ha raccolto e coordinato tutta l'opera di decentramento e potenziamento delle amministrazioni locali portata avanti dal legislatore nell'arco degli anni '90, *in primis* con la L. 142/1990 e poi con le leggi Bassanini.

Il T.U.E.L. resta la fonte normativa di riferimento in materia pur essendo stato in più punti modificato, integrato o abrogato. Vi sono, inoltre, talune disposizioni in esso contenute che, pur non essendo state abrogate esplicitamente, sono comunque da ritenersi orami superare in virtù dell'entrata in vigore di norme successive (e in alcuni casi di rango superiore) che ne sono in palese contrasto.

Ci riferiamo *in primis* alla L. cost. 3/2001 che, avendo abrogato l'art. 130 Cost. il quale prevedeva in capo alle Regioni un potere di controllo sugli atti degli enti locali, ha comportato, di fatto, il superamento degli articoli del T.U.E.L. riguardanti tali forme di controllo.

Altra fonte che si è imposta negli ultimi anni è la **L. 7-4-2014, n. 56** (cd. *legge Delrio*). Detta legge, perseguendo l'obiettivo di una riforma, seppure parziale, dell'ordinamento degli enti locali, si è incentrata sulla riorganizzazione delle Province, sull'istituzione delle Città metropolitane (che pur essendo previste già da tempo dalla nostra Carta costituzionale non erano ancora entrate a regime), nonché sull'incentivazione del ricorso alle forme associative tra enti locali, *in primis* le Unioni di Comuni.

Sono così divenute inapplicabili anche alcune norme del T.U.E.L. riguardanti la Provincia, nello specifico le sue funzioni ed i suoi organi di governo, in quanto difformi dalla nuova disciplina introdotta con la L. 56/2014.

13.1 La potestà statutaria e regolamentare degli enti locali

Dall'art. 114 Cost. si evince che gli enti locali possono dotarsi di un proprio **statuto** nel rispetto dei principi fissati dalla stessa Carta costituzionale.

La L. 131/2003 ha individuato poi dei limiti più precisi all'esplicazione della potestà statutaria da parte delle autonomie locali consistenti, oltre che nella Costituzione, anche nel rispetto dei principi generali in materia di organizzazione pubblica, delle leggi statali disciplinanti la legislazione elettorale, gli organi di governo e le funzioni fondamentali di Comuni, Province e Città metropolitane (materie oggetto di legislazione esclusiva dello Stato ai sensi dell'art. 117 Cost., comma 2, lett. *p*).

Nell'ambito del D.Lgs. 267/2000 gli statuti comunali e provinciali sono disciplinati dall'art. 6, dove ne viene enucleato un contenuto obbligatorio e ne vengono stabilite altresì le modalità di deliberazione.

Ma l'autonomia normativa di questi enti non si esaurisce qui. L'art. 117, comma 6 della Costituzione, infatti, riconosce a Comuni, Province e Città metropolitane la **potestà regolamentare** in ordine alla disciplina dell'organizzazione e dello svolgimento delle funzioni loro attribuite.

13.2 Il riconoscimento dell'autonomia finanziaria

Il D.Lgs. 267/2000, all'art. 3, riconosce agli enti locali un'autonomia impositiva e finanziaria da esplicarsi nell'ambito dei propri statuti e regolamenti e nel rispetto delle leggi di coordinamento della finanza pubblica.

Grazie alle modifiche recate all'art. 119 Cost. dalla L. cost. 3/2001, il riconoscimento di tale potestà è stato elevato a livello costituzionale.

Al comma 1 di tale articolo, come già detto in precedenza, si legge che Comuni, Province, Città metropolitane e Regioni hanno autonomia finanziaria di entrata e di spesa. Le successive modifiche introdotte nella stessa norma ad opera della **L. cost. 1/2012**, invece, sono servite a vincolare l'autonomia finanziaria degli enti locali all'equilibrio dei bilanci ed all'osservanza dei vincoli economici e finanziari derivanti dall'ordinamento dell'UE.

Al fine dare concretezza ai principi ricavabili dal novellato art. 119 Cost., il Parlamento ha emanato la **L. 5-5-2009, n. 42** con la quale ha delegato il Governo ad adottare una serie di provvedimenti volti ad attuare il cd. **federalismo fiscale**.

Detta legge ha introdotto un'importante novità laddove ha **soppresso i trasferimenti statali per il finanziamento delle funzioni fondamentali degli enti locali**.

14 Il Comune

14.1 Definizione e funzioni

Ai sensi dell'art. 3, comma 2, del D.Lgs. 267/2000, il Comune è l'ente locale che rappresenta la propria comunità, ne cura gli interessi e ne promuove lo sviluppo.

In tema di *funzioni* comunali, l'art. 3, D.Lgs. 267/2000, distingue tra «*funzioni proprie*» che competono all'ente in quanto rappresentativo delle propria comunità e «*funzioni conferite*» con legge da parte dello Stato o della Regione.

Ai sensi dell'art. 13 dello stesso TUEL spettano al Comune, quali **funzioni proprie**, tutte quelle che riguardano la sua popolazione e il suo territorio nei seguenti settori organici, salvo quanto non sia espressamente attribuito dalla legge ad altri soggetti, servizi alla persona e alla comunità, assetto e utilizzazione del territorio, sviluppo economico.

Per quanto concerne le **funzioni conferite**, invece, trattasi di servizi correlati ad interessi generali dell'ordinamento e non ad esigenze locali. La loro titolarità, dunque, continua ad essere detenuta dallo Stato o dalla Regione e il solo esercizio viene delegato al Comune il quale in questo caso opera in veste di amministrazione decentrata che proprio grazie alla vicinanza con il cittadino può gestire alcune funzioni in modo più agile.

Servizi che vengono gestiti a livello comunale per delega dello Stato sono i servizi elettorali, di stato civile, anagrafici e statistici.

Al Comune spettano (art. 14, D.L. 78/2010, conv. in L. 122/2010), una serie di *funzioni fondamentali* il cui esercizio è obbligatorio per l'ente:

- organizzazione generale dell'amministrazione, gestione finanziaria e contabile e controllo;
- organizzazione dei servizi pubblici di interesse generale di ambito comunale, ivi compresi i servizi di trasporto pubblico comunale;
- catasto, ad eccezione delle funzioni mantenute allo Stato dalla normativa vigente;
- pianificazione urbanistica ed edilizia di ambito comunale, nonché partecipazione alla pianificazione territoriale di livello sovracomunale;
- attività, in ambito comunale, di pianificazione di protezione civile e di coordinamento dei primi soccorsi;
- organizzazione e gestione dei servizi di raccolta, avvio e smaltimento e recupero dei rifiuti urbani e riscossione dei relativi tributi;
- progettazione e gestione del sistema locale dei servizi sociali ed erogazione delle relative prestazioni ai cittadini, secondo quanto previsto dall'art. 118, comma 4, Cost.;
- edilizia scolastica per la parte non attribuita alla competenza delle Province, organizzazione e gestione dei servizi scolastici;
- polizia municipale e polizia amministrativa locale;
- tenuta dei Registri di stato civile e di popolazione e compiti in materia di servizi anagrafici, nonché in materia di servizi elettorali, nell'esercizio delle funzioni di competenza statale;
- servizi in materia statistica.

14.2 Organi

Sono organi di governo del Comune:

a) il **Consiglio comunale**, l'*organo di indirizzo e di controllo politico-amministrativo* (art. 42 TUEL), con competenza esclusiva relativamente ad alcuni atti fondamentali per la vita dell'ente, per la cui adozione sono aprioristicamente esclusi interventi sostitutivi in via di emergenza da parte di organi differenti. Esso è altresì *organo rappresentativo* dell'ente, in grado di impegnarlo emanando atti che promanano dalla sua volontà ed hanno rilevanza esterna;
b) la **Giunta**, l'*organo esecutivo* con competenza residuale su tutte le materie non espressamente attribuite dalla legge o dallo statuto ad altri organi. Inoltre essa assume il carattere di organo fiduciario del Sindaco, rispetto ai cui programmi politico-amministrativi svolge attività di intensa collaborazione. A norma dell'art. 47 del T.U.E.L. essa è composta dal Sindaco, che la presiede, e da un numero di assessori *nominati dal Sindaco*. Contestualmente e tra gli stessi assessori, il Sindaco nomina un Vicesindaco.
   La Giunta, essendo nominata dal Sindaco, dura in carica quanto quest'ultimo, cioè cinque anni (art. 51 T.U.E.L.);

c) il **Sindaco**, l'*organo monocratico* chiamato a svolgere sia le funzioni di *capo dell'amministrazione comunale*, sia quelle di *ufficiale di Governo*, ossia organo periferico dell'amministrazione statale e rappresentante del Governo in sede locale.
Esso è eletto dai cittadini a suffragio universale e diretto secondo le disposizioni di legge, dura in carica *cinque anni* (art. 51, comma 1, T.U.E.L.) e può essere rinnovato alla carica alle successive elezioni.

Al Sindaco, in qualità di *capo dell'amministrazione comunale*, spetta (art. 50 T.U.E.L.):

- la *rappresentanza dell'ente*;
- *convocare e presiedere* la Giunta nonché il Consiglio quando non è previsto un Presidente;
- *sovrintendere al funzionamento dei servizi e degli uffici* nonché all'esecuzione degli atti;
- *sovrintendere all'espletamento delle funzioni statali e regionali attribuite o delegate* al Comune;
- *provvedere*, sulla base degli indirizzi stabiliti dal Consiglio, alla *nomina*, alla *designazione* e alla *revoca* dei rappresentanti del Comune in seno a enti, aziende ed istituzioni;
- *nominare i responsabili degli uffici e dei servizi*, oltre ad attribuire e definire gli incarichi dirigenziali e quelli di collaborazione esterna secondo le modalità ed i criteri stabiliti dagli artt. 109 e 110 T.U.E.L. nonché dallo statuto e dai regolamenti comunali;
- l'*esercizio di altre funzioni specifiche* ad esso attribuite da leggi, regolamenti e Statuto.

Le funzioni del Sindaco in qualità di *Ufficiale di Governo*, invece, concernono i seguenti settori:

- sicurezza e ordine pubblico;
- stato civile;
- anagrafe;
- leva militare;
- servizi elettorali;
- statistica.

Il Sindaco cessa dalla carica al termine dei *cinque anni* di mandato, a partire dall'elezione del successore (comma 1, art. 51 del T.U.E.L.).
A prescindere dalla scadenza del mandato, ad ogni modo, il Sindaco e la rispettiva Giunta possono cessare dalla carica a seguito dell'approvazione di una *mozione di sfiducia* approvata dal Consiglio secondo le modalità previste dall'art. 52 del D.Lgs. 267/2000.

15 La Provincia

La Provincia è definita dall'art. 3, comma 3, del D.Lgs. 267/2000 come l'ente che rappresenta la propria comunità, ne cura gli interessi e ne promuove lo sviluppo.

Nella riforma operata dalla *L. 56/2014*, la Provincia è definitiva quale **ente di vasta area** (art. 1, comma 3). La legge in esame, al comma 52, dispone che le Regioni riconoscano alle Province **forme particolari di autonomia nelle materie oggetto di legislazione concorrente o residuale** (ai sensi dell'art. 117, comma 3 e 4, Cost.).

15.1 Funzioni

Ai sensi dell'art. 118 Cost., la Provincia deve svolgere tutte le funzioni amministrative che, nel rispetto dei **principi di sussidiarietà, adeguatezza e differenziazione**, non possono essere attribuite al Comune.

Dall'analisi dell'art. 3, comma 5, del D.Lgs. 267/2000 si ricava poi che le Province sono titolari, oltre che di funzioni proprie, anche di funzioni conferite loro con legge dello Stato o della Regione.

Per quanto concerne le **funzioni proprie** in base all'art. 19 del D.Lgs. 267/2000 spettano alla Provincia le funzioni amministrative di interesse provinciale che riguardino vaste zone intercomunali o l'intero territorio provinciale in determinati settori (viabilità e trasporti, protezione della flora e della fauna, valorizzazione dei beni culturali ecc.).

In base a quanto stabilito dalla **L. 56/2014** alle Province, quali **enti di vasta area**, competono le seguenti **funzioni fondamentali** (comma 85):

a) pianificazione territoriale provinciale di coordinamento, nonché tutela e valorizzazione dell'ambiente, per gli aspetti di competenza;
b) pianificazione dei servizi di trasporto in ambito provinciale, autorizzazione e controllo in materia di trasporto privato, in coerenza con la programmazione regionale, nonché costruzione e gestione delle strade provinciali e regolazione della circolazione stradale ad esse inerente;
c) programmazione provinciale della rete scolastica, nel rispetto della programmazione regionale;
d) raccolta ed elaborazione di dati, assistenza tecnico-amministrativa agli enti locali;
e) gestione dell'edilizia scolastica;
f) controllo dei fenomeni discriminatori in ambito occupazionale e promozione delle pari opportunità.

Inoltre, la Legge Delrio predispone (commi 89-97) una complessa procedura per il *riordino delle funzioni che sono state fino ad oggi di competenza provinciale*, ma che, in base alla riforma da essa stessa introdotta non rientrano tra le funzioni fondamentali del nuovo ente Provincia, né tanto meno tra le funzioni esercitabili d'intesa con i Comuni.

È previsto pertanto che lo Stato e le Regioni (secondo le rispettive competenze), in attuazione dell'art. 118 Cost., provvedano a ridistribuire la competenza di queste funzioni e possano in questo modo attribuire alle Province anche funzioni diverse rispetto a quelle fondamentali espressamente individuate.

15.2 Organi

Prima dell'intervento della legge Delrio, l'art. 36 del D.Lgs. 267/2000, al comma 2, prevedeva, quali organi di governo della Provincia: il **Consiglio**, la **Giunta**, il **Presidente** aventi discipline analoga a quella propria degli organi comunali.

A seguito della riforma operata dalla suddetta L. 56/2014, gli organi della Provincia sono:

— il **Presidente della Provincia**, eletto dai Sindaci e dai consiglieri dei Comuni della Provincia, che dura in carica 4 anni e in caso di cessazione della carica di Sindaco decade anch'esso. Per quanto concerne le sue funzioni: rappresenta l'ente; convoca e presiede il Consiglio e l'Assemblea; sovrintende al funzionamento dei servizi e degli uffici; sovrintende all'esecuzione degli atti; esercita le altre funzioni ad esso attribuite dallo Statuto;
— il **Consiglio provinciale**, *organo di indirizzo e controllo* i cui membri sono eletti *dai Sindaci e dai consiglieri comunali dei Comuni della Provincia*, dura in carica *2 anni* e ne fa parte anche il Presidente della Provincia. Sono eleggibili a consigliere provinciale i Sindaci e i consiglieri comunali in carica. La cessazione dalla carica comunale comporta la decadenza da consigliere provinciale;
— l'**Assemblea dei Sindaci**, costituita dai Sindaci dei Comuni appartenenti alla Provincia, ha *poteri propositivi, consultivi e di controllo*. Essa *adotta o respinge lo Statuto* proposto dal Consiglio e le sue successive modificazioni con i voti che rappresentino almeno 1/3 dei Comuni compresi nella Provincia e la maggioranza della popolazione complessivamente residente.

16 La Città metropolitana

Il D.Lgs. 267/2000 definisce la Città metropolitana quale ente locale (art. 2) che può essere costituito, in base all'art. 23, all'interno delle Aree metropolitane dal Comune capoluogo e dagli altri

Comuni ad esso uniti da rapporti di «contiguità territoriale» nonché di «stretta integrazione» in ordine all'attività economica, ai servizi essenziali, ai caratteri ambientali, alle relazioni sociali e culturali.

Grazie alla L. cost. 3/2001 abbiamo, poi, assistito alla **costituzionalizzazione delle Città metropolitane**, inserite nell'art. 114 Cost. accanto ai Comuni, alle Province ed alle Regioni quali enti autonomi che concorrono a formare la Repubblica. In tal modo, le Città metropolitane, al pari degli altri enti locali sopra menzionati, rinvengono direttamente nella Costituzione il fondamento della loro potestà statutaria e regolamentare e della loro autonomia impositiva e finanziaria.

La L. 56/2014 riordina il sistema delle autonomie locali partendo proprio dalle Città metropolitane, alle quali vengono espressamente estese, per quanto compatibili, le disposizioni in materia di Comuni di cui al TUEL, nonché le norme di cui all'art. 4 della L. 131/2003 relativo alla potestà normativa degli enti locali (comma 50).

Esse vengono definite (comma 2) **enti territoriali di vasta area** chiamati a perseguire le seguenti finalità istituzionali:

- cura dello sviluppo strategico del territorio metropolitano;
- promozione e gestione integrata dei servizi, delle infrastrutture e delle reti di comunicazione di interesse della Città metropolitana;
- cura delle relazioni istituzionali afferenti al proprio livello, ivi comprese quelle con le Città e le Aree metropolitane europee.

La L. 56/2014 individua (comma 5) le seguenti Città metropolitane: Torino, Milano, Venezia, Genova, Bologna, Firenze, Bari, Napoli e Reggio Calabria, il cui *territorio coincide con quello della Provincia omonima*.

16.1 Funzioni

La L. 56/2014 (comma 44) attribuisce alle Città metropolitane alcune **funzioni fondamentali**:

a) adozione e aggiornamento annuale di un *piano strategico triennale del territorio metropolitano*, che costituisce atto di indirizzo per l'ente e per l'esercizio delle funzioni dei Comuni e delle Unioni di Comuni compresi nel predetto territorio;
b) *pianificazione territoriale generale* (ivi comprese le strutture di comunicazione, le reti di servizi e delle infrastrutture appartenenti alla competenza della comunità metropolitana) anche fissando vincoli e obiettivi all'attività e all'esercizio delle funzioni dei Comuni compresi nel territorio metropolitano;
c) strutturazione di *sistemi coordinati di gestione dei servizi pubblici*, organizzazione dei servizi pubblici di interesse generale di ambito metropolitano. D'intesa con i Comuni interessati, la Città metropolitana può esercitare le funzioni di predisposizione dei documenti di gara, di stazione appaltante, di monitoraggio dei contratti di servizio e di organizzazione di concorsi e procedure selettive;
d) *mobilità* e *viabilità*, anche assicurando la compatibilità e la coerenza della pianificazione urbanistica comunale nell'ambito metropolitano;
e) *promozione e coordinamento dello sviluppo economico e sociale*;
f) promozione e coordinamento dei *sistemi di informazione e di digititalizzazione* in ambito metropolitano.

A tutte le suddette funzioni possono affiancarsi ancora altre **funzioni che possono essere attribuite ad esse dallo Stato o dalle Regioni** (ciascuno per le proprie competenze) in attuazione dei principi di sussidiarietà, adeguatezza e differenziazione di cui all'art. 118 Cost. (comma 46).

16.2 Organi

La L. 56/2014, al comma 7 dell'art. 1, prevede quali organi della Città metropolitana: il Sindaco metropolitano, il Consiglio metropolitano e la Conferenza metropolitana.

Ricordiamo che tutti gli incarichi ricoperti presso la Città metropolitana sono svolti a titolo gratuito (comma 24).

Il **Sindaco** svolge le seguenti **funzioni** (comma 8):

— rappresenta l'ente;
— convoca e presiede il Consiglio e la Conferenza;
— sovrintende al funzionamento dei servizi e degli uffici;
— sovrintende all'esecuzione degli atti;
— esercita tutte le altre funzioni ad esso attribuite dallo Statuto.

Il Sindaco metropolitano è *di diritto il Sindaco del Comune capoluogo* (comma 19).

Il **Consiglio** metropolitano, *organo di indirizzo e controllo*, è competente per (art. 1, comma 8):

— proporre alla Conferenza lo Statuto e le sue modifiche;
— l'approvazione di regolamenti, piani e programmi;
— l'approvazione e l'adozione di ogni altro atto ad esso sottoposto dal Sindaco metropolitano;
— l'esercizio di altre funzioni previste dallo Statuto;
— l'adozione, su proposta del Sindaco metropolitano, di schemi di bilancio da sottoporre al parere della Conferenza metropolitana;
— l'approvazione in via definitiva dei bilanci dell'ente a seguito del parere espresso dalla Conferenza (con i voti che rappresentino almeno 1/3 dei Comuni compresi nella Città metropolitana e la maggioranza della popolazione complessivamente residente).

Il Consiglio metropolitano è *composto dal Sindaco metropolitano e da un numero di consiglieri che varia in rapporto al numero di abitanti* (comma 20).

Il Consiglio metropolitano dura in carica *5 anni*. In caso di rinnovo del Consiglio del Comune capoluogo, si procede a nuove elezioni del Consiglio metropolitano entro 60 giorni dalla proclamazione del Sindaco del Comune (comma 21).

Il Consiglio metropolitano è *eletto dai Sindaci e dai consiglieri comunali dei Comuni della Città metropolitana*. Sono eleggibili a consigliere metropolitano i Sindaci e i consiglieri comunali in carica. La cessazione dalla carica comunale comporta la decadenza da consigliere metropolitano (comma 25).

Il legislatore offre all'ente la *possibilità che lo Statuto preveda l'elezione diretta del Sindaco e del Consiglio metropolitano* utilizzando un sistema elettorale determinato dalla legge statale (comma 22).

La **Conferenza metropolitana** ha *poteri propositivi e consultivi*, secondo quanto disposto dallo Statuto.

Essa, inoltre, *adotta o respinge lo Statuto e le sue modifiche* proposti dal Consiglio metropolitano con i voti che rappresentino almeno 1/3 dei Comuni compresi nella Città metropolitana e la maggioranza della popolazione complessivamente residente (art. 1, comma 9).

La Conferenza metropolitana è *composta dal Sindaco metropolitano, che la presiede, e dai Sindaci dei Comuni appartenenti alla Città metropolitana* (comma 42).

17 Lo *status* di «Roma capitale»

L'art. 114 Cost., come riformulato a seguito della L. cost. 3/2001, afferma che **Roma è la capitale della Repubblica** e che **la legge dello Stato disciplina il suo ordinamento**.

In riferimento a tale ordinamento la L. 42/2009 (sul federalismo fiscale), all'art. 24, definisce Roma Capitale come ente territoriale, i cui confini sono attualmente quelli del Comune di Roma, **dotato di una speciale autonomia statutaria, amministrativa e finanziaria**, nei limiti stabiliti dalla Costituzione.

In attuazione della L. 42/2009 è stato emanato il D.Lgs. 156/2010 che contiene la *disciplina dell'ordinamento di Roma Capitale*.

4
Gli enti pubblici

1 Gli enti pubblici

Gli enti pubblici in generale sono il complesso organizzato di cose e persone che, attraverso gli organi, perseguono il fine dell'esercizio dell'attività amministrativa.

Il primo e il più importante degli enti pubblici è lo **Stato**, in veste di **Stato-Amministrazione**.

La *personalità giuridica dello Stato*, anche se non espressamente affermata, è tuttavia enucleabile dal nostro ordinamento giuridico, che afferma tra l'altro che lo Stato:

- è civilmente responsabile dell'operato dei suoi organi (art. 28 Cost.);
- è proprietario di beni (art. 42 Cost. ed artt. 822 e ss. c.c.);
- può stipulare contratti con altri soggetti (R.D. 18 novembre 1923, n. 2440; D.Lgs. 18 aprile 2016, n. 50);
- può agire ed essere citato in giudizio (T.U. 30 ottobre 1933, n. 1611 sulla rappresentanza e difesa in giudizio dello Stato ed art. 25 c.p.c.);
- ha diritto ad ottenere il risarcimento dei danni arrecati all'ambiente (art. 311, D.Lgs. 3 aprile 2006, n. 152).

Gli **enti pubblici**, o persone giuridiche pubbliche *diversi* dallo Stato, che esercitano *funzioni amministrative* costituiscono, nel loro complesso, la cd. **Pubblica amministrazione indiretta**.

Tutti gli enti pubblici sono *persone giuridiche*: questa qualità è loro riconosciuta o dalla Costituzione o dalle leggi. Gli enti pubblici sono dotati di pubblici poteri (anche se limitati ad un *minimum*, come ad esempio la sola *potestà certificativa*) e tutti si pongono accanto allo Stato per cooperare al raggiungimento dei molteplici fini pubblici che questo si propone.

In proposito la **L. 20 marzo 1975, n. 70** (cd. *legge sul parastato* recante disposizioni sul riordino degli enti pubblici) all'art. 4 ha espressamente sancito che «*nessun nuovo ente pubblico può essere istituito o riconosciuto se non per legge*»: dunque, **sono pubblici solo quegli enti a cui la legge istitutiva riconosce espressamente tale natura** (cd. «*criterio nominalistico*»).

2 Gli enti pubblici autarchici

Gli enti pubblici cd. funzionali, che agiscono in *regime di diritto amministrativo*, e che possono, pertanto, qualificarsi *Pubbliche Amministrazioni*, sono gli **enti autarchici**. Essi *godono di un particolare* **regime giuridico**, che si può riassumere descrivendone le seguenti caratteristiche: autarchia, autogoverno, autonomia, autotutela.

Regime giuridico

- **Autarchia**: in base alla dottrina più moderna consiste nella capacità degli enti pubblici di amministrare i propri interessi svolgendo un'attività avente gli stessi caratteri e la stessa efficacia dell'attività amministrativa dello Stato. Per SANDULLI essa è la caratteristica degli enti diversi dallo Stato di disporre di potestà pubbliche
- **Autotutela**: complesso di attività amministrative con cui ogni P.A. risolve i conflitti, potenziali od attuali, relativi ai suoi provvedimenti o alle sue pretese (BENVENUTI)
  - *decisoria*, attuata con l'emanazione di una decisione amministrativa
    - diretta, quando la P.A. esercita tali poteri spontaneamente o nell'adempimento di un dovere
    - indiretta, nei casi in cui la P.A. agisca a seguito di un ricorso
  - *esecutiva*, consistente nel complesso di attività volte ad attuare decisioni già adottate dalla P.A.
- **Autonomia**: capacità della P.A. di darsi da sé le proprie regole
  - *politica*: libertà nell'individuazione dei fini da perseguire
  - *giuridica*: capacità di agire nel campo giuridico per il raggiungimento dei propri fini
  - *normativa*: capacità di porre in essere norme giuridiche vincolanti per una generalità di soggetti
  - *organizzatoria e amministrativa*: capacità di definire la propria struttura organizzatoria di solito attraverso l'emanazione di regolamenti
  - *finanziaria*: capacità di imporre tributi propri
  - *di gestione*: capacità di avere un bilancio proprio, diverso da quello dello Stato
- **Autogoverno**: facoltà di alcuni enti pubblici di amministrarsi per mezzo di organi i cui membri sono eletti da coloro che ne fanno parte

3 La struttura degli enti pubblici: organi e uffici

3.1 L'organo

Come tutte le persone giuridiche, anche lo *Stato* e gli *enti pubblici* hanno una *propria organizzazione interna*, composta di beni e di persone fisiche che agiscono per conto dell'*ente*.

Nell'organizzazione di ogni ente pubblico possiamo distinguere gli *organi* e gli *uffici*.

L'**organo** rappresenta il **principale strumento di imputazione attraverso il quale l'amministrazione agisce**. L'imputazione organica consiste nell'imputazione alla persona giuridica sia degli enti che degli effetti.

Elementi essenziali dell'organo sono dunque:

1. il **titolare dell'organo** stesso (cd. *funzionario*), il quale è, di regola, una persona fisica, legata di norma all'ente da un particolare rapporto giuridico, che è il cd. *rapporto di servizio*; titolare dell'organo può anche essere, eccezionalmente, una persona giuridica, nel qual caso ricorre la figura delle *organizzazioni-persone giuridiche*;
2. l'**esercizio di una pubblica potestà** da parte del titolare stesso: *organo in senso tecnico è*, dunque, *solo colui che esercita una pubblica funzione* (Prefetto, Direttore generale, Ministro), *non anche il dipendente il quale svolga attività meramente esecutiva o materiale*. Il *quantum*, cioè la misura, dei poteri e delle funzioni che ciascun organo può esercitare si definisce *competenza*.

3.2 L'ufficio

Secondo la dottrina dominante (SANDULLI), l'**ufficio** (es. Ministero-Prefettura) è il **complesso organizzato di sfere di competenze, persone fisiche, beni materiali e mezzi rivolto all'espletamento di un'attività strumentale** — conoscitiva, preparatoria, esecutiva — tale da consentire all'organo (Ministro-Prefetto) di porre in essere i provvedimenti per la realizzazione dei fini istituzionali dell'ente.

Gli uffici (che possono servire anche più di un organo) si caratterizzano per la presenza di *due elementi*:

- un **elemento funzionale**, in quanto ad essi sono attribuite funzioni proprie della persona giuridica di cui fanno parte;
- un **elemento strutturale**, poiché essi sono incorporati stabilmente nella struttura dell'ente di cui fanno parte.

Si è, dunque, in presenza di un organo quando il soggetto ha la veste e la capacità di impegnare l'ente verso i terzi. Negli altri casi si tratterà di semplici uffici.

4 Rapporto organico e rapporto di servizio

Il **rapporto organico** (o d'ufficio) è un *rapporto non giuridico*, esprime solo la *relazione interna* (*organizzatoria*) tra organo (o ufficio) e soggetto preposto ad esso. La dottrina più moderna (SCOCA) ritiene che il *rapporto organico* sia un *rapporto di immedesimazione* tra preposto ed organo: il primo è, infatti, tutt'uno con il secondo non costituendo un soggetto a se stante.

La configurazione del rapporto organico, quale **rapporto non giuridico**, è rilevante ai fini della *diretta imputazione* dell'attività svolta dal titolare dell'organo all'ente di cui costituisce elemento strutturale. Infatti, l'atto compiuto dal titolare dell'organo risulta essere atto dell'ufficio o dell'organo e, in quest'ultimo caso, viene direttamente imputato all'ente.

Il cd. **rapporto di servizio** (coattivo o volontario) è, invece, la relazione esterna *tra la persona fisica e l'ente*, in virtù della quale sorgono le posizioni giuridiche favorevoli e sfavorevoli tra due distinti soggetti giuridici.

Il *rapporto di servizio* costituisce, quindi, il **rapporto giuridico** *intercorrente tra l'ente e la persona fisica* che, perciò, viene inserita con determinate funzioni nell'organizzazione dell'*ente*.

Il *rapporto di servizio* sorge con un atto amministrativo di *assunzione* del soggetto. In casi eccezionali, il rapporto può sorgere *di fatto*.

Il *rapporto organico* sorge anch'esso, in via generale, con un atto amministrativo, detto di *assegnazione* (o *incardinazione*) del soggetto all'ufficio o all'organo.

Tale *atto* presuppone logicamente l'esistenza del rapporto di servizio: tuttavia può verificarsi l'ipotesi che esso avvenga in presenza di viziata assunzione in servizio del soggetto e, quindi, in presenza di un *rapporto di servizio invalido*.

Il rapporto organico può essere anche di **fatto**, quando cioè non sussiste un atto di assegnazione ricorrendo però i presupposti per la configurazione del funzionario di fatto.

5 La *prorogatio* degli organi

La ***prorogatio*** degli organi è quel principio in forza del quale il titolare di un organo, quando non venga tempestivamente sostituito allo scadere del suo mandato o incarico, **continua a esercitare legittimamente le sue funzioni fino alla nomina del sostituto**. La *ratio* dell'istituto consiste nella finalità di «evitare discontinuità nell'esercizio dell'azione amministrativa, a tutela della certezza delle relazioni giuridiche e dei privati» (GAROFOLI-FERRARI).

Il regime di *prorogatio*, ai sensi della L. 444/1994, è limitato a soli **45 gg.** dalla scadenza. Gli organi scaduti possono adottare gli atti di ordinaria amministrazione nonché gli atti urgenti e indifferibili e gli atti straordinari e quelli emanati dopo la scadenza dei 45 gg. sono radicalmente nulli. Da tale disciplina sono esclusi gli organi rappresentativi delle Regioni, delle Province, dei Comuni, delle Comunità montane nonché gli organi che hanno comunque rilevanza costituzionale.

6 Rapporti interorganici

Anche se, in genere, gli organi non hanno autonoma personalità giuridica, le relazioni tra essi presentano normalmente carattere esterno, essendo giuridicamente rilevanti per l'ordinamento.

6.1 Gerarchia

Per *gerarchia* si intende il **rapporto esterno** intercorrente tra o**rgani individuali di grado diverso all'interno**, in genere, di **uno stesso ramo di amministrazione**.

La gerarchia esprime la relazione di sovraordinazione-subordinazione tra organi diversi, ma con competenze omogenee:

1. il rapporto di gerarchia intercorre solo fra *organi individuali*, per cui gerarchia non può esservi fra organi collegiali o fra organi collegiali ed organi individuali (se *eccezionalmente* è previsto un *ricorso gerarchico avverso un provvedimento* di una autorità collegiale si parla in tal caso, *ma solo ai fini di tale particolare ricorso, di gerarchia impropria*);
2. tale rapporto è soltanto *esterno*, per cui gerarchia non esiste all'interno di uno stesso organo, ma solo tra *organi con competenza funzionale esterna* (VIRGA);
3. questo rapporto intercorre, in genere, *solo fra organi appartenenti allo stesso ramo di amministrazione*, ma può *in qualche caso* ricorrere fra organi appartenenti a *rami diversi* (es.: il Prefetto riguardo ad altri Ministri diversi da quello dell'interno).

La gerarchia si sostanzia, dunque, nella **subordinazione di un organo** (cd. gerarchicamente inferiore) **rispetto ad altro organo** (cd. gerarchicamente superiore) e si manifesta con un *potere di supremazia* riconosciuto al secondo sul primo.

L'organo gerarchicamente superiore è investito, nei confronti dell'organo inferiore, di una serie di poteri che possono così sintetizzarsi (**gerarchia in senso stretto)**:

- posizione di *supremazia generale* rispetto all'organo subordinato;
- *potere di direzione* dell'attività dell'organo inferiore, che si esercita con l'emanazione di *ordini amministrativi*, sotto forma di *circolari* o *istruzioni* o *direttive*;
- *potere di delegare* all'organo inferiore l'esercizio di propri poteri, *nei casi consentiti dalla legge*;
- *potere di risolvere* i conflitti di competenza tra organi gerarchicamente inferiori;
- *potere di vigilanza*, che importa un controllo sull'attività dell'inferiore mediante *ispezioni* o *inchieste*, diretto ad accertare l'adempimento di tutti gli obblighi ad esso imposti dalle norme generali e, in particolare, a sorvegliare sull'osservanza delle disposizioni di servizio impartite dal superiore.

L'*ampiezza* di questo potere *di vigilanza*, e, quindi, delle facoltà in esso contenute, *è inversamente proporzionale all'autonomia dell'organo inferiore*.

Pertanto, se all'organo gerarchicamente inferiore non è attribuita, da una norma esterna, una competenza esclusiva, il potere di vigilanza dell'organo superiore è più intenso e penetrante, concretizzandosi anche nel:

- *potere di sostituzione*, cioè di agire in luogo dell'inferiore, quando questi *ometta di prendere provvedimenti che è obbligato ad adottare* in adempimento ai doveri del proprio ufficio;
- *potere di avocazione*, cioè di assumere un compito spettante all'inferiore indipendentemente da una sua inadempienza;
- *potere di annullamento d'ufficio*, nei confronti di atti illegittimi dell'inferiore;
- *potere di riforma*, su atti che, pur conformi a legge, si palesino inopportuni;
- *potere di decisione* dei ricorsi gerarchici.

Un *organo* può anche trovarsi a dipendere gerarchicamente da più organi (cd. *codipendenza*).

In particolare, l'organo sovraordinato, oltre ad avere la stessa competenza dell'organo sottordinato, ha anche una competenza sua propria.

Tale modello gerarchico **(gerarchia in senso stretto)** è chiaramente in *fase recessiva*, permanendo solo nelle amministrazioni militari, paramilitari o deputate a compiti di sicurezza pubblica. Nella attuale struttura amministrativa si è invece sviluppato un modello di **gerarchia in senso lato**, caratterizzato dalla presenza solo di alcuni dei poteri prima evidenziati, accanto al potere di ordine. In parallelo, si registra una progressiva sostituzione del modello della gerarchia con quello della **direzione**, in cui l'organo sovraordinato non impartisce ordini puntuali, ma *direttive,* ossia indica gli *obiettivi da raggiungere* lasciando *libertà di azione* all'organo sottostante circa le modalità di perseguimento degli stessi.

La responsabilità del titolare di un ufficio, nonché la distinzione delle sfere di competenza, presuppone che i poteri di ingerenza nell'attività dell'ufficio sottordinato risultino significativamente attenuati, se non addirittura eliminati.

6.2 Direzione

Trattasi di un **potere autonomo** ormai diffuso nelle pubbliche amministrazioni. Nel rapporto di direzione, gli organi sono posti in posizione di disuguaglianza, ma l'organo sovraordinato ha, in particolare, il potere di *propulsione*, *direttiva* e *controllo* nei confronti del destinatario sottoordinato, al quale è lasciata, però, la facoltà di scelta relativamente a modalità e tempi dell'azione da volgere per conseguire i risultati stabiliti.

In sostanza, nel rapporto di direzione, l'organo sovraordinato ha prevalentemente un potere di indirizzo nei confronti del sottoordinato, che si sostanzia nell'emanazione di direttive operative e nella successiva verifica dei risultati conseguiti.

6.3 Coordinamento

Meno intenso è il potere di coordinamento riconosciuto, talvolta, ad un ufficio rispetto ad altri uffici (anche gerarchicamente non inferiori), al fine di *coordinarne* ed armonizzarne l'attività, secondo un disegno coerente e organico in vista di risultati di interesse comune.

Esso si estrinseca nel *potere*, riconosciuto all'organo coordinatore, di impartire le **disposizioni idonee** per la realizzazione del disegno unitario vigilando sull'osservanza di esse (SANDULLI).

6.4 Controllo

Tale relazione consiste nella possibilità che un organo sindachi l'operato di un altro organo a fini di *prevenzione* o *riparazione* ed a salvaguardia degli interessi su cui è chiamato a vigilare (SANDULLI).

Non costituisce invece una **relazione interorganica** la **presidenza**. Tale figura si riscontra in genere negli *uffici collegiali*. Essa ricorre quando ad uno dei componenti un ufficio complesso viene riconosciuta una funzione di *predisposizione, propulsione, coordinazione, guida e disciplina* dei lavori dell'ufficio (SANDULLI). Non è dunque una relazione fra organi, *ma una relazione tra più soggetti di uno stesso organo.*

7 La competenza

7.1 Natura e tipologie

La **competenza di un organo** designa il **complesso di poteri** e **di funzioni** che esso può, per **legge**, esercitare per perseguire fini di pubblico interesse.

Essa ha, pertanto, anche una funzione delimitativa in quanto individua il «*quantum*», ossia la *misura delle attribuzioni di spettanza* dell'organo.

Nel diritto amministrativo il *principio della competenza* trova consacrazione nell'art. 97 della Costituzione il quale, con l'affermare al primo comma che i pubblici uffici sono organizzati secondo disposizioni di legge, in

modo che siano assicurati il buon andamento e l'imparzialità dell'amministrazione e col ribadire al secondo comma che nell'ordinamento degli uffici sono determinate le sfere di competenza, fa comprendere che:
— la *competenza* deve essere determinata sempre per legge;
— il principio di competenza trova il suo fondamento nel *principio di buona amministrazione*, in quanto mira a realizzare i criteri della efficienza e della specializzazione anche nel campo dell'attività amministrativa.

Tradizionalmente la competenza viene distinta in tre *categorie*:
— **competenza per materia**. Comporta la ripartizione delle varie attribuzioni con riferimento ai *singoli compiti*, per cui vengono a formarsi vari *settori* all'interno della P.A., caratterizzato ciascuno da un *compito particolare*. La maggiore e più importante ripartizione della competenza per materia è fatta con l'attribuzione dei compiti ai vari *Ministeri*, ciascuno dei quali si trova a capo di un ramo particolare dell'amministrazione;
— **competenza per territorio**. Tale ripartizione *presuppone identità di competenza per materia* e comporta, all'interno di uno *stesso ramo* dell'amministrazione, la ripartizione delle attribuzioni con riferimento *all'ambito territoriale* di un dato organo;
— **competenza per grado**. Essa presuppone *identità di competenza per materia e per territorio* e si pone, quindi, nell'ambito di uno **stesso ramo dell'amministrazione**. In base alle attribuzioni per grado viene, in pratica, a formarsi una piramide che ha il suo vertice nel Ministro e giunge agli organi periferici che ne costituiscono la base.

A queste si aggiunge la **competenza per valore** (considerata una specie della competenza per materia) determinata con riguardo all'entità economica dell'oggetto, per cui, nell'ambito di una medesima struttura organizzativa e con riferimento alla stessa funzione, la competenza di un organo è determinata dal valore economico legato al provvedimento da adottare.

7.2 Trasferimento dell'esercizio della competenza

La *competenza amministrativa* è retta dal principio di **inderogabilità**, in quanto le sfere di attribuzione e le competenze sono rimesse alla volontà del legislatore (*ex* art. 97 Cost.). Tuttavia esistono determinati istituti mediante i quali, con *provvedimenti amministrativi*, nei casi previsti dalla *legge*, pur *non operandosi un trasferimento della titolarità della competenza*, si determina lo *spostamento dell'esercizio di essa* (diversamente, l'atto sarebbe viziato, ed inesistente o annullabile a seconda della gravità dell'incompetenza).

Tali istituti giuridici sono:

a) l'**avocazione**, da parte dell'*organo gerarchicamente superiore*, dell'affare per cui è competente l'organo inferiore. Il potere di *avocazione* esiste solo in presenza di un *rapporto di gerarchia* e non può mai essere esercitato quando l'atto è rimesso dalla *legge* alla competenza esclusiva dell'organo inferiore;

b) la **delega** del potere, da parte *dell'organo titolare di esso*, ad altro organo amministrativo. La *delega di poteri* (o *delegazione*) comporta, quindi, il trasferimento dell'*esercizio del potere* da un organo ad un altro o da un soggetto ad un altro soggetto.

   Pertanto:
   — è *ammissibile solo nel caso in cui sia espressamente prevista dalla legge*, importando una deroga alla competenza coperta da riserva di legge;
   — *deve essere sempre conferita per iscritto*, comportando appunto una deroga alla competenza.

   Quanto agli *effetti*, la delega trasferisce dal delegante al delegato non già la titolarità del potere bensì soltanto l'esercizio di esso, mentre titolare ne resta il delegante. Per effetto della delega, quindi il delegato viene a trovarsi, rispetto all'*esercizio del potere*, nella stessa posizione del delegante.
   Il potere viene esercitato dal delegato *in nome proprio*, che ne è, quindi, *direttamente responsabile*.

Per quanto riguarda il *regime giuridico* degli atti compiuti dal delegato nell'esercizio del potere conferitogli dal delegante è, in linea di massima, quello proprio degli atti del delegato stesso.

Il **delegante**, per effetto della delega acquista, nei confronti del delegato:

- *il potere di imporgli direttive* relativamente agli atti da compiere nell'esercizio della delega;
- *il potere di sostituzione* in caso di *inerzia* del delegato nell'esercizio del potere delegato;
- *il potere di annullamento*, in sede di *autotutela*, degli atti illegittimi eventualmente posti in essere nell'*esercizio* della delega;
- *il potere di revoca* della delega;

c) la **sostituzione**, quando in caso di *inerzia* di un organo gerarchicamente inferiore, l'organo superiore si *sostituisce* ad esso nel compiere un *atto vincolato*.

Affinché, dunque, possa farsi luogo a sostituzione occorre, come rileva VIRGA, che:

- vi sia una previsione di legge;
- esista un *rapporto di gerarchia* tra il sostituto (superiore) ed il sostituito (inferiore);
- l'organo inferiore abbia *ingiustificatamente omesso di provvedere* alla emanazione di un provvedimento;
- il provvedimento da emettere sia un *atto vincolato nell'emanazione*;
- l'inferiore sia rimasto *inerte* anche dopo la *formale diffida ad adempiere* fattagli dal superiore.

Verificatisi tali presupposti, il superiore si sostituisce, direttamente o tramite «commissari *ad acta*» all'inferiore nell'emanazione dell'atto.

7.3 Il funzionario di fatto

L'espressione *funzionario di fatto* viene utilizzata con riferimento a quelle **ipotesi in cui l'atto di investitura del titolare dell'organo sia viziato o manchi del tutto**.

La soddisfazione della fondamentale esigenza di continuità dell'esercizio della funzione pubblica, nonché di quella della tutela della buona fede e dell'affidamento dei terzi, e di quella all'economia dei mezzi giuridici (che comporta la conservazione degli atti amministrativi utili alla P.A.), sono alla base della disciplina del fenomeno del funzionario di fatto. Le medesime esigenze reggono le figure della *prorogatio* degli organi cessati, della reggenza di organi privi di titolare, e delle analoghe sostituzione e supplenza.

Relativamente alle figure riconducibili sotto tale denominazione, non c'è omogeneità di vedute in dottrina, che in particolare discute relativamente alle ipotesi della *usurpazione* di funzioni pubbliche (art. 347 c.p.), della *occupazione bellica*, della *prorogatio* e della *ingerenza autorizzata* per via dell'atto di investitura formale, risultato solo in seguito viziato.

Per quanto concerne il regime giuridico degli atti compiuti dal funzionario di fatto, la giurisprudenza, applicando la regola del cd. *fatto compiuto*, ritiene che, una volta decorsi i termini per l'impugnativa dell'atto di investitura (allorché vi sia), gli atti siano validi, fatta salva sempre la loro impugnabilità per un vizio diverso da quello dell'incompetenza. Peraltro, parte della dottrina (GALLI) ritiene che tale soluzione non sia applicabile nell'ipotesi di vera e propria *usurpazione*, in quanto, trattandosi di un'attività penalmente illecita (347 c.p.), gli atti adottati dovrebbero essere considerati atti *ab imis* nulli, perché provenienti da soggetto sprovvisto della qualità di organo amministrativo.

Per ciò che riguarda il problema della **tutela dei terzi** destinatari degli atti dallo stesso emanati, la giurisprudenza è incline a risolvere detto conflitto facendo ricorso al **principio di conservazione**, in forza del quale gli atti in questione, ancorché invalidi, devono comunque ritenersi produttivi di effetti nei confronti dei terzi, eccezion fatta per le ipotesi di usurpazione, relativamente alle quali si propende per l'inapplicabilità del principio di conservazione.

8 L'esercizio privato di pubbliche funzioni

Vi sono dei casi in cui un'attività amministrativa di diritto pubblico (e, quindi, una potestà pubblica) è esercitata *in nome proprio* da *soggetti privati estranei all'amministrazione*: ciò si definisce **esercizio privato di pubbliche funzioni** (CERULLI IRELLI parla di *munus*).

Con tale espressione si intende **qualunque forma di attività, dalla quale derivi l'attuazione di fini pubblici, esercitata da privati**, ossia da persone fisiche che non si configurino come *organi* di enti statali né facciano parte di enti pubblici, ma che siano titolari di una qualche potestà.

L'esercizio privato delle pubbliche funzioni *non* rappresenta una terza specie di amministrazione, dopo quella statale e quella degli enti autarchici: si tratta, invece, di un mezzo particolare e diverso da quelli fin qui considerati di cui si avvalgono, *per perseguire i fini pubblici*, tanto lo Stato che gli stessi enti.

Il soggetto privato che esercita la pubblica funzione deve essere *titolato* al detto esercizio. Ciò può avvenire, ad esempio, o a causa della titolarità di un particolare ufficio (es.: comandanti di navi) oppure in esecuzione di una specifica attività professionale (notai).

Gli atti compiuti da tali persone, non essendo soggettivamente atti amministrativi (perché non provengono da una P.A.), sono sottratti alle regole proprie di questi ultimi compresa l'impugnativa in sede giurisdizionale.

Dei danni prodotti ai terzi nell'esercizio della funzione o del servizio, risponde sempre e soltanto il privato, mentre per i danni provocati dagli organi della P.A. questa è tenuta solidalmente con l'autore del danno verso i terzi.

9 Gli enti pubblici economici

Sono denominati enti *pubblici economici* (E.P.E.) quegli enti che operano nel campo della *produzione* e dello *scambio* di *beni* e *servizi* svolgendo attività *prevalentemente* o *esclusivamente* economiche (SANDULLI).

Lo *scopo di lucro* non è un elemento essenziale dell'attività dell'*ente pubblico economico*; tuttavia è necessario che l'ente operi secondo il *criterio della obiettiva economicità*, cioè di correlazione di costi e ricavi, nel senso che l'*impresa* venga esercitata in modo tale che dall'attività si ricavi *almeno quanto occorra per coprire i costi dei fattori di produzione impiegati* (GALGANO). L'ente pubblico economico deve perciò tendenzialmente mirare alla copertura dei propri costi di produzione e gestione attraverso le tariffe delle prestazioni erogate.

Quanto al **regime giuridico degli E.P.E.**, occorre rilevare che:

- sono soggetti all'*iscrizione nel registro delle imprese*;
- *non* sono assoggettabili al *fallimento*;
- a seconda *dell'oggetto sociale dell'impresa* stipulano con l'utenza *contratti disciplinati dal codice civile*;
- operano in regime di *concorrenza* con gli altri *imprenditori privati*.

Il fatto che operino come soggetti privati non esclude che alcuni atti dell'E.P.E. siano disciplinati dal diritto amministrativo; basti pensare all'*autonomia statutaria e regolamentare* nonché al *potere di autorganizzazione* riconosciuto a tali enti (LANDI-POTENZA).

Nel quadro di un generale programma di **privatizzazione** di vasti settori della pubblica economia, si è disposto con L. 29 gennaio 1992, n. 35 che gli enti pubblici economici *possono essere trasformati in società per azioni* (*S.p.A.*) conformemente agli indirizzi di politica economica ed industriale e nel rispetto dei criteri di economicità ed efficienza deliberati dal CIPE, su proposta del Ministro dell'economia e delle finanze, d'intesa con i Ministri di volta in volta competenti. Con la successiva L. 8 agosto 1992, n. 359 si è disposto, congiuntamente alla soppressione del Ministero delle partecipazioni statali, la trasformazione di IRI, ENI, ENEL ed INA in società per azioni.

Una decisiva accelerazione al processo di privatizzazione è stata impressa, inoltre, dalla **L. 14 novembre 1995, n. 481** — *Norme per la concorrenza e la regolazione dei servizi di pubblica utilità. Istituzione delle autorità per la regolazione dei servizi di pubblica utilità* — la quale ha istituito le ***authorities* per i servizi pubblici**, così ponendo le premesse per la privatizzazione e la concorrenza nei grandi monopoli pubblici come l'elettricità, il gas e le telecomunicazioni in genere. Sono state, così, istituite l'Autorità per l'energia elettrica e il gas e l'Autorità nelle garanzie per le comunicazioni (L. 249/1997). La costituzione di tali *authorities* rende possibile il collocamento delle azioni detenute dallo Stato nelle società derivanti dalla trasformazione degli enti pubblici economici.

Il processo di privatizzazione è stato anche influenzato dall'Unione europea, la quale impone il divieto di discriminazione tra gli operatori economici e tende a ridurre gli ambiti nei quali i soggetti pubblici agiscono in posizione di monopolio o comunque dispongono di particolari privilegi: ciò determina la limitazione dell'area del diritto derogatorio a vantaggio delle regole comuni applicabili ai soggetti che gestiscono attività di impresa (CASETTA).

10 Gli enti pubblici in forma societaria

Un fenomeno molto presente nel nostro ordinamento è rappresentato dall'utilizzo, da parte di soggetti pubblici, di strutture societarie, dagli stessi partecipate, per l'esercizio di attività pubblicistiche: le cd. **società per azioni a carattere pubblicistico**.

Tale modalità di azione è stata, però, di recente rivista dal legislatore per l'affermarsi a livello europeo della tendenza a ridurre i legami tra potere politico e potere economico e a regolamentare i casi in cui l'ente pubblico si avvale di strutture societarie a cui partecipa per porre in essere attività di carattere pubblicistico. In tale prospettiva è stato emanato il **D.Lgs. 175/2016**, cd. *Testo Unico sulle società partecipate*, e successive modifiche.

Il D.Lgs. 175/2016 ha ad oggetto la costituzione di società da parte di amministrazioni pubbliche, nonché l'acquisto, il mantenimento e la gestione di partecipazioni da parte di tali amministrazioni, in società a totale o parziale partecipazione pubblica, diretta o indiretta.

Preliminare all'esame del contenuto del D.Lgs. 175/2016 è la distinzione generale tra società controllate e società partecipate: mentre la **controllata** è una società nella quale l'ente pubblico detiene la maggioranza assoluta delle quote societarie, la **partecipata** è una società in cui una quota di capitale sociale è di proprietà di un ente pubblico.

Il Testo Unico, in particolare, opera in proposito la seguente distinzione:

— le «controllate» sono quelle società che si trovino in una delle situazioni di controllo, da parte di una o anche più pubbliche amministrazioni (in tali casi si parla di controllo congiunto), di cui all'art. 2359 del codice civile (art. 2, D.Lgs. 175/2016);

— le «partecipate», invece, sono quelle in cui la P.A. è titolare della qualità di socio, oppure dispone di strumenti finanziari che attribuiscono diritti amministrativi (ad esempio, l'attribuzione del diritto di voto o di nomina di un componente del consiglio di amministrazione). La partecipazione può anche essere «indiretta», laddove la partecipazione in una società sia detenuta da un'amministrazione per il tramite di società o altri organismi soggetti a controllo da parte della medesima amministrazione pubblica (art. 2, D.Lgs. 175/2016).

Regola generale è che, salvo eccezioni, sia le controllate che le partecipate sono assoggettate al regime proprio delle **società disciplinate dal codice civile e dalle norme generali del diritto privato** (art. 1, comma 3, D.Lgs. 175/2016).

Secondo la disciplina del Testo Unico, le **amministrazioni possono far parte esclusivamente di società,** anche consortili, **costituite in forma di società per azioni o di società a responsabilità limitata,** anche in forma cooperativa (art. 3).

Per quanto concerne le attività consentite, il legislatore pone il **divieto per le PP.AA. di costituire**, direttamente o indirettamente, **società aventi per oggetto attività di produzione di beni e servizi non strettamente necessarie per il perseguimento delle proprie finalità istituzionali**, **né acquisire o mantenere partecipazioni**, anche di minoranza, in tali società (art. 4, comma 1: cd. *vincolo di scopo*).

Ciò vuol dire, in sostanza, che le amministrazioni possono costituire o partecipare a società, ma solo se *correlate e finalizzate a scopi di interesse pubblico*: il legislatore, pertanto, pone uno stringente vincolo tra il raggiungimento di obiettivi istituzionali o di carattere generale e la costituzione o partecipazione in una società.

Il comma 2 dell'art. 4 del Testo Unico individua specificamente i casi in cui le amministrazioni **possono** costituire società o parteciparvi (cd. *vincolo di attività*, ad esempio, per la produzione di un servizio di interesse generale, ivi inclusa la realizzazione e la gestione delle reti e degli impianti funzionali ai servizi medesimi, oppure per la realizzazione e gestione di un'opera pubblica ovvero organizzazione e gestione di un servizio d'interesse generale attraverso un contratto di partenariato con un imprenditore selezionato), mentre, i successivi commi specificano le **attività che sono consentite alle amministrazioni** (ad esempio: costituire società partecipate aventi per oggetto sociale esclusivo la valorizzazione del patrimonio immobiliare delle amministrazioni stesse, tramite il conferimento di beni immobili; costituire gruppi di azione per elaborare strategie legate allo sviluppo locale o costituire spin off e start up universitarie).

Inoltre, sempre nell'ottica della razionalizzazione delle società in mano pubblica, si ricordi l'obbligo annuale, posto in capo alle amministrazioni, di analizzare l'assetto complessivo delle società in cui detengono partecipazioni, dirette o indirette, e di predisporre, ove ricorrano i presupposti (ad es.: fatturati bassi; società prive di dipendenti ecc.) un piano di riassetto per la loro razionalizzazione, fusione o soppressione, anche mediante messa in liquidazione o cessione (art. 20, D.Lgs. 175/2016).

11 I soggetti pubblici di matrice europea

11.1 L'organismo di diritto pubblico

La figura dell'organismo di diritto pubblico ha trovato la sua prima collocazione nella direttiva 89/440/CEE, con riferimento a tutti i soggetti, indipendentemente dalla loro natura giuridica, che presentino caratteristiche tali che, «da un punto di vista sostanziale, giustificano l'applicazione della disciplina sull'evidenza pubblica» (SCOCA - GIANI).

Il **Codice dei contratti pubblici, D.Lgs. 18-4-2016, n. 50**, uniformandosi alla disciplina europea, da un lato inserisce l'organismo di diritto pubblico tra le *amministrazioni aggiudicatrici*, dall'altro definisce tale figura come qualsiasi organismo, anche in forma societaria, istituito per soddisfare specificatamente esigenze di carattere generale, aventi carattere non industriale o commerciale, la cui attività sia finanziata in modo maggioritario dallo Stato, dagli enti pubblici territoriali o dagli altri organismi di diritto pubblico, dotato di personalità giuridica (art. 3, D.Lgs. 50/2016).

Gli elementi strutturali dell'organismo di diritto pubblico, dunque, sono tre e devono ricorrere **cumulativamente**:

- il possesso della personalità giuridica;
- il fine perseguito, consistente nel soddisfacimento di bisogni di interesse generale non aventi carattere industriale o commerciale;
- la sottoposizione ad un'influenza pubblica.

11.2 L'impresa pubblica

Alla figura dell'organismo di diritto pubblico si affianca quella dell'impresa pubblica che il **D.Lgs. 50/2016**, Codice dei contratti pubblici, definisce quella sulla quale le amministrazioni aggiudicatrici possono esercitare un'influenza dominante, o perché ne sono proprietarie, o perché vi hanno una partecipazione finanziario oppure in virtù delle norme che disciplinano dette imprese.

L'**influenza dominante**, in particolare, si presume nel caso di:

- detenzione della maggioranza del capitale dell'impresa;
- controllo della maggioranza dei voti cui danno diritto le azioni emesse dall'impresa;
- diritto di nominare più della metà dei componenti degli organi di amministrazione o di vigilanza.

L'impresa pubblica si **distingue** dall'organismo di diritto pubblico essendo diretta allo svolgimento di attività imprenditoriale: essa, infatti, agisce in condizioni di mercato, persegue uno scopo di lucro e se ne assume il rischio.

5

Atti e provvedimenti amministrativi. Elementi e vizi. Sistema dei controlli

1 Gli atti amministrativi

1.1 Che cos'è un atto amministrativo?

L'*atto amministrativo è un'atto unilaterale posto in essere da un'autorità amministrativa nell'esercizio di una funzione amministrativa* (SANDULLI).

Attraverso gli atti amministrativi la P.A. agisce in vista del **perseguimento** e della **cura degli interessi pubblici** concreti stabiliti in sede di indirizzo politico.

Tra gli atti amministrativi, come categoria generale, una posizione di spicco è rivestita dai *provvedimenti amministrativi*, che differiscono dai primi in quanto presentano **caratteri propri** e una **forza giuridica** particolare. Infatti, la P.A. agisce di solito attraverso una serie di atti concatenati e collegati tra loro, finalizzati alla emanazione del **provvedimento conclusivo del procedimento** che, a sua volta, manifesta all'esterno la volontà dall'Amministrazione pubblica ed è suscettibile di incidere unilateralmente sulla sfera giuridica soggettiva dei privati, nonché di essere portato ad esecuzione contro la volontà di questi.

Gli atti, invece, si caratterizzano perché sono *strumentali* e *preparatori* al provvedimento finale.

1.2 Classificazione

Degli atti amministrativi sono possibili varie classificazioni.

1. Secondo la **natura** dell'*attività amministrativa esercitata* si distinguono:
   - *atti di amministrazione attiva*, che sono quelli diretti a soddisfare immediatamente e direttamente gli interessi propri della P.A. (tali sono i cd. *provvedimenti amministrativi*);
   - *atti di amministrazione consultiva*, che sono quelli tendenti ad illuminare, mediante *consigli* tecnici, giuridici o economici gli *organi* di amministrazione *attiva* (tali sono i *pareri*);
   - *atti di amministrazione di controllo*, che sono quelli diretti a *sindacare* sotto il profilo della legittimità o del merito, i *singoli atti* o l'*operato* degli *organi* di amministrazione *attiva* (tali sono i *visti*, le *approvazioni* ecc.).
2. Secondo l'**elemento psichico** di cui sono manifestazione, si distinguono:
   - atti consistenti in *manifestazioni di volontà* (tali sono i *provvedimenti*);
   - atti consistenti in *manifestazioni di conoscenza* (tali sono le *certificazioni*);
   - atti consistenti in *manifestazioni di giudizio* (tali sono gli *atti di valutazione*, i *pareri*);
   - atti di *natura mista* (es.: le *proposte*).
3. Secondo la **discrezionalità** si distinguono:
   - *atti discrezionali*;
   - *atti vincolati*.
4. In relazione all'**efficacia**, si distinguono:
   - *atti costitutivi*, che creano, modificano o estinguono un rapporto giuridico preesistente. Tali atti possono incidere su: *status*, diritti ecc.;
   - *atti dichiarativi*, che si limitano ad accertare una determinata situazione, senza influire su di essa.

5. In relazione al **risultato**, si distinguono:
   — *atti ampliativi*, che attribuiscono al destinatario nuovi poteri e nuove facoltà, ampliando la sua sfera giuridica: tali sono gli atti costitutivi di *status*, di diritti e gli atti estintivi di obblighi;
   — *atti restrittivi*, che, invece, restringono la sfera giuridica del destinatario con l'estinguere suoi diritti o *status* o col creare nuovi obblighi (es.: gli ordini).
6. In relazione ai **destinatari**, si distinguono:
   — *atti particolari*, se destinati, ad un solo soggetto;
   — *atti con pluralità di destinatari*.

   Nell'ambito di tale categoria di atti, inoltre, si suole distinguere tra:
   — **atto plurimo**. È l'atto emanato da un *unico organo*, con *identico dispositivo* (cioè avente *uguale contenuto*) *formalmente unico* ma *scindibile* in *tanti diversi provvedimenti particolari quanti* sono *i destinatari* (es.: *l'unico decreto* con cui si nominano i *vari vincitori* di un concorso). Per questa ragione i singoli atti particolari, contenuti nell'atto plurimo, sono fra loro *indipendenti* e non seguono tutti la sorte che eventualmente può toccare ad uno di essi (così *l'annullamento di uno di essi, per motivi che concernono solo un singolo destinatario, non travolge anche gli altri*);
   — **atto collettivo**. È quell'atto con il quale la P.A. manifesta la propria volontà *unitariamente ed inscindibilmente,* nei confronti di un *complesso di individui unitariamente considerati* (VIRGA). Esempio di atto collettivo è l'ordine di scioglimento di un corpo organizzato (es.: scioglimento del Consiglio comunale).
     Consegue dalla natura di atto unitario, propria dell'atto collettivo, che *ogni vizio inficia l'atto nella sua totalità* (a differenza dell'atto plurimo);
   — **atti generali**. Sono quegli atti che si rivolgono *a destinatari* non *determinati al momento dell'emanazione dell'atto*, ma *determinabili in un momento successivo*, e *cioè al momento della loro esecuzione*; tali sono i *bandi di concorso* e di *gare*, gli *ordini di mobilitazione*, i *piani*, i *programmi* ecc.;
7. In relazione agli **agenti** abbiamo:
   — *atti di un solo organo* sia esso costituito da *una sola persona* (*organo monocratico*) sia da una *pluralità di persone* (*organo collegiale*); l'atto sarà, rispettivamente, qualificato «*atto semplice*» o «*atto collegiale*»;
   — *atti di più organi*, che possono, a loro volta, essere:
     — *atti complessi*, che risultano dal *concorso di volontà di più organi* preordinati allo *stesso fine* e mossi dallo *stesso interesse*;
     — atti «*di concerto*», che sono formati *d'iniziativa* di un organo *specificamente competente* che necessita, però, per l'adozione dell'atto, dell'adesione di un altro organo. *Sostanzialmente l'atto è imputabile* ad *entrambi gli organi*;
     — atti «*previa intesa*». Sono quegli atti che necessitano, per la loro *adozione* da parte di un organo, l'*assenso preventivo* di un *altro organo* quale ad es.: una «*autorizzazione*» o un «*nulla osta*»; quindi *l'atto di assenso* è *autonomo* rispetto all'atto *adottato* che è *imputabile* al solo organo che lo ha posto in essere.

2 I provvedimenti amministrativi

I *provvedimenti amministrativi* sono atti consistenti in *manifestazioni di volontà*, mediante i quali la P.A., nell'esercizio della propria *potestà d'imperio*, *unilateralmente* e *concretamente costituisce*, *modifica* o *estingue* una *situazione giuridica*, per *realizzare* un *particolare interesse pubblico* affidato *istituzionalmente* e, quindi, di regola con legge, alla *sua cura*.

I provvedimenti, in quanto espressione della potestà d'imperio della P.A., presentano caratteri ulteriori rispetto a quelli propri di tutti gli atti amministrativi:

a) **tipicità e nominatività**. *Tipicità*, nel senso che provvedimenti amministrativi sono solo quelli *previsti* dall'ordinamento; *nominatività*, nel senso che *a ciascun interesse pubblico particolare* *da realizzare* è preordinato un determinato *tipo* di atto definito e disciplinato (esplicitamente o implicitamente) dalla legge;

b) **autoritatività**, perché producono *unilateralmente* i loro *effetti* (e, quindi, *concretamente* la costituzione, modificazione o estinzione di posizioni giuridiche soggettive) *anche contro la volontà del destinatario*.

In che modo la P.A. può «incidere» su una situazione giuridica dei privati con un provvedimento amministrativo? Lo può fare **modificandola, estinguendola o costituendone** una nuova.
Per quanto riguarda la modifica e l'estinzione, si fa riferimento a una situazione giuridica di cui il privato è già titolare e che, con l'emanazione del provvedimento amministrativo, la P.A. può decidere di modificare (ad esempio, rimuovendo un limite legale alla stessa: è il classico esempio dell'*autorizzazione*) oppure di estinguere, facendola venire meno (si pensi al caso dell'espropriazione per pubblica utilità, con cui la P.A. espropria un privato di un suo bene per motivi di interesse pubblico: ad esempio, priva un cittadino di un suo terreno perché serve per costruirci un tratto di autostrada). Costituire, invece, significa attribuire al privato una situazione giuridica della quale quest'ultimo, prima del provvedimento, non era titolare. Questo accade con quel tipo di provvedimento amministrativo chiamato «*concessione*» (ad esempio, concessione di beni pubblici — la P.A. affida la gestione di una spiaggia ad un privato che apre uno stabilimento balneare — oppure concessione di servizi pubblici, che consentono ad un privato di svolgere attività economiche «di carattere pubblicistico» come la distribuzione dell'energia elettrica o del gas);

c) **esecutorietà**. Accanto all'autoritarietà e all'esecutività (che è l'astratta attitudine dell'atto ad essere eseguito), i *provvedimenti comportanti* **obblighi** *per i destinatari* sono dotati anche di una particolare efficacia, qualificata *esecutorietà*, consistente nella *possibilità concessa alla P.A.*, di dare immediata e diretta esecuzione all'atto amministrativo, anche contro il volere del soggetto destinatario del provvedimento sfavorevole, senza la necessità di una previa pronunzia giurisdizionale (art. 21ter, L. 241/1990);
d) **inoppugnabilità**. Tale carattere si riferisce all'idoneità del provvedimento a diventare *definitivo*, decorso un breve termine di decadenza per l'impugnazione.

3 Elementi dell'atto amministrativo

Gli **elementi** dell'atto amministrativo si distinguono (VIRGA) in:
— **essenziali**, se necessari giuridicamente per dar vita all'atto;
— **accidentali**, ovvero elementi eventuali, che non necessariamente devono essere contenuti in ciascun atto in quanto hanno semplicemente la funzione di incidere sull'efficacia dell'atto (come ad es.: un termine iniziale, da cui decorrono gli effetti dell'atto, o finale, cioè fino al quale l'atto produce i suoi effetti) senza, però, alterarne il tipo;
— **naturali**, sono quegli elementi che, in quanto previsti dalla legge per il tipo «astratto» di atto, si considerano sempre inseriti in esso, anche se non apposti espressamente.

3.1 Gli elementi essenziali

Gli elementi essenziali sono i seguenti:

— l'**agente** o **soggetto**. L'atto amministrativo deve essere, necessariamente, posto in essere da un organo della P.A. essendo quest'ultima il centro di imputazione giuridica degli atti posti in essere dai suoi organi (ad esempio, un funzionario dello Stato, o di altro ente pubblico; un privato investito dell'esercizio di una pubblica potestà, generalmente in forza di un provvedimento di concessione e limitatamente a quegli atti che costituiscono manifestazioni dell'esercizio di pubbliche potestà);
— il **destinatario**. È l'organo pubblico o il soggetto privato nei cui confronti si producono gli effetti del provvedimento. Il destinatario deve essere determinato o determinabile. La mancanza di destinatario comporta l'inesistenza dell'atto; l'errata individuazione di esso comporta, invece, annullabilità;

— la **volontà**. Anch'essa deve esistere al momento della emanazione dell'atto, in quanto ogni atto amministrativo deve essere posto in essere volontariamente.
  La volontà è un elemento essenziale di tutti gli atti amministrativi, qualunque ne sia il contenuto: infatti, anche negli atti consistenti in manifestazioni di conoscenza o di giudizio, è pur sempre essenziale la volontà della P.A. di porre in essere l'atto;
— la **finalità**. Affinché un atto amministrativo possa esistere è necessario che l'atto sia preordinato ad un **compito della Pubblica Amministrazione**, cioè la sua **finalità concreta** deve essere collegata alla **funzione amministrativa**. La finalità è, pertanto, lo scopo che l'atto persegue;
— l'**oggetto**. È ciò su cui l'atto amministrativo incide e può consistere in un comportamento, un fatto o un bene. Esso, poi, deve essere determinato, possibile e lecito;
— la **forma**. Si tratta del modo di essere della manifestazione che l'atto assume per operare nell'ordinamento positivo.
  Ogni atto amministrativo, affinché venga ad esistenza, deve essere manifestato all'esterno.

La forma dell'atto può, di volta in volta, essere:

a) **espressa**: mediante atti formali (cioè sottoposti a particolari «formalità») oppure atti non formali. La volontà, inoltre, può essere manifestata con atti scritti, con segnalazioni (segnali stradali, semafori, segnali ferroviari ecc.), oralmente ecc.;
b) **tacita**: sono «tacite» quelle manifestazioni che si possono desumere indirettamente da un altro provvedimento o da un comportamento dell'autorità.

In diritto amministrativo vige il principio della libertà della forma per cui, al di fuori delle ipotesi in cui è la legge stessa che richiede una forma particolare, l'atto può manifestarsi in qualsiasi forma, anche implicita. Va però detto che la legge richiede di solito la forma scritta.

In merito, si ricordi che a seguito della sempre maggiore diffusione dell'atto amministrativo informatico, questo è ormai equiparato a quello cartaceo.

3.2 Gli elementi accidentali

Anche in diritto amministrativo sono contemplati i cd. «elementi accidentali» che possono essere apposti ad atti discrezionali regolati da norme non cogenti, purché questi non ne alterino il contenuto tipico.

Sono elementi accidentali:

a) la **condizione**, che è quell'avvenimento futuro ed incerto al cui verificarsi inizierà (cd. condizione sospensiva) o cesserà (cd. condizione risolutiva) l'efficacia dell'atto;
b) il **termine**, che è quel momento futuro e certo a partire dal quale (cd. termine iniziale) o fino al quale (cd. termine finale) l'atto avrà efficacia;
c) l'**onere**, che è un particolare obbligo posto a carico del destinatario di un atto per lui favorevole (ed è tale quello che comporta un ampliamento della sua sfera giuridica o d'azione). Mira a far sì che con l'ampliamento dei poteri del privato, si realizzi anche l'interesse pubblico (concessione, autorizzazione, sovvenzione ecc.);
d) la **riserva**, che è una figura tipica del diritto amministrativo e consiste nella facoltà, che la P.A. si riserva, di adottare futuri provvedimenti in relazione ad un dato atto (es.: riserva di riscatto in caso di concessione di un servizio).

4 La struttura dell'atto amministrativo

Ogni atto amministrativo è, di regola, composto da *tre parti*.

Nella **parte iniziale** dell'atto sono indicati:

a) ***intestazione***, cioè l'indicazione dell'autorità da cui l'atto promana (Comune, Ministero ecc.), nonché l'organo individuale (es. Sindaco, dirigente o responsabile di un servizio) o collegiale (si pensi ad es. al Consiglio comunale o alla Giunta) che adotta l'atto;

b) ***indicazione formale*** del tipo di atto (es. ordinanza, determina ecc.);
c) ***oggetto*** dell'atto, cioè la funzione che lo stesso persegue nel caso concreto (es. ingiunzione di demolizione e remissione in pristino dello stato dei luoghi);
d) ***estremi*** dell'atto, ossia la *data* e il *numero di protocollo*, consistente in un numero progressivo assegnato dall'autorità, che serve ad individuare l'atto fra tutti quelli adottati o ricevuti.

La **parte centrale** dell'atto è, invece, composta da:

a) ***preambolo***, in cui sono indicati gli elementi di fatto e di diritto che rilevano ai fini dell'adozione dell'atto, le norme di legge o i regolamenti in base ai quali l'atto stesso è stato adottato, nonché le fasi significative del procedimento amministrativo svolto, comprese attestazioni relative agli atti preparatori;
b) ***motivazione***, che rappresenta lo strumento attraverso il quale la P.A. esterna i presupposti fattuali e le ragioni giuridiche che hanno portato alla emanazione di un dato provvedimento;
c) ***dispositivo***. È la parte *precettiva* dell'atto e costituisce la dichiarazione di volontà vera e propria. Trattandosi della decisione vera e propria, il contenuto del dispositivo varia a seconda dell'atto da adottare: può essere una *manifestazione di volontà* (quando si tratta di un provvedimento come una concessione o un decreto di esproprio), una *manifestazione di scienza* (come ad esempio, un verbale di accertamento), *manifestazione di valutazione o di giudizio* (come ad esempio un parere o una proposta).
   In coda al dispositivo, infine, vengono inserite alcune formule di chiusura (ad esempio, le forme di tutela esperibili dagli interessati avverso l'atto e i relativi termini di impugnazione dello stesso; l'indicazione dei soggetti ai quali l'atto deve essere notificato).

La **parte finale** dell'atto contiene le seguenti indicazioni:

a) ***luogo***, ossia l'indicazione del luogo in cui l'atto è stato adottato;
b) ***data***;
c) ***sottoscrizione***, cioè la firma dell'autorità che emana l'atto o di quella a tal fine delegata.

5 La motivazione del provvedimento amministrativo

La *motivazione del provvedimento amministrativo* rappresenta lo strumento attraverso il quale la P.A. **esterna i presupposti fattuali e le ragioni giuridiche** che hanno portato alla emanazione di un dato provvedimento (art. 3, L. 241/1990).

Prima dell'entrata in vigore della legge sul procedimento amministrativo, mancava, nel nostro ordinamento, una disciplina di carattere generale che imponesse di motivare i provvedimenti amministrativi. Tale circostanza comportava gravi ricadute in ordine al rispetto dei criteri a cui deve essere informata l'azione della pubblica amministrazione, *in primis* una violazione del principio della trasparenza, in quanto veniva a mancare l'esternazione dell'*iter* logico e giuridico seguito dalla P.A., e di conseguenza, un controllo esterno sul corretto operare dell'amministrazione. L'art. 3 della L. 241/1990 ha posto rimedio a tali rischi, con una norma di applicazione generale per tutti i provvedimenti amministrativi, compresi quelli concernenti l'organizzazione amministrativa, lo svolgimento dei concorsi e il personale, ad eccezione degli atti normativi e a contenuto generale. Sottratte alla disciplina della motivazione sono anche le forme di silenzio assenso *ex* art. 20, L. 241/1990.

Per quanto riguarda la **struttura** della motivazione, si parla, come anticipato, di presupposti di fatto e ragioni di diritto. Per **presupposti di fatto** si intendono gli elementi e i dati fattuali acquisiti durante l'istruttoria e che sono stati oggetto di valutazione da parte della P.A.; invece, le **ragioni giuridiche** comprendono le argomentazioni condotte sul piano del diritto, cioè le norme che sono state considerate applicabili nella fattispecie concreta all'esame dell'amministrazione procedente.

La motivazione, dunque, soddisfa l'esigenza di garantire agli interessati la **ricostruzione dell'*iter* logico seguito dall'amministrazione**, anche allo scopo di verificarne la correttezza nonché eventuali profili di illegittimità.

L'art. 3, comma 3, della L. 241/1990 dispone, inoltre, che, se le ragioni della decisione risultano da un altro atto dell'amministrazione richiamato dalla decisione stessa, insieme alla comunicazione di quest'ultima deve essere indicato e reso disponibile anche l'atto cui essa si richiama. Si tratta della cd. **motivazione *per relationem***, ossia della motivazione risultante da altri atti posti in essere nel corso dell'*iter* procedimentale; in tale caso, è previsto, tuttavia, che anche l'atto a cui è fatto riferimento debba essere indicato e reso disponibile, pena la configurazione di un vizio di legittimità.

Infine, l'ultimo comma dell'art. 3 dispone che in ogni atto notificato al destinatario devono essere indicati il **termine** e l'**autorità** *a cui è possibile fare ricorso.*

Per quanto riguarda i *profili giurisdizionali* attinenti l'obbligo di motivazione, bisogna considerare che, a seguito dell'entrata in vigore della L. 241/1990, la mancanza di motivazione costituisce **violazione di legge** (in specie, dell'art. 3 della L. 241/1990), mentre laddove una motivazione sia presente nel provvedimento ma sia inidonea (in quanto perplessa e contraddittoria) si è in presenza di **eccesso di potere**, riguardando il vizio, in tale caso, non la motivazione in sé, ma il concreto svolgimento del potere amministrativo.

6 I requisiti dell'atto amministrativo e la sua efficacia

6.1 I requisiti di legittimità e di efficacia

I requisiti sono quelle condizioni che, soddisfatte, consentono all'atto di raggiungere il fine per il quale esso è posto in essere.

Si distingue tra requisiti di legittimità e requisiti di efficacia. Mentre i **requisiti di legittimità** sono tutti quei requisiti richiesti dalla legge affinché l'atto, oltre che esistente sia anche valido (quindi è perfetto in tutti i suoi elementi), i **requisiti di efficacia** sono, invece, tutte le condizioni richieste affinché l'atto, già perfetto, divenga anche **efficace**, ossia in grado di produrre effetti.

Legittimità	➤ requisiti inerenti l'**agente**	• *compatibilità* (mancanza di cause che comportino astensione o ricusazione) • *legittimazione* (esistenza di un'investitura effettuata nei modi di legge) • *competenza* per territorio, grado e materia a procedere alla emanazione dell'atto
	➤ requisiti inerenti l'**oggetto**: esistenza di un potere relativo a quel dato oggetto ➤ requisiti inerenti la **forma**: rispondenza alla previsione di legge ➤ requisiti inerenti il **contenuto**: conformità dell'atto al precetto legislativo	
Efficacia	➤ **esecutività** (l'atto può essere portato ad esecuzione)	• controllo positivo • verificarsi dell'eventuale condizione sospensiva
	➤ **obbligatorietà** (l'atto, già perfetto ed esecutivo, diviene obbligatorio nei confronti dei destinatari)	• notifica • trasmissione • pubblicazione

6.2 L'efficacia dell'atto amministrativo

Per *efficacia* di un atto amministrativo si intende l'*attitudine* dell'*atto a produrre effetti*.

L'atto amministrativo diviene produttivo di effetti, a seguito del positivo completamento della *fase di integrazione dell'efficacia* (controllo e comunicazione all'interessato).

Gli *effetti* dell'atto possono essere:

a) **costitutivi**, se creano una *situazione giuridica ex novo*, o modificano una situazione preesistente ovvero la estinguono;
b) **dichiarativi**, se accertano o chiariscono una situazione già esistente;
c) **ampliativi**, se favorevoli per il destinatario;
d) **restrittivi**, se sfavorevoli per il destinatario. Ai sensi dell'**art. 21bis**, L. 241/1990 il provvedimento limitativo della sfera giuridica dei privati acquista efficacia nei confronti di ciascun destinatario con la **comunicazione** allo stesso effettuata; qualora per il numero dei destinatari la comunicazione non sia possibile o risulti particolarmente gravosa, l'amministrazione può provvedere mediante altre forme di pubblicità idonee. I provvedimenti limitativi della sfera giuridica dei privati aventi **carattere cautelare ed urgente sono immediatamente efficaci**.

Quanto al momento in cui un atto inizia a produrre effetti bisogna distinguere tra **atti recettizi** — che sono quelli che producono effetti solo quando sono portati a conoscenza del destinatario — e **atti non recettizi**.

Per gli *atti non recettizi* gli effetti si producono dal momento stesso in cui l'atto sia posto in essere; per gli atti *recettizi*, invece, gli effetti decorrono solo dalla *comunicazione* dello stesso al suo destinatario.

I provvedimenti amministrativi efficaci sono **eseguiti immediatamente**, salvo che sia diversamente stabilito dalla legge o dal provvedimento medesimo (art. 21quater, L. 241/1990).

In merito, vengono in rilievo due figure:

a) la **proroga**. È il provvedimento con cui la P.A. *differisce* ad un momento successivo, rispetto a quello previsto dall'atto, il *termine di scadenza dell'atto stesso*. Per essere produttiva di effetti essa deve intervenire *necessariamente prima* della *scadenza* e va adottata con le *stesse modalità* richieste per l'atto da prorogare. Essa è un vero e proprio *atto innovativo* rispetto a quello da prorogare, e come tale è soggetto a tutte le impugnative che si potevano intentare nei confronti dell'atto;
b) la **sospensione**: è un provvedimento di secondo grado con cui si sospende l'esecuzione di un precedente provvedimento. Essa può essere disposta **per gravi ragioni e per il tempo strettamente necessario**, dallo stesso organo che ha emanato l'atto ovvero da altro organo previsto dalla legge. Il termine della sospensione è *esplicitamente* indicato nell'atto che la dispone e può essere prorogato o differito per **una sola volta**, nonché ridotto per sopravvenute esigenze. La sospensione non può comunque essere disposta o perdurare oltre i limiti per l'esercizio del potere di annullamento di cui all'art. 21nonies, L. 241/1990.

7 Il silenzio della P.A.

L'art. 2 della L. 241/1990 sancisce un vero e proprio **obbligo** generale per la P.A. di concludere il procedimento amministrativo mediante l'adozione di un **provvedimento espresso**; in tal modo è riconosciuto al privato un vero e proprio *diritto alla conclusione del procedimento*.

In tale contesto si inserisce la problematica del silenzio dell'amministrazione, che si verifica quando la P.A. ometta di provvedere in una determinata materia, benché sia stata *proposta un'istanza* o abbia un particolare *dovere di intervenire*.

In generale, il silenzio non assume di per sé alcun significato, né positivo né negativo. Vi sono però dei casi in cui la legge attribuisce al silenzio (o inerzia) della P.A. il *valore legale tipico* di un atto amministrativo, nel senso che ad esso viene riconosciuto uno *specifico significato giuridico* (cd. **silenzio significativo**).

Le figure contemplate nell'ordinamento sono le seguenti:

- **silenzio assenso**. Si configura nei casi in cui la legge attribuisce al silenzio il valore di **accoglimento di un'istanza** (art. 20, L. 241/1990). Tale disposizione prevede che, nei procedimenti ad istanza di parte, il silenzio della P.A. equivale ad accoglimento della domanda, senza necessità di ulteriori istanze o diffide, se l'amministrazione non comunica all'interessato, entro i termini di conclusione del procedimento stabiliti dalla legge, il provvedimento di rigetto ovvero non indice una conferenza di servizi. Anche qualora il silenzio equivalga ad accoglimento della domanda, la P.A. conserva il potere di agire in via di autotutela, ai sensi degli artt. 21quinquies e 21nonies della L. 241/1990 (sul silenzio assenso si veda anche la trattazione sul procedimento);
- **silenzio-diniego**. Tale fattispecie si realizza quando la legge conferisce all'inerzia della P.A. il significato di un **diniego di accoglimento dell'istanza o ricorso**. L'ipotesi tipica è data dall'art. 25, comma 4, della L. 241/1990, per il quale decorsi inutilmente trenta giorni dalla richiesta di accesso ai documenti amministrativi, questa si intende *respinta*. Altra ipotesi specifica in cui si parla, però, tecnicamente di *silenzio-rigetto* è prevista dall'art. 6 della legge sui ricorsi amministrativi (D.P.R. 1199/1971) secondo il quale, trascorsi 90 giorni dalla presentazione di un ricorso gerarchico senza che la P.A. abbia deciso, il ricorso si intende respinto a tutti gli effetti;
- **silenzio devolutivo**. Si ha quando il silenzio di una P.A. comporta l'attribuzione della competenza *ad altra autorità*. L'art. 17 della L. 241/1990 prevede, in via generale e salve eccezioni specifiche, che in caso di mancata tempestiva pronuncia da parte dell'organo chiamato a partecipare al procedimento per esprimere valutazioni di carattere tecnico, l'autorità procedente è legittimata a rivolgersi ad altro organo di pari competenza;
- **silenzio-inadempimento**. Riguarda le ipotesi in cui la P.A., di fronte alla richiesta di un provvedimento da parte del privato, *abbia omesso di provvedere* entro i termini previsti dalla legge (o da norma regolamentare) e questa non contenga alcuna indicazione sul valore da attribuire al silenzio.

8 Le principali tipologie di provvedimenti amministrativi

La principale classificazione che può essere operata in ordine ai provvedimenti amministrativi è fondata, generalmente, sugli effetti dagli stessi prodotti.

Infatti, in tale ottica è possibile distinguere tra i **provvedimenti accrescitivi**, che cioè ampliano la sfera giuridica dei destinatari (in primo luogo, autorizzazioni, concessioni e provvedimenti analoghi), i **provvedimenti ablatori**, che invece restringono la sfera giuridica dei destinatari e, infine, i **provvedimenti di secondo grado**, che a loro volta incidono sugli gli effetti giuridici di precedenti provvedimenti (ad es., annullamento d'ufficio, revoca ecc.). Poi vi è tutta una serie di atti che, invece, non hanno le caratteristiche dei provvedimenti (es. i pareri).

9 Le autorizzazioni

9.1 Concetto e tipi

L'*autorizzazione* può essere definita come quel provvedimento mediante il quale la P.A., nell'*esercizio di un'attività discrezionale in funzione preventiva* (e normalmente ad istanza dell'interessato) provvede alla *rimozione di un limite legale* che si frappone all'*esercizio* di una attività inerente ad un *diritto soggettivo* o ad una *potestà pubblica*. Tali situazioni giuridiche — *diritto soggettivo o pubblica potestà* — devono, però, già precedentemente far capo al soggetto.

Elementi costitutivi della fattispecie autorizzativa sono:

- esistenza di un *limite legale* all'esercizio di una attività inerente ad un diritto soggettivo o ad un potere;
- *apprezzamento discrezionale* della P.A. in funzione preventiva;
- *rimozione del limite legale*.

Le autorizzazioni in genere *non sono trasmissibili* senza il consenso della P.A.

Tuttavia in alcuni casi particolari la legge ammette la *rappresentanza*. Il rappresentante deve avere i requisiti necessari richiesti per ottenere l'autorizzazione (non aver riportato condanna penale, avere i titoli richiesti ecc.).

Le autorizzazioni sono sempre concesse con la clausola «*salvi i diritti dei terzi*» per cui esse non possono essere invocate per eludere o diminuire la responsabilità civile o penale in cui il soggetto autorizzato incorra eventualmente nell'esercizio dell'attività.

Esaminiamo le tipologie di autorizzazione:

- **espresse e tacite** (o implicite o indirette). *Espressa* è l'autorizzazione rilasciata con un provvedimento «*ad hoc*» (ad es. l'autorizzazione ad aprire una farmacia *ex* L. 475/1968); *l'autorizzazione tacita* ricorre laddove la volontà autorizzatoria della P.A. sia ricavata dal suo silenzio a seguito di un'istanza (silenzio assenso);
- **modali e non modali**. Le *prime* sono quelle autorizzazioni per le quali, per ragioni di pubblico interesse, è consentito all'autorità amministrativa di inserire, nel provvedimento permissivo, prescrizioni limitative o modali; quelle *non modali* sono autorizzazioni il cui contenuto è predisposto dalla legge e non sono pertanto suscettibili di limitazioni. La P.A. ha solo la facoltà di emanarle o meno;
- **personali e reali**. È chiaro che il provvedimento autorizzativo ha come destinatario un soggetto di diritto. Si parla di:
  - *autorizzazioni personali*, quando l'apprezzamento discrezionale della P.A. concerne requisiti inerenti proprio la persona del soggetto autorizzato;
  - *autorizzazioni reali*, dette anche «*ob rem*», quando cioè l'accertamento verte su requisiti concernenti una «*res*». Tale è il caso della carta di circolazione di un autoveicolo, o della certificazione di abitabilità di un immobile.

9.2 Figure analoghe all'autorizzazione

1. **Abilitazione.** Le abilitazioni sono atti il cui rilascio è subordinato all'accertamento dell'idoneità tecnica di soggetti a svolgere una certa attività (CASETTA).
   La differenza fra abilitazione ed autorizzazione attiene solo al *diverso tipo di discrezionalità* cui deve ricorrere la P.A. nell'emanarli: *discrezionalità amministrativa nel caso di autorizzazioni,* discrezionalità tecnica *nel caso di abilitazioni.* Sono esempi di abilitazioni: l'abilitazione all'esercizio di una professione e il rilascio della patente di guida.
2. **Approvazione.** È un provvedimento permissivo in quanto consente l'esercizio di determinati diritti o facoltà con i quali la P.A. rende efficaci ed eseguibili atti giuridici già compiuti e perfetti. Differisce dall'autorizzazione in senso tecnico in quanto, mentre l'autorizzazione deve necessariamente intervenire prima del compimento dell'attività o dell'atto cui si riferisce, *gli atti di approvazione*, invece, *intervengono sempre dopo*; quindi, *l'autorizzazione condiziona la legittimità dell'atto* (o dell'attività), *l'approvazione ne condiziona solo l'operatività*. L'approvazione costituisce generalmente un *atto di controllo* e trova larga applicazione nei rapporti fra Stato e persone giuridiche pubbliche.
3. **Nulla-osta.** Si tratta di un atto emanato da un'*amministrazione diversa* da quella procedente, con cui si dichiara che, in relazione ad un particolare interesse, *non sussistono ostacoli all'adozione del provvedimento finale*. Il nulla-osta attiene, dunque, ai rapporti tra diverse amministrazioni (solitamente viene emesso dalle autorità centrali per attività che debbano essere svolte in sede locale). Il *diniego* del nulla-osta costituisce *fatto impeditivo della conclusione del procedimento*. L'assenso dell'amministrazione che lo rilascia riguarda non già il provvedimento nel suo complesso, bensì la sua compatibilità con l'interesse da essa curato (CASETTA).

4. **Licenze.** La dottrina dominante (VIRGA) riconduce tutte le licenze alla figura dell'*autorizzazione*, considerandole dei *provvedimenti permissivi* in quanto, mirando alla rimozione di un limite legale che si frappone all'esercizio di una attività inerente ad un diritto soggettivo o ad una potestà pubblica, rendono possibile l'esercizio del diritto soggettivo.
5. **Registrazione.** La *registrazione* è un'**autorizzazione vincolata**, in quanto anch'essa è diretta a *rimuovere un limite legale che si frappone all'esercizio di un diritto*; ciò avviene, però, *non a seguito di una valutazione discrezionale*, bensì sulla base di un semplice accertamento della sussistenza delle condizioni di legge.
6. **Dispensa.** È quel provvedimento mediante il quale la P.A., sulla base di una valutazione discrezionale, consente ad un soggetto di esercitare una data attività o compiere un determinato atto *in deroga* ad un divieto di legge, ovvero esonera il soggetto dall'adempimento di un obbligo di legge.

10 Le concessioni

Tradizionalmente la *concessione* viene definita come quel provvedimento amministrativo con cui la P.A. ***conferisce* ex novo posizioni giuridiche attive al destinatario**, *ampliandone così la sfera giuridica.*

Le concessioni si distinguono, tradizionalmente, in *traslative e costitutive.*

Le **concessioni traslative** sono quelle con le quali si trasferiscono al concessionario diritti e potestà che l'amministrazione titolare non intende esercitare direttamente».

Le **concessioni costitutive**, a differenza di quelle traslative, si configurano quando si attribuiscono al concessionario diritti e potestà «nuovi» che non trovano corrispondenti in quelli dell'amministrazione.

Da tale definizione si evince la natura giuridica della concessione, che è *provvedimento discrezionale ampliativo della sfera giuridica del destinatario*; dato caratteristico di esso, infatti, è la mancanza assoluta di una posizione giuridica, qualificabile come diritto soggettivo, antecedente alla sua emanazione. Il diritto soggettivo nasce solo se ed in quanto l'atto sia emanato.

Con l'atto di concessione sorge un **rapporto di diritto pubblico** tra la P.A. concedente ed il concessionario; tale rapporto è disciplinato specificamente dalla legge, per ciascun caso di concessione.

I **principi generali** che regolano tale rapporto sono i seguenti:

— la **scelta del concessionario**. Di regola, il concessionario deve essere scelto a seguito dell'esperimento di una **procedura di evidenza pubblica**, capace di individuare il soggetto dotato dei requisiti tecnici ed economici ideali, in relazione alla singola fattispecie.

— i **poteri di indirizzo da parte dell'ente concedente**;

— i **controlli sull'attività del concessionario**. L'importanza che riveste per la collettività l'utilizzo di un bene pubblico o l'esercizio di un pubblico servizio fa sì che il concessionario sia sottoposto ad un particolare regime di controlli e di vigilanza da parte dell'ente concedente.

Allorché l'irregolarità del servizio sia da imputarsi a fatti colposi del concessionario, si attiva anche un meccanismo di *tipo sanzionatorio*, mentre, laddove vi sia stata una inadempienza del concessionario, l'amministrazione potrà esercitare un *potere di tipo sostitutivo*, così da assicurare il pieno soddisfacimento dell'interesse pubblico sotteso all'atto di concessione;

— il **sistema dei diritti e dei doveri del concessionario.** In primo luogo, occorre ribadire che il concessionario acquista il *diritto all'uso del bene* (nelle concessioni di beni) e il diritto all'*esercizio della concessione* (nelle concessioni di servizi).

Corrispondentemente, il concessionario ha il *dovere di utilizzare il bene stesso* entro i limiti e nei modi fissati dalla legge o dall'atto di concessione e il *dovere di organizzare e far funzionare il servizio assunto*, conseguendo i vantaggi economici derivanti dalla gestione del servizio.

Il rapporto in questione può **estinguersi** per cause automatiche, quali la *scadenza del termine* di durata o la *morte del concessionario*, oppure per fattori *soggettivi*, raramente ricollegabili ad accordi bilaterali, ma essenzialmente riconducibili a *rimedi risolutivi unilaterali*.

11 Il potere ablatorio e l'espropriazione per pubblica utilità

Il **potere ablatorio** è quello **attraverso il quale la pubblica amministrazione, per un vantaggio della collettività, sacrifica un interesse ad un bene della vita di un privato cittadino** (GIANNINI). Le *forme* e l'*intensità* del sacrificio imposto variano in relazione ai diversi provvedimenti: esso può consistere nella semplice *limitazione di una facoltà* (es.: divieto di transitare su di una strada), *nell'imposizione di un obbligo* (es.: servizio militare) o, ancora, *nell'estinzione di un diritto* del privato (es.: espropriazione). Da ciò si desume che trattasi di una **categoria eterogenea** sia sotto il profilo funzionale che strutturale.

A livello funzionale, i provvedimenti ablatori (o ablativi) hanno tutti *sempre* un effetto privativo *di una facoltà o diritto facente capo al destinatario del provvedimento*, insito nel concetto stesso di ablazione; alcuni di essi, poi, possono anche avere un effetto acquisitivo *di una facoltà o diritto a favore di un beneficiario* (espropriante).

Dal punto di vista strutturale, fra le varie classificazioni possibili, la dottrina prevalente utilizza quella basata sulla *natura* della *situazione soggettiva sacrificata*.

Classificazione	➤ Personali	• incidono su diritto personale (es.: ordini di polizia)
	➤ Obbligatori	• incidono su rapporti di obbligazione (es.: imposizioni tributarie) • riserva di legge
	➤ Reali	• incidono su diritti reali (es.: espropriazione) • obbligo di indennizzo • motivi di interesse generale

L'art. 42, comma 3, Cost. afferma che «la proprietà privata può essere, nei casi preveduti dalla legge, e salvo indennizzo, espropriata per motivi di interesse generale». Tale disposizione è stata interpretata dalla dottrina come relativa all'intera categoria dei provvedimenti ablatori reali, dalla quale si ricavano i principi generali della *riserva di legge*, dell'*obbligo di indennizzo* e della *necessità di motivi di interesse generale* alla base dell'atto ablativo.

Tra gli atti ablativi il più importante è l'**espropriazione**.

L'art. 834 c.c. la definisce come quell'istituto di diritto pubblico in base al quale un *soggetto, previo pagamento di una giusta indennità, può essere privato*, in tutto o in parte, di uno o più *beni immobili* di sua *proprietà* per una *causa di pubblico interesse legalmente dichiarata* (*ex* art. 42 Cost.).

L'espropriazione crea un vero e proprio rapporto di diritto pubblico i cui elementi sono:

— **Le parti.** Il testo unico in materia di espropriazione (D.P.R. 327/2001) definisce all'art. 3 i soggetti del procedimento espropriativo:

a) per **espropriato** si intende il soggetto, pubblico o privato, titolare del diritto espropriato;
b) per **autorità espropriante** si intende l'autorità amministrativa titolare del potere di espropriare e che cura il relativo procedimento, ovvero il soggetto privato, al quale sia stato attribuito tale potere, in base ad una norma;
c) per **beneficiario dell'espropriazione** (cd. espropriante) si intende il soggetto, pubblico o privato, in cui favore è emesso il decreto di esproprio;
d) per **promotore dell'espropriazione** si intende il soggetto, pubblico o privato, che chiede l'espropriazione;

— **l'oggetto.** Può essere un **diritto di proprietà** o **altro diritto reale**.

Non possono essere espropriati:

a) gli edifici aperti al culto, se non per gravi ragioni e previo accordo con la competente autorità ecclesiastica;
b) i beni demaniali e i beni patrimoniali indisponibili;
c) le sedi di rappresentanze diplomatiche di Stati esteri;

— **l'indennizzo.** Questo elemento dell'espropriazione è tutelato direttamente dalla Costituzione e si pone, come nota la dottrina dominante, in relazione al provvedimento espropriativo come **presupposto di legittimità**.

Esso, dunque, consiste in un **intervento riparatore economico** a parziale compensazione del sacrificio imposto al privato, non necessariamente commisurato all'effettiva entità del danno sopportato dall'avente diritto, ma agganciato a parametri prestabiliti per legge o per contratto.

L'indennizzo deve essere:

— **unico**, cioè pagato solo *al proprietario o all'enfiteuta* se il fondo è gravato da enfiteusi. Nel caso in cui si espropri, invece, *solamente* un diritto reale altrui, l'indennizzo va pagato al titolare di tale diritto;
— **giusto**, secondo il dettato dell'art. 834 c.c. (termine non riportato nell'art. 42 della Costituzione), in conformità ad una esigenza di giustizia sostanziale. Qualunque sia la natura dell'indennizzo, non vi è dubbio che attraverso la sua previsione si sia voluta attuare una sorta di *ripristino* (almeno parziale) *dell'equilibrio patrimoniale* alterato a danno del privato sia pure per motivi legittimi rappresentati dal raggiungimento di una finalità pubblicistica. Pertanto, l'indennizzo deve essere *serio*, *congruo* (cioè non simbolico, né aleatorio) ed *adeguato*. La *congruità* del ristoro si ottiene facendo riferimento, per la determinazione dell'indennizzo, al valore del bene in relazione alle sue caratteristiche essenziali, fatte palesi dalla potenziale utilizzazione economica di esso, secondo legge (Corte cost., 10-6-2011, n. 181).

Come **si quantifica** l'indennizzo? Il Testo Unico in materia di espropriazioni per pubblica utilità dedica il Capo VI all'**entità** dell'indennizzo, determinandola nel seguente modo:

— per le **aree edificabili**, nella misura pari al **valore venale del bene**;
— per le *aree legittimamente edificate*, nella misura pari al **valore venale**;
— per le *aree non edificabili* il criterio è quello relativo al **valore agricolo**, tenendo conto delle colture effettivamente praticate sul fondo.

12 Gli atti amministrativi che non sono provvedimenti

Accanto ai provvedimenti, esiste tutta una serie di atti amministrativi che per lo più assolvono a **funzioni strumentali**, accessorie o quanto meno secondarie; essi costituiscono categoria residuale e non sono di norma dotati dei caratteri tipici dei provvedimenti amministrativi.

Si tratta, quindi, di *atti di natura non autoritativa* (in quanto tali non immediatamente lesivi per il destinatario e, di regola, non direttamente impugnabili), a loro volta raggruppabili in **due grandi categorie**:

a) **atti consistenti in manifestazioni di volontà**, che si dividono in *atti paritetici* (non autoritativi), *taluni atti facenti parte del procedimento amministrativo e atti di controllo* (da alcuni inquadrabili tra le manifestazioni di giudizio);
b) **atti non consistenti in manifestazioni di volontà**, che si dividono in *atti ricognitivi*, aventi ad oggetto una manifestazione di conoscenza, nonché in *atti di valutazione*, aventi ad oggetto una manifestazione di giudizio e *intimazioni*.

12.1 Gli atti consistenti in manifestazioni di volontà

1. Sono **atti paritetici** quegli atti amministrativi con i quali la P.A., nell'ambito rapporto di diritto pubblico di natura patrimoniale, determina unilateralmente il contenuto di un obbligo al quale è tenuta per legge (es. determinazione di stipendi, assegni, emolumenti ecc.) in base ad una mera attività accertativa.

2. Tra gli **atti facenti del procedimento amministrativo** rientrano: la **richiesta** (con cui un'autorità si rivolge ad un'altra per sollecitare l'emanazione di un atto amministrativo che in mancanza non potrebbe essere adottato), la **designazione** (consiste nell'indicazione di uno o più nominativi all'autorità competente a provvedere ad una nomina), le **deliberazioni preliminari** (hanno la forza di determinare il contenuto dell'atto che sul loro presupposto dovrà essere emanato, ma in ogni caso non sono esse stesse costitutive dell'effetto giuridico che all'atto di attuazione si collega), gli **accordi preliminari** (sono conclusi dall'autorità che deve emanare un determinato atto con altre autorità tutte le volte in cui il provvedimento debba essere realizzato «di concerto» o «d'intesa» con esse).
3. **Atti di controllo**. Sono atti di controllo: **visto** (è un controllo preventivo di legittimità che sindaca l'atto sotto il profilo dell'incompetenza, della violazione di legge e dell'eccesso di potere e che incide sulla sua efficacia); **approvazione** (è un controllo preventivo di merito che non si limita al sindacato sulla legittimità, ma si estende alla valutazione dell'opportunità e convenienza dell'atto incidendo sulla sua efficacia; essa va comunicata all'autorità che ha emanato l'atto approvato ma è *immediatamente efficace*); **autorizzazione** (è un controllo preventivo di merito o legittimità che rimuove un ostacolo all'esercizio di un diritto o potere che già appartiene al soggetto e che incide sulla validità dell'atto); **omologazione** (è un controllo di legittimità e di merito in sostituzione o in aggiunta all'approvazione); **annullamento d'ufficio in sede di controllo** (è un atto di controllo successivo di legittimità che interviene dopo che l'atto ha acquistato efficacia).

Con riferimento all'**autorizzazione** è necessario chiarire la sua particolare natura giuridica al fine di evitare ogni equivoco. L'autorizzazione è un *provvedimento amministrativo* vero e proprio e, come si è visto, consiste nella rimozione di un ostacolo all'esercizio di un diritto o potere già spettante ad un soggetto. Il rilascio di un'autorizzazione (provvedimento) richiede, però, una *preventiva verifica* della compatibilità dell'esercizio in questione con un interesse pubblico e, in tal senso, è anche un atto di controllo preventivo.

12.2 Gli atti non consistenti in manifestazioni di volontà

1. **Atti consistenti in manifestazioni di conoscenza**: presentano il tratto unitario nella comune *funzione dichiarativa*, intesa come la funzione volta a dare **certezza di fatti giuridicamente rilevanti**. Tale attività presuppone l'acquisizione del fatto da accertare e la dichiarazione all'esterno di ciò che si è acquisito (sono esempi: gli accertamenti, le verbalizzazioni, le notificazioni, le comunicazioni).
2. Gli **atti consistenti in manifestazioni di giudizio** presuppongono un procedimento di apprendimento e si risolvono nell'enunciazione di un *giudizio valutativo*, per cui sono designati come ***atti di valutazione***. Appartengono a tale categoria i giudizi sulla idoneità dei candidati, le relazioni delle commissioni di inchiesta, i pareri e le proposte (che sono atti di valutazione con, in più, il carattere di atti di iniziativa).
3. Le **intimazioni**, infine, consistono nel *formale avvertimento* ad un soggetto, già tenuto in base ad un precedente titolo (legge o ordine) ad osservare un obbligo, di *ottemperare* all'obbligo stesso.

13 I pareri

13.1 Caratteri e funzioni

Sono atti a carattere ausiliario consistenti in *manifestazioni di giudizio* con cui gli *organi dell'amministrazione consultiva* mirano ad illuminare, consigliare, gli *organi* di *amministrazione attiva*. Sono, di regola, di competenza di speciali *organi collegiali*.

Consistono in giudizi su un'attività che dovrà essere compiuta da parte di chi li chiede: sono, pertanto, atti privi di *autonomia funzionale*, in quanto emessi in vista del provvedimento conclusivo di un procedimento amministrativo; da ciò consegue che essi *non sono autonomamente ed immediatamente impugnabili ma vanno impugnati solo insieme all'atto finale del procedimento cui si riferiscono*.

I pareri possono essere:

— **facoltativi**, se è rimesso alla *discrezionalità* degli *organi* dell'*amministrazione attiva* di richiederli o meno;

— **obbligatori**, se la *legge* impone all'*organo* di *amministrazione attiva* di richiedere il *parere* all'organo consultivo. La mancata audizione del parere comporta l'invalidità dell'atto per *violazione di legge*.

I pareri *obbligatori*, a loro volta, possono essere:

a) **non vincolanti**, quando l'organo di amministrazione attiva è *obbligato a richiedere il parere, ma può anche non attenersi ad esso discostandosene* con il proprio operato e *motivando* le ragioni per le quali se ne discosta;
b) **vincolanti**, se l'*organo* di amministrazione *attiva* è *obbligato* a richiedere il parere e ad *uniformarsi* ad esso.
In questo caso il parere vincolante è assimilabile ad una deliberazione preparatoria in quanto appartiene alla fase di determinazione del contenuto dell'atto;
c) **parzialmente vincolanti**, se l'organo di amministrazione attiva può *adottare un provvedimento difforme*, ma solo in un dato senso o seguendo un dato procedimento;
d) **conformi**, quando la P.A., ha il *potere discrezionale di provvedere o non nel senso del parere* che è *obbligata* a richiedere ma, ove decida di emanare l'atto di amministrazione attiva, deve *uniformarsi* ad esso.

Quanto ai **termini di rilascio dei pareri**, l'art. 16, comma 1, L. 241/1990 stabilisce che, per quanto riguarda i **pareri obbligatori**, il termine entro il quale devono essere resi è di 20 giorni dal ricevimento della richiesta, mentre, per i **pareri facoltativi**, pur rimanendo ferma la «immediata» comunicazione all'amministrazione richiedente del termine entro il quale il parere sarà reso, in ogni caso, tale termine «non può superare i venti giorni dal ricevimento della richiesta».

Circa **il rilascio dei pareri**, l'art. 16, comma 2 (come mod. dal D.L. 76/2020, conv. in L. 120/2020) prevede che il mancato rilascio del parere nel termine previsto ovvero la mancata rappresentazione di esigenze istruttorie da parte dell'organo consultivo (che legittima l'interruzione del termine) comportano che la P.A. *proceda indipendentemente* dall'espressione del parere stesso.

Un parere viziato inficia tutto il procedimento amministrativo, per cui l'atto finale risulterà anch'esso viziato. Da ciò si deduce che *anche i pareri facoltativi*, potendo viziare l'atto terminale, hanno senza dubbio rilevanza giuridica, sempreché, ovviamente, pur se facoltativi, l'autorità di amministrazione attiva che li ha richiesti ne abbia tenuto conto nell'adottare il provvedimento.

Ammessa la possibilità dei vizi di incompetenza e violazione di legge, si discute se il parere possa essere viziato anche da *eccesso di potere*. La dottrina dominante è orientata in senso affermativo.

In quanto atto infraprocedimentale, dunque insuscettibile di ledere posizioni giuridiche dei privati, il parere **non** è di norma **autonomamente impugnabile**.

13.2 Pareri e proposte

Le proposte tendono a **sollecitare l'attività di un altro organo ed al tempo stesso ad esprimere un giudizio** circa il contenuto da dare al provvedimento. Nella proposta quindi vengono a convergere una manifestazione di volontà propulsiva ad una manifestazione di giudizio.

Le proposte, di regola, non sono vincolanti; nei casi in cui eccezionalmente la proposta è vincolante, l'autorità potrà anche rifiutarsi di emettere il provvedimento, ma dovrà motivare in ordine al rifiuto e richiedere una nuova proposta; se invece adotta il provvedimento, non potrà discostarsi dalla proposta vincolante.

Numerose sono le **differenze** fra pareri e proposte:

— i **pareri** sono, solitamente, condizionati ad una richiesta, mentre le *proposte* sono spontanee;
— i *pareri* derivano, di regola, da organi neutrali, mentre le **proposte** provengono da soggetti interessati;
— i *pareri* sono atti infraprocedurali e non influiscono sui poteri di iniziativa dell'autorità decidente, mentre le *proposte* sono gli atti con cui inizia un procedimento;
— l'*oggetto del parere* è circoscritto alle questioni poste all'organo consultivo dall'organo attivo, mentre l'*oggetto della proposta* è definito dalla legge.

14 L'invalidità dell'atto amministrativo

L'atto amministrativo è *invalido* quando è difforme dalla norma che lo disciplina. In relazione alla natura della norma rispetto alla quale si verifica tale *difformità*, si possono individuare *due grandi categorie* di vizi dell'atto amministrativo:

a) se la norma è una **norma giuridica**, il vizio che consegue sarà un *vizio di legittimità* e l'atto sarà illegittimo;
b) se la **norma non è giuridica**, ma di *buona amministrazione* (che impone alla P.A. di attenersi, nell'esercizio dei suoi poteri discrezionali, a criteri di opportunità e di convenienza), il vizio conseguente sarà un *vizio di merito* e l'atto sarà **inopportuno**.

Le forme di patologia dell'atto amministrativo si distinguono a seconda della gravità dei vizi che l'atto può presentare. Pertanto, l'atto amministrativo si dice **nullo** se è manchevole di taluno degli elementi essenziali richiesti dalla legge, se è viziato da difetto assoluto di attribuzione, se è stato adottato in violazione o elusione del giudicato; è **annullabile** invece quando taluno degli elementi essenziali non manchi, ma sia viziato.

Non è annullabile, invece, il provvedimento amministrativo adottato in violazione di norme sul procedimento o sulla forma degli atti qualora, per la natura vincolata del provvedimento, sia palese che il suo contenuto dispositivo non avrebbe potuto essere diverso da quello in concreto adottato.

Analogamente, esso non è annullabile per mancata comunicazione dell'avvio del procedimento qualora l'Amministrazione dimostri in giudizio che il contenuto del provvedimento non avrebbe potuto essere diverso da quello in concreto adottato (**art. 21octies, L. 241/1990**).

15 La nullità

È **nullo** il provvedimento amministrativo che *manca degli elementi essenziali*, che è *viziato da difetto assoluto di attribuzione*, che è *stato adottato in violazione o elusione del giudicato*, nonché negli altri casi espressamente previsti dalla legge (art. 21septies, L. 241/1990).

Le cause di nullità sono da ritenersi **tassative** nonché **a numero chiuso**: l'art. 21septies, infatti, ha provveduto a codificare le relative ipotesi, ribadendone il carattere tassativo.

Quanto alle ipotesi di vizi che ingenerano nullità dell'atto amministrativo, stante la indeterminatezza legislativa, si ritiene in giurisprudenza che vanno ricompresi nel concetto di **elemento essenziale** dell'atto amministrativo:

a) la qualità di pubblica amministrazione in capo al soggetto che emette il provvedimento;
b) l'individuazione del soggetto o dell'oggetto nei cui confronti il provvedimento ha effetti;
c) l'esistenza di una norma attributiva del potere alla pubblica amministrazione procedente;
d) la volontà della pubblica amministrazione di adottare l'atto;
e) la forma, laddove prescritta dalla legge.

Con l'espressione **difetto assoluto di attribuzione**, la norma richiama la nozione, tradizionale in giurisprudenza, di *carenza di potere (in astratto)*, volendo in questo modo fare riferimento ai casi più gravi in cui il potere di cui si tratta non sussiste o in via generale o comunque in capo ad una determinata autorità.

Infine, la **violazione del giudicato** ricorre quando la P.A. abbia riesercitato il *medesimo potere già illegittimamente esercitato*, in contrasto con il contenuto preciso di giudicato; l'**elusione del giudicato**, invece, sussiste nei casi in cui l'Amministrazione, pur formalmente provvedendo a dare esecuzione a quando disposto con un giudicato, in sostanza esercita *un potere diverso, in assenza dei presupposti che lo giustificano*, configurando in tal caso uno sviamento del potere al fine di evitare l'esecuzione del giudicato.

Si ricorda che si è in presenza di un **giudicato** o **«cosa giudicata»** quando un provvedimento giurisdizionale è definitivo e incontrovertibile in quanto non più impugnabile innanzi ad una autorità giurisdizionale, o per decorso dei termini o perché sono già stati esperiti tutti i mezzi di impugnazione previsti.

Dal punto di vista della disciplina processualistica della nullità, si ricorda che con l'art. 31 del Codice del processo amministrativo il legislatore ha disciplinato l'azione di accertamento, e relativa declaratoria, delle nullità previste dalla legge.

Inoltre, il legislatore del Codice ha attribuito alla **giurisdizione esclusiva della G.A.** la cognizione delle controversie in materia di nullità del provvedimento amministrativo adottato in violazione o elusione del giudicato (**art. 133 c.p.a.**).

La *nullità* comporta le seguenti conseguenze sull'atto amministrativo:

- **inesistenza giuridica** dell'*atto*, e, quindi, *inefficacia* dello stesso (*quod nullum est, nullum effectum producit*);
- **inesecutorietà**: l'atto nullo è inefficace e, come tale, anche inesecutorio. Qualora all'atto nullo, venga data esecuzione, al soggetto compete il cd. *diritto di resistenza*;
- **inannullabilità**: l'atto nullo è inesistente e, come tale, non può essere annullato;
- **insanabilità** e **inconvalidabilità**: l'atto nullo non può essere sanato né convalidato. È invece ammessa la *conversione* in altro atto valido dell'atto nullo che presenti i requisiti e gli elementi essenziali del nuovo atto e realizzi, se convertito nell'atto diverso, l'interesse pubblico.

16 L'illegittimità dell'atto amministrativo

L'atto amministrativo *esistente*, che presenta dei *vizi di legittimità*, i quali incidono su elementi, essenziali dello stesso, è *illegittimo*, e come tale, *annullabile*.

L'**art. 21octies L. 241/1990**, al comma 1, individua come causa di annullabilità del provvedimento amministrativo i seguenti vizi: *incompetenza*, *eccesso di potere* e *violazione di legge*.

A questa si affianca l'**art. 29** del **Codice del processo amministrativo**, che disciplina l'azione di annullamento, sempre per violazione di legge, eccesso di potere e incompetenza.

16.1 L'incompetenza

L'*incompetenza* può essere *assoluta* o *relativa*:

1. ricorre **incompetenza assoluta** quando l'atto adottato dalla P.A. è inerente ad una materia riservata ad altro potere dello Stato, quando lo stesso, pur rientrando in una materia affidata all'amministrazione è adottato da un soggetto nell'esercizio di un potere del tutto estraneo alle sue attribuzioni (perché riservato ad un settore amministrativo completamente diverso), ovvero quando l'organo amministrativo emana un atto relativo ad un oggetto che si trova nella circoscrizione territoriale di un altro organo amministrativo;
2. si ha **incompetenza relativa** quando un organo amministrativo invade la sfera di competenza di un altro organo appartenente allo *stesso settore amministrativo* o comunque allo *stesso ente*. Solo l'incompetenza relativa è **causa di annullabilità** dell'atto amministrativo.

16.2 L'eccesso di potere

Per potersi configurare l'eccesso di potere — ossia la figura più importante dei tre vizi di legittimità, che si concretizza in un cattivo uso del potere da parte della Pubblica Amministrazione — occorrono tre requisiti:

1. **un potere discrezionale della P.A.**, in quanto è evidente che per gli atti vincolati, essendone predeterminato dalla legge il contenuto, non può riscontrarsi un vizio della funzione (o della volontà);
2. **uno sviamento di tale potere** (per i singoli casi in cui si riscontra tale sviamento v. *infra*);
3. **la prova dello sviamento**, necessaria per far venir meno la presunzione di legittimità dell'atto.

Le figure più rilevanti di eccesso di potere (che SANDULLI denomina *figure sintomatiche*) sono le seguenti:

a) **Sviamento di potere**
Ricorre *sviamento di potere* tanto nel caso in cui la P.A. usi un suo potere discrezionale per un fine diverso da quello per il quale il potere stesso le era stato conferito (tale, ad esempio, il caso di imposizione di un vincolo storico ad un immobile al solo scopo di sottrarlo alla demolizione prevista nel piano regolatore: come si vede, vi è in tal caso l'uso di un potere discrezionale per perseguire un interesse non pubblico), quanto nel caso in cui la P.A. persegua l'interesse pubblico, ma con un potere diverso da quello previsto a tal fine dalla legge (ad esempio, trasferimento di un impiegato ad una sede disagiata come punizione, laddove per la punizione sono previste apposite sanzioni disciplinari).

b) **Travisamento ed erronea valutazione dei fatti**
Ricorre tale figura quando la P.A. abbia ritenuto esistente un fatto inesistente o viceversa, ovvero quando abbia dato ai fatti un significato erroneo, illogico o irrazionale.

c) **Illogicità o contradditorietà dell'atto**
Si verifica tale figura quando la motivazione dell'atto sia illogica o contrastante in varie parti, o quando la motivazione sia in contrasto col dispositivo.

d) **Contraddittorietà tra più atti**
Ricorre tale figura quando più atti successivi siano contrastanti fra loro in modo da non far risultare quale sia la vera volontà della P.A. (così, ad esempio, nel caso in cui, dopo aver collocato a riposo un impiegato, gli si affidi un nuovo incarico).

e) **Inosservanza di circolari**
La violazione di una circolare, che, come sappiamo, è un atto interno, non può dar luogo di per sé a vizio di legittimità; tuttavia l'inosservanza di circolari importa eccesso di potere per la contraddizione esistente fra la volontà manifestata col provvedimento nel singolo caso concreto e quella manifestata in via generale dalla P.A. con l'emanazione della circolare.

f) **Disparità di trattamento**
Anche la disparità di trattamento configura un caso di illogicità e contraddittorietà tra atti: è il caso, ad esempio, in cui, dopo aver accertato la uguale responsabilità di due impiegati, l'uno è assolto e l'altro punito.

g) **Ingiustizia manifesta**
Questa figura è *rarissima*, poiché in genere l'ingiustizia attiene piuttosto all'opportunità o alla convenienza dell'atto e, quindi, al *merito*, che non alla legittimità. Il Consiglio di Stato, tuttavia, ha individuato alcune ipotesi di ingiustizia manifesta che si concretano in vero e proprio eccesso di potere, quale ad esempio il caso in cui si infligga una pena per scarso rendimento ad un impiegato menomato da un infortunio subito sul lavoro. Si tratta, comunque di una figura sintomatica che si sostanzia in atti espressione di grave iniquità.
SANDULLI ritiene che la disparità di trattamento e l'ingiustizia manifesta rappresentino una violazione dell'art. 97 Cost. e quindi concretino una violazione di legge e non un eccesso di potere.

h) **Violazione e vizi del procedimento**
La violazione di una norma procedurale concreta una violazione di legge e non già un eccesso di potere. Vi sono, tuttavia, delle ipotesi in cui la violazione o il vizio procedurale concreta vere e proprie figure di eccesso di potere: accanto alle ipotesi già considerate della illogicità, incongruità o insufficienza della motivazione sono da considerare i casi di:
— atto emesso sul presupposto di un parere viziato da errore o travisamento di fatto;
— difetto di istruttoria, che ricorre sia quando la P.A. abbia omesso del tutto di porre in essere una attività di tipo istruttorio, sia quando l'istruttoria ci sia stata ma presenti gravi vizi (ad es. perché incompleta e poco approfondita);
— violazione del principio del giusto procedimento.

i) **Vizi della volontà**
I fautori della teoria negoziale dell'atto amministrativo rinvengono tale figura quando l'atto sia stato emesso a seguito di un procedimento non corretto di formazione della volontà.

l) **Mancanza di idonei parametri di riferimento**
Altra figura di *eccesso di potere* è stata elaborata in seguito alla considerazione giurisprudenziale secondo la quale la P.A. non può incidere sulle situazioni soggettive istituzionalmente libere dei cittadini, senza

la guida di *idonei parametri generali di riferimento*. La loro mancanza, quindi, concreta un'ipotesi di eccesso di potere ogni qualvolta la pretesa tutelata del singolo sia in posizione di conflitto con quella analoga di altri soggetti.

16.3 La violazione di legge

È una *figura residuale* in quanto comprende tutti quei vizi che non rientrano nelle altre due categorie (ad esempio: vizio di forma, difetto di motivazione, contenuto illegittimo ecc.).

L'espressione «*legge*» ha un senso molto ampio; *non vi rientrano*, però, le *circolari*, che sono norme interne e la cui violazione, come visto, concreta eccesso di potere.

16.4 Conseguenze dell'illegittimità

L'atto illegittimo per la presenza di vizi di legittimità è **annullabile**, ma fino a quando non viene effettivamente annullato, *esiste ed è efficace*.

Pertanto, l'atto illegittimo è:

— *giuridicamente esistente*;
— *efficace*;
— *esecutorio*, per cui l'atto, se (e finché) non è annullato, può essere eseguito dalla P.A. in via diretta e coattivamente.

L'annullamento dell'atto non si verifica di diritto, ma soltanto a seguito di apposito *provvedimento* dell'*autorità amministrativa*, oppure di *sentenza del giudice amministrativo*.

L'atto amministrativo illegittimo può, anziché essere annullato, essere *sanato*, *ratificato* o *convertito* in un atto valido (v. *infra*).

17 L'inopportunità dell'atto amministrativo: i vizi di merito

A differenza dei vizi di legittimità, dei quali come si è visto è possibile fare un'accurata casistica, *i vizi di merito non sono suscettibili di una vera e propria classificazione*, data la mutevolezza dell'interesse pubblico e quindi di quei criteri di opportunità e di convenienza a cui deve ispirarsi la P.A. nell'esercizio dei propri poteri.

Il fondamento di tali vizi non risiede (come per vizi di legittimità) nella contrarietà dell'atto a norme giuridiche, ma nella violazione del **principio di buona amministrazione** (art. 97 Cost.), secondo cui l'attività amministrativa, ispirandosi a principi razionali di economia e tecnica amministrativa, deve svolgersi nel modo più idoneo riguardo all'uso dei mezzi e al raggiungimento dei fini.

Tali vizi, quindi, consistono nella violazione, da parte della P.A., di **norme non giuridiche** di opportunità, di equità, di eticità ecc.

I vizi di merito possono invalidare solo gli *atti discrezionali* (atti per i quali è concesso alla P.A. di vagliare l'opportunità, la convenienza, dell'atto stesso).

18 Il potere di riesame della P.A. e gli atti di ritiro

18.1 I rimedi contro gli atti illegittimi e inopportuni

Un atto amministrativo *viziato* può essere eliminato attraverso:

— una *sentenza* dell'autorità giurisdizionale amministrativa (*T.A.R., Consiglio di Stato*);
— una *decisione amministrativa* provocata da un ricorso dell'interessato;
— un atto amministrativo «*spontaneo*» della Pubblica Amministrazione, diretto a *ritirare* l'atto viziato, e perciò detto «*atto di ritiro*»;
— un atto o un procedimento che anziché eliminare l'atto viziato, lo «*sani*» o ne provochi la *conservazione*.

18.2 Gli atti di ritiro

Gli atti di ritiro sono *provvedimenti amministrativi,* cd. di *secondo grado*, a contenuto negativo, emanati in base ad un *riesame* dell'atto, compiuto nell'esercizio del medesimo potere amministrativo esercitato con l'emanazione dell'atto, al fine di eliminare l'atto viziato (es.: revoca, annullamento, rimozione).

Essi sono manifestazioni dell'**autotutela** della P.A. e si concretano nell'*autoimpugnativa*, cioè nella facoltà attribuita alla P.A. di procedere *ex se*, unilateralmente e d'ufficio, alla caducazione dei propri atti riconosciuti illegittimi o inopportuni.

Gli atti di ritiro (o cosiddetti **atti di secondo grado**), quindi, sono quei *provvedimenti amministrativi* a contenuto negativo, emanati in base ad un riesame dell'atto compiuto nell'esercizio del medesimo potere amministrativo esercitato con l'emanazione dell'atto al fine di eliminare l'atto viziato.

Gli atti di ritiro presentano i seguenti caratteri:

- sono **discrezionali**, quanto all'emanazione: la P.A. valuta di volta in volta se sussista un *interesse pubblico concreto e attuale* a ritirare il provvedimento;
- sono *provvedimenti* **esecutori**: una volta intervenuti i requisiti di esecutività o di obbligatorietà per essi prescritti;
- *sono provvedimenti* **formali**: il procedimento e le forme sono, di solito, le medesime prescritte per l'atto ritirato (principio del *contrarius actus*);
- devono essere **motivati obbligatoriamente** (art. 3 L. 241/1990): si richiede per l'atto di ritiro la motivazione, anche quando non sia richiesta per l'atto ritirato;
- sono **provvedimenti recettizi**: devono, cioè, essere necessariamente portati *a conoscenza* dei destinatari;
- sono soggetti alle regole della L. 241/1990 in tema di **silenzio-rifiuto** e di obbligo di **comunicazione dell'avvio del procedimento**.

19 L'annullamento d'ufficio

L'**annullamento** è un provvedimento amministrativo di 2° grado, con il quale viene ritirato, con **efficacia retroattiva** (*ex tunc*), ossia dalla data della sua emanazione, un atto amministrativo illegittimo, per la presenza di *vizi di legittimità originari* dell'atto (*invalidità originaria*).

L'**art. 21nonies** della L. 241/1990, dispone che il provvedimento amministrativo illegittimo (perché adottato in violazione di legge o viziato da eccesso di potere o da incompetenza) può essere **annullato d'ufficio**, *sussistendone le ragioni di pubblico interesse, entro un termine ragionevole, comunque non superiore a 12 mesi dal momento dell'adozione dei provvedimenti di autorizzazione o di attribuzione di vantaggi economici* (inclusi i casi in cui si sia formato ai sensi dell'art. 20 L. 241/1990) *e tenendo conto degli interessi dei destinatari e dei controinteressati, dall'organo che lo ha emanato, ovvero da altro organo previsto dalla legge.*

Si tenga presente che il termine decadenziale di 12 mesi è stato introdotto dal **D.L. 77/2021** conv. in **L. 108/2021**, cd. **decreto semplificazioni 2021** in sostituzione degli originari 18 mesi.

Non sottostanno alla disposizione le ipotesi di cui all'art. 21octies, comma 2, L. 241/1990, per cui la P.A. non potrà far decadere i provvedimenti adottati in violazione delle norme sul procedimento o sulla forma degli atti qualora, per la natura vincolata del provvedimento, sia palese che il suo contenuto dispositivo non avrebbe potuto essere diverso da quello in concreto adottato; i provvedimenti restano validi anche in caso di mancata comunicazione dell'avvio del procedimento qualora la P.A. dimostri che il contenuto del provvedimento non avrebbe potuto essere diverso da quello in concreto adottato.

I provvedimenti amministrativi conseguiti sulla base di false rappresentazioni dei fatti o di dichiarazioni sostitutive di certificazione o dell'atto di notorietà false o mendaci per effetto di condotte costituenti reato, possono essere annullati anche dopo la scadenza del termine anzidetto.

L'annullamento di cui si tratta in questa sede è l'*annullamento d'ufficio,* **su iniziativa della P.A.**, che va tenuto distinto dall'*annullamento su ricorso amministrativo* (autotutela contenziosa) e dall'annullamento in sede di controllo (autotutela decisoria cd. necessaria). Il potere d'annullamento d'ufficio è un *potere generale* della P.A. e *non* occorre una espressa previsione di legge per il suo esercizio.

L'atto di annullamento ha *efficacia retroattiva*: fa, cioè, venir meno l'atto annullato dal *momento in cui fu emanato* (*ex tunc*). Pertanto cadono anche gli effetti dell'atto annullato.

Tuttavia vi sono dei limiti alla efficacia retroattiva dell'annullamento. È inammissibile che vengano pregiudicate le posizioni giuridiche dei terzi in buona fede e potrebbe inoltre essere impossibile eliminare taluni degli effetti prodotti dall'atto viziato (*factum infectum fieri nequit*).

L'atto di annullamento si differenzia dalla revoca, che non trova limiti nelle posizioni soggettive dei destinatari sorte dall'atto caducato, stante l'illegittimità *ab origine* delle stesse.

Il comma 2 dell'art. 21nonies fa salva la possibilità di convalida del provvedimento annullabile, sussistendone le ragioni di interesse pubblico ed entro un termine ragionevole, così come restano ferme le responsabilità connesse all'adozione e al mancato annullamento del provvedimento illegittimo.

20 La revoca

È un provvedimento motivato di secondo grado, con cui la P.A. ritira, con efficacia **non retroattiva** (*ex nunc*) un atto inficiato da *vizi di merito* (inopportuno, non conveniente, inadeguato), in base ad una nuova valutazione degli interessi.

L'**art. 21quinquies**, comma 1, L. 241/1990 stabilisce che **per sopravvenuti motivi di interesse pubblico ovvero nel caso di mutamento della situazione di fatto** non prevedibile al momento dell'adozione del provvedimento o, salvo che per i provvedimenti di autorizzazione o di attribuzione di vantaggi economici, di nuova valutazione dell'interesse pubblico originario, il provvedimento amministrativo *ad efficacia durevole* può essere revocato da parte dell'organo che lo ha emanato ovvero da altro organo previsto dalla legge. La revoca determina la inidoneità del provvedimento revocato a produrre ulteriori effetti. Se la revoca comporta pregiudizi in danno dei soggetti direttamente interessati, l'amministrazione ha l'obbligo di provvedere al loro indennizzo.

Le controversie in materia di determinazione e corresponsione di tale indennizzo sono devolute alla giurisdizione esclusiva del G.A. (art. 133 Codice del processo amministrativo).

Ove la revoca di un atto amministrativo ad efficacia durevole o istantanea incida sui rapporti negoziali, l'indennizzo liquidato dall'Amministrazione agli interessati è parametrato al solo *danno emergente* (e non anche al lucro cessante) (e non e tiene conto sia dell'eventuale conoscenza o conoscibilità da parte dei contraenti della contrarietà dell'atto amministrativo oggetto di revoca all'interesse pubblico, sia dell'eventuale concorso dei contraenti o di altri soggetti all'erronea valutazione della compatibilità di tale atto con l'interesse pubblico.

Esistono *due tipi di revoca*:

1. l'**autorevoca**: da parte della stessa autorità che ha emanato l'atto;
2. la **revoca gerarchica**: da parte dell'autorità gerarchicamente superiore, in quanto questa ha la *medesima competenza*, e può *sostituirsi* all'autorità inferiore nell'esercizio di poteri propri di questa.

21 L'abrogazione e gli altri atti di caducazione

21.1 Abrogazione

Secondo VIRGA, è un atto di ritiro che si attua per il sopravvenire di nuove circostanze di fatto che rendono l'atto non più rispondente al pubblico interesse.

SANDULLI fa rientrare tale caso in quelli per i quali è prevista la *revoca*, e non parla di abrogazione.

Il regime giuridico di tale figura è il seguente:

- gli atti suscettibili di abrogazione sono gli stessi che possono essere revocati;
- gli effetti della abrogazione si producono (come per la revoca) *ex nunc*;
- la differenza tra *revoca e abrogazione* starebbe nel fatto che la prima comporta un riesame del merito dell'atto al momento della sua emanazione, la seconda, invece, una valutazione della opportunità di tenere in vita il rapporto creato dall'atto (VIRGA); ammesso che tale diversità esista, non influisce sul regime giuridico dell'atto.

21.2 La pronuncia di decadenza

È un atto di ritiro che la P.A. utilizza nei confronti di **precedenti atti ampliativi** delle facoltà dei privati, in caso di:

- *inadempimento* degli obblighi o degli oneri incombenti sui destinatari;
- *mancato esercizio* da parte dei medesimi delle facoltà derivanti dall'atto amministrativo;
- *venir meno di requisiti* di idoneità necessari sia per la costituzione che per la continuazione del rapporto.

La pronuncia di decadenza fa cessare gli *effetti* dell'atto precedente *ex nunc*.

21.3 Il mero ritiro

È un atto di *ritiro* che si esplica, anche per *fatti concludenti*, nei confronti di *atti non ancora efficaci* come, per esempio, per gli *atti del procedimento non ancora perfezionatosi*, gli atti privi di un requisito di esecutività o di obbligatorietà, ovvero gli atti per loro natura inefficaci (es.: atti nulli).

Perché possa farsi luogo al *ritiro* è condizione *sufficiente* l'*accertamento* della *illegittimità* o *inopportunità dell'atto*, non essendo richiesto l'apprezzamento di un interesse pubblico, concreto ed attuale, al suo ritiro. Del resto, poiché esso attiene ad un atto inefficace, non vi è alcun affidamento nei destinatari meritevole di essere tutelato (VIRGA).

21.4 La riemissione di provvedimenti annullati dal giudice per vizi inerenti ad atti endoprocedimentali

Il **D.L. 76/2020**, conv. in **L. 120/2020**, cd. decreto semplificazioni 2020, ha introdotto nel Capo IV-bis della L. 241/1990 una disposizione, l'**art. 21decies**, che specificamente disciplina l'ipotesi in cui la P.A., successivamente all'annullamento in sede giurisdizionale di un provvedimento amministrativo, per vizi inerenti ad uno o più atti emessi nel corso del procedimento di autorizzazione o di valutazione di impatto ambientale, riadotti gli atti annullati.

La disposizione impatta soprattutto sulle **autorizzazioni ambientali**: il legislatore, infatti, richiama il procedimento di autorizzazione o di valutazione di impatto ambientale. In secondo luogo, il provvedimento finale deve essere stato annullato con **sentenza passata in giudicato**, ossia con una sentenza che ha acquisito una certezza definitiva per essere preclusa ogni possibilità di impugnazione.

Nello specifico, la disposizione prevede che, in caso di annullamento di un provvedimento finale in virtù di una sentenza passata in giudicato, derivante da vizi inerenti ad uno o più atti emessi nel corso del procedimento di autorizzazione o di valutazione di impatto ambientale, il proponente possa richiedere — all'amministrazione procedente e, in caso di progetto sottoposto a valutazione di impatto ambientale, all'autorità competente — l'attivazione di un **procedimento semplificato**, finalizzato alla riadozione degli atti annullati.

Con tale procedimento semplificato si consente, cioè, alla P.A. di esercitare nuovamente un potere amministrativo di fatto già esercitato.

22 La sanatoria dell'atto amministrativo viziato

Mentre gli *atti nulli* non producono nessun effetto, in quanto l'atto non ha giuridicamente alcun valore, e quindi non possono essere sanati, gli *atti illegittimi*, e quindi *annullabili*, possono essere ritirati dalla P.A., con i mezzi esaminati in precedenza, oppure possono essere *sanati e mantenuti in vita,* mediante:

a) un atto che elimina il vizio inficiante il provvedimento (*convalescenza dell'atto amministrativo*);
b) un *atto* o un *fatto* che rendono l'atto amministrativo illegittimo, *inattacabile* sia sul piano amministrativo che giurisdizionale (*conservazione dell'atto amministrativo*).

I provvedimenti di convalescenza eliminano i vizi di legittimità che inficiano gli atti amministrativi. Trovano il loro fondamento nel potere di *autotutela* con cui la P.A. risolve nel proprio ambito eventuali conflitti insorgenti in relazione a provvedimenti amministrativi.

Sono provvedimenti di convalescenza: la *convalida*, la *sanatoria*, la *ratifica*.

22.1 Convalescenza dell'atto amministrativo

Rientrano nella categoria della convalescenza le seguenti figure:

— **convalida**. È un provvedimento, *nuovo*, *autonomo*, *costitutivo*, con cui vengono eliminati i vizi di legittimità di un atto invalido precedentemente adottato, ad opera della *stessa autorità* emanante. La convalida opera *ex nunc*, ma poiché si collega ad un atto precedentemente emanato conservandone gli effetti anche nel tempo intermedio, di fatto opera *ex tunc*;
— **ratifica**. È un provvedimento nuovo, autonomo, costitutivo con cui viene eliminato *il vizio di incompetenza relativa* da parte dell'*autorità astrattamente competente* la quale si appropria di un atto emesso da autorità incompetente, facente parte dello stesso ramo di Amministrazione.

  Si differenzia dalla convalida per:

  — l'*autorità che pone in essere l'atto (che non è la stessa autorità emanante)*;
  — *per il vizio sanabile* (che è solo di incompetenza relativa);

— **sanatoria**. È una forma di convalescenza propria di quegli atti che sono invalidi o per il mancato compimento di un atto preparatorio del provvedimento o per mancanza di un presupposto di legittimità. L'autorità, in pratica, provvede a sanare *ex post* l'atto, facendo verificare il presupposto o ponendo in essere, ove possibile, l'atto omesso.

22.2 Conservazione dell'atto amministrativo

Il *principio di conservazione degli atti giuridici* è un principio di portata generale valido non solo in diritto civile, ma anche in diritto amministrativo.

Regola conservativa di rilievo fondamentale è il cd. *raggiungimento dello scopo* che consente la conservazione dell'atto illegittimo per vizi di forma, laddove venga comunque perseguito l'interesse pubblico. Questo principio si concretizza attraverso una serie di figure giuridiche che, date certe condizioni, tendono a rendere inattacabile da ricorsi (amministrativi o giurisdizionali) un atto amministrativo che è, e resta, invalido.

Tali figure in particolare: o fanno venir meno i presupposti e le condizioni per esperire il ricorso (consolidazione, acquiescenza, conferma); o ne conservano parzialmente gli effetti (conversione).

Esse sono:

— la **consolidazione**. È causa di *conservazione oggettiva* dell'atto amministrativo, che dipende dal *decorso del termine perentorio* entro il quale l'interessato avrebbe potuto proporre ricorso contro l'atto invalido. Trascorso tale termine, infatti, l'atto amministrativo diviene *inoppugnabile* e, pur restando invalido, non può essere più toccato *ab externo*.

— l'**acquiescenza**. È una causa di *conservazione soggettiva* dell'atto amministrativo, che dipende da un comportamento con cui il soggetto privato, dimostrando, con manifestazioni espresse o per fatti concludenti, di esser d'accordo con l'operato della P.A., si preclude la possibilità di impugnare l'atto amministrativo.
— la **conversione**. Consiste nel considerare un *atto invalido* (non solo annullabile, ma anche nullo) come appartenente ad un altro tipo di cui esso presenta i requisiti validi di forma e di sostanza.
— la **conferma**. È una manifestazione di volontà non innovativa con cui l'autorità ribadisce una sua precedente determinazione, eventualmente ripetendone il contenuto.

23 Il sistema dei controlli

Il termine «*controllo*», in generale, indica il raffronto tra due elementi: un *oggetto* (essenzialmente l'atto o l'attività) e un *parametro di valutazione*, al fine di verificare la conformità del primo al secondo e di (eventualmente) adottare misure in relazione all'esito del riscontro effettuato.

Questa attività di controllo può svolgersi a diversi livelli: politico, costituzionale, contabile, amministrativo ecc.

Il sistema dei controlli amministrativi, in particolare, si articola in diverse tipologie, sia a seconda dell'oggetto che dei rapporti tra soggetto controllante e soggetto controllato:

a) **controlli di legittimità e di merito**: i *controlli di legittimità* sono diretti a valutare e garantire la *corrispondenza formale* dell'atto o dell'attività del soggetto alle *norme di legge*. La loro funzione è qualificata *vigilanza* (VIRGA).
   I *controlli di merito* sono diretti a valutare l'atto o l'attività dell'organo sotto il profilo della *utilità* ed *opportunità,* cioè della *convenienza* per l'amministrazione. Tali controlli entrano, appunto, nel *merito* dell'atto, valutandone il contenuto e la regolarità formale. La funzione da loro esercitata si denomina di *tutela* (VIRGA);
b) **controlli interni ed esterni**. I *controlli interni* sono quelli che l'amministrazione esercita nel proprio ambito in forza del potere di supremazia gerarchica che le consente di vigilare sui propri atti e di disporne, eventualmente, l'annullamento o la revoca (cd. *controlli interorganici*).
   I *controlli esterni* sono, invece, quelli provenienti da soggetti diversi dall'amministrazione interessata, o perché di altri rami dell'ordinamento o perché collegati all'amministrazione ma in posizione di indipendenza (cd. *controlli intersoggettivi*);
c) **controlli ordinari e straordinari**. I primi sono previsti dalla legge come necessari ed abituali, in ordine a particolari atti o attività. I secondi sono previsti dalla legge come *eventuali* e disposti, a *discrezione dell'autorità amministrativa*, allorché se ne presenti la necessità o l'opportunità.

I controlli, ancora, si distinguono in:

a) **controlli sugli atti**, se diretti a valutare la sola *legittimità* o anche l'*opportunità di un singolo atto amministrativo* al fine di verificarne la sola *legittimità* oppure anche l'*opportunità*;
b) **controlli sui soggetti o organi**, se diretti a riesaminare e valutare l'operato delle persone fisiche preposte agli uffici o la funzionalità di un organo di un ente pubblico. Si tratta di un controllo che attiene alla gestione ed è qualificato, pertanto, *controllo funzionale*;
c) **controlli sull'attività** finalizzati a valutare non il singolo atto, bensì l'attività amministrativa nel suo complesso. Essi a loro volta si distinguono in **controlli di gestione** (se posti in essere da un organo *interno* all'ente; si realizza in tal modo un autocontrollo) e **controlli sulla gestione** (se realizzati da un organo *esterno* che, nel nostro ordinamento è rappresentato dalla Corte dei conti).

23.1 I controlli sugli atti

I *controlli sugli atti* si distinguono in:

— **preventivi**: intervengono di norma su di un atto *già formato* (perfetto) ma prima che produca i suoi effetti; incidendo esclusivamente su questi ultimi, si configurano, pertanto, come condizione sospensiva dell'efficacia del provvedimento stesso (sono *preventivi*, fra i controlli di *legittimità*, il *visto*; fra quelli di *merito, l'approvazione*); li si suole anche distinguere fra *antecedenti* e *susseguenti* a seconda che intervengano su di un atto non ancora perfezionato o su di un atto perfetto ma non ancora efficace; hanno efficacia retroattiva (*ex tunc*);

— **successivi**, se intervengono *dopo* che l'*atto sia divenuto efficace*: tale è l'*annullamento* in *sede di controllo*; hanno anch'essi efficacia retroattiva;

— **sostitutivi**, quando l'autorità *gerarchicamente* superiore, dotata del relativo potere (cd. *potere di sostituzione*), accertata l'*inerzia* dell'autorità *inferiore*, si *sostituisce* ad essa nell'*emanazione* del relativo *provvedimento*. In tali casi, l'autorità controllante emana il provvedimento in *luogo* dell'autorità controllata, direttamente o a mezzo di commissari *ad acta* (vedi, ad esempio, l'art. 5, D.Lgs. 112/1998 in materia di funzioni conferite a Regioni ed enti locali).

23.2 I controlli sugli organi e sugli enti

I *controlli sugli organi e sugli enti* mirano, mediante un esame dell'operato, dei comportamenti ed eventualmente delle omissioni, a **garantire il buon andamento** e il **buon funzionamento** di un organo o di un ente, in ossequio al principio sancito dall'art. 97 Cost.

I controlli sugli organi **si distinguono** in: *ispettivo, sostitutivo-semplice, sostitutivo-repressivo* e *repressivo*.

In dettaglio:

a) il **controllo ispettivo** è il *potere* dell'autorità dello Stato (o della Regione) di disporre *ispezioni* ed *accertamenti* sull'attività delle amministrazioni controllate. L'*ispezione* è, dunque, il presupposto logico per l'espletamento della funzione di controllo;

b) il **controllo sostitutivo-semplice** comporta la sostituzione di un organo superiore ad uno inferiore in *caso di inerzia o ritardo* nel compimento di certi atti da parte di quest'ultimo;

c) il **controllo sostitutivo-repressivo** consiste nella contemporanea *sostituzione* dell'organo «controllato» e nella *applicazione* al titolare di esso di *sanzioni* (sospensione, revoca, sanzione disciplinare ecc.);

d) il **controllo repressivo** consiste nell'applicazione di particolari sanzioni amministrative o disciplinari al titolare dell'organo controllato.

23.3 I controlli sull'attività

Il sistema di controllo sugli atti si è dimostrato, nel corso degli anni, alquanto sterile. Ciò ha indotto il legislatore ad assecondare progressivamente «il passaggio da questi ultimi, retaggio di moduli organizzativi ormai recessivi, al controllo di gestione, finalizzato a raffrontare obiettivi programmati e risultati effettivamente raggiunti, in un'ottica collaborativa più che sanzionatoria» (GAROFOLI-FERRARI).

Seguendo l'esempio anglosassone, dunque, si è pervenuti all'elaborazione di una **forma di controllo avente ad oggetto l'attività amministrativa nel suo complesso** posta in essere da un organo o ente entro un certo arco temporale.

Il controllo in esame si esplica sulla **gestione amministrativa** ed è finalizzato alla **verifica dell'efficacia e dell'efficienza dei risultati ottenuti**. Ciò determina il passaggio da una *amministrazione per atti* ad una *amministrazione per risultati*, con il fine di migliorare l'efficienza, l'efficacia e l'economicità dell'azione amministrativa.

I controlli sull'attività si differenziano, come anticipato, in **controlli interni** o **di gestione**, e **controlli esterni** o **sulla gestione**, a seconda della rilevanza dell'organo, interna o esterna all'ente, che li pone in essere.

23.4 I controlli interni e sulla *performance*

La disciplina dei controlli interni è contenuta nel **D.Lgs. 286/1999**, che ne individua **quattro diversi tipi**:

1. il **controllo di regolarità amministrativa e contabile**, volto a *garantire la legittimità, regolarità e correttezza dell'azione amministrativa*. Esso è svolto dagli organi già previsti dalle disposizioni vigenti nei diversi comparti delle pubbliche amministrazioni, e in particolare dagli «organi di revisione, ovvero gli uffici di ragioneria, nonché dai servizi ispettivi» (art. 2, comma 1), ivi compresi i servizi ispettivi di finanza della Ragioneria generale dello Stato e quelli con competenze di carattere generale;
2. il **controllo di gestione**, volto a *verificare l'efficacia, l'efficienza ed economicità dell'azione amministrativa* al fine di ottimizzare, anche mediante tempestivi interventi di correzione, il rapporto tra costi e risultati;
3. la **valutazione dei dirigenti**, diretta a *valutare le prestazioni del personale con qualifica dirigenziale*;
4. il **controllo strategico**, volto a *valutare* l'*adeguatezza delle scelte compiute in sede di attuazione dei piani, programmi ed altri strumenti di determinazione dell'indirizzo politico*, in termini di congruenza tra risultati conseguiti e obiettivi predefiniti. Quest'ultima tipologia di controlli deve supportare l'attività di programmazione strategica e di indirizzo politico ed è svolta da strutture che rispondono direttamente agli organi di indirizzo politico-amministrativo.

Il **D.Lgs. 150/2009**, di attuazione della riforma Brunetta, è intervenuto massicciamente sul sistema dei controlli interni così come delineato dal D.Lgs. 286/1999.

Infatti, dal 30 aprile 2010 è abrogata la disciplina sulla valutazione della dirigenza (art. 5 D.Lgs. 286/1999), sostituita da quella relativa alla misurazione e valutazione della *performance*, svolta dagli **Organismi indipendenti di valutazione della *performance***; questi ultimi, conseguentemente, sostituiscono i servizi di controllo interno, comunque denominati, di cui al D.Lgs. 286/1999 (si veda in proposito **Parte III**).

23.5 I controlli esterni e il ruolo della Corte dei conti

Mentre i controlli in precedenza esaminati hanno carattere interno alle pubbliche amministrazioni, la **L. 20/1994** ha introdotto un **controllo esterno della Corte dei conti sulla gestione delle singole amministrazioni**, ivi compresi enti locali e Regioni, al fine di valutare la rispondenza delle risultanze dell'attività amministrativa agli obiettivi stabiliti per legge.

Si tratta di un controllo esercitato da un soggetto terzo ed imparziale, in cui è evidente il rapporto di alterità fra organo di controllo e amministrazione che gestisce: appunto, *controllo* sulla *gestione*.

Esaminiamo i controlli della Corte dei conti:

- il **controllo preventivo** di **legittimità** e gli **atti assoggettabili**. La Corte verifica che gli atti sottoposti al suo controllo rispettino le norme del diritto oggettivo e siano, quindi, esenti dai vizi di legittimità: *incompetenza, eccesso di potere* e *violazione di legge*. Il controllo incide sull'*efficacia* degli atti, paralizzandola qualora la Corte ricusi il visto (*controllo preventivo di legittimità*).
  La L. 20/1994 (art. 3) prevede gli atti assoggettabili al controllo preventivo di legittimità (ad es., i provvedimenti deliberati dal Consiglio dei Ministri, atti e contratti per collaborazioni esterne nella P.A., decreti di variazione del bilancio statale ecc.);
- il **controllo successivo** di **legittimità** su singoli atti. Tale tipo di controllo, analogo al controllo preventivo, si conclude con l'apposizione del **visto** o con la sua **ricusazione**: in tale caso, essendosi gli effetti dell'atto già prodottisi e non potendo più gli stessi essere paralizzati, sorge l'obbligo per l'amministrazione di ripristinare la situazione giuridica e finanziaria precedente, ove possibile;
- il **controllo sul bilancio dello Stato**. L'art. 100 Cost. prevede che la Corte dei conti esercita il controllo successivo sulla gestione del bilancio dello Stato.

A tal fine, entro il 31 maggio di ogni anno, il Ministero dell'economia e delle finanze trasmette alla Corte il *rendiconto generale dello Stato*, vale a dire il documento contabile nel quale sono riassunti i risultati delle operazioni compiute nel corso di un esercizio finanziario. Sulla regolarità del rendiconto la Corte delibera a sezioni riunite con le formalità della giurisdizione contenziosa (*giudizio di parificazione*), confrontando il rendiconto con le proprie scritture e con le leggi di bilancio ed allegando una relazione tecnica. Il rendiconto e i relativi allegati vengono poi trasmessi dalla Corte al Ministro dell'economia che ne cura la presentazione in Parlamento;

— il **controllo sugli enti sovvenzionati**. La Corte dei conti svolge il controllo successivo sulla *gestione del bilancio* e del *patrimonio* delle amministrazioni pubbliche, nonché sulle gestioni fuori bilancio e sui fondi provenienti dall'Unione europea, verificando la legittimità e la regolarità delle gestioni, nonché il funzionamento dei controlli interni a ciascuna amministrazione;
— il **controllo sulle gestioni statali pubbliche in corso di svolgimento**. In base a quanto previsto dalla L. 15/2009 (art. 11), se la Corte dei conti accerta gravi irregolarità gestionali ovvero gravi deviazioni da obiettivi, procedure o tempi di attuazione stabiliti da norme o da direttive del Governo, ne individua, in contraddittorio con la P.A., le cause e ne dà comunicazione, con decreto motivato del Presidente, al Ministro competente;
— il **controllo concomitante** per accelerare gli interventi di sostegno e di rilancio dell'economia nazionale. Il D.L. 76/2020, conv. in L. 120/2020, cd. decreto semplificazioni 2020, attribuisce, infatti, alla Corte dei conti, anche a richiesta del Governo o delle competenti Commissioni parlamentari il compito di svolgere un controllo concomitante **sui principali piani, programmi e progetti** relativi agli interventi di sostegno e di rilancio dell'economia nazionale.
  L'eventuale accertamento di *gravi irregolarità gestionali* ovvero di *rilevanti e ingiustificati ritardi* nell'erogazione di contributi secondo le vigenti procedure amministrative e contabili viene trasmesso *immediatamente* all'amministrazione competente, ai fini della responsabilità dirigenziale *ex* art. 21, comma 1, del D.Lgs. 165/2001;
— il **controllo sugli equilibri di bilancio**. La Corte verifica il *rispetto degli equilibri di bilancio di Comuni, Province, Città metropolitane, Regioni*, con riferimento al patto di stabilità interno e ai vincoli derivanti dall'appartenenza dell'Italia all'Unione europea (art. 7, L. 131/2003).

6
L'attività della pubblica amministrazione e il procedimento amministrativo

1 L'attività amministrativa

1.1 Tipologie

L'attività amministrativa è *quella attività mediante la quale determinate figure soggettive all'uopo preposte, nell'insieme riconducibili alla nozione di «Pubblica Amministrazione», provvedono alla cura degli interessi pubblici ad esse affidati.*

Essa quindi è il **mezzo con cui viene svolta la funzione amministrativa** che, come si è visto in precedenza, è quella *funzione dello Stato volta alla realizzazione concreta delle finalità pubbliche*, individuate dal potere politico e assegnate dal potere legislativo alla cura della pubblica amministrazione.

Quello di «attività» è un concetto ampio, nel quale rientrano sia i *comportamenti* che gli *atti giuridici* posti in essere dalla P.A., comunque preordinati alla realizzazione del fine pubblico: di conseguenza, in ordine all'attività amministrativa, di può certamente affermare che si tratta **sempre di un'attività «vincolata» alla realizzazione dell'interesse pubblico**.

Si distingue in genere tra:

— **attività amministrativa attiva** (o pura), nella quale vi rientra tutta l'attività posta in essere *direttamente* da una pubblica amministrazione per realizzare concretamente le proprie finalità pubbliche;
— **attività amministrativa consultiva**, in cui rientrano le attività dirette a fornire, sotto forma di *pareri* (che possono essere facoltativi o obbligatori), consigli, direttive ed orientamenti alle autorità che devono concretamente agire;
— **attività amministrativa di controllo**, diretta a sindacare, secondo diritto (controllo di *legittimità*) ovvero secondo le regole della buona amministrazione (controllo di *merito*), l'operato dei soggetti agenti cui sono affidati compiti di amministrazione attiva.

1.2 L'attività amministrativa tra diritto pubblico e privato

L'attività amministrativa può essere classificata anche utilizzando come criterio quello della *tipologia di norme* — pubbliche o private — che la regolano.

In tal senso, gli atti posti in essere dalla P.A. possono essere:

a) **atti di diritto pubblico**: sono quelli posti in essere secondo *i principi e le forme del diritto pubblico*. Tali sono tutti gli *atti* ed i *provvedimenti amministrativi* (v. *infra*). Nello svolgimento dell'attività di diritto pubblico, la P.A., quale *soggetto pubblico*, dotato di **poteri di imperio**, agisce su un piano di **supremazia** rispetto ai destinatari dei propri atti;
b) **atti di diritto privato**: nulla impedisce che una pubblica amministrazione ponga in essere anche *negozi di diritto privato*; in tali casi essa agisce su di un piano di *parità* rispetto agli altri soggetti privati dell'ordinamento (e può anche trovarsi in una posizione di inferiorità rispetto ad altra amministrazione che agisca in regime di diritto pubblico). Anche quando la P.A. opera con gli strumenti propri del diritto privato, il *fine dell'attività amministrativa* è, e resta, sempre *pubblico* (si tratta sempre di *attività vincolata nel fine*) e ciò che cambia è solo

il *mezzo* attraverso cui quel fine è raggiunto: provvedimento amministrativo nell'un caso, negozio di diritto privato (contratto) nell'altro.

In tale prospettiva si colloca la previsione generale contenuta nell'*art. 1, comma 1bis, L. 241/1990*, ai sensi del quale «*la pubblica amministrazione, nell'adozione di atti di natura non autoritativa, agisce secondo le norme di diritto privato salvo che la legge disponga diversamente*»: dalla lettera della disposizione non sorgono dubbi sul fatto che il legislatore ha inteso formalizzare una *piena e generale capacità di diritto privato dell'amministrazione*.

Il riconoscimento di tale generale capacità comporta che l'amministrazione può stipulare qualsiasi tipo di contratto, tipico o atipico, con il solo limite che tale capacità può essere attuata «soltanto nei casi in cui vi sia attinenza con le finalità pubbliche» (CASETTA).

1.3 Atto e documento: le differenze

Nel linguaggio comune è inevitabile confondere «atto» e «documento».

In realtà, si tratta di due concetti da tenere distinti: se, infatti, gli atti amministrativi sono *atti giuridici* provenienti da un'autorità amministrativa nell'esercizio di una funzione pubblica (a sua volta da distinguere dal provvedimento vero e proprio, che ha determinate aratteristiche peculiari), il **documento è quello in cui prende forma** l'atto giuridico.

In pratica, il documento può essere inteso come qualsiasi riproduzione, anche fotografica, che proviene dalla P.A. e che rende l'atto «percepibile», sia sotto l'aspetto della «sostanza» (*ad substantiam*), che dal punto di vista della «prova» (*ad probationem*) dell'esistenza in vita dell'atto stesso.

Questo significa che, da un lato, vi è l'atto giuridico e, dall'altro, il **documento in cui l'atto è consacrato**.

Il documento è, quindi, quel qualcosa che **incorpora** un dato o una informazione, e dal quale dipendono poi una serie di diritti in capo ai soggetti.

L'attività del **documentare**, a sua volta, consiste nella rappresentazione di una informazione (o magari di un evento: si pensi ad una nascita) contenuta, appunto, in un documento (cd. documentazione, che, laddove posta in essere da una pubblica amministrazione, quindi in sede pubblica, necessita di un apposito procedimento amministrativo).

2 Attività discrezionale e attività vincolata

2.1 La discrezionalità amministrativa

La distinzione tra attività discrezionale e attività vincolata riguarda il rapporto che, di volta in volta, intercorre tra l'**attività amministrativa e la legge**: può accadere, infatti, che la norma attributiva del potere lasci all'amministrazione un certo margine di operatività nel determinare il contenuto dell'attività, di modo che questa risulti la più opportuna per il conseguimento del fine pubblico da realizzare. In tale prospettiva, a seconda che venga lasciato o meno un margine di operatività alla P.A. nella scelta delle concrete modalità operative, si è in presenza, rispettivamente, di **attività discrezionale** ovvero di **attività vincolata**.

Pertanto, la discrezionalità viene definita come la *facoltà di scelta fra più comportamenti giuridicamente leciti per il soddisfacimento dell'interesse pubblico e per il perseguimento di un fine rispondente alla causa del potere esercitato*.

In sostanza, se il legislatore, nel disciplinare un'azione amministrativa, non solo indica i *fini* che l'attività stessa deve perseguire, ma dispone anche *quando, in che modo, con quale contenuto e con quali mezzi* l'attività stessa debba esplicarsi, tale **attività** si dice **vincolata** perché è un'attività nel cui esercizio *nulla* è lasciato alla *libera scelta* dell'organo che deve esercitarla (si pensi, a titolo di **esempio**, al *rilascio di un permesso di costruire* che dipende dalla verifica della conformità della richiesta dell'interessato con la normativa urbanistico-edilizia; oppure al *rilascio della patente di guida* che deve essere basata sulla sola valutazione della sussistenza dei requisiti richiesti dalla legge).

Se, invece, il legislatore, dopo avere indicato i fini che l'attività deve perseguire, lascia un *certo margine di scelta* (cd. *apprezzamento*) all'autorità che deve esercitarla, nel senso cioè di rimettere alla sua determinazione il *quando* esercitarla, il *modo* di esercizio, il *contenuto* da dare in concreto all'atto da compiere e/o il *mezzo* con cui esercitarla, l'**attività** si qualificherà **discrezionale** (si pensi, a titolo di **esempio**, alla *predisposizione di un piano urbanistico* da parte di un ente locale: la sua formazione è imposta dalla legge, ma le scelte relative al *come* realizzarlo e ai *mezzi* per la sua realizzazione sono fatte dall'autorità pubblica, che valuta le soluzioni possibili e adotta quella che ritiene più idonea all'esito di una *comparazione degli interessi* di tutti i soggetti interessati).

In ogni caso, però, anche quando alla P.A. sia attribuito il più ampio potere discrezionale, come nel caso degli *atti di alta amministrazione*, **limite fondamentale** *dell'attività amministrativa è quello determinato dalla necessità di perseguire la cura dell'interesse pubblico generico* nonché quella specifica finalità d'interesse pubblico (cd. *interesse pubblico specifico*) che la legge pone come ragione giustificatrice (cioè *causa*) del potere attribuito alla P.A. Ferma restando tale necessità, la P.A. dovrà compiere le proprie scelte discrezionali tenendo presenti anche quegli interessi (non solo pubblici, generici e specifici, ma altresì privati) coinvolti dall'azione amministrativa, in modo tale che il conseguimento del fine primario (l'*interesse pubblico specifico*) si realizzi col minore sacrificio possibile di essi.

Diversa dalla *discrezionalità amministrativa* è la «**discrezionalità tecnica**», che consiste in un *potere di valutazione* di carattere tecnico, da effettuarsi in base alle regole, alle cognizioni ed ai mezzi forniti dalle varie scienze ed arti (VIRGA).

Ad esempio, è espressione di discrezionalità tecnica il giudizio sulla pericolosità epidemica di una malattia, o quello sui pregi artistici di un dipinto.

Talvolta, inoltre, la P.A. dispone tanto di discrezionalità tecnica quanto di discrezionalità amministrativa (cd. «**discrezionalità mista**»), per cui la prima a valuta, alla stregua di una determinata tecnica o scienza, la sussistenza delle condizioni necessarie per la sua azione, per poi decidere, secondo criteri di opportunità e convenienza, il provvedimento da adottare (ad es.: nel caso in cui, dopo aver accertato, in base alle norme veterinarie, la sussistenza della peste bovina, debba decidersi se ordinare la distruzione o l'isolamento del bestiame infetto).

2.2 Discrezionalità e merito

La differenza tra attività discrezionale e merito è fondamentale, soprattutto per i conseguenziali profili di **tutela** riconosciuti al destinatario dell'atto che contiene la decisione assunta dall'amministrazione.

Spesso si tende a confondere i due concetti in quanto è che ogni decisione discrezionale comporta, per lo più, anche una valutazione di merito che è conseguenza della prima (si pensi, a titolo di esempio, all'ipotesi in cui un ente pubblico debba costruire una scuola: la scelta del mezzo da utilizzare per perseguire il fine pubblico, cioè se espropriare o acquistare uno spazio per la sua realizzazione, è di tipo discrezionale, ma la decisione concreta di preferire una superficie piuttosto che un'altra attiene ad una valutazione di merito dell'ente).

La **differenza** fondamentale tra discrezionalità e merito attiene alla *diversa natura delle decisioni*. Mentre l'esercizio della discrezionalità deve avvenire nel rispetto di norme giuridiche (ad esempio la decisione di tutelare una zona protetta è presa a livello legislativo ma come tutelarla è una scelta discrezionale della P.A. di riferimento, che deve eseguire quel precetto normativo), la valutazione di merito segue solo un criterio di opportunità.

Ciò si traduce nella circostanza che un giudice può sindacare la scelta discrezionale della P.A., verificando se la norma giuridica a monte sia stata rispettata o meno, ma non può giudicare (salvo ipotesi tassative previste dallo stesso legislatore) la scelta di merito, completamente libera e non condizionata da regole giuridiche prestabilite.

3 I principi dell'azione amministrativa

3.1 I principi costituzionali

1. Il **principio di legalità** afferma la corrispondenza dell'*attività amministrativa* alle *prescrizioni di legge*. Esso costituisce un principio generale dell'ordinamento italiano, che attiene particolarmente ai rapporti fra *legge* ed *attività amministrativa*.
2. Il **principio di imparzialità**, cui fa riferimento anche l'art. 3 della Cost., afferma l'*obbligo* per la P.A. di svolgere la propria attività nel **pieno rispetto della giustizia**; più precisamente, per imparzialità si intende l'esigenza che l'amministrazione si comporti nei confronti di tutti i soggetti destinatari dell'azione amministrativa senza discriminazioni arbitrarie.
3. Il **principio di buon andamento** è previsto dall'art. 97 Cost., comma 1 Cost., il quale sancisce che *«I pubblici uffici sono organizzati secondo disposizioni di legge in modo che siano assicurati il buon andamento e l'imparzialità dell'amministrazione»*. Tale articolo, in particolare:
   - garantisce l'*indipendenza* e la *neutralità* della P.A. da influenze politiche sia sotto il *profilo attivo* (*buona amministrazione* ossia raggiungimento più sollecito, opportuno e congruo dei fini della P.A.) che *passivo* (*imparzialità* della P.A. verso cittadini, impiegati, funzionari ecc.);
   - si indirizza immediatamente e programmaticamente al legislatore, dettando i principi fondamentali che devono ispirare la legislazione, e, mediatamente e precettivamente, alla P.A. sulle quali grava il dovere di provvedere alla cura dei pubblici bisogni (FALZONE).
4. Il **principio di ragionevolezza** costituisce un criterio in cui confluiscono i principi di *eguaglianza*, di *imparzialità* e di *buon andamento*: in forza di tale principio, l'azione amministrativa, al di là del rispetto delle prescrizioni normative, deve adeguarsi ad un *canone di razionalità operativa*, sì da evitare decisioni arbitrarie ed irrazionali (MORBIDELLI).
5. Il **principio del pareggio di bilancio** prevede che le pubbliche amministrazioni assicurano l'equilibrio dei bilanci e la sostenibilità del debito pubblico, in coerenza con l'ordinamento dell'Unione europea (art. 97 Cost., comma 1, introdotto con L. cost. 1/2012).

3.2 I principi di cui alla legge sul procedimento (L. 241/1990)

L'art. 1 della L. 241/1990 individua una serie di principi e criteri direttivi che, ricollegandosi alle previsioni costituzionali, devono improntare l'azione amministrativa.

Le **regole generali** dell'azione amministrativa fissate dal legislatore sono ispirate ai seguenti principi:

1. il **principio di legalità**, per il quale l'attività amministrativa deve perseguire i fini dettati dalla legge;
2. il **principio del giusto procedimento** (*ex* art. 97 Cost.) che, garantendo il *diritto di partecipazione* degli interessati, consacra la **dialettica tra interessi pubblici e privati**.

   Ancora, devono ricordarsi **i principi di pubblicità e trasparenza** dell'azione amministrativa che, consentendo di controllare l'operato della P.A., si pongono alla base del rapporto dialettico con il cittadino, anche nell'ottica di conseguire una riduzione del successivo contenzioso in sede giurisdizionale;

3. il **principio di semplificazione**, in ragione del quale il legislatore ha introdotto taluni istituti diretti, in conformità all'art. 97 Cost., a **snellire e rendere più celere l'azione amministrativa** (silenzio-assenso, segnalazione certificata di inizio attività, conferenze di servizi ecc.).

Ai suddetti principi sono informati, in particolare, i criteri fondamentali e le regole dettate dal Capo I della L. 241/1990. Tali criteri e regole sono:

- l'**economicità**, che riguarda l'obbligo per la P.A. di realizzare il *miglior risultato possibile*, in termini di produzione di beni e servizi ovvero di raggiungimento dell'interesse pubblico

fissato legislativamente, in rapporto alla quantità di risorse a disposizione ovvero al *minor sacrificio possibile* degli interessi secondari coinvolti nella fattispecie;
- l'**efficacia**, che è un concetto che implica il raffronto tra i risultati programmati e quelli raggiunti;
- l'**imparzialità**, che implica una posizione di *equidistanza* dell'amministrazione rispetto a tutti gli interessi coinvolti in una determinata fattispecie. Più specificamente, essa assume una valenza negativa, laddove si traduce nel divieto per la P.A. di realizzare qualsiasi forma di favoritismo nei confronti di alcuni soggetti, ed una valenza positiva, legata alla corretta ed obiettiva valutazione degli interessi, pubblici o privati, sui quali la pubblica amministrazione andrà ad incidere;
- la **pubblicità**, la quale rappresenta uno strumento di attuazione del principio della trasparenza ed impone alla P.A. di rendere *accessibili* agli interessati notizie e documenti concernenti l'operato dei pubblici poteri;
- la **trasparenza**, da intendersi come immediata e facile *controllabilità* di tutti i momenti e di tutti i passaggi in cui si esplica l'operato della pubblica amministrazione, onde garantirne e favorirne lo svolgimento imparziale. A tale principio sono strettamente connessi il *diritto di accesso* e *l'istituzione degli uffici per le relazioni con il pubblico*.

Inoltre, si devono ricordare i seguenti principi:
- il **principio di non aggravamento del procedimento amministrativo**, per cui la pubblica amministrazione non può aggravare il procedimento se non per straordinarie e motivate esigenze imposte dallo svolgimento dell'istruttoria (art. 1, comma 2, L. 241/1990);
- i **principi della collaborazione e della buona fede**, che devono improntare i rapporti tra il cittadino e la pubblica amministrazione (art. 1, comma 2bis, L. 241/1990);
- **l'obbligo di conclusione esplicita del procedimento**. La P.A. ha il dovere di concludere il procedimento con l'adozione di un *provvedimento finale espresso,* sia quando il procedimento consegua ad istanza, sia quando debba essere iniziato d'ufficio;
- **l'obbligo generale di motivazione del provvedimento amministrativo**, per il quale la P.A. deve rendere noto il percorso argomentativo che ha portato alla decisione, evidenziando lo stretto collegamento esistente tra il procedimento ed il provvedimento;
- **l'uso della telematica nell'azione amministrativa**. Le pubbliche amministrazioni hanno il dovere di **agire mediante strumenti informatici e telematici** sia nei rapporti interni tra le diverse amministrazioni sia tra queste e i privati.

4 Che cos'è il procedimento amministrativo?

La modalità tipica in cui si esplica il potere amministrativo è rappresentata dal *provvedimento amministrativo*, mediante il quale si concretizza e formalizza la volontà della P.A. su una determinata situazione o realtà. La procedura che precede l'adozione dello stesso provvedimento prende il nome di *procedimento amministrativo*.

Si può perciò definire il **procedimento amministrativo** come «la serie coordinata di atti e di operazioni volta a prefigurare un assetto di interessi tali da consentire di perseguire, per il tramite di un atto conclusivo, il fine pubblico, garantendo le previste forme di tutela in seno alla istruttoria ed arrecando il minor pregiudizio possibile agli interessi compresenti» (SALTARI).

Pertanto, il procedimento si configura quale **presupposto** per la **emanazione del provvedimento finale**, mediante l'accertamento e la valutazione degli interessi (pubblici e privati) in gioco e la garanzia della democraticità e della partecipazione dei soggetti privati.

Il procedimento risponde a molteplici esigenze quali:
- l'**accertamento**, la valutazione dei vari *dati di fatto* e dei *diversi interessi pubblici e privati coinvolti* dall'azione amministrativa che la P.A. *deve* tener presenti nell'emanazione dei provvedimenti;
- il **coordinamento** dell'operato e del *parere* dei vari organi che intervengono nell'emanazione dell'atto;
- l'esercizio dell'attività di **controllo**;
- la **garanzia** che anche l'*interessato* venga **sentito** prima dell'emanazione dell'atto e possa così far valere le proprie ragioni, riducendosi così i successivi ricorsi.

5 La L. 241/1990 sul procedimento amministrativo

5.1 Evoluzione normativa

Fino all'entrata in vigore della L. 241/1990, recante norme in materia di procedimento amministrativo e di diritto di accesso ai documenti amministrativi, mancava nel nostro ordinamento una disciplina generale del procedimento amministrativo.

Solo con la **L. 241/1990**, improntata a principi come quello della trasparenza e della partecipazione, è stato sancito il passaggio da un'attività amministrativa frutto di una imposizione autoritativa della pubblica amministrazione ad un'attività che tende ad essere sempre più il risultato di una *concertazione con il destinatario* del provvedimento amministrativo.

L'importanza di tale normativa nel nostro ordinamento spiega i numerosi provvedimenti legislativi intervenuti nel tempo per modificare molte previsioni del testo, sempre nella prospettiva di «avvicinare» il cittadino alla pubblica amministrazione. Tutto questo processo di riforma, sempre in divenire, può essere sintetizzato in due parole-chiave: semplificazione e razionalizzazione dell'azione amministrativa.

Infatti, successivamente, con la **L. 15/2005** e la **L. 80/2005** sono stati introdotti numerosi istituti giuridici volti a realizzare dialogo e collaborazione reciproca (si pensi, a titolo esemplificativo: all'istituto del preavviso di rigetto; alla generalizzazione dell'esercizio consensuale del potere amministrativo); tale logica è alla base anche delle modifiche apportate con la **L. 69/2009** che ha contribuito a definire una pubblica amministrazione sempre più efficiente e sollecita nel rapportarsi con le esigenze del cittadino.

Altri interventi normativi negli ultimi anni hanno ridisegnato l'*iter* procedimentale nell'ottica del perseguimento dell'efficienza e della trasparenza nonché nella direzione della repressione di fenomeni di illegalità e di corruzione nella P.A. (si pensi al **D.Lgs. 104/2010**, Codice del processo amministrativo, alla **L. 190/2012** e al **D.Lgs. 33/2013**, cd. T.U. trasparenza).

Sulla stessa scia si pongono il **D.L. 69/2013**, conv. in **L. 98/2013**, che ha previsto, tra l'altro, il diritto dell'istante di ottenere un indennizzo per il mero ritardo in caso di inosservanza del termine di conclusione del procedimento e la **L. 124/2015** (cd. *legge delega di riforma della P.A.*) con i successivi decreti attuativi.

Da ultimo, il legislatore, con il **D.L. 16 luglio 2020, n. 76**, conv. in **L. 11 settembre 2020, n. 120**, cd. *decreto semplificazioni 2020*, nonché con il **D.L. 31 maggio 2021, n. 77**, conv. in **L. 29 luglio 2021, n. 108**, cd. *decreto semplificazioni 2021*, ha introdotto alcune misure volte a realizzare *semplificazioni procedimentali* e in tal modo ha inciso massicciamente sulle disposizioni della L. 241/1990.

Di tutte le innovazioni introdotte si darà conto in relazione agli specifici argomenti interessati.

5.2 Ambito di applicazione della L. 241/1990

Le disposizioni della L. 241/1990 si applicano, ai sensi dell'art. 29, alle *amministrazioni statali* e agli *enti pubblici nazionali* nonché alle *società con totale o prevalente capitale pubblico*, limitatamente all'esercizio delle funzioni amministrative. Le disposizioni di cui agli artt. 2bis (responsabilità per il ritardo nella conclusione del procedimento), 11 (accordi) 15 (accordi tra pubbliche amministrazioni) e 25, commi 5, 5bis e 6 (tutela giurisdizionale del diritto di accesso) nonché quelle del capo IVbis (efficacia ed invalidità del provvedimento amministrativo) si applicano a tutte le amministrazioni pubbliche.

Le **Regioni** e gli enti locali regolano le materie disciplinate dalla L. 241/1990 nel rispetto delle garanzie costituzionali e della tutela del cittadino.

Inoltre, è specificato che attengono ai **livelli essenziali delle prestazioni**, di cui all'art. 117, secondo comma, lettera *m)*, della Costituzione, le disposizioni concernenti gli obblighi per la pubblica amministrazione di garantire **la partecipazione dell'interessato al procedimento**, di individuarne un responsabile, di **concluderlo entro il termine prefissato, di misurare i tempi effettivi di conclusione dei procedimenti** e di assicurare l'**accesso** alla documentazione amministrativa, nonché quelle relative alla **durata massima dei procedimenti** (comma 2bis); a queste ipotesi deve aggiungersi la disciplina sulla **presentazione di istanze, segnalazioni e comunicazioni** e quella degli istituti della **segnalazione certificata di inizio attività**, del **silenzio assenso** e della **conferenza di servizi**, salva la possibilità di individuare, con intese in sede di Conferenza unificata, casi ulteriori in cui tali disposizioni non si applicano (comma 2ter).

Infine, si prevede che le **Regioni** e gli enti locali, nel disciplinare i procedimenti amministrativi di loro competenza, non possono stabilire garanzie inferiori a quelle assicurate ai privati dalle disposizioni attinenti ai livelli essenziali delle prestazioni di cui ai commi 2bis e 2ter, ma possono prevedere livelli ulteriori di tutela (comma 2quater); e, infine, che le **Regioni a statuto speciale** e le **Province autonome di Trento** e di **Bolzano** adeguano la propria legislazione a quanto detto, secondo i rispettivi statuti e le relative norme di attuazione (comma 2quinquies).

6 Le fasi del procedimento

Il procedimento amministrativo si svolge in quattro fasi principali:

1ª **Fase d'iniziativa**: è quella in cui prende avvio il procedimento e attraverso la quale vengono introdotti sia l'interesse pubblico primario che gli interessi secondari di cui sono titolari i privati interessati all'oggetto del provvedimento da emanare.

Al riguardo, si possono avere procedimenti:

- ad **iniziativa privata**, i cui tipici atti sono le **istanze** (*domande* dei *privati* interessati, tendenti ad ottenere un *provvedimento a loro favore*), le **denunce** (*dichiarazioni* che vengono presentate dai *privati* ad un'autorità amministrativa, al fine di provocare l'esercizio dei suoi poteri con l'emanazione di un *provvedimento*) ed i **ricorsi** (*reclami* dell'interessato intesi a provocare un *riesame* di legittimità o di merito degli atti della P.A. ritenuti lesivi di diritti o interessi legittimi);
- ad **iniziativa di ufficio**. È **autonoma**, quando l'attività propulsiva promana dallo stesso organo *competente per l'emissione del provvedimento centrale o conclusivo*. È **eteronoma**, quando l'atto di iniziativa proviene da una P.A. diversa da quella procedente e a cui spetta emanare la decisione finale. Tale iniziativa si attua attraverso **richieste**, che sono atti amministrativi consistenti in manifestazioni di volontà con cui l'autorità amministrativa competente si rivolge ad altra autorità per *sollecitare l'emanazione di un atto* che altrimenti non potrebbe essere emanato oppure **proposte**, che sono manifestazioni di giudizio dell'organo propulsivo circa il *contenuto* da dare all'atto.

Una volta aperta la fase di iniziativa, la L. 241/1990 ha previsto tre obblighi incombenti sull'amministrazione procedente: la previsione di un termine di conclusione dell'*iter* procedimentale, l'individuazione del responsabile del procedimento e la comunicazione dell'avvio del procedimento agli interessati.

2ª **Fase istruttoria**: in tale fase **si acquisiscono e si valutano i singoli dati pertinenti e rilevanti ai fini dell'emanazione del provvedimento**. È normalmente di *competenza* della *stessa autorità* cui spetta l'adozione del provvedimento finale, ma il privato può collaborare indicando i *mezzi di prova* o rispondendo a quesiti e questioni o integrando con documentazioni.

Le attività della fase istruttoria, caratterizzate dalla incisiva partecipazione dei privati (*principio del giusto procedimento*), tendono alla:

a) *acquisizione dei fatti*, ossia *le condizioni di ammissibilità* (posizione legittimante, interesse a ricorrere), *i requisiti di legittimazione* (cittadinanza, titolo di studio) e *le circostanze di fatto* (rilevabili con accertamenti semplici quali ispezioni, inchieste ecc.);
b) *acquisizione degli interessi*, ossia la raccolta degli interessi pubblici e privati coinvolti nel procedimento, con conseguente partecipazione dei portatori degli stessi;
c) *elaborazione di fatti ed interessi*, nella quale rientrano le *richieste di pareri*.

3ª **Fase costitutiva**: è la fase deliberativa del procedimento, in cui si determina il *contenuto* dell'atto. Al termine di questa seconda fase l'**atto è perfetto**, ma non ancora efficace.

Quando l'atto è di competenza di un organo collegiale la fase costitutiva costituisce, a sua volta, un procedimento (cd. *subprocedimento*), in quanto l'atto verrà posto in essere dopo che il collegio si *è riunito*, ha *discusso* ed ha *votato la delibera*.

4ª **Fase d'integrazione dell'efficacia**: l'atto già perfetto diviene *efficace*.

Vi rientrano:

— gli *atti di controllo* (il controllo deve essere eseguito dagli organi competenti);
— gli *atti di comunicazione*: gli atti possono essere *recettizi o non recettizi*, a seconda che la comunicazione agli interessati costituisca o meno *presupposto indispensabile* per la loro efficacia (es. notificazione; pubblicazione).

7 Tempistica procedimentale e profili di responsabilità

Si è detto in precedenza che il legislatore ha imposto alle pubbliche amministrazioni di concludere il procedimento amministrativo con l'azione di un **provvedimento espresso** (art. 2, comma 1, L. 241/1990). L'esercizio di tale **dovere** da parte della P.A. non può essere protratto a tempo indeterminato e, al fine di dare certezza all'azione amministrativa e di garantire i destinatari della stessa, il legislatore ha disposto una *precisa tempistica* per la conclusione del procedimento.

7.1 I termini per la conclusione del procedimento e il potere sostitutivo in caso di inerzia

Ai sensi dell'**art. 2** L. 241/1990, i termini di conclusione dei procedimenti amministrativi sono così individuati:

— salvo diverso termine, stabilito per legge o con diverso provvedimento, il **termine generale** per la conclusione dei procedimenti amministrativi è di **30 giorni** (art. 2, comma 2);
— per le amministrazioni statali, possono essere individuati termini non superiori a **90 giorni** per la conclusione dei relativi procedimenti, mediante decreti del Presidente del Consiglio dei Ministri (art. 2, comma 3);
— in presenza di particolari presupposti — sostenibilità dei tempi sotto il profilo dell'organizzazione amministrativa, della natura degli interessi pubblici tutelati e della particolare complessità del procedimento — per la conclusione dei procedimenti di competenza delle amministrazioni statali e degli enti pubblici nazionali il termine di 90 giorni può essere ampliato, fino ad un massimo di **180 giorni**, mediante D.P.C.M. Tale previsione non si applica ai procedimenti di acquisto della cittadinanza italiana e a quelli riguardanti l'immigrazione;
— salvo quanto stabilito da specifiche disposizioni normative, «le autorità di garanzia e di vigilanza disciplinano, in conformità ai propri ordinamenti, i termini di conclusione dei procedimenti di rispettiva competenza».

Tutti i termini fissati per la conclusione di un procedimento amministrativo decorrono dall'inizio del procedimento, se lo stesso è iniziato d'ufficio, ovvero dal ricevimento della domanda, se il procedimento è ad iniziativa di parte (art. 2, comma 6).

Con riferimento alla tempistica procedimentale, il legislatore, con il **D.L. 76/2020**, conv. in **L. 120/2020**, ha previsto l'obbligo per le amministrazioni di misurare e rendere pubblici — mediante inserimento nei propri siti internet istituzionali, nella sezione «Amministrazione trasparente» — i **tempi effettivi di conclusione dei procedimenti amministrativi di maggiore impatto** per i cittadini e per le imprese, comparandoli con i termini previsti dalla normativa vigente. L'individuazione delle modalità e dei criteri di misurazione dei tempi effettivi di conclusione dei procedimenti nonché delle ulteriori modalità di pubblicazione è rimessa a un successivo decreto del Presidente del Consiglio dei ministri (art. 2, comma 4bis).

Inoltre, i termini di conclusione una volta stabiliti possono essere **sospesi**, per una sola volta e per un periodo non superiore a 30 giorni, per l'acquisizione di informazioni o di certificazioni relative a fatti, stati o qualità non attestati in documenti già in possesso dell'amministrazione stessa o non direttamente acquisibili presso altre pubbliche amministrazioni (art. 2, comma 7).

La disciplina dei tempi del procedimento, così come articolata dal legislatore, **non** si applica ai **procedimenti di verifica** o **autorizzativi** concernenti i beni storici, architettonici, culturali, archeologici, artistici e paesaggistici, per i quali restano fermi i termini di cui al D.Lgs. 42/2004; allo stesso modo restano ferme le disposizioni di legge e di regolamento vigenti in **materia ambientale** (art. 7, comma 4, L. 69/2009).

In un'ottica di accelerazione nella definizione del procedimento amministrativo, al comma 1 dell'art. 2 L. 241/1990, è stabilito che le pubbliche amministrazioni, se ravvisano la **manifesta irricevibilità**, **inammissibilità**, **improcedibilità** o **infondatezza** della domanda, concludono il procedimento con un **provvedimento espresso redatto in forma semplificata**, la cui motivazione può consistere in un sintetico riferimento al punto di fatto o di diritto ritenuto risolutivo.

L'art. 2 della legge sul procedimento amministrativo, inoltre, precisa che la **mancata o tardiva emanazione del provvedimento costituisce elemento di valutazione della *performance* individuale**, nonché di **responsabilità disciplinare e amministrativo-contabile** del dirigente e del funzionario inadempiente (comma 9).

Inoltre, assolutamente innovativa è la previsione, di cui al comma 8bis della norma (introdotto dal D.L. 76/2020 come conv.), volta ad incidere sulla questione degli atti «tardivi», cioè quegli atti che la P.A. adotta dopo che sia scaduto il termine di conclusione del procedimento.

La norma stabilisce che determinate tipologie di atti adottati dopo la scadenza dei termini di conclusione previsti sono **inefficaci** (quindi non producono effetti), salva la possibilità per la P.A. di adottare provvedimenti di **annullamento d'ufficio**, ai sensi dell'art. 21nonies della stessa L. 241/1990, laddove ne ricorrano i presupposti e le condizioni.

Per scongiurare ipotesi di inefficienza nell'attività amministrativa, il comma 9bis della disposizione (come modificato dal D.L. 77/2021 conv. in L. 108/2021) prevede che l'organo di governo individua **un soggetto**, nell'ambito delle figure apicali dell'amministrazione, ovvero **una unità organizzativa cui attribuire il potere sostitutivo in caso di inerzia**.

Nell'ipotesi di omessa individuazione, il potere sostitutivo si considera attribuito al dirigente generale o, in mancanza, al dirigente preposto all'ufficio o in mancanza al funzionario di più elevato livello presente nell'amministrazione.

Per ciascun procedimento, sul sito internet dell'amministrazione è pubblicata, in forma tabellare e con collegamento ben visibile nella *homepage*, l'indicazione del soggetto o dell'unità organizzativa cui è attribuito il potere sostitutivo e al quale il cittadino può rivolgersi.

Tale soggetto, in caso di ritardo, deve comunicare senza indugio il nominativo del responsabile, ai fini della valutazione dell'avvio del procedimento disciplinare e, in caso di mancata ottemperanza, assume anche la responsabilità di tale soggetto oltre alla propria.

Decorso inutilmente il termine di conclusione del procedimento (o quello eventualmente superiore ai sensi del comma 7 dello stesso art. 2), il responsabile o l'unità organizzativa, **d'ufficio**

o su richiesta dell'interessato, esercita il potere sostitutivo e, entro un *termine pari alla metà di quello originariamente previsto*, conclude il procedimento attraverso le strutture competenti o con la nomina di un commissario (comma 9ter, come modificato dal D.L. 77/2021, conv. in L. 108/2021).

Il responsabile così individuato, entro il 30 gennaio di ogni anno, deve comunicare all'organo di governo i procedimenti — suddivisi per tipologia e strutture amministrative competenti — nei quali non è stato rispettato il termine di conclusione previsto dalla legge o dai regolamenti (comma 9quater).

Nei provvedimenti rilasciati in ritardo, su istanza di parte, devono trovare espressa indicazione il termine previsto dalla legge o dai regolamenti e quello effettivamente impiegato (comma 9quinquies).

7.2 Il mancato rispetto dei termini procedimentali e l'indennizzo per mero ritardo (art. 2bis)

Per disciplinare specificamente le **conseguenze per il ritardo dell'amministrazione nella conclusione del procedimento** è stato inserito (ad opera della L. 69/2009) nel *corpus* della legge sul procedimento l'art. 2bis.

La *ratio* di tale norma si ricollega alla consapevolezza che il **rispetto dei tempi del procedimento** rappresenta un importante incentivo al miglioramento dell'efficienza della pubblica amministrazione, divenendo, nelle intenzioni del legislatore, anche **elemento di valutazione dei dirigenti** — sia in senso premiale, in un'ottica meritocratica, che in senso sanzionatorio — ai fini della corresponsione della retribuzione di risultato (art. 7, comma 2, L. 69/2009).

In particolare, l'art. 2bis cit. ha previsto in capo alla pubblica amministrazione una responsabilità per l'ipotesi di **inosservanza dolosa o colposa del termine di conclusione del procedimento**.

Specificamente, si deve osservare che, dal punto di vista soggettivo, la norma si applica sia alle pubbliche amministrazioni che ai soggetti di cui all'art. 1, comma 1ter, L. 241/1990, ossia ai *privati preposti all'esercizio di attività amministrativa*; inoltre quanto all'oggetto del risarcimento, questo consiste nel «**danno ingiusto** cagionato in conseguenza dell'**inosservanza dolosa o colposa** del termine di conclusione del procedimento». Ai sensi dell'art. 30, comma 4, del c.p.a., tale azione risarcitoria deve essere proposta nel termine di 120 giorni, il quale non inizia a decorrere fintanto che perdura l'inadempimento. Esso inizia comunque a decorrere dopo un anno dalla scadenza del termine per provvedere.

Inoltre, *ex* art. 133 dello stesso Codice, il G.A. conosce di tale azione in sede di **giurisdizione esclusiva**.

Il sistema delle tutele articolato dalla legge sul procedimento amministrativo si arricchisce di nuovi ed importanti **tasselli** grazie alle prescrizioni contenute a tale riguardo nel **comma 1bis dell'art. 2bis** della medesima L. 241/1990 (inserito dal cd. «*decreto fare*», *D.L. 69/2013*, conv. in *L. 98/2013*).

Infatti, al diritto di risarcimento del danno da ritardo nella conclusione del procedimento amministrativo, *ex* art. 2bis cit., si affianca anche l'**indennizzo** che scatterà per il ritardo nella definizione della pratica. Scaduto il termine per l'adozione del provvedimento, per **ogni giorno di ritardo** i cittadini potranno ricevere *30 euro*, fino a un massimo di *2.000 euro*. Se tale somma non viene liquidata, essa potrà essere richiesta al G.A. mediante una *procedura semplificata*.

Restano *esclusi* da tale disciplina le ipotesi di silenzio qualificato (silenzio-assenso e silenzio-diniego) e dei concorsi pubblici.

8 Il responsabile del procedimento

Tra le più importanti novità introdotte dalla L. 241/1990 si segnala l'individuazione del **responsabile del procedimento** (*leading authority*) in seno all'*unità organizzativa competente*, la comunicazione agli interessati del *nominativo* del responsabile e la precisazione dei *compiti* a questi spettanti (artt. 4-6bis).

In particolare, le figure dell'unità organizzativa competente e del responsabile del procedimento si inseriscono in un disegno più ampio posto in essere dal legislatore, teso ad incentivare il **momento dialettico tra pubblica amministrazione e cittadino/utente**, trasformando il provvedimento amministrativo da atto puramente autoritativo a risultante di un raffronto collaborativo tra le parti interessate.

Nella prospettiva di rafforzare tale momento dialettico, l'art. 4 della L. 241/1990 sancisce l'obbligo per le amministrazioni pubbliche di individuare, per ogni procedimento, l'*unità organizzativa responsabile* dell'istruttoria e di ogni altro adempimento procedimentale, nonché dell'adozione del provvedimento finale.

Tale decisione deve essere *resa pubblica* dalla P.A. secondo quanto previsto dai singoli ordinamenti.

Individuata tale unità, il dirigente della stessa provvede ad individuare, al suo interno, il soggetto responsabile del procedimento, che, ai sensi dell'art. 5 della detta legge, può essere sia il dirigente stesso che un altro dipendente. Fino a quando non sia effettuata l'assegnazione, è considerato responsabile del singolo procedimento il *funzionario preposto all'unità organizzativa*. Al responsabile, così individuato, il dirigente dell'unità assegna «la responsabilità della istruttoria e di ogni altro adempimento inerente il singolo procedimento nonché, eventualmente, dell'adozione del provvedimento finale».

Dell'individuazione dell'unità competente, del domicilio digitale e del nominativo del responsabile vengono notiziati, mediante la comunicazione di avvio del procedimento, i soggetti nei cui confronti il provvedimento finale è destinato a produrre effetti diretti, quelli che per legge debbono intervenire nel procedimento, nonché, su richiesta, tutti coloro che vi abbiano interesse.

Quanto ai **compiti** affidati al responsabile del procedimento, l'art. 6 della L. 241/1990 espressamente gli conferisce tutta una serie di attribuzioni finalizzate, prevalentemente, alla *cura della fase istruttoria* del procedimento nonché, laddove ne abbia la competenza, all'**effettiva adozione del provvedimento finale**.

In particolare, il responsabile deve:

a) valutare, ai fini istruttori, le condizioni di ammissibilità, i requisiti di legittimazione ed i presupposti che siano rilevanti per l'emanazione di provvedimento;
b) accertare di ufficio i fatti, disponendo il compimento degli atti all'uopo necessari, e adottare ogni misura per l'adeguato e sollecito svolgimento dell'istruttoria. In particolare, può chiedere il rilascio di dichiarazioni e la rettifica di dichiarazioni o istanze erronee o incomplete e può esperire accertamenti tecnici ed ispezioni ed ordinare esibizioni documentali;
c) proporre l'indizione o, avendone la competenza, indire le conferenze di servizi di cui all'art. 14 della legge sul procedimento amministrativo;
d) curare le comunicazioni, le pubblicazioni e le modificazioni previste dalle leggi e dai regolamenti;
e) adottare, ove ne abbia la competenza, il provvedimento finale, ovvero trasmettere gli atti all'organo competente per l'adozione.

Inoltre, è previsto che l'organo competente per l'adozione del provvedimento finale, ove diverso dal responsabile del procedimento, *non possa discostarsi* dalle risultanze dell'istruttoria condotta dal responsabile del procedimento *se non indicandone la motivazione nel provvedimento finale*.

Infine, con la *L. 6 novembre 2012, n. 190*, cd. *legge anticorruzione*, è stato inserito l'**art. 6bis** alla L. 241/1990 che, al fine di garantire una sempre più incisiva trasparenza dell'operato della P.A. e prevenire fenomeni di illegalità nell'ambito della stessa, impone al responsabile del procedimento e al titolare dell'ufficio, competenti ad emanare pareri, valutazioni tecniche, atti endoprocedimentali nonché il provvedimento finale, di **astenersi in caso di conflitto di interessi** dalle dette operazioni, segnalando, altresì, ogni situazione, anche solo potenziale, di conflitto.

9 La partecipazione al procedimento

Il principio della partecipazione è di fondamentale importanza in quanto consente la soddisfazione dei criteri informatori dell'azione della P.A.: *trasparenza* (perché i destinatari dell'azione amministrativa ne hanno conoscenza e possono orientarla), *economicità* (in quanto si deflaziona il contenzioso, evitando i relativi sforzi e perdite di tempo), *efficacia* (perché ne deriva una più spiccata capacità di conseguire gli obiettivi pubblici, meglio chiariti grazie ai contributi del privato), *imparzialità* (in quanto l'apporto del privato consente alla P.A. di assumere la propria determinazione all'esito di una valutazione oggettiva dell'interesse rappresentato).

La partecipazione al procedimento si realizza attraverso una serie di «strumenti» individuati nel Capo III della legge sul procedimento (artt. da 7 a 13), tenendo, però, ben presente che le norme sulla partecipazione **non si applicano** ai procedimenti diretti all'emanazione di *atti normativi, amministrativi generali, di pianificazione, di programmazione e ai procedimenti tributari* (art. 13).

Per tutti gli altri, la L. 241/1990 sancisce:

1. **l'obbligo di comunicare l'avvio del procedimento** (artt. 7-8).

   Così come stabilisce l'art. 7, ove non sussistano ragioni di impedimento derivanti da particolari esigenze di celerità del procedimento, la pubblica amministrazione ha l'*obbligo di comunicarne l'avvio.* Resta salva la facoltà per la P.A. interessata di adottare provvedimenti cautelari, anche prima di effettuare la comunicazione di avvio del procedimento.
   La comunicazione è personale; nelle ipotesi in cui essa non sia possibile, per il numero di destinatari o perché risulti particolarmente gravosa, la P.A. provvede a rendere noto il contenuto della comunicazione mediante forme di pubblicità idonee, stabilite di volta in volta dalla stessa amministrazione.

   Destinatari della comunicazione sono:
   - i destinatari diretti del provvedimento finale;
   - i soggetti che per legge devono intervenire nel procedimento (in specie le pubbliche amministrazioni chiamate a partecipare in via consultiva, ossia ad emettere pareri in base agli artt. 16 e 17, o in sede di conferenza di servizi, *ex* art. 14);
   - i terzi che possono ricevere un pregiudizio dal provvedimento finale. Questi ultimi vanno notiziati solo se individuati o facilmente individuabili.

   La comunicazione di avvio riveste una posizione strategica all'interno del procedimento e le **eccezioni** sono esplicitamente stabilite dal legislatore: si tratta delle ipotesi in cui sussistano ragioni di impedimento derivanti da peculiari **esigenze di celerità** connesse al procedimento stesso.

   Nella comunicazione debbono essere indicati (ai sensi dell'art. 8, mod. dal D.L. 76/2020, conv. in L. 120/2020): l'amministrazione competente, l'oggetto del procedimento promosso; l'ufficio, il domicilio digitale dell'amministrazione e la persona responsabile del procedimento; la data entro la quale deve concludersi il procedimento e i rimedi esperibili in caso di inerzia dell'amministrazione; nei procedimenti ad iniziativa di parte, la data di presentazione della relativa istanza; le modalità con le quali, attraverso il punto di accesso telematico di cui all'art. 64bis del D.Lgs. 82/2005 (CAD) o con altre modalità telematiche, è possibile prendere visione degli atti, accedere al fascicolo informatico, ed esercitare in via telematica i diritti previsti dalla legge stessa; l'ufficio dove è possibile prendere visione degli atti che non sono disponibili o accessibili con le modalità telematiche.

   Inoltre, ai sensi dell'**art. 21octies, L. 241/1990**, l'**omessa comunicazione di avvio** non dà luogo ad *annullabilità* del provvedimento sia palese che il contenuto dello stesso *non avrebbe potuto essere diverso* da quello in concreto adottato. È onere della P.A. dimostrare in giudizio che anche con la tempestiva comunicazione di avvio del procedimento nulla sarebbe cambiato rispetto al contenuto della

decisione finale. Una volta riconosciuto che il provvedimento ha un contenuto conforme a quanto prescritto dalla legge, la detta violazione non rileva come causa di invalidità.
Tale disposizione **non si applica** al provvedimento adottato in violazione dell'**art. 10bis** della legge stessa, per cui deve ritenersi che tale violazione comporta che il provvedimento finale sia annullabile indipendentemente dall'incidenza che il rispetto della disciplina di cui alla norma in questione avrebbe avuto sul contenuto del provvedimento stesso;

2. **il diritto di intervento nel procedimento** (art. 9).
Qualunque soggetto, portatore di interessi pubblici o privati, nonché i portatori di interessi diffusi, cui possa derivare un pregiudizio dal provvedimento, possono intervenire nel procedimento (si tratta di *intervento volontario* contrapposto a quello obbligatorio di cui all'art. 7).

Dall'art. 9, L. 241/1990 derivano il riconoscimento generale della *facoltà di intervento* degli interessati, indipendentemente dalla natura pubblica o privata dell'interesse fatto valere, la consacrazione della rilevanza giuridica degli *interessi diffusi* e la legittimazione anche processuale dei portatori degli stessi (in passato sovente negata dalla giurisprudenza);

3. **il diritto di prendere visione degli atti del procedimento e di presentare memorie scritte e documenti** (art. 10).
I destinatari della comunicazione ai sensi dell'art. 7 e i soggetti intervenuti ai sensi dell'art. 9 hanno diritto di *prendere visione degli atti del procedimento* (a meno che non si tratti di documenti esclusi dal diritto di accesso ai sensi dell'art. 24) e di *presentare memorie scritte e documenti*, che l'amministrazione ha l'obbligo di valutare ove siano pertinenti all'oggetto della domanda e siano presentate in tempo ragionevole (ossia non troppo a ridosso dello spirare del termine entro il quale, ai sensi dell'art. 2, va definito il procedimento);

4. **il preavviso di rigetto** (art. 10bis).
Nell'ottica di ridurre il contenzioso tra cittadini e P.A. e di rafforzare il profilo della trasparenza dell'azione amministrativa, l'art. **10bis** della L. 241/1990 (come modificato dal D.L. 76/2020 conv. in L. 120/2020) prevede che nei procedimenti ad istanza di parte il responsabile del procedimento o l'autorità competente, prima della formale adozione di un provvedimento negativo, deve **comunicare tempestivamente agli interessati i motivi ostativi all'accoglimento della domanda.** Gli interessati hanno il diritto di presentare, entro dieci giorni dal ricevimento della comunicazione, per iscritto le loro osservazioni, eventualmente corredate da documenti.
La suddetta comunicazione produce l'effetto di sospendere i termini di conclusione dei procedimenti, che ricominciano a decorrere dieci giorni dopo la presentazione delle osservazioni o, qualora queste non siano presentate, dalla scadenza del termine concesso per la loro presentazione.
Laddove gli istanti abbiano presentato le loro osservazioni, il responsabile del procedimento o l'autorità competente sono tenuti ad indicare nella motivazione del provvedimento finale di diniego le ragioni del loro eventuale mancato accoglimento, indicando, se ve ne sono, i soli motivi ostativi ulteriori che sono conseguenza delle osservazioni. In caso di annullamento in sede giurisdizionale del provvedimento così adottato, nell'esercitare nuovamente il suo potere l'amministrazione non può addurre per la prima volta motivi ostativi già emergenti dall'istruttoria del provvedimento annullato. Tra i motivi ostativi all'accoglimento dell'istanza non possono essere addotti **inadempienze o ritardi attribuibili all'amministrazione**.

La disciplina del preavviso di rigetto **non si applica** nei confronti delle procedure concorsuali e dei procedimenti in materia previdenziale ed assistenziale sorti a seguito di istanza di parte e gestiti dagli enti previdenziali;

5. **la stipulazione di accordi integrativi e sostitutivi** (art. 11).

   Nella ricerca di un'*azione amministrativa condivisa* tra P.A. e privato, il legislatore ha previsto due forme di accordi: gli **accordi integrativi** e gli **accordi sostitutivi** (v. *infra*);

6. **la predeterminazione dei criteri per l'attribuzione dei vantaggi economici** (art. 12). La concessione di sovvenzioni, contributi, sussidi ed ausilii finanziari e l'attribuzione di vantaggi economici a persone ed enti pubblici e privati è subordinata, onde garantire la trasparenza e l'imparzialità dell'azione amministrativa, alla predeterminazione da parte della P.A. competente, dei criteri e delle modalità cui la stessa deve attenersi. La violazione di tali criteri determina l'illegittimità dell'atto per violazione di legge.

10 La semplificazione dell'azione amministrativa

Il **Capo IV (artt. 14-21)** della L. 241/1990 contiene una serie di disposizioni di notevole rilievo, dirette a **snellire l'azione amministrativa** e, di conseguenza, ad uniformare la stessa ai principi e ai criteri di economicità, efficienza, imparzialità e trasparenza.

Gli istituti della semplificazione, a loro volta, sono stati oggetto di importanti innovazioni legislative che, specie negli ultimi anni, hanno inteso rendere più celere e spedita l'azione amministrativa, nell'ottica della «sburocratizzazione» complessiva dell'apparato pubblico e delle procedure amministrative.

10.1 La conferenza di servizi

La **conferenza di servizi** (artt. 14 e ss. L. 241/1990, come novellati dal D.Lgs. 127/2016) costituisce **una forma di cooperazione** tra le pubbliche amministrazioni che ha lo scopo di realizzare, attraverso l'**esame contestuale dei vari interessi pubblici coinvolti**, la *semplificazione di taluni procedimenti amministrativi* particolarmente complessi.

Vi sono varie tipologie di conferenza di servizi:

— la **conferenza di servizi istruttoria**, che **può** essere indetta qualora sia **opportuno effettuare un esame contestuale di vari interessi pubblici** coinvolti in un procedimento amministrativo, ovvero in più procedimenti amministrativi connessi, riguardanti medesimi attività o risultati (comma 1);

— la **conferenza di servizi decisoria**, che **deve** essere convocata quando bisogna **assumere decisioni concordate tra varie amministrazioni**, in sostituzione dei previsti atti di concerto, nulla osta, intese o atti di assenso comunque denominati. Il comma 2 dell'art. 14, infatti, testualmente dispone che «la conferenza di servizi decisoria **è sempre** indetta dall'amministrazione procedente quando la conclusione positiva del procedimento è subordinata all'acquisizione di più pareri, intese, concerti, nulla osta o altri atti di assenso, comunque denominati, resi da diverse amministrazioni, inclusi i gestori di beni o servizi pubblici. Quando l'attività del privato sia subordinata a più atti di assenso, comunque denominati, da adottare a conclusione di distinti procedimenti, di competenza di diverse amministrazioni pubbliche, la conferenza di servizi è convocata, anche su richiesta dell'interessato, da una delle amministrazioni procedenti».

Il comma 3 della menzionata disposizione, infine, prevede la figura **della conferenza di servizi cd. preliminare**: per *progetti di particolare complessità* e di *insediamenti produttivi di beni e servizi* l'amministrazione procedente, su motivata richiesta dell'interessato, corredata da uno studio di fattibilità, può indire una conferenza preliminare finalizzata a indicare al richiedente, prima della presentazione di una istanza o di un progetto definitivo, le condizioni per ottenere, alla loro presentazione, i necessari pareri, intese, concerti, nulla osta, autorizzazioni, concessioni o altri atti di assenso, comunque denominati.

Come si svolge la conferenza di servizi? La conferenza si svolge, ordinariamente, **in forma semplificata e in modalità asincrona**, cioè senza che siano convocate riunioni in «presenza» ma mediante l'invio di documenti per via telematica; le comunicazioni avvengono secondo le modalità dell'art. 47, D.Lgs. 82/2005 (CAD), ossia mediante l'utilizzo della posta elettronica o in cooperazione applicativa (art. 14bis, L. 241/1990).

Solo quando è strettamente necessario, anche in relazione alla complessità della determinazione da assumere, l'amministrazione procedente può indire una conferenza **in forma simultanea ed in modalità sincrona, cioè mediante l'incontro tra i vari partecipanti**.

La convocazione della conferenza di servizi simultanea e in modalità sincrona avviene ai sensi dell'art. 14ter, L. 241/1990:

— in caso di eventuale conclusione infruttuosa della conferenza in modalità asincrona, ad esempio nel momento in cui siano stati raccolti dissensi che l'amministrazione ritiene possibile e opportuno superare;
— oppure, come anticipato, nei casi di particolare complessità della decisione da assumere, per i quali l'art. 14bis prevede la possibilità, al comma 7, di indire la conferenza direttamente in forma simultanea.

Quando la conferenza è simultanea, i lavori devono concludersi non oltre 45 giorni decorrenti dalla data della prima riunione; qualora siano coinvolte amministrazioni preposte alla tutela ambientale, paesaggistico-territoriale, dei beni culturali e della salute dei cittadini, il termine è fissato in 90 giorni. La peculiarità di tale conferenza sta nel fatto che ogni amministrazione partecipa mediante un unico rappresentante legittimato ad esprimere in maniera definitiva, univoca e vincolante la posizione della P.A. medesima su tutte le decisioni di competenza della conferenza (art. 14ter, comma 3). Si tratta, e evidente, di un profilo importante in quanto diretto alla concentrazione dei centri decisionali portatori degli interessi dedotti in conferenza.

10.2 Gli accordi

Gli accordi fra amministrazioni pubbliche (art. 15) sono finalizzati a disciplinare lo svolgimento in collaborazione di attività di pubblico interesse. Un esempio di tali accordi sono gli «accordi di programma» (v. *infra*).

10.3 Il silenzio devolutivo

La **figura del silenzio devolutivo** (art. 17) comporta la possibilità di richiedere ad altri organi **valutazioni tecniche** di necessaria acquisizione ai fini dell'adozione del provvedimento finale, che *quelli precedentemente aditi non abbiano effettuato*.

In tali casi, il responsabile del procedimento deve richiedere le suddette valutazioni tecniche ad altri organi dell'amministrazione pubblica o ad enti pubblici che siano dotati di qualificazione e capacità tecnica equipollenti, ovvero ad istituti universitari. Tale principio non si applica nel caso le valutazioni debbano essere prodotte da amministrazioni preposte alla tutela dell'ambiente, del paesaggio e della salute dei cittadini.

10.4 Il sistema delle dichiarazioni sostitutive (art. 18, L. 241/1990 e D.P.R. 445/2000)

Il **ricorso all'autocertificazione** (art. 18, L. 241/1990) consente al privato di poter provare, nei suoi rapporti con la P.A., determinati fatti, stati e qualità a prescindere dalla esibizione dei relativi certificati, semplicemente presentando una **dichiarazione cd. sostitutiva**.

La materia è disciplinata dal **D.P.R. 28 dicembre 2000, n. 445** (*Testo Unico in materia di documentazione amministrativa*).

La disciplina della documentazione amministrativa è ispirata ad un duplice principio: da un lato, garantire le esigenze della **certezza pubblica**, e, dall'altro lato, quelle di **semplificazione dell'attività amministrativa**. A tal fine le amministrazioni sono tenute ad adottare tutte le misure idonee a garantire l'applicazione delle disposizioni in materia di autocertificazioni (art. 18, comma 1, L. 241/1990).

Il comma 2 dell'art. 18 della L. 241/1990 stabilisce, poi, nell'ottica della semplificazione dei rapporti con il cittadino, che i documenti attestanti atti, fatti, qualità e stati soggettivi, necessari per l'istruttoria del procedimento, sono **acquisiti d'ufficio** quando sono in possesso dell'amministrazione procedente, ovvero sono detenuti, istituzionalmente, da altre pubbliche amministrazioni. La P.A. procedente può solo richiedere agli interessati gli elementi necessari per la ricerca dei documenti. Inoltre è stabilito che spetta al responsabile del procedimento **accertare d'ufficio** i fatti, gli stati e le qualità che la stessa amministrazione procedente o altra pubblica amministrazione è tenuta a certificare (art. 18, comma 3, L. 241/1990).

Si tratta dell'istituto dell'**accertamento d'ufficio**, che vieta alla P.A. di richiedere al privato di produrre documenti o già in *possesso* della medesima amministrazione o *già detenuti istituzionalmente* da altre amministrazioni.

Tutti gli istituti giuridici inerenti la documentazione amministrativa e disciplinati dal Testo Unico hanno come scopo fondamentale quello di **dare certezza** di fatti, stati o qualità personali: certificati, autocertificazioni, documenti di identità e di riconoscimento ecc. sono, infatti, tutti strumenti finalizzati a creare o a mettere in circolazione certezze di vario genere e grado.

Il **certificato** è il documento rilasciato da una amministrazione pubblica che ha funzione di ricognizione, riproduzione o partecipazione a terzi di **stati, qualità personali e fatti** contenuti in albi, elenchi o registri pubblici o comunque accertati da soggetti titolari di funzioni pubbliche (art. 1, comma 1, lett. *f)*, D.P.R. 445/2000).

Da tale definizione si evince che il certificato non è altro che uno **strumento di comunicazione**, grazie al quale è possibile la circolazione, all'interno dell'ordinamento, di informazioni diverse da tutte le altre in quanto dotate di quella particolare qualità che è la certezza (offre, infatti, indispensabili garanzie formali e sostanziali). Ed è proprio la **certezza** la peculiarità del certificato, ciò che lo contraddistingue e lo caratterizza rispetto a tutti gli altri documenti amministrativi: la sua specifica funzione di *comunicazione* rivolta a terzi (siano essi interni o esterni alla pubblica amministrazione) non ha ad oggetto informazioni qualsiasi, bensì solo quelle certe.

Ai certificati rilasciati dalle amministrazioni si applicano gli artt. 40 e ss. del D.P.R. 445/2000. In proposito, il legislatore ha distinto due ipotesi specifiche, in relazione all'oggetto della certificazione: mentre i certificati attestanti stati, qualità personali e fatti non soggetti a modificazioni hanno **validità illimitata**, le restanti certificazioni (attestanti situazioni suscettibili di cambiamento nel tempo) hanno **validità di sei mesi** dalla data di rilascio, salvo diversa disposizione di legge o regolamento che prevedono una validità superiore.

Tra tutti gli strumenti di semplificazione della documentazione amministrativa, di grande diffusione, utilizzo ed efficacia sono le **dichiarazioni sostitutive**, generalmente conosciute come *autocertificazioni*, che consentono al cittadino di **sostituire un atto amministrativo di certezza con una propria dichiarazione**.

In particolare, si distinguono:

- le **dichiarazioni sostitutive di certificazioni**, con cui l'interessato può sostituire a tutti gli effetti ed a titolo definitivo, attraverso una propria dichiarazione sottoscritta, certificazioni amministrative relative a fatti, stati e qualità risultanti da registri custoditi dalla pubblica amministrazione.
  La dichiarazione sostitutiva di certificazione deve necessariamente essere *sottoscritta dall'interessato*, ma non è richiesta, per la sua validità, l'autenticazione della firma. Quanto ai dati autocertificabili dal privato, un'elencazione degli stessi è contenuta nell'art. 46 del D.P.R. 445/2000;
- le **dichiarazioni sostitutive di atto di notorietà**, con cui, invece, *ex* art. 47 del D.P.R. 445/2000, l'interessato può comprovare tutti quei **fatti, stati e qualità personali, di cui ha diretta conoscenza**, che non risultano compresi tra quelli per cui è possibile il ricorso alla dichiarazione sostitutiva di certificazione, con la sola eccezione di quelli per cui questa possibilità sia esplicitamente esclusa da una legge.

La **differenza** tra le due dichiarazioni è evidente. Mentre *nel primo caso* vengono partecipate a terzi informazioni che corrispondono, totalmente o parzialmente, al contenuto di altri atti preesistenti, trascritti in pubblici registri, albi o elenchi, *nel secondo caso* vengono partecipate a terzi informazioni concernenti stati, qualità personali e fatti, che si reputano certi, purché siano a diretta conoscenza del soggetto che redige e sottoscrive la medesima dichiarazione.

Ai sensi dell'art. 74, D.P.R. 445/2000, la **mancata accettazione** delle dichiarazioni sostitutive di certificazione o di atto di notorietà costituisce **violazione dei doveri d'ufficio**.

10.5 Presentazione di istanze, segnalazioni o comunicazioni

L'**art. 18bis** della L. 241/1990, introdotto dal D.Lgs. 126/2016, prevede che dell'avvenuta presentazione di istanze, segnalazioni o comunicazioni venga rilasciata immediatamente, *anche in via telematica*, una **ricevuta**, che attesta l'avvenuta presentazione dell'istanza, della segnalazione e della comunicazione e indica i termini entro i quali l'amministrazione è tenuta, ove previsto, a rispondere, ovvero entro i quali il silenzio dell'amministrazione equivale ad accoglimento dell'istanza.

10.6 Il silenzio-assenso

Ai sensi dell'**art. 20** della L. 241/1990 (anch'esso novellato dal D.Lgs. 126/2016), **nei procedimenti ad istanza di parte**, per il rilascio di provvedimenti amministrativi, il silenzio dell'amministrazione equivale a **provvedimento di accoglimento** della detta domanda, senza necessità di ulteriori istanze, se la P.A. non comunica all'interessato, nel previsto termine di conclusione del procedimento, il provvedimento di rigetto ovvero non indice una conferenza di servizi. Tali termini decorrono dalla data di ricevimento della domanda del privato.

Per garantire maggiore effettività all'istituto del silenzio assenso e, soprattutto, maggiore tutela per il privato, il **decreto semplificazioni 2021** (**D.L. 77/2021**, conv. in **L. 108/2021**) ha introdotto il **comma 2bis**, ai sensi del quale nei casi in cui il silenzio equivale a provvedimento di accoglimento di un'istanza (fermi restando gli *effetti* intervenuti a seguito del silenzio-assenso), la P.A. ha l'*obbligo di rilasciare*, in via telematica, su richiesta del privato interessato, *un'attestazione* circa il decorso dei termini del procedimento e dell'**avvenuto accoglimento della domanda**. Decorsi inutilmente dieci giorni dalla richiesta, il privato potrà sostituire l'attestazione della P.A. con una **dichiarazione sostitutiva** ai sensi dell'art. 47, D.P.R. 445/2000.

L'art. 20, comma 4, prevede che *il meccanismo del silenzio assenso* **non si applica** per gli atti e nei procedimenti concernenti il patrimonio culturale e paesaggistico, l'ambiente e la difesa nazionale, la pubblica sicurezza, l'immigrazione, l'asilo e la cittadinanza, la salute e la pubblica incolumità; né si applica agli atti imposti dalla normativa comunitaria, o ai casi in cui la legge qualifica il silenzio come rigetto dell'istanza, e nemmeno agli atti e ai procedimenti che le stesse amministrazioni possono successivamente individuare. Ogni controversia relativa all'applicazione della disposizione in commento è devoluta alla **giurisdizione esclusiva del G.A.**

10.7 Gli effetti del silenzio e dell'inerzia nei rapporti tra amministrazioni pubbliche

L'**art. 17bis** della L. 241/1990 (modificato dal D.L. 76/2020, conv. in L. 120/2020) disciplina gli effetti del silenzio e dell'inerzia nei rapporti *tra amministrazioni pubbliche*.

Esso prevede che, se per l'adozione di **provvedimenti normativi e amministrativi** sia prevista l'acquisizione di assensi, concerti o nulla osta da parte di altre amministrazioni pubbliche o di gestioni di beni o servizi pubblici, gli stessi dovranno essere resi entro trenta giorni dal ricevimento dello schema di provvedimento, corredato della relativa documentazione, da parte dell'amministrazione procedente. Quando per l'adozione di provvedimenti normativi e amministrativi è prevista la proposta di una o più amministrazioni pubbliche diverse da quella competente ad adottare l'atto, la proposta stessa è trasmessa entro trenta giorni dal ricevimento della richiesta da parte di quest'ultima amministrazione; sono fatte salve le ipotesi di cui al successivo comma 3 della norma.

Il termine potrà essere **interrotto** se l'amministrazione che deve pronunciarsi manifesti esigenze istruttorie o richieste di modifica, motivate e formulate in modo puntuale nel termine stesso: in tal caso, l'assenso, il concerto o il nulla osta è reso nei successivi trenta giorni dalla ricezione degli elementi istruttori o dello schema di provvedimento. Lo stesso termine si applica qualora dette esigenze istruttorie siano rappresentate dall'amministrazione proponente nel caso in cui per l'adozione del provvedimento (normativo o amministrativo) sia prevista la proposta di una o più amministrazioni pubbliche diverse da quella competente.

Non sono ammesse ulteriori interruzioni di termini.

Nel caso in cui la P.A. non si pronunci entro il termine indicato l'assenso, il concerto o il nulla osta si intenderanno acquisiti.

11 La segnalazione certificata di inizio attività, SCIA (art. 19)

La **segnalazione certificata di inizio attività** (SCIA - ex dichiarazione di inizio attività) è un importante strumento di semplificazione nel contesto dei rapporti P.A. - cittadino. Essa, infatti, è stata adattata alle iniziative economiche attivabili dal privato nonché alle attività edilizie.

La SCIA è stata, inoltre, recepita anche dalla regolamentazione delle attività di impresa, ad es. con il D.P.R. 160/2010, in materia di **sportello unico** delle **attività produttive**, ossia il soggetto pubblico competente a livello territoriale per tutti i procedimenti aventi ad oggetto l'avvio di attività imprenditoriali.

L'art. 19, L. 241/1990 prevede che **ogni atto di autorizzazione, licenza, concessione non costitutiva, permesso o nulla osta comunque denominato**, comprese le domande per le iscrizioni in albi o ruoli richieste per l'esercizio di attività imprenditoriale, commerciale o artigianale il cui rilascio dipenda esclusivamente dall'accertamento di requisiti e presupposti richiesti dalla legge o da atti amministrativi a contenuto generale, e non sia previsto alcun limite o contingente complessivo o specifici strumenti di programmazione settoriale per il rilascio degli atti stessi, **è sostituito da una segnalazione dell'interessato**.

A titolo esemplificativo, tra le attività produttive che possono essere iniziate previa presentazione della SCIA, si segnalano: attività ricettive (come affittacamere, bed & breakfast); attività di agriturismo; attività di acconciatore o estetista; attività di commercio al dettaglio in sede fissa.

Unica **eccezione** all'applicazione di tale disposizione riguarda i casi in cui sussistono *vincoli ambientali, paesaggistici o culturali* e degli atti rilasciati dalle amministrazioni preposte alla difesa nazionale, alla pubblica sicurezza, all'immigrazione, all'asilo, alla cittadinanza, all'amministrazione della giustizia, all'amministrazione delle finanze, ivi compresi gli atti concernenti le reti di acquisizione del gettito, anche derivante dal gioco, nonché di quelli previsti dalla normativa per le costruzioni in zone sismiche e di quelli imposti dalla normativa UE.

La segnalazione deve essere a sua volta **accompagnata** dalle dichiarazioni sostitutive di certificazioni e dell'atto di notorietà per quanto riguarda tutti gli stati, le qualità personali e i fatti previsti agli artt. 46 e 47 D.P.R. 445/2000, nonché, ove espressamente previsto dalla normativa vigente, dalle attestazioni e asseverazioni di tecnici abilitati, ovvero dalle dichiarazioni di conformità da parte dell'Agenzia delle imprese; tali attestazioni e asseverazioni sono corredate dagli elaborati tecnici necessari *per consentire le verifiche di competenza dell'amministrazione*.

L'attività oggetto della segnalazione **può essere iniziata dalla data della presentazione** della segnalazione all'amministrazione competente.

Quest'ultima, tuttavia, conserva il potere di agire successivamente: infatti essa, in caso di *accertata carenza dei requisiti e dei presupposti*, nel termine di sessanta giorni dal ricevimento della segnalazione certificata, adotta motivati provvedimenti di **divieto di prosecuzione dell'attività e di rimozione degli eventuali effetti dannosi di essa**.

Qualora sia possibile **conformare** l'attività intrapresa e i suoi effetti alla normativa vigente, l'amministrazione competente, con atto motivato, invita il privato a provvedere prescrivendo le misure necessarie con la fissazione di un termine non inferiore a trenta giorni per l'adozione di queste ultime.

In difetto di adozione delle misure da parte del privato, decorso il suddetto termine, l'attività si intende **vietata**. Con lo stesso atto motivato, in presenza di attestazioni non veritiere o di pericolo per la tutela dell'interesse pubblico in materia di ambiente, paesaggio, beni culturali, salute, sicurezza pubblica o difesa nazionale, l'amministrazione dispone la sospensione dell'attività intrapresa.

Ai sensi dell'**art. 19bis, L. 241/1990**, introdotto dal D.Lgs. 126/2016, in tema di *concentrazione dei regimi amministrativi*, si prevede che sul sito istituzionale di ciascuna amministrazione debba essere indicato lo **sportello unico**, di regola telematico, al quale presentare la SCIA, anche in caso di procedimenti connessi di competenza di altre amministrazioni ovvero di diverse articolazioni interne dell'amministrazione ricevente; possono essere anche istituite più sedi di tale sportello, al solo scopo di garantire la pluralità dei punti di accesso sul territorio.

Se per lo svolgimento di un'attività soggetta a SCIA sono necessarie altre SCIA, comunicazioni, attestazioni, asseverazioni e notifiche, l'interessato presenta un'**unica SCIA** allo sportello di cui sopra.

12 Gli accordi

Con l'espressione «attività consensuale» della pubblica amministrazione si fa riferimento, genericamente, a quei **moduli convenzionali di esercizio dell'attività amministrativa** con i quali la P.A. *ricerca il consenso del privato destinatario del provvedimento finale*. Nell'ambito dell'ampio *genus* dell'attività amministrativa consensuale possono includersi sia i **contratti pubblici**, sia che gli **accordi**, che possono essere conclusi sia con un privato che con altre amministrazioni.

12.1 Gli accordi integrativi e sostitutivi del provvedimento

L'art. 11 della L. 241/1990 prevede **due forme di accordi**:

— gli **accordi integrativi**: si tratta di accordi conclusi dall'amministrazione procedente con gli interessati al fine di **determinare il contenuto** del provvedimento.
La previsione di tali accordi conferma l'accoglimento legislativo della concezione che considera il procedimento alla stregua di *confronto dialettico* tra privati e P.A. ed il provvedimento come risultante di questo confronto;

— gli **accordi sostitutivi**: mentre gli *accordi integrativi* precedono il provvedimento e ne determinano il contenuto, gli *accordi sostitutivi* sono **stipulati in sostituzione** del provvedimento amministrativo.

Nello specifico, l'art. 11 cit., nel conferire dignità di *istituto generale* agli strumenti convenzionali dell'azione amministrativa, prevede che:

a) nell'ambito di un procedimento amministrativo, in accoglimento di osservazioni e proposte presentate a norma dell'art. 10, l'amministrazione procedente *può concludere*, senza pregiudizio dei diritti dei terzi, e in ogni caso nel perseguimento del pubblico interesse, **accordi** con gli interessati al fine di *determinare il contenuto discrezionale del provvedimento finale ovvero in sostituzione di questo*;
b) gli accordi in questione debbono essere stipulati, a pena di nullità, *per atto scritto*, salvo che la legge disponga altrimenti;
c) ad essi si applicano, ove non sia diversamente previsto, i *principi del codice civile* in quanto compatibili;
d) i detti accordi devono essere *motivati* ai sensi dell'art. 3 della stessa L. 241/1990;

e) gli accordi sostitutivi di provvedimenti sono soggetti ai medesimi **controlli** previsti per questi ultimi;
f) per sopravvenuti motivi di pubblico interesse l'amministrazione può *recedere unilateralmente dall'accordo*, salvo l'obbligo di provvedere alla liquidazione di un indennizzo in relazione agli eventuali pregiudizi verificatisi in danno del privato.

Inoltre, ai sensi dell'art. 133 del Codice del processo amministrativo, le controversie in materia di formazione, conclusione ed esecuzione di accordi integrativi e sostitutivi sono devolute alla **giurisdizione esclusiva del giudice amministrativo**.

12.2 Gli accordi tra pubbliche amministrazioni: gli accordi di programma

L'art. 15 L. 241/1990 disciplina gli accordi fra amministrazioni pubbliche, stabilendo che questi *possono* essere conclusi per «disciplinare lo svolgimento in collaborazione di attività di interesse comune».

A questa previsione di carattere generale si ricollegano gi accordi di programma che sono un'applicazione specifica di quel potere.

Con gli accordi di programma, infatti, le pubbliche amministrazioni concordano le modalità di programmazione ed esecuzione di interventi pubblici, coordinando le rispettive azioni: a tale strumento si fa ricorso quando **la realizzazione di opere ed interventi coinvolga più livelli di governo** (statale, regionale, provinciale o comunale) tale da rendere necessaria una sinergia di azioni.

Gli accordi di programma sono disciplinati dall'**art. 34, D.Lgs. 267/2000**, che prevede, in particolare:

1. la possibilità di prevedere *procedimenti di arbitrato* fra le pubbliche amministrazioni partecipanti all'accordo per la composizione di controversie sorte in sede di esecuzione dello stesso;
2. la possibilità di prevedere forme di *interventi surrogatori* per eventuali inadempienze di alcuni dei soggetti partecipanti all'accordo;
3. l'obbligo per il Presidente della Regione, della Provincia o per il Sindaco procedenti di convocare una *conferenza istruttoria* fra i rappresentanti di tutte le amministrazioni interessate;
4. la *forma*, gli *effetti* e le modalità di pubblicazione dell'accordo;
5. la possibilità per gli accordi di comportare *variazioni degli strumenti urbanistici* purché tali varianti siano ratificate dai Consigli comunali competenti entro 30 giorni, a pena di decadenza;
6. l'istituzione di un *collegio di vigilanza* sull'esecuzione dell'accordo di programma;
7. la possibilità di utilizzare l'accordo di programma per l'approvazione di progetti di opere pubbliche comprese nei programmi dell'amministrazione e per le quali siano immediatamente utilizzabili i relativi finanziamenti. In questo caso l'approvazione dell'accordo comporta *la dichiarazione di pubblica utilità, indifferibilità ed urgenza delle medesime opere*.

Gli accordi di programma vengono promossi dai Presidenti delle Regioni, delle Province o dai Sindaci che abbiano competenza primaria sull'opera da eseguire (*soggetti necessari*), i quali hanno il potere di iniziativa e possono invitare i rappresentanti di altri enti locali ovvero di altre amministrazioni interessate (*soggetti eventuali*).

Solo nel caso in cui l'intervento o il programma di intervento da realizzare interessi *due o più Regioni finitime*, la conclusione dell'accordo è promossa dalla Presidenza del Consiglio dei ministri.

13 Semplificazione ed informatizzazione: la P.A. «digitale»

13.1 L'evoluzione informatica della P.A. e il Codice dell'amministrazione digitale

Nessun settore della vita moderna può ormai prescindere dall'utilizzo delle tecnologie informatiche.

Questo vale anche per le pubbliche amministrazioni, interessate da un progressivo *iter* di digitalizzazione che, negli ultimi anni e fino ai giorni nostri, ha visto un'instancabile produzione del legislatore in tale settore, anche sulla scorta degli impulsi provenienti dall'Unione europea.

Sono, infatti, stati introdotti nuovi strumenti digitali per le amministrazioni e al servizio del cittadino ed è stata impressa una notevole accelerazione all'evoluzione informatica, quale fattore importante per l'istituzione di nuove pratiche, metodologie e forme di lavoro.

Le tecnologie dell'informazione e della comunicazione, a loro volta, costituiscono un importante «fattore trasversale» per rafforzare la trasparenza e l'efficienza degli uffici pubblici: tali criteri, infatti, presentano l'indubbio vantaggio di creare un *rapporto democratico* tra apparato pubblico e soggetti privati, nella prospettiva di una **maggiore e più consapevole partecipazione** di questi ultimi ai procedimenti amministrativi.

La norma base in materia contenuta nella disciplina sul procedimento amministrativo è l'**art. 3bis, L. 241/1990**, come mod. dal **D.L. 76/2010**, conv. in **L. 120/2020,** cd. decreto semplificazioni 2020, secondo cui, per conseguire maggiore efficienza nella loro attività, le amministrazioni pubbliche **agiscono mediante strumenti informatici e telematici** sia nei rapporti interni, tra le diverse amministrazioni, che tra queste ultime e i privati.

La ***ratio*** dell'art. 3bis in esame è da rinvenire, da un lato, nella sempre più pregnante esigenza di **semplificare l'attività** delle amministrazioni pubbliche attraverso le tecnologie informatiche e telematiche, dall'altro di potenziare i **principi di pubblicità e trasparenza**, dal momento che i documenti redatti su supporto informatico non solo semplificano i rapporti tra P.A., cittadini ed imprese, ma si pongono anche come strumento, veloce ed immediato, di pubblicizzazione dell'attività amministrativa.

In tale contesto, si è parlato anche di **e-government**, intendendosi con tale espressione fare riferimento a quella peculiare modalità di miglioramento della circolazione dei dati e dell'attività degli uffici pubblici.

Il ruolo di assoluta rilevanza assunto dal principio di trasparenza giustifica la sempre maggiore attenzione del legislatore per il **binomio digitalizzazione/trasparenza**, nell'ottica di un *rinnovato ruolo della P.A.*, quale *erogatrice di servizi* e *centro di riferimento per l'utenza*.

Il testo di riferimento principale in materia è il **Codice dell'amministrazione digitale (CAD), D.Lgs. 7 marzo 2005, n. 82**, una sorta di «*Costituzione del mondo digitale*», finalizzata alla semplificazione e al riassetto della normativa in materia di informatica nelle pubbliche amministrazioni.

Il CAD introduce **nuovi diritti per i cittadini e per le imprese** nonché predispone **nuovi strumenti digitali** e **strumenti opportuni** per una pubblica amministrazione che **funzioni meglio** e **costi meno** ai contribuenti.

Lo **Stato**, le **Regioni** e le **autonomie locali** sono tenute ad assicurare la disponibilità, la gestione, l'accesso, la trasmissione, la conservazione e la fruibilità dell'informazione in modalità digitale, utilizzando le tecnologie dell'informazione e della comunicazione.

Le disposizioni del CAD si applicano: alle **pubbliche amministrazioni** ed alle **autorità amministrative indipendenti** di garanzia, vigilanza e regolazione; ai **gestori di servizi pubblici**, ivi comprese le società quotate, in relazione ai servizi di pubblico interesse; alle **società a controllo pubblico**, di cui al D.Lgs. 175/2016.

Il CAD è stato, a sua volta, ripetutamente novellato negli ultimi anni; tra gli interventi più recenti occorre ricordare i **decreti legislativi nn. 179/2016** e **217/2017** nonché il **D.L. 76/2020**, conv. in **L. 120/2020**, e il **D.L. 77/2021**, conv. in **L. 108/2021**, cd. decreti di semplificazione 2020 e 2021.

13.2 La Carta della cittadinanza digitale

Nella pubblica amministrazione digitale i **cittadini e le imprese hanno diritti** che il Codice dell'amministrazione digitale, nella nuova veste disegnata dalle più recenti innovazioni legislative, precisa e definisce:

— **diritto all'uso delle tecnologie** (art. 3). *Chiunque* ha il diritto di usare, in modo accessibile ed efficace, le soluzioni e gli strumenti previsti dal CAD nei rapporti con le *pubbliche am-*

ministrazioni (e le autorità indipendenti), con i gestori di servizi pubblici e con le *società a controllo pubblico*, anche ai fini dell'esercizio dei diritti di accesso e della partecipazione al procedimento amministrativo, fermo restando i diritti delle minoranze linguistiche riconosciute;

— **diritto all'identità digitale e diritto al domicilio digitale** (art. 3bis). *Chiunque* ha il diritto di accedere ai *servizi on-line* offerti dai pubblici uffici, tramite la propria identità digitale e anche mediante il punto di accesso telematico istituito presso le pubbliche amministrazioni ai sensi dell'art. 64bis CAD.
Che cosa è l'**identità digitale?** È la rappresentazione informatica della corrispondenza tra un utente e i suoi attributi identificativi, verificata attraverso l'insieme dei dati raccolti e registrati in forma digitale (art. 1, comma 1, lett. *u-quater*). Un esempio è lo **Spid** (Sistema pubblico di identità digitale), ossia il sistema di autenticazione tramite il quale i privati possono accedere ai servizi on-line della P.A. con un'unica password.
Il **domicilio digitale**, invece, è un indirizzo elettronico eletto presso un servizio di *posta elettronica certificata* (**PEC**: ossia quel servizio di posta elettronica che consente di inviare messaggi aventi il medesimo valore di una raccomandata con avviso di ricevimento, assicurando così la prova dell'invio e della consegna) o un *servizio elettronico di recapito certificato qualificato* (art. 1, comma 1, lett. *n-ter*).

Il legislatore ha individuato due tipologie di domicili digitali distinguendo in base ai soggetti destinatari e alla posizione giuridica sottesa. Hanno l'**obbligo** di dotarsi di un domicilio digitale tutti i *soggetti pubblici*, i *professionisti tenuti all'iscrizione in albi ed elenchi* e i *soggetti tenuti all'iscrizione nel registro delle imprese* (art. 3bis, commi a1); *chiunque*, invece, ha **facoltà** di eleggere o modificare il proprio domicilio digitale (art. 3bis, comma 1bis).
Inoltre il legislatore ha previsto la *possibilità* di eleggere anche un **domicilio digitale speciale** per determinati atti, procedimenti o affari (art. 3bis, comma 4quinquies, CAD).
I citati domicili sono iscritti in appositi elenchi (*Indice nazionale dei domicili digitali (INI-PEC)* delle imprese e dei professionisti; *Indice dei domicili digitali della pubblica amministrazione e dei gestori di pubblici servizi*; *Indice nazionale dei domicili digitali delle persone fisiche, dei professionisti e degli altri enti di diritto privato*, non tenuti all'iscrizione in albi, elenchi o registri professionali o nel registro delle imprese).

Si ricordi inoltre che:

— dal *28 febbraio 2021* l'identità digitale **SPID** (Sistema Pubblico di Identità Digitale) e **CIE** (Carta d'identità elettronica) diventano le **sole credenziali** per accedere ai servizi digitali della pubblica amministrazione. Le pubbliche amministrazioni, nella pratica, non potranno più utilizzare il PIN per l'accesso ai servizi digitali. La predisposizione delle credenziali uniche coinvolge tutte le amministrazioni: quella nazionale, quelle territoriali, gli enti pubblici, le agenzie;
— a loro volta, SPID e la Carta d'identità elettronica hanno lo **stesso valore** di un qualsiasi documento d'identità nello svolgimento di pratiche amministrative in rete;
— viene potenziato il **ricorso all'app IO**, che diventa il canale per accedere da smartphone a tutti i servizi pubblici resi in digitale. Il decreto semplificazioni, infatti, impone alle amministrazioni di *rendere fruibili i propri servizi in rete tramite l'applicazione IO*.
Con IO, in pratica, i cittadini potranno effettuare autocertificazioni o presentare istanze e dichiarazioni mediante telefono cellulare, come pure effettuare i pagamenti attraverso la **piattaforma PagoPa**, integrata nell'app. Dal canto loro, le amministrazioni, tramite l'utilizzo di IO, avranno il vantaggio di raccogliere tutti i servizi, le comunicazioni e i documenti in un unico luogo e di interfacciarsi in modo semplice e celere con gli utenti;

— **diritto di effettuare qualsiasi pagamento con modalità informatiche** (art. 5). Le P.A. sono obbligate ad accettare, tramite una piattaforma tecnologica, i pagamenti loro spettanti a qualsiasi titolo attraverso *sistemi di pagamento elettronico*, inclusi quelli basati sull'uso del credito telefonico in caso di micro-pagamenti;

- **comunicazione tra imprese e amministrazioni pubbliche** (art. 5bis). La presentazione di istanze, dichiarazioni, dati e lo scambio di informazioni e documenti, anche a fini statistici, tra imprese e amministrazioni, nonché l'adozione da parte di queste ultime di provvedimenti amministrativi, avviene esclusivamente utilizzando le *tecnologie dell'informazione e della comunicazione*;
- **diritto all'utilizzo del domicilio digitale** (art. 6). Le comunicazioni tramite i domicili digitali sono effettuate agli indirizzi inseriti negli elenchi ovvero o a quello eletto come domicilio speciale per determinati atti o affari. Le comunicazioni elettroniche trasmesse ad uno dei domicili digitali producono, quanto al momento della spedizione e del ricevimento, gli stessi *effetti giuridici delle comunicazioni a mezzo raccomandata con ricevuta di ritorno* ed equivalgono, salvo diversa disposizione del legislatore, alla notificazione per mezzo della posta;
- **diritto a servizi on-line semplici e integrati** (art. 7). *Chiunque* ha diritto di fruire dei servizi erogati dai soggetti tenuti all'applicazione del CAD, in *forma digitale e in modo integrato*, tramite gli strumenti telematici messi a disposizione dalle P.A. e il punto di accesso telematico ai servizi della P.A. (di cui all'art. 64bis CAD) anche attraverso dispositivi mobili;
- **alfabetizzazione informatica dei cittadini** (art. 8). È obbligo dello Stato e dei soggetti pubblici promuovere iniziative per favorire la *diffusione della cultura digitale* tra i cittadini, con particolare riguardo ai minori e alle categorie a rischio di esclusione;
- **partecipazione democratica elettronica** (art. 9). Le P.A. devono fornire ogni forma di uso delle nuove tecnologie per promuovere una *maggiore partecipazione* dei cittadini, anche residenti all'estero, al processo democratico e per facilitare l'esercizio dei diritti politici e civili e migliorare la qualità dei propri atti, anche attraverso l'utilizzo di forme di consultazione preventiva per via telematica sugli schemi di atto da adottare.

13.3 I rapporti tra i diversi livelli di governo in materia di informatizzazione

Ai sensi dell'art. 12 CAD (mod. dal **D.L. 76/2020**, conv. in **L. 120/2020**) le pubbliche amministrazioni, nell'organizzare autonomamente la propria attività, utilizzano le tecnologie dell'informazione e della comunicazione per la realizzazione degli obiettivi di efficienza, efficacia, economicità, imparzialità, trasparenza, semplificazione e partecipazione nel rispetto dei principi di uguaglianza e di non discriminazione, nonché per l'effettivo riconoscimento dei diritti dei cittadini e delle imprese garantiti dal Codice medesimo.

Per quanto concerne, invece, i **rapporti tra Stato, Regioni e autonomie locali in tema di digitalizzazione,** il CAD prevede che (art. 14, anch'esso mod. dal decreto semplificazioni 2020):

- lo Stato disciplina il coordinamento informatico dei dati dell'amministrazione statale, regionale e locale, dettando anche le regole tecniche necessarie per garantire la sicurezza e l'interoperabilità dei sistemi informatici e dei flussi informativi per la circolazione e lo scambio dei dati e per l'accesso ai servizi erogati in rete dalle amministrazioni medesime;
- le regioni promuovono sul territorio azioni tese a realizzare un processo di digitalizzazione dell'azione amministrativa coordinato e condiviso tra le autonomie locali;
- tutti gli enti territoriali, infine, devono rendere digitale la loro azione amministrativa e implementare l'utilizzo delle tecnologie dell'informazione e della comunicazione per garantire servizi migliori ai cittadini e alle imprese.

A **livello nazionale**, in materia occorre anche ribadire il ruolo preminente che spetta all'**Agenzia Italia Digitale (AgId)**. Ai sensi dell'art. 14bis CAD (in ultimo mod. dal D.L. 76/2020, conv. in L. 120/2020) infatti, essa promuove l'innovazione digitale nel Paese ed è preposta alla realizzazione degli obiettivi dell'Agenda Digitale Italiana, in coerenza con gli indirizzi dettati dal Presidente del Consiglio dei ministri (che approva il **Piano triennale per** l'**informatica**) o dal Ministro delegato, e con l'Agenda digitale europea.

Il CAD, infine, delinea due figure innovative (art. 17):

- da un lato, il **Responsabile per la transizione digitale**, a capo di un unico ufficio dirigenziale generale avente il compito di riorganizzare gli uffici e di farli «transitare» alla modalità operativa digitale;

— dall'altro, il **difensore civico digitale** unico a livello nazionale, istituito presso l'Agenzia per l'Italia Digitale, cui possono rivolgersi i cittadini («chiunque») per segnalare presunte violazioni da parte delle pubbliche amministrazioni del CAD e delle ulteriori disposizioni in tema di informatizzazione.

Il **decreto semplificazioni 2020**, infine, ha inserito nel CAD il cd. **Codice di condotta tecnologica** (nuovo **art. 13bis** CAD).

Esso ha il compito di **coordinare** sul piano tecnico le varie iniziative di innovazione tecnologica poste in essere a volte in maniera disomogenea e non uniforme dalle singole amministrazioni.

Tale Codice di condotta tecnologica è diretto, infatti, alla disciplina delle **modalità di progettazione, sviluppo e implementazione dei progetti, sistemi e servizi digitali** delle amministrazioni pubbliche.

13.4 Decreto semplificazioni 2021 e digitalizzazione della P.A.

«*Digitalizzare la Pubblica Amministrazione italiana con interventi tecnologici ad ampio spettro accompagnati da riforme strutturali*»: la **transizione digitale** del nostro Paese è uno dei punti chiave del **Piano Nazionale di Ripresa e Resilienza (PNRR)** e del correlato **decreto semplificazioni 2021 (D.L. 77/2021**, conv. in **L. 108/2021**).

Un'amministrazione efficace, infatti, deve supportare cittadini, residenti e imprese con servizi sempre più performanti e universalmente accessibili, di cui il digitale è un presupposto essenziale. Tra le numerose innovazioni del decreto in tema di digitale, occorre ricordare, oltre a quanto già esposto da un lato, la possibilità per i titolari di SPID di **delegare l'accesso** a uno o più servizi digitali e analogici ad un altro soggetto titolare di identità digitale (cd. superamento del divario digitale) e, dall'altro lato, quella di attribuire un **domicilio digitale** a tutti coloro che ne sono ancora sprovvisti. Viene inoltre attribuito all'AgID l'esercizio di **poteri di vigilanza, verifica, controllo e monitoraggio** sul rispetto delle disposizioni del CAD e di ogni altra norma in materia di innovazione tecnologica e digitalizzazione della pubblica amministrazione.

14 Il documento informatico e il sistema delle firme elettroniche

14.1 Il documento informatico: definizione e disciplina

La «**rappresentazione informatica di atti, fatti o dati giuridicamente rilevanti**»: è così che il Codice dell'amministrazione digitale definisce, all'art. 1 comma 1, lett. *p)*, il **documento digitale.**

Si tenga presente che la normativa in tema di documenti digitali era contenuta agli artt. 8 e seguenti del D.P.R. 445/2000 (T.U. documentazione amministrativa: v. *retro*). Oggi, invece, la relativa disciplina è collocata nel Codice dell'amministrazione digitale, D.Lgs. 82/2005 (che ha abrogato questi ultimi) nonché nel **Regolamento europeo n. 910 del 2014, cd. eIDAS** (ossia *electronic Identification Authentication and Signature*).

Tale Regolamento europeo si prefigge l'obiettivo di predisporre una base normativa comune a livello di Unione europea per interazioni elettroniche sicure fra cittadini, imprese e pubbliche amministrazioni, nonché quello di incrementare la sicurezza e l'efficacia dei servizi elettronici e delle transazioni di *e-business* e commercio elettronico in tutta l'UE.

A differenza del documento informatico, il **documento analogico** viene definito per esclusione: si tratta della *rappresentazione non informatica di fatti, atti o dati giuridicamente rilevanti* (cfr. l'art. 1, comma 1, lett. *p-bis*, D.Lgs. 82/2005).

Il documento informatico e le firme elettroniche trovano la loro disciplina fondamentale, come detto, nel Regolamento eIDAS, nel Codice dell'amministrazione digitale (artt. 20 e seguenti) nonché nelle **linee guida** che stabiliscono le *regole tecniche*.

Esse sono state fissate da due importanti D.P.C.M.:

— quello del **22 febbraio 2013**, in materia *di generazione, apposizione e verifica della firma elettronica avanzata, qualificata e digitale*;

— quello del **13 novembre 2014**, in tema di *formazione, trasmissione, copia, duplicazione, riproduzione e validazione temporale dei documenti informatici nonchè di formazione e conservazione dei documenti informatici* delle pubbliche amministrazioni. Quest'ultimo decreto è stato, tuttavia, abrogato e sostituito dalle **Linee guida AGid sulla formazione, gestione e conservazione dei documenti informatici**, a partire dalla data di applicazione delle stesse, ovvero dal *1° gennaio 2022*. Esse hanno **carattere vincolante** e assumono valenza *erga omnes* e hanno, pertanto, accorpato in un unicum normativo le regole tecniche e le circolari in materia.

Il documento informatico, più in dettaglio, viene formato mediante una delle seguenti modalità (punti 2.1.1 delle linee guida)): redazione tramite l'utilizzo di appositi strumenti *software* o *servizi cloud* qualificati; acquisizione per via telematica o su supporto informatico; l'acquisizione della *copia* per immagine su supporto informatico di un documento analogico; l'acquisizione della copia informatica di un documento analogico; memorizzazione su supporto informatico in formato digitale delle informazioni risultanti da transazioni o processi informatici o dalla presentazione telematica di dati attraverso moduli o formulari resi disponibili all'utente; generazione o raggruppamento anche in via automatica di un insieme di dati o registrazioni, provenienti da una o più banche dati, anche appartenenti a più soggetti interoperanti.

Il documento (sia informatico che analogico) può essere **copiato o duplicato** per gli usi consentiti dalla legge. Gli atti formati dalle pubbliche amministrazioni con strumenti informatici, nonché i dati e i documenti informatici detenuti dalle stesse, costituiscono, difatti, *informazione primaria ed originale* da cui è possibile effettuare, su diversi o identici tipi di supporto, *duplicazioni e copie* (art. 23ter D.Lgs. 82/2005).

14.2 Le firme elettroniche nel Reg. e IDAS 910/2014 e nel CAD

La firma, in via generale, è la *sottoscrizione del documento*, avente lo scopo di identificarne l'autore e di definire la paternità della dichiarazione.

Se il documento è redatto su carta, nessun problema; che accade, invece, laddove si sia in presenza di un documento informatico? Poiché parliamo di «scrittura informatica», è sorto il problema di stabilire il collegamento tra il documento informatico e il suo «autore»: questo avviene proprio grazie al sistema delle firme elettroniche e digitali. Inoltre, come vedremo, a questo profilo è strettamente intrecciato anche l'aspetto dell'efficacia giuridica e probatoria del documento stesso.

14.3 La disciplina delle firme nel Regolamento eIDAS 910/2014

Il Regolamento UE eIDAS n. 910 del 2014 — al quale il nostro CAD fa riferimento — distingue le seguenti tipologie di firme (art. 3):

— la prima è quella **elettronica (FE).** Essa viene definita, all'art. 3 del Regolamento, come insieme di dati in forma elettronica, acclusi oppure connessi tramite associazione logica ad altri dati elettronici e utilizzati dal firmatario per firmare. È la forma più «debole» di firma, in quanto consiste in uno strumento destinato esclusivamente alla sottoscrizione e non anche alla identificazione o autenticazione del soggetto. La firma elettronica *è un principio giuridico generale*, trattandosi di dati connessi ad altri dati utilizzati per firmare, per esempio una mail tradizionale o il bancomat;

— la seconda è la **firma elettronica avanzata (FEA),** quella peculiare firma elettronica che soddisfi i requisiti enunciati nell'art. 26 del Reg. eIDAS (*è connessa unicamente al firmatario*; *è idonea a identificare il firmatario;* viene creata mediante dati per la creazione di una firma elettronica che il firmatario può, con un elevato livello di sicurezza, utilizzare sotto il proprio esclusivo controllo; infine, *è collegata ai dati sottoscritti in modo da consentire l'identificazione di ogni successiva modifica di tali dati*). Un esempio di tale tipologia potrebbe essere la firma grafometrica sui tablet;

— la terza è la **firma elettronica qualificata (FEQ),** ossia «una firma elettronica avanzata creata da un dispositivo per la creazione di una firma elettronica qualificata e basata su un certificato qualificato per firme elettroniche». Si tratta, nella pratica, di un attestato elettronico che collega i dati di una firma elettronica ad una persona fisica e per apporre tale firma su un documento si dovrà utilizzare un apposito dispositivo contenente dati e certificati in grado di identificare univocamente il firmatario. Un esempio di tale firma può essere ravvisato in una card con chip che contiene dati anagrafici e codice fiscale, come la Tessera Sanitaria.

Che si intende, dunque, nell'ordinamento interno, per «**firma digitale**»? Il Codice dell'amministrazione digitale (art. 1) la definisce come quel particolare tipo di firma qualificata basata su un **sistema di chiavi crittografiche, una pubblica e una privata**, correlate tra loro, che consente al titolare di firma elettronica tramite la chiave privata e a un soggetto terzo tramite la chiave pubblica, rispettivamente, di rendere manifesta e di verificare la provenienza e l'integrità di un documento informatico o di un insieme di documenti informatici.

Nella pratica, la **chiave privata serve per «firmare» e la chiave pubblica serve, invece, per «controllare» e «verificare»**. La firma digitale conferisce al documento informatico cui viene apposta alcune caratteristiche: **autenticità** e **integrità** (garantisce cioè l'identità del sottoscrittore e assicura che il documento non sia stato modificato dopo la sottoscrizione) e **non ripudio**, cioè conferisce *piena validità* al documento, che non può essere ripudiato dal sottoscrittore.

Sulla base del principio di *non discriminazione* del documento elettronico e delle firme elettroniche, sancito dal Regolamento eIDAS (ai sensi del quale qualsiasi firma elettronica e qualsiasi documento firmato elettronicamente sono liberamente valutabili dal giudice), il CAD stabilisce (art. 20, comma 1bis) che il documento informatico **soddisfa il requisito della forma scritta** e ha l'efficacia prevista dall'art. 2702 del codice civile (ai sensi del quale, lo ricordiamo, «La scrittura privata **fa piena prova, fino a querela di falso**, **della provenienza delle dichiarazioni da chi l'ha sottoscritta**, se colui contro il quale la scrittura è prodotta ne riconosce la sottoscrizione, ovvero se questa è legalmente considerata come riconosciuta») quando:

— vi è **apposta una firma digitale, altro tipo di firma elettronica qualificata o una firma elettronica avanzata**;
— oppure quando è formato, previa identificazione informatica del suo autore, attraverso un processo avente i requisiti fissati dall'AgID con modalità tali da **garantire la sicurezza, integrità e immodificabilità del documento e, in maniera manifesta e inequivoca, la sua riconducibilità all'autore**.

In **tutti gli altri casi** (ad es.: semplice firma elettronica) l'idoneità del documento informatico a soddisfare il requisito della forma scritta e il suo valore probatorio sono **liberamente valutabili in giudizio**, in relazione alle caratteristiche di sicurezza, integrità e immodificabilità.

L'utilizzo del dispositivo di firma elettronica qualificata o digitale si presume riconducibile al titolare di firma elettronica, **salvo che questi dia prova contraria** (comma 1ter).

15 Il procedimento amministrativo informatico

15.1 Il protocollo e l'attività di protocollazione

Ogni pubblica amministrazione, perseguendo gli obiettivi previsti dal proprio mandato istituzionale, riceve e produce una enorme quantità di documenti. Tale attività si estrinseca in processi governati da procedure e regole variabilmente complesse ed articolate. In tema di procedimento amministrativo informatico occorre ricordare che le normative di riferimento sono rappresentante dal D.P.R. 445/2000 (T.U. documentazione amministrativa) e dal CAD (D.Lgs. 82/2005).

In questo contesto, l'*attività di protocollazione* è quella procedura che *certifica provenienza* e *data di acquisizione* del documento, identificandolo in maniera univoca nell'ambito di una sequenza numerica collegata con l'indicazione cronologica.

Di conseguenza, è possibile definire il «protocollo» come il **punto nevralgico di tutti i flussi di lavoro** tra le amministrazioni e all'interno di ciascuna di esse. Pertanto, le relative modalità di gestione assumono una importanza fondamentale nella strategia operativa della P.A.

La **registrazione di protocollo**, a norma dell'art. 53, D.P.R. 445/2000, deve essere effettuata per ogni documento ricevuto o spedito dalle pubbliche amministrazioni mediante la *memorizzazione* in un archivio informatico delle seguenti informazioni:

a) numero di protocollo del documento, generato automaticamente dal sistema e registrato in forma non modificabile;
b) data di registrazione di protocollo, assegnata automaticamente dal sistema e registrata in forma non modificabile;
c) mittente per i documenti ricevuti o, in alternativa, il destinatario o i destinatari per i documenti spediti, registrati in forma non modificabile;
d) oggetto del documento, registrato in forma non modificabile;
e) data e protocollo del documento ricevuto, se disponibili;
f) l'impronta del documento informatico, se trasmesso per via telematica, costituita dalla sequenza di simboli binari in grado di identificarne univocamente il contenuto, registrata in forma non modificabile.

Contemporaneamente alla registrazione, deve essere compiuta anche l'operazione di **segnatura di protocollo**, vale a dire l'*apposizione* o l'*associazione*, all'originale del documento, in forma permanente e non modificabile, delle *informazioni riguardanti il documento stesso*. Essa è disciplinata dall'art. 55 del D.P.R. 445/2000.

Le operazioni di registrazione e le operazioni di segnatura di protocollo, nonché le operazioni di classificazione, costituiscono operazioni necessarie e sufficienti per la tenuta del protocollo informatico.

15.2 Il protocollo informatico

Il **protocollo informatico** e, più in generale, la *gestione elettronica dei flussi documentali*, hanno la finalità di migliorare l'efficienza interna degli uffici attraverso l'*eliminazione dei registri cartacei*, la *riduzione degli uffici di protocollo* e la *razionalizzazione dei flussi documentali*.

Ciascuna amministrazione, in particolare, deve istituire un **servizio per la tenuta del protocollo informatico**, della **gestione dei flussi documentali e degli archivi** in ciascuna delle **grandi aree organizzative omogenee**. Il servizio è posto alle dirette dipendenze della stessa area organizzativa omogenea (per *Area Organizzativa Omogenea — AOO* — si intende la struttura amministrativa individuata da settori che, per tipologia di mandato istituzionale, di funzione amministrativa perseguita, di obiettivi e di attività svolta, presentano esigenze di gestione della documentazione in modo unitario e coordinato) (art. 61, D.P.R. 445/2000).

Al servizio è preposto un dirigente ovvero un funzionario, comunque in possesso di idonei requisiti professionali o di professionalità tecnico-archivistica.

A tale servizio spettano diversi compiti, tra cui la cura e il ripristino delle funzionalità del sistema in caso di guasto e anomalie, nelle 24 ore successive al blocco delle attività (art. 61, comma 3, D.P.R. 445/2000).

15.3 Il fascicolo informatico

Il fascicolo informatico, nell'*iter* procedimentale digitale, ha la finalità di **raccogliere gli atti, i documenti e i dati del procedimento** medesimo da chiunque formati.

L'art. 41 del Codice dell'amministrazione digitale, posto che le amministrazioni gestiscono il procedimento mediante le tecnologie informatiche, prevede che il il fascicolo deve essere realizzato garantendo la possibilità di essere *direttamente consultato ed alimentato* da tutte le amministrazioni coinvolte nel procedimento e dagli interessati, ma allo stesso tempo deve prevedere aree a cui hanno accesso solo l'amministrazione titolare e gli altri soggetti da essa individuati. Esso deve essere inoltre formato in modo da garantire la corretta collocazione, la facile reperibilità e la collegabilità, in relazione al contenuto ed alle finalità, dei singoli documenti. Il fascicolo, ancora, deve essere costituito in maniera tale da garantire in via telematica l'esercizio dei diritti previsti sia dalla L. 241/1990 sul procedimento amministrativo sia dal D.Lgs. 33/2013 (accesso civico).

Il fascicolo informatico contiene l'indicazione:

- dell'amministrazione titolare del procedimento, che cura la costituzione e la gestione del fascicolo medesimo;
- delle altre amministrazioni partecipanti;
- del responsabile del procedimento;
- dell'oggetto del procedimento;
- dell'elenco dei documenti contenuti eccetto quelli per i quali l'accesso viene limitato dall'amministrazione titolare (e dagli altri soggetti da questa indicati);
- dell'identificativo del fascicolo medesimo, apposto con modalità idonee a consentirne l'indicizzazione e la ricerca.

7

I contratti della pubblica amministrazione

1 La privatizzazione del diritto delle amministrazioni pubbliche: dal provvedimento al contratto

L'*azione amministrativa* della *P.A.* può esplicarsi tanto nelle forme proprie per essa previste dal *diritto pubblico*, quindi mediante il provvedimento amministrativo, quanto nelle forme comuni del *diritto privato*, stipulando ad esempio i contratti.

L'**attività contrattuale** dello Stato e degli altri enti pubblici, pur costituendo manifestazione della capacità di diritto privato della P.A., è tuttavia, di massima regolata, oltreché dal *diritto privato*, da norme dell'*ordinamento giuspubblicistico*. Negli ultimi tempi l'utilizzo sempre più frequente da parte della P.A. degli **strumenti tipici del diritto privato** ha avuto come conseguenza il passaggio dal regime tradizionale del provvedimento amministrativo al regime contrattuale, con l'estensione di questi all'intero agire amministrativo.

La possibilità riconosciuta alla P.A. di esplicare la propria attività amministrativa, *scegliendo, alternativamente, tra il provvedimento amministrativo ed il contratto*, comporta, sempre nell'ottica del perseguimento dei fini pubblici e nel rispetto dei principi fissati dall'art. 97 Cost., conseguenze diverse in ordine al rapporto P.A.-cittadino, soprattutto con riferimento al regime che caratterizza i relativi atti. Infatti, qualora la pubblica amministrazione decida di utilizzare strumenti propri del diritto pubblico, la stessa agisce, unilateralmente, quale organo titolare di poteri autoritativi nei confronti del privato, ponendosi in una **posizione di supremazia** rispetto a quest'ultimo; laddove invece la P.A. utilizzi strumenti propri del diritto privato (*attività negoziale*) si spoglia di ogni prerogativa pubblicistica, ponendosi in tal caso, su un **piano di parità con il privato** cittadino, e divenendo «parte» del relativo rapporto giuridico (ALTIERI). Tale sostanziale parità trova un unico limite nella *natura vincolata* dell'attività contrattuale pubblica: il ricorso a schemi contrattuali privatistici sebbene comporti che la pubblica amministrazione dismetta ogni potere autoritativo, non implica una rinuncia a quelle connotazioni legate alla sua natura «pubblica» che le impongono necessariamente il **perseguimento di quei fini pubblici** alla cui tutela essa è preposta.

In tale prospettiva si colloca la previsione generale contenuta nell'**art. 1, comma 1bis, L. 241/1990**, ai sensi del quale «*la pubblica amministrazione, nell'adozione di atti di natura non autoritativa, agisce secondo le norme di diritto privato salvo che la legge disponga diversamente*»: con tale disposizione il legislatore ha formalizzato una **piena e generale capacità di diritto privato dell'amministrazione**, che trova quale unico limite quello per cui può essere esercitata «soltanto nei casi in cui vi sia **attinenza con le finalità pubbliche**».

2 Classificazione dei contratti della P.A.

I contratti della P.A. possono così distinguersi:

a) **contratti ordinari**. Sono i cosiddetti contratti di diritto comune caratteristici dell'autonomia privata (si pensi ad esempio alla *vendita*, alla *locazione*, al *contratto di appalto*). Essi non presentano alcuna particolarità rispetto agli schemi contrattuali utilizzati dai soggetti privati;
b) **contratti speciali di diritto privato**. Si definiscono così quei contratti regolati da norme di diritto privato speciale (tali sono ad esempio i *contratti di trasporto ferroviario*). La loro peculiarità risiede, perciò, nel fatto di essere regolati da norme civilistiche speciali rispetto a quelle generali del codice civile;

c) **contratti ad oggetto pubblico**. Sono quelli che si caratterizzano per l'incontro e la commistione tra provvedimento amministrativo e contratto. Si pensi, ad esempio, alle *convenzioni* che si accompagnano alla *concessione di un bene pubblico*.

Inoltre, quando si parla di attività contrattuale della pubblica amministrazione, un'altra importante distinzione è quella tra:

— **contratti passivi**, ossia quei contratti con i quali la *P.A. si procura beni e servizi necessari al proprio funzionamento dietro erogazione di somme di denaro* (es.: gli appalti, la compravendita, la locazione, il contratto d'opera ecc.);
— **contratti attivi**, che, invece, sono quei contratti mediante i quali *l'amministrazione si procura delle entrate finanziarie* (es.: la compravendita, nel caso in cui la P.A. riveste il ruolo di venditore, la locazione quando il soggetto pubblico è locatore, ecc.).

3 Il Codice dei contratti pubblici

Il testo normativo di riferimento in materia è stato per lungo tempo rappresentato dal **D.Lgs. 12-4-2006, n. 163** (Codice dei contratti pubblici), al quale ha fatto seguito il **D.P.R. 5 ottobre 2010, n. 207**, il cd. *Regolamento di attuazione* del Codice.

Un totale stravolgimento del quadro normativo di riferimento è stato realizzato con la **L. 11/2016**, contenente la delega al Governo sia a recepire le nuove direttive europee in materia — la n. **2014/24/UE**, sugli appalti pubblici; la n. **2014/25/UE**, sulle procedure d'appalto degli enti erogatori nei settori dell'acqua, dell'energia, dei trasporti e servizi postali; la n. **2014/23/UE**, sull'aggiudicazione dei contratti di concessione — che a procedere ad un riordino complessivo della disciplina vigente.

In attuazione della delega è stato approvato il **D.Lgs. 18 aprile 2016, n. 50**, che contiene l'attuale **Codice dei contratti pubblici**.

Di certo la novità più evidente rispetto al passato è quella di aver optato per un sistema flessibile di regolazione della materia. Il nuovo sistema normativo poggia, infatti, su due pilastri:

— il *Codice dei contratti pubblici*, di cui al detto D.Lgs. 50/2016,
— e gli *atti esecutivi*, ovvero le *Linee-guida* dell'Autorità nazionale anticorruzione (A.N.AC.) nonché i *numerosi atti attuativi* (in luogo del precedente Regolamento di esecuzione e di attuazione).

Dopo l'entrata in vigore del Codice, il legislatore è intervenuto in più occasioni a modificarne le disposizioni. Gli ultimi interventi legislativi sono stati attuati con il **D.L. 18 aprile 2019, n. 32** (cd. decreto *sblocca cantieri*), conv. in **L. 14 giugno 2019, n. 55**, con il **D.L. 16 luglio 2020, n. 76** (cd. *decreto semplificazioni 2020*), conv. in L. 11 settembre 2020, n. 120, e il successivo **D.L. 31 maggio 2021, n. 77**, conv. in **L. 29 luglio 2021, n. 108** (cd. *decreto semplificazioni 2021*).

Una rilevante particolarità del D.L. 32/2019 consiste nella **sospensione in via sperimentale dell'applicazione di alcune norme del Codice** fino al **31 dicembre 2020** (tale termine è stato prorogato al **30 giugno 2023** dal successivo decreto semplificazioni 2021).

Le norme oggetto di sospensione sperimentale sono tre:

— **art. 37, comma 4**, che disciplina le modalità con cui i comuni non capoluogo di provincia devono provvedere agli acquisti di lavori, servizi e forniture;
— **art. 59, comma 1, quarto periodo**, ove viene stabilito il divieto di «appalto integrato», per cui fino alla data stabilita è ammesso l'affidamento congiunto della progettazione e dell'esecuzione dei lavori;
— **art. 77, comma 3, quarto periodo**, quanto all'obbligo di scegliere i commissari tra gli esperti iscritti all'albo istituito presso l'A.N.AC. Pertanto, i commissari di gara saranno scelti dalle stazioni appaltanti, fermo restando l'obbligo di individuarli «secondo le regole di competenza e trasparenza, preventivamente individuate da ciascuna stazione appaltante».

Oltre alle norme sospese, in relazione alle quali viene dettata una disciplina transitoria, il D.L. 32/2019 come convertito, apporta non solo **modifiche a singole disposizioni del Codice**, ma prevede anche l'**adozione di un «nuovo» Regolamento unico di esecuzione, attuazione e integrazione del Codice**, finalizzato a sostituire numerose delle attuali disposizioni o prescrizioni di decreti o linee guida e a integrare anche le norme attuative mancanti in materia di progettazione, direzione dei lavori e collaudo. In particolare, è stabilito che nelle more dell'emanazione del «nuovo» Regolamento unico rimangono in vigore o restano efficaci le linee guida e i decreti disciplinanti determinate materie.

Come è evidente, l'adozione di un simile Regolamento comporterebbe un vero e proprio «ritorno al passato».

Con il **D.L. 76/2020** cd. decreto semplificazioni 2020, il legislatore ha introdotto misure per incentivare gli investimenti e contestualmente contenere le ricadute negative sull'economia del Paese, che sono conseguenza diretta della **pandemia da Covid-19**.

Nella stessa prospettiva di sburocratizzazione si colloca il successivo **decreto semplificazioni 2021** (**D.L. 77/2021**, conv. in **L. 108/2021**), legato all'attuazione del PNRR e alla ripresa delle procedure contrattuali in vista della crescita economica del Paese e di una maggiore trasparenza nel settore, anche mediante un più incisivo ricorso a strumenti informatici.

4 L'ambito di applicazione del Codice

Affinché le norme del Codice possano essere applicate è necessario individuare sia i soggetti che sono tenuti alla loro applicazione nello svolgimento della propria attività contrattuale (*ambito soggettivo*) sia le tipologie contrattuali alle quali le norme si applicano (*ambito oggettivo*).

A tal fine risultano determinanti gli **artt. 1 e 3** del Codice; infatti, esso disciplina i contratti di appalto e di concessione delle amministrazioni aggiudicatrici e degli enti aggiudicatori aventi ad oggetto l'acquisizione di servizi, forniture, lavori e opere, nonché i concorsi pubblici di progettazione (art. 1).

4.1 Ambito soggettivo

L'art. 1 D.Lgs. 50/2016 richiama immediatamente due tipologie di soggetti tenuti all'applicazione delle norme del Codice: le *amministrazioni aggiudicatrici* e gli *enti aggiudicatori*.

Le **amministrazioni aggiudicatrici** sono «le amministrazioni dello Stato; gli enti pubblici territoriali; gli altri enti pubblici non economici; gli organismi di diritto pubblico; le associazioni, unioni, consorzi, comunque denominati, costituiti da detti soggetti» (art. 3, comma 1, lett. *a*).

Gli **enti aggiudicatori**, invece, sono individuati in relazione alle Parti del Codice che devono essere applicate (art. 3, comma 1, lett. *e*).

In particolare, in relazione alla **Parte II** (*relativa a contratti di appalto per lavori, servizi e forniture*) sono tali: le *amministrazioni aggiudicatrici* o le *imprese pubbliche* che svolgono una delle attività di cui alle materie dei settori speciali, nonché quegli *enti* che, pur non essendo amministrazioni aggiudicatrici né imprese pubbliche, esercitano una o più delle citate attività e operano in virtù di diritti speciali o esclusivi concessi loro dall'autorità competente. Ai fini della disciplina di cui alla **Parte III** (*relativa ai contratti di concessione*), invece, sono tali: gli *enti* che svolgono una delle attività attinenti alle materie dei settori speciali ed aggiudicano una concessione per lo svolgimento di una di tali attività, quali: a) le amministrazioni dello Stato, gli enti pubblici territoriali, gli organismi di diritto pubblico o le associazioni, unioni, consorzi, comunque denominati, costituiti da uno o più di tali soggetti; b) le imprese pubbliche; c) gli enti diversi dai precedenti, ma operanti sulla base di diritti speciali o esclusivi ai fini dell'esercizio di una o più delle dette attività.

Il Codice fa, inoltre, riferimento ai **soggetti aggiudicatori**, agli **altri soggetti aggiudicatori** e alla **stazione appaltante**.

Per **soggetti aggiudicatori**, al solo fine dell'applicabilità delle **Parti IV e V** del Codice (relative rispettivamente a partenariato pubblico privato e contraente generale e a infrastrutture strategiche ed insediamenti produttivi) si intendono, ai sensi dell'art. 3, comma 1, lett. *f)*, le *amministrazioni aggiudicatrici*, di cui alla precedente lett. *a)*, gli *enti aggiudicatori*, di cui alla lett. *e)*, nonché i *diversi soggetti pubblici o privati assegnatari dei fondi*.

Gli **altri soggetti aggiudicatori**, invece, sono individuati in tutti *i soggetti privati* tenuti all'osservanza delle disposizioni codicistiche (art. 3, comma 1, lett. *g*).

La nozione di **stazione appaltante** è, a chiusura del sistema, quella che include ***tutti i soggetti già individuati in precedenza***. E cioè sono stazioni appaltanti: le *amministrazioni aggiudicatrici*, di cui alla lett. *a)*; gli *enti aggiudicatori*, di cui alla lett. *e)*, i *soggetti aggiudicatori*, di cui alla lett. *f)*, e gli *altri soggetti aggiudicatori*, di cui alla lett. *g)*.

Le norme del Codice definiscono e disciplinano anche tutti quei **soggetti che possono partecipare ad una gara** (**soggetti aggiudicatori**) e, a seguito dell'aggiudicazione, stipulare il contratto con l'amministrazione.

Innanzitutto è necessario fare riferimento alla nozione di **operatore economico** per individuare, in generale, i soggetti che presentano un'offerta o che partecipano ad una procedura di gara (si veda art. 3, lett. *p)*, del Codice).

A questa definizione generale ne seguono altre specifiche, in relazione al *tipo di contratto* ovvero alla *modalità di scelta del contraente* utilizzata per lo svolgimento della gara.

In particolare, a titolo di esempio, si richiamano le definizioni di **concessionario**, che è l'operatore economico cui è stata affidata o aggiudicata una concessione (art. 3, lett. *q)*, e di **promotore**, che è l'operatore economico che partecipa ad un partenariato pubblico privato (art. 3, lett. *r*).

Invece, è definito «**offerente**» l'operatore che ha presentato un'offerta (lett. *cc*), e «**candidato**» colui che ha sollecitato un invito o è stato invitato ad una procedura ristretta, a una procedura competitiva con negoziazione, a una procedura negoziata senza previa pubblicazione di un bando di gara, a un dialogo competitivo o ad un partenariato per l'innovazione o ad una procedura per l'aggiudicazione di una concessione (lett. *bb*).

L'art. 45 D.Lgs. 50/2016 individua, analiticamente, i soggetti che sono ammessi a partecipare alle procedure di affidamento dei contratti pubblici e ad essere potenzialmente affidatari degli stessi.

4.2 Ambito oggettivo

Le norme del Codice si applicano ai **contratti pubblici**, ossia i contratti di *appalto* o di *concessione* aventi per oggetto l'acquisizione di servizi, o di forniture, ovvero l'esecuzione di opere o lavori, posti in essere dalle stazioni appaltanti (art. 3, lett. *dd*).

L'**appalto**, poi, è definito un **contratto a titolo oneroso** stipulato per iscritto tra una o più stazioni appaltanti e uno o più operatori economici, avente per oggetto l'**esecuzione di lavori**, la **fornitura di prodotti**, la **prestazione di servizi** (art. 3, comma 1, lett. *ii*).

Specificamente, il contratto di appalto può avere ad **oggetto**:

1. **lavori**: quando l'appalto ha per oggetto:
   a) l'esecuzione di lavori relativi ad una delle attività di cui all'Allegato 1 (costruzione, demolizione, trivellazioni e perforazioni, installazione di impianti, intonacatura ecc.);
   b) l'esecuzione, oppure la progettazione esecutiva e l'esecuzione di un'opera;
   c) la realizzazione con qualsiasi mezzo di un'opera corrispondente alle esigenze specificate dall'amministrazione aggiudicatrice o dall'ente aggiudicatore che esercita un'influenza dominante sul tipo o sulla progettazione dell'opera (art. 3, lett. *ll*);
2. **servizi**: quando l'oggetto dell'appalto consiste nella prestazione di servizi diversi da quelli di cui alla precedente lett. *ll)* della disposizione (art. 3, lett. *ss*);

3. **forniture**: quando il contratto consiste nell'acquisto, nella locazione finanziaria, nella locazione o nell'acquisto a riscatto, con o senza opzione per l'acquisto, di prodotti. Un appalto di forniture può includere, a titolo accessorio, lavori di posa in opera e di installazione (art. 3, lett. *tt*).

L'art. 1 del Codice menziona, poi, la **concessione di lavori o di servizi**, alla quale è specificamente dedicata la Parte III del Codice, e i **concorsi di progettazione**.

In particolare, la **concessione di lavori** è un contratto a titolo oneroso stipulato per iscritto in virtù del quale una o più stazioni appaltanti affidano l'esecuzione di lavori ovvero la progettazione esecutiva e l'esecuzione, ovvero la progettazione definitiva, la progettazione esecutiva e l'esecuzione di lavori ad uno o più operatori economici, riconoscendo a titolo di corrispettivo *unicamente* il diritto di gestire le opere oggetto del contratto o tale diritto accompagnato da un prezzo, con assunzione in capo al concessionario del *rischio operativo* legato alla gestione delle opere (art. 3, comma 1, lett. *uu*); nella **concessione di servizi**, invece, con il contratto (sempre a titolo oneroso e stipulato per iscritto) viene affidata la fornitura e la gestione di servizi diversi dall'esecuzione dei lavori di cui alla precedente lett. *ll)* della disposizione, anche in tal caso riconoscendo a titolo di corrispettivo *unicamente* il diritto di gestire i servizi o tale diritto accompagnato da un prezzo, con assunzione in capo al concessionario del rischio operativo legato alla gestione dei servizi.

I **concorsi di progettazione** sono quelle procedure intese a fornire alle stazioni appaltanti, soprattutto nei settori dell'architettura, dell'ingegneria, del restauro e della tutela dei beni culturali e archeologici, della pianificazione urbanistica e territoriale, paesaggistica, naturalistica, geologica, del verde urbano e del paesaggio forestale agronomico, nonché nel settore della messa in sicurezza e della mitigazione degli impatti idrogeologici ed idraulici e dell'elaborazione dei dati, ***un piano o un progetto***, selezionato da una commissione giudicatrice in base a una gara, con o senza assegnazione di premi (art. 3, comma 1, lett. *ddd*).

Infine, la Parte IV del Codice individua la disciplina applicabile, tra gli altri, al **partenariato pubblico privato** e al **contraente generale**.

Il «**contratto di partenariato pubblico privato**» è il contratto a titolo oneroso, stipulato per iscritto, con il quale una o più stazioni appaltanti conferiscono a uno o più operatori economici *per un periodo determinato* in funzione della durata dell'ammortamento dell'investimento o delle modalità di finanziamento fissate, un complesso di attività consistenti nella ***realizzazione, trasformazione, manutenzione e gestione operativa di un'opera*** in cambio della sua disponibilità, o del suo sfruttamento economico, o della fornitura di un servizio connesso all'utilizzo dell'opera stessa, con assunzione di rischio secondo modalità individuate nel contratto, da parte dell'operatore (art. 3, comma 1, lett. *eee)* del Codice).

Il **contratto di affidamento a contraente generale** è, ai sensi dell'art. 194 del Codice, quel contratto con il quale il soggetto aggiudicatore affida ad un soggetto dotato di adeguata capacità (organizzativa, tecnico-realizzativa e finanziaria) la ***realizzazione con qualsiasi mezzo dell'opera***, nel rispetto delle esigenze specificate nel progetto definitivo, redatto dal soggetto aggiudicatore e posto a base di gara, a fronte di un corrispettivo pagato in tutto o in parte dopo l'ultimazione dei lavori.

Da altro punto di vista, le disposizioni del Codice si applicano sia ai contratti rientranti nei cd. «**settori speciali**», ossia *gas, energia termica, elettricità, acqua, trasporti, servizi postali, sfruttamento di area geografica* (art. 3, comma 1, lett. *hh)* del Codice), che agli appalti ed alle concessioni di lavori, servizi e forniture nei «**settori ordinari**», vale a dire tutti, tranne quelli cd. *speciali* (art. 3, comma 1, lett. *gg)* del Codice).

Il legislatore dedica il Titolo II della Parte I del Codice (artt. da 4 a 20) alle tipologie contrattuali alle quali **non si applicano o si applicano solo in parte** le disposizioni dello stesso D.Lgs. 50/2016.

In particolare, l'**art. 4** del Codice detta dei principi generali applicabili *all'affidamento* di tutte le tipologie escluse, stabilendo che lo stesso deve avvenire nel rispetto dei **principi di economicità, efficacia, imparzialità, parità di trattamento, trasparenza, proporzionalità, pubblicità, tutela dell'ambiente ed efficienza energetica**.

4.3 I contratti sopra soglia e sotto soglia

Le disposizioni del Codice disciplinano sia i **contratti di rilevanza europea, o sopra soglia**, che i **contratti cd. sotto soglia**, la cui distinzione si basa sull'**importo stimato del contratto al netto dell'imposta sul valore aggiunto**: i primi sono quei contratti il cui valore stimato al netto dell'IVA è *pari o superiore* a determinate soglie economiche (art. 3, comma 1, lett. *ee*); i secondi sono quei contratti il cui valore stimato al netto dell'IVA è *inferiore* alle dette soglie economiche (art. 3, comma 1, lett. *ff*).

La determinazione economica delle dette soglie è contenuta nell'**art. 35** del Codice ma le stesse sono periodicamente rideterminate dal legislatore europeo.

A far data dal *1° gennaio 2020* si applicano le soglie economiche determinate con regolamenti delegati pubblicati sulla Gazzetta Ufficiale UE n. L279 del 31 ottobre 2019: si tratta, specificamente, dei regolamenti nn. 2019/1827 (concessioni), 2019/1828 (settori ordinari), 2019/1829 (settori speciali), 2019/1830 (difesa e sicurezza). Esse sono:

a) per i **settori ordinari**:
   - euro **5.350.000** per gli appalti pubblici di lavori e per le concessioni;
   - euro **139.000** per gli appalti pubblici di forniture, di servizi e per i concorsi pubblici di progettazione aggiudicati dalle amministrazioni aggiudicatrici che sono autorità governative centrali; se gli appalti pubblici di forniture sono aggiudicati da amministrazioni aggiudicatrici operanti nel settore della difesa, questa soglia si applica solo agli appalti concernenti i prodotti menzionati nell'allegato VIII del Codice;
   - euro **214.000** per gli appalti pubblici di forniture, di servizi e per i concorsi pubblici di progettazione aggiudicati da amministrazioni aggiudicatrici sub-centrali; tale soglia si applica anche agli appalti pubblici di forniture aggiudicati dalle autorità governative centrali che operano nel settore della difesa, allorché tali appalti con-cernono prodotti non menzionati nell'allegato VIII;
   - euro **750.000** per gli appalti di servizi sociali e di altri servizi specifici elencati all'allegato IX del Codice.

b) per i **settori speciali**:
   - euro **5.350.000** per gli appalti di lavori;
   - euro **428. 000** per gli appalti di forniture, di servizi e per i concorsi pubblici di progettazione;
   - euro **1.000.000** per i contratti di servizi, per i servizi sociali e altri servizi specifici elencati all'allegato IX del Codice.

La determinazione del valore di un appalto o di una concessione rispetto alle soglie economiche fissate è fondamentale in quanto dalla qualificazione come «*di rilevanza europea*» o «*sotto soglia*» derivano conseguenze diverse in ordine al regime normativo da applicare al contratto.

Con riferimento ai **contratti sotto soglia**, il legislatore ha dettato alcune regole che lasciano una maggiore libertà di azione alle amministrazioni aggiudicatrici. L'**art. 36 del Codice** individua i principi generali che governano l'affidamento e l'esecuzione di tali contratti nonché le peculiari modalità di affidamento che variano a seconda dell'importo del contratto.

5 I principi generali per l'aggiudicazione e l'esecuzione di appalti e concessioni

5.1 L'art. 30 del Codice

L'art. 30 del Codice detta una serie di **principi generali** che devono governare sia la fase pubblicistica di scelta del contraente, quindi l'affidamento, che quella, prettamente privatistica, relativa all'esecuzione di un contratto.

Il legislatore ha insistito, in modo particolare, sia sulla *garanzia della concorrenza* che sul *rispetto delle esigenze sociali*, come la tutela dell'ambiente, che assumono un rilievo nuovo e determinante tanto nella fase dell'affidamento quanto in quella dell'esecuzione.

Il comma 1 della norma prevede, da una parte, che *l'affidamento e l'esecuzione di appalti di opere, lavori, servizi, forniture e concessioni* devono uniformarsi al principio della garanzia della **qualità delle prestazioni** che il futuro contraente dovrà fornire, e devono svolgersi nel **rispetto**

dei principi di economicità, efficacia, tempestività e correttezza; dall'altra parte, la norma impone alle stazioni appaltanti, nell'*affidamento degli appalti e delle concessioni*, di rispettare anche **i principi di libera concorrenza, non discriminazione, trasparenza, proporzionalità, nonché di pubblicità**, da attuare secondo le modalità indicate nello stesso Codice.

Il principio concorrenziale è ripreso anche nel comma 2 della disposizione: viene fatto obbligo alle stazioni appaltanti di **non limitare in alcun modo artificiosamente la concorrenza** allo scopo di favorire o svantaggiare indebitamente taluni operatori economici o, nelle procedure di aggiudicazione delle concessioni, compresa la stima del valore, taluni lavori, forniture o servizi.

Anche la fase dell'*esecuzione degli appalti e delle concessioni* deve essere improntata al rispetto di determinate esigenze sociali. Ed infatti è espressamente imposto agli operatori economici di rispettare gli **obblighi in materia ambientale, sociale e del lavoro** stabiliti dalla normativa europea e nazionale, dai contratti collettivi o dalle disposizioni internazionali individuate dal legislatore del Codice nell'Allegato X allo stesso.

I successivi commi da 4 a 6 dell'art. 30 sono dedicati all'individuazione della *disciplina del lavoro* applicabile al personale impiegato nella realizzazione di appalti pubblici e concessioni nonché alla *tutela dei lavoratori* in caso di inadempienze dell'appaltatore e del sub-appaltatore.

La disposizione, poi, fissa la regola di principio per cui si deve favorire l'accesso alle gare di appalto e per l'affidamento delle concessioni alle **microimprese** e alle **piccole e medie imprese**, stabilendo che i *criteri di partecipazione alle gare devono essere tali da non escludere* tali soggetti dalle procedure concorsuali (comma 7).

L'ultimo comma contiene due importanti e generici rinvii che completano la disciplina in materia di contratti pubblici. Per quanto non espressamente previsto nel Codice e nei provvedimenti attuativi, si applicano le disposizioni di cui alla L. 241/1990, **legge sul procedimento amministrativo**, per ciò che attiene le procedure di affidamento e le altre attività amministrative in tema di contratti pubblici, nonché le forme di coinvolgimento degli enti del terzo settore i principi fissati nel **codice civile** si applicano relativamente alla stipula del contratto e alla fase di esecuzione dello stesso.

5.2 Il principio di trasparenza

Uno strumento privilegiato per assicurare la trasparenza è rappresentato dai **siti web istituzionali** delle amministrazioni interessate, che devono riportare alcune informazioni relative alle specifiche procedure di gara (art. 1, comma 32, L. 190/2012 e art. 37, D.Lgs. 33/2013).

Il Codice dei contratti, specificamente, all'art. 29, prevede poi che **tutti gli atti** delle amministrazioni aggiudicatrici e degli enti aggiudicatori relativi alla **programmazione di lavori, opere, servizi e forniture**, nonché alle **procedure per l'affidamento e l'esecuzione di appalti pubblici di servizi, forniture, lavori e opere**, di **concorsi pubblici di progettazione**, di **concorsi di idee e di concessioni**, compresi quelli tra enti nell'ambito del settore pubblico, devono essere pubblicati e aggiornati sul *profilo del committente* (ossia il sito informatico di una stazione appaltante), nella sezione «*Amministrazione trasparente*», con l'applicazione delle disposizioni di cui al decreto n. 33/2013.

Nella stessa sezione devono essere pubblicati sia la **composizione della commissione giudicatrice e i *curricula* dei suoi componenti**, nonché i **resoconti della gestione finanziaria** dei contratti al termine della loro esecuzione.

La norma, così come modificata dal **D.L. 77/2021**, conv. in **L. 108/2021**, pone al centro del sistema sulla trasparenza la **Banca dati nazionale dei contratti pubblici**, gestita dall'A.N.AC., stabilendo che tutte le informazioni inerenti gli atti delle amministrazioni aggiudicatrici e degli enti aggiudicatori relativi alla **programmazione**, alla **scelta del contraente**, all'**aggiudicazione** e all'**esecuzione** di lavori, servizi e forniture relativi all'affidamento, sono gestite e trasmesse tempestivamente alla Banca Dati in questione attraverso le **piattaforme telematiche** ad essa interconnesse. È attraverso tale Banca dati che l'Autorità garantisce la *pubblicazione dei dati ricevuti*, la trasmissione degli stessi all'Ufficio delle pubblicazioni dell'Unione europea e la pubblicazione a livello nazionale ai sensi dell'art. 73 del Codice: in tale prospettiva gli **effetti di tali atti** decorrono dalla data di pubblicazione dei relativi dati nella Banca dati nazionale dei contratti pubblici.

Alla trasparenza si correla anche il principio della **tracciabilità dei flussi finanziari**, necessario per prevenire rischi di infiltrazioni mafiose e irregolarità nella procedura. La L. 136/2010 prescrive alcuni adempimenti ai partecipanti, tra i quali l'utilizzo di **conti correnti bancari o postali dedicati** alle commesse pubbliche (anche in via non esclusiva) e l'utilizzo di **bonifico bancario o postale** o altro strumento idoneo a garantire la tracciabilità per l'effettuazione di movimenti finanziari legati al singolo contratto.

5.3 La digitalizzazione dei contratti pubblici

Una delle esigenze più avvertite soprattutto in tempi recenti è quella della digitalizzazione delle procedure di aggiudicazione e di gestione dei contratti pubblici, che presenta l'indubbio vantaggio di snellire l'*iter* di affidamento del contratto.

Il Codice dei contratti contiene alcune disposizioni che incentivano tale processo di digitalizzazione (artt. 44 e 58). Anche le comunicazioni relative ai contratti, compresa la presentazione delle candidature e delle offerte, devono avvenire unicamente con modalità elettroniche (art. 40 Codice).

6 Il Responsabile unico del procedimento negli appalti e nelle concessioni

Le stazioni appaltanti hanno l'obbligo di individuare, per **ogni singola procedura** di un appalto o di una concessione, nell'atto di adozione o di aggiornamento dei programmi biennali degli acquisti di beni e servizi e triennali dei lavori pubblici, oppure nell'atto di avvio relativo ad ogni singolo intervento per esigenze insorte successivamente alla programmazione, un **responsabile del procedimento**, unico **per le fasi della programmazione, della progettazione, dell'affidamento, dell'esecuzione** (art. 31).

Il RUP svolge, ai sensi della L. 241/1990, **tutti i compiti** relativi alle procedure che non siano *specificatamente* attribuiti ad altri organi o soggetti (ad esempio, formula **proposte** e fornisce dati e informazioni per la predisposizione di *ogni atto di programmazione* di contratti pubblici di servizi e di forniture; cura il **corretto e razionale svolgimento delle procedure** e segnala **eventuali disfunzioni, impedimenti, ritardi** nell'attuazione degli interventi; verifica e vigila sul rispetto delle prescrizioni contrattuali nelle concessioni).

7 La fase propedeutica alla gara: pianificazione, programmazione e progettazione

L'affidamento dei contratti pubblici deve avvenire nel rispetto degli atti di programmazione previsti dallo stesso Codice o da norme vigenti (art. 32). È l'**art. 21** a contenere poi le norme di dettaglio per l'applicazione di tale disposizione, prevedendo l'obbligo per le amministrazioni aggiudicatrici e gli enti aggiudicatori di adottare:

— il *programma biennale degli acquisti di beni e servizi;*
— il *programma triennale dei lavori pubblici.*

Il **Programma biennale degli acquisti di beni e servizi** (annualmente aggiornato) indica gli acquisti di beni e servizi di **importo unitario stimato pari o superiore a 40.000 euro** e individua i bisogni che possono essere soddisfatti con capitali privati. Inoltre, allo scopo di *consentire forme di aggregazione della domanda e favorire le economie di scala*, le amministrazioni pubbliche devono comunicare, entro il mese di ottobre, l'**elenco degli acquisti di beni e servizi d'importo superiore a 1 milione di euro** che prevedono di inserire nel Programma in questione al *Tavolo tecnico dei soggetti aggregatori* di cui al comma 2 del D.L. 66/2014.

Nel Programma triennale (aggiornato annualmente), vanno: inseriti **i lavori** il cui importo stimato è **pari o superiore a 100.000 euro**; indicati **i lavori da avviare nell'annualità**; inserite **le opere pubbliche incompiute**, ai fini di un loro completamento o per l'individuazione di soluzioni diverse (riutilizzo, cessione a titolo di corrispettivo per la realizzazione di un'altra opera, vendita o demolizione); individuati i **lavori complessi** e **gli interventi** che hanno le caratteristiche per essere realizzati attraverso contratti di concessione o di partenariato pubblico-privato.

Per i lavori di importo **pari o superiore a 1.000.000 di euro**, ai fini del loro inserimento nell'elenco annuale, *deve essere redatto il progetto di fattibilità tecnica ed economica.*

Con specifico riferimento ai livelli di progettazione per gli appalti di lavori, **per le concessioni di lavori e per i servizi**, la progettazione in materia di lavori pubblici **si articola secondo tre livelli successivi** (art. 23):

— in un *progetto di fattibilità tecnica ed economica* che individua, tra più soluzioni, quella che presenta il miglior rapporto tra costi e benefici per la collettività, in relazione alle specifiche esigenze da soddisfare e prestazioni da fornire;
— in un *progetto definitivo*: permette di individuare compiutamente i lavori da realizzare, nel rispetto delle esigenze, dei criteri, dei vincoli, degli indirizzi e delle indicazioni stabiliti dalla stazione appaltante e, ove presente, dal progetto di fattibilità;
— in un *progetto esecutivo*: redatto in conformità al progetto definitivo, determina in ogni dettaglio i lavori da realizzare, il relativo costo previsto, il cronoprogramma coerente con quello del progetto definitivo, e deve essere sviluppato a un livello di definizione tale che ogni elemento sia identificato in forma, tipologia, qualità, dimensione e prezzo.

Per quanto riguarda la **progettazione di servizi e forniture**, essa **è articolata**, di regola, **in un unico livello** ed è predisposta dalle amministrazioni aggiudicatrici mediante propri dipendenti in servizio.

In caso di **concorso di progettazione**, la stazione appaltante può prevedere che la progettazione **sia suddivisa in uno o più livelli di approfondimento** di cui la stessa stazione appaltante individua requisiti e caratteristiche.

8 La qualificazione e l'aggregazione delle stazioni appaltanti

8.1 La qualificazione

Mentre gli operatori economici per partecipare devono essere in possesso dei requisiti richiesti nell'atto di indizione della gara, le stazioni appaltanti **per poter indire una gara devono possedere una determinata qualificazione**.

La **qualificazione** dipende dai *bacini territoriali*, dalla *tipologia* e dalla *complessità del contratto* e dalle *fasce d'importo.*

Laddove la **stazione appaltante non sia in possesso della necessaria qualificazione**, l'art. 37, comma 3, del Codice prevede che la stessa proceda all'acquisizione di forniture, servizi e lavori ricorrendo a una **centrale di committenza** ovvero mediante aggregazione con una o più stazioni appaltanti aventi la necessaria qualifica.

L'art. 38 del D.Lgs. 50/2016 prevede l'istituzione presso l'A.N.AC., che ne assicura la pubblicità, di un **apposito elenco** delle stazioni appaltanti qualificate, di cui fanno parte anche le centrali di committenza.

Fino all'entrata in vigore del sistema di qualificazione delle stazioni appaltanti previsto all'art. 38, trova applicazione l'art. 216, comma 10, del Codice, per cui i requisiti di qualificazione sono soddisfatti mediante l'iscrizione all'*Anagrafe unica delle stazioni appaltanti* prevista dal D.L. 179/2012, conv. in L. 221/2012.

Nel sistema dei contratti pubblici, è sempre più avvertita la necessità di ricorrere a procedure di *centralizzazione degli acquisti* che, determinando un'**aggregazione della domanda di più amministrazioni**, consentono ai soggetti pubblici, soprattutto per grandi volumi di acquisti, di risparmiare sia in termini di prezzi che di costi di gestione della procedura: il maggior risparmio è legato al fatto che anziché procedere ad indire tante singole gare di appalto, le amministrazioni interessate si rivolgono ad un unico soggetto, centrale di committenza, che provvede ad individuare l'operatore economico con il quale si stipula il contratto.

La **centrale di committenza** è *un'amministrazione aggiudicatrice o un ente aggiudicatore che svolge attività di centralizzazione delle committenze* (art. 3, comma 1, lett. *i)*, del Codice), ossia realizza in modo permanente:

a) l'acquisizione di forniture o servizi destinati a stazioni appaltanti;
b) l'aggiudicazione di appalti o la conclusione di accordi quadro per lavori, forniture o servizi destinati a stazioni appaltanti (art. 3, comma 1, lett. *l)*, del Codice).

Essa inoltre, se del caso, può svolgere *attività di committenza ausiliarie*, cioè tutte quelle attività collaterali che sono di supporto alle attività di committenza individuate.

8.2 L'aggregazione

Allo scopo di ridurre il numero di stazioni appaltanti e nel contempo migliorarne il funzionamento in termini di efficienza e professionalizzazione, l'art. 37 del Codice prevede una generale riorganizzazione delle funzioni delle stazioni appaltanti.

Quanto ai **livelli di aggregazione**, essi sono stabiliti in relazione agli importi degli affidamenti.

Più specificamente, la stazione appaltante:

1. ***può procedere direttamente e autonomamente*** all'acquisizione di forniture e servizi di importo inferiore a 40.000 euro e di lavori di importo inferiore a 150.000 euro, nonché attraverso l'effettuazione di ordini a valere su strumenti di acquisto (cioè strumenti di acquisizione che non richiedono l'apertura di un confronto competitivo tra i concorrenti) messi a disposizione dalle centrali di committenza;
2. ***deve essere in possesso della necessaria qualificazione*** per effettuare procedure di importo superiore alle dette soglie;
3. ***se qualificata***, per gli acquisti di forniture e servizi di importo superiore a 40.000 euro e inferiore alla soglia europea (v. art. 35), nonché per gli acquisti di lavori di manutenzione ordinaria d'importo superiore a 150.000 euro e inferiore a 1 milione di euro, *può ricorrere all'uso autonomo* degli strumenti telematici di negoziazione (cioè strumenti di acquisizione che richiedono l'apertura di un confronto competitivo tra i concorrenti) messi a disposizione delle centrali di committenza qualificate. In mancanza di tali strumenti, la stazione appaltante ricorre a una centrale di committenza o si aggrega con una o più stazioni appaltanti qualificate. Tale ultima disposizione è riferita altresì alle stazioni appaltanti non in possesso della necessaria qualificazione.

Inoltre il legislatore ha stabilito che **se la stazione appaltante è un Comune non capoluogo di Provincia**, fermo restando quanto detto ai punti precedenti, *procede secondo una delle seguenti modalità*:

a) ricorre a una centrale di committenza o a soggetti aggregatori qualificati;
b) mediante unioni di Comuni costituite o qualificate come centri di committenza, oppure associandosi o consorziandosi in centrali di committenza nelle forme previste dall'ordinamento;
c) ricorre alla stazione unica appaltante costituita presso le Province, le Città metropolitane ovvero gli enti di area vasta ai sensi della L. 56/2014.
Si tenga presente, però, che tale previsione, di cui all'art. 37, comma 4 del Codice, rientra tra quelle *sospese in via sperimentale*, fino al 30-6-2023, limitatamente alle procedure non afferenti gli investimenti pubblici finanziati con risorse del PNRR e del PNC (Piano Nazionale per gli investimenti complementari).

Fermo restando quanto stabilito ai punti precedenti, le stazioni apaltanti possono **acquisire lavori, servizi e forniture mediante una centrale di committenza qualificata** ai sensi dell'art. 38.

9 La procedura di evidenza pubblica

In questo paragrafo si illustra la procedura di gara che deve essere seguita dalla stazione appaltante per scegliere il contraente con il quale stipulare il contratto, per gli **appalti nei settori ordinari**. Tale procedura si applica anche alle concessioni. È necessario però fare alcune precisazioni.

Per gli **appalti nei settori speciali**, il legislatore individua tra le disposizioni codicistiche quelle applicabili *laddove siano compatibili* con le norme specifiche ad essi dedicati (e ad esclusione delle disposizioni sulle concessioni), in virtù del rinvio contenuto nell'art. 114 del nuovo Codice.

Invero, è disposto che a tali appalti **si applicano gli artt. da 1 a 58 del Codice** e, quindi:
- le disposizioni generali sul Codice (ambito di applicazione e competenza legislativa e definizioni);
- le disposizioni sui contratti esclusi;
- le disposizioni del Titolo IV (sulle modalità di affidamento, compreso la procedura);
- le disposizioni di carattere generale contenute nella successiva Parte II, specificamente dedicata agli appalti per lavori, servizi e forniture (le norme su: soglie e appalti sotto soglia, qualificazione delle stazioni appaltanti, principi comuni alle procedure di affidamento e sugli appalti elettronici e aggregati).

Per quanto riguarda le **concessioni,** invece, oltre alle norme specifiche di cui alla Parte III del Codice, l'art. 164 del testo rinvia alle disposizioni contenute **nella Parte I e nella Parte II** (**artt. da 1 a 163**), che si applicano laddove compatibili con le prime.

Per poter addivenire alla stipula di un contratto è necessario che la pubblica amministrazione segua una *determinata* e *specifica procedura*, la quale deve garantire che l'affidamento del contratto avvenga in favore dell'*offerta* (effettivamente) *più meritevole*, all'esito di un **confronto concorrenziale** tra tutte quelle presentate e che *renda evidenti le ragioni che inducono a stipulare proprio con un determinato soggetto*: la cd. **evidenza pubblica**.

L'art. 32 del Codice è la norma di riferimento per individuare la procedura da seguire per l'affidamento di un contratto pubblico di appalto o concessione.

Nel rispetto degli atti di programmazione delle stazioni appaltanti, la procedura di gara si snoda attraverso le seguenti fasi:

1. la cd. **deliberazione a contrarre**;
2. la fase di **scelta del contraente**, che termina con l'**aggiudicazione** del contratto;
3. la **conclusione del contratto**;
4. l'**approvazione del contratto**.

9.1 La deliberazione (o determinazione) a contrarre

Più che una fase vera e propria della procedura di gara, si tratta di un *atto preparatorio* che deve precedere lo svolgimento della stessa.

Sulla base degli atti di programmazione e prima dell'avvio della procedura, le stazioni appaltanti adottano un **atto amministrativo** o **analoga manifestazione di volontà** (cd. **deliberazione a contrarre**) che costituisce il **presupposto del futuro negozio**, stante il rapporto di strumentalità che li unisce.

Ed infatti, l'art. 32, comma 2, D.Lgs. 50/2016 espressamente stabilisce che le amministrazioni, prima dell'avvio delle procedure di affidamento, *decretano* o *determinano* di contrarre, individuando con tale atto gli *elementi essenziali* del futuro contratto e i *criteri* di *selezione degli operatori economici e delle offerte*.

Nel caso specifico degli **enti locali**, il legislatore ha espressamente previsto che «la stipulazione dei contratti deve essere preceduta da apposita **determinazione** del responsabile del procedimento di spesa indicante (art. 192, D.Lgs. 267/2000):

a) il fine che con il contratto si intende perseguire;
b) l'oggetto del contratto, la sua forma e le clausole ritenute essenziali;
c) le modalità di scelta del contraente ammesse dalle disposizioni vigenti in materia di contratti delle pubbliche amministrazioni e le ragioni che ne sono alla base.

Quanto all'organo competente all'adozione di tale atto, il legislatore attribuisce ai **dirigenti** la competenza in materia di gestione amministrativa, ivi compresa l'assunzione di impegni di spesa, ed in particolare, secondo le modalità stabilite dallo statuto o dai regolamenti dell'ente, la responsabilità delle procedure d'appalto e di concorso (art. 107, comma 3, D.Lgs. 267/2000).

9.2 La scelta del contraente: dalla presentazione dell'offerta all'aggiudicazione della gara

Sulla base della determina a contrarre, l'amministrazione predispone i **documenti di gara** (cd. ***lex specialis***), che regolano nello specifico la singola procedura concorsuale, rendendo nota ai terzi la volontà di affidare un contratto pubblico.

È bene precisare che il Codice disciplina una *fase preliminre*, e facoltativa, a quella di avvio della procedura di gara, prevedendo, all'art. 66, che le amministrazioni aggiudicatrici possono avviare **consultazioni di mercato** per la preparazione dell'appalto e per lo svolgimento della relativa procedura nonché per informare gli operatori economici degli appalti da essi programmati e dei requisiti relativi a questi ultimi, anche ricorrendo a *consulenze, relazioni o altra documentazione tecnica* da parte di esperti, di partecipanti al mercato o da parte di autorità indipendenti.
Inoltre, nella stesura dei documenti di gara le stazioni appaltanti hanno l'obbligo di inserire negli stessi **specifiche tecniche** che *definiscono le caratteristiche previste per lavori, servizi o forniture*.

L'**indizione** della procedura avviene, di regola, mediante il *bando di gara* (art. 71) ovvero, in ipotesi specificamente indicate, mediante *avviso di preinformazione*, ovvero mediante *inviti* a partecipare rivolti ai candidati, sempre nelle ipotesi specificate dal legislatore.

La selezione dei partecipanti e delle offerte avviene mediante uno dei **sistemi** e secondo i **criteri** individuati dal Codice.

Le **procedure di scelta** del contraente, individuate nell'art. 59 del Codice, sono:

— le **procedure aperte**, in cui *qualsiasi operatore economico interessato* può presentare un'offerta in risposta ad un avviso di indizione di gara (art. 60 del Codice);
— le **procedure ristrette**, in cui *qualsiasi operatore economico* può chiedere di partecipare (presentando una domanda di partecipazione) in risposta ad un avviso di indizione di gara, ed in cui possono presentare un'offerta solo gli *operatori invitati* dalle stazioni appaltanti (art. 61 del Codice);
— il **partenariato per l'innovazione**. Si ricorre a tale procedura quando l'esigenza di sviluppare prodotti, servizi o lavori innovativi e di acquistare successivamente le forniture, i servizi o i lavori che ne risultano non può essere soddisfatta ricorrendo a soluzioni già disponibili sul mercato, e a condizione che essi corrispondano ai livelli di prestazioni e ai costi massimi concordati tra le stazioni appaltanti e i partecipanti (art. 65 del Codice);
— la **procedura competitiva con negoziazione**, in cui *qualsiasi operatore economico* può presentare una domanda di partecipazione in risposta a un avviso di indizione di gara, ma solo gli operatori economici invitati dall'amministrazione aggiudicatrice possono presentare un'*offerta iniziale*. Salva l'ipotesi in cui un appalto sia aggiudicato direttamente sulla base delle offerte iniziali, queste costituiscono la base per la successiva negoziazione tra le parti al fine di migliorarne il contenuto (art. 62 del Codice);

— il **dialogo competitivo**, in cui *qualsiasi operatore economico* può chiedere di partecipare in risposta a un bando di gara o ad un avviso di indizione di gara, ma le stazioni appaltanti avviano un dialogo solo con gli operatori che, sulla base delle informazioni fornite, vengono invitati. Il dialogo è finalizzato *all'individuazione e alla definizione dei mezzi più idonei a soddisfare le necessità dell'amministrazione*. Concluso il dialogo i partecipanti sono invitati a presentare le offerte finali (art. 64 del Codice);
— le **procedure negoziate senza la previa pubblicazione di un bando di gara**, in cui le stazioni appaltanti *individuano gli operatori economici da consultare*, sulla base di informazioni riguardanti le caratteristiche di qualificazione economica e finanziaria e tecniche e professionali *desunte dal mercato*, e selezionano almeno cinque operatori. L'amministrazione sceglie l'operatore economico che ha offerto le condizioni più vantaggiose (art. 63 del Codice).

Ai **criteri di aggiudicazione** è dedicato l'**art. 95** del D.Lgs. 50/2016. Questa norma prevede che le stazioni appaltanti *procedono all'aggiudicazione degli appalti e all'affidamento dei concorsi di progettazione e di concorsi di idee sulla base dell'offerta economicamente più vantaggiosa* individuata sulla base del miglior rapporto qualità/prezzo o sulla base del prezzo o del costo, seguendo un criterio costo/efficacia quale costo del ciclo di vita, conformemente all'art. 96 del Codice.

Sono **aggiudicati esclusivamente sulla base del criterio dell'offerta economicamente più vantaggiosa**, *individuata sulla base del miglior rapporto qualità/prezzo*, **i contratti relativi** (art. 95, comma 3):

a) ai servizi sociali e di ristorazione ospedaliera, assistenziale e scolastica, nonché ai servizi ad alta intensità di manodopera, fatti salvi gli affidamenti diretti per importi inferiori a 40.000 euro (art. 36, comma 2, lett. *a*);
b) all'affidamento dei servizi di ingegneria e architettura e degli altri servizi di natura tecnica e intellettuale di importo pari o superiore a 40.000 euro;
c) i contratti di servizi e le forniture di importo pari o superiore a 40.000 euro, caratterizzati da notevole contenuto tecnologico o che hanno carattere innovativo.

Il **criterio del minor prezzo**, invece, **può essere utilizzato** (comma 4) per i servizi e le forniture con caratteristiche standardizzate o le cui condizioni sono definite dal mercato, fatta eccezione per i servizi ad alta intensità di manodopera di cui al comma 3, lettera *a)*.

Mentre il ricorso al criterio dell'offerta economicamente più vantaggiosa diviene la regola generale, qualora l'aggiudicazione avvenga in base al criterio del minor prezzo le stazioni appaltanti devono darne adeguata **motivazione** e indicare nel bando il criterio applicato per selezionare la migliore offerta.

Gli artt. da 54 a 58 del Codice individuano delle procedure particolari per l'affidamento degli appalti da parte della P.A.

1. **Accordo quadro**: è un accordo concluso tra una o più stazioni appaltanti ed uno o più operatori economici, il cui scopo è quello di stabilire le **clausole relative agli appalti da aggiudicare durante un dato periodo**, in particolare per quanto riguarda i *prezzi* e, se del caso, le *quantità* previste;
2. **Sistemi dinamici di acquisizione**: è un processo di acquisizione **interamente elettronico**, per **acquisti di uso corrente**, le cui caratteristiche generalmente disponibili sul mercato soddisfano le esigenze di una stazione appaltante, **aperto per tutta la sua durata a qualsivoglia operatore economico che soddisfi i criteri di selezione**;
3. **Aste elettroniche**: è un *processo elettronico per fasi successive* che interviene *dopo una prima valutazione completa delle offerte* e consente di classificarle sulla base di un trattamento automatico, presentando nuovi prezzi, modificati al ribasso, o nuovi valori riguardanti taluni elementi delle stesse. Non si applica per l'affidamento di appalti di servizi e di lavori aventi ad oggetto prestazioni intellettuali;
4. **Cataloghi elettronici**: nel caso in cui sia ***richiesto l'uso di mezzi di comunicazione elettronici*** (v. art. 52), le stazioni appaltanti hanno la possibilità di chiedere, ai candidati o agli offerenti, che le offerte siano presentate **sotto forma di catalogo elettronico** o che includano un catalogo elettronico;

5. **Procedure svolte attraverso piattaforme telematiche di negoziazione**: **procedure di gara interamente gestite con sistemi telematici**. Tale modalità di azione non deve, però, alterare la parità di accesso agli operatori ovvero impedire, limitare o distorcere la concorrenza o modificare l'oggetto dell'appalto, come definito dai documenti di gara.

Conformemente a quanto stabilito nel *documento di indizione della gara*, i soggetti interessati (individuati dall'art. 45 del Codice), che possono partecipare alla gara in quanto in possesso dei requisiti richiesti, **presentano** la propria **offerta**.

Sono stabiliti sia **requisiti a carattere generale** (dettati dall'art. 80), legati all'*affidabilità morale* del futuro contraente, la cui mancanza comporta l'esclusione alla gara, e sia di **carattere speciale**, detti **criteri di selezione** (disciplinati dall'art. 83), che devono essere posseduti al fine di dimostrare all'amministrazione la capacità di esecuzione del contratto.

Relativamente all'**offerta**, l'art. 32, comma 4, del Codice espressamente stabilisce che **ciascun concorrente non può presentare più di un'offerta**; questa è ***vincolante*** per il periodo di tempo indicato nel bando o nell'invito, ovvero in mancanza di indicazione, per ***180 giorni*** dalla scadenza del termine per la sua presentazione (viene fatta salva, però, la possibilità che la stazione appaltante chieda agli offerenti il differimento del detto termine).

Esperita la gara, la fase di scelta del contraente termina con l'**aggiudicazione**.

Dapprima si procede alla **proposta di aggiudicazione** della gara al miglior offerente e, solo a seguito dei controlli opportuni e dell'approvazione dell'organo competente dell'amministrazione pubblica, si formalizza l'aggiudicazione.

Il provvedimento di aggiudicazione *non equivale ad accettazione dell'offerta* dell'aggiudicatario, che è irrevocabile fino al momento cui scade il termine per procedere alla stipulazione del contratto; inoltre essa diviene *efficace* solo dopo la verifica del possesso dei requisiti.

9.3 La stipulazione del contratto e la sospensione del termine di stipulazione

Il contratto di appalto o di concessione deve essere stipulato **entro 60 gg.** da quando è divenuta efficace l'aggiudicazione (art. 32, comma 8, del Codice), se non è previsto un diverso termine nel bando o nell'invito a offrire e salva l'ipotesi di differimento concordata tra stazione appaltante e aggiudicatario e comunque giustificato nell'interesse di una rapida esecuzione dal contratto.

La **stipulazione** consiste nella **redazione per iscritto del contratto**.

Quanto alle modalità, il contratto è stipulato, a pena di nullità, con **atto pubblico notarile informatico**, ovvero in **modalità elettronica** secondo le norme vigenti per ciascuna stazione appaltante, in **forma pubblica amministrativa** a cura dell'Ufficiale rogante della stazione appaltante o mediante **scrittura privata** in caso di procedura negoziata, ovvero, per gli affidamenti di *importo non superiore a 40.000 euro* mediante **corrispondenza secondo l'uso del commercio** consistente in un apposito scambio di lettere, anche tramite posta elettronica certificata o strumenti analoghi negli altri Stati membri.

Allo scopo di garantire che ogni contestazione in ordine alla procedura di gara sia risolta prima che la P.A. addivenga alla stipula del contratto, sono previste due diverse ipotesi che, nella sostanza, realizzano una **sospensione del termine di stipulazione** del contratto (art. 32, commi 9 e 11, del Codice).

In particolare:

a) **termine dilatorio della stipulazione (lo stand still period)**. L'art. 32, comma 9, del Codice contiene la previsione di un termine dilatorio che *blocca, temporaneamente, la stipulazione* del contratto («il contratto non può comunque essere stipulato») per un *periodo di 35 giorni* decorrente dall'invio «dell'ultima delle comunicazioni del provvedimento di aggiudicazione»;
b) **sospensione automatica del termine**. L'art. 32, comma 11, del Codice, invece, disciplina il caso in cui venga proposto *ricorso giurisdizionale avverso l'aggiudicazione con contestuale domanda cautelare*: in

tale ipotesi il contratto non può essere stipulato, con effetto *sospensivo obbligatorio* decorrente dal momento della notificazione dell'istanza cautelare alla stazione appaltante e per i successivi 20 giorni. Ciò sempre che entro tale termine intervenga almeno il provvedimento cautelare di primo grado o la pubblicazione del dispositivo della sentenza di primo grado in caso di decisione nel merito all'udienza cautelare, ovvero fino alla pronuncia di detti provvedimenti se successiva a tale udienza.

9.4 L'approvazione del contratto

Il contratto stipulato è sottoposto alla **condizione sospensiva** dell'esito positivo dell'eventuale **approvazione dello stesso** e degli altri controlli stabiliti dalle stazioni appaltanti (art. 32, comma 12).

L'approvazione è una *condicio iuris* di efficacia del contratto: *l'esecuzione del contratto può avere inizio solo dopo che lo stesso è divenuto efficace*, salvo i casi di urgenza in cui la stazione appaltante chieda l'esecuzione anticipata prima della stipulazione.

10 L'esecuzione del contratto

Ultimati tutti i controlli sulla sua regolarità, il contratto viene eseguito dalle parti, nel rispetto delle previsioni del *codice civile* (in particolare si vedano l'art. 1175 c.c. e l'art. 1375 c.c.).

L'esecuzione dei contratti aventi ad oggetto lavori, servizi, forniture, è diretta dal **responsabile unico del procedimento**, che controlla i livelli di qualità delle prestazioni, avvalendosi del *direttore dell'esecuzione del contratto* o del *direttore dei lavori*, del *coordinatore in materia di salute e di sicurezza*, nonché del *collaudatore* ovvero della *commissione di collaudo*, del *verificatore della conformità*, e accerta il corretto ed effettivo svolgimento delle funzioni ad ognuno affidate.

I contratti pubblici di lavori sono soggetti a **collaudo** mentre i contratti pubblici di servizi e forniture sono soggetti alla **verifica di conformità** (art. 102 del Codice): all'esito del controllo vengono rilasciati rispettivamente il **certificato di collaudo** e il **certificato di verifica di conformità**.

Per i **contratti pubblici di lavori di importo superiore a 1 milione di euro e inferiore alla soglia di rilevanza europea** il certificato di collaudo, nei casi espressamente individuati dal *«futuro» Regolamento unico*, **può essere sostituito dal certificato di regolare esecuzione** rilasciato per i lavori dal direttore dei lavori.

Fino all'emanazione del nuovo Regolamento resta in vigore la disciplina dettata dal D.P.R. 207/2010 e specificamente la Parte II, Titolo X, nonché gli allegati e le parti ivi richiamate (così l'art. 216, comma 16, del Codice). Nel caso di **lavori di importo pari o inferiore a 1 milione di euro e per forniture e servizi di importo inferiore alla soglia di rilevanza europea, è sempre facoltà della stazione appaltante** sostituire il certificato di collaudo o il certificato di verifica di conformità con il certificato di regolare esecuzione rilasciato per i lavori dal direttore dei lavori e per le forniture e i servizi dal RUP.

In questi casi il certificato di regolare esecuzione è emesso non oltre *tre mesi* dalla data di ultimazione delle prestazioni oggetto del contratto.

Lo scopo di tali controlli è quello di certificare che l'oggetto del contratto in termini di prestazioni, obiettivi e caratteristiche tecniche, economiche e qualitative sia stato realizzato ed eseguito nel rispetto delle previsioni contrattuali e delle pattuizioni concordate in sede di aggiudicazione o affidamento.

11 Modalità di affidamento dei contratti sotto soglia

Ferma restando la possibilità di ricorrere alle procedure ordinarie, l'art. 36 del Codice, come modificato dal D.L. 32/2019 conv., individua **peculiari modalità di affidamento** dei contratti di importo inferiore alle soglie europee, che variano, appunto, a seconda dell'importo che viene in rilievo.

Modalità di affidamento	➤ Importo inferiore a 40.000 euro	• **affidamento diretto** — anche senza previa consultazione di due o più operatori economici — o **amministrazione diretta** per i lavori
	➤ Importo pari o superiore a 40.000 euro e inferiore a 150.000 per i lavori e alle soglie dell'art. 35 per forniture e servizi	• **affidamento diretto** previa valutazione di **3 preventivi**, ove esistenti, per i lavori; e previa consultazione di almeno **5 operatori economici** per servizi e forniture. I lavori possono essere eseguiti anche in **amministrazione diretta**, salvo che per l'acquisto e il noleggio di mezzi
	➤ Importo pari o superiore a 150.000 euro e inferiore a 350.000 (solo per i lavori)	• **procedura negoziata** senza previa pubblicazione di un bando di gara (art. 63 del Codice), previa consultazione, ove esistenti di almeno **10 operatori economici**
	➤ Importo pari o superiore a 350.000 euro e inferiore a 1.000.000 di euro (solo per i lavori)	• **procedura negoziata** senza previa pubblicazione di un bando di gara (art. 63 del Codice), previa consultazione, ove esistenti, di almeno **15 operatori economici**
	➤ Importo pari o superiore a 1.000.000 di euro e fino alle soglie di cui all'art. 35 (solo per i lavori)	• **procedura aperta**

11.1 I contratti sotto soglia e i decreti semplificazione 2020 e 2021

Con i decreti semplificazioni 2020 e 2021 il legislatore è intervenuto sulla disciplina dei contratti sotto soglia prevedendo alcune eccezioni alle procedure che abbiamo visto nel precedente paragrafo, per quelle stazioni appaltanti che adottino la delibera a contrarre (o atto equivalente di avvio del procedimento) entro il **30 giugno 2023**.

In tal caso, regola generale è che l'aggiudicazione o l'individuazione definiva del contraente avviene entro il termine di **due mesi** dalla data di adozione dell'atto di avvio del procedimento.

Affidamento diretto anche senza consultazione di più operatori economici	➤ Per lavori di importo inferiore a 150.000 euro ➤ Per servizi e forniture di importo inferiore a 139.000 euro
Procedura negoziata senza bando previa consultazione di almeno 5 operatori economici	➤ Per lavori di importo pari o superiore a 150.000 euro e inferiore a un milione di euro ➤ Per servizi e forniture di importo pari o superiore a 139.000 euro e fino alle soglie di cui all'art. 35 Codice
Procedura negoziata senza bando previa consultazione di almeno 10 operatori economici	➤ Per lavori di importo pari o superiore a un milione di euro e fino alle soglie di cui all'art. 35 Codice

12 I contratti sopra soglia e i decreti semplificazione 2020 e 2021

Anche per i contratti sopra soglia, il legislatore della normativa di semplificazione ha introdotto una disciplina derogatoria rispetto alle procedure generali previste dal Codice, applicabile qualora la determina a contrarre (o atto equivalente di avvio del procedimento) sia adottata entro il **30 giugno 2023**.

In tal caso, regola generale è che l'aggiudicazione o l'individuazione definitiva del contraente avviene entro il termine di **sei mesi** dalla data di adozione dell'atto di avvio del procedimento.

Affidamento delle attività di esecuzione di lavori, servizi e forniture, nonché dei servizi di ingegneria e architettura, compresa la progettazione, di importo pari o superiore alle soglie europee	➤ Procedura aperta ➤ Procedura ristretta ➤ Procedura competitiva con negoziazione di cui all'art. 62 del Codice ➤ Dialogo competitivo	
Procedura negoziata senza previa pubblicazione di un bando	➤ Settori ordinari (art. 63) ➤ Settori speciali (art. 125)	• per ragioni di estrema urgenza (ad es.: Covid o sospensione delle attività per fronteggiare la crisi) a causa delle quali i termini ordinari non possono essere rispettati

13 Le convenzioni quadro e gli acquisti centralizzati

13.1 Strumenti di acquisto di beni e servizi

Il Codice prevede alcuni strumenti di acquisto che consentono all'amministrazione di procurarsi beni e servizi senza dover espletare una procedura di gara. In particolare, gli **strumenti di acquisto** sono definiti come strumenti di acquisizione che non richiedono apertura del confronto competitivo tra i partecipanti. Rientrano tra gli strumenti di acquisto:

1. le **convenzioni quadro** di cui all'art. 26 L. 488/1999, stipulate da CONSIP S.p.A. e dai soggetti aggregatori;
2. gli **accordi quadro** stipulati da centrali di committenza quando gli appalti specifici vengono aggiudicati senza riapertura del confronto competitivo;
3. il **mercato elettronico** realizzato da centrale di committenza nel caso di acquisti effettuati a catalogo.

13.2 La normativa sugli acquisti centralizzati

Le pubbliche amministrazioni possono procurarsi beni e servizi facendo ricorso alle **procedure centralizzate**, che, rispetto alle procedure ordinarie di gara, comportano una semplificazione del processo di acquisto, con riduzione dei costi unitari e dei tempi di approvvigionamento, ed aumento della trasparenza e della concorrenza.

Il sistema normativo delineato in materia di acquisti di beni e servizi dagli interventi di *spending review* e dalle successive leggi di stabilità — dai decreti del 2012, alle più recenti L. 89/2014 (di conversione del D.L. 66/2014), L. 208/2015, legge di stabilità 2016 e, infine, il D.Lgs. 50/2016 — è particolarmente complesso, articolato e stratificato: si tratta di norme non organizzate in modo organico, ma di fatto «variabilmente applicabili» in funzione della tipologia di P.A. e dell'oggetto della fornitura.

In particolare, i due decreti sulla revisione della spesa pubblica — il D.L. 52/2012, conv. in L. 94/2012 e il D.L. 95/2012, conv. in L. 135/2012 — hanno dato nuova linfa alle convenzioni stipulate dalla Consip S.p.A. e agli acquisti mediante il Mercato Elettronico della pubblica amministrazione (MEPA).

13.3 Le convenzioni quadro

Le **convenzioni quadro** sono state introdotte dall'**art. 26 della L. 488/1999**, che ha delineato un sistema in cui, tramite le procedure ordinarie di scelta del contraente (viste in precedenza), vengono individuate imprese per la fornitura di beni e servizi alle amministrazioni. Tale disposizione attribuisce, infatti, al Ministero dell'Economia e delle Finanze (MEF) la funzione di stipulare, anche avvalendosi di società specializzate, apposite **convenzioni** in base alle quali le imprese fornitrici prescelte in relazione a singole categorie merceologiche s'impegnano ad accettare ordinativi di fornitura, alle condizioni e ai prezzi prestabiliti, fino al un limite massimo di quantità previsto dalla convenzione (il cosiddetto massimale).

La legge di bilancio 2020 **(L. 27 dicembre 2019, n. 160)** ha precisato la portata applicativa delle convenzioni, prevedendo che, laddove previsto nel bando di gara, le stesse possono essere stipulate per *specifiche categorie di amministrazioni* ovvero per *specifici ambiti territoriali* (art. 1, comma 585).

Le P.A., quindi, possono direttamente **ricorrere a tali convenzioni** oppure **utilizzarne i parametri di prezzo-qualità**, come limiti massimi, per l'acquisto di beni e servizi comparabili con quelli oggetto di convenzionamento.

Il MEF agisce tramite la **Consip S.p.A. (Concessionaria servizi informatici pubblici)** — società pubblica con unico azionista il Ministero — che, tra gli altri compiti, ha la gestione delle procedure per la conclusione delle convenzioni e vigila sulla realizzazione e gestione delle convenzioni stesse.

In particolare, la Consip S.p.A. svolge attività di realizzazione del *Programma di razionalizzazione degli acquisti* (nel cui ambito può svolgere procedure di aggiudicazione di contratti di concessione di servizi), di centrale di committenza e di e-procurement (art. 4, comma 3ter, D.L. 95/2012, conv. in L. 135/2012, mod. dalla L. 160/2019).

Quanto ai soggetti tenuti ad approvvigionarsi utilizzando tali convenzioni, l'**art. 1, comma 449, L. 296/2006** li individua in: *tutte le amministrazioni statali centrali e periferiche, ivi compresi gli istituti e le scuole di ogni ordine e grado, le istituzioni educative e le istituzioni universitarie, nonché gli enti nazionali di previdenza e assistenza sociale pubblici e le agenzie fiscali*.

13.4 Il portale internet *acquistinretepa.it*

Nel sistema di acquisti di beni e servizi voluto dal legislatore, Consip agisce attraverso il sito internet *www.acquistinretepa.it*, nel quale la società mette a disposizione delle pubbliche amministrazioni degli strumenti di acquisto che attuano un processo di **centralizzazione degli acquisti pubblici**, volto a ridurre e razionalizzare la spesa delle pubbliche amministrazioni. In sostanza, il sito *online* diviene una sorta di «vetrina» di beni e servizi utilizzabile dalle amministrazioni per acquistare ciò di cui abbisognano.

Il sito internet *www.acquistinretepa.it* è una sorta di «supermercato pubblico» attraverso il quale le P.A. comprano ciò che serve per la loro attività. Per cercare un prodotto o un servizio da comprare, nel sito in questione ci sono varie modalità di ricerca: le più facili sono per «prodotto» da acquistare e per «strumento» di acquisto. Nella *homepage*, mediante un apposito link, la P.A. accede ad un «**catalogo**», di carattere generale, suddiviso per aree merceologiche (ad esempio, il settore «Sanità, Ricerca e Welfare» oppure «Servizi per il funzionamento della P.A.») dove sono elencati *tutti* i beni ed i servizi disponibili e in relazione a ciascuno è indicata la specifica modalità di acquisto (ad esempio: accordo quadro, sistema dinamico di acquisizione o MEPA).

Ricercando in base alla modalità di acquisto che si vuole utilizzare, tramite il link «**iniziative**» si trovano tutti i beni e servizi acquistabili elencati con riferimento al relativo strumento di acquisto (accordo quadro, sistema dinamico di acquisizione, convenzioni e MEPA): anche in questo caso, per facilitare la ricerca agli utenti, i beni e servizi possono ulteriormente essere suddivisi utilizzando le aree merceologiche.

Gli **strumenti di acquisto** messi a disposizione delle P.A., tramite il portale anzidetto, sono:

— le **convenzioni quadro**, di cui si è detto, che sono contratti stipulati da Consip, per conto del MEF, che consentono alla P.A. di fare acquisti direttamente dai fornitori aggiudicatari delle gare e sono utilizzabili prevalentemente per approvvigionamenti di beni e servizi, sia al di sotto che al di sopra della soglia comunitaria, con *caratteristiche standard*;
— il **MEPA** (**Mercato elettronico della pubblica amministrazione**), che è un mercato digitale in cui le amministrazioni possono approvvigionarsi di beni, servizi e lavori di manutenzione offerti dai fornitori abilitati, per importi inferiori alla soglia comunitaria. Di norma, il MEPA viene utilizzato per acquisti di beni o servizi che presentano caratteristiche specifiche ovvero sono destinati a soddisfare peculiari fabbisogni.

Quanto ai **soggetti** che ricorrono al MEPA, l'**art. 1, comma 450, L. 296/2006** stabilisce che le *amministrazioni centrali e periferiche dello Stato*, ad esclusione degli istituti e delle scuole di ogni ordine e grado, delle istituzioni educative e delle istituzioni universitarie, nonché gli *enti nazionali di previdenza e assistenza sociale pubblici* e le *agenzie fiscali* di cui al D.Lgs. 300/1999, **devono ricorrere** al MEPA per gli acquisti di beni e servizi di *importo pari o inferiore a 5.000 euro* (soglia così fissata dalla legge di bilancio 2019, in precedenza di 1.000 euro) e al di sotto della soglia di rilievo comunitario;

— gli **accordi quadro**, che sono contratti aggiudicati da Consip a uno o più fornitori, a seguito della pubblicazione di specifici bandi, in base ai quali le amministrazioni possono espletare le proprie gare (**appalti specifici**); essi, quindi, definiscono le clausole generali che, in un determinato periodo di tempo, regolano i contratti da stipulare;
— il **sistema dinamico di acquisizione**, che è un mercato digitale in cui è possibile effettuare un processo di acquisizione interamente elettronico per *importi sopra la soglia comunitaria*.

Riguardo ai **soggetti obbligati** a ricorrere agli strumenti predisposti dalla Consip, un'importante precisazione è contenuta nella L. 27 dicembre 2019, n. 160 (legge di bilancio 2020).

Il legislatore ha, infatti, stabilito che — fermo restando quanto previsto nell'art. 1, commi 449 e 450, L. 296/2006 (riferiti, rispettivamente, alle convenzioni e al MEPA) — le *amministrazioni statali centrali e periferiche*, ivi compresi *gli istituti e le scuole* di ogni ordine e grado, le *istituzioni educative* e le *istituzioni universitarie* nonché gli *enti nazionali di previdenza e assistenza sociale* pubblici e le *agenzie fiscali*, di cui al D.Lgs. 300/1999, sono tenute ad approvvigionarsi attraverso gli **accordi quadro** stipulati da Consip o il **sistema dinamico di acquisizione** realizzato e gestito dalla Consip.

13.5 La centralizzazione degli acquisti come strumento di razionalizzazione della spesa pubblica

Il **D.L. 66/2014**, conv. in **L. 89/2014** ha incentivato un sistema centralizzato di acquisti caratterizzato dalla presenza di un *numero circoscritto di soggetti effettivamente operanti sul mercato* e dal *ruolo di rilievo attribuito all'A.N.AC.* quale autorità per la vigilanza sui contratti pubblici.

Quanto al primo profilo, una limitazione della spesa pubblica deriva dall'aggregazione dei soggetti operanti sul mercato. A tal fine, l'art. 9 della legge istituisce un **elenco dei soggetti aggregatori** (di cui fanno parte, di diritto, Consip S.p.A. e una centrale di committenza per ciascuna Regione), che possono stipulare, per gli ambiti territoriali di competenza, le convenzioni di cui all'art. 26, comma 1, L. 488/1999, per l'acquisto di beni e servizi.

In ogni caso, **il numero complessivo dei soggetti aggregatori presenti sul territorio nazionale non può essere superiore a 35** (art. 9, comma 5).

Quanto al secondo profilo evidenziato, l'A.N.AC. fornisce alle amministrazioni un'**elaborazione dei prezzi di riferimento**, alle condizioni di maggiore efficienza, tra quei beni e servizi di maggiore impatto in termini di costo a carico della P.A., e **pubblica sul proprio sito web i prezzi unitari corrisposti dalle**

amministrazioni per gli acquisti di tali beni e servizi. La determinazione dei prezzi di riferimento è particolarmente rilevante in quanto gli stessi costituiscono *il prezzo massimo di aggiudicazione* dei contratti in tutti i casi in cui non è presente una convenzione Consip stipulata in ambito nazionale ovvero nell'ambito territoriale di riferimento. Essa, quindi, è lo strumento per procedere alla **programmazione dell'attività contrattuale della pubblica amministrazione** e i contratti stipulati in violazione di tale prezzo massimo sono nulli (art. 9, comma 7).

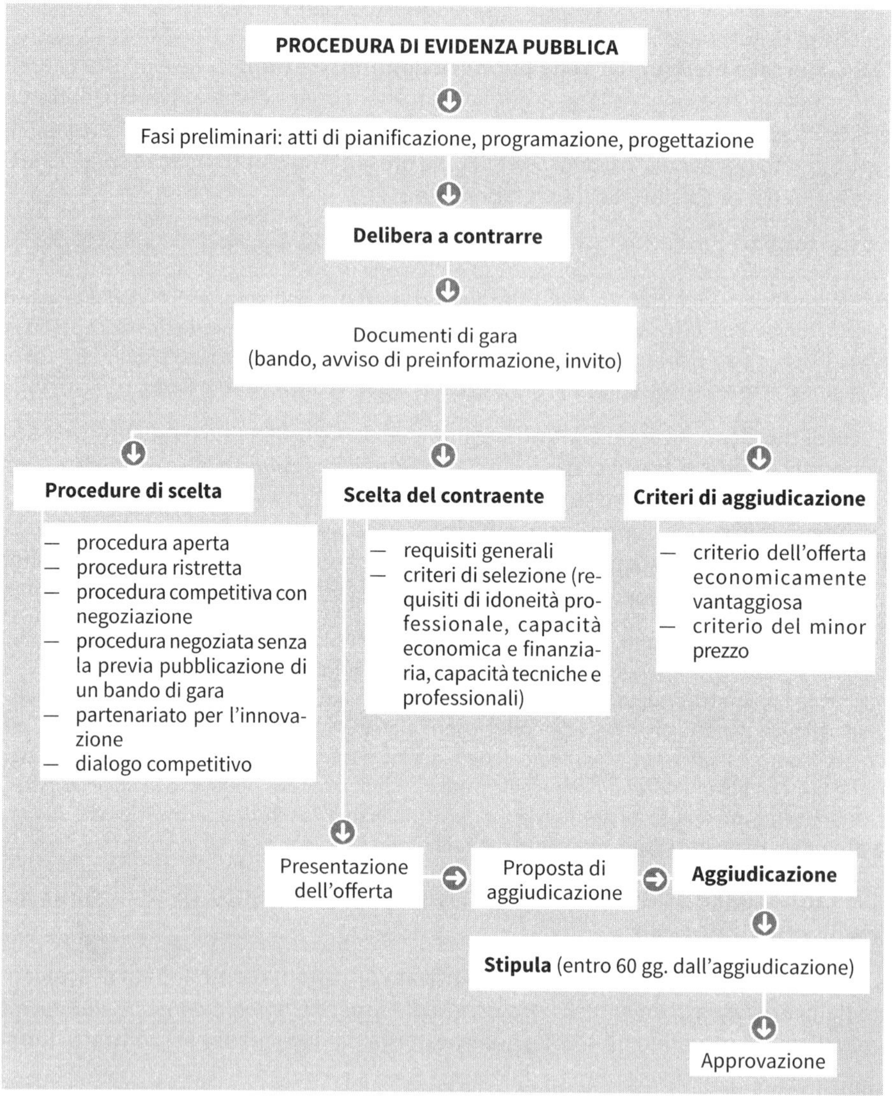

8
La responsabilità della P.A. e verso la P.A.

1 La responsabilità: concetto e tipi

La *responsabilità* si configura, in generale, come una **situazione giuridica soggettiva sfavorevole**, in cui viene a trovarsi il soggetto che, avendo posto in essere un *comportamento antigiuridico* (ossia illecito), sia assoggettabile ad una sanzione.

La responsabilità giuridica può *essere civile, penale o amministrativa* a seconda della *natura* delle *norme* violate e delle *conseguenze* di tale violazione. In particolare:

— la responsabilità **civile** si concretizza nell'obbligo del *risarcimento del danno* provocato ad un soggetto in conseguenza di un *comportamento* qualificato *illecito civile*. Essa è sempre convertibile in una prestazione di danaro;
— la responsabilità **penale** concerne il comportamento di *persone fisiche* le quali ledono particolari interessi, tutelati dall'ordinamento come «*pubblici*»: essa consiste nell'assoggettamento personale del colpevole alla *potestà punitiva* dello Stato, mediante l'inflizione di una *pena* (detentiva e/o pecuniaria);
— la responsabilità **amministrativa** deriva dalla violazione di doveri amministrativi, ove sia prevista una sanzione amministrativa.

La responsabilità della P.A. può essere solo *civile* e *amministrativa*; essendo invece quella *penale* una responsabilità personale, essa può ricadere solo sulle persone fisiche preposte ad uffici o organi della P.A.

2 La responsabilità civile della P.A.

La responsabilità civile si può definire come il **dovere giuridico, imposto ad un soggetto, di risarcire il danno prodotto ad un altro soggetto, in conseguenza della violazione della sfera giuridica di quest'ultimo**.

La responsabilità civile si distingue, a sua volta, in:

— **responsabilità «contrattuale»** quando l'obbligo di risarcimento del danno deriva dalla violazione di un *preesistente rapporto obbligatorio* (dunque non solo da contratto);
— **responsabilità «extracontrattuale»** quando la responsabilità deriva dal fatto d'aver provocato a terzi un *danno ingiusto* (art. 2043 c.c.).

La dottrina individua anche un terzo tipo di responsabilità: quella **precontrattuale** (artt. 1337 e 1338 c.c.), che nasce dalla violazione delle norme che regolano, appunto, la *fase delle trattative negoziali*.

2.1 La responsabilità extracontrattuale

Qualunque fatto doloso o colposo, che cagiona ad altri un danno ingiusto, obbliga colui che ha commesso il fatto a risarcire il danno (art. 2043 c.c.). Anche la P.A. soggiace a questa regola.

Il **fondamento** della responsabilità extracontrattuale della P.A. si rinviene nell'**art. 28 della Costituzione**, ai sensi del quale i funzionari e i dipendenti dello Stato e degli enti pubblici *sono direttamente responsabili*, secondo le leggi penali, civili e amministrative, degli atti compiuti in violazione di diritti; in tali casi, la responsabilità civile si estende allo Stato e agli enti pubblici.

Gli **elementi** della responsabilità civile della P.A. sono quelli comuni ad ogni responsabilità civile (CARINGELLA): il giudice, infatti, investito di un'azione di responsabilità, dovrà accertare l'esistenza di una *condotta attiva o omissiva*, l'*antigiuridicità* di tale condotta, la *colpevolezza* dell'agente, l'*evento dannoso*, il *nesso di causalità* tra condotta ed evento.

In particolare:

— la **condotta** può consistere tanto in una *azione* quanto in una **omissione** della P.A. dalla quale *sia derivato un danno*.
  In ogni caso, la condotta deve *essere riferibile alla P.A.*, ossia *deve essere stata compiuta da un'autorità amministrativa nell'esercizio delle sue funzioni amministrative*;
— la condotta, a sua volta, deve essere **antigiuridica**, ossia ledere la sfera giridica di un soggetto e sorgere per la *violazione di norme giuridiche cd. di relazione* (e non quando siano violate norme concernenti regole di *buona amministrazione*), sempre che non ricorra una causa di giustificazione;
— è necessaria, inoltre, la **riferibilità del fatto all'amministrazione**. L'attività del dipendente può essere riferita all'amministrazione solo in quanto si possa considerare come *esplicazione dell'attività dell'ente* e sia rivolta al *conseguimento dei fini istituzionali di quest'ultimo*, nell'ambito delle attribuzioni dell'ufficio o del servizio al quale il dipendente è addetto (VIRGA);
— **elemento psicologico (o imputabilità)**. L'art. 2043 c.c. richiede che il fatto dannoso sia riferibile a titolo di *dolo* o *colpa* alla volontà del soggetto che agisce;
— l'**evento dannoso**. Il danno deve consistere sempre nel *pregiudizio patrimoniale* derivante dalla *lesione di un diritto soggettivo perfetto* e dalla *lesione dell'interesse legittimo*;
— **nesso di causalità tra fatto antigiuridico ed evento dannoso**. Tale requisito non si sottrae alle generali regole civilistiche. In particolare, secondo l'opinione prevalente in dottrina e giurisprudenza, una condotta può dirsi causa di un evento quando ne costituisce *conditio sine qua non,* in quanto senza di essa l'evento non si sarebbe verificato, e quando l'evento, al momento della condotta, era prevedibile come verosimile conseguenza di essa (cd. **causalità adeguata**).

2.2 La responsabilità contrattuale

La responsabilità contrattuale è quella basata sulla **violazione di un rapporto obbligatorio** già vincolante per le parti, sorto in virtù di un contratto, *ex lege*, di atto unilaterale o, ancora, in base ad un precedente fatto illecito (obbligazione di risarcimento) (CASETTA). In materia di responsabilità contrattuale della P.A., trovano applicazione i principi generali previsti dal **codice civile**.

2.3 La responsabilità precontrattuale

La responsabilità precontrattuale tutela l'interesse all'adempimento, cioè **l'interesse del soggetto a non essere coinvolto in inutili trattative, a non stipulare contratti invalidi o inefficaci e a non subire alcun inganno in ordine ad atti negoziali**. Dunque nelle trattative le parti devono comportarsi secondo buona fede, ma anche con diligenza. In tal senso, l'interesse protetto in tema di responsabilità precontrattuale è quello della *libertà negoziale*.

Ipotesi di responsabilità precontrattuale sono, ad es., riscontrabili: *nella violazione dei doveri di buona fede nelle trattative e nella formazione del contratto*; *nel recesso ingiustificato dalle trattative*; *nella stipulazione di un contratto invalido o inefficace*; nella *violenza* e nel *dolo*, ovvero nella *colposa induzione in errore*.

La dottrina prevalente e la giurisprudenza ritengono che si tratti di responsabilità *extra-contrattuale,* non essendovi (ancora) un rapporto obbligatorio fra le parti che contraggono, ma soltanto delle *regole generali* di comportamento dalla cui violazione discende la responsabilità.

3 La responsabilità da atto lecito

Mentre, in linea generale, la **responsabilità civile della P.A.** consegue ad un suo comportamento antigiuridico, in taluni casi essa può scaturire da **atti leciti**. Si tratta, in linea di massima, di casi in cui il **soggetto pubblico, svolgendo un'attività perfettamente lecita e finalizzata al soddisfacimento di interessi pubblici, provochi il sacrificio** (o pregiudizio) **di un diritto soggettivo del privato**.

Orbene, in tali evenienze, l'ordinamento prevede l'obbligo di corresponsione, da parte della P.A., di un *indennizzo* finalizzato, in via equitativa, a ristorare, sia pure in forma parziale, il sacrificio patrimoniale subito dal privato.

Tale *indennizzo* va distinto dal *risarcimento,* in quanto, mentre quest'ultimo si atteggia a *strumento di reintegrazione completa della sfera giuridica violata*, il primo costituisce un *mezzo diretto ad un riequilibrio parziale, anche se non meramente simbolico, del pregiudizio subito*.

4 La responsabilità dei dipendenti pubblici nei confronti della P.A.

Accanto alla responsabilità della pubblica amministrazione va ora esaminata la **responsabilità dei pubblici dipendenti** — legati alla P.A. da uno *status* particolare — **nei confronti dell'amministrazione medesima**.

In linea generale, le responsabilità in cui può incorrere un pubblico dipendente, nell'esercizio delle proprie funzioni, sono: quella **civile** (se arreca danni a terzi, estranei all'amministrazione, o alla stessa P.A.); **penale** (se delinque); **amministrativo-contabile** (se arreca un danno erariale alla P.A.); **disciplinare** (se viola obblighi previsti dal C.C.N.L., da legge o dal codice di comportamento) e **dirigenziale** (per il solo personale dirigenziale che non raggiunga i risultati posti dal vertice politico o si discosti dalle direttive dell'organo politico).

In particolare, sul *piano civile* tale responsabilità comporta che i dipendenti pubblici sono tenuti a **risarcire i danni da loro stessi causati all'amministrazione o ai terzi**.

Tale forma di responsabilità si definisce «**responsabilità patrimoniale**» o **a contenuto patrimoniale**.

Viceversa, alla *responsabilità civile verso terzi* è assoggettato il pubblico dipendente che arreca un danno ad un soggetto «estraneo alla P.A. (un terzo, appunto), che va risarcito dal dipendente stesso e in solido con la P.A. di appartenenza.

Qui esamineremo la responsabilità amministrativo-contabile o responsabilità per danno erariale, mentre la responsabilità disciplinare e quella dirigenziale saranno trattate nell'analisi del rapporto di pubblico impiego.

4.1 La responsabilità amministrativo-contabile o responsabilità per danno erariale

I dipendenti pubblici, qualora arrechino un danno patrimoniale alla propria amministrazione o ad un altro ente pubblico, possono incorrere in quelle particolari tipologie di responsabilità definite *amministrativa* e *contabile*.

Entrambe sono due aspetti della generale responsabilità amministrativo-contabile o responsabilità per danno erariale.

Su tali responsabilità giudica la **Corte dei conti** (v. *infra*).

La responsabilità amministrativa, in particolare, è quel tipo di responsabilità che sorge a causa dei danni cagionati all'ente nell'ambito o in occasione del rapporto d'ufficio: in particolare, per risponderne è necessario che il «soggetto» interessato, con una condotta dolosa o gravemente colposa collegata o inerente al rapporto esistente con l'amministrazione, abbia causato un danno pubblico risarcibile che si ponga come conseguenza diretta e immediata di detta condotta. La locuzione *erariale* che viene accostata a tale responsabilità sta proprio a sottolineare il fatto che il **danno prodotto inerisce alle finanze dello Stato**.

I relativi **presupposti** si possono così individuare: l'ente danneggiato deve essere un'**amministrazione pubblica**; tra l'ente ed il danneggiante deve sussistere un **rapporto di servizio**, che ricorre non solo quando si effettua una prestazione professionale di lavoro subordinato ma «in qualunque caso un soggetto venga investito di una determinata attività funzionale agli scopi della P.A. attraverso l'inserimento nella sua organizzazione ed il conseguente assoggettamento a particolari obblighi e vincoli istituzionali» (CARINGELLA); il **danno** provocato deve essere **conseguenza diretta e immediata** di una **condotta dolosa** o **gravemente colposa** posta in essere dal danneggiante; il danno provocato all'amministrazione deve essere *ingiusto*, e pertanto non è sufficiente la mera «violazione del dovere d'ufficio (o l'adozione di un atto illegittimo)» (CORSO).

Tale responsabilità, poi, può presentarsi come **contabile** quando riguarda gli **agenti contabili**, ossia gli incaricati (a qualsiasi titolo, *anche senza legale autorizzazione*) al versamento e riscossione delle entrate dello Stato, coloro che maneggiano pubblico denaro o gli agenti che hanno in consegna oggetti e beni di proprietà dello Stato. La responsabilità contabile di costoro risulta dall'annuale *rendiconto* oppure come *responsabilità formale*, che riguarda, più genericamente, gli amministratori per spese non autorizzate in bilancio, non deliberate nelle forme legali ecc.

Benchè la responsabilità amministrativa e la responsabilità contabile sono due diversi aspetti in cui si articola la **responsabilità amministrativo-contabile** o **responsabilità per danno erariale**, il tratto distintivo tra le due va ravvisato proprio nel soggetto agente, che in caso di responsabilità contabile è esclusivamente il pubblico dipendente titolare di specifiche funzioni in ordine al maneggio del denaro pubblico o di altri valori, ovvero all'utilizzo di beni pubblici.

4.2 Il danno erariale

Il danno erariale è uno dei **presupposti per la sussistenza della responsabilità amministrativo-contabile**, sulla quale giudica la Corte dei conti.

Esso, specificamente, consiste **in un depauperamento del patrimonio che l'Erario** (lo Stato o altro ente pubblico/P.A.) **abbia sofferto per la condotta illecita del pubblico dipendente**, nell'esercizio di *specifiche funzioni amministrative*: in sostanza, è stato affermato che esso «consiste nel danneggiamento o nella perdita di beni o denaro (*danno emergente*) prodotto alla propria o ad altra amministrazione (art. 1, comma 4, L. 20/1994), o nel mancato conseguimento di incrementi patrimoniali (*lucro cessante*), così come disposto dall'art. 1223 c.c.» (IASELLI).

Il danno erariale si **distingue** in:

a) **diretto**: se è cagionato direttamente, dal soggetto responsabile, all'amministrazione pubblica di appartenenza o ad altra amministrazione. Ed invero, l'art. 1, comma 4, L. 20/1994, che detta principi sull'azione di responsabilità, prevede che il danno possa essere cagionato anche «ad amministrazioni o enti pubblici diversi da quello di appartenenza»: in tal caso il danno viene qualificato come «*danno trasversale o obliquo*»;
b) **indiretto**: consiste nelle somme che l'amministrazione ha corrisposto al terzo a titolo di risarcimento del danno commesso dal dipendente o dall'amministratore.

Il danno erariale è un **danno «pubblico»**, nel senso che, trattandosi di un nocumento alle finanze pubbliche, si traduce in un danno alla collettività, e deve consistere in un **pregiudizio certo ed attuale**, quindi sussistente al momento dell'esercizio dell'azione di responsabilità, oltreché **economicamente valutabile**.

Quanto alla **quantificazione del danno**, vi sono alcuni «elementi» idonei ad incidere sulla stessa, e sono:

a) la considerazione dei vantaggi conseguiti dalla P.A. o dalla collettività;
b) il potere riduttivo del giudice contabile.

4.3 Le regole sulla responsabilità per danno erariale

In ordine alle due tipologie di responsabilità, l'**art. 1, L. 20/1994** detta delle regole sia di carattere sostanziale che processuale e prevede che:

— la responsabilità è personale, e limitata ai soli casi di **dolo** e **colpa grave**, ferma restando l'insindacabilità nel merito delle *scelte discrezionali*. In ogni caso è esclusa la gravità della colpa quando il fatto dannoso tragga origine dalla emanazione di un atto vistato e registrato in sede di controllo preventivo di legittimità, limitatamente ai profili presi in considerazione nell'esercizio del controllo.
Il **dolo o la colpa grave** (quindi una **condotta antigiuridica dolosa o gravemente colposa**), costituiscono il cosiddetto elemento soggettivo della responsabilità. L'art. 1, comma 1, L. 20/1994 stabilisce che la responsabilità dei soggetti sottoposti alla giurisdizione della Corte dei conti è «*limitata ai fatti e alle omissioni commessi con dolo o colpa grave*».

Si ha **dolo** quando vi è una volontà cosciente del soggetto di provocare con la sua condotta un determinato evento; si è in presenza di una condotta **gravemente colposa**, invece, allorquando non c'è la precisa intenzione di arrecare un determinato danno, ma il soggetto agisce trascurando gli accorgimenti dettati dalla prudenza, dall'esperienza e dall'osservanza delle norme. I parametri di riferimento per poter «individuare» un'ipotesi di colpa grave sono, infatti, usualmente identificati in: grave negligenza, grave imperizia o grave imprudenza.
Il concetto di gravità della colpa è relativo, dovendo, questa, essere correlata alla diversa natura delle funzioni, o mansioni, svolte dall'agente pubblico e alla specificità del contesto organizzativo in cui il responsabile è collocato.
Il legislatore, con il **D.L. 76/2020, conv. in L. 120/2020**, ha introdotto importanti novità in tema di responsabilità erariale e specificamente con riguardo all'elemento soggettivo della stessa (art. 21, D.L. 76/2020). Infatti, è stato aggiunto all'art. 1, comma 1, della L. 20/1994 l'inciso che «*la prova del dolo richiede la dimostrazione delle volontà dell'evento dannoso*», al fine di rendere la problematica della «prova» del dolo conforme alla previsione di cui all'art. 43 del codice penale;

— fermo restando il potere di riduzione, deve tenersi conto dei vantaggi comunque conseguiti dall'amministrazione di appartenenza, o da altra amministrazione, o dalla comunità amministrata in relazione al comportamento degli amministratori o dei dipendenti pubblici soggetti al giudizio di responsabilità;
— nel caso di deliberazioni di organi collegiali, la responsabilità si imputa esclusivamente a coloro che hanno espresso voto favorevole. Nel caso di atti che rientrano nella competenza propria degli uffici tecnici o amministrativi la responsabilità non si estende ai titolari degli organi politici che in buona fede li abbiano approvati ovvero ne abbiano autorizzato o consentito l'esecuzione;
— il diritto al *risarcimento del danno* si prescrive in cinque anni decorrenti dalla verificazione del fatto dannoso o, in caso di suo accertamento, dalla scoperta dello stesso;
— la Corte giudica sulla responsabilità degli amministratori e dipendenti pubblici anche quando il danno sia cagionato ad *amministrazioni* o enti *diversi da quelli di appartenenza*;
— se il fatto dannoso è causato da più persone, la Corte dei conti, valutate le singole responsabilità, *condanna ciascuno per la parte che vi ha preso*. I soli concorrenti che abbiano conseguito un illecito arricchimento e abbiano agito con dolo sono responsabili solidalmente (commi 1ter e 1quater);
— l'entità del danno all'immagine della P.A. derivante dalla commissione di un reato contro lo stesso accertato con sentenza passata in giudicato si presume, salvo prova contraria, pari al doppio della somma di danaro o del valore patrimoniale di altra utilità percepita dal dipendente.

4.4 Specifiche ipotesi di danno erariale: il danno all'immagine della P.A. e il danno da disservizio

Il cd. **danno all'immagine della pubblica amministrazione** incide sul rapporto di fiducia e di affidamento che lega amministrazione e amministrati, presupponendo l'esplicazione di una condotta che abbia causato la reiterata violazione di doveri di servizio e un discredito per l'amministrazione. Fonte normativa dell'azione risarcitoria per danno all'immagine della P.A. è data dall'**art. 17, comma 30ter, L. 102/2009**, modificato dal Codice di giustizia contabile, D.Lgs. 174/2016.

Dall'esame della norma si evince che l'azione per il risarcimento del danno all'immagine è esperibile in presenza di **delitti commessi a danno delle pubbliche amministrazioni da dipendenti pubblici, accertati con sentenza penale definitiva**. Il *quantum* risarcibile è definito nell'art. 1, comma 1sexies, L. 20/1994, nel senso che esso si presume, salva prova contraria, pari al *doppio della somma di denaro o del valore patrimoniale di altra utilità illecitamente percepita dal dipendente*.

Altra peculiare ipotesi di danno erariale, creata dalla giurisprudenza contabile, è il **danno da disservizio**, che si risolve nel pregiudizio — ulteriore rispetto al «danno patrimoniale diretto» — recato dalla condotta illecita del dipendente al corretto funzionamento dell'apparato pubblico.

Esso può concretarsi, ad esempio, in una o più delle seguenti fattispecie: mancato conseguimento della legalità, della efficienza, della efficacia, della economicità e della produttività dell'azione e della attività di una Pubblica Amministrazione; dispendio di energie per la ricostruzione di contabilità mancanti o contraffatte; costo sostenuto dall'amministrazione per accertare e contrastare gli effetti negativi sull'organizzazione delle strutture e degli uffici in conseguenza di comportamenti dolosi di un dipendente; costi sostenuti per il ripristino della funzionalità dell'ufficio; mancato conseguimento del buon andamento dell'azione pubblica; dispendio di risorse umane e di mezzi strumentali pubblici.

5 La giurisdizione contabile e il ruolo della Corte dei conti

La Corte dei conti è titolare della cd. **giurisdizione contabile**, nella quale vengono tradizionalmente ricompresi i giudizi di conto, di responsabilità amministrativa per danni all'erario e gli altri giudizi di contabilità pubblica, nonché i giudizi in materia pensionistica, quelli aventi ad oggetto l'irrogazione di sanzioni pecuniarie e gli altri giudizi nelle materie specificate dalla legge (*art. 1, D.Lgs. 174/2016, Codice di giustizia contabile*).

Tale giurisdizione viene qualificata come:

- **piena**, poiché la Corte conosce delle controversie sia sotto l'aspetto dell'accertamento dei fatti che di quello dell'applicazione del diritto. Inoltre essa può accertare l'illegittimità degli atti amministrativi, negandone l'applicazione, ma non può annullare o sostituire tali atti;
- **esclusiva**, in quanto la Corte conosce sia di diritti soggettivi che di interessi legittimi.

La giurisdizione contabile è esercitata dalle *sezioni giurisdizionali regionali, dalle sezioni di appello, dalle sezioni riunite in sede giurisdizionale e dalle sezioni riunite in speciale composizione* della Corte dei conti.

La Corte dei conti **giudica** nei seguenti ambiti:

a) **giudizi di conto**. Tutti coloro (**agenti contabili**) che hanno avuto (a vario titolo: *di fatto*, ossia senza autorizzazione, ovvero *di diritto*, perché investiti di tali compiti) la *disponibilità materiale* ovvero *in consegna denaro, beni o altri valori pubblici*, e *non abbiano adempiuto all'obbligo di restituzione che su di loro incombe* possono incorrere nella **responsabilità contabile**.
   Tale responsabilità si verifica per **qualunque irregolarità connessa alla riscossione o nei pagamenti o nella conservazione del denaro o dei valori della P.A.**

Quanto al **giudizio di conto** l'art. 137 del Codice precisa che la Corte dei conti giudica «sui conti degli agenti contabili dello Stato e delle altre pubbliche amministrazioni»: essa cioè verifica la regolarità del **conto giudiziale** cui sono tenuti i titolari di gestioni di tesoreria e gli agenti contabili, che, proprio per la loro funzione, hanno il cd. **obbligo di rendiconto**.

Il Codice della giustizia contabile disciplina sia il *giudizio per la resa del conto* che il *giudizio sul conto*;

b) **giudizi di responsabilità amministrativa**. L'azione di responsabilità è esercitata dal Pubblico ministero contabile.

Il P.M. contabile, a fronte di una **specifica e concreta notizia di danno**, se non procede alla sua immediata archiviazione (per difetto dei requisiti di specificità e concretezza o per manifesta infondatezza), avvia un procedimento istruttorio, e all'esito, notifica al presunto responsabile un **atto di invito a dedurre**, nel quale sono indicati, tra gli altri, gli elementi essenziali del fatto e la condotta contestata e viene fissato un termine, entro il quale il presunto responsabile può *esaminare tutte le fonti di prova* indicate poste a base della contestazione e *depositare le proprie deduzioni ed eventuali documenti*. Questi, inoltre, può *chiedere di essere sentito personalmente*.

Conclusa l'istruttoria, il Procuratore può adottare due tipologie di provvedimenti: o dispone l'archiviazione oppure emana l'**atto di citazione** in giudizio dei presunti responsabili, con il quale il P.M. *prova e quantifica il danno pubblico risarcibile* da attribuire al convenuto;

c) **giudizi a istanza di privati**;

d) **giudizi in materia di pensioni**. La competenza della Corte sussiste qualora s'impugni *un provvedimento amministrativo definitivo, avente ad oggetto il diritto alla pensione degli impiegati, il cui trattamento di quiescenza sia a carico totale o parziale dello Stato* (ai giudizi pensionistici sono dedicati gli artt. 151 e seguenti D.Lgs. 174/2016).

6 La responsabilità civile verso terzi

Con l'entrata in vigore della Costituzione, si è individuata una **responsabilità solidale** (ossia quella in cui incorrono due o più soggetti tenuti ad una medesima prestazione) dell'amministrazione e del funzionario nel caso **di danno nei confronti del cittadino** (art. 28 Cost.), per cui quest'ultimo attualmente può escutere, a sua scelta, sia l'amministrazione pubblica che l'impiegato agente.

Questa norma pone a carico dello Stato e dei pubblici impiegati le conseguenze relative ad atti che ingenerano, secondo le norme comuni, responsabilità da parte dell'agente. Ed è da notare che la responsabilità dello Stato è *diretta,* come lo è quella del suo dipendente. Entrambi sono sul medesimo piano nei confronti del civilmente danneggiato. La Corte costituzionale parla, infatti, di *responsabilità concorrente*.

Viene meno la responsabilità dell'amministrazione allorché il danno deriva da comportamento posto in essere da funzionari o impiegati al di fuori di ogni manifestazione di attività amministrativa (atti personali degli agenti, ovvero atti viziati da incompetenza assoluta, ovvero da comportamenti posti in essere dolosamente in violazione di norme penali).

Negli altri casi l'amministrazione risponde in quanto l'operato dei suoi agenti, nell'esercizio delle funzioni ad essi affidate, si presenta come proveniente dalla amministrazione stessa.

L'impiegato è responsabile verso i terzi per i danni arrecati **solo se ha agito con dolo o colpa grave** (art. 23 T.U. impiegati civili dello Stato).

In caso di **colpa lieve** o **lievissima** risponde **solo la P.A.**

Il fatto dannoso non è riferibile alla P.A. se deriva da comportamenti dolosi per conseguire un fine illecito ed estraneo ai fini istituzionali perseguiti dalla P.A. In tali casi è perciò responsabile **solo il dipendente**.

La responsabilità dell'impiegato verso i tezi è esclusa (art. 29 D.P.R. 3/1957):

- quando l'impiegato ha agito per legittima difesa di sé o di altri;
- in caso di violenza fisica sulla persona;
- se costrettovi dalla necessità di salvare sé o altri dal pericolo di un danno grave alla persona e non evitabile.

7 L'illecito amministrativo

La disciplina generale dell'illecito amministrativamente sanzionato è contenuta nella L. 24 novembre 1981, n. 689 (cd. legge di «depenalizzazione»).

In particolare, l'illecito amministrativamente sanzionato (o «illecito amministrativo») può definirsi come **quella violazione di un dovere generale cui l'ordinamento ricollega, come conseguenza giuridica, il pagamento di una somma di danaro a titolo di sanzione amministrativa**.

Il capo primo della L. 24 novembre 1981, n. 689 contiene i **principi generali** che regolano l'illecito amministrativo. Ai sensi dell'art. 117 della Costituzione, tali principi costituiscono limiti per il legislatore regionale, nel senso che quest'ultimo dovrà necessariamente attenersi ad essi nell'emanare proprie norme che prevedano illeciti amministrativi.

Tra questi ricordiamo:

- il **principio di legalità**, per effetto del quale *nessuno può essere assoggettato a sanzioni amministrative se non in forza di una legge che sia entrata in vigore prima della commissione della violazione*;
- il **principio della responsabilità per dolo o colpa** in base al quale per l'assoggettabilità alla sanzione amministrativa occorre almeno la colpa, per cui non sarà punibile chi ha commesso il fatto senza dolo né colpa ovvero per errore incolpevole sul fatto;
- il **principio dell'esclusione della responsabilità per l'esistenza di una causa di giustificazione** (adempimento di un dovere, esercizio di una facoltà legittima, stato di necessità e legttima difesa);
- il **principio del concorso di persone**, per cui qualora più persone concorrano in una violazione amministrativa, ciascuna di esse soggiace alla sanzione per questa disposta, salvo che sia diversamente stabilito;
- il **principio della personalità dell'obbligazione**, per effetto del quale, in caso di morte del responsabile, l'obbligazione di pagare la somma dovuta per la violazione non si trasmette agli eredi;
- il **principio della reiterazione**, per effetto del quale chi, con un'azione od omissione viola diverse disposizioni che prevedono sanzioni amministrative o commette più violazioni della stessa disposizione, soggiace alla sanzione prevista per la violazione più grave, aumentata sino al triplo.

La «*sanzione amministrativa pecuniaria*», ai sensi dell'art. 10 della L. 689/1981, consiste nel *pagamento di una somma di danaro non inferiore a 10 euro e non superiore a 15.000 euro*.

Nel determinare il *quantum* dovuto, l'autorità che irroga la sanzione deve tener conto:

- della *gravità della violazione*, desunta da ogni circostanza del caso concreto (dolo o colpa, entità del danno, reiterazione dell'infrazione ecc.);
- dell'*opera svolta dall'agente per l'eliminazione o attenuazione delle conseguenze dannose della violazione*, e cioè del ravvedimento dimostrato dall'autore dopo il fatto;
- della *personalità del trasgressore*, che si desume da eventuali precedenti generici o specifici e da tutta la sua condotta di vita, le sue qualità morali e sociali, il grado di istruzione ecc.;
- delle *condizioni economiche del trasgressore*.

9
I beni pubblici

1 I beni pubblici

Sono *beni pubblici quelli che appartengono allo Stato o ad un altro ente pubblico* (cd. criterio soggettivo o dell'appartenenza), *destinati a soddisfare in modo diretto un pubblico interesse* (cd. criterio oggettivo o della destinazione). In effetti, la P.A., come qualsiasi soggetto privato, necessita per perseguire i suoi fini istituzionali, di *mezzi,* e cioè di *beni,* sia *mobili* (es.: danaro) che *immobili.* Il complesso di tali beni, definiti *beni pubblici*, costituisce il **patrimonio dello Stato**.

Tali beni, proprio per la loro funzione d'interesse pubblico, sono assoggettati a un *regime particolare,* diverso da quello che regola i beni privati.

I beni pubblici si distinguono in **demaniali** e **patrimoniali indisponibili**.

Tale distinzione si basa su un *criterio puramente formale,* e cioè sul fatto che la *legge* definisca il bene come *demaniale* o meno; infatti:

- l'art. 822 c.c. elenca i beni che fanno parte del *demanio pubblico*;
- l'art. 826 c.c. enumera le *singole* categorie di *beni pubblici patrimoniali indisponibili.*

2 I beni demaniali

I beni demaniali presentano **due caratteristiche** fondamentali:

1. sono sempre **beni immobili** o **universalità di beni mobili**;
2. devono *appartenere* ad **enti pubblici territoriali** e cioè allo Stato, alle Regioni, alle Province, o ai Comuni.

2.1 Demanio necessario

I *beni immobili costituenti il demanio necessario* sono di *esclusiva proprietà dello Stato* e non possono che appartenere ad esso, per cui *demanialità e appartenenza allo Stato* (salvo l'attribuzione operata a favore delle *Regioni*, limitatamente a *determinati* beni del demanio necessario *già* di spettanza statale) sono due caratteristiche inscindibilmente connesse.

Vi rientrano:

- il **demanio marittimo** (artt. 822 c.c. e 28 ss. c.nav.): *il lido del mare; la spiaggia*; *i porti*; *le rade*; *le lagune*; *le foci dei fiumi che sboccano in mare*; *i bacini di acqua salsa o salmastra*; *i canali utilizzabili per uso pubblico marittimo; le pertinenze del demanio marittimo.*
  Non fa parte del demanio marittimo il *mare territoriale*, il quale comprende la fascia di mare fino a dodici miglia dalla costa, ed in più i *golfi,* i *seni* e le *baie della costa* (art. 2 c.nav.);
- **il demanio idrico**: i *fiumi, laghi e torrenti*, escluse le fonti che sboccano in mare; le *acque definite pubbliche dalle normative in materia*; i *ghiacciai*; i *porti* e gli *approdi* destinati alla navigazione interna;
- il **demanio militare**: consiste in opere permanenti destinate alla difesa nazionale, e cioè le fortezze, le piazzeforti, le istallazioni missilistiche, le linee fortificate e trincerate, i porti e gli aeroporti militari, le ferrovie e funivie militari, i ricoveri antiaerei.

2.2 Demanio accidentale (o eventuale)

A differenza del demanio necessario, il demanio accidentale comprende beni che *possono anche non essere di proprietà* di enti pubblici territoriali. Qualora però lo siano, rientrano nel demanio, e *non* nei beni patrimoniali indisponibili.

I beni del demanio accidentale sono: *il demanio stradale*; *il demanio ferroviario*; *il demanio aeronautico*; *gli acquedotti* di proprietà degli enti pubblici terrritoriali; *i beni di interesse storico, artistico ed archeologico* (*cd. demanio culturale*).

2.3 Demanio naturale e artificiale

I beni del *demanio naturale* sono demaniali per se stessi, per natura: tali sono i beni del demanio necessario (tranne quello militare). I beni del *demanio artificiale* sono demaniali per la specifica destinazione loro data: tale è il demanio militare e quello accidentale.

2.4 Demanio regionale, provinciale e comunale

Originariamente i beni demaniali erano di proprietà dello Stato, delle Province o dei Comuni (v. artt. 822 e 824 c.c.).

Con l'introduzione delle Regioni come enti territoriali, è sorto anche il demanio regionale, previsto dall'art. 119 Cost. per le Regioni ordinarie, mentre per quelle a statuto speciale una elencazione dei beni demaniali è contenuta nelle rispettive leggi costituzionali di approvazione degli Statuti.

Fanno parte, invece, del *demanio comunale* i cimiteri ed i mercati di proprietà del Comune: trattasi, più che di una categoria di demanio accidentale, di una *figura atipica*, forse più vicina al demanio necessario, qualificata, appunto, col termine di *demanio comunale specifico*.

Va notato, comunque, che dal tenore letterale dell'art. 119 Cost. non si parla più di demanio con riferimento agli enti territoriali, ma solo di **patrimonio**, riconosciuto alle autonomie locali. Tuttavia, ciò non significa che sia stato cancellato il demanio di tali enti, ma solo che resta alla disciplina ordinaria la regolamentazione nel dettaglio del settore.

2.5 Regime giuridico

I beni che fanno parte del demanio pubblico:

a) sono **inalienabili**: ogni atto di trasferimento del bene demaniale (compravendita, donazione ecc.) è *nullo* (art. 823 c.c.);
b) **non** sono acquistabili per **usucapione** da parte di nessuno, in quanto *non possono formare oggetto di diritti di terzi*, se non nei *modi* e *limiti* stabiliti dalle *leggi* che li *riguardano* (artt. 823 e 1145 c.c.);
c) il diritto di proprietà pubblica su di essi, da parte dell'ente è naturalmente **imprescrittibile**;
d) sono **inespropriabili**, sia a titolo di *esecuzione forzata* che per *pubblica utilità*. Tale limite è stato recepito dall'art. 4 T.U. in materia di espropriazione (D.P.R. 327/2001), il cui primo comma dispone che i beni appartenenti al demanio pubblico non possano essere espropriati fino a quando non ne viene pronunciata la sdemanalizzazione.

La *demanialità* del bene si estende anche alle sue *pertinenze* (es. case cantoniere lungo le strade statali) ed alle *servitù* costituite a favore del bene demaniale (servitù di stillicidio ecc.).

2.6 Utilizzazione e tutela dei beni pubblici

In base ai soggetti che utilizzano i beni pubblici, possiamo distinguere i seguenti tipi di uso:

— **uso diretto** (o *esclusivo*): si ha quando i beni demaniali sono strumenti che la P.A. utilizza *esclusivamente* e *direttamente* per il *perseguimento* dei propri compiti istituzionali (es. attraverso i beni del demanio militare lo Stato provvede alla difesa nazionale);

- **uso generale**: quando l'interesse pubblico è conseguito con il *godimento* dei beni demaniali *da parte della collettività* (è la destinazione tipica dei beni del demanio marittimo, idrico e stradale);
- **uso particolare**: quando il bene serve l'interesse pubblico mediante l'uso non *permesso* a tutti ma riservato solo a *determinati soggetti*, pubblici o privati individuati dalla P.A. e destinatari di un provvedimento ampliativo delle loro facoltà (*licenza* per la navigazione nelle acque fluviali);
- **uso eccezionale**: ricorre nel caso di concessione, provvedimento con cui la P.A. attribuisce «*ex novo*» al destinatario (concessionario) diritti su beni demaniali, *tutelabili* verso i **terzi** con le stesse azioni privatistiche riconosciute ai titolari di diritti su beni altrui contro le molestie e le turbative (concessione relativa all'occupazione di suolo pubblico).

L'art. 823 c.c. attribuisce all'*autorità amministrativa* la *tutela* dei beni che fanno parte del *demanio pubblico*. Essa ha facoltà sia di procedere in via *amministrativa*, sia di valersi dei *mezzi ordinari* a difesa della proprietà (*azioni petitorie:* artt. 948 e ss. c.c.) e del possesso (*azioni possessorie*: artt. 1170 e ss. c.c.).

La tutela amministrativa (cd. **autotutela**) consiste nell'esercizio di quei poteri (detti di **polizia demaniale**) previsti da leggi speciali mediante i quali la P.A., per garantire i beni in oggetto contro qualsiasi illecita occupazione o abusiva utilizzazione da parte dei terzi, può: irrogare sanzioni; ordinare il ripristino dello «*status quo ante*» (es.: l'ordine rivolto all'occupatore abusivo di un bene demaniale di liberarlo, sgomberandolo da tutti gli impianti e le opere installatevi); utilizzare speciale personale di vigilanza; emanare provvedimenti che revocano o modificano precedenti atti incompatibili con la destinazione demaniale del bene (cd. autotutela *decisoria*).

I mezzi di tutela giurisdizionale ordinaria (e cioè le azioni possessorie e petitorie) spettano all'ente pubblico che sia proprietario e/o possessore di beni.

3 Il federalismo demaniale

Con il **D.Lgs. 85/2010**, cd. *decreto sul federalismo demaniale*, il legislatore ha individuato i **beni statali** che possono essere attribuiti **a titolo non oneroso** a Comuni, Province, Città metropolitane e Regioni (ad esempio, beni appartenenti al demanio marittimo, al demanio idrico, miniere ecc.).

Sono invece **esclusi dal trasferimento**: gli immobili in uso per comprovate ed effettive finalità istituzionali alle amministrazioni dello Stato, anche a ordinamento autonomo, agli enti pubblici destinatari di beni immobili dello Stato in uso governativo e alle Agenzie; i porti e gli aeroporti di rilevanza economica nazionale e internazionale, secondo la normativa di settore; i beni appartenenti al patrimonio culturale; le reti di interesse statale, ivi comprese quelle stradali ed energetiche; le strade ferrate in uso di proprietà dello Stato; i parchi nazionali e le riserve naturali statali.

L'ente territoriale, a seguito del trasferimento, dispone del bene nell'interesse della collettività rappresentata (tali beni entrano a far parte, infatti, del suo **patrimonio disponibile**) ed è tenuto a favorirne la **massima valorizzazione funzionale**, a vantaggio della collettività medesima.

Qualora, poi, l'ente territoriale non utilizzi il bene come dovuto, il Governo esercita il **potere sostitutivo** di cui all'art. 8, L. 131/2003 (cd. Legge La Loggia), al fine di assicurare la migliore utilizzazione del bene.

4 I beni patrimoniali

I *beni patrimoniali* dello Stato e degli enti pubblici sono tutti beni che non hanno i caratteri della demanialità.

Essi si distinguono in beni **indisponibili** e beni **disponibili**: i primi sono destinati ad un **pubblico servizio** e, in generale, al conseguimento di fini pubblici e sono perciò *beni pubblici*; i secondi hanno carattere strumentale in quanto destinati prevalentemente alla produzione di redditi. Non sono beni pubblici ma solo beni *di proprietà* di enti pubblici.

4.1 I beni patrimoniali indisponibili

I beni patrimoniali indisponibili sono **beni pubblici** al pari dei beni demaniali ma, a differenza di questi, possono essere tanto *mobili* che *immobili*, ed inoltre possono appartenere (salvo eccezioni) a qualsiasi *ente pubblico*, e *non soltanto ad enti pubblici territoriali*.

I beni patrimoniali indisponibili sono: le *foreste*; le *miniere*; le *acque minerali e termali*; le *cave* e le *torbiere*; la *fauna selvatica*; *beni di interesse storico, archeologico, artistico*; *beni militari* non rientranti nel demanio militare ecc.; gli *edifici destinati a sede degli uffici pubblici*; *beni costituenti la dotazione del Presidente della Repubblica*.

L'art. 828 c.c. stabilisce che tali beni «*non possono essere sottratti alla loro destinazione se non nei modi stabiliti dalle leggi che li riguardano*».

Da ciò la dottrina ha affermato il principio dell'*alienabilità* di tali beni (tranne rare eccezioni indicate dalla legge), purché tale alienazione *non* comporti la *sottrazione* dei beni stessi alla loro *destinazione pubblica*.

Sono, in ogni modo, *inalienabili*: le *miniere* e le *foreste*; gli *atti e documenti di enti pubblici*; i *beni di interesse storico e artistico*.

I beni patrimoniali indisponibili sono altresì:

- soggetti ad **usucapione** da parte di terzi soltanto nel caso in cui siano stati *sottratti* alla loro *destinazione a non domino* e poi *trasferiti a terzo in buona fede*, il quale quindi potrà acquistarli per usucapione nei termini di legge (SANDULLI);
- **insuscettibili di espropriazione forzata**.

4.2 I beni patrimoniali disponibili

Fanno parte del *patrimonio disponibile* dello Stato e degli altri enti pubblici tutti i beni ad essi appartenenti, *diversi* da quelli demaniali e da quelli patrimoniali indisponibili.

I beni patrimoniali disponibili **non sono beni pubblici, ma solo beni di proprietà di un ente pubblico**. Si distinguono da quelli indisponibili per:

a) il *carattere prevalentemente redditizio*, in quanto i beni patrimoniali indisponibili sono impiegati dalla P.A. per l'esercizio di pubblici servizi, assolvendo in tal modo una funzione d'interesse pubblico (*beni d'uso*), mentre i beni *patrimoniali disponibili* hanno un valore economico e sono usati dalla P.A. perché producano un reddito (*beni economici*);
b) la *mancanza di una destinazione attuale ad un pubblico servizio*.

Il patrimonio disponibile comprende, a sua volta:

- il *patrimonio mobiliare,* nel quale rientra il denaro privo di specifica destinazione, gli utensili, nonché i beni che derivano dalla partecipazione dello Stato al capitale azionario di società pubbliche ed imprese private;
- il *patrimonio fondiario ed edilizio*.

I beni patrimoniali disponibili sono beni di proprietà privata dell'ente e, come tali, sono soggetti alle comuni regole del diritto privato (salvo regole particolari contenute in alcune norme, come quelle concernenti l'alienazione, che deve avvenire nelle forme del diritto pubblico).

Essi sono: *alienabili*; *usucapibili*; *assoggettabili a diritti reali a favore di terzi*.

10
La giustizia amministrativa

1 La giustizia amministrativa e il sistema della tutela giurisdizionale in Italia

L'espressione *giustizia amministrativa* indica quel *complesso di mezzi concessi dall'ordinamento giuridico ai singoli per tutelare le* **posizioni giuridiche soggettive** *di cui risultino titolari nei confronti della P.A.*

Il sistema autonomo di giustizia amministrativa permette la coesistenza di tre *principi fondamentali* del nostro ordinamento:

1. il principio della **azionabilità** in giudizio di tutte le *lesioni di diritti soggettivi ed interessi legittimi* (art. 24, comma 1, Cost.) anche se derivanti da atti e comportamenti della P.A. (art. 113, comma 1, Cost.);
2. il principio dell'**autonomia del potere giudiziario** (art. 101 Cost.: «*I giudici sono soggetti soltanto alla legge*»);
3. il principio di **legalità dell'azione amministrativa**, la cui conformità alla legge viene accertata dall'autorità giudiziaria.

Attualmente, il sistema giurisdizionale di tutela del cittadino nei confronti della P.A. vigente in Italia è organizzato secondo il sistema della **doppia giurisdizione**, in base al quale:

— l'**Autorità Giudiziaria Ordinaria è competente a decidere delle violazioni di diritti soggettivi**, con il potere di *disapplicare* l'atto amministrativo che risulti illegittimo e di *dichiararne* la illegittimità;
— l'**Autorità Giudiziaria Amministrativa è competente a giudicare delle violazioni degli interessi legittimi** (salvo alcuni casi eccezionali in cui giudica anche per violazioni di diritti: cd. casi di *giurisdizione esclusiva*) e ad *annullare* gli atti amministrativi illegittimi (*giurisdizione di legittimità*), nonché in alcuni *casi tassativi*, anche a *sostituirli* con altri atti o a *riformarli* in parte (*giurisdizione di merito* sostituendosi, in tal caso, alla P.A.);
— i **conflitti di giurisdizione** tra A.G.O. e A.G.A. sono attribuiti alle *Sezioni Unite* della *Corte di Cassazione*.

Oltre alla tutela giurisdizionale (ordinaria e amministrativa) i portatori di interessi hanno anche a disposizione dei mezzi di tutela amministrativa: i **ricorsi amministrativi**.

2 I mezzi di tutela del privato e la normativa di riferimento

Si è detto che il privato che si reputi leso dall'attività posta in essere dall'amministrazione, per poter difendere i propri interessi, può ricorrere sia alla tutela amministrativa, che non necessita dell'intervento di alcun giudice per essere realizzata, che alla tutela giurisdizionale (innanzi al giudice ordinario - G.O. — ovvero al giudice amministrativo — G.A.).

Dal punto di vista della **tutela amministrativa**, la normativa di riferimento è, ancora oggi, il **D.P.R. 24 novembre 1971, n. 1199**, con il quale il legislatore ha dettato una disciplina organica dei **ricorsi amministrativi** (ricorso gerarchico, ricorso in opposizione e ricorso al Presidente della Repubblica).

Sul versante della tutela giurisdizionale esperibile innanzi al G.A., invece, l'evoluzione normativa è stata più articolata e, attualmente, il testo normativo di riferimento per la disciplina del processo innanzi al giudice amministrativo è dato dal **Codice del processo amministrativo**, approvato con il **D.Lgs. 2 luglio 2010, n. 104**.

3 La tutela in sede amministrativa

La tutela in sede amministrativa è attuata dalla **stessa amministrazione**, attraverso un *procedimento amministrativo*, che viene instaurato a seguito di un *ricorso* dell'interessato.

Pertanto, *non* vi è alcun intervento giurisdizionale, *né* del giudice ordinario, *né* del giudice amministrativo.

La **funzione della tutela in sede amministrativa** è quella di ricercare, se possibile, una **soluzione** alle controversie insorte nell'**ambito dell'ordine amministrativo stesso** e coinvolgenti interessi dell'amministrazione, evitando il ricorso a mezzi giurisdizionali.

I ricorsi amministrativi, a loro volta, presentano determinate peculiarità rispetto sia all'ordinaria funzione amministrativa che a quella giurisdizionale. In particolare, il profilo che maggiormente caratterizza tale tipo di tutela è la **funzione decisoria** attribuita alla stessa amministrazione investita del ricorso amministrativo e chiamata a dare soluzione alla relativa controversia.

I ricorsi amministrativi, pertanto, possono essere definiti come «rimedi giustiziali», diretti, cioè, a dare soluzione ad una controversia in vista della realizzazione della giustizia nel caso concreto (GAROFOLI-FERRARI).

4 Il ricorso amministrativo

Il ricorso amministrativo può definirsi come l'*istanza* (o *reclamo*) diretta ad ottenere l'**annullamento**, la **riforma** o la **revoca** di un **atto amministrativo**, rivolta dal soggetto che vi abbia interesse ad una autorità amministrativa nelle forme e con l'osservanza dei termini fissati dalla legge, affinché questa risolva «*ex autoritate sua*» la *controversia che tale atto ha generato, nell'ambito* dello *stesso ordinamento amministrativo*.

La disciplina dei ricorsi amministrativi è contenuta nel **D.P.R. 24 novembre 1971, n. 1199**, che detta norme particolari per ciascun tipo di ricorso.

Principi comuni ai vari tipi di ricorso sono:

a) *l'obbligo* di indicare nel provvedimento amministrativo *l'autorità a cui si può ricorrere ed il termine entro il quale il ricorso deve essere proposto*;
b) *l'obbligo* dell'autorità cui è presentato il ricorso di *esaminarlo e deciderlo*.

I ricorsi amministrativi previsti nel nostro ordinamento sono:

— il **ricorso gerarchico** proprio e improprio;
— il **ricorso in opposizione**;
— il **ricorso straordinario al Presidente della Repubblica**.

Il ricorso gerarchico (proprio e improprio) e quello in opposizione rientrano nella categoria dei ricorsi **ordinari** (quelli destinati a formare il cd. provvedimento definitivo); il ricorso al P.d.R. ha, invece, natura **straordinaria** e si propone contro un provvedimento già definito.

4.1 Il ricorso gerarchico

Può definirsi come quel rimedio di **carattere generale** consistente nella impugnativa di un **atto non definitivo**, proposta dal soggetto interessato davanti all'*organo gerarchicamente sovraordinato* a quello che ha emanato il provvedimento impugnato.

Dalla definizione si desumono i *due presupposti* del ricorso gerarchico:

1. **un rapporto di gerarchia esterna** fra l'organo che ha emanato il provvedimento e quello al quale si ricorre;

2. **la non definitività del provvedimento impugnato**.

   L'atto amministrativo deve considerarsi **definitivo** quando non vi è possibilità di esperire rimedi amministrativi ordinari contro di esso.

   L'atto può essere definitivo per **natura** (es.: atto emanato da un organo individuale che non ha superiori gerarchici) o per **legge** (es.: i provvedimenti prefettizi in materia di occupazione e requisizione d'urgenza).
   Esistono, infine, casi di definitività **implicita** che, secondo la corrente opinione della dottrina e della giurisprudenza, sarebbero da riscontrarsi tutte quelle volte in cui il *potere*, in base al quale il provvedimento è stato emanato, sia stato *conferito all'autorità inferiore in via esclusiva*.
   Si ricorda che avverso *atti non definitivi* è ammesso, in linea di massima, oltre al ricorso amministrativo anche il ricorso in sede giurisdizionale.

Si distinguono *due tipi di ricorsi gerarchici*:

a) **il ricorso gerarchico proprio**: è un rimedio di ordine generale, e presuppone un *rapporto di gerarchia in senso tecnico* (cioè di subordinazione) tra organo che ha emanato l'atto impugnato e organo a cui si ricorre;
b) **il ricorso gerarchico improprio**: è un rimedio di carattere *eccezionale* previsto in alcuni casi in cui *non* esiste alcun *rapporto di gerarchia*. Si tratta di un *ricorso ordinario impugnatorio* proposto ad:
   - organi individuali avverso deliberazioni di organi collegiali e viceversa;
   - organi collegiali avverso deliberazioni di altri organi collegiali;
   - organi statali avverso provvedimenti di altro ente pubblico;
   - organi statali avverso provvedimenti di organi di vertice (es.: Ministri).

   Tale ricorso:
   - ha *carattere eccezionale* (*non* è quindi rimedio di ordine *generale*);
   - è ammesso solo nei *casi tassativi* previsti dalla legge;
   - la procedura relativa è differente da caso a caso; in mancanza si applicano per analogia, ove possibile le norme sul ricorso gerarchico proprio.

La P.A. ha l'*obbligo giuridico* di decidere sul ricorso gerarchico entro novanta giorni dalla presentazione.

Tuttavia il legislatore ha disciplinato l'ipotesi che la P.A. non sia in grado di adempiere a tale obbligo: l'art. 6, D.P.R. 1199/1971 ha stabilito che, decorsi **novanta giorni** dalla presentazione del ricorso senza che la P.A. abbia comunicato all'interessato la decisione dello stesso, il ricorso si intende **respinto** a tutti gli effetti e l'interessato può proporre ricorso giurisdizionale davanti al giudice amministrativo competente o ricorso straordinario al Capo dello Stato, direttamente avverso l'atto impugnato in sede gerarchica (cd. *silenzio rigetto*).

4.2 Il ricorso in opposizione

È un **ricorso amministrativo atipico**, rivolto alla *stessa autorità* che ha *emanato l'atto*, anziché a quella superiore gerarchicamente (art. 7, D.P.R. 1199/1971).

Non è un rimedio di *carattere generale* ma **eccezionale**, utilizzabile solo nei **casi tassativi** in cui la legge lo ammette, e per i *motivi* da essa previsti.

La *ratio* della eccezionalità dell'opposizione va ravvisata nel fatto che l'autorità che ha emanato il provvedimento, di regola, non è la più idonea a giudicare il proprio operato.

Può essere proposto sia per motivi di *legittimità* che di *merito*, e sia a tutela di **interessi legittimi** che di **diritti soggettivi**.

Il termine per la sua proposizione è quello generale di 30 giorni dalla notifica o emanazione dell'atto impugnato, ma la legge può prevedere, *nei singoli casi*, termini diversi.

4.3 Il ricorso straordinario al Presidente della Repubblica

Il *ricorso straordinario al Presidente della Repubblica* costituisce un rimedio di carattere *generale* contro i provvedimenti **definitivi**. Esso è denominato straordinario non già nel senso di ricorso eccezionale, ma nel senso che può proporsi solo quando non è esperibile il ricorso gerarchico.

Il ricorso straordinario è ammesso *soltanto* per *motivi di legittimità* (art. 8, D.P.R. 1199/1971) e può essere proposto per la tutela sia di **interessi legittimi** che di **diritti soggettivi**, per i quali sarebbe possibile ricorrere al giudice amministrativo.

Ed infatti, ai sensi dell'**art. 7, comma 8, c.p.a.**, il ricorso straordinario è esperibile **unicamente in ipotesi di controversie devolute alla giurisdizione amministrativa**.

Nel sistema dei ricorsi amministrativi, il ricorso straordinario, disciplinato su un piano parallelo a quello del ricorso giurisdizionale, ha tuttavia caratteristiche sue proprie, che lo differenziano sia dal ricorso gerarchico sia dal ricorso in opposizione. Esso, infatti:

- può avere ad oggetto soltanto **atti definitivi**. Da ciò consegue che prima di proporre il ricorso straordinario deve essere esperito il ricorso gerarchico se l'atto non è, per natura o per legge, definitivo;
- deve essere proposto nel termine di **120 giorni** dalla conoscenza del provvedimento amministrativo;
- è proponibile **solo per motivi di legittimità** (incompetenza, eccesso di potere, violazione di legge) e non anche per motivi di merito;
- è **alternativo al ricorso giurisdizionale amministrativo**, nel senso che chi ha proposto ricorso al T.A.R. non può più proporre il ricorso straordinario e viceversa chi ha scelto la via del ricorso straordinario non può più impugnare davanti al *giudice amministrativo* né l'atto né la decisione sul ricorso.
  Peraltro, quando il ricorso straordinario sia stato proposto per la tutela di un diritto soggettivo, la decisione sul ricorso non preclude l'azione davanti al giudice ordinario.
  La regola dell'alternatività ha la funzione di evitare che sullo stesso atto amministrativo intervengano due pronunce, una giustiziale e amministrativa ed una giurisdizionale, diverse (divieto del *ne bis in idem*) e che il Consiglio di Stato si pronunci, pertanto, due volte sullo stesso atto attraverso il *parere obbligatorio* in sede di ricorso straordinario e come giudice di appello in sede di ricorso giurisdizionale;
- deve essere notificato, a pena d'inammissibilità, ai **controinteressati** a cura del ricorrente e su quest'ultimo incombe l'onere della loro identificazione. I controinteressati al ricorso potranno aderire alla scelta compiuta dal ricorrente ovvero chiedere — mediante **atto di opposizione** da proporsi entro 60 giorni dalla notifica del ricorso straordinario — che lo stesso sia deciso in sede giurisdizionale;
- l'art. 3, comma 4, della L. 205/2000 ha esteso anche al ricorso straordinario il rimedio cautelare della **sospensione del provvedimento** impugnato laddove esso provochi danni gravi ed irreparabili.

Il ricorso deve essere presentato entro 120 gg. dalla data di notifica o comunicazione dell'atto o dalla piena conoscenza di esso.

Il contraddittorio deve essere instaurato dallo stesso *ricorrente*.

L'istruttoria del ricorso è compiuta dal Ministero competente, e cioè dal Ministero che sovraintende alla materia alla quale è da ricondurre l'atto impugnato.

Istruito il ricorso, il Ministero lo trasmette al Consiglio di Stato per il relativo parere, che è *obbligatorio*.

Ai sensi dell'art. 14, D.P.R. 1199/1971, come modificato dall'art. 69 della L. 69/2009, il ricorso straordinario è deciso con **decreto del Presidente della Repubblica**, su proposta del Ministro competente, **conforme al parere, obbligatorio e vincolante, del Consiglio di Stato**.

Il decreto decisorio del Presidente della Repubblica — in quanto rimedio posto su di un piano alternativo rispetto alla tutela giurisdizionale — ha avuto pacificamente, **natura amministrativa**. Tale tesi appare, tuttavia, superata dalla corrente giurisprudenziale che riconosce **natura sostanzialmente giurisdizionale al decreto decisorio**: il nuovo assetto normativo, infatti, depone nel senso dell'assegnazione al decreto presidenziale emesso, su conforme parere del Consiglio di Stato, della natura sostanziale di decisione di giustizia e, quindi, di un *carattere sostanzialmente giurisdizionale*.

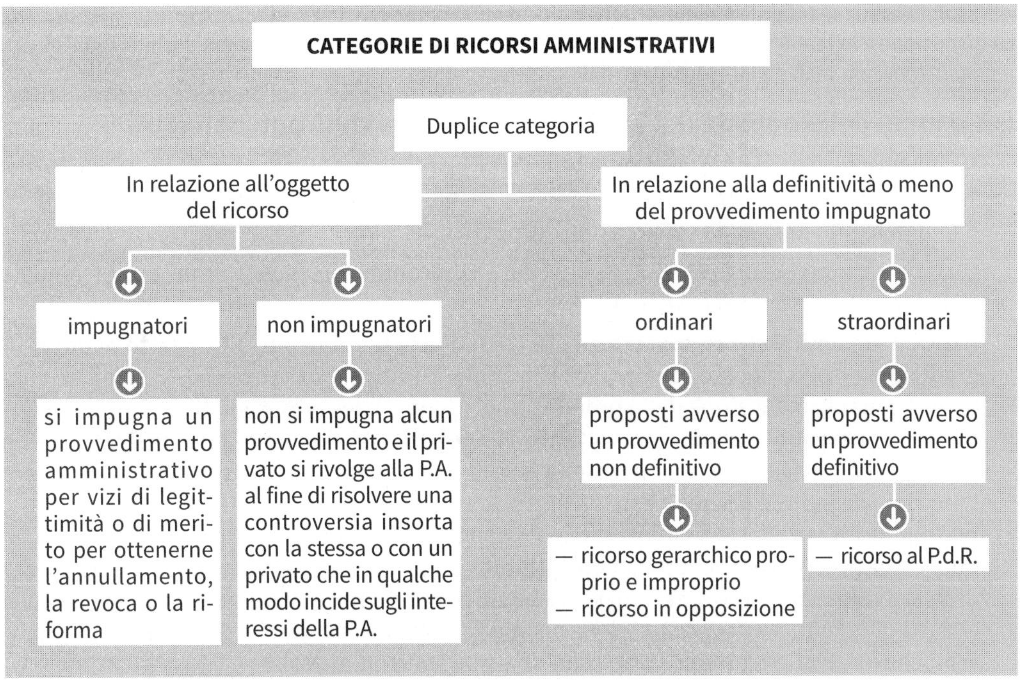

5 La tutela giurisdizionale ordinaria

5.1 L'ambito della giurisdizione del G.O.

La giurisdizione ordinaria è costituita dal complesso delle Corti e dei Tribunali ordinari che hanno il compito di amministrare la giustizia civile (diritti soggettivi) e penale.

La disciplina fondamentale in tale materia resta ancora oggi quella contenuta nell'**art. 2 della L. 20 marzo 1865, n. 2248 allegato E** (L.A.C. — Legge abolitrice del contenzioso).

Tale articolo sancisce che «*sono devolute alla giurisdizione ordinaria tutte le cause per contravvenzioni e tutte le materie nelle quali si faccia questione di un diritto civile o politico, comunque vi possa essere interessata la Pubblica Amministrazione, e ancorché siano emanati provvedimenti del potere esecutivo o dell'autorità amministrativa*». Tale norma si deve considerare attualmente in vigore, nella parte in cui non è stata abrogata, per incompatibilità, dalle successive leggi che hanno istituito la giurisdizione del G.O.

Rientrano nella giurisdizione dell'A.G.O.:

— «*le cause per contravvenzioni*», ossia *tutte le violazioni della legge penale*. Questo principio è stato, successivamente, confermato e rafforzato dalla Costituzione Repubblicana;
— «*tutte le materie nelle quali si faccia questione di un diritto civile o politico*» (*causa petendi*). Sono di competenza del G.O., cioè, tutte le controversie relative all'esistenza ed alla lesione di un **diritto soggettivo**. Fanno eccezione le materie attribuite alla competenza esclusiva del T.A.R.;
— «*comunque vi possa essere interessata la P.A.*». E cioè, sia essa parte *attrice* nel senso che promuove il giudizio, che *convenuta*, ovvero chiamata in giudizio;
— «*ancorché siano stati emanati provvedimenti del potere esecutivo o dell'autorità amministrativa*».

Pertanto, la giurisdizione del G.O. non è preclusa dal fatto che la P.A. abbia emanato un *atto d'autorità*: ciò trova conferma negli artt. 4 e 5 della legge abolitrice del contenzioso, che disciplinano i poteri del G.O. in presenza di un atto amministrativo, e nell'art. 113 Cost., che espressamente prevede la cognizione del G.O. per gli atti amministrativi lesivi di diritti.

L'art. 2 distingue tra provvedimenti del *potere esecutivo* e provvedimenti dell'*autorità amministrativa*. La distinzione è in realtà pleonastica ed ha lo scopo di evitare che possano ritenersi insindacabili gli *atti amministrativi* emanati dal *Governo* (cioè dal potere esecutivo).

5.2 I limiti della potestà del giudice ordinario nei confronti della P.A.

Se il legislatore ha voluto attribuire al G.O. la giurisdizione in materia di diritti soggettivi anche nei confronti della P.A., ha, però, previsto dei **limiti** ai suoi normali poteri, in ossequio al fondamentale principio della separazione dei poteri.

Quando parte in causa sia una P.A., i poteri del G.O. incontrano i seguenti limiti, espressamente previsti dagli *artt. 4 e 5 della L.A.C.* del 1865:

a) **il G.O. deve limitarsi a conoscere gli effetti dell'atto in relazione all'oggetto dedotto in giudizio**. Non può, cioè, conoscere dell'atto amministrativo — in sé e per sé — con effetti *erga omnes*, ma solo in funzione della pronunzia sul rapporto dedotto in giudizio;
b) **può estendere il suo sindacato soltanto alla legittimità dell'atto amministrativo**. Non può, perciò, indagare sulla opportunità e sulla convenienza dell'atto né potrà sindacare l'esercizio del potere discrezionale da parte della P.A.;
c) **non può incidere sull'atto amministrativo**, e cioè non può né annullarlo o revocarlo né modificarlo;
d) quando ha accertato che effettivamente il diritto del privato sia stato leso dall'atto illegittimo **dichiara tale illegittimità**, senza, però, che sul punto si formi il giudicato (in termini tecnici si parla di *accertamento incidentale*) e **disapplica** l'atto: in tal caso, il G.O. giudica cioè prescindendo dall'atto (come se l'atto non fosse mai stato emanato);
e) **non può in nessun caso imporre alla P.A. comportamenti positivi**, ma può solo *condannarla al risarcimento dei danni* cagionati al privato. Tuttavia, la P.A. ha a sua volta l'*obbligo di conformarsi al giudicato del G.O.*, e cioè di *annullare* l'atto che sia stato ritenuto illegittimo dal G.O. e, da questi, disapplicato; tale obbligo, però, lascia intatta la discrezionalità sul *come* conformarsi (salvo nel solo caso di condanna a pagare una determinata somma di danaro), per cui non crea nessun diritto per il privato e non è tutelabile davanti al G.O. bensì solo davanti al G.A. con una azione particolare, il cd. **giudizio di ottemperanza**.

6 Il Giudice amministrativo

La giurisdizione *amministrativa* **si differenzia** dalla giurisdizione *ordinaria*, per i seguenti caratteri:

— **la P.A. è parte necessaria nei giudizi davanti ad essa**, perciò, i giudizi che si svolgono davanti al giudice amministrativo sono giudizi fra P.A. e privato o giudizi fra due PP.AA.;
— la «**causa petendi**» è costituita, *generalmente*, *dalla lesione di un* **interesse legittimo**. Esistono, però, delle ipotesi (tassativamente fissate dalla legge e perciò *eccezionali*) in cui la *causa petendi* è data dalla *violazione* di un *diritto soggettivo*: casi di cd. *giurisdizione esclusiva*.

Gli organi investiti di giurisdizione amministrativa si possono classificare in *generali* e *speciali*.

1. I **giudici amministrativi generali** (o *ordinari*) possono essere:
   — **di primo grado**: *T.A.R.*;
   — **di appello**: *Consiglio di Stato*; *Consiglio di Giustizia Amministrativa della Regione Sicilia*;
2. i **giudici amministrativi speciali**, aventi competenze speciali, stabilite tassativamente dalla legge sono:
   — la **Corte dei conti**;
   — i **Tribunali delle acque pubbliche**;
   — le **Commissioni tributarie**;
   — i **Commissari per gli usi civici**.

6.1 Tipologie di giudizio amministrativo

Con riferimento al **contenuto** e all'**oggetto** delle pronunce del G.A., si osserva che il giudizio innanzi all'autorità giurisdizionale amministrativa può essere (NIGRO):

— **di cognizione**, quando è volto a stabilire la **fondatezza della pretesa** vantata dal ricorrente, per stabilire quale sia la volontà dell'ordinamento riguardo l'attività dell'amministrazione.

Il processo amministrativo di cognizione si presenta prevalentemente, nella giurisdizione di legittimità, come *giudizio d'impugnazione* di un atto amministrativo finalizzato alla sua eliminazione. Con il Codice del processo amministrativo, il legislatore è, però, intervenuto a dettare una disciplina organica delle azioni esperibili innanzi al giudice amministrativo (v. *infra*);

— **cautelare**, quando ha una funzione accessoria e strumentale rispetto al processo di cognizione, in quanto è teso all'**adozione di misure preventive** volte a preservare le utilità fornite dalla eventuale sentenza favorevole di cognizione da eventi che possono manifestarsi durante il corso del processo (v. *amplius infra*). In tale ipotesi processuale, il G.A. conosce dell'atto impugnato limitatamente agli effetti dannosi che dallo stesso possono scaturire per il ricorrente.

6.2 Il G.A. e la giurisdizione amministrativa

La giurisdizione amministrativa è esercitata dai **Tribunali Amministrativi Regionali** e dal **Consiglio di Stato** secondo le norme del Codice del processo amministrativo (art. 4 del Codice del processo amministrativo).

A questi organi bisogna aggiungere **il Consiglio di giustizia amministrativa** per la **Regione siciliana**, al quale, ai sensi dell'art. 6 del Codice del processo amministrativo, si propone appello avverso le pronunce del Tribunale Amministrativo Regionale della Sicilia.

Poi vi sono i *giudici amministrativi speciali*, ossia aventi particolari competenze, stabilite tassativamente dalla legge (Corte dei conti, Tribunali delle acque pubbliche; Commissioni tributarie; Commissioi per gli usi civici).

I Tribunali Amministrativi Regionali, istituiti con la L. 1034/1971, in attuazione dell'art. 125 Cost., come organi locali di giustizia amministrativa su base regionale, sono oggi disciplinati dal Codice del processo amministrativo come **organi di giustizia amministrativa di primo grado** e sono **venti**, uno per ogni Regione, con sede nel capoluogo regionale, oltre alle sezioni staccate istituite presso alcune Regioni.

Il Consiglio di Stato, invece, è **organo di ultimo grado della giurisdizione amministrativa**, ai sensi dell'art. 6 del Codice del processo amministrativo. Esso è un **organo complesso** con *funzioni consultive generali* in materia giuridico-amministrativa e *funzioni giurisdizionali amministrative* di secondo grado (rispetto ai T.A.R.) e, per determinate materie, esclusive.

I giudici amministrativi esercitano:

a) una **giurisdizione generale di legittimità**. Ai sensi dell'art. 7, comma 4, del Codice del processo amministrativo, il G.A. in sede di giurisdizione di legittimità conosce delle controversie relative ad **atti, provvedimenti o omissioni delle pubbliche amministrazioni, comprese quelle relative al risarcimento del danno** per lesione di *interessi legittimi* e agli altri diritti patrimoniali consequenziali, pure se *introdotte in via autonoma*.

Anche se in sede di giurisdizione di legittimità il G.A. conosce di interessi legittimi, non mancano dei casi in cui può conoscere anche di *diritti soggettivi*. Specificamente, l'art. 8 del Codice del processo amministrativo, prevede che il G.A., oltre ai casi di giurisdizione esclusiva, può conoscere — incidentalmente e senza **efficacia di giudicato** — di **questioni pregiudiziali o incidentali relative a diritti soggettivi** quando la soluzione delle stesse è presupposto necessario per la decisione della questione principale, relativa ad un interesse. Restano in ogni caso affidate alla cognizione del G.O., ai sensi dell'art. 8, comma

2, del Codice, le **questioni concernenti lo *stato* e la *capacità* delle persone fisiche**, esclusa la capacità di stare in giudizio, e le **questioni relative alla *falsità di atti e documenti*** (cd. ***incidente di falso***);

b) una **giurisdizione di merito** nelle materie tassativamente determinate dal legislatore. L'art. 7, comma 6, del Codice definisce la **giurisdizione di merito** del G.A., affermando che quando il giudice amministrativo esercita la giurisdizione con cognizione estesa al merito **può sostituirsi all'amministrazione**. Ciò in quanto è tenuto ad esaminare l'atto impugnato, oltre che dal punto di vista della sua legittimità, anche sotto il profilo dell'**opportunità** e della **convenienza**. Nei casi di giurisdizione di merito, ai sensi dell'art. 34 del Codice, il G.A. «adotta un nuovo atto, ovvero modifica o riforma quello impugnato».

   Quanto alle ipotesi in cui il giudice esercita la giurisdizione di merito, queste sono indicate dalla legge e dall'articolo 134. Ai sensi della disposizione codicistica, rientrano in tale giurisdizione le controversie aventi ad oggetto:

   a) l'attuazione delle pronunce giurisdizionali esecutive o del giudicato (giudizio di ottemperanza);
   b) gli atti e le operazioni in materia elettorale, attribuiti alla giurisdizione amministrativa;
   c) le sanzioni pecuniarie la cui contestazione è devoluta alla giurisdizione del giudice amministrativo, comprese quelle applicate dalle autorità amministrative indipendenti;
   d) le contestazioni sui confini degli enti territoriali;
   e) il diniego di rilascio di nulla osta cinematografico, di cui all'art. 8 della L. 161/1962;

c) una **giurisdizione esclusiva**, anch'essa nelle materie tassativamente determinate dal legislatore: è caratterizzata, ai sensi dell'art. 7, comma 5, del Codice del processo dalla circostanza per cui al giudice amministrativo è attribuita, pure ai fini risarcitori, la cognizione, *in via principale*, sia dei **diritti soggettivi** che degli **interessi legittimi**. Data l'ampiezza della cognizione del giudice, si suole affermare che la giurisdizione esclusiva configuri un'ipotesi non di sola *giurisdizione su atti*, ma anche di *giurisdizione su rapporti*.

   Quanto alle **materie** nelle quali il G.A. esercita la **giurisdizione esclusiva**, queste sono elencate nell'art. 133 del Codice del processo amministrativo: a titolo di esempio, si ricordano: l'*azione di risarcimento del danno ingiusto cagionato in conseguenza dell'inosservanza dolosa o colposa del termine di conclusione del procedimento*; in materia di *accesso ai documenti amministrativi*; in materia di *urbanistica ed edilizia*, concernente tutti gli aspetti dell'uso del territorio, e di *espropriazione per pubblica utilità*, nonché di *servizi pubblici*. A tali ipotesi devono aggiungersi le **ulteriori previsioni di legge**, così come stabilito dallo stesso legislatore, al comma 1 della disposizione *de qua*: a titolo di esempio, si ricordano *le controversie in materia di ricorso per l'efficienza delle amministrazioni e dei concessionari dei servizi pubblici*, ai sensi del D.Lgs. 198/2009.
   Quanto alla struttura del Consiglio di Stato, questo si articola in sette sezioni, con funzioni consultive o giurisdizionali, oltre a una sezione normativa, istituita con la L. 127/1997, per l'esame degli schemi di atti normativi per i quali il Consiglio di Stato è tenuto a dare o è richiesto del parere.

6.3 L'oggetto della tutela giurisdizionale amministrativa

Il **Codice del processo amministrativo**, all'**art. 7**, individua specificamente le **tipologie di controversie** che possono essere conosciute dal G.A.

In via generale, si tratta di controversie nelle quali si faccia questione di interessi legittimi e, nelle particolari materie indicate dalla legge, di diritti soggettivi, concernenti **l'esercizio o il mancato esercizio del potere amministrativo** ed aventi ad oggetto **provvedimenti, atti, accordi o comportamenti riconducibili anche mediatamente all'esercizio di tale potere**.

Ulteriore requisito richiesto dal legislatore perché si possa chiedere tutela al giudice amministrativo è che **i provvedimenti**, **gli atti**, **gli accordi** o **i comportamenti** in relazione ai quali è sorta una contestazione, siano stati **posti in essere da una pubblica amministrazione** ovvero da soggetti ad essa equiparati o comunque tenuti al rispetto dei principi del procedimento amministrativo.

Pertanto, sono **impugnabili** in sede giurisdizionale amministrativa soltanto quegli atti che, in senso oggettivo, siano **esplicazione di pubblica potestà**, ed, in senso soggettivo, **promanino da una autorità amministrativa** e siano **lesivi di interessi legittimi del privato**.

7 Le azioni di cognizione esperibili innanzi all'autorità giurisdizionale amministrativa

Con l'approvazione del Codice del processo amministrativo è stata introdotta nell'ordinamento una **disciplina organica** delle azioni esperibili innanzi al G.A. che, in modo più o meno completo, ricalca il **sistema delle tradizionali azioni di cognizione** (*costitutive, di accertamento e di condanna*).

Le azioni esperibili innanzi al G.A. sono:

— l'**azione di annullamento**, disciplinata dall'art. 29 del Codice;
— l'**azione di condanna**, disciplinata dall'art. 30 del Codice;
— l'**azione avverso il silenzio della P.A.** e quella di **declaratoria di nullità** disciplinate dall'art. 31 c.p.a.

7.1 L'azione di annullamento

L'azione di annullamento costituisce l'espressione più tipica del processo amministrativo, in quanto tesa a realizzare la cd. tutela di tipo demolitorio, ossia la *demolizione* dell'atto impugnato.

Ai sensi dell'art. 29 del Codice, l'azione di annullamento per **violazione di legge, incompetenza ed eccesso di potere si propone** nel termine di decadenza di **60 giorni.**

7.2 L'azione di condanna

L'**azione di condanna** è disciplinata dall'art. 30 del Codice del processo amministrativo attraverso una disposizione che, sebbene incentrata sulla disciplina del **risarcimento del danno**, ha una **portata generale**.

Essa **può essere proposta sia contestualmente ad un'altra azione che in via autonoma**, *nei soli casi*, però, *di giurisdizione esclusiva e nei casi individuati dallo stesso art. 30 del Codice*, «quando risulti necessaria, dopo l'annullamento, una **tutela in forma specifica** del ricorrente mediante la modificazione della realtà materiale (condanna ad un *facere*) o sia rimasta inadempiuta un'obbligazione di pagamento o debba comunque provvedersi mediante l'adozione di ogni altra misura idonea a tutelare la posizione giuridica soggettiva» (Relazione introduttiva al Codice).

Il medesimo art. 30 del Codice disciplina specificamente, nell'ambito dell'azione di condanna, anche **l'azione risarcitoria esperibile contro la P.A.** per **danni da illegittimo esercizio dell'azione amministrativa** o **da mancato esercizio di qeulla obbligatoria** (quindi, a tutela di interessi legittimi) nonché, *nei casi di giurisdizione esclusiva*, per *danni da lesione di diritti soggettivi*.

Questa è esperibile nel **termine di decadenza di 120 giorni** da quando il fatto si è verificato ovvero dalla conoscenza del provvedimento qualora il danno sia derivato direttamente da questo, al fine, quindi, di riparare un danno ingiusto derivante dall'illegittimo esercizio dell'attività amministrativa o dal mancato esercizio di quella obbligatoria.

Nell'ipotesi in cui sia stata proposta azione di annullamento di un provvedimento amministrativo, la domanda di risarcimento può essere presentata *nel corso del giudizio* o, comunque, sino a *120 giorni dal passaggio in giudicato della relativa sentenza* (comma 5).

Completa la disciplina dell'azione risarcitoria la previsione per cui è possibile chiedere al giudice amministrativo il **risarcimento del danno in forma specifica**, qualora ricorrano i presupposti di cui all'art. 2058 c.c., ossia quando tale forma di reintegrazione risulti in tutto o in parte possibile e non sia eccessivamente onerosa per il debitore.

Infine, si ricorda che una peculiare ipotesi di risarcimento del danno è quella contemplata nel comma 4 dell'art. 30 relativa alla responsabilità della P.A. collegata **alla inosservanza, dolosa o colposa, dei termini di conclusione del procedimento amministrativo**, di cui all'art. 2 della L. 241/1990.

7.3 L'azione avverso il silenzio della P.A. e la declaratoria di nullità

Il Codice del processo amminstrativo, innovando rispetto alla precedente normativa, all'art. 31 ha disciplinato un'ipotesi in cui il giudice amministrativo può anche adottare una **pronuncia di accertamento**.

Detto articolo, infatti, disciplina l'ipotesi di azione che il soggetto interessato può esperire in caso di inattività dell'amministrazione una volta decorsi i termini di conclusione del procedimento. In base a tale articolo, decorsi i termini di conclusione del procedimento e negli altri casi previsti dalla legge, chi vi ha interesse può ottenere una pronuncia accertamento dell'**obbligo dell'amministrazione di provvedere**. Tale azione può essere proposta fino a che dura l'inadempimento e, comunque, *non oltre un anno dalla cadenza del termine di conclusione*.

Altra interessante ipotesi disciplinata dall'**art. 31** in questione è quella dell'**accertamento**, e **relativa declaratoria**, delle **nullità** previste dalla legge. Il legislatore ha previsto che la relativa azione deve essere proposta nel termine, di natura decadenziale, di **180 giorni** e che la nullità dell'atto può sempre essere opposta dalla parte resistente o essere rilevata d'ufficio dal giudice.

Eccezione alla disciplina di detta azione di accertamento è data dalla *nullità di un atto per violazione o elusione di giudicato* (art. 21septies, L. 241/1990): in tal caso, trovano applicazione le disposizioni in materia di giudizio di ottemperanza, di cui al Titolo I Libro IV del Codice del processo amministrativo.

7.4 L'azione di esatto adempimento

L'**azione di esatto adempimento** consiste nella *possibilità di chiedere al giudice amministrativo la condanna della pubblica amministrazione al rilascio di uno determinato provvedimento*, e quindi ad un *facere* specifico.

L'azione di condanna al rilascio del provvedimento richiesto può essere esercitata **contestualmente all'azione di annullamento del provvedimento di diniego o all'azione avverso il silenzio** ed **entro** i **limiti di cui all'art. 31, comma 3, c.p.a.**

Da tanto deriva che la domanda può essere proposta soltanto unitamente alle tipologie di azione individuate, e *non in via autonoma*, e che è ammissibile solo quando si tratta di *attività vincolata* o quando *risulta che non residuano ulteriori margini di esercizio della discrezionalità* e *non sono necessari adempimenti istruttori* che debbano essere compiuti dall'amministrazione. Solo a tali condizioni, infatti, il giudice può valutare la fondatezza della pretesa sostanziale e condannare l'amministrazione al rilascio di un dato provvedimento.

8 Il processo amministrativo

Il processo amministrativo, finalizzato alla tutela delle situazioni giuridiche soggettive di cui il privato è titolare nei confronti della P.A., è un **processo ad istanza di parte**, essendo rimessa all'iniziativa del soggetto interessato sia l'inizio del giudizio che la sua prosecuzione.

Il processo amministrativo, che si inserisce nell'ambito dei mezzi di giustizia amministrativa, ha, nel tempo, subito un'**evoluzione** mirata a imprimere una **maggiore celerità al giudizio** ed a realizzare una **pienezza della tutela del cittadino nei confronti della pubblica amministrazione**.

8.1 Principi generali

Il processo amministrativo è regolato dai seguenti *principi generali*, indicati espressamente nel Libro I del Codice:

- innanzitutto, viene sancito che la giurisdizione amministrativa assicura una **tutela piena ed effettiva** secondo i **principi della Costituzione** e **del diritto europeo** (art. 1 del Codice);
- è previsto che il processo amministrativo attua i principi della **parità delle parti, del contraddittorio e del giusto processo**, *ex* art. 111, comma 1, Cost.

Inoltre, il giudice e le parti cooperano per la realizzazione della **ragionevole durata del processo** (art. 2);

— importante anche il richiamo al **dovere di motivazione e di sinteticità degli atti** (art. 3): è stabilito, difatti, che ogni provvedimento del giudice deve essere motivato e che il giudice e le parti redigono gli atti in maniera chiara e sintetica.

Alla stregua di quanto detto finora, appare evidente che il processo amministrativo si presenta come **processo di parti**, caratterizzato dal *principio della domanda* e dal *dovere di corrispondenza tra chiesto e pronunciato.*

Occorre precisare, inoltre, che, in virtù del **rinvio** (esterno) operato dall'art. 39 del Codice, per quanto non disciplinato dallo stesso si applicano le **disposizioni del codice di procedura civile**, *in quanto compatibili o espressione di principi generali.*

8.2 Il processo amministrativo telematico

In base al principio della ragionevole durata del processo, il legislatore ha previsto la predisposizione di un processo amministrativo telematico (p.a.t.), ossia svolto in modalità informatiche e quindi più celere e semplice.

Ecco perché in un primo momento ha visto la luce il **D.P.C.M. 16 febbraio 2016, n. 40**, cd. regolamento sul processo amministrativo telematico, che ha introdotto il **SIGA, Sistema Informativo della giustizia amministrativa** — organizzato in conformità alle prescrizioni del Codice del processo, alle disposizioni di legge speciali regolanti il processo amministrativo telematico, al CAD e al Codice dei dati personali — avente il compito di gestire con modalità informatiche *in ogni grado del giudizio* la formazione del fascicolo, le operazioni di individuazione del procedimento giurisdizionale, la tenuta dei registri, il deposito, la conservazione, la visualizzazione e l'estrazione di copie degli atti del fascicolo, la pubblicazione dei provvedimenti giurisdizionali, le comunicazioni di segreteria, la trasmissione dei fascicoli ed ogni altra attività inerente al processo amministrativo telematico.

In seguito, con il **decreto del Presidente del Consiglio di Stato** del **28 luglio 2021** sono state emanate le nuove *regole tecnico-operative* e le *specifiche tecniche* per l'attuazione del processo amministrativo telematico (PAT), nonché le specifiche tecniche per le udienze da remoto.

Questo decreto **ricalca la regolamentazione previgente** in materia (**decreto n. 262/2020**) adattandola, però, alle più recenti **innovazioni legislative in materia di digitalizzazione e privacy**.

Viene, in particolare, previsto che il SIGA (ossia il Sistema Informativo della Giustizia Amministrativa) gestisce con modalità informatiche, in ogni grado del giudizio, la formazione del fascicolo, le operazioni di individuazione del procedimento giurisdizionale, la tenuta dei registri, il deposito delle copie, la pubblicazione dei provvedimenti giurisdizionali e le comunicazioni di segreteria.

8.3 Le parti nel giudizio

La parte è il soggetto **che propone l'azione** in nome proprio, nonché il soggetto **contro il quale l'azione è proposta**.

Pertanto, sono parti:

— il **ricorrente** (parte necessaria): colui che, avendo interesse all'annullamento o alla riforma di un atto amministrativo, propone ricorso;

— il **resistente** (parte necessaria): il soggetto interessato a che il provvedimento sia conservato, e chiede perciò al G.A. il rigetto del ricorso presentando all'uopo deduzioni e documenti. Di solito è la P.A.;

— il **controinteressato** (parte necessaria): colui che ha interesse uguale e contrario rispetto al ricorrente e posizione analoga a quella del resistente e che, se risulta espressamente dall'atto impugnato o è facilmente individuabile, deve essere coinvolto nel giudizio per assicurare il rispetto del principio del contraddittorio;

- il **proponente un ricorso incidentale**: è uno dei soggetti al quale è stato notificato il ricorso principale, che impugna il medesimo provvedimento per motivi propri ed eventualmente propone una diversa domanda. Tale situazione è diversa dal *litisconsorzio*: qui, infatti, abbiamo *due ricorsi distinti* che determinano un giudizio con pluralità di parti;
- l'**interveniente** (parte eventuale): il nuovo Codice del processo amministrativo prevede non solo il tradizionale intervento nel giudizio *ad adiuvandum* o *ad opponendum*, ma introduce anche quello *per ordine del giudice*; quest'ultimo si ha qualora il giudice ritenga opportuno che il processo si svolga anche nei confronti di un terzo.

9 Lo svolgimento del giudizio

9.1 La fase introduttiva: il ricorso

L'**atto introduttivo** del giudizio davanti al T.A.R. è il *ricorso*, e cioè l'*istanza* rivolta al giudice dall'interessato al fine di ottenere l'annullamento, sulla base dei motivi proposti, del provvedimento impugnato ovvero, ove consentito, l'accertamento dell'esistenza di un diritto vantato dal ricorrente ed illegittimamente negato o pregiudicato dall'amministrazione.

Solo in ipotesi di controversia rientrante nella *giurisdizione di merito* è possibile chiedere al G.A. di *sostituirsi all'amministrazione*.

Per quanto concerne i **termini per ricorrere**, la disciplina è differenziata in base alla tipologia della domanda:
- *60 giorni* per l'azione di annullamento (art. 29);
- *120 giorni* per l'azione di condanna al risarcimento (art. 30);
- *1 anno* per l'azione avverso il silenzio della P.A. (art. 31).

Il ricorso deve essere **notificato** alla pubblica amministrazione e ad almeno uno dei controinteressati (art. 41).

9.2 La costituzione delle parti in giudizio

Una volta depositato il ricorso (entro il termine perentorio di trenta giorni dalla notifica), il giudizio è instaurato (e pertanto il giudice è investito della causa) e si procede fino alla decisione, salvo che intervengano cause di interruzione o estinzione del processo.

Il contraddittorio è **integralmente costituito** quando l'atto introduttivo è notificato all'*amministrazione resistente* e, ove esistenti, ai *controinteressati* (art. 27 del Codice).

Se il giudizio è promosso solo contro alcune delle parti e non si è verificata alcuna decadenza, il **giudice ordina l'integrazione del contraddittorio** nei confronti delle altre entro un termine perentorio.

Le parti intimate, nel termine di 60 giorni dal perfezionamento nei propri confronti della notificazione del giudizio, **possono costituirsi**, **presentare memorie**, **fare istanze**, indicare i **mezzi di prova** di cui intendono valersi nonché **produrre documenti**.

9.3 La fase cautelare del giudizio

La fase cautelare rappresenta un momento — *eventuale* — suscettibile di riguardare tutti i processi, civili, penali ed amministrativi.

Lo **scopo** principale della stessa, in generale, è quello di **evitare che il decorso del tempo pregiudichi la completa soddisfazione della pretesa fatta valere in giudizio**.

Infatti, vista la durata, spesso lunga, dei processi, può accadere che, durante il tempo occorrente per il completamento del processo, vengano a mutare le condizioni patrimoniali o di fatto di una delle parti, con il pericolo che l'altra, a processo ultimato, possa non conseguire il soddisfacimento della sua pretesa.

Sia nel processo civile che in quello amministrativo i **presupposti** per il ricorso alla misura cautelare sono il:

a) ***periculum in mora***, ossia il rischio che, nelle more del giudizio, dall'esecuzione dell'atto impugnato derivino *danni gravi ed irreparabili* per il ricorrente;
b) ***fumus boni juris***, e cioè un *giudizio positivo*, di carattere sommario, in merito alla fondatezza del ricorso.

Il Codice, pur confermando i tradizionali presupposti delle misure cautelari, procede ad una **suddivisione** tra le tipologie delle misure medesime, articolate *a seconda del grado di urgenza* in:

— **misure cautelari collegiali**, nel caso il ricorrente alleghi di subire un **pregiudizio grave ed irreparabile** durante il tempo necessario per giungere alla decisione del ricorso;
— **misure cautelari monocratiche**, ossia richieste ed eventualmente concesse dal Presidente del T.A.R. dinanzi a cui pende il relativo ricorso, **in ipotesi di estrema gravità ed urgenza** tali da non consentire neppure la dilazione fino alla camera di consiglio;
— **misure cautelari anteriori alla causa**, previste **in caso di eccezionale gravità ed urgenza**, tale da non consentire neppure la previa notificazione del ricorso e la domanda di misure provvisorie con decreto presidenziale.

Nel sistema antecedente al Codice del processo amministrativo erano previste unicamente le *prime due forme* di misure cautelari, quelle collegiali e quelle monocratiche, anche se queste ultime venivano comunemente definite misure *ante causam*.

9.4 La fase istruttoria

Uno dei momenti essenziali attraverso cui si articola lo svolgimento del giudizio è quello dell'**attività istruttoria**, diretta alla acquisizione dei mezzi di prova, forniti dalle parti o richiesti dal giudice, sulla base dei quali *fondare la decisione finale* del processo e la cui disciplina rappresenta uno dei principali profili innovati dal Codice del processo amministrativo, sulla scia di quanto previsto dalla *legge delega 69/2009*.

Tra questi aspetti occorre citare:

— una **analitica disciplina dell'acquisizione dei mezzi di prova**: il Codice, infatti, premesso l'onere della prova a carico delle parti, prevede che il giudice possa chiedere alle stesse chiarimenti e documenti anche d'ufficio, ordinare a terzi di esibire in giudizio documenti o quanto altro ritenga necessario nonché disporre l'ispezione, ai sensi del c.p.c.;
— l'**ammissione in generale della prova testimoniale da parte del giudice,** su istanza di parte e in forma scritta;
— una puntuale disciplina della **verificazione** e della **consulenza tecnica d'ufficio** (cfr. a riguardo gli artt. 19, 66 e 67 del Codice);
— una specifica previsione dei **termini** e delle **modalità di svolgimento** dell'istruttoria: essi sono determinati dal Presidente e sono applicabili, ove compatibili, le norme del c.p.c.

9.5 La discussione e la decisione del ricorso

Espletata la fase cautelare del giudizio, laddove richiesta dal ricorrente, e salvo il verificarsi di cd. vicende «anomale» del procedimento (tra cui, a titolo esemplificativo, ricordiamo la sospensione, l'interruzione o l'estinzione del processo) nonché posta in essere la fase istruttoria necessaria, **viene fissata l'udienza per la discussione del merito della causa**, ai sensi dell'**art. 71** del Codice.

Le parti possono produrre (art. 73 del Codice, come novellato dal D.Lgs. 195/2011):

— **documenti** fino a *quaranta giorni liberi* prima dell'udienza;
— **memorie** fino a *trenta giorni liberi*.

Esse possono, poi, **presentare repliche**, ai nuovi documenti e alle nuove memorie depositate in vista dell'udienza, fino a *venti giorni liberi*.

Nell'udienza le parti **possono discutere sinteticamente**. Se ritiene di porre a fondamento della sua decisione una questione rilevata d'ufficio, il giudice la indica in udienza dandone atto a verbale.

Nel caso in cui ravvisi la *manifesta fondatezza* ovvero la *manifesta irricevibilità, inammissibilità, improcedibilità o infondatezza del ricorso*, il giudice decide con **sentenza in forma semplificata**. La motivazione della sentenza può consistere in un *sintetico riferimento al punto di fatto o di diritto ritenuto risolutivo ovvero, se del caso, ad un precedente conforme* (art. 74 del Codice).

Terminata la discussione, il **collegio decide la causa**, a meno che la decisione non venga differita a una delle successive camere di consiglio (art. 75 del Codice).
Il presidente raccoglie i voti e **la decisione viene presa a maggioranza di voti**.

Le **udienze sono pubbliche** a pena di nullità, salva la **trattazione in camera di consiglio** di alcuni giudizi particolari, che sono (art. 87):

a) i *giudizi cautelari* e quelli relativi all'*esecuzione delle misure cautelari collegiali*;
b) il *giudizio in materia di silenzio*;
c) il *giudizio in materia di accesso* ai documenti amministrativi e di violazione degli obblighi di trasparenza amministrativa;
d) i *giudizi di ottemperanza*;
e) i *giudizi in opposizione* ai decreti che pronunciano l'estinzione o l'improcedibilità del giudizio.

Il presidente del collegio può disporre che le udienze si svolgano **a porte chiuse**, se ricorrono ragioni di *sicurezza dello Stato*, di *ordine pubblico* o di *buon costume*.

La sentenza deve essere redatta **non oltre il 45° giorno da quello della decisione** della causa. Essa, che non può più essere modificata dopo la sua sottoscrizione, *è immediatamente resa pubblica* mediante deposito nella segreteria del giudice che l'ha pronunciata.

9.6 Le pronunce giurisdizionali

Il giudice può pronunciarsi in vari modi:

— con **sentenza**, laddove *definisce in tutto o in parte il giudizio*;
— con **ordinanza**, se dispone *misure cautelari o interlocutorie* ovvero se decide sulla *competenza*;
— con **decreto** nei *casi previsti dalla legge*.

In particolare, occorre distinguere:

a) le **pronunce di merito**. Tra queste, posto di spicco è rivestito dalla **sentenza**. Ai sensi dell'art. 34 del Codice, *se accoglie il ricorso*, nei limiti della domanda, il giudice:
    — annulla in tutto o in parte il provvedimento impugnato;
    — ordina all'amministrazione, rimasta inerte, di provvedere entro un termine;
    — condanna al pagamento di una somma di denaro, anche a titolo di *risarcimento del danno*, all'adozione delle misure idonee a tutelare la situazione giuridica soggettiva dedotta in giudizio e dispone misure di risarcimento in forma specifica ai sensi dell'art. 2058 c.c.;
    — nei casi di *giurisdizione di merito*, adotta un nuovo atto, ovvero modifica o riforma quello impugnato;
    — dispone le misure idonee ad assicurare l'attuazione del giudicato e delle pronunce non sospese, compresa la nomina di un commissario *ad acta*, che può avvenire anche in sede di cognizione con effetto dalla scadenza di un termine assegnato per l'ottemperanza;
b) le **pronunce di rito**. Queste si hanno quando il giudice, anche d'ufficio, dichiara:
    — l'*irricevibilità del ricorso*, in caso di tardività della notificazione o del deposito;
    — l'*inammissibilità* dello stesso, qualora l'interesse sia carente ovvero sussistano altre ragioni ostative ad una pronuncia di merito;

— l'*improcedibilità* del ricorso, quando nel corso del giudizio sopravvenga un difetto di interesse delle parti alla decisione, o non sia stato integrato il contraddittorio nel termine assegnato, o ancora sopravvengano altre ragioni ostative ad una pronuncia sul merito.

Il giudice dichiara **estinto** il giudizio:

— se lo stesso *non è proseguito o riassunto* nel termine perentorio fissato dalla legge ovvero assegnato dal giudice;
— per *perenzione*;
— per *rinuncia*.

10 Il giudizio di ottemperanza

I provvedimenti del giudice amministrativo devono essere eseguiti (spontaneamente) dalla pubblica amministrazione e dalle altre parti del giudizio (**art. 112 Codice**).

Non sempre, però, accade che il soggetto obbligato all'attuazione di una decisione adempia spontaneamente a quanto dovuto, con l'inevitabile conseguenza che viene a ricadere sulla parte vittoriosa in un giudizio l'onere di attivarsi per veder soddisfatta una propria, riconosciuta, pretesa.

In quest'ottica il legislatore, come noto, ha previsto il cd. **giudizio di ottemperanza**, ossia la possibilità di adire l'autorità giurisdizionale amministrativa con un ricorso **diretto ad ottenere l'esecuzione, da parte della P.A., delle sentenze non spontaneamente eseguite**.

Esso costituisce **l'ipotesi più importante di giurisdizione di merito del giudice amministrativo** (v. art. 134 del Codice).

In particolare, secondo il legislatore, il giudizio di ottemperanza è finalizzato all'**attuazione**:

a) delle *sentenze del giudice amministrativo passate in giudicato*;
b) delle *sentenze esecutive e degli altri provvedimenti esecutivi del giudice amministrativo*;
c) delle *sentenze passate in giudicato e degli altri provvedimenti ad esse equiparati del giudice ordinario*, al fine di ottenere l'adempimento dell'obbligo della pubblica amministrazione di conformarsi, per quanto riguarda il caso deciso, al giudicato;
d) *delle sentenze passate in giudicato e degli altri provvedimenti ad esse equiparati per i quali non sia previsto il rimedio dell'ottemperanza*, al fine di ottenere l'adempimento dell'obbligo della pubblica amministrazione di conformarsi alla decisione;
e) dei *lodi arbitrali esecutivi divenuti inoppugnabili* al fine di ottenere l'adempimento dell'obbligo della pubblica amministrazione di conformarsi, per quanto riguarda il caso deciso, al giudicato.

In relazione a ciascuna delle pronunce prese in considerazione ai fini dell'ottemperanza, il legislatore ha individuato il relativo giudice, fermi restando gli attuali criteri di riparto tra i T.A.R. ed il Consiglio di Stato.

I **presupposti essenziali** dell'azione di ottemperanza sono, quindi:

a) **un giudicato o una pronuncia esecutiva ovvero un lodo arbitrale esecutivo divenuti inoppugnabili**. In particolare, per l'esecuzione delle sentenze del giudice ordinario, o del giudice speciale e dei lodi arbitrali esecutivi è necessario che una pubblica amministrazione o un soggetto ad essa equiparato sia stata parte del giudizio;
b) **la necessità di un provvedimento della P.A. successivo alla pronuncia**: allorché per l'esecuzione del provvedimento giurisdizionale non occorre alcun atto della P.A., il ricorso stesso non ha ragione di essere (cd. *sentenze autoesecutive*);
c) l'**inottemperanza della P.A. successiva alla decisione non eseguita**: non è dunque ammissibile il giudizio di ottemperanza ove l'esecuzione sia già avvenuta.

10.1 Le domande esperibili e il giudice dell'ottemperanza

Specificamente, in sede di giudizio di ottemperanza è possibile, anche *in unico grado*:

— esperire **azione di condanna** per il pagamento di somme a titolo di *rivalutazione e interessi maturati dopo il passaggio in giudicato della sentenza* (comma 3);

- esperire **azione di risarcimento dei danni connessi** all'**impossibilità** o comunque alla *mancata esecuzione in forma specifica*, totale o parziale, *del giudicato* o alla *sua violazione o elusione* (comma 3);
- proporre domanda anche al fine di ottenere «chiarimenti in ordine alle modalità» con le quali si deve procedere all'esecuzione di una delle pronunce di cui si è detto: cd. **ottemperanza di chiarimento** (comma 5). In tal caso, il giudice, con il provvedimento con cui definisce il giudizio, fornisce chiarimenti in ordine alle modalità dell'ottemperanza, anche su richiesta del commissario (art. 114, comma 7, c.p.a.).

Il *giudice* dell'ottemperanza è individuato nel modo seguente, ai sensi dell'art. 113 del Codice:

- in caso di *sentenze passate in giudicato, di sentenze esecutive e degli altri provvedimenti esecutivi del G.A.* (art. 112, comma 2, lett. *a)* e *b)* del Codice), il ricorso per l'ottemperanza deve essere proposto al *giudice che ha emesso il provvedimento della cui ottemperanza si tratta*. Ugualmente sussiste la competenza del Tribunale Amministrativo Regionale anche per i suoi provvedimenti confermati in appello con una motivazione che abbia lo stesso contenuto dispositivo e conformativo dei provvedimenti di primo grado;
- in caso di *sentenze passate in giudicato e degli altri provvedimenti ad esse equiparati del G.O.* ovvero in caso di *sentenze passate in giudicato e degli altri provvedimenti ad esse equiparati per i quali non sia previsto il rimedio dell'ottemperanza* e per i *lodi arbitrali esecutivi divenuti inoppugnabili* (rispettivamente, art. 112, comma 2, lett. *c)*, *d)* ed *e)* del Codice), il ricorso per l'ottemperanza deve essere proposto al *Tribunale Amministrativo Regionale nella cui circoscrizione ha sede il giudice che ha emesso la sentenza di cui è chiesta l'ottemperanza*.

10.2 Il commissario *ad acta*

Il giudizio di ottemperanza, in quanto ipotesi di giurisdizione di merito, comporta che il giudice amministrativo ha il **potere di sostituirsi all'amministrazione** nell'esercizio della sua attività: ciò significa che il giudice può modificare o revocare un atto in contrasto con il giudicato, ovvero determinare il contenuto del provvedimento necessario per dare esecuzione alla decisione da attuare o, ancora, sostituirsi all'amministrazione nell'adozione dell'atto stesso.

Già da tempo, però, nella prassi accade che il giudice amministrativo anziché emettere egli stesso il provvedimento, ordini alla P.A. l'ottemperanza, assegnandole un termine per provvedere e contestualmente nomini un **commissario *ad acta***, il quale, scaduto il detto termine senza che l'amministrazione abbia provveduto, si *surroga* ad essa ed *adotta il provvedimento*.

Tale pratica è, oggi, positivizzata dall'art. 21 del Codice, il quale stabilisce che, in tutte le ipotesi in cui il giudice amministrativo deve sostituirsi all'amministrazione, può agire direttamente ovvero nominare, come «proprio ausiliario», un commissario *ad acta*.

10.3 Profili procedurali

Il procedimento del giudizio di ottemperanza è disciplinato dall'**art. 114 del Codice**.

L'azione si propone, anche senza previa diffida, con *ricorso notificato alla pubblica amministrazione e a tutte le altre parti del giudizio* definito dalla sentenza o dal lodo della cui ottemperanza si tratta; essa si prescrive con il decorso di dieci anni dal passaggio in giudicato della sentenza. Unitamente al ricorso è depositato in *copia autentica il provvedimento di cui si chiede l'ottemperanza*, con l'eventuale prova del suo passaggio in giudicato (si osserva che la copia autentica del provvedimento del giudice di cui si chiede l'ottemperanza deve essere prodotta *solo al momento del deposito del ricorso* e non deve, quindi, essere notificata unitamente allo stesso).

Il giudice decide con **sentenza in forma semplificata**.

In caso di *accoglimento* del ricorso:

a) ordina l'ottemperanza, prescrivendo le relative modalità, anche mediante la determinazione del contenuto del provvedimento amministrativo o l'emanazione dello stesso in luogo dell'amministrazione;

b) dichiara nulli gli eventuali atti in violazione o elusione del giudicato;
c) nel caso di ottemperanza di sentenze non passate in giudicato o di altri provvedimenti, determina le modalità esecutive, considerando inefficaci gli atti emessi in violazione o elusione e provvede di conseguenza, tenendo conto degli effetti che ne derivano;
d) nomina, ove occorra, un commissario *ad acta*;
e) salvo che ciò sia manifestamente iniquo, e se non sussistono altre ragioni ostative, fissa, su richiesta di parte, la somma di denaro dovuta dal resistente per ogni violazione o inosservanza successiva, ovvero per ogni ritardo nell'esecuzione del giudicato; tale statuizione costituisce titolo esecutivo.

Nei giudizi di ottemperanza aventi ad oggetto il pagamento di somme di denaro, la penalità di mora decorre dal giorno della comunicazione o notificazione dell'ordine di pagamento disposto nella sentenza di ottemperanza. Tale penalità non può considerarsi manifestamente iniqua quando è stabilita in misura pari agli interessi legali.

In caso di ottemperanza di chiarimenti, il giudice fornisce questi ultimi in ordine alle *modalità dell'ottemperanza* anche su richiesta del commissario.

Se è chiesta l'esecuzione di un'ordinanza il giudice provvede con ordinanza.

Il giudice conosce di tutte le questioni relative all'ottemperanza, nonché, tra le parti nei cui confronti si è formato il giudicato, di quelle inerenti agli atti del commissario *ad acta*.

11 L'impugnativa delle sentenze del G.A.

I mezzi di impugnazione delle sentenze dei Tribunali Amministrativi Regionali sono: l'**appello**; la **revocazione**; l'**opposizione di terzo** e il **ricorso per Cassazione** per i soli motivi inerenti alla giurisdizione.

11.1 L'appello

In base all'**art. 100** del Codice del processo amministrativo, contro le sentenze dei T.A.R. è ammesso **appello al Consiglio di Stato**, ferma restando la competenza del Consiglio di giustizia amministrativa per la Regione siciliana per gli appelli proposti contro le sentenze del T.A.R. Sicilia.

Nel giudizio di appello:

— **non** possono essere proposte **nuove domande** e **nuove eccezioni** *non rilevabili d'ufficio*;
— di proporre **motivi aggiunti** qualora la parte venga a conoscenza di documenti non prodotti dalle altre parti nel giudizio di primo grado da cui emergano vizi degli atti o provvedimenti amministrativi impugnati;
— **non sono ammessi nuovi mezzi di prova né possono essere prodotti nuovi documenti**, salvo che il collegio li ritenga indispensabili per la decisione della causa, ovvero che la parte dimostri di non aver potuto proporli o produrli in primo grado per causa ad essa non imputabile.

11.2 La revocazione

Le sentenze dei T.A.R. e del Consiglio di Stato sono **impugnabili per revocazione**, nei casi e nei modi previsti dagli *articoli 395 e 396 del codice di procedura civile* (art. 106 del Codice).

Ai sensi dell'**art. 395 c.p.c.** citato, il ricorso per revocazione è ammesso:

1. se la sentenza è l'effetto del *dolo* di una delle *parti* a danno dell'altra;
2. se si è giudicato in base a prove riconosciute o comunque dichiarate *false* dopo la sentenza oppure che la parte soccombente ignorava essere state riconosciute e dichiarate tali prima della sentenza;
3. se *dopo la sentenza* sono stati trovati uno o più *documenti decisivi* che la parte non aveva potuto produrre in giudizio per causa di forza maggiore o per fatto dell'avversario;
4. se la *sentenza* è l'effetto di un *errore di fatto* risultante dagli atti o documenti della causa. Ricorre tale errore quando la decisione è fondata sulla supposizione di un fatto la cui verità è incontestabilmente

esclusa, oppure quando è supposta l'inesistenza di un fatto la cui verità è positivamente stabilita, e tanto nell'uno quanto nell'altro caso se il fatto non costituì un punto controverso sul quale la sentenza ebbe a pronunciare. Ad avviso del C.d.S., Ad. Plen., dec. 3/1997 anche l'omissione di pronuncia su domande o eccezioni delle parti può costituire errore di fatto revocatorio;
5. se la *sentenza è contraria ad altra precedente* avente fra le parti autorità di cosa giudicata, purché non abbia pronunciato sulla relativa eccezione;
6. se la sentenza è effetto del *dolo del giudice,* accertato con sentenza passata in giudicato.

L'**art. 396 c.p.c.**, invece, dispone che *le sentenze per le quali è scaduto il termine per l'appello* possono essere impugnate per revocazione nei casi dei nn. 1, 2, 3 e 6 dell'art. 395 c.p.c., purché la scoperta del dolo o della falsità o il recupero dei documenti o la pronuncia della sentenza di cui al n. 6 siano avvenuti *dopo la scadenza del termine suddetto*. Se tali fatti avvengono durante il corso del termine per l'appello, il termine stesso è prorogato dal giorno dell'avvenimento in modo da raggiungere i 30 giorni da esso.

La revocazione è proponibile con ricorso dinanzi allo **stesso giudice che ha pronunciato la sentenza impugnata**; contro la sentenza del T.A.R., comunque, la revocazione **è ammessa se i motivi non possono essere dedotti con l'appello**.

11.3 L'opposizione di terzo

Nell'ordinamento processual-pubblicistico il rimedio dell'**opposizione di terzo** avverso le sentenze dei giudici amministrativi è stato ammesso solo in seguito alla spinta innovatrice posta in essere dalla Corte costituzionale; ed invero, con la sentenza n. 177 del 17-5-1995, è stata dichiarata l'illegittimità costituzionale degli artt. 28 e 36 della L. 1034/1971, nella parte in cui non inserivano l'opposizione di terzo ordinaria fra i mezzi di impugnazione delle sentenze del tribunale amministrativo regionale **divenute giudicato** e del Consiglio di Stato.

Il Codice del processo amministrativo va ancora oltre tale impostazione: infatti, con l'**art. 108**, viene recepito anche *l'orientamento giurisprudenziale successivo alla sentenza citata* e **ammesso** tale strumento di impugnazione **pure avverso sentenze esecutive ma non ancora passate in giudicato**, in piena simmetria rispetto a quanto stabilito dall'art. 404 c.p.c. (ai sensi del quale un terzo può fare opposizione contro la *sentenza passata in giudicato o comunque esecutiva* pronunciata tra altre persone quando pregiudica i suoi diritti).

11.4 Il ricorso per Cassazione

Il ricorso per Cassazione è previsto dall'**art. 111, comma 8, della Costituzione**, ai sensi del quale: «*Contro le decisioni del Consiglio di Stato e della Corte dei conti il ricorso in Cassazione è ammesso per i soli motivi inerenti alla giurisdizione*».

Detta disposizione è ripresa dall'**art. 110 del Codice** del processo amministrativo, che ammette il ricorso *de quo* contro le sentenze del Consiglio di Stato per i *soli motivi inerenti alla giurisdizione*.

In particolare, sono **motivi** attinenti alla **giurisdizione**:
- il difetto assoluto di giurisdizione, ossia quando la questione è demandata ad un altro potere dello Stato;
- il difetto di giurisdizione del G.A. rispetto al G.O. per essere la questione demandata alla esclusiva cognizione di quest'ultimo;
- il difetto di giurisdizione del T.A.R. o del Consiglio di Stato rispetto ad altri giudici amministrativi (ad es., Corte dei conti);
- il difetto di giurisdizione ove il G.A. abbia esplicato un sindacato di merito su questione in cui esso aveva competenza solo di legittimità;
- il difetto di giurisdizione per irregolare composizione del collegio giudicante.

La disciplina del ricorso per Cassazione è quella dettata dal codice di procedura civile, in virtù del rinvio operato dal Codice medesimo.

Norma specifica è costituita dall'art. 111 del Codice, ove si legge che il Consiglio di Stato, su istanza di parte, in caso di eccezionale gravità ed urgenza, **può sospendere gli effetti della sentenza impugnata** e disporre le altre opportune misure cautelari. Il legislatore ha subordinato l'istanza di sospensione alla previa notifica della stessa alle altre parti, all'evidente fine di realizzare immediatamente un pieno contraddittorio tra le parti stesse. Una copia dell'ordinanza è trasmessa alla cancelleria della Corte di Cassazione.

12 I riti speciali

Con la locuzione «**riti speciali**» si intende fare riferimento a «forme processuali particolari, coordinate in un rito unitariamente considerato, che il legislatore ha approntato con riferimento alla **particolarità di talune controversie** che necessitano di una disciplina processuale *in parte differente* per poter garantire una tutela adeguata alla situazione di fatto nella quale intervengono» (GALLO).

Con l'approvazione del Codice del processo amministrativo, si è proceduto, ad una completa riorganizzazione della materia dei riti speciali nonché alla eliminazione di quelli ritenuti superflui.

Genericamente, può dirsi che le regole comuni a tutti i riti speciali sono riconducibili a *due binari principali*:

a) la **netta riduzione dei termini processuali rispetto a quelli ordinari**;
b) la **creazione di un particolare rito processuale «speciale»**, finalizzato a favorire la **rapida definizione nel merito** delle relative controversie.

Secondo la classificazione contenuta nel Codice, vi sono i seguenti riti speciali:

— in materia di **accesso ai documenti amministrativi**;
— in materia di **tutela contro l'inerzia della P.A.** (si tratta cioè del ricorso avverso il silenzio-inadempimento della pubblica amministrazione).

Ai sensi dell'art. 31 del Codice, **chiunque ne abbia interesse**, decorsi infruttuosamente i termini di conclusione del procedimento, e negli altri casi previsti dalla legge, senza l'adozione di un provvedimento espresso, può ricorrere al giudice amministrativo affinché **accerti l'obbligo dell'amministrazione di provvedere**. Tale azione è esperibile *fintanto che perdura l'inadempimento* e, comunque, **non oltre un anno** dalla scadenza del termine finale del procedimento ed il giudice può (direttamente) *pronunciare sulla fondatezza della pretesa dell'interessato fatta valere in giudizio*, ma solo qualora in relazione alla stessa non sia necessario l'esercizio di alcuna attività discrezionale da parte dell'amministrazione.
Dal punto di vista processualistico, il ricorso avverso il silenzio, ai sensi dell'art. 117 c.p.a. (come modif. dal D.Lgs. 195/2011), è proposto, *anche senza previa diffida*, mediante atto notificato all'amministrazione e ad almeno un controinteressato nel detto termine di cui al precedente art. 31.
La discussione del ricorso avviene in camera di consiglio, e non in pubblica udienza, ai sensi dell'art. 117, comma 2, il giudizio si conclude con una sentenza in forma semplificata. In caso di accoglimento, totale o parziale, del ricorso, con la decisione con cui definisce il giudizio, il giudice **ordina** all'amministrazione di provvedere entro un termine non superiore, di norma, a 30 giorni; nella stessa sentenza, il giudice, ove occorra, può anche nominare un *commissario ad acta*;

— il **rito per decreto ingiuntivo**;
— il **rito abbreviato comune** a determinate materie elencate nell'**art. 119 del Codice**;
— in tema di **procedure di affidamento di lavori pubblici, servizi e forniture** (artt. 119 e 120 del Codice);
— in materia di **operazioni elettorali** relativamente alle elezioni di **Regioni, Province, Comuni e membri spettanti all'Italia nel Parlamento europeo**.

Vi è, poi, il rito avverso gli atti del **procedimento elettorale preparatorio**, limitatamente alle *elezioni regionali, provinciali e comunali*.

II Disciplina del pubblico impiego e C.C.N.L. Funzioni locali

Per una rapida introduzione alla materia vedi la nostra **Espansione semplificata** in cui vengono illustrati i concetti fondamentali e le parole chiave di questa disciplina

Sommario Parte II

1
Evoluzione normativa e fonti del rapporto di pubblico impiego: il D.Lgs. 165/2001 e il CCNL Funzioni locali

1 Il rapporto di pubblico impiego

1.1 Concetto e caratteri

Il **rapporto di impiego pubblico** è quel rapporto di lavoro in cui una persona fisica pone volontariamente la propria attività, in via continuativa, e dietro retribuzione, al servizio dello Stato o di un ente pubblico non economico, **assumendo particolari diritti** e **obblighi**.

Il rapporto d'impiego si configura come:

- **volontario**: sia per la *costituzione* che per la *continuazione* del rapporto è richiesta non solo la volontà della P.A., ma anche quella del dipendente;
- **strettamente personale**: la specifica capacità intellettiva e tecnica richiesta per ogni singolo ufficio e la fiducia che l'ente deve avere nella persona cui affida la cura dei propri interessi comportano che il rapporto sia costituito *intuitu personae*;
- **giuridico bilaterale ovvero sinallagmatico**: esso, infatti, comporta diritti ed obblighi reciproci per ciascuna delle parti;
- **rapporto di subordinazione gerarchica**: la subordinazione gerarchica e disciplinare differenzia, infatti, l'impiego dall'incarico professionale (*locatio operis*) e dal rapporto di servizio onorario.

La giurisprudenza, nel tempo, ha individuato dei cd. **indici rivelatori**, in presenza dei quali il rapporto di lavoro è da qualificare necessariamente come impiegatizio: l'esistenza di un vincolo di subordinazione gerarchica, il carattere esclusivo e continuativo delle prestazioni, l'osservanza di un orario di lavoro ecc.

1.2 I principi costituzionali in materia di lavoro pubblico

La Costituzione considera il **lavoro** come il più importante fenomeno della vita sociale: l'**art. 1** afferma che «*l'Italia è una Repubblica democratica fondata sul lavoro*».

Su questa premessa, nonché sul presupposto che la Repubblica riconosce a tutti i cittadini il **diritto al lavoro**, promuovendo le condizioni che rendono effettivo tale diritto, e che ogni cittadino ha il **dovere di svolgere un'attività** che concorra al *progresso materiale* o *spirituale della società* (**art. 4**), bisogna sottolineare che la materia del pubblico impiego non trova una disciplina specifica tra le norme costituzionali, sebbene ve ne siano alcune che assumono particolare rilevanza in tale ambito.

Tra queste ricordiamo:

- il principio dell'accesso ai pubblici uffici in condizioni di eguaglianza (**art. 51**);
- il dovere per i pubblici impiegati di adempiere con onore alle proprie funzioni e di porsi al servizio esclusivo della Nazione (**artt. 54 e 98**);
- la riserva di legge inerente all'organizzazione dei pubblici uffici e il principio di buon andamento dell'amministrazione (**art. 97**);
- la responsabilità diretta dei dipendenti pubblici (**art. 28**).

2 Fonti di riferimento: il Testo Unico sul pubblico impiego (D.Lgs. 165/2001) e le successive modifiche

2.1 Il riassetto della disciplina del pubblico impiego

Principale fonte normativa in materia di pubblico impiego è il **D.Lgs. 30 marzo 2001, n. 165**, recante «*Norme generali sull'ordinamento del lavoro alle dipendenze delle amministrazioni pubbliche*» (*T.U. sul pubblico impiego*) nel quale è confluita buona parte dell'abrogato D.Lgs. 29/1993 e successive modifiche, disciplinante la stessa materia in precedenza.

Si ricorda che con il menzionato D.Lgs. 29/1993 è stata realizzata la cd. **privatizzazione del pubblico impiego**, ovvero l'estensione delle norme del diritto privato al rapporto di pubblico impiego, spostando la relativa disciplina dall'ambito amministrativo a quello privatistico e prevedendo la diretta applicabilità della disciplina della contrattazione collettiva.

Il D.Lgs. 165/2001, in ragione della sua natura *sostanzialmente compilativa*, accanto ad una migliore sistemazione delle originarie norme del D.Lgs. 29/1993, si è limitato ad inserire alcune norme di coordinamento testuale e sistematico, ad eliminare le lacune e le incongruenze che si erano verificate per il susseguirsi degli interventi di modifica e ad indicare le norme abrogate o non più efficaci.

2.2 I successivi interventi legislativi

Il D.Lgs. 165/2001 è stato in più punti modificato e integrato da successivi provvedimenti legislativi.

Importanti sono state le novità introdotte dal **D.Lgs. 27 ottobre 2009, n. 150**, noto come *riforma Brunetta*, che muoveva dall'esigenza di sviluppare nelle strutture pubbliche — al pari di quanto accade nelle imprese private — *meccanismi meritocratici* legati ai *risultati raggiunti* e alla *valutazione della performance lavorativa*.

Altra stagione di riforme si è registrata, più di recente, con alcuni **decreti attuativi della L. 124/2015** (cd. *riforma Madia*).

Ci riferiamo *in primis* al **D.Lgs. 20 giugno 2016, n. 116**, in materia di responsabilità disciplinare (meglio noto come *decreto antifurbetti del cartellino*).

L'attuazione della legge Madia ha subito, poi, una battuta d'arresto con la pronuncia della **Corte costituzionale n. 251 del 25 novembre 2016** che ha ritenuto illegittime alcune norme di delega contenute nella legge Madia, tra cui nello specifico quelle sulla *dirigenza pubblica* e sul *riordino delle norme sul pubblico impiego*.

Sulla scorta delle indicazioni della Consulta, il Governo ha quindi continuato il percorso di attuazione della riforma Madia attraverso l'emanazione del **D.Lgs. 25 maggio 2017, n. 75**, recante, per l'appunto, *modifiche e integrazioni al D.Lgs. 165/2001*, nonché al **D.Lgs. 25 maggio 2017, n. 74** che, in particolare, è intervenuto a ricalibrare la *valutazione della performance dei dipendenti pubblici* (come si dirà *infra*).

Ancora, con la **L. 19 giugno 2019, n. 56** (*Riforma Bongiorno*) il legislatore è intervenuto ad approntare un nuovo programma di azioni concrete destinate ad incidere sull'organizzazione del lavoro pubblico (vedi *infra*).

Ed, infine, si cita il **D.L. 80/2021**, conv. con modif. in **L. 113/2021**, *decreto reclutamento*, che, oltre a prevedere una serie di modalità speciali per il reclutamento di personale e il conferimento di incarichi professionali da parte delle amministrazioni specificatamente legate all'attuazione del PNRR, introduce misure per la valorizzazione del personale e per il riconoscimento del merito di coloro che già operano nel settore pubblico. Ciò, in particolare, attraverso la modifica della disciplina delle progressioni (art. 52), della mobilità individuale (art. 30), dell'accesso alla dirigenza (artt. 28 e 28bis).

2.3 Oggetto, finalità e ambito di applicazione del D.Lgs. 165/2001

L'art. 1 del D.Lgs. 165/2001 esordisce affermando che le disposizioni contenute nel provvedimento, in attuazione dell'art. 97 Cost., disciplinano *l'organizzazione degli uffici e i rapporti di lavoro e di impiego alle dipendenze delle amministrazioni pubbliche, tenuto conto delle autonomie locali e di quelle delle Regioni e delle province autonome* (comma 1).

Le **finalità** perseguite consistono nell'*aumentare l'efficienza delle amministrazioni* in relazione a quella dei corrispondenti uffici e servizi dei Paesi dell'Unione europea; nel *razionalizzare il costo del lavoro pubblico* e nel realizzare la *migliore utilizzazione delle risorse umane* nelle PP.AA., assicurando la formazione e lo sviluppo professionale dei dipendenti, applicando condizioni uniformi rispetto a quelle del lavoro privato, garantendo la *pari opportunità a lavoratrici e lavoratori* nonché *l'assenza* di qualunque forma di *discriminazione* e di violenza morale o psichica.

Il D.Lgs. 165/2001 **si applica a tutte le pubbliche amministrazioni** ovvero «*le amministrazioni dello Stato, ivi compresi gli istituti e scuole di ogni ordine e grado e le istituzioni educative, le aziende ed amministrazioni dello Stato ad ordinamento autonomo, le Regioni, le Province, i Comuni, le Comunità montane, e loro consorzi e associazioni, le istituzioni universitarie, gli Istituti autonomi case popolari, le Camere di commercio, industria, artigianato e agricoltura e loro associazioni, tutti gli enti pubblici non economici nazionali, regionali e locali, le amministrazioni, le aziende e gli enti del Servizio sanitario nazionale, l'Agenzia per la rappresentanza negoziale delle pubbliche amministrazioni (ARAN) e le Agenzie previste di cui al decreto legislativo 30 luglio 1999, n. 300. Fino alla revisione organica della disciplina di settore, le disposizioni di cui al presente decreto continuano ad applicarsi anche al CONI*» (comma 2).

L'art. 3 del D.Lgs. 165/2001 individua alcune categorie di personale, che in virtù della specialità del rapporto di lavoro, rimangono disciplinati dai rispettivi ordinamenti (comma 2).

Le categorie in questione sono:

— *magistrati ordinari, amministrativi e contabili*;
— *avvocati e procuratori dello Stato*;
— *personale militare e delle forze di polizia di Stato*;
— *personale delle carriere diplomatica e prefettizia*;
— *dipendenti degli enti che svolgono la loro attività nelle materie contemplate dal D.Lgs.C.P.S. 691/47 (risparmio, funzioni creditizia e valutaria), e dalle leggi 281/1985 (tutela del risparmio, valori mobiliari) e 287/1990 (tutela della concorrenza e del mercato)*.

Si ricordi, inoltre, che il *personale non volontario del Corpo Nazionale dei vigili del fuoco* è disciplinato in regime di diritto pubblico secondo autonome disposizioni ordinamentali (comma 1bis) ed il *personale della carriera dirigenziale penitenziaria* è regolamentato dal rispettivo ordinamento (comma 1ter).

Analogamente il rapporto di *impiego dei professori e dei ricercatori universitari* resta disciplinato dalle disposizioni rispettivamente vigenti, in attesa della specifica disciplina che regoli in modo organico tale materia (comma 2).

2.4 Le fonti individuate dal D.Lgs. 165/2001

L'art. 2, comma 2 del D.Lgs. 165/2001 e successive modifiche individua compiutamente le fonti del rapporto di pubblico impiego laddove stabilisce che i rapporti di lavoro dei dipendenti delle amministrazioni pubbliche sono disciplinati dalle disposizioni del Capo I, Titolo II, del Libro V del **codice civile** e dalle **leggi sui rapporti di lavoro subordinato nell'impresa**, fatte salve le diverse **disposizioni contenute nello stesso Testo unico** che costituiscono disposizioni a **carattere imperativo**.

Eventuali disposizioni di legge, regolamento o statuto, che introducano o che abbiano introdotto discipline dei rapporti di lavoro la cui applicabilità sia limitata ai dipendenti delle amministrazioni pubbliche, o a categorie di essi, **possono essere derogate nelle materie affida-**

te alla contrattazione collettiva ai sensi dell'art. 40 (v. par. 3.1) e nel rispetto dei principi stabiliti dallo stesso T.U. n. 165 **da successivi contratti o accordi collettivi** e, per la parte derogata, non sono ulteriormente applicabili.

3 La contrattazione collettiva

3.1 Oggetto

La **contrattazione collettiva**, introdotta ad opera del D.Lgs. 29/1993 e poi trasfusa nel D.Lgs. 165/2001 (art. 40 e ss.), costituisce una **fonte primaria e diretta di disciplina del rapporto di pubblico impiego**.

In ragione di ciò essa si svolge su **tutte le materie attinenti il rapporto di lavoro** e le **relazioni sindacali** e si sviluppa su **due livelli**:

- *contratti nazionali collettivi di comparto,* cioè settori omogenei o affini, determinati mediante appositi accordi tra l'*Agenzia per la rappresentanza negoziale della pubblica amministrazione (ARAN)* e le *confederazioni sindacali maggiormente rappresentative*, secondo un apposito procedimento (disciplinato dall'art. 47 del D.Lgs. 165/2001);
- *contratti integrativi*, che le pubbliche amministrazioni stipulano nel rispetto delle materie e dei limiti prefissati dai contratti nazionali di comparto, che, quindi, si pongono come fonte normativa di grado superiore.

Sono previsti, per la disciplina di materie comuni a più comparti, i cd. contratti o accordi quadro, conseguentemente validi per tutti i lavoratori e per tutte le amministrazioni (es. sui permessi sindacali).

La contrattazione collettiva disciplina, alla stregua del settore privato, la *durata dei contratti* nazionali e di quelli integrativi, la *struttura contrattuale* ed i rapporti tra i diversi livelli.

Nelle materie relative alle sanzioni disciplinari, alla valutazione delle prestazioni ai fini della corresponsione del trattamento accessorio, della mobilità, la contrattazione collettiva è consentita *nei limiti previsti dalle norme di legge*.

Il **trattamento economico** dei pubblici dipendenti è definito dai contratti collettivi (art. 45).

Sono **escluse dalla contrattazione collettiva** le materie attinenti all'organizzazione degli uffici, quelle oggetto di partecipazione sindacale ai sensi dell'art. 9, quelle afferenti alle prerogative dirigenziali, la materia del conferimento e della revoca degli incarichi dirigenziali, nonché quelle relative all'affidamento delle controversie di lavoro.

Il contratto collettivo, una volta sottoscritto, acquista efficacia *erga omnes*, cioè sia per le amministrazioni che per i lavoratori interessati.

3.2 Soggetti

Per quanto concerne i profili soggettivi del procedimento di contrattazione collettiva, occorre citare l'**ARAN** e le **rappresentanze sindacali**.

L'Agenzia per la rappresentanza negoziale delle pubbliche amministrazioni (ARAN) ha la **rappresentanza legale delle pubbliche amministrazioni**, esercita a livello nazionale ogni attività relativa alle *relazioni sindacali*, alla negoziazione dei contratti collettivi e all'assistenza delle pubbliche amministrazioni ai fini dell'uniforme applicazione dei contratti collettivi. L'ARAN assicura anche la *raccolta dei dati sui voti e sulle deleghe* dei sindacati da ammettere alla contrattazione. Su richiesta delle amministrazioni, infine, può *fornire assistenza ai fini della contrattazione integrativa*.

Inoltre, ai sensi dell'art. 46, D.Lgs. 165/2001, l'ARAN **cura le attività di studio, monitoraggio e documentazione** necessarie all'esercizio della contrattazione collettiva.

Nel processo di contrattualizzazione, interlocutori negoziali dal lato dei lavoratori sono, invece, i delegati delle **associazioni sindacali dotate di maggiore rappresentatività** ovvero delle organizzazioni sindacali che hanno nel comparto considerato una rappresentatività *non inferiore al 5%*, considerando la media tra il dato associativo e quello elettorale.

3.3 I comparti di contrattazione

I comparti di contrattazione rappresentano gli ambiti sui quali sono negoziati gli specifici accordi riguardanti i dipendenti.

L'art. 40 del D.Lgs. 165/2001 al comma 2 richiede che, tramite appositi accordi tra l'ARAN e le confederazioni rappresentative, siano definiti **fino ad un massimo di quattro comparti di contrattazione collettiva nazionale**, cui corrispondano non più di **quattro aree separate per la dirigenza**.

In linea con tale disposto il **Contratto collettivo nazionale quadro (CCNQ) 13 luglio 2016** ha previsto **4 Comparti di contrattazione**, così suddivisi:

1. **Funzioni centrali**, nel quale confluiscono Ministeri, Agenzie fiscali, enti pubblici non economici ecc.);
2. **Funzioni locali**, nei quali vi rientrano le Regioni e le autonomie locali;
3. **Istruzione e ricerca**, in cui sono compresi la Scuola, Accademie e Conservatori, Università, enti pubblici di ricerca ecc.;
4. **Sanità**.

In stretto collegamento con i quattro Comparti, il CCNQ del 2016 ha operato una **ridefinizione delle aree dirigenziali**, ovvero l'unità fondamentale di contrattazione riguardante la dirigenza pubblica suddivise in: **Area delle Funzioni centrali**; **Area delle Funzioni locali** (in cui trovano collocazione i dirigenti *degli enti del comparto Funzioni locali*; i dirigenti amministrativi, tecnici e professionali degli enti ed aziende del comparto Sanità ed i Segretari comunali e provinciali); **Area dell'istruzione e della ricerca** e **Area della Sanità**.

3.4 La contrattazione collettiva nel Comparto Regioni e Autonomie locali

Il primo contratto collettivo nazionale è stato sottoscritto il *6 luglio 1995* e si applicava a tutto il personale con rapporto di lavoro a tempo indeterminato o determinato, esclusi i dirigenti, dipendente dalle amministrazioni del comparto Regioni e autonomie locali.

Esso riguardava il periodo *1° gennaio 1994 - 31 dicembre 1997* per la parte normativa e dal *1° gennaio 1994 al 31 dicembre 1995* per la parte economica

Quindi il contratto collettivo sottoscritto il *31 marzo 1999* ha introdotto il sistema di classificazione del personale degli enti locali, articolato in **quattro categorie** denominate, rispettivamente, **A, B, C** e **D**.

Appartengono alla *categoria A* i lavoratori che svolgono attività caratterizzate da conoscenze di tipo operativo generale e che si sostanziano in problematiche lavorative di tipo semplice. Alla *categoria B* appartengono i lavoratori che svolgono attività caratterizzate da buone conoscenze specialistiche ed adibiti ai compiti aventi responsabilità parziali rispetto a più ampi processi produttivi/amministrativi.

Infine, appartengono alle *categorie C e D* i lavoratori che esercitano attività contraddistinte da approfondite conoscenze monospecialistiche e responsabilità specifiche e da conoscenze plurispecialistiche con responsabilità di risultati relativi ad importanti processi produttivi/amministrativi.

La seconda tornata contrattuale di comparto costituita dal CCNL *1° aprile 1999* e dal CCNL integrativo *14 settembre 2000* è stata valida:

- per la parte normativa per il periodo *1°gennaio 1998-31 dicembre 2001*;
- per la parte economica per il periodo *1°gennaio 1998-31 dicembre 1999*.

Ad essa ha fatto seguito il CCNL *22 gennaio 2004* che concerne il periodo *1° gennaio 2002 - 31 dicembre 2005* per la parte normativa con validità dal *1° gennaio 2002* fino al *31 dicembre 2003* per la parte economica.

Infine il contratto collettivo sottoscritto l'*11 aprile 2008* concerne il periodo *1° gennaio 2006 - 31 dicembre 2009* per la parte normativa ed è stato valido dal *1° gennaio 2006* fino al *31 dicembre 2007* per la parte economica; esso si applica al personale non dirigente del Comparto Regioni e Autonomie locali, come definito dal CCNQ dell'11 giugno 2007.

3.5 Il CCNL (2016-2018) del Comparto Funzioni locali

Sul presupposto della procedura di «aggregazione» dei Comparti prevista dall'art. 2 del CCNL 13 luglio 2016 in data **21 maggio 2018** l'Aran e le Organizzazioni sindacali hanno proceduto alla firma del **Contratto collettivo nazionale** del **Comparto delle Funzioni locali** concernente (sia per la *parte giuridica* sia per la *parte economica*) il *periodo: 1° gennaio 2016-31 dicembre 2018.*

Il contratto si applica a **tutto il personale con rapporto di lavoro a tempo indeterminato** e a **tempo determinato** dipendente da tutte le amministrazioni del Comparto come indicate all'articolo 4 del CCNQ del 13 luglio 2016.

Si applica, altresì al personale in *servizio addetto alle attività di informazione* e di *comunicazione istituzionale degli enti.*

Nello stesso contratto è precisato che, **per quanto non previsto, continuano a trovare applicazione** (in quanto compatibili con le previsioni del nuovo contratto o non disapplicate) le **disposizioni dei precedenti contratti collettivi**.

L'art. 49 del **CCNL del 21 maggio 2018** elenca le disposizioni che in ragione dell'entrata in vigore del **nuovo contratto contratto collettivo** (2016-2018) sono **definitivamente disapplicate**.

Il CCNL in esame, composto di 73 articoli, e suddiviso nei seguenti titoli:

- Titolo I, *Disposizioni generali* (artt. 1-2);
- Titolo II, *Relazioni sindacali* (artt. 3-10);
- Titolo III, *Ordinamento professionale* (artt. 11-18bis);
- Titolo IV, *Rapporto di lavoro*, suddiviso in quattro capi (artt. 19-49ter);
- Titolo V, *Tipologie flessibili del rapporto di lavoro*, suddiviso in tre capi (artt. 50-56);
- Titolo VI, *Sezione per la polizia locale* (artt. 56bis-56sexies);
- Titolo VII, *Responsabilità disciplinare* (artt. 57-63);
- Titolo VIII, *Trattamento economico* (artt. 64-73).

Espansione Web
CCNL Funzioni locali 2016-2018

Nei capitoli che seguono si darà conto dei principali istituti relativi al pubblico impiego, richiamando la normativa ad essi applicabile, contenuta nella disciplina generale di cui al D.Lgs. 165/2001 e/o nel CCNL funzioni locali del 2018 o nei contratti collettivi antecedenti e, infine, in altre disposizioni di legge specifiche.

4 La misurazione e la valutazione della *performance*

La disciplina della misurazione e valutazione delle prestazioni lavorative e del rendimento dei pubblici impiegati, cosiddetta *performance*, come già accennato in precedenza, è contenuta nel D.Lgs. 150/2009, come modif. dal D.Lgs. 74/2017 (in attuazione della cd. *riforma Madia*).

Ogni amministrazione pubblica (secondo quanto stabilito dall'art. 3) è tenuta a misurare e a valutare la *performance* con riferimento:

- all'*amministrazione nel suo complesso*;

— alle *unità organizzative o aree di responsabilità* in cui si articola;
— *ai singoli dipendenti*, secondo le modalità indicate dal D.Lgs. 150/2009;
— gli indirizzi impartiti dal Dipartimento della Funzione pubblica.

Il rispetto delle disposizioni in materia costituisce *condizione necessaria per l'erogazione di premi e componenti del trattamento retributivo* legati alla *performance* e rileva ai fini del riconoscimento delle *progressioni economiche, dell'attribuzione di incarichi di responsabilità* al personale, nonché del *conferimento degli incarichi dirigenziali*.

La valutazione negativa, d'altro canto, rileva ai fini dell'*accertamento della responsabilità dirigenziale* e ai fini dell'irrogazione del *licenziamento disciplinare* (v. Cap. 3).

La misurazione della *performance* avviene mediante un apposito **ciclo di gestione** che si articola nelle seguenti **fasi** (art. 4):

— *definizione e assegnazione degli obiettivi* da raggiungere, dei valori attesi di risultato e dei rispettivi indicatori, tenendo conto anche dei *risultati dell'anno precedente*;
— *collegamento tra gli obiettivi* e l'*allocazione delle risorse*;
— *monitoraggio in corso di esercizio* e attivazione di eventuali *interventi correttivi*;
— *misurazione e valutazione della performance*, organizzativa e individuale;
— utilizzo dei *sistemi premianti*, secondo criteri di valorizzazione del merito;
— *rendicontazione dei risultati* agli organi di indirizzo politico-amministrativo, ai vertici delle amministrazioni nonché ai competenti organi interni di controllo ed esterni, ai cittadini, ai soggetti interessati, agli utenti e ai destinatari dei servizi.

La *performance*, sia organizzativa (ossia di tutto l'ufficio o la struttura) che individuale (singolo dipendente) è valutata annualmente mediante l'apposito **Sistema di misurazione e valutazione** (art. 7).

Strumenti fondamentali di tutto il sistema sono due documenti (entrambi disciplinati dall'art. 10):

— il **Piano della *performance***, ovvero un documento programmatico triennale, definito entro il *31 gennaio* di ciascun anno dall'**organo di indirizzo politico-amministrativo**, che individua gli indirizzi e gli obiettivi strategici ed operativi e definisce gli indicatori per la misurazione e la valutazione della performance;
— la **Relazione sulla *performance*** approvata entro il *30 giugno* di ogni anno dall'organo di indirizzo politico-amministrativo e validata dagli **Organismi Indipendenti di valutazione (OIV)**, che evidenzia, *a consuntivo*, con riferimento all'anno precedente, i risultati organizzativi e individuali raggiunti rispetto ai singoli obiettivi programmati ed alle risorse.

I soggetti che intervengono nel processo di misurazione e valutazione della *performance* organizzativa e individuale delle amministrazioni pubbliche sono (artt. 12 e ss.):

— il **Dipartimento della Funzione pubblica**, titolare delle funzioni di promozione, indirizzo e coordinamento in materia di valutazione della performance dei dipendenti pubblici;
— gli **Organismi indipendenti di valutazione della *performance*** (**OIV**), cui spetta il **monitoraggio** sul funzionamento complessivo del sistema della valutazione, della trasparenza e integrità dei controlli interni, della comunicazione delle criticità riscontrate ai competenti organi interni di governo ed amministrazione, della validazione della Relazione sulla *performance* (e relativa pubblicazione sul sito istituzionale dell'amministrazione), della garanzia della correttezza dei processi di misurazione e valutazione, della verifica dei risultati e delle buone pratiche di promozione delle pari opportunità, nonché di realizzare indagini sul personale dipendente;
— l'**organo di indirizzo politico-amministrativo** di ciascuna amministrazione, cui spetta la *promozione della cultura della responsabilità* per il miglioramento della *performance*;
— i **dirigenti** di ciascuna amministrazione, i quali sono tenuti ad occuparsi della valutazione dei dipendenti.

5 Il miglioramento dell'efficienza, dalla qualità e dalla trasparenza dell'attività amministrativa

5.1 Il Nucleo della concretezza

Con la **L. 19 giugno 2019, n. 56** (*Riforma Bongiorno*) il legislatore intervenuto ad approntare un nuovo programma di azioni concrete destinate ad incidere sull'organizzazione del lavoro pubblico.

In particolare, mediante l'inserimento degli artt. 60bis-60quinquies all'interno del D.Lgs. 165/2001 (nell'ambito del Titolo V dedicato al controllo della spesa), la legge concretezza (art. 1) ha istituito, presso il *Dipartimento della Funzione pubblica della Presidenza del Consiglio dei Ministri*, il **Nucleo della concretezza**.

Si tratta di un organismo *deputato alle azioni concrete di miglioramento dell'efficienza amministrativa*.

Il Nucleo, in collaborazione con l'*Ispettorato per la funzione pubblica*, effettua sopralluoghi e visite finalizzati a rilevare lo stato di attuazione delle disposizioni da parte delle pubbliche amministrazioni, nonché le modalità di organizzazione e gestione dell'attività amministrativa alla luce dei *criteri di efficienza*, *efficacia* ed *economicità*, proponendo eventuali misure correttive.

Strumento fondamentale per l'attività di tale organismo è il **Piano triennale delle azioni concrete per l'efficienza delle pubbliche amministrazioni**.

Il Piano *è predisposto annualmente dal Dipartimento della funzione pubblica della Presidenza del Consiglio dei Ministri ed è approvato con decreto del Ministro per la pubblica amministrazione*, di concerto con il Ministro dell'interno, *previa intesa in sede di Conferenza unificata* per la parte relativa alle azioni *da effettuare nelle Regioni e negli enti locali*.

Il piano contiene:

- le azioni dirette a garantire la corretta applicazione delle norme in materia di organizzazione, funzionamento, trasparenza e digitalizzazione della P.A.;
- le azioni dirette a implementare l'efficienza della P.A.;
- l'indicazione delle modalità di svolgimento delle attività del Nucleo nelle Regioni e negli enti locali.

La L. 56/2019 prevede, inoltre, procedure per accelerare le assunzioni mirate ed il ricambio generazionale (*turn over*) nelle amministrazioni (art. 3).

Le disposizioni di cui agli artt. 1 e 3 recano norme di diretta attuazione dell'art. 97 Cost. che costituiscono principi generali dell'ordinamento e alle quali *gli enti locali devono adeguare i loro ordinamenti*.

5.2 Il Piano integrato di attività ed organizzazione

Tra le altre misure per il rafforzamento della *capacità amministrativa* della P.A. funzionale all'attuazione del PNRR il già citato **D.L. 80/2021**, conv. con modif. in **L. 113/2021** ha previsto il **Piano integrato di attività ed organizzazione** (art. 6).

Trattasi di uno strumento funzionale ad assicurare la qualità e la trasparenza dell'attività amministrativa e a migliorare la qualità dei servizi offerti ai cittadini e alle imprese, nell'ottica di una costante e progressiva semplificazione e reingegnerizzazione dei processi, che sono tenute ad adottare le pubbliche amministrazioni (escluse le scuole e le istituzioni educative) con più di cinquanta dipendenti entro il 31 gennaio di ogni anno.

Tale Piano ha durata triennale, viene aggiornato ogni anno e definisce, tra l'altro, gli obiettivi programmatici e strategici della *performance*, la strategia di gestione del capitale umano e di sviluppo organizzativo, anche mediante il ricorso al lavoro agile, gli strumenti e gli obiettivi del reclutamento di nuove risorse e della valorizzazione delle risorse interne, nonché gli strumenti e le fasi per giungere alla piena trasparenza dell'attività e dell'organizzazione amministrativa e per raggiungere gli obiettivi in materia di anticorruzione e digitalizzazione.

Si tratta, pertanto, di un **documento di programmazione unico** destinato ad accorpare, tra gli altri, i piani della *performance*, del lavoro agile, della parità di genere e dell'anticorruzione. Un'altra importante novità della riforma è, infine, il **Portale del Reclutamento**, istituto previsto già dalla legge Bongiorno del 2019 ma a cui questo decreto conferisce nuova linfa (art. 1, D.L 80/2021). È un Portale a cui tutti i cittadini potranno registrarsi per la ricerca e il reclutamento dei profili (tecnici e gestionali) necessari alle pubbliche amministrazioni per la realizzazione dei progetti previsti dal PNRR (una sorta di Linkedin del pubblico impiego).

2
Svolgimento del rapporto di lavoro alle dipendenze della pubblica amministrazione

1 Le norme sull'accesso all'impiego pubblico

1.1 I riferimenti costituzionali e l'accesso tramite concorso pubblico

Nell'ordinamento italiano il **concorso pubblico** costituisce il sistema ordinario di accesso al pubblico impiego; in tal senso dispone l'art. 97 della Costituzione che al comma 3 sancisce: «*Agli impieghi nelle pubbliche amministrazioni si accede mediante concorso, salvo i casi stabiliti dalla legge*».

Il legislatore costituzionale ha dunque reputato il concorso lo strumento idoneo a selezionare, i soggetti più capaci a ricoprire posizioni lavorative all'interno delle pubbliche amministrazioni ovverosia a svolgere le loro funzioni in *condizioni di imparzialità* (art. 97 Cost.) e al *servizio esclusivo della Nazione* (art. 98 Cost.).

1.2 Le procedure di reclutamento del personale

In coerenza ai principi enunciati dall'art. 97 Cost., l'art. 35 del D.Lgs. 165/2001 e successive modifiche sancisce, al comma 1, che l'assunzione nelle amministrazioni pubbliche avviene con **contratto individuale di lavoro**:

— tramite **procedure selettive** volte all'accertamento della professionalità richiesta, che garantiscano in misura adeguata l'accesso dall'esterno.

Sul punto deve essere evidenziato che anche se il D.Lgs. n. 165 non fa riferimento diretto al «concorso» la giurisprudenza, anche costituzionale, ha ripetutamente affermato il principio dell'**accesso al pubblico impiego tramite concorso** (v., tra le altre, C.d.S., sez. V, 22-3-2012, n. 1625); e infatti, la facoltà del legislatore di introdurre *deroghe* al riguardo deve essere delimitata in modo rigoroso, potendo queste ultime essere considerate legittime solo se strettamente funzionali al buon andamento dell'amministrazione e in caso di peculiari e straordinarie esigenze di interesse pubblico idonee a giustificarle (cfr. Corte cost., 18-2-2011, n. 52);

— mediante **avviamento degli iscritti nelle liste di collocamento** per le qualifiche e i profili per i quali è richiesto il solo requisito della scuola dell'obbligo, salvi gli ulteriori requisiti per specifiche professionalità.

Quanto alle **assunzioni obbligatorie** da parte delle PP.AA. esse avvengono (comma 2):

— per **chiamata numerica degli iscritti nelle liste di collocamento** ai sensi della normativa vigente (L. 68/1999 e successive modifiche) e previa verifica della compatibilità dell'invalidità con le mansioni da svolgere;
— per **chiamata diretta nominativa**, riservata al coniuge superstite, ai figli del personale delle Forze armate, delle Forze dell'ordine; del Corpo nazionale dei vigili del fuoco e del personale della polizia municipale deceduto nell'espletamento del servizio, nonché delle vittime del terrorismo e della criminalità organizzata.

Al fine di favorire l'*integrazione dei disabili nel mondo del lavoro*, gli artt. 39bis, 39ter e 39quater (inseriti dal D.Lgs. 75/2017) prevedono rispettivamente che:

— presso il Dipartimento della Funzione pubblica venga istituita la **Consulta nazionale per l'integrazione in ambiente di lavoro delle persone con disabilità**, con la funzione di proporre alle amministra-

zioni pubbliche iniziative e misure innovative finalizzate al miglioramento dei livelli di occupazione e alla valorizzazione delle capacità e delle competenze dei lavoratori disabili, nonché di monitorare i relativi obblighi posti a capo delle PP.AA.;
- sia nominato, presso ogni P.A., un **responsabile dei processi di inserimento dei disabili**, al fine di garantire un'efficace integrazione nell'ambiente di lavoro delle persone con disabilità, con il compito di curare i rapporti con i centri per l'impiego territorialmente competenti per l'inserimento lavorativo dei disabili, di predisporre gli accorgimenti organizzativi necessari per tali soggetti e di verificare l'attuazione del processo di inserimento, recependo e segnalando ai servizi competenti eventuali situazioni di disagio e di difficoltà di integrazione;
- sia prevista un'apposita **attività di monitoraggio** per la verifica della corretta applicazione della vigente normativa sul collocamento dei disabili, inviando il relativo prospetto informativo alla Funzione pubblica, al Ministero del lavoro e delle politiche sociali e al Centro per l'impiego territorialmente competente.

Infine, ancora in materia di reclutamento (ai sensi dell'art. 70 del D.Lgs. 165/2001) le pubbliche amministrazioni applicano per le parti non incompatibili con quanto previsto dagli artt. 35 e 36 dello stesso decreto n. 165, la disciplina prevista dal D.P.R. 487/1994 (recante *norme sull'accesso agli impieghi nelle pubbliche amministrazioni e le modalità di svolgimento dei concorsi, dei concorsi unici e delle altre forme di assunzione nei pubblici impieghi*). È fatta salva la regolamentazione della materia, emanata in coerenza con i principi suindicati, nell'ambito dei rispettivi ordinamenti.

1.3 Le procedure selettive: principi fondamentali

I procedimenti di selezione per l'accesso del personale nei pubblici uffici sono definiti nel rispetto dei seguenti **principi fondamentali** (art. 35, comma 3, D.Lgs. 165/2001):
- *adeguata pubblicità* della selezione e modalità di svolgimento che garantiscano l'imparzialità e assicurino economicità e celerità di espletamento, ricorrendo, ove opportuno, all'ausilio di sistemi automatizzati, diretti anche a realizzare forme di preselezione;
- *adozione di meccanismi oggettivi e trasparenti*, idonei a verificare il possesso dei requisiti attitudinali e professionali richiesti in relazione alla posizione da ricoprire;
- rispetto delle *pari opportunità* tra lavoratori e lavoratrici;
- *decentramento delle procedure di reclutamento*;
- *composizione delle commissioni esclusivamente con esperti di provata competenza nelle materie di concorso*, scelti fra funzionari delle amministrazioni, docenti ed estranei alle medesime, che non siano componenti dell'organo di direzione politica, che non ricoprano cariche politiche e che non siano rappresentanti sindacali o designati dalle confederazioni ed organizzazioni sindacali o dalle associazioni professionali;
- possibilità di richiedere, tra i requisiti previsti per specifici profili o livelli di inquadramento, il possesso del *titolo di dottore di ricerca* o dal master universitario di secondo livello.

È utile, inoltre, evidenziare che, mediante disposizioni specifiche del bando di concorso, è garantito il **principio della parità di condizioni per l'accesso ai pubblici uffici** con riferimento al luogo di residenza dei concorrenti (cd. *territorializzazione delle procedure concorsuali*) quando tale requisito sia strumentale all'assolvimento di servizi altrimenti non attuabili o almeno non attuabili con identico risultato (comma 5ter, art. 35, D.Lgs. 165/2001).

1.4 La procedura concorsuale

Le amministrazioni pubbliche possono avviare le procedure di reclutamento mediante concorso pubblico sulla base del Piano triennale dei fabbisogni approvato (vedi *infra*).

L'atto con il quale l'amministrazione *manifesta all'esterno* la propria volontà di procedere a una selezione di personale, invitando gli interessati a far conoscere la loro eventuale intenzione di partecipare, è il **bando di concorso**.

Questo viene **pubblicato**, di regola, nella Gazzetta Ufficiale della Repubblica Italiana (IV serie speciale concorsi ed esami) o nel Bollettino Ufficiale della Regione di appartenenza dell'ente cui si riferiscono i posti di lavoro messi a concorso. In genere, viene pubblicato anche sul *sito internet* dell'ente che bandisce il concorso.

Il bando, pertanto, riveste un ruolo fondamentale nei concorsi: esso, in genere, reca non solo la descrizione dei posti per cui si concorre (e l'eventuale presenza di riserve di posti) ma anche dei **requisiti di ammissione**, della modalità di presentazione della domanda, dell'indicazione dei criteri con cui si giungerà alla graduatoria finale, dei criteri di valutazione dei titoli degli aspiranti concorrenti ecc.

In particolare i requisiti generali che devono essere posseduti alla data di scadenza della domanda (individuati dall'art. 2 del D.P.R. 487/1994) sono:

— cittadinanza italiana ed europea;
— età non inferiore a 18 anni;
— godimento dei diritti politici;
— titolo di studio.

I bandi di concorso prevedono anche l'accertamento della conoscenza dell'uso delle *apparecchiature e applicazioni informatiche più diffuse* e della *lingua inglese*, nonché, ove opportuno in relazione al profilo professionale richiesto, di altre lingue straniere (art. 37, D.Lgs. 165/2001).

I vincitori dei concorsi devono **permanere nella sede di prima destinazione per un periodo non inferiore a 5 anni**. Lo stabilisce il comma 5bis dell'art. 35 del D.Lgs. 165/2001. Trattasi oltretutto di una disposizione inderogabile dai contratti collettivi.

Mentre il comma 5ter stabilisce che **le graduatorie dei concorsi** per il reclutamento del personale presso le amministrazioni pubbliche rimangono vigenti per un termine di due anni dalla data di approvazione, fatti salvi i periodi di urgenza inferiori previsti da leggi regionali (anche se numerosi provvedimenti nel tempo hanno disposto blocchi di assunzioni e proroghe delle graduatorie o ancora l'utilizzo di graduatorie scadute).

Tuttavia si tenga presente che l'art. 91, comma 4 del D.Lgs. 267/2000 prevede per gli **enti locali** che le **graduatorie rimangono efficaci per un termine di tre anni** dalla data di pubblicazione.

L'art. 35 del D.Lgs. 165/2001 al comma 7 dispone che il regolamento sull'ordinamento degli uffici e dei servizi degli enti locali disciplina le *dotazioni organiche*, le *modalità di assunzione* agli impieghi, i *requisiti di accesso* e le *procedure concorsuali*, nel rispetto dei principi fissati nel medesimo art. 35.

2 L'organizzazione degli uffici e il «fabbisogno di personale»

L'art. 6 del D.Lgs. 165/2001 prevede, quale *criterio guida* nell'organizzazione degli uffici pubblici, il *fabbisogno del personale* laddove stabilisce che:

— le amministrazioni pubbliche definiscono l'organizzazione degli uffici **in conformità al Piano triennale dei fabbisogni** (e non più in riferimento alla dotazione organica), adottando gli atti previsti dai rispettivi ordinamenti previa informazione sindacale, ove prevista nei CCNL (comma 1);
— allo scopo di ottimizzare l'impiego delle risorse pubbliche disponibili e di perseguire obiettivi di *performance* organizzativa, efficienza, economicità e qualità dei servizi ai cittadini, le amministrazioni devono adottare il **Piano triennale dei fabbisogni di personale** in coerenza con la pianificazione pluriennale delle attività e della *performance*, nonché con le **linee di indirizzo per la pianificazione** delle medesime adottate con appositi D.P.C.M.
  Nell'ambito di tale Piano, le amministrazioni sono tenute a procedere all'ottimale distribuzione delle risorse umane attraverso la coordinata attuazione dei processi di mobilità e di reclutamento del personale (comma 2). Il Piano triennale, a tale scopo, deve indicare le ri-

sorse finanziarie destinate alla sua stessa attuazione, nei limiti delle risorse quantificate sulla base della spesa per il personale in servizio e di quelle connesse alle facoltà assunzionali previste a legislazione vigente;

— in sede di definizione del Piano, ciascuna amministrazione **deve indicare la consistenza della dotazione organica e la sua eventuale rimodulazione in base ai fabbisogni programmati** e secondo le linee di indirizzo citate, nell'ambito del potenziale limite finanziario massimo garantendo la neutralità finanziaria della rimodulazione. In ogni caso, la copertura dei posti vacanti avviene nei limiti delle assunzioni consentite a legislazione vigente (comma 3).

Nelle *amministrazioni statali*, il Piano, adottato annualmente dall'organo di vertice, è approvato, anche per le finalità di reclutamento, con *D.P.C.M.*, su proposta del Ministro competente, di concerto con il Ministro dell'economia e delle finanze. Per *le altre amministrazioni pubbliche* il piano, adottato annualmente, è approvato secondo le modalità previste dalla *disciplina dei propri ordinamenti*, assicurando la preventiva informazione sindacale, ove prevista nei contratti collettivi nazionali.

Specificamente per gli **enti locali**, il comma 5 dell'art. 89 del Testo unico degli enti locali prevede che essi, nel rispetto dei principi fissati dallo stesso testo unico, debbano provvedere alla **rideterminazione** delle proprie dotazioni organiche, nonché all'organizzazione e gestione del personale nell'ambito della propria **autonomia normativa** ed **organizzativa** con i soli limiti derivanti dalle proprie capacità di bilancio e dalle esigenze di esercizio delle funzioni, dei servizi e dei compiti loro attribuiti.

Per ciò che concerne le competenze, il comma 6 del citato art. 89 prevede che le determinazioni per l'organizzazione degli uffici e le misure inerenti alla gestione dei rapporti di lavoro siano **assunte** (nel rispetto delle disposizioni legislative e dei regolamenti sull'ordinamento generale degli uffici e dei servizi) **dai soggetti preposti alla gestione** con le capacità e i poteri del privato datore di lavoro.

3 Costituzione del rapporto di lavoro

Il **rapporto di servizio** tra l'amministrazione e il dipendente si instaura con l'*atto di assunzione* avente ad oggetto la prestazione lavorativa del dipendente medesimo.

In base all'art. 19 del CCNL 21 maggio 2018, Comparto funzioni locali, il rapporto di lavoro a tempo indeterminato o determinato è costituito e regolato da **contratti individuali** e dal **contratto collettivo**, nel rispetto delle disposizioni di legge e della normativa comunitaria.

Inoltre il **rapporto di lavoro a tempo indeterminato e a tempo pieno** costituisce la **forma ordinaria** di rapporto di lavoro per tutte le amministrazioni del Comparto.

Gli elementi che devono essere indicati nel **contratto di lavoro individuale**, per il quale è richiesta la **forma scritta**, sono:

a) tipologia del rapporto di lavoro;
b) data di inizio del rapporto di lavoro;
c) categoria e profilo professionale di inquadramento;
d) posizione economica iniziale;
e) durata del periodo di prova;
f) sede di lavoro;
g) termine finale in caso di rapporto di lavoro a tempo determinato.

Il contratto individuale specifica che il rapporto di lavoro è regolato dai contratti collettivi nel tempo vigenti anche per le cause di risoluzione del contratto di lavoro e per i termini di preavviso.

Il dipendente assunto in servizio a tempo indeterminato è soggetto ad un **periodo di prova**; modalità e termini di quest'ultimo sono fissati dall'art. 20 del CCNL.

Ai sensi dell'art. 21 del CCNL del 21 maggio 2018 per ogni dipendente, la struttura organizzativa cui compete la gestione delle risorse umane conserva, in un apposito fascicolo personale, anche digitale, tutti gli **atti** e i **documenti**, prodotti dall'amministrazione o dallo stesso dipendente, che attengono al percorso professionale, formativo e di carriera, nonché all'attività svolta ed ai fatti che lo riguardano.

Per ciò che concerne i diritti in merito alla *tutela della riservatezza*, il comma 2 dell'art. 21 cit. stabilisce che relativamente al contenuto del fascicolo personale è assicurata la *riservatezza* dei dati personali secondo le disposizioni vigenti in materia. Il dipendente ha diritto, in ogni caso, a *prendere visione degli atti e documenti inseriti nel proprio fascicolo personale*.

4 Orario di lavoro e orario di servizio

L'**orario di lavoro** è la misura della prestazione lavorativa, cioè il **periodo di tempo giornaliero** durante il quale il dipendente assicura la propria prestazione nell'ambito del rapporto di servizio.

L'**orario di servizio** è il periodo di tempo giornaliero necessario per assicurare la funzionalità delle strutture degli uffici pubblici e l'erogazione dei servizi all'utenza.

L'**orario di apertura al pubblico** è, invece, il periodo di tempo giornaliero che, nell'ambito dell'orario di servizio, costituisce la fascia oraria di accesso ai servizi da parte dell'utenza.

La regolamentazione relativa all'**orario di lavoro** nel comparto funzioni locali è contenuta nell'art. 22 del CCNL del 21 maggio 2018 laddove è previsto che l'**orario ordinario di lavoro è di 36 ore settimanali** ed è funzionale all'*orario di servizio* e di *apertura al pubblico*.

Esso è articolato su *cinque giorni*, fatte salve le esigenze dei servizi da erogarsi con carattere di continuità, che richiedono orari continuativi o prestazioni per tutti i giorni della settimana o che presentino particolari esigenze di collegamento con le strutture di altri uffici pubblici.

La suddetta regolamentazione avviene in conformità alle disposizioni normative vigenti ed, in particolare, al **D.Lgs. 66/2003**, contenente i principi in materia di **organizzazione dell'orario di lavoro** che si applicano al settore pubblico e privato, che fissa in 40 ore settimanali l'orario normale di lavoro, dando la *possibilità ai contratti collettivi di lavoro di stabilire, ai fini contrattuali, una durata minore* e riferire l'orario normale alla durata media delle prestazioni lavorative in un periodo non superiore all'anno.

Ancora, la durata dell'orario di lavoro non può superare la media delle 48 ore settimanali, comprensive del lavoro straordinario, calcolata con riferimento ad un arco temporale di sei mesi.

I **criteri** che deve rispettare l'ente nell'**articolazione dell'orario di lavoro** sono stabiliti dallo stesso articolo 22 e sono:

- l'ottimizzazione dell'impiego delle risorse umane;
- il miglioramento della qualità delle prestazioni;
- l'ampliamento della fruibilità dei servizi da parte dell'utenza;
- il miglioramento dei rapporti funzionali con altri uffici ed altre amministrazioni.

Nel rispetto di quanto previsto sopra, per la realizzazione dei suddetti criteri possono essere adottate, anche coesistendo, le seguenti tipologie di orario:

a) **orario flessibile**: si realizza con la previsione di fasce temporali entro le quali sono consentiti l'inizio ed il termine della prestazione lavorativa giornaliera, secondo quanto previsto all'art. 27;
b) **turnazioni**: che consistono nella rotazione ciclica dei dipendenti in articolazioni orarie prestabilite, secondo la disciplina dell'art. 23;
c) **orario multiperiodale**: consiste nel ricorso alla programmazione di calendari di lavoro plurisettimanali con orari superiori o inferiori alle trentasei ore settimanali nel rispetto del monte ore previsto, secondo le previsioni dell'art. 25.

5 I diritti patrimoniali e non patrimoniali

5.1 La retribuzione

Nell'ambito dei diritti patrimoniali dell'impiegato pubblico sono ricompresi il *diritto alla retribuzione*, quale complessivo trattamento economico derivante dal lavoro prestato; il diritto al *trattamento di fine rapporto* e alle *indennità speciali*. Con riferimento alla **retribuzione**, essa si articola, in genere, in un **trattamento fondamentale**, comprensivo delle voci a carattere fisso e continuativo (lo *stipendio tabellare*), e in un **trattamento accessorio**, costituito da emolumenti eventuali ed occasionali (*indennità di amministrazione* e altre indennità e voci). La retribuzione viene calcolata su base annua ma corrisposta a cadenza mensile; ciò vale in generale, salvo che per quelle voci del trattamento economico accessorio per le quali la contrattazione decentrata prevede diverse modalità temporali di erogazione. Inoltre, essendo esso il corrispettivo per la quantità e la qualità del servizio prestato, viene commisurato anche al diverso grado di articolazione e specializzazione delle mansioni svolte ed al grado di responsabilità o di rischio che ogni singolo lavoratore assume a proprio carico in base all'inquadramento che ha ricevuto all'atto dell'assunzione o del passaggio alla qualifica superiore.

In relazione al trattamento economico del pubblico dipendente occorre innanzitutto richiamare la **disciplina costituzionale** di cui all'**art. 36**, relativa all'*adeguatezza della retribuzione*. Inoltre, la disciplina generale del trattamento economico è contenuta nell'art. 45 del D.Lgs. 165/2001 secondo cui il **trattamento economico fondamentale ed accessorio** (fatto salvo quanto previsto all'art. 40, commi 3ter e 3quater, e all'art. 47bis, comma 1 dello stesso T.U.) **è definito dai contratti collettivi** (comma 1).

Le amministrazioni pubbliche garantiscono ai propri dipendenti *parità di trattamento contrattuale* e comunque *trattamenti non inferiori a quelli previsti dai rispettivi contratti collettivi* (comma 2).

Per primo, l'art. 28 del CCNL Regioni e Autonomie locali del 6-7-1995 (quadriennio 1994-1997) ha definito la struttura della retribuzione del personale delle amministrazioni del comparto, suddividendola in *trattamento fondamentale e trattamento accessorio*.

Nel dettaglio, la retribuzione corrisposta al personale dipendente dagli enti del comparto Regioni-Autonomie locali è stata definita dal CCNL 9-5-2006 (art. 10) come segue:

a) **retribuzione mensile** che è costituita dal valore economico mensile previsto per la posizione iniziale di ogni categoria (A1, B1, C1, D1) nonché per le altre posizioni d'accesso previste nelle categorie B e D (B3 e D3) e dall'indennità integrativa speciale, conglobata ai sensi dell'art. 29, comma 3, del CCNL del 22-1-2004;
b) **retribuzione base mensile** che è costituita dal valore della retribuzione mensile di cui alla lettera a, dagli incrementi economici derivanti dalla progressione economica nella categoria, dagli assegni personali non riassorbibili di cui all'art. 29, comma 4, del CCNL del 22-1-2004 nonché dagli altri assegni personali, riassorbibili, di cui all'art. 9, comma 1;
c) **retribuzione individuale mensile** che è costituita dalla retribuzione base mensile di cui alla precedente lettera b, dalla retribuzione individuale di anzianità, dalla retribuzione di posizione nonché da altri eventuali assegni personali a carattere continuativo e non riassorbibile;
d) **retribuzione globale di fatto** mensile o annuale che è costituita dall'importo della retribuzione individuale per 12 mensilità cui si aggiunge il rateo della 13ª mensilità nonché l'importo annuo della retribuzione variabile e delle indennità contrattuali percepite nel mese o nell'anno di riferimento, ivi compresa l'indennità di comparto di cui all'art. 33 del CCNL del 22-1-2004; sono esclusi le somme corrisposte a titolo di rimborso spese o a titolo di indennizzo nonché quelle pagate per trattamento di missione fuori sede e per trasferimento.

5.2 Il diritto all'ufficio

Tra i diritti non patrimoniali vi rientra il diritto all'ufficio, come **diritto alla permanenza nel rapporto di lavoro**; esso non comporta un diritto assoluto ed incondizionato di rimanere in servizio, ma comporta la pretesa da parte dell'impiegato di non essere rimosso dall'impiego, se non nelle ipotesi e con le garanzie stabilite dalla legge e dalla contrattazione collettiva.

5.3 Il diritto allo svolgimento delle mansioni e le progressioni

Nel pubblico impiego la disciplina generale delle **mansioni**, consistenti nell'insieme dei compiti e delle concrete operazioni che il lavoratore è chiamato ad eseguire, si rinviene all'art. 52 del D.Lgs. 165/2001, secondo cui il prestatore di lavoro può essere adibito:

— alle mansioni per le quali è stato assunto;
— alle mansioni equivalenti nell'ambito dell'area di inquadramento ovvero a quelle corrispondenti alla qualifica superiore che abbia successivamente acquisito per effetto delle procedure selettive di cui all'art. 35, comma 1, D.Lgs. 165/2001.

L'esercizio di fatto di mansioni non corrispondenti alla qualifica di appartenenza non ha effetto ai fini dell'inquadramento del lavoratore o dell'assegnazione di incarichi di direzione.

Per obiettive esigenze di servizio è prevista anche la possibilità che il dipendente venga **adibito a mansioni proprie della categoria immediatamente superiore**, ma soltanto nei casi individuati al comma 2, ovvero:

a) *vacanza di posto in organico*, per non più di sei mesi, prorogabili fino a dodici qualora siano state avviate le procedure per la copertura dei posti vacanti;
b) *sostituzione di altro dipendente* assente con diritto alla conservazione del posto, con esclusione dell'assenza per ferie, per la durata dell'assenza.

In tali ipotesi, per il periodo di effettiva prestazione, il lavoratore ha diritto al trattamento previsto per la qualifica superiore.

Al riguardo occorre precisare che si considera svolgimento di mansioni superiori soltanto **l'attribuzione in modo prevalente, sotto il profilo qualitativo, quantitativo e temporale dei compiti propri di dette mansioni**.

Al di fuori dei casi indicati **l'assegnazione è nulla** ma al lavoratore è corrisposta la differenza di trattamento economico con la qualifica superiore; il dirigente che ha disposto l'assegnazione, se ha agito con dolo o colpa grave, risponde personalmente del maggior onere conseguente.

Il CCNL 31 marzo 1999 (Comparto regioni ed autonomie locali), nel richiamare la disciplina generale, afferma il principio della piena fungibilità delle mansioni collocate all'interno di una medesima categoria ovvero dell'esigibilità di tutte le mansioni ascrivibili a ciascuna categoria in quanto professionalmente equivalenti (art. 3, comma 2).

Esso, inoltre, precisa che l'assegnazione di mansioni equivalenti costituisce atto di esercizio del potere determinativo dell'oggetto del contratto di lavoro.

La contrattazione collettiva (art. 3, comma 3 del CCNL 31 marzo 1999) precisa che l'ipotesi di mansioni superiori, costituisce il **solo atto lecito di esercizio del potere modificativo** e che, salvo diversa disciplina contrattuale, l'assegnazione temporanea a mansioni superiori è regolata dai commi 2-4 dell'art. 56 D.Lgs. 29/1993 ora confluiti nel suddetto art. 52 del D.Lgs. 165/2001.

Il CCNL 14 settembre 2000, all'art. 8, completa la disciplina delle mansioni superiori prevista dal D.Lgs. 165/2001 laddove stabilisce che il conferimento delle mansioni superiori anche attraverso rotazione tra più dipendenti, è **disposto dal dirigente** o, **per gli enti privi di dirigenza**, **dal responsabile del servizio**, nell'ambito delle risorse espressamente assegnate per tale finalità secondo la programmazione dei fabbisogni ed è **comunicato per iscritto al dipendente incaricato**. I criteri generali per il conferimento delle mansioni sono definiti dagli enti previa concertazione ai sensi dell'art. 8 del CCNL 1° aprile 1999.

Quanto alle **progressioni**, che consistono in «mutamenti» della prestazione lavorativa esse, partendo dall'inquadramento dei dipendenti pubblici in almeno tre distinte aree funzionali, si distinguono in **economiche**, laddove si sostanzino in scatti da una posizione economica all'altra nell'ambito della medesima area funzionale, e **di carriera**, nel caso riguardino avanzamenti di posizione da un'area contrattuale a quella superiore (art. 52, comma 1bis, D.Lgs. 165/2001 e successive modifiche).

Le **progressioni all'interno della stessa area** (progressioni orizzontali) avvengono secondo *princìpi di selettività*, in funzione delle qualità culturali e professionali e dell'esperienza maturata, dell'attività svolta e dei risultati conseguiti, attraverso l'attribuzione di fasce di merito.

Fatta salva una riserva di almeno il 50% delle posizioni disponibili destinata all'accesso dall'esterno, le **progressioni fra le aree e, negli enti locali, anche fra qualifiche diverse**, avvengono invece **tramite procedura comparativa** basata:

— sulla valutazione positiva conseguita dal dipendente negli ultimi tre anni in servizio;
— sull'assenza di provvedimenti disciplinari;
— sul possesso di titoli o competenze professionali ovvero di studio ulteriori rispetto a quelli previsti per l'accesso all'area dall'esterno;
— sul numero e sulla tipologia degli incarichi rivestiti.

La valutazione positiva conseguita dal dipendente per almeno tre anni costituisce titolo rilevante ai fini della progressione economica e dell'attribuzione dei posti riservati nei concorsi per l'accesso all'area superiore.

Il CCNL Funzioni locali 2016-2018 all'art. 16 disciplina le progressioni economiche all'interno della categoria per una quota limitata di dipendenti e tenuto conto del requisito minimo di permanenza nella posizione di godimento di almeno 24 mesi.

È previsto, al pari della disciplina generale, il criterio della selettività; l'attribuzione avviene, inoltre, tenendo conto della valutazione della *performance* individuale del triennio precedente l'anno di attivazione dell'istituto.

5.4 I diritti sindacali

Il **diritto dei lavoratori di costituire ed aderire ad associazioni sindacali**, per la tutela in forma collettiva dei comuni interessi professionali, nonché quello, collegato, di **svolgere attività sindacali**, ed il **diritto di sciopero** è riconosciuto e garantito nel nostro ordinamento dalla Carta costituzionale (art. 39 Cost.).

La fonte normativa più importante dopo la Costituzione in materia di libertà e attività sindacale è la **L. 20 maggio 1970, n. 300**, meglio nota come *Statuto dei lavoratori*.

Ad esso fa riferimento l'art. 42, D.Lgs. 165/2001 laddove espressamente stabilisce che nelle pubbliche amministrazioni la *libertà e l'attività sindacale sono tutelate nelle forme previste dallo Statuto dei lavoratori*.

Lo stesso art. 42 attribuisce, in particolare, ai seguenti **due organismi di rappresentanza** dei lavoratori l'esercizio dei diritti sindacali di cui al Titolo III dello Statuto:

— le *rappresentanze sindacali dei lavoratori* (**R.S.A.**), che possono essere costituite in ciascuna amministrazione o enti con più di 15 dipendenti dalle organizzazioni sindacali in possesso dei requisiti di rappresentatività per la contrattazione collettiva ai sensi dell'art. 43, D.Lgs. 165/2001;
— un *organismo di rappresentanza unitaria del personale* (**R.U.P.** o **R.S.U.**), mediante elezioni alle quali è garantita la partecipazione di tutti i lavoratori. Per la costituzione di tale organismo, è garantita la facoltà di presentare liste, oltre che alle organizzazioni sindacali dotate di rappresentatività ai sensi dell'art. 43, D.Lgs. 165/2001, anche alle altre organizzazioni sindacali.

Il contratto collettivo di comparto stipulato l'1-4-1999, infine, riconosce, alla luce dell'art. 9, D.Lgs. 165/2001, ai lavoratori rappresentati dalle organizzazioni sindacali di categoria firmatarie del contratto di comparto ed alle R.S.U., **diritti di informazione** (art. 7) e **concertazione** (art. 8, sostituito dall'art. 6 del CCNL del 22-1-2004), anche relativamente agli atti interni di organizzazione aventi riflessi sul rapporto di lavoro.

5.5 Il diritto di sciopero e i servizi pubblici essenziali

In base all'art. 40 Cost. il **diritto di sciopero** si esercita nell'ambito delle leggi che lo regolano. Titolari del diritto di sciopero sono i lavoratori dipendenti privati (v. L. 300/1970, cd. Statuto dei lavoratori) e pubblici ai quali, si ricorda, il D.Lgs. 165/2001 estende quanto sancito dallo Statuto dei lavoratori. Tuttavia, per i pubblici dipendenti tale esercizio non deve compromettere funzioni e servizi pubblici essenziali, che hanno carattere di preminente interesse generale.

Soltanto nel 1990 il legislatore ha approvato la legge (n. 146) di regolamentazione dello sciopero nei servizi pubblici definiti essenziali (successivamente modificata ed integrata con la L. 83/2000).

Ebbene, in attuazione delle disposizioni contenute nella suddetta L. 146/1990 e successive modifiche, è stato stipulato l'**Accordo collettivo nazionale** in materia di **norme di garanzia di funzionamento dei servizi pubblici essenziali nell'ambito del comparto Regioni ed autonomie locali** il 19 settembre 2002 (e integrato dall'Accordo siglato l'8 marzo 2016). Esso individua all'art. 2 i servizi da considerare essenziali, che sono:

- stato civile e servizio elettorale;
- igiene, sanità ed attività assistenziali;
- attività di tutela della libertà della persona e della sicurezza pubblica;
- produzione e distribuzione di energia e beni di prima necessità, nonché la gestione e la manutenzione dei relativi impianti, limitatamente a quanto attiene alla sicurezza degli stessi;
- raccolta e smaltimento dei rifiuti urbani e speciali;
- trasporti;
- servizi concernenti l'istruzione pubblica;
- servizi del personale;
- servizi culturali: vigilanza sui beni culturali, nonché apertura al pubblico regolamentata di musei ed altri istituiti e luoghi di cultura.

Nell'ambito dei servizi essenziali è garantita esclusivamente la continuità di talune prestazioni individuali per assicurare il rispetto dei valori e dei diritti costituzionalmente tutelati.

5.6 Diritti personali e altri diritti di natura non patrimoniale

I **diritti personali** del pubblico dipendente sono quelli inerenti alla personalità dell'individuo, costituzionalmente garantiti, concernenti l'*integrità fisica*, la *salute*, la *libertà*, la *dignità*, la riservatezza e le pari opportunità.

In particolare, con riferimento al **diritto alla salute e alla sicurezza sul lavoro** la fonte normativa si rinviene nel D.Lgs. 9 aprile 2008, n. 81 che intende la salute in senso ampio, ovvero come «*stato di completo benessere fisico, mentale e sociale, non consistente solo in un'assenza di malattia o d'infermità*».

Quanto al **diritto alla riservatezza**, esso impone alle pubbliche amministrazioni il rispetto di particolari condizioni per il trattamento dei dati sensibili del pubblico dipendente, tra cui un posto di preminenza spetta a quelli idonei a rivelare lo stato di salute.

Tra gli altri diritti di natura non patrimoniale si cita il **diritto al riposo** in base al quale il lavoratore ha diritto a godere delle *ferie* ed assentarsi per motivi particolari, mediante permessi o in caso di malattia.

6 Ferie

In base a quanto dispone l'art. 36 Cost., il lavoratore ha diritto a **ferie annuali retribuite** e non può rinunziarvi. L'art. 2109 c.c., applicabile al pubblico impiego, attribuisce al **dipendente un periodo annuale di ferie retribuito**, possibilmente continuativo, nel tempo che l'imprenditore stabilisce tenuto conto delle esigenze dell'impresa e degli interessi del prestatore di lavoro.

Così come stabilisce l'art. 28 del CCNL del 21 maggio 2018 del Comparto delle Funzioni locali il dipendente **ha diritto**, *in ogni anno* di servizio, ad un **periodo di ferie retribuito**; lo stesso articolo precisa che le ferie **sono un diritto irrinunciabile e non sono monetizzabili**. Le ferie maturate e non godute per esigenze di servizio sono monetizzabili solo all'atto della cessazione del rapporto di lavoro, nei limiti delle vigenti norme di legge e delle relative disposizioni applicative.

In caso di distribuzione dell'orario settimanale di lavoro su cinque giorni, la durata delle ferie è di 28 giorni lavorativi; in caso di distribuzione dell'orario settimanale di lavoro su sei giorni, la durata del periodo di ferie è di 32 giorni. Per i dipendenti assunti per la prima volta in una pubblica amministrazione, a seconda che l'articolazione oraria sia su cinque o su sei giorni, la durata delle ferie è rispettivamente di 26 e di 30 giorni lavorativi.

È altresì considerato giorno festivo la ricorrenza del Santo patrono della località in cui il dipendente presta servizio, purché ricadente in un giorno lavorativo.

Per ciò che concerne le modalità di fruizione esse sono fruite, previa autorizzazione, nel corso di ciascun anno solare, in periodi compatibili con le esigenze di servizio, tenuto conto delle richieste del dipendente.

Gli artt. 29 e 30 del CCNL del Comparto Funzioni locali del 2018 contengono rispettivamente la *disciplina sperimentale delle ferie fruibili ad ore* e delle *ferie e riposi solidali*.

Il primo strumento è attuabile, entro un monte ore annuale predeterminato, per le *Regioni* e gli *enti regionali*, il secondo, applicabile, per *tutti i dipendenti del Comparto* e consiste nella possibilità per il dipendente di cedere (su base volontaria e a titolo gratuito) giornate di ferie e riposi (in tutto o in parte) ad altri dipendenti che abbiano esigenza di prestare assistenza ai figli minori che necessitino di cure costanti per particolari condizioni di salute.

7 Permessi

7.1 Permessi retribuiti

L'istituto dei **permessi retribuiti** si sostanzia in ipotesi, caratterizzate da una specifica motivazione e durata, in presenza delle quali è **consentito al dipendente assentarsi dal lavoro** senza alcuna decurtazione del trattamento economico.

Secondo quanto stabilisce l'art. 31 del CCNL del 21 maggio 2018 a domanda del dipendente sono concessi permessi retribuiti per i seguenti casi da documentare debitamente:

- 8 giorni all'anno per la *partecipazione a concorsi od esami*, limitatamente ai giorni di svolgimento delle prove;
- 3 giorni consecutivi per evento in caso di *lutti per coniuge, parenti entro il secondo grado ed affini entro il primo grado o il convivente*;
- 15 giorni consecutivi in occasione del *matrimonio*.

I permessi di cui sopra, non riducono le ferie e sono valutati agli effetti dell'anzianità di servizio.

Trattandosi di permessi retribuiti, al dipendente spetta l'intera retribuzione esclusi i compensi per il lavoro straordinario, le indennità connesse a particolari condizioni di lavoro e quelle che non siano corrisposte per dodici mensilità.

Oltre ai permessi regolamentati dall'art. 31 la contrattazione collettiva riconosce al dipendente (artt. 32 e 33 del CCNL 21 maggio 2018 del Comparto Funzioni locali) permessi orari retribuiti per particolari motivi personali o familiari e **permessi previsti da particolari disposizioni di legge**.

Nell'ambito di questi ultimi rientrano i **tre giorni da fruire ai sensi della L. 104/1992** che regolamenta l'assistenza, l'integrazione sociale e i diritti delle persone handicappate; nello specifico l'art. 33 prevede che tali permessi possono essere utilizzati anche ad ore (nel limite massimo di 18 ore mensili) e che devono essere predisposti con una *programmazione mensile* da comunicare all'ufficio di appartenenza all'inizio di ogni mese.

7.2 Permessi brevi

Diversi dai permessi retribuiti sono i **permessi brevi** (art. 33bis del CCNL 21 maggio 2018), fruibili per esigenze di tipo personale e che possono essere concessi (su valutazione del dirigente o responsabile preposto all'unità organizzativa), nei limiti della metà dell'orario giornaliero di lavoro purché questo sia costituito da almeno quattro ore consecutive. Tali permessi non possono comunque superare le 36 ore annue.

I permessi di tale tipo danno luogo, a differenza di quelli retribuiti, a tempo non lavorato che va recuperato (secondo modalità individuate dal dirigente), entro il mese successivo a quello del giorno in cui si chiede il permesso. In caso di mancato recupero si ha la proporzionale decurtazione della retribuzione.

7.3 Permessi straordinari per studio

Così come dispone l'art. 45 del CCNL del 21 maggio 2018 ai dipendenti sono concessi **permessi straordinari retribuiti**, nella misura massima di 150 ore individuali per ciascun anno solare per la partecipazione a corsi destinati al conseguimento di titoli di studio universitari, post-universitari, di scuole di istruzione primaria, secondaria e di qualificazione professionale, statali, pareggiate o legalmente riconosciute o comunque abilitate al rilascio di titoli di studio legali o attestati professionali riconosciuti dall'ordinamento pubblico o, infine, per sostenere i relativi esami.

I permessi straordinari retribuiti possono essere concessi nel limite massimo del 3% del personale in servizio a tempo indeterminato presso ciascuna amministrazione all'inizio di ogni anno.

Al personale interessato ai corsi è riconosciuto il diritto all'assegnazione a turni di lavoro che agevolino la frequenza ai corsi stessi e la preparazione agli esami; non può essere obbligato a prestazioni di lavoro straordinario né al lavoro nei giorni festivi di riposo settimanale (comma 5).

8 Assenze

8.1 Assenze per malattia

Il **controllo sulle assenze per malattia** è disciplinato dall'art. 55septies del D.Lgs. 165/2001 secondo cui, in caso di assenza per malattia protratta per un *periodo superiore a dieci giorni*, e, in ogni caso, dopo il secondo evento di malattia nell'anno solare l'assenza viene giustificata esclusivamente mediante **certificazione medica** rilasciata da una **struttura sanitaria pubblica** o da un **medico convenzionato con il SSN**. I controlli sulla validità delle suddette certificazioni restano in capo alle singole amministrazioni pubbliche interessate.

In tutti i casi di assenza per malattia la **certificazione medica è inviata per via telematica**, direttamente dal medico o dalla struttura sanitaria che la rilascia, all'**INPS**, che, a sua volta, immediatamente la *rende disponibile* con le medesime modalità, all'amministrazione interessata.

L'**inosservanza degli obblighi** di trasmissione per via telematica della certificazione medica **costituisce illecito disciplinare** e, in caso di reiterazione, comporta l'*applicazione della sanzione del licenziamento* ovvero, per i medici in rapporto convenzionale con le aziende sanitarie locali, della *decadenza dalla convenzione*. Affinché si configuri l'ipotesi di illecito devono ricorrere l'elemento oggettivo dell'*inosservanza dell'obbligo di trasmissione* e l'elemento soggettivo del *dolo* o della *colpa*.

Gli **accertamenti medico-legali** sui dipendenti assenti dal servizio per malattia **sono effettuati** (a decorrere dal *1° settembre 2017*), sul territorio nazionale, **in via esclusiva dall'Inps** d'ufficio o su richiesta, con oneri a carico dell'Inps che provvede nei limiti delle risorse trasferite.

L'**amministrazione dispone il controllo** sulle **assenze per malattia** valutando la condotta complessiva del dipendente e gli oneri connessi all'effettuazione della visita avuto riguardo il fine di prevenire l'assenteismo. Il **controllo è in ogni caso richiesto sin dal primo giorno** quando l'assenza si verifica nelle giornate precedenti o successive a quelle non lavorative.

Il Regolamento recante modalità per lo svolgimento delle visite fiscali e per l'accertamento delle assenze dal servizio per malattia, nonché l'individuazione delle fasce orarie di reperibilità è stato emanato con decreto del Dipartimento della funzione pubblica del 17 ottobre 2017, n. 206, in *G.U. n. 302 del 29-12-2017*.

Quanto alla disciplina pattizia, che deve essere coordinata con quanto disposto dalla riportata disciplina generale, è previsto che il dipendente non in prova, **assente per malattia**, ha diritto alla **conservazione del posto per un periodo di diciotto mesi**. Ai fini della maturazione del predetto periodo, si sommano tutte le assenze per malattia intervenute nei tre anni precedenti l'ultimo episodio morboso in corso (art. 36 del CCNL 21 maggio 2018).

Superato il periodo di cui sopra, al dipendente che ne faccia richiesta può essere concesso di assentarsi per un ulteriore periodo di 18 mesi in casi particolarmente gravi.

Prima di concedere l'ulteriore periodo di assenza di cui al comma 2, l'**ente**, dandone preventiva comunicazione all'interessato o su iniziativa di quest'ultimo, **procede all'accertamento delle sue condizioni di salute**, per il tramite dell'organo medico competente ai sensi delle vigenti disposizioni, al fine di stabilire la sussistenza di eventuali cause di assoluta e permanente inidoneità psico-fisica a svolgere qualsiasi proficuo lavoro.

Superati i periodi di conservazione del posto previsti dai commi 1 e 2, nel caso che il dipendente sia riconosciuto idoneo a proficuo lavoro, ma non allo svolgimento delle mansioni del proprio profilo professionale, l'ente procede secondo quanto previsto dal D.P.R. 171/2011.

Ove non sia possibile applicare il comma 4, oppure nel caso in cui il dipendente sia dichiarato permanentemente inidoneo a svolgere qualsiasi proficuo lavoro, l'**ente, con le procedure di cui al D.P.R. 171/2011, può risolvere il rapporto di lavoro**, previa comunicazione all'interessato, entro 30 giorni dal ricevimento del verbale di accertamento medico, corrispondendo, se dovuta, l'indennità di preavviso.

Sono equiparate alle assenze per malattie (ai fini del computo del periodo di comporto) e sottoposte al medesimo regime economico le **assenze per l'espletamento di visite**, **terapie**, **prestazioni specialistiche** o **esami diagnostici** regolamentate dall'art. 35 del CCNL.

Sono invece escluse dal computo di cui sopra le **assenze in caso di gravi patologie richiedenti terapie salvavita** (art. 37 del CCNL) e quelle dei dipendenti in **particolari condizioni psicofisiche** ovvero nei confronti dei quali sia stato accertato lo stato di tossicodipendenza o di alcoolismo cronico (art. 44 del CCNL), sottoposti a «programmi di recupero».

8.2 Assenze per infortuni sul lavoro o per malattia dovuta a causa di servizio

La regolamentazione degli infortuni sul lavoro e malattie dovute a causa di servizio è contenuta nell'art. 38 del CCNL del 21 maggio 2018 del Comparto Funzioni locali.

Secondo tale disposizione in caso di assenza dovuta ad infortunio sul lavoro, il dipendente ha diritto alla conservazione del posto fino alla guarigione clinica, certificata dall'ente istituzionalmente preposto e, comunque, non oltre il periodo previsto dall'art. 36, commi 1 e 2 dello stesso contratto collettivo.

In tale periodo, al dipendente spetta l'intera retribuzione, comprensiva del trattamento accessorio.

8.3 Assenze collegate alla maternità ed alla paternità

Al personale dipendente dagli enti locali si applicano le disposizioni vigenti in materia di tutela della maternità contenute nella L. 53/2000 e nel **D.Lgs. 151/2001, T.U. in materia di tutela e di sostegno della maternità e della paternità** (modificato dal D.Lgs. 80/2015 cd. *legge sui congedi parentali* che ha introdotto *misure per la conciliazione delle esigenze di cura, di vita e di lavoro*).

Così come dispone l'art. 16, comma 1 del D.Lgs. 151/2001 è fatto **divieto** per il datore di lavoro di **adibire al lavoro la lavoratrice** dai *2 mesi precedenti la data presunta del parto ai 3 mesi successivi allo stesso*.

In virtù della probabile non coincidenza della data presunta del parto e quella effettiva, sono compresi nel periodo di astensione obbligatoria anche i giorni *intercorrenti tra la data presunta e la data effettiva del parto*, ove esso avvenga *dopo* la data presunta.

La medesima tutela si applica anche in caso di **parto anticipato**. In tale ipotesi *i giorni non goduti prima del parto*, qualora lo stesso avvenga in data *anticipata* rispetto a quella presunta, sono *aggiunti* al periodo di congedo di maternità dopo il parto anche se si **supera il limite complessivo di 5 mesi**.

In alternativa a quanto disposto dal comma 1, è riconosciuta alle lavoratrici la facoltà di astenersi dal lavoro **esclusivamente dopo l'evento del parto entro i cinque mesi successivi allo stesso**, a condizione che il medico specialista del Servizio sanitario nazionale o con esso convenzionato e il medico competente ai fini della prevenzione e tutela della salute nei luoghi di lavoro attestino che tale opzione non arrechi pregiudizio alla salute della gestante e del nascituro (comma 1.1).

Nell'ottica di *privilegiare le esigenze di carattere relazionale e affettivo del bambino* si colloca anche l'ulteriore previsione di cui all'art. 16bis in base alla quale, in caso di *ricovero del neonato* in una struttura pubblica o privata, la madre ha diritto di chiedere la sospensione del congedo di maternità e di godere del congedo, in tutto o in parte, dalla data di *dimissione* del bambino.

Il diritto può essere esercitato *una sola volta* per ogni figlio ed è subordinato alla produzione di *attestazione medica* che dichiari la compatibilità dello stato di salute della donna con la ripresa dell'attività lavorativa.

L'astensione obbligatoria, con divieto per il datore di lavoro di adibire la lavoratrice al lavoro, è riconosciuta alla lavoratrice anche *in caso di interruzione della gravidanza* verificatasi *dopo il 180° giorno dall'inizio della gestazione.* In tale caso, però, la lavoratrice può rinunciare a fruire dell'astensione obbligatoria e, dando al datore di lavoro un *preavviso* di 10 giorni, *riprendere in qualunque momento l'attività lavorativa*. La medesima disciplina si applica anche in caso di decesso del bambino alla nascita o durante il congedo di maternità (art. 16, comma 1bis).

L'interruzione, *spontanea* o *terapeutica* della gravidanza, avvenuta *dopo il 180° giorno dall'inizio della gestazione* è considerata equivalente al *parto* e analogamente comporta, per il datore di lavoro, il divieto di adibire la lavoratrice al lavoro nel periodo successivo all'evento.

Diversamente, ovvero per l'interruzione della gravidanza prima del 180° giorno dall'inizio della gestazione, la stessa è qualificata come «malattia».

Il legislatore prevede anche la possibilità (attraverso gli organismi competenti: *ASL* o *Direzione territoriale del lavoro*) di anticipare il periodo di astensione obbligatoria a 3 mesi dalla data presunta del parto in relazione all'occupazione in *lavori* che siano da ritenersi *gravosi o pregiudizievoli* per l'avanzato stato di gravidanza (art. 17 del T.U.) ed altresì di disporre l'interdizione dal lavoro per tutta la durata della gravidanza per:

a) *gravi complicanze della gravidanza* o a *persistenti forme morbose* che si presume possano essere aggravate dallo stato di gravidanza;
b) *condizioni di lavoro o ambientali* ritenute *pregiudizievoli* alla salute della donna e del bambino o anche a *svolgimento* da parte della donna di *lavori pericolosi, faticosi ed insalubri*;
c) quando la lavoratrice *non* può essere spostata ad altre mansioni.

Al padre lavoratore è riconosciuto il **congedo di paternità**, ovvero il diritto ad astenersi dal lavoro per tutta la durata del congedo di maternità, o per la parte residua che sarebbe spettata alla lavoratrice, in caso di *morte* o di *grave infermità della madre* ovvero di *abbandono* o *affidamento esclusivo* del bambino al padre (art. 28 T.U.).

A differenza del congedo di maternità, quello spettante al padre però *non ha il connotato dell'obbligatorietà* per cui non è previsto un analogo divieto di adibizione al lavoro per il datore di lavoro. Inoltre, il congedo di paternità costituisce un *diritto condizionato* all'esistenza di determinati presupposti che riguardano comunque l'assenza della figura materna.

Il padre *lavoratore dipendente* potrà usufruire del congedo di paternità, **anche se la madre è una lavoratrice autonoma** con diritto all'indennità di maternità.

Mediante l'**istituto del congedo parentale**, l'art. 32 del T.U. prevede il **diritto di astenersi dal lavoro, fino a 12 anni di vita del bambino, per la durata massima cumulativa di 10 mesi**, fruibile in alternativa dal padre o dalla madre.

In particolare il diritto di astenersi dal lavoro (congedo parentale) compete:

— alla *madre lavoratrice*, trascorso il periodo di congedo obbligatorio di maternità, per un periodo continuativo o frazionato *non superiore a sei mesi*;
— al *padre lavoratore*, dalla nascita del figlio, per un periodo continuativo o frazionato *non superiore* a *sei mesi*, elevabile a *sette* nel caso in cui il padre lavoratore eserciti il diritto di astenersi dal lavoro per un periodo continuativo o frazionato *non inferiore a tre mesi* (per cui il congedo complessivo sale a undici mesi);
— qualora vi sia *un solo genitore*, per un periodo continuativo o frazionato *non superiore a dieci mesi*.

Il congedo parentale spetta anche a favore dei *genitori adottivi o affidatari*, che possono infatti fruire dell'astensione facoltativa, qualunque sia l'età del minore, entro *12 anni* dall'ingresso del minore in famiglia, e comunque non oltre il raggiungimento della maggiore età.

Per ciò che concerne le modalità di fruizione i lavoratori e le lavoratrici possono usufruire del congedo parentale in un'unica soluzione oppure frazionare i 10 mesi complessivi entro i 12 anni di vita del bambino. Inoltre, ciascun genitore può scegliere tra la fruizione giornaliera e quella su base oraria.

Ed ancora, durante il *primo anno di vita del bambino* la madre lavoratrice fruisce di **due periodi di riposo retribuiti**, anche cumulabili durante la giornata (il riposo è uno solo quando l'orario giornaliero di lavoro è inferiore a sei ore), della durata di un'ora ciascuno, considerati a tutti gli effetti ore lavorative (art. 39 T.U.). Durante tali periodi la lavoratrice può uscire dall'azienda (si tratta dei cosiddetti permessi per allattamento).

I periodi di riposo sono riconosciuti al *padre lavoratore* nelle ipotesi specificamente individuate dall'art. 40 del D.Lgs. 151/2001.

In caso di parto plurimo, i periodi di riposo sono raddoppiati e le ore aggiuntive rispetto a quelle ordinarie possono essere utilizzate anche dal padre.

Il D.Lgs. 151/2001, all'art. 54, conferma, infine, **il divieto assoluto di licenziamento delle lavoratrici**, nonché di sospensione dal lavoro e di collocazione in mobilità, *dall'inizio del periodo di gravidanza fino al compimento di un anno di età del bambino* (comma 1).

In caso di fruizione del *congedo di paternità*, il divieto di licenziamento si applica anche al *padre lavoratore* per la durata del congedo stesso e si estende fino al compimento di un anno di età del bambino (comma 7).

Le disposizioni dell'art. 54 si applicano anche in caso di **adozione e di affidamento**. In tale ipotesi il divieto di licenziamento si applica *fino ad un anno dall'ingresso del minore nel nucleo familiare*.

L'art. 43 del CCNL del 21 maggio 2018 richiama esplicitamente l'applicazione delle norme di cui al D.Lgs. 151/2001 (e successive modifiche ed integrazioni) con le specificazioni contenute nello stesso articolo.

8.4 Altre ipotesi

L'art. 46 del CCNL del 21 maggio 2018 prevede i **congedi per la formazione dei dipendenti** (disciplinati dalla L. 53/2000), che sono concessi salvo comprovate esigenze di servizio, a richiesta ai lavoratori con anzianità di servizio di almeno cinque anni presso la stessa amministrazione (compresi gli eventuali periodi di lavoro a tempo determinato).

Ai sensi dell'art. 47 del CCNL 21 maggio 2018 i dipendenti richiamati alle armi hanno diritto alla conservazione del posto per tutto il periodo di richiamo, che viene computato ai fini dell'anzianità di servizio.

Ancora, l'art. 34 del CCNL (2016-2018) disciplina **i congedi per le donne vittime di violenza**, prevedendo che, ai sensi dell'art. 24 del D.Lgs. 80/2015, la lavoratrice, inserita nei percorsi di protezione relativi alla violenza di genere, debitamente certificati, ha diritto ad astenersi dal lavoro, per motivi connessi a tali percorsi, ciò per un periodo massimo di congedo (utilizzabile su base oraria o giornaliera) di 90 giorni lavorativi, da fruire nell'arco temporale di tre anni, decorrenti dalla data di inizio del percorso di protezione certificato.

9 Aspettativa

L'aspettativa consiste in una *sospensione del rapporto di lavoro finalizzata a conciliare* la prestazione di un lavoro subordinato con *esigenze di natura personale o familiare* o anche con *impegni di rilevanza pubblica.*

I periodi di aspettativa non sono retribuiti e interrompono la decorrenza dell'anzianità di servizio.

L'aspettativa può essere concessa per varie cause:

— per *comprovati motivi personali o di famiglia* (artt. 39 e 40, comma 3 del CCNL 21 maggio 2018);
— per *dottorato di ricerca o borsa di studio* (art. 40 del CCNL 21 maggio 2018);
— per *avvicinamento al coniuge che presti servizio all'estero* (art. 41 del CCNL 21 maggio 2018);
— per *mandato parlamentare* (art. 68, D.Lgs. 165/2001);
— per *mandato amministrativo* (art. 81, D.Lgs. 267/2000);
— per *mandato sindacale* (art. 12, accordo collettivo quadro in tema di utilizzo dei distacchi, aspettative e permessi sindacali siglato il 10 luglio 1998 e le succ. integrazioni);
— per *svolgere attività presso soggetti o organismi, pubblici o privati*, anche operanti in sede internazionale (art. 23bis, D.Lgs. 165/2001).

L'art. 42 del CCNL del 2018 stabilisce che qualora durante il periodo di aspettativa vengano meno i motivi che ne hanno giustificato la concessione, l'ente può invitare il dipendente a riprendere servizio con un preavviso di dieci giorni. Il dipendente, per le stesse motivazioni e negli stessi termini, può riprendere servizio di propria iniziativa.

Inoltre, nei confronti del dipendente che non riprenda servizio alla scadenza del periodo di aspettativa o del termine di cui sopra, salvo i casi di comprovato impedimento, il rapporto di **lavoro è risolto** secondo le procedure dell'art. 59.

Un'ulteriore ipotesi di aspettativa (per un periodo non superiore a dodici mesi) può essere richiesta dai dipendenti pubblici per avviare **attività professionali** e **imprenditoriali** (art. 18, L. 183/2010, *collegato lavoro*).

10 La mobilità

10.1 Mobilità individuale volontaria e obbligatoria

Ai sensi dell'art. 30, comma 1 del T.U. pubblico impiego e successive modifiche le amministrazioni possono ricoprire posti vacanti in organico mediante **passaggio diretto di dipendenti**, appartenenti a una qualifica corrispondente e in servizio presso altre amministrazioni, **che facciano domanda di trasferimento**: si tratta *della mobilità individuale volontaria.*

È richiesto il *previo assenso dell'amministrazione di appartenenza* nei seguenti casi: se si tratti di posizioni dichiarate motivatamente infungibili dall'amministrazione cedente o di personale assunto da meno di tre anni o qualora la mobilità determini una carenza di organico superiore al 20% nella qualifica corrispondente a quella del richiedente.

Il comma 2 dell'art. 30 cit. dispone, invece, che i **dipendenti possono essere trasferiti all'interno della stessa amministrazione** o, previo accordo tra le amministrazioni interessate, **in altra amministrazione**, in sedi collocate nel territorio dello stesso Comune ovvero a distanza non superiore a cinquanta chilometri dalla sede cui sono adibiti. Si tratta della *mobilità obbligatoria* (quella, cioè, non legata ad una richiesta del dipendente ma ad esigenze della P.A.).

I contratti collettivi nazionali possono integrare le procedure e i criteri generali per l'attuazione di quanto previsto in tema di mobilità individuale, mentre sono nulli gli accordi, gli atti o le clausole dei contratti collettivi in contrasto con le stesse.

Le amministrazioni, **prima di procedere all'espletamento di nuove procedure concorsuali**, finalizzate alla copertura di posti vacanti in organico, **devono attivare le procedure di mobilità**, provvedendo in via prioritaria all'immissione in ruolo dei dipendenti, provenienti da altre amministrazioni, anche in posizione di comando e fuori ruolo, appartenenti alla stessa area funzionale; che facciano domanda di trasferimento (art. 30, comma 2bis, D.Lgs. 165/2001).

10.2 La mobilità collettiva

Ai sensi dell'art. 33, D.Lgs. 165/2001, le amministrazioni **ogni anno** devono **verificare l'esistenza di eventuali situazioni di soprannumero** o, comunque, *di* **eccedenze di personale**, in relazione alle esigenze funzionali o alla situazione finanziaria.

Se vi è esubero, il dirigente responsabile deve dare un'*informativa preventiva* alle rappresentanze unitarie del personale e alle organizzazioni sindacali firmatarie del contratto collettivo nazionale del comparto o area, decorsi dieci giorni dalla quale l'amministrazione o **risolve unilateralmente** i contratti del personale dipendente che ha raggiunto i requisiti pensionistici, oppure, in subordine, **verifica la ricollocazione totale o parziale** del personale in eccedenza nell'ambito della medesima amministrazione, anche mediante il ricorso a forme flessibili di gestione del tempo di lavoro o a contratti di solidarietà, ovvero presso altre amministrazioni, previo accordo con le stesse, comprese nell'ambito della Regione.

Ai sensi dell'art. 34, D.Lgs. 165/2001, inoltre, è stabilito che il personale in disponibilità venga iscritto in appositi elenchi (che dovranno essere pubblicati sul sito istituzionale dell'ente) secondo *l'ordine cronologico di sospensione del relativo rapporto di lavoro* ed abbia diritto ad un'indennità pari all'80% della retribuzione per la *durata* massima di 24 mesi. Il rapporto di lavoro si intende definitivamente risolto a tale data.

11 La dirigenza pubblica

Nelle amministrazioni pubbliche, la dirigenza assume connotati peculiari rispetto a quella privata: infatti, il graduale mutamento della cultura organizzativa, la differente gestione delle risorse umane e produttive e, soprattutto, la diffusione di esigenze di managerialità in conseguenza di processi di decentramento e di autonomia funzionale ed operativa, hanno contribuito alla identificazione di una «nuova» dirigenza pubblica, sempre più manageriale.

In effetti, dalla privatizzazione del pubblico impiego è discesa l'individuazione della dirigenza quale organo deputato alla **gestione del personale**, profilo notevolmente dilatato a seguito della riforma Brunetta, D.Lgs. 150/2009, che delinea il dirigente quale **vero e proprio datore di lavoro pubblico**, responsabile della gestione delle risorse umane e strumentali nonché della qualità e quantità delle prestazioni poste in essere dai dipendenti.

Un'analisi sulla dirigenza pubblica presuppone la configurazione dei rapporti tra politica e burocrazia. In particolare, l'**indirizzo politico** è il *principio unificatore dell'azione dei pubblici poteri* e si sostanzia nella individuazione, da parte degli organi di governo, delle scelte e dei programmi che verranno poi «concretizzati» mediante l'esplicazione dell'**attività di gestione**, di spettanza della *burocrazia* e, quindi, della dirigenza.

11.1 Attribuzioni e responsabilità

Il D.Lgs. 165/2001, in particolare, ha **sancito e valorizzato quei criteri privatistici di managerialità ed efficienza** in conseguenza dei quali la dirigenza assume il monopolio delle decisioni gestionali.

L'art. 4 D.Lgs. 165/2001 ha un *ruolo strategico* in tale contesto, in quanto il dirigente viene dotato di una propria *autonomia decisionale* e, di conseguenza, assume la *responsabilità* in relazione all'adozione degli atti e provvedimenti amministrativi, compresi tutti gli atti che impegnano l'amministrazione verso l'esterno, nonché alla gestione finanziaria, tecnica e amministrativa (mediante autonomi poteri di spesa di organizzazione delle risorse umane, strumentali e di controllo).

Ai dirigenti compete, infatti, individuare le risorse e i profili professionali necessari allo svolgimento dei compiti dell'ufficio cui sono preposte (ciò anche al fine della compilazione del *documento di programmazione triennale del fabbisogno di personale*).

I dirigenti generali, ancora, hanno il compito di **combattere i fenomeni di corruzione** e di definire e far rispettare le misure idonee al contrasto di quest'ultima.

I dirigenti effettuano anche la **valutazione del personale** assegnato ai loro uffici, ai fini non solo della *progressione economica* tra le aree, ma pure della corresponsione di *indennità* e *premi incentivanti*.

A tali maggiori poteri corrisponde anche una **responsabilità più accentuata**: infatti, i dirigenti rispondono del mancato esercizio dei poteri datoriali, se le loro omissioni cagionino lo scarso rendimento dei propri dipendenti (art. 21, D.Lgs. 165/2001).

Infatti, il **mancato raggiungimento degli obiettivi**, accertato attraverso le risultanze del ciclo di gestione della *performance*, ovvero l'**inosservanza delle direttive** imputabili al dirigente comportano l'**impossibilità di rinnovo dello stesso incarico dirigenziale**. In relazione alla *gravità dei casi*, l'amministrazione può inoltre, previa contestazione e nel rispetto del principio del contraddittorio, **revocare l'incarico**, collocando il dirigente a disposizione dei ruoli unici dei dirigenti, ovvero recedere dal rapporto di lavoro secondo le disposizioni del contratto collettivo.

Al dirigente nei confronti del quale sia stata accertata la colpevole violazione del dovere di vigilanza sul rispetto, da parte del personale assegnato ai propri uffici, degli standard quantitativi e qualitativi fissati dall'amministrazione, la **retribuzione di risultato è decurtata**, sentito il **Comitato dei garanti**, in relazione alla gravità della violazione di una quota fino all'80%.

11.2 Accesso alla dirigenza

In ogni amministrazione è istituito un *ruolo dei dirigenti* (articolato nella *prima* e *seconda fascia dirigenziale*).

L'accesso alla dirigenza è disciplinato negli artt. 28 e 28bis D.Lgs. 165/2001:

- l'accesso alla qualifica di dirigente di seconda fascia nelle amministrazioni statali, anche ad ordinamento autonomo, e negli enti pubblici non economici avviene per concorso indetto dalle singole amministrazioni ovvero per corso-concorso selettivo di formazione bandito dalla Scuola superiore della pubblica amministrazione (oggi Scuola Nazionale dell'amministrazione) (art. 28, co. 1, D.Lgs. 165/2001, come novellato dal D.P.R. 70/2013);
- l'*accesso alla prima fascia dirigenziale*, invece, avviene, per il *cinquanta per cento dei posti*, calcolati con riferimento a quelli che si rendono disponibili ogni anno per la cessazione dal servizio dei soggetti incaricati, *per titoli ed esami* indetto dalle singole amministrazioni, sulla base di criteri generali stabiliti con decreto del Presidente del Consiglio dei Ministri, previo parere della Scuola superiore della pubblica amministrazione (oggi Scuola Nazionale dell'amministrazione) (art. 28bis, D.Lgs. 165 cit.).

11.3 Gli incarichi dirigenziali (art. 19, D.Lgs. 165/2001)

A seguito del superamento del concorso e della stipula del contratto individuale di lavoro si instaura, tra P.A. e dirigente, un rapporto che diviene effettivo solo con il *conferimento di un apposito incarico*, secondo quanto stabilito in proposito dall'art. 19, D.Lgs. 165/2001, che costituisce norma non derogabile da contratti e accordi collettivi.

Il conferimento avviene tenendo conto, in relazione alla natura e alle caratteristiche degli obiettivi prefissati ed alla complessità della struttura interessata, delle **attitudini** e delle **capacità professionali** del singolo dirigente, dei **risultati** conseguiti in precedenza nell'amministrazione di appartenenza e della relativa valutazione, delle **specifiche competenze organizzative** possedute, nonché delle **esperienze di direzione** eventualmente maturate all'estero, presso il settore privato o presso altre amministrazioni pubbliche, purché attinenti al conferimento dell'incarico.

Con il provvedimento di conferimento sono individuati l'*oggetto* dell'incarico e gli *obiettivi* da conseguire, con riferimento alle priorità, ai piani e ai programmi definiti dall'organo di vertice nei propri atti di indirizzo e alle eventuali modifiche degli stessi che intervengano nel corso del rapporto, nonché la durata dell'incarico, che deve essere correlata agli obiettivi prefissati e che, comunque, non può essere inferiore a tre anni né eccedere il termine di cinque anni.

La durata dell'incarico può essere inferiore a tre anni se coincide con il conseguimento del limite di età per il collocamento a riposo dell'interessato. Gli incarichi sono rinnovabili. Al provvedimento che conferisce l'incarico, poi, accede un contratto individuale con cui è definito il corrispondente trattamento economico.

I dirigenti ai quali non sia affidata la titolarità di uffici dirigenziali svolgono, su richiesta degli organi di vertice delle amministrazioni che ne abbiano interesse, *funzioni ispettive, di consulenza, studio e ricerca o altri incarichi specifici previsti dall'ordinamento*, ivi compresi quelli presso i collegi di revisione degli enti pubblici in rappresentanza di amministrazioni ministeriali.

12 La disciplina delle cause di estinzione del rapporto di lavoro

Le vicende estintive del rapporto di lavoro alle dipendenze delle pubbliche amministrazioni sono soggette ad una disciplina particolarmente complessa, che è la risultante di norme dall'origine assai varia: pubblicistica, privatistica e pattizia.

12.1 La disciplina pattizia

Con riferimento specifico ai dipendenti del comparto funzioni locali, la cessazione del rapporto di lavoro a tempo indeterminato ha luogo:

- per *superamento del periodo di comporto* in caso di assenza per malattia (art. 36 del CCNL 21 maggio 2018);
- per *superamento del periodo di comporto* in caso di assenza per malattie dovute a causa di servizio (art. 38 del CCNL 21 maggio 2018);
- in seguito a *licenziamento disciplinare*, con o senza preavviso (vedi in proposito Cap. 3, par. 8);
- al *compimento del limite massimo di età* o al *raggiungimento dell'anzianità massima di servizio*, quando tale ipotesi sia prevista espressamente come obbligatoria da fonti legislative o regolamentari applicabili presso l'ente (art. 27ter CCNL 6-7-1995 come modificato dal CCNL del 22-1-2004);
- per *dimissioni del dipendente*;
- per *decesso del dipendente*.

12.2 La disciplina pubblicistica

Residuano, delle vecchie previsioni contenute nel testo unico sugli impiegati civili dello Stato (D.P.R. 3/1957), le ipotesi di **decadenza dall'impiego**:

- per *perdita della cittadinanza italiana*;
- per *avvenuta accettazione di una missione o altro incarico da un'autorità straniera senza autorizzazione del Ministro competente*;
- per *mancata cessazione della situazione di incompatibilità tra obblighi di servizio e attività svolte dal dipendente*, nonostante la diffida ricevuta.

Anche il D.Lgs. 165/2001 individua una vicenda risolutiva del rapporto di lavoro, collegata al *superamento del periodo di ventiquattro mesi di collocamento in disponibilità* senza che sia stato possibile ricollocare il personale interessato (art. 34, comma 4).

Nell'ipotesi di accertata *permanente inidoneità psicofisica al servizio* dei dipendenti delle amministrazioni pubbliche, anche con qualifica dirigenziale, la P.A. può **risolvere il rapporto di lavoro**. È quanto disposto dall'art. 55octies D.Lgs. 165/2001.

12.3 La disciplina privatistica

In base all'espresso richiamo dell'art. 2, comma 2 D.Lgs. 165/2001, sono estensibili ai rapporti di pubblico impiego le norme del codice civile e delle leggi sul lavoro nell'impresa.

Inoltre, a mente dell'art. 51 del D.Lgs. 165/2001, la L. 300/1970 (cd. Statuto dei lavoratori) si applica alle pubbliche amministrazioni a prescindere dal numero di dipendenti.

Con riferimento all'istituto del licenziamento si fa presente che il diritto del lavoro privato conosce:
- il *licenziamento per giusta causa* (art. 2119 c.c.), che si configura qualora si verifichi una causa che non consenta la prosecuzione, anche provvisoria, del rapporto;
- per *giustificato motivo soggettivo* (art. 3, L. 604/1966), determinato da un notevole inadempimento degli obblighi contrattuali del prestatore di lavoro;
- per *giustificato motivo oggettivo* (art. 3, L. 604/1966), determinato da ragioni inerenti all'attività produttiva, all'organizzazione del lavoro e al regolare funzionamento di essa.

13 Le tipologie flessibili del rapporto di lavoro

13.1 La disciplina generale di cui all'art. 36 del D.Lgs. 165/2001

L'art. 36 del D.Lgs. 165/2001 e successive modifiche, precisa che per le esigenze connesse con il proprio fabbisogno ordinario **le pubbliche amministrazioni assumono esclusivamente con contratti di lavoro subordinato a tempo indeterminato**, seguendo le procedure di reclutamento previste dall'art. 35.

Invero la possibilità per le stesse di stipulare **contratti di lavoro subordinato a tempo determinato, contratti di formazione e lavoro e contratti di somministrazione di lavoro a tempo determinato, nonché avvalersi delle forme contrattuali flessibili** previste dal codice civile e dalle altre leggi sui rapporti di lavoro nell'impresa (quali part time, telelavoro, smart-working, apprendistato), è contemplata esclusivamente nei limiti e con le modalità in cui se ne preveda l'applicazione. In particolare devono sussistere **comprovate esigenze di carattere esclusivamente temporaneo o eccezionale** sempre nel rispetto delle condizioni e modalità di reclutamento stabilite dall'art. 35.

Non è possibile ricorrere alla somministrazione di lavoro per l'esercizio di funzioni direttive e dirigenziali.

È previsto, poi, che le P.A., *per prevenire fenomeni di precariato*, nel rispetto delle disposizioni in esame, sottoscrivono *contratti a tempo determinato con i vincitori e gli idonei delle proprie graduatorie vigenti per concorsi pubblici a tempo indeterminato*.

In ogni caso, *la violazione di disposizioni imperative riguardanti l'assunzione o l'impiego di lavoratori, da parte delle P.A., non può comportare la costituzione di rapporti di lavoro a tempo indeterminato* con le medesime P.A., che sono tenute in tal caso a risarcire il danno al lavoratore interessato derivante dalla prestazione di lavoro in violazione di disposizioni imperative e, qualora la violazione sia dovuta a dolo o colpa grave, sono obbligate a recuperare le somme pagate a tale titolo nei confronti dei dirigenti responsabili.

I *dirigenti* che operano in violazione delle disposizioni del suddetto articolo sono *responsabili* anche ai sensi dell'art. 21 relativo alla responsabilità dirigenziale.

L'articolo dispone la **nullità dei contratti di lavoro posti in essere in violazione** di quanto in esso disposto e determinano **responsabilità erariale**.

13.2 La regolamentazione del lavoro flessibile nel CCNL 21 maggio 2018

Il contratto collettivo di lavoro siglato il 21 maggio 2018 dedica alla disciplina dei rapporti di lavoro flessibili l'intero titolo V ovvero gli articoli 50-56 articolati in tre capi rispettivamente:

— contratto di lavoro a tempo determinato (capo I);
— contratto di somministrazione a tempo determinato (capo II);
— contratto di lavoro parziale (capo III).

Secondo le disposizioni dell'articolo 50 del suddetto CCNL gli **enti possono stipulare contratti individuali per l'assunzione di personale con contratto di lavoro a tempo determinato**, nel rispetto dell'art. 36 del D.Lgs. 165/2001 e, in quanto compatibili, degli artt. 19 e ss. del D.Lgs. 81/2015, nonché dei vincoli finanziari previsti dalle vigenti disposizioni di legge in materia.

I contratti a termine (stipulati entro un limite fissato dal legislatore) hanno la *durata massima* di trentasei mesi ed è prefissata dal legislatore la durata minima tra un contratto e quello successivo.

Al personale assunto a tempo determinato si applica il trattamento economico e normativo previsto dalla contrattazione collettiva vigente per il personale assunto a tempo indeterminato, compatibilmente con la natura del contratto a termine e con le precisazioni fissate dallo stesso CCNL.

L'articolo 52 del CCNL funzioni locali riconosce agli **enti anche la possibilità di stipulare** (entro i limiti di cui sopra) **contratti di somministrazione di lavoro a tempo determinato**, secondo la disciplina degli articoli 30 e seguenti del D.Lgs. 81/2015, per soddisfare esigenze temporanee o eccezionali, ai sensi dell'art. 36, comma 2, del D.Lgs. 165/2001 e nel rispetto dei vincoli finanziari previsti dalle vigenti disposizioni di legge in materia.

Il ricorso al lavoro somministrato non è consentito per il personale dei profili della categoria A, per quelli dell'area di vigilanza; sono, altresì, escluse le posizioni di lavoro che comportano l'esercizio di funzioni nell'ambito delle competenze del Sindaco come Ufficiale di Governo.

Ulteriore tipologia flessibile di lavoro è rappresentata dal **rapporto di lavoro a tempo parziale**, regolamentata dall'articolo 53 del contratto collettivo.

La disciplina dell'orario di lavoro nel caso di rapporto di lavoro a tempo parziale è contenuta nell'articolo 54 del contratto collettivo a norma del quale il rapporto di lavoro a tempo parziale può essere:

a) *orizzontale*, con orario normale giornaliero di lavoro in misura ridotta rispetto al tempo pieno e con articolazione della prestazione di servizio ridotta in tutti i giorni lavorativi (5 o 6 giorni);
b) *verticale*, con prestazione lavorativa svolta a tempo pieno ma limitatamente a periodi predeterminati nel corso della settimana, del mese, dell'anno e con articolazione della prestazione su alcuni giorni della settimana, del mese, o di determinati periodi dell'anno, in misura tale da rispettare la media della durata del lavoro settimanale prevista per il tempo parziale nell'arco temporale preso in considerazione (settimana, mese o anno);
c) *misto*, ossia con combinazione delle due modalità indicate nelle lettere a) e b).

Al personale con rapporto a tempo parziale si applicano, in quanto compatibili, le disposizioni di legge e contrattuali dettate per il rapporto a tempo pieno, tenendo conto della ridotta durata della prestazione e della peculiarità del suo svolgimento.

14 Controversie di lavoro nel pubblico impiego

Il processo di privatizzazione avviato dagli anni Novanta ha significativamente modificato la materia del lavoro pubblico, andando ben oltre i profili più strettamente sostanziali della disciplina. Da ciò, difatti, è discesa:

- la riconduzione delle regole del rapporto di lavoro nell'*alveo del diritto del lavoro nell'impresa* e della contrattazione collettiva, con conseguente attribuzione all'amministrazione pubblica degli stessi poteri e capacità gestionali del datore di lavoro privato;
- la devoluzione delle *controversie* in materia di rapporto di lavoro al **giudice ordinario**, in funzione di giudice del lavoro. Queste, in precedenza, erano riservate alla *giurisdizione esclusiva del giudice amministrativo.*

L'art. 63, D.Lgs. 165/2001 regolamenta i criteri di attribuzione delle controversie al giudice ordinario o al giudice amministrativo.

In particolare, la **competenza del giudice ordinario** concerne «*tutte le controversie relative ai rapporti di lavoro alle dipendenze delle pubbliche amministrazioni*» ad eccezione di quelle relative ai rapporti di lavoro non privatizzati. Sono incluse le controversie riguardanti l'*assunzione al lavoro* (ad eccezione delle fasi relative alle procedure concorsuali), il *conferimento* e la *revoca di incarichi dirigenziali* e la *responsabilità dirigenziale*, nonché quelle concernenti le *indennità di fine rapporto*, comunque denominate e corrisposte.

Al giudice ordinario spettano anche:

- tutte le controversie aventi ad oggetto *comportamenti antisindacali delle pubbliche amministrazione* ai sensi dell'art. 28 dello Statuto dei lavoratori (con relativa applicazione del procedimento in esso disposto);
- le *controversie cd. collettive*, promosse con riferimento alle procedure di contrattazione collettiva dall'ARAN, dalle stesse amministrazioni pubbliche ovvero dalle organizzazioni sindacali.

Restano devolute, invece, al **giudice amministrativo**, le controversie in materia di procedure concorsuali per l'assunzione dei dipendeni pubblici nonché quelle relative ai rapporti di lavoro dei pubblici dipendenti non assoggettati alla privatizzazione.

3 Doveri, obblighi e responsabilità dei dipendenti pubblici. Codice di comportamento

1 Doveri del pubblico dipendente

I **doveri del dipendente pubblico** possono essere raggruppati in due ampie tipologie: l'una di stampo prettamente pubblicistico, riconducibile al **dovere di fedeltà alla Repubblica**, sancito dall'art. 51 Cost., ai **principi di imparzialità e buon andamento**, *ex* art. 97 Cost., al **dovere di esclusività** dei pubblici dipendenti sancito dall'art. 98 Cost. e al **carattere democratico della Repubblica** (art. 1 Cost.), che impone di favorire rapporti di fiducia fra amministrazione e cittadino.

L'altra tipologia si richiama, invece, ai **doveri di diligenza, obbedienza e fedeltà** sanciti, come per il **rapporto di lavoro privato**, dagli artt. 2104 e 2105 c.c.

La definizione dei doveri del dipendente compete in genere ad un *codice di comportamento «uniforme»* valevole per tutte le amministrazioni pubbliche, nonché ai *codici di comportamento adottati dalle singole amministrazioni*, contenenti eventuali integrazioni e specificazioni al codice generale.

Il *Codice di comportamento generale*, a sua volta, viene recepito in allegato ai contratti collettivi e coordinato con le previsioni contrattuali in materia di responsabilità disciplinare.

1.1 Il dovere di esclusività nell'art. 53 del D.Lgs. 165/2001

La disciplina base in tema di *incompatibilità, cumulo di impieghi e incarichi nel pubblico impiego* è recata dall'art. 53, D.Lgs. 165/2001, applicabile sia *ai dipendenti privatizzati* che *a quelli in regime di diritto pubblico*.

Secondo tale disposizione, il pubblico impiegato **non** può svolgere **attività commerciali, imprenditoriali, industriali, artigiane e professionali** in costanza di rapporto di lavoro. Tale dovere viene meno solo in caso di *impiego part time* non superiore al 50% dell'orario ordinario. Il dipendente, inoltre, *può svolgere solo gli incarichi previamente conferiti o approvati dall'amministrazione di appartenenza* o che siano comunque *previsti o disciplinati dalla legge o da altre fonti normative; senza autorizzazione* non possono essere conferiti incarichi, né da parte delle PP.AA. né da parte di enti pubblici economici e soggetti privati.

I dipendenti che, negli ultimi tre anni di servizio, hanno esercitato poteri autoritativi o negoziali per conto delle pubbliche amministrazioni, non possono svolgere, nei tre anni successivi alla cessazione del rapporto di pubblico impiego, attività lavorativa o professionale presso i soggetti privati destinatari dell'attività della pubblica amministrazione svolta attraverso i medesimi poteri.

I contratti conclusi e gli incarichi conferiti in violazione di tale precetto sono **nulli** ed è fatto divieto ai soggetti privati che li hanno conclusi o conferiti di contrattare con le pubbliche amministrazioni per i successivi tre anni, con obbligo di restituzione dei compensi eventualmente percepiti e accertati ad essi riferiti.

2 Concetto e forme di responsabilità

Il **pubblico dipendente** nello svolgimento del rapporto lavorativo, può astrattamente incorrere nelle seguenti **tipologie di responsabilità**:

- **civile**, qualificata dalla Corte dei conti «responsabilità patrimoniale» che fa sì che i pubblici impiegati siano tenuti a risarcire i danni da loro causati; essa, a sua volta, si distingue in: *responsabilità civile verso terzi* se arreca un danno a terzi, interni o esterni all'amministrazione; *responsabilità amministrativa* se arreca un danno alla P.A. e *responsabilità contabile* quando arreca alla P.A. un danno di tipo erariale;
- **penale**: se tiene una condotta delittuosa con effetti pregiudizievoli per l'amministrazione di appartenenza;
- **disciplinare**: se viola gli obblighi di condotta sanciti direttamente dalla legge o dal codice di comportamento o dal contratto collettivo nazionale di lavoro.

La norma fondamentale in relazione alla quale si configura il principio di responsabilità del dipendente pubblico e l'art. 28 della Costituzione, secondo cui «*i funzionari e i dipendenti dello Stato e degli enti pubblici sono direttamente responsabili, secondo le leggi penali, civili e amministrative, degli atti compiuti in violazione di diritti. In tali casi la responsabilità civile si estende allo Stato e agli enti pubblici*».

Data la diversa causa, queste forme di responsabilità *possono agire congiuntamente* nei riguardi della stessa persona, ancorché sia unica la trasgressione da questa commessa.

2.1 Responsabilità civile o patrimoniale

Perché si configuri la **responsabilità amministrativa** è necessario un illecito comportamento del pubblico dipendente, contrario ai doveri di diligenza e di prudenza, posto in essere con *dolo o colpa grave* e causativo di un danno patrimoniale subìto dall'erario pubblico (danno erariale). In questo caso, il soggetto responsabile è tenuto a risarcire il danno.

La giurisdizione sulla materia della responsabilità amministrativa è attribuita alla sezione regionale della Corte dei conti competente per territorio.

All'interno della responsabilità amministrativa si inquadra anche la **responsabilità contabile**. Essa è riferita soltanto a coloro che rivestano la qualifica di agenti contabili (contabile di diritto), ovvero a quanti, pur non essendo parte di un rapporto contabile con la P.A., di fatto abbiano esercitato funzioni contabili (contabile di fatto). A carico di costoro il citato articolo pone l'obbligo di rendere il conto della gestione condotta, indipendentemente dalla circostanza che siano o meno incorsi in irregolarità nella tenuta del conto stesso.

Si instaura così un giudizio di responsabilità cui si fa ricorso qualora debba accertarsi la responsabilità dell'agente contabile attese le risultanze del necessario giudizio di conto.

Il regime dell'*illecito arricchimento* previsto per tutti i dipendenti e amministratori pubblici ai sensi dell'art. 1, comma 1 della L. 20/1994 prevede che la responsabilità nei confronti degli amministratori *non si estende agli eredi, salvo il caso in cui vi sia stato illecito arricchimento del dante causa e conseguente illecito arricchimento degli eredi stessi.*

In tema di **responsabilità civile verso i terzi** la Costituzione, all'art. 28, pone il criterio della solidarietà dell'Amministrazione e del funzionario nel caso di danno nei confronti del cittadino, per cui, quest'ultimo può a sua scelta, esercitare l'azione di risarcimento, nei confronti dell'Amministrazione pubblica quanto nei confronti dell'impiegato agente.

La P.A., tuttavia, può, successivamente rivalersi nei confronti del proprio dipendente mediante l'azione di rivalsa.

L'obbligazione personale risarcitoria dell'impiegato sussiste solo se il danno cagionato sia *ingiusto*, cioè sia derivato da una violazione, per *dolo* o *colpa grave*, dei diritti dei terzi.

L'amministrazione risponde in quanto l'operato dei suoi agenti, nell'esercizio delle funzioni ad essi affidate, si presenta come proveniente dalla amministrazione stessa.

Viene meno, invece, la responsabilità dell'amministrazione allorché il danno derivi da comportamento posto in essere da funzionari o impiegati al di fuori di ogni manifestazione di attività amministrativa (atti personali degli agenti, ovvero atti viziati da incompetenza assoluta, ovvero da comportamenti posti in essere dolosamente in violazione di norme penali).

La responsabilità dell'impiegato è esclusa:

- quando abbia agito per *legittima difesa*;
- quando è stato costretto (all'azione o all'omissione dannosa) da *violenza fisica*;
- quando ha agito per salvare sé o altri dal *pericolo attuale di un danno grave alla persona* e tale pericolo non è stato causato da lui volontariamente, né era evitabile.

2.2 La responsabilità penale

I dipendenti pubblici sono suscettibili di **responsabilità penale** che si configura quando la trasgressione dei doveri d'ufficio assume il carattere di violazione dell'ordine giuridico generale.

I reati che possono essere compiuti dai pubblici impiegati si distinguono in:

- *reati propri*, nei quali la qualità di impiegato o funzionario pubblico è necessaria per la sussistenza del reato. Così, ad esempio, l'accettare denaro o altra cosa per il compimento di atti relativi all'esercizio delle proprie attribuzioni sarebbe penalmente irrilevante se commesso da un privato, configura, invece, il reato di corruzione (artt. 318-319 c.p.) se esso è compiuto da un pubblico funzionario;
- i *reati comuni* che potrebbero essere commessi da un qualsiasi soggetto, in essi la qualità di pubblico funzionario può talora comportare un aumento di pena o addirittura un mutamento della figura di reato.

Nel caso di commissione in servizio di gravi fatti illeciti di rilevanza penale l'ente inizia il procedimento disciplinare ed inoltra la denuncia penale.

3 La responsabilità disciplinare

La **responsabilità disciplinare** dei pubblici dipendenti si ricollega all'esistenza stessa del rapporto di pubblico impiego ovvero di un rapporto di lavoro subordinato tra un soggetto attivo titolare di un potere disciplinare (la Pubblica amministrazione) ed un **soggetto passivo** (il dipendente) su cui viene esercitato il potere disciplinare in relazione alla **violazione degli obblighi di condotta** cui è sottoposto.

Il *sistema di fonti* che regolamenta tale forma di responsabilità negli enti locali è rappresentato dal T.U. degli enti locali, dalla normativa generale di cui agli artt. 55-55octies del D.Lgs. 165/2001, dalla normativa contrattuale prevista per il comparto Funzioni degli Enti locali, dal Codice di comportamento (recepito ed allegato ai contratti) e, infine, dalle disposizioni specifiche.

In particolare, proprio l'art. 55 del D.Lgs. 165/2001 afferma che ai rapporti di lavoro di cui all'art. 2, comma 2 dello stesso T.U. sul pubblico impiego (tra cui rientrano i dipendenti di Regioni ed enti locali) si **applicano le disposizioni dall'art. 55 all'art. 55octies** che costituiscono **norme imperative**, ai sensi e per gli effetti degli artt. 1339 e 1419, secondo comma, del codice civile.

La violazione dolosa o colposa delle suddette disposizioni **costituisce illecito disciplinare** in capo ai dipendenti preposti alla loro applicazione.

Ed, inoltre, ferma la disciplina in materia di responsabilità civile, amministrativa, penale e contabile, ai rapporti di lavoro di cui sopra si applica l'art. 2106 del codice civile a norma del quale l'inosservanza delle disposizioni relative alla diligenza del prestatore di lavoro e all'obbligo di fedeltà può dare luogo all'applicazione di sanzioni disciplinari secondo la gravità dell'infrazione.

Il comma 2 dello stesso art. 55, inoltre, salvo quanto stabilito dalle suddette disposizioni rinvia ai **contratti collettivi** la definizione della tipologia delle infrazioni e delle relative sanzioni (attraverso il **Codice disciplinare**).

È prevista la *pubblicazione* del Codice disciplinare *sul sito istituzionale dell'amministrazione*, che equivale a tutti gli effetti alla sua affissione all'ingresso della sede di lavoro.

4 I Codici di comportamento

Ai sensi dell'art. 54 del D.Lgs. 165/2001, il Governo definisce un codice di comportamento dei dipendenti delle pubbliche amministrazioni al fine di assicurare:

a) la **qualità dei servizi**;
b) la **prevenzione dei fenomeni di corruzione**;
c) il **rispetto dei doveri costituzionali di diligenza, lealtà, imparzialità e servizio esclusivo alla cura dell'interesse pubblico**.

La **violazione dei doveri contenuti nel codice di comportamento**, compresi quelli relativi all'attuazione del Piano di prevenzione della corruzione, è **fonte di responsabilità disciplinare** e rileva, altresì, ai fini della *responsabilità civile, amministrativa e contabile* ogni qualvolta le stesse responsabilità siano *collegate* alla violazione di doveri, obblighi, leggi o regolamenti, inoltre violazioni gravi o reiterate del codice comportano l'applicazione della sanzione di cui all'art. 55quater, comma 1.

È previsto, inoltre, l'obbligo per ciascuna pubblica amministrazione di definire un **proprio codice di comportamento che integra e specifica il codice uniforme per tutte le amministrazioni pubbliche**.

Sull'applicazione del codice uniforme e dei codici delle singole amministrazioni **vigilano i dirigenti responsabili di ciascuna struttura, le strutture di controllo interno e gli uffici etici e di disciplina**.

Al fine di evitare fenomeni di corruzione l'art. 54bis prevede la tutela del dipendente pubblico che segnala illeciti di cui è venuto a conoscenza in ragione del proprio rapporto di lavoro (si utilizza a tal proposito l'espressione *whistleblowing*). In tal caso questo non potrà essere sanzionato, demansionato, licenziato, trasferito o sottoposto ad altra misura organizzativa con effetti negativi sulle condizioni di lavoro.

4.1 Il Codice di comportamento dei dipendenti pubblici: D.P.R. 62/2013

Con **D.P.R. 16 aprile 2013, n. 62** è stato approvato il **Codice di comportamento dei dipendenti pubblici** che abroga il decreto del Ministro per la funzione pubblica 28 novembre 2000.

È fatto obbligo alle amministrazioni di dare la più ampia diffusione al decreto **pubblicandolo sul proprio sito internet istituzionale** e nella rete intranet, nonché di trasmetterlo tramite e-mail ai propri dipendenti e ai titolari di contratti di consulenza o collaborazione a qualsiasi titolo, anche professionale, ai titolari di organi e di incarichi negli uffici di diretta collaborazione dei vertici politici dell'amministrazione, nonché ai collaboratori a qualsiasi titolo, anche professionale, di imprese fornitrici di servizi in favore dell'amministrazione.

L'amministrazione stessa, contestualmente alla sottoscrizione del contratto di lavoro o, in mancanza, all'atto di conferimento dell'incarico, consegna e fa sottoscrivere ai nuovi assunti una copia del nuovo Codice.

Come **principi generali** che qualificano il corretto adempimento della prestazione lavorativa del dipendente il nuovo codice di comportamento (art. 3) richiama innanzitutto l'*obbligo di osservare la Costituzione*, di *servire la Nazione con disciplina e onore* e di *conformare la propria condotta ai principi di buon andamento e imparzialità dell'azione amministrativa*. Ed inoltre il dipendente (che agisce in posizione di indipendenza e imparzialità) deve *svolgere i propri compiti nel rispetto della legge, perseguendo l'interesse pubblico* senza abusare della posizione o dei poteri di cui è titolare (prerogative e poteri pubblici sono esercitati, infatti, unicamente per le finalità di interesse generale); deve *rispettare i principi di integrità, correttezza, buona fede, proporzionalità, obiettività, equità e ragionevolezza* ed *orientare l'azione amministrativa alla massima economicità, efficienza ed efficacia*.

Il codice sancisce, inoltre, il *divieto per il dipendente di usare a fini privati le informazioni di cui dispone per ragioni d'ufficio* e impone ad esso di *evitare situazioni e comportamenti che possano ostacolare il corretto adempimento dei compiti o nuocere agli interessi o all'immagine della pubblica amministrazione*.

Più in dettaglio, oltre al *divieto per il dipendente di chiedere o accettare regali, compensi o altre utilità*, salvo quelli d'uso di modico valore, anche sotto forma di sconto (art. 4) è stabilito l'*obbligo per il dipendente di*:

- *comunicare la propria adesione o appartenenza ad associazioni o organizzazioni* (ad eccezione dei partiti politici e dei sindacati) i cui ambiti di interessi siano coinvolti o possano interferire con lo svolgimento dell'attività dell'ufficio (art. 5);
- *comunicare per iscritto gli interessi finanziari* con soggetti privati negli ultimi tre anni e *astenersi dal prendere decisioni* o svolgere attività inerenti alle mansioni *in situazioni di conflitto d'interesse* anche potenziale e di qualsiasi natura (art. 6);
- *assicurare* (attraverso la massima collaborazione) l'*adempimento degli obblighi di trasparenza* totale previsti in capo alle pubbliche amministrazioni e la *tracciabilità dei processi decisionali* (art. 9);
- *rispettare i vincoli posti dall'amministrazione* nell'utilizzo del materiale o delle attrezzature assegnate per ragioni d'ufficio (art. 11).

Il Codice disciplina, altresì, in dettaglio (art. 12) gli **obblighi di comportamento in servizio e nei rapporti con il pubblico**.

In conformità a quanto disposto dal comma 1 dell'articolo 54 del D.Lgs. 165/2001 il Codice di comportamento contiene **disposizioni specifiche per i dirigenti** (ivi compresi i titolari di incarico ai sensi del comma 6, art. 19 del D.Lgs. 165/2001, degli artt. 90 e 110 del D.Lgs. 267/2000); le stesse si applicano anche ai soggetti che svolgono funzioni equiparate ai dirigenti nonché ai funzionari responsabili di posizione organizzativa per gli enti privi di dirigenza.

I dirigenti e gli altri soggetti elencati devono: *svolgere con diligenza le funzioni spettanti* in base all'atto di conferimento dell'incarico; *adottare un comportamento organizzativo adeguato* per l'assolvimento dell'incarico; *assumere atteggiamenti leali e trasparenti* ovvero *comportamenti leali ed imparziali* con i colleghi, i collaboratori ed i destinatari dell'azione amministrativa.

Così come stabilisce l'**Intesa** raggiunta in sede di **Conferenza Unificata** del 24 luglio 2013 gli enti adottano un **proprio codice di comportamento** entro 180 giorni dalla data di entrata in vigore del D.P.R. 62/2013 e avuto riguardo alla disciplina dettata dal nuovo codice che rappresenta la base minima e indefettibile da considerare per i contenuti.

4.2 Vigilanza e responsabilità conseguente alla violazione dei doveri del codice

L'art. 15, comma 1 del D.P.R. 62/2013 (richiamando quanto disposto dall'art. 54, comma 6 del D.Lgs. 165/2001) sancisce che sull'applicazione del codice e dei codici di comportamento adottati dalle singole amministrazioni **vigilano i dirigenti responsabili di ciascuna struttura**, le **strutture di controllo interno e gli uffici etici e di disciplina**.

Ai fini dell'attività di vigilanza e monitoraggio previste dal citato art. 15, le amministrazioni si avvalgono dell'ufficio procedimenti disciplinari, istituito ai sensi dell'art. 55bis del D.Lgs. 165/2001.

Secondo il dettato dell'art. 16, la **violazione degli obblighi in esso previsti** integra **comportamenti contrari ai doveri d'ufficio**; ferme restando le ipotesi in cui la predetta violazione, nonché la violazione dei doveri e degli obblighi previsti dal piano di prevenzione della corruzione dà luogo anche a responsabilità penale, civile, amministrativa o contabile del pubblico dipendente, la violazione delle nuove disposizioni è comunque **fonte di responsabilità disci-**

plinare accertata all'esito del procedimento disciplinare, nel rispetto dei principi di colpevolezza, gradualità e proporzionalità delle sanzioni (comma 1).

Ai fini della determinazione del tipo e dell'entità della sanzione disciplinare concretamente applicabile, la violazione è valutata in ogni singolo caso con riguardo alla *gravità del comportamento* e all'*entità del pregiudizio*, anche morale, derivatone al decoro o al prestigio dell'amministrazione di appartenenza. Le sanzioni applicabili sono quelle previste dalla legge, dai regolamenti e dai contratti collettivi, incluse quelle espulsive (comma 2).

Resta ferma la comminazione del **licenziamento senza preavviso** per i casi già previsti dalla legge, dai regolamenti e dai contratti collettivi; ed inoltre, restano fermi gli **ulteriori obblighi e le conseguenti ipotesi di responsabilità disciplinare** dei pubblici dipendenti previsti nelle stesse fonti (commi 3 e 4).

5 Obblighi del dipendente nel CCNL 21 maggio 2018

Il CCNL (2016-2018) del Comparto Funzioni locali regolamenta la **responsabilità disciplinare** del dipendente al titolo VII ovvero agli articoli da 57 a 63.

Specificamente l'articolo 57 del CCNL relativamente agli **obblighi connessi** alla stipulazione del rapporto di lavoro sancisce che il dipendente conforma la sua condotta al dovere costituzionale di servire la Repubblica con impegno e responsabilità e di rispettare i principi di buon andamento e imparzialità dell'attività amministrativa, anteponendo il rispetto della legge e l'interesse pubblico agli interessi privati propri e altrui.

Il dipendente adegua altresì il proprio comportamento ai principi riguardanti il rapporto di lavoro, contenuti nel codice di comportamento (di cui all'art. 54 del D.Lgs. 165/2001) e nel codice di comportamento di amministrazione adottato da ciascun ente. Il dipendente, inoltre, si comporta in modo tale da favorire l'instaurazione di rapporti di fiducia e collaborazione tra l'ente e i cittadini.

L'elencazione dettagliata **obblighi del dipendente** è contenuta al comma 3 del suindicato articolo laddove si stabilisce che, tenuto conto dell'esigenza di garantire la migliore qualità del servizio, il dipendente deve in particolare:

a) collaborare con diligenza, osservando le norme del contratto collettivo nazionale, le disposizioni per l'esecuzione e la disciplina del lavoro impartite dall'ente anche in relazione alle norme vigenti in materia di sicurezza e di ambiente di lavoro;
b) rispettare il segreto d'ufficio nei casi e nei modi previsti dalle norme dell'ordinamento ai sensi dell'art. 24 della L. 241/1990;
c) non utilizzare a fini privati le informazioni di cui disponga per ragioni d'ufficio;
d) nei rapporti con il cittadino, fornire tutte le informazioni cui lo stesso abbia titolo, nel rispetto delle disposizioni in materia di trasparenza e di accesso all'attività amministrativa previste dalla L. 241/1990, dai regolamenti attuativi della stessa vigenti nell'amministrazione e dal D.Lgs. 33/2013 in materia di accesso civico, nonché osservare le disposizioni della stessa amministrazione in ordine al D.P.R. 445/2000 in tema di autocertificazione;
e) rispettare l'orario di lavoro, adempiere alle formalità previste per la rilevazione delle presenze e non assentarsi dal luogo di lavoro senza l'autorizzazione del dirigente;
f) durante l'orario di lavoro, mantenere nei rapporti interpersonali e con gli utenti, condotta adeguata ai principi di correttezza ed astenersi da comportamenti lesivi della dignità della persona;
g) non attendere ad occupazioni estranee al servizio e ad attività che ritardino il recupero psico-fisico nel periodo di malattia od infortunio;
h) eseguire le disposizioni inerenti l'espletamento delle proprie funzioni o mansioni che gli siano impartite dai superiori; se ritiene che l'ordine sia palesemente illegittimo, il dipendente deve farne rimostranza a chi lo ha impartito, dichiarandone le ragioni; se l'ordine è rinnovato per iscritto ha il dovere di darvi esecuzione; il dipendente non deve, comunque, eseguire l'ordine quando l'atto sia vietato dalla legge penale o costituisca illecito amministrativo;

i) vigilare sul corretto espletamento dell'attività del personale sottordinato ove tale compito rientri nelle proprie responsabilità;
j) avere cura dei locali, mobili, oggetti, macchinari, attrezzi, strumenti ed automezzi a lui affidati;
k) non valersi di quanto è di proprietà dell'amministrazione per ragioni che non siano di servizio;
l) non chiedere né accettare, a qualsiasi titolo, compensi, regali o altre utilità in connessione con la prestazione lavorativa, salvo i casi di cui all'art. 4, comma 2, del D.P.R. 62/2013;
m) osservare scrupolosamente le disposizioni che regolano l'accesso ai locali dell'amministrazione da parte del personale e non introdurre, salvo che non siano debitamente autorizzate, persone estranee all'amministrazione stesso in locali non aperti al pubblico;
n) comunicare all'amministrazione la propria residenza e, ove non coincidente, la dimora temporanea, nonché ogni successivo mutamento delle stesse;
o) in caso di malattia, dare tempestivo avviso all'ufficio di appartenenza, salvo comprovato impedimento;
p) astenersi dal partecipare all'adozione di decisioni o ad attività che possano coinvolgere direttamente o indirettamente interessi finanziari o non finanziari propri, del coniuge, di conviventi, di parenti, di affini entro il secondo grado;
q) comunicare all'amministrazione la sussistenza di provvedimenti di rinvio a giudizio in procedimenti penali.

6 Le sanzioni disciplinari previste dal CCNL 21 maggio 2018

Le violazioni da parte dei dipendenti degli obblighi elencati all'art. 57 dello stesso CCNL (così come stabilito dall'art. 58 del citato Contratto collettivo) danno luogo, secondo la gravità dell'infrazione, all'applicazione delle seguenti **sanzioni disciplinari** previo procedimento disciplinare (comma 1):

a) *rimprovero verbale*, con le modalità precisate al comma 4 del medesimo art. 58;
b) *rimprovero scritto* (censura);
c) *multa di importo variabile* fino ad un massimo di quattro ore di retribuzione;
d) *sospensione dal servizio con privazione della retribuzione* fino a dieci giorni;
e) *sospensione dal servizio* con privazione della retribuzione da 11 giorni fino ad un massimo di sei mesi;
f) *licenziamento con preavviso*;
g) *licenziamento senza preavviso*.

Il comma 2 dell'articolo 58 richiama invece l'applicabilità delle sanzioni disciplinari previste, dal D.Lgs. n. 165/2001, che consistono nella:

— *sospensione dal servizio con privazione della retribuzione fino ad un massimo di quindici giorni*, ai sensi dell'art. 55bis, comma 7;
— *sospensione dal servizio con privazione della retribuzione da un minimo di tre giorni fino ad un massimo di tre mesi*, ai sensi dell'art. 55sexies, comma 1;
— *sospensione dal servizio con privazione della retribuzione fino ad un massimo di tre mesi*, ai sensi dell'art. 55sexies, comma 3, anche con riferimento alla previsione di cui all'art. 55septies, comma 6.

Per l'individuazione dell'autorità disciplinare competente per i procedimenti disciplinari dei dipendenti e per le forme e i termini del procedimento disciplinare trovano applicazione le previsioni dell'art. 55bis del D.Lgs. 165/2001 (comma 3).

Il **responsabile della struttura** presso cui presta servizio il dipendente, previa audizione del dipendente a difesa sui fatti addebitati, **procede all'irrogazione della sanzione del rimprovero** verbale. L'irrogazione della sanzione deve risultare nel fascicolo personale (comma 4).

Resta, in ogni caso, fermo quanto previsto dal D.Lgs. 116/2016 e quanto previsto dall'art. 55 e seguenti del D.Lgs. 165/2001 (comma 7).

7 Il Codice disciplinare

7.1 I criteri generali nell'applicazione delle sanzioni

Secondo le disposizioni dell'art. 59 del **CCNL del Comparto delle funzioni locali del 21 maggio 2018**, nel rispetto del principio di gradualità e proporzionalità delle sanzioni in relazione alla gravità della mancanza, il **tipo e l'entità di ciascuna delle sanzioni** sono determinati in relazione ai seguenti **criteri generali** (comma 1):

a) intenzionalità del comportamento, grado di negligenza, imprudenza o imperizia dimostrate, tenuto conto anche della prevedibilità dell'evento;
b) rilevanza degli obblighi violati;
c) responsabilità connesse alla posizione di lavoro occupata dal dipendente;
d) grado di danno o di pericolo causato all'amministrazione, agli utenti o a terzi, ovvero al disservizio determinatosi;
e) sussistenza di circostanze aggravanti o attenuanti, con particolare riguardo al comportamento del lavoratore, ai precedenti disciplinari nell'ambito del biennio previsto dalla legge, al comportamento verso gli utenti;
f) concorso nella violazione di più lavoratori in accordo tra di loro.

Al dipendente responsabile di più mancanze compiute con unica azione od omissione o con più azioni od omissioni tra loro collegate ed accertate con un unico procedimento, è applicabile la sanzione prevista per la mancanza più grave se le suddette infrazioni sono punite con sanzioni di diversa gravità (comma 2).

7.2 La sanzione del rimprovero (verbale o scritto) e della multa

Secondo le disposizioni del comma 3 dell'articolo 59 del CCNL 21 maggio 2018 la sanzione disciplinare dal **minimo del rimprovero verbale o scritto al massimo della multa** di importo pari a quattro ore di retribuzione si applica, graduando l'entità delle sanzioni in relazione ai criteri di cui sopra, per:

a) inosservanza delle disposizioni di servizio, anche in tema di assenze per malattia, nonché dell'orario di lavoro, ove non ricorrano le fattispecie considerate nell'art. 55quater, comma 1, lett. *a)* del D.Lgs. 165/2001;
b) condotta non conforme a principi di correttezza verso superiori o altri dipendenti o nei confronti degli utenti o terzi;
c) negligenza nell'esecuzione dei compiti assegnati, nella cura dei locali e dei beni mobili o strumenti a lui affidati o sui quali, in relazione alle sue responsabilità, debba espletare attività di custodia o vigilanza;
d) inosservanza degli obblighi in materia di prevenzione degli infortuni e di sicurezza sul lavoro ove non ne sia derivato danno o pregiudizio al servizio o agli interessi dell'amministrazione o di terzi;
e) rifiuto di assoggettarsi a visite personali disposte a tutela del patrimonio dell'amministrazione, nel rispetto di quanto previsto dall'art. 6 della L. 300/1970;
f) insufficiente rendimento nell'assolvimento dei compiti assegnati, ove non ricorrano le fattispecie considerate nell'art. 55quater del D.Lgs. 165/2001;
g) violazione dell'obbligo previsto dall'art. 55novies del D.Lgs. 165/2001;
h) violazione di doveri ed obblighi di comportamento non ricompresi specificatamente nelle lettere precedenti, da cui sia derivato disservizio ovvero danno o pericolo all'amministrazione, agli utenti o ai terzi.

L'importo delle ritenute per multa deve essere introitato dal bilancio dell'amministrazione e destinato ad attività sociali a favore dei dipendenti.

7.3 La sanzione della sospensione dal servizio con privazione della retribuzione

In base al comma 4 dell'art. 59 del CCNL del 21 maggio 2018 la sanzione disciplinare della **sospensione dal servizio con privazione della retribuzione fino a un massimo di 10 giorni** si applica, graduando l'entità della sanzione in relazione ai criteri di cui al comma 1 per:

a) recidiva nelle mancanze previste dal comma 3;

b) particolare gravità delle mancanze previste al comma 3;
c) ove non ricorra la fattispecie prevista dall'art. 55quater, comma 1, lett. *b)* del D.Lgs. 165/2001, assenza ingiustificata dal servizio o arbitrario abbandono dello stesso; in tali ipotesi, l'entità della sanzione è determinata in relazione alla durata dell'assenza o dell'abbandono del servizio, al disservizio determinatosi, alla gravità della violazione dei doveri del dipendente, agli eventuali danni causati all'amministrazione, agli utenti o ai terzi;
d) ingiustificato ritardo, non superiore a 5 giorni, a trasferirsi nella sede assegnata dai superiori;
e) svolgimento di attività che ritardino il recupero psico-fisico durante lo stato di malattia o di infortunio;
f) manifestazioni ingiuriose nei confronti dell'ente, salvo che siano espressione della libertà di pensiero, ai sensi dell'art. 1 della L. 300/1970;
g) ove non sussista la gravità e reiterazione delle fattispecie considerate nell'art. 55quater, comma 1, lett. *e)* del D.Lgs. 165/2001, atti, comportamenti o molestie, lesivi della dignità della persona;
h) ove non sussista la gravità e reiterazione delle fattispecie considerate nell'art. 55quater, comma 1, lett. *e)* del D.Lgs. 165/2001, atti o comportamenti aggressivi ostili e denigratori che assumano forme di violenza morale nei confronti di un altro dipendente, comportamenti minacciosi, ingiuriosi, calunniosi o diffamatori nei confronti di altri dipendenti o degli utenti o di terzi;
i) violazione di doveri ed obblighi di comportamento non ricompresi specificatamente nelle lettere precedenti, da cui sia comunque derivato grave danno all'ente e agli utenti o ai terzi.

La **sospensione dal servizio con privazione della retribuzione fino ad un massimo di quindici giorni** si applica nel caso previsto dall'art. 55bis, comma 7, del D.Lgs. 165/2001 (comma 5).

La **sospensione dal servizio con privazione della retribuzione fino ad un massimo di tre mesi**, si applica (così come stabilisce il comma 6) nei casi previsti dall'art. 55sexies, comma 3 del D.Lgs. 165/2001, anche con riferimento alla previsione di cui all'art. 55septies, comma 6.

Nel caso previsto, invece, dall'art. 55sexies, comma 1, del D.Lgs. 165/2001 si applica la **sospensione dal servizio con privazione della retribuzione da un minimo di tre giorni fino ad un massimo di tre mesi** (comma 7).

Il comma 8 dell'art. 59 del CCNL elenca le ipotesi di mancanze più gravi ricorrendo le quali si applica la **sanzione disciplinare della sospensione dal servizio con privazione della retribuzione da 11 giorni fino ad un massimo di 6 mesi**.

Tale sanzione si applica, graduando l'entità della sanzione in relazione ai criteri di cui al comma 1, per:

a) recidiva nel biennio delle mancanze previste nel comma 4;
b) occultamento, da parte del responsabile della custodia, del controllo o della vigilanza, di fatti e circostanze relativi ad illecito uso, manomissione, distrazione o sottrazione di somme o beni di pertinenza dell'ente o ad esso affidati;
c) atti, comportamenti o molestie a carattere sessuale ove non sussista gravità e reiterazione;
d) alterchi con vie di fatto negli ambienti di lavoro, anche con gli utenti;
e) violazione di doveri ed obblighi di comportamento non ricompresi specificatamente nelle lettere precedenti da cui sia, comunque, derivato grave danno all'ente, agli utenti o a terzi.
f) fino a due assenze ingiustificate dal servizio in continuità con le giornate festive e di riposo settimanale;
g) ingiustificate assenze collettive nei periodi in cui è necessario assicurare continuità nell'erogazione di servizi all'utenza.

7.4 La sanzione del licenziamento con e senza preavviso

Secondo il disposto del comma 9 dell'art. 59 del CCNL del Comparto delle Funzioni locali (2016-2018), ferma la disciplina in tema di licenziamento per giusta causa o giustificato motivo, la **sanzione disciplinare del licenziamento con preavviso** si applica per:

a) le ipotesi considerate dall'art. 55quater, comma 1, lett. *b)* e *c)*, da *f-bis)* fino a *f)-quinquies*, comma 3quinquies del D.Lgs. 165/2001;
b) recidiva nel biennio nelle violazioni indicate nei commi 5, 6, 7 e 8 dello stesso art. 59;
c) recidiva plurima, in una delle mancanze previste ai commi precedenti anche se di diversa natura, o recidiva, nel biennio, in una mancanza che abbia già comportato l'applicazione della sanzione di sospensione dal servizio e dalla retribuzione;

d) recidiva nel biennio di atti, comportamenti o molestie a carattere sessuale o quando l'atto, il comportamento o la molestia rivestano carattere di particolare gravità;
e) condanna passata in giudicato, per un delitto che, commesso fuori del servizio e non attinente in via diretta al rapporto di lavoro, non ne consenta la prosecuzione per la sua specifica gravità;
f) la violazione degli obblighi di comportamento di cui all'art. 16, comma 2 secondo e terzo periodo del D.P.R. 62/2013;
g) la violazione dei doveri e degli obblighi di comportamento non ricompresi specificatamente nelle lettere precedenti di gravità tale, da non consentire la prosecuzione del rapporto di lavoro;
h) mancata ripresa del servizio, salvo casi di comprovato impedimento, dopo periodi di interruzione dell'attività previsti dalle disposizioni legislative e contrattuali vigenti, alla conclusione del periodo di sospensione o alla scadenza del termine fissato dall'amministrazione.

Le ipotesi di violazioni ricorrendo le quali si applica la sanzione del **licenziamento senza preavviso** sono elencate allo stesso comma 9, art. 59 cit. ma al numero 2 e sono:

a) le fattispecie considerate nell'art. 55quater, comma 1, lett. *a), d), e)* ed *f)* del D.Lgs. 165/2001;
b) commissione di gravi fatti illeciti di rilevanza penale, ivi compresi quelli che possono dare luogo alla sospensione cautelare, secondo la disciplina dell'art. 61, fatto salvo quanto previsto dall'art. 62;
c) condanna passata in giudicato per un delitto commesso in servizio o fuori servizio che, pur non attenendo in via diretta al rapporto di lavoro, non ne consenta neanche provvisoriamente la prosecuzione per la sua specifica gravità;
d) commissione in genere (anche nei confronti di terzi) di fatti o atti dolosi, che, pur non costituendo illeciti di rilevanza penale, sono di gravità tale da non consentire la prosecuzione neppure provvisoria del rapporto di lavoro;
e) condanna, anche non passata in giudicato: 1) per i delitti indicati dall'art. 7, comma 1, e 8, comma 1, del D.Lgs. 235/2012; 2) quando alla condanna consegua comunque l'interdizione perpetua dai pubblici uffici; 3) per i delitti previsti dall'art. 3, comma 1, della L. 97/2001; 4) per gravi delitti commessi in servizio;
f) violazioni intenzionali degli obblighi, non ricomprese specificatamente nelle lettere precedenti, anche nei confronti di terzi, di gravità tale, in relazione ai criteri di cui al comma 1, da non consentire la prosecuzione neppure provvisoria del rapporto di lavoro.

7.5 La pubblicità del Codice disciplinare

Al Codice disciplinare deve essere data la massima pubblicità mediante pubblicazione sul sito istituzionale dell'ente secondo le previsioni dell'art. 55, comma 2, ultimo periodo, del D.Lgs. 165/2001.

In sede di prima applicazione del CCNL, il Codice disciplinare deve essere obbligatoriamente reso pubblico nelle forme di cui sopra, entro 15 giorni dalla data di stipulazione del CCNL e si applica dal *quindicesimo giorno successivo a quello della sua pubblicazione.*

8 La determinazione concordata della sanzione

L'art. 63 del CCNL del Comparto Funzioni locali del 2018 disciplina l'istituto della **determinazione concordata della sanzione**, al quale l'autorità disciplinare competente ed il dipendente, in via conciliativa, possono procedere, fuori dei casi per i quali la legge ed il contratto collettivo prevedono la sanzione del licenziamento, con o senza preavviso.

La sanzione concordemente determinata ha **ad oggetto esclusivamente l'entità** della sanzione stessa ma non può essere di specie diversa da quella prevista dalla legge o dal contratto collettivo per l'infrazione per la quale si procede e non è soggetta ad impugnazione.

L'autorità disciplinare competente o il dipendente può proporre all'altra parte, l'attivazione della procedura conciliativa che non ha natura obbligatoria, *entro il termine dei cinque giorni* successivi alla audizione del dipendente per il contraddittorio a sua difesa.

Ove la proposta sia accettata, l'autorità disciplinare competente procede nei termini di legge: se la procedura conciliativa ha **esito positivo**, l'accordo raggiunto è formalizzato in un apposito verbale sottoscritto dall'autorità disciplinare e dal dipendente e la **sanzione concordata dalle parti**, che non è soggetta ad impugnazione, **può essere irrogata dall'autorità disciplinare competente**.

In **caso di esito negativo**, questo sarà riportato in apposito verbale e la procedura conciliativa si estingue, con conseguente ripresa del decorso dei termini del procedimento disciplinare.

In ogni caso la procedura conciliativa deve **concludersi entro il termine di trenta giorni** dalla contestazione e comunque prima dell'irrogazione della sanzione.

9 Il licenziamento disciplinare

9.1 Le fattispecie del licenziamento disciplinare

Con il termine di «licenziamento disciplinare» si fa riferimento al **licenziamento determinato da un comportamento doloso e/o colposo** del prestatore di lavoro costituente **violazione degli obblighi del rapporto di lavoro**, indipendentemente dal fatto che detto comportamento sia o meno inserito nel Codice disciplinare aziendale.

L'articolo 55quater del D.Lgs. 165/2001 e successive modifiche, facendo salva la normativa vigente in materia di *licenziamento per giusta causa* o per *giustificato motivo* e *le ulteriori ipotesi di licenziamento previste dai contratti collettivi*, individua le distinte fattispecie suscettibili di dar luogo al **licenziamento disciplinare**.

In particolare, il comma 1, prevede la sanzione del licenziamento disciplinare nei seguenti casi:

a) **falsa attestazione della presenza in servizio**, mediante l'alterazione dei sistemi di rilevamento della presenza o con altre modalità fraudolente, ovvero **giustificazione dell'assenza dal servizio mediante una certificazione medica falsa** o che **attesta falsamente uno stato di malattia**;
b) **assenza priva di valida giustificazione** per un numero di giorni, anche non continuativi, superiore a tre nell'arco di un biennio o comunque per più di sette giorni nel corso degli ultimi dieci anni ovvero mancata ripresa del servizio, in caso di assenza ingiustificata, entro il termine fissato dall'amministrazione;
c) **ingiustificato rifiuto del trasferimento** disposto dall'amministrazione per motivate esigenze di servizio;
d) **falsità documentali o dichiarative** commesse ai fini o in occasione dell'instaurazione del rapporto di lavoro ovvero di progressioni di carriera;
e) **reiterazione** nell'ambiente di lavoro di **gravi condotte aggressive** o **moleste** o **minacciose o ingiuriose** o **comunque lesive** dell'onore e della dignità personale altrui;
f) **condanna penale definitiva**, in relazione alla quale è prevista l'interdizione perpetua dai pubblici uffici ovvero l'estinzione, comunque denominata, del rapporto di lavoro;
f-bis) **gravi o reiterate violazioni dei codici di comportamento**, ai sensi dell'art. 54, comma 3;
f-ter) **commissione dolosa, o gravemente colposa**, dell'infrazione di cui all'art. 55sexies, comma 3;
f quater) **reiterata violazione di obblighi concernenti la prestazione lavorativa**, che abbia determinato l'applicazione, in sede disciplinare, della sospensione dal servizio per un periodo complessivo superiore a un anno nell'arco di un biennio;
f quinquies) **insufficiente rendimento, dovuto alla reiterata violazione degli obblighi concernenti la prestazione lavorativa**, stabiliti da norme legislative o regolamentari, dal contratto collettivo o individuale, da atti e provvedimenti dell'amministrazione di appartenenza, e rilevato dalla costante valutazione negativa della performance del dipendente per ciascun anno dell'ultimo triennio, resa a tali specifici fini ai sensi del D.Lgs. 150/2009.

Nei casi di cui alle lettere a), d), e) ed f), il licenziamento è **senza preavviso**. Nei casi in cui le condotte punibili con il licenziamento sono **accertate in flagranza** si applicano le previsioni dei commi da 3bis a 3quinquies (comma 3).

9.2 La falsa attestazione della presenza in servizio

Nell'ambito delle ipotesi di licenziamento disciplinare, particolare attenzione riveste quella relativa alla **falsa attestazione della presenza in servizio**.

Nello specifico il disposto di cui al comma 1bis, precisa il novero delle ipotesi riconducibili alla fattispecie suddetta laddove stabilisce che costituisce falsa attestazione della presenza in servizio qualunque modalità fraudolenta posta in essere, anche attraverso l'ausilio di terzi, per fare risultare il dipendente in servizio o trarre in inganno l'amministrazione presso la quale il dipendente presta attività lavorativa circa il rispetto dell'orario di lavoro. Lo stesso comma 1bis sul punto precisa che della violazione risponde anche chi abbia agevolato (con la propria condotta attiva o omissiva) la condotta fraudolenta.

Il comma 3bis prevede un **procedimento disciplinare «accelerato»** quando la violazione sia accertata in flagranza o mediante strumenti di sorveglianza o di registrazione degli accessi o delle presenze. Tale circostanza (fatto salvo il diritto all'assegno alimentare spettante nei termini di legge) determina l'immediata sospensione cautelare senza stipendio del dipendente, senza obbligo di preventiva audizione dell'interessato.

Con il provvedimento di sospensione cautelare (di cui al comma 3bis) si procede anche alla contestuale **contestazione per iscritto dell'addebito e alla convocazione del dipendente dinanzi all'ufficio disciplinare** (comma 3ter).

L'Ufficio conclude il procedimento disciplinare entro trenta giorni dalla ricezione, da parte del dipendente, della contestazione dell'addebito.

La violazione dei suddetti termini, fatta salva l'eventuale responsabilità del dipendente cui essa sia imputabile, non determina la decadenza dell'azione disciplinare, né l'invalidità della sanzione irrogata, purché non risulti irrimediabilmente compromesso il diritto di difesa del dipendente e non sia superato il termine per la conclusione del procedimento fissato dalla legge.

Il comma 3quater prevede anche che le stesse ipotesi declinate al comma 3bis comportino la *denuncia al Pubblico Ministero e la segnalazione alla competente Procura regionale della Corte dei conti entro venti giorni* dall'avvio del procedimento disciplinare.

Nei casi di cui al comma 3bis, per i **dirigenti che abbiano acquisito conoscenza del fatto,** ovvero, negli enti privi di qualifica dirigenziale, per i **responsabili di servizio competenti**, l'omessa attivazione del procedimento disciplinare e l'omessa adozione del provvedimento di sospensione cautelare, senza giustificato motivo, **costituiscono illecito disciplinare** punibile con il licenziamento e di esse è data notizia, da parte dell'ufficio competente per il procedimento disciplinare, all'Autorità giudiziaria ai fini dell'accertamento della sussistenza di eventuali reati (comma 3quinquies).

I provvedimenti di *sospensione dello stipendio* (comma 3bis, art. 55quater del D.Lgs. 165/2001) e di *convocazione del dipendente* (*ex* comma 3ter dello stesso art. 55quater) a seguito di contestazione «dell'addebito disciplinare» sono **comunicati all'Ispettorato per la funzione pubblica**.

10 Il procedimento disciplinare

Il procedimento disciplinare, disciplinato dall'art. 55bis D.Lgs. 165/2001 e successive modifiche, segue **due strade**, a seconda della *gravità dell'infrazione* posta in essere dal dipendente:

- per le **infrazioni di minore gravità**, ossia quelle per cui è prevista l'irrogazione della sanzione del rimprovero verbale, il procedimento disciplinare è di competenza del *responsabile della struttura* presso cui presta servizio il dipendente. Per le richiamate infrazioni trova applicazione la disciplina del CCNL di riferimento (comma 1);
- per le infrazioni punibili con **sanzione superiore al rimprovero verbale**, viceversa, ciascuna amministrazione, secondo il proprio ordinamento e nell'ambito della propria organizza-

zione, deve individuare **l'ufficio per i procedimenti disciplinari (UPD)** competente (comma 2), ferma restando la possibilità, *previa convenzione*, di provvedere ad una gestione unificata delle funzioni dell'UPD da parte di più amministrazioni (comma 3).

10.1 Le fasi dell'*iter* disciplinare

L'*iter* disciplinare di competenza dell'UPD, al di fuori dei casi di licenziamento senza preavviso, viene avviato con la *segnalazione* all'UPD medesimo, operata dal responsabile della struttura in cui il dipendente lavora, *immediatamente o comunque non oltre 10 giorni dalla conoscenza dei fatti* aventi rilievo disciplinare.

Con *immediatezza* e comunque *non oltre 30 giorni* decorrenti dal ricevimento della predetta segnalazione — ovvero dal momento in cui abbia altrimenti avuto piena conoscenza dei fatti ritenuti di rilevanza disciplinare — l'UPD deve provvedere alla **contestazione scritta dell'addebito e convocare l'interessato**, con un preavviso di almeno 20 giorni, **per l'audizione in contraddittorio** a sua difesa.

Nel corso dell'attività istruttoria, l'Ufficio per i procedimenti disciplinari *può* anche acquisire da altre amministrazioni pubbliche informazioni o documenti rilevanti per la definizione del procedimento, sebbene dette attività non determinino la sospensione del procedimento, né il differimento dei relativi termini.

Il procedimento disciplinare, a questo punto, si conclude o con l'atto di **archiviazione oppure con l'irrogazione della sanzione**, **entro 120 giorni** dalla contestazione dell'addebito.

Ancora, l'art. 55bis D.Lgs. 165/2001 prevede che:

- il dipendente o il dirigente, appartenente alla stessa o a una diversa amministrazione pubblica dell'incolpato, che, essendo a conoscenza per ragioni di ufficio o di servizio di informazioni rilevanti per un procedimento disciplinare in corso, **rifiuta**, senza giustificato motivo, la collaborazione richiesta dall'Ufficio disciplinare procedente ovvero rende dichiarazioni false o reticenti, è soggetto all'applicazione, da parte dell'amministrazione di appartenenza, della sanzione disciplinare della sospensione dal servizio con privazione della retribuzione, commisurata alla gravità dell'illecito contestato al dipendente, fino ad un massimo di quindici giorni (comma 7);
- in caso di **trasferimento del dipendente**, a qualunque titolo, in un'altra amministrazione pubblica, il procedimento disciplinare è avviato o concluso e la sanzione è applicata presso quest'ultima.
  In tali casi il procedimento disciplinare è interrotto e dalla data di ricezione degli atti da parte dell'ufficio disciplinare dell'amministrazione presso cui il dipendente è trasferito decorrono nuovi termini per la contestazione dell'addebito o per la conclusione del procedimento.
  Gli esiti del procedimento disciplinare vengono, in ogni caso, comunicati anche all'amministrazione di provenienza del dipendente (comma 8);
- **la cessazione del rapporto di lavoro estingue il procedimento disciplinare** salvo che per l'infrazione commessa sia prevista la sanzione del *licenziamento* o comunque sia stata disposta la *sospensione cautelare dal servizio*. In tal caso le determinazioni conclusive sono assunte ai fini degli effetti giuridici ed economici non preclusi dalla cessazione del rapporto di lavoro (comma 9).

Il legislatore sanziona con la **nullità** le disposizioni di regolamento, le clausole contrattuali o le disposizioni interne, comunque qualificate, che prevedano per l'irrogazione di sanzioni disciplinari **requisiti formali o procedurali ulteriori rispetto a quelli indicati nell'art. 55bis D.Lgs. 165 cit. o che comunque aggravino il procedimento disciplinare** (comma 9bis).

La violazione dei termini e delle disposizioni sul procedimento disciplinare, fatta salva l'eventuale responsabilità del dipendente cui essa sia imputabile, *non determina la decadenza dall'azione disciplinare né l'invalidità degli atti e della sanzione irrogata,* purché non risulti irrimediabilmente compromesso il diritto di difesa del dipendente e le modalità di esercizio dell'azione disciplinare, anche in ragione della natura degli accertamenti svolti nel caso concreto, risultino comunque compatibili con il principio di tempestività (comma 9ter).

III

Trattamento dei dati personali, anticorruzione e trasparenza

Sommario Parte III

1
Le discipline sull'accesso

1 Il principio di trasparenza e la P.A. quale «casa di vetro»

Tra i criteri generali dell'azione amministrativa, l'art. 1, comma 1, L. 241/1990 include quello della **trasparenza**, destinato a regolare in chiave democratica il rapporto tra amministrazioni ed amministrati.

Esso, infatti, è da intendersi come **immediata e facile controllabilità di tutti i momenti e di tutti i passaggi in cui si esplica l'operato della P.A., onde garantirne e favorirne lo svolgimento imparziale**.

Non a caso si è parlato di P.A. quale «casa di vetro», il cui operato fosse conoscibile agli occhi dei cittadini.

Tra gli strumenti più importanti per realizzare la pretesa che il cittadino vanta nei confronti della P.A., affinché la sua azione sia «trasparente», va senza dubbio evidenziato il **diritto di accesso agli atti ed ai documenti della P.A.** (artt. 22 e ss., L. 241/1990).

2 Il diritto di accesso ai documenti amministrativi (artt. 22 e seguenti, L. 241/1990)

2.1 I titolari e l'oggetto

L'art. 22, L. 241/1990 definisce il «diritto di accesso», quale principio generale dell'ordinamento, come il *diritto degli interessati di prendere visione e di estrarre copia di documenti amministrativi,* ed individua come *«interessati», tutti i soggetti privati, compresi quelli portatori di interessi pubblici o diffusi, che abbiano un interesse diretto, concreto e attuale, corrispondente ad una situazione giuridicamente tutelata e collegata al documento al quale è chiesto l'accesso.*

In particolare, il **D.P.R. 184/2006** (*Regolamento di disciplina in materia di accesso ai documenti amministrativi*) definisce l'*ambito soggettivo* di applicazione di tale diritto, precisando che esso è esercitabile nei confronti di tutti i soggetti di diritto pubblico e i soggetti di diritto privato limitatamente alla loro attività di pubblico interesse disciplinata dal diritto nazionale o europeo, da chiunque abbia un **interesse diretto, concreto e attuale**, corrispondente a una situazione giuridicamente tutelata e collegata al documento al quale è richiesto l'accesso (occorre, cioè, che sia accertato un «collegamento» tra la detta situazione soggettiva e i documenti richiesti: così **C.d.S., sez. V, 9-3-2020, n. 1664**).

Ad esempio, il partecipante ad un concorso pubblico, che non ha superato la prova scritta, ha il diritto di accedere agli elaborati degli altri concorrenti, vantando un *interesse diretto, concreto e attuale* (**C.d.S., sez. VI, 14-1-2021, n. 451**). O, ancora, il proprietario di un'area confinante con un immobile sul quale si presume la realizzazione di un abuso edilizio è titolare di un *interesse diretto, concreto* e *attuale* alla conoscenza degli atti e dei documenti del procedimento abilitativo delle attività edilizie del confinante (**T.A.R. Campania, Napoli, sez. VI, 8-1-2021, n. 3555**). Il rapporto di vicinato, ad esempio, costituisce di per sé un interesse «concreto e attuale» tale da giustificare l'accesso agli atti amministrativi della pratica del vicino costruttore (così **T.A.R. Lazio, Roma, sez. IIbis, 11-2-2021, n. 1729**).

La legge sul procedimento definisce anche i soggetti che risultano essere «**controinteressati**» al diritto di accesso: si tratta di tutti quei soggetti, pubblici o privati — individuati o facilmente individuabili in base al documento richiesto — che dall'esercizio dell'accesso **vedrebbero com-**

promesso il loro diritto alla riservatezza il quale, quindi, funge da virtuale contrappeso all'accesso, in un gioco di reciproco e delicato bilanciamento (art. 22, comma 1, lett. *c)*, L. 241/1990).

Quanto all'*oggetto* del diritto in esame, il legislatore non ha fornito un'elencazione tipologica dei documenti accessibili, ma ha preferito darne una definizione generale: è considerato **documento amministrativo** ogni rappresentazione grafica, fotocinematografica, elettromagnetica, o di qualunque altra specie, del contenuto di atti, anche interni, o non relativi ad uno specifico procedimento, detenuti da una pubblica amministrazione e concernenti attività di pubblico interesse, indipendentemente dalla natura pubblicistica o privatistica della loro disciplina sostanziale (art. 22, comma 1, lett. *d)*).

2.2 I soggetti passivi

Sono obbligati a consentire l'esercizio del diritto di accesso in base all'art. 23, L. 241/1990:

- *le pubbliche amministrazioni*. Nell'ambito delle pubbliche amministrazioni vanno ricompresi, ai sensi dell'art. 22, comma 1, lett. *e)*, L. 241/1990, tutti i soggetti di diritto pubblico e i soggetti di diritto privato limitatamente alla loro attività di pubblico interesse disciplinata dal diritto nazionale o europeo;
- *gli enti pubblici,* compresi gli *enti pubblici economici* relativamente allo svolgimento dell'attività di diritto pubblico;
- *aziende autonome e aziende speciali*;
- *gestori di pubblici servizi*;
- *autorità di garanzia e di vigilanza.* Gli atti delle autorità indipendenti sono in generale accessibili: infatti, «il diritto di accesso nei confronti delle stesse si esercita nell'ambito dei rispettivi ordinamenti, secondo quanto previsto dall'art. 24».

  A questi soggetti, devono aggiungersi:

  - l'*amministrazione dell'Unione europea.* Il regolamento 1049/2001/CE stabilisce che qualsiasi cittadino dell'Unione e qualsiasi persona fisica o giuridica che risieda o abbia la sede sociale in uno Stato membro ha il diritto ad accedere ai documenti delle istituzioni; stessa possibilità può essere concessa dalle istituzioni anche alle persone fisiche giuridiche non appartenenti ad alcuno Stato membro;
  - le *imprese di assicurazione*. Ai sensi dell'art. 146, D.Lgs. 209/2005 (Codice delle assicurazioni private), le imprese di assicurazione esercenti l'assicurazione obbligatoria della responsabilità civile derivante dalla circolazione dei veicoli a motore e dei natanti, sono tenute a consentire ai contraenti ed ai danneggiati il diritto di accesso agli atti a conclusione dei procedimenti di valutazione, constatazione e liquidazione dei danni che li riguardano. L'esercizio del diritto di accesso non è consentito quando abbia ad oggetto atti relativi ad accertamenti che evidenziano indizi o prove di comportamenti fraudolenti. È, invece, sospeso in pendenza di controversie giudiziarie tra l'impresa ed il richiedente.

2.3 Esclusione dal diritto di accesso

L'art. 24, L. 241/1990 prevede i casi di esclusione dal diritto di accesso.

In primo luogo, vi sono i cd. **limiti tassativi**, ossia quelli *sanciti direttamente dal legislatore* senza che residui in capo alla P.A. alcun margine discrezionale di apprezzamento. Ove ricorra uno di tali limiti, finalizzati alla salvaguardia di interessi pubblici fondamentali e prioritari rispetto all'interesse alla conoscenza degli atti amministrativi, la P.A. è *obbligata a dare risposta negativa* alla richiesta di accesso (art. 24, comma 1).

Trattasi di limiti riguardanti:

- i documenti coperti da segreto di Stato;
- i documenti coperti da segreto o divieto di divulgazione espressamente previsti da legge e da norme regolamentari;
- i procedimenti tributari, per i quali restano ferme le particolari norme che li regolano;

— l'attività della pubblica amministrazione diretta all'emanazione di atti normativi, amministrativi generali, di pianificazione e di programmazione, per i quali restano ferme le particolari norme che ne regolano la formazione;
— i procedimenti selettivi, relativamente ai documenti amministrativi contenenti informazioni di carattere psico-attitudinale relative a terzi.

Le singole amministrazioni, poi, individuano le categorie di documenti da esse formati, o comunque rientranti nella loro disponibilità, sottratti all'accesso, ai sensi di quanto previsto dal cit. comma 1 (art. 24, comma 2).

Il comma 6 dell'art. 24, L. 241/1990 attribuisce infine al **Governo il potere di limitare ulteriormente** il diritto di accesso emanando un apposito **regolamento** di delegificazione, ai sensi dell'art. 17, comma 2, L. 400/1988, che disponga casi di sottrazione all'accesso di documenti amministrativi.

Le **ipotesi** nelle quali il Governo può esercitare questo rilevante potere sono oggi cinque, corrispondenti ad altrettanti **«beni giuridici tutelati»**: quando, al di fuori delle ipotesi disciplinate dall'articolo 12 della legge 24 ottobre 1977, n. 801 (ora sostituita dalla L. 3 agosto 2007, n. 124), dalla divulgazione dei documenti possa derivare una lesione, specifica e individuata, *alla sicurezza e alla difesa nazionale, all'esercizio della sovranità nazionale alla continuità e alla correttezza delle relazioni internazionali*, con particolare riferimento alle ipotesi previste dai trattati e dalle relative leggi di attuazione; quando l'accesso possa arrecare pregiudizio ai *processi di formazione, di determinazione e di attuazione della politica monetaria e valutaria*; quando i documenti riguardino le strutture, i mezzi, le dotazioni, il personale e le *azioni strettamente strumentali alla tutela dell'ordine pubblico*, alla prevenzione e alla repressione della criminalità con particolare riferimento alle tecniche investigative, alla identità delle fonti di informazione e alla sicurezza dei beni e delle persone coinvolte, all'attività di polizia giudiziaria e di conduzione delle indagini; quando i documenti riguardino *la vita privata o la riservatezza di persone fisiche, persone giuridiche, gruppi, imprese e associazioni*, con particolare riferimento agli interessi epistolare, sanitario, professionale, finanziario, industriale e commerciale di cui siano in concreto titolari, ancorché i relativi dati siano forniti all'amministrazione dagli stessi soggetti cui si riferiscono; quando i documenti riguardino l'*attività in corso di contrattazione collettiva nazionale di lavoro e gli atti interni connessi all'espletamento del relativo mandato*.

L'art. 24 si conclude con il comma 7, vera e propria **norma** di **chiusura** del sistema dell'accesso ai documenti amministrativi: «deve comunque essere garantito ai richiedenti l'accesso ai documenti amministrativi la cui conoscenza sia necessaria per curare o per difendere i propri interessi giuridici». In questa prescrizione vi è anche il riferimento alla tutela della riservatezza e al bilanciamento con l'accesso, cui si rinvia *infra*.

3 Modalità di esercizio

L'esercizio del diritto di accesso è disciplinato dall'art. 25 L. 241/1990 nonché dal D.P.R. 184/2006.

Il diritto di accesso si esercita **mediante esame ed estrazione di copia dei documenti amministrativi**, richiesti (nei modi e limiti indicati dalla legge) con istanza motivata rivolta all'amministrazione che ha formato il documento o che lo detiene stabilmente (art. 25, comma 1, L. 241/1990).

3.1 Accesso informale

Ai sensi dell'art. 5, D.P.R. 184/2006, qualora in base alla natura del documento richiesto *non risulti l'esistenza di controinteressati*, il diritto di accesso **può essere esercitato in via informale** mediante richiesta, anche verbale, all'ufficio dell'amministrazione competente a formare l'atto conclusivo del procedimento o a detenerlo stabilmente. In tal caso il richiedente deve **indicare** gli estremi del documento oggetto della richiesta, o gli elementi che ne consentano l'individuazione; **specificare** e, ove occorra, comprovare l'interesse connesso all'oggetto della richiesta; **dimostrare** la propria identità e, ove occorra, i propri poteri di rappresentanza del soggetto interessato.

La richiesta è accolta **mediante indicazione della pubblicazione contenente le notizie, esibizione del documento, estrazione di copie, o altra modalità idonea**. Ove provenga da una pubblica amministrazione, la richiesta è presentata dal titolare dell'ufficio interessato o dal responsabile del procedimento amministrativo.

3.2 Accesso formale

La pubblica amministrazione cui è indirizzata la richiesta di accesso, *qualora individui soggetti controinteressati*, invita l'interessato a presentare **richiesta formale di accesso** ed è tenuta a dare **comunicazione** agli stessi, inviando copia mediante raccomandata con avviso di ricevimento, oppure per via telematica per coloro che abbiano consentito tale forma di comunicazione. I soggetti controinteressati sono individuati tenuto anche conto del contenuto degli atti connessi. Entro dieci giorni dalla ricezione della comunicazione, i controinteressati possono presentare **motivata opposizione**, anche per via telematica, alla richiesta di accesso. Decorso tale termine, la pubblica amministrazione provvede sulla richiesta, una volta accertata l'avvenuta ricezione della comunicazione.

Tale *iter* deve concludersi entro 30 giorni, dalla richiesta, decorsi i quali quest'ultima si intende respinta (art. 6, D.P.R. 184/2006).

Analogamente si prevede la richiesta di **accesso formale** qualora:
- non sia possibile l'*accoglimento immediato* della richiesta in via informale;
- vi siano dubbi sulla *legittimazione del richiedente*, sulla sua identità e sui suoi poteri rappresentativi;
- vi siano dubbi sulla *sussistenza dell'interesse* alla stregua delle informazioni e delle documentazioni fornite;
- vi siano dubbi sulla *accessibilità del documento* o sull'*esistenza di controinteressati*.

3.3 La risposta della P.A. e il potere di differimento

Al termine del procedimento la P.A., nel caso in cui ritenga di **non accogliere** la richiesta, può:
- *respingerla*, se la richiesta riguarda documenti esclusi *ex* art. 24 dall'accesso;
- *limitarla* ad alcuno soltanto dei documenti richiesti ove gli altri non siano accessibili, ai sensi sempre dell'art. 24;
- *differirla*, ai sensi del comma 4 del cit. art. 24, nel caso in cui la P.A., anziché respingere la richiesta, reputi sufficiente spostare l'esercizio dell'accesso ad un momento successivo.

L'art. 24, comma 4, L. 241/1990 prevede, infatti, che l'accesso ai documenti amministrativi non possa essere negato ove sia sufficiente fare ricorso al **potere di differimento**.

In base al D.P.R. 184/2006 (art. 9), la possibilità di differire l'accesso ai documenti consente ai soggetti passivi dello stesso di evitarne l'ostensione sino a quando la conoscenza di essi possa impedire o gravemente ostacolare lo svolgimento dell'azione amministrativa ovvero esporre a rischio gli interessi che le disposizioni concernenti gli atti sottoposti a segreto mirano a salvaguardare. Il differimento è disposto soprattutto nella fase preparatoria dei provvedimenti in relazione ai documenti la cui conoscenza possa compromettere il buon andamento dell'azione amministrativa, ma è comunque da ritenere uno strumento *preferenziale* rispetto alla definitiva esclusione dall'accesso. L'atto che dispone il differimento dell'accesso ne indica anche la durata.

Si ricorda, infine, che il rifiuto, la limitazione o il differimento dell'accesso richiesto in via formale devono essere motivati.

4 La tutela del diritto di accesso

4.1 Il ricorso giurisdizionale avverso il diniego di ostensione

La **tutela giurisdizionale** del diritto di accesso risulta dagli **artt. 25, L. 241/1990** e **116 del Codice del processo amministrativo**, contenuto nel D.Lgs. 104/2010. Il relativo giudizio, *ex* art. 133 del Codice citato, si svolge dinanzi al giudice amministrativo in sede di **giurisdizione esclusiva**.

In particolare, decorsi inutilmente 30 giorni dalla richiesta, questa si intende respinta e in tal caso, il richiedente può presentare ricorso al tribunale amministrativo regionale (art. 25, comma 4, L. 241/1990); il citato comma 1 dell'art. 116 del Codice, come modificato dal D.Lgs. 195/2011, dispone che «contro le determinazioni e contro il silenzio sulle istanze di accesso ai documenti amministrativi, nonché per la tutela del diritto di accesso civico il ricorso è proposto entro **trenta giorni** dalla conoscenza della determinazione impugnata o dalla formazione del silenzio, mediante notificazione all'amministrazione e ad almeno un controinteressato».

L'amministrazione, secondo quanto disposto dal successivo **comma 3** dell'articolo in esame, può essere rappresentata e difesa da un proprio dipendente.

Il giudizio incardinato *ex* art. 116, comma 1, che si svolge con rito camerale, si conclude con una **sentenza in forma semplificata** che può, pertanto, essere di *rigetto* del ricorso o di *accoglimento* dello stesso. In tale ultimo caso, sussistendone i presupposti, il giudice ordina l'esibizione dei documenti richiesti e, ove previsto, la pubblicazione dei documenti richiesti entro un termine non superiore, di norma, a 30 giorni, dettando, ove occorra, le relative modalità (comma 4).

Per espressa previsione del comma 5 della norma, infine, le disposizioni sin qui esaminate si applicano anche al giudizio di impugnazione.

La proposizione di un ricorso avverso determinazioni amministrative concernenti l'**accesso nel caso in cui sia già pendente un giudizio amministrativo** è disciplinata dal comma 2 dell'art. 116 del Codice.

In tal caso, il legislatore ha previsto che il ricorso può essere proposto con istanza depositata presso la segreteria della sezione cui è assegnato il ricorso principale, previa notifica all'amministrazione e agli eventuali controinteressati.

L'istanza può essere decisa con un'ordinanza separatamente dal giudizio principale, oppure con la sentenza che definisce quest'ultimo.

4.2 Il ricorso al difensore civico

L'art. 25, comma 4, L. 241/1990 prevede (in caso di rifiuto espresso o implicito o di differimento dell'accesso) la possibilità di **ricorrere** nello stesso termine stabilito per la proposizione del ricorso giurisdizionale (**in alternativa al ricorso al T.A.R.**), **al difensore civico competente per ottenere che venga riesaminata la determinazione**. Se quest'ultimo ritiene illegittimo il diniego o il differimento, lo comunica all'autorità disponente che dovrà provvedere nel termine di *30 giorni* dal ricevimento della richiesta. In mancanza **l'accesso è consentito**.

Nello stesso art. 25 si precisa che la competenza del difensore civico è ristretta agli atti delle amministrazioni comunali, provinciali e regionali, mentre nei confronti delle amministrazioni centrali e periferiche dello Stato il **ricorso** per riesame deve essere inoltrato presso la **Commissione per l'accesso ai documenti amministrativi**, di cui all'art. 27 L. 241/1990 (si tratta dell'organo, istituito presso la Presidenza del Consiglio dei Ministri, che si occupa di vigilare sull'attuazione del principio di trasparenza nelle amministrazioni), nonché **presso l'amministrazione resistente**.

5 L'accesso civico e l'accesso universale (artt. 5 ss., D.Lgs. 33/2013)

5.1 Disciplina

Nell'attuale ordinamento, accanto all'accesso cd. classico previsto dalla legge sul procedimento amministrativo, si colloca l'innovativa disciplina predisposta dal **D.Lgs. 33/2013**, cd. Testo Unico trasparenza, novellato dal **D.Lgs. 97/2016**.

Si tratta, in particolare, dell'istituto dell'**accesso civico**, nella sua versione per così dire, tradizionale, e nella sua veste di accesso civico «generalizzato» o «universale»:

— **accesso civico «semplice»**: è disciplinato dal comma 1 dell'art. 5, D.Lgs. 33/2013, ai sensi del quale l'obbligo previsto dalla normativa vigente in capo alle pubbliche amministrazioni di pubblicare documenti, informazioni o dati comporta il **diritto di chiunque** di richiedere i medesimi, *nei casi in cui sia stata omessa la loro pubblicazione*.
  In sostanza, al dovere di pubblicazione della P.A. corrisponde il diritto del privato di accedere ai documenti, dati e informazioni interessati dall'inadempienza;

— **accesso civico generalizzato o «universale» (FOIA)**: questo è invece delineato nel comma 2 dell'art. 5 cit., secondo cui, per favorire forme diffuse di controllo sul perseguimento delle funzioni istituzionali e sull'utilizzo delle risorse pubbliche e per promuovere la partecipazione al dibattito pubblico, chiunque ha diritto di accedere ai dati e ai documenti detenuti dalle pubbliche amministrazioni, *ulteriori rispetto a quelli oggetto di pubblicazione* ai sensi del D.Lgs. 33/2013 medesimo.
È proprio in relazione a tale fattispecie che si è parlato, più specificamente, di «***Freedom of Information Act***» (FOIA): ciò si traduce nella possibilità per i cittadini di accedere a dati e documenti della pubblica amministrazione anche se non resi pubblici, senza peraltro dover dimostrare un interesse diretto.

Entro 30 giorni le amministrazioni dovranno rilasciare gratuitamente i dati e i documenti richiesti.

L'accesso civico generalizzato conosce, tuttavia, alcune ipotesi di esclusione e/o limitazione (art. 5bis, D.Lgs. 33/2013, inserito dal D.Lgs. 97/2016).

In particolare, esso **è rifiutato** se il diniego è necessario per evitare un pregiudizio concreto alla tutela di uno degli interessi pubblici inerenti a:

a) sicurezza pubblica e ordine pubblico;
b) sicurezza nazionale;
c) difesa e questioni militari;
d) relazioni internazionali;
e) politica e stabilità finanziaria ed economica dello Stato;
f) conduzione di indagini sui reati e loro perseguimento;
g) regolare svolgimento di attività ispettive.

Esso è altresì **rifiutato** se il diniego è necessario per evitare un pregiudizio concreto alla tutela di uno dei seguenti interessi privati: protezione dei dati personali; libertà e segretezza della corrispondenza; interessi economici e commerciali di una persona fisica o giuridica, ivi compresi la proprietà intellettuale, il diritto d'autore e i segreti commerciali.

L'**esclusione** dello stesso, invece, si ha nei casi di segreto di Stato e negli altri casi di divieti di accesso o divulgazione previsti dalla legge.

L'esercizio dell'accesso civico, in *entrambe le sue due versioni*, **non è sottoposto ad alcuna limitazione quanto alla legittimazione soggettiva del richiedente.** Questo profilo è una delle più rilevanti *differenze* tra tale istituto e l'accesso di cui alla legge sul procedimento amministrativo.

L'istanza di accesso civico, a sua volta, deve identificare i dati, le informazioni o i documenti richiesti, non richiede motivazione, può essere trasmessa anche *per via telematica* e va presentata alternativamente ad uno dei seguenti uffici:

a) all'ufficio che detiene i dati, le informazioni o i documenti;
b) all'Ufficio relazioni con il pubblico;
c) ad altro ufficio indicato dall'amministrazione nella sezione «Amministrazione trasparente» del sito istituzionale;
d) al responsabile della prevenzione della corruzione e della trasparenza, ove l'istanza abbia a oggetto dati, informazioni o documenti oggetto di pubblicazione obbligatoria.

Contro il rifiuto al rilascio di dati e documenti il cittadino **potrà ricorrere** al responsabile trasparenza, al difensore civico e/o al T.A.R.

5.2 Differenza tra accesso civico e accesso documentale

La sostanziale **differenza** tra l'accesso civico e il diritto di accesso ai documenti *ex* art. 22, L. 241/1990 — e punto nodale della disciplina del nuovo istituto — va ravvisata nell'ampliamento dal punto di vista soggettivo del diritto stesso: la richiesta di accesso, infatti, non è sottoposta ad alcuna limitazione quanto alla legittimazione soggettiva del richiedente.

Contrariamente a quanto affermato nella legge sul procedimento, infatti, dove il diritto di accesso è riconosciuto ai portatori di un interesse giuridico diretto, concreto ed attuale, il decreto in esame **riconosce a tutti e senza motivazione il diritto di accesso civico**, in perfetta adesione, dunque, alla conclamata finalità di estendere il potere di controllo dei cittadini sull'operato della P.A.

6 La riservatezza e l'accesso: due diritti «separati in casa»

Tra i limiti che vengono posti all'esercizio del diritto di accesso, è estremamente delicata la problematica dei rapporti tra accesso e riservatezza. Si tratta di due importanti diritti, definiti spesso «separati in casa» in quanto aventi il medesimo ambito di applicazione, pur essendo, allo stesso tempo, l'uno il limite dell'altra.

Quando, infatti, ai sensi degli artt. 22 e seguenti della legge sul procedimento amministrativo, si chiede di accedere a documenti amministrativi che investono posizioni di soggetti terzi, si pone il problema di **conciliare il diritto di questi ultimi alla riservatezza dei propri dati personali con il diritto di accesso dell'istante**.

Il diritto alla riservatezza può in generale definirsi come il **diritto al riserbo** relativamente a notizie, dati o informazioni la cui diffusione non risponde ad alcun interesse pubblico prevalente. Esso è riferibile sia alle **persone fisiche**, come diritto al rispetto della sfera intima della personalità, sia alle **persone giuridiche**, **enti**, **associazioni** ecc. (e in tal caso si è al cospetto della cd. riservatezza industriale o commerciale, ossia della tutela di quel complesso di conoscenze che va sotto il nome di *segreti di impresa*, *ex* art. 41 Cost.).

Il legislatore ha risolto codificando una serie di principi-guida, contenuti sia nella legge sul procedimento che nel Codice sulla *privacy* (D.Lgs. 196/2003, mod. dal D.Lgs. 101/2018, che ha armonizzato la disciplina del nostro Codice con quella europea: v. *infra* Cap. successivo) che devono essere seguiti per trovare, nei casi concreti, un punto di equilibrio tra accesso e riservatezza.

Si tratta di un **sistema di bilanciamento degli opposti interessi** che può portare ad una **graduazione del diritto di accesso in relazione alla tipologia di dati personali** che, nello specifico, viene in rilievo.

Nella L. 241/1990, la disposizione di riferimento è data dall'art. 24, il cui comma 7 afferma, in primo luogo ed in via generale, la **prevalenza del diritto di accesso** in tutte le ipotesi in cui questo è preordinato all'esercizio del diritto di difesa di un interesse giuridicamente rilevante: «*deve comunque essere garantito ai richiedenti l'accesso ai documenti amministrativi la cui conoscenza sia necessaria per curare o per difendere i propri interessi giuridici*».

Tuttavia, nel caso di documenti contenenti dati sensibili e giudiziari (oggi, dopo l'entrata in vigore del regolamento europeo n. 679/2016, deve farsi riferimento agli artt. 9 e 10 dello stesso: v. *infra* Cap. successivo) l'accesso è consentito nei limiti in cui sia strettamente indispensabile, mentre in presenza di **dati idonei a rivelare lo stato di salute e la vita sessuale** (usualmente definiti nel nostro ordinamento come *dati supersensibili* o *sensibilissimi*) l'accesso è consentito in base all'art. 60 D.Lgs. 196/2003, come sostituito dal D.Lgs. 101/2018 (che si riferisce al trattamento concernente dati genetici, relativi alla salute, alla vita sessuale o all'orientamento sessuale delle persone).

Il rimando all'art. 60 del Codice della privacy, contenuto nell'art. 24, L. 241/1990, comporta che il trattamento dei dati appena menzionati è consentito *se la situazione giuridicamente rilevante che si intende tutelare con la richiesta di accesso* ai documenti amministrativi sia di **rango almeno pari ai diritti dell'interessato**, ovvero **consista in un diritto della personalità o in un altro diritto o libertà fondamentale**.

Anche l'art. 59 del Codice della privacy (nella versione novellata) conferma questa impostazione, prevedendo che i presupposti, le *modalità*, i *limiti per l'esercizio del diritto di accesso* a documenti amministrativi contenenti dati personali, e la relativa tutela giurisdizionale restano disciplinati dalla L. 241/1990 *anche per ciò che concerne i tipi di dati di cui agli articoli 9 e 10 del regolamento e le operazioni di trattamento eseguibili in esecuzione di una richiesta di accesso*.

Invece, i *presupposti*, le *modalità* e i *limiti* per l'esercizio del diritto di accesso civico restano disciplinati dal D.Lgs. 33/2013 (art. 59, comma 1bis, Codice privacy, aggiunto dal D.Lgs. 101/2018).

2
La normativa sulla protezione dei dati personali: la privacy

1 Privacy e riservatezza

Abbiamo visto nel Capitolo precedente che la riservatezza, quale limite alla trasparenza, si configura, nell'attuale ordinamento giuridico, sia come *riservatezza delle persone fisiche*, ossia come **diritto del singolo di vedere rispettata la propria sfera personale** da ingerenze esterne, sia come *riservatezza di gruppi, persone giuridiche, enti ed associazioni*, come ad esempio quelle **conoscenze in ambito commerciale** che vanno sotto il nome di segreto industriale o di impresa.

La riservatezza può essere ricondotta all'**art. 2 Cost.**, pur non essendovi esplicitamente menzionata, ed in particolare ai **diritti di cd. quarta generazione**; infatti, partendo dalla considerazione dell'art. 2 della Costituzione quale *fattispecie aperta*, suscettibile, cioè, di dare tutela anche a nuovi diritti che progressivamente emergono nel contesto sociale e politico in relazione ai cambiamenti, è possibile affermare che essa riguarda una delle più acute richieste di tutela della società contemporanea. Basti pensare che ai nostri tempi la riservatezza appare sempre più compromessa dalle **nuove tecnologie**, soprattutto quelle informatiche, e da mezzi di comunicazione sempre più sofisticati, soprattutto per quanto concerne i dati sensibili degli individui (in tal senso, BARBERA-FUSARO).

Ed è proprio l'evoluzione tecnologica che ha portato il legislatore europeo ad innovare la normativa in tema di protezione dei dati personali, rivedendo il concetto stesso di **«sfera privata»** alla luce della inarrestabile rivoluzione digitale e dell'ormai imprescindibile invasione del **mondo virtuale** su quello reale.

Ecco perché il termine «riservatezza», nell'odierna era digitale, non può essere inteso (o meglio, non solo) come la più comune e semplice traduzione dall'inglese «privacy», sebbene si tenda, in generale, ad usare indifferentemente i due termini:

- la **riservatezza** è, come detto, il **diritto alla intimità della propria sfera privata e dei propri dati personali**, che devono essere salvaguardati dalla curiosità altrui. Essa ha quindi un'accezione prevalentemente negativa (*ius excludendi alios,* ossia diritto di escludere gli altri dalla propria vita privata);
- la **privacy** diventa una «*estensione*» di tale diritto, suscettibile di individuare **tutti gli elementi** che definiscono **l'identità** dell'individuo, la sua storia, le sue abitudini e ogni suo status. Nome e cognome, codice fiscale, dati sanitari, dati fiscali, giudiziari, busta paga, preferenze religiose o sessuali sono solo alcune delle tipologie di dati considerati dalla legge e meritevoli di particolare attenzione.
  Per tale motivo, anche il diritto alla privacy può essere considerato diritto fondamentale della persona, meritevole cioè di particolare tutela, tanto che una *violazione* dei dati personali può provocare, letteralmente, *danni fisici, materiali o immateriali* (GAINI).

Ad esempio, un furto di identità, la divulgazione di dati intimi e personali, nel caso di persona fisica, oppure di dati strettamente riservati di una persona giuridica (pensiamo al *know how* di una azienda) sono eventi capaci di produrre dei veri e propri danni ai soggetti che ne sono vittime: non è un caso che il nostro codice civile, all'art. 2050, comprende tra le attività pericolose anche il trattamento dei dati personali.

In questa prospettiva è intuitivo, quindi, il delicato compito che spetta a chi gestisce e tratta i dati personali: la privacy, in tale ottica, è sì un diritto fondamentale ma ad esso, tuttavia, corrisponde in maniera speculare l'**obbligo**, a carico di chi tratta i dati stessi (imprese private e pubbliche amministrazioni), di tutelare e salvaguardare l'inviolabilità di tutti quei dati che compongo l'identità dell'individuo, impendendone un uso illecito.

Il diritto alla privacy, ove legato alla protezione dei dati personali e al controllo sulla loro circolazione, dunque, **estende** la tutela dell'individuo al di là della sfera della vita privata (ossia riservatezza) e la trasferisce nella **dimensione sociale**, attribuendo al soggetto che ne è titolare anche il diritto di impedire che vengano divulgate informazioni sulla sua persona nonché di controllare la raccolta e il trattamento delle informazioni stesse, fornendogli nel contempo gli strumenti per la tutela di tali informazioni (SAETTA).

In tal senso, la privacy rappresenta una sorta di **versione «dinamica»** della riservatezza, come strumento a disposizione del singolo per controllare la raccolta, la classificazione e l'uso di quelle informazioni da parte di chi gestisce le banche dati (soggetti pubblici o privati che siano), nelle quali i dati stessi sono inseriti e conservati.

Tale distinzione è fondamentale per capire l'evoluzione normativa in materia, culminata nel **GDPR** (*General Data Protection Regulation*), ossia il **Regolamento europeo per la protezione dei dati personali**, operativo in tutta l'Unione europea dal *25 maggio 2018*, con cui il legislatore europeo ha preso atto dei cambiamenti dell'attuale contesto sociale.

A differenza del passato infatti, la nuova disciplina europea si basa sul **binomio responsabilizzazione/consapevolezza**: responsabilizzazione (*accountability*) a carico di chi gestisce i dati personali e li tratta (quindi sia pubbliche amministrazioni che enti privati) da un lato, e, dall'altro, maggiore consapevolezza da parte dei «possessori» dei dati medesimi, ossia i cittadini, che vengono messi al centro della nuova cultura digitale. Il Regolamento, pertanto, ha adeguato la disciplina sul trattamento dei dati personali alle moderne tecnologie che, ormai, sono divenute strumenti di controllo della vita di ciascuno: tale obiettivo è stato realizzato approntando una normativa più incisiva rispetto a quella del passato, a garanzia della *libertà degli individui di far conoscere di sè solamente ciò che si vuol far conoscere*.

2 Il Regolamento europeo n. 679/2016 e l'adeguamento nazionale

La disciplina in materia di trattamento dei dati personali, cd. *privacy*, è stata, quindi, «rivoluzionata» in seguito all'approvazione del regolamento (UE) 2016/679, cd. **Regolamento generale per la protezione dei dati personali**, a decorrere dal 25 maggio 2018 (che, in quanto regolamento, è *immediatamente applicabile* negli Stati membri).

L'utilizzo del regolamento ha, quindi, comportato che le normative nazionali (in precedenza) vigenti venissero «travolte» dalle disposizioni europee di diretta applicazione.

Così è stato, anche nel nostro ordinamento, per il **D.Lgs. 30 giugno 2003, n. 196**, *Codice della privacy*, completamente e profondamente modificato dapprima con il **D.Lgs. 10 agosto 2018, n. 101**, con il quale si è armonizzata la normativa interna con quella sovranazionale e, da ultimo, con il **D.L. 8 ottobre 2021, n. 139**, conv. in **L. 3 dicembre 2021, n. 205**.

Lo scopo del regolamento UE è quello di garantire la **protezione** delle **persone fisiche** con riguardo al **trattamento dei dati personali**, nonché alla libera circolazione di tali dati in **maniera coerente** e **uniforme** in tutta l'Unione, al fine di prevenire disparità che possano ostacolare la libera circolazione dei dati personali.

La protezione prevista dal regolamento deve trovare applicazione, per tale motivo, alle persone fisiche, in relazione al trattamento dei loro dati personali, *a prescindere dalla nazionalità o dal luogo di residenza*.

Esso non si applica, invece, a questioni di tutela dei diritti e delle libertà fondamentali o di libera circolazione dei dati personali riferite ad attività che non rientrano nell'ambito di applicazione del diritto dell'Unione, quali, ad es., le attività riguardanti la sicurezza nazionale.

3 Il Garante per la protezione dei dati personali

In ogni Stato dell'UE una o più autorità pubbliche indipendenti devono essere incaricate di controllare l'applicazione del regolamento al fine di **tutelare i diritti e le libertà fondamentali delle persone fisiche** con riguardo al trattamento e di agevolare la libera circolazione dei dati personali all'interno dell'Unione (art. 51 GDPR).

Conformemente alle previsioni regolamentari, l'art. 2 del Codice della *privacy* individua tale autorità nel *Garante per la protezione dei dati personali*.

Si tratta di un'autorità indipendente, istituita già con la L. 675/1996 e poi confermata dal D.Lgs. 196/2003, composta da 4 membri, di cui due eletti dalla Camera e due dal Senato.

Tra le sue funzioni ricordiamo:

- controllare se i *trattamenti sono effettuati nel rispetto della disciplina applicabile*, anche in caso di loro cessazione e con riferimento alla conservazione dei dati di traffico;
- trattare i *reclami* presentati ai sensi della normativa vigente;
- denunciare i *fatti configurabili come reati perseguibili d'ufficio*, dei quali viene a conoscenza nell'esercizio o a causa delle funzioni;
- assicurare la *tutela dei diritti e delle libertà fondamentali degli individui*, dando idonea attuazione al regolamento europeo e allo stesso Codice.

Il Garante, inoltre, **collabora con altre autorità amministrative indipendenti nazionali** nello svolgimento dei rispettivi compiti.

4 Il concetto di «dato personale»

Che si intende con l'espressione «**dati personali**»?

Si tratta di quelle informazioni che identificano o rendono identificabile, **direttamente** (ad es.: i dati anagrafici) o **indirettamente** (ad es.: il codice fiscale o un numero di targa) una persona fisica.

Vi sono poi i dati personali rientranti in particolari categorie, come quelli *sensibili* (origine razziale ed etnica, opinioni politiche o religiose, appartenenza sindacale, stato di salute e vita sessuale — quest'ultimi due sono detti anche «*supersensibili*») e quelli relativi a condanne penali o reati (cd. *giudiziari*).

Il regolamento europeo, all'art. 4, definisce il dato personale come qualsiasi informazione riguardante una persona fisica, identificata o identificabile (**interessato**).

È identificabile la persona fisica che può essere individuata, direttamente o indirettamente, con particolare riferimento a un identificativo come il nome, un numero di identificazione, dati relativi all'ubicazione, un identificativo online o a uno o più elementi caratteristici della sua identità fisica, fisiologica, genetica, psichica, economica, culturale o sociale.

La normativa oggi in vigore si discosta notevolmente dalla precedente impostazione e le originarie definizioni di «**dati sensibili**» ed i «**dati giudiziari**», presenti nel Codice del 2003, lasciano il posto alle più generiche «**categorie particolari di dati personali**» (art. 9 reg.) e ai «**dati personali relativi a condanne penali e reati**» (art. 10 reg.), richiamati poi pedissequamente nella nuova formulazione del nostro Codice.

Il legislatore del 2018, nel modificare il Codice del 2003, ha espressamente stabilito che, a decorrere dal 25 maggio 2018 (data di entrata in vigore del regolamento) le espressioni «dati sensibili» e «dati giudiziari» utilizzate ai sensi dell'art. 4, comma 1, lett. *d)* ed *e)*, del Codice in materia di protezione dei dati personali, **ovunque ricorrano**, si intendono riferite, rispettivamente, alle **categorie particolari di dati personali** di cui all'art. 9 del regolamento (UE) 2016/679 e ai **dati personali relativi a condanne penali e reati**, di cui all'art. 10 del medesimo regolamento.

In particolare, secondo l'art. 9 del regolamento, è vietato trattare alcune «categorie particolari di dati personali», comprendenti i dati personali che rivelino «*l'origine razziale o etnica, le opinioni politiche, le convinzioni religiose o filosofiche, o l'appartenenza sindacale*», nonché i «*dati genetici, dati biometrici intesi a identificare in modo univoco una persona fisica, dati relativi alla salute o alla vita sessuale o all'orientamento sessuale della persona*».

Facendo un parallelo con la precedente nozione di dato sensibile è di tutta evidenza che la disposizione europea ne amplia la portata e affianca all'originaria definizione (che, quindi, di fatto non scompare), i dati genetici, i dati biometrici e i dati relativi alla salute.

Secondo quanto stabilito nell'art. 4 del testo europeo: i **dati genetici** sono i dati personali relativi alle caratteristiche genetiche ereditarie o acquisite di una persona fisica che forniscono informazioni univoche sulla fisiologia o sulla salute di detta persona fisica, e che risultano in particolare dall'analisi di un campione biologico della persona fisica in questione (comma 1, n. 13); i **dati biometrici** sono i dati personali ottenuti da un trattamento tecnico specifico relativi alle caratteristiche fisiche, fisiologiche o comportamentali di una persona fisica che ne consentono o confermano l'identificazione univoca, quali l'immagine facciale o i dati dattiloscopici (comma 1, n. 14); i **dati relativi alla salute**, infine, sono i dati personali attinenti alla salute fisica o mentale di una persona fisica, compresa la prestazione di servizi di assistenza sanitaria, che rivelano informazioni relative al suo stato di salute (comma 1, n. 15).

Lo stesso discorso va fatto anche per il dato giudiziario che di fatto non scompare del tutto, ma viene presentato sotto la veste dei «**dati personali relativi alle condanne penali e ai reati o a connesse misure di sicurezza**», di cui all'art. 10 del regolamento.

5 Il trattamento dei dati personali

5.1 Principi e condizioni di liceità

Il dato personale è «trattato» quando è sottoposto a **qualsiasi operazione o insieme di operazioni**, compiute con o senza l'ausilio di processi automatizzati ed applicate a dati personali o insiemi di dati personali: la raccolta, la registrazione, l'organizzazione, la strutturazione, la conservazione, l'adattamento o la modifica, l'estrazione, la consultazione, l'uso, la comunicazione mediante trasmissione, diffusione o qualsiasi altra forma di messa a disposizione, il raffronto o l'interconnessione, la limitazione, la cancellazione o la distruzione (art. 4, comma 1, n. 2, reg.).

I dati personali, ai sensi dell'art. 5 del regolamento, devono essere:

a) trattati in modo lecito, corretto e trasparente nei confronti dell'interessato («**liceità, correttezza e trasparenza**»);
b) raccolti per finalità determinate, esplicite e legittime, e successivamente trattati in un modo che non sia incompatibile con tali finalità iniziali («**limitazione della finalità**»);
c) adeguati, pertinenti e limitati a quanto necessario rispetto alle finalità per le quali sono trattati («**minimizzazione dei dati**»);
d) esatti e, se necessario, aggiornati; devono essere adottate tutte le misure ragionevoli per cancellare o rettificare tempestivamente i dati inesatti rispetto alle finalità per le quali sono trattati («**esattezza**»);
e) conservati in una forma che consenta l'identificazione degli interessati per un arco di tempo non superiore al conseguimento delle finalità per le quali sono trattati («**limitazione della conservazione**»).

Non meno importante è la previsione che il trattamento deve garantire un'**adeguata sicurezza dei dati personali**, compresa la protezione, mediante misure tecniche e organizzative adeguate, da trattamenti non autorizzati o illeciti e dalla perdita, dalla distruzione o dal danno accidentali («**integrità e riservatezza**»).

Il trattamento del dato personale deve essere anche **lecito**.

A tal fine, il regolamento stabilisce le condizioni di liceità e dispone che un trattamento è lecito *solo se e nella misura in cui* ricorra *almeno una* delle condizioni indicate: a) che l'interessato abbia espresso il **consenso al trattamento** dei propri dati personali per una o più specifiche finalità; b) che il trattamento sia necessario all'**esecuzione di un contratto** di cui l'interessato è parte o all'esecuzione di misure precontrattuali adottate su richiesta dello stesso; c) che il trattamento sia necessario per **adempiere un obbligo legale** al quale è soggetto il titolare del trattamento; d) che il trattamento sia necessario per la **salvaguardia degli interessi vitali** dell'interessato o di un'altra persona fisica; e) che il trattamento sia necessario per l'esecuzione di un **compito di interesse pubblico o connesso all'esercizio di pubblici poteri** di cui è investito il titolare del trattamento; f) che il trattamento sia necessario per il perseguimento del **legittimo interesse** del titolare del trattamento o di terzi, a condizione che non prevalgano gli interessi o i diritti e le libertà fondamentali dell'interessato che richiedono la protezione dei dati personali, in particolare se l'interessato è un minore (art. 6).

5.2 Il trattamento effettuato da un soggetto pubblico

Corrispondentemente alla previsione europea, l'**art. 2ter** del Codice della privacy (come modificato dal D.L. 139/2021 conv. in L. 205/2021) individua in **una norma di legge o di regolamento** o in **atti amministrativi generali** la base giuridica per il trattamento di dati personali effettuato per l'esecuzione di un compito di interesse pubblico o connesso all'esercizio di pubblici poteri (di cui all'art. 6, par. 3, lett. b), GDPR).

Un'importante novità è stata introdotta con il recente D.L. 139/2021 con riferimento al trattamento effettuato da parte di pubbliche amministrazioni, mediante l'inserimento nella norma del Codice di una nuova previsione (comma 1bis).

Fermo restando ogni altro obbligo previsto nel regolamento europeo o nel nostro Codice, il trattamento dei dati personali da parte di una **pubblica amministrazione** (incluse le autorità amministrative indipendenti e le società a controllo pubblico statale o locale (limitatamente ai gestori di servizi pubblici), è **anche** consentito se **necessario** per l'adempimento di un compito svolto nel pubblico interesse o per l'esercizio di pubblici poteri ad esse attribuiti.

La portata di tale previsione è grande. Il legislatore, infatti, soprattutto in tempi di pandemia da COVID-19, ha voluto «velocizzare» il trattamento da parte delle P.A., sganciandolo da una base giuridica prestabilita. Come è stato osservato, in sostanza, «con il D.L. 139, sembra aprirsi la finestra ad una legittimazione legislativa dei trattamenti «pubblici» (primo tra tutti quello a fini di tutela della salute o meglio della vita delle persone) di carattere generale e a monte, non puntuale, del trattamento dei dati da parte di amministrazioni pubbliche, subordinata esclusivamente alla condizione della **necessità** del trattamento in funzione del perseguimento di interessi pubblici» (BOTTEON).

Tale previsione deve essere comunque esercitata nel rispetto delle condizioni fissate nell'art. 6 del regolamento europeo al fine di garantire che l'esercizio di tale possibilità non possa arrecare un pregiudizio effettivo e concreto alla tutela dei diritti e delle libertà degli interessati.

5.3 Il trattamento di categorie particolari di dati personali

L'art. 9 del regolamento stabilisce, come regola generale, il **divieto** di trattare dati personali che rivelino l'origine razziale o etnica, le opinioni politiche, le convinzioni religiose o filosofiche, o l'appartenenza sindacale, nonché trattare dati genetici, dati biometrici intesi a identificare in modo univoco una persona fisica, dati relativi alla salute o alla vita sessuale o all'orientamento sessuale della persona.

Il successivo paragrafo 2 dell'art. 9 prevede delle **eccezioni**, stabilendo, ad es., che il trattamento di tali categorie di dati sia consentito qualora l'interessato abbia prestato il proprio **consenso esplicito** al trattamento di tali dati personali per una o più finalità specifiche, il trattamento sia necessario per assolvere gli obblighi ed esercitare i diritti specifici del titolare del trattamento o dell'interessato in **materia di diritto del lavoro e della sicurezza sociale e protezione sociale** o, ancora, laddove il trattamento sia necessario per **tutelare un interesse vitale dell'interessato** o di un'altra persona fisica qualora l'interessato si trovi nell'incapacità fisica o giuridica di prestare il proprio consenso.

Correlativamente alla previsione europea, l'art. 2sexies del Codice della privacy stabilisce che i trattamenti delle **categorie particolari di dati personali necessari per motivi di interesse pubblico rilevante** ai sensi dell'art. 9, par. 2, lett. g), del regolamento, sono ammessi qualora siano previsti dal *diritto dell'Unione europea* ovvero, nell'ordinamento interno, da *disposizioni di legge* o *di regolamento* o da *atti amministrativi generali* che specifichino i tipi di dati che possono essere trattati, le operazioni eseguibili e il motivo di interesse pubblico rilevante, nonché le misure appropriate e specifiche per tutelare i diritti fondamentali e gli interessi dell'interessato.

Sulla disposizione è intervenuto il D.L. 139/2021 conv. in L. 205/2021 che ha introdotto un nuovo **comma 1bis** che fa specifico riferimento ai **dati relativi alla salute**, **privi di elementi identificativi diretti**.

Secondo la previsione, tali dati sono trattati, nel rispetto delle finalità istituzionali di ciascuno, dai seguenti soggetti: **Ministero della salute**, **Istituto superiore di sanità**, Agenzia nazionale per i servizi sanitari regionali, Agenzia italiana del farmaco, **Istituto nazionale per la promozione della salute delle popolazioni migranti e per il contrasto delle malattie della povertà** e, relativamente ai propri assistiti, dalle regioni.

Vi sono poi alcune ipotesi in cui *ex lege* l'interesse pubblico viene considerato **rilevante**.

L'elenco delle fattispecie è corposo e tra le tante si ricordi, ad esempio, il riferimento ai trattamenti effettuati da soggetti che svolgono compiti di interesse pubblico o connessi all'esercizio di pubblici poteri nelle seguenti materie: accesso a documenti amministrativi e accesso civico; tenuta degli atti e dei registri dello stato civile, delle anagrafi della popolazione residente in Italia e dei cittadini italiani residenti all'estero, e delle liste elettorali, nonché rilascio di documenti di riconoscimento o di viaggio o cambiamento delle generalità; cittadinanza, immigrazione, asilo, condizione dello straniero e del profugo, stato di rifugiato; attività dei soggetti pubblici dirette all'applicazione, anche tramite i loro concessionari, delle disposizioni in materia tributaria e doganale; concessione, liquidazione, modifica e revoca di benefici economici, agevolazioni, elargizioni, altri emolumenti e abilitazioni; attività sanzionatorie e di tutela in sede amministrativa o giudiziaria; attività amministrative e certificatorie correlate a quelle di diagnosi, assistenza o terapia sanitaria o sociale, ivi incluse quelle correlate ai trapianti d'organo e di tessuti nonché alle trasfusioni di sangue umano; compiti del servizio sanitario nazionale e dei soggetti operanti in ambito sanitario, nonché compiti di igiene e sicurezza sui luoghi di lavoro e sicurezza e salute della popolazione, protezione civile, salvaguardia della vita e incolumità; istruzione e formazione in ambito scolastico, professionale, superiore o universitario.

Con riferimento ai dati **genetici, biometrici e relativi alla salute**, proprio per la loro peculiarità, lo stesso art. 9 del regolamento rimette agli Stati membri la possibilità di **mantenere o introdurre ulteriori condizioni**, comprese limitazioni, rispetto a quelle genericamente individuate dalla norma stessa.

Nel nostro ordinamento, l'art. 2septies è dedicato alla previsione di *misure di garanzia* per il trattamento di questi dati e stabilisce che gli stessi possono essere trattati in presenza di una delle condizioni previste dallo stesso art. 9, par. 2 del regolamento ed in conformità alle misure di garanzia disposte dal Garante.

5.4 Il trattamento di dati personali relativi a condanne penali e reati

Il trattamento di questa peculiare categoria di dato personale — che coincide sostanzialmente con i precedenti dati giudiziari — secondo il legislatore europeo per essere lecito, e quindi consentito, deve avvenire soltanto sotto il **controllo dell'autorità pubblica** o se il **trattamento è autorizzato dal diritto dell'Unione o degli Stati membri** che preveda garanzie appropriate per i diritti e le libertà degli interessati (art. 10 GDPR).

Di rimando, l'art. 2octies del Codice della privacy prevede che il trattamento di dati personali relativi a condanne penali e a reati o a connesse misure di sicurezza che *non avviene sotto il controllo dell'autorità pubblica*, è consentito, ai sensi del citato art. 10 del regolamento, solo se **autorizzato da una norma di legge** o, nei casi previsti dalla legge, **di regolamento**, che prevedano garanzie appropriate per i diritti e le libertà degli interessati.

In mancanza delle predette disposizioni di legge o di regolamento, i trattamenti dei dati in questione nonché le dette garanzie sono individuati con decreto del Ministro della giustizia, sentito il Garante.

5.5 Il principio di inutilizzabilità dei dati

Cosa succede se dopo aver acquisito i dati personali di un soggetto il titolare del trattamento non rispetti i principi che devono regolare il trattamento?

Di tale problematica si è occupato il legislatore nazionale con l'**art. 2decies** del Codice, che, collocato alla fine di tutte le norme che disciplinano i singoli trattamenti dei dati conformemente alla disciplina europea, può considerarsi una disposizione «a chiusura» del sistema. Tale disposizione prevede che i dati personali trattati in violazione della disciplina rilevante in materia di trattamento **non possono essere utilizzati**.

6 Il titolare dei dati: l'interessato

6.1 I diritti dell'interessato

L'interessato è la persona fisica identificata o identificabile che è **titolare dei dati**.

In quanto titolare dei dati da trattare, tale figura ha una serie di diritti, il primo e più importante dei quali è il **consenso al trattamento**. Per consenso si intende qualsiasi manifestazione di volontà *libera, specifica, informata e inequivocabile*, con la quale l'interessato manifesta il proprio assenso, mediante dichiarazione o azione positiva inequivocabile, a che i propri dati personali siano trattati (art. 4, comma 1, n. 11, DPR).

Il consenso è, in pratica, una delle *basi giuridiche* previste dal legislatore affinchè un trattamento sia lecito, provenendo direttamente dal soggetto titolare dei dati da trattare.

Qualora il trattamento si basi sul consenso, il titolare del trattamento deve essere in grado di *dimostrare* che l'interessato ha prestato il proprio consenso al trattamento dei propri dati personali. Il **diritto di revocare il consenso** può essere esercitato in *qualsiasi momento*, ma la revoca non pregiudica la liceità del trattamento basata sul precedente consenso (art. 7 DPR).

Per poter prestare il consenso in modo consapevole, l'interessato deve essere preventivamente notiziato di una serie di informazioni relative al trattamento (ad es.: finalità del trattamento, dati di contatto del titolare ecc.) a tale scopo risponde l'**informativa rafforzata** che il titolare del trattamento ha l'obbligo di fornire all'interessato prima che questi presti il consenso. L'informativa è data in genere in forma scritta e preferibilmente in formato elettronico e, per essere comprensibile all'interessato, va redatta con linguaggio semplice e immediato.

Qualora i dati personali non siano raccolti direttamente presso l'interessato, nell'informativa devono essere obbligatoriamente indicate le categorie dei dati personali in questione (*ex* art. 14 GDPR).

Gli ulteriori diritti riconosciuti all'interessato sono:

- **il diritto di accesso**: si tratta del diritto di chiedere al titolare la conferma che sia o meno in corso un trattamento di dati personali che lo riguardano e in tal caso, di ottenere l'accesso ai dati personali e alle informazioni indicate (tra queste, ad esempio: le finalità del trattamento; le categorie di dati personali in questione; i destinatari o le categorie di destinatari a cui i dati personali sono stati o saranno comunicati; qualora i dati non siano raccolti presso l'interessato, tutte le informazioni disponibili sulla loro origine; l'esistenza di un processo decisionale automatizzato);
- **il diritto alla portabilità dei dati**: l'art. 20 del regolamento disciplina il diritto dell'interessato di ricevere in un formato strutturato, di uso comune e leggibile da dispositivo automatico, i dati personali che lo riguardano forniti a un titolare del trattamento e ha il diritto di *trasmettere tali dati a un altro titolare del trattamento* senza impedimenti da parte del titolare del trattamento cui li ha forniti. Tale diritto può essere esercitato in presenza di due precise condizioni: che il trattamento si basi sul consenso o su un contratto e sia effettuato con mezzi automatizzati;
- **il diritto di opposizione**: consiste nel diritto dell'interessato di opporsi *in qualsiasi momento*, per motivi connessi alla sua situazione particolare, al trattamento dei dati personali che lo riguardano (art. 21 GDPR);
- **il diritto a non essere sottoposto a decisioni automatizzate**: l'art. 22 GDPR dispone che l'interessato ha il diritto di non essere sottoposto a una decisione basata unicamente sul trattamento automatizzato, compresa la profilazione, che produca effetti giuridici che lo riguardano o che incida in modo analogo significativamente sulla sua persona.

Se l'interessato ritiene che il trattamento dei dati personali che lo riguardano non sia conforme alla normativa vigente, può rivolgersi o all'autorità giudiziaria oppure al Garante. Gli strumenti di tutela dinanzi al Garante sono due: il **reclamo** (ossia quell'atto che contiene una indicazione dettagliata dei fatti e delle circostanze su cui si fonda e delle disposizioni che si presumono violate: art. 77 del Reg. europe e artt. 14bis e ss. del Codice privacy) e la **segnalazione** (quale atto finalizzato a sollecitare un controllo da parte del Garante: art. 144 Codice).

6.2 Il diritto all'oblio

Una novità importante del Regolamento concerne poi **la maggiore tutela del diritto all'oblio**. Si tratta del diritto — ormai affermatosi con l'invasione della rete in ogni settore della vita e pacificamente riconosciuto anche a livello giurisprudenziale — ad «essere dimenticato» o, meglio, a non essere più ricordato per fatti che in passato furono oggetto di cronaca, profilo con il quale esso è strettamente intrecciato.

Facciamo un **esempio**: può capitare che in rete venga pubblicata una notizia in cui si faccia riferimento a una condanna penale o civile comminata ad una persona, oppure che vengano pubblicati online contenuti multimediali (video, foto ecc.) che rischiano di dare un'immagine distorta o non più attuale del soggetto medesimo. Vista la rapidità e semplicità di reperimento di notizie dai siti/motori di ricerca e dai social network, l'interessato, per evitare che notizie ritenute offensive continuino ad essere di pubblico dominio, può ottenere la rimozione dai motori di ricerca di tutti i link e riferimenti che rimandano ai contenuti online in questione, invocando il cd. «diritto all'oblio».

La disciplina europea prevede proprio la possibilità di chiedere ed ottenere la *cancellazione dei propri dati personali*, anche online, da parte del titolare del trattamento, se ricorrono alcune condizioni previste dal Regolamento stesso, ad esempio se i dati personali non sono più necessari rispetto alle finalità per le quali sono stati raccolti o altrimenti trattati, se l'interessato si oppone o revoca il consenso o, ancora, se vi sia stato un trattamento illecito dei dati.

7 Titolare del trattamento, responsabile e incaricati

La nuova disciplina prevede una serie di **figure** coinvolte a vario titolo e con differenti attribuzioni nella complessa gestione del trattamento dei dati: *titolare, responsabile e incaricati*.

Il **titolare del trattamento** è colui che determina le *finalità* e i *mezzi del trattamento di dati personali*: specificamente può trattarsi di una persona fisica o anche di una persona giuridica, di un'autorità pubblica, un servizio o altro organismo che operano singolarmente o insieme ad altri soggetti (art. 4 del Regolamento UE). Questa figura corrisponde pertanto al soggetto che ha la **piena responsabilità** di controllare che i dati vengano trattati in modo appropriato e sicuro, nel rispetto della legge. Tale ruolo, in uno con la responsabilità che ne consegue, gli viene affidato in base alla posizione che il soggetto occupa nell'ente in cui lavora (può trattarsi del datore di lavoro, oppure può occupare una posizione apicale).

In concreto, il titolare deve essere in grado di dimostrare sempre di aver fatto tutto quanto sia possibile per realizzare un sistema di privacy sicuro a tutela dell'interessato. Al titolare spetta, come visto, la cd. **informativa** all'interessato.

Al titolare del trattamento si affianca un'altra figura, un soggetto fisico o giuridico, nominato dal titolare anche in base al rapporto fiduciario che intercorre tra i due, che abbia una competenza specialistica, una solida professionalità e capacità operative nella materia del trattamento dei dati personali: il **responsabile del trattamento**. Egli svolge una funzione di supporto al titolare nel trattamento dei dati, deve godere di esperienza, di capacità e affidabilità. In pratica, al responsabile il titolare chiede di eseguire specifici compiti di gestione e controllo nel trattamento. Se poi le esigenze lo richiedano, il titolare può designare più di un responsabile, da individuare per iscritto.

Possono poi essere nominati gli **incaricati del trattamento**, tenuti ad operare sotto la diretta autorità del responsabile e ad elaborare i dati personali ai quali hanno accesso attenendosi alle istruzioni impartite (anche qui, la designazione va sempre fatta per iscritto).

8 *Accountability* e valutazione del rischio

Il regolamento analizza specificamente due aspetti essenziali propri della figura del titolare e delle sue competenze: la responsabilizzazione e la valutazione del rischio.

In particolare:

a) ***accountability* o responsabilizzazione**: è l'obbligo del titolare di **mettere in atto misure tecniche e organizzative adeguate per garantire, ed essere in grado di dimostrare, che il trattamento sia effettuato conformemente alla normativa europea** (art. 24 del regolamento).
Presupposto di tale dimostrazione è un'autovalutazione che il titolare deve compiere sulla «validità» del proprio sistema;

b) ***risk based approach to data privacy*** o *valutazione del rischio*. Il regolamento adotta un approccio di definizione del sistema della privacy basato sulla valutazione del rischio, che diviene la misura della responsabilità del titolare. Il **rischio** legato al trattamento consiste nell'impatto negativo che il trattamento potrebbe avere sulle libertà e i diritti degli interessati. In particolare, i considerando 75 e 76 del regolamento ci aiutano a comprendere cosa si intende per rischio: i rischi per i diritti e le libertà delle persone fisiche possono derivare da trattamenti di dati personali suscettibili di cagionare un *danno fisico, materiale o immateriale* (ad esempio, qualora il trattamento comporti discriminazioni, furto o usurpazione d'identità, perdite finanziarie, pregiudizio alla reputazione, perdita di riservatezza dei dati personali protetti da segreto professionale ecc.).
In particolare, la **valutazione di impatto del trattamento** (**D.P.I.A.**, cioè *Data Protection Impact Assessment*) è un **onere posto direttamente a carico del titolare del trattamento**, tenuto ad effettuare una valutazione preventiva delle conseguenze del trattamento dei dati sulle libertà e i diritti degli interessati (art. 35 del regolamento europeo). La valutazione del rischio deve essere fatta per ogni singolo trattamento, e in presenza di possibili rischi elevati, il titolare dovrà individuare le misure specifiche richieste per attenuare o eliminare il rischio.

9 I *data breach*

Il Regolamento UE introduce quindi una **più rigorosa valutazione del rischio** nell'ambito dei trattamenti dei dati personali.

Le violazioni dei dati personali sono dette ***data breach***: si sostanziano in *violazioni di sicurezza* che comportano - accidentalmente o in modo illecito - la distruzione, la perdita, la modifica, la divulgazione non autorizzata o l'accesso ai dati personali trasmessi, conservati o comunque trattati. Esse sono quindi capaci di pregiudicare la riservatezza, l'integrità o la disponibilità di dati personali.

Il Garante privacy elenca alcuni possibili **esempi**:

— l'accesso o l'acquisizione dei dati da parte di terzi non autorizzati;
— il furto o la perdita di dispositivi informatici contenenti dati personali;
— la deliberata alterazione di dati personali;
— l'impossibilità di accedere ai dati per cause accidentali o per attacchi esterni, virus, malware ecc.;
— la perdita o la distruzione di dati personali a causa di incidenti, eventi avversi, incendi o altre calamità;
— la divulgazione non autorizzata dei dati personali.

In pratica, ogni volta che un trattamento presenti dei rischi elevati per i diritti di libertà delle persone fisiche, il titolare del trattamento è tenuto ad effettuare una preventiva valutazione dell'eventuale impatto negativo del detto trattamento. Qualora, poi, un trattamento comporti la violazione dei dati personali, il titolare deve darne celere informazione all'autorità di controllo, ossia il Garante, senza ingiustificato ritardo e, ove possibile, entro 72 ore dal momento in cui ne è venuto a conoscenza, a meno che sia improbabile che la violazione dei dati personali presenti un rischio per i diritti e le libertà delle persone fisiche.

10 Il modello organizzativo *data protection*

10.1 Il *Data Protection Officer* (DPO)

Il regolamento introduce, all'art. 37, una figura assolutamente innovativa: il **Responsabile della protezione dei dati** (*Data protection Officer* - DPO), un vero e proprio «*guardiano del dato*».

La designazione di un DPO non è obbligatoria e generalizzata ma viene circoscritta alle sole ipotesi in cui:

a) il trattamento è **effettuato da un'autorità pubblica o da un organismo pubblico**, eccettuate le autorità giurisdizionali quando esercitano le loro funzioni giurisdizionali;
b) le attività principali del titolare del trattamento o del responsabile del trattamento consistono in trattamenti che, per loro natura, ambito di applicazione e/o finalità, richiedono il **monitoraggio regolare e sistematico degli interessati su larga scala**;
c) le attività principali del titolare del trattamento o del responsabile del trattamento consistono nel **trattamento, su larga scala, di categorie particolari di dati personali** di cui all'art. 9 (ex dati sensibili e supersensibili) o **di dati relativi a condanne penali e a reati**, di cui all'art. 10 (ex dati giudiziari).

La designazione del DPO viene effettuata dal titolare del trattamento e dal responsabile del trattamento in funzione delle qualità professionali, in particolare della conoscenza specialistica della normativa e delle prassi in materia di protezione dei dati, e della capacità di assolvere i propri compiti.

Egli potrà essere un **dipendente** del titolare del trattamento o del responsabile del trattamento oppure un **collaboratore esterno** che assolve i suoi compiti in base a un contratto di servizi.

Dal punto di vista giuridico si tratta di una **figura del tutto autonoma** che agisce in assoluta libertà e senza alcun vincolo rispetto al titolare del trattamento o al responsabile del trattamento.

Il DPO, infatti, deve essere *tempestivamente e adeguatamente coinvolto* in tutte le questioni riguardanti la protezione dei dati personali; ha il compito di *informare* e *fornire consulenza* al titolare o al responsabile del trattamento in materia di privacy e di sorvegliare l'osservanza del regolamento europeo; deve essergli assicurato un *potere di spesa* per assolvere i compiti affidati, e al tal fine gli devono essere fornite le risorse necessarie.

Egli, inoltre, è la figura di raccordo e di contatto con l'autorità di controllo (nel nostro Paese, il Garante privacy) per tutte le questioni connesse al trattamento.

L'ampia autonomia di cui gode il DPO è poi confermata dalle ulteriori circostanze che lo stesso riferisce *direttamente al vertice gerarchico* del titolare del trattamento o del responsabile del trattamento, può essere contattato direttamente dai soggetti interessati ed è tenuto al segreto o alla riservatezza in merito all'adempimento dei propri compiti.

10.2 I registri delle attività di trattamento

L'art. 30 del GDPR impone ad ogni *titolare del trattamento* e al *responsabile del trattamento*, secondo le rispettive responsabilità e competenze — per le **imprese o organizzazioni con più di 250 dipendenti** — l'obbligo di tenere un **registro delle attività di trattamento** svolte sotto la propria responsabilità.

Il registro deve contenere una serie di informazioni che variano a seconda del soggetto tenuto alla sua redazione.

Nel registro del titolare del trattamento, ad esempio, devono essere indicati, tra gli altri: il nome e i dati di contatto del titolare del trattamento e, ove applicabile, del contitolare del trattamento, del rappresentante del titolare del trattamento e del responsabile della protezione dei dati; le finalità del trattamento; una descrizione delle categorie di interessati e delle categorie di dati personali; ove possibile, i termini ultimi previsti per la cancellazione delle diverse categorie di dati e una descrizione generale delle misure di sicurezza tecniche e organizzative adottate.

L'obbligo di tenuta dei registri non è direttamente applicabile alle **imprese o organizzazioni con meno di 250 dipendenti**. Si applica solo nelle ipotesi in cui il trattamento possa presentare un *rischio per i diritti e le libertà dell'interessato*, ovvero **non sia occasionale** o **includa il trattamento delle categorie particolari di dati** di cui all'art. 9 del regolamento, **o i dati personali relativi a condanne penali e a reati** di cui all'art. 10.

3
Il sistema anticorruzione e trasparenza

1 Anticorruzione e trasparenza nelle pubbliche amministrazioni

Sempre più diffuso è l'utilizzo della locuzione «*anticorruzione e trasparenza*» *nella pubblica amministrazione*, quasi le due espressioni fossero un tutt'uno.

Si tratta, infatti, di due aspetti dell'azione amministrativa che, pur mantenendo ciascuno la propria autonomia, sono strettamente correlati in quanto, ponendosi in pratica come due risvolti della stessa medaglia, devono agire *in simbiosi*.

Qual è l'obiettivo di tale «unione»? È quello di delineare una *pubblica amministrazione integra*, quanto più possibile libera da condizionamenti illeciti e fenomeni corruttivi e, poiché il malaffare ama agire nell'ombra, essa deve rendersi accessibile e trasparente come la famosa «casa di vetro» auspicata da ormai un ventennio.

È questo il *filo rosso* che lega questi due concetti:

— «*anticorruzione*» vuol dire contrasto alla corruzione, ma quest'ultima, lo ricordiamo, *non va intesa solo in senso stretto*, ossia come *reato*, punito dal Codice penale insieme a tutti gli altri reati contro la pubblica amministrazione (per la cui specifica trattazione si rinvia alla Parte IV) quanto piuttosto come un *complesso generale di situazioni* che provocano, nell'ordine, violazione dei doveri legati alle funzioni pubbliche, malfunzionamento dell'apparato pubblico e, infine, lesione degli interessi della collettività che, lo ricordiamo, sono l'essenza stessa dell'attività di gestione della cosa pubblica;

— «*Trasparenza*», dal canto suo, significa chiarezza, apertura, accessibilità: traslato alle amministrazioni, questo principio implica una serie di strumenti, istituti e accorgimenti diretta alla configurazione di una P.A. che si organizzi e agisca in maniera pulita, aperta e pubblica, in cui ogni profilo, ogni scelta sia *rendicontabile* e «*tracciabile*» agli occhi dei cittadini.

Si tratta di aspetti da tenere presente anche nell'**odierno processo di modernizzazione** della P.A., in quanto non solo è operativo, in tutte le amministrazioni, un apposito sistema di Piani e di responsabilità (per l'esame del quale si rinvia ai paragrafi seguenti), nonché un insieme di regole e criteri per quanto attiene lo svolgimento dei procedimenti amministrativi, ma vi sono anche dei settori, come la gestione delle risorse umane e la contrattualistica pubblica, che sono più «a rischio» di altri.

Anche per i suddetti motivi, per tutti gli impiegati pubblici vige, ormai, il dovere di formazione e aggiornamento in materia.

2 Quadro normativo anticorruzione e trasparenza

Dal punto di vista normativo, l'anticorruzione è una **«materia» trasversale** che abbraccia diversi settori dell'azione amministrativa.

Si pensi, ad esempio, alle prescrizioni del *Codice dei contratti*, D.Lgs. 50/2016, che predispongono procedure maggiormente trasparenti ed aderenti alla libera concorrenza nonché alle normative che, specie nel *pubblico impiego*, intendono tutelare la legalità e l'integrità della P.A. e degli stessi dipendenti: basti considerare il *whistleblowing*, istituto che intende tutelare chi denuncia i fenomeni di corruzione di cui sia venuto a conoscenza.

La prima normativa a carattere generale che si è occupata dell'argomento è stata la **L. 6 novembre 2012, n. 190**, cd. *legge anticorruzione*, che ha introdotto un articolato sistema di strumenti per la prevenzione/contrasto ai fenomeni corruttivi.

Se la cd. *riforma Brunetta*, D.Lgs. 150/2009, definiva la trasparenza come accessibilità totale delle informazioni concernenti ogni aspetto dell'organizzazione amministrativa (art. 11, oggi abrogato), la successiva **L. 190/2012** ha **elevato tale principio a livello essenziale delle prestazioni** che lo Stato deve garantire in maniera uniforme su tutto il territorio nazionale.

La L. 190/2012, in particolare, a fronte della dilagante corruzione tra le maglie della struttura pubblica, ha impresso una spinta decisiva verso un'azione amministrativa maggiormente rispondente alle istanze di chiarezza sollevate sia dalle parti sociali che dalla stessa classe politica, predisponendo un articolato sistema di prevenzione e repressione dell'illegalità nelle pubbliche amministrazioni e delegando il Governo all'emanazione di una *serie di decreti* che, intervenendo su profili «caldi», riordinassero ed aggiornassero la normativa in settori ritenuti strategici per la lotta e prevenzione alla corruzione, ad es.: normativa in materia di incandidabilità (D.Lgs. 235/2012); in tema di incoferibilità e incompatibilità di incarichi (D.Lgs. 39/2013); nuovo Codice di comportamento dei pubblici dipendenti (D.P.R. 62/2013) ecc.

3 Gli attori dell'anticorruzione e trasparenza

La L. 190/2012 ha adottato un «**approccio multidisciplinare**», in cui la «sanzione» diviene solo uno degli strumenti per la lotta alla corruzione: a questa, infatti, sono affiancati nuovi obblighi e adempimenti posti direttamente in capo alle pubbliche amministrazioni.

Tale normativa, in primo luogo, ha individuato i **soggetti** e gli **organi** aventi l'incarico di svolgere, con modalità tali da assicurare un'azione coordinata, il controllo, la prevenzione e la repressione dei fenomeni corruttivi all'interno delle pubbliche amministrazioni.

In secondo luogo, essa, oltre alla delega all'esecutivo, ha provveduto a **modificare direttamente** determinati testi di legge aventi incidenza nell'ambito dell'anticorruzione e della trasparenza, tra cui ricordiamo, oltre al Codice penale, anche la L. 241/1990 sul procedimento amministrativo e il D.Lgs. 165/2001, T.U. pubblico impiego (in proposito si rinvia alla Parte III).

3.1 A livello centrale

Il primo profilo da esaminare è quello della *governance* in materia, che a livello nazionale si articola sui seguenti soggetti.

1) A.N.AC., Autorità Nazionale Anticorruzione

Essa (al posto della previgente *Commissione per la trasparenza e l'integrità, Civit*, istituita dalla *riforma Brunetta* del 2009) ha, tra gli altri, il compito di **adottare il Piano nazionale anticorruzione**, di *prevenire i fenomeni corruttivi* tra le amministrazioni pubbliche, le società partecipate e controllate, anche *mediante l'attuazione della trasparenza in tutti gli aspetti gestionali* (anche grazie all'attività di vigilanza nell'ambito dei contratti pubblici), nonché di analizzare le cause e i fattori della corruzione, individuandone gli strumenti di contrasto e prevenzione (L. 190/2012, art. 1, commi 1-3).

2) Dipartimento della Funzione pubblica

Alla Funzione pubblica spettava, anche in base alle linee di indirizzo adottate dal *Comitato interministeriale per la prevenzione e il contrasto della corruzione e dell'illegalità nella pubblica amministrazione* (istituito successivamente con il *D.P.C.M. 16 gennaio 2013*), coordinare l'attuazione delle strategie di prevenzione e contrasto della corruzione e dell'illegalità nella pubblica amministrazione elaborate a livello nazionale e internazionale nonché promuovere e definire norme e metodologie comuni per la prevenzione della corruzione, coerenti con gli indirizzi, i programmi e i progetti internazionali (L. 190/2012, art. 1, comma 4).

Alla Funzione pubblica le pubbliche amministrazioni centrali erano tenute a trasmettere: un **piano di prevenzione della corruzione** che fornisse una valutazione del diverso livello di esposizione degli uffici al rischio di corruzione e indicasse gli interventi organizzativi volti a prevenire il medesimo rischio; procedure appropriate per **selezionare e formare**, in collaborazione con la *Scuola superiore della pubblica amministrazione* (SNA), i dipendenti chiamati ad operare in settori particolarmente esposti alla corruzione, prevedendo, negli stessi settori, la **rotazione di dirigenti e funzionari** (comma 5). Tali attribuzioni, tuttavia, a seguito del D.L. 90/2014, conv. in L. 114/2014 sono **confluite tutte in capo all'A.N.AC.** quale autorità anticorruzione.

3) Prefetto

I Comuni con popolazione inferiore a 15.000 abitanti possono aggregarsi per definire in comune, tramite accordi, il piano triennale per la prevenzione della corruzione, secondo le indicazioni contenute nel Piano nazionale anticorruzione. Ai fini della predisposizione del piano triennale per la prevenzione della corruzione, il **Prefetto**, su richiesta, deve fornire il necessario supporto tecnico e informativo agli enti locali, anche al fine di assicurare che i piani siano formulati e adottati nel rispetto delle linee guida contenute nel Piano nazionale (comma 6).

4) Corte dei conti

Nell'ambito della strategia nazionale di lotta/prevenzione un ruolo importante spetta, infine, anche alla Corte dei conti, alla quale compete esercitare sia le funzioni di controllo che quella giurisdizionale nei confronti di «chi» ha danneggiato l'amministrazione.

3.2 A livello di singola P.A.

Vi sono poi i **ruoli operanti all'interno delle amministrazioni**, regolamentati ai commi 7 e seguenti della L. 190 in esame.

a) Organo di indirizzo politico

A tale figura compete individuare, in genere tra i dirigenti di ruolo in servizio, il Responsabile della prevenzione della corruzione e della trasparenza, definire gli obiettivi strategici in materia di prevenzione della corruzione e trasparenza, nonché *adottare il Piano triennale per la prevenzione della corruzione* (P.T.P.C.) su proposta del Responsabile della prevenzione della corruzione e della trasparenza entro il 31 gennaio di ogni anno, curandone la trasmissione all'Autorità nazionale anticorruzione.

b) Responsabile della prevenzione della corruzione e della trasparenza (RPCT)

A tale figura spettano numerosi compiti. Egli, innanzitutto, segnala all'organo di indirizzo e all'organismo indipendente di valutazione le disfunzioni inerenti all'attuazione delle misure in materia di prevenzione della corruzione e di trasparenza e indica agli uffici competenti all'esercizio dell'azione disciplinare i nominativi dei dipendenti che non hanno attuato correttamente le misure in materia di prevenzione della corruzione e di trasparenza.

Negli *enti locali*, tale figura in genere coincide con il *Segretario* o dirigente apicale.

È importante ribadire che nella generalità delle amministrazioni si tratta di una *figura unica*, **sia per la prevenzione della corruzione che per la trasparenza**. È una **figura strategica**, che per la delicatezza dei suoi compiti è **responsabile anche personalmente** in caso di commissione, all'interno dell'amministrazione, di un reato di corruzione accertato con sentenza passata in giudicato.

Allo stesso modo, tuttavia, è un soggetto particolarmente salvaguardato all'interno della P.A., se solo si pensi che **eventuali misure discriminatorie**, dirette o indirette, nei confronti del Responsabile della prevenzione della corruzione e della trasparenza per motivi collegati allo svolgimento delle sue funzioni, vanno sempre segnalate all'A.N.AC.

c) Organismo indipendente di valutazione (OIV)

L'OIV deve verificare, anche ai fini della validazione della Relazione sulla *performance*, che i Piani triennali per la prevenzione della corruzione siano coerenti con gli obiettivi stabiliti nei documenti di programmazione strategico-gestionale e che nella misurazione e valutazione delle *performance* si tenga conto degli obiettivi connessi all'anticorruzione e alla trasparenza.

Si tratta, lo ricordiamo, di particolari figure di cui tutte le amministrazioni devono dotarsi e che si occupano, tra l'altro, del **monitoraggio sul funzionamento complessivo del sistema della valutazione, della trasparenza e integrità dei controlli interni**, della comunicazione delle criticità riscontrate ai competenti organi interni di governo ed amministrazione, della validazione della Relazione sulla *performance* (e relativa pubblicazione sul sito istituzionale dell'amministrazione), della garanzia della correttezza dei processi di misurazione e valutazione, della verifica dei risultati e delle buone pratiche di promozione delle pari opportunità, nonché di realizzare indagini sul personale dipendente.

Essi, ancora, promuovono e attestano l'assolvimento da parte della P.A. degli *obblighi relativi alla trasparenza e alla pubblicità delle informazioni*, ai sensi del T.U. Trasparenza, D.Lgs. 33/2013: in particolare, devono valutare, come detto, la **coerenza** tra gli obiettivi previsti nel Piano triennale per la prevenzione della corruzione e quelli indicati nel Piano della *performance*.

Vi è poi una serie di figure ulteriori coinvolte, a titolo diverso, nella lotta/prevenzione, tutte tenute al rispetto delle norme del Piano triennale. Tra queste ricordiamo:

— i **referenti per la prevenzione dell'area di rischio di rispettiva competenza**. Essi possono essere individuati nel Piano e svolgono attività informativa nei confronti del Responsabile, affinchè questi abbia elementi e riscontri sull'intera organizzazione ed attività dell'amministrazione, e di costante monitoraggio sull'attività svolta dai dirigenti assegnati agli uffici di riferimento, anche con riguardo agli obblighi di rotazione del personale;
— i **dirigenti,** tenuti a svolgere attività informativa nei confronti del Responsabile, dei referenti e dell'autorità giudiziaria, a partecipare ai processi di gestione del rischio, nonché ad adottare, ove in loro potere, le misure gestionali, quali l'avvio di procedimenti disciplinari, la sospensione e rotazione del personale ecc.
Ricordiamo, infatti, che i dirigenti, nell'ambito dei settori di rispettiva competenza, in base all'**art. 16 D.Lgs. 165/2001**, *concorrono alla definizione di misure idonee a prevenire e contrastare i fenomeni di corruzione* e a controllarne il rispetto da parte dei dipendenti dell'ufficio cui sono preposti (comma 1bis); *forniscono le informazioni* richieste dal soggetto competente per l'individuazione delle attività nell'ambito delle quali è *più elevato il rischio corruzione* e formulano specifiche *proposte* volte alla prevenzione del rischio medesimo (comma 1ter); provvedono al *monitoraggio* delle attività nell'ambito delle quali è più elevato il rischio corruzione svolte nell'ufficio a cui sono preposti, disponendo, con provvedimento motivato, la rotazione del personale nei casi di avvio di procedimenti penali o disciplinari per condotte di natura corruttiva (comma 1quater).
Ad esempio, lo svolgimento del ruolo d'impulso che la legge affida al RPCT richiede che l'organizzazione amministrativa sia resa trasparente e che le unità organizzative siano, oltre che coordinate tra loro, rispondenti all'input ricevuto; ecco perchè l'attività del Responsabile della prevenzione deve essere supportata e affiancata dall'attività dei dirigenti;
— l'**Ufficio Procedimenti Disciplinari** (U.P.D.), avente il compito di svolgere i procedimenti disciplinari nell'ambito della propria competenza e di effettuare le relative comunicazioni all'autorità giudiziaria;
— **tutti i dipendenti della P.A.** nonché i **collaboratori e i consulenti esterni**, tenuti in ogni caso al rispetto delle norme del Piano triennale e dei codici di comportamento della P.A.

4 Piano Nazionale Anticorruzione (PNA) e Piani Triennali di prevenzione della corruzione e della trasparenza (PTPCT)

Il sistema dei Piani (nazionale e decentrati) poggia essenzialmente su **due pilastri**:

— le **misure anticorruzione**;
— le **misure di trasparenza**.

Si tratta di un profilo da avere chiaro perché è molto forte il legame tra i suddetti ambiti, soprattutto alla luce della recente confluenza del previgente Piano per la trasparenza e l'integrità in quello per la prevenzione della corruzione.

Esaminiamo ora il sistema dei Piani, che si articola, a sua volta, *a livello nazionale* (PNA) e a *livello delle singole amministrazioni* (PTPCT).

4.1 Il PNA

Il **Piano Nazionale Anticorruzione (PNA)** ha, in primo luogo, il compito di promuovere, presso le amministrazioni pubbliche (e presso i soggetti di diritto privato in controllo pubblico), **l'adozione di misure di prevenzione della corruzione**.

Esso viene adottato dall'A.N.AC., ha **durata triennale** ed è *aggiornato annualmente*. Si configura quale **atto di indirizzo** per le pubbliche amministrazioni ai fini dell'adozione dei propri piani triennali di prevenzione della corruzione, e, in relazione alla dimensione e ai diversi settori di attività degli enti, ha l'obiettivo di individuare i *principali rischi* di corruzione con i relativi rimedi e contiene l'indicazione di obiettivi, tempi e modalità di adozione e attuazione delle relative misure di contrasto (art. 1, comma 2bis, L. 190/2012).

Le misure anticorruzione si distinguono in **oggettive**, se mirano, attraverso soluzioni organizzative, a ridurre ogni spazio possibile all'azione di interessi particolari volti all'improprio condizionamento delle decisioni pubbliche, e **soggettive**, se funzionali, invece, a garantire la posizione di imparzialità dei funzionari pubblici che partecipano, nei vari modi previsti dall'ordinamento (adozione di atti di indirizzo, adozione di atti di gestione, compimento di attività istruttorie a favore degli uni e degli altri), ad una decisione amministrativa. L'individuazione di tali misure spetta poi alle singole amministrazioni, perché solo esse sono in grado di conoscere la propria condizione organizzativa, la situazione dei propri funzionari, il contesto esterno nel quale si trovano ad operare.

Il PNA, quindi, è una sorta di guida per le amministrazioni nell'adozione di concrete ed effettive misure di prevenzione della corruzione, senza imporre soluzioni eccessivamente uniformi e standardizzate, che finirebbero per svilire le diverse realtà organizzative, compromettendone l'efficacia.

4.2 Il PTPCT

Con l'approvazione del Piano nazionale, poi, prende concretamente avvio la **fase di pianificazione della prevenzione a livello decentrato**, mediante la predisposizione di un quadro unitario e strategico di programmazione delle attività in cui **ciascuna amministrazione** possa redigere il *proprio Piano triennale di prevenzione della corruzione (PTPC)*.

Il Piano triennale è adottato dall'organo di indirizzo politico, su proposta del Responsabile della prevenzione della corruzione. Negli enti locali, il Piano triennale viene approvato dalla Giunta. Il PTPC è inoltre soggetto ad *aggiornamento* mediante l'emanazione di apposite *linee guida*.

Il Piano triennale ha le seguenti caratteristiche:

- è **obbligatorio**: la mancata approvazione espone l'amministrazione all'applicazione di sanzioni amministrative da parte dell'A.N.AC. e comporta per il responsabile della prevenzione della corruzione onerose responsabilità per colpa nell'organizzazione;
- ha un **contenuto in parte vincolato**: gli elementi «minimi» che deve includere sono indicati dalla stessa L. 190/2012 e dalla sua normativa di attuazione, nonché dal Piano Nazionale Anticorruzione (PANASSIDI).

I Piani triennali, oltre ad individuare le attività — anche ulteriori rispetto a quelle indicate nel Piano nazionale anticorruzione, nell'ambito delle quali è più elevato il rischio di corruzione, con le relative misure di contrasto — si caratterizzano perché devono analizzare il **contesto di riferimento** della singola P.A., sia *esterno*, ossia il rischio corruzione con riguardo al territorio (in pratica, va analizzato il modo in cui le caratteristiche dell'ambiente nel quale il singolo ente opera possano o meno favorire il verificarsi di fenomeni corruttivi), sia *interno*, prendendo cioè a parametro la struttura organizzativa dell'ente, il personale e la sua classificazione.

Dalla violazione delle misure di prevenzione previste dal Piano discende, inoltre, responsabilità disciplinare.

Nei Piani triennali di prevenzione della corruzione sono **confluiti**, come anticipato, anche i contenuti del previgente Programma per la trasparenza e l'integrità, per cui oggi si parla principalmente di **PTPCT**, ossia **Piano Triennale di prevenzione della corruzione e di trasparenza**.

Pertanto, mentre il PNA è un **vero e proprio atto di indirizzo**, invece il PTPCT è un **programma di attività**, ossia uno strumento destinato a contenere le misure concrete per la prevenzione della corruzione, con indicazione specifica delle aree di rischio e degli accorgimenti da adottare nel pratico, a livello di singola amministrazione, per lottare contro i fenomeni corruttivi (FABIANO).

4.3 Le aree di rischio

La L. 190/2012 individua alcune aree di rischio all'interno dell'organizzazione e azione della P.A.. Si tratta dei settori in cui è **più elevato il pericolo di corruzione** (comma 16):

— procedimenti di *autorizzazione o concessione*;
— scelta del contraente per *l'affidamento di lavori, forniture e servizi*, anche con riferimento alla modalità di selezione prescelta ai sensi del Codice dei contratti (D.Lgs. 50/2016);
— concessione ed erogazione di *sovvenzioni, contributi, sussidi, ausili finanziari*, nonché attribuzione di vantaggi economici di qualunque genere a persone ed enti pubblici e privati;
— *concorsi pubblici e prove selettive* per l'assunzione del personale e progressioni di carriera.

Quando, pertanto, si parla di *provvedimenti amministrativi*, la normativa prende in considerazione i casi di *provvedimenti «ampliativi»* che, nello specifico, vanno distinti in provvedimenti **privi di effetto economico diretto** (autorizzazioni, permessi, concessioni ecc.) e provvedimenti **aventi effetto economico diretto** (ad esempio, sussidi, sovvenzioni e ausili economici di vario genere).

A questi ambiti (cd. obbligatori), poi, le amministrazioni possono aggiungerne altri, a seconda dei *procedimenti* e delle *attività* svolte dai singoli enti.

Come detto, infatti, in questi Piani vanno sia riportate le caratteristiche del **contesto esterno** alla singola P.A., che possono favorire il verificarsi di fenomeni corruttivi, sia analizzati i **contesti interni**, mediante dettagliate informazioni strutturali e organizzative sulla P.A. stessa.

Facciamo un **esempio concreto** per evidenziare la diversità delle stesse amministrazioni pubbliche nella gestione dei rischi. Negli enti locali, l'analisi delle situazioni rischiose potrà, ad es., riguardare la «pianificazione urbanistica», mentre nel sistema sanitario, al contrario, potrà riguardare «l'attività intra moenia», «la gestione delle liste di attesa», «la gestione del farmaco» ecc.

Ecco perché occorre avere riguardo alle specificità dei singoli enti nella complessa attività di valutazione/gestione rischi.

5 Il sistema della vigilanza e le sanzioni

Mediante la normativa anticorruzione, il legislatore ha costruito un sistema di controllo e vigilanza (con relative sanzioni) fondato essenzialmente su due figure:

— l'**A.N.AC.**;
— il **Responsabile dell'anticorruzione**.

A completamento del sistema si pone, come detto, anche la **Corte dei conti** per la verifica di eventuali casi di *responsabilità amministrativa ed erariale* (e per la conseguente condanna dei responsabili).

Per quanto concerne le funzioni di vigilanza e controllo, riprendendo quanto esposto in precedenza, ricordiamo che spetta all'A.N.AC. elaborare la generale strategia di prevenzione e contrasto a corruzione e illegalità nella pubblica amministrazione nonché definire le norme e le metodologie comuni per la prevenzione della corruzione stessa.

All'Autorità nazionale anticorruzione, inoltre, compete esercitare la vigilanza e il controllo sull'effettiva applicazione e sull'efficacia delle misure adottate dalle pubbliche amministrazioni in materia di anticorruzione e trasparenza.

L'A.N.AC. dispone anche di **poteri ispettivi** (richiesta di notizie, informazioni e atti alle amministrazioni) e di **poteri ordinatori** (ordina alle PP.AA. l'adozione di atti o provvedimenti previsti dai piani e dalle regole sulla trasparenza dell'attività amministrativa oppure la rimozione di comportamenti o atti contrastanti con tali regole).

Si ricordi che, ai sensi del D.L. 90/2014 come conv., l'A.N.AC. **riceve notizie e segnalazioni** di illeciti, anche nelle forme del cd. *whistleblowing* (v. *infra* Cap. 3); riceve notizie e segnalazioni da parte degli Avvocati dello Stato che, nell'esercizio delle loro funzioni, siano venuti a conoscenza di anomalie e irregolarità relative ai contratti pubblici; dispone di **poteri sanzionatori** laddove i soggetti all'uopo preposti abbiano omesso di predisporre il Piano Triennale.

A livello di singola amministrazione, invece, il **fulcro del sistema della vigilanza** è costituito dal **Responsabile anticorruzione e trasparenza**, cui la legge attribuisce le funzioni di *vigilanza interna*.

Tale figura, infatti, si occupa, tra l'altro, di *segnalare* all'organo di indirizzo e all'organismo indipendente di valutazione (OIV) le disfunzioni inerenti all'attuazione delle misure in materia di prevenzione della corruzione e di trasparenza, di indicare agli uffici competenti all'esercizio dell'azione disciplinare i nominativi dei dipendenti che non hanno attuato correttamente le misure in materia di prevenzione della corruzione e di trasparenza e di *verificare* l'efficace attuazione del piano, proponendone eventuali modifiche in caso di significative violazioni delle prescrizioni ovvero di intervenuti mutamenti nell'organizzazione o nell'attività dell'amministrazione (L. 190/2012, art. 1, commi 7 e 10).

Il Responsabile, inoltre, provvede alla verifica, d'intesa con il dirigente competente, della effettiva rotazione degli incarichi negli uffici in cui è più elevato il rischio corruzione nonché ad individuare il personale da inserire negli specifici programmi di formazione predisposti dalla Scuola Nazionale dell'Amministrazione.

A tali delicate attribuzioni, come visto anche *supra*, corrisponde una serie di sanzioni a carico del Responsabile, in quanto (L. 190/2012, art. 1, commi 12-14):

- in caso di commissione, all'interno dell'amministrazione, di un **reato di corruzione** accertato con sentenza passata in giudicato, il responsabile risponde ai sensi dell'art. 21 D.Lgs. 165/2001, T.U. pubblico impiego (quindi *responsabilità dirigenziale*), sul *piano disciplinare*, oltre che per il *danno erariale e all'immagine della pubblica amministrazione*, salvo che provi tutte le seguenti circostanze: di avere predisposto, **prima della commissione del fatto**, il Piano triennale per la prevenzione della corruzione nonché **di aver vigilato** sul funzionamento e sull'osservanza dello stesso;
- in caso di **ripetute violazioni delle misure di prevenzione previste dal Piano**, il responsabile risponderà sempre ai sensi dell'art. 21 D.Lgs. 165/2001 nonché, per omesso controllo, sul piano disciplinare, salvo che provi di avere comunicato agli uffici le misure da adottare e le relative modalità e di avere vigilato sull'osservanza del Piano;
- poiché, infine, il Responsabile definisce le procedure per la selezione e la formazione dei dipendenti destinati ad operare nei settori a rischio, la mancata attivazione di questi procedimenti comporta la responsabilità dirigenziale (in base all'art. 21 T.U. pubblico impiego).

All'interno di ogni amministrazione il Responsabile per la prevenzione della corruzione, svolge, di norma, pure le funzioni di **Responsabile per la trasparenza**: egli perciò sarà responsabile, come detto *retro*, anche in ipotesi di inadempimento degli *obblighi di pubblicazione* previsti dalla normativa vigente (art. 43 del D.Lgs. 33/2013, T.U. trasparenza).

6 Trasparenza e obblighi di pubblicazione sui siti istituzionali

La trasparenza dell'attività amministrativa, livello essenziale delle prestazioni concernenti i diritti sociali e civili, va assicurata mediante la pubblicazione, nei **siti web istituzionali** delle pubbliche amministrazioni, delle informazioni relative alla propria organizzazione e ai procedimenti amministrativi, secondo criteri di facile accessibilità, completezza e semplicità di consultazione (L. 190/2012, commi 15 e seguenti).

6.1 Amministrazione trasparente

I *siti internet* delle P.A. sono oggi uno strumento indispensabile per la realizzazione degli obiettivi di trasparenza. Si tratta, in sostanza, del principale *front office* di un ente.

Quando il T.U. trasparenza, D.Lgs. 33/2013, parla specificamente di «pubblicazione» intende la **pubblicazione nei siti istituzionali** delle pubbliche amministrazioni dei documenti, delle informazioni e dei dati concernenti l'organizzazione e l'attività delle pubbliche amministrazioni, cui corrisponde il **diritto di chiunque** di accedere ai siti direttamente ed immediatamente, senza autenticazione ed identificazione (art. 2, D.Lgs. 33/2013).

Si tratta di una previsione coerente con il «**diritto alla conoscibilità**» sancito dal T.U. medesimo, secondo cui tutti i documenti, le informazioni e i dati oggetto di accesso civico, ivi compresi quelli oggetto di pubblicazione obbligatoria ai sensi della normativa vigente, *sono pubblici* e chiunque ha diritto di conoscerli, di fruirne gratuitamente, di utilizzarli e riutilizzarli (art. 3).

La **qualità delle informazioni** riportate nei siti istituzionali deve essere garantita, da parte delle amministrazioni, nel rispetto degli obblighi di pubblicazione previsti dalla legge, assicurandone l'integrità, il costante aggiornamento, la completezza, la tempestività, la semplicità di consultazione, la comprensibilità, l'omogeneità, la facile accessibilità, nonché la conformità ai documenti originali in possesso dell'amministrazione, l'indicazione della loro provenienza e la riutilizzabilità (art. 6).

In che modo viene concretamente garantita la piena conoscibilità? Mediante una apposita sezione, posta sui siti web istituzionali, denominata «**Amministrazione Trasparente**», al cui interno sono contenuti i dati, le informazioni e i documenti che vanno pubblicati ai sensi della normativa vigente.

Devono trovare posto nella detta sezione, in primo luogo, ai sensi dell'art. 10 del D.Lgs. 33/2013, il Piano triennale per la prevenzione della corruzione; il Piano della performance e la Relazione sulla performance previsti dalla riforma Brunetta, D.Lgs. 150/2009; i nominativi ed i curricula dei componenti degli Organismi indipendenti di valutazione (OIV) di cui all'articolo 14, D.Lgs. 150/2009.

A tale importante prescrizione si aggiungono ulteriori obblighi di pubblicazione, riguardanti, tra gli altri:

- gli **atti di carattere normativo e amministrativo generale**;
- i dati concernenti l'**organizzazione della P.A.** (ad es.: organi di indirizzo politico e di amministrazione e gestione, con indicazione delle rispettive competenze; articolazione degli uffici, competenze di ciascun ufficio, anche di livello dirigenziale non generale, nomi dei dirigenti responsabili dei singoli uffici; organigramma o analoghe rappresentazioni grafiche; elenco dei numeri di telefono nonché delle caselle di posta elettronica istituzionali e delle caselle di posta elettronica certificata dedicate, cui il cittadino possa rivolgersi per qualsiasi richiesta inerente i compiti istituzionali);
- i **bandi di concorso**: fermi restando gli altri obblighi di pubblicità legale, le pubbliche amministrazioni sono tenute a pubblicare i bandi di concorso per il reclutamento, a qualsiasi titolo, di personale presso l'amministrazione, nonché i criteri di valutazione della Commissione e le tracce delle prove scritte;
- i dati relativi alla **valutazione della performance e alla distribuzione dei premi al personale**: le pubbliche amministrazioni pubblicano i dati relativi all'ammontare complessivo dei premi collegati alla *performance* stanziati e l'ammontare dei premi effettivamente distribuiti ai dipendenti;

- i dati su **enti pubblici vigilati, enti di diritto privato in controllo pubblico,** nonché sulle **partecipazioni in società di diritto privato;**
- i **provvedimenti amministrativi**, soprattutto gli **atti di concessione di sovvenzioni, contributi, sussidi e attribuzione di vantaggi economici a persone fisiche ed enti pubblici e privati**, di cui devono essere resi noti *criteri e modalità* della concessione medesima;
- i **bilanci, preventivi e consuntivi**, e il Piano degli indicatori e risultati attesi di bilancio, nonché i dati concernenti il monitoraggio degli obiettivi;
- i dati concernenti i **beni immobili** e la **gestione del patrimonio** (ad es., informazioni identificative degli immobili posseduti e di quelli detenuti, nonché canoni di locazione o di affitto versati o percepiti);
- i **tempi di pagamento dell'amministrazione** (l'indicatore dei propri tempi medi di pagamento relativi agli acquisti di beni, servizi e forniture, è denominato «indicatore annuale di tempestività dei pagamenti»).

6.2 Vigilanza e sanzioni

All'interno di ogni amministrazione il *Responsabile per la prevenzione della corruzione*, RPC, svolge, di norma, anche le funzioni di **Responsabile per la trasparenza** e il suo nominativo va indicato nel Piano triennale (artt. 43 ss. T.U. Trasparenza).

A tale figura compete svolgere stabilmente un'attività di *controllo* sull'adempimento da parte dell'amministrazione degli obblighi di pubblicazione previsti dalla normativa vigente, assicurando la completezza, la chiarezza e l'aggiornamento delle informazioni pubblicate, nonché segnalando all'organo di indirizzo politico, all'Organismo indipendente di valutazione (OIV), all'Autorità nazionale anticorruzione e, nei casi più gravi, all'ufficio di disciplina i casi di mancato o ritardato adempimento degli obblighi di pubblicazione.

Il sistema di vigilanza e sanzioni si completa nelle seguenti previsioni:

- i **dirigenti** responsabili degli uffici dell'amministrazione devono garantire il tempestivo e regolare flusso delle informazioni da pubblicare;
- gli **OIV** devono verificare la coerenza tra gli obiettivi previsti nel Piano triennale per la prevenzione della corruzione e quelli indicati nel Piano della *performance*, valutando altresì l'adeguatezza dei relativi indicatori;
- l'**Autorità nazionale anticorruzione**, infine, è tenuta a controllare l'esatto adempimento degli obblighi di pubblicazione previsti dalla normativa vigente, esercitando poteri ispettivi mediante richiesta di notizie, informazioni, atti e documenti alle amministrazioni pubbliche e ordinando di procedere, entro un termine non superiore a trenta giorni, alla pubblicazione di dati, documenti e informazioni, all'adozione di atti o provvedimenti richiesti dalla normativa vigente ovvero alla rimozione di comportamenti o atti contrastanti con i piani e le regole sulla trasparenza.

Si ricordi, in ogni caso, che l'inadempimento degli obblighi di pubblicazione previsti dalla normativa vigente e il rifiuto, il differimento e la limitazione dell'accesso civico costituiscono elemento di valutazione della *responsabilità dirigenziale*, eventuale causa di *responsabilità per danno all'immagine* dell'amministrazione e sono comunque valutati ai fini della corresponsione della retribuzione di risultato e del trattamento accessorio collegato alla *performance* individuale dei responsabili (art. 46).

IV Reati contro la pubblica amministrazione

Per una rapida introduzione alla materia vedi la nostra **Espansione semplificata** in cui vengono illustrati i concetti fondamentali e le parole chiave di questa disciplina

Sommario Parte IV

1
I reati contro la pubblica amministrazione in generale

1 I reati contro la P.A.

I delitti contro la pubblica amministrazione sono disciplinati dal **Codice penale (Libro II, Titolo II)**. In tale titolo confluiscono tutti quei reati che *impediscono*, *ostacolano* o *turbano* il regolare svolgimento dell'attività amministrativa, legislativa e giudiziaria dello Stato, nonché dell'attività amministrativa degli altri enti pubblici.

Oggetto giuridico della tutela penale di tali delitti è, pertanto, il regolare funzionamento dello Stato e degli altri enti pubblici, nonché il prestigio dei soggetti che li rappresentano.

Essi sono divisi in **due classi**:

1. delitti dei *pubblici ufficiali contro la pubblica amministrazione* (**Capo I**);
2. delitti dei *privati contro la pubblica amministrazione* (**Capo II**).

Tale distinzione non si basa esclusivamente sulla distinzione dei soggetti attivi che li possono compiere (pubblici ufficiali e privati): infatti, i delitti dei pubblici ufficiali contro la P.A. possono essere compiuti anche da soggetti diversi rispetto a quelli indicati (pubblici ufficiali, incaricati di pubblico servizio o di un servizio di pubblica necessità). La distinzione è, invece, corretta per quel che riguarda le *implicazioni della condotta criminosa*. Come si vedrà, i delitti dei pubblici ufficiali contro la P.A. comportano *necessariamente* la *violazione di doveri funzionali* da parte dei soggetti che esercitano mansioni pubbliche.

Il crescente interesse per i reati contro la pubblica amministrazione è testimoniato dalle consistenti **riforme** che li hanno interessati, tra le quali ricordiamo:

- la **L. 26-4-1990, n. 86**, che ha introdotto nuovi reati (come il peculato d'uso o la corruzione in atti giudiziari) e ha fornito nuove definizioni di pubblico ufficiale e incaricato di pubblico servizio);
- la **L. 6-11-2012, n. 190**, la quale ha ridisegnato i margini disciplinari dei delitti di corruzione, concussione e delle relative disposizioni complementari;
- **L. 27-5-2015, n. 69**, nota come «**legge anticorruzione 2015**», che ha apportato correttivi ad alcuni delitti contro la P.A. Tale legge ha prodotto, in particolare, un inasprimento sanzionatorio, ha imposto condotte riparatorio-risarcitorie e, infine, ha attribuito rilevanza alla concussione degli incaricati di pubblico servizio;
- la **L. 11-1-2018, n. 3**, la quale ha riscritto totalmente la disciplina del delitto di esercizio abusivo di una professione (art. 348 c.p.);
- la **L. 9-1-2019, n. 3** (cd. legge **spazza corrotti**), che ha potenziato l'attività di prevenzione, accertamento e repressione dei reati contro la P.A.;
- il **D.L. 14-6-2019**, conv. in **L 8-8-2019, n. 77**, cd. **decreto sicurezza bis**, che ha introdotto alcune aggravanti e ha prodotto un inasprimento della risposta sanzionatoria.

2 I soggetti investiti di mansioni di interesse pubblico

Prima di iniziare l'esame dei singoli delitti contro la pubblica amministrazione, è necessario individuare con precisione i soggetti investiti di mansioni di interesse pubblico: essi sono i «pubblici ufficiali», gli «incaricati di pubblico servizio» e gli «esercenti un servizio di pubblica necessità».

Infatti, nell'ambito dei reati contro la PA, enunciati nel Titolo II del Codice penale, un capo specifico, il Primo è dedicato a delitti per la cui realizzazione è necessario che l'autore del reato possegga una delle qualifiche menzionate: si tratta dei *delitti dei pubblici ufficiali contro la pubblica amministrazione;* un altro Capo, il secondo contempla alcuni delitti che presuppongono che i soggetti passivi del reato posseggano una tra le citate qualifiche: si tratta dei delitti dei privati contro la pubblica amministrazione.

2.1 I pubblici ufficiali

I pubblici ufficiali sono coloro i quali esercitano una pubblica *funzione legislativa, giudiziaria o amministrativa.* Per pubblica funzione amministrativa si intende, in particolare, quella disciplinata da norme di diritto pubblico e da atti autoritativi e caratterizzata dalla formazione e dalla manifestazione della volontà della pubblica amministrazione o dal suo svolgersi per mezzo di poteri autoritativi o certificativi (art. 357 c.p.).

Pertanto può dirsi che la qualifica di pubblico ufficiale spetta a coloro che svolgono attività:

- che *formano* o *concorrono a formare* la *volontà* dell'ente pubblico;
- che *rappresentano* l'ente pubblico di fronte agli estranei.

  Le due categorie di funzioni appena citate devono essere intese in senso ampio, includendo nella prima tutti coloro che cooperano con prestazioni intellettuali agli atti della pubblica amministrazione, e nella seconda coloro che impersonano la stessa, in qualsivoglia modo, nei rapporti con il pubblico (es. persone che esplicano funzioni direttive e funzionari di concetto, con la sola esclusione degli impiegati d'ordine);

- che si *estrinsecano nella titolarità* o nell'esercizio *di poteri autoritativi,* con particolare riferimento all'attività di procedere all'arresto o di contestare contravvenzioni (es. agenti della forza pubblica, capitani di nave, lo stesso cittadino che procede all'arresto in flagranza di reato ai sensi dell'art. 383 c.p.p.);
- che comportano *poteri di certificazione,* vale a dire di rilasciare documenti con efficacia probatoria (notai, agenti di cambio ecc.).

Al pubblico ufficiale è equiparato il funzionario dì fatto, cioè il soggetto che, pur in mancanza di una formale investitura, svolga un'attività caratterizzata dall'effettivo *esercizio* di una *pubblica funzione,* con l'acquiescenza o il consenso anche tacito della pubblica amministrazione.

Inoltre, l'art. 322bis c.p. e la L. 3/2019, assimilano ai pubblici ufficiali e, qualora esercitino funzioni corrispondenti, aglì incaricati di un pubblico servizio (dei quali si tratterà nel paragrafo successivo), taluni funzionari e membri delle istituzioni dell'Unione europea (ad es. i componenti della Commissione, del Parlamento europeo e della Corte di Giustizia), nonché i membri delle assemblee parlamentari internazionali o di un'organizzazione internazionale o sovranazionale e i giudici e i funzionari delle corti internazionali, *qualora* i *soggetti elencati commettano alcuni delitti contro la P.A.* (fra i quali il peculato, la concussione e la corruzione).

2.2 Gli incaricati di un pubblico servizio

Ai sensi dell'art. 358 c.p. va considerato quale incaricato di un pubblico servizio colui il quale, a qualunque titolo, *presta un pubblico servizio,* vale a dire *un'attività* disciplinata da norme di diritto pubblico e da atti autoritativi nelle stesse forme della pubblica funzione, ma *caratteriz-*

zata dalla mancanza dei poteri tipici di quest'ultima (formazione e manifestazione della volontà della P.A.), e che comunque non si traduce in mansioni d'ordine o in una attività di carattere puramente materiale.

La qualifica ai sensi dell'art. 358 c.p. viene attribuita a prescindere dal titolo con cuì un soggetto esercita un pubblico servizio. Secondo la giurisprudenza, poi, il pubblico servizio è attività di *carattere prevalentemente intellettivo,* contraddistinta, quanto al contenuto, dalla *mancanza di poteri autoritativi* e *certificativi* propri della pubblica funzione, con la quale è solo in rapporto di accessorietà o complementarietà (Cass. Sez. Un. 11-7-1992, n. 7958).

La figura dell'incaricato di pubblico servizio ha comunque **carattere residuale,** poiché sono tali tutti coloro che non sono né pubblici ufficiali né esercenti un servizio di pubblica necessità.

Esempi di tale figura sono: gli Impiegati tecnici degli Istituti di credito di diritto pubblico; i dipendenti della RAI; gli impiegati dell'ACI, gli autisti di aziende di trasporto pubblico, le guardie giurate.

2.3 Gli esercenti un servizio di pubblica necessità

Infine, sono persone che esercitano un servizio di pubblica necessità (art. 359 c.p.):

- i soggetti privati che esercitano professioni forensi o sanitarie, o altre professioni il cui esercizio sia per legge vietato senza una *speciale abilitazione dello Stato,* quando dell'opera di essi il pubblico sia per legge obblìgato a valersi;
- i soggetti privati che, non esercitando una pubblica funzione, né prestando un pubblico servizio, *adempiono un servizio dichiarato di pubblica necessità* mediante un atto della pubblica amministrazione.

Posto che *non è certamente richiesto*, né per l'una né per l'altra figura, l'esistenza di *un rapporto di impiego* tra la persona e l'ente pubblìco (esso, ad esempio, manca nel caso del notaio, che pure è sicuramente un pubblico ufficiale) e che nessuna rilevanza assume la durata e l'onerosità (o meno) dello svolgimento della funzione o del servizio, le citate disposizioni hanno permesso di distinguere tra le varie categorie di soggetti in considerazione del contenuto delle funzioni esercitate.

È opportuno, infine, evidenziare che, ai sensi dell'art. 360 c.p., qualora la legge consideri una delle qualità appena esaminate come *elemento costitutivo* o come *circostanza aggra vante* di un reato, **la cessazione della qualità, nel momento in cui il reato è commesso, non esclude l'esistenza del reato medesimo**, né della circostanza aggravante, se il fatto si riferisce all'ufficio o al servizio esercitato. Ciò si verifica quando il fatto posto in essere sia in qualche modo connesso con le funzioni in precedenza esercitate dal soggetto (a titolo di esempio, rileva penalmente la condotta del pubblico ufficiale in pensione il quale riveli un segreto da luì appreso quando rivestiva la qualifica).

2.4 Le persone esercenti un servizio di pubblica necessità

Come già accennato, l'art. 359 c.p. include nella categoria in esame **due gruppi** di persone:

- i privati che esercitano professioni forensi o sanitarie, o altre professioni il cui esercizio sia per legge vietato senza una *speciale abilitazione dello Stato*, quando dell'opera di essi il pubblico sia per legge obbligato a valersi;
- i privati che, non esercitando una pubblica funzione, né prestando un pubblico servizio, *adempiono un servizio dichiarato di pubblica necessità* mediante un atto della pubblica amministrazione.

Nella prima categoria rientrano, ad esempio, gli avvocati, dato che per l'esercizio di tale professione la legge stabilisce una speciale abilitazione, che assurgono alla qualifica sopra citata quando la legge stabilisca l'obbligo di avvalersi della loro partecipazione per il compimento di un atto.

Ovviamente nulla esclude che le medesime categorie professionali possano svolgere anche altro tipo di mansioni pubbliche. Gli stessi avvocati, infatti, quando svolgono funzioni di certificazione (ad esempio delle sottoscrizioni in calce al mandato a stare in giudizio) devono essere considerati pubblici ufficiali.

Quanto alla seconda categoria, si è molto discusso in ordine all'individuazione dei criteri distintivi tra pubblico servizio e servizio di pubblica necessità, dato che anche il primo presuppone la necessità di un atto dell'amministrazione.

L'opinione prevalente fa riferimento alla *natura del provvedimento amministrativo*, rinvenendo un servizio pubblico a fronte di un atto di **concessione** e un servizio di pubblica necessità quando lo stesso forma oggetto di una semplice **autorizzazione**.

3 La causa di non punibilità dovuta alla L. 3/2019 (art. 323ter c.p.)

Si segnala, infine che la **L. 3/2019**, cd. «*legge spazza corrotti*», ha introdotto nel Codice penale l'art. 323ter che prevede un'*inedita causa di non punibilità* laddove stabilisce che *non è punibile* chi ha commesso taluno dei fatti previsti dagli articoli 318, 319, 319ter, 319quater, 320, 321, 322bis, limitatamente ai delitti di corruzione e di induzione indebita ivi indicati, 353, 353bis e 354 se, prima di avere notizia che nei suoi confronti sono svolte indagini in relazione a tali fatti e, comunque, entro quattro mesi dalla commissione del fatto, lo denuncia volontariamente e fornisce indicazioni utili e concrete per assicurare la prova del reato e per individuare gli altri responsabili.

La non punibilità del denunciante è subordinata alla messa a disposizione dell'utilità dallo stesso percepita o, in caso di impossibilità, di una somma di denaro di valore equivalente, ovvero all'indicazione di elementi utili e concreti per individuarne il beneficiario effettivo, entro il medesimo termine anzidetto.

Il beneficio non trova applicazione quando la denuncia di cui si è detto sopra sia preordinata rispetto alla commissione del reato denunciato.

Inoltre la causa di non punibilità non si applica in favore dell'agente sotto copertura che abbia agito in violazione delle disposizioni dell'articolo 9 della legge 16 marzo 2006, n. 146.

I compilatori della riforma individuano in tale correttivo il perseguimento di un **duplice scopo**:
- sul piano *special-preventivo*, rompere il muro di omertà e la catena di solidarietà che protegge fattispecie tipicamente bilaterali, quali sono quelle corruttive o d'induzione indebita a dare o promettere utilità o il traffico d'influenze, o fattispecie comunque alimentate da fenomeni collusivi (come la turbata libertà degli incanti o l'astensione illecita dagli incanti), ma nello stesso tempo consentire l'acquisizione di elementi probatori normalmente molto difficili da assicurare al processo, utili per accertare e reprimere i fatti delittuosi;
- sul piano *general-preventivo*, disincentivare le condotte illecite, introducendo un «fattore di insicurezza» con effetti dissuasivi.

2
I delitti dei pubblici ufficiali contro la pubblica amministrazione

1 Il peculato (art. 314 c.p.)

Il peculato è un **reato «proprio»**, in quanto può essere commesso soltanto da chi possiede la *qualifica* di *pubblico ufficiale* o di *incaricato di pubblico servizio*.

Tale qualifica *deve sussistere* nel momento in cui il soggetto *entra nel possesso* o *nella disponibilità* del bene, a causa del suo ufficio, mentre è irrilevante che permanga al momento in cui egli se ne appropri effettivamente.

La nozione di pubblico servizio deve essere intesa in senso **oggettivo**, nel senso che va valutata non in relazione alla natura pubblica o privata dell'ente o dell'imprenditore dal quale questo viene esercitato, ma con riguardo al **tipo di attività** concretamente svolta.

Nel caso in cui un soggetto presti il proprio servizio alle dipendenze di un ente o di un imprenditore che svolga molteplici attività, pertanto, per verificare se al soggetto attivo del reato spetti o meno la qualifica prevista dalla legge occorrerà analizzare la natura pubblica o privata dei compiti ai quali era addetto allorquando pose in essere la condotta criminosa ascrittagli.

Ai pubblici dipendenti che operino nell'ambito delle attività istituzionali di un ente pubblico, poi, la qualifica spetta anche nel momento in cui compiono atti economici.

L'**interesse protetto** dalla norma incriminatrice prevista dall'art. 314 c.p. viene generalmente individuato non solo nel *patrimonio della pubblica amministrazione* e dei *terzi* (anche privati) ma anche nella *legalità*, *efficienza*, *imparzialità* di questa.

Si tratta, pertanto, di un **delitto plurioffensivo**.

Commette il delitto in esame il pubblico ufficiale o l'incaricato di pubblico servizio che si **appropria** del denaro o di altra cosa mobile altrui di cui il soggetto attivo abbia il **possesso** o la **disponibilità** per motivi attinenti al suo ufficio o servizio.

Elementi del reato sono pertanto:

1. il **possesso o la disponibilità del bene** da parte del pubblico ufficiale o dell'incaricato di pubblico servizio.
   L'**oggetto materiale** del delitto di peculato può essere costituito da denaro o da ogni altra cosa mobile. In tale nozione devono farsi rientrare i titoli di credito e le azioni di società, oltre che i diritti della pubblica amministrazione, quando essi ricadano su una cosa mobile che, di fatto, costituisce ciò di cui il soggetto attivo del reato si appropria.
   Non costituiscono beni mobili i cd. «**beni immateriali**», sia personali (vita, onore, prestigio ecc.) che patrimoniali (opere dell'ingegno, invenzioni industriali, ditta, insegna, marchio ecc.), che non sono cose.
   Perché possa essere oggetto di peculato, poi, la cosa deve avere un *valore economico intrinseco*, ovvero deve poterlo acquistare o riacquistare in conseguenza della condotta dell'agente o di altri, giacché ciò che è privo di tale requisito non può acquisire rilevanza per il diritto.
   Si è, ad esempio, ritenuto che i bollini destinati alla distruzione e rimessi in circolazione, i biglietti ferroviari già usati, le tessere usate presso l'INPS, possono costituire oggetto di peculato, potendo detti beni riacquistare valore ad opera del pubblico ufficiale. Si è, al contrario, escluso che costituisca un autonomo fatto di peculato l'appropriazione degli interessi maturati

sulle somme di cui il pubblico ufficiale si sia appropriato, posto che il *reato si perfeziona* con l'*appropriazione del bene* e non rilevando, se non ai fini della valutazione del disvalore del fatto e della quantificazione del danno, i frutti prodotti «*medio tempore*» dallo stesso (in tal senso, Cass. 13-1-2011, n. 670);

2. **la ragione d'ufficio o di servizio**. È necessario che il *possesso* o la *disponibilità* dell'oggetto materiale del reato sia stato causato dall'esercizio della funzione pubblica o del pubblico servizio.
   Se il possesso del bene è stato originato da una frode, sarà invece ravvisabile il delitto di truffa;
3. **l'appropriazione**. Si verifica quando il soggetto compie, in relazione alla cosa oggetto del reato, un *atto* che sia *manifestazione della volontà* di considerarla come propria, e cioè si comporti, nei confronti della stessa, non più come soggetto che ne ha il possesso (o la disponibilità) ma come proprietario.

Con la L. 26 aprile 1990, n. 86 è stata eliminata dalla previsione di cui all'art. 314 c.p. l'ipotesi della *distrazione del bene*, vale a dire della sua utilizzazione per un fine diverso da quello istituzionale.

Sulla residua punibilità del **peculato per distrazione** sono state formulate varie teorie. Quella prevalente è che esso rimane sanzionabile ai sensi dell'art. 323 c.p., ovviamente in quanto sussistano tutte le condizioni per l'applicabilità di tale norma.

Diversa ipotesi è quella integrata dal cd. **peculato d'uso** che non costituisce un'ipotesi attenuata del delitto previsto dall'art. 314 c.p. ma una *fattispecie autonoma di reato*, in cui il fine perseguito dall'agente costituisce elemento specializzante, ed è ravvisabile quando il colpevole «ha agito al solo scopo di fare *uso momentaneo della cosa*» (**art. 314, comma 2 c.p.**).

L'**uso** dev'essere:

— **immediato**, nel senso che deve avvenire subito dopo l'appropriazione. Si ha, infatti, peculato comune, e non d'uso, nel caso in cui l'appropriazione avvenga in vista di una futura utilizzazione del bene;
— **di breve durata**, tale cioè che la sottrazione della cosa alla sua destinazione istituzionale non comprometta seriamente la funzionalità della pubblica amministrazione.

Casi tipici di peculato d'uso sono quelli del pubblico ufficiale che utilizzi il telefono dell'ufficio affidato alla sua disponibilità per finalità personali, ovvero quello del pubblico funzionario che adoperi per propri scopi l'autovettura di Stato.

Si ritiene, da parte di taluni, che l'uso debba **compromettere apprezzabilmente l'utilizzazione della cosa** da parte del suo proprietario, giacché, in caso diverso, il fatto non sarebbe offensivo.

Non si ravvisa il peculato d'uso, secondo questo orientamento, nel caso in cui l'uso personale del bene abbia modalità tali da consentire la contemporaneità con quello pubblico, com'è ad esempio nel caso del *personal computer* adoperato negli intervalli di tempo in cui detto uso pubblico non avvenga.

Il peculato d'uso è ipotizzabile solo nei confronti di *cose specificamente identificabili*, in quanto in caso contrario non sarebbe possibile ipotizzare la restituzione della stessa cosa adoperata, ma solo di una cosa del medesimo genere. Esso, per esempio, non può avere a oggetto somme di denaro.

Secondo l'opinione prevalente, la condotta dell'agente pubblico che si appropri di cose fungibili, restituendo al momento del rendiconto cose di ugual tipo, caratteristiche e valore, integra il delitto di **peculato per appropriazione** (primo comma), in quanto la restituzione non fa venir meno né l'interesse, già compromesso, all'integrità patrimoniale della pubblica amministrazione, né la lesione dell'interesse al buon funzionamento della stessa.

2 Peculato mediante profitto dell'errore altrui (art. 316 c.p.)

Se analizzato in relazione alla denominazione attribuitagli, il delitto in argomento costituisce una *figura attenuata di peculato*. Esso si distingue tuttavia dalla fattispecie prevista dall'art. 314 in quanto **non presuppone il previo possesso della cosa**.

Il reato di cui all'art. 316 c.p. è da considerarsi **plurioffensivo**, nel senso che *tutela* non solo il *regolare funzionamento della pubblica amministrazione* ma anche gli *interessi patrimoniali* del soggetto al quale il pubblico ufficiale, sfruttandone l'errore, riesce a carpire il denaro o altra utilità.

Si tratta di un *reato* **«proprio»**, giacché può essere commesso solo da un pubblico ufficiale o da un incaricato di un pubblico servizio, nell'esercizio delle loro funzioni.

Commette il reato previsto dall'art. 316 c.p. il *pubblico ufficiale* o l'*incaricato di pubblico* servizio il quale consapevolmente *riceva denaro* o *altre utilità* che gli siano state consegnate per errore ovvero che, accortosi di averle erroneamente ricevute, sia pure in buona fede, non le restituisca.

Al delitto in esame è applicabile la circostanza della speciale tenuità del fatto (art. 323bis c.p.).

Nonostante la norma incriminatrice faccia riferimento, in alternativa al denaro, alla ricezione o alla ritenzione di «**altre utilità**», si ritiene in prevalenza che queste debbano identificarsi necessariamente in **cose mobili**, con esclusione dei vantaggi di carattere meramente morale, data la natura patrimoniale del reato.

Elementi della condotta illecita sono, pertanto:

1. la **ricezione o ritenzione indebita**, laddove per «ricevere» s'intende accettare una cosa o una utilità offerta da un terzo, pur senza far nulla per ottenere o respingere la dazione e per «ritenere» semplicemente il mantenere la disponibilità, non necessariamente in senso fisico, di quanto ricevuto per errore.
   È peraltro necessario che il denaro o la cosa mobile sia ricevuta o trattenuta per sè o per altri, ma non per la stessa pubblica amministrazione, nemmeno se diversa da quella a cui appartiene il pubblico ufficiale o l'incaricato di pubblico servizio.
   La ricezione e la ritenzione devono essere inoltre «**indebite**», con la conseguenza che il *reato non sussiste* quando il denaro o le altre utilità, pur se consegnate per errore, erano comunque *dovute*;
2. l'**esercizio delle funzioni o del servizio.** Il requisito in esame deve giustificare tanto l'indebita ricezione, nel senso che questa sia avvenuta previa consapevolezza da parte del soggetto passivo di pagare in ragione dell'esercizio di una pubblica funzione o di un pubblico servizio,quanto l'illecita ritenzione;
3. l'**errore altrui**. L'espressione adoperata dalla norma incriminatrice, «giovandosi dell'errore altrui», implica che questo debba essere **preesistente e spontaneo**, nel senso che non deve essere determinato dal comportamento del pubblico ufficiale il quale deve limitarsi a trarne profitto.
   Nell'ipotesi in cui l'errore sia determinato dalla condotta del soggetto attivo, l'appropriazione ricade nella più ampia previsione dell'art. 314 c.p.

Il delitto è punito a titolo di *dolo generico*, che consiste nella volontà di ricevere o ritenere il denaro o la cosa mobile di cui il soggetto attivo è venuto in possesso nell'esercizio delle sue funzioni, con la consapevolezza dell'altrui errore.

3 Malversazione a danno dello Stato (art. 316bis c.p.)

Commette il delitto di malversazione a danno dello Stato chi, avendo ricevuto dallo Stato, da enti pubblici minori, o dalle Comunità europee, contributi, sovvenzioni o finanziamenti destinati a favorire iniziative dirette alla realizzazione di opere o allo svolgimento di attività di pubblico interesse, destini quanto ottenuto a finalità diverse.

L'**interesse tutelato** dalla disposizione incriminatrice è quello alla *corretta gestione* delle risorse pubbliche destinate a fini di incentivazione economica; essa dunque, mira a reprimere le frodi successive al conseguimento di prestazioni pubbliche che si concretizzano nell'elusione del vincolo di destinazione delle somme erogate.

La norma di cui all'art. 316bis c.p. presuppone che autore del reato **non** sia un appartenente a quegli specifici settori della P.A. che sono preposti alle procedure di erogazione o di controllo delle sovvenzioni (ed è in questo senso limitato che va intesa la locuzione «**estraneo alla pubblica amministrazione**»). Si ritiene, tuttavia, che la fattispecie incriminatrice integri una ipotesi di reato «**proprio**», in quanto può essere commesso solo da un soggetto beneficiario di un finanziamento pubblico.

L'*elemento materiale* del delitto in esame consiste nell'avere l'agente ottenuto dallo Stato o da altro ente pubblico un contributo, una sovvenzione o un finanziamento destinato a una determinata finalità pubblica.

Tale sovvenzione (o finanziamento) deve possedere i seguenti **requisiti**:

— deve essere stata concessa a **condizioni più favorevoli** rispetto a quelle derivanti dalla applicazione delle ordinarie regole di mercato.
  Rientrano in tale categoria le **sovvenzioni e i contributi** (che sono le attribuzioni pecuniarie a fondo perduto, e pertanto gratuite) e i **finanziamenti** (che sono prestiti caratterizzati da una minore onerosità rispetto all'ordinario, come, ad esempio, i «**mutui agevolati**»);
— deve essere destinata ad un'attività di pubblico interesse, vale a dire al perseguimento di uno scopo di interesse generale.

Tale caratteristica, peraltro, coincide con il carattere agevolato del finanziamento, giacché è proprio il fatto che la concessione avvenga a condizioni particolarmente favorevoli che dimostra che il legislatore ritiene sussistente un pubblico interesse.

Integra il delitto in esame la condotta consistente nell'ottenimento di un contributo da un ente pubblico a favore di una associazione che svolge attività connesse al progresso della ricerca medica, all'applicazione delle novità scientifiche, all'aggiornamento professionale dei medici e della promozione culturale, trattandosi di attività potenzialmente destinate a vantaggio di tutta la collettività e quindi di interesse generale.

La **condotta** si concretizza nel *distrarre la somma* ottenuta dalla predetta finalità.

Si ritiene, in prevalenza, che la condotta del reato in esame sia omissiva, integra la fattispecie criminosa anche il semplice **astenersi dall'impiegare** le somme per soddisfare le finalità di interesse pubblico, senza necessità che queste vengano adoperate per il conseguimento di obiettivi diversi.

Anche la **parziale distrazione** dalle predette finalità della somma ottenuta integra il reato.

4 Indebita percezione di erogazioni a danno dello Stato (art. 316ter c.p.)

L'art. 316ter c.p. punisce *chiunque consegue indebitamente*, per sé o per altri, *contributi, finanziamenti, mutui agevolati* e altre *erogazioni* dallo Stato, da enti pubblici o dalle Comunità europee (ora Unione europea), se tali erogazioni sono ottenute con la presentazione o l'utilizzo di *dichiarazioni* o *documenti falsi* o *attestanti cose non vere*.

Il reato è comunque residuale, essendo applicabile solo se il fatto non costituisce l'ipotesi di malversazione a danno dello Stato.

Il **bene tutelato** è la *regolarità dei procedimenti* finalizzati a ottenere i *contributi* e le *erogazioni* indicati nella norma, sanzionando tutte le condotte che intaccano la libera formazione della *volontà della pubblica amministrazione*, nonché dell'*Unione europea*. Infatti, tali erogazioni hanno scopi di interesse generale.

L'articolo, dunque, crea una **tutela diretta** *del sistema finanziario nazionale* e *comunitario* e una **tutela indiretta** del *sistema economico nazionale* ed *europeo* contro forme di distrazione di importanti risorse economiche dalle loro peculiari finalità.

A differenza del delitto di cui all'art. 316bis, qualificato dalla prevalente dottrina come reato proprio, in quanto realizzabile (come esposto in precedenza) solo da chi, estraneo alla pubblica amministrazione, sia beneficiario di un provvedimento di assegnazione di contributi, sovvenzioni o finanziamenti, la fattispecie di cui qui si tratta *sanziona penalmente il prodursi di un evento* (l'indebito conseguimento di erogazioni) *prodotto con ben tipizzate condotte realizzabili da chiunque*, configurando un'ipotesi di **reato comune**.

Quanto alla **struttura oggettiva** della fattispecie, le condotte penalmente sanzionate sono poste in essere nell'ambito di *procedimenti amministrativi* strumentali al conseguimento, da parte del reo o di altri, di contributi, finanziamenti, mutui agevolati o altre erogazioni dello stesso tipo, comunque denominati, concessi o erogati dallo Stato, da altri enti pubblici o dalle Comunità europee.

Dalla lettera dell'art. 316ter si evincono due possibili configurazioni del delitto, una *commissiva* e l'altra *omissiva*.

La **condotta commissiva** può consistere nell'*utilizzare* o nel *presentare dichiarazioni o documenti falsi o attestanti cose non vere*. È evidente, dunque, che può trattarsi tanto di documenti *materialmente* falsi (cioè *non genuini*), tanto di documenti *ideologicamente* falsi (nel caso in cui contengano attestazioni non corrispondenti al vero).

In tal caso, la Cassazione ha precisato che il reato in esame *assorbe* l'eventuale *falsità ideologica* commessa dal privato in atto pubblico, *ex* art. 483 c.p., in tutti i casi in cui l'uso o la presentazione di dichiarazioni o documenti falsi costituiscano elementi essenziali del primo, pur quando la somma indebitamente percepita o non pagata dal privato, non superando la soglia minima di erogazione — euro 3.999,96 — dia luogo a una mera violazione amministrativa (come sancito dal secondo comma dell'art. 316ter).

La **condotta omissiva** si traduce, invece, nell'*omissione di informazioni dovute*, per tali intendendosi quelle che, ai sensi delle norme procedimentali riguardanti il provvedimento erogativo, il soggetto è tenuto a fornire all'autorità procedente.

La fattispecie è punibile a titolo di dolo generico, richiedendosi la cosciente e volontaria realizzazione della condotta, accompagnata dalla consapevolezza della falsità delle dichiarazioni o dei documenti prodotti, ovvero dell'omissione informativa, nonché del carattere indebito della erogazione, per l'assenza dei presupposti normativi richiesti.

Infine, per effetto dei correttivi dovuti alla **L. 3/2019**, si è introdotta un'ipotesi aggravata della fattispecie in esame, per il caso in cui *il fatto sia commesso da un pubblico ufficiale o da un incaricato di un pubblico servizio con abuso della sua qualità o dei suoi poteri. Pertanto, si avrà:*

- *abuso della qualità,* quando il pubblico ufficiale, pur senza essere competente in relazione ad un atto, fa pesare la sua qualità per ottenere l'indebita prestazione;
- *abuso dei poteri,* quando il pubblico ufficiale esercita poteri dei quali è investito in maniera illegittima o per conseguire un fine illecito.
  Concussione (art. 317 c.p.)

5 Concussione (artt. 317 e 319quater c.p.)

La **concussione** è il reato realizzato dal pubblico ufficiale o dall'incaricato di un pubblico servizio che *abusa* della sua qualità o dei suoi poteri e, in tal modo, *costringe taluno a dare o a promettere indebitamente*, a lui o a un terzo, denaro o altra utilità (art. 317 c.p.).

Il reato è **plurioffensivo**, giacché l'interesse tutelato è duplice:

- il decoro e l'imparzialità della P.A., imposto dall'art. 97, comma 3, della Costituzione;
- il diritto del singolo a disporre del proprio patrimonio in piena libertà.

I **soggetti passivi** sono, dunque, due:

- lo *Stato*, leso nel suo interesse all'onestà dei funzionari pubblici;
- il *privato*, danneggiato dall'abuso di potere del funzionario. In merito si sottolinea che soggetto passivo potrebbe anche essere un *altro pubblico ufficiale* o un *altro ente pubblico*, purchè il soggetto attivo operi per fini estranei alla pubblica amministrazione e persegua uno scopo di carattere personale.

Per quel che riguarda i **soggetti attivi**, prima della L. 69/2015 (cd. Legge anticorruzione 2015) potevano commettere il reato di concussione solo i *pubblici ufficiali*. Dopo la riforma, la legittimazione attiva è stata estesa anche all'*incaricato di pubblico servizio*.

Gli elementi strutturali del reato in esame sono tre:

1. **Il costringimento della vittima all'indebita prestazione**. Si ha *costringimento* quando il pubblico ufficiale o l'incaricato di pubblico servizio usa *minaccia* o *violenza* nei confronti del privato per ottenere da lui l'indebita prestazione (es., l'agente di polizia che ottiene la prestazione da parte del privato minacciando di denunciarlo). La minaccia e la violenza devono essere usate per *alterare il procedimento formativo della volontà* del soggetto e per *indirizzarlo* a un'azione o omissione diversa da quella che altrimenti avrebbe compiuto.
   La *costrizione psichica* alla quale fa riferimento la norma è «relativa», nel senso che lascia alla vittima un'effettiva possibilità di scelta tra il male minacciato dall'aggressore e quello che deriva dall'accondiscendere alle sue richieste.
   La **minaccia** deve essere *seria* e oggettivamente capace di esercitare un'*ingiustificata pressione* sulla psiche del soggetto. Peraltro, essa non deve essere espressa, essendo sufficiente che sia *idonea* a determinare la volontà del soggetto passivo;
2. l'**abuso della qualità o dei poteri del pubblico ufficiale**. Con tale espressione s'identificano *due profili* differenti della condotta:
   - l'**abuso della qualità**, che si verifica quando l'agente fa valere la sua posizione, connessa allo svolgimento di una pubblica funzione, al fine di *costringere* gli altri all'indebita promessa o dazione. Tale abuso implica, quindi, la *strumentalizzazione della posizione di preminenza* ricoperta dal soggetto attivo rispetto al privato. Non è necessario che l'atto intimidatorio rifletta la specifica competenza dell'agente, ma è sufficiente che la qualità soggettiva del pubblico ufficiale lo *agevoli* alla costrizione o all'induzione della vittima;
   - l'**abuso dei poteri**, che si realizza quando questi vengono esercitati secondo criteri volutamente diversi da quelli imposti dalla loro natura. I poteri devono rientrare nella competenza tipica dell'agente, quali manifestazione delle sue potestà funzionali. Si sottolinea che, per la sussistenza del reato di concussione, non è importante che l'atto sia *formalmente legittimo* o *illegittimo*, infatti la fattispecie criminosa può realizzarsi anche in presenza di un atto formalmente legittimo. L'abuso delle funzioni di pubblico ufficiale può realizzarsi anche mediante omissione o ritardo di un atto dovuto (ad es., il finanziere che sequestra un carico di sigarette di contrabbando al solo scopo di costringere il contrabbandiere a consegnarli una somma di denaro per ottenerne l'immediato dissequestro);
3. la **dazione o la promessa indebita per sé o altri.** La **promessa** è la manifestazione di un impegno, apparentemente valido, a eseguire una futura prestazione; la **dazione**, invece, si concretizza nell'effettiva consegna della cosa e può assumere le forme più svariate.
   Dazione e promessa sono *indebite* quando non sono dovute, per legge o consuetudine, né al pubblico ufficiale, né all'incaricato di pubblico servizio o alla P.A.

Nel caso in cui una prestazione effettivamente spettante venga ottenuta dal pubblico ufficiale mediante condotta abusiva, deve distinguersi a seconda che il titolare della relativa pretesa sia la P.A. (nel qual caso dovrà escludersi la sussistenza del reato), ovvero il pubblico ufficiale che agisca in qualità di privato (ipotesi nella quale il delitto di concussione dovrà invece ritenersi sussistente, giacché egli per soddisfare il suo diritto dovrà avvalersi dei mezzi ordinari concessi dalla legge, senza sfruttare la posizione).

La promessa e la dazione possono avere ad oggetto *denaro* e *ogni altra utilità* (es. favori sessuali).

L'eventuale pattuizione di un pagamento a fronte della prestazione ottenuta dal pubblico ufficiale, in qualità di privato, abusando delle proprie funzioni, non elimina la sussistenza dell'illecito, poiché proprio l'essere ricorso all'abuso dimostra che quanto ricevuto costituisce per lui un vantaggio superiore a quanto dato a titolo di compenso.

A tali elementi strutturali, si aggiunge il ***metus publicae potestatis*** che, secondo parte della dottrina, può essere considerato un elemento essenziale del delitto di concussione. Per il costringimento, il *metus* è rappresentato dal timore di un *danno minacciato*. Si sostanzia, dunque, in quello stato di timore o di paura che è ingenerato nel privato dalla situazione di preminenza di cui usufruisce il pubblico ufficiale. Tale elemento non è escluso quando il privato tenta di ridurre il danno intavolando una *discussione* o una *trattativa*, poiché lo stato di soggezione della vittima non vede concretizzarsi in una totale eliminazione della sua volontà, essendone sufficiente il condizionamento. Ugualmente, il *metus* non è escluso dalla circostanza che il soggetto passivo si sia rivolto alle forze di polizia per sottrarsi alle pretese dell'autore del reato, denunciando il concussore prima della consegna del denaro.

5.1 La concussione ambientale

Pur se non prevista espressamente, oggetto di interesse da parte di dottrina e giurisprudenza è stata la cd. **concussione ambientale**, realizzata attraverso *comportamenti suggestivi taciti* che inducono la vittima a convincersi dell'ineluttabilità del pagamento, per prassi diffusa.

La costrizione da parte del pubblico ufficiale, infatti, può realizzarsi anche attraverso il riferimento a una sorta di convenzione tacitamente riconosciuta, che il pubblico ufficiale fa valere e il privato subisce, nel contesto di una comunicazione resa più semplice per il fatto di richiamarsi a regole già «codificate».

Contro tale figura di concussione è, peraltro, schierata buona parte della dottrina più moderna, la quale ritiene che in una siffatta ipotesi manca il disvalore tipico della concussione: il fatto di giovarsi di un pregresso stato di soggezione indotto da altri costituisce un elemento vago, come tale poco suscettivo di prova sul terreno processuale.

La più recente giurisprudenza, però, concorda sull'ammissibilità di tale tipologia di concussione, pur se entro precisi limiti. In particolare, si è precisato che ai fini della configurabilità del reato di concussione cosiddetta «ambientale» è comunque necessario che venga fornita la *prova della consumazione* da parte del pubblico ufficiale di uno specifico *comportamento costrittivo o induttivo e della correlativa situazione di soggezione del privato* (Cass. 15-6-2011, n. 24015). Nel medesimo senso, in altra occasione, si è esclusa la configurabilità della concussione nella condotta di semplice richiesta di denaro o altre utilità da parte del pubblico ufficiale in presenza di situazioni di mera pressione ambientale, senza però che questi abbia posto in essere atti di costrizione, non potendosi fare applicazione analogica della norma incriminatrice, imperniata inequivocabilmente sullo stato di soggezione della vittima provocato dalla condotta del pubblico ufficiale (Cass. 28-6-2011, n. 25694).

6 Induzione indebita a dare o promettere utilità (art. 319quater c.p.)

Ai sensi dell'art. 319quater c.p., introdotto dalla L. 190/2012, risponde penalmente il pubblico ufficiale o l'incaricato di pubblico servizio che, abusando della sua qualità o dei suoi poteri, **induce** taluno a *dare* o a *promettere* indebitamente, a lui o a un terzo, *denaro* o *altra utilità*.

La norma traduce l'intento del legislatore di estrapolare dal *corpus* dell'art. 317 c.p. la c.d. **concussione per induzione**, trasformandola in *configurazione speciale rispetto all'ipotesi-base*.

Con l'occasione, si è provveduto a differenziare le due tipologie rispetto a taluni peculiari profili disciplinari. Nello specifico, a differenza dell'ipotesi-madre di concussione (come anche di quella previgente), si è attribuito alla concussione per induzione *carattere sussidiario*, prevedendo la sua applicazione solo quando il fatto non costituisce più grave reato. Inoltre, riproducendo il previgente art. 317 (dunque l'opzione politico-criminale del legislatore del '90, confermato con la L. 69/2015), si è esteso il novero dei potenziali soggetti attivi del reato all'*incaricato di pubblico servizio*. Ma ciò che realmente connota tale inedita previsione è la scelta di prevedere la *punibilità del concusso*.

Se si eccettuano tali profili disciplinari, la struttura oggettiva del delitto in esame è sovrapponibile a quella della concussione, di cui al riformulato art. 317. È, dunque, possibile rinviare al relativo commento per un sintetico esame delle nozioni comuni (**abuso della qualità o dei poteri, dazione o promessa indebita di denaro o altra utilità**).

Resta da esaminare un ulteriore elemento specializzante, costituito dall'**induzione del concusso**. Questa si manifesta in un'*attività dialettica dell'agente* che, avvalendosi della sua autorità e ricorrendo ad argomentazioni di indole varia, fondate su elementi non privi di obiettiva veridicità, riesce a *convincere il soggetto passivo alla dazione o alla promessa*. La **condotta** non è vincolata a forme predeterminate e tassative, ma può estrinsecarsi in qualsiasi modo, a condizione che sia in concreto idonea ad influenzare l'intelletto e la volontà della vittima, convincendola della opportunità, per evitare il peggio, di aderire alla richiesta.

Le particolarità di tale reato sono, dunque, date dalla **condotta dell'agente**, che si configura come attività di *persuasione*, *suggestione*, *inganno* o *pressione*, e dalla **posizione del concusso** che, pur avendo ampi margini decisionali, si presta comunque alla richiesta della prestazione non dovuta, perché motivata dalla prospettiva di un *tornaconto personale*. Tale ultimo elemento giustifica la previsione di una sanzione anche a carico del concusso.

7 I reati di corruzione

La disciplina della corruzione è contemplata negli artt. 318-322 del Codice penale. Tali disposizioni sono state oggetto di sostanziali correttivi a opera della **L. 190/2012**, nota, appunto, come «*legge anticorruzione*».

In particolare, prima della riforma del 2012, il Codice distingueva due **tipi** di corruzione:

- *propria*, prevista dall'art. 319 c.p. e avente ad oggetto l'omissione o il ritardo di un atto d'ufficio, oppure il compimento di un *atto contrario ai doveri di ufficio*;
- *impropria*, disciplinata dall'art. 318 c.p., per la quale oggetto del mercimonio era il compimento di un *atto d'ufficio*.

Nell'ambito di ciascuna figura, poi, si distingueva tra:

- *corruzione antecedente*, che si ha quando il fatto di corruzione si riferisce ad un *atto che il funzionario deve ancora compiere*;
- *corruzione susseguente*, che si ha quando il fatto di corruzione si riferisce ad un *atto che il funzionario ha già compiuto*.

A seguito dei correttivi operati dalla L. 190/2012, l'art. 318 è stato riformulato in modo da rendere più evidenti i confini tra le diverse forme di corruzione:

- **quella propria** di cui all'art. 319, che rimane ancorata alla prospettiva del compimento di un atto contrario ai doveri d'ufficio (come anche all'omissione o ritardo di un atto d'ufficio), nonché al distinguo fra corruzione antecedente e susseguente;
- **quella impropria**, basata sull'accettazione di un'utilità indebita (o della sua promessa), da parte del pubblico ufficiale o dell'incaricato di pubblico servizio, che **prescinde dall'adozione o dall'omissione di atti inerenti al proprio ufficio**, ma si finalizza esclusivamente a remunerare l'esercizio delle funzioni o dei poteri spettanti al pubblico ufficiale. Ciò ha fatto venir meno, nella nuova corruzione impropria, il previgente distinguo fra corruzione antecedente e susseguente, peraltro, anche diversamente sanzionata, mancando, come detto, il riferimento a uno specifico atto d'ufficio compiuto o da compiersi, oggetto della corruzione.

7.1 Corruzione per l'esercizio della funzione (art. 318 c.p.)

Ai sensi del riformulato art. 318 c.p., risponde penalmente il pubblico ufficiale che, *per l'esercizio delle sue funzioni o dei suoi poteri*, indebitamente riceve, per sé o per un terzo, denaro o altra utilità o ne accetta la promessa.

Come in precedenza anticipato, la norma è stata oggetto di correttivi ad opera della **L. 190/2012**, la quale, nel sostituire integralmente il previgente art. 318 (rubricato «**Corruzione per un atto d'ufficio**») ha legato la percezione o la promessa di indebita retribuzione all'esercizio delle funzioni o poteri del pubblico ufficiale nel senso voluto dal corruttore, sganciandola dal compimento di uno specifico atto d'ufficio, con conseguente soppressione della corruzione susseguente, quale figura sanzionata più lievemente. Con l'occasione, si è provveduto anche a inasprire l'unitaria risposta sanzionatoria concernente il delitto in esame.

Il **bene-interesse protetto** dalla norma incriminatrice è costituito dal buon andamento, dalla correttezza e dall'imparzialità della pubblica amministrazione.

Trattasi di reato «**proprio**», in quanto può essere commesso dal pubblico ufficiale al quale, peraltro, l'art. 320 parifica anche l'incaricato di un pubblico servizio.

Costituiscono, dunque, **elementi strutturali** della fattispecie:

a) l'**accordo**, poiché il reato è a concorso necessario, con punibilità, oltre che del corrotto, anche del corruttore, *ex* art. 321 c.p.;
b) l'**esercizio della funzione o del potere**, da parte del pubblico ufficiale, nel senso voluto dal corruttore, funzione che diviene, dunque, oggetto di mercimonio (a differenza che nella previgente disposizione, secondo la quale oggetto dell'accordo corruttivo era la realizzazione di un atto d'ufficio).

   Tale opzione normativa è coerente con gli asserti della giurisprudenza della Cassazione, da anni portata a sganciare la configurabilità del reato dall'individuazione di un atto d'ufficio in senso «fisico», sostenendo che l'atto d'ufficio oggetto di mercimonio non andasse inteso in senso formale, comprendendo la locuzione qualsiasi comportamento che comunque violasse i doveri di fedeltà, imparzialità, onestà, che debbono osservarsi da parte di chiunque eserciti una pubblica funzione. Si riteneva, dunque, sussistente il reato di corruzione in presenza di una consegna di denaro al pubblico ufficiale effettuata in ragione delle funzioni dallo stesso esercitate e per retribuirne i favori;

c) il «**compenso**» per il funzionario. Da un raffronto letterale fra previgente e attuale formulazione dell'art. 318 emerge un ulteriore elemento di novità, costituito dalla soppressione del riferimento alla *retribuzione non dovuta*. Sotto la vigenza della norma precedente, nell'impiego del termine «retribuzione» veniva letto l'intento del legislatore di escludere dall'ambito di operatività della fattispecie le situazioni non caratterizzate da un vero e proprio rapporto «sinallagmatico» tra la prestazione del corruttore e quella del corrotto, nonché di includervi solo quelle dazioni o promesse proporzionate al tipo e all'importanza della prestazione richiesta al pubblico ufficiale. Per la Cassazione, con la nuova figura di corruzione impropria si è determinata un'estensione dell'area di punibilità, configurando una fattispecie di «onnicomprensiva monetizzazione del "*munus*" pubblico, sganciata da una logica di formale sinallagma» (così Cass. 3-5-2013, n. 19189).

Deve evidenziarsi, infine, che sull'impianto sanzionatorio di tale riscritta fattispecie (la *reclusione da uno a cinque anni*) hanno inciso dapprima la c.d. *legge anticorruzione* del 2015 (L. 27-5-2015, n. 69), portando il massimo edittale a sei anni, e, successivamente, la **L. 3/2019**, la quale ha provveduto a sostituire il citato margine edittale detentivo con la *reclusione da tre a otto anni.*

7.2 Corruzione per un atto contrario ai doveri d'ufficio (art. 319 c.p.)

Il reato trova la sua disciplina negli artt. 319, 320 e 321 c.p. Mentre la prima norma descrive quella che è la condotta incriminata, la seconda parifica al pubblico ufficiale l'incaricato di pubblico servizio, e la terza prevede la punibilità del corruttore.

Il reato di corruzione propria offende, contemporaneamente, il *buon andamento* e l'*imparzialità della pubblica amministrazione*. A differenza che nel caso di corruzione impropria, infatti, il delitto in esame, che ha ad oggetto il compimento di un *atto contrario ai doveri di ufficio*, comporta sempre la violazione delle regole che devono presiedere allo svolgimento dell'attività amministrativa.

Si tratta di un reato «**proprio**», che può essere commesso tanto dal pubblico ufficiale che dall'incaricato di pubblico servizio.

Nel reato in esame, inoltre, il **corruttore** è sempre soggetto a pena, anche nel caso di corruzione susseguente.

Nella *corruzione propria* rientrano due diverse condotte:

— quella del pubblico ufficiale (o dell'incaricato di pubblico servizio), che, per *omettere o ritardare un atto del suo ufficio*, ovvero per *compiere un atto contrario ai doveri di ufficio*, riceve, per sé o per un terzo, denaro od altra utilità, quale retribuzione non dovuta, o ne accetta la promessa (*corruzione propria* ***antecedente***);

— quella del pubblico ufficiale (o dell'incaricato di pubblico servizio) il quale riceve, per sé o per un terzo, la sopra citata retribuzione non dovuta *per aver omesso o ritardato un atto del suo ufficio, ovvero per aver compiuto un atto contrario ai doveri di ufficio* (*corruzione propria* ***susseguente***).

Ai sensi dell'art. 319bis del Codice penale, il reato è aggravato ove il fatto abbia ad oggetto *il conferimento di pubblici impieghi o stipendi o pensioni o la stipulazione di contratti* nei quali sia interessata l'amministrazione alla quale il pubblico ufficiale appartiene *nonché il pagamento o il rimborso di tributi.*

Oggetto della pattuizione illecita non devono necessariamente essere gli «**atti amministrativi**». È, infatti, sufficiente che si tratti di atti che rappresentano esplicazione dei poteri-doveri inerenti all'ufficio, incluso pertanto quelli privati delle pubbliche amministrazioni. Essi, addirittura, possono tradursi in **comportamenti materiali** (ad es., sostituzione di un atto all'altro in una pratica).

Si ritiene che non necessariamente l'atto, per essere contrario ai doveri d'ufficio, deve essere illegittimo, giacché anche il compimento di un **atto formalmente regolare** può avvenire in violazione dei doveri istituzionali del pubblico ufficiale e può comportare l'asservimento della funzione agli interessi privati, in violazione dei doveri di fedeltà, imparzialità e onestà.

7.3 Corruzione in atti giudiziari (art. 319ter c.p.)

L'art. 319ter punisce autonomamente l'ipotesi in cui i fatti di cui agli artt. 318 e 319 c.p. siano stati commessi per favorire o danneggiare una parte in un processo civile, penale o amministrativo.

Si tratta di un **reato autonomo** e non di una circostanza aggravante delle ipotesi di corruzione in precedenza esaminate, giacché a tale ipotesi criminosa è dedicato un proprio titolo di reato e sono previste, per essa e non per i delitti di cui agli artt. 318 e 319 c.p., circostanze aggravanti specifiche, che non sono ipotizzabili se non rispetto ad una figura autonoma di reato.

Il reato in esame **può essere commesso unicamente dai pubblici ufficiali** e non dagli incaricati di pubblico servizio, in quanto l'art. 320 c.p. non richiama l'art. 319ter, e perché solo i pubblici ufficiali ricoprono una posizione in grado di influenzare il contenuto delle decisioni giudiziarie.

L'elemento caratterizzante della corruzione in atti giudiziari è quello di *favorire* o *danneggiare una parte del processo*.

Secondo la giurpsrudenza (fra le altre, Cass. Sez. Un. 21-4-2010, n. 15208) il delitto in esame è configurabile *anche nella forma della corruzione susseguente e non solo antecedente*. In favore di tale soluzione «milita» l'inequivoco dato letterale dell'art. 319ter del Codice penale, caratterizzato dal testuale richiamo ai «fatti indicati negli articoli 318 e 319» . È, inoltre, *indifferente che l'atto compiuto sia conforme o meno ai doveri d'ufficio*.

Parte è la *persona fisica* o *giuridica* che abbia proposto o nei cui confronti sia stata proposta una domanda giudiziale.

Nel processo penale sono parti il pubblico ministero, l'imputato, la parte civile, l'indagato, la persona offesa dal reato, il responsabile civile e il civilmente obbligato per l'ammenda.

7.4 Istigazione alla corruzione (art. 322 c.p.)

L'art. 322 c.p. indica quattro forme alternative di istigazione alla corruzione:

1. l'offerta o la promessa di denaro o altra utilità non dovuti ad un pubblico ufficiale o a un incaricato di pubblico servizio, per l'esercizio delle sue funzioni o dei suoi poteri, qualora l'offerta o la promessa non sia accettata (**istigazione alla corruzione impropria attiva**);
2. l'offerta o la promessa fatte per indurre un pubblico ufficiale o un incaricato di pubblico servizio ad omettere o a ritardare un atto dell'ufficio o servizio, ovvero a fare un atto contrario ai propri doveri, qualora l'offerta o la promessa non sia accettata (**istigazione alla corruzione propria attiva**);
3. la richiesta della promessa o dazione di denaro o altra utilità, da parte di un pubblico ufficiale o da un incaricato di pubblico servizio, fatta a un privato e da questi rifiutata, per l'esercizio delle sue funzioni o dei suoi poteri (**istigazione alla corruzione impropria passiva**);
4. la richiesta analoga, da parte di un pubblico ufficiale o un incaricato di pubblico servizio, per omettere o ritardare un atto dell'ufficio o servizio, ovvero per fare un atto contrario ai propri doveri di ufficio (**istigazione alla corruzione propria passiva**).

Sebbene non richiami l'art. 319ter c.p., si ritiene che il delitto in esame sia ammesso anche con riferimento alla **corruzione in atti giudiziari**.

L'art. 322 c.p., in altri termini, contempla delle ipotesi di tentativo di corruzione, considerandole come ipotesi autonome di reato, perché altrimenti il fatto — in quanto integra un'ipotesi di **istigazione non accolta** — non potrebbe essere punito in base al principio di cui all'art. 115 c.p.

Per la **consumazione** del reato è sufficiente la semplice offerta o promessa, purché sia caratterizzata da adeguata serietà e sia in grado di turbare psicologicamente il pubblico ufficiale o l'incaricato di pubblico servizio, così che sorga il pericolo che egli accetti l'offerta o la promessa.

8 Abuso d'ufficio (art. 323 c.p.)

Commette **abuso d'ufficio**, salvo che il fatto non costituisca più grave reato, il pubblico ufficiale o l'incaricato di pubblico servizio che intenzionalmente procura a sé o ad altri un ingiusto vantaggio patrimoniale ovvero arreca ad altri un danno ingiusto, purché ciò avvenga:

— nello svolgimento delle funzioni o del servizio;
— in violazione di specifiche regole di condotta espressamente previste dalla legge o da atti aventi forza di legge e dalle quale non residuino margini di discrezionalità ovvero omettendo di astenersi in presenza di un interesse proprio o di un prossimo congiunto o negli altri casi prescritti.

Tale previsione è stata introdotta dal **D.L. 16-7-2020, n. 76** (cosiddetto **Decreto semplificazioni**) che ha sostituito la precedente formulazione dell'articolo, la quale faceva riferimento a norme contenute nei regolamenti. In tal modo, è stata prevista la punibilità del solo abuso commesso *in violazione di regole di condotta previste dalla legge* o da *atti aventi forza di legge*. Ulteriore novità è data dal fatto che si attribuisce rilievo alla sola inosservanza di regole di condotta *specifiche* e *espressamente previste* dalle citate fonti primarie, escludendo che l'abuso possa verificarsi anche per violazione di principi generali.

Il delitto in esame è un *reato di evento*, in quanto si consuma con l'avvenuto conseguimento dell'ingiusto vantaggio patrimoniale o dell'ingiusto danno.

Interesse tutelato dalla norma incriminatrice in esame è quello *al buon andamento* e all'*imparzialità* della pubblica amministrazione.

Il delitto di abuso d'ufficio è un reato «**proprio**», che può essere commesso solo dal *pubblico ufficiale* o dall'*incaricato di pubblico servizio* che agisca nello svolgimento delle sue funzioni; sono pertanto penalmente irrilevanti gli abusi commessi solo «in occasione» (e non in dipendenza) dell'esercizio delle funzioni o del servizio, nonché gli abusi della qualità di agente pubblico ovvero il semplice sfruttamento della qualifica soggettiva e della posizione.

La norma prevede *due condotte* diverse, caratterizzate dal fatto che l'atto del pubblico ufficiale o dell'incaricato di pubblico servizio sia stato posto in essere in *violazione di norme di legge* o di *regolamento* ovvero attraverso la violazione di un obbligo di astensione:

— quella dell'arrecare ad altri un danno ingiusto, che può avere sia carattere patrimoniale che non patrimoniale.
  Il danno al quale si riferisce l'art. 323 non deve riguardare necessariamente diritti soggettivi perfetti ma può riguardare anche l'aggressione ingiusta di quella sfera della personalità che è tutelata da norme costituzionali;
— quella dell'aver procurato, a sé o ad altri, un ingiusto vantaggio, che peraltro deve necessariamente avere carattere di patrimonialità.

L'**ingiustizia del vantaggio o del danno** devono essere tali in sé, e non come riflesso della violazione di norme o della omessa astensione da parte del pubblico ufficiale.

Più specificamente, affinché sussista il reato non è più sufficiente una condotta semplicemente «**abusiva**», ma è necessario che questa si caratterizzi per la sussistenza di **cause di illegittimità** specificamente indicate dalla norma incriminatrice, e che possono essere costituite da:

— **violazione di leggi o di regolamenti**. Il requisito della violazione di norme di legge può essere integrato anche solo dall'inosservanza del principio costituzionale di imparzialità della pubblica amministrazione, per la parte in cui esprime il divieto di ingiustificate preferenze o di favoritismi che impone al pubblico ufficiale o all'incaricato di pubblico servizio una precisa regola di comportamento di immediata applicazione (in tal senso, Cass. 13-7-2011, n. 27453).
  Le disposizioni prese in considerazione dalla disposizione incriminatrice, inoltre, sono unicamente quelle che hanno il regime formale e giuridico delle leggi e dei regolamenti e non quelle genericamente contenute in atti a contenuto normativo;

— **violazione dell'obbligo di astensione** nei casi previsti dalla legge e, comunque, in presenza di un interesse proprio o di un prossimo congiunto.

Il vizio di eccesso di potere è viceversa escluso dall'ambito di applicazione della norma, che non contempla, dunque, l'ipotesi di **sviamento di potere**, perché anzi la nuova formulazione del reato vuole impedire chiaramente al giudice qualsiasi sindacato sulla discrezionalità amministrativa.

Quanto all'atto del pubblico ufficiale o dell'incaricato di pubblico servizio, che può assumere rilevanza ai fini della sussistenza del reato, non deve necessariamente trattarsi di un **provvedimento amministrativo**, potendo invece concretizzarsi anche in una **condotta materiale**.

Il reato può realizzarsi sia con una **condotta commissiva** che con una **omissiva**, quando la norma di legge o di regolamento contenga un obbligo che il pubblico ufficiale o l'incaricato di pubblico servizio disattenda.

Quanto all'elemento soggettivo, è sufficiente il **dolo generico**, dovendosi interpretare l'espressione «*intenzionalmente*» nel senso di coscienza e volontà sia dell'abuso che dell'ingiusto vantaggio o danno. A differenza, dunque, della precedente configurazione dell'abuso d'ufficio, in cui, richiedendosi il dolo specifico non era necessario che l'ingiusto vantaggio o l'ingiusto danno si fossero realmente verificati, con la *nuova figura di abuso* una condotta abusiva (con qualunque delle modalità delineate si realizzi) che non si traduca in un ingiusto vantaggio o in un danno ingiusto *non* configura il reato in esame.

In giurisprudenza si è precisato che il dolo intenzionale del delitto di abuso d'ufficio non è escluso dalla mera compresenza di una finalità pubblicistica nella condotta del pubblico ufficiale, essendo necessario, per ritenere insussistente l'elemento soggettivo, che il perseguimento del pubblico interesse costituisca il fine primario dell'agente (Cass. 13-5-2011, n. 18895).

9 Utilizzazione di invenzioni o scoperte conosciute per ragioni di ufficio (art. 325 c.p.)

Commette il reato in esame il pubblico ufficiale o l'incaricato di pubblico servizio il quale *impiega* a proprio o altrui profitto *invenzioni* o *scoperte scientifiche* o nuove applicazioni industriali, che egli *conosca* per *ragioni dell'ufficio* o del *servizio* e che debbano rimanere segrete.

Elementi del delitto previsto dall'art. 325 sono pertanto:

1. la conoscenza per ragione dell'ufficio o del servizio;
2. l'impiego di invenzioni, scoperte scientifiche o nuove applicazioni industriali;
3. la segretezza.

Il **bene tutelato** dall'art. 325 c.p. è quello del *buon andamento* e della *imparzialità* della pubblica amministrazione.

Si tratta di un reato «**proprio**», che può essere realizzato solo da chi rivesta la qualifica di pubblico ufficiale o di incaricato di pubblico servizio.

Il delitto è punito a titolo di **dolo specifico**, caratterizzato dalla specifica finalità di ricavare un profitto proprio o altrui, ovvero un vantaggio privato, anche di carattere non patrimoniale.

10 Rivelazione e utilizzazione di segreti d'ufficio (art. 326 c.p.)

Il *bene tutelato* dalla disposizione incriminatrice in esame, nella parte in cui punisce la **rivelazione** del segreto d'ufficio, è il *buon funzionamento* della pubblica amministrazione, che può essere pregiudicato dalla rivelazione del segreto d'ufficio.

Quanto all'**utilizzazione** del segreto di ufficio, invece, il reato mira a garantire la *parità di condizioni* tra i cittadini, evitando che l'agente si avvantaggi sugli altri sfruttando le notizie segrete conosciute per ragioni di ufficio.

Si tratta di un reato «**proprio**» che può essere commesso solo dal pubblico ufficiale o dall'incaricato di pubblico servizio. È ritenuto configurabile il concorso dell'*extraneus*, purché questi lungi dal limitarsi a ricevere la notizia, abbia istigato o indotto il pubblico ufficiale a porre in essere la rivelazione (in tal senso, Cass.16-2-2011, n. 5842).

La disposizione incriminatrice prevede quattro distinte ipotesi di reato:

1. quella del pubblico ufficiale o dell'incaricato di pubblico servizio che, violando i doveri inerenti alle funzioni o al servizio, o comunque abusando delle sue qualità, **rivela** notizie d'ufficio, le quali debbano rimanere segrete, o ne agevola in qualsiasi modo la conoscenza (comma 1);
2. quella del pubblico ufficiale o dell'incaricato di pubblico servizio che, violando i doveri inerenti alle funzioni o al servizio, o comunque abusando delle sue qualità, **agevola** in qualsiasi modo la conoscenza di notizie d'ufficio, le quali debbano rimanere segrete (comma 1);
3. quella del pubblico ufficiale o dell'incaricato di pubblico servizio che, per procurare a sé o ad altri un indebito profitto patrimoniale, si avvale illegittimamente di notizie di ufficio, che devono rimanere segrete (comma 3);
4. quella del pubblico ufficiale o dell'incaricato di pubblico servizio che, per procurare a sé o ad altri un ingiusto profitto non patrimoniale o di cagionare ad altri un danno ingiusto, si avvale illegittimamente di notizie di ufficio, che devono rimanere segrete (comma 3).

Gli **elementi** del delitto di **rivelazione** di segreto d'ufficio sono i seguenti:

1. la **violazione dei doveri e l'abuso della qualità**;
2. le **notizie d'ufficio**. Non è necessario che le notizie rivelate siano state apprese dal pubblico ufficiale per ragione del suo ufficio, ma *è sufficiente che si tratti di notizie d'ufficio*, cioè appartenenti alla competenza di un determinato ufficio, delle quali il funzionario sia venuto a conoscenza violando i doveri inerenti alla funzione o al servizio, oppure abusando comunque della propria qualità;
3. la **segretezza**. Il dovere del segreto deve derivare da una legge, da un regolamento, da una consuetudine ovvero dalla natura stessa della notizia che può recare danno alla P.A.
   Per quanto riguarda gli impiegati civili dello Stato l'obbligo deriva dall'art. 15 del relativo statuto (come modificato dall'art. 28 della L. 241/1990).
   Il dovere di segretezza in capo al pubblico ufficiale è escluso solo se la notizia sia già divenuta, per causa a lui non imputabile, notoria;
4. la **rivelazione**, ossia la manifestazione del segreto ad una persona che non abbia diritto di conoscerla;
5. l'**agevolazione**, cioè l'attività volta a rendere piùà facile la conoscenza da parte di estranei.

Quanto invece alla **utilizzazione** del segreto d'ufficio, gli **elementi** del reato sono i seguenti:

1. **avvalersi di notizie d'ufficio**. Il termine «avvalersi» ricomprende tutte le possibili condotte di sfruttamento o utilizzazione delle conoscenze che il pubblico ufficiale abbia acquisito per ragioni di ufficio;
2. **illegittimamente**. Non si tratta di un requisito di particolare significato, in quanto l'avvalersi di notizie d'ufficio che devono rimanere segrete non può essere altro che illegittimo.

Va, infine, evidenziato che il pubblico dipendente che segnala all'autorità competente (o denuncia all'autorità giudiziaria) condotte illecite di cui è venuto a conoscenza in ragione del proprio rapporto di lavoro *non può essere sanzionato* o *subire ulteriori conseguenze negative* sul lavoro. Orbene, nelle ipotesi di segnalazione o denuncia anzidette, il perseguimento dell'interesse all'integrità delle amministrazioni, pubbliche e private, nonché alla prevenzione e alla repressione delle malversazioni, costituisce **giusta**

causa di rivelazione di notizie coperte dall'obbligo di segreto, con l'effetto di escludere la punibilità dei relativi responsabili, non solo della fattispecie in esame, ma anche dei delitti previsti e puniti dagli artt. 622 e 623 del codice penale.

11 Rifiuto di atti d'ufficio e omissione (art. 328 c.p.)

Risponde del reato di cui all'art. 328 c.p. il *pubblico ufficiale* o l'*incaricato di pubblico* servizio che, **indebitamente**, *rifiuta un atto del suo ufficio* che, per ragioni di giustizia o di sicurezza pubblica, o di ordine pubblico o di igiene e sanità, deve essere compiuto senza ritardo.

Una pena minore è prevista al secondo comma per i medesimi soggetti che, entro trenta giorni dalla ricezione della richiesta (da redigersi per iscritto) di chi vi abbia interesse, non compie l'atto del suo ufficio e non risponde per esporre le ragioni del ritardo.

Il delitto è **plurioffensivo**, nel senso che lede, oltre all'*interesse pubblico* al *buon andamento* e alla *trasparenza* della pubblica amministrazione, anche quello del privato, leso dall'omissione o dal ritardo dell'atto amministrativo dovuto.

Si tratta di un reato «**proprio**», che può essere commesso solo dal pubblico ufficiale o dall'incaricato di pubblico servizio che abbia competenza a compiere l'atto richiesto.

Nel caso di **organo collegiale** l'illecito è configurabile, ricorrendone le condizioni, non a carico di colui che ne ha la rappresentanza esterna, ma dei **singoli componenti** dello stesso. Presuppone, pertanto, la richiesta a ciascun componente dell'organo da parte dell'interessato e la mancata spiegazione, da parte dei singoli, delle ragioni che hanno determinato l'omissione o il ritardo dell'atto collegiale.

La norma, pertanto, disciplina **due** diverse **condotte**:

— il **rifiuto di atti d'ufficio** (comma 1);
— l'**omissione di atti richiesti** (comma 2).

Il **termine** rifiuto denota un'espressa manifestazione di volontà di non compiere l'atto richiesto e presuppone, pertanto, una **previa richiesta di adempimento**. Esso può estrinsecarsi in qualsiasi forma; può essere scritto, orale, desumersi da comportamenti concludenti e anche dalla semplice inerzia del pubblico ufficiale, protratta senza giustificazione al di là del termine previsto dalla legge a pena di decadenza per il compimento di un atto.

Elementi essenziali della condotta criminosa sono:

1. l'**atto di ufficio**, che deve necessariamente rivestire carattere di **indifferibilità** e **doverosità**;
2. le **ragioni di giustizia o di sicurezza pubblica, o di ordine pubblico, o di igiene e sanità**. In particolare:
    — la *ragione di giustizia* è quella inerente a una funzione giudiziaria;
    — le *ragioni di sicurezza pubblica* riguardano le funzioni di polizia finalizzate a garantire la sicurezza dei cittadini e la loro incolumità;
    — le *ragioni di ordine pubblico* sono quelle che riguardano la tutela della tranquillità pubblica e della pace sociale;
    — le *ragioni di igiene e sanità* sono quelle che riguardano la sanità sia pubblica che privata;
3. **l'indebito**. È indebita la condotta contraria ai doveri dell'agente, cosicché il reato non sussiste quando questi abbia l'obbligo, o anche solo la facoltà, di rifiutare il compimento dell'atto.

Presupposto dell'**omissione** è l'esistenza di un meccanismo di «**messa in mora**», attraverso una **richiesta scritta** dalla cui ricezione decorre un termine di trenta giorni per la risposta. La condotta consiste, invece, nel mancato compimento dell'atto d'ufficio, in assenza di una *risposta* che ne spieghi le ragioni.

È quindi necessario, per l'esistenza del reato, che il destinatario della domanda sia competente ad attivare, con riferimento alla stessa, un procedimento amministrativo.

La richiesta che determina l'insorgenza dell'obbligo nella p.a. è quella proveniente da un soggetto che abbia un **interesse al compimento dell'atto**, riferito ad una specifica situazione soggettiva sulla quale il provvedimento è destinato a incidere.

I comportamenti indicati dalla norma incriminatrice non ammettono equipollenti e la risposta richiede la forma scritta.

12 Rifiuto o ritardo di obbedienza commesso da un militare o da un agente della forza pubblica (art. 329 c.p.)

L'art. 329 c.p. tutela il *buon andamento* della *pubblica amministrazione* nella fase di realizzazione dei suoi compiti istituzionali che, nel caso di specie, sono quelli di intervento nell'esercizio delle funzioni di polizia.

Si tratta di un **reato proprio** che può essere commesso dai militari (delle Forze Armate) e dagli ufficiali e agenti della forza pubblica.

Agenti della forza pubblica vanno considerati:

- gli agenti della Polizia di Stato;
- i carabinieri;
- gli agenti della Guardia di finanza;
- le guardie forestali;
- i vigili del fuoco;
- le persone equiparate.

Commette il reato in esame il militare o l'agente della forza pubblica il quale *rifiuta o ritarda indebitamente* di eseguire una *richiesta* rivoltagli dall'*Autorità competente* nelle forme stabilite dalla legge.

Elementi del reato in esame sono, pertanto:

1. la **richiesta**, che deve provenire dall'Autorità competente e deve essere fatta nelle forme stabilite dalla legge, con la conseguenza che il destinatario ha la possibilità di controllare il rispetto esteriore di tali formalità.
   Nel caso di **ordine manifestamente criminoso**, vale a dire in contrasto con le istituzioni dello Stato, ovvero la cui esecuzione costituisca manifestamente reato, il militare o l'agente hanno il dovere di non eseguirlo e di informare al più presto i loro superiori;
2. **il rifiuto o il ritardo**. Per *ritardo* s'intende l'esecuzione dell'atto fuori dal termine stabilito o al di là del tempo minimo sufficiente qualora esso debba essere posto in essere immediatamente.
   Anche l'inerzia pura e semplice, purché univoca, può essere equiparata al rifiuto;
3. **l'agire indebitamente**. Il rifiuto o il ritardo devono essere illegittimi, ovvero non devono trovare giustificazione in una norma di legge.

13 Interruzione di un servizio pubblico o di pubblica necessità (art. 331 c.p.)

Il delitto in esame tutela il *regolare svolgimento di un servizio pubblico* o di *pubblica necessità*, nell'interesse della collettività, nei confronti delle condotte poste in essere da colui che quel servizio svolge in maniera professionale.

Si tratta di un reato «**proprio**» che può essere commesso solamente da un imprenditore che eserciti un pubblico servizio.

Commette il reato in esame colui che, esercitando imprese di servizi pubblici o di pubblica necessità, interrompe il servizio, ovvero sospende il lavoro nei suoi stabilimenti, uffici o aziende, in modo da turbare la regolarità del servizio.

La norma incriminatrice, pertanto, prevede **due condotte** delittuose:

— l'**interruzione** del servizio pubblico o di pubblica necessità;
— la **sospensione** del lavoro, qualora da ciò derivi la **turbativa** della regolarità del servizio.

I **servizi pubblici** sono quelli indicati come tali dalla L. 166/1990, integrata dalla L. 83/2000.

Si considerano, invece, **servizi di pubblica necessità** quelli dichiarati tali mediante un atto della pubblica amministrazione (la nozione si desume dall'art. 359 n. 2 c.p., che definisce l'esercente di tali servizi).

Si ha **interruzione del servizio** quando l'imprenditore lo fa cessare, in tutto o in parte, senza la necessità di una ristrutturazione della sua impresa.

Si ha **sospensione del lavoro** quando si verifica una temporanea cessazione dell'attività lavorativa nell'ambito del servizio. Questa, peraltro, per assumere rilevanza penale, deve determinare l'effetto di turbare la regolarità del servizio.

14 Sottrazione o danneggiamento di cose sottoposte a sequestro disposto nel corso di un procedimento penale o dall'Autorità amministrativa (art. 334 c.p.)

La norma in esame tutela il *buon andamento* e l'*imparzialità* della pubblica amministrazione.

La fattispecie incriminatrice costituisce un reato «**proprio**» che può essere commesso:

1. dal **custode** della cosa sottoposta a sequestro nel corso di un procedimento penale o dall'Autorità amministrativa, vale a dire da colui il quale abbia la responsabilità *ex lege* della conservazione dei beni affidatigli;
2. dal **proprietario** della cosa che ne abbia la **custodia**;
3. dal **proprietario** della cosa sottoposta a sequestro che **non ne abbia la custodia**.

Commette il reato in esame il *custode giudiziario*, ovvero il *proprietario*, il quale sottrae, sopprime, distrugge, disperde o deteriora una cosa sottoposta a sequestro disposto nel corso di un procedimento penale o dall'autorità amministrativa.

Presupposto della condotta è, pertanto, l'esistenza di un **sequestro** su una cosa disposto **nel corso di un procedimento penale o dall'autorità amministrativa**.

Tale sequestro deve avere a oggetto una **cosa**, nozione in cui rientrano tutti i beni materiali, sia mobili che immobili, con l'esclusione dei soli beni immateriali in senso stretto.

Il reato è **escluso** solo nel caso di giuridica inesistenza del sequestro, a prescindere dalla sua validità ed efficacia. Con la conseguenza che, nel caso in cui lo stesso sia operato ad iniziativa della polizia giudiziaria, è del tutto irrilevante, ai fini della esistenza del reato, che sia stato o meno convalidato e che siano inutilmente decorsi i termini della convalida.

È, ad esempio, inesistente sequestro operato da soggetto sfornito della qualità necessaria per procedervi, o che abbia ad oggetto cose insequestrabili.

La **condotta** consiste, alternativamente, nel *sottrarre*, *sopprimere*, *distruggere*, *disperdere* o *deteriorare* il bene sequestrato.

Per **sottrazione** s'intende il fatto del custode idoneo ad eludere il vincolo imposto sul bene pignorato o sequestrato. Essa presuppone lo spostamento della cosa dal luogo in cui si trova.

Non è sufficiente a integrare la sottrazione la vendita del bene, ove lo stesso sia rimasto sotto la vigilanza del custode.

Nel caso di *beni immobili*, peraltro, per i quali è difficilmente configurabile uno spostamento da un luogo all'altro, costituiranno atti idonei a determinarne la sottrazione quelli che hanno per effetto il mutamento del regime giuridico al quale il bene è sottoposto in forza del provvedimento cautelare.

La **distruzione**, la **dispersione**, il **deterioramento**, costituiscono forme di *danneggiamento*.

L'**uso** della cosa sequestrata, invece, rientra nella previsione normativa, quando da esso consegua il deterioramento della cosa.

15 Violazione colposa di doveri inerenti alla custodia di cose sottoposte a sequestro (art. 335 c.p.)

L'art. 335 c.p. punisce una forma colposa di realizzazione del reato di sottrazione o danneggiamento di cose sottoposte a sequestro, con il quale, in conseguenza, coincide per la maggior parte dei punti, ad esclusione di quelli che saranno in prosieguo posti in evidenza.

A differenza che nella ipotesi di cui all'art. 334 c.p., il **soggetto attivo** non può essere costituito dal proprietario che non sia anche custode della cosa.

Commette il reato in esame il *custode* (anche eventualmente proprietario) di una cosa sottoposta a sequestro disposto nel corso di un procedimento penale o dall'Autorità amministrativa che, per colpa, ne cagiona la distruzione o la dispersione, ovvero ne agevola la sottrazione o la soppressione.

La fattispecie incriminatrice, a differenza dell'art. 334 c.p., non include, tra le condotte incriminate, l'ipotesi del **deterioramento**.

Le ipotesi prese in considerazione sono pertanto due:

1. la **distruzione** o la **dispersione**, per colpa, di una cosa sottoposta a sequestro nel corso di un procedimento penale o dall'autorità amministrativa da parte del custode;
2. l'**agevolazione** colposa del custode alla **sottrazione** o alla **dispersione** della cosa da parte di altri.

Anche la distruzione o dispersione della cosa, colposamente agevolate dal custode, rientrano nella previsione incriminatrice.

3
I delitti dei privati contro la pubblica amministrazione

1 Violenza o minaccia a un pubblico ufficiale (art. 336 c.p.)

L'art. 336 c.p. punisce *chiunque* usa violenza o minaccia a un pubblico ufficiale, o ad un incaricato di pubblico serviziom per costringerlo a realizzare un *atto contrario ai propri doveri d'ufficio* o a omettere un atto dell'ufficio o del servizio.

Il reato in esame **plurioffensivo**, in quanto lede tanto l'*interesse dello Stato* al normale funzionamento e al prestigio della pubblica amministrazione, quanto la *libertà morale* e l'*incolumità fisica* della *persona che la rappresenta*.

Soggetto passivo del reato può essere sia un pubblico ufficiale che un incaricato di pubblico servizio. Non può esserlo un esercente un servizio di pubblica necessità, nei cui confronti possono ipotizzarsi altre ipotesi di reato quali, ad esempio, la violenza privata (art. 610 c.p.).

La qualità di *incaricato di pubblico servizio* compete, fra gli altri:

— alle guardie giurate, allorché svolgano attività complementare a quella istituzionale di vigilanza e custodia delle proprietà immobiliari e mobiliari;
— al privato che si avvalga della facoltà di arrestare in flagranza nelle ipotesi previste dall'art. 383 c.p.p.;
— al soggetto chiamato a testimoniare davanti all'autorità giudiziaria;
— all'agente della SIAE

La condotta consiste nell'usare **violenza** o **minaccia** ad un pubblico ufficiale o ad un incaricato di pubblico servizio per costringerlo:

— a fare un atto contrario ai propri doveri o ad omettere un atto dell'ufficio o del servizio.
  Per atto contrario ai doveri di ufficio s'intende quello che sia in qualsiasi modo in contrasto con norme giuridiche o istruzioni di servizio, nonché con il buon uso del potere discrezionale. Se l'atto richiesto integra gli estremi di un **reato**, trova applicazione non l'art. 336, ma l'art. 611 c.p.
  L'omissione di un atto di ufficio o del servizio comprende tutti gli atti che il pubblico ufficiale e l'incaricato di pubblico servizio sono legittimati a compiere nella loro competenza, sia specifica che generale;
— a compiere un atto del proprio ufficio o servizio, o per influire comunque su di lui.

La *prima ipotesi* ricorre sia quando si mira ad ottenere il compimento di un atto che il pubblico ufficiale o l'incaricato di pubblico servizio rifiutano senza motivo di compiere, sia quando si punta ad anticipare l'esecuzione di un atto che il pubblico ufficiale avrebbe in altro momento compiuto.

Quanto alla *seconda*, è pacifico che l'influenza sull'agente pubblico deve comunque mirare all'ottenimento di un atto d'ufficio e, pertanto, essa finisce per coincidere con la prima.

La condotta deve esplicarsi in uno dei seguenti comportamenti, necessariamente commissivi:

— la violenza;
— la minaccia.

La minaccia può integrare il reato in esame anche quando **indeterminata** (ad es., si minaccia di adoperare i propri poteri di amministratore comunale per colpire una persona).

Si ritiene illecita anche la cd. **minaccia indiretta**, che prescinde dalla manifesta esplicazione di una forza aggressiva, ma che viene comunque percepita come tale dal pubblico ufficiale, circoscrivendo la sua libertà d'azione. Nemmeno è necessario che la minaccia debba necessariamente riguardare il pubblico ufficiale. Anche la minaccia di **autolesionismo** (ad es. di suicidio) può integrare il reato in quanto idonea ad influire sulla libertà di azione dell'agente pubblico. Si esclude, per converso, che assuma rilievo la **reazione genericamente minatoria** del privato, mera espressione di sentimenti ostili non accompagnati dalla specifica prospettazione di un danno ingiusto, che sia sufficientemente concreta da risultare idonea a turbare il pubblico ufficiale nell'assolvimento dei suoi compiti istituzionali (Cass. 18-2-2011, n. 6164).

2 Resistenza a un pubblico ufficiale (art. 337 c.p.)

Commette il reato di resistenza a un pubblico ufficiale chi fa resistenza a un pubblico ufficiale chi usa violenza o minaccia per opporsi ad un pubblico ufficiale o ad un incaricato di un pubblico servizio, mentre compie un atto di ufficio o di servizio, ovvero a coloro che, richiesti, gli prestano assistenza.

La norma in esame tutela la *libertà d'azione* della pubblica amministrazione nella fase di *esecuzione* delle *decisioni* liberamente adottate, oltre la *libertà morale* e l'*incolumità fisica* del pubblico ufficiale o dell'incaricato di un pubblico servizio che agisca per essa. Si tratta, pertanto, di un reato **plurioffensivo**.

Soggetto passivo del reato può essere un *pubblico ufficiale*, un *incaricato di un pubblico servizio* ovvero *chiunque*, da questi richiesto, *presti loro assistenza*. Non rientrano tra i soggetti passivi gli esercenti un servizio di pubblica necessità.

Rientrano, dunque tra i **soggetti passivi** tutelati dalla disposizione incriminatrice:

- gli appartenenti alla polizia di Stato, anche oltre l'orario di servizio, dato che essi devono svolgere i compiti di prevenzione e repressione dei reati senza limiti temporali;
- l'agente venatorio;
- il privato cittadino che proceda all'arresto di altri nei casi in cui tale facoltà gli è riconosciuta dall'art. 383 c.p.p.

La **violenza** o la **minaccia** possono essere esercitate con *qualunque mezzo*, purché idoneo a impedire o, comunque, turbare l'attività del pubblico ufficiale.

Non è necessario che la violenza o la minaccia siano esercitate direttamente nei confronti del pubblico ufficiale, ben potendo essa dirigersi nei confronti di una persona diversa o addirittura su cose, purché sia idonea a turbare o ad ostacolare l'attività funzionale del soggetto passivo.

3 Occultamento, custodia o alterazione di mezzi di trasporto (art. 337bis c.p.)

Ai sensi dell'art. 337bis, è punito chiunque occulta o custodisce mezzi di trasporto di qualsiasi tipo che, rispetto alle caratteristiche omologate, presentano alterazioni o modifiche o predisposizioni tecniche tali da costituire pericolo per l'incolumità fisica degli operatori di polizia.

Il medesimo rilievo penale riveste l'alterazione di mezzi di trasporto, realizzata attraverso modifiche o predisposizioni tecniche dei mezzi stessi, tali da costituire pericolo per l'incolumità fisica degli operatori di polizia.

Il fine della norma sta nell'esigenza di realizzare una efficace difesa contro coloro che si avvalgano di mezzi di trasporto corazzati capaci di travolgere posti di blocco delle forze di polizia.

Ove la fattispecie sia posta in essere da chi sia titolare di concessione o autorizzazione o licenza o di altro titolo abilitante l'attività, alla condanna consegue, quale pena accessoria, la revoca del titolo che legittima la medesima attività.

4 Violenza o minaccia ad un Corpo politico, amministrativo o giudiziario o ai suoi singoli componenti (art. 338 c.p.)

L'art. 338 c.p. punisce chiunque:

— chi usa violenza o minaccia ad un Corpo politico, amministrativo o giudiziario, *ai singoli componenti* o ad una rappresentanza di esso, o ad una qualsiasi pubblica Autorità costituita in collegio, *o ai suoi singoli componenti* per impedirne, in tutto o in parte, anche temporaneamente, o per turbarne comunque l'attività;

— chi commette il fatto per ottenere, ostacolare o impedire il rilascio o l'adozione di un qualsiasi provvedimento, anche legislativo, ovvero a causa dell'avvenuto rilascio o adozione dello stesso;

— chi commette il fatto per influire sulle deliberazioni collegiali di imprese che esercitano servizi pubblici o di pubblica necessità, qualora tali deliberazioni abbiano per oggetto l'organizzazione o l'esecuzione dei servizi.

La norma mira a garantire il normale funzionamento degli organi pubblici o degli enti di interesse pubblico contro qualunque perturbazione violenta o minacciosa.

Soggetti passivi del delitto sono:

— i *Corpi politici*. Sono i corpi che esercitano una funzione preminentemente politica, come ad esempio i seggi elettorali o le commissioni degli uffici elettorali; ne sono, tuttavia, esclusi il Governo, il Senato, la Camera dei Deputati e le Assemblee regionali, gli attentati ai quali sono previsti e puniti autonomamente dall'art. 289 c.p.;

— i *Corpi amministrativi*. Sono in genere tutti gli organi collettivi che svolgono funzioni prevalentemente amministrative (Consiglio di Stato, Corte dei conti, Consigli comunali e provinciali);

— i *Corpi giudiziari*. Sono tutti i collegi investiti di giurisdizione;

— le *rappresentanze di Corpi*. Sono le collettività formate da elementi che appartengano ai Corpi e che hanno funzione di iniziativa, cerimonia, ed in genere alle quali sia demandato l'esercizio di tutti o di alcuni poteri spettanti ai Corpi stessi;

— le *Autorità costituite in collegio*. Sono quegli uffici che esercitano una pubblica funzione collettivamente (es. il Senato accademico di una università);

— le *imprese esercenti un servizio di pubblica necessità*. Sono quelle che adempiono un servizio dichiarato tale mediante un atto della pubblica amministrazione.

La fattispecie è stata oggetto di correttivi ad opera della **L. 3-7-2017, n. 105**. Per comprenderne il senso, deve aversi riguardo alla nozione di «Corpo» (politico, amministrativo o giudiziario), da intendersi come autorità collegiale che eserciti una delle indicate funzioni, in modo da esprimere una volontà unica tradotta in atti che siano *riferibili al collegio* e non ai singoli componenti che alla formazione di tale volontà concorrono. Alla luce di tale nozione, dunque, appariva evidente come il ricorso all'art. 338 per contestare le intimidazioni ai singoli amministratori locali risultasse inadeguato quando il soggetto leso non fosse il corpo nella sua interezza o qualora il singolo destinatario non avesse poteri di rappresentanza.

La L. 105/207 ha modificato l'art. 338 c.p. adattandone, anzitutto, il contenuto del primo comma alle esigenze di tutela degli amministratori locali mediante il **riferimento anche ai**

singoli componenti del corpo politico, amministrativo o giudiziario (o di una qualsiasi pubblica autorità costituita in collegio).

Altra novità riguarda l'introduzione di un inedito secondo comma, attraverso cui si sanzionano **atti intimidatori** che hanno in comune l'obiettivo di **piegare la volontà dell'amministratore**. La condotta violenta o minacciosa può precedere il provvedimento, anche legislativo, favorevole, o essere diretta ad ostacolare o impedire l'emissione di un provvedimento, anche legislativo, sfavorevole, ma anche seguire l'adozione dei suddetti provvedimenti, a titolo ritorsivo. Il riferimento del nuovo comma all'emissione di **provvedimenti anche legislativi** appare volto alla tutela dei consiglieri regionali e dei parlamentari nazionali dagli atti intimidatori.

A complemento dei correttivi anzidetti, il medesimo provvedimento di modifica ha introdotto l'**art. 339bis** del codice penale. La norma si traduce in una *circostanza aggravante ad effetto speciale* (si prevede un incremento di pena da un terzo alla metà) connessa alla realizzazione di alcuni specifici delitti (le lesioni personali, la violenza privata, la minaccia ed il danneggiamento) in danno di componenti (anche singoli) di un corpo politico, amministrativo o giudiziario, quando tali delitti si traducano in **atti intimidatori ritorsivi** commessi a causa del compimento di un atto realizzato nell'adempimento del mandato, delle funzioni o del servizio (sempre che il fatto non costituisca più grave reato).

5 Interruzione di un ufficio o servizio pubblico o di un servizio di pubblica necessità (art. 340 c.p.)

L'art. 340 c.p., prevede, alternativamente, due condotte tipiche:

1) il **cagionare un'interruzione** di un ufficio o servizio pubblico o di un servizio di pubblica necessità. Per interruzione s'intende la mancata prestazione del servizio, in via definitiva o temporanea;
2) il **turbare la regolarità** dello stesso. Per **turbamento** s'intende quella alterazione del regolare funzionamento del servizio che, pur senza comportare la cessazione dell'attività, pregiudica in maniera apprezzabile il conseguimento dei fini che la pubblica amministrazione si propone.

L'interruzione e il turbamento devono riferirsi all'**intero servizio** e non a singole fasi dello stesso, a meno che l'alterazione della fase non finisca per incidere sull'intero servizio.

Non sussiste, pertanto, il reato nel caso in cui l'allontanamento dal posto di lavoro di un soggetto abbia determinato un ritardo nella fase di scarico della raccolta dei rifiuti, non incidendo la condotta sull'intero servizio.

La norma incriminatrice in esame ha **carattere sussidiario** essendo applicabile soltanto quando il fatto non è punito da altre disposizioni di legge, come avviene nell'ipotesi in cui esso integra gli estremi dei delitti di cui agli artt. 336 o 337 c.p.

L'art. 340 c.p. tutela il *buon andamento* della *pubblica amministrazione* contro fatti che compromettono la regolarità e la continuità del funzionamento di un ufficio o di un servizio pubblico o di pubblica necessità.

Il reato in esame è un **reato comune** che può essere commesso da chiunque, anche da pubblici ufficiali o da un dipendente pubblico o della stessa ditta che esercita il servizio.

Anche una **condotta omissiva** può dar luogo al reato, se e in quanto sussista un obbligo giuridico di impedire l'interruzione o il turbamento della regolarità della funzione o del servizio, ciò che può ravvisarsi solo a carico dei soggetti interni all'amministrazione o all'impresa che lo gestisce.

Così, ad esempio, il reato è stato ravvisato nella condotta di un medico dipendente di una USL provvisoriamente incaricato del servizio di convenzione per medicina generale che, assentatosi dal lavoro, aveva omesso di farsi sostituire e di dare avviso alla stessa USL di non essere riuscito a trovare un sostituto.

Non commette, invece, il reato in esame, il proprietario che interrompendo il funzionamento di un'autoclave, riduce l'erogazione dell'acqua negli appartamenti locati, in quanto non è ravvisabile a suo carico alcun obbligo di porre il proprio impianto a disposizione degli inquilini.

Il terzo comma dell'art. 340 c.p. dispone un incremento sanzionatorio a carico di *capi, promotori o organizzatori*. Per parte della dottrina tale previsione configura una circostanza aggravante dell'ipotesi-base di cui al primo comma, mentre taluni ritengono che si tratti di autonoma fattispecie di reato.

Si segnala, infine, che la previsione rientra fra quelle fatte oggetto di correttivi ad opera del **D.L. 14-6-2019, n. 53**, conv. con modif. in **L. 8-8-2019, n. 77** (noto come «*Decreto sicurezza-bis*»), nello specifico, consistiti nella creazione di un'inedita ipotesi aggravata ad effetto speciale (producendo un raddoppio della risposta sanzionatoria), per il caso in cui il fatto sia commesso nel corso *di manifestazioni in luogo pubblico o aperto al pubblico.*

Il correttivo, coerente con uno degli indirizzi politico-criminali fatti propri dal provvedimento d'urgenza del 2019 è diretto a *prevenire* e *reprimere* le *degenerazioni violente* delle pubbliche manifestazioni di dissenso, dannose, minacciose o comunque lesive di diritti appartenenti a soggetti anche estranei alla contesa ideologica (si vedano, in proposito, gli analoghi correttivi concernenti i delitti di «danneggiamento», *ex* art. 635 c.p., nonché «devastazione e saccheggio», *ex* art. 419 c.p.).

6 La reintroduzione dell'oltraggio a pubblico ufficiale (art. 341bis c.p.)

Soppresso dalla L. 205/1999, in occasione della predisposizione di una delega per un'ampia depenalizzazione di reati minori, l'oltraggio a pubblico ufficiale è stato reintrodotto dalla **L. 15-7-2009, n. 94** (nota come «*Nuovo pacchetto sicurezza*»).

Se la sua abolizione venne fondata sulla considerazione che trattatavasi di previsione frutto della concezione autoritaria e sacrale dei rapporti tra pubblici ufficiali e cittadini, tipica dell'epoca storica del codice Rocco e discendente dalla matrice ideologica allora dominante, i fautori della sua reintroduzione sostengono che le istituzioni e chi le rappresenta costituiscono un punto di riferimento importante per la vita dei cittadini, dunque non vanno trascurate o abbandonate e la loro immagine e il loro prestigio vanno difesi, per il ruolo e la funzione che essi svolgono per l'intera collettività.

Il neointrodotto art. 341bis sanziona penalmente *chiunque*, in luogo pubblico o aperto al pubblico e in presenza di più persone, *offende l'onore e il prestigio di un pubblico ufficiale mentre compie un atto d'ufficio e a causa o nell'esercizio delle sue funzioni.*

La *condotta* consiste, dunque, nell'offesa (la quale può manifestarsi in qualsiasi modo, anche con atti o in forma gestuale) all'onore (da intendersi in senso oggettivo, come il complesso delle qualità morali di una persona) ed al prestigio (inteso quale particolare forma di decoro determinata dalla posizione del soggetto passivo) del pubblico ufficiale, in presenza di più persone (in precedenza tale situazione determinava un aggravio sanzionatorio), oltre che in luogo pubblico o aperto al pubblico. Anche nella nuova formulazione della fattispecie, inoltre, è richiesta la presenza di una relazione causale o temporale tra l'offesa e la qualifica funzionale.

Come nella previgente formulazione, la fattispecie è *aggravata* se *l'offesa consiste nell'attribuzione di un fatto determinato.* Tuttavia, a differenza che in precedenza, se la verità del fatto è provata o se per esso l'ufficiale a cui il fatto è attribuito è condannato dopo l'attribuzione del fatto medesimo, l'autore dell'offesa non è punibile. La norma prevede, inoltre, una causa di estinzione del reato per il caso in cui l'imputato, prima del giudizio, abbia riparato interamente il danno, mediante risarcimento di esso sia nei confronti della persona offesa sia nei confronti dell'ente di appartenenza della medesima.

7 Oltraggio ad un Corpo politico, amministrativo o giudiziario (art. 342 c.p.)

L'art. 342 c.p. punisce *chiunque* offende l'onore o il prestigio di un Corpo politico, amministrativo o giudiziario o di una sua rappresentanza, o di una pubblica Autorità costituita in collegio, al cospetto del Corpo, della rappresentanza o del collegio. L'offesa verbale è parificata a quella che si realizza mediante comunicazione telegrafica o con scritti o disegni, diretti al Corpo, alla rappresentanza o al collegio, a causa delle sue funzioni.

Si tratta del cd. **oltraggio corporativo**, perché la P.A. risulta offesa nella personalità di un ente collegiale piuttosto che di un pubblico funzionario.

Nel caso di **offesa verbale** questa deve essere arrecata al cospetto dell'organo collegiale e deve essere tale da poter essere percepita immediatamente dallo stesso.

L'espressione «**cospetto**» si differenzia da quella di «**presenza**», giacché *quest'ultima* prescinde dal contatto fisico o anche semplicemente visivo, richiedendo unicamente la dislocazione del soggetto attivo e del soggetto passivo in un ambito spaziale tale da consentire a quest'ultimo di percepire l'espressione oltraggiosa; la *prima*, invece, presuppone la contemporanea presenza nel medesimo luogo, fronte a fronte, dell'autore del reato e del Corpo politico, amministrativo o giudiziario, ovvero della sua rappresentanza.

L'organo, inoltre, deve essere **in riunione**, il che significa che, se anche non è richiesta la presenza contemporanea di tutti i componenti, questi devono essere comunque in numero tale da consentirne il funzionamento.

8 Oltraggio ad un magistrato in udienza (art. 343 c.p.)

Commette il reato chi *offende l'onore* o il *prestigio di un magistrato in udienza*.

L'interesse tutelato è quello di garantire il prestigio e il rispetto della funzione giudiziaria.

Si tratta di un reato **comune** che può essere commesso da chiunque.

Per magistrato deve intendersi qualsiasi persona che eserciti, come organo monocratico o come componente di un organo collegiale, una funzione giurisdizionale. Sono pertanto tutelati dalla norma in esame sia i giudici che i pubblici ministeri.

Quanto alla nozione di **udienza**, s'intende con tale termine qualunque seduta sia destinata allo svolgimento delle attività del magistrato, a prescindere dal tipo di fase processuale. Anche il pubblico ministero, pertanto, viene considerato in udienza quando esamina un teste nella fase delle indagini preliminari.

9 Traffico di influenze illecite (art. 346bis c.p.)

Commette il reato di traffico di influenze illecite colui il quale, fuori dei casi di concorso nei reati di cui agli artt. 319 e 319ter c.p. (corruzione per un atto contrario ai doveri d'ufficio e corruzione in atti giudiziari), sfruttando relazioni esistenti con un pubblico ufficiale o con un incaricato di pubblico servizio, *indebitamente fa dare o promettere, a sé o ad altri, denaro o altro vantaggio patrimoniale*:

- come prezzo della propria mediazione illecita verso il pubblico ufficiale o l'incaricato di un pubblico servizio;
- come remunerazione per il compimento di un atto contrario ai doveri d'ufficio o per l'omissione o il ritardo di un atto del suo ufficio.

Tale fattispecie delittuosa, in precedenza, costituiva una forma speciale del reato di **millantato credito** (art. 346 c.p.), il quale sanzionava la condotta di chi, millantando credito presso un pubblico ufficiale o presso un pubblico impiegato che presti un pubblico servizio, riceveva o faceva dare o promettere, a sé o ad altri, denaro o altra utilità, come prezzo della propria mediazione verso il pubblico ufficiale o impiegato.

Successivamente, la **L. 3/2019** (cd. Legge *spazza corrotti*) ha abrogato l'art. 346 c.p. e ha modificato l'art. 346bis c.p., riassorbendo in quest'ultimo le condotte di millantato credito. Lo scopo principale del recente intervento normativo è stato quello di includere, tra le condotte penalmente rilevanti ai sensi della citata disposizione, quella di chi *offre* o *promette* il *vantaggio* al millantatore di influenza. Ciò anche allo scopo di conformare fedelmente la normativa interna a quella sovranazionale, che impone la punibilità di entrambi i soggetti (senza distinguere tra mediazione veritiera e mendace, come accadeva nella precedente formulazione della norma).

Le altre **novità** che caratterizzano la nuova formulazione dell'art. 346bis c.p. riguardano:

- l'esclusione dell'ambito di applicazione della norma delle condotte a configurare non solo i reati di corruzione propria (art. 319 c.p.), ma anche di quelli di corruzione impropria (art. 318 c.p.), nonché i reati previsti dall'art. 322bis c.p.;
- la punibilità non solo dell'indebita dazione o promessa di danaro o altra utilità, ma anche della mediazione volta a asservire il pubblico agente o a remunerarlo per un atto contrario ai doveri d'ufficio;
- la previsione, quale contropartita degli accordi illeciti, non solo della prestazione patrimoniale (denaro o altro vantaggio patrimoniale), ma anche di qualunque altra utilità.

10 Usurpazione di funzioni pubbliche (art. 347 c.p.)

Commette il reato di usurpazione di funzioni pubbliche:

- chiunque usurpa una funzione pubblica o le attribuzioni inerenti a un pubblico impiego;
- il pubblico ufficiale o impiegato il quale, avendo ricevuto partecipazione del provvedimento che fa cessare o sospendere le sue funzioni o le sue attribuzioni, continua ad esercitarle.

Affinché il reato sussista non è sufficiente che l'agente si attribuisca la qualifica di pubblico ufficiale o impiegato, essendo indispensabile *il concreto esercizio della funzione*, attraverso azioni alla stessa direttamente riconducibili.

Lo **scopo** della norma è quello di garantire il regolare funzionamento della pubblica amministrazione contro intrusioni nella sfera funzionale riservata agli organi pubblici in generale (primo comma: **usurpazione da parte di privati**) o a determinati organi pubblici (secondo comma: **usurpazione da parte di pubblici ufficiali o impiegati**).

Il reato in esame si caratterizza, in entrambe le ipotesi previste dalla norma incriminatrice (primo e secondo comma) come **reato comune**:

a) nel primo caso, infatti, esso può essere commesso da chiunque. Pertanto, l'usurpazione può essere realizzata non solo dal privato, ma anche dal pubblico ufficiale che si arroghi funzioni che non gli spettano e in relazione alle quali sia assolutamente incompetente;
b) nel caso del secondo comma, invece, il reato può essere commesso unicamente dal pubblico ufficiale o impiegato che *sia cessato* dalle sue *funzioni* o *attribuzioni*, ma che continua ad esercitarle dopo aver conosciuto il provvedimento che le fa cessare o le sospende. Proprio il fatto che la disposizione incriminatrice non richiede alcuna qualità specifica nel soggetto attivo, ma anzi impone che questa sia cessata, conferma la natura del reato come comune e non proprio.

Oggetto materiale del reato sono, pertanto:

1) una funzione pubblica. Rientrano in tale nozione quei servizi che implicano, anche non congiuntamente:
   - lo svolgimento di mansioni di particolare importanza, come la direzione dell'ufficio, la formazione della sua volontà, la rappresentanza dello stesso nei confronti dei terzi;
   - poteri di coazione;
   - poteri di certificazione.

   Non è, invece, indispensabile l'esistenza di un rapporto di impiego con lo Stato;
2) le attribuzioni inerenti a un pubblico impiego. Queste ultime presuppongono necessariamente:
   - un rapporto di impiego con lo Stato o un altro ente pubblico italiano;
   - lo svolgimento di «attribuzioni», vale a dire di mansioni non puramente manuali o riconducibili a quelle degli impiegati d'ordine.
     La condotta, vale a dire l'esercizio delle funzioni o delle attribuzioni, deve essere caratterizzata dal requisito dell'**arbitrarietà**, implicito nella stessa nozione di usurpazione.

11 Esercizio abusivo di una professione (art. 348 c.p.)

Ai sensi dell'art. 348 c.p. risponde penalmente *chiunque abusivamente esercita una professione per la quale è richiesta una speciale abilitazione dello Stato.*

La disposizione dell'art. 348 c.p. ha natura di *norma penale in bianco*, in quanto presuppone l'esistenza di norme giuridiche speciali che vietino l'esercizio di determinate professioni senza una speciale abilitazione dello Stato.

Quanto all'**esercizio della professione**, in relazione al *numero di atti* da porre in essere per la configurabilità del reato, sussistono due orientamenti interpretativi:

- in base al *primo* (più risalente) il delitto avrebbe natura istantanea, non esigendo un'attività continuativa o organizzata ma perfezionandosi con il compimento anche di un solo atto tipico o proprio della professione abusivamente esercitata;
- il *secondo*, invece, afferma che il delitto presupporrebbe una condotta connotata da ripetitività, continuità o, comunque, dalla pluralità degli atti tipici.

In relazione alla *tipologia degli atti* posti in essere, le Sezioni Unite della Cassazione (sent. 11545/2011) hanno ritenuto configurabile il reato anche nel compimento senza titolo di atti che, pur non attribuiti singolarmente in via esclusiva a una determinata professione, siano univocamente individuati come di competenza specifica di essa, allorché lo stesso compimento si estrinsechi attraverso modalità tali, per continuatività, onerosità e organizzazione, da creare, in assenza di chiare indicazioni diverse, le oggettive apparenze di un'attività professionale svolta da soggetto regolarmente abilitato. Peraltro, la reiterazione degli atti tipici dà luogo ad un unico reato se lo scopo perseguito dall'agente è quello dell'esercizio di una determinata professione, dovendosi, invece, ravvisare una pluralità di reati in presenza di molteplici professioni esercitate. Taluni ritengono configurabile il reato anche nel caso in cui, pur conseguita l'abilitazione statale, non sussista iscrizione nel relativo Albo professionale.

Non esclude la configurabilità del reato in oggetto l'eventuale consenso prestato dal destinatario della prestazione abusiva, in quanto l'interesse leso, essendo di carattere pubblico, resta indisponibile (Cass. 8-1-2003, n. 49). È abusivo l'esercizio della professione sia quando avviene senza che sia stata mai ottenuta la relativa abilitazione, sia quando il soggetto sia decaduto da essa o ne sia stato sospeso (Cass. 24-5-2007, n. 20439).

Come accennato in precedenza, la norma è stata oggetto di riscrittura ad opera della **L. 3/2018**, recante un'ampia delega al Governo per il riassetto e la riforma delle disposizioni vigenti in materia di sperimentazione clinica dei medicinali per uso umano, oltre a disposizioni immediatamente precettive per il *riordino delle professioni sanitarie* e per la dirigenza sanitaria del Ministero della salute.

Per effetto, dunque, dell'inedito secondo comma della previsione, si è disposto, in *primis*, che l'eventuale condanna per il reato in esame comporti «la **pubblicazione della sentenza** e la **confisca** *delle cose che servirono o furono destinate a commettere il reato*».

Si prevede, dunque, una pena accessoria come la *pubblicazione della sentenza di condanna*, una misura con valenza sanzionatoria, ma anche preventiva, consentendo al pubblico di venire a conoscenza di episodi dai quali «mettersi in guardia», oltre che una misura di sicurezza patrimoniale come la *confisca delle cose che servirono* (trattasi di quelle impiegate nella esplicazione dell'attività punibile) *o furono destinate* (strumenti predisposti ma non utilizzati di fatto) *a commettere il reato.*

Altro elemento di novità riguarda il caso in cui il reato sia commesso da **abilitato in diversa professione** (es. l'odontotecnico professionista che eserciti abusivamente l'attività di odontoiatra). In tal caso si dispone la trasmissione della condanna «*al competente ordine, albo o registro ai fini dell'applicazione dell'interdizione da uno a tre anni dalla professione o attività regolarmente esercitata*».

Ulteriore elemento di novità disciplinare è costituito, infine, dalla previsione di una *ipotesi aggravata ad effetto speciale*, a carico del **concorrente abilitato**. Si sanziona, in particolare:

— il *professionista che ha determinato altri a commettere il reato.*

Tecnicamente è *determinatore* colui che fa nascere nell'autore del reato un proposito criminoso prima inesistente (nel nostro caso il concorrente abilitato determina un non abilitato alla commissione del reato, evidentemente per un tornaconto personale, pur se alcun rilievo rivestono le finalità perseguite dall'abilitato per la rilevanza dell'ipotesi aggravata). Si noti che l'espressione «determinare altri a commettere il reato» è adoperata, nel codice penale, nell'ambito di alcune circostanze aggravanti generali (di cui agli artt. 111 e 112 del codice penale), con riferimento, tuttavia, a categorie specifiche di soggetti (quali, per esempio, le persone soggette ad altrui autorità, direzione o vigilanza o i minori di età), mentre in tale ipotesi la previsione ha carattere generale.

— il *professionista che ha diretto l'attività delle persone che sono concorse nel reato.*

Viene, per tal via, sanzionata l'attività del professionista abilitato che si avvalga dell'opera di soggetti privi di pubblica abilitazione, con ruolo meramente direttivo (dirigente è colui che, pur senza aver svolto alcuna attività di promozione o di organizzazione nel reato, ha assunto un ruolo di guida, rispetto ai concorrenti entrati in azione). Prima di tale correttivo, ad avviso della costante giurisprudenza, il professionista abilitato che avesse consentito o agevolato lo svolgimento di attività professionale da parte di soggetto non autorizzato era considerato concorrente nel reato. Per effetto della modifica, al professionista si riserva una *sanzione inasprita* rispetto al concorrente non abilitato. Inoltre, la novella individua una circostanza aggravante nella «direzione» delle persone, mentre per le ipotesi di promozione e organizzazione dei concorrenti trova applicazione l'aggravante generale di cui all'art. 112 del codice penale.

12 Violazione di sigilli (art. 349 c.p.)

L'art. 349 c.p. punisce chiunque viola i sigilli apposti, per disposizione della legge o per ordine dell'Autorità, al fine di assicurare la conservazione o l'identità di una cosa.

La norma incriminatrice tutela l'*interesse della pubblica amministrazione* alla *conservazione* e all'identità della cosa sottoposta a sequestro.

Il **reato** è **comune** e, pertanto, può essere commesso da chiunque, anche dalla stessa persona che ha apposto il sigillo quando lo rimuova senza autorizzazione.

Per aversi il reato, peraltro, tenendo conto dello scopo della norma, che è quello di garantire l'assicurazione della cosa, *non* è necessaria la *distruzione*, la *rimozione* o la *sottrazione* dei sigilli, bastando qualunque comportamento teso a eludere il vincolo di immodificabilità imposto con il sequestro.

Il reato di violazione di sigilli è configurabile *anche nel caso in cui i sigilli siano stati apposti esclusivamente per impedire l'uso illegittimo della cosa*, perchè questa finalità deve ritenersi compresa in quella, menzionata nell'art. 349 c.p., di assicurare la conservazione o la identità della cosa (Cass. Sez Un. 10-2-2010, n. 5385).

Per **sigillo** s'intendeva qualsiasi dispositivo, anche simbolico, applicato dalla pubblica autorità su una cosa allo scopo di garantirne la conservazione e l'identità (non solo, pertanto, bolli o timbri applicati su ceralacca o piombo, ma anche strisce di carta incollata recanti la firma dei pubblici ufficiali procedenti e, in genere, qualsiasi segno esteriore attraverso il quale possa essere manifestata la volontà dello Stato di garantire la cosa contro ogni atto di disposizione o manomissione da parte di persone non autorizzate). Non è nemmeno necessario che esso sia **apposto sulla cosa**, potendo bastare qualsiasi mezzo che riveli la volontà dello Stato (es. un cartello che indichi l'avvenuto sequestro, la nomina del custode, il divieto d'accesso e le relative sanzioni).

Anche con riferimento a tale ampia nozione di sigillo, peraltro, la materiale apposizione dello stesso non è necessaria nei confronti delle persone che comunque siano a conoscenza dell'avvenuto sequestro, e il **reato si perfeziona** mediante qualsiasi condotta atta ad eludere il vincolo esistente sul bene.

La norma, peraltro, riguarda unicamente i **sigilli apposti per disposizione di legge o per ordine dell'Autorità**.

Non è sufficiente che essi siano stati apposti da un pubblico ufficiale, ma è necessario che lo siano stati per disposizione di legge (o di un atto regolamentare) o per ordine dell'Autorità competente.

Tra le autorità competenti alla apposizione dei sigilli vi è sicuramente la polizia giudiziaria, quando procede ad autonomo sequestro.

L'eventuale *vizio di legittimità* del provvedimento di apposizione dei sigilli, o la *sopravvenuta inefficacia* del sequestro, anche per mancata convalida dello stesso, *non escludono il reato*.

13 Violazione della pubblica custodia di cose (art. 351 c.p.)

L'art. 351 c.p. punisce in via sussidiaria chi *sottrae*, *sopprime*, *distrugge*, *disperde* o *deteriora* corpi di reato, atti, documenti, ovvero un'altra cosa mobile particolarmente custodita in un pubblico ufficio, o presso un pubblico ufficiale o un impiegato che presti un pubblico servizio.

Per dar luogo al reato il fatto deve essere **illegittimo**, e tale illegittimità è esclusa soltanto quando a base della sottrazione, soppressione ecc. vi sia un'autorizzazione o un ordine dell'autorità competente ovvero una facoltà prevista da una norma di legge.

Anche la **temporanea rimozione della cosa** integra il reato, senza che abbia alcuna importanza la volontà di restituirla.

L'art. 351 c.p. l'*interesse* della *pubblica amministrazione* ad assicurare la **particolare custodia** di determinate cose mobili (corpi di reato, atti, documenti o altre cose mobili che siano custodite in modo particolare in un pubblico ufficio o presso un pubblico ufficiale o un impiegato che presti un pubblico servizio) contro eventuali fatti compiuti sulle stesse che ne violino l'integrità.

Si tratta di un **reato comune** che, pertanto, può essere commesso da chiunque.

Oggetto materiale del reato sono gli *atti*, i *documenti*, i *corpi di reato* e le *altre cose mobili* particolarmente custodite in un pubblico ufficio ovvero presso un pubblico ufficiale o un impiegato che presti un pubblico servizio.

Con l'espressione «**particolarmente custodita**» la norma fa riferimento a quelle cose che non possono essere sostituite o che possano esserlo solo con difficoltà.

Le cose oggetto di tutela devono essere custodite:

— **presso un pubblico ufficio**, ossia il luogo dove normalmente si esercita la pubblica funzione o il pubblico servizio. Tale espressione non viene adoperata in senso topografico, per cui un luogo di custodia separato come dislocazione dal pubblico ufficio, ma a questo appartenente e da esso dipendente, rientra nella nozione in esame;
— **presso un pubblico ufficiale o un impiegato che presti un pubblico servizio**. Anche in questo caso l'espressione non va intesa nel senso che la cosa debba necessariamente trovarsi nella materiale detenzione del soggetto preso in considerazione dalla norma, essendo sufficiente che essa sia sotto la sua custodia, anche in un luogo diverso da un pubblico ufficio.

14 Turbata libertà degli incanti (art. 353 c.p.)

Turba la libertà degli incanti il reato chi tiene una delle seguenti **condotte**:

1) *impedisce* o *turba* la gara nei pubblici incanti o nelle licitazioni private per conto di pubbliche Amministrazioni, ovvero ne *allontana gli offerenti*, con violenza o minaccia, o con doni, promesse, collusioni o altri mezzi fraudolenti;
2) tiene la *stessa condotta* nel caso di *licitazioni private* per conto di privati, dirette da un pubblico ufficiale o da persona legalmente autorizzata.

Fine della norma è quello di assicurare il regolare svolgimento delle aste pubbliche e delle licitazione private, in modo da garantirne gli scopi e i risultati.

Si tratta di un **reato comune** che può, cioè, essere commesso da chiunque. Qualora il soggetto attivo sia la persona preposta all'incanto o alla licitazione, si applica l'aggravante di cui al 2° comma.

Le modalità di commissione del reato (violenza, minaccia, doni, promesse, collusioni, o altri mezzi fraudolenti) sono indicate in modo tassativo:

— **collusione** è ogni accordo tra due o più persone per conseguire un fine illecito mediante lo svolgimento irregolare dell'incanto;
— «**altri mezzi fraudolenti**» sono quegli artifizi, raggiri, menzogne ed altri inganni idonei in concreto a raggiungere l'intento criminoso;
— **doni** sono le offerte di cose mobili a titolo gratuito.

L'ipotesi di reato di cui al primo comma si riferisce ai pubblici incanti e alle licitazioni private della pubblica amministrazione, con esclusione, pertanto, dei contratti conclusi a trattativa privata. Il reato di turbata libertà degli incanti è configurabile in ogni situazione nella quale la pubblica amministrazione proceda all'individuazione del contraente mediante una gara, quale che sia il *nomen iuris* conferito alla procedura ed anche in assenza di formalità (in tal senso, Cass. 22-7-2011, n. 29581).

Quella di cui al terzo comma, punita con una pena attenuata, presuppone che la licitazione privata sia stata effettuata in virtù di un **atto di volontà di un privato** e, quindi, che la gara non sia obbligatoria, ma sia tuttavia diretta da un pubblico ufficiale ovvero da una persona legalmente autorizzata.

In entrambi i casi, essenziale alla sussistenza del reato è lo **svolgimento di una gara**, vale a dire di una libera competizione tra concorrenti, ciascuno dei quali abbia presentato la propria proposta.

15 Turbata libertà del procedimento di scelta del contraente (art. 353bis c.p.)

Risponde penalmente chiunque con violenza o minaccia, o con doni, promesse, collusioni o altri mezzi fraudolenti, turba il procedimento amministrativo diretto a stabilire il contenuto del bando o di altro atto equipollente al fine di condizionare le modalità di scelta del contraente da parte della pubblica amministrazione.

Sul piano oggettivo, le modalità della condotta sono assimilabili a quelle previste per la turbata libertà degli incanti, potendo anche in questo caso consistere in *violenza o minaccia, doni, promesse, collusioni o altri mezzi fraudolenti* (per le relative nozioni si rinvia, dunque, al precedente paragrafo). Anche in tal caso, inoltre, trattasi di **reato comune**, potendo essere realizzato da chiunque.

Negli intenti del legislatore, attraverso tale figura criminosa (avente carattere sussidiario, in quanto configurabile solo ove il fatto non costituisca più grave reato) si è voluto evitare ogni vuoto di tutela, incriminando anche quei tentativi di condizionamento «a monte» degli appalti pubblici che risultino, *ex post*, inidonei ad alterare l'esito delle relative procedure. L'illecita interferenza nel procedimento amministrativo diretto a stabilire il contenuto del bando, finalizzata a condizionare le modalità di scelta del contraente (ad esempio, mediante la «personalizzazione» dei requisiti prescritti), determina, in quanto tale, l'applicazione delle sanzioni penali. Per tal via si *ampliano* i margini di *tutela del delitto* di cui all'art. 353 c.p., attribuendo rilievo penale a condotte prodromiche rispetto alla realizzazione della gara.

16 Astensione dagli incanti (art. 354 c.p.)

Commette il reato in esame chi per *denaro*, dato o promesso a lui o a altri, o per altra utilità a lui o a altri data o promessa, si *astiene* dal *concorrere agli incanti* o alle *licitazioni indicati nell'articolo precedente*.

Si ha **astensione** non solo quando non si partecipa alla gara, ma anche quando si omettono tutti o alcuni degli atti necessari a far prendere in considerazione l'offerta.

Affinché sia penalmente rilevante, l'astensione deve essere determinata dal versamento o dalla promessa di denaro ovvero dalla assicurazione di altra utilità, per sé o per altri.

La fattispecie di reato in esame costituisce una **deroga** all'art. 110 c.p., in quanto è stata prevista una *speciale* ed *autonoma ipotesi di reato* per i casi di concorso mediante fatti omissivi (astensione dalla partecipazione) nel reato di cui all'art. 353 c.p.

Il **reato** è «**proprio**», potendo essere commesso soltanto da colui che abbia la qualità di offerente.

17 Inadempimento di contratti di pubbliche forniture (art. 355 c.p.)

Commette il reato in esame chi, *non adempiendo* gli obblighi che gli derivano da un contratto di fornitura concluso con lo Stato, o con un altro ente pubblico, ovvero con un'impresa esercente servizi pubblici o di pubblica necessità, *fa mancare*, in tutto o in parte, *cose o opere*, che siano necessarie a uno stabilimento pubblico o ad un pubblico servizio.

L'art. 355 c.p. si riferisce a tutti quei contratti che siano destinati a procurare alla pubblica amministrazione cose o opere ritenute necessarie, con esclusione, pertanto, delle sole ipotesi in cui la prestazione del privato abbia carattere coattivo (es. quelle nascenti da limiti posti dalla legge alla proprietà o alla libertà individuale), dato che in tal caso non vi è la possibilità di ritenere che le stesse derivino da un contratto.

La norma penale mira a garantire il normale funzionamento della pubblica amministrazione, sanzionando l'*inadempimento di un obbligo* contrattuale destinato a soddisfare finalità essenziali della pubblica amministrazione.

Si tratta di un **reato «proprio»**, che può essere commesso unicamente dal *fornitore*, dal *subfornitore*, dal *mediatore* o dal *rappresentante* del fornitore.

Ai fini della sussistenza del reato assume rilievo non la fase della stipula del contratto ma quella della sua **esecuzione**. Per tale motivo il rappresentante del fornitore è quello preposto alla esecuzione della fornitura e, nel caso di persone giuridiche, la responsabilità ricade non sugli organi che sono intervenuti nella stipula del contratto, ma su quelli cui compete l'obbligo di curare l'esecuzione della prestazione.

È irrilevante la durata del contratto, e ben può il reato sussistere nell'ipotesi in cui resti inadempiuta una prestazione che doveva svolgersi in un'unica soluzione.

«**Far mancare**» significa omettere la fornitura o ritardarla, ovvero eseguirla in modo diverso da quello pattuito. L'inadempimento deve essere ingiustificato, sicché il reato non sussiste qualora esso sia dovuto a caso fortuito o a forza maggiore.

Esso, inoltre, deve essere riferito a cose o opere necessarie per uno stabilimento pubblico o per un pubblico servizio. A tal fine si definiscono:

— «**cose**» i beni mobili ed immobili nonché le energie aventi un valore economico;
— «**opere**» i lavori che devono essere compiuti dall'obbligato.

In entrambi i casi è necessario che queste siano **necessarie** per la pubblica amministrazione, nel senso che la loro mancanza deve mettere in pericolo il regolare funzionamento di uno stabilimento o di un pubblico servizio. Per **pubblico stabilimento** deve intendersi qualsiasi edificio destinato allo svolgimento di un'attività commerciale o industriale ovvero di cura, custodia, ricovero (es., manifatture statali, carcere, scuole). I **servizi pubblici**, invece, sono quelli indicati come tali dalla L. 146/1990, integrata dalla L. 83/2000.

18 Frode nelle pubbliche forniture (art. 356 c.p.)

Commette il reato in esame chi pone in essere una frode nell'*esecuzione di uno dei contratti di fornitura* o nell'*adempimento degli altri obblighi* contrattuali indicati nell'art. 355 c.p.

Ai fini della **configurabilità** del delitto di frode nelle pubbliche forniture, non è sufficiente il semplice inadempimento del contratto, richiedendo la norma incriminatrice un «*quid pluris*» che va individuato nella *malafede contrattuale*, ossia nella presenza di un espediente malizioso o di un inganno, tali da far apparire l'esecuzione del contratto conforme agli obblighi assunti.

La norma mira a **garantire** il *buon funzionamento* dei pubblici servizi o uffici contro le frodi dei fornitori nell'esecuzione di un contratto di fornitura di cose o opere necessarie per i loro fini.

L'ambito di applicazione della norma è il medesimo dell'art. 355 c.p. Anche qui, pertanto, è necessario unicamente che gli obblighi di fornitura derivino da un **contratto**, di qualsiasi tipo, senza che abbia rilevanza il fatto che si tratti o meno di un rapporto destinato ad avere una esecuzione prolungata nel tempo e con eccezione unicamente di quelle **prestazioni coattive** che non hanno natura negoziale.

19 La codificazione della cd. reazione legittima ad atti arbitrari del pubblico ufficiale (art. 393bis c.p.)

L'art. 393bis prevede una causa di non punibilità e dispone che non si applicano le ipotesi previste dagli artt. 336, 337, 338, 339, 339bis, 341bis, 342 e 343 c.p. non si applicano «quando il pubblico ufficiale o l'incaricato di pubblico servizio ovvero il pubblico impiegato abbia dato causa al fatto preveduto negli stessi articoli, *eccedendo* con atti arbitrari i *limiti delle sue attribuzioni*».

Costituisce «**atto arbitrario**» del funzionario qualsiasi comportamento posto in essere in esecuzione di pubbliche funzioni, ma connotato da *difetto di congruenza* tra le *modalità* impiegate e le *finalità* per le quali è attribuita la funzione stessa, a causa della violazione degli elementari doveri di correttezza e civiltà che devono caratterizzare l'agire dei pubblici ufficiali. La disposizione codicistica (come già la previgente norma speciale) richiede espressamente che il pubblico ufficiale *ecceda i limiti delle sue attribuzioni*, ponendo in essere un comportamento non consentito dall'ordinamento giuridico. Tale eccesso si può concretare in un eccesso di potere, in una incompetenza, in una violazione di legge o, anche, in un vizio di merito, e cioè nell'uso inopportuno di un potere discrezionale.

Va evidenziato, infine, che la norma è fra quelle oggetto di correttivi a opera della **L. 3-7-2017, n. 105**. In virtù della segnalata modifica, l'aggravante per gli atti intimidatori ritorsivi ai danni di pubblici funzionari di cui all'art. 339bis non trova applicazione **quando sia stato lo stesso amministratore ad avere dato causa all'intimidazione**, eccedendo con atti arbitrari i limiti delle sue attribuzioni. Prima del correttivo che si esamina, la causa di non punibilità riguardava la fattispecie base (art. 338 c.p.) e quella aggravata (art. 339 c.p.) di violenza o minaccia a un corpo politico, amministrativo o giudiziario.

V Diritto del lavoro

Per una rapida introduzione alla materia vedi la nostra **Espansione semplificata** in cui vengono illustrati i concetti fondamentali e le parole chiave di questa disciplina

Sommario Parte V

1
Nozione e fonti del diritto del lavoro

1 Il diritto del lavoro

1.1 Nozione, oggetto e finalità

Il **diritto del lavoro** è il *complesso di norme che disciplinano il rapporto di lavoro e che tutelano oltre che l'interesse economico, anche la libertà, la dignità e la personalità del lavoratore* (DE LUCA TAMAJO).

L'**oggetto** scientifico della materia è la **disciplina dei rapporti di lavoro e della relazione giuridica tra il datore di lavoro ed il lavoratore**.

Questa relazione è caratterizzata da una *peculiarità* rispetto alla generalità dei rapporti giuridici: se, infatti, dal punto di vista *giuridico*, le parti operano formalmente sullo stesso piano di parità (entrambe, cioè, sono soggetti liberi ed eguali), dal punto di vista *economico*, il prestatore di lavoro viene a trovarsi in una posizione di inferiorità che fa di esso *il contraente più debole* (SANTORO-PASSARELLI, MAZZONI, SCOGNAMIGLIO).

La posizione di debolezza del lavoratore discende sia dalla condizione di strutturale *disoccupazione* che caratterizza il mercato del lavoro (*dipendenza economica*), sia dal fatto di essere subordinato al *potere direttivo e organizzativo* del datore di lavoro (*subordinazione tecnica*).

Le norme del diritto del lavoro hanno, pertanto, la **finalità di tutelare il lavoratore**, *attenuando gli effetti più deleteri della subordinazione* e assicurando, nei rapporti con il datore di lavoro, il rispetto e la promozione delle *condizioni economiche* e della sua *libertà* e *personalità* (MAZZIOTTI).

Il diritto del lavoro è caratterizzato da una *funzione di garanzia* nei confronti del lavoratore, che si realizza con un apparato di *norme imperative*, cioè *inderogabili* dalle parti del rapporto e dai soggetti investiti di funzioni di rappresentanza delle categorie professionali (vale a dire le associazioni dei datori di lavoro e dei lavoratori).

1.2 Le partizioni del diritto del lavoro

Tradizionalmente, si suole *ripartire* il diritto del lavoro in:

1. **diritto del lavoro in senso stretto** (o *diritto privato del lavoro*), comprendente la materia oggetto del contratto e del rapporto di lavoro;
2. **diritto sindacale**, concernente la disciplina dei rapporti sindacali, la contrattazione collettiva, l'autotutela sindacale (sciopero, serrata ecc.);
3. **legislazione sociale** (o *diritto pubblico del lavoro*), comprendente le norme che regolano i rapporti tra lo Stato, i datori e prestatori di lavoro (cd. *disciplina amministrativa del lavoro)* e le norme in materia di *previdenza e assistenza sociale*.

2 Classificazione delle fonti

Il rapporto di lavoro trova la sua regolamentazione in una **molteplicità di fonti** che si sono storicamente ampliate ed evolute.

Le *fonti* che concorrono alla formazione del diritto del lavoro possono essere suddivise in tre gruppi che di seguito esamineremo in dettaglio:

— **fonti internazionali o sovranazionali**;

— **fonti legislative statuali e regionali**;
— **fonti contrattuali collettive e individuali**.

3 Fonti sovranazionali

3.1 Diritto internazionale

Le norme internazionali di **origine consuetudinaria** sono *fonti dirette* del diritto del lavoro per effetto dell'**art. 10 Cost.** (l'ordinamento si conforma alle norme di diritto internazionale *generalmente riconosciute*).

Le norme internazionali di **natura pattizia** (cioè i **trattati**) sono considerate, invece, *fonti indirette* in quanto devono essere *ratificate* con legge dello Stato per entrare a far parte dell'ordinamento giuridico italiano; ad esse deve essere data *esecuzione* (in genere ciò avviene con la stessa legge che ne autorizza la ratifica) affinché diventino *applicabili e vincolanti* per i singoli individui.

Tra i più importanti trattati internazionali ricordiamo la **Carta internazionale del lavoro** (Versailles 1919) aggiornata dalla **Dichiarazione di Filadelfia** del 1944.

A Torino, nel 1961, è stata sottoscritta la **Carta sociale europea** da parte dei paesi membri del Consiglio d'Europa i quali ne hanno ribadito i principi nel **Codice europeo di sicurezza sociale** (1964).

Anche le **convenzioni dell'O.I.L.** — Organizzazione internazionale del lavoro — costituitasi al termine della prima guerra mondiale ed a cui appartengono tutti gli Stati membri dell'ONU, sono fonti *indirette* e hanno bisogno di un intervento legislativo dello Stato che le abbia ratificate, perché le loro disposizioni siano rese *effettive* (art. 19 Carta costitutiva dell'O.I.L.).

L'intensa produzione di *convenzioni* da parte di tale istituzione su importanti temi sociali, a causa delle rilevanti differenziazioni negli ordinamenti degli Stati membri, ha però stentato a tradursi in equivalenti leggi nazionali.

3.2 Diritto europeo

Il nucleo principale dell'ordinamento giuridico dell'Unione europea è rappresentato dai trattati che hanno istituito le Comunità europee e l'Unione europea, vale a dire:

— l'**atto costitutivo della CECA**, firmato a Parigi il 18 aprile 1951 ed entrato in vigore il 23 luglio 1952 (ratificato dall'Italia con L. 25 giugno 1952, n. 766);
— gli **atti costitutivi della CEE e dell'Euratom** (il Trattato istitutivo della Comunità Europea e il Trattato della Comunità Europea dell'energia atomica), firmati a Roma il 25 marzo 1957 ed entrati in vigore il 1° gennaio 1958 (ratificati dall'Italia con L. 14 ottobre 1957, n. 1203);
— il **trattato sull'Unione europea**, firmato a Maastricht il 7 febbraio 1992 ed entrato in vigore il 1°-11-1993 (ratificato dall'Italia con L. 3 novembre 1992, n. 454).

A questi atti devono aggiungersi quelli che, nel corso del tempo, hanno modificato o integrato le disposizioni originarie facendo confluire le Comunità nell'Unione Europea, i cui testi di riferimento sono il **Trattato sull'Unione Europea** (TUE) e il **Trattato sul funzionamento dell'Unione Europea** (TFUE).

L'attività *legislativa* dell'Unione europea si traduce in atti che costituiscono le fonti del **diritto europeo derivato** e che possono essere distinte in due gruppi principali:

— **fonti vincolanti** quali:

a) il **regolamento** che è un provvedimento normativo di *portata generale*, ad *efficacia vincolante* per gli Stati membri e generatore di diritti soggettivi ed obblighi immediatamente operativi nella sfera giuridica dei singoli destinatari (prevalendo sulle leggi nazionali);

b) la **direttiva** che è un atto *vincolante* per gli Stati membri solo riguardo al risultato da raggiungere. Gli Stati, infatti, sono liberi di scegliere, in ordine alla finalità da realizzare, il concreto modo di attuazione conformemente ai sistemi giuridici esistenti nei singoli ordinamenti (v. *infra*);
c) la **decisione** che è un atto *obbligatorio* in tutti i suoi elementi. Se designa i *destinatari* è obbligatoria soltanto nei confronti di questi; può essere rivolta a Stati membri o a singoli individui;

— **fonti non vincolanti** quali:

a) la **raccomandazione**, emanata dal *Consiglio* o dalla *Commissione*, che rappresenta una indicazione per gli Stati membri di adeguare i loro sistemi normativi ad un modello predisposto;
b) il **parere** che, emanato dalle predette istituzioni, ne esprime la *posizione* in merito ad una specifica questione.

3.3 L'efficacia delle direttive dell'Unione europea

Le **direttive** hanno particolare importanza in quanto incidono notevolmente sullo *sviluppo del nostro ordinamento in materia di lavoro* e lo si comprenderà bene verificando, nel prosieguo del testo, quanti, tra i più importanti provvedimenti, costituiscano «*attuazione*» di direttive (es. leggi su part-time, orario di lavoro, licenziamenti collettivi, lavoro a termine ecc.).

Le direttive, pur essendo vincolanti, necessitano di *adattamento* per produrre effetti nel diritto interno: ciò avviene *recependone il contenuto in un atto interno*.

Con due appositi provvedimenti legislativi, la *legge di delegazione europea* e la *legge europea*, si provvede infatti al *periodico adeguamento* dell'ordinamento nazionale all'ordinamento dell'UE.

I trattati ed il diritto adottato dall'Unione **prevalgono sul diritto degli Stati membri**, alle condizioni stabilite nella giurisprudenza della Corte di giustizia della UE.

L'opera interpretativa della Corte di Giustizia della UE e della Corte Costituzionale ha portato al consolidamento dei due seguenti *principi-chiave*:

— il principio del **primato del diritto dell'Unione**, in base al quale in caso di conflitto, di contraddizione o di incompatibilità tra norme di diritto europeo e norme nazionali, le *prime prevalgono sulle seconde*;
— il principio della **diretta efficacia del diritto dell'Unione**, in base al quale le direttive, le cui disposizioni sono incondizionate e sufficientemente precise, sono *immediatamente efficaci* anche se lo Stato *non* ha provveduto, entro il tempo stabilito, a trasporre l'atto nell'ordinamento nazionale (sent. Corte UE 19-1-1982, causa 8/81). Pertanto, decorso vanamente il termine fissato per dare attuazione alla direttiva, i singoli possono far valere *in giudizio* i diritti che ne derivano. Tale efficacia opera però in favore dei singoli cittadini verso lo Stato (**efficacia verticale**), *non* nei rapporti tra privati (**efficacia orizzontale**), anche se a volte la Corte di giustizia si è pronunciata a favore di un effetto diretto orizzontale in casi riguardanti la parità uomo-donna sull'accesso al lavoro.

Comunque si deve ricordare che l'integrazione del diritto europeo nel diritto interno deve avvenire nell'osservanza del *principio del favor*, in base al quale il diritto europeo non impedisce ad uno **Stato membro di mantenere o stabilire misure che prevedano una maggiore protezione dei lavoratori** (art. 153, par. 4, TFUE). Una concretizzazione di questo principio è ravvisabile nelle *clausole di non regresso*, sovente poste a chiusura delle stesse direttive ed in cui si dichiara esplicitamente che il recepimento della direttiva non può essere di per sé posto a giustificazione di un eventuale arretramento nel livello di tutela *già esistente nel Paese*, nel campo disciplinato dalla direttiva.

4 Fonti statuali e regionali

Le **fonti legislative** sono, oggi, in *ordine gerarchico*:

a) la **Costituzione** la quale, oltre ai principi *fondamentali* (artt. 1, 3, 4) che fanno del *lavoro* (non solo subordinato) il valore fondante della Repubblica, dedica ad esso le disposizioni garantistiche e di tutela del titolo III (*rapporti economici*) Parte I.

   In particolare:

   - l'**art. 35** riguarda la **tutela del lavoro**, in tutte le sue forme ed applicazioni, la formazione e l'elevazione professionale dei lavoratori, con particolare riguardo alle condizioni del mercato del lavoro, interno ed internazionale;
   - l'**art. 36** definisce i criteri di determinazione della **retribuzione**. Lo stesso articolo contiene una disposizione programmatica sulla durata massima della **giornata lavorativa**, nonché sull'inderogabilità precettiva del **riposo settimanale** e delle **ferie annuali**;
   - l'**art. 37** garantisce alla **donna lavoratrice** ed ai **minori** che lavorano gli stessi *diritti* e, a parità di lavoro, le stesse *retribuzioni* che spettano al lavoratore;
   - l'**art. 38**, sancendo il diritto del lavoratore ad adeguate forme di **previdenza ed assistenza sociale**, ha inteso garantire, nell'ambito del lavoro, il rispetto della persona umana mettendo al sicuro il lavoratore stesso da quei *rischi* che possono incidere sulla sua capacità lavorativa e sui bisogni del suo nucleo familiare;
   - gli **artt. 39-40**, nei quali rispettivamente è tutelata l'**attività sindacale** ed è riconosciuto il **diritto di sciopero**;

b) la **legge ordinaria** e gli **atti aventi forza di legge** quali i *decreti legislativi ex* art. 76 Cost. e i *decreti legge* di cui all'art. 77 Cost. (cd. *norme primarie*).

   Stante le scarse norme civilistiche, la disciplina del lavoro risulta contenuta prevalentemente nella *legislazione ordinaria*.

   A seguito della modifica del titolo V della Parte II della Costituzione da parte della **L. cost. 18 ottobre 2001, n. 3**, con cui è stato introdotto un nuovo criterio di *ripartizione legislativa tra Stato e Regioni*, rientrano nella competenza legislativa esclusiva dello Stato — tra l'altro — l'*ordinamento civile*, in cui si deve ritenere compresa la *disciplina del rapporto interprivato di lavoro* (art. 117, comma 2, Cost.), nonché la determinazione dei *livelli essenziali* delle prestazioni concernenti i diritti civili e sociali che devono essere garantiti su tutto il territorio nazionale.

   Costituisce un *limite* alla potestà legislativa dello Stato, come pure delle Regioni, l'osservanza della *Costituzione* e dei vincoli derivanti dall'*ordinamento europeo*;

c) i **regolamenti** emanati dal Governo, a mezzo *decreto* del Presidente della Repubblica, o dai Ministri, con proprio decreto, ovvero da altre Autorità ove previsto (cd. *norme secondarie*), che hanno efficacia propria degli atti *amministrativi* e sovente integrano o danno attuazione alle disposizioni della legge;

d) le **leggi regionali**, espressione del processo di lenta ma costante *erosione* delle funzioni attribuite allo Stato, con speculare ampliamento di quelle conferite alle Regioni e agli enti territoriali, inizialmente molto limitate in campo sociale e del lavoro.

   Dopo una fase di mero *decentramento amministrativo*, frutto delle cd. leggi Bassanini (L. 59/1997 e L. 127/1997), con cui sono state trasferite alle **Regioni** le **competenze** e la **potestà regolamentare** nella materia del **collocamento** e della **politica attiva del lavoro** (D.Lgs. 469/1997), si è avuto una radicale svolta con la citata riforma della Costituzione (titolo V, Parte II) *ex* L. cost. 3/2001.

   Oggi le Regioni hanno **potestà legislativa concorrente** con quella dello Stato in una serie ampia di settori della vita economica, politica e sociale, tra cui la «*tutela e sicurezza del lavoro*» (art. 117, comma 3, Cost.). Questa attribuzione, di discussa interpretazione, non comprende però tutta la disciplina del lavoro, ma deve intendersi limitata al *governo del mercato del lavoro* (nel rispetto dei principi previsti con legge dello Stato) e alla *tutela del lavoratore a monte e a valle di un rapporto di lavoro* (interventi per favorire l'occupazione e il reimpiego dei lavoratori e altre misure per soggetti socialmente deboli, nel rispetto delle misure essenziali previste dalla legislazione statale) (Corte Cost. n. 50/2005 e 385/2005).

Inoltre, le Regioni hanno competenza legislativa *esclusiva* per ogni altro aspetto della disciplina del lavoro *non* espressamente spettante allo Stato e non rientrante nell'ambito della potestà legislativa concorrente regionale (ad es. l'istruzione professionale) (art. 117, comma 4, Cost.).

5 Fonti contrattuali individuali e sindacali

Concorrono a determinare la concreta regolamentazione della disciplina del rapporto di lavoro anche:

a) la **contrattazione collettiva**, nella quale i lavoratori e i datori di lavoro sono rappresentati dalle rispettive *associazioni di categoria* (sindacati e associazioni datoriali);
b) il **contratto individuale di lavoro** nel quale l'accordo viene raggiunto direttamente tra il *singolo* datore di lavoro e il *singolo* prestatore di lavoro.

La **contrattazione collettiva**, quale maggiore espressione dell'*autonomia collettiva*, rientra indubbiamente tra le fonti *autonome* (e quindi extralegislative) del diritto del lavoro.

Tre sono le forme di *relazione* tra contrattazione collettiva e legge:

- funzione *ausiliaria*, cioè applicativa o specificativa della disciplina legislativa;
- funzione di *disciplina*, per esplicita previsione legislativa;
- funzione *derogatoria*, sempre in virtù di una specifica disposizione di legge.

Il **contratto individuale**, espressione dell'autonomia delle *parti del contratto*, datore e lavoratore, nella determinazione dei vari aspetti del rapporto di lavoro, ha tradizionalmente svolto un ruolo *marginale* rispetto alla legge e al contratto collettivo e ciò per limitare la possibilità del datore di definire, facendo leva sulla posizione di inferiorità negoziale e sociale del lavoratore, un contenuto negoziale sfavorevole a quest'ultimo.

Da ciò deriva l'assoggettamento dell'autonomia individuale a quella *collettiva*.

Le parti, una volta scelto di dar vita ad un rapporto di lavoro subordinato, *non* possono autonomamente decidere di *disapplicare la disciplina imperativa* prevista dalla legge (diritto del lavoratore alle ferie, alla retribuzione proporzionata e sufficiente ecc.). Pertanto la disciplina del rapporto di lavoro derivante dalle disposizioni della legge e del contratto collettivo è *inderogabile*, salvo che per condizioni di *maggior favore* verso il lavoratore.

6 La consuetudine

Secondo la previsione dell'art. 1 disp. prel. c.c., tra le fonti del diritto è da annoverare anche la **consuetudine** (o **uso**), cioè *la ripetizione costante e uniforme di una determinata condotta, con la convinzione dell'obbligatorietà della condotta stessa* (cd. **usi normativi**).

Particolare connotazione assume la consuetudine nel diritto del lavoro in quanto l'**art. 2078 c.c.** dispone che: «*in mancanza di disposizioni di legge o di contratto collettivo si applicano gli usi. Tuttavia, gli usi più favorevoli ai prestatori di lavoro prevalgono sulle norme dispositive di legge. Gli usi non prevalgono sui contratti individuali di lavoro*».

La particolarità di tale disposizione va individuata nel fatto che, nella materia del lavoro, in deroga alla regola generale sancita nell'art. 8 disp. prel. c.c. («nelle materie regolate dalla legge o dai regolamenti, gli usi hanno efficacia solo se da essi richiamati»), *gli usi prevalgono sulle disposizioni di legge se più favorevoli al prestatore di lavoro.*

Dagli usi normativi vanno tenuti distinti gli **usi aziendali**, cioè quelle *prassi* adottate nei confronti dei lavoratori nell'ambito di una singola azienda, rilevanti ai fini della *integrazione del contratto*, sulla base della *volontà* delle parti, ai sensi dell'art. 1340 c.c.

7 La giurisprudenza costituzionale

Per l'attuazione dei principi della Costituzione in materia di lavoro, un ruolo significativo è svolto dalla **Corte costituzionale**, da sempre rivolta ad assicurare l'adeguamento delle norme di legge ai principi costituzionali.

Si ha riguardo, in particolare ai *criteri di interpretazione* della disciplina del lavoro, capaci, in determinate ipotesi, di orientare la decisione sul bilanciamento degli interessi. Non si è, quindi, in presenza di fonti del diritto in senso formale, ma di criteri guida sussidiari.

Le principali regole interpretative sono rappresentate dall'**equità** e dal **principio del favor prestatoris**.

Quest'ultimo — di derivazione giurisprudenziale — informa l'intero ordinamento giuridico e si sostanzia nella *particolare tutela* che, nel rapporto di lavoro, deve essere *accordata al contraente più debole*, e cioè al prestatore, come conseguenza della necessità di riequilibrare il diverso peso contrattuale delle parti.

8 L'individuazione delle fonti di disciplina del rapporto di lavoro in base al principio di territorialità

La **Convenzione di Roma del 19 giugno 1980** sulla legge applicabile alle obbligazioni contrattuali, entrata in vigore il 1° aprile 1991 nella maggioranza degli Stati membri della UE, stabilisce i seguenti criteri:

— la regola generale è quella della **libera scelta della legislazione** ad opera delle parti.

  L'applicazione di questo principio, che valorizza l'autonomia negoziale, *non* deve avere però come risultato quello di *privare il lavoratore della protezione* offertagli dalle norme imperative della legge che regolerebbe il contratto in mancanza di scelta (per questo motivo *si applica prevalentemente* il principio della territorialità);

— in *assenza* di scelta, il contratto è disciplinato dalla *legge del Paese in cui il lavoratore svolge abitualmente il suo lavoro* in esecuzione del contratto (cd. **principio della territorialità** o della **lex loci laboris**). Tale principio riguarda anche la *tutela previdenziale ed assistenziale*, che è quella del luogo in cui si svolge la prestazione.

Il principio della *lex loci*, diffusamente applicato, garantisce a tutti i **lavoratori con cittadinanza in Stati membri della UE** la parità di trattamento e un regime di sicurezza sociale, indipendentemente dalla residenza e dal luogo di svolgimento del lavoro.

Per quanto riguarda invece l'**ambito extraUE**, la legge si limita a stabilire che ai lavoratori *italiani* che svolgono prestazioni di lavoro in uno Stato *non* appartenente alla UE deve essere applicato un *regime assicurativo e previdenziale analogo a quello esistente in Italia* (art. 1 D.L. 317/1987, conv. in L. 398/1987). Conseguentemente ai lavoratori *extraUE*, regolarmente soggiornanti in Italia, sono riconosciuti i *diritti fondamentali della persona umana* previsti dalle norme di diritto interno, dalle convenzioni internazionali in vigore e dai principi di diritto internazionale generalmente riconosciuti (in particolare ad essi e alle loro famiglie è riconosciuta parità di trattamento e piena uguaglianza di diritti rispetto ai lavoratori italiani).

2
La disciplina del contratto di lavoro subordinato

1 Le caratteristiche del lavoro subordinato

1.1 Il lavoratore subordinato

La disciplina garantista, contenuta nel codice civile e soprattutto nella legislazione speciale, si *applica esclusivamente al lavoro subordinato*.

Nasce quindi l'esigenza di definire il campo di applicazione di tale disciplina, operazione da svolgere in via interpretativa poiché *il codice civile non detta una nozione di lavoro subordinato*, ma si limita ad individuare una delle parti — il lavoratore — di tale rapporto.

L'**art. 2094 c.c.** qualifica come **prestatore di lavoro subordinato** colui che «*si obbliga mediante retribuzione a collaborare nell'impresa, prestando il proprio lavoro intellettuale o manuale alle dipendenze e sotto la direzione dell'imprenditore*».

Il codice civile individua, quindi, nella **collaborazione**, nell'**onerosità** e soprattutto nell'**assoggettamento al potere direttivo del datore di lavoro** i caratteri costitutivi del rapporto di lavoro subordinato.

La *collaborazione* descrive semplicemente il fenomeno della *partecipazione di un soggetto all'attività lavorativa* di un altro: tale elemento tuttavia *non* qualifica soltanto il lavoro subordinato, ma anche altre forme di lavoro (lavoro associativo, lavoro autonomo, lavoro parasubordinato, volontariato).

Il carattere dell'*onerosità* si desume direttamente dallo stesso art. 2094 c.c., per il quale l'obbligazione lavorativa è assunta dal prestatore «*mediante retribuzione*»: pertanto, ove si sia in presenza di lavoro subordinato, vale *una presunzione di onerosità*.

1.2 La nozione di subordinazione

Il vincolo di **subordinazione** è la caratteristica fondamentale del lavoro subordinato. Esso è stato variamente individuato a seconda del diverso rilievo assegnato agli elementi indicati dal legislatore nel descrivere il prestatore di lavoro subordinato nell'art. 2094 c.c.

Tradizionalmente, l'associazione del lavoratore subordinato con la figura di un lavoratore debole, quale l'operaio di fabbrica, ha comportato l'identificazione della subordinazione con la **dipendenza** o **inferiorità economica** del lavoratore rispetto al datore di lavoro (cd. *subordinazione socio-economica*). Tale nozione di subordinazione conferisce maggiore rilievo al fatto che la capacità produttiva del lavoratore dipende dall'inserimento nell'organizzazione dell'imprenditore rispetto al quale si trova in una *situazione di inferiorità*. In realtà, esistono ormai categorie di lavoratori subordinati, quali i *quadri* o i *dirigenti*, la cui posizione non è connotata da tale debolezza ma, al contrario, da autonomia e potere decisionale.

Il criterio maggioritario di identificazione della subordinazione fa riferimento al carattere dell'**eterodeterminazione della prestazione**, nel senso che il lavoratore subordinato esegue la prestazione dedotta in contratto *secondo ordini, direttive ed impostazioni impartite dal datore di lavoro* o dai suoi collaboratori gerarchici (cd. *subordinazione tecnico-funzionale*). La subordinazione consisterebbe proprio nell'*eterodirezione*, cioè nella sottoposizione del lavoratore alle direttive del datore di lavoro con cui si determina in concreto l'attività da svolgere.

L'eterodirezione comporta anche il **coordinamento spaziale e temporale** della prestazione, operato dal datore al fine di un proficuo impiego di essa all'interno dell'organizzazione aziendale (cd. **etero-organizzazione**).

Una prestazione eterodiretta è, quindi, certamente etero-organizzata, anzi l'*etero-organizzazione costituirebbe una forma stessa di eterodirezione* (DEL PUNTA). Non potrebbe dirsi invece il contrario, nel senso che sussistono forme di lavoro autonomo in cui il lavoratore non soggiace al potere direttivo e di controllo del committente (per cui la prestazione non è eterodiretta), ma non ha alcuna autonomia organizzativa poiché è il committente a decidere dove e quando deve svolgere la prestazione di lavoro (che è quindi etero-organizzata).

Tale distinzione assume maggior rilievo alla luce del D.Lgs. 81/2015 che individua nell'etero-organizzazione l'elemento di discrimine tra le **co.co.co. genuine** e quelle fittizie, riconducendo, appunto, le collaborazioni, le cui modalità di esecuzione sono determinate dal datore di lavoro, alla disciplina della subordinazione.

Tra l'altro, la valenza dell'etero-organizzazione, quale criterio distintivo della subordinazione, non è venuta meno con la modifica del D.Lgs. 81/2015 ad opera del D.L. 101/2019 conv. in L. 128/2019 che, anzi, sembra aver ampliato l'ambito di operatività delle collaborazioni alle quali va applicata la disciplina del lavoro subordinato.

Verrebbe, quindi, confermato che l'eterodirezione è l'elemento fondamentale caratterizzante la prestazione di lavoro subordinato, mentre l'etero-organizzazione costituirebbe **ulteriore indice rilevatore** della fattispecie, riconducendo alla disciplina del lavoro subordinato le forme contrattuali che rientrano nella cd. *zona grigia* tra autonomia e subordinazione.

1.3 Critica alla nozione tradizionale di subordinazione

Le nuove modalità di lavoro connesse all'evoluzione della realtà economico-produttiva hanno messo in luce la sussistenza di *limiti* ai criteri tradizionali utilizzati per ricostruire la nozione di subordinazione.

Si è infatti evidenziato, da un lato, che l'*eterodeterminazione non qualifica sempre la prestazione del lavoratore subordinato*, che può essere caratterizzata da *margini di autonomia*.

Infatti, l'evolversi dei processi produttivi, grazie anche all'applicazione delle tecnologie telematiche ed informatiche, i cambiamenti nell'organizzazione del lavoro e la diffusione in tutte le categorie di competenze specialistiche hanno reso le mansioni del lavoratore sempre *meno esecutive*, con la conseguenza di una *maggiore sfera di autonomia del prestatore* nella esecuzione delle stesse.

Vi sono, poi, categorie di lavoratori subordinati, quali i *dirigenti*, la cui posizione è connotata proprio dall'autonomia e dal potere decisionale.

Per contro, l'assoggettamento alle altrui direttive può riscontrarsi anche in alcune forme di lavoro *non* subordinato.

1.4 I criteri elaborati dalla giurisprudenza

Per classificare un rapporto di lavoro come subordinato occorre verificare se in base alle *modalità di svolgimento della prestazione*, esista o meno il *vincolo di subordinazione*. A tal fine, è *irrilevante la denominazione giuridica attribuita dalle parti al contratto* (cd. **nomen iuris**), dovendosi privilegiare il *comportamento* che esse hanno avuto durante lo svolgimento del rapporto stesso rispetto alla volontà che avevano manifestato al momento della stipulazione del contratto.

La giurisprudenza, tuttavia, ha sostenuto che il «*nomen iuris*» adoperato dai contraenti, non può essere del tutto trascurato, rilevando come *elemento sussidiario* quando risulta difficile tracciare il discrimine tra l'autonomia e la subordinazione (Cass. 15 ottobre 2018, n. 25711).

La giurisprudenza ha individuato, nel corso degli anni (v. ad es. Cass. 25711/2018), una serie di **indici** che, se riscontrati nello svolgimento del rapporto di lavoro, ne rivelano la **natura subordinata**, quali:

— la *sottoposizione del lavoratore al potere disciplinare*;

— l'obbligo di eseguire la prestazione nell'*orario stabilito dal datore di lavoro*;
— la *predeterminazione* e la *continuità* ideale della prestazione;
— le *caratteristiche* e la *misura del compenso del lavoratore*;
— l'*assenza*, per il lavoratore, del *rischio concernente il risultato finale dell'attività*;
— la *mancanza di una organizzazione propria del lavoratore che impiega quella del datore*;
— l'*inserimento strutturale del lavoratore nell'organizzazione produttiva del datore di lavoro*.

Tali indici *sintomatici* sono considerati **sussidiari**, in quanto hanno un rilievo *secondario* rispetto all'*assoggettamento del lavoratore al potere di direzione e di controllo del datore di lavoro* che è l'elemento con valore determinante per la dimostrazione dell'esistenza del vincolo di subordinazione.

2 L'apparato protettivo del lavoro subordinato

Il lavoro subordinato, come si è già detto, costituisce l'oggetto del Diritto del lavoro, il cui sviluppo è connotato, soprattutto nella fase successiva all'affermazione dei principi della Costituzione repubblicana, da una marcata *finalità protettiva* del lavoratore subordinato. La relazione giuridica tra datore di lavoro e lavoratore è regolata dalla legge in maniera peculiare rispetto alle altre relazioni interprivate, fondate sul principio di parità e di autonomia negoziale. Il rapporto di lavoro subordinato ha ricevuto, infatti, una regolamentazione progressivamente sempre più di *favore* e di *protezione* per il lavoratore, in considerazione della posizione di *debolezza* contrattuale ed economica di quest'ultimo, che, in sostanza, viene «a dipendere dal datore di lavoro».

I rapporti di lavoro subordinato sono regolati da una **disciplina garantista, prescrittiva** e in gran parte **inderogabile**.

Tra le **principali norme di tutela** previste per il lavoro subordinato, vi sono quelle riguardanti i seguenti aspetti:

— **assunzione dei lavoratori**. Il datore di lavoro deve *documentare* l'instaurazione del rapporto con il lavoratore, con l'obbligo di fornirgli tutte le informazioni relative. Inoltre, vige il *divieto di discriminazione* del lavoratore in ragione delle opinioni personali, dell'affiliazione sindacale, dell'appartenenza etnica o religiosa, dell'orientamento sessuale ecc.;
— **retribuzione**. Non può essere arbitrariamente determinata dal datore di lavoro in quanto la Costituzione stabilisce il principio generale della *proporzionalità* del compenso del lavoratore alla qualità ed alla quantità del lavoro prestato, con la garanzia di una retribuzione comunque *sufficiente* ad un'esistenza libera e dignitosa. Il datore di lavoro deve così attenersi, nel minimo, agli *importi previsti dai contratti collettivi*, che in sede giudiziale sono considerati, anche in caso di mancata iscrizione alle associazioni stipulanti, come parametri di quella retribuzione proporzionata e sufficiente prescritta dalla Costituzione;
— **controversie di lavoro**. Sono assoggettate ad un rito speciale al fine di garantire una *celere risoluzione* delle stesse ed assicurare ai lavoratori una più immediata *soddisfazione dei loro diritti e crediti*;
— **tutela previdenziale e assicurativa**. Le cd. *assicurazioni sociali* sono dirette a sollevare i lavoratori dipendenti dal *rischio* di eventi che, connessi o meno con l'attività lavorativa, possono incidere sulla capacità di lavoro o di guadagno (malattia, infortunio sul lavoro, disoccupazione, invalidità, vecchiaia ecc.). È posto in capo al datore di lavoro l'obbligo di provvedere al *pagamento dei contributi* previdenziali e dei premi assicurativi (art. 2114 ss. c.c.).

La tutela previdenziale dei lavoratori dipendenti fa capo all'*Istituto nazionale della previdenza sociale* (INPS), mediante l'*Assicurazione generale obbligatoria* (AGO) per l'invalidità, la vecchiaia e i superstiti. L'INPS provvede anche alla maggior parte delle *prestazioni di natura non pensionistica* (tra cui i trattamenti di disoccupazione e di integrazione salariale, le indennità di malattia e di maternità). Di particolare importanza è l'*Assicurazione contro gli infortuni sul lavoro e le malattie professionali* (D.P.R. 1124/1965), facente capo all'omologo *Istituto nazionale* (INAIL), che garantisce ai lavoratori una tutela economica privilegiata in considerazione dell'*origine lavorativa* dell'evento lesivo.

Non vi è dubbio, comunque, che una delle più importanti forme di tutela del lavoro subordinato sia rappresentata dalla disciplina vigente in materia di **estinzione del rapporto di lavoro**. Si tratta di un complesso normativo che regola *in modo preciso ed inderogabile*, sia dal punto di vista procedurale che sostanziale, il recesso dal rapporto di lavoro, con una significativa *limitazione* della facoltà di *licenziamento* da parte del datore di lavoro, garantendo al lavoratore un'adeguata tutela in caso di licenziamento *illegittimo*. Tale disciplina limitativa, che nella forma più garantista è contenuta nell'**art. 18 dello Statuto dei Lavoratori** (L. 300/1970), ha svolto una funzione imprescindibile nell'ambito delle disposizioni che tutelano la libertà e la dignità del lavoratore (va considerato che il sistema di tutele previsto dall'art. 18 St.Lav. opera anche come *deterrente*, in chiave preventiva rispetto ad eventuali comportamenti abusivi del datore di lavoro). Per contro, la disciplina limitativa dei licenziamenti è stata additata come il principale elemento ostativo alla crescita dimensionale delle aziende (l'art. 18 si applica soltanto alle aziende con più di 15 dipendenti) e, più in generale, è stata considerata del tutto inadeguata al nuovo mondo del lavoro, a maggior ragione in un contesto difficile, quale quello che sta attraversando l'economia italiana. Sicché, con la *L. 92/2012*, cd. legge Fornero, si è provveduto a modificare l'art. 18 St. Lav., riducendo le tutele ivi previste e con il cd. *Jobs Act* (L. 183/2014) si è inteso incidere più radicalmente sulla disciplina del licenziamento, nella prospettiva di favorire l'occupazione in conformità al modello europeo della *flexicurity* (minore protezione nel rapporto, maggiore protezione sul mercato, tra un lavoro e un altro). Con il **D.Lgs. 23/2015** viene, così, introdotta una nuova fonte di regolamentazione dei licenziamenti illegittimi molto meno garantista che assiste tutte le nuove assunzioni con contratto a tempo indeterminato a tutele crescenti.

3 La fonte del rapporto di lavoro subordinato. Il contratto individuale di lavoro

La dottrina (SANTORO PASSARELLI, GHERA, DE LUCA TAMAJO) e la giurisprudenza maggioritarie individuano, quale fonte del rapporto di lavoro subordinato, il **contratto individuale di lavoro**.

La costituzione del rapporto di lavoro avviene, infatti, sulla base di un accordo e si sostanzia nell'*incontro di volontà tra il datore ed il prestatore di lavoro*.

Il **contratto**, dunque, è *necessario* perché abbia origine il rapporto di lavoro subordinato e trovi applicazione la relativa disciplina tipica: occorre, precisamente, che le parti *si accordino per operare uno scambio tra remunerazione e lavoro*.

In mancanza di siffatto accordo non si ha rapporto di lavoro subordinato tipico: casi emblematici sono, per l'appunto, il *lavoro gratuito* (manca lo scambio) ed il lavoro *invito domino*, svolto cioè spontaneamente (in assenza di un accordo).

4 Le caratteristiche del contratto di lavoro subordinato

Del contratto di lavoro sono parte il datore di lavoro e il lavoratore: il *prestatore* si obbliga a mettere a disposizione del datore la sua *attività di lavoro*, mentre il *datore* si obbliga a corrispondere al prestatore una *retribuzione*. Si tratterebbe, quindi, secondo la più moderna dottrina, di un **contratto di scambio**.

In particolare, il contratto di lavoro è:

— **oneroso**, essendo necessaria l'esistenza di una *retribuzione* che è la naturale controprestazione dell'attività lavorativa (art. 36 Cost.);

- **sinallagmatico**, trattandosi di un contratto a *prestazioni corrispettive* che sono, appunto, da un lato la *prestazione lavorativa* e dall'altro la *retribuzione*;
- **commutativo**, nel senso che la legge e i contratti collettivi stabiliscono esattamente l'*entità* delle prestazioni e delle controprestazioni;
- **eterodeterminato**, giacché il contenuto del contratto di lavoro, ossia la disciplina del rapporto da esso nascente, è *in gran parte predeterminato* dovendosi recepire le disposizioni di legge e del contratto collettivo, con un limitato margine per l'autonomia negoziale individuale.

5 La capacità dei soggetti contraenti

Per la stipulazione del contratto individuale di lavoro, le parti (*lavoratore* e *datore di lavoro*) devono essere in possesso di determinati **requisiti soggettivi**.

5.1 La capacità giuridica

La **capacità giuridica** consiste nell'*attitudine giuridicamente riconosciuta ad essere titolare di diritti ed obblighi* e costituisce il necessario presupposto del contratto, ai fini della valida costituzione del rapporto di lavoro.

Per il **datore di lavoro** valgono i comuni criteri stabiliti dal diritto privato (art. 1 c.c.), per cui essa si acquista alla *nascita* per le persone fisiche e con il *riconoscimento della personalità giuridica* per le persone giuridiche.

Per il **prestatore di lavoro** si parla invece di **capacità giuridica speciale** (DE LUCA TAMAJO, GHERA), che indica l'*attitudine a prestare il proprio lavoro* (la capacità al lavoro) e si acquista al raggiungimento di determinati *requisiti* previsti dal legislatore a protezione della crescita e della formazione dei giovani.

L'accesso del minore al mercato del lavoro è, infatti, subordinato al raggiungimento di un'**età minima** e all'assolvimento dell'**obbligo di istruzione e formazione**.

L'istruzione, finalizzata a conseguire un *titolo di studio* di scuola secondaria superiore o una *qualifica professionale* di durata almeno triennale entro i 18 anni, è obbligatoria per almeno 10 anni (art. 1, comma 622, L. 296/2006). L'**età per l'accesso al lavoro** è di conseguenza pari a **16 anni**.

L'ammissione al lavoro a 15 anni di età è consentita in caso di assolvimento del periodo di istruzione obbligatoria mediante contratto di apprendistato.

L'assunzione di un soggetto che non ha ancora raggiunto l'età minima di ammissione al lavoro determina la **nullità del contratto di lavoro** per *illiceità* dell'*oggetto del contratto*.

Tuttavia, poiché il limite all'ammissione al lavoro è previsto *a tutela dello stesso prestatore di lavoro*, si applica l'art. 2126, comma 2, c.c. che stabilisce comunque il *diritto del lavoratore alla retribuzione* per l'attività svolta.

5.2 La capacità d'agire

La **capacità di agire** indica l'*attitudine a compiere manifestazioni di volontà idonee a modificare la propria situazione giuridica* e si acquista al *compimento del diciottesimo anno di età* (art. 2 c.c.).

Nel diritto del lavoro la capacità di agire designa la **capacità di stipulare il contratto di lavoro e di esercitare i diritti e le azioni che ne discendono**.

Per il **datore di lavoro**, essa si acquista secondo la disciplina generale al compimento dei **18 anni**.

Per il **prestatore di lavoro**, è prevista, invece, un'età inferiore. L'art. 2, comma 2, c.c., infatti, stabilisce che sono fatte salve le leggi speciali che stabiliscono una età inferiore ai 18 anni per l'ammissione al lavoro e che in tal caso il minore è *abilitato all'esercizio dei diritti e delle azioni* che derivano dal contratto di lavoro.

Secondo il dettato normativo, quindi, il minore che abbia compiuto i **16 anni**, età minima prevista per l'accesso al lavoro, può gestire *autonomamente,* senza assistenza da parte dei genitori o del rappresentante legale, le situazioni giuridiche nascenti dal contratto di lavoro.

5.3 L'idoneità psico-fisica e tecnica

Parte della dottrina (PROSPERETTI, SUPPIEJ, MAZZONI) considera, come requisito autonomo, l'**idoneità psico-fisica**, cioè l'**attitudine al lavoro dal punto di vista psico-fisico** richiesta per l'esercizio di mansioni in cui rileva per la sicurezza del lavoratore la sussistenza di determinati *requisiti fisici* e, in generale, per lo svolgimento di lavori potenzialmente *pregiudizievoli* per la salute dei prestatori di lavoro.

L'**idoneità tecnica** sarebbe, invece, un ulteriore requisito che attiene alla **capacità professionale** necessaria per svolgere determinate attività. Essa è richiesta a *pena di nullità* del contratto, almeno nei casi in cui debba risultare da diplomi, patenti, licenze, iscrizioni in albi o altre certificazioni della pubblica autorità, a tutela non solo del lavoratore, ma anche dei terzi che, dalla prestazione del lavoro, possono ricevere un danno diretto.

6 I requisiti essenziali del contratto

Il contratto di lavoro, per essere valido, deve presentare determinati requisiti che corrispondono a quelli previsti per la disciplina del contratto in generale.

In particolare, l'**art. 1325 c.c.** indica quali sono gli **elementi essenziali** del contratto, la cui mancanza ne determina la **nullità**. Essi sono: la **volontà**, la **causa**, l'**oggetto** e la **forma** (se richiesta *ad substantiam*).

6.1 L'accordo delle parti e i vizi della volontà

Il contratto di lavoro si costituisce mediante l'**accordo** delle parti contraenti (datore e prestatore di lavoro).

La volontà espressa nell'accordo deve essere libera e priva di vizi. A tal proposito, si distinguono due diverse ipotesi:

1. **simulazione assoluta**: si verifica quando le parti fingono (es. per ragioni fiscali o previdenziali) l'esistenza di un contratto di lavoro *subordinato* mentre in realtà non hanno intenzione di costituire alcun rapporto di lavoro. In tale ipotesi, *il contratto simulato non produce effetto tra le parti* (**art. 1414, comma 1, c.c.**);
2. **simulazione relativa**: si verifica quando le parti danno vita ad un contratto *diverso da quello voluto e realmente svolto* (es. lavoro autonomo, ma le parti intendono dar vita e di fatto danno vita ad un rapporto di lavoro subordinato, o viceversa). In questo caso, sarà applicata la disciplina del tipo di rapporto che le parti hanno *effettivamente* realizzato (regola della prevalenza del contratto effettivo dissimulato su quello apparente simulato, **art. 1414, comma 2, c.c.**). Se però all'origine del contratto dissimulato è rinvenibile un intento fraudolento trova applicazione il principio della *nullità del contratto in frode alla legge* (art. 1344 c.c.).

La tutela del contraente debole, nella materia lavoristica, limita fortemente l'autonomia negoziale delle parti che deve sempre essere ricondotta alle clausole inderogabili previste dalla *legge* e dalla *contrattazione collettiva*. Per tale motivo, gli **altri vizi del consenso**, che attengono al *processo di formazione della volontà*, hanno una *ridotta rilevanza* nel contratto di lavoro. Si tratta di:

— *errore sulle qualità del lavoratore* (art. 1429, n. 3, c.c.). È un'ipotesi limitata ai casi in cui non sia stato convenuto il *periodo di prova* che è lo strumento legale tipico per la valutazione delle qualità soggettive del lavoratore. L'errore può assumere rilievo solo se *essenziale* (e cioè quando le qualità personali e tecnico-professionali abbiano diretta attinenza con la prestazione lavorativa considerata nelle sue caratteristiche peculiari);

- *violenza* (art. 1434 c.c.). Si ha quando l'assunzione del lavoratore è avvenuta coattivamente (per esempio con minacce rivolte al datore di lavoro);
- *dolo* (art. 1439 c.c.). Si ha quando il lavoratore dia causa all'errore, determinante del consenso, con affermazioni false (dolo commissivo) o reticenti (dolo omissivo);
- *errore di diritto* (art. 1429, n. 4, c.c.). Ad esempio, nel caso del datore di lavoro che aveva proceduto all'assunzione senza il rispetto della graduatoria concorsuale, fidando nella clausola preferenziale della residenza contenuta nel bando di concorso, poi dichiarata nulla.

6.2 La forma

La forma del contratto di lavoro è **generalmente libera**, non essendo previste particolari modalità di manifestazione del consenso. Tuttavia, in determinate ipotesi (cd. **casi di forma vincolata**) la *legge espressamente prevede una forma particolare*.

La **forma scritta** del contratto di lavoro o di alcune clausole dello stesso può essere richiesta:

- **a pena di nullità** (forma *ad substantiam*) ed in tal caso la mancanza determina la *nullità* del *contratto*, con conseguente applicazione dell'art. 2126 c.c. per cui il rapporto di lavoro *è pregiudicato*, ma il lavoratore ha diritto alla retribuzione per l'attività effettivamente prestata;
- **ai fini probatori** (forma *ad probationem*) del contratto o di alcune clausole negoziali. In tal caso la mancanza dell'atto scritto *non pregiudica l'esistenza del rapporto* in quanto l'onere della forma ha una ricaduta soltanto *sul piano probatorio* in caso di contestazione sull'elemento che doveva essere provato per iscritto.

A garanzia del lavoratore, è richiesta per legge la *forma scritta* per particolari contratti di lavoro o per alcune clausole modificatrici del contenuto contrattuale (es. il contratto di lavoro a *tempo parziale*, ma solo ai fini *probatori;* il contratto di *somministrazione,* a pena di nullità).

Va rilevato che, di fatto, la *forma scritta è largamente praticata* in virtù dell'obbligo posto in capo al datore di lavoro di **informare il lavoratore** (art. 1 D.Lgs. 152/1997) delle condizioni applicabili al contratto di lavoro.

Tale obbligo è adempiuto dal datore di lavoro mediante la consegna di *copia del contratto individuale* di lavoro o di *copia della comunicazione di instaurazione* del rapporto di lavoro inviata agli uffici pubblici competenti (art. 4bis L. 181/2000).

6.3 La causa

La **causa** è considerata come la *funzione economico-sociale* che il contratto è diretto a realizzare e, nel contratto di lavoro, si identifica nello **scambio tra lavoro e retribuzione**. In relazione a ciò il contratto di lavoro è:

- *sinallagmatico* ed *oneroso*, in quanto vi è un legame funzionale tra le due prestazioni (lavoro-retribuzione);
- *nominato* (tipico), perché individuato e disciplinato dalla legge;
- *non associativo*, in quanto entrambe le parti sono portatrici di un *proprio interesse*, non necessariamente rivolto ad uno scopo comune.

6.4 L'oggetto

L'**oggetto** del contratto è costituito tanto dalla *prestazione di lavoro* (manuale od intellettuale), quanto dalla *retribuzione* (in tutte le sue possibili forme: danaro, natura ecc.).

In sostanza esso indica il contenuto delle *rispettive prestazioni* — del lavoratore e del datore di lavoro — e comprende tutte le attività che possono essere ricondotte nel vincolo della subordinazione.

I **requisiti** dell'oggetto, che devono sussistere per tutta la durata del contratto, sono quelli previsti in generale dall'**art. 1346 c.c.** In specie:

— la **liceità**, che indica la *non contrarietà a norme imperative, all'ordine pubblico e al buon costume*;
— la **possibilità** della prestazione, che può essere *di fatto* (cd. *in rerum natura*) o *giuridica* (prevista dall'ordinamento). Tale elemento indica il criterio di valutazione di ciò che il datore di lavoro può chiedere e che il lavoratore è tenuto a fare *senza* uno sforzo esorbitante rispetto alle mansioni assegnate.

  Se l'impossibilità è *originaria*, il contratto è nullo per difetto di un elemento essenziale; se è *sopravvenuta* può dar luogo a risoluzione del contratto (art. 1463 c.c.);

— la **determinatezza o determinabilità dell'oggetto**. Nel rapporto di lavoro la *specificazione del contenuto della prestazione è di regola determinata nella lettera di assunzione*, che indica le mansioni che il lavoratore è tenuto ad espletare.

7 Gli elementi accidentali del contratto di lavoro

Come per un qualsiasi negozio giuridico, anche per il contratto di lavoro subordinato, oltre ad essere previsti requisiti essenziali (volontà delle parti, forma, causa, oggetto), possono sussistere i cd. **elementi accidentali**.

A differenza dei requisiti essenziali, gli elementi accidentali *non* sono necessari all'esistenza del contratto di lavoro. Tuttavia, una volta inseriti nel contratto, essi concorrono a definirne la struttura, ne diventano *parte integrante* ed incidono sulla sua efficacia.

Gli elementi accidentali più frequenti del contratto di lavoro sono la condizione e il termine.

La **condizione** rappresenta un avvenimento *futuro* e *incerto* che incide sull'efficacia del contratto e, secondo i principi civilistici, può essere sospensiva o risolutiva. Nel primo caso (condizione sospensiva), gli effetti del contratto *si producono* solo al verificarsi dell'evento dedotto nella condizione; tipico esempio di condizione sospensiva è il cd. *patto di prova* (il contratto diviene definitivo solo cessato positivamente il periodo di prova) che, nel contratto di lavoro, è regolamentato dalla legge (v. *infra*). Nel secondo caso (condizione risolutiva), il rapporto *cessa* al verificarsi dell'evento assunto come condizione; tale condizione è però da considerarsi *illecita* ove tenda ad eludere le norme limitative dei licenziamenti e, inoltre, poiché il contratto di lavoro è un contratto ad esecuzione continuata, il verificarsi della condizione risolutiva *non ha mai effetto retroattivo* (art. 1360 c.c.), cosicché il periodo lavorativo già effettuato *vale a tutti i fini* (retribuzione, anzianità, qualifica, previdenza e assistenza).

Un ulteriore elemento *accessorio* del contratto di lavoro subordinato è il **termine** poiché il contratto di lavoro normalmente è a tempo indeterminato.

L'apposizione di un termine al contratto di lavoro, fa sì che esso sia sottoposto ad una *scadenza* predeterminata, al cui verificarsi il rapporto cessa *automaticamente*.

Il contratto di lavoro a tempo determinato, dapprima disciplinato all'art. 2097 c.c., ha trovato piena regolamentazione legislativa con la L. 18 aprile 1962, n. 230 (abrogata) che stabiliva l'*eccezionalità* delle assunzioni a tempo determinato.

La disciplina attuale è contenuta nel **D.Lgs. 15 giugno 2015, n. 81** (e succ. modif.).

8 Il patto di prova

Il **patto di prova**, previsto dall'**art. 2096 c.c.**, designa la clausola apposta al contratto di lavoro, con cui le parti **subordinano l'assunzione definitiva all'esito positivo di un periodo di prova**.

La sua **funzione** è quella di verificare, nell'*interesse reciproco*, del lavoratore e del datore di lavoro, l'utilità della prosecuzione del lavoro (cd. *prova bilaterale*).

Il datore verifica la capacità professionale del lavoratore e la sua complessiva idoneità in relazione alle mansioni affidate ed al contesto aziendale; il lavoratore, invece, può valutare la sua convenienza all'occupazione del posto di lavoro.

In ordine alla *forma*, il patto di prova deve risultare da *atto scritto*, sottoscritto anche dal lavoratore, con indicazione della *durata*.

È opinione consolidata che la forma scritta sia richiesta *ad substantiam* con la conseguenza che, se essa manca, l'assunzione si ritiene *definitiva* (Cass. 26-5-1995, n. 5811).

Il periodo di prova ha una **durata massima non prorogabile**, di regola stabilita nei contratti collettivi, normalmente in misura non superiore ai **6 mesi**.
Durante lo svolgimento del patto di prova, il datore di lavoro può in ogni momento **recedere dal contratto** senza obbligo di preavviso e senza necessità di giustificazione.

Se è stabilita una durata minima garantita del periodo di prova, la facoltà di recesso è esercitabile al *termine* del periodo. Analoga facoltà di recesso può essere esercitata dal *lavoratore*.

Compiuto il periodo di prova, se nessuna delle due parti recede, **il rapporto diventa definitivo** e «il servizio prestato si computa nell'anzianità del prestatore di lavoro» (art. 2096, ult. co., c.c.).

Con il patto di prova il datore di lavoro può **verificare le capacità del lavoratore** prima che il rapporto di lavoro diventi definitivo. Durante il patto di prova il lavoratore è esposto all'*esito del giudizio* del datore di lavoro. In caso di esito *negativo*, il datore di lavoro ha la **potestà di recedere dal contratto** senza essere assoggettato ai limiti previsti dalla legge (obbligo di preavviso, giustificazione del recesso ecc.). Pertanto, il patto di prova conferisce al datore di lavoro la piena e discrezionale *facoltà di recesso dal contratto,* che però non è insindacabile. Il lavoratore, infatti, può sindacare la legittimità del recesso se risulta che *non si sia effettivamente svolta quella verifica delle capacità e dell'attitudine del lavoratore*, cui il patto di prova è finalizzato. In sostanza, può essere sindacata l'*effettuazione* della prova ma non l'*esito* della stessa, che compete al datore di lavoro.
Inoltre, il lavoratore può dimostrare che il recesso è stato determinato da un *motivo discriminatorio* e *illecito* e quindi non collegato all'esito dell'esperimento.

9 Il contratto a tempo indeterminato, il contratto a tempo indeterminato a tutele crescenti e le tipologie contrattuali speciali

9.1 Il contratto di lavoro subordinato a tempo indeterminato

Il modello *standard* di lavoro subordinato è rappresentato dal **contratto di lavoro a tempo indeterminato**. Il rapporto di lavoro derivante da un contratto a tempo indeterminato è caratterizzato dalla *stabilità*, in quanto destinato a *proseguire nel tempo*, finché una delle parti non eserciti il recesso, peraltro sottoposto a notevoli *limitazioni* nel caso del datore di lavoro.
Il nostro ordinamento giuridico ha consolidato il principio generale per cui «*il contratto di lavoro subordinato, per sua natura, non è a termine*» (Cass. 21-5-2002, n. 7468).
Indubbiamente, soprattutto negli ultimi decenni, la diffusione di tipologie contrattuali speciali, in particolare modo del contratto a termine, nonché di forme di lavoro autonome come le collaborazioni coordinate e continuative, ha *incrinato* il ruolo dominante e storicamente prevalente del contratto a tempo indeterminato. Tuttavia, esso deve essere considerato, ancor oggi, almeno dal punto di vista giuridico, **la forma comune di rapporto di lavoro** come espressamente previsto dal **D.Lgs. 81/2015** (art. 1).

Deve pur dirsi però che il contratto a tempo indeterminato, valorizzato dal D.Lgs. 81/2015, non ha più la prerogativa della stabilità che connotava tale tipologia contrattuale prima delle modifiche del *Jobs Act*: esso non corrisponde più al *posto fisso* garantito da una disciplina «forte» in caso di licenziamenti illegittimi.

Tutte le assunzioni a tempo indeterminato, a seguito del D.Lgs. 23/2015 devono, infatti, essere effettuate mediante il contratto a tutele crescenti (CATUC) caratterizzato da un regime di tutela dei licenziamenti illegittimi *prevalentemente economico*.

9.2 Il contratto a tempo indeterminato a tutele crescenti (CATUC)

Con il **D.Lgs. 23/2015**, in attuazione del *Jobs Act*, è stato introdotto nel nostro ordinamento il **contratto di lavoro a tempo indeterminato a tutele crescenti** (**CATUC**).

Tale contratto *non* costituisce una tipologia contrattuale diversa rispetto alla forma tipica del contratto di lavoro subordinato a tempo indeterminato, quanto piuttosto una *nuova declinazione* della stessa.

Infatti, il CATUC rappresenta la nuova *veste contrattuale* con cui sono costituite, nell'ambito privato, tutti i rapporti di lavoro subordinato a tempo indeterminato *a decorrere dalla data di entrata in vigore del D.Lgs. 23/2015* (7 marzo 2015).

Il CATUC è un normale contratto di lavoro subordinato che ha come peculiarità un diverso **regime di tutela in materia di licenziamenti illegittimi**. Per i lavoratori assunti con il CATUC, infatti, viene introdotta una *diversa disciplina in materia di licenziamento*, che si discosta dal regime di cui alla L. 604/1966 e all'art. 18 St.Lav., che continuerà ad essere applicato a tutti coloro che sono stati assunti a tempo indeterminato prima del 7 marzo 2015.

Per i lavoratori assunti con il contratto a tutele crescenti, nella maggior parte delle ipotesi, salvi i casi di licenziamento discriminatorio e di altre fattispecie di nullità, la conseguenza dell'accertamento giudiziale dell'invalidità del licenziamento *non* è più la reintegrazione nel posto di lavoro, ma un'*indennità di tipo monetario*.

Il concetto di «tutele crescenti», contenuto nella denominazione del contratto a tempo indeterminato introdotto dal D.Lgs. 23/2015, è riferito soltanto ad un determinato aspetto del rapporto di lavoro (ossia alla *tutela applicabile in caso di licenziamento illegittimo* e, in particolare, alla *modalità di determinazione dell'indennità risarcitoria*).

Va però tenuto presente che il *criterio dell'anzianità di servizio* indicato dal D.Lgs. 23/2015 è stato posto in discussione dalla Corte Costituzionale che ha ritenuto *illegittima* la determinazione dell'indennità risarcitoria contenuta nell'**art. 3, comma 1, D.Lgs. 23/2015** perché basata *esclusivamente* su tale criterio **(sent. 194/2018)**. Secondo la Corte, infatti, deve tenersi conto non solo del criterio dell'anzianità di servizio (che comunque ispira il disegno riformatore del D.Lgs. 23/2015) ma anche degli *altri criteri* desumibili dalla disciplina limitativa in materia di licenziamenti (ad esempio, il *numero dei dipendenti occupati*; le *dimensioni dell'attività economica*).

Per ragioni analoghe è stato dichiarato **illegittimo anche l'art. 4 D.Lgs. 23/2015 (Corte Cost. 150/2020)**, limitatamente alle parole «*di importo pari a una mensilità dell'ultima retribuzione di riferimento per il calcolo del trattamento di fine rapporto per ogni anno di servizio*».

Ai rapporti di lavoro a tempo indeterminato a tutele crescenti sono applicabili, *sin dal primo giorno del rapporto di lavoro*, tutte le altre tutele e disposizioni previste dalla normativa in materia di lavoro subordinato (retribuzione, inquadramento, sicurezza del lavoro, ferie e permessi ecc.).

9.3 Le tipologie contrattuali speciali

Alcune tipologie contrattuali, pur essendo riconducibili senz'altro alla fattispecie del lavoro subordinato tipizzata dall'art. 2094 c.c., **differiscono** dal tradizionale modello del contratto a tempo pieno ed indeterminato.

Tali tipologie vengono definite **contratti o rapporti speciali di lavoro** o a *disciplina speciale* in quanto sono regolate differentemente rispetto alla disciplina generale del rapporto di lavoro subordinato, la quale trova applicazione soltanto se compatibile (art. 2239 c.c.).

Il **concetto di specialità** può essere inteso in relazione a diversi aspetti. La specialità può infatti derivare:

- dalla *causa* del rapporto, che può essere arricchita di ulteriori elementi rispetto al normale scambio tra prestazione di lavoro e retribuzione. Tali sono i rapporti di lavoro a **contenuto formativo**, quale l'*apprendistato*;
- dalla *durata* o *collocazione* della prestazione di lavoro, che può essere **temporalmente modulata**, flessibile, o, comunque, diversificata rispetto ad un rapporto di lavoro a tempo pieno. Possono essere così inquadrati, il contratto di *lavoro intermittente* ed il *lavoro a tempo parziale*;
- dal **contesto** in cui la prestazione di lavoro è resa (*lavoro domestico, lavoro a domicilio* e *telelavoro*) o dalla **tipologia di attività** dedotta in contratto (es. *portierato)*.

La specialità del contratto di lavoro può derivare anche dall'*imputazione soggettiva* dell'attività svolta dal lavoratore o dal fatto che al contratto sia apposta una *scadenza*. Sarebbero, quindi, contratti di lavoro speciali, nel primo caso, la *somministrazione di lavoro* in cui la prestazione è svolta a favore di soggetto differente da quello che assume lo status di datore di lavoro. Nel secondo caso, viene ritenuto speciale il *lavoro a tempo determinato* che differisce dal lavoro subordinato a tempo indeterminato per l'apposizione di un termine finale.

I cd. contratti speciali di lavoro sono stati oggetto negli ultimi anni di continui interventi del legislatore, talvolta addirittura di *radicale riforma*, ma che spesso non hanno sortito concreti risultati rispetto agli obiettivi perseguiti.

Con il **D.Lgs. 81/2015**, è stata operata una **revisione della disciplina delle varie tipologie contrattuali speciali** sino ad ora contenuta in specifici provvedimenti legislativi, che nel tempo erano stati oggetto di ripetuti interventi normativi.

10 L'invalidità del contratto e la tutela dell'art. 2126 c.c.

Il contratto individuale di lavoro subordinato è soggetto ad una *disciplina protettiva* che, in alcuni casi, deroga quella generale prevista per i contratti.

In particolare, nel contratto di lavoro subordinato, le regole generali sugli **effetti dell'invalidità contrattuale** ricevono un adattamento al fine di evitare che il prestatore di lavoro subisca le *conseguenze sfavorevoli della dichiarazione di nullità o dell'annullamento* del contratto stesso.

L'invalidità del contratto di lavoro subordinato è disciplinata dall'**art. 2126 c.c.**, per il quale **la nullità o l'annullamento del contratto di lavoro non producono effetto per il periodo in cui il rapporto ha avuto esecuzione**.

Nel caso, quindi, di un contratto di lavoro invalido (nullo o annullabile) che abbia comunque avuto esecuzione, il legislatore fa salvi gli *effetti prodotti dallo stesso* per il tempo in cui ha avuto esecuzione. In sostanza, il legislatore tutela il *rapporto di lavoro di fatto* e consente al lavoratore di ottenere i diritti maturati dallo svolgimento dell'attività lavorativa tra cui, in primis, il trattamento economico e normativo.

Secondo la disciplina comune dei contratti, invece, la nullità e l'annullabilità del contratto *travolgono gli effetti prodotti dallo stesso*.

La tutela dell'art. 2126 c.c. non opera nel caso in cui l'invalidità del contratto deriva dall'**illiceità dell'oggetto** o **della causa del contratto**.

Se, però, l'illiceità dell'oggetto o della causa deriva dalla **violazione di norme che tutelano il prestatore**, questi avrà diritto ugualmente alla **retribuzione** concordata (art. 2126, comma 2, c.c.): ad es. il contratto col minore che, in violazione della legge, svolga un'attività pregiudizievole per la sua sicurezza o la sua salute.

11 La certificazione del contratto di lavoro

11.1 La funzione e l'ambito di applicazione della certificazione

Le parti (datore e lavoratore) possono far *attestare* che il contratto che si vuole sottoscrivere ha i *requisiti di forma e contenuto richiesti dalla legge*. Ciò è possibile mediante il procedimento della **certificazione**, introdotto e disciplinato dal **D.Lgs. 276/2003** (artt. 75-81), per dare certezza all'esatta qualificazione giuridica del contratto di lavoro, riducendo conseguentemente il contenzioso in materia.

A seguito delle modifiche introdotte dalla L. 183/2010, cd. collegato lavoro, la certificazione è ritenuta uno strumento idoneo a deflazionare *«tutto» il contenzioso in materia di lavoro*.

Il datore di lavoro e il prestatore di lavoro *spontaneamente* e *congiuntamente* possono rivolgersi ad apposite **commissioni di certificazione** per certificare tutti i «**contratti in cui sia dedotta, direttamente o indirettamente, una prestazione di lavoro**» (art. 75, D.Lgs. 276/2003).

La certificazione (artt. 82-84 D.Lgs. 276/2003) può essere utilizzata anche:

- per avallare le **rinunce e transazioni** di cui all'art. 2113 c.c., al fine di controllare l'*effettività* della volontà abdicativa. In tal caso, la procedura di certificazione si applica in quanto compatibile (art. 82, comma 1bis, introdotto dalla L. 183/2010);
- per il deposito dei **regolamenti interni delle cooperative di lavoro**, con riferimento alla tipologia dei *rapporti di lavoro* attuati o che si intendono attuare con i soci;
- in sede di stipulazione di un **contratto di appalto** (art. 1655 c.c.) e di attuazione del relativo programma negoziale, per *distinguerlo* dalla somministrazione di lavoro.

11.2 Gli organismi di certificazione

La certificazione è effettuata da apposite **commissioni di certificazione** (art. 76), che possono essere costituite presso:

- gli **enti bilaterali** costituiti nell'*ambito territoriale di riferimento* o a livello *nazionale* quando la commissione di certificazione sia costituita nell'ambito di organismi bilaterali a competenza nazionale. Sono abilitati a svolgere attività di certificazione solo gli enti bilaterali *costituiti a iniziativa di una o più associazioni dei datori e dei prestatori di lavoro comparativamente più rappresentative* (circ. INL. 12-2-2018, n. 4);
- gli **Ispettori territoriali del lavoro** (ITL) e le **Province**;
- le **Università pubbliche e private** e le **Fondazioni universitarie**;
- i **Consigli provinciali dei consulenti del lavoro**, competenti a certificare soltanto i contratti di lavoro instaurati nell'ambito territoriale di riferimento;
- la **Direzione generale dei rapporti di lavoro e delle relazioni industriali** del Ministero del Lavoro.

Le commissioni istituite presso i vari soggetti abilitati possono, a loro volta, costituire, mediante convenzione, una **commissione unitaria di certificazione**.

11.3 Il procedimento di certificazione

La procedura di certificazione è **volontaria**: l'avvio della procedura avviene con **apposita istanza** redatta *per iscritto* e sottoscritta da *entrambe le parti* del contratto di lavoro presentata alla *competente* Commissione di certificazione (art. 3, comma 3, D.M. 21 luglio 2004 e circ. Min. Lav. 48/2004).

La Commissione svolge **attività di consulenza e assistenza** per la stipula del contratto e l'individuazione del programma negoziale, *verificando l'esatta qualificazione del rapporto di lavoro che le parti intendono costituire*.

La commissione deve quindi *certificare il corretto inquadramento giuridico* del contratto, verificando la sussistenza dei requisiti di legge necessari a che il contratto sia qualificato con un certo *nomen iuris* e soprattutto che le modalità di svolgimento dell'attività lavorativa corrispondano alla tipologia contrattuale dichiarata.

Al fine di raccogliere ogni elemento utile, è prevista anche una fase di *audizione delle parti*, che possono farsi *assistere* da *rappresentanti sindacali o professionisti abilitati* (l'assistenza è *obbligatoria* se una delle parti è presente in persona di un proprio rappresentante).

L'avvio della procedura di certificazione deve essere *comunicato* alla sede territoriale dell'Ispettorato del lavoro, che ha il compito di darne notizia a sua volta alle *autorità pubbliche* nei confronti delle quali la certificazione produrrà effetti.

Il procedimento di certificazione deve *concludersi entro 30 giorni* dal ricevimento della istanza mediante l'adozione dell'**atto di certificazione**.

I contratti di lavoro certificati e la relativa documentazione devono essere conservati, presso le sedi di certificazione, per un periodo di almeno 5 anni a far data dalla loro scadenza.

11.4 Gli effetti della certificazione e i rimedi giurisdizionali

L'atto di certificazione deve indicare espressamente gli **effetti civili**, **amministrativi**, **fiscali e previdenziali** del contratto certificato.

La certificazione, attraverso l'**esatta qualificazione giuridica del contratto**, stabilisce gli effetti giuridici che da esso discendono, conferendo certezza ai diritti e ai doveri cui sono tenute le parti in relazione al contenuto e alle modalità di svolgimento del rapporto di lavoro della tipologia contrattuale certificata.

Gli effetti della certificazione, connessi alla natura del contratto di lavoro, **permangono tra le parti del contratto e verso i terzi** anche in caso di contenzioso, fino all'esito di un eventuale ricorso relativo alla certificazione stessa (art. 79, D.Lgs. 276/2003).

In caso di *contratto in corso di esecuzione*, gli effetti della certificazione retroagiscono fino al momento di inizio del contratto, ove la commissione abbia appurato la corrispondenza tra il contratto da certificare e l'effettivo rapporto di lavoro, in base alla sua attuazione anche nel periodo precedente alla propria attività istruttoria. In pratica, il concreto svolgimento del rapporto deve essere compatibile con quanto la commissione abbia appurato in sede di certificazione del contratto.

In caso di *contratti non ancora sottoscritti dalle parti*, gli effetti della certificazione si producono soltanto ove e nel momento in cui queste ultime provvedano a sottoscriverli, con le eventuali integrazioni e modifiche suggerite dalla commissione adita.

Le parti e i terzi possono **impugnare** l'atto certificato nel caso in cui ritengano sussistente: un **errore di qualificazione** o la **difformità** tra il programma negoziale dichiarato nella procedura di certificazione e quello effettivamente realizzato dalle parti.

In caso di **rigetto** del ricorso, l'atto di certificazione è confermato e, quindi, il rapporto di lavoro tra le parti permane secondo la tipologia contrattuale certificata. In caso di **accoglimento** del ricorso, invece, si producono gli effetti del rapporto reale. In particolare, nel caso sia accertato in giudizio un errore di qualificazione, la *certificazione sarà nulla* e tra le parti si riterrà esistente fin dall'origine il contratto che esse effettivamente intendevano realizzare, indipendentemente da quello che erroneamente fu rilevato nella procedura di certificazione (ad esempio, un contratto di lavoro a tempo parziale in luogo del lavoro ripartito).

Nel caso invece sia rilevata la difformità del programma negoziale posto in essere, l'accertamento giudiziale ha effetto dal momento in cui tale difformità abbia avuto inizio secondo quanto accertato in giudizio (circ. INL 1-6-2018, n. 9).

Solo le parti del contratto possono, invece, adire l'autorità giudiziaria per far valere un **vizio del consenso**.

Anche in tal caso, se accertato il vizio, la certificazione sarà nulla sin dall'inizio.

Il contenzioso si svolge innanzi al *Tribunale* in funzione di giudice del lavoro.

L'azione giudiziaria deve essere preceduta *obbligatoriamente* da un *tentativo di conciliazione* da effettuare innanzi alla stessa commissione che ha proceduto alla certificazione (art. 80, comma 4, D.Lgs. 276/2003).

È possibile impugnare l'atto certificato anche in *sede amministrativa* nell'ipotesi in cui sussista una *violazione della procedura di certificazione* o un *vizio di eccesso di potere.* In questo caso è competente il Tribunale amministrativo regionale (TAR) nella cui giurisdizione ha sede la commissione che ha adottato l'atto di certificazione.

3
Lavoro autonomo, parasubordinazione e altre forme di lavoro

1 Il lavoro autonomo

1.1 Ambito di operatività

Il **lavoro autonomo** consiste nel compimento di un'**opera** o di un **servizio**, con lavoro prevalentemente proprio, che il lavoratore svolge **senza vincolo di subordinazione**, verso un corrispettivo, nei confronti del committente.

Tale definizione discende dall'**art. 2222 c.c.** che disciplina il *contratto d'opera* cui si applicano le disposizioni successive (**artt. 2223-2228**), riguardanti: l'esecuzione dell'opera, le modalità di determinazione del corrispettivo, le conseguenze nel caso in cui l'opera non sia stata eseguita in modo esatto (difformità e vizi), il recesso unilaterale dal contratto, l'impossibilità sopravvenuta dell'esecuzione dell'opera.

Il lavoro autonomo si pone in linea di principio agli *antipodi* del lavoro subordinato (il primo «senza», il secondo «con» vincolo di subordinazione).

Tuttavia, nella pratica **non sempre è facile differenziare le due fattispecie**: infatti, accade spesso che il rapporto di lavoro si svolge con modalità tali da rendere difficile una netta distinzione.

È comunque *escluso* che la *distinzione* tra lavoro subordinato e autonomo possa basarsi *sul tipo di attività dedotta nel contratto*, posto che qualsiasi attività può essere *indifferentemente oggetto dell'uno o dell'altro tipo di rapporto* (infatti, ciò che ha importanza è la modalità con cui viene svolta).

Inoltre, occorre tenere presente che l'ordinamento consente che il lavoro subordinato possa svolgersi con modalità similari al lavoro autonomo, come nel caso del **lavoro agile**, o smart working, introdotto dal *Jobs Act del lavoro autonomo* (L. 81/2017), o che il lavoro autonomo assuma caratteristiche che lo avvicinano al lavoro subordinato, così da rientrare nell'ambito della cd. **parasubordinazione** (art. 409, n. 3, c.p.c.).

1.2 Il Jobs Act del lavoro autonomo

La **L. 22 maggio 2017, n. 81**, cd. *Jobs Act del lavoro autonomo*, ha introdotto nel nostro ordinamento un complesso di disposizioni dirette ad **ampliare le tutele** dei rapporti di lavoro autonomo.

In particolare, è stato previsto che al lavoratore autonomo spettano i diritti di utilizzazione economica relativi alle **invenzioni** realizzati nell'esecuzione del contratto, salvo il caso in cui l'attività inventiva sia già prevista come oggetto del contratto di lavoro e a tale scopo compensata (art. 4).

Ulteriori tutele riguardano la **gravidanza**, la **malattia** e l'**infortunio** dei lavoratori autonomi che prestano la loro *attività in via continuativa* per il committente (art. 14). Tali eventi *non* comportano l'estinzione del rapporto di lavoro che, su richiesta del lavoratore, *rimane sospeso, senza diritto al corrispettivo, per un periodo non superiore a 150 giorni* per anno solare, salvo che venga meno l'interesse del committente.

In caso di *maternità*, previo consenso del committente, è prevista la possibilità di *sostituzione* delle lavoratrici autonome da parte di altri lavoratori autonomi di fiducia delle lavoratrici stesse, in possesso dei necessari requisiti professionali, nonché dei soci, anche attraverso il riconoscimento di forme di *compresenza* della lavoratrice e del suo sostituto. In caso di *malattia o infortunio* di gravità tale da impedire lo svolgimento dell'attività lavorativa per oltre 60 giorni, il versamento dei contributi previdenziali e dei premi assicurativi è *sospeso* per l'intera durata della malattia o dell'infortunio fino ad un massimo di 2 anni, decorsi i quali sorge l'obbligo di versamento in capo al lavoratore.

In via generale, la L. 81/2017 ha, poi, previsto che sono considerate **abusive e prive di effetto** le clausole:

- che attribuiscono al committente la facoltà di *modificare unilateralmente le condizioni del contratto* o, nel caso di contratto avente ad oggetto una prestazione continuativa, di *recedere da esso senza congruo preavviso*;
- mediante le quali le parti concordano *termini di pagamento superiori a 60 giorni* dalla data di ricevimento da parte del committente della fattura o della richiesta di pagamento.

È inoltre ritenuto abusivo il *rifiuto* del committente di stipulare il *contratto in forma scritta*.

In tutte le predette ipotesi, il lavoratore autonomo ha diritto al *risarcimento dei danni*, anche promuovendo un tentativo di conciliazione mediante gli organismi abilitati.

2 La parasubordinazione

2.1 Ambito di operatività e disciplina

In alcuni casi, il lavoro autonomo può svolgersi con modalità *analoghe* a quelle rinvenibili nel lavoro subordinato.

La collaborazione nell'attività produttiva, che si realizza attraverso forme di *lavoro autonomo* caratterizzate dalla *natura prevalentemente personale della prestazione,* dalla *continuatività* e dalla *coordinazione*, è stata infatti tradizionalmente inquadrata dalla dottrina e dalla giurisprudenza nella cd. **parasubordinazione**.

Il *primo riconoscimento giuridico* di tale categoria è avvenuto con la L. 533/1973 che, modificando l'**art. 409 c.p.c.**, ha esteso le disposizioni sul processo del lavoro anche ai rapporti di *agenzia* e di *rappresentanza commerciale*, nonché a *tutti* gli «*altri rapporti* di *collaborazione* che si concretino in una **prestazione d'opera continuativa e coordinata, prevalentemente personale**, anche se *non a carattere subordinato*», qualificati come rapporti parasubordinati e denominati anche **collaborazioni coordinate e continuative** (cd. **co.co.co.**).

Ai rapporti di lavoro parasubordinato, oltre al rito del lavoro, sono state *estese anche altre norme di tutela* proprie del lavoro subordinato: l'**art. 2113 c.c.**, che stabilisce l'*invalidità delle rinunzie e delle transazioni del lavoratore,* e l'**art. 429 c.p.c.**, che prevede, in caso di condanna del datore di lavoro al pagamento di crediti di lavoro, anche l'obbligo di *risarcimento del danno da svalutazione monetaria* e di corresponsione degli *interessi nella misura legale*.

Tra le ulteriori forme di tutela introdotte anche per i lavoratori parasubordinati vi è quella *previdenziale*: **presso l'INPS** opera un'apposita *gestione* (cd. **gestione separata**) (L. 335/1995) per garantire anche ai lavoratori parasubordinati determinate prestazioni (pensioni di invalidità, vecchiaia e superstiti, indennità di maternità, di paternità, di malattia ecc.). Inoltre, è stata estesa anche ai lavoratori parasubordinati, sussistendo determinati requisiti, la tutela derivante dall'*Assicurazione contro gli infortuni e le malattie professionali* (D.Lgs. 38/2000).

Sul fronte degli *strumenti a sostegno del reddito*, invece, ai collaboratori coordinati e continuativi compete un apposito sussidio denominato DIS-COLL.

Con il *Jobs Act del lavoro autonomo* (L. 81/2017), alcune di tali tutele sono state ulteriormente ampliate, prevedendosi, tra l'altro, il riconoscimento del diritto a percepire l'*indennità di maternità* indipendentemente dalla effettiva astensione dall'attività lavorativa e dettando una nuova *disciplina dei congedi parentali* già riconosciuti dal 2007 (*ex* art. 1, comma 788, L. 296/2006). A tale provvedimento si deve anche l'*equiparazione alla degenza ospedaliera dei periodi di malattia*, certificata come conseguente a trattamenti terapeutici di malattie oncologiche, o di gravi patologie cronico-degenerative ingravescenti o che comunque comportino un'inabilità lavorativa temporanea del 100%.

Un ulteriore rafforzamento delle tutele previdenziali si è avuto con il cd. *decreto tutela lavoro* (D.L. 101/2019 conv. in L. 128/2019) che ha ridotto il *requisito contributivo* per il diritto al congedo di maternità, al congedo parentale e alla DIS-COLL. La riduzione riguarda anche le indennità di malattia e di degenza ospedaliera, per le quali è stato altresì raddoppiato l'importo.

2.2 L'utilizzo fraudolento delle co.co.co.

Le collaborazioni coordinate e continuative hanno trovato amplissima diffusione, in quanto consentono ai datori di lavoro di avvalersi di rapporti pressoché simili al lavoro dipendente, nelle modalità di svolgimento, ma senza i limiti e i vincoli di quest'ultimo (basti pensare, tra tutte, le limitazioni di ordine legale in materia di licenziamento).

Per evitare abusi e per regolamentare in modo adeguato i rapporti di collaborazione coordinata e continuativa, in occasione della riforma operata dal **D.Lgs. 10 settembre 2003, n. 276**, è stato introdotto il *divieto di* stipulare collaborazioni coordinate e continuative che non fossero ricondotte alla *formula contrattuale* del **lavoro a progetto**.

Salvo determinate eccezioni, tutti i rapporti di collaborazione coordinata e continuativa dovevano essere **riconducibili a uno o più progetti** specifici, *determinati dal committente* e gestiti *autonomamente* dal collaboratore.

In pratica, il lavoro a progetto costituiva una *modalità operativa obbligatoria* delle collaborazioni coordinate e continuative che appunto non potevano essere attuate senza l'individuazione per iscritto, nel contratto, di un progetto specifico.

Il **D.Lgs. 81/2015**, nell'ambito di un'ampia riforma delle tipologie contrattuali, ha **abrogato** la disciplina del **lavoro a progetto** che, a partire *dal 25 giugno 2015* (data di entrata in vigore del provvedimento), *non può più essere stipulato*.

3 Le collaborazioni coordinate e continuative

3.1 Disciplina

L'abrogazione del lavoro a progetto *non* ha comportato l'estinzione della fattispecie delle collaborazioni coordinate e continuative. Il D.Lgs. 81/2015, infatti, ha espressamente salvato le previsioni dell'art. 409 c.p.c. (art. 52, comma 2) e quindi i **rapporti di collaborazione coordinata e continuativa**. Peraltro, al fine di meglio individuare le co.co.co. realmente autonome, il Jobs Act del lavoro autonomo (L. 81/2017), nel modificare l'art. 409 c.p.c., ha precisato che le collaborazioni si intendono *coordinate* quando, nel rispetto delle *modalità di coordinamento stabilite di comune accordo dalle parti*, il **collaboratore organizza autonomamente l'attività lavorativa**.

Si applica, invece, la disciplina del lavoro subordinato quando i rapporti di collaborazione si concretino in prestazioni di lavoro *prevalentemente* personali; *continuative* e le cui modalità di esecuzione sono *organizzate dal committente*. Ferme queste caratteristiche, la disciplina del lavoro subordinato si applica *anche qualora* le modalità di esecuzione siano organizzate mediante *piattaforme anche digitali* (art. 2, comma 1, D.Lgs. 81/2015): si fa riferimento alle collaborazioni dei cd. «**riders**», cioè dei lavoratori che svolgono attività di consegna di beni per conto altrui, in ambito urbano e con l'ausilio di velocipedi o veicoli a motore.

I tre requisiti richiesti dalla normativa vigente **devono tutti ricorrere** perché si possa applicare la disciplina del lavoro subordinato ed è stato chiarito che (circ. INL 30-10-2020, n. 7):

— il fatto che le collaborazioni debbano essere *prevalentemente personali* comporta che rientrano nell'ambito di applicazione dell'art. 2, comma 1, D.Lgs. 81/2015, per un verso, le prestazioni svolte *con*

l'ausilio di altri soggetti, per altro verso, quelle prestazioni rese *mediante l'utilizzo di strumentazione o mezzi nella disponibilità del collaboratore*;
- una collaborazione si connota per la sua *continuità* quando, per essere di utilità per il committente, deve *ripetersi in un determinato ed apprezzabile arco temporale* e tale caratteristica può evincersi anche dal *perdurare dell'interesse del committente al ripetersi della prestazione lavorativa* (senza la predeterminazione di un arco temporale) da parte del collaboratore, in modo da *escludere l'episodicità*;
- anche dopo l'abrogazione del riferimento ai tempi e al luogo di lavoro, tuttavia, tali parametri rimangono *elementi di raffronto di assoluto rilievo* per l'individuazione di una collaborazione organizzata dal committente.

Il legislatore ha dunque individuato taluni elementi *sintomatici* e idonei a svelare possibili fenomeni *elusivi* delle tutele previste dalla legge e, quindi, ha stabilito che quando l'etero-organizzazione, accompagnata dalla personalità e dalla continuità della prestazione, è marcata al punto da rendere il collaboratore comparabile ad un lavoratore dipendente, si impone una protezione *equivalente* e, quindi, il «rimedio» dell'applicazione della disciplina del lavoro subordinato.

3.2 Esclusioni

L'applicazione della disciplina del lavoro subordinato, pur in presenza delle caratteristiche individuate dall'art. 2 D.Lgs. 81/2015, è **esclusa** per:
- le collaborazioni per le quali la *contrattazione collettiva* prevede discipline specifiche riguardanti il *trattamento economico e normativo*, in ragione delle *particolari esigenze produttive* ed *organizzative* del relativo settore;
- le collaborazioni prestate nell'esercizio di *professioni intellettuali* per le quali è necessaria l'iscrizione in appositi albi professionali;
- le attività prestate nell'esercizio della loro funzione dai componenti degli *organi di amministrazione* e *controllo delle società* e dai partecipanti a *collegi* e *commissioni*;
- le collaborazioni rese a *fini istituzionali* in favore delle *associazioni* e *società sportive dilettantistiche* affiliate alle *federazioni sportive nazionali*, alle discipline sportive associate e agli *enti di promozione sportiva* riconosciuti dal CONI;
- le collaborazioni prestate nell'ambito della produzione e della realizzazione di *spettacoli* da parte di fondazioni;
- le collaborazioni degli operatori che prestano le attività di cui alla L. 74/2001 (*attività svolta dal Corpo nazionale soccorso alpino e speleologico*).

4 Il lavoro tramite piattaforme digitali: la tutela dei *riders* che svolgono prestazioni di lavoro autonomo

4.1 Ambito di operatività

Il **D.L. 101/2019 conv. in L. 128/2019** ha introdotto, nell'ambito del D.Lgs. 81/2015, una serie di disposizioni dedicate al *lavoro tramite piattaforme digitali* per assicurare livelli minimi di tutela per i **lavoratori autonomi che svolgono attività di consegna di beni per conto altrui** (cd. *riders*), in ambito urbano e con l'ausilio di velocipedi o veicoli a motore, attraverso *piattaforme anche digitali* (art. 47bis e ss.).

Si considerano *piattaforme digitali* i programmi e le procedure informatiche utilizzati dal committente che, indipendentemente dal luogo di stabilimento, sono *strumentali* alle attività di consegna di beni, fissandone il *compenso* e determinando le *modalità di esecuzione della prestazione* (art. 47bis, comma 2, D.Lgs. 81/2015).

La disciplina in esame trova, tuttavia, applicazione solo in via **residuale**, qualora il rapporto non presenti le caratteristiche sopra esaminate di etero-organizzazione (e di continuità) di cui all'art. 2, comma 1, del D.Lgs. 81/2015, che invece comporta, come visto, l'applicazione della disciplina del rapporto di lavoro subordinato.

La legge, in sostanza, ha previsto in favore dei riders **tutele differenziate**, a seconda che la loro attività sia riconducibile alla nozione generale di collaborazione coordinata e continuativa etero-organizzata ovvero a quella di lavoro autonomo occasionale (fatta salva, comunque, ricorrendone i presupposti, la possibilità che l'attività sia riconducibile al lavoro subordinato ex art. 2094 c.c.). Quindi, nel caso in cui i riders, per le *concrete modalità operative*, lavorino in via *continuativa* e con attività *prevalentemente personale*, secondo *modalità esecutive definite dal committente attraverso la piattaforma*, sarà applicabile l'art. 2 del D.Lgs. 81/2015. Nel caso in cui, invece, i riders lavorino *in assenza delle condizioni di subordinazione* e dei requisiti previsti dal citato art. 2 e svolgano una prestazione di carattere *occasionale*, cioè *priva del carattere della continuità*, troveranno applicazione gli art. 47bis ss. del medesimo decreto legislativo (circ. Min. Lav. 19-11-2020, n. 17).

Al fine di individuare i casi in cui sia possibile configurare un **genuino rapporto di lavoro autonomo** e quelli in cui, invece, trovi applicazione la disciplina sulle collaborazioni etero-organizzate, è stato osservato che (circ. INL 30-10-2020, n. 7):

- ricadono nello schema delle collaborazioni etero-organizzate le ipotesi in cui, anche attraverso le piattaforme digitali, **il committente realizzi l'integrazione della prestazione del collaboratore nella propria organizzazione d'impresa**, intervenendo *unilateralmente* nella *determinazione delle modalità esecutive* della stessa, senza quasi lasciare spazio d'intervento alla discrezionalità del **collaboratore** il quale, manifestata la propria disponibilità in ordine all'esecuzione della prestazione, è **vincolato a seguire le indicazioni predeterminate dal committente** in relazione alla fase esecutiva del rapporto;
- le ipotesi di *lavoro autonomo* disciplinate dagli artt. 47bis ss. del D.Lgs. 81/2015, invece, appaiono caratterizzate da un **maggiore grado di autonomia decisionale da parte del collaboratore in ordine alle modalità esecutive delle prestazioni** le quali, pur con l'utilizzo di piattaforme digitali, dovrebbero essere connotate dall'*autonomia organizzativa* e *decisionale* normalmente propria dei prestatori d'opera (art. 2222 c.c.), nonché dall'*assenza della continuità* della prestazione.

Al fine di **distinguere**, dunque, tra **riders etero-organizzati** (art. 2, comma 1, D.Lgs. 81/2015) e **riders autonomi** (art. 47bis ss. D.Lgs. 81/2015), è opportuno effettuare una *valutazione complessiva* che tenga conto, contestualmente, dell'*aspetto organizzativo* della prestazione e del *carattere di continuità* della stessa.

4.2 Norme minime di tutela

Il **compenso** del lavoratore deve essere determinato in base a criteri, stabiliti in sede di contrattazione collettiva dalle organizzazioni sindacali e datoriali comparativamente più rappresentative a livello nazionale, che tengano conto delle *modalità di svolgimento della prestazione* e dell'*organizzazione del committente*. In mancanza di contratti collettivi, i lavoratori **non possono essere retribuiti in base alle consegne effettuate** dovendo essere garantito un **compenso minimo orario**, parametrato ai *minimi tabellari*, stabiliti da contratti collettivi nazionali di *settori affini* o *equivalenti*.

All'interno della delega alla contrattazione collettiva *non* rientra la facoltà di fissare il compenso dei riders *facendo esclusivo riferimento alle consegne effettuare da ogni singolo rider*, senza il rispetto di nessun criterio (cottimo puro), sicché tale forma di retribuzione deve ritenersi sempre vietata (circ. Min. Lav. 17/2020) .

Inoltre, deve essere loro garantita un'**indennità integrativa**, non inferiore al *10%*, per il lavoro svolto *di notte*, *durante le festività* o *in condizioni meteorologiche sfavorevoli* (art. 47quater D.Lgs. 81/2015).

I **contratti di lavoro** devono essere *provati per iscritto* e i lavoratori devono ricevere ogni *informazione* utile per la tutela dei loro interessi, dei loro diritti e della loro sicurezza. In caso di *violazione*, il lavoratore ha diritto a un'**indennità risarcitoria** (art. 47ter D.Lgs. 81/2015).

Ai *riders* si applica, inoltre, la **copertura assicurativa obbligatoria contro gli infortuni sul lavoro e le malattie professionali** e, a tal fine, il committente è tenuto a tutti gli *adempimenti del datore di lavoro*, nonché al rispetto delle disposizioni in materia di *salute e sicurezza sul lavoro* (art. 47septies D.Lgs. 81/2015).

5 Il lavoro gratuito

In generale è **esclusa l'ammissibilità del lavoro gratuito**, poiché l'eventuale accordo volto a eliminare qualsiasi tipo di compenso per l'attività prestata dal lavoratore subordinato è *invalido*, e viene automaticamente *sostituito* con la previsione del diritto alla retribuzione minima prevista dal contratto collettivo applicabile al rapporto di lavoro.

Un accordo del genere è legittimo solo se l'attività viene svolta gratuitamente in virtù di un *vincolo di cortesia*, affetto o compiacenza (*affectionis causa*) o anche perché vi è un *rilevante interesse* del prestatore, che può consistere nello *scopo di solidarietà* per cui è svolto il lavoro.

L'esempio tipico sotto il primo aspetto è il **lavoro familiare** instaurato tra soggetti che sono *legati da un vincolo di parentela o di affinità*. Esso **si presume gratuito**, salvo *prova contraria*, poiché si ritiene che venga prestato *affectionis causa*, cioè quale corrispettivo dell'assistenza ricevuta o come attività dovuta nell'interesse della famiglia.

Il lavoro familiare è quindi escluso non solo dall'ambito del lavoro subordinato, ma anche da quello del lavoro in genere.

Un ulteriore esempio di lavoro gratuito, è l'attività svolta dal **volontario**, per sua *libera scelta, in favore della comunità e del bene comune*, anche per il tramite di un ente del Terzo settore, mettendo a disposizione il proprio tempo e le proprie capacità per *promuovere risposte ai bisogni delle persone* e delle comunità beneficiarie della sua azione, in **modo personale, spontaneo e gratuito**, senza fini di lucro, neanche indiretti, ed *esclusivamente per fini di solidarietà* (art. 17, comma 2, D.Lgs. 117/2017). L'attività di volontariato *non può*, quindi, *essere retribuita* in alcun modo nemmeno dal beneficiario.

Sono enti del *Terzo settore*: le *organizzazioni di volontariato*, le *associazioni di promozione sociale*, gli *enti filantropici*, le *imprese sociali*, incluse le cooperative sociali, le *reti associative*, le *società di mutuo soccorso*, le *associazioni*, riconosciute o non riconosciute, le *fondazioni* e gli altri *enti di carattere privato diversi dalle società* costituiti per il **perseguimento, senza scopo di lucro, di finalità civiche, solidaristiche e di utilità sociale mediante lo svolgimento, in via esclusiva o principale, di una o più attività di interesse generale** (es. interventi e prestazioni sanitarie) in forma di azione volontaria o di erogazione gratuita di denaro, beni o servizi, o di mutualità o di produzione o scambio di beni o servizi, ed iscritti nel registro unico nazionale del Terzo settore (art. 4, comma 1, D.Lgs. 117/2017).

Al volontario possono essere rimborsate dall'ente del Terzo settore tramite il quale svolge l'attività soltanto le spese effettivamente sostenute e documentate per l'attività prestata, entro limiti massimi e alle condizioni preventivamente stabilite dall'ente medesimo. Sono in ogni caso vietati rimborsi spese di tipo forfetario.

La qualità di volontario è *incompatibile con qualsiasi forma di rapporto di lavoro subordinato o autonomo* e con ogni altro rapporto di lavoro retribuito con l'ente di cui il volontario è socio o associato o tramite il quale svolge la propria attività volontaria, fatta eccezione per specifiche ipotesi previste dalla legge (art. 17, comma 5, D.Lgs. 117/2017).

I lavoratori subordinati che intendano svolgere attività di volontariato in un ente del Terzo settore hanno diritto di usufruire delle *forme di flessibilità di orario di lavoro* o delle *turnazioni* previste dai contratti o dagli accordi collettivi, compatibilmente con l'organizzazione aziendale (art. 17, comma 6bis, D.Lgs. 117/2017).

6 Il lavoro nell'impresa sociale

In virtù del **D.Lgs. 3 luglio 2017, n. 112** che, in attuazione della delega per la *riforma del Terzo settore* (L. 106/2016), ne ha rivisto la disciplina, possono acquisire la qualifica di **impresa sociale** tutti gli enti privati che *esercitano in via stabile e principale un'attività d'impresa di interesse generale, senza scopo di lucro e per finalità civiche, solidaristiche e di utilità sociale* (art. 1).

Il legislatore considera di *interesse generale* le attività d'impresa aventi ad oggetto: *interventi e servizi sociali; interventi e prestazioni sanitarie; educazione, istruzione e formazione professionale, nonché le attività culturali di interesse sociale con finalità educativa; formazione universitaria e post-universitaria; ricerca scientifica di particolare interesse sociale; organizzazione e gestione di attività culturali, artistiche o ricreative; servizi finalizzati all'inserimento o al reinserimento nel mercato del lavoro*; ecc. (art. 2 D.Lgs. 112/2017).

Alle *imprese sociali* si applicano — in quanto compatibili con le disposizioni del D.Lgs. 112/2017 — *le norme del codice del terzo settore di cui al D.Lgs. 117/2017* e, in mancanza e per gli aspetti non disciplinati, le norme del codice civile e le relative disposizioni di attuazione concernenti la forma giuridica in cui l'impresa sociale è costituita (art. 1, comma 5, D.Lgs. 112/2017).

I lavoratori operanti nell'impresa sociale hanno diritto ad un *trattamento economico e normativo non inferiore* a quello previsto dai contratti collettivi (art. 13, comma 1, D.Lgs. 112/2017).

Inoltre, devono essere previste adeguate *forme di coinvolgimento* dei lavoratori ovvero meccanismi di *consultazione o di partecipazione* mediante il quale i lavoratori siano posti in grado di esercitare un'*influenza sulle decisioni dell'impresa sociale*, con particolare riferimento alle questioni che incidano direttamente sulle condizioni di lavoro e sulla qualità dei beni o dei servizi.

Nelle imprese sociali è ammessa la prestazione di attività di volontariato; tuttavia, tali prestazioni **possono essere utilizzate in misura complementare e non sostitutiva** rispetto ai parametri di impiego di operatori professionali previsti dalle disposizioni vigenti (art. 13, comma 2bis, D.Lgs. 112/2017).

7 Le prestazioni occasionali

7.1 Disciplina

Le prestazioni di **lavoro occasionali** sono disciplinate dall'**art. 54bis D.L. 50/2017** conv. in **L. 96/2017** e sono state introdotte al fine di *colmare il vuoto normativo* venutosi a creare con l'*abrogazione del lavoro accessorio*, che costituiva una *particolare modalità lavorativa, non riconducibile né al lavoro subordinato né al lavoro autonomo*, in cui la prestazione di lavoro veniva *acquistata* dall'*utilizzatore* mediante i buoni lavoro, cd. *voucher*, da consegnare poi al lavoratore consentendogli di ricevere il compenso.

Per prestazioni di **lavoro occasionali** si intendono le attività lavorative che danno luogo, nel corso di un *anno civile*:

- per ciascun prestatore, con riferimento alla *totalità degli utilizzatori*, a compensi di *importo complessivamente non superiore a € 5.000*;
- per ciascun utilizzatore, con riferimento alla *totalità dei prestatori*, a compensi di *importo complessivamente non superiore a € 5.000*;
- per le *prestazioni complessivamente rese da ogni prestatore* in favore del medesimo utilizzatore, a *compensi di importo non superiore a € 2.500*.

La L. 205/2017 (cd. *legge di bilancio 2018*) ha compreso nelle prestazioni di lavoro occasionale anche le attività degli *steward* (*ex* D.M. 8 agosto 2007) svolte nei *confronti di società sportive* (ex L. 91/1981) per compensi di importo complessivo non superiore a € 5.000.

Ai fini del *computo del limite dei compensi* per ciascun utilizzatore con riferimento alla totalità dei prestatori, i compensi per prestazioni di lavoro occasionali rese da determinati soggetti (es. percettori di prestazioni di sistegno del reddito) sono considerati nella *misura del 75% del loro importo*.

Prestazioni di lavoro occasionali **non sono consentite** da parte di soggetti che *abbiano in corso o abbiano cessato* da *meno di 6 mesi* un *rapporto di lavoro subordinato* o di *co.co.co.* con l'utilizzatore.

È inoltre previsto un limite di durata della prestazione pari a *280 ore* nell'arco dello stesso anno civile.

La fruizione delle prestazioni occasionali è possibile mediante un'apposita **piattaforma informatica INPS** alla quale gli utilizzatori e i prestatori devono registrarsi per svolgere i relativi adempimenti.

Mediante la piattaforma INPS, vengono gestite le operazioni di *erogazione* e di *accreditamento dei compensi* e di valorizzazione della *posizione contributiva* dei prestatori attraverso un *sistema di pagamento elettronico*.

I prestatori, all'atto della propria registrazione nella piattaforma informatica INPS, devono **autocertificare** l'eventuale appartenenza ad una delle seguenti categorie:

— titolari di *pensione di vecchiaia o di invalidità*;
— *giovani con meno di 25 anni di età*, se *regolarmente iscritti a un ciclo di studi* presso un istituto scolastico di qualsiasi ordine e grado ovvero a un ciclo di studi presso l'università;
— persone disoccupate, ai sensi dell'art. 19 del D.Lgs. 150/2015;
— percettori di prestazioni integrative del salario ovvero di altre prestazioni di sostegno del reddito.

Dunque, è la registrazione nella procedura informatica del possesso di uno degli *status* sopra indicati che consentirà all'utilizzatore di computare, come detto prima, nella misura del **75%**, gli importi dei compensi erogati a favore dei prestatori appartenenti alle categorie sopra indicate (circ. INPS 17-10-2018, n. 103).

Per prestazioni da rendere poi a favore di imprese del **settore agricolo**, il prestatore è tenuto ad *autocertificare*, nella piattaforma informatica, di *non essere stato iscritto nell'anno precedente* negli elenchi anagrafici dei lavoratori agricoli (art. 54bis, comma 8bis, D.L. 50/2017).

I prestatori, pertanto, sono tenuti ad **aggiornare tempestivamente la propria scheda anagrafica** indicando il proprio *status* giuridico.

Nel limite delle somme previamente acquisite, è l'INPS che provvede al pagamento del compenso attraverso accredito delle spettanze su conto corrente del prestatore.

Tuttavia, *a richiesta del prestatore* espressa all'atto della registrazione nella piattaforma informatica INPS, **il pagamento del compenso può essere effettuato**, decorsi 15 giorni dal momento in cui la dichiarazione relativa alla prestazione lavorativa inserita nella procedura informatica è divenuta irrevocabile, **tramite qualsiasi sportello postale** a fronte della generazione e presentazione di univoco mandato ovvero di autorizzazione di pagamento emesso dalla piattaforma informatica INPS, stampato dall'utilizzatore e consegnato al prestatore, che identifica le *parti*, il *luogo*, la *durata* della prestazione e l'*importo* del corrispettivo. Gli oneri del pagamento del compenso riferiti a tale modalità sono a carico del prestatore (art. 54bis, comma 19, D.L. 50/2017 conv. in L. 96/2017).

A tutela del prestatore di lavoro occasionale, il legislatore ha stabilito il diritto al *riposo giornaliero*, alle *pause* e ai *riposi settimanali*.

Il lavoro occasionale si trasforma in un **rapporto di lavoro a tempo pieno e indeterminato** nell'ipotesi in cui venga *superato il limite di durata di 280 ore* e nel caso di *prestazioni complessivamente rese da ogni prestatore in favore del medesimo utilizzatore* che danno luogo *a compensi di importo superiore a € 2.500*.

Si applica, invece, una *sanzione amministrativa* pecuniaria nel caso di violazione dell'obbligo di comunicazione previsto per il contratto di prestazione occasionale e nel caso in cui lo stesso sia stipulato contravvenendo ai divieti di ricorso al contratto medesimo previsti dalla norma in esame (salvo eccezioni previste dalla legge per l'imprenditore agricolo).

7.2 Acquisizione delle prestazioni occasionali: il Libretto di famiglia (LF) e il contratto di prestazione occasionale (CPO)

Le prestazioni di lavoro occasionali possono essere *acquisite* secondo due distinte modalità: il **Libretto famiglia** (LF) — ovvero un *libretto nominativo prefinanziato* funzionale al pagamento delle prestazioni occasionali — e il **Contratto di prestazione occasionale** (CPO).

In particolare, possono ricorrere alle prestazioni occasionali mediante il Libretto di famiglia le *persone fisiche* non nell'esercizio dell'attività professionale o d'impresa.

Si tratta, in sostanza, delle *famiglie* che possono utilizzare tale modalità di lavoro per i lavori occasionali individuati dallo stesso legislatore, ad esempio: *piccoli lavori domestici*, compresi *lavori di giardinaggio*, di *pulizia* o di *manutenzione*; *assistenza domiciliare* ai bambini e alle persone anziane, ammalate o con disabilità; *insegnamento privato supplementare*.

In virtù della L. 205/2017 (legge di bilancio 2018), il Libretto di Famiglia può essere utilizzato anche dalle società sportive.

Ciascun Libretto Famiglia contiene **titoli di pagamento**, il cui valore nominale è fissato in € 10, utilizzabili per compensare *prestazioni di durata non superiore a un'ora*.

Il Libretto Famiglia può essere acquistato attraverso la piattaforma informatica INPS o presso gli uffici postali.

L'utilizzatore, entro il giorno 3 del mese successivo allo svolgimento della prestazione, deve comunicare i dati identificativi del prestatore, il compenso pattuito, il luogo di svolgimento e la durata della prestazione, nonché ogni altra informazione necessaria ai fini della gestione del rapporto.

Tutti gli altri utilizzatori, per i quali non è previsto il Libretto Famiglia (sostanzialmente i liberi professionisti e gli imprenditori), accedono, con modalità semplificate, alle *prestazioni di lavoro occasionali o saltuarie* di *ridotta entità* mediante il **Contratto di prestazione occasionale**.

Per l'**attivazione del contratto** l'utilizzatore deve versare — anche tramite un intermediario (consulente del lavoro), ferma restando la responsabilità dell'utilizzatore medesimo — attraverso la piattaforma informatica INPS, le somme utilizzabili per compensare le prestazioni (art. 54bis, comma 15, D.L. 50/2017 conv. in L. 96/2017).

La *misura minima oraria* del compenso è pari a 9 euro. L'utilizzatore, inoltre, deve comunicare almeno un'ora prima dell'inizio della prestazione, informazioni dettagliate circa l'identificazione del prestatore e della prestazione di lavoro — dati anagrafici ed identificativi del prestatore; luogo di svolgimento della prestazione e oggetto della stessa; data e ora di inizio e termine della prestazione ovvero (se si tratta di *imprenditore agricolo*, di *azienda alberghiera* o *struttura ricettiva che opera nel settore del turismo* o di *ente locale*); data di inizio e monte orario complessivo presunto con riferimento ad un arco temporale non superiore a 10 giorni; compenso pattuito per la prestazione (art. 54bis, comma 17, D.L. 50/2017 conv. in L. 96/2017).

Il Contratto di prestazione occasionale non può essere attivato da una serie di utilizzatori tra cui quelli che hanno alle proprie dipendenze *più di 5 lavoratori subordinati a tempo indeterminato* (art. 54bis, comma 14, D.L. 50/2017 conv. in L. 96/2017).

Il Decreto Dignità ha però previsto un'*eccezione per le aziende alberghiere e per le strutture ricettive che operano nel settore del turismo*, in relazione alle attività lavorative rese da determinati soggetti (es. giovani con meno di 25 anni, se regolarmente iscritti a un ciclo di studi presso un istituto scolastico di qualsiasi ordine e grado ovvero a un ciclo di studi presso l'università), le quali possono avere alle proprie dipendenze *fino a 8 lavoratori*.

4
La disciplina dei contratti di lavoro speciali

1 Il concetto di specialità

Nel presente Capitolo, verranno trattati alcuni contratti la cui **specialità** deriva:
- dalla *durata* della prestazione lavorativa, come nel contratto a tempo *determinato*;
- dalla *causa* del rapporto, che può essere arricchita di ulteriori elementi rispetto al normale scambio tra prestazione di lavoro e retribuzione. Tali sono i rapporti di lavoro a *contenuto formativo*, quale l'*apprendistato*;
- dal *contesto* in cui la prestazione di lavoro è resa (*lavoro domestico, lavoro a domicilio* e *telelavoro*) o dalla *tipologia di attività* dedotta in contratto (*lavoro subordinato sportivo*).

2 Il contratto di lavoro a tempo determinato

2.1 Funzione e disciplina

L'apposizione di un **termine finale** alla durata del contratto fa sì che il rapporto di lavoro subordinato sia sottoposto ad una *scadenza* prestabilita. In tal caso il contratto di lavoro è definito *a tempo determinato* poiché, al verificarsi del termine, il rapporto di lavoro si **estingue automaticamente**. In ciò si sostanzia la principale *differenza* rispetto al lavoro subordinato a tempo indeterminato, destinato per sua natura a proseguire nel tempo, finché una delle parti non eserciti il recesso.

Il contratto di lavoro a tempo determinato, da sempre, ha rappresentato, per sua natura, un'*eccezione* al contratto a tempo indeterminato, che costituisce la forma *normale e storicamente prevalente del lavoro subordinato*. La **regolamentazione** è stata caratterizzata da continue **modificazioni**, ora in senso più *restrittivo*, in ossequio al predetto principio della *normalità* del contratto a tempo indeterminato, ora invece in senso più *permissivo*, nell'intento di contrastare la disoccupazione attraverso la *flessibilità* nella durata del rapporto di lavoro.

Attualmente, la disciplina del lavoro a termine è contenuta nel **D.Lgs. 81/2015** (artt. 19-29) e succ. modif.

2.2 Legittimità delle assunzioni a termine

Nelle imprese con organico *maggiore di 5 dipendenti*, il numero complessivo di contratti a termine stipulati non può superare il **20% dei dipendenti**, ferme restando eventuali *differenti* previsioni della contrattazione collettiva.

Il limite del 20% va calcolato con riferimento al totale dei lavoratori *a tempo indeterminato* in forza al 1° gennaio dell'anno di assunzione. In caso di *violazione* del limite percentuale, il datore di lavoro è soggetto a *sanzioni amministrative di natura pecuniaria*: per ogni lavoratore assunto in eccedenza, la sanzione è pari al 50% della retribuzione del lavoratore (la percentuale è ridotta al 20% se si tratta di un solo lavoratore in più). È espressamente *esclusa*, comunque, la *trasformazione in contratti a tempo indeterminato*.

Per le imprese che occupano *fino a 5* dipendenti, invece, è sempre possibile stipulare un contratto di lavoro a tempo determinato.

Tuttavia, vi sono casi in cui *non* si applica alcun limite quantitativo come, ad esempio, in caso di assunzioni effettuate: in fase di *avvio di nuove attività*; per specifici *programmi* radiofonici o televisivi o per la produzione di specifiche opere audiovisive; per ragioni di carattere *sostitutivo* o di *stagionalità*; con *lavoratori di età superiore a 50 anni*; ai contratti di lavoro a tempo determinato stipulati per la realizzazione e il monitoraggio di *iniziative di cooperazione allo sviluppo* di cui alla L. 125/2014 (art. 23, commi 2-3, D.Lgs. 81/2015).

Per la legittimità delle assunzioni a termine è posto l'obbligo della **forma scritta** del contratto, che deve riportare il **termine** di scadenza del rapporto. In *mancanza* di forma scritta, l'apposizione del termine è **priva di effetto** e il lavoratore si intende **assunto a tempo indeterminato**.
L'*onere della forma scritta* non è richiesto nel caso di rapporti di lavoro di *durata non superiore a 12 giorni*.

È vietato il ricorso ad assunzioni a tempo determinato, con conseguente trasformazione del contratto in contratto a tempo indeterminato (art. 20, D.Lgs. 81/2015):

- per la sostituzione di lavoratori che esercitano il diritto di **sciopero**;
- presso unità produttive nelle quali si sia proceduto, entro i 6 mesi precedenti, a **licenziamenti collettivi** (L. 223/1991), che abbiano riguardato lavoratori adibiti alle stesse mansioni cui si riferisce il contratto di lavoro a tempo determinato salvo eccezioni previste dalla legge (es. il contratto sia concluso per sostituire *lavoratori assenti* o abbia una durata *non superiore a 3 mesi*);
- presso unità produttive nelle quali sia operante una *sospensione dei rapporti* o una riduzione dell'orario in regime di **integrazione salariale**, che interessino lavoratori adibiti alle mansioni cui si riferisce il contratto a termine;
- da parte delle imprese che non abbiano effettuato la **valutazione dei rischi** per la sicurezza sul lavoro.

2.3 Limite massimo di durata del contratto a termine

Al contratto di lavoro **non** può essere apposto un termine di **durata superiore a 12 mesi**; tuttavia, il contratto *può* avere una durata superiore, comunque *non eccedente i 24 mesi*, soltanto in presenza di *almeno una* delle seguenti **condizioni** (causali) (art. 19, comma 1, D.Lgs. 81/2015):

1. esigenze *temporanee e oggettive*, estranee all'ordinaria attività ovvero esigenze di *sostituzione di altri lavoratori*;
2. esigenze *connesse a incrementi temporanei*, significativi e non programmabili, dell'attività ordinaria;
3. *specifiche esigenze* previste dai *contratti collettivi* nazionali, territoriali o aziendali, stipulati da associazioni sindacali comparativamente più rappresentative sul piano nazionale e dai contratti collettivi aziendali stipulati dalle loro rappresentanze sindacali aziendali ovvero dalla rappresentanza sindacale unitaria.

Quest'ultima causale (art. 19, comma 1, lett. *b-bis)*, D.Lgs. 81/2015) è stata introdotta dal **decreto Sostegni-bis** (art. 41bis D.L. 73/2021, conv. in L. 106/2021).
In particolare, è richiesto che tali esigenze siano **specifiche**: è necessario, cioè, che i contratti collettivi individuino ipotesi *concrete*, senza utilizzare formulazioni generiche (es. ragioni «di carattere tecnico, produttivo, organizzativo»), che richiedano ulteriori declinazioni all'interno del contratto individuale (nota INL 14 settembre 2021, n. 1363).

Il decreto Sostegni-bis, inoltre, ha previsto che il termine di durata superiore a 12 mesi, ma comunque non eccedente 24 mesi, può essere apposto ai contratti di lavoro subordinato qualora si verifichino le specifiche esigenze previste dai suddetti contratti collettivi di lavoro **fino al 30 settembre 2022** (art. 19, comma 1.1., D.Lgs. 81/2015).

A differenza della prima novità legislativa di cui all'art. 19, comma 1, lett. *b-bis)*, D.Lgs. 81/2015, che *sembra* avere carattere *strutturale*, la novità di cui all'art. 19, comma 1.1., D.Lgs. 81/2015 evidenzia una «parziale provvisorietà», in quanto è prevista la possibilità di stipulare contratti a termine **di durata iniziale superiore ai 12 mesi**, secondo le esigenze specifiche individuate dalla contrattazione collettiva, solo *fino al 30 settembre 2022*. Dunque, la **limitazione temporale** è stata introdotta **in relazione al primo contratto a termine tra le parti** (nota INL 1363/2021).

Dopo il 30 settembre 2022, quindi, sarà possibile stipulare un **primo** contratto a termine, di durata superiore a 12 mesi, solo per esigenze *temporanee e oggettive*, estranee all'ordinaria attività; per esigenze di *sostituzione di altri lavoratori* e per esigenze connesse a *incrementi* temporanei, significativi e non programmabili, dell'attività ordinaria (art. 19, comma 1, lett. *a)* e *b)*, D.Lgs. 81/2015).

Per quanto riguarda la **durata dei rapporti di lavoro a tempo determinato** intercorsi tra lo stesso datore di lavoro e lo stesso lavoratore, per effetto di una *successione di contratti* — conclusi per lo svolgimento di *mansioni di pari livello e categoria legale* e indipendentemente dai periodi di interruzione tra un contratto e l'altro — essa **non può superare i 24 mesi**. Sono fatte, tuttavia, salve le diverse disposizioni dei contratti collettivi e, comunque, il suddetto limite massimo *non si applica alle attività stagionali* (art. 19, comma 2, D.Lgs. 81/2015).

Le deroghe alla disciplina del contratto a termine stabilite per le attività stagionali dagli artt. 19 e ss. del D.Lgs. 81/2015 trovano applicazione *anche in riferimento alle ipotesi di stagionalità individuate dal CCNL di settore* (nota INL 10-3-2021, n. 413).

Ai fini del computo del suddetto periodo, **si tiene conto anche dei periodi di missione** aventi ad oggetto *mansioni di pari livello e categoria legale*, svolti tra i *medesimi soggetti*, nell'ambito di **somministrazioni di lavoro a tempo determinato**.

Qualora il limite di 24 mesi venga superato — per effetto di un unico contratto o di una successione di contratti — è prevista la **trasformazione** del contratto a tempo determinato **in contratto a tempo indeterminato** a partire dalla data di tale superamento (art. 19, comma 2, D.Lgs. 81/2015).

Raggiunto il limite massimo di durata del contratto a termine, le stesse parti possono stipulare un ulteriore contratto — della durata massima di 12 mesi — **presso la sede territoriale dell'Ispettorato del lavoro** (art. 19, comma 3) (stipula in deroga assistita). Laddove il datore di lavoro e il lavoratore, tuttavia, sottoscrivano *ex novo* un contratto a termine che prevede un **inquadramento differente** rispetto al precedente contratto a termine sottoscritto tra le medesime parti, **non vi è la necessità** di avanzare istanza di **deroga assistita** (nota INL 19-5-2021, n. 804). In caso di mancato rispetto della descritta procedura, nonché di superamento del termine stabilito nel medesimo contratto, questo si trasforma in contratto a tempo indeterminato dalla data della stipulazione (art. 19, comma 3, D.Lgs. 81/2015).

2.4 Rinnovi e proroghe

Il datore di lavoro può rinnovare o prorogare il contratto di lavoro; la **differenza tra rinnovo e proroga** consiste nel fatto che:

- con il *rinnovo*, alla scadenza del contratto, viene stipulato uno **nuovo e distinto contratto** di lavoro, con il quale il lavoratore viene *riassunto*;
- la *proroga*, invece, consiste in una **continuazione del contratto in corso**; essa, infatti, interviene prima della scadenza dello stesso.

Il regime dei rinnovi e delle proroghe è contenuto nell'art. 21 del D.Lgs. 81/2015 secondo cui:

- il contratto può essere **rinnovato** solo in presenza di una causale (art. 19, comma 1, D.Lgs. 81/2015);
- il contratto può essere invece **prorogato liberamente** entro 12 mesi; successivamente è richiesta l'indicazione della causale.

Dunque, mentre in caso di proroga sono richieste le causali previste dalla legge solo se la proroga supera i 12 mesi, in caso di *rinnovo*, le *causali* sono *sempre necessarie* (anche per i contratti di durata inferiore a 12 mesi).

A tal proposito, ricordiamo che la modifica alla disciplina delle causali ha *influito* indirettamente *anche sulle norme che regolano gli istituti del rinnovo* e della *proroga* del contratto a termine, e ciò in base all'espresso rinvio che l'art. 21, comma 01, del D.Lgs. 81/2015 fa al comma 1 dell'art. 19 del medesimo decreto legislativo. Alla luce della disciplina vigente, è quindi **possibile rinnovare o prorogare un contratto a termine anche per esigenze specifiche individuate dalla contrattazione collettiva**. Tra l'altro, le regole in materia di rinnovi e proroghe *non* sono *condizionate temporalmente al 30 settembre 2022*. In altri termini, anche dopo tale data, sarà possibile prorogare e rinnovare un contratto a termine *anche per esigenze specifiche individuate dai contratti collettivi*: questo perché il cit. art. 21 rinvia soltanto al comma 1 dell'art. 19 cit., senza fare riferimento al nuovo comma 1.1 (nota INL 1363/2021).

Nel caso di violazione delle disposizioni appena riportate, il contratto a termine si *trasforma in contratto a tempo indeterminato*, fatta eccezione per i contratti per attività stagionali (che, infatti, possono essere rinnovati o prorogati anche in assenza delle condizioni di cui all'art. 19, comma 1, D.Lgs. 81/2015).

Ferme queste considerazioni generali, l'art. 21 prevede, poi, che il termine del contratto a tempo determinato può essere prorogato, con il consenso del lavoratore, solo quando:

— la **durata iniziale del contratto sia inferiore a 24 mesi**;
— per un **massimo di 4 volte nell'arco di 24 mesi** a prescindere dal numero dei contratti.

Qualora il numero delle proroghe sia superiore, il contratto si *trasforma in contratto a tempo indeterminato* (dalla data di decorrenza della *quinta proroga*).

Per quanto riguarda la riassunzione del lavoratore, invece, la legge prevede **determinati intervalli di tempo** che il datore di lavoro deve rispettare (cd. *stop and go*):

— **10 giorni** dalla data di scadenza di un contratto di durata *fino a 6 mesi*;
— **20 giorni** dalla data di scadenza di un contratto di durata *superiore ai 6 mesi*.

Nel caso in cui l'assunzione avvenga in *violazione* dei suddetti intervalli di tempo, il *secondo contratto a termine si trasforma in contratto a tempo indeterminato*.

Tali intervalli non si applicano, però, nei confronti dei lavoratori impiegati nelle attività stagionali nonché nelle ipotesi individuate dai contratti collettivi.

Infine, si ricordi che, per espressa previsione legislativa, i limiti previsti dall'art. 21 non si applicano alle imprese start-up innovative (art. 25, commi 2 e 3, D.L. 179/2012 conv. in L. 221/2012), per il periodo di *quattro anni dalla costituzione della società*, ovvero per il più limitato periodo previsto dalla legge (art. 21, comma 3, D.Lgs. 81/2015).

2.5 Prosecuzione del rapporto oltre la scadenza del termine

La legge ammette **brevi prosecuzioni** del rapporto oltre la scadenza del termine per consentire di *ultimare* le attività lavorative in corso.

L'attività lavorativa può proseguire (cd. *periodi cuscinetto*) (art. 22, D.Lgs. 81/2015):

— fino a **30 giorni** se il contratto è di durata *inferiore a 6 mesi*;
— fino a **50 giorni** se il contratto è di durata *pari o superiore a 6 mesi*.

Il datore di lavoro che intende prolungare il rapporto di lavoro deve corrispondere al lavoratore una **maggiorazione** sulla retribuzione che varia in base ai giorni di prosecuzione del rapporto (20% fino al decimo giorno successivo; 40% per ciascun giorno ulteriore).

Dopo 30 o 50 giorni dalla scadenza, a seconda della durata iniziale del contratto, il rapporto di lavoro a tempo determinato *deve interrompersi*. In caso contrario, il contratto di lavoro si considera **a tempo indeterminato dalla scadenza dei predetti termini**.

2.6 Trattamento economico e normativo dei lavoratori a termine

I lavoratori assunti a tempo determinato devono essere considerati *come ogni altro lavoratore*. Infatti il rapporto di lavoro soggiace alle regole generali del lavoro subordinato per cui il prestatore a termine ha **diritto al trattamento economico e normativo** in atto nell'impresa per i lavoratori con contratto a tempo indeterminato comparabili ed in proporzione al periodo lavorato (art. 25, D.Lgs. 81/2015).

Ai lavoratori a termine si applicano, quindi, i principi di non *discriminazione* e di *proporzionalità*.

Il **principio di non discriminazione** è un principio *assoluto* dell'ordinamento lavoristico, finalizzato a *tutelare la dignità e la libertà umana in qualsivoglia rapporto di lavoro*. Esso garantisce *parità di trattamento economico e normativo* a parità di lavoro: nel contratto a tempo determinato, il principio di non discriminazione si attua riconoscendo al lavoratore a termine *i medesimi diritti* di un lavoratore a tempo indeterminato, *inquadrato nello stesso livello in forza dei criteri di classificazione stabiliti dal contratto collettivo*.

Il **principio di proporzionalità**, invece, permette di tenere conto ai fini normativi e retributivi delle *peculiarità* insite in alcuni contratti di lavoro. Nel contratto a tempo determinato si estrinseca rapportando diritti come le *ferie*, la *gratifica natalizia* e la *tredicesima mensilità*, nonché il *trattamento di fine rapporto*, al periodo lavorativo effettivamente prestato dal lavoratore (si tratta infatti di diritti che *maturano* in base al tempo lavorato).

2.7 Diritto di precedenza

Il **diritto di precedenza** consiste nella possibilità per i lavoratori a tempo determinato, di essere *preferiti* ad altri lavoratori nel caso l'azienda proceda a *nuove assunzioni* a tempo indeterminato.

È riconosciuto a **tutti i lavoratori assunti a termine che abbiano prestato attività lavorativa per un periodo superiore a 6 mesi** nella stessa azienda (art. 24, D.Lgs. 81/2015).

In particolare, il diritto di precedenza riguarda eventuali *assunzioni a tempo indeterminato* aventi ad oggetto le *mansioni* già *espletate* dal lavoratore in esecuzione del rapporto a termine.

In sede di contrattazione collettiva, a livello nazionale, territoriale o aziendale, possono essere introdotte *diverse disposizioni*.

Alle **lavoratrici in congedo di maternità** durante l'esecuzione del contratto a tempo determinato è riconosciuto anche un diritto di precedenza nelle *assunzioni a tempo determinato* per mansioni già espletate in esecuzione dei precedenti rapporti a termine.

Per tali lavoratrici, è stato previsto anche che il periodo in cui godono del *congedo di maternità* vale a determinare il periodo di 6 mesi utile a conseguire il diritto di precedenza.

Un diritto di precedenza nelle *assunzioni a tempo determinato* è stabilito, inoltre, per i **lavoratori stagionali**. In tal caso non è necessario aver lavorato per più di 6 mesi.

Il diritto di precedenza deve essere espressamente **richiamato** nel contratto di lavoro, redatto per iscritto, e può essere esercitato a condizione che il lavoratore *manifesti per iscritto la propria volontà* in tal senso al datore di lavoro, entro *6 mesi* dalla data di cessazione del rapporto di lavoro.

Per i lavoratori stagionali, il diritto di precedenza deve essere esercitato, invece, entro 3 mesi.

Il diritto di precedenza si **estingue** trascorso *un anno* dalla data di cessazione del rapporto.

2.8 Regime delle impugnazioni e tutele

Nel caso di violazione della disciplina del lavoro a termine, è possibile **impugnare il contratto** di lavoro nel rispetto di precisi termini di *decadenza*.

L'impugnazione del contratto a tempo determinato deve avvenire entro *180 giorni* dalla cessazione del contratto stesso (art. 28, D.Lgs. 81/2015).

Se il giudice accerta l'illegittimità del contratto e si pronuncia per la **trasformazione del contratto a tempo determinato in contratto a tempo indeterminato** condanna anche il datore di lavoro al risarcimento del danno in favore del lavoratore.

Tale indennità *ristora per intero* il pregiudizio subito dal lavoratore, comprendendo anche le *conseguenze retributive* e *contributive* relative al periodo compreso tra la scadenza del termine e la pronuncia con la quale il giudice ha ordinato la ricostituzione del rapporto di lavoro.

3 Il contratto di apprendistato

3.1 Caratteristiche

L'apprendistato è un **contratto di lavoro subordinato a tempo indeterminato** caratterizzato dall'obbligo di *formazione* in capo al datore di lavoro così da favorire l'*inserimento nel mercato del lavoro* dei giovani. Attualmente l'apprendistato è disciplinato dal **D.Lgs. 81/2015**.

Si distinguono:

— **apprendistato per la qualifica e il diploma professionale, il diploma di istruzione secondaria superiore (ISS) e il certificato di specializzazione tecnica superiore (STS)**, con cui possono essere assunti i *giovani dai 15 anni di età compiuti e fino al compimento dei 25 anni* (cd. *apprendistato di primo livello*). Tale tipologia è attuabile in *tutti i settori di attività* ed è strutturata in modo da *coniugare la formazione effettuata in azienda con l'istruzione e la formazione professionale svolta dalle istituzioni formative* che operano nell'ambito dei sistemi regionali di istruzione e formazione.

  La sua *durata* è in funzione della qualifica o del diploma da conseguire, nel limite di *3 anni* (o 4 nel caso di diploma quadriennale) relativamente agli aspetti formativi. Sono previste specifiche ipotesi di *proroga* del periodo formativo (di un altro anno) in caso di giovani qualificati e diplomati per il consolidamento e l'acquisizione di ulteriori competenze tecnico-professionali e specialistiche.
  Per i giovani *ancora soggetti all'obbligo scolastico*, il datore di lavoro che intende stipulare il contratto di apprendistato deve sottoscrivere un *protocollo con l'istituzione formativa* a cui lo studente è iscritto (art. 43, comma 6, D.Lgs. 81/2015; circ. INPS 14-11-2018, n. 108);

— **apprendistato professionalizzante**, con cui possono essere assunti i *giovani di età compresa dai 18 ai 29 anni di età* (per i soggetti già in possesso di una qualifica professionale, l'assunzione può avvenire anche a partire dai 17 anni di età) (cd. *contratto di mestiere o apprendistato di secondo livello*). Tale tipologia è attuabile in tutti i settori di attività privati e pubblici ed è finalizzata al conseguimento di una *qualifica professionale a fini contrattuali*.

  La sua *durata* è in funzione dell'età dell'apprendista e della qualifica professionale da conseguire, nel limite di 3 anni (o 5 per le qualifiche professionali dell'artigianato) relativamente agli *aspetti formativi*.
  Il contratto di apprendistato professionalizzante può essere usato per l'assunzione di *lavoratori percettori di un trattamento a sostegno del reddito* connesso alla perdita dell'occupazione (cd. **apprendistato di ricollocazione**). In questa ipotesi, il contratto è finalizzato alla *qualificazione* o *riqualificazione professionale* dei lavoratori, con l'obiettivo del loro *reinserimento occupazionale*;

— **apprendistato di alta formazione e di ricerca**, con cui possono essere assunti i *giovani di età compresa dai 18 ai 29 anni* in possesso di un diploma di istruzione superiore o di un diploma professionale (o titolo equivalente) (cd. apprendimento *di terzo livello*). Tale tipologia è attuabile in tutti i settori di attività privati e pubblici ed è finalizzata al conseguimento di *titoli di studio universitari* e dell'alta formazione, compresi i dottorati di ricerca, per la *specia-*

lizzazione tecnica superiore, nonché per il *praticantato* per l'accesso agli ordini professionali o per *esperienze professionali*.

Lo svolgimento, durante il rapporto di apprendistato, della **formazione** avviene, a seconda della tipologia di apprendistato, in base alle *disposizioni della legge regionale e del contratto collettivo*, tenuto conto del sistema dell'istruzione e della formazione per le tipologie più connesse all'adempimento del relativo obbligo, e comunque nell'osservanza dei principi generali stabiliti dal D.Lgs. 81/2015.

La formazione impartita all'apprendista deve essere *registrata* nel *fascicolo elettronico* del lavoratore.

Le riforme in materia di mercato del lavoro e di istruzione (il D.Lgs. 81/2015 e la L. 107/2015, cd. della *Buona scuola*) perseguono, tra l'altro, la finalità di agevolare la **transizione tra il mondo dell'istruzione e il mondo del lavoro**, avvicinando maggiormente il primo al secondo e facendo in modo che il sistema scolastico costituisca un *punto di partenza informativo* e di primo orientamento all'occupazione.

In tale ottica, è stato introdotto il cd. sistema duale di istruzione, ovvero un **modello formativo integrato tra scuola e lavoro**, basato sulla formazione negli istituti scolastici e sull'addestramento in azienda.

Attraverso il sistema duale, è possibile conseguire gli stessi titoli di studio acquisibili nei percorsi ordinari di istruzione a tempo pieno (qualifica e diploma professionali, diploma di istruzione secondaria superiore, titoli di laurea triennale o magistrale, master e dottorato). In pratica, si tratta dei seguenti *percorsi alternativi* per l'assolvimento dell'obbligo di istruzione:

— **apprendistato formativo**, che si attiva attraverso la stipulazione di un *protocollo* tra il datore di lavoro che assume e l'istituzione formativa a cui lo studente è iscritto, in cui è definita, tra l'altro, la distribuzione delle attività a scuola e in azienda durante il periodo delle lezioni;
— **percorsi per le competenze trasversali e per l'orientamento**. La L. 145/2018 (*legge di bilancio 2019*, art. 1, comma 784) ha così *ridenominato i percorsi in alternanza scuola-lavoro* di cui al D.Lgs. 77/2005. La *ratio* di tali percorsi — tra l'altro divenuti obbligatori con la L. 107/2015 — è stata quella di prevedere periodi di formazione in aula e periodi di apprendimento in un contesto lavorativo, finalizzati, in linea generale, ad arricchire la formazione acquisita nei percorsi scolastici e formativi con l'acquisizione di *competenze spendibili anche nel mercato del lavoro* (art. 2 D.Lgs. 77/2005).

3.2 Disciplina

La **disciplina** del rapporto di lavoro in regime di apprendistato è definita dai contratti collettivi nazionali di lavoro o da appositi accordi interconfederali.

I **principi generali** fissati dal D.Lgs. 81/2015 prevedono tra l'altro:

— il *divieto di retribuzione a cottimo*;
— la possibilità, nell'*apprendistato per la qualifica e per il diploma professionale* e nell'apprendistato di *alta formazione*, che la retribuzione dell'apprendista sia rapportata alle ore di lavoro effettivamente prestate e che le ore di formazione possano essere retribuite *parzialmente*;
— la possibilità di *inquadrare il lavoratore fino a due livelli inferiori* rispetto alla categoria spettante, in applicazione del contratto collettivo nazionale di lavoro, ai lavoratori addetti a mansioni che richiedono qualificazioni corrispondenti a quelle al conseguimento delle quali è finalizzato il contratto, ovvero, in alternativa, di stabilire la *retribuzione dell'apprendista in misura percentuale e in modo graduale alla anzianità di servizio*;
— l'obbligo di un *tutore* o *referente aziendale*;
— il *prolungamento* del periodo di apprendistato in caso di malattia, infortunio o altra causa di *sospensione involontaria del rapporto*, superiore a 30 giorni, secondo quanto previsto dai contratti collettivi;
— il contratto di lavoro deve essere stipulato in *forma scritta* ai fini della prova;
— la *durata minima* del contratto non inferiore a *6 mesi;*

— durante il periodo di formazione al datore di lavoro è fatto *divieto di recedere* dal contratto, salvo che per giusta causa o giustificato motivo.

Al termine del periodo di formazione, le parti possono *recedere* dal contratto, dandone preavviso; in mancanza di recesso, il rapporto *prosegue come un normale rapporto di lavoro subordinato a tempo indeterminato.*

3.3 I limiti all'assunzione degli apprendisti

L'assunzione mediante apprendistato segue le regole ordinarie valevoli per tutti i contratti di lavoro. L'assunzione può avvenire sia *direttamente* che *indirettamente* mediante somministrazione a tempo indeterminato (art. 42, comma 7).

È **esclusa** invece la possibilità di utilizzare apprendisti con contratto di **somministrazione a tempo determinato**.

L'assunzione degli apprendisti è, inoltre, soggetta ad un **limite di contingentamento** (deve essere mantenuto un *determinato rapporto tra apprendisti e lavoratori qualificati* in organico). Nella generalità delle imprese, il numero di apprendisti deve essere in rapporto di *3 a 2* (è possibile assumere 3 apprendisti ogni 2 lavoratori qualificati in servizio).

Per i datori di lavoro con meno di 10 dipendenti possono essere assunti tanti apprendisti quanti sono i dipendenti specializzati.

Se invece il datore di lavoro *non* ha alle proprie dipendenze lavoratori qualificati o specializzati o se essi sono *meno di 3*, può assumere al massimo *3 apprendisti.*

In caso di ricorso al contratto di *apprendistato professionalizzante*, si applica anche un **limite di stabilizzazione**: nel caso di datori di lavoro che occupano *almeno 50 dipendenti*, l'assunzione di giovani con contratto di apprendistato professionalizzante è subordinata alla verifica che, nei 36 mesi precedenti, almeno il *20%* (o diversa percentuale prevista dalla contrattazione collettiva) degli apprendisti sia stata *mantenuta in servizio* alla scadenza.

Se il requisito di stabilizzazione *non* è soddisfatto, il datore di lavoro può assumere *un* solo ulteriore apprendista.

In caso di **violazione**, a titolo di sanzione per il datore di lavoro, gli apprendisti assunti in sovrannumero sono considerati *lavoratori subordinati a tempo indeterminato* sin dalla data di costituzione del rapporto.

4 I tirocini formativi e di orientamento (stage)

Anche se con essi **non si realizza un rapporto di lavoro**, va fatto accenno, per l'importante ruolo di *avvicinamento fra mondo dell'istruzione e della formazione e mondo del lavoro*, ai **tirocini formativi e di orientamento**, introdotti dalla L. 196/1997 (art. 18) in sostituzione delle precedenti tipologie di *stage* variamente denominate.

Essi consistono in *periodi di formazione on the job*, che determinano l'**inserimento temporaneo di un soggetto all'interno di un'azienda** con l'obiettivo di favorire la conoscenza e la sperimentazione della realtà lavorativa attraverso una *formazione professionale* e un *addestramento pratico* direttamente sul luogo di lavoro.

La disciplina dei tirocini è definita da ciascuna **Regione** secondo le **Linee guida nazionali** (Accordo Stato-Regioni e Province autonome di Trento e di Bolzano del 25-5-2017).

Le Linee guida nazionali in materia di tirocinio sono adottate dalla Conferenza unificata Stato, Regioni e Province autonome e periodicamente aggiornate.

I criteri indicati dalle Linee guida *non* si applicano ai: *tirocini curriculari*, attivati da Università, istituti scolastici e da centri di formazione professionale; periodi di *pratica professionale* e tirocini per l'accesso alle libere professioni; *tirocini transnazionali* e per soggetti extra U.E.

Il tirocinio coinvolge *tre soggetti*, il soggetto promotore che procede all'attivazione dello stage, l'azienda ospitante, compresi gli enti pubblici, e il tirocinante quale beneficiario dell'esperienza formativa.

Il tirocinio si attiva mediante **convenzione** tra soggetto promotore e azienda o ente ospitante. Alla convenzione deve essere allegato, per ciascun tirocinante, il **progetto formativo** individuale, che definisce gli *obiettivi formativi* da conseguire e le *modalità di attuazione.*

Il progetto formativo deve essere *sottoscritto* dal tirocinante, dal soggetto promotore e dall'azienda/ente ospitante.

Il tirocinio cd. extracurriculare può avere natura **formativa**, di **orientamento** e di **inserimento/reinserimento lavorativo** essendo, infatti, rivolto a:

— soggetti in *stato di disoccupazione* (*ex* art. 19 D.Lgs. 150/2015);
— lavoratori *beneficiari di strumenti a sostegno del reddito* in costanza di rapporto di lavoro;
— lavoratori *a rischio disoccupazione*;
— soggetti *già occupati* che sono in cerca di *altra occupazione*;
— soggetti disabili e svantaggiati (*ex* L. 381/1991).

La **durata massima** del tirocinio (comprensivo di proroghe e rinnovi) è di **12 mesi** (elevati a 24 per i soggetti disabili). La durata **minima** invece è di 2 mesi.

Ribadendo la funzione formativa dei tirocini, finalizzati all'*arricchimento del bagaglio di conoscenze del tirocinante* e all'*acquisizione di competenze professionali*, le Linee guida prescrivono che:

— il tirocinio **non costituisce un rapporto di lavoro** e non può essere attivato per attività che non necessitino di un periodo formativo.

  Sono, inoltre, escluse le ipotesi in cui il tirocinante abbia avuto un rapporto di lavoro, una collaborazione o un incarico con il medesimo soggetto ospitante nei 2 anni precedenti l'attivazione del tirocinio;

— i tirocinanti **non possono sostituire lavoratori** a termine nei periodi di picco dell'attività o lavoratori assenti per malattia, maternità, ferie ecc., né essere utilizzati per ricoprire ruoli necessari all'organizzazione aziendale;
— per la partecipazione al tirocinio è prevista per il tirocinante una **indennità** mensile non inferiore a € 300;
— il tirocinante deve *attenersi a quanto previsto nel progetto formativo*, svolgendo le attività concordate con il tutor, ed ha diritto ad una congrua **indennità** di partecipazione;
— l'azienda o l'ente ospitante deve effettuare, al termine del tirocinio, una *valutazione dell'attività svolta dal tirocinante* e delle eventuali competenze acquisite, ai fini del rilascio di apposita **attestazione** da parte del soggetto promotore.

5 Il lavoro a domicilio

Il rapporto di lavoro a domicilio costituisce una *particolare tipologia di lavoro subordinato* in cui la prestazione lavorativa, in luogo di essere eseguita nei locali dell'azienda e sotto il diretto controllo del datore di lavoro, si svolge **presso il domicilio del lavoratore o in locali di cui questi abbia disponibilità**. La disciplina di tale contratto di lavoro, che costituisce una delle prime forme di *decentramento produttivo*, è contenuta nella **L. 18 dicembre 1973, n. 877**.

È lavoratore a domicilio «chiunque, *con vincolo di subordinazione*, esegue *nel proprio domicilio o in locale di cui abbia disponibilità*, anche con l'aiuto accessorio di membri della sua famiglia conviventi e a carico, ma con l'esclusione di manodopera salariata e di apprendisti, lavoro *retribuito* per conto di uno o più imprenditori, *utilizzando materie prime o accessorie e attrezzature proprie o dello stesso imprenditore*, anche se fornite per il tramite di terzi» (art. 1, comma 1, L. 877/1973).

L'art. 1, comma 3, L. 877/1973 sancisce, invece, che «*non è lavoratore a domicilio* e deve a tutti gli effetti considerarsi *dipendente* con rapporto di lavoro a tempo indeterminato, chiunque esegua lavori *in locali di pertinenza dello stesso imprenditore,* anche se per l'uso di tali locali e dei mezzi di lavoro in essi esistenti corrisponde al datore di lavoro un compenso di qualsiasi natura».

La **disciplina** giuridica del rapporto di lavoro è articolata nei seguenti punti caratterizzanti:

— i datori di lavoro possono *assumere direttamente* lavoratori a domicilio, *senza* formalità o adempimenti ulteriori rispetto a quelli previsti per la generalità dei lavoratori dipendenti;
— il datore che abbia alle proprie dipendenze lavoratori a domicilio deve *registrare* sul cd. *libro unico del lavoro* il nominativo e il domicilio dei lavoratori esterni all'unità produttiva, nonché la misura della loro retribuzione;
— *non è ammessa l'esecuzione di lavori pericolosi* comportanti l'impiego di sostanze o materiali nocivi o pericolosi per la salute o la incolumità del lavoratore e dei suoi familiari;
— il lavoratore a domicilio può esercitare la prestazione lavorativa per conto di *uno o più imprenditori*. Vige il *divieto di eseguire lavori in concorrenza* con il datore di lavoro quando al lavoratore a domicilio è affidata una quantità di lavoro tale da procurargli una *prestazione continuativa* corrispondente all'orario normale di lavoro.

La **retribuzione del lavoratore a domicilio** viene corrisposta sulla base di tariffe di **cottimo pieno** risultanti dai contratti collettivi di categoria.

Il lavoro a domicilio è, dunque, considerato un **rapporto di lavoro subordinato** la cui specialità consiste nel fatto che lo svolgimento dell'attività lavorativa avviene presso il *domicilio del lavoratore*. Questa particolare circostanza *impedisce*, nei confronti del lavoratore a domicilio, l'*esercizio dei poteri datoriali* con le normali modalità valide per la generalità dei lavoratori. L'essenza di un «coordinamento spaziale e temporale», ovvero di prescrizioni in merito al «quando» e al «dove» eseguire la prestazione di lavoro, rende, infatti, *meno pregnante il potere di direzione e controllo del datore di lavoro* e pone il lavoratore a domicilio in una posizione di maggiore *autonomia* rispetto alla generalità dei lavoratori subordinati. Inoltre, elemento assai peculiare è costituito dal fatto che il lavoratore a domicilio può essere *coadiuvato dai membri della sua famiglia*.

In considerazione di ciò, la legge si preoccupa di definire «*in deroga all'art. 2094 c.c.*», gli **elementi qualificanti** del rapporto di lavoro nel senso della **subordinazione**. In particolare, in merito ai poteri datoriali, è sufficiente che il prestatore, pur non trovandosi alle dirette dipendenze dell'imprenditore, risulti *vincolato alle sue direttive* circa le modalità di esecuzione, le caratteristiche e i requisiti del lavoro da svolgere (art. 1, comma 2, L. 877/1973). Ulteriore elemento qualificante è che *l'attività del lavoratore a domicilio si inserisca nel ciclo produttivo dell'imprenditore committente* (secondo la legge deve consistere nell'esecuzione parziale, nel completamento o nell'intera lavorazione di prodotti oggetto dell'attività di questi).

6 Il lavoro domestico

Il lavoro domestico è un *rapporto di lavoro subordinato* in cui l'attività lavorativa è svolta «**a favore di una comunità familiare** o di **comunità simili**» (CARINCI, DE LUCA TAMAJO, TOSI, TREU). Ulteriore caratteristica è che il luogo di lavoro è di regola l'**abitazione del datore di lavoro**.

La disciplina del rapporto è contenuta nel **codice civile** (artt. 2240-2246), nella L. 339/1958 (tutela del rapporto di lavoro domestico) e nel D.P.R. 1403/1971 (obbligo delle assicurazioni sociali per gli addetti ai servizi domestici). Oltre a quanto disposto da tali normative, in gran parte anacronistiche, il rapporto è regolato soprattutto dalla **contrattazione collettiva** che provvede a disciplinarne tutti gli aspetti in modo dettagliato.

In via generale, i punti più importanti della disciplina legale riguardano:

- l'*assunzione del lavoratore*, che deve essere *comunicata all'INPS* (art. 16bis D.L. 185/2008 conv. in L. 2/2009);
- l'*obbligo*, a carico del datore di lavoro, di *garantire* al lavoratore il rispetto della sua *personalità* e della sua *libertà morale*; nonché l'obbligo per il lavoratore domestico di mantenere la necessaria *riservatezza per tutto quanto si riferisce alla vita familiare* (art. 115 D.Lgs. 196/2003);
- il *superamento del periodo di prova*, che, in mancanza di disdetta, determina la conferma automatica del lavoratore e il servizio prestato durante il periodo di prova va computato a tutti gli effetti dell'anzianità (art. 5 L. 339/1958);
- il *riposo settimanale* che di regola coincide con la domenica (art. 7 L. 339/1958);
- il diritto del lavoratore ad un conveniente *riposo* durante il giorno (art. 8 L. 339/1958).

Il **trattamento economico** viene liberamente pattuito dalle parti, nel rispetto dei limiti previsti dal contratto collettivo nazionale. Il prestatore di lavoro domestico ammesso alla coabitazione familiare ha diritto, oltre alla retribuzione in denaro, al *vitto* e all'*alloggio*.

In materia di **estinzione del rapporto**, infine, trova applicazione il regime di libera recedibilità da parte del datore di lavoro (*licenziamento ad nutum*).

7 Il portierato

Si definisce **portiere**, in senso stretto, il lavoratore subordinato preposto a servizi di **vigilanza, custodia e pulizia di uno stabile condominiale**, abitato, cioè, da più proprietari od affittuari. Il lavoro dei portieri è regolato da una normativa speciale, contenuta nel D.P.R. 1403/1971, e soprattutto dalla **contrattazione collettiva**.

Il rapporto di lavoro si stabilisce tra il portiere e *i proprietari del fabbricato* che, nella persona dell'amministratore condominiale, fungono da *datore di lavoro*.

Non rientrano nella disciplina del rapporto di portierato:

- i portieri di una casa di abitazione di *una sola famiglia* (sono soggetti alle norme sul lavoro domestico);
- i custodi di *stabilimenti industriali o imprese commerciali* (parificati al restante personale dell'azienda);
- i *portieri d'albergo* (inquadrati tra il personale alberghiero).

Le **mansioni** del portiere comprendono normalmente la *vigilanza* dello stabile, l'*apertura e chiusura del portone* o cancello d'ingresso, la *pulizia* e *manutenzione* dell'immobile (ove non ne sia previsto l'affidamento a terzi), la *distribuzione della corrispondenza*, la sorveglianza dell'uso del *citofono*, dell'*ascensore* e del *riscaldamento centrale* (con eventuale manutenzione), nonché ogni altra prestazione inerente lo stabile, secondo le *consuetudini*.

La **retribuzione** del portiere corrisponde ad un *salario mensile* (con la contingenza) più una serie di *indennità* previste dal contratto, nonché la *gratifica natalizia*.

Al portiere spetta, inoltre, l'*alloggio gratuito* (tipico caso di *retribuzione parzialmente in natura*), con energia elettrica, acqua e *riscaldamento* (nel caso *non* vi sia disponibilità di alloggio, al portiere spetta una *indennità sostitutiva*).

Le **peculiarità** della disciplina del rapporto consistono:

— nella possibilità di *sostituzione del portiere*, nei periodi di assenza di quest'ultimo dal servizio, con altro soggetto, denominato *sostituto*. I proprietari dell'immobile hanno pieno potere di scelta, anche se è previsto che nella designazione del sostituto essi debbano *sentire il portiere titolare*;
— nell'esistenza di una specifica causa di risoluzione del contratto di lavoro, consistente nella decisione assembleare di *eliminazione del servizio di portineria*. In tal caso, a tutela del lavoratore, è fissato l'obbligo del datore di lavoro di osservare un *preavviso* di 12 mesi;
— nel *divieto* per il datore di lavoro, in caso di risoluzione del rapporto, di *convertire il termine di preavviso nel pagamento della corrispondente indennità sostitutiva* ai sensi dell'art. 2121 c.c., *se non con il consenso del lavoratore*.

8 Il lavoro sportivo

Il lavoro sportivo è uno speciale rapporto di lavoro intercorrente tra **società sportive e sportivi professionisti** ed è caratterizzato dalla **particolare natura dell'attività** erogata dal lavoratore. Il lavoro *subordinato* sportivo è stato regolamentato per la prima volta con la **L. 23 marzo 1981, n. 91**.

L'applicazione della disciplina della L. 91/1981 è limitata agli *sportivi professionisti* per la cui individuazione la legge stessa fornisce una specifica *nozione*: chiunque (atleti, allenatori, direttori tecnico-sportivi, preparatori atletici) eserciti *con continuità attività sportiva a titolo oneroso* nell'ambito delle discipline regolamentate dal CONI e che *consegua la qualificazione* (di sportivo professionista) dalle *federazioni sportive nazionali*. Sono *esclusi*, quindi, coloro che svolgono attività sportiva *a livello dilettantistico*.

Le **peculiarità** della disciplina del lavoro subordinato sportivo sono le seguenti:

— l'*assunzione* deve farsi per *atto scritto* a pena di nullità (forma *ad substantiam*), conforme al *contratto-tipo* predisposto triennalmente dalla federazione sportiva nazionale;
— *non* si applica la normativa relativa ai *contratti a termine*.
— è possibile prevedere, contrattualmente, la *definizione arbitrale* delle liti in maniera *vincolante*;
— non si applica la disciplina limitativa dei *licenziamenti individuali* (eccetto che per la nullità del recesso intimato per motivi discriminatori);
— è possibile la *cessione del contratto da una società sportiva all'altra*, purché l'atleta vi consenta.

L'attività sportiva dell'atleta rappresenta una forma di **lavoro autonomo** quando ricorre almeno uno dei seguenti requisiti (art. 3 L. 91/1981):

a) l'attività sia svolta nell'ambito di una *singola* manifestazione sportiva o di più manifestazioni tra loro collegate in un *breve periodo di tempo*;
b) l'atleta *non sia contrattualmente* vincolato per ciò che riguarda la *frequenza* a sedute di preparazione od *allenamento*;
c) la *prestazione* che è oggetto del contratto, pur avendo carattere continuativo, *non superi una certa durata* (*8 ore settimanali* oppure 5 giorni ogni mese ovvero *30 giorni ogni anno*).

9 Il lavoro agile

9.1 Caratteristiche

Il cd. **Jobs Act del lavoro autonomo** (**L. 81/2017**) ha introdotto nel nostro ordinamento la disciplina normativa del lavoro agile.

Il cd. *smart working* era già praticato, ma in virtù di disposizioni della contrattazione collettiva. La L. 81/2017 ne prevede ora la regolamentazione normativa nell'ambito delle *misure volte ad agevolare la conciliazione dei tempi di vita e di lavoro*.

Non si tratta di una nuova tipologia contrattuale ma di una **modalità di esecuzione del rapporto di lavoro subordinato**, a tempo *determinato* o *indeterminato*, per cui le parti si accordano per adottare *forme di organizzazione per fasi, cicli e obiettivi, senza rispettare precisi vincoli di orario o di luogo di lavoro, anche utilizzando strumenti tecnologici*.

Nell'ambito del lavoro agile, la prestazione lavorativa può essere resa:

- sia all'*interno* di locali aziendali che all'*esterno senza una postazione fissa*;
- in *assenza di un orario normale* di lavoro ma entro i soli *limiti di durata massima dell'orario di lavoro* giornaliero e settimanale, derivanti dalla legge e dalla contrattazione collettiva;
- mediante *utilizzo di strumenti tecnologici*.

Il lavoro agile è adottato mediante **accordo tra le parti**, nel quale saranno definite le *modalità di lavoro* e dovrà essere disciplinato l'*esercizio del potere di controllo* del datore di lavoro sulla prestazione resa dal lavoratore all'esterno dell'azienda.

L'accordo deve essere stipulato *per iscritto* ai fini della *regolarità amministrativa* e della *prova*. Esso può essere a tempo *determinato o indeterminato* ed è soggetto a comunicazione obbligatoria. Nell'accordo sono fissati, inoltre, i *tempi di riposo del lavoratore*, l'esecuzione della prestazione lavorativa con riguardo agli *strumenti utilizzati dal lavoratore* e le *misure tecniche e organizzative* necessarie per assicurare la *disconnessione* del lavoratore dalle strumentazioni tecnologiche di lavoro.

Con il recesso di una delle parti dall'accordo, il lavoro agile viene meno e la prestazione lavorativa sarà resa secondo le modalità ordinarie del lavoro subordinato.

I datori di lavoro, che stipulano accordi per lo svolgimento dell'attività lavorativa in modalità agile, hanno l'**obbligo** di dare **priorità** alle *richieste* di esecuzione del lavoro secondo la suddetta modalità fatte dalle *lavoratrici nei 3 anni successivi alla conclusione del congedo di maternità*, ovvero ai *lavoratori con figli disabili* che necessitino di un intervento assistenziale permanente, continuativo e globale (art. 18, comma 3bis, L. 81/2017).

9.2 Tutela dei lavoratori

A tutela del lavoratore che svolge la prestazione in modalità di lavoro agile, il legislatore ha precisato il suo diritto ad un *trattamento economico e normativo non inferiore a quello complessivamente applicato*, secondo le disposizioni dei contratti collettivi, nei confronti dei lavoratori che svolgono le medesime mansioni esclusivamente all'interno dell'azienda.

Trattandosi comunque di un lavoro subordinato si applicherà la relativa disciplina. Sussistono però determinate peculiarità dettate dal fatto che la prestazione è resa in parte in azienda e in parte all'esterno della stessa. Ad esempio, vige la *tutela contro gli infortuni sul lavoro* e le malattie professionali anche se dipendenti da rischi connessi alla prestazione lavorativa resa all'esterno dei locali aziendali. L'importanza di tale tutela è stata anche ribadita nell'**Intesa Confindustria-CGIL, CISL, UIL** siglata il **12-12-2018**, nella quale si è ritenuta necessaria l'introduzione di una legislazione *ad hoc* riconducibile alla stessa logica che disciplina l'ipotesi dell'*infortunio in itinere*.

Il datore di lavoro, inoltre, deve garantire la *salute e la sicurezza* del lavoratore che svolge la prestazione in modalità di lavoro agile e il lavoratore è tenuto a *cooperare* all'attuazione delle misure di prevenzione predisposte dal datore di lavoro per fronteggiare i rischi connessi all'esecuzione della prestazione all'esterno dei locali aziendali.

Anche tale aspetto della tutela del lavoratore agile è stato oggetto dell'Accordo del **12 dicembre 2018**, nel quale si è precisato che, fermi restando gli obblighi del D.Lgs. 81/2018 per la parte di lavoro svolto nell'ambito dell'organizzazione del datore di lavoro e fermi i principi di cui alla L. 81/2017, per i **lavoratori impegnati in attività di lavoro in luoghi differenti da quelli soggetti alla disponibilità giuridica del datore** (e *limitatamente a questa fase lavorativa*), si applicano *esclusivamente* le disposizioni del D.Lgs. 81/2008 relative agli *obblighi informativi, formativi* e di *addestramento*; di *dotazione dei necessari dispositivi di protezione individuale* e di garanzia della *sicurezza delle attrezzature* eventualmente messe a disposizione dal datore di lavoro; della *sorveglianza sanitaria*.

Tali disposizioni formano oggetto dell'*informativa* che il datore di lavoro deve rendere, almeno annualmente, ai lavoratori interessati e che contiene i **rischi generali** e i **rischi specifici connessi alla particolare modalità di esecuzione del rapporto di lavoro**.

Il datore di lavoro è inoltre tenuto a garantire al lavoratore il rispetto della sua personalità e della sua libertà morale (art. 115, comma 1, D.Lgs. 196/2003).

9.3 L'Accordo Interconfederale per la regolamentazione del lavoro agile

In *attuazione* della L. 81/2017, C.I.F.A. (Confederazione Italiana Federazioni Autonome) e CONF.S.A.L. (Confederazione Sindacati Autonomi Lavoratori), in data *1°-3-2021*, hanno stipulato l'**Accordo Interconfederale Nazionale per la regolamentazione del lavoro agile**, con il quale sono state fissate le regole per il ricorso al lavoro agile valide per tutte le imprese che *applicano* i CCNL sottoscritti dalle due Confederazioni.

I CCNL sottoscritti da C.I.F.A. e CONF.S.A.L. dovranno rifarsi ai principi generali di regolamentazione del lavoro agile contenuti nell'Accordo Interconfederale, ferma restando la possibilità, in sede di stipula dei contratti collettivi nazionali di categoria, di disciplinare in maniera differente una o più materie stabilite nell'Accordo medesimo — in riferimento alle peculiarità del settore economico di riferimento — ma comunque nel rispetto dei principi generali ivi stabiliti.

Dopo aver definito i **principi generali** in materia, già enunciati dalla L. 81/2017 (es. *assenza di precisi vincoli di orario, assenza di postazione fissa*, utilizzo di *strumenti tecnologici*), le parti ribadiscono che l'avvio del lavoro agile è *condizionato* alla stipula, per iscritto, di un **accordo individuale** tra datore di lavoro e lavoratore.

L'accordo tra datore di lavoro e lavoratore deve richiamare i contenuti dell'Accordo Interconfederale in esame, disciplinando in particolare: l'*esecuzione della prestazione lavorativa*, con particolare riguardo, nelle ipotesi in cui sia svolta fuori dai locali del datore di lavoro, ad alcuni aspetti (es. tempi di riposo, diritto alla disconnessione, forme e modalità di controllo); la *durata* dell'accordo; i termini di *preavviso per il recesso* dall'accordo.

Possono prestare attività lavorativa in regime di lavoro agile **tutti** i lavoratori dipendenti, con contratto a tempo *indeterminato* e con contratto a tempo *determinato*, sia *full-time* che *part-time* che, oltre ad aver sottoscritto l'accordo con il datore di lavoro:

— svolgano un ruolo o mansioni **compatibili** con questa modalità di svolgimento della prestazione lavorativa, in relazione alle *esigenze tecniche*, *produttive* e *organizzative* dell'impresa e della mansione e/o del profilo professionale del lavoratore;
— abbiano presentato la **richiesta di adesione volontaria**, ovvero abbiano **aderito ad una proposta di lavoro agile** del datore di lavoro.

I datori di lavoro che attivino, su propria volontà e iniziativa, *Piani di Lavoro Agile*, devono *riservare*, in termini di *priorità*, una quota del *20%*, rispetto alla totalità della forza-lavoro interessata, ad alcune categorie di lavoratori: ad esempio alle **lavoratrici in gravidanza**, per il periodo precedente a quello del congedo di maternità obbligatorio, con esclusione dei periodi di astensione obbligatoria per maternità; ai **padri lavoratori**, entro il compimento del *primo anno di vita del bambino*; ai lavoratori con **figli in condizioni di disabilità grave accertata** ai sensi di legge (art. 3, comma 3, L. 104/1992); ai lavoratori cd. «**fragili**» (es. affetti da *patologie croniche*).

Qualora le richieste di lavoro agile presentate da queste categorie di lavoratori svantaggiati eccedano la quota del 20%, dovranno comunque essere **approvate** dal datore di lavoro.

Per quanto riguarda l'**orario di lavoro**, il lavoratore agile deve fare riferimento alla *durata del proprio orario di lavoro individuale*, con le caratteristiche di flessibilità temporale del lavoro agile, ma nel **rispetto dei limiti di durata massima** dell'orario di lavoro giornaliero e settimanale derivanti dalla legge e dalla contrattazione collettiva nazionale e aziendale: in nessun caso la distribuzione giornaliera e settimanale dell'orario di lavoro può eccedere i limiti previsti dal D.Lgs. 66/2003 e dalla contrattazione collettiva. Il lavoratore potrà organizzare **autonomamente** la propria attività lavorativa, soltanto durante l'*orario diurno*, precisamente all'interno della fascia oraria *7:00-20:00*.

Anche i **giorni lavorativi** devono essere programmati con il datore di lavoro, nel *limite minimo di 1 giorno* e *massimo di 4 giorni*, fatta salva la possibilità, per il datore di lavoro, di definire una diversa gestione del monte ore settimanale e/o mensile (es. per richiesta del lavoratore o per sopraggiunte esigenze aziendali).

Aspetto molto rilevante, disciplinato dall'Accordo in esame e legato all'orario di lavoro, è il **diritto alla disconnessione**, cioè il diritto del lavoratore di potersi disconnettere, *al di fuori dell'orario di lavoro e delle fasce orarie in cui è tenuto ad essere contattabile*, dalle tecnologie che ne consentono la rintracciabilità, senza subire ripercussioni sul piano retributivo e/o disciplinare. A tal fine, il lavoratore dipendente dovrà rispettare il limite massimo di orario di lavoro giornaliero e settimanale previsto dalla legge e dal CCNL applicato, nonché i tempi di riposo spettanti ai sensi di legge e di contrattazione collettiva.

Durante i tempi di disconnessione (es. *al di fuori dell'orario massimo di lavoro*, nelle *ore di riposo*, nella *pausa pranzo*, nelle *giornate di ferie*) — le cui modalità di realizzazione devono essere concordate con il datore di lavoro — il dipendente **non è tenuto** a svolgere la prestazione lavorativa (es. non è tenuto a ricevere telefonate aziendali).

Altri aspetti rilevanti disciplinati dall'Accordo Interconfederale riguardano inoltre:

— la *formazione propedeutica* del lavoratore (es. in materia di salute e sicurezza nei luoghi di lavoro, di corretto uso della strumentazione tecnologica), per un totale minimo di *25 ore*, che deve precedere l'attivazione del lavoro agile;
— la *formazione continua*, cioè l'inserimento in percorsi di *aggiornamento professionale*;
— la *strumentazione tecnologica e strumentale* necessaria, che dovrà essere fornita dal datore di lavoro;
— la *salute e sicurezza* del lavoratore.

Il datore di lavoro deve fornire al lavoratore agile e al rappresentante dei lavoratori per la sicurezza aziendale o territoriale, con cadenza almeno annuale, un'**informativa scritta** nella quale siano individuati i *rischi generali* e i *rischi specifici* connessi alla particolare modalità di esecuzione del rapporto di lavoro.
Inoltre, la prestazione effettuata al di fuori dei locali aziendali dovrà essere svolta esclusivamente in **locali idonei**: pertanto, il lavoratore deve *scegliere* un luogo che sia idoneo allo svolgimento della prestazione in modalità agile, che consenta l'esercizio della propria attività lavorativa in condizioni di sicurezza, dal punto di vista dell'integrità psico-fisica secondo quanto previsto dalla normativa vigente.
Durante l'attività lavorativa svolta in modalità agile, il lavoratore è inoltre tenuto a prendersi cura della propria sicurezza e salute, nonché di quella delle altre persone in prossimità del luogo in cui si svolge la prestazione, e ha l'obbligo di *applicare correttamente* le direttive aziendali relative all'utilizzo degli strumenti di lavoro, evitando che gli stessi siano utilizzati da altre persone;

— la tutela contro gli *infortuni* e le *malattie professionali*, dipendenti da rischi connessi alla prestazione lavorativa **resa all'esterno** dei locali aziendali.

Il datore di lavoro deve garantire la copertura assicurativa INAIL contro gli infortuni sul lavoro e le malattie professionali, anche derivanti dall'uso dei *videoterminali*, nonché la tutela contro l'**infortunio in itinere**, purché la scelta relativa al luogo di esecuzione della prestazione in modalità agile corrisponda a criteri di ragionevolezza, dettati dalle necessità connesse all'esecuzione della prestazione lavorativa e alle necessità di *conciliazione vita-lavoro*. Il datore di lavoro non è quindi responsabile degli infortuni in cui dovesse eventualmente incorrere il dipendente o eventuali terzi, qualora riconducibili a situazioni di rischio derivanti dall'*uso improprio* degli strumenti o dall'adozione di *comportamenti non idonei*. In ogni caso, nell'eventualità di un infortunio occorso durante lo svolgimento della prestazione in modalità agile, il lavoratore dovrà fornire tempestiva e dettagliata **informazione** all'azienda;

— il *potere direttivo*, di *controllo* e di *indirizzo* esercitato dal datore di lavoro.

L'esercizio di tali poteri deve essere espletato in via telematica, in conformità e nel pieno rispetto di quanto previsto dall'art. 4 della L. 300/1970 e degli accordi collettivi nazionali e aziendali vigenti, nonché sulla base dei codici disciplinari.
È comunque **vietato** il controllo attuato tramite il ricorso a strumenti, software e/o applicativi *non strettamente necessari alla prestazione lavorativa*;

— il *recesso* dall'accordo individuale di lavoro agile, salvo preavviso.

Possono recedere dall'accordo individuale, durante la sua vigenza, sia il lavoratore che il datore di lavoro, ma gli **effetti del recesso riguardano esclusivamente l'accordo individuale di lavoro agile** e *non* comportano l'interruzione del rapporto di lavoro: quindi, cessati gli effetti dell'accordo individuale di lavoro agile, vengono *ripristinate* le originarie modalità di svolgimento della prestazione di lavoro.

9.4 Il Protocollo nazionale sul lavoro in modalità agile

Il *7 dicembre 2021* le organizzazioni sindacali dei datori di lavoro e dei lavoratori del settore *privato* hanno sottoscritto un **Protocollo sul lavoro agile**, che ha fissato il **quadro di riferimento** per la definizione dello svolgimento del lavoro in modalità agile. Il Protocollo contiene **linee di indirizzo** per la contrattazione collettiva *nazionale*, *aziendale* e/o *territoriale*, alla quale è affidata la regolamentazione dello smart working nei diversi e specifici contesti produttivi, nel rispetto della L. 81/2017 e degli accordi collettivi in essere.

Nel Protocollo sono stati *ribaditi* i **principi** contenuti nella L. 81/2017, tra i quali i seguenti:

— l'adesione al lavoro agile avviene su base *volontaria* ed è subordinata alla *sottoscrizione* di un *accordo individuale*, fermo restando il diritto di recesso.

Anche nel Protocollo, quindi, è confermato il ruolo centrale dell'accordo individuale che, però, dovrà **conformarsi** alla contrattazione collettiva;

— l'eventuale *rifiuto del lavoratore* di aderire o svolgere la propria prestazione lavorativa in modalità agile *non* integra gli estremi del *licenziamento* per giusta causa o giustificato motivo, *né* rileva sul *piano disciplinare*;
— ferme restando le previsioni di legge e di contratto collettivo, la giornata lavorativa svolta in modalità agile si caratterizza per l'*assenza di un preciso orario di lavoro* e per l'*autonomia* nello svolgimento della prestazione nell'ambito degli *obiettivi prefissati*.

La prestazione di lavoro in modalità agile può essere articolata in *fasce orarie*, individuando, in ogni caso, la fascia di **disconnessione** nella quale il lavoratore *non* eroga la prestazione lavorativa;

— il lavoratore è *libero* di individuare il *luogo* ove svolgere la *prestazione* in modalità agile, purché lo stesso abbia caratteristiche tali da consentire la *regolare* esecuzione della prestazione in condizioni di *sicurezza* e *riservatezza*.

La contrattazione collettiva può individuare luoghi che, per motivi di *sicurezza personale* o di *protezione, segretezza* e *riservatezza dei dati*, siano **inidonei** allo svolgimento del lavoro in modalità agile;

— fatti salvi diversi accordi, di norma, è il datore di lavoro che fornisce la *strumentazione* tecnologica e informatica necessaria allo svolgimento della prestazione lavorativa in modalità agile, per assicurare al lavoratore la disponibilità di strumenti che siano *idonei all'esecuzione* della prestazione lavorativa e *sicuri per l'accesso ai sistemi aziendali*.

Laddove le parti concordino l'utilizzo di strumenti tecnologici e informatici *propri del lavoratore*, devono stabilire i criteri e i *requisiti minimi di sicurezza* da implementare;

— ai lavoratori agili si applicano gli obblighi di *salute e sicurezza sul lavoro* di cui al D.Lgs. 81/2008 per le prestazioni rese all'*esterno* dei locali aziendali.

La prestazione effettuata in modalità di lavoro agile deve essere svolta esclusivamente in ambienti *idonei*. Il datore di lavoro deve garantire la *salute* e la *sicurezza dei lavoratori* che svolgono la prestazione in modalità di lavoro agile ed è responsabile della sicurezza e del *buon funzionamento della strumentazione tecnologica* assegnata al dipendente per lo svolgimento dell'attività lavorativa, fermo restando l'obbligo per i lavoratori di *cooperare* all'attuazione delle misure di prevenzione e protezione;

— il lavoratore agile ha diritto alla *tutela contro gli infortuni sul lavoro* e le *malattie professionali*, dipendenti dai rischi connessi alla prestazione lavorativa resa *all'esterno dei locali aziendali*;
— lo svolgimento della prestazione in modalità agile *non* deve *incidere sugli elementi contrattuali* in essere (es. *mansioni, retribuzione*).

Ciascun lavoratore agile ha infatti diritto, rispetto ai lavoratori che svolgono le medesime mansioni esclusivamente all'interno dei locali aziendali, allo *stesso trattamento* economico e normativo complessivamente applicato;

— i lavoratori agili devono essere inseriti in *percorsi formativi*, sia in quelli relativi all'aggiornamento professionale necessario, in particolare, per lo svolgimento della prestazione in modalità agile, sia in quelli destinati alla generalità dei lavoratori;
— il lavoratore in modalità agile è tenuto a *trattare i dati personali* cui accede per fini professionali *in conformità alle istruzioni* fornite dal datore di lavoro ed è inoltre tenuto alla *riservatezza* sui dati e sulle *informazioni aziendali* in proprio possesso e/o disponibili sul sistema informativo aziendale.

Altro punto importante del Protocollo riguarda l'impegno delle Parti sociali per *facilitare l'accesso* al lavoro agile dei *lavoratori in condizioni di fragilità* e di *disabilità*, anche nella prospettiva di utilizzare tale modalità di lavoro come **misura di accomodamento ragionevole** (es. *adattamento dei locali di lavoro*).

Si ribadisce, inoltre, la differenza tra lavoro agile e telelavoro, cui continua ad applicarsi la vigente disciplina normativa e contrattuale, ove prevista.

10 Il telelavoro

Il telelavoro è una forma di **lavoro svolto a distanza**, ovvero *al di fuori dell'azienda* e degli altri luoghi in cui tradizionalmente viene prestata l'attività lavorativa, ma, al contempo, *funzionalmente e strutturalmente collegato* ad essa grazie all'ausilio di *strumenti di comunicazione informatici e telematici*. Il telelavoro, pertanto, costituisce una **particolare modalità di esecuzione della prestazione lavorativa**, caratterizzata dal fatto che l'attività lavorativa è eseguita mediante le *tecnologie dell'informazione* e che essa è prestata in un *luogo diverso dalla sede dell'impresa*.

Si distinguono diverse **tipologie** di telelavoro:

— l'*ufficio satellite*, cioè un ufficio distante dalla sede centrale, ma che mantiene con essa un rapporto di comunicazione completo e costante, grazie ai collegamenti informatici;
— la *teleimpresa*, in cui l'impresa opera esclusivamente o prevalentemente attraverso la rete, rivolgendosi a clienti distanti nello spazio e offrendo prodotti sostanzialmente immateriali;

- il *lavoro mobile*, svolto mediante l'ausilio di computer portatili, per cui non esiste un luogo fisso in cui svolgere la prestazione di lavoro ma il lavoratore si sposta recandosi dove è necessario il suo intervento e mettendosi in contatto con il sistema informatico centrale della sua azienda;
- il *centro di lavoro comunitario* (cd. *telecottage*), che è una struttura comune a più aziende, dotata di apparecchiature telematiche, ad uso dei telelavoratori in cui sono ubicati i servizi e le infrastrutture necessarie;
- il *telelavoro a domicilio* (cd. *home office*), che rappresenta il modello più conosciuto di telelavoro, in cui il lavoratore svolge la prestazione direttamente dal proprio domicilio.

Il telelavoro è disciplinato dalla legge solo nell'ambito del **pubblico impiego** (art. 4 L. 191/1998; D.P.R. 70/1999), mentre nell'ambito del **lavoro con datori di lavoro privati** la sua introduzione e regolamentazione è rimessa alla *contrattazione collettiva*.

Nonostante ciò, più volte il legislatore è intervenuto per favorire l'applicazione del telelavoro; il D.Lgs. 80/2015 ha previsto particolari *agevolazioni normative* per i datori di lavoro privati che vi facciano ricorso *per motivi legati ad esigenze di conciliazione dei tempi di vita e di lavoro* in forza di *accordi collettivi* stipulati da associazioni sindacali comparativamente più rappresentative sul piano nazionale.

Il beneficio, introdotto nell'ambito delle misure per *favorire la conciliazione vita lavoro*, consiste nella possibilità di *escludere* i lavoratori ammessi al telelavoro *dal computo dei limiti numerici* previsti da leggi e contratti collettivi per *l'applicazione di particolari normative* e *istituti*.

Non configurando una tipologia contrattuale specifica, la *qualificazione giuridica* del telelavoro va dedotta di volta in volta a seconda del diverso contesto in cui viene a svolgersi il rapporto. In ragione delle **modalità concrete di esecuzione** della prestazione lavorativa, infatti, il telelavoratore può essere titolare di un rapporto di lavoro **autonomo**, **parasubordinato** o **subordinato**. In particolare, per qualificare la prestazione di lavoro come *lavoro subordinato*, è necessario accertare l'esistenza dell'*assoggettamento* del lavoratore al *potere di eterodirezione* del datore di lavoro che normalmente presuppone l'*inserimento* della prestazione di lavoro *nell'organizzazione aziendale*.

5
Decentramento produttivo, somministrazione di lavoro e appalto

1 L'abrogazione del divieto di interposizione e appalto nelle prestazioni di lavoro

1.1 La *ratio* del divieto dei fenomeni interpositori

Il nostro ordinamento *prevedeva* originariamente il **divieto di intermediazione e di interposizione nel rapporto di lavoro**, disciplinato prima dall'**art. 2127** c.c. e poi dalla **L. 23 ottobre 1960, n. 1369**.

Tale legge perseguiva lo scopo di reprimere il fenomeno dell'**interposizione**, che si verifica quando i lavoratori assunti da un datore (intermediario) in realtà prestano la loro attività in favore esclusivamente di altro imprenditore (committente).

L'interposizione costituiva — e costituisce, nella misura in cui sia realizzata in modo illecito — una macroscopica deviazione da un fondamentale *principio* dell'ordinamento, quello della **identità tra soggetto che giuridicamente riveste la posizione di datore di lavoro e soggetto che utilizza la prestazione del lavoratore**.

La *ratio* del divieto di cui alla L. 1369/1960 è da individuarsi, quindi, nel fine di realizzare la massima chiarezza sul *soggetto responsabile* per il trattamento normativo ed economico del lavoratore e per gli obblighi di natura previdenziale e assistenziale.

Peraltro la possibilità di impiegare per lo svolgimento della normale attività produttiva lavoratori non direttamente assunti, a vrebbe consentito all'imprenditore-utilizzatore non solo di sopportare un minor *costo del lavoro*, ma anche di mantenere bassa la *dimensione aziendale* e profittare del relativo regime normativo (disapplicazione degli istituti che presuppongono un certo numero di lavoratori in forza, più basso tasso di sindacalizzazione, agevolazioni per le piccole e medie imprese ecc.).

1.2 Le fattispecie vietate e le sanzioni

La L. 1369/1960 perseguiva **ogni forma subdola di appalto**, vietando espressamente agli imprenditori (comprese le aziende dello Stato e gli enti pubblici):

— di *affidare in appalto, in subappalto o in qualsiasi altra forma*, anche a società cooperative, l'**esecuzione di mere prestazioni di lavoro** mediante l'impiego di *manodopera assunta e retribuita direttamente dall'appaltatore* o dall'intermediario;

— di *affidare a intermediari*, siano questi dipendenti, terzi o società anche se cooperative, **lavori da eseguirsi a cottimo da prestatori assunti e retribuiti da tali intermediari**.

In tali casi «solo apparentemente il contratto che lega i due soggetti è riconducibile allo schema dell'appalto, in quanto, in realtà, *nasconde una mera fornitura di manodopera* (GALANTINO). La disciplina della L. 1369/1960 intendeva pertanto colpire quelle situazioni nelle quali, sotto la *copertura formale di un contratto di appalto* o subappalto, le parti si accordavano per eludere le norme imperative poste a tutela del lavoratore.

La *sanzione*, allorché si fosse verificata la violazione del divieto di cui all'art. 1 della L. 1369/1960, era che i *lavoratori, occupati in violazione dei divieti stessi, venivano considerati a tutti gli effetti alle dipendenze dell'imprenditore che aveva effettivamente utilizzato le loro prestazioni.*

1.3 Appalti leciti e regime di solidarietà

È bene sottolineare che la **L. 1369/1960 non vietava qualsiasi tipo di appalto**, ma solo quelli che avessero una finalità fraudolenta (*pseudo* o *finti appalti*).

Nel caso di appalti di per sé *leciti* ma che per le loro caratteristiche presentavano elementi di *rischiosità*, la legge imponeva determinate **garanzie** per i minimi salariali e la contribuzione previdenziale. Gli appalti in questione erano quelli cd. *interni*, cioè appalti di opere o servizi, compresi i lavori di facchinaggio, di pulizia e di manutenzione ordinaria degli impianti, da eseguirsi all'*interno delle aziende* con organizzazione e gestione propria dell'appaltatore.

La natura di appalto *interno* era riconosciuta non soltanto in base alla localizzazione dell'attività, ma anche in presenza di un *collegamento economico-funzionale* «tenuto conto dell'inerenza dell'appalto al ciclo produttivo dell'impresa committente» (ROCCELLA).

In tal caso la legge garantiva innanzitutto il diritto, per i lavoratori dipendenti dall'appaltatore, ad un **trattamento pari** a quello riconosciuto ai dipendenti dell'appaltante. Inoltre si stabiliva la **responsabilità solidale dell'appaltante** con l'appaltatore per il *trattamento minimo inderogabile retributivo* e per gli obblighi di *previdenza ed assistenza.*

1.4 Trasformazioni produttive-organizzative e abrogazione della L. 1369/1960

A seguito della **destrutturazione dell'impresa** e del crescente fenomeno dell'**esternalizzazione**, la L. 1369/1960 è apparsa *obsoleta* e *inadeguata* al mutato contesto produttivo.

L'impresa *decentra* all'esterno parte del processo produttivo o funzioni aziendali (cd. *outsourcing* e *downsizing*), acquisendo quanto necessario alla produzione mediante una *molteplicità di contratti*, della natura più diversa, di cui solo una parte è rappresentata dai rapporti di lavoro a tempo pieno e indeterminato, in quanto si avvale di *appalti*, *subfornitura*, *franchising*, *rapporti di collaborazione*, *telelavoro* e, nella forma più semplice, del *lavoro a domicilio*.

La rappresentazione più nota di questo fenomeno è quella di una *rete* costituita da tutte le diramazioni di rapporti che partono dall'impresa e vanno verso l'esterno per la realizzazione del ciclo produttivo.

Per l'impresa è conveniente adottare il modello della *produzione snella* (*lean production*) per riuscire ad adattare l'offerta alla variabilità del mercato e ridurre i costi fissi di produzione, ed *in primis* quelli salariali.

L'impresa moderna necessita di *flessibilità dimensionale*, cioè di prestazioni di lavoro non irrigidite nello schema del lavoro subordinato a tempo indeterminato, ma acquisibili *fin tanto che c'è necessità*: sicché essa strutturerà la dimensione della propria forza lavoro su un nocciolo di lavoratori stabili e professionali (cd. *core workers*) e su un numero più o meno ampio di lavoratori con rapporto di lavoro temporalmente determinato (cd. *contingent workers*) o comunque *forniti dall'esterno*.

Le limitazioni esistenti per l'interposizione di prestazioni di lavoro erano divenute del tutto *anacronistiche* sicché, alla fine, sono state superate, prima, con l'introduzione del **lavoro temporaneo** da parte della **L. 196/1977**, cd. *legge Treu* e, successivamente, con il **D.Lgs. 276/2003** che ha **abrogato la L. 264/1949 e la L. 1369/1960**, i cui divieti e sanzioni *non* erano stati rimossi — almeno sul piano formale — dalla precedente legge 196/1997.

Tale abrogazione determina il definitivo *superamento* del principio di concentrazione dei *poteri* e delle *responsabilità* datoriali in capo al *medesimo soggetto* (persona fisica o giuridica).

Vi potranno essere, infatti, sempre più lavoratori che effettuano la propria attività nell'interesse di un soggetto che esercita nei loro confronti i tipici poteri della sfera datoriale — potere direttivo, organizzativo e di controllo — *senza però essere al contempo un centro di responsabilità*, poiché i lavoratori sono assunti da altro soggetto (impresa di somministrazione) che *figura* a tutti gli effetti come datore di lavoro.

Come si vedrà in seguito, con il D.Lgs. 276/2003 viene anche *modernizzata* la disciplina in materia di **appalto** in quanto si considera «come *opportunità* e non più come una strategia rischiosa, sul piano organizzativo, *la traslazione all'esterno, in capo all'appaltatore, sia pure solo* *in parte, del risultato produttivo e delle responsabilità connesse all'utilizzo della forza lavoro»* (circ. Min. Lav. 11-2-2011, n. 5).

Pertanto, il quadro normativo vigente, risultante dal susseguirsi di una serie di provvedimenti legislativi, permette alle imprese, in sostanza, sia di *cedere parte della propria attività a terzi* sia di *riacquisire il prodotto di tali attività tramite la stipulazione di appositi contratti*, cercando al contempo di mediare tra le esigenze di flessibilità operativa delle *imprese* e quelle di tutela dei *lavoratori* coinvolti (DEL PUNTA).

2 La somministrazione di lavoro

2.1 Dal lavoro interinale alla somministrazione di lavoro

Un primo superamento dei divieti di interposizione previsti dalla L. 1369/1960 si è realizzato con la L. 24-6-1997 che ha introdotto il **lavoro interinale**, anche detto *ad interim, in affitto, in leasing* o *temporary work*, considerato, all'epoca, la massima forma di *flessibilità* nel mercato del lavoro italiano. Tale istituto permetteva l'**impiego temporaneo di manodopera** per esigenze di produzione contingenti *senza che l'imprenditore fosse costretto ad assumere i lavoratori di cui necessitasse*: essi potevano essere **affittati**, per un determinato periodo di tempo, da una apposita *agenzia*.

Il permanere di alcuni limiti operativi ha poi indotto il legislatore, con il **D.Lgs. 276/2003**, a definire una nuova disciplina *meno restrittiva* della fornitura, che viene denominata **somministrazione di lavoro**. Si afferma infatti:

— la *legittimità generale* della somministrazione di manodopera purché sia svolta da *soggetti autorizzati*;
— l'ammissibilità della somministrazione di manodopera anche *a tempo indeterminato* (cd. *staff leasing*), oltre che *a termine* come nella L. 196/1997.

Con tale intervento, *muta* completamente l'approccio alla fornitura di manodopera: mentre, infatti, nella L. 196/1997, essa era considerata, pur sempre, una *eccezione* nell'ambito di un sistema normativo imperniato sul *rapporto esclusivo lavoratore-datore di lavoro* (soggetto *unico*), nel D.Lgs. 276/2003, la fornitura di manodopera è considerata *funzionale* alla *competitività* delle imprese e, pertanto, è stata ammessa non solo a tempo determinato, ma anche a tempo *indeterminato*.

Nell'ambito della riforma dei contratti di lavoro, così come previsto dal Jobs Act, il **D.Lgs. 81/2015** (artt. 30-40) è intervenuto anche in materia di somministrazione, recependo sostanzialmente la disciplina previgente (ed in particolare le modifiche operate dal cd. decreto Poletti) ed apportando alcuni elementi di semplificazione e razionalizzazione.

Ulteriori modifiche sono state introdotte, infine, dal cd. **Decreto Dignità** (D.L. 87/2018, conv. in L. 96/2018) che ha, tra l'altro, reintrodotto la *somministrazione fraudolenta*.

Le disposizioni della disciplina della somministrazione di lavoro, introdotte dal Decreto Dignità, in alcuni casi *non si applicano* (es.: contratti a tempo determinato stipulati dalle Pubbliche Amministrazioni, dalle università private).

2.2 Caratteri della somministrazione di lavoro

La somministrazione di lavoro consiste nella **fornitura professionale di lavoratori** da parte di un'agenzia autorizzata, denominata *somministratore*, ad un altro soggetto denominato *utilizzatore*. Il **D.Lgs. 81/2015** (art. 30) ne fornisce una definizione più precisa rispetto al passato: «il contratto di somministrazione di lavoro è il contratto, a tempo indeterminato o determinato, con il quale un'agenzia di somministrazione autorizzata, ai sensi del decreto legislativo n. 276 del 2003, mette a disposizione di un utilizzatore uno o più lavoratori suoi dipendenti, i quali, per tutta la durata della missione, svolgono la propria attività nell'interesse e sotto la direzione e il controllo dell'utilizzatore».

I **caratteri essenziali della somministrazione** sono, dunque, i seguenti:

— la somministrazione realizza un **rapporto triangolare tra tre soggetti** (*somministratore*, *lavoratore* e *utilizzatore*), di cui il primo — l'*agenzia di somministrazione* — deve possedere i *requisiti* previsti dalla legge ed essere iscritto nell'apposito *Albo delle agenzie per il lavoro* (art. 4 D.Lgs. 276/2003).

L'agenzia di somministrazione è infatti sostanzialmente un *intermediario del mercato del lavoro*, che opera interponendosi tra il lavoratore e l'utilizzatore e che ha come specifico *oggetto sociale la fornitura di manodopera*;

— l'agenzia di somministrazione **fornisce uno o più lavoratori** alle imprese che ne fanno richiesta. Il rapporto tra l'*agenzia* e l'*utilizzatore* è regolato da un contratto, denominato **contratto di somministrazione di lavoro**.

L'utilizzatore può essere un *soggetto privato*, anche di natura *non* imprenditoriale come nel caso di somministrazione di personale domestico per l'assistenza alla *persona* o al *nucleo familiare*.
La *Pubblica Amministrazione* può rivestire il ruolo di utilizzatore, ma è legittimo *solo* il ricorso alla somministrazione *a tempo determinato* (in caso contrario risulterebbe violata la regola del *concorso* per l'accesso agli impieghi pubblici);

— i lavoratori sono *assunti dalla agenzia di somministrazione* ed il rapporto che si costituisce tra essi e l'agenzia è regolato da un **contratto di lavoro subordinato**;
— la somministrazione dei lavoratori alla impresa richiedente può essere a **tempo determinato** o **indeterminato** e può essere attuata indipendentemente dalla natura dell'attività svolta dall'utilizzatore;
— possono essere somministrati a tempo indeterminato *esclusivamente* i lavoratori **assunti dall'agenzia a tempo indeterminato**.

3 La disciplina della somministrazione

3.1 Limiti quantitativi per l'impiego di lavoratori somministrati

Il D.Lgs. 81/2015 prevede, **per l'utilizzatore, limiti quantitativi all'utilizzo di lavoratori esterni**, cioè forniti da un'agenzia di somministrazione, distinguendo tra somministrazione a tempo indeterminato e somministrazione a tempo determinato. In particolare (art. 31):

— il numero di lavoratori somministrati con contratto di somministrazione a tempo *indeterminato* **non può eccedere il 20%** dei lavoratori in forza presso l'utilizzatore. Il contratto collettivo applicato dall'utilizzatore può stabilire una percentuale *differente*.

Nel caso in cui, però, il *contratto di somministrazione tra l'agenzia di somministrazione* e l'*utilizzatore* sia *a tempo determinato*, l'utilizzatore *può impiegare in missione*, per *periodi superiori a 24 mesi* anche non continuativi, il *medesimo lavoratore somministrato*, per il quale l'agenzia di somministrazione abbia *comunicato* all'utilizzatore l'assunzione a tempo indeterminato, **senza che ciò determini in capo all'utilizzatore** stesso la **costituzione di un rapporto di lavoro a tempo indeterminato con il lavoratore somministrato**;

— il numero dei lavoratori assunti, invece, con *contratto a termine ovvero con contratto di somministrazione a tempo determinato* (inviati in missione per somministrazione a tempo determinato) — salva diversa previsione dei contratti collettivi applicati dall'utilizzatore e ferma restando la percentuale massima di contratti a termine stabilita dall'art. 23 del D.Lgs.

81/2015 — **non può eccedere complessivamente il 30% dei lavoratori a tempo indeterminato in forza presso l'utilizzatore** al 1° gennaio dell'anno di stipulazione dei predetti contratti, con arrotondamento del decimale all'unità superiore qualora esso sia eguale o superiore a 0,5.

È *esente* da limiti quantitativi la somministrazione a termine di determinati lavoratori (es. lavoratori rientranti nelle categorie di «svantaggiati» o «molto svantaggiati» secondo i criteri della normativa europea) (art. 31, comma 2, D.Lgs. 81/2015).
Nel caso di inizio dell'attività nel corso dell'anno, il limite percentuale si computa sul numero dei lavoratori a tempo indeterminato in forza al momento della stipulazione del contratto di somministrazione di lavoro (art. 31, comma 2, D.Lgs. 81/2015).

3.2 Il contratto di somministrazione di lavoro

Il contratto di somministrazione di lavoro è il contratto tramite il quale viene regolata *la fornitura di lavoratori dall'agenzia di somministrazione all'utilizzatore*.

Il contratto di somministrazione, per essere valido, deve essere stipulato in **forma scritta** e deve riportare tutti gli *elementi della somministrazione e dei rapporti di lavoro* (art. 33, D.Lgs. 81/2015).

Tra questi è prevista l'indicazione del *numero* dei lavoratori richiesti, le relative *mansioni* e *inquadramento*, la data di *inizio* e la *durata* della somministrazione.

La *mancanza della forma scritta* è sanzionata con la previsione della **nullità del contratto di somministrazione** con la conseguenza che i **lavoratori saranno considerati a tutti gli effetti alle dipendenze dell'utilizzatore**.

In tale ipotesi, inoltre, somministratore e utilizzatore saranno puniti con una *sanzione amministrativa pecuniaria*.

Inoltre, è *nulla* qualsiasi clausola apposta al contratto che abbia l'effetto di *limitare la facoltà dell'utilizzatore di assumere il lavoratore al termine della missione*.

La previsione è chiaramente finalizzata a far sì che non sia pregiudicata la possibilità di *stabilizzazione* del rapporto di lavoro con l'utilizzatore. In ogni caso le parti possono decidere di *non* applicarla, ma in tal caso deve essere riconosciuta al lavoratore un'adeguata *indennità* al lavoratore in *missione* (art. 35, comma 8, D.Lgs. 81/2015).

Il contratto di somministrazione è un **contratto di natura commerciale**, che tuttavia *produce effetti giuridici sul rapporto di lavoro tra impresa fornitrice e lavoratore*: quest'ultimo, proprio a causa del contratto di somministrazione, è obbligato a integrare la propria prestazione di lavoro nell'organizzazione dell'impresa *utilizzatrice* e conformarsi alle direttive da essa impartite.

Il regolamento dei rapporti obbligatori tra impresa di fornitura e impresa utilizzatrice, a cui fondamento vi è il contratto di somministrazione, *non* è predeterminato dalla legge che si limita a stabilire soltanto un determinato contenuto essenziale del contratto.

Circa la natura del contratto di fornitura di lavoro, all'epoca della L. 196/1997, parte della dottrina (RUSCIANO) affermò che con esso si era realizzata una *somministrazione di lavoro altrui* o una *locazione di opere* muovendosi così nell'ambito di schemi contrattuali già previsti dall'ordinamento; altri invece ritenevano che si trattava di una tipologia del tutto nuova *non assimilabile ad alcuna fattispecie tipica* (MAZZOTTA).

In ogni caso, l'introduzione del contratto di fornitura ha avuto l'effetto di *legalizzare* l'appalto di prestazioni di lavoro.

3.3 Divieto di somministrazione

La **somministrazione è vietata** nelle seguenti ipotesi (art. 32, D.Lgs. 81/2015):

— per la *sostituzione di lavoratori che esercitano il diritto di sciopero*;

— presso unità produttive nelle quali si sia proceduto, entro i 6 mesi precedenti, a *licenziamenti collettivi* che abbiano riguardato lavoratori adibiti alle stesse mansioni cui si riferisce la somministrazione.

Il divieto in questione *non* si applica quando, pur essendo le unità produttive dell'utilizzatore in regime di cassa integrazione guadagni, la somministrazione sia effettuata per *sostituire lavoratori assenti* oppure abbia una *durata iniziale non superiore a 3 mesi*;

— presso unità produttive nelle quali sia operante una sospensione dei rapporti o una riduzione dell'orario, con diritto al trattamento di *integrazione salariale*, che interessino lavoratori adibiti alle stesse mansioni cui si riferisce la somministrazione;
— nei confronti di imprese *non* in regola con l'obbligo di *valutazione dei rischi per la salute e la sicurezza dei lavoratori*.

3.4 Adempimenti informativi

Il **somministratore** ha l'obbligo di comunicare per iscritto al *lavoratore*, all'atto della stipulazione del contratto di lavoro ovvero all'atto dell'invio presso l'utilizzatore, la data di inizio e la durata prevedibile della missione (art. 33, D.Lgs. 81/2015).

La *comunicazione di assunzione* deve essere effettuata dalle agenzie di somministrazione *entro il giorno venti del mese successivo alla data di assunzione* (art. 4bis, comma 4, D.Lgs. 181/2000). Analogamente le comunicazioni di *cessazione* e *proroga* dei lavoratori somministrati devono essere fatte entro il 20 del mese successivo alla data di proroga o cessazione.

L'**utilizzatore** ha l'obbligo di comunicare alle *rappresentanze sindacali aziendali* (RSU o RSA) o, in mancanza, alle associazioni territoriali di categoria aderenti alle confederazioni dei lavoratori comparativamente più rappresentative sul piano nazionale:

— il *numero e i motivi del ricorso alla somministrazione* prima della stipula del contratto di somministrazione.

In caso di urgenza e necessità, la comunicazione può essere fornita entro i 5 giorni successivi;

— il *numero, i motivi e la durata dei contratti di somministrazione* conclusi, nonché il numero e la qualifica dei lavoratori interessati, *ogni 12 mesi*.

3.5 Somministrazione irregolare e fraudolenta

Si ha **somministrazione irregolare** quando si realizza una fornitura di lavoro *al di fuori dei limiti e dei requisiti previsti dalla legge* (art. 38, D.Lgs. 81/2015). In tale ipotesi rientrano le somministrazioni di lavoratori prive dei necessari *requisiti sostanziali* e *formali* ovvero quelle effettuate da imprese non autorizzate, in violazione dei limiti quantitativi, dei divieti di ricorso alla somministrazione, della durata temporale fissata nel contratto.

Per l'*illecita fornitura di manodopera a terzi* l'ordinamento riconosce una particolare **tutela al lavoratore** che, mediante azione giudiziale, può ottenere la **costituzione di un rapporto di lavoro alle dipendenze dell'utilizzatore**, con effetto dall'inizio della somministrazione.

In queste ipotesi, tutti i pagamenti effettuati dal somministratore, a titolo *retributivo* o di *contribuzione previdenziale*, valgono a **liberare** il soggetto che ne ha *effettivamente* utilizzato la prestazione dal debito corrispondente, fino a *concorrenza della somma effettivamente pagata*. Tutti gli atti compiuti o ricevuti dal somministratore nella costituzione o nella gestione del rapporto, per il periodo durante il quale la somministrazione ha avuto luogo, *si intendono come compiuti o ricevuti dal soggetto che ha effettivamente utilizzato la prestazione* (art. 38, comma 3, D.L.gs. 81/2015).

Se, invece, l'atto scritto risulta *inesistente*, la somministrazione è *nulla* e i lavoratori sono considerati *automaticamente alle dipendenze dell'utilizzatore*.

Sono previste apposite *sanzioni*, a carico dell'utilizzatore e del somministratore, prevalentemente di natura *amministrativa* (art. 18, D.Lgs. 276/2003).

Il D.Lgs. 15 gennaio 2016, n. 8 ha *depenalizzato* numerose ipotesi di reato, anche in materia di lavoro e previdenza sociale. In particolare, sono trasformati in illeciti amministrativi l'esercizio *abusivo* di fornitura di lavoratori e il *ricorso* alla stessa (fornitura effettuata da un'agenzia priva della necessaria autorizzazione): alla violazione si applica la *sanzione amministrativa* pecuniaria (rapportata al numero di lavoratori occupati e alle giornate di utilizzo), entro determinati limiti minimi e massimi. In caso di *sfruttamento di minori* continua, invece, ad applicarsi la sanzione penale (arresto fino a 18 mesi e ammenda fino a € 300).

La L. 145/2018 (cd. *legge di bilancio 2019*) ha previsto (art. 1, comma 445) un *aumento* degli *importi* dovuti per le violazioni di cui all'art. 18, D.Lgs. 276/2003, disponendo che la *maggiorazione è raddoppiata*, ove, *nei tre anni precedenti*, il datore di lavoro sia stato destinatario di sanzioni amministrative o penali per i *medesimi illeciti*. L'arco triennale di riferimento deve essere inteso sia quale periodo in cui l'illecito è stato commesso, sia quale periodo in cui lo stesso è stato definitivamente accertato (circ. INL 2594/2019).

Si ha **somministrazione fraudolenta** quando la fornitura di lavoro avviene con la specifica finalità di *eludere norme inderogabili di legge o di contratto collettivo* (art. 38bis, D.Lgs. 81/2015). Il cd. **Decreto Dignità** (D.L. 87/2018, conv. in L. 96/2018) ha introdotto nuovamente tale fattispecie (contemplata fino al D.Lgs. 276/2003, poi soppressa dal D.Lgs. 81/2015), prevedendo la *sanzione penale*, a carico dell'utilizzatore e del somministratore, dell'ammenda di € 20 per ciascun lavoratore coinvolto e per ciascun giorno di somministrazione.

Il carattere *fraudolento* si rinviene nell'intento di eludere le norme inderogabili di legge o di contratto collettivo applicate al lavoratore. Come chiarito dalla prassi amministrativa (circ. INL 3/2019), vi rientrano, ad esempio, i casi di **fornitura di lavoro in violazione dei divieti alla somministrazione** di lavoro o dei limiti alla somministrazione (artt. 31, 32 e 33 D.Lgs. 81/2015); inoltre, la somministrazione fraudolenta può realizzarsi anche nel caso in cui l'agenzia di somministrazione risulti autorizzata e tuttavia si riesca a *provare che il datore di lavoro abbia licenziato un proprio dipendente per riutilizzarlo tramite l'agenzia*, violando norme di legge o di contratto collettivo.

La somministrazione fraudolenta può essere realizzata mediante il ricorso ad un appalto illecito. Il ricorso ad appalti non genuini (assenza dei requisiti di cui all'art. 1655 c.c.) o ad una fornitura di lavoro illecita (violazione dei divieti posti dalle disposizioni in materia di somministrazione o somministratore non autorizzato) è sufficiente a rilevare l'*intento fraudolento* (circ. INL 3/2019). In tale ipotesi, la sanzione torna ad essere di carattere *penale*, con l'obbligo di assumere i lavoratori alle dirette dipendenze dell'utilizzatore/committente per tutta la durata del contratto. Soggetti alla sanzione sono l'utilizzatore e il somministratore (sia che si tratti di un soggetto privo dell'autorizzazione necessaria per esercitare l'attività di somministrazione, sia che si tratti di agenzia autorizzata), nel caso in cui si accerti l'intento fraudolento (dolo), finalizzato a disapplicare la normativa del lavoro e previdenziale a tutela del lavoratore.

4 La disciplina del rapporto di lavoro derivante da somministrazione

4.1 Contratto di lavoro e disciplina applicabile

Il **rapporto di lavoro** che si realizza a seguito della somministrazione presenta le seguenti peculiarità (art. 34, D.Lgs. 81/2015):

- i lavoratori sono *assunti dall'impresa di somministrazione*, che figura come *datore di lavoro*;
- l'agenzia di somministrazione *colloca i lavoratori in missione presso l'utilizzatore* che ne abbia fatto richiesta;

— per tutta la durata della missione i *lavoratori svolgono la loro attività nell'interesse, nonché sotto la direzione e il controllo dell'utilizzatore*.

La legge **non individua una specifica figura di contratto di lavoro** tra agenzia di somministrazione e prestatore di lavor, limitandosi a stabilire che *il rapporto di lavoro può essere a tempo indeterminato o determinato*.

Devono ritenersi ammissibili le forme contrattuali cd. speciali quali il contratto di lavoro *a tempo parziale*.

Quando il *lavoratore è assunto a tempo indeterminato*, il rapporto di lavoro tra agenzia di somministrazione e lavoratore deve considerarsi soggetto alla **disciplina generale dei rapporti di lavoro a tempo indeterminato**. Nei periodi in cui *non* è in missione presso un utilizzatore, egli *rimane a disposizione del somministratore*, salvo che non sussista una giusta causa o un giustificato motivo di risoluzione del contratto di lavoro.

Nel caso, invece, in cui l'agenzia di somministrazione assuma il lavoratore a tempo determinato, il cd. **Decreto Dignità** (D.L. 87/2018, conv. in L. 96/2018) ha previsto la *soggezione* di tale rapporto di lavoro alla **disciplina generale sul rapporto di lavoro subordinato a tempo determinato**, salvo eccezioni. Non si applicano, infatti, gli artt. *21, comma 2* (pause tra un contratto e il successivo, cd. *stop and go*), *23* (*numero complessivo dei contratti a tempo determinato*) e *24* (*diritto di precedenza*) del D.Lgs. 81/2015.

La normativa previgente, invece, in questi casi, prevedeva l'applicabilità della disciplina del contratto a termine *solo in quanto compatibile con la specialità del rapporto di lavoro*, tra l'altro escludendo espressamente l'applicazione di alcuni articoli del D.Lgs. 81/2015, tra cui proprio l'art. 19 che, invece, alla luce delle modifiche introdotte dal Decreto Dignità, si applica.

Dunque, al contratto di lavoro tra somministratore e lavoratore può essere apposto un termine di durata *non superiore a 12 mesi*; il contratto può avere però una durata superiore, fino ad un *massimo di 24 mesi* (art. 19, comma 1, D.Lgs. 81/2015). Tuttavia, l'obbligo delle causali — previste dalla legge in generale per i contratti a termine che superino i 12 mesi — si applica **esclusivamente con riferimento all'utilizzatore** (art. 2, comma 1ter, D.L. 87/2018, conv. in L. 96/2018).

Pertanto, in caso di durata della somministrazione a termine per un **periodo superiore a 12 mesi** presso il **medesimo utilizzatore** (o di rinnovo della missione, anche in tal caso presso il medesimo utilizzatore), il contratto di lavoro stipulato dal somministratore con il lavoratore dovrà indicare una **motivazione riferita alle esigenze dell'utilizzatore stesso**.

In caso, poi, di più rapporti di lavoro a tempo determinato tra lo stesso datore di lavoro e lo stesso lavoratore, per effetto di una **successione di contratti** (conclusi per lo svolgimento di mansioni di pari livello e categoria legale e indipendentemente dai periodi di interruzione tra un contratto e l'altro) bisogna distinguere. In questa ipotesi, infatti, la disciplina giuridica generale sui contratti a termine (art. 19, comma 2, D.Lgs. 81/2015) prevede che la durata di tali rapporti non possa superare i 24 mesi, **fatte salve**, pero, **le diverse disposizioni dei contratti collettivi**.

In data 15-10-2019, è stato **rinnovato il contratto collettivo nazionale di lavoro per le agenzie di somministrazione di lavoro**, che disciplina, in maniera unitaria, in tutto il territorio nazionale, i *rapporti di lavoro intercorrenti tra tutte le agenzie di somministrazione e i lavoratori in somministrazione assunti sia a tempo determinato che a tempo indeterminato*.

Con riguardo ai contratti di lavoro a tempo determinato, conclusi per lo svolgimento di mansioni di pari livello e categoria legale, a *far data dal 1° gennaio 2019*, la *durata massima* della successione dei contratti a termine tra le medesime parti è così articolata (art. 21):

— nelle ipotesi di somministrazione di lavoro con il *medesimo utilizzatore*, i criteri di computo e la durata massima sono individuati dalla contrattazione collettiva applicata dall'utilizzatore e, in assenza di tale disciplina, la durata massima della successione dei contratti è fissata in 24 mesi;

— nelle ipotesi di somministrazione di lavoro su *diversi utilizzatori*, la successione di contratti di lavoro a tempo determinato tra agenzia e lavoratore non può superare la durata massima complessiva di 48 mesi. La durata massima complessiva di 48 mesi si considera in ragione della *mansione effettivamente svolta dal lavoratore*, a prescindere dal contratto collettivo applicato dall'utilizzatore.

4.2 Trattamento normativo ed economico del lavoratore

La legge stabilisce l'importante **principio della parità di trattamento** dei lavoratori assunti dall'impresa di somministrazione. Essi, per tutta la durata della missione, hanno diritto a *condizioni economiche e normative complessivamente non inferiori a quelle dei dipendenti di pari livello dell'utilizzatore*, a parità di mansioni svolte (art. 35, D.Lgs. 81/2015).

Per quanto riguarda il *trattamento economico*, il lavoratore in regime di somministrazione ha diritto alla normale **retribuzione** spettante al lavoratore dell'utilizzatore e occupato in analoghe mansioni.

Il diritto del lavoratore alle erogazioni economiche correlate ai risultati conseguiti dall'utilizzatore (cd. *premi di produttività*) è regolato dal *contratto collettivo applicato dall'utilizzatore*, in cui deve essere specificato se le suddette erogazioni spettino o meno ai lavoratori in regime di somministrazione (per il diritto ai suddetti premi è necessaria quindi un'*esplicita previsione* da parte della contrattazione collettiva).

Se il lavoratore è assunto *a tempo indeterminato* dall'agenzia di somministrazione, egli ha diritto ad un'apposita **indennità di disponibilità** per i periodi in cui *non* effettua alcuna missione presso un'impresa utilizzatrice.

La misura dell'indennità è stabilita su base *mensile*, secondo *quote orarie*, e deve rispettare gli importi *minimi* fissati dal contratto collettivo delle agenzie di somministrazione. Essa non può, comunque, essere inferiore alla misura minima prevista e aggiornata periodicamente con decreto del Ministro del Lavoro.

Durante il periodo di disponibilità, il lavoratore può svolgere la propria attività presso lo stesso somministratore; in tal caso è proporzionalmente *ridotta* l'indennità di disponibilità (circ. Min. Lav. 7/2005).

Il lavoratore ha diritto ad essere assegnato, presso l'utilizzatore, alle **mansioni** indicate nel contratto di lavoro con il somministratore. Pertanto nel caso contrario in cui venga adibito a *mansioni superiori* o, *inferiori* a quelle dedotte in contratto, egli avrà diritto alle *differenze retributive* spettanti secondo le regole generali di cui all'art. 2103 c.c.

L'utilizzatore ha l'obbligo di darne immediata comunicazione scritta al somministratore, pena, in caso di inadempimento, la *responsabilità esclusiva* per le *differenze retributive* in caso di assegnazione a mansioni superiori o al *risarcimento del danno* in caso di mansioni inferiori.

In riferimento al *trattamento normativo*, il lavoratore in missione presso un'impresa utilizzatrice ha diritto a usufruire di tutti i **servizi sociali ed assistenziali** spettanti ai dipendenti dell'impresa utilizzatrice impiegati nella stessa unità produttiva.

I lavoratori potranno, tuttavia, essere *esclusi* da alcuni diritti, qualora il godimento degli stessi sia subordinato a determinati parametri connessi all'anzianità aziendale e non (iscrizione del lavoratore ad associazioni o a società cooperative, conseguimento di una determinata anzianità di servizio).

Nei confronti di lavoratori in regime di somministrazione si applicano le **misure di tutela** stabilite dal T.U. della sicurezza sul lavoro.

In particolare l'*utilizzatore* deve osservare nei confronti di tali lavoratori gli obblighi di prevenzione e protezione previsti nei confronti dei propri dipendenti, restando responsabile per la violazione degli obblighi di sicurezza prescritti dalla legge e dai contratti collettivi.

I lavoratori devono essere *informati e formati* dal somministratore sui rischi generalmente connessi allo svolgimento dell'attività lavorativa per la quale vengono assunti (tali obblighi sono a carico del *somministratore*, ma possono essere trasferiti contrattualmente all'utilizzatore) (art. 35 D.Lgs. 81/2015).

I lavoratori operanti in regime di somministrazione hanno diritto ad essere **informati** dall'utilizzatore dei *posti vacanti* presso quest'ultimo, affinché possano aspirare, al pari dei dipendenti del medesimo utilizzatore, a ricoprire *posti di lavoro a tempo indeterminato* (art. 31, D.Lgs. 81/2015).

Si tratta evidentemente di un mero diritto d'informazione e *non* di un diritto di precedenza all'assunzione. L'informazione in questione è fornita mediante un *avviso* generale opportunamente *affisso all'interno dei locali dell'utilizzatore*.

Quanto ai **diritti sindacali**, il lavoratore sommministrato ha diritto, per tutta la durata della somministrazione, a (art. 36, D.Lgs. 81/2015):

- esercitare, presso l'impresa utilizzatrice, i *diritti di libertà e di attività sindacale* spettanti ai sensi della L. 300/1970 (Statuto dei Lavoratori);
- partecipare alle *assemblee* organizzate dal personale dipendente delle imprese utilizzatrici.

Si ricorda, infine, che il D.Lgs. 276/2003 (art. 12) prevede l'istituzione di appositi *fondi bilaterali*, alimentati dal versamento di contributi da parte delle agenzie di somministrazione, destinati a promuovere e gestire appositi interventi di *riqualificazione* e di *formazione* in favore dei lavoratori, allo scopo di scongiurare i rischi di precarizzazione e dequalificazione insiti nella tipologia lavorativa che, in sostanza, comporta una *continua variazione* dell'impresa nella quale va ad integrarsi la prestazione resa dal lavoratore.

La formazione dei lavoratori temporanei risponde al contempo anche all'interesse della stessa impresa di fornitura che, utilizzando lavoratori qualificati, può accrescere la propria competitività sul mercato.

Con l'Intesa del 21-12-2018, le Parti hanno convenuto di introdurre il diritto da parte dei lavoratori ad accedere a percorsi di *qualificazione* e *riqualificazione* professionale.

4.3 Ripartizione dei poteri e degli obblighi datoriali

La peculiarità del rapporto di lavoro derivante dalla somministrazione determina una *singolare ripartizione dei tipici poteri del datore di lavoro*: tale ruolo è ricoperto dalla **agenzia di somministrazione** che gestisce direttamente tutti gli *aspetti connessi al rapporto di lavoro*, mentre l'**utilizzatore** rappresenta il soggetto che si avvale, per tutta la durata della somministrazione dell'*attività dei lavoratori*.

La **suddivisione dei poteri e dei doveri datoriali**, desumibile dalle disposizioni del provvedimento, è la seguente:

- il **potere organizzativo e direttivo** nei confronti dei lavoratori è esercitato dall'*utilizzatore* al fine di conformarne la prestazione alle concrete esigenze della propria organizzazione aziendale. La legge infatti prevede espressamente che, per tutta la durata della missione, *i lavoratori svolgono la propria attività nell'interesse e sotto la direzione e il controllo dell'utilizzatore*;
- il **potere disciplinare** è riservato al *somministratore*, cui l'utilizzatore deve comunicare le infrazioni commesse dai lavoratori, che formeranno oggetto della contestazione ai sensi dell'art. 7, L. 300/70;
- la **retribuzione** e ogni altra spettanza, compresa l'indennità di disponibilità, deve essere pagata ai lavoratori direttamente dal *somministratore*;
- l'*utilizzatore* deve **rimborsare** al somministratore le retribuzioni erogate ai lavoratori che siano stati assegnati presso la sua impresa ed è **obbligato in solido** con il somministratore per l'effettiva corresponsione ai lavoratori dei trattamenti retributivi e per il versamento dei contributi previdenziali.

  Non esiste alcun obbligo, per il lavoratore, in caso di mancato pagamento della retribuzione o versamento della contribuzione, di escutere prima il somministratore e poi l'utilizzatore (*beneficium excussionis*). L'inadempimento del somministratore attiene ai rapporti interni tra questi e l'utilizzatore e non è opponibile al lavoratore (circ. Min. Lav. 7/2005);

— la **responsabilità per danni arrecati a terzi** dai lavoratori nello svolgimento della prestazione lavorativa incombe sull'*utilizzatore*.

5 L'appalto e la tutela dei lavoratori

5.1 Dal divieto di appalto di mere prestazioni di lavoro ai requisiti dell'appalto genuino

Fino al D.Lgs. 276/2003, la **distinzione tra appalti leciti e illeciti** era basata sul fatto che nelle forme lecite di appalto l'imprenditore (appaltante) si rivolgeva, per l'esecuzione di un'opera o un servizio, ad altro soggetto (appaltatore) in possesso di *una propria ed effettiva organizzazione di uomini e mezzi*, mentre nelle forme illecite l'appaltatore era un *finto* imprenditore che si *interponeva* tra lavoratori e appaltante al solo scopo di consentire a quest'ultimo di ottenere prestazioni di lavoro *senza assumere direttamente i lavoratori*.

Con la riforma del D.Lgs. 276/2003 viene *abrogata* la L. 1369/1960 e, con essa, cade il divieto generale di fornitura di manodopera a terzi. Cionondimeno, l'ordinamento continua a *reprimerne le forme illecite*, ovvero attuate al di là delle regole e dei requisiti che presiedono alla somministrazione regolare.

L'appalto di *manodopera* è quindi legittimo nel nostro ordinamento se svolto come regolare *lavoro somministrato*.

Appalto e somministrazione di lavoro possono, dunque, essere ben distinti guardando alla **finalità** dell'*attività* posta rispettivamente in essere, ed in particolare:

- l'*appaltatore* è un *imprenditore* la cui attività consta nel **fornire all'impresa committente un'opera o un servizio**, mediante la propria organizzazione di mezzi o anche soltanto mediante l'impiego di lavoratori *da lui organizzati e diretti*;
- l'attività dell'*agenzia di somministrazione* è limitata a fornire, ad altra impresa, **mere prestazioni di lavoro** mediante lavoratori da essa stessa assunti e retribuiti, ma *diretti e organizzati dall'impresa che li utilizza*.

Esemplificando: mentre l'appaltatore è direttamente *produttore* dell'opera o del servizio fornito, *l'agenzia di somministrazione non svolge alcuna attività produttiva* ma si limita ad operare sul mercato del lavoro come un semplice *intermediario*, assumendo lavoratori per poi fornirli ad altre imprese.

Per cui, sintetizzando, si può dire che vi è una differenza di *oggetto* tra appalto e somministrazione: un *fare* nell'appalto, un *dare* nella somministrazione (circ. Min. Lav. 5/2011).

Si comprende pertanto il permanere dell'interesse del legislatore per la definizione dei requisiti dell'**appalto genuino**, espressione usata dallo stesso D.Lgs. 276/2003 per indicare un fenomeno *lecito* in quanto conforme alle regole dell'ordinamento giuridico.

È previsto, peraltro, che il meccanismo della *certificazione* possa essere utilizzato anche per *distinguere tra somministrazione e contratto d'appalto* e che siano adottati, con decreto ministeriale, indici e codici di comportamento che tengano conto della verifica della reale organizzazione di mezzi e dell'assunzione del rischio tipico d'impresa da parte dell'appaltatore al fine di differenziare le forme di interposizione illecita da quelle di appalto genuino (art. 84, D.Lgs. 276/2003).

Per le disposizioni di diritto comune, vale a dire l'**art. 1655 c.c.**, richiamato dallo stesso D.Lgs. 276/2003 (art. 29), l'appalto è il «*contratto col quale una parte assume, con organizzazione dei mezzi necessari e con gestione a proprio rischio, il compimento di un'opera o di un servizio verso un corrispettivo in danaro*».

Pertanto, si è in presenza di una forma *lecita* di appalto quando sussiste con certezza l'assunzione del **rischio d'impresa** e l'**organizzazione dei mezzi** necessari da parte dell'appaltatore.

Proprio con riguardo a quest'ultimo aspetto, il D.Lgs. 276/2003 ha apportato un significativo elemento di novità: il *requisito dell'organizzazione* dei mezzi deve essere inteso, ora, in senso *ampio* e può anche risultare, in relazione alle esigenze dell'opera o del servizio dedotti in contratto, dall'*esercizio del «potere organizzativo e direttivo* nei confronti dei lavoratori utilizzati nell'appalto».

Nella vigenza della L. 1369/1960, l'esistenza, in capo all'appaltatore, di una reale organizzazione di mezzi costituiva un primo ed essenziale *indice di liceità* dell'appalto e di *assenza di intento frodatorio*. Ciò che rilevava, quindi, era la *titolarità dei mezzi di produzione* in capo all'impresa appaltatrice. Tale criterio legale, incentrato sull'effettivo apporto da parte dell'appaltatore di *mezzi* (macchine, attrezzature ecc.), ha, però, nel tempo, perso la propria efficienza distintiva, soprattutto in considerazione del massiccio ricorso all'*esternalizzazione* da parte delle imprese e della diffusione dei cd. *appalti a bassa intensità di capitale* per il compimento di determinati *servizi* (da quelli tradizionali di facchinaggio, pulizia ecc. a quelli più recenti connessi, ad esempio, alle tecnologie informatiche). Con la riforma operata dal D.Lgs. 276/2003, il legislatore ridefinisce i confini tra l'appalto lecito e l'appalto di manodopera e adotta un diverso criterio distintivo, *legittimando*, in linea di principio, anche gli appalti in cui l'appaltatore risulti un *mero organizzatore* e *fornisca esclusivamente lavoratori* da utilizzare nell'appalto. È il caso, ad esempio, dei *contratti d'appalto concernenti lavori specialistici*, eseguiti grazie alle elevate competenze dei dipendenti dell'appaltatore a fronte del ruolo marginale delle attrezzature impiegate (circ. Min. Lav. 11-2-2011, n. 5).

Perché l'appalto sia genuino, quindi, non è necesssario che l'appaltatore sia titolare dei mezzi di produzione e l'autonomia organizzativa dovrà essere verificata con riferimento «*alle esigenze dell'opera o del servizio dedotti in contratto*» ovvero all'attività oggetto del contratto di appalto.

L'indagine sull'assetto dei mezzi diversi dalla forza lavoro utilizzati per l'esecuzione dell'appalto non dovrà concentrarsi esclusivamente sul *dato formale della proprietà* degli strumenti di produzione, di per sé *non decisivo*, bensì *dovrà considerare l'assetto organizzativo complessivo* dell'appalto al fine della verifica in merito alla sussistenza di una struttura imprenditoriale adeguata rispetto all'oggetto del contratto (cd. *soglia minima di imprenditorialità*) (Min. Lav. risposta ad interpello 77/2009).

5.2 Appalti illeciti e sanzioni

Se i requisiti derivanti dalla nozione civilista *ex* art. 1655 c.c. e dall'art. 29, D.Lgs. 276/2003, risultano mancanti, non si è in presenza di un appalto genuino, bensì di una **illecita interposizione nelle prestazioni di lavoro**.

L'interposizione è ammessa nella forma della *somministrazione di lavoro*, per cui risulta *illecita* in quanto *non* è svolta da soggetti (le *agenzie di somministrazione*) in possesso della specifica autorizzazione, né alle condizioni stabilite nel D.Lgs. 81/2015 (*presupposti oggettivi*).

L'accertamento di un *intento fraudolento*, finalizzato ad eludere le norme inderogabili di legge e le disposizioni del CCNL, qualifica l'appalto non genuino come **somministrazione fraudolenta** (art. 38bis D.Lgs. 81/2015; circ. INL 3/2019). Si applica la *sanzione penale* dell'ammenda di € 20 per ciascun lavoratore coinvolto e per ciascun giorno di somministrazione, ferme restando le sanzioni amministrative previste per l'appalto privo dei requisiti di legge (art. 18, comma 5bis, D.Lgs. 276/2003).

L'elusione delle norme di legge o contrattuali si rinviene, ad esempio, quando, attraverso un finto appalto, vi è «il conseguimento di effettivi risparmi sul costo del lavoro derivanti dalla applicazione del trattamento retributivo previsto dal CCNL dall'appaltatore e dal connesso minore imponibile contributivo» (circ. INL 3/2019).

Per effetto del D.Lgs. 8/2016, che ha depenalizzato una serie di reati, l'utilizzatore e il somministratore, ovvero il finto committente e il finto appaltatore, sono puniti con la *sanzione amministrativa pecuniaria* di € 50 per ogni lavoratore occupato e per ogni giornata di occupazione (l'importo della sanzione non può essere inferiore a € 5.000 né superiore a € 50.000) (circ. Min. Lav. 6/2016); se vi è sfruttamento dei minori, la pena resta, però, di natura *penale* e consta nell'arresto fino a 18 mesi e nell'ammenda aumentata fino a € 300. La L. 145/2018 (cd. *legge di bilancio 2019*) ha previsto (art. 1, comma 445) un *aumento* degli *importi* dovuti per le violazioni di cui all'art. 18 D.Lgs. 276/2003, disponendo che la *maggiorazione è raddoppiata*, ove, *nei tre anni precedenti*, il datore di lavoro sia stato destinatario di sanzioni amministrative o penali per i *medesimi illeciti*. Con particolare riferimento al raddoppio delle maggiorazioni, è stato precisato che l'arco triennale di riferimento deve essere inteso sia quale periodo in cui l'illecito è stato commesso, sia quale periodo in cui per lo stesso è stato definitivamente accertato (nota INL 2594/2019).

In caso di illecito, il lavoratore potrà **agire in giudizio** per la *costituzione di un rapporto di lavoro* alle dipendenze «del soggetto *che ne ha utilizzato la prestazione*», da intendersi come *appaltante* (art. 29, commi 3bis e 3ter, D.Lgs. 276/2003).

L'*appaltatore* è un *finto imprenditore* e la sua funzione si esaurisce nell'ambito del fenomeno *interpositorio*. È quindi logico che il rapporto di lavoro si costituisca (nel caso di esito favorevole del giudizio intentato dal lavoratore) con il *datore di lavoro* che *realmente* ha beneficiato della prestazione, cioè l'*appaltante*.

5.3 Le tutele dei dipendenti dell'appaltatore

In caso di appalto, opera un particolare **regime di solidarietà** a tutela dei dipendenti dell'appaltatore e di eventuali subappaltatori.

Tale regime implica che dei *trattamenti retributivi*, comprese le *quote di trattamento di fine rapporto*, nonché dei *contributi previdenziali* e dei *premi assicurativi* dovuti in relazione al periodo di esecuzione del contratto di appalto, **rispondono in solido i soggetti coinvolti nella catena dell'appalto** ovvero il *committente* imprenditore o datore di lavoro, l'*appaltatore* e ciascuno degli eventuali *subappaltatori* (art. 29, comma 2, D.Lgs. 276/2003).

La solidarietà non opera quando l'appaltante è una *persona fisica che non esercita attività d'impresa o professionale* (art. 29, comma 3, D.Lgs. 276/2003) e per i contratti di appalto stipulati dalle *pubbliche amministrazioni* (art. 9, comma 1, D.L. 76/2013, conv. in L. 99/2013).

Sono escluse dal regime di solidarietà le *sanzioni civili* di cui risponde solo il *responsabile dell'inadempimento*.

La garanzia della solidarietà è a beneficio non solo dei *lavoratori subordinati*, in quanto si applica anche ai compensi e agli obblighi di natura previdenziale e assicurativa nei confronti dei *lavoratori autonomi* (art. 9, comma 1, D.L. 76/2013, conv. in L. 99/2013).

Si tratta dei *collaboratori coordinati e continuativi*, rispetto ai quali, relativamente agli adempimenti di tipo contributivo, il committente svolge un ruolo analogo a quello svolto dal datore di lavoro nei confronti dei lavoratori subordinati (circ. Min. Lav. 35/2013).

Per avvalersi del regime di solidarietà ed ottenere quanto spettante, i lavoratori devono **agire in giudizio** nel termine di decadenza di *due anni* dalla fine dell'appalto.

Oltre che attraverso il deposito del ricorso giudiziario, la decadenza può essere impedita dal lavoratore, nel suddetto termine biennale, anche per mezzo di un prodromico atto scritto, *anche stragiudiziale*, inviato al committente. Nei casi in cui la decadenza è impedita, il diritto rimane, però, soggetto alle disposizioni che regolano la prescrizione (art. 2967 c.c.): pertanto, a seguito della notifica dell'atto in questione, sarà possibile emanare la *diffida accertativa* avendo cura, tuttavia, di verificare l'assenza di una intervenuta prescrizione e ferme restando le ordinarie condizioni di certezza, liquidità ed esigibilità del credito (nota INL 17-3-2021, n. 441).

Il termine *biennale* trova applicazione *esclusivamente* per l'azione esperita dal lavoratore per il soddisfacimento di crediti **retributivi**, per l'azione promossa dagli Enti previdenziali diretta al soddisfacimento dei **crediti contributivi**, il termine è *quinquennale* (Cass. 4-7-2019, n. 18004; Cass. 16-12-2020, n. 28694; nota INL 19-11-2019, n. 9943).

Decorso il termine di due anni previsto dal D.Lgs. 276/2003, i lavoratori possono agire contro il committente in base alle disposizioni del codice civile (art. 1676 c.c.).

L'attuale normativa stabilisce un'obbligazione di solidarietà *piena* e *diretta* in capo al committente; di conseguenza, può essere immediatamente promossa, dal lavoratore, che agisce in giudizio, l'azione esecutiva nei suoi confronti.

Ulteriori tutele sono previste ai fini della **salute e sicurezza sul lavoro dei dipendenti dell'appaltatore** (e subappaltatore). Il committente deve, tra l'altro, fornire *informazioni dettagliate agli appaltatori* sui rischi specifici presenti nell'ambiente in cui dovranno operare i dipendenti di questi ultimi e sulle misure di prevenzione e di emergenza adottate in relazione alla propria attività, promuovendo il *coordinamento* con le imprese appaltatrici.

La responsabilità solidale tra committente e appaltatore, nonché con ciascuno degli eventuali ulteriori subappaltatori, sussiste anche per i *danni per infortunio sul lavoro e malattia professionale* per i quali il lavoratore, dipendente dall'appaltatore o dal subappaltatore, non risulti indennizzato ad opera dell'Istituto nazionale per l'assicurazione contro gli infortuni sul lavoro (INAIL), ad *esclusione* dei danni conseguenza dei *rischi specifici* propri dell'attività delle imprese appaltatrici o subappaltatrici (art. 26, comma 4, D.Lgs. 81/2008).

5.4 Appalto e trasferimento d'azienda

Successivamente all'affidamento dell'appalto può accadere che all'originario appaltatore *subentri un nuovo soggetto.*

In questa ipotesi di **successione di appalti**, non di rado il nuovo appaltatore può essere tenuto a *conservare*, per l'esecuzione dell'appalto, le maestranze già impegnate in precedenza. Il legislatore ha stabilito che in tale ipotesi l'*acquisizione del personale già impiegato* nell'appalto **non costituisce trasferimento d'azienda o di parte d'azienda** escludendo, quindi, una responsabilità dell'imprenditore subentrante per i pregressi crediti retributivi dei lavoratori e le altre tutele previste dall'art. 2112 c.c. (per il trasferimento d'azienda).

Si esclude l'applicazione della disciplina relativa al trasferimento d'azienda se il nuovo appaltatore è **dotato di propria struttura organizzativa e operativa** e **siano presenti elementi di discontinuità che determinano una specifica identità di impresa** (art. 29, comma 3, D.Lgs. 276/2000).

Il legislatore ha quindi introdotto dei *criteri* volti ad individuare le ipotesi in cui la successione di appalti non può escludere il mantenimento dei diritti dei lavoratori in quanto si è in presenza di una *situazione assimilabile al trasferimento d'azienda* ovvero quando il nuovo appaltatore *non ha una reale struttura imprenditoriale* e si *distingue solo formalmente* dall'impresa uscente.

La modifica si è resa necessaria a seguito della *procedura d'infrazione* della Commissione europea che ha ritenuto la precedente disciplina *non conforme ai principi della dir. 2001/23/CE* in quanto escludeva il mantenimento dei diritti dei lavoratori pur in presenza di situazioni assimilabili al trasferimento d'azienda.

6 Il distacco e la tutela dei lavoratori

6.1 I requisiti delle forme legittime di distacco

Il distacco è definito come la fattispecie in cui il datore di lavoro, per soddisfare un proprio interesse, pone **temporaneamente** uno o più lavoratori **a disposizione** di altro soggetto per l'esecuzione di una determinata attività lavorativa (art. 30 D.Lgs. 276/2003).

Il D.Lgs. 276/2003 ha disciplinato *per la prima* volta l'istituto del **distacco del lavoratore da una impresa ad un'altra** per l'esecuzione di una determinata attività lavorativa.

In passato, dottrina e giurisprudenza hanno colmato la lacuna legislativa elaborando una serie di *indici* idonei a garantire la liceità del distacco che presenta alcune similitudini con il fenomeno dell'interposizione.

Anche ora la *ratio* dell'intervento normativo è quella di fornire delle discriminanti per *distinguere il distacco da forme subdole e illegittime di fornitura di manodopera.*

I **requisiti** del distacco sono dunque (art. 30 D.Lgs. 276/2003):

— esistenza di uno *specifico interesse del datore di lavoro distaccante* che deve sussistere per tutta la durata del distacco.

La causa che legittima il ricorso al distacco può consistere in *qualsiasi interesse produttivo* del distaccante, anche di natura non economica, ma che deve essere *specifico*, *rilevante*, *concreto* e *persistente* (Min. Lav. risposta ad interpello 2-2-2011, n. 1 e circ. 28/2005). L'interesse che si soddisfa con il distacco del lavoratore è quello del datore di lavoro *distaccante*; se, al contrario, il distacco realizzasse l'interesse dell'impresa presso cui il lavoratore è distaccato si tratterebbe di una forma di somministrazione illecita in quanto attuata in assenza dei requisiti di legge;

— *temporaneità del distacco*, non intesa come brevità ma come *non definitività*.

Non è quindi rilevante la durata più o meno lunga del distacco, né che essa sia predeterminata fin dall'inizio, ma è sempre necessario che coincida con l'interesse del datore di lavoro a che il proprio dipendente presti la sua opera in favore di un terzo (Cass. 25-11-2010, n. 23933);

— *svolgimento di una determinata attività lavorativa* da parte del lavoratore distaccato.

Il lavoratore distaccato «deve essere adibito ad *attività specifiche e funzionali al soddisfacimento dell'interesse proprio del distaccante*» (Min. Lav. risposta ad interpello 1/2011).

6.2 Distacchi illeciti e sanzioni

L'istituto del distacco «*non* determina una novazione soggettiva del rapporto di lavoro, ovvero il sorgere di un nuovo rapporto con il terzo beneficiario della prestazione, ma produce l'effetto di *modificare le modalità di svolgimento dell'attività lavorativa* rispetto a quanto convenuto dalle parti nell'originario contratto di lavoro» (Min. Lav. risposta ad interpello 2-2-2011, n. 1).

Nei casi di legittimo ricorso al distacco, quindi, il datore di lavoro distaccante resta l'*unico titolare del rapporto di lavoro*.

Se invece mancano i requisiti individuati dal D.Lgs. 276/2003, la prestazione di lavoro del lavoratore distaccato, eseguita presso un datore di lavoro *diverso* dal distaccante, configura una **fornitura illecita di manodopera** e quindi una forma illegittima di somministrazione: in tali ipotesi sono previste apposite sanzioni (art. 18, comma 5bis, D.Lgs. 276/2003), di cui la L. 145/2018 (legge di bilancio 2019) ha peraltro previsto un aumento del 20% e ha inoltre disposto che la maggiorazione è raddoppiata ove, nei tre anni precedenti, il datore di lavoro sia stato destinatario di sanzioni amministrative o penali per i *medesimi* illeciti.

Anche per tale ipotesi, l'*arco triennale di riferimento* deve essere inteso sia quale periodo in cui l'illecito è stato commesso, sia quale periodo in cui lo stesso è stato definitivamente accertato (nota INL 2594/2019).

L'accertamento di un *intento fraudolento*, finalizzato ad eludere le norme inderogabili di legge e le disposizioni del CCNL, qualifica il distacco come **somministrazione fraudolenta** (art. 38bis D.Lgs. 81/2015).

Si applica la *sanzione penale* dell'ammenda di € 20 per ciascun lavoratore coinvolto e per ciascun giorno di somministrazione, ferme restando le sanzioni amministrative previste per la violazione dei requisiti di legge (art. 18 D.Lgs. 276/2003).

Anche in tal caso, come nell'appalto e nella somministrazione illeciti, la legge riconosce una particolare tutela al lavoratore interessato che può fare **ricorso in giudizio per la costituzione di un rapporto di lavoro** con il soggetto che ne ha utilizzato la prestazione, cioè il *datore di lavoro presso cui è stato distaccato* (art. 30, comma 4bis, D.Lgs. 276/2003).

6.3 Le tutele dei lavoratori

Dal punto di vista delle **tutele**, quella principale è che il datore di lavoro distaccante *rimane responsabile del trattamento economico e normativo a favore del lavoratore* distaccato.

Inoltre:

— il distacco deve avvenire su base *consensuale* quando comporti un *mutamento di mansioni*.

In sostanza il legislatore ha previsto che il distacco non possa comportare un demansionamento senza che il lavoratore vi acconsenta. Da tale disposizione si ricava inoltre che in generale *non è necessario il consenso del lavoratore* al distacco disposto dal datore di lavoro che legittimamente esercita il suo potere direttivo;

— il distacco che comporti un trasferimento a una unità produttiva sita a più di 50 km da quella in cui il lavoratore è adibito, deve essere giustificato da *comprovate ragioni tecniche, organizzative, produttive o sostitutive*.

7 Il distacco transnazionale

7.1 Ambito di applicazione

Il distacco può avere anche dimensioni **transnazionali** quando, in base ad accordi commerciali tra imprese residenti in Stati *diversi* della UE, una impresa **distacca temporaneamente all'estero i propri dipendenti** per eseguire lavori (*servizi*) nel territorio di uno Stato membro diverso dallo Stato in cui essi sono abitualmente occupati.

Queste operazioni, pienamente *legittime* in base al divieto di restrizioni nella UE alla libera circolazione dei servizi, *non* devono però pregiudicare i diritti dei lavoratori coinvolti.

A tal fine a livello europeo si è provveduto con la **dir. 96/71/CE** che, attuata nel nostro ordinamento con il D.Lgs. 72/2000, ha individuato «un nocciolo duro di **norme protettive**» a tutela dei lavoratori distaccati in uno *qualsiasi* degli Stati membri nell'ambito di una prestazione di servizi transnazionale. Con la **dir. 2014/67/UE** (cd. direttiva *Enforcement*), sono state poi introdotte disposizioni finalizzate a garantire una più efficace applicazione della dir. 96/71, mediante, tra l'altro, la cooperazione tra autorità nazionali competenti in materia di distacco.

Infine, ulteriori misure di protezione a favore dei lavoratori sono state introdotte dalla **dir. (UE) 2018/957**.

In particolare, tale Direttiva ha inteso disciplinare le ipotesi in cui i *lavoratori somministrati* da una agenzia *ad una impresa utilizzatrice avente sede nel medesimo o in un altro Stato membro* siano inviati a rendere la prestazione lavorativa presso un'altra impresa - cd. destinataria - avente sede in un ulteriore Stato membro. Le fattispecie disciplinate restano, pertanto, circoscritte ai distacchi che *originano* da una prestazione di servizi di somministrazione di lavoratori. Il legislatore interno, nel recepire tali modifiche, ha disciplinato la fattispecie del **distacco a catena** (circ. INL 19-10-2021, n. 2).

Attualmente, quindi, la fonte normativa in materia di distacco transnazionale è costituita dal **D.Lgs. 17 luglio 2016, n. 136**, emanato *in attuazione della dir. 2014/67/UE*, così come modificato dal **D.Lgs. 15 settembre 2020, n. 122**, emanato *in attuazione della dir. (UE) 2018/957*.

La disciplina vigente fa riferimento alle seguenti **ipotesi** di distacco transnazionale (art. 1):

— *imprese stabilite in un altro Stato membro che, nell'ambito di una prestazione di servizi, distaccano in Italia uno o più lavoratori*, in favore di *un'altra impresa*, anche appartenente allo stesso gruppo, o di un'altra unità produttiva o di un altro destinatario, a condizione che durante il periodo del distacco, *continui a esistere un rapporto di lavoro* con il *lavoratore distaccato* (comma 1);

— *agenzie di somministrazione di lavoro* stabilite in un altro Stato membro, che *distaccano* lavoratori presso un'*impresa utilizzatrice* avente la propria sede o un'unità produttiva *in Italia* (comma 2).

In questa ipotesi, il **D.Lgs. 122/2020** ha introdotto l'**obbligo**, per l'**impresa utilizzatrice**, di **informare l'agenzia di somministrazione distaccante** delle *condizioni di lavoro e di occupazione* che trovano applicazione ai lavoratori distaccati: per tutta la durata della missione presso l'utilizzatore, i lavoratori del somministratore hanno diritto, a parità di mansioni svolte, a *condizioni economiche e normative* *complessivamente non inferiori a quelle dei dipendenti di pari livello dell'utilizzatore* (artt. 4, comma 3, D.Lgs. 136/2016; 35, comma 1, D.Lgs. 81/2015). Inoltre, per l'intera durata della prestazione di servizi, e *fino a 2 anni dalla sua cessazione*, l'impresa medesima è tenuta a *conservare copia dell'informativa tradotta in lingua italiana* e della relativa trasmissione per l'*esibizione agli organi di vigilanza* (art. 10bis, comma 1, D.Lgs. 136/2016);

— *agenzie di somministrazione di lavoro* stabilite in uno Stato membro diverso dall'Italia, che distaccano presso un'*impresa utilizzatrice* con sede nel *medesimo o in un altro Stato membro* uno o più lavoratori da tale ultima impresa *inviati*, nell'ambito di una *prestazione transnazionale* di servizi, diversa dalla somministrazione, presso una propria unità produttiva o altra impresa, anche appartenente allo stesso gruppo, che ha sede *in Italia* (comma 2bis, primo periodo).

Questa ipotesi consiste in un **distacco a catena in ingresso** in Italia e presuppone i seguenti *requisiti* (circ. INL 19-10-2021, n. 2):

— il distacco deve *originare* necessariamente da una prestazione di servizi di somministrazione di lavoro (**primo anello della catena**);
— l'agenzia di somministrazione e l'impresa utilizzatrice possono aver *sede presso lo stesso Stato membro* o in *Stati membri differenti*, in ogni caso *diversi dall'Italia*;
— il *rapporto commerciale* in virtù del quale il lavoratore fa il *proprio ingresso in Italia* (**secondo anello della catena**) *non* può essere una *somministrazione di manodopera*, ma deve trattarsi di un *rapporto commerciale di diversa natura*, rientrante nella più vasta accezione di *prestazione transnazionale di servizi* (che può consistere, ad esempio, in un contratto di appalto/subappalto oppure in un distacco infragruppo o presso filiale dell'impresa utilizzatrice, con sede in Italia).

In questa ipotesi, il **D.Lgs. 122/2020**, oltre agli obblighi appena esposti, ha previsto per l'**impresa utilizzatrice** l'**obbligo di comunicare** per iscritto, *prima dell'invio dei lavoratori in Italia*, all'agenzia di somministrazione le informazioni relative: al *numero* e alle *generalità dei lavoratori distaccati*; alla data di *inizio*, alla *fine* e alla *durata* del distacco; al *luogo di svolgimento* della prestazione di servizi; alla *tipologia* dei servizi. Inoltre, la medesima impresa utilizzatrice è tenuta a **consegnare** all'impresa destinataria della prestazione di servizi, avente sede in Italia, *copia dell'informativa tradotta in lingua italiana* e della relativa trasmissione ai fini dell'*esibizione agli organi di vigilanza* (art. 10bis, comma 3, D.Lgs. 136/2016);

— *agenzie di somministrazione di lavoro* stabilite in uno Stato membro diverso dall'Italia, che distaccano presso un'*impresa utilizzatrice* che ha la propria sede o unità produttiva *in Italia*, uno o più lavoratori da tale ultima impresa *inviati*, nell'ambito di una prestazione transnazionale di servizi, diversa dalla somministrazione, *nel territorio di un altro Stato membro*, diverso da quello in cui ha sede l'agenzia di somministrazione (comma 2bis, secondo periodo).

Questa ipotesi consiste in un **distacco a catena in uscita** dall'Italia, in cui l'impresa con sede in Italia, utilizzatrice di lavoratori somministrati da agenzia stabilita in uno Stato membro, invia gli stessi presso un terzo e differente Stato membro in esecuzione di una prestazione di servizi che, anche in tal caso, *non può consistere in un ulteriore contratto commerciale di somministrazione di lavoro*.
Benché tale fattispecie sia descritta nell'art. 1 dedicato al campo di applicazione del D.Lgs. 136/2016, la complessiva disciplina contenuta in tale decreto non ha ad oggetto le ipotesi di distacco in uscita dall'Italia. I distacchi in uscita, infatti, soggiacciono alla normativa del Paese in cui la prestazione lavorativa è resa (circ. INL 19-10-2021, n. 2). Le uniche disposizioni precettive di interesse inserite nel D.Lgs. 136/2006 inerenti tali fattispecie sono quelle che impongono **obblighi informativi a carico dell'impresa utilizzatrice** con sede in Italia nei confronti dell'agenzia di somministrazione.
In questa ipotesi, l'**impresa utilizzatrice** che ha sede in Italia deve, infatti, **informare**, senza ritardo, l'agenzia di somministrazione dell'*invio del lavoratore presso altra impresa* (art. 10bis, comma 2, D.Lgs. 136/2016).

7.2 Le tutele

È **lavoratore distaccato** il lavoratore *abitualmente occupato in un altro Stato membro* che, per un *periodo limitato, predeterminato o predeterminabile* con riferimento ad un *evento futuro e certo, svolge il proprio lavoro in Italia*.

Il lavoratore è altresì **considerato distaccato** nelle suddette ipotesi in cui il distacco è effettuato da **agenzie di somministrazione di lavoro stabilite in uno Stato membro diverso dall'Italia**, che distaccano uno o più lavoratori: presso imprese utilizzatrici con *sede nel medesimo o in un altro Stato membro* e che, a loro volta, inviano i lavoratori in Italia presso una propria unità produttiva o altra impresa, anche appartenente allo stesso gruppo; oppure presso imprese utilizzatrici che, invece, hanno sede o *unità produttiva* in Italia e che inviano i lavoratori nel *territorio di un altro Stato membro*, diverso da quello in cui ha sede l'agenzia di somministrazione. In ambedue le ipotesi, il lavoratore è **considerato distaccato dall'agenzia di somministrazione con la quale intercorre il rapporto di lavoro**. Il lavoratore è considerato distaccato anche quando dipende da un'**agenzia di somministrazione con sede in Italia**.

Al rapporto di lavoro tra le imprese e i lavoratori distaccati si applicano, durante il periodo del distacco, **se più favorevoli**, le *medesime* condizioni di lavoro e di occupazione previste in Italia, dalle disposizioni normative e dai contratti collettivi, per i lavoratori che effettuano prestazioni lavorative subordinate analoghe nel luogo in cui si svolge il distacco.

Le **condizioni di lavoro e di occupazione** che si applicano al rapporto di lavoro tra le imprese e i lavoratori distaccati riguardano in particolare (art. 4, comma 1, D.Lgs. 136/2016):

- i periodi *massimi* di lavoro e i periodi *minimi di riposo*;
- la *durata minima dei congedi annuali retribuiti*;
- la *retribuzione*, comprese le maggiorazioni per lavoro straordinario (tale previsione *non si applica* ai *regimi pensionistici di categoria*);
- le condizioni di *somministrazione di lavoratori*, con particolare riferimento alla fornitura di lavoratori da parte di agenzie di somministrazione;
- la *salute* e la *sicurezza nei luoghi di lavoro*;
- la tutela delle condizioni di lavoro e di occupazione delle *gestanti* o *puerpere*, dei *bambini* e dei *giovani*;
- la *parità di trattamento* fra uomo e donna e altre disposizioni in materia di *non discriminazione*;
- *condizioni di alloggio adeguate per i lavoratori*, nei casi in cui l'alloggio sia fornito dal datore di lavoro ai lavoratori distaccati *lontani dalla loro abituale sede di lavoro*;
- le indennità o i rimborsi a *copertura delle spese di viaggio, vitto* e *alloggio* per i lavoratori fuori sede per esigenze di servizio.

Le indennità riconosciute al lavoratore, che non sono versate a titolo di rimborso delle spese di viaggio, vitto e alloggio *effettivamente sostenute* a causa del distacco, sono considerate **parte della retribuzione** e sono rimborsate dal datore di lavoro al lavoratore distaccato secondo quanto previsto dalla *disciplina che regola il rapporto di lavoro nel Paese di stabilimento dell'impresa distaccante*. Se tale disciplina, poi, non stabilisce se taluni elementi delle indennità sono versati a titolo di rimborso delle spese effettivamente sostenute a causa del distacco stesso o se fanno parte della retribuzione, l'*intera indennità* è considerata *versata a titolo di rimborso delle spese sostenute* (art. 4, comma 1, D.Lgs. 136/2016).

Se la durata effettiva del distacco *supera 12 mesi* (**distacco di lunga durata**), ai lavoratori distaccati si applicano, *se più favorevoli*, oltre alle suddette condizioni di lavoro e di occupazione, *tutte quelle previste in Italia dalle disposizioni normative e dai contratti collettivi nazionali e territoriali*, fatta eccezione per quelle che concernono: le procedure e le condizioni per la conclusione e la cessazione del contratto di lavoro, le clausole di non concorrenza e la previdenza integrativa di categoria (art. 4bis, comma 1, D.Lgs. 136/2016).

La durata effettiva del distacco può essere **estesa fino ad un massimo di 18 mesi**, in caso di *notifica motivata al Ministero del Lavoro* da parte del prestatore di servizi (art. 4bis, comma 2, D.Lgs. 136/2016).

In caso di sostituzione di uno o più lavoratori distaccati per svolgere le **medesime mansioni nello stesso luogo**, la durata effettiva del distacco è determinata *sommando tutti i periodi di lavoro prestato dai singoli lavoratori* (art. 4bis, comma 3, D.Lgs. 136/2016).

Al fine di scongiurare una eventuale *elusione* del limite introdotto, va precisato che la durata del distacco (12 o 18 mesi mediante notifica motivata) va verificata anche nei casi in cui sussistano delle *eventuali interruzioni* e nelle ipotesi di *distacco a catena in entrata* (circ. INL 19-10-2021, n. 2).

Il lavoratore distaccato è inoltre tutelato mediante la sussistenza della **responsabilità solidale** tra distaccante e distaccatario, applicandosi anche il *regime di solidarietà* nelle ipotesi in cui la prestazione di servizi trasnazionale realizza una forma di **appalto** o di **somministrazione di lavoro**.

I lavoratori distaccati possono far valere i diritti loro riconosciuti *in sede amministrativa e giudiziale* con le stesse modalità previste per i lavoratori che effettuano prestazioni analoghe nel luogo in cui si svolge il distacco.

Tutte le *informazioni* relative alle condizioni di lavoro e di occupazione che devono essere rispettate nelle ipotesi di distacco sono *pubblicate* sul sito istituzionale del Ministero del Lavoro che provvede ai relativi aggiornamenti. Tale disposizione rientra nell'ambito della *cooperazione tra Stati* nell'attività di verifica dell'*autenticità dei distacchi* e di *perseguimento e repressione* dei **distacchi abusivi** posta in essere dal D.Lgs. 136/2016.

Presso il Ministero del lavoro, viene istituito un apposito *osservatorio* con compiti di *monitoraggio* sul distacco dei lavoratori e finalizzato a garantire una migliore diffusione tra imprese e lavoratori delle informazioni sulle condizioni di lavoro e di occupazione.

Le informazioni sono relative, ad esempio, alle *condizioni di lavoro e di occupazione applicabili* ai lavoratori distaccati in Italia; ai *contratti collettivi applicabili ai lavoratori distaccati in Italia*, con particolare riferimento alla retribuzione e ai suoi elementi costitutivi, al metodo utilizzato per calcolare la retribuzione dovuta e ai criteri per la classificazione del personale: qualora da queste informazioni non si rilevi quali condizioni di lavoro e occupazione siano applicabili alla fattispecie di distacco, l'autorità competente ne tiene conto ai fini della **determinazione proporzionale delle sanzioni** (art. 7, comma 2bis, D.Lgs. 136/2016).

A livello nazionale, il contrasto agli abusi viene favorito mediante individuazione degli elementi da valutare per accertare l'**autenticità del distacco** ovvero se il distacco *non sia solo apparente* o finalizzato all'aggiramento delle leggi nazionali in materia di condizioni di lavoro e sicurezza sociale.

Per valutare se l'impresa distaccante svolga attività diverse da quelle di *mera gestione o amministrazione del personale* — e dunque non si tratti né di *aziende fittizie* (cd. *società di comodo* o *letter box companies*), né di aziende che sebbene operative sul mercato si limitino alla mera fornitura non autorizzata di lavoratori — e se, quindi, il lavoratore sia effettivamente distaccato, tra le varie circostanze indicate in maniera non tassativa dal D.Lgs. 136/2016 dovrà farsi riferimento anche al *contenuto*, alla *natura*, alle *modalità di svolgimento* e *temporaneità* dell'attività lavorativa svolta in Italia e se il lavoratore sia tornato o si preveda che torni a prestare la sua attività nello Stato membro da cui è stato distaccato (circ. INL 9-1-2017, n. 1).

Se il distacco non risulta autentico, il lavoratore è considerato a **tutti gli effetti alle dipendenze del soggetto che ne ha utilizzato la prestazione**.

Nelle ipotesi in cui il distacco non risulti autentico, il *distaccante* e il *soggetto che ha utilizzato la prestazione* dei lavoratori distaccati sono puniti con la sanzione amministrativa pecuniaria di € 50 per ogni lavoratore occupato e per ogni giornata di occupazione. Se il distacco non autentico riguarda minori, il distaccante e il soggetto che ha utilizzato la prestazione dei lavoratori distaccati sono puniti con la pena dell'arresto fino a 18 mesi e con l'ammenda di € 50 per ogni lavoratore occupato e per ogni giornata di occupazione aumentata fino al sestuplo (art. 3, comma 5, D.Lgs. 136/2016).

Dal dettato normativo si evince, quindi, che risulta punita sia la condotta dell'invio in distacco dei lavoratori da parte del soggetto distaccante, sia quella concernente l'utilizzo dei medesimi lavoratori da parte del soggetto distaccatario. Tuttavia, è stato ritenuto che, nell'ipotesi di distacco transnazionale non autentico posto in essere da un'impresa stabilita in altro Stato della UE *in favore di una propria unità produttiva ubicata in Italia*, pur sussistendo due distinte condotte illecite (distacco dei lavoratori da parte della sede principale dell'impresa ed utilizzo degli stessi da parte della sede italiana della medesima impresa), le stesse devono essere ascritte ad un unico soggetto (medesimo datore di lavoro che assume la veste di soggetto distaccante e di soggetto distaccatario), con conseguente applicazione di un'*unica sanzione* (nota INL 10-6-2019, n. 5398).

L'Ispettorato del Lavoro evidenzia, infatti, che l'applicazione della doppia sanzione può configurarsi solo laddove venga riscontrata una diversità tra soggetto distaccante e impresa utilizzatrice. È stato in particolare osservato che la sede secondaria di una compagine aziendale può configurarsi come distinto soggetto giuridico qualora risulti *iscritto nel registro delle imprese* e *identificato in Italia tramite un proprio rappresentante legale.* Ciò non si verifica, invece, nell'ipotesi in cui la sede secondaria/unità produttiva costituisca un mero ufficio di rappresentanza, con funzioni esclusivamente promozionali e pubblicitarie, di raccolta di informazioni, di ricerca scientifica o di mercato, o che svolga, ad esempio, un'attività preparatoria all'apertura di una filiale operativa.

Anche in questo caso, come per l'appalto illecito, l'accertamento di un *intento fraudolento*, finalizzato ad eludere le norme inderogabili di legge e le disposizioni del CCNL, qualifica il distacco transnazionale come **somministrazione fraudolenta** (art. 38bis D.Lgs. 81/2015), con applicazione della medesima sanzione penale, ferme restando le sanzioni amministrative previste per la violazione dei requisiti di legge (art. 18, D.Lgs. 276/2003).

L'ipotesi di distacco transnazionale che costituisce una somministrazione fraudolenta si rinviene quando sia accertata la violazione degli obblighi delle condizioni di lavoro ed occupazione previste dal D.Lgs. 136/2016 (art. 4) (circ. INL 3/2019).

Allo scopo di contrastare i distacchi abusivi, il D.Lgs. 136/2016 ha, inoltre, introdotto ulteriori oneri in capo al datore di lavoro distaccante, tra cui l'**obbligo di comunicare** il distacco al Ministero del Lavoro *entro le ore 24 del giorno antecedente* l'inizio dello stesso distacco, nonché tutte le successive modificazioni entro 5 giorni.

Le modalità di comunicazione sono state definite con **D.M. 6-8-2021, n. 170**.

L'obbligo è posto esclusivamente in capo *all'azienda straniera distaccante* (prestatore di servizi) e trova applicazione sia nei confronti delle *imprese stabilite in altri Stati membri*, sia nei confronti delle imprese stabilite in *uno Stato terzo/extra UE*, ovvero nei confronti di *agenzie di somministrazione* stabilite in un altro Stato membro che distaccano lavoratori in Italia (circ. INL 22-12-2016, n. 3).

La violazione dell'obbligo di comunicare il *distacco transnazionale* è punita con una sanzione amministrativa pecuniaria (art. 12, comma 1, D.Lgs. 136/2016), il cui importo è stato aumentato del 20% dalla L. 145/2018 (legge di bilancio 2019).

Anche in questo caso, inoltre, è stato previsto che la maggiorazione è raddoppiata ove, nei 3 anni precedenti, il datore di lavoro sia stato destinatario di sanzioni amministrative o penali per i medesimi illeciti (pertanto, a tal fine, valgono anche le medesime considerazioni sull'arco triennale di riferimento da prendere in considerazione; v. *retro* nota INL 2594/2019).

Anche la violazione degli obblighi informativi a carico delle imprese utilizzatrici di cui all'art. 10bis, D.Lgs. 136/2016, è punita con sanzioni amministrative pecuniarie (art. 12, commi 3bis e 3ter, D.Lgs. 136/2016).

8 Reato di intermediazione illecita e sfruttamento del lavoro

Il D.L. 138/2011, conv. in L. 148/2011 ha introdotto nel nostro ordinamento il **reato di intermediazione illecita e sfruttamento del lavoro** (art. 603bis c.p.) al fine di reprimere penalmente il cd. **caporalato**. La disposizione attuale è frutto degli interventi apportati dalla **L. 29 ottobre 2016, n. 199** che, nell'ambito delle disposizioni in materia di contrasto ai fenomeni del lavoro nero, introduce anche una specifica disciplina per la repressione dello *sfruttamento del lavoro in agricoltura*.

Secondo il dettato normativo, salvo che il fatto costituisca più grave reato, è *punito con la reclusione da 1 a 6 anni e con la multa da € 500 a € 1.000 per ciascun lavoratore reclutato*, chiunque:

- **recluta manodopera allo scopo di destinarla al lavoro presso terzi** in condizioni di sfruttamento, approfittando dello *stato di bisogno* dei lavoratori (reato di *intermediazione illecita*);
- **utilizza, assume o impiega manodopera**, anche mediante l'*attività di intermediazione*, sottoponendo i lavoratori a condizioni di sfruttamento ed approfittando del loro *stato di bisogno* (reato di *sfruttamento lavorativo*).

Se i fatti di intermediazione, assunzione, utilizzazione o impiego sono commessi mediante *violenza o minaccia* si applica, invece, la reclusione da 5 a 8 anni e la multa da € 1.000 a € 2.000 per ciascun lavoratore (art. 603bis, comma 2, c.p.).

Inoltre, costituiscono *aggravante* specifica e comportano l'aumento della pena da 1/3 alla metà i seguenti elementi: il fatto che il numero di lavoratori reclutati sia superiore a 3; il fatto che uno o più dei soggetti reclutati siano minori in età non lavorativa; l'aver commesso il fatto esponendo i lavoratori sfruttati a situazioni di grave pericolo, avuto riguardo alle caratteristiche delle prestazioni da svolgere e delle condizioni di lavoro (art. 603bis, comma 3, c.p.).

Elemento determinate per la fattispecie di reato è l'approfittamento dello **stato di bisogno** dei lavoratori. Lo stato di bisogno è determinato da una oggettiva situazione di *debolezza sociale* e, come evidenziato dalla prassi amministrativa, deve essere riconosciuto «soltanto quando la persona offesa, pur senza versare in stato di assoluta indigenza, si trovi in una condizione anche provvisoria di effettiva mancanza di mezzi idonei a sopperire ad esigenze definibili come primarie, cioè relative a beni comunemente considerati come essenziali per chiunque» (Cass. pen. 4627/2000, richiamata in circ. INL 5/2019). Vi è *approfittamento* dello stato di bisogno quando si riscontra «la *strumentalizzazione a proprio favore della situazione di debolezza della vittima del reato*, per la quale è sufficiente una consapevolezza che una parte abbia dello squilibrio tra le prestazioni contrattuali» (Cass. civ. 1651/2015, richiamata in circ. INL 5/2019).

Caratteristica peculiare, per la configurazione del reato, è, inoltre, lo **sfruttamento del lavoro**, per cui è necessario riscontrare la sussistenza di uno o più circostanze individuate dal legislatore come *indici rilevatori* di tale condizione, ovvero:

- la *reiterata corresponsione* di *retribuzioni* in modo *palesemente difforme dai contratti collettivi* o comunque *sproporzionato rispetto alla quantità e qualità* del lavoro prestato;
- la *reiterata violazione della normativa* relativa all'*orario di lavoro*, ai *periodi di riposo*, al *riposo settimanale*, all'*aspettativa obbligatoria*, alle *ferie;*
- la *sussistenza di violazioni* delle norme in *materia di sicurezza e igiene* nei luoghi di lavoro;
- la sottoposizione del lavoratore a *condizioni di lavoro*, a *metodi di sorveglianza o a situazioni alloggiative degradanti.*

A carico dell'impresa che ha utilizzato, assunto o impiegato manodopera a condizioni di sfruttamento ed approfittando del loro stato di bisogno, può, inoltre, essere disposto il *sequestro* ovvero, qualora l'interruzione dell'attività imprenditoriale possa comportare ripercussioni negative sui livelli occupazionali o compromettere il valore economico del complesso aziendale, il *controllo giudiziario* dell'azienda presso cui è stato commesso il reato.

Ulteriore tutela è prevista per le *vittime* del reato di intermediazione illecita e sfruttamento del lavoro per le quali è stato disposto il **diritto all'indennizzo** a *carico dello Stato* (art. 11, L. 122/2016, cd. legge europea 2015-2016).

Il tema della lotta allo sfruttamento lavorativo in agricoltura e al caporalato è centrale nella politica del Governo e richiede la **collaborazione di tutti i livelli istituzionali** per la realizzazione di interventi di natura *emergenziale* nelle aree più critiche e di azioni di sistema negli ambiti della prevenzione e della vigilanza e *contrasto del fenomeno*, della *protezione* e *assistenza* delle vittime e della loro *reintegrazione* socio-lavorativa. In tale prospettiva, è stato approvato il **Piano triennale di contrasto allo sfruttamento lavorativo in agricoltura (2020-2022)**, in merito al quale, il *21 maggio 2020*, è stata sancita l'intesa in sede di Conferenza Unificata, condizione necessaria per passare dalla fase della programmazione a quella dell'attuazione degli interventi sui territori.

Al fine di favorire la *cooperazione interistituzionale*, dalla quale possa derivare, anche in sede locale e, in particolare, nelle aree qualificate a più elevato rischio di sfruttamento lavorativo, un dinamico *avanzamento dell'attuazione delle misure previste dal Piano triennale* e di quelle comunque individuate sul territorio, il *14 luglio 2021*, il Ministro dell'Interno, il Ministro del Lavoro, il Ministro delle Politiche Agricole Alimentari e Forestali e il Presidente del Consiglio Nazionale di Anci hanno firmato il **Protocollo d'intesa per la prevenzione e il contrasto dello sfruttamento lavorativo in agricoltura e del caporalato**, valido ed efficace dalla data della sottoscrizione fino al periodo di vigenza del Piano triennale.

Per l'attuazione delle iniziative derivanti dal Protocollo d'intesa, nonché per l'analisi dei risultati conseguiti e la diffusione territoriale di buone prassi, presso il Ministero dell'Interno, è stata istituita una **Consulta**, composta da rappresentanti di ciascuna delle Parti firmatarie.

9 Il trasferimento d'azienda

9.1 Principi dell'art. 2112 c.c. e nozione di trasferimento d'azienda

Con l'**art. 2112 c.c.** il legislatore ha inteso offrire tutela, in termini di *stabilità* dell'occupazione, in caso di **trasferimento d'azienda**, ai lavoratori dipendenti dall'impresa trasferita.

Le disposizioni originarie dell'art. 2112 sono state riformulate più volte, a partire dalla L. 29 dicembre 1990, n. 428.

La normativa di tutela, originariamente limitata alle fattispecie dell'alienazione, dell'usufrutto o dell'affitto, **si applica** (art. 2112, comma 5, c.c., sostituito prima dal D.Lgs. 18/2001 e successivamente dal D.Lgs. 276/2003):

— a «qualsiasi operazione che, in seguito a *cessione contrattuale* o *fusione*, comporti il **mutamento nella titolarità di un'attività economica organizzata**, con o senza scopo di lucro, preesistente al trasferimento e *che conserva nel trasferimento la propria identità*».

  Le disposizioni garantiste dell'art. 2112 c.c. e della L. 428/1990 si applicano a tutte le operazioni di «trasferimento» inteso come *mutamento della titolarità dell'azienda indipendentemente dal tipo di contratto commerciale* sulla base del quale il trasferimento è attuato, compresi l'*usufrutto* o l'*affitto* di azienda, purché lascino invariata la *destinazione economica* dell'azienda trasferita;

— al «trasferimento di **parte dell'azienda**, intesa come *articolazione funzionalmente autonoma di un'attività economica organizzata*, identificata come tale dal cedente e dal cessionario *al momento del suo trasferimento*».

  Particolare importanza ha l'*inclusione*, nell'ambito della tutela, dell'ipotesi di trasferimento di solo un *ramo* dell'azienda, con cui si può attuare una forma di *decentramento* o *esternalizzazione*. Ciò si verifica quando l'accordo di trasferimento si accompagna ad un contratto di *appalto*, o *subfornitura*, di cui sia parte lo stesso *cessionario* e che abbia ad oggetto la fornitura continuativa, in favore del cedente, degli stessi prodotti, semilavorati o materie prime precedentemente realizzati dal *ramo* d'azienda ceduto.

9.2 La tutela dei lavoratori

La tutela dei lavoratori coinvolti nel trasferimento dell'azienda, o parte di essa, è la seguente (commi 1 e 2, art. 2112 c.c.):

— il **rapporto di lavoro continua con il cessionario**, allo scopo di evitare che il passaggio di mano dell'azienda si ripercuota sui lavoratori determinandone il licenziamento.

  Con il trasferimento d'azienda si viene a configurare automaticamente una *cessione del contratto di lavoro*, senza necessità del consenso dei lavoratori. La finalità perseguita dal legislatore è quella di evitare che, per mezzo di fittizi passaggi di mano dell'azienda, si arrivi ad *espellere lavoratori* senza le limitazioni sostanziali e procedurali previste dalla legge per i licenziamenti collettivi.
  Va comunque tenuto presente che, una volta effettuato il trasferimento dell'azienda, con la prosecuzione dei rapporti di lavoro in capo al cessionario, in una fase *successiva*, questi può comunque addivenire ad un ridimensionamento del personale in forza, effettuando una *ristrutturazione* o una *riconversione* dell'attività acquisita;

— il lavoratore **mantiene i diritti già maturati** (ad es. scatti di anzianità, anzianità di servizio) e vi è **responsabilità solidale** del **cedente** e del **cessionario** a garanzia del soddisfacimento dei crediti vantati dal lavoratore *all'epoca del trasferimento*;

— il cessionario è tenuto ad applicare i **trattamenti economici e normativi** previsti dai contratti collettivi nazionali, territoriali ed aziendali vigenti alla data del trasferimento, *fino alla loro scadenza*.

  I contratti collettivi vigenti all'epoca del trasferimento possono essere sostituiti da altri contratti collettivi applicati all'impresa del cessionario. La sostituzione può essere solo fra contratti collettivi dello *stesso livello*;

— il trasferimento d'azienda **non costituisce di per sé motivo di licenziamento**.

  Il recesso da parte del cedente o del cessionario è esercitato nei limiti della normativa vigente;

— il lavoratore ha diritto a presentare le proprie **dimissioni** nei tre mesi successivi al trasferimento d'azienda, quando le condizioni di lavoro *subiscano una sostanziale modifica*.

  In pratica opera una presunzione assoluta di *giusta causa di recesso, ex* art. 2119 c.c., a favore del lavoratore, con la rilevante conseguenza della possibilità di recedere *prima della scadenza del termine* se il rapporto è a tempo determinato, oppure *senza necessità di preavviso* se è a tempo indeterminato e in tal caso con diritto a percepire l'indennità sostitutiva di mancato preavviso.

9.3 Gli aspetti procedurali

Nelle aziende con **più di 15 dipendenti**, per poter effettuare il trasferimento d'azienda è necessario attivare una **procedura preventiva** (art. 47, L. 428/1990).

Il cedente ed il cessionario devono dare **comunicazione scritta** del trasferimento alle *rappresentanze sindacali* (RSA o RSU), almeno 25 giorni *prima* che sia perfezionato l'atto da cui deriva il trasferimento o che sia raggiunta un'intesa vincolante tra le parti, nonché ai *sindacati di categoria* che hanno stipulato il contratto collettivo applicato nelle imprese interessate dal trasferimento.

La comunicazione deve indicare la data e i motivi del trasferimento d'azienda, le conseguenze giuridiche, economiche e sociali per i lavoratori e le eventuali misure previste nei loro confronti.

Ove le rappresentanze sindacali aziendali o i sindacati di categoria ne facciano richiesta per iscritto (entro termini tassativi), il cedente ed il cessionario sono tenuti ad avviare (anche in questo caso entro termini brevi e tassativi) un **esame congiunto** della situazione con le forze sindacali. La consultazione si intenderà esaurita qualora, decorsi 10 giorni dal suo inizio, non sia stato raggiunto un accordo (comma 2).

Il mancato rispetto da parte del cedente o del cessionario dell'obbligo di informativa e dell'esame congiunto non inficia la validità del trasferimento ma rappresenta *condotta antisindacale* sanzionabile ai sensi dell'art. 28, L. 300/1970.

9.4 Deroghe all'art. 2112 c.c.

In specifiche circostanze stabilite dalla legge è possibile **derogare** ai principi del mantenimento dell'occupazione e della conservazione dei diritti dei lavoratori (art. 47 L. 428/1990).

In linea generale, si può dire che la derogabilità è ammessa solo quando la **situazione di crisi dell'azienda** interessata dal trasferimento è tale da far prevalere, rispetto alla rigida disciplina garantista dell'art. 2112 c.c., l'obiettivo della *salvezza dell'impresa*.

Presupposto è che sia raggiunto un **accordo sindacale sul mantenimento dell'occupazione**, anche parzialmente.

In particolare, i casi di derogabilità alle tutele dell'art. 2112 c.c. sono i seguenti:

— aziende in stato di *crisi* o in *amministrazione straordinaria* in caso di continuazione dell'attività o per le quali vi sia stata la dichiarazione di apertura della procedura di *concordato preventivo* o l'omologazione dell'*accordo di ristrutturazione dei debiti* (*ex* art. 46bis, comma 2, D.L. 83/2012, conv. in L. 134/2012). In tali ipotesi l'art. 2112 c.c. **trova applicazione con le limitazioni previste dall'accordo sindacale** che stabilisce il mantenimento anche parziale dell'occupazione.

  La derogabilità *deve essere prevista dall'accordo sindacale*; essa è, quindi, soltanto *eventuale* e nello stesso accordo sono definiti *limiti e condizioni* delle deroghe;

— imprese sottoposte a *fallimento*, omologazione del *concordato preventivo* consistente nella cessione di beni, *liquidazione coatta amministrativa* o *amministrazione straordinaria* nel caso in cui l'amministrazione dell'attività non sia stata disposta o sia cessata. In tal caso per i lavoratori il cui rapporto di lavoro continua con l'acquirente **non trova applicazione** l'art. 2112 c.c., salvo che dall'accordo sindacale risultino *condizioni di miglior favore*.

  La derogabilità è stabilita *direttamente dalla legge*; l'accordo sindacale può soltanto *limitarla*, stabilendo *condizioni di miglior favore*.

Quando, nelle ipotesi suddette, il mantenimento dell'occupazione *non* arriva a comprendere tutti i lavoratori dell'azienda trasferita, la legge, a tutela dei *lavoratori non passati alle dipendenze del cessionario*, riconosce loro un **diritto di precedenza** nelle assunzioni che questi effettui *entro un anno* dalla data del trasferimento (o entro il maggior periodo stabilito dagli accordi collettivi).

In caso di assunzione, tuttavia, *non si applicano le tutele dell'art. 2112 c.c.* (ad esempio il mantenimento dei diritti già maturati o l'applicazione del trattamento normativo ed economico derivante dal CCNL vigente all'epoca del trasferimento) (art. 47, comma 6, L. 428/1990).

Le disposizioni di cui all'art. 47, L. 428/1990 si applicano fino all'entrata in vigore del D.Lgs. 12 gennaio 2019, n. 14 e succ. modif. (*Codice dell'impresa e dell'insolvenza*), che vi ha apportato delle modifiche.

6
Il lavoro minorile. Parità, pari opportunità e divieto di discriminazioni nel rapporto di lavoro

1 Il lavoro minorile

1.1 I principi della tutela del lavoro minorile

A tutela del lavoratore minore, il legislatore prevede una **normativa protettiva speciale**, per lo più derogatoria di quella ordinaria, perseguendo un duplice intento: la *parità retributiva* e la *tutela psico-fisica* del minore che presta attività di lavoro.

La **Costituzione** (**art. 37**) prevede infatti che «*la Repubblica tutela il lavoro dei minori con speciali norme e garantisce ad essi, a parità di lavoro, il diritto alla parità di retribuzione*».

Secondo il dettato costituzionale, inoltre, è la legge a dover fissare «*il limite minimo di età per il lavoro salariato*».

In applicazione di tale norma, è stata emanata la **L. 17 ottobre 1967, n. 977** sulla «*tutela del lavoro dei fanciulli e degli adolescenti*», la cui disciplina è stata poi adeguata agli indirizzi espressi in ambito europeo con il **D.Lgs. 4 agosto 1999, n. 345** integrato e modificato con il **D.Lgs. 18 agosto 2000, n. 262**.

Al D.Lgs. 345/1999 si deve il consolidamento del *principio generale* per il quale *l'età minima di ammissione all'impiego deve coincidere con quella in cui cessano gli obblighi scolastici* (Dir. 94/33/CE).

La normativa vieta il lavoro dei soggetti al di sotto dell'età adolescenziale e, allo stesso tempo, pone le necessarie limitazioni per proteggere i giovani che lavorano dallo sfruttamento economico e da ogni lavoro suscettibile di nuocere alla loro sicurezza, salute o sviluppo fisico, psicologico, morale o sociale o di compromettere la loro istruzione (art. 1, comma 3, Dir. cit.).

1.2 I requisiti di età e di istruzione per l'ammissione al lavoro

La disciplina di protezione si applica ai **lavoratori minorenni** distinti tra:

- **bambini**, cioè i minori *che non hanno compiuto i 15 anni* o che sono *ancora soggetti all'obbligo scolastico*;
- **adolescenti**, cioè i minori *di età compresa tra i 15 e i 18 anni compiuti, non più soggetti all'obbligo scolastico*.

A tale distinzione fa da riscontro la fissazione di un'**età minima per l'ammissione al lavoro**, corrispondente al momento in cui il minore ha *concluso il periodo di istruzione obbligatoria* e che, comunque, non può essere inferiore ai *15 anni compiuti*.

Tale età è stata elevata a **16 anni** dalla L. 296/2006 (art. 1, comma 622), che ha previsto l'istruzione obbligatoria *per almeno dieci anni*, da finalizzare al *conseguimento di un titolo di studio* di scuola secondaria superiore o di una *qualifica professionale* di durata almeno triennale entro il diciottesimo anno di età (**obbligo di istruzione e formazione**).

Il periodo di istruzione obbligatoria può essere assolto anche mediante *apprendistato*: tale tipologia contrattuale permette l'assunzione a partire dal quindicesimo anno di età, per cui è possibile, in questa ipotesi, iniziare a lavorare a soli 15 anni.

È quindi **vietato adibire al lavoro i bambini**, salvo che in attività di carattere culturale, artistico, sportivo o pubblicitario e nel settore dello spettacolo e purché si tratti di attività che non ne pregiudichino la sicurezza, l'integrità psico-fisica e lo sviluppo, la frequenza scolastica o la partecipazione a programmi di orientamento o formazione professionale (art. 4, L. 977/1967).

L'impiego dei minori in tali attività lavorative deve comunque essere *autorizzato* dalla sede territoriale dell'Ispettorato competente, previo assenso scritto da parte dei titolari della responsabilità genitoriale.
L'autorizzazione *si intende rilasciata decorsi 15 giorni* dalla relativa istanza (art. 12bis, comma 1, D.L. 76/2020, conv. in L. 120/2020).

Gli *adolescenti* possono invece svolgere attività lavorativa, fermo restando i limiti che derivano dalla tutela della loro integrità psico-fisica.

1.3 Le lavorazioni vietate e la tutela dell'integrità psico-fisica del lavoratore minore

È **vietato adibire gli adolescenti alle lavorazioni e ai lavori potenzialmente pregiudizievoli** per il loro pieno sviluppo fisico (art. 6, L. 977/1967).

Tale divieto è derogabile per indispensabili motivi *didattici* o di *formazione professionale* e per il tempo necessario alla formazione stessa svolta in aula o in laboratorio, oppure in ambienti di lavoro di diretta pertinenza del datore di lavoro e sotto la sorveglianza di formatori competenti anche in materia di prevenzione e di protezione dei rischi per la salute umana e nel rispetto di tutte le condizioni di sicurezza e di salute previste dalla legislazione vigente. Anche in tal caso è necessaria l'autorizzazione dell'ITL.

Per i *bambini* il divieto di adibizione a lavorazioni nocive discende dal più generale divieto di svolgere qualsiasi tipo di attività lavorativa (salvo i casi eccezionali di attività culturale, pubblicitaria ecc.).
Inoltre, è stabilito che la generale **valutazione dei rischi** per la salute e la sicurezza sui luoghi di lavoro, cui è obbligato il datore di lavoro (*ex* art. 28, D.Lgs. 81/2008), deve essere effettuata considerando gli *specifici rischi* per i *lavoratori minori*, ove presenti (art. 7, L. 977/1967).
Completa il quadro delle norme a tutela della salute dei lavoratori minori, la valutazione dell'*idoneità alla mansione* attraverso **visite mediche preassuntive e periodiche** (art. 8, L. 977/1967).

1.4 Il lavoro nello spettacolo dei minori di anni quattordici

I limiti e le precauzioni da adottare nei casi di utilizzazione di minori di anni 14 in **programmi radiotelevisivi** sono stati stabiliti con un regolamento ministeriale (D.M. 27 aprile 2006, n. 218) diretto a disciplinare l'impiego di soggetti infraquattordicenni in tale settore, *nell'ambito* (o al di fuori) *di un rapporto di lavoro* mediante l'utilizzazione delle loro immagini o voci.

In particolare, è fatto divieto di:

- sottoporre i minori ad azioni o situazioni pericolose per la loro salute psicofisica o eccessivamente gravose o violente ovvero mostrarli, senza motivo, in situazioni pericolose;
- far assumere a minori di anni quattordici, anche per gioco o per finzione, sostanze nocive (tabacco, bevande alcoliche o stupefacenti);
- coinvolgere i minori in argomenti o immagini di contenuto volgare, licenzioso o violento;
- utilizzare i minori in richieste di denaro o di elargizioni abusando dei naturali sentimenti degli adulti per i bambini.

È sempre necessaria la doppia autorizzazione prevista da tale legge e le autorizzazioni dell'ITL *sono revocate di diritto* in caso di accertata violazione delle prescrizioni del D.M. 218/2006 ai danni del minore autorizzato.

L'autorizzazione dell'ITL è necessaria soltanto, però, nell'ipotesi in cui sussista un rapporto di lavoro; non quindi quando si tratti di rilasciare un'*intervista a titolo gratuito* in un programma televisivo (nota INL 11-9-2019, n. 7966).

1.5 Il rapporto di lavoro

Lo svolgimento del rapporto di lavoro del minore avviene secondo *la disciplina normativa del lavoro vigente per la generalità dei lavoratori*, salvo **deroghe ed eccezioni più favorevoli** disposte dalla legge o dalla contrattazione collettiva volte a tutelare o garantire le diverse esigenze dei minori.

In specie, in base al dettato dell'art. 37 Cost., a tale particolare categoria di lavoratori deve essere assicurata la **parità di trattamento retributivo a parità di lavoro**, non essendo ammessi trattamenti differenziati in base all'età.

Particolari disposizioni vigono in materia di orario di lavoro, lavoro notturno, riposo settimanale e ferie annuali.

È infatti previsto che:

- l'**orario di lavoro** non può superare le 7 ore giornaliere e le 35 ore settimanali, se si tratta di bambini (nei casi in cui è autorizzato lo svolgimento di attività lavorativa), e le 8 ore giornaliere e le 40 ore settimanali, se si tratta di adolescenti;
- il **lavoro notturno** è vietato;
- il **riposo settimanale** deve essere assicurato per *almeno 2 giorni*, possibilmente consecutivi e comprendenti la domenica;
- salvo previsioni collettive di maggior favore, le **ferie annuali** non possono essere inferiori a *30 giorni* per i minori di anni 16, mentre per coloro che hanno superato tale età valgono le norme previste per la generalità dei lavoratori (D.Lgs. 66/2003).

2 La tutela della genitorialità

2.1 Evoluzione normativa

Il nostro ordinamento ha da sempre tutelato l'assolvimento dei compiti di maternità e cura dei figli ritenendo *essenziale* la funzione *familiare* svolta dalla donna.

Per evitare però che attraverso una normativa protezionistica speciale possano derivare per la madre lavoratrice conseguenze discriminatorie e penalizzanti, la **Costituzione** ha sancito, all'**art. 37**, la *parità* normativa e retributiva (quest'ultima a parità di lavoro) fra lavoratori e lavoratrici.

Allo stesso tempo la norma richiede che le condizioni di lavoro devono essere tali da consentire alla lavoratrice «l'adempimento della sua essenziale funzione familiare e assicurare alla madre e al bambino una speciale e adeguata protezione».

La Costituzione dunque afferma, da un lato, la *specialità della tutela riguardante la lavoratrice madre*; dall'altro, *sancisce il principio fondamentale di uguaglianza fra i due sessi*.

Tali principi sono presenti anche nel **Testo Unico per la tutela** ed il **sostegno della maternità e della paternità** emanato con **D.Lgs. 26 marzo 2001, n. 151**, che coordina le disposizioni in materia di tutela del ruolo socio-familiare della lavoratrice, contenute originariamente nella *L. 30 dicembre 1971, n. 1204* e nella *L. 8 marzo 2000, n. 53*.

Il T.U., inoltre, ha riconosciuto anche al **padre lavoratore** la possibilità di fruire delle forme di tutela previste dalla legge per le *lavoratrici madri* favorendo, dunque, anche grazie ad una *più equa ripartizione dei carichi familiari*, pari *possibilità di carriera* tra lavoratori e lavoratrici.

L'attenzione verso la tutela della genitorialità è sempre viva. Ne sono dimostrazione misure come il congedo obbligatorio di paternità introdotto dalla **L. 92/2012** o la facoltà riconosciuta alla madre lavoratrice di posticipare l'intero periodo di congedo di maternità prevista dalla **legge di bilancio 2019** (L. 145/2018) ovvero gli interventi per favorire la *conciliazione delle esigenze di cura, di vita e di lavoro* indipendentemente dalla natura, subordinata o autonoma, del rapporto di lavoro (**D.Lgs. 80/2015**).

Di recente, inoltre, è stata emanata la **direttiva (UE) 2019/1158** che stabilisce le prescrizioni minime per conseguire la *parità tra uomini e donne* per quanto riguarda le opportunità sul mercato del lavoro e il trattamento sul lavoro, *agevolando la conciliazione tra lavoro e vita familiare* per i lavoratori che sono genitori o prestatori di assistenza.

Gli Stati membri dovranno mettere in vigore le disposizioni legislative, regolamentari e amministrative necessarie per conformarsi alla presente direttiva *entro il 2 agosto 2022.*

2.2 Il congedo di maternità

La normativa prevede un periodo di astensione obbligatoria, cd. **congedo di maternità**, in cui è fatto **divieto assoluto di adibire al lavoro le donne** e che normalmente comprende i **2 mesi precedenti la data presunta del parto e i 3 mesi dopo il parto** (art. 16, comma 1, T.U.).

Il congedo di maternità e paternità spetta anche in caso di *adozione* e *affidamento* (art. 26 T.U.): hanno diritto al *congedo di maternità* le lavoratrici che hanno adottato o ricevuto in affidamento un *minore*, per un *periodo massimo di 5 mesi* in caso di adozione e di *3 mesi* in caso di affidamento, da fruire *entro i primi 5 mesi successivi* all'effettivo ingresso del minore nella famiglia della lavoratrice.

L'**astensione obbligatoria** comprende (art. 16, comma 1, T.U.):

- il *periodo intercorrente tra la data presunta e la data effettiva del parto*, ove esso avvenga oltre la data presunta;
- gli *ulteriori giorni non goduti prima del parto*, qualora il parto avvenga in data anticipata rispetto a quella presunta. Tali giorni sono aggiunti al periodo di congedo di maternità dopo il parto **anche se si supera il periodo complessivo di 5 mesi**.

In *alternativa*, le lavoratrici **possono astenersi** dal lavoro **esclusivamente dopo il parto entro i cinque mesi successivi** allo stesso, a condizione che il medico specialista del Servizio sanitario nazionale o con esso convenzionato e il medico competente ai fini della prevenzione e tutela della salute nei luoghi di lavoro attestino che tale opzione *non* arrechi *pregiudizio alla salute della gestante e del nascituro* (art. 16, comma 1.1, T.U.).

È stato chiarito che la predetta documentazione deve essere *acquisita* dalla lavoratrice **nel corso del settimo mese di gravidanza** e deve attestare l'*assenza di pregiudizio alla salute* della gestante e del nascituro fino alla data presunta del parto (ovvero fino all'evento del parto, qualora dovesse avvenire in data successiva a quella presunta). Pertanto, l'insorgere di un periodo di malattia prima dell'evento del parto comporta l'impossibilità di avvalersi dell'opzione in esame: ciò in quanto ogni «processo morboso» in tale periodo comporta un *rischio per la salute della lavoratrice e/o del nascituro*, superando di fatto il giudizio medico precedentemente espresso. È stato inoltre precisato che, poiché la scelta di avvalersi della facoltà di astenersi dal lavoro esclusivamente dopo il parto costituisce un'**opzione alternativa alla tradizionale modalità di fruizione del congedo «ante e post partum»**, è possibile *rinunciare* alla predetta scelta *solo prima* dell'inizio del periodo di congedo di maternità *ante partum* (cioè prima dell'inizio dell'ottavo mese di gravidanza) (circ. INPS 12-12-2019, n. 148).

Ferma restando la durata complessiva del congedo, le lavoratrici possono inoltre rendere **flessibile il periodo di congedo di maternità**, posticipando l'inizio del congedo al *mese precedente* la data presunta del parto e proseguendo nei *quattro mesi successivi* al parto, purché non vi siano controindicazioni per la salute della gestante e del nascituro (art. 20 T.U.).

In virtù del D.Lgs. 80/2015, inoltre, in caso di *ricovero del neonato* in una struttura pubblica o privata, la madre ha diritto di chiedere la **sospensione del congedo di maternità** e di godere dell'astensione, in tutto o in parte, dalla data di *dimissione* del bambino.

Il diritto può essere esercitato *una sola volta* per ogni figlio ed è subordinato alla produzione di *attestazione medica* che dichiari la compatibilità dello stato di salute della donna con la ripresa dell'attività lavorativa.

L'astensione obbligatoria è riconosciuta alla lavoratrice anche in caso di **interruzione della gravidanza** verificatasi *dopo il 180° giorno* dall'inizio della gestazione.

La data di inizio della gestazione corrisponde legislativamente al *300° giorno antecedente la data presunta del parto* indicata nel certificato medico di gravidanza.

La lavoratrice può però, in tale ipotesi, *rinunciare* a fruire dell'astensione obbligatoria e *riprendere in qualunque momento l'attività lavorativa*.

Il diritto al congedo di maternità è previsto anche in caso di decesso del bambino alla nascita o durante il congedo di maternità e, anche in tal caso, la lavoratrice ha facoltà di riprendere in qualunque momento l'attività lavorativa, a condizione che il medico competente ritenga che tale opzione non arrechi pregiudizio alla sua salute (art. 16, comma 1bis, T.U.).

L'interruzione spontanea o terapeutica della gravidanza dopo il 180° giorno è considerata equivalente al parto. Nell'ipotesi invece in cui l'interruzione avvenga prima del 180° giorno dall'inizio della gestazione, è qualificata come semplice malattia, per cui la lavoratrice non ha diritto all'astensione dal lavoro.

Il legislatore prevede anche la possibilità di **anticipare** il periodo di astensione obbligatoria per uno o più periodi in connessione alle condizioni di salute della lavoratrice.

Il periodo di astensione obbligatoria può altresì essere **prorogato** fino a *7 mesi* dopo il parto, quando le condizioni di lavoro o ambientali siano pregiudizievoli e la lavoratrice non può essere spostata ad altre mansioni.

Per tutto il periodo del congedo di maternità, spetta alle lavoratrici un'**indennità giornaliera** pari all'80% della retribuzione; inoltre, tali periodi sono computati nell'anzianità di servizio a tutti gli effetti (TFR, ferie ecc.).

La legge, inoltre, prevede delle ipotesi di **prolungamento del diritto alla corresponsione del trattamento economico**. Ad esempio, sono ammesse al godimento dell'indennità giornaliera di maternità le *lavoratrici gestanti* che si trovino, all'inizio del periodo di congedo di maternità, sospese, *assenti dal lavoro senza retribuzione*, ovvero, *disoccupate*, *purché tra l'inizio della sospensione, dell'assenza o della disoccupazione e quello di detto periodo non siano decorsi più di 60 giorni* (art. 24, comma 2, T.U.).

Ai fini del computo dei predetti 60 giorni, non si tiene conto (art. 24, comma 3, T.U.):

- delle assenze dovute a malattia o ad infortunio sul lavoro, accertate e riconosciute dagli enti gestori delle relative assicurazioni sociali;
- del periodo di congedo parentale o di congedo per la malattia del figlio fruito per una precedente maternità;
- del periodo di assenza fruito per accudire minori in affidamento;
- del periodo di mancata prestazione lavorativa prevista dal contratto di lavoro a tempo parziale di tipo verticale.

Inoltre, a seguito della **sentenza 13-7-2018, n. 158** della Corte Costituzionale, dal computo deve *escludersi* anche il periodo di *congedo straordinario* (*ex* art. 42, comma 5, T.U.), di cui la lavoratrice gestante abbia fruito per l'assistenza al coniuge convivente o a un figlio, portatori di handicap in situazione di gravità (*ex* L. 104/1992).

Tra i soggetti individuati dal Legislatore ai fini della concessione del congedo straordinario *ex* art. 42, comma 5, T.U., è **incluso, in via alternativa e al pari del coniuge, anche l'unito civilmente** (art. 1, comma 20, L. 76/2916). Pertanto, *dal computo dei 60 giorni, devono essere esclusi anche tutti i periodi di congedo straordinario fruiti per l'assistenza alla parte dell'unione civile convivente* riconosciuta in situazione di *disabilità grave* ai sensi dell'art. 4, comma 1, L. 104/1992 (msg. INPS 4074/2018).

2.3 Il congedo di paternità

Al padre lavoratore è riconosciuto il **congedo di paternità**, ossia il diritto ad astenersi dal lavoro per tutta la durata del congedo di maternità, o per la parte residua che sarebbe spettata alla lavoratrice, in caso di *morte* o di *grave infermità della madre* ovvero di *abbandono* o *affidamento esclusivo del bambino al padre* (art. 28 T.U.).

Al padre lavoratore in congedo di paternità si applica la stessa disciplina economica e normativa prevista per la lavoratrice in congedo di maternità.

Il lavoratore padre ha diritto a fruire anche di un **congedo obbligatorio di paternità** entro 5 mesi dalla nascita del figlio.

Si tratta in tal caso di *diritto autonomo* del padre lavoratore, indipendente dall'assenza o meno della madre che ha però natura *transitoria*. Il congedo obbligatorio di paternità, infatti, è una *misura sperimentale*, introdotta inizialmente dalla legge Fornero (L. 92/2012) per gli anni 2013-2015, e prorogata: per l'anno *2016,* dalla legge di stabilità 2016 (L. 208/2015), che ha altresì elevato a *2 giorni* l'originaria astensione obbligatoria del padre prima limitata a un giorno; per il biennio 2017-2018, dalla legge di bilancio 2017 (L. 232/2016) che, per l'*anno 2018*, ha ulteriormente innalzato i giorni spettanti fino a *4*; per l'*anno 2019*, dalla legge di bilancio 2019 (L. 145/2018), che ne ha inoltre elevato la durata da 4 a *5 giorni*; per l'*anno 2020*, dalla legge di bilancio 2020 (art. 1, comma 342, L. 160/2019), che ne ha inoltre elevato la durata (da 5) a 7 giorni.

Infine, per l'**anno 2021**, il congedo obbligatorio è stato prorogato dalla legge di bilancio 2021 (art. 1, comma 363, L. 178/2020), che ne ha elevato la durata da 7 a **10 giorni**. Tale congedo di 10 giorni si applica alle nascite, alle adozioni e agli affidamenti avvenuti nel 2021 (1° gennaio - 31 dicembre), mentre per le nascite e le adozioni/affidamenti avvenuti nell'anno 2020, i padri lavoratori dipendenti hanno diritto soltanto a *7 giorni* di congedo obbligatorio, *anche se ricadenti nei primi mesi dell'anno 2021* (circ. INPS. 42/2021).

Sono tenuti a presentare domanda all'INPS soltanto i lavoratori per i quali il pagamento delle indennità è *erogato direttamente dall'Istituto*. Nel caso, invece, in cui le indennità siano *anticipate* dal datore di lavoro, i lavoratori devono comunicare, in forma scritta, al proprio datore di lavoro la fruizione del congedo, senza presentare domanda all'INPS (circ. INPS. 42/2021).

Ancora, il padre lavoratore dipendente può astenersi per un **periodo ulteriore di un giorno** (**congedo facoltativo**), previo *accordo con la madre* e in sua *sostituzione* in relazione al periodo di astensione obbligatoria spettante a quest'ultima.

Tale facoltà, riconosciuta inizialmente per l'anno 2018 (art. 1, comma 354, L. 232/2016), è stata confermata anche per l'anno 2019 dalla legge di bilancio 2019 (art. 1, comma 278, L. 145/2018), per l'anno 2020, dalla legge di bilancio 2020 (art. 1, comma 342), e per l'**anno 2021**, dalla legge di bilancio 2021 (art. 1, comma 363).

Sia il congedo obbligatorio sia quello facoltativo sono riconosciuti al padre anche nei casi di **morte perinatale** (art. 1, comma 25, L. 178/2020).

Per «**periodo di morte perinatale**», generalmente, si considera il periodo compreso **tra l'inizio della 28° settimana di gravidanza e i primi 7 giorni di vita del minore**. Tuttavia, coerentemente con la durata del beneficio, si ritiene che la tutela debba essere garantita in caso di morte perinatale avvenuta nei primi 10 giorni di vita del minore. Quindi, il congedo può essere fruito, sempre entro i 5 mesi successivi alla nascita del figlio, anche nel caso di (circ. INPS 42/2021):

— *figlio nato morto dal primo giorno della 28° settimana di gestazione* (il periodo di 5 mesi entro cui fruire dei giorni di congedo decorre dalla nascita del figlio che, in queste situazioni, coincide anche con la data di decesso);
— *decesso del figlio nei 10 giorni di vita dello stesso* (compreso il giorno della nascita). Il periodo di 5 mesi entro cui fruire dei giorni di congedo decorre, comunque, dalla nascita del figlio e non dalla data di decesso.

Pertanto, dalla tutela restano esclusi i padri i cui figli (nati, adottati o affidati) siano deceduti successivamente al 10° giorno di vita (il giorno della nascita è compreso nel computo).

2.4 I congedi parentali

Oltre al periodo di congedo di maternità (obbligatorio), è possibile richiedere ulteriori periodi di assenza dal lavoro per assistere il figlio. Il T.U. (art. 32), infatti, riformulando le previgenti disposizioni sulla cd. **astensione facoltativa** (L. 1204/1971), ha previsto un **congedo della durata massima cumulativa di 10 mesi**, fruibile da ciascuno dei genitori per ogni figlio.

Il congedo parentale spetta anche *in caso di adozione (nazionale o internazionale)* e di *affidamento* e può essere usufruito dai genitori *qualunque sia l'età del minore, entro 12 anni* dall'ingresso dello stesso in famiglia e non oltre il raggiungimento della *maggiore età* (art. 36).

In particolare, il diritto di astenersi dal lavoro compete:

— alla *madre lavoratrice*, trascorso il periodo di congedo obbligatorio di maternità, per un periodo continuativo o frazionato non superiore a *6 mesi*;
— al *padre lavoratore*, dalla nascita del figlio, per un periodo continuativo o frazionato non superiore a *6 mesi*, elevabile a *7* nel caso in cui il padre lavoratore eserciti il diritto di astenersi dal lavoro per un periodo continuativo o frazionato non inferiore a tre mesi (per cui il *congedo complessivo sale a 11 mesi*);
— qualora vi sia *un solo genitore*, per un periodo continuativo o frazionato non superiore a 10 mesi.

A seguito del D.Lgs. 80/2015, il congedo parentale può essere richiesto fino a **12 anni** di vita del bambino.

Per quanto riguarda le modalità di fruizione, si può godere del congedo parentale anche su **base oraria**, in mancanza di regolamentazione collettiva, secondo la disciplina introdotta dal D.Lgs. 80/2015.

Il lavoratore che intende fruire del congedo parentale è tenuto a dare un **preavviso** al datore di lavoro di *5 giorni*, nel caso di fruizione giornaliera del congedo; *2 giorni*, per il congedo su base oraria.

Per i periodi di congedo parentale alle lavoratrici e ai lavoratori è dovuta, *fino al sesto anno di vita del bambino*, un'**indennità giornaliera** pari al 30% della retribuzione, per un periodo massimo complessivo tra i genitori di 6 mesi.

Per i periodi di congedo successivi ai 6 mesi e per quelli usufruiti *tra i 6 anni e gli 8 anni* di vita del bambino, l'indennità spetta solo se l'interessato non supera un determinato limite di reddito.

È inoltre possibile *rinunciare* al congedo parentale per poter ottenere la **trasformazione del rapporto di lavoro a tempo pieno in part-time**.

2.5 I congedi per la malattia del figlio

In caso di malattia del bambino *entrambi* i genitori, ma *alternativamente*, possono **astenersi dal lavoro** (art. 47 T.U.):

— per figli di età inferiore a tre anni, *per periodi corrispondenti alla durata della malattia di ciascun figlio;*
— per figli di età superiore a tre anni e fino a otto anni, *nel limite di 5 giorni lavorativi all'anno* per ciascun genitore, alternativamente, e per la malattia di ogni figlio.

I periodi di congedo per malattia del figlio *non sono retribuiti*, ma sono computati nell'anzianità di servizio, con esclusione degli effetti relativi alle ferie e alla tredicesima mensilità o alla gratifica natalizia.

2.6 I riposi giornalieri

Nel corso del **primo anno di vita del bambino**, la donna lavoratrice ha diritto, a seconda dell'orario di lavoro giornaliero, ad uno o due periodi di riposo (cd. **permessi per allattamento**), di *un'ora ciascuno*, considerati ore lavorative agli effetti della durata e della retribuzione del lavoro con **diritto della donna ad uscire dall'azienda** (art. 39 T.U.).

La norma si applica, anche in caso di adozione e di affidamento entro il *primo anno dall'ingresso del minore nella famiglia* (art. 45 T.U.).

I suddetti periodi di riposo hanno la *durata* di:

— **2 ore** anche *cumulabili* durante la giornata, se l'orario di lavoro giornaliero è *pari o superiore* a 6 ore;
— **1 ora**, se l'orario di lavoro giornaliero *è inferiore* alle 6 ore.

La durata è invece solo di *mezz'ora* se la lavoratrice usufruisce di asilo nido o di altra struttura idonea in azienda o nelle immediate vicinanze.

Gli stessi periodi di riposo giornaliero sono riconosciuti anche al *padre lavoratore* (art. 40 T.U.):

— nel caso in cui i figli siano affidati al solo padre;
— in alternativa alla madre lavoratrice dipendente che non se ne avvalga;
— nel caso in cui la madre non sia lavoratrice dipendente;
— in caso di morte o di grave infermità della madre.

3 Tutela della sicurezza, divieto di licenziamento, dimissioni e diritto al rientro

3.1 La sicurezza e la salute sul lavoro delle lavoratrici gestanti, puerpere o in allattamento

Il legislatore impone specifiche misure per la tutela della sicurezza e della salute delle lavoratrici **durante il periodo di gravidanza e fino a 7 mesi di età del figlio**, purché abbiano informato il datore di lavoro del proprio stato (art. 6 T.U.).

È, infatti, stabilito il **divieto** di adibire le lavoratrici al *trasporto*, al *sollevamento di pesi*, nonché a **lavori pericolosi, faticosi ed insalubri** (art. 7 T.U.).

Nel caso in cui normalmente svolga tali attività, durante il periodo in cui vige il divieto, la lavoratrice deve essere *spostata ad altre mansioni* e, se queste sono inferiori a quelle abituali, *conserva comunque la retribuzione e la qualifica precedenti*.

Lo spostamento ad altre mansioni può avvenire anche quando i servizi ispettivi accertino che le *condizioni di lavoro siano pregiudizievoli per la salute della donna*.

Se lo spostamento non è possibile, detti servizi dispongono *l'interdizione dal lavoro fino al settimo mese di vita del bambino*.

Il datore di lavoro è inoltre tenuto a **valutare i rischi** per la sicurezza e la salute delle lavoratrici e, se esistenti, ad adottare tutte le misure necessarie (artt. 11-12 T.U.).

Qualora il rischio attinente al sollevamento dei pesi non sia stato espressamente valutato nel DVR, l'adibizione alle predette mansioni costituirebbe, comunque, *condizione sufficiente* per il riconoscimento della tutela della lavoratrice, con la conseguente emanazione del provvedimento di interdizione da parte dell'amministrazione competente, ferma restando una valutazione circa l'impossibilità di adibizione ad altre mansioni. Tale conclusione, tra l'altro, è coerente con l'orientamento della giurisprudenza che, in presenza dei presupposti di legge, qualifica la **posizione giuridica vantata dalla lavoratrice in termini di diritto soggettivo**, non riscontrandosi significativi margini di valutazione — neanche in termini di discrezionalità tecnica — in ordine alla verifica delle effettive condizioni di lavoro della lavoratrice (nota INL 2-4-2021, n. 553).

3.2 Il divieto di licenziamento e dimissioni. Il diritto al rientro

A tutela delle lavoratrici madri è stabilito il **divieto assoluto di licenziamento, dall'inizio del periodo di gravidanza** fino al termine del periodo di congedo obbligatorio, nonché **fino al compimento di un anno di età del bambino** (artt. 54-56 T.U.).

Il divieto di licenziamento si applica anche al *padre lavoratore* per la durata del congedo di paternità e si estende fino al compimento di un anno di età del bambino.

È altresì vietato il licenziamento causato dalla domanda o dalla fruizione del *congedo parentale e per la malattia del bambino* da parte della lavoratrice o del lavoratore (art. 54 T.U.).

Il divieto di licenziamento sussiste anche nei casi di *adozione* e di *affidamento*, fino ad un anno dall'ingresso del minore nel nucleo familiare. In caso di adozione *internazionale*, il divieto opera dal momento della comunicazione della proposta di incontro con il minore (art. 31, comma 3, lett. *d)*, L. 184/1983) o della comunicazione dell'invito a recarsi all'estero per ricevere la proposta di abbinamento.

Il licenziamento intimato in violazione di tali divieti è **nullo**.

Il divieto di licenziamento **non si applica** però nel caso:

- di *colpa grave* da parte della lavoratrice, costituente giusta causa di licenziamento;
- di *cessazione dell'attività* dell'azienda cui è addetta;
- di ultimazione della prestazione per la quale la lavoratrice è stata assunta o di *risoluzione del rapporto* di lavoro per la *scadenza del termine*;
- di esito negativo della *prova*.

A garanzia della effettività di eventuali **dimissioni** della lavoratrice o del lavoratore (che potrebbero essere coartati dal datore), l'art. 55 T.U. dispone che la richiesta di dimissioni, presentata dalla lavoratrice o dal lavoratore nei casi di maternità e paternità, deve essere **convalidata dai servizi ispettivi del lavoro**, costituendo la convalida *condizione sospensiva* per l'efficacia della cessazione del rapporto di lavoro.

L'istruttoria finalizzata al rilascio della convalida può essere effettuata attraverso **strumenti di comunicazione da remoto**, che consentano in ogni caso l'identificazione degli interessati o dei soggetti dagli stessi delegati e l'*acquisizione della volontà espressa*: in tali ipotesi, il provvedimento finale o il verbale si *perfeziona* con la sola **sottoscrizione del funzionario** incaricato (art. 12bis, comma 2, D.L. 76/2020, conv. in L. 120/2020).

L'obbligo di convalida è previsto per le *dimissioni* e le *risoluzioni consensuali* del rapporto presentate **durante la gravidanza** ed entro i **primi 3 anni** di vita del bambino o di accoglienza del minore adottato o in affidamento.

Le dimissioni *volontarie*, presentate durante il periodo in cui opera il divieto di licenziamento, *non obbligano all'osservanza del periodo di preavviso* e danno diritto alle *indennità* previste per il caso di licenziamento dalla legge o da disposizioni contrattuali.

Al termine del periodo di congedo obbligatorio di maternità, del congedo di paternità e degli altri congedi e permessi previsti dallo stesso T.U., le lavoratrici e i lavoratori hanno diritto (cd. **diritto al rientro**):

- di **conservare il posto di lavoro** e, salvo che espressamente vi rinuncino, di *rientrare nella stessa unità produttiva* ove erano occupate/i all'inizio del periodo di gravidanza e di permanervi fino al compimento di un anno di età del bambino;
- di essere adibite/i alle **mansioni da ultimo svolte** o a *mansioni equivalenti*;
- di beneficiare di eventuali **miglioramenti delle condizioni di lavoro**, previsti dai contratti collettivi, leggi o regolamenti, che sarebbero loro spettati durante l'assenza.

4 La parità di genere e le pari opportunità nel rapporto di lavoro

4.1 Il Codice delle pari opportunità tra uomo e donna

Il Codice delle pari opportunità tra uomo e donna (D.Lgs. 198/2006) ha introdotto nel nostro ordinamento una normativa ad ampio raggio finalizzata alla **prevenzione e alla rimozione di ogni forma di discriminazione** fondata sul sesso in *tutti* i campi della vita civile, sociale, economica ecc.

La **finalità** del Codice (in attuazione anche dell'**art. 37 Cost.**) è stata quella di introdurre «*le misure volte ad eliminare ogni discriminazione basata sul sesso, che abbia come conseguenza o come scopo di compromettere o di impedire il riconoscimento, il godimento o l'esercizio dei diritti umani e delle libertà fondamentali in campo politico, economico, sociale, culturale e civile o in ogni altro campo*».

È stato, inoltre, specificato il principio di parità di trattamento e di opportunità tra donne e uomini, da assicurare in *tutti gli ambiti*, compresi quelli dell'occupazione, del lavoro e della retribuzione.

In particolare, ai sensi del D.Lgs. 198/2006 (art. 25):

— costituisce discriminazione **diretta** qualsiasi *disposizione, criterio, prassi, atto, patto o comportamento*, nonché l'*ordine di porre in essere* un atto o un comportamento, che produca un effetto pregiudizievole *discriminando* le candidate e i candidati, in fase di selezione del personale, le lavoratrici o i lavoratori in ragione del loro sesso e, comunque, il trattamento meno favorevole rispetto a quello di un'altra lavoratrice o di un altro lavoratore in situazione analoga;
— si ha discriminazione, invece, **indiretta** quando una *disposizione, un criterio, una prassi, un atto, un patto* o un *comportamento*, compresi quelli di natura organizzativa o incidenti sull'orario di lavoro, *apparentemente neutri* mettono o possono mettere i candidati in fase di selezione e i lavoratori di un determinato sesso in una *posizione di particolare svantaggio rispetto a lavoratori dell'altro sesso*, salvo che riguardino requisiti essenziali allo svolgimento dell'attività lavorativa, purché l'obiettivo sia legittimo e i mezzi impiegati per il suo conseguimento siano appropriati e necessari;
— costituisce discriminazione, inoltre, ogni **trattamento o modifica dell'organizzazione delle condizioni e dei tempi di lavoro** che, in ragione del *sesso*, dell'*età anagrafica*, delle *esigenze di cura personale o familiare*, dello *stato di gravidanza* nonché di *maternità* o *paternità*, anche adottive, ovvero in ragione della *titolarità e dell'esercizio dei relativi diritti*, pone o può porre il lavoratore in almeno una delle seguenti condizioni: *posizione di svantaggio rispetto alla generalità degli altri lavoratori*; *limitazione delle opportunità di partecipazione alla vita o alle scelte aziendali*; *limitazione dell'accesso ai meccanismi di avanzamento e di progressione nella carriera*.

Sono considerate come discriminazioni anche le *molestie* e le *molestie sessuali* (art. 26): le **molestie** sono quei comportamenti indesiderati, posti in essere per *ragioni connesse al sesso*, aventi lo scopo o l'effetto di violare la dignità di una lavoratrice o di un lavoratore e di creare un *clima intimidatorio, ostile, degradante, umiliante o offensivo*; sono **molestie sessuali** quei *comportamenti indesiderati a connotazione sessuale*, espressi in forma *fisica, verbale o non verbale*, aventi lo scopo o l'effetto di *violare la dignità di una lavoratrice o di un lavoratore* e di creare un *clima intimidatorio, ostile, degradante, umiliante o offensivo*.

4.2 L'organizzazione amministrativa per la promozione delle pari opportunità

Il D.Lgs. 196/2006 (Titolo II del Libro I) disciplina le **istituzioni** che presiedono alle politiche delle pari opportunità.

Innanzitutto, si colloca il **Presidente del Consiglio dei Ministri** cui sono attribuite, in via generale, le funzioni di *promozione e coordinamento delle politiche di pari opportunità*.

Un importante ruolo è svolto dalla **Commissione per le pari opportunità fra uomo e donna**, che ha compiti di consulenza e supporto tecnico-scientifico nell'elaborazione e nell'attuazione delle politiche di pari opportunità fra uomo e donna.

Il **Comitato nazionale per l'attuazione dei principi di parità di trattamento ed uguaglianza di opportunità tra lavoratori e lavoratrici**, la cui composizione è stata modificata dal D.Lgs. 151/2015 ha, invece, il compito di promuovere, nell'ambito della competenza statale, la *rimozione delle discriminazioni e di ogni altro ostacolo* che limiti di fatto l'uguaglianza fra uomo e donna nell'*accesso al lavoro*, nella *promozione* e nella *formazione professionale*, nelle *condizioni di lavoro* compresa la retribuzione, nonché in relazione alle *forme pensionistiche complementari collettive* (art. 8, comma 1, D.Lgs. 198/2006).

Infine, notevoli compiti sono riconosciuti ai **consiglieri di parità** nell'ambito della *promozione dell'occupazione femminile* e della *rimozione* degli ostacoli alla *realizzazione della piena eguaglianza* tra i sessi nei luoghi di lavoro e, più in generale, nell'attuazione delle cd. *azioni positive*.

4.3 Le pari opportunità e le azioni positive

L'aspetto più innovatore della tutela per la parità di genere nel rapporto di lavoro consiste nella previsione di **misure per promuovere le pari opportunità tra uomo e donna e per realizzare la parità** tra lavoratori e lavoratrici.

Si tratta delle cd. **azioni positive** finalizzate a (art. 42 D.Lgs. 198/2006):

- *eliminare le disparità* nella formazione scolastica e professionale, nell'accesso al lavoro, nella progressione in carriera, nella vita lavorativa ecc.;
- *favorire la diversificazione delle scelte professionali delle donne*, anche nel campo del lavoro autonomo ed imprenditoriale;
- *superare condizioni, organizzazione* e *distribuzione del lavoro pregiudizievoli* per l'avanzamento professionale, di carriera ed economico della donna;
- *promuovere l'inserimento della donna* in attività professionali ove è sotto rappresentata;
- favorire, anche mediante diversa organizzazione delle condizioni e del tempo del lavoro, *l'equilibrio e la migliore ripartizione tra responsabilità familiari e professionali dei due sessi*;
- valorizzare il *contenuto professionale delle mansioni* a più forte presenza femminile.

Le azioni positive possono essere promosse da un'ampia gamma di soggetti (tra cui il Comitato nazionale per l'attuazione dei principi di parità, le consigliere e i consiglieri di parità, i centri per la parità e le pari opportunità, le organizzazioni sindacali), ai quali si aggiungono, ora, per effetto del D.Lgs. 151/2015, anche i *centri per l'impiego*.

4.4 La certificazione della parità di genere

Al fine di attestare le politiche e le misure *concrete* adottate dai datori di lavoro per **ridurre il divario di genere** in relazione alle opportunità di crescita in azienda, alla parità salariale a parità di mansioni, alle politiche di gestione delle differenze di genere e alla tutela della maternità, la L. 162/2021 ha introdotto, *a decorrere dall'1-1-2022*, la **certificazione della parità di genere**, che le aziende potranno conseguire in base ad alcuni *parametri minimi* (art. 46bis, D.Lgs. 198/2006).

Per l'anno 2022, alle aziende private che siano in possesso della certificazione la L. 162/2021 (art. 5) ha riconosciuto, entro determinati limiti, un *esonero dal versamento dei complessivi contributi previdenziali a carico del datore di lavoro*, ferma restando l'aliquota di computo delle prestazioni pensionistiche.

Inoltre, alle aziende private che, alla data del 31 dicembre dell'anno precedente a quello di riferimento, siano in possesso della certificazione è riconosciuto un *punteggio premiale* per la valutazione, da parte di autorità titolari di fondi europei nazionali e regionali, di proposte progettuali ai fini della concessione di aiuti di Stato a cofinanziamento degli investimenti sostenuti.

4.5 Il divieto di discriminazioni di genere nel rapporto di lavoro

Il D.Lgs. 198/2006, partendo dal principio di **illiceità delle discriminazioni tra uomo e donna nei rapporti economici**, pone il **divieto di discriminazione** in tutti gli aspetti della vita economica, e in particolare:

- per l'*accesso al lavoro*, in forma subordinata, autonoma o in qualsiasi altra forma, compresi i criteri di selezione e le condizioni di assunzione nonché la promozione, indipendentemente dalle modalità di assunzione e qualunque sia il settore o il ramo di attività, e a tutti i livelli della gerarchia professionale;
- nella *retribuzione* per l'attività svolta, vietandosi qualsiasi discriminazione, diretta e indiretta, concernente un qualunque aspetto o condizione delle retribuzioni, per quanto riguarda uno stesso lavoro o un lavoro al quale è attribuito un valore uguale;
- nell'attribuzione delle *qualifiche*, delle *mansioni* e nella *progressione di carriera*;

— nell'*accesso alle prestazioni previdenziali*, prevedendosi, in particolare, che le lavoratrici in possesso dei requisiti per aver *diritto alla pensione di vecchiaia* hanno diritto di proseguire il rapporto di lavoro fino agli *stessi limiti di età previsti per gli uomini* da disposizioni legislative, regolamentari e contrattuali;
— nell'accesso alle *prestazioni pensionistiche complementari collettive*, consentendo differenti trattamenti solo entro ben determinati limiti;
— nell'*accesso agli impieghi pubblici*, per cui la *donna* può accedere, senza limitazione di mansioni e di svolgimento della carriera, a tutte le cariche, professioni ed impieghi pubblici, nei vari ruoli, carriere e categorie, anche nelle Forze armate e nel Corpo della Guardia di Finanza, con riferimento all'arruolamento, al reclutamento e alla carriera militare.

Un aspetto specifico della tutela contro le discriminazioni nel rapporto di lavoro è il divieto di **licenziamento per causa di matrimonio** della lavoratrice operante «*nel periodo intercorrente dal giorno della richiesta delle pubblicazioni di matrimonio, in quanto segua la celebrazione, a un anno dopo la celebrazione stessa*» (art. 35 D.Lgs. 198/2006).

Il licenziamento intimato in tale periodo *si presume illecito* e, pertanto, è **nullo** e la lavoratrice ha diritto ad essere *riammessa in servizio* e a vedersi corrispondere la retribuzione non percepita dal giorno del recesso a quello del reintegro in azienda.

La presunzione di illiceità può essere superata dal datore di lavoro che dimostri che il licenziamento è stato in realtà intimato per una *causa legittima* tra quelle individuate dallo stesso D.Lgs. 198/2006, come la sussistenza di una giusta causa, la cessazione dell'azienda ecc.

Analogamente, sono nulle le **dimissioni** presentate dalla lavoratrice nel periodo suddetto se *non sono confermate* entro un mese dinanzi alla sede territoriale dell'Ispettorato del lavoro.

Anche in questa ipotesi (art. 12bis, comma 2, D.L. 76/2020, conv. in L. 120/2020):

— l'istruttoria finalizzata al rilascio della convalida può essere effettuata attraverso **strumenti di comunicazione da remoto**, che consentano in ogni caso l'identificazione degli interessati o dei soggetti dagli stessi delegati e l'*acquisizione della volontà espressa*;
— il provvedimento finale o il verbale si *perfeziona* con la sola **sottoscrizione del funzionario** incaricato.

4.6 La tutela giudiziaria

Il lavoratore può agire in giudizio per la **dichiarazione delle discriminazioni** sia se poste in essere in *violazione dei divieti* (artt. 27-31, 35), sia se verificatesi in relazione all'accesso al lavoro, alla promozione e alla formazione professionale, alle condizioni di lavoro (compresa la retribuzione), alle forme pensionistiche complementari collettive (art. 36, D.Lgs. 198/2006).

Il giudizio è volto alla **cessazione del comportamento illegittimo**.

La *medesima tutela* riguarda anche le azioni in giudizio nei casi di discriminazioni collettive (art. 37 D.Lgs. 198/2006).

La normativa distingue, infatti, tra **discriminazione individuale** (art. 36), in relazione alla quale il lavoratore che intende ricorrere all'autorità giudiziaria ha *facoltà* di farsi *assistere dalla consigliera o dal consigliere di parità*, e **discriminazione collettiva** (art. 37), in cui la *legittimazione processuale è riconosciuta direttamente al consigliere o alla consigliera di parità*, fermo restando il diritto del lavoratore ad agire in giudizio individualmente.

La L. 27-12-2017, n. 205 (legge di bilancio 2018) ha previsto che la lavoratrice o il lavoratore che *agisce in giudizio* per la *dichiarazione delle discriminazioni per molestia o molestia sessuale* **non può essere sanzionato, demansionato, licenziato, trasferito** o sottoposto ad *altra misura organizzativa avente effetti negativi, diretti o indiretti, sulle condizioni di lavoro*, determinati dalla denuncia stessa. È stata, quindi, prevista la *nullità*:

— del *licenziamento ritorsivo o discriminatorio* del soggetto denunciante;

— del *mutamento di mansioni* ex art. 2103 c.c. nonché di qualsiasi altra misura ritorsiva o discriminatoria adottata nei confronti del denunciante.

Tali tutele non sono garantite, però, nei casi in cui sia accertata, anche con sentenza di primo grado, la *responsabilità penale del denunciante* per i reati di calunnia o diffamazione ovvero l'infondatezza della denuncia.

5 Il divieto di discriminazioni per motivi di razza, di origine etnica, religione, convinzioni personali, handicap, età, orientamento sessuale

5.1 Disciplina

La tutela contro le discriminazioni si fonda essenzialmente sulla seguente normativa:

— il **D.Lgs. 9 luglio 2003, n. 215**, di attuazione della dir. 2000/43/CE, dettante norme contro le **discriminazioni per motivi di razza ed origine etnica**;
— il **D.Lgs. 9 luglio 2003, n. 216**, di attuazione della dir. 2000/78/CE, dettante norme contro le **discriminazioni per motivi di religione, convinzioni personali, handicap, età e orientamento sessuale**, in materia di occupazione e condizioni di lavoro.

Si tratta di disposizioni dirette a fornire un'adeguata **tutela contro le discriminazioni**, in precedenza contenuta nell'art. 15 L. 300/1970, fondate sui più diversi motivi, dalle convinzioni religiose a quelle personali, dall'età alle condizioni di salute, fino all'orientamento sessuale, che si aggiungono agli strumenti di tutela previsti contro le discriminazioni di genere.

5.2 La tutela giudiziaria

Il **procedimento antidiscriminatorio** è così caratterizzato (art. 28, D.Lgs. 150/2011):

— il lavoratore può ricorrere in giudizio per far accertare l'esistenza di un comportamento discriminatorio ai suoi danni;
— se fornisce elementi di fatto idonei a fondare, in termini precisi e concordanti, la presunzione dell'esistenza di atti, patti o comportamenti discriminatori, spetta poi alla controparte convenuta in giudizio l'**onere di provare** l'insussistenza della discriminazione;
— con il provvedimento che accoglie il ricorso, il giudice provvede sull'eventuale richiesta di **risarcimento del danno** anche non patrimoniale ed ordina la *cessazione del comportamento, della condotta o dell'atto discriminatorio*, ove ancora sussistente, nonché la **rimozione degli effetti**. Al fine di impedirne la ripetizione, il giudice può ordinare un *piano di rimozione delle discriminazioni accertate*;
— il giudice può ordinare la **pubblicazione della sentenza**, a spese della persona condannata, per una sola volta su un quotidiano di tiratura nazionale.

Al fine di rafforzare la tutela del soggetto discriminato, la **legittimazione ad agire** spetta:

— per le discriminazioni legate a *motivi di razza e di origine etnica* (art. 5, D.Lgs. 215/2003), alle *associazioni e agli enti impegnati nel campo della lotta alle discriminazioni e della promozione della parità di trattamento* (ed inseriti in apposito elenco);
— per le discriminazioni legate a *motivi di religione, convinzioni personali, handicap, età e orientamento sessuale* (art. 5, D.Lgs. 216/2003), alle *organizzazioni sindacali,* alle *associazioni e organizzazioni rappresentative del diritto o dell'interesse leso*.

Tali soggetti possono agire su *delega* del lavoratore, ma anche direttamente nei casi di *discriminazioni collettive*, qualora non siano individuabili in modo diretto ed immediato le persone lese dalla discriminazione.

7
La prestazione di lavoro

1 La prestazione lavorativa

Il rapporto di lavoro è la relazione giuridica che intercorre tra il da<tore di lavoro ed il lavoratore, avente ad oggetto l'obbligo di eseguire la prestazione lavorativa.

La **prestazione di lavoro subordinato** consiste nella **messa a disposizione del «proprio lavoro intellettuale o manuale alle dipendenze e sotto la direzione dell'imprenditore»** (art. 2094 c.c.) e rappresenta il contenuto principale dell'obbligazione del lavoratore.

Tale contenuto, ossia l'attività dedotta nel rapporto, è desumibile da una serie di indici formali e precisamente dalle **mansioni**, dalle **qualifiche** e dalle **categorie**.

2 Le mansioni

Le *mansioni* indicano l'insieme dei **compiti** e delle **concrete** e **specifiche attività** che il lavoratore è chiamato ad eseguire e che sono esibigili dal datore di lavoro.

Esse individuano, in sostanza, l'**oggetto specifico dell'obbligazione lavorativa**, ossia le *attività concretamente* svolte dal lavoratore e forniscono il criterio per determinare la prestazione dovuta.

Le mansioni del lavoratore sono individuate nel **contratto di lavoro**. È questo il cd. **principio di contrattualità delle mansioni** affermato dall'art. 2103 c.c., secondo cui «*il lavoratore deve essere adibito alle mansioni per le quali è stato assunto*» e dall'art. 96 disp. att. c.c., che pone a carico del datore di lavoro l'obbligo di far conoscere al prestatore di lavoro, *al momento dell'assunzione*, la categoria e la qualifica che gli sono state assegnate *in relazione alle mansioni per cui è stato assunto*.

3 Le qualifiche

La *qualifica* designa lo **status professionale del lavoratore**, legalmente e contrattualmente identificato secondo il contenuto delle mansioni. In particolare, essa esprime il **tipo** ed il **livello** di una **figura professionale** e consente di determinare:

- la *posizione del lavoratore nella struttura organizzativa dell'impresa*, da cui deriva una serie di diritti e doveri inerenti al rapporto di lavoro;
- il *trattamento economico, normativo e previdenziale* del lavoratore.

La **determinazione delle qualifiche** del personale dipendente spetta al datore di lavoro, sebbene entro **limiti** ben precisi. Infatti:

- le qualifiche vanno identificate secondo i *criteri legali e contrattuali* di classificazione delle mansioni;
- le qualifiche devono essere *distribuite per gradi* entro le varie categorie di dipendenti, in modo che sia prestabilito l'ordinamento gerarchico dell'impresa (art. 96 disp. att. c.c.);
- il datore di lavoro deve portare a *conoscenza del prestatore di lavoro*, al momento dell'assunzione, la sua qualifica.

4 Le categorie

4.1 Distinzioni

Le *categorie* costituiscono delle **entità classificatorie** che raggruppano vari profili professionali, dando vita ad un **sistema di classificazione professionale** che, al pari delle qualifiche, delinea il particolare regime giuridico cui il lavoratore è sottoposto ai fini del trattamento economico.

L'individuazione delle categorie si desume dall'art. 2095 c.c., nonché dalla contrattazione collettiva. È possibile, in tal modo, distinguere le **categorie legali** da quelle cd. **contrattuali**.

4.2 Le categorie legali

L'**art. 2095 c.c.** individua quattro categorie di lavoratori subordinati — **dirigenti, quadri, impiegati** e **operai** — rinviando alle leggi speciali ed alla contrattazione collettiva l'esatta determinazione dei requisiti di appartenenza alle categorie stesse.

Nella categoria dei **dirigenti** sono inquadrati quei lavoratori *subordinati* che ricoprono nell'azienda una posizione che implica un *elevato grado di professionalità*, *autonomia* e *potere decisionale*, al fine di promuovere, coordinare e gestire la realizzazione degli obiettivi dell'impresa. Attualmente *non vi è una nozione legislativa* di dirigente ed è quindi la *contrattazione collettiva* a indicare i criteri per l'appartenenza alla categoria, rilevando in ogni caso le mansioni effettivamente esplicate e non la mera investitura formale da parte del datore di lavoro.

Anche la giurisprudenza fornisce un contributo per la definizione di tale categoria, sottolineando che la figura professionale del dirigente è caratterizzata dall'*autonomia* e dalla *mancanza di una vera e propria dipendenza gerarchica*, nonché dall'*ampiezza delle funzioni*, che riguardano la *conduzione* dell'intera azienda, o di un suo ramo autonomo (Cass. 16-6-2003, n. 9654), in modo che l'attività lavorativa svolta influisca sugli obiettivi complessivi dell'imprenditore (Cass. 19-9-2005, n. 18482).

I dirigenti godono di una disciplina separata da quella degli altri lavoratori subordinati in quanto sono *esclusi* dalla relativa disciplina del licenziamento (art. 10 L. 604/1966), del contratto a termine (art. 29 D.Lgs. 81/2015) e dell'orario di lavoro (art. 17, comma 5, D.Lgs. 66/2003).

Hanno inoltre un *trattamento economico* (dalle retribuzioni al preavviso e ai cd. *fringe benefits*) e *previdenziale* più favorevole.

Infine, i dirigenti hanno una *organizzazione sindacale* ed una *contrattazione collettiva separate*.

I **quadri**, categoria istituita con L. 13 maggio 1985, n. 190 (che ha modificato la versione originaria dell'art. 2095 c.c.), sono definiti come i «*prestatori di lavoro subordinato che, pur non appartenendo alla categoria dei dirigenti, svolgono funzioni con carattere continuativo di rilevante importanza ai fini dello sviluppo e dell'attuazione degli obiettivi dell'impresa*». I requisiti di appartenenza a tale categoria sono stabiliti dalla contrattazione collettiva nazionale o aziendale e, salvo diversa espressa disposizione, ai quadri si applicano le norme riguardanti la categoria degli impiegati.

In base all'art. 1 del R.D.L. 13 novembre 1924, n. 1825, poi può definirsi **impiegato** chi *professionalmente presta la propria attività alle dipendenze di un imprenditore privato,* con la funzione «di *collaborazione,* tanto di concetto che di ordine, *eccettuata ogni prestazione che sia semplicemente di mano d'opera*».

I *requisiti* di appartenenza alla categoria impiegatizia sono pertanto la *collaborazione all'impresa*, la *professionalità* e la *non manualità della prestazione*.

Per quanto riguarda la definizione di **operaio**, essa si ha per *esclusione*, nel senso che è tale il prestatore che non può qualificarsi impiegato ai sensi dell'art. 1 del R.D. 1825/1924.

4.3 Le categorie contrattuali

Sono state introdotte dalla contrattazione collettiva in aggiunta a quelle legali. Le figure professionali che si individuano in tale ambito sono quelle dei **funzionari** e degli **intermedi**.

Per quanto riguarda i funzionari, si tratta di *personale con funzioni direttive*, previsto dalla contrattazione collettiva nei settori del credito e delle assicurazioni.

Per quanto riguarda gli intermedi si collocano al massimo livello nella categoria degli operai, in quanto preposti alla guida ed al controllo di un gruppo di operai. Figura tipica è infatti il *capo operaio*.

5 L'inquadramento unico

L'inquadramento è un **sistema di classificazione professionale**, introdotto dalla contrattazione a partire dagli anni '70, non più fondato sulla separazione tra impiegati ed operai, ma su una **pluralità di livelli professionali** (di regola 7 o 8), comuni ad entrambi ed ordinati in una **unica scala**.

L'appartenenza al livello professionale è determinata sulla base di:

— **declaratorie**, cioè definizioni generali delle caratteristiche dell'attività prestata;
— **esemplificazioni**, cioè di un'elencazione dei diversi profili professionali specifici e quindi delle mansioni.

L'introduzione del sistema dell'inquadramento unico ha consentito:

— il *superamento parziale della distinzione tra impiegati ed operai* con l'adozione di una *scala di classificazione unica* ordinata per livelli professionali;
— la *riduzione del numero dei livelli* per gruppi omogenei, indipendentemente dalla categoria di impiegato o operaio, in cui si raggruppano le mansioni ai fini retributivi;
— la *promozione della professionalità dei lavoratori*, attraverso l'impegno del datore di lavoro a valorizzare le capacità professionali dei dipendenti;
— la *tendenziale unificazione del trattamento economico e normativo*.

6 L'obbligo di informare il lavoratore sulle condizioni del rapporto di lavoro

Al momento dell'assunzione, l'imprenditore deve far conoscere al prestatore di lavoro la categoria e la qualifica che gli sono assegnate in relazione alle mansioni per cui è stato assunto (art. 96 disp. att. c.c.).

Tale previsione è stata riformulata dal **D.Lgs. 26 maggio 1997, n. 152** che prevede un vero e proprio **obbligo del datore di lavoro** di informare il lavoratore delle condizioni applicabili al contratto o al rapporto di lavoro.

Le **informazioni** che devono essere fornite al lavoratore sono le seguenti (art. 4bis, comma 2, D.Lgs. 181/2000):

— l'*identità* della controparte contrattuale;
— il *luogo* di lavoro;
— la data di *inizio* del rapporto di lavoro e la *durata*, precisando se si tratta di rapporto di lavoro a tempo *determinato* o *indeterminato* (nonché la durata del periodo di prova, se previsto);
— l'*inquadramento*, il *livello* e la *qualifica* attribuiti al lavoratore.

L'obbligo informativo può essere adempiuto con la *consegna* al lavoratore, all'atto dell'assunzione e prima dell'inizio dell'attività di lavoro, di **copia della comunicazione preventiva di assunzione** oppure di **copia del contratto individuale di lavoro** (che deve contenere però tutte le informazioni previste dal D.Lgs. 152/1997).

Il 20-6-2019 è stata emanata la **Direttiva (UE) 2019/1152** che, *a decorrere dal 1° agosto 2022*, abroga la Direttiva 91/533 CEE, in attuazione della quale è stato emanato il D.Lgs. 152/1997.

La nuova Direttiva del 2019, da un lato, ha confermato l'obbligo del datore di lavoro di informare il lavoratore sugli *elementi essenziali del rapporto di lavoro* (es.: *identità delle parti, luogo di lavoro, descrizione del lavoro, data di inizio del rapporto, eventuale periodo di prova*); dall'altro, ha introdotto disposizioni finalizzate a *migliorare le condizioni di lavoro*, nell'ottica di promuovere un'**occupazione più trasparente e prevedibile** e di garantire, al contempo, l'adattabilità del mercato del lavoro.

A tal proposito, per quanto riguarda in particolare l'organizzazione del lavoro (con la quale s'intende, ai fini della Direttiva in esame, la forma di organizzazione dell'orario di lavoro e la sua ripartizione, conformemente a una determinata organizzazione stabilita dal datore), è stato previsto che:

— se è interamente o in gran parte **prevedibile**, il lavoratore deve essere informato sulla *durata normale* della giornata o della settimana lavorativa, nonché sulle eventuali condizioni di lavoro straordinario;
— se è, invece, interamente o in gran parte **imprevedibile**, il lavoratore deve essere informato sulla **variabilità** della programmazione del lavoro (cioè sulla variabilità dei giorni e delle ore in cui inizia e termina la prestazione di lavoro) e sulle ore e sui giorni nei quali gli può essere imposto di lavorare.

Infatti, nell'ottica di garantire una *prevedibilità minima* del lavoro anche in caso di organizzazione di lavoro imprevedibile, il datore di lavoro non può imporre al lavoratore di lavorare, fatta eccezione proprio per le ore e i giorni predeterminati e comunicati al lavoratore, nonché per l'ipotesi in cui il lavoratore sia informato di un incarico con un **preavviso ragionevole**, in mancanza del quale egli ha diritto di rifiutare l'incarico medesimo, senza che ciò comporti per lui conseguenze negative.

Sempre nell'ottica di garantire un'occupazione più trasparente, è previsto che il lavoratore, completato l'eventuale periodo di prova (con durata massima di 6 mesi), possa chiedere una forma di lavoro con **condizioni di lavoro più prevedibili e sicure** (se disponibile) e deve ricevere, entro un mese, una risposta scritta motivata dal datore di lavoro.

È stato, inoltre, previsto che **il datore di lavoro non può vietare al lavoratore di avere un impiego in parallelo**: il lavoratore, cioè, ferme restando eventuali condizioni di oggettiva incompatibilità con il primo lavoro (es.: conflitti di interessi), può accettare impieghi presso altri datori di lavoro, al di fuori della programmazione del lavoro stabilita con il primo datore e, per tale motivo, non può essergli riservato un trattamento sfavorevole.

Più in generale, la Direttiva in esame prevede la protezione del lavoratore da qualsiasi trattamento sfavorevole da parte del datore di lavoro e da qualsiasi *conseguenza sfavorevole* (compreso il licenziamento), derivanti dall'esercizio dei diritti garantiti dalla Direttiva medesima.

7 Il mutamento delle mansioni (cd. *ius variandi*)

7.1 Mobilità orizzontale e verticale

Il datore di lavoro ha il potere di *modificare le mansioni del lavoratore* durante lo svolgimento del rapporto di lavoro rispetto a quanto concordato al momento dell'assunzione.

L'esercizio di tale potere, denominato **jus variandi**, è disciplinato dall'**art. 2103 c.c.** che, come sostituito dal **D.Lgs. 81/2015**, dispone che «il lavoratore deve essere adibito alle mansioni *per le quali è stato assunto* o a quelle corrispondenti all'*inquadramento superiore* che abbia successivamente acquisito ovvero a *mansioni riconducibili* allo *stesso livello* e *categoria legale* di inquadramento delle ultime effettivamente svolte».

Il lavoratore ha, quindi, diritto di svolgere le mansioni indicate nel contratto di lavoro ed è legittimo il passaggio ad altre mansioni se comprese **nel livello** e **nella categoria legale** di appartenenza (**mobilità orizzontale**).

Con il D.Lgs. 81/2015, è stato introdotto un riferimento preciso (il livello contrattuale e la categoria) per la validità del mutamento delle mansioni. La disciplina precedente faceva riferimento, invece, al *concetto di equivalenza* che se da un lato risultava più stringente, dall'altro non era oggettivo, essendo frutto per lo più dell'interpretazione dottrinale e della prassi giurisprudenziale.

Il lavoratore può essere adibito, inoltre, a **mansioni superiori** con diritto al *trattamento retributivo* (maggiore) corrispondente all'attività svolta (**mobilità verticale**). L'assegnazione diventa *definitiva* dopo il periodo di tempo fissato dai contratti collettivi o, in mancanza, dopo *6 mesi continuativi*.

È fatta salva la *diversa volontà* del lavoratore che potrebbe rinunciare all'inquadramento superiore per ripristinare la precedente posizione di lavoro. L'assegnazione alle mansioni superiori, inoltre, *non* scatta quando queste siano svolte *transitoriamente* o per la *sostituzione* di un altro lavoratore.

7.2 Demansionamento

A seguito del D.Lgs. 81/2015, il lavoratore può essere adibito anche a **mansioni inferiori**.

La precedente formulazione del dettato normativo conteneva, invece, il **divieto** di adibire il lavoratore a *mansioni inferiori* e sanciva la *nullità di ogni patto contrario*.

La tassatività del divieto era stata però mitigata da un'interpretazione giurisprudenziale e dottrinale tendente a *razionalizzarne* la portata, ammettendone la deroga non solo in caso di *esigenze straordinarie sopravvenute e temporanee*, ma anche nelle ipotesi in cui il demansionamento fosse motivato dalla necessità di *evitare la perdita del posto* di lavoro in conseguenza di fattori sopraggiunti. In pratica, il passaggio a mansioni inferiori era visto come *extrema ratio*, rispetto al rischio di estromissione del lavoratore.

Il datore di lavoro, infatti, può assegnare il prestatore di lavoro a *mansioni appartenenti al livello di inquadramento inferiore* purché rientranti nella **medesima categoria legale**.

L'assegnazione a mansioni inferiori deve essere giustificata però da una **modifica degli assetti organizzativi aziendali** che incide sulla posizione del lavoratore.

In linea con tale indirizzo, lo stesso legislatore ha previsto che il lavoratore divenuto, per *motivi di salute*, *inidoneo alla mansione* può essere assegnato anche a mansioni di livello inferiore (cd. repêchage) (art. 42, comma 1, D.Lgs. 81/2008).

Ulteriori ipotesi di adibizione a mansioni appartenenti al livello di inquadramento inferiore, purché rientranti nella medesima categoria legale, possono essere previste anche dai *contratti collettivi*.

Il passaggio a mansioni inferiori deve essere comunicato **per iscritto**, a pena di nullità.

Il lavoratore adibito a mansioni inferiori ha diritto alla *conservazione del livello di inquadramento* e del *trattamento retributivo* in godimento, fatta *eccezione* per gli *elementi retributivi collegati a particolari modalità* di svolgimento della precedente prestazione lavorativa.

Le parti possono, inoltre, stipulare degli **accordi individuali** per modificare le *mansioni*, la *categoria legale* e il *livello di inquadramento* e la relativa *retribuzione*.

È necessario, però, che gli accordi avvengano:

— nell'*interesse del lavoratore* alla *conservazione dell'occupazione*, all'acquisizione di una diversa *professionalità* o al *miglioramento delle condizioni di vita*;
— in una delle sedi *protette* previste dall'art. 2113 c.c.

L'attuale previsione dell'art. 2103 c.c. distingue, dunque, tre ipotesi di demansionamento:

— una mobilità verso il basso **unilaterale**, vincolata a *specifiche ragioni organizzative* ed entro *i limiti del livello di inquadramento inferiore* e della *medesima categoria legale* (per cui, ad esempio, un impiegato del IV livello del CCNL potrà essere assegnato a mansioni del III livello della categoria impiegatizia ma non a quelle del III livello per gli operai);
— una mobilità verso il basso per **accordo collettivo** (cd. **patto di declassamento**) che valorizza ampiamente il ruolo della *contrattazione collettiva,* il cui ambito di operatività è limitato solo dal vincolo del *livello di inquadramento inferiore* e della *medesima categoria legale;*
— una mobilità verso il basso **consensuale**, valida se l'accordo individuale è effettuato in *sede protetta* e in virtù della sussistenza di un *interesse del lavoratore* astrattamente prefissato dal legislatore.

8 Gli obblighi del lavoratore

8.1 Gli obblighi integrativi

L'obbligazione principale del lavoratore è lo svolgimento della prestazione lavorativa.

La legge pone a carico del lavoratore ulteriori **obblighi** (cd. **integrativi**) che *concorrono a definire la prestazione lavorativa* ed il suo modo di essere e che *non* costituiscono dei doveri accessori.

Essi sono l'obbligo di **diligenza**, di **obbedienza** e di **fedeltà**.

La diligenza e l'obbedienza non sono obblighi autonomi ma *criteri per valutare l'adempimento dell'obbligo di lavorare* e stabilire se il lavoratore è adempiente o inadempiente (GHERA).

L'obbligo di fedeltà è invece generalmente collegato al *dovere di correttezza e buona fede* (artt. 1175 e 1375 c.c.).

8.2 La diligenza

L'**art. 2104 c.c.** sancisce l'*obbligo di diligenza* cui il lavoratore è tenuto per il corretto e puntuale espletamento delle sue attività.

La diligenza indica quel **complesso di cautele, cure ed attenzioni** che devono informare l'esecuzione della prestazione.

Nella previsione normativa essa costituisce il *criterio per valutare la prestazione dovuta dal lavoratore* (cd. *diligenza in senso oggettivo*) e, quindi, per indicare il grado e l'entità di ciò che è dovuto dal lavoratore.

L'art. 2104 c.c., al primo comma, stabilisce espressamente che «il prestatore di lavoro deve usare la diligenza richiesta dalla *natura della prestazione dovuta*, dall'*interesse dell'impresa* e da quello *superiore della produzione nazionale*».

Per valutare se il lavoratore svolge l'attività lavorativa diligentemente, si deve tener conto innanzitutto della **natura della prestazione dovuta**, che è il criterio, trasportato in ambito lavoristico, espresso in via generale dall'art. 1176, comma 2, c.c. secondo cui «nell'adempimento delle obbligazioni inerenti *all'esercizio di un'attività professionale*, la diligenza deve valutarsi con riguardo alla *natura dell'attività esercitata*».

Pertanto, occorre riferirsi alla **qualità del lavoro prestato**, come risulta dalle *mansioni,* dalla *qualifica* e dal *profilo professionale*: non deve cioè adottarsi l'astratto criterio della diligenza «del buon padre di famiglia» (art. 1176, comma 1, c.c.), bensì quello più concreto del soggetto in possesso delle esperienze e competenze richieste *per fornire una prestazione di normale qualità*.

La diligenza può, cioè, differenziarsi secondo il tipo di lavoro e quindi di mansioni (cd. diligenza professionale).

L'art. 2104 c.c. utilizza anche *altri due criteri* di valutazione della diligenza del lavoratore: l'**interesse dell'impresa** e quello **superiore della produzione nazionale**.

Il primo sta a significare che la prestazione lavorativa deve collegarsi alle esigenze organizzative del datore di lavoro e pertanto il lavoratore è diligente se il lavoro svolto può *utilmente coordinarsi* con l'attività degli altri prestatori.

Con riferimento invece *all'interesse superiore della produzione nazionale*, l'orientamento generale della dottrina e della giurisprudenza (Cass. 6813/2005) è nel senso che esso debba considerarsi *superato* perché rinvia all'idea vigente nel periodo corporativo (epoca in cui ha avuto origine la norma), secondo cui le attività economiche dovevano essere dirette al perseguimento dell'interesse superiore della nazione. Venuto meno l'ordinamento corporativo e l'ideologia ad esso sottesa, il criterio in esame è da considerarsi *implicitamente* abrogato.

8.3 L'obbedienza

Il prestatore di lavoro «deve **osservare le disposizioni** per l'*esecuzione* e per la *disciplina del lavoro impartite dall'imprenditore e dai collaboratori* di questo dai quali gerarchicamente dipende» (**art. 2104, comma 2, c.c.**).

L'obbligo di obbedienza del prestatore di lavoro discende dal potere direttivo del datore di lavoro nei suoi confronti. Il lavoratore è subordinato al secondo, in quanto svolge l'attività lavorativa «alle *dipendenze* e sotto la *direzione* dell'imprenditore» (art. 2094 c.c.): egli è pertanto sottoposto al potere direttivo del datore e quindi ha il **dovere di obbedire alle disposizioni impartite**.

Il lavoratore deve obbedire anche alle direttive dei collaboratori del datore di lavoro da cui *gerarchicamente dipende*.

Le direttive possono concernere:

— l'**esecuzione del lavoro**, cioè tutti gli aspetti relativi all'organizzazione del lavoro, al modo come rendere utilizzabile la prestazione del singolo nel complesso aziendale;
— la **disciplina del lavoro**, cioè la regolamentazione della convivenza della comunità lavorativa (esempio: modalità di accesso od uscita, accesso alla mensa o agli uffici ecc.).

8.4 La fedeltà

L'obbligo di fedeltà, previsto dall'**art. 2105 c.c.**, consiste nell'ulteriore dovere posto a carico del lavoratore a *tutela dell'interesse dell'imprenditore alla capacità di concorrenza e di competitività dell'impresa* e si collega ai *principi di correttezza* e *buona fede* di cui agli artt. 1175 e 1375 c.c.

Esso si sostanzia nell'obbligo di tenere un **comportamento leale** verso il datore di lavoro e di tutelarne gli interessi.

L'obbligo di fedeltà pone in capo al lavoratore due distinti *obblighi di non fare*: il **divieto di concorrenza** e l'**obbligo di riservatezza**.

In particolare, il divieto di concorrenza si sostanzia nel divieto per il *lavoratore di trattare affari, per conto proprio o di terzi, in concorrenza con l'imprenditore*. Tale divieto, avendo il suo *fondamento nel contratto di lavoro*, sussiste limitatamente alla durata del rapporto e si estingue con la cessazione di questo.

Tuttavia, il datore di lavoro e il lavoratore possono stipulare un **patto di non concorrenza**, con cui il secondo si obbliga a non svolgere attività concorrenziali con quelle del primo per un determinato periodo successivo alla fine del rapporto di lavoro.

Il divieto di concorrenza di cui all'art. 2105 c.c. va tenuto *distinto* dal generale **divieto di concorrenza sleale di cui all'art. 2598 c.c.**

Infatti, il primo divieto *discende dal contratto di lavoro* e la sua violazione da parte del lavoratore costituisce un *inadempimento contrattuale*, mentre il divieto di concorrenza sleale si riferisce ai rapporti tra imprese nel mercato e *non presuppone alcun vincolo contrattuale* tra danneggiante e danneggiato.

L'obbligo di segretezza (art. 2105 c.c.) consiste invece nel divieto per il lavoratore di **divulgare notizie attinenti all'organizzazione e ai metodi di produzione** dell'impresa o di farne uso in modo da poter recare ad essa pregiudizio.

Il segreto professionale-aziendale è tutelato anche da norme del codice penale. Assumono rilevanza: l'art. 621 c.p. (*rivelazione del contenuto di documenti segreti*); *l'art. 622 c.p.* (*rivelazione di segreto professionale*) e l'art. 623 c.p. (*rivelazione di segreti scientifici o commerciali*).

Esso è posto a tutela dell'interesse aziendale a che non siano diffuse notizie particolari e/o esclusive relative all'organizzazione, ai metodi ed ai risultati produttivi dell'impresa. L'obbligo sussiste *anche dopo la cessazione del rapporto di lavoro* per il ragionevole lasso di tempo in cui l'interesse alla segretezza può permanere.

Deroghe all'art. 2105 c.c. sono previste dalla **L. 30 novembre 2017, n. 179** per i lavoratori che presentano *segnalazioni circostanziate di condotte illecite, fondate su elementi di fatto precisi e concordanti*, o *di violazioni del modello di organizzazione e gestione dell'ente*, di cui siano venuti a conoscenza in ragione delle funzioni svolte, secondo i modelli di organizzazione e di gestione aziendale regolamentati ex art. 6 D.Lgs. 231/2001 (cd. **whistleblowing**). In tali casi, il *perseguimento dell'interesse all'integrità dell'azienda privata*, nonché la prevenzione e la repressione delle malversazioni, costituisce *giusta causa* di rivelazione di notizie coperte dall'obbligo di segretezza.

Se però le notizie, oggetto di segreto aziendale, professionale o d'ufficio, sono rivelate con *modalità eccedenti rispetto alle finalità dell'eliminazione dell'illecito* (e, in particolare, la rivelazione sia avvenuta al di fuori del canale di comunicazione specificamente predisposto a tal fine), si ha violazione del relativo obbligo di segreto.

Con la **Direttiva (UE) 2019/1937 del 23 ottobre 2019** (G.U.U.E 26-11-2019, n. 305), sono state previste nuove misure in materia di **whistleblowing**, allo scopo di rafforzare l'applicazione del diritto e delle politiche dell'Unione in specifici settori, stabilendo norme minime comuni volte a garantire un *elevato livello di protezione delle persone che segnalano violazioni del diritto dell'Unione*.

L'Italia dovrà recepire la Direttiva entro il **17 dicembre 2021** (fatta eccezione per alcune disposizioni) e, in fase di attuazione della stessa, gli Stati possono *introdurre o mantenere disposizioni più favorevoli* rispetto a quelle previste dalla Direttiva (anche in questo caso, salvo eccezioni). L'attuazione della Direttiva *non può* in alcun caso costituire motivo di *riduzione del livello di protezione già offerto dagli Stati membri* (art. 25).

La Direttiva si applica alle «**persone segnalanti**» (cd. *whistleblower*), nel **settore privato o pubblico**: che hanno *acquisito informazioni sulle violazioni in un contesto lavorativo*; che segnalino o divulghino informazioni sulle *violazioni acquisite nell'ambito di un rapporto di lavoro nel frattempo terminato*; il cui *rapporto di lavoro non* sia *ancora iniziato*, nei casi in cui le informazioni riguardanti una violazione siano state acquisite durante il processo di selezione o altre fasi delle trattative precontrattuali (art. 4).

La Direttiva si applica, inoltre, ai **facilitatori**, cioè alle *persone fisiche che assistono una persona segnalante nel processo di segnalazione in un contesto lavorativo e la cui assistenza deve essere riservata*; ai **terzi connessi** con il whistleblower e che potrebbero rischiare **ritorsioni** in un contesto lavorativo, quali *colleghi* o *parenti* delle persone segnalanti; ai **soggetti giuridici** di cui le persone segnalanti sono *proprietarie*, *per cui lavorano* o a cui sono altrimenti *connesse* in un contesto lavorativo.

9 I diritti del lavoratore

I diritti del lavoratore costituiscono le **situazioni giuridiche attive**, riferibili alla prestazione lavorativa, che si esprimono nelle facoltà, libertà e prerogative riconosciute al lavoratore e vengono solitamente classificati nel seguente modo:

1. **diritti patrimoniali**, tra cui sono ricompresi il *diritto alla retribuzione*, quale trattamento economico complessivo derivante dal rapporto di lavoro, il *diritto al trattamento di fine rapporto* e le diverse *indennità speciali*. A tali diritti sono correlati i corrispondenti obblighi del datore di lavoro;
2. **diritti personali**, ossia i diritti inerenti alla *personalità dell'individuo*, costituzionalmente garantiti, concernenti l'integrità fisica, la salute, la libertà, la dignità e la riservatezza. In tale ambito, si è soliti collocare:
   - il *diritto all'integrità fisica ed alla salute* (art. 2087 c.c. e art. 9 St. Lav.), nel quale rientra anche il diritto al riposo giornaliero e settimanale e il diritto alle ferie;
   - la *libertà di opinione* e *protezione della riservatezza* (artt. 1 e 8 St. Lav.) e *della dignità* del lavoratore (artt. 3, 4 e 6 St. Lav.);
   - il *diritto allo studio per i lavoratori studenti* (art. 10 St. Lav.);
   - la *tutela dell'interesse dei lavoratori ad adempiere funzioni pubbliche* (artt. 31 e 32 St. Lav.);
   - la *tutela delle attività culturali, ricreative ed assistenziali* (art. 11 St. Lav.);
3. **diritti sindacali**, che comprendono le espressioni tipiche dell'attività sindacale, riconosciuta ai singoli lavoratori.

Va infine ricordato il **diritto ad eseguire la prestazione lavorativa**. Anche se l'esecuzione di tale prestazione costituisce l'obbligo principale del lavoratore, vi sono casi in cui assume specifica rilevanza l'interesse personale e professionale del lavoratore stesso ad eseguire la prestazione, ed in tal senso assume la qualifica di «diritto» (es. nell'apprendistato).

10 Il mobbing come violazione del diritto alla salute e alla tutela della personalità

10.1 Fondamento giuridico e qualificazione della fattispecie

L'ordinamento giuridico predispone, in via generale, vari strumenti per garantire la **tutela della salute** dei lavoratori sui luoghi di lavoro.

Già la Costituzione, all'**art. 32**, tutela il diritto alla salute, in quanto *fondamentale diritto dell'individuo e interesse della collettività*. L'**art. 2087** c.c., più specificamente con riguardo alle condizioni di lavoro, impone, invece, al datore di lavoro di *tutelare l'integrità psicofisica* e la *personalità morale* del lavoratore.

Tale disposizione assume valore soprattutto in relazione alla sussistenza negli ambienti di lavoro di comportamenti tesi all'*umiliazione*, alla *mortificazione* e *marginalizzazione* di lavoratori, tali da provocare *disturbi di natura psico-fisica, danni alla salute e alla personalità morale* denominati comunemente mobbing.

In particolare, il mobbing viene **definito** come l'*insieme di quei comportamenti posti in essere dal datore di lavoro, intermedi e colleghi, che si traducono in atteggiamenti persecutori, attuati con specifica determinazione e continuità, tali da arrecare danni rilevanti alla condizione psicofisica del lavoratore, anche al solo fine di allontanarlo dalla collettività nel cui ambito svolge la propria opera.*

Si tratta di una nozione elaborata dalla dottrina e dalla giurisprudenza, in quanto, allo stato attuale, *non esiste* una specifica *disciplina normativa* del mobbing.

In generale il mobbing viene identificato nell'**aggressione psicologica**, effettuata con comportamenti *tipici* (es. vessazioni) e/o *atipici* o neutri (es. isolamento della persona dal contesto lavorativo), svolta in modo *sistematico* e per un *apprezzabile periodo temporale*.

Tale attività persecutoria ha lo **scopo** di indurre il lavoratore a dimettersi o a rinunciare ad eventuali incarichi ovvero di creare tutti i presupposti affinché la vittima designata venga *progressivamente e lentamente estromessa ed emarginata dal contesto lavorativo*.

Secondo la giurisprudenza, gli **elementi** necessari per la configurazione del mobbing sono i seguenti (Cass. 13-9-2017, n. 21262; Cass. 4-10-2019, n. 24883; Cass. 23-6-2020, n. 12364):

- una *serie di comportamenti di carattere persecutorio* (illeciti o anche leciti se considerati singolarmente) che, con intento vessatorio, siano posti in essere contro la vittima in modo miratamente sistematico e prolungato nel tempo, direttamente da parte del datore di lavoro o di un suo preposto o anche da parte di altri dipendenti, sottoposti al potere direttivo dei primi;
- l'*evento lesivo* della salute, della personalità o della dignità del dipendente;
- il *nesso* eziologico (causa/effetto) tra le descritte condotte e il pregiudizio subito dalla vittima nella propria integrità psico-fisica e/o nella propria dignità;
- l'elemento soggettivo, cioè l'*intento persecutorio* unificante di tutti i comportamenti lesivi.

Tuttavia, una serie di comportamenti del dirigente (cambio di stanza, lunga attesa del lavoratore per essere ricevuto per chiarimenti, omessa convocazione per direttive) non integrano gli estremi di un intento persecutorio e di allontanamento del lavoratore, sul quale grava l'onere della prova (Cass. ord. 10-4-2019, n. 10043).

In dottrina si è poi soliti distinguere tra **mobbing orizzontale**, quando le aggressioni o vessazioni provengono da persone che sono colleghi di lavoro della vittima, e **mobbing verticale**, quando l'aggressione è provocata dal datore di lavoro, pubblico o privato, o altro superiore gerarchico.

Si è parlato anche di mobbing:

- **ascendente**, se ad agire sono i dipendenti nei confronti di un superiore gerarchico;

- **strategico**, quando il dipendente è vittima di ripetuti soprusi posti in essere da superiori gerarchici in modo freddo e deliberato;
- **non intenzionale**, quando non è evidente la volontà di isolare o estromettere un lavoratore;
- **emozionale** o **relazionale**, che si riconosce nelle alterazioni delle relazioni interpersonali.

La giurisprudenza ha riconosciuto la sussistenza anche dello *straining* ovvero una forma di *mobbing attenuato*, caratterizzata da una **singola azione** stressante per il lavoratore dalla quale derivino, comunque, **effetti negativi duraturi nel tempo** (Cass. 3-7- 2013, n. 28603; Cass. 10-7-2018, n. 18164; Cass. 4-6-2019, n. 15159).

10.2 La tutela del lavoratore

La mancanza di una specifica disciplina del mobbing fa sì che la tutela del lavoratore mobbizzato venga demandata alla possibilità di applicare le *norme già esistenti* nel vigente ordinamento giuridico, sia **civile** che **penale**.

Sotto il *primo aspetto*, il mobbing è stato innanzitutto inquadrato nell'ambito dell'**art. 2087 c.c.**, che pone a carico del datore di lavoro l'**obbligo di sicurezza** ossia l'obbligo di tutelare l'*integrità fisica* e la *personalità morale* del lavoratore e quindi anche di impedire eventuali atti e/o comportamenti aggressivi e vessatori posti in essere dai suoi collaboratori o dai colleghi della vittima di mobbing.

Ne consegue che, del danno subito dal lavoratore mobbizzato, è responsabile il **datore di lavoro**: si tratta di una **responsabilità di natura contrattuale**, perché egli non ha adempiuto ad un obbligo che nasce dal rapporto di lavoro.

Al fine di rafforzare la tutela del lavoratore mobbizzato, si ritiene possibile considerare il datore di lavoro responsabile anche ai sensi dell'**art. 2043 c.c.**, per violazione dell'**obbligo generale di non arrecare ad altri un danno ingiusto**. La norma offre una tutela a prescindere dall'esistenza di un rapporto contrattuale tra danneggiante e danneggiato, ed infatti in tal caso incomberà sul primo una **responsabilità di natura extracontrattuale** (o aquiliana).

8
Poteri e obblighi del datore di lavoro

1 I poteri del datore di lavoro: natura e limiti

La posizione giuridica del *datore di lavoro* nel rapporto lavorativo assume una struttura *complessa* per la compresenza di situazioni attive e passive, di diritti e di doveri strutturalmente contrapposti e funzionalmente collegati con i correlativi diritti ed obblighi del lavoratore.

Per quanto concerne la posizione attiva va rilevato che la dottrina configura tali diritti come *poteri giuridici in senso proprio*, esercitabili in modo discrezionale per la tutela di un interesse personale (ovvero nell'interesse dell'impresa).

La **forma** di manifestazione di tali poteri è del *tutto libera* potendo assumere sia la forma *orale* sia quella *scritta* attraverso l'emanazione di circolari o ordini di servizio.

Nelle imprese di maggior consistenza si ha — di regola — il *regolamento interno d'azienda*, cioè un testo organico contenente tutte le disposizioni impartite dall'imprenditore.

I poteri specifici del datore di lavoro sono individuati nel:

1. **potere direttivo**;
2. **potere di vigilanza e controllo**;
3. **potere disciplinare**.

Oltre a ben precisi *limiti legislativi* all'esercizio di tali poteri, vige il generale **divieto di discriminazione** previsto dall'**art. 15 St. Lav.** (modificato prima dall'art. 13, L. 903/1977 sulla parità uomo-donna e successivamente dall'art. 4, D.Lgs. 216/2003 sulla parità di trattamento in materia di occupazione e di condizioni di lavoro), ove si dichiarano *nulli* tutti i patti e gli atti diretti a ledere in qualsiasi modo la posizione del lavoratore per motivi *sindacali, politici, religiosi*, di *sesso, etnici*, di *lingua*, di *razza*, di *handicap*, di *età*, nonché quelli basati sull'*orientamento sessuale* o sulle *convinzioni personali.*

La norma impone al datore di lavoro di esercitare in maniera *imparziale e non arbitraria* i propri poteri con riferimento alla maggior parte delle manifestazioni del potere imprenditoriale (trasferimenti, promozioni, aumenti retributivi).

2 Il potere direttivo (art. 2104 c.c.)

Il potere direttivo, secondo la migliore dottrina (MAZZONI), compendia una serie di facoltà e poteri, tutti finalizzati ad assicurare l'esecuzione e la disciplina del lavoro, e precisamente:

- **potere gerarchico**: designa la posizione di supremazia del datore di lavoro quale *capo dell'impresa* dal *quale dipendono gerarchicamente* i suoi collaboratori (art. 2086 c.c.). È da ritenersi ammissibile solo in quanto *funzionalmente necessario ai fini della prestazione lavorativa*, senza ingerenza alcuna nella sfera privata e personale del lavoratore, e nel rispetto della sua libertà e dignità;
- **potere conformativo**: indica il potere di *specificazione dell'attività lavorativa*, ovvero la concreta *determinazione delle modalità* per l'esecuzione del lavoro, ed è posto in essere preordinando le singole prestazioni lavorative, qualifica per qualifica, reparto per reparto onde conformare l'attività di ciascun dipendente alle esigenze dell'impresa.

Una delle applicazioni più significative di tale potere è costituita dallo *jus variandi* riconosciuto al datore di lavoro dagli artt. 2103 c.c. e 13 St. Lav., che consentono, nei limiti previsti, la possibilità di modificare le mansioni del lavoratore;

— **potere direttivo in senso stretto**: consiste nell'emanazione delle *disposizioni concernenti l'organizzazione del lavoro* (es.: orari, turni); esso si individua nella stessa previsione dell'art. 2104, comma 2, c.c. che consente al datore di lavoro (e ai suoi collaboratori) di impartire *istruzioni* per l'esecuzione e la disciplina del lavoro.

3 Il potere di vigilanza e di controllo

Il potere di **vigilanza** e/o di **controllo** è strettamente correlato al potere direttivo, ed è diretto a verificare che l'*esecuzione dell'attività lavorativa venga effettuata secondo le modalità stabilite dal datore di lavoro*.

In proposito il dato di maggior rilievo giuridico è costituito dalla previsione dei **limiti** che lo Statuto dei Lavoratori (L. 300/1970) ha introdotto, disciplinando l'esercizio dei poteri di controllo e prevedendo una serie di *divieti* diretti a salvaguardare la personalità fisica e morale del dipendente.

Vanno, anzitutto, menzionate le due *norme fondamentali di carattere generale* poste a tutela del principio di libertà del lavoratore, ossia:

— l'**art. 1** riconosce il diritto dei lavoratori di *manifestare liberamente*, senza distinzione di opinioni politiche, sindacali e di fede religiosa, *il proprio pensiero* nei luoghi lavorativi, nel rispetto dei principi della Costituzione e dello Statuto dei Lavoratori.

Il lavoratore non può manifestare le proprie opinioni con modalità e forme lesive della coscienza e sensibilità altrui né tale manifestazione può pregiudicare o porsi in contrasto con il normale andamento dell'attività aziendale;

— l'**art. 8**, completando il principio posto all'art. 1, vieta al datore di lavoro, ai fini dell'assunzione e nel corso del rapporto, di effettuare *indagini*, anche tramite terzi, *sulle opinioni politiche, religiose o sindacali del lavoratore*, nonché sui fatti non rilevanti ai fini della valutazione della sua attitudine professionale.

Tale norma assicura in sostanza il principio di libertà e di non discriminazione del lavoratore, attraverso la cd. *spersonalizzazione del rapporto di lavoro* caratterizzato dall'irrilevanza di fatti e comportamenti personali — abitudini di vita, profili morali o ideologici — estranei allo svolgimento della prestazione lavorativa. Una diversa rilevanza assumono, invece, le opinioni politiche, religiose o sindacali nelle **imprese cd. di tendenza**, cioè quelle che *perseguono finalità latamente ideologiche* (partiti politici, confessioni religiose, sindacati). Qui l'organizzazione è in funzione della tendenza ideologica, è per così dire diretta alla sua affermazione, per cui anche il rapporto di lavoro è costituito ed opera in funzione della medesima. Ne deriva, quindi, l'*ammissibilità di una indagine sulle opinioni del lavoratore*, in quanto diretta a valutare l'adeguatezza di queste alla ideologia o tendenza espressa nell'organizzazione.

Per quanto concerne ulteriori limiti introdotti dallo Statuto dei Lavoratori, si ricorda:

— l'**art. 2** fa assoluto *divieto* di servirsi, per il controllo dell'attività lavorativa, delle **guardie giurate**, utilizzabili solo per la *tutela del patrimonio aziendale*. Alle stesse viene conseguentemente preclusa la facoltà di accesso nei locali di lavorazione, se non per motivate esigenze attinenti alla *salvaguardia dei beni aziendali*, nonché la contestazione di fatti che attengono al patrimonio aziendale.

L'inosservanza del divieto da parte di una guardia giurata può comportare la sospensione dal servizio da parte del questore o la revoca della licenza da parte del prefetto. Possono trovare applicazione in caso di violazione dell'art. 2 anche le disposizioni penali contenute nell'art. 38 St. Lav.;

— l'**art. 3** rafforza le tutele previste dall'art. 2 imponendo l'obbligo di *comunicare* preventivamente ai lavoratori i *nominativi* e le specifiche mansioni del **personale di vigilanza** sul lavoro;
— l'**art. 5** vieta gli **accertamenti** compiuti dal datore di lavoro o da un medico privato incaricato dallo stesso, *sulla idoneità fisica o sulla infermità per malattia o infortunio del lavoratore*. È consentito al datore di lavoro di far controllare l'idoneità fisica e lo stato di malattia del lavoratore solo da parte di *enti pubblici* ed *istituti specializzati di diritto pubblico* (l'INPS, mediante personale medico inserito in apposite liste istituite presso le sedi dell'Istituto e le ASL).

  Le visite di controllo domiciliari devono avvenire peraltro entro determinate *fasce orarie* cd. di reperibilità;

— l'**art. 6** pone il *divieto* delle **visite personali di controllo** (perquisizioni) sulla persona del lavoratore e sulle sue immediate pertinenze (borse ecc.), salvo quelle che risultino *indispensabili per la tutela del patrimonio aziendale*, in ragione della qualità delle materie prime lavorate o del valore intrinseco degli strumenti di lavoro. In ogni caso, le visite personali di controllo devono essere effettuate in modo che siano salvaguardate la dignità e la riservatezza del perquisito, all'uscita dei luoghi di lavoro e con l'applicazione di *sistemi di selezione automatica* riferiti a gruppi di lavoratori.

  Le modalità dei controlli devono essere concordate con le RSA o, in mancanza, con le commissioni interne, ovvero previa decisione della sede territoriale dell'Ispettorato del lavoro con possibile appello al Ministro del Lavoro ed al giudice.

4 La disciplina dei controlli a distanza (art. 4 St. Lav.)

L'**art. 4** dello **Statuto dei Lavoratori** disciplina i controlli mediante **impianti audiovisivi** (es. televisioni a circuito chiuso) o altre apparecchiature automatiche atte a *sorvegliare a distanza* l'attività dei lavoratori.

A seguito del D.Lgs. 151/2015 (art. 23), l'art. 4 dello Statuto prevede:

— il **divieto** delle strumentazioni che servono **esclusivamente** a realizzare un **controllo a distanza** sull'attività dei lavoratori e su altre condotte personali poste in essere nel luogo di lavoro. L'installazione di *impianti audiovisivi* (ad es. televisioni a circuito chiuso, telecamere) o di *qualsiasi altro strumento finalizzato esclusivamente al controllo* è *illegittima* e il divieto non può in alcun modo essere derogato.

  Il divieto colpisce i cd. *controlli intenzionali*, effettuati con apparecchiature installate all'*unico scopo* di osservare, ascoltare o comunque controllare in ogni momento o in un determinato momento il lavoratore; si pensi, ad esempio, a *telecamere puntate direttamente sui dipendenti* che, anche se spente, sono da considerarsi illegittime (Cass. sent. 4331/2014);

— la **legittimità** delle strumentazioni installate per *motivi legittimi* e dalle quali può derivare **anche il controllo a distanza** dell'attività dei lavoratori. Le *causali* che rendono legittima l'installazione sono: le **esigenze organizzative** e **produttive**, la **sicurezza del lavoro**, la **tutela del patrimonio aziendale**.

  Si tratta dei cd. *controlli preterintenzionali*: il controllo sull'attività dei prestatori è una *conseguenza*, eventuale, indiretta e non intenzionale, del controllo attuato per altre finalità. Rientrano, in tal senso, le telecamere installate in una banca o in un esercizio commerciale e comunque tutte le strumentazioni *difensive*, aventi cioè lo scopo di preservare il patrimonio aziendale da possibili furti, danneggiamenti ecc. attuati da terzi o dagli stessi lavoratori. Vi rientrano anche le apparecchiature per il controllo dei costi aziendali (ad esempio, quelli telefonici) o per la qualità dei processi e dei servizi offerti alla clientela, che, se consentono un controllo *indiretto* sull'attività lavorativa del singolo dipendente, richiedono l'attivazione della procedura prevista dalla legge (accordo sindacale o autorizzazione amministrativa).

Per il ricorso a tali strumentazioni il datore di lavoro deve realizzare preventivamente un *accordo sindacale* a livello aziendale (con le RSU o RSA) o, in mancanza, richiedere l'*autorizzazione* alla sede territoriale dell'INL.
L'autorizzazione è necessaria anche se le apparecchiature sono *solo installate ma non ancora funzionanti*; l'apparato sanzionatorio scatta, cioè, in caso di *mera installazione non autorizzata dell'impianto, a prescindere dal suo effettivo utilizzo* (nota Min. Lav. 11241/2016).
In caso di aziende *plurilocalizzate* l'accordo deve avvenire a livello nazionale, mentre l'eventuale autorizzazione in sede amministrativa è rilasciata dalla sede centrale dell'INL.
Ai fini della concessione dell'autorizzazione, oggetto di valutazione dei servizi ispettivi è l'*effettiva sussistenza delle ragioni* legittimanti l'adozione del provvedimento, tenendo presente in particolare la *specifica finalità* per la quale viene richiesta la singola autorizzazione e cioè le *ragioni organizzative e produttive, quelle di sicurezza sul lavoro e quelle di tutela del patrimonio aziendale*. L'attività di controllo, infatti, è legittima e viene autorizzata se *strettamente funzionale alla tutela dell'interesse dichiarato*.

In particolare, le richieste di autorizzazione legate ad esigenze di *sicurezza del lavoro* devono contenere le motivazioni di natura prevenzionistica che sono alla base dell'installazione di impianti audiovisivi e altri strumenti di potenziale controllo a distanza dei lavoratori ed essere corredate da una apposita documentazione di supporto. Inoltre, è necessario che le necessità legate alla sicurezza del lavoro trovino adeguato riscontro nell'attività di *valutazione dei rischi* effettuata dal datore di lavoro e formalizzata nell'apposito documento (DVR) (lett. circ. INL 18-6-2018, n. 302).
Contrariamente all'orientamento precedente, inoltre, non ha rilevanza *fotografare* nella documentazione lo *stato dei luoghi* che è spesso oggetto di continue modificazioni nel corso del tempo. Ai fini dell'autorizzazione non è quindi fondamentale *specificare il posizionamento predeterminato e l'esatto numero delle telecamere* da installare fermo restando, comunque, che le riprese effettuate devono necessariamente essere coerenti e strettamente connesse con le ragioni legittimanti il controllo e dichiarate nell'istanza.
La prassi amministrativa ha specificato che l'eventuale ripresa dei lavoratori, di norma, dovrebbe avvenire in via incidentale e con carattere di occasionalità ma nulla impedisce, se sussistono le ragioni giustificatrici del controllo (ad esempio tutela della sicurezza del lavoro o del patrimonio aziendale), di *inquadrare direttamente l'operatore* (circ. INL 19-2-2018, n. 5).

Non è necessaria l'autorizzazione in caso di:

- installazione di *telecamere in zone esterne* estranee alle pertinenze dell'azienda (es. il suolo pubblico, anche se antistante alle zone di ingresso all'azienda), nelle quali non è prestata attività lavorativa.
- attivazione del *riconoscimento biometrico* qualora necessario per motivi di sicurezza, ovvero installato sulle macchine con lo scopo di impedire l'utilizzo della macchina a soggetti non autorizzati.

Nelle ipotesi, poi, in cui si verifichi un **cambio di titolarità dell'impresa** (es. per fusioni, cessioni) che ha installato *impianti audiovisivi* o *altri strumenti dai quali derivi anche la possibilità di controllo a distanza dell'attività dei lavoratori*, **non è necessario rinnovare le procedure di accordo in sede sindacale o autorizzative** quando gli impianti/strumenti siano stati installati osservando le procedure (accordo collettivo o autorizzazione) previste dall'art. 4 della L. 300/1970 e **non siano intervenuti mutamenti**:

- dei *presupposti legittimanti* (esigenze organizzative e produttive, per la sicurezza del lavoro e per la tutela del patrimonio aziendale);
- delle *modalità di funzionamento*.

In questi casi, è sufficiente che il «titolare subentrante» **comunichi** la sopravvenuta modifica della proprietà all'Ufficio [ITL] che ha rilasciato gli estremi del provvedimento di autorizzazione alla installazione degli impianti e attesti che, con il cambio di titolarità, non sono mutati né i presupposti legittimanti il suo rilascio, né le modalità di uso dell'impianto audiovisivo o dello strumento autorizzato.
Al contrario, in caso di variazione dei predetti presupposti, sarà necessario avviare nuovamente le procedure *ex* art. 4, L. 300/1970, fermo restando che sono in ogni caso assolutamente vietate eventuali modalità di uso diverse da quelle già autorizzate (lett. circ. INL 25-2-2019, n. 1881);

— la **legittimità** degli **strumenti per l'esecuzione della prestazione**, anche se possono permettere un **controllo indiretto** sull'attività del lavoratore e senza che sia necessaria alcuna autorizzazione (né accordo sindacale né autorizzazione amministrativa).

In tale previsione si sostanzia la parte più innovativa delle modifiche operate dal D.Lgs. 151/2015, che consente un utilizzo libero, senza accordo sindacale né autorizzazione, di strumentazioni, quali quelli di *registrazione degli accessi e delle presenze dei lavoratori* (i sistemi di rilevazione automatica basata sul cd. *badge* elettronico o magnetico) e gli *strumenti multimediali* di cui oggigiorno si avvale la generalità dei lavoratori (dal tradizionale personal computer alla cd. tecnologia *mobile*, in cui rientrano i cellulari, gli *smartphone*, i *tablet*, i sistemi GPS ecc.).
Dall'uso di tali strumentazioni è possibile una forma molto penetrante di controllo *occulto*, che rende possibile *ricostruire anche minuziosamente l'attività di lavoratori*, ad es. mediante la lettura e la registrazione dei messaggi di posta elettronica, la memorizzazione sistematica delle pagine web visualizzate dal lavoratore, l'analisi di computer portatili affidati in uso.
A garanzia della privacy del lavoratore devono, quindi, rientrare tra gli strumenti utilizzati dal lavoratore per l'esercizio della prestazione lavorativa solo *servizi, software o applicativi strettamente funzionali alla prestazione lavorativa*, anche sotto il profilo della sicurezza (Garante privacy, provv. 419/2016).
È stata, quindi, in tal senso, ritenuta legittima l'installazione da parte dell'azienda di *app* su *smartphone* del lavoratore, per la *rilevazione dell'inizio e della fine della prestazione lavorativa*, a condizione però che il lavoratore vi acconsenta e che il datore di lavoro adotti le necessarie misure di tutela per la privacy del lavoratore (Garante privacy, provv. 350/2016).
Si è ritenuto, invece, che i *sistemi di geolocalizzazione* non rientrano tra gli strumenti di lavoro ma costituiscono degli *elementi aggiunti* qualora non siano utilizzati in via primaria ed essenziale per l'esecuzione dell'attività lavorativa ma, *per rispondere ad esigenze ulteriori* di carattere *assicurativo, organizzativo, produttivo* o per garantire la sicurezza del lavoro. In quanto tali per la loro liceità è necessario l'accordo aziendale o l'autorizzazione amministrativa (circ. INL 2/2016).

In base alla disciplina dell'art. 4 St.Lav., i *controlli indiretti* derivanti dalle apparecchiature installate con le procedure previste dalla legge (accordo sindacale o autorizzazione amministrativa) o dagli strumenti in uso da parte dei lavoratori sono legittimi e le informazioni eventualmente raccolte dal datore di lavoro sono **utilizzabili a tutti i fini connessi al rapporto di lavoro**, sia relativamente al *corretto adempimento* della prestazione lavorativa, sia relativamente ad altre condotte rilevanti sotto il *profilo disciplinare*.

Unica condizione è che il datore di lavoro debba dare al lavoratore adeguata **informazione** delle modalità d'uso degli strumenti e sulla stessa possibilità di effettuazione di *controlli*.

Il regolamento aziendale deve chiaramente informare i lavoratori delle condizioni di utilizzo degli strumenti messi a disposizione del datore di lavoro (posta elettronica aziendale, accesso alla rete internet ecc.) e della possibilità di controlli per fini legittimi, nonché delle eventuali conseguenze disciplinari derivanti da eventuali violazioni.

È previsto comunque che l'**utilizzo dei dati acquisiti** avvenga nel **rispetto della disciplina per il trattamento dei dati personali** (D.Lgs. 196/2003 e succ. modif.) a garanzia della **privacy** del lavoratore.

Il datore di lavoro, quindi deve individuare le *corrette modalità di attuazione dei controlli*, per preservare da essi quegli interessi e quei beni afferenti la **sfera personale del lavoratore**, che continuano ad essere *inviolabili* e che, come tali, devono essere *protetti da ogni possibile invadenza*.

Il *Garante per la protezione dei dati personali* si è più volte pronunciato sull'utilizzo da parte dei lavoratori della **posta elettronica** e della **rete internet** (deliberazione 13/2007), con le quali — si sottolineava — il datore di lavoro può acquisire informazioni che non solo riguardano l'attività lavorativa, ma anche la *sfera personale* e la *vita privata* del lavoratore, soprattutto con riferimento ai *messaggi di posta elettronica* che si configurano come «forme di corrispondenza assistite da garanzie di *segretezza* tutelate anche costituzionalmente». In particolare, è stato considerato *illecito* il trattamento effettuato mediante sistemi hardware e software *preordinati al controllo a distanza*, nonché i sistemi di filtraggio che consentano la *memorizzazione degli indirizzi delle pagine web effettivamente visitate o anche semplicemente richieste*, in quanto in tal modo è possibile monitorare in modo sistematico e all'insaputa dei lavoratori le attività su internet, nonché *conservare le informazioni per un ampio periodo di tempo* (provv. 308/2011).

Il Garante ha altresì enucleato forme di controllo lecito, per le finalità previste dall'art. 4 St. Lav., mediante, ad esempio appositi programmi che consentono *controlli indiretti*, adoperando misure tecnologiche *in grado di minimizzare l'uso di dati identificativi* (cd. *privacy enhancing technologies*-PETs) e di *prevenire comportamenti illeciti* (es. filtri che impediscono operazioni incompatibili con l'attività lavorativa, come l'*upload* o l'accesso a determinati siti).

A seguito dell'intervento del D.Lgs. 151/2015, l'email e la navigazione internet possono rientrare tra gli **strumenti necessari per l'esecuzione della prestazione**, di cui è consentito l'utilizzo anche in assenza di alcuna autorizzazione o accordo sindacale. Possono essere considerati strumenti di lavoro, il *servizio di posta elettronica* offerto ai dipendenti (mediante attribuzione di un *account personale*) e gli *altri servizi della rete aziendale*, fra cui anche il *collegamento a siti internet* e i sistemi in linea con le precedenti previsioni, le misure che ne consentono il *fisiologico e sicuro funzionamento* (ad esempio: *sistemi di logging* per il corretto esercizio del servizio di posta elettronica, con conservazione dei soli dati esteriori, contenuti nella cosiddetta *envelope* del messaggio, per una breve durata non superiore comunque ai 7 giorni; *sistemi di filtraggio antivirus* che rilevano anomalie di sicurezza nelle postazioni di lavoro o sui server per l'erogazione dei servizi di rete; sistemi di *inibizione automatica* della consultazione di contenuti in rete inconferenti rispetto alle competenze istituzionali, senza registrazione dei tentativi di accesso).

Sono, comunque, vietate le verifiche indiscriminate delle mail e della cronologia web dei lavoratori (Garante privacy, provv. 419/2016; cass. 18302/2016 e in generale il controllo massimo e la conservazione senza limiti delle email (newsletter 439/2018). Il datore di lavoro, pur avendo la facoltà di verificare l'esatto adempimento della prestazione professionale ed il corretto utilizzo degli strumenti di lavoro da parte dei dipendenti, deve in ogni caso salvaguardarne la libertà e la dignità, attenendosi ai limiti previsti dalla normativa (Garante privacy, provv. 547/2016; newsletter 424/2017).

5 Il potere disciplinare (artt. 2106 c.c. e 7 St. lav.)

5.1 Funzione

Il potere disciplinare indica la facoltà del datore di lavoro di irrogare **sanzioni** al lavoratore che venga meno ai suoi doveri contrattuali, e precisamente agli obblighi di diligenza, obbedienza e fedeltà sanciti dagli artt. 2104 e 2105 c.c.

Il potere disciplinare è, come il potere direttivo, espressione del potere gerarchico dell'imprenditore, ma è sussidiario del primo: il suo fondamento è da ravvisare nella *responsabilità disciplinare* del lavoratore sul quale ricadono le conseguenze collegate all'inadempimento della prestazione lavorativa (GHERA).

Il potere disciplinare è, comunque, sottoposto a ben precisi **limiti** e **vincoli** volti a preservare la libertà e dignità del lavoratore: in specie si tratta di presupposti che condizionano l'esercizio di tale potere, e la cui mancanza può determinare la *nullità* della sanzione irrogata.

5.2 Limiti: requisiti sostanziali e procedimentali

I *requisiti sostanziali* condizionano il legittimo esercizio del potere disciplinare; in specie:

1. **sussistenza e imputabilità del fatto**: la sanzione può essere irrogata per una *colpevole violazione dei doveri contrattuali* imposti al lavoratore dal vincolo della subordinazione (artt. 2104 e 2105 c.c.: violazione dell'obbligo di diligenza, obbedienza e fedeltà);
2. **adeguatezza della sanzione**: è un presupposto indicato dall'**art. 2106 c.c.** per il quale la inosservanza può dar luogo all'applicazione di sanzioni disciplinari, *secondo la gravità dell'infrazione* e si sostanzia nella *proporzionalità* tra infrazione e sanzione.

Dall'art. 2106 c.c. e art. 7 St. Lav. si ricavano i limiti delle sanzioni disciplinari:
- la tipologia è *predeterminata* dall'art. 7 St. Lav. e deve essere concretamente ripresa dal contratto collettivo;
- le sanzioni sono di tipo *conservativo*: *richiamo* verbale, *ammonizione* scritta, *multa* (massimo 4 ore della retribuzione base) e *sospensione* dal lavoro e dalla retribuzione (massimo 10 giorni);
- la sanzione, in base alla testuale formulazione della norma, «*non può consistere in un mutamento definitivo del rapporto di lavoro*», come ad esempio una retrocessione di categoria o di qualifica. È invece ammesso il *licenziamento per motivi disciplinari* (sanzione *espulsiva*), da considerarsi la *più grave delle sanzioni*;

3. **limite alla rilevanza della recidiva**: l'art. 7, comma 8, St. Lav. attenua sul piano temporale la rilevanza della recidiva (e cioè della circostanza che una data infrazione sia già stata commessa e sanzionata), stabilendo che «non può tenersi conto delle sanzioni disciplinari *decorsi due anni dalla loro applicazione*».

La tipologia delle sanzioni, così come si ricava dalla prassi contrattuale, prevede, in ordine crescente di gravità:
- il *richiamo verbale*;
- l'*ammonizione scritta*;
- la *multa*;
- la *sospensione* dal lavoro e dalla retribuzione;
- il *licenziamento* (cd. disciplinare).

L'**art. 7** dello **St. Lav.** disciplina inoltre le *modalità di esercizio* del potere disciplinare, introducendo dei veri e propri **presupposti** formali per la legittimità delle sanzioni da irrogare; in particolare:

1. **predeterminazione del codice disciplinare**. È necessario che venga predisposto un testo (*regolamento d'azienda*) che contempli le infrazioni e le relative sanzioni.
La disposizione mira a garantire un *principio di certezza e tassatività* delle sanzioni e quindi a consentire la preventiva conoscenza dei comportamenti vietati, onde evitare soprusi e prevaricazioni da parte del datore di lavoro.

Circa il grado di predeterminazione delle infrazioni, ad un primo orientamento formalistico e rigoroso della Cassazione (sent. 3157/1985) che, richiamando il principio di tipicità del diritto penale, richiedeva la *specifica predeterminazione* delle violazioni e delle correlative sanzioni, è seguito un indirizzo più elastico. In particolare la Cassazione ha precisato (sent. 1747/1995) che il «codice disciplinare non deve necessariamente contenere una precisa e dettagliata previsione delle singole infrazioni...» e, pertanto, sono da ritenersi *sufficienti indicazioni anche late ed approssimative purché consentano di individuare le principali trasgressioni e le relative sanzioni applicabili*. Il grado di specificità delle sanzioni disciplinari deve comunque essere sufficiente ad *escludere una valutazione unilaterale* e *discrezionale* del datore di lavoro (sent. 10201/2004);

2. **pubblicità del codice disciplinare**. L'art. 7, comma 1, impone che il codice disciplinare sia «portato a conoscenza dei lavoratori *mediante affissione* in luogo accessibile a tutti».

Il codice disciplinare deve essere apposto in locali in cui i lavoratori effettivamente possono recarsi, anche se non sussiste alcun obbligo di affissione in luoghi in cui i dipendenti devono passare necessariamente né in bacheche aziendali, che possono mancare o essere destinate ad altre comunicazioni (Cass. 20733/2007). In generale, non è necessario provvedere alla affissione del codice disciplinare in tutti i casi nei quali il *comportamento sanzionatorio sia immediatamente percepibile dal lavoratore come illecito*, perché contrario al cd. *minimo etico* o a *norme di rilevanza penale* (Cass. 15218/2015);

3. **preventiva e specifica contestazione dell'addebito**. L'art. 7, comma 2, impone l'*immediata* contestazione dell'addebito con la quale il datore deve manifestare la volontà di considerare il fatto come illecito disciplinare. La contestazione deve, inoltre, essere *specifica* indicando i fatti

imputati con sufficiente precisione, in modo da non lasciare incertezza sulle questioni in ordine alle quali il lavoratore è tenuto a svolgere le sue difese. Anche la recidiva deve essere contestata se concorre ad integrare la violazione (ma non se incide solo sulla determinazione della sanzione). Di regola, salva l'ipotesi del rimprovero verbale, la contestazione è effettuata in *forma scritta*.

Il datore di lavoro non può rinviare la contestazione disciplinare, in modo da rendere impossibile o comunque eccessivamente difficile la difesa del lavoratore (Cass. 15361/2004). Tale principio deve intendersi *elasticamente*, nel senso che si deve comunque dare al datore di lavoro il tempo per accertare l'infrazione (Cass. 3043/2011);

4. **diritto di difesa del lavoratore**. L'art. 7, comma 2 e 5 stabilisce che, fatta *eccezione* del *rimprovero verbale*, il datore di lavoro, dopo la contestazione dell'addebito, è tenuto a *sentire oralmente* il lavoratore che ne faccia richiesta e ricevere le sue *eventuali difese scritte* (con facoltà di farsi assistere da un rappresentante sindacale) concedendogli *un termine non inferiore a 5 giorni* prima della concreta adozione e applicazione della sanzione.

L'art. 7 non prevede alcun obbligo per il datore di *motivare* il provvedimento disciplinare in relazione alle difese avanzate dal lavoratore. Tale obbligo sussiste solo se previsto dallo specifico codice disciplinare o dal contratto collettivo, di guisa che in tal caso la sua mancanza comporterà la nullità del provvedimento disciplinare.

5.3 L'impugnativa delle sanzioni disciplinari

Nei confronti del provvedimento disciplinare la tutela del lavoratore può esplicarsi *alternativamente*, in tre diversi modi:

1. **azione giudiziaria**, attraverso il ricorso al Tribunale in funzione di giudice del lavoro. Il ricorso *non sospende* l'esecutività della sanzione;
2. **procedura arbitrale presso la sede territoriale dell'Ispettorato del lavoro**. Si tratta di un rimedio speciale previsto dall'art. 7, comma 6, St. Lav. per cui il lavoratore può chiedere, nel termine perentorio di 20 giorni, la costituzione di un *collegio di conciliazione ed arbitrato*, tenuto, ove non riesca a comporre la controversia, a pronunciarsi sulla legittimità del provvedimento sanzionatorio ed anche a determinare l'entità della sanzione in misura diversa. Il ricorso determina la *sospensione della sanzione*, non ancora eseguita, fino alla pronuncia sulla controversia;
3. **analoghe procedure arbitrali previste nei contratti collettivi**.

6 Gli obblighi del datore di lavoro

La posizione giuridica del datore di lavoro, oltre che da poteri, risulta costituita anche da una *serie di doveri* che possono così individuarsi:

— obbligo di corrispondere la **retribuzione** (art. 2099 c.c.) e il **trattamento di fine rapporto** (per la sua natura retributiva);
— obbligo di tutela delle **condizioni di lavoro** e **della integrità fisica del lavoratore** (art. 2087 c.c. e art. 9 St. Lav.) (cd. *obbligo di sicurezza*), nonché di **sorveglianza sanitaria** dei lavoratori esposti, per l'attività svolta, a rischi per la propria sicurezza e salute;
— obbligo di **tutela assicurativa e previdenziale** del lavoratore mediante le assicurazioni obbligatorie previste dalla legge (artt. 2114-2115 c.c.).

Tale tutela concerne la malattia, l'invalidità, l'inabilità, la vecchiaia (e l'anzianità di lavoro), la disoccupazione, la sospensione dal lavoro, i carichi familiari e, per talune attività, anche gli infortuni sul lavoro e le malattie professionali;

— obbligo di **assicurare** i dipendenti contro il rischio di *responsabilità civile verso terzi*, conseguente a colpa nello svolgimento delle loro mansioni contrattuali.

Tale obbligo è generale per tutti i lavoratori con la qualifica di *quadro intermedio* (art. 5, L. 13 maggio 1985, n. 190), mentre per le altre qualifiche (dirigenti, impiegati, operai) è *limitato* ai dipendenti che, a causa del tipo di mansioni svolte, siano particolarmente esposti al rischio di responsabilità civile presso terzi;

- obbligo d'**informazione**, che si articola in due direzioni: nei confronti del *lavoratore*, al quale devono essere comunicati qualifica, mansioni, periodi di ferie, prospetto paga ecc.; nei confronti del *sindacato*, che deve essere informato non solo sullo svolgimento dei rapporti di lavoro, ma anche sulla gestione complessiva dell'impresa;
- obbligo di procedere ad **accertamenti sanitari** prima dell'assunzione o in costanza di rapporto nei casi in cui sia *obbligatoria* la sorveglianza sanitaria.

La dottrina (DE LUCA TAMAJO) individua anche un *dovere di cooperazione* del datore all'adempimento della prestazione del lavoratore. Tale dovere costituisce l'applicazione del fondamentale principio di buona fede e correttezza contrattuale (art. 1175 c.c.), operante nei rapporti obbligatori in generale e nel rapporto di lavoro in particolare.

7 L'obbligo di tutelare la riservatezza dei lavoratori

7.1 Il Codice in materia di protezione dei dati personali (D.Lgs. 196/2003)

Il **D.Lgs. 30 giugno 2003, n. 196** prevede che il trattamento dei dati personali avvenga secondo le norme del **Regolamento UE 2016/679** (relativo alla protezione delle persone fisiche con riguardo *al trattamento dei dati personali*, nonché alla *libera circolazione* di tali dati) e secondo le norme del Codice medesimo, nel *rispetto della dignità umana*, dei *diritti e delle libertà fondamentali della persona* (art. 1, Codice).

Il citato Regolamento, noto come **GDPR** (*General Data Protection Regulation*), è **in vigore dal 24 maggio 2016** e, con la *Direttiva UE 2017/680* — sulla protezione delle persone fisiche con riguardo al trattamento dei dati personali da parte delle autorità competenti a fini di prevenzione, indagine, accertamento e perseguimento di reati o esecuzione di sanzioni penali, nonché alla libera circolazione di tali dati — costituisce il cd. *pacchetto protezione dati personali*.

Esso è diventato **definitivamente applicabile** negli Stati solo **dal 25 maggio 2018**. In attuazione della **L. 25 ottobre 2017, n. 163** (Legge di delegazione europea 2016-2017), poi, il quadro normativo nazionale è stato *adeguato* alle disposizioni del Regolamento con il **D.Lgs. 10 agosto 2018, n. 101**, in vigore *dal 19 settembre 2018*, che ha introdotto rilevanti modifiche al Codice. Infatti, il nuovo articolo 2 del D.Lgs. 196/2003 precisa che la **finalità del Codice** è quella di recare disposizioni per il suddetto *adeguamento dell'ordinamento nazionale al Regolamento*.

7.2 L'applicazione del Codice in materia di protezione dei dati personali al rapporto di lavoro

Il Codice in materia di protezione dei dati personali si applica anche nell'ambito del **rapporto di lavoro** in quanto, sia per la costituzione che per la gestione dello stesso, il datore di lavoro entra naturalmente in possesso di una serie di *informazioni* che riguardano la sfera personale e privata del lavoratore.

Si tratta, ad esempio, di *dati anagrafici, biometrici, relativi alla salute*, che possono essere contenuti in atti e documenti consegnati dallo stesso lavoratore, al momento dell'assunzione o durante lo svolgimento del rapporto di lavoro, ovvero di informazioni inserite in documenti o *file* elaborati dal datore di lavoro.

Regola generale (non soltanto nell'ambito del rapporto di lavoro) è che, comunque, il trattamento debba avvenire in conformità alle *misure di garanzia* disposte — in relazione a ciascuna categoria di dati personali — dal **Garante per la Protezione dei dati personali**, *Autorità di controllo* che, in applicazione dell'art. 51 del Regolamento, in generale, si occupa di *constatare* che i trattamenti siano effettuati nel rispetto della legge (art. 2bis, D.Lgs. 196/2003).

Ai fini del Regolamento UE 2016/679 (art. 4), s'intende per:

- «**dato personale**»: *qualsiasi informazione riguardante una persona fisica identificata o identificabile («interessato»)*;
- «**dati genetici**»: i dati personali relativi alle caratteristiche genetiche ereditarie o acquisite di una persona fisica, che *forniscono informazioni univoche sulla fisiologia o sulla salute di detta persona fisica* e che risultano in particolare dall'analisi di un campione biologico della persona fisica in questione;
- «**dati biometrici**»: i *dati personali* ottenuti da un *trattamento tecnico specifico* relativi alle caratteristiche fisiche, fisiologiche o comportamentali di una persona fisica, che ne consentono o confermano l'identificazione univoca (quali *l'immagine facciale o i dati dattiloscopici*);
- «**dati relativi alla salute**»: i *dati personali attinenti alla salute fisica o mentale di una persona fisica*, compresa la prestazione di servizi di assistenza sanitaria, che rivelano informazioni relative al suo stato di salute;
- «**trattamento**»: qualsiasi operazione o insieme di operazioni, compiute con o senza l'ausilio di processi automatizzati e applicate a dati personali o insiemi di dati personali, come la *raccolta*, la *registrazione*, l'*organizzazione*, la *strutturazione*, la *conservazione*, l'*adattamento* o la *modifica*, l'*estrazione*, la *consultazione*, l'*uso*, la *comunicazione mediante trasmissione*, *diffusione* o qualsiasi *altra forma di messa a disposizione*, il *raffronto* o l'*interconnessione*, la *limitazione*, la *cancellazione* o la *distruzione*.

7.3 Il trattamento dei dati nell'ambito del rapporto di lavoro

L'art. 88 del Regolamento prevede che gli Stati membri possono prevedere, con legge o tramite contratti collettivi, norme più specifiche per assicurare la **protezione dei diritti e delle libertà con riguardo al trattamento dei dati personali dei dipendenti nell'ambito dei rapporti di lavoro**, in particolare per *finalità di assunzione, esecuzione del contratto di lavoro*, compreso l'adempimento degli obblighi stabiliti dalla legge o da contratti collettivi, *gestione, pianificazione e organizzazione del lavoro, parità e diversità sul posto di lavoro, salute e sicurezza sul lavoro, protezione della proprietà del datore di lavoro o del cliente* e ai fini dell'esercizio e del godimento, individuale o collettivo, dei *diritti e dei vantaggi connessi al lavoro*, nonché per finalità di *cessazione del rapporto di lavoro*.

È poi precisato che tali norme debbano includere misure appropriate e specifiche *a salvaguardia della dignità umana, degli interessi legittimi e dei diritti fondamentali degli interessati*, in particolare per quanto riguarda la **trasparenza del trattamento**, il **trasferimento di dati personali** nell'ambito di un gruppo imprenditoriale o di un gruppo di imprese che svolge un'attività economica comune e i **sistemi di monitoraggio sul posto di lavoro**.

Fermi questi principi generali, ai *trattamenti nell'ambito del rapporto di lavoro* è dedicato il Titolo VIII del D.Lgs. 196/2003.

È in primo luogo previsto che il Garante promuova l'adozione di **regole deontologiche** per i soggetti pubblici e privati interessati al trattamento dei dati personali effettuato nell'ambito del *rapporto di lavoro* per le finalità di cui al citato art. 88 del Regolamento, prevedendo anche specifiche modalità per le informazioni da rendere all'interessato (art. 111 D.Lgs. 196/2003).

Il rispetto delle disposizioni contenute nelle regole deontologiche costituisce condizione essenziale per la liceità e per la correttezza del trattamento dei dati personali (art. 2quater D.Lgs. 196/2003).

Sono poi previste regole specifiche relativamente alle **informazioni in caso di ricezione di curriculum** (art. 111bis, D.Lgs. 196/2003).

Si tenga presente che l'art. 13 del Regolamento disciplina in generale le informazioni da fornire qualora i dati personali siano raccolti presso l'interessato. In questi casi è previsto che, nel momento dell'ottenimento dei dati personali, il titolare del trattamento debba fornire all'interessato alcune informazioni come, ad esempio, l'*identità* e i *dati di contatto del titolare del trattamento*, le *finalità del trattamento* cui sono destinati i dati personali; gli *eventuali destinatari o le eventuali categorie di destinatari dei dati personali* ecc. In aggiunta a queste informazioni, è previsto che il titolare del trattamento fornisca all'interessato ulteriori informazioni necessarie per garantire un *trattamento corretto e trasparente*, come ad esempio il *periodo di conservazione dei dati personali* (oppure, se non è possibile, i criteri utilizzati per determinare tale periodo), l'esistenza del diritto dell'interessato di chiedere al titolare del trattamento l'*accesso ai dati personali* e la *rettifica* o la *cancellazione* degli stessi o la *limitazione del trattamento* dei dati personali che lo riguardano o di *opporsi* al loro trattamento ecc.

Dunque, nei casi di ricezione dei curricula spontaneamente trasmessi dagli interessati al fine della *instaurazione di un rapporto di lavoro*, è previsto che le informazioni di cui al citato art. 13 del Regolamento vengano fornite al momento del *primo contatto utile, successivo all'invio del curriculum medesimo*.

Nei limiti in cui il trattamento è necessario all'esecuzione di un contratto di cui l'interessato è parte o all'esecuzione di misure precontrattuali adottate su richiesta dello stesso, il consenso al trattamento dei dati personali presenti nei curricula *non è dovuto*.

Per quanto riguarda, poi, il **trattamento di dati riguardanti i prestatori di lavoro** (art. 113, D.Lgs. 196/2003), restano fermi i divieti previsti dall'art. 8 dello Statuto dei Lavoratori e dall'art. 10 del D.Lgs. 276/2003.

In particolare, l'art. 8 **vieta al datore di lavoro**, ai fini dell'assunzione, come nel corso dello svolgimento del rapporto di lavoro, di effettuare **indagini**, anche a mezzo di terzi, sulle *opinioni politiche, religiose o sindacali del lavoratore*, nonché su **fatti non rilevanti ai fini della valutazione dell'attitudine professionale del lavoratore**.

L'*art. 10*, poi, **vieta alle agenzie per il lavoro e agli altri soggetti pubblici e privati autorizzati**, o accreditati, di effettuare qualsiasi **indagine o comunque trattamento di dati ovvero di preselezione di lavoratori** — anche con il loro consenso — in base alle *convinzioni personali*, al *credo religioso*, al *sesso*, all'*orientamento sessuale*, alla *età*, all'*handicap*, all'*origine etnica*, allo *stato di salute* ecc., **a meno che non si tratti di caratteristiche che incidono sulle modalità di svolgimento dell'attività lavorativa o che costituiscono un requisito essenziale e determinante** ai fini dello svolgimento della stessa. È inoltre fatto *divieto di trattare dati personali* dei lavoratori che *non siano strettamente attinenti alle loro attitudini professionali* e al loro *inserimento* lavorativo.

Infine, il D.Lgs. 196/2003 detta specifiche disposizioni per quanto riguarda il controllo a distanza, il lavoro domestico, il lavoro agile e il telelavoro (artt. 114-115 Codice). In particolare, per le garanzie in caso di impiego da parte del datore di lavoro di impianti audiovisivi e di altri strumenti che consentono un **controllo a distanza** dell'attività dei lavoratori, viene operato semplicemente un rinvio alla disciplina generale dell'art. 4, L. 300/1970, mentre, per quanto riguarda i rapporti di **lavoro domestico**, **telelavoro** e **lavoro agile**, viene espressamente posto a carico del datore di lavoro l'obbligo di garantire al lavoratore il rispetto della sua personalità e della sua libertà morale.

In particolare, considerata la speciale modalità di svolgimento della prestazione nell'ambito del *lavoro domestico*, anche il lavoratore è tenuto a mantenere la necessaria riservatezza per tutto quanto si riferisce alla vita familiare.

7.4 Il trattamento di particolari categorie di dati

Specifiche **misure di garanzia** sono previste per il trattamento dei *dati genetici*, *biometrici* e *relativi alla salute* (art. 2septies, D.Lgs. 196/2003).

In particolare, l'art. 9, paragr. 1, del Regolamento UE 2016/679 **vieta** il trattamento dei *dati genetici* e dei *dati biometrici intesi a identificare in modo univoco una persona fisica* e dei *dati* *relativi alla salute o alla vita sessuale o all'orientamento sessuale della persona*, nonché dei *dati personali* che rivelino *l'origine razziale o etnica, le opinioni politiche, le convinzioni religiose o filosofiche, o l'appartenenza sindacale*.

I divieti non si applicano in alcuni casi; ad esempio, quando:

- il trattamento sia necessario per **assolvere gli obblighi ed esercitare i diritti specifici del titolare del trattamento o dell'interessato in materia di diritto del lavoro** e della sicurezza sociale e protezione sociale, nella misura in cui sia autorizzato dal diritto dell'Unione o degli Stati membri o da un *contratto collettivo ai sensi del diritto degli Stati membri*, in presenza di garanzie appropriate per i diritti fondamentali e gli interessi dell'interessato;
- il trattamento sia necessario per finalità di **valutazione della capacità lavorativa del dipendente**;
- l'interessato abbia prestato il proprio **consenso esplicito al trattamento per una o più finalità specifiche** (salvo nei casi in cui il diritto dell'Unione o degli Stati membri dispone che l'interessato non possa revocare il divieto);
- il trattamento sia necessario per **tutelare un interesse vitale** dell'interessato;
- il trattamento riguardi **dati personali resi manifestamente pubblici** dall'interessato.

Inoltre, l'art. 2sexies del D.Lgs. 196/2003 disciplina il trattamento di categorie particolari di dati personali **necessario per motivi di interesse pubblico rilevante**, stabilendo che tale trattamento è ammesso qualora sia previsto dal diritto dell'Unione europea ovvero, nell'ordinamento interno, da disposizioni di legge o, nei casi previsti dalla legge, di regolamento che specifichino i tipi di dati che possono essere trattati, le operazioni eseguibili e il motivo di interesse pubblico rilevante, nonché le misure appropriate e specifiche per tutelare i diritti fondamentali e gli interessi dell'interessato.

Si considera rilevante l'interesse pubblico relativo a trattamenti effettuati da soggetti che svolgono compiti di interesse pubblico o connessi all'esercizio di pubblici poteri, ad esempio, nelle seguenti **materie**: *igiene e sicurezza sui luoghi di lavoro, instaurazione, gestione ed estinzione, di rapporti di lavoro di qualunque tipo*, anche non retribuito o onorario, e di altre forme di impiego, *materia sindacale, previdenza e assistenza, tutela delle minoranze e pari opportunità nell'ambito dei rapporti di lavoro*, adempimento degli *obblighi retributivi*.

8 L'obbligo di sicurezza

8.1 L'obbligo di sicurezza nel codice civile (art. 2087 c.c.)

L'**art. 2087 c.c.** dispone che «*l'imprenditore è tenuto ad adottare nell'esercizio dell'impresa tutte le misure che, secondo la particolarità del lavoro, l'esperienza e la tecnica, sono necessarie a tutelare l'integrità fisica e la personalità morale del lavoratore*».

L'importanza dell'art. 2087 c.c. sta nell'estrema elasticità della previsione che è tale da renderla «*norma di chiusura del sistema di sicurezza*» idonea a ricomprendere una serie ampia di ipotesi e situazioni.

La norma pone a carico del datore di lavoro uno speciale e autonomo **obbligo di protezione e di sicurezza** al quale corrisponde un vero e proprio *diritto soggettivo* del lavoratore, a tutela del *diritto alla salute* (costituzionalmente garantito dall'art. 32 Cost.).

Merita di essere evidenziata la norma contenuta nella legge di bilancio 2018 (art. 1, comma 218, L. 205/2017) che, nell'ambito delle disposizioni dirette a prevenire il fenomeno delle molestie sessuali nei luoghi di lavoro, richiamando espressamente l'art. 2087 c.c., impone ai datori di lavoro di *concordare con le organizzazioni sindacali dei lavoratori le iniziative, di natura informativa e formativa, più opportune al fine di prevenire tale fenomeno*. Inoltre, i sindacati, i datori di lavoro e i lavoratori e le lavoratrici devono impegnarsi ad assicurare il mantenimento nei luoghi di lavoro di un *ambiente di lavoro in cui sia rispettata la dignità di ognuno e siano favorite le relazioni interpersonali, basate su principi di eguaglianza e di reciproca correttezza*.

Con la **L. 15 gennaio 2021, n. 4**, è stata autorizzata la *ratifica della Convenzione 190/2019* dell'Organizzazione internazionale del lavoro (OIL) sull'*eliminazione della violenza e delle molestie sul luogo di lavoro*. Tale Convenzione protegge *tutti i lavoratori* (a prescindere dallo status contrattuale), *altri soggetti del mondo del lavoro* (es. i volontari, le persone alla ricerca di un impiego, i lavoratori licenziati) appartenenti a *tutti i settori* (sia privati sia pubblici), nonché i soggetti che esercitino l'*autorità*, i *doveri* e le *responsabilità del datore di lavoro*, contro:

— la *violenza* e le *molestie*, cioè l'insieme di pratiche e comportamenti inaccettabili, o la minaccia di porli in essere, sia in un'unica occasione sia ripetutamente, che si prefiggano, causino o possano comportare un danno fisico, psicologico, sessuale o economico;
— la *violenza* e le *molestie di genere*, cioè la violenza e le molestie nei confronti di persone in ragione del loro sesso o genere, o che colpiscano in modo sproporzionato persone di un sesso o genere specifico, comprese le molestie sessuali.

La Convenzione si applica alla violenza e alle molestie che si verifichino in *occasione* di lavoro, in *connessione* con il lavoro o che *scaturiscano* dal lavoro (es. verificatesi nel posto di lavoro; durante gli spostamenti per recarsi al lavoro).

La **vigilanza** sull'applicazione della legislazione in materia di salute e sicurezza nei luoghi di lavoro è svolta, in via generale, dall'*ASL* territorialmente competente e dall'Ispettorato nazionale del lavoro (INL) nonché, per quanto di specifica competenza, da altri organi (es. Corpo nazionale dei vigili del fuoco) (art. 13, comma 1, D.Lgs. 81/2008).

In caso di gravi violazioni in materia di tutela della salute e della sicurezza del lavoro (es. mancata elaborazione del documento di valutazione dei rischi), l'INL ha il potere di adottare un **provvedimento di sospensione** in relazione alla parte dell'attività imprenditoriale interessata dalle violazioni e, unitamente a tale provvedimento, può imporre *specifiche misure* atte a far cessare il pericolo per la sicurezza o per la salute dei lavoratori durante il lavoro (art. 14, comma 1, D.Lgs. 81/2008).

Tali poteri sono attribuiti *anche ai servizi ispettivi delle ASL*, nell'ambito di accertamenti in materia di tutela della salute e della sicurezza del lavoro (art. 14, comma 8, D.Lgs. 81/2008).

8.2 L'evoluzione legislativa: dalla legislazione speciale al T.U. della sicurezza sul lavoro (D.Lgs. 81/2008)

L'obbligo di sicurezza del datore di lavoro ha il suo riscontro normativo in una gamma, fino a poco fa molto ampia, di provvedimenti legislativi, formatisi in esito ad una lenta e lunga evoluzione legislativa. Pietra miliare di tale complesso normativo è la **Costituzione** che, oltre a prevedere la *tutela della salute* come fondamentale diritto dell'individuo e interesse della collettività (**art. 32**) e a sancire una generale *tutela del lavoro* (**art. 35**), stabilisce che l'iniziativa economica non può svolgersi in contrasto con l'utilità sociale o *in modo da arrecare danno alla sicurezza, libertà e dignità umana* (**art. 41**).

Le prime disposizioni in materia di *prevenzione degli infortuni e igiene del lavoro* risalgono al **D.P.R. 27 aprile 1955, n. 547** e al **D.P.R. 19 maggio 1956, n. 303** che hanno a lungo disciplinato la materia alla stregua di veri e propri *testi unici*.

Va ricordata la fondamentale funzione di innovazione della vasta produzione legislativa in materia di sicurezza operata dal **D.Lgs. 19 settembre 1994, n. 626** che ha dato attuazione alle direttive europee riguardanti il *miglioramento della sicurezza e della salute dei lavoratori* (direttiva *quadro* 89/391 e relative direttive particolari) recependone l'impostazione e la filosofia. Il provvedimento ha, infatti, introdotto nel nostro ordinamento principi cardine quali quelli della *prevenzione* mediante eliminazione dei rischi alla fonte, della *ripartizione delle responsabilità* e dei compiti in capo a più soggetti, della *procedimentalizzazione degli obblighi*, della *consultazione e partecipazione dei lavoratori* alle decisioni attinenti ai problemi di sicurezza del lavoro e della loro *informazione* da parte del datore, circa i rischi connessi all'attività di lavoro ed ai materiali usati.

Tali principi sono oggi contenuti nel **D.Lgs. 9 aprile 2008, n. 81** (di seguito **T.U.**) che ha operato un massiccio riordino della normativa in materia di igiene e sicurezza del lavoro, nell'obiettivo di semplificare, coordinare e razionalizzare le disposizioni esistenti in un *unico* testo normativo (art. 1), abrogando le previgenti norme tra cui il D.Lgs. 626/1994.

Il T.U. si applica al **lavoro privato** e **pubblico** (art. 3, comma 1), salvo i comparti della Pubblica Amministrazione che presentano determinate peculiarità, e a **tutte le tipologie di rischio**.

In data **12 dicembre 2018** Confindustria e CGIL, CISL e UIL hanno siglato un'Intesa sui temi della *salute e sicurezza sul lavoro*, di attuazione del Patto per la fabbrica (Accordo del 28-2-2018). Tra le proposte dell'Intesa, evidenziamo in particolare quelle relative alla ritenuta necessità di migliorare il quadro normativo in materia, dando *concreta attuazione* alle disposizioni di cui al D.Lgs. 81/2008, nonché intervenendo sul T.U., modificandolo o integrandolo, nell'ottica di un *potenziamento della tutela dei lavoratori*. Tra i temi affrontati si rinvengono: vigilanza e sorveglianza sanitaria, infortuni e malattie, **rafforzamento del ruolo dell'INAIL**.

8.3 Le misure generali di tutela

Il **T.U.** elenca le **misure generali di tutela** del sistema di sicurezza aziendale, che viene poi *integrato* dalle misure di sicurezza previste dallo stesso T.U. per *specifici rischi* ovvero *settori di attività* (es. movimentazione manuale dei carichi, videoterminali, agenti fisici, biologici e cancerogeni).

Le misure generali di tutela sono le seguenti (art. 15 T.U.):

a) *valutazione di tutti i rischi* per la salute e la sicurezza;
b) *programmazione* della prevenzione, mirata ad «un complesso che integri in modo coerente nella prevenzione le condizioni tecniche produttive dell'azienda nonché l'influenza dei fattori dell'ambiente e dell'organizzazione del lavoro»;
c) *eliminazione dei rischi* e, ove ciò non sia possibile, la loro *riduzione al minimo* in relazione alle conoscenze acquisite in base al progresso tecnico;
d) rispetto dei *principi ergonomici* nell'organizzazione del lavoro, nella concezione dei posti di lavoro, nella scelta delle attrezzature e nella definizione dei metodi di lavoro e produzione;
e) *riduzione dei rischi alla fonte*;
f) *sostituzione di ciò che è pericoloso con ciò che non lo è*, o è meno pericoloso;
g) *limitazione al minimo* del numero dei lavoratori che sono, o che possono essere, esposti al rischio;
h) *utilizzo limitato* degli agenti chimici, fisici e biologici sui luoghi di lavoro;
i) *priorità delle misure di protezione collettiva rispetto alle misure di protezione individuale*;
l) *controllo sanitario* dei lavoratori;
m) *allontanamento del lavoratore dall'esposizione al rischio* per motivi sanitari inerenti la sua persona e *adibizione, ove possibile, ad altra mansione*;
n) *informazione e formazione* adeguate per i *lavoratori*;
o) *informazione e formazione* adeguate per *dirigenti e i preposti*;
p) *informazione e formazione* adeguate per i *rappresentanti dei lavoratori per la sicurezza*;
q) *istruzioni* adeguate ai *lavoratori*;
r) *partecipazione e consultazione dei lavoratori*;
s) *partecipazione e consultazione dei rappresentanti dei lavoratori per la sicurezza*;
t) programmazione delle misure ritenute opportune per garantire il miglioramento *nel tempo dei livelli di sicurezza*;
u) *misure di emergenza* da attuare in caso di primo soccorso, di lotta antincendio, di evacuazione dei lavoratori e di pericolo grave e immediato;
v) uso di *segnali di avvertimento e di sicurezza*;
z) regolare *manutenzione* di ambienti, attrezzature, impianti, con particolare riguardo ai dispositivi di sicurezza in conformità alla indicazione dei fabbricanti.

Tra le misure generali di tutela, la **valutazione dei rischi** costituisce un *adempimento di assoluta centralità* per garantire l'effettività delle tutele in ogni ambiente di lavoro. Essa «deve riguardare *tutti* i rischi per la sicurezza e la salute dei lavoratori, ivi compresi quelli riguardanti gruppi di lavoratori esposti a *rischi particolari*», tra cui anche quelli collegati allo *stress lavoro-correlato*, alle *lavoratrici in stato di gravidanza*, nonché quelli connessi alle *differenze di genere*, all'*età*, alla *provenienza da altri Paesi* (art. 28).

Gli esiti della valutazione dei rischi devono essere formalizzati nel **documento di valutazione dei rischi** (DVR) che deve contenere anche l'eventuale individuazione delle mansioni che espongono i lavoratori a *rischi specifici*.

8.4 I soggetti responsabili

Per il disposto dell'art. 2087 c.c. ricade sul **datore di lavoro** l'obbligo giuridico di tutelare l'*integrità psicofisica dei dipendenti* mediante l'adozione ed il mantenimento in efficienza dei presidi antinfortunistici atti, secondo le comuni tecniche di sicurezza, a preservare i lavoratori dai rischi connessi alle varie fasi dell'attività lavorativa. Il datore di lavoro deve inoltre *vigilare* con prudente e continua attenzione affinché i mezzi di tutela siano effettivamente attuati.

Il T.U. provvede ad individuare *la persona fisica* che nelle varie realtà lavorative (ditte individuali, soggetti collettivi, pubbliche amministrazioni ecc.) *assume giuridicamente lo status di datore di lavoro, quale soggetto su cui ricade in via principale e primaria l'obbligo di sicurezza*. L'art. 2, comma 1, lett. *b)* T.U. identifica il **datore di lavoro** nel «*soggetto titolare del rapporto di lavoro con il lavoratore o, comunque, il soggetto che, secondo il tipo e l'assetto dell'organizzazione nel cui ambito il lavoratore presta la propria attività, ha la responsabilità dell'organizzazione stessa o dell'unità produttiva in quanto esercita i poteri decisionali e di spesa*». Pertanto, nelle ipotesi frequenti di *dissociazione tra proprietà dell'impresa* ed *effettivo esercizio dei poteri direttivi e gestionali*, è *la figura di vertice*, dotata dei poteri direttivi e di spesa, che ha la responsabilità di garantire l'obbligo di sicurezza. Il T.U. ha così definitivamente stabilito il principio della *responsabilità* in materia di igiene e sicurezza *del lavoro sulla base dell'esercizio di fatto di poteri direttivi*, affermando in modo esplicito (art. 299), nell'ambito delle disposizioni sanzionatorie, che «le posizioni di garanzia relative ai soggetti di cui all'articolo 2, comma 1, lettere b), d) ed e)» — vale a dire del datore di lavoro, del dirigente e del preposto — «*gravano* altresì su colui il quale, *pur sprovvisto di regolare investitura, eserciti in concreto i poteri giuridici riferiti a ciascuno dei soggetti ivi definiti*».

Sono, altresì, responsabili i **dirigenti** («persona che, in ragione delle competenze professionali e di poteri gerarchici e funzionali adeguati alla natura dell'incarico conferitogli, attua le direttive del datore di lavoro organizzando l'attività lavorativa e vigilando su di essa») e i **preposti** («persona che, in ragione delle competenze professionali e nei limiti di poteri gerarchici e funzionali adeguati alla natura dell'incarico conferitogli, sovrintende alla attività lavorativa e garantisce l'attuazione delle direttive ricevute, controllandone la corretta esecuzione da parte dei lavoratori ed esercitando un funzionale potere di iniziativa») nell'ambito delle *rispettive attribuzioni e competenze*, secondo quanto previsto dal T.U. (artt. 18 e 19).

È da notare che il T.U. fornisce in maniera del tutto innovativa rispetto al precedente D.Lgs. 626/1994, una *specifica nozione* di dirigente e di preposto, che devono essere considerate, al pari del datore di lavoro, «figure centrali per la gestione della sicurezza negli ambienti di lavoro».

I compiti del datore di lavoro in materia prevenzionale possono essere *delegate* in quanto il T.U. ammette, a determinati limiti e condizioni, la **delega di funzioni**.

La **delega di funzioni** da parte del datore di lavoro (artt. 16 e 17 T.U.) è ammessa alle seguenti condizioni:

- deve risultare da *atto scritto* recante data certa;
- il delegato deve possedere i *requisiti di professionalità ed esperienza* richiesti dalla specifica natura delle funzioni delegate;
- deve attribuire al delegato tutti *i poteri di organizzazione, gestione e controllo* richiesti dalla specifica natura delle funzioni delegate, nonché l'*autonomia di spesa* necessaria;
- la delega deve essere *accettata dal delegato* per iscritto e deve essere adeguatamente e tempestivamente *portata a conoscenza di tutti gli interessati*.

La delega di funzioni non è ammessa per alcuni compiti di particoalre importanza, quali la valutazione dei rischi, l'elaborazione del relativo documento (DVR), e la nomina del responsabile del Servizio di prevenzione e protezione (RSPP); la responsabilità per il corretto assolvimento di tali obblighi è sempre a carico del datore di lavoro.

Il delegato può a sua volta delegare funzioni in materia di salute e sicurezza: la **subdelega** deve avvenire però *d'intesa con il datore di lavoro* ed inoltre, per evitare il rischio di deleghe a catena, è stato posto il *divieto* per il soggetto subdelegato di *delegare ulteriormente* i compiti che gli sono stati attribuiti.

Anche in caso di delega, o di subdelega, il datore di lavoro non è esautorato delle sue **responsabilità**: egli infatti risponde sia in merito alla corretta individuazione del soggetto delegato (cd. *culpa in eligendo*) sia per l'effettivo svolgimento da parte di questi delle funzioni trasferite (cd. *culpa in vigilando*). Relativamente a quest'ultima responsabilità, l'adozione di un *sistema di verifica e controllo del modello di gestione della sicurezza* previsto dal T.U. (art. 30) costituisce una *presunzione* dell'avvenuta vigilanza da parte del datore di lavoro.

8.5 I soggetti tutelati

La tutela del T.U. si applica in tutti i settori di attività, privati e pubblici, e «**a tutti i lavoratori e lavoratrici, subordinati e autonomi**, nonché ai soggetti ad essi *equiparati*» (art. 3), ad *esclusione* degli addetti ai *servizi domestici* e *familiari* (art. 2, comma 1, lett. *a)*).

In determinati casi, tenendo conto delle **peculiarità** della prestazione o del rapporto di lavoro, il T.U. prescrive che:

— nell'ipotesi di **distacco** del lavoratore, gli obblighi di prevenzione e protezione sono a carico del *distaccatario*.

  Il datore *distaccante* ha l'obbligo di informare e formare il lavoratore sui rischi tipici generalmente connessi allo svolgimento delle mansioni per le quali il lavoratore è distaccato;

— nei confronti dei **lavoratori a domicilio** e dei **portieri** di stabili privati, la tutela si applica *limitatamente* agli obblighi di informazione e formazione, alle attrezzature di lavoro e alla fornitura di dispositivi di protezione individuali (DPI);

— nei confronti dei **collaboratori coordinati e continuativi**, la tutela si applica solo se la prestazione lavorativa si svolge nei *luoghi di lavoro* del *committente*.

Prescrizioni specifiche sono dettate dal T.U. per il *telelavoro*, cui si applicano in particolare le misure in materia di videoterminali ove si tratti di lavoratori subordinati.

Per effetto della L. 81/2017, cd. **Jobs Act del lavoro autonomo**, il lavoro subordinato che si svolge secondo la modalità del **lavoro agile** (cd. smart working) impone al datore di lavoro di consegnare al lavoratore e al rappresentante dei lavoratori per la sicurezza, con cadenza almeno annuale, un'*informativa scritta* nella quale sono individuati i rischi generali e i rischi specifici connessi alla particolare modalità di esecuzione del rapporto di lavoro. Il lavoratore che presta la propria attività con le modalità del lavoro agile è tenuto a *cooperare* all'attuazione delle misure di prevenzione predisposte dal datore di lavoro per fronteggiare i rischi connessi all'esecuzione della prestazione all'esterno dei locali aziendali (art. 22).

Con specifico riferimento agli **studi professionali**, invece, il provvedimento contiene una delega al Governo diretta al riassetto delle disposizioni vigenti in materia di sicurezza e tutela della salute da attuare secondo i seguenti *criteri direttivi* (art. 11): l'individuazione di *specifiche misure di prevenzione e protezione idonee a garantire la tutela della salute e della sicurezza delle persone che svolgono attività lavorativa negli studi professionali*, con o senza retribuzione e anche al fine di apprendere un'arte, un mestiere o una *professione*; la determinazione di misure tecniche ed amministrative di prevenzione compatibili con le caratteristiche gestionali ed organizzative degli studi professionali; la semplificazione degli adempimenti meramente formali in materia di salute e sicurezza negli studi professionali, anche per mezzo di forme di unificazione documentale.

8.6 Gli obblighi e i diritti dei lavoratori e i loro rappresentanti

Il **T.U.** (art. 20) pone anche a carico dei **lavoratori** una serie di obblighi, disponendo espressamente che «*ciascun lavoratore deve prendersi cura della propria sicurezza e della propria salute e di quella delle altre persone presenti sul luogo di lavoro, su cui possono ricadere gli effetti delle sue azioni o omissioni, conformemente alla sua formazione ed alle istruzioni e ai mezzi forniti dal datore di lavoro*».

In specie i lavoratori devono, tra l'altro:

- osservare le disposizioni e le *istruzioni impartite* dal datore di lavoro, dai dirigenti e dai preposti;
- *utilizzare correttamente le attrezzature di lavoro, le sostanze e i preparati pericolosi, i mezzi di trasporto*, nonché i *dispositivi di sicurezza e di protezione* messi a loro disposizione;
- *segnalare immediatamente* al datore di lavoro (nonché al dirigente o al preposto) le deficienze dei mezzi e dei dispositivi, nonché eventuali condizioni di pericolo di cui vengono a conoscenza ecc.;
- sottoporsi ai *controlli sanitari* previsti nei loro confronti (se obbligatori);
- *contribuire all'adempimento di tutti gli obblighi* imposti dall'autorità competente o comunque necessari per tutelare la sicurezza e la salute dei lavoratori durante il lavoro.

Il **T.U.** (art. 44) riconosce ai lavoratori anche specifici **diritti in caso di pericolo grave e immediato**, in specie il diritto ad *abbandonare le mansioni e allontanarsi* dal posto di lavoro e di *non subire pregiudizio nel caso di intervento diretto* per evitare le conseguenze del pericolo, sempre che non via sia stata da parte del lavoratore grave negligenza e non sia stato possibile avvertire il competente superiore gerarchico.

Inoltre, il T.U. disciplina le figure dei **rappresentanti dei lavoratori in materia di sicurezza** ed i loro diritti e prerogative.

Il **rappresentante dei lavoratori per la sicurezza** (**RLS**) deve essere eletto o designato in tutte le aziende e unità produttive, in numero definito dalla *contrattazione collettiva*.

Il T.U. (artt. 47-49) distingue in ordine alle modalità di nomina dei RLS: nelle aziende *con più di 15 dipendenti* il RLS è eletto o designato *nell'ambito delle rappresentanze sindacali presenti in azienda* (RSA, RSU) e solo in mancanza di tali rappresentanze può essere eletto direttamente all'interno dei lavoratori; nelle aziende, o unità produttive, che occupano *sino a 15 dipendenti* il RLS è *eletto direttamente dai lavoratori al loro interno* o in alternativa può essere eletto un *rappresentante territoriale*.

Il T.U. ha introdotto anche le figure del **rappresentante dei lavoratori per la sicurezza territoriale** (RLST) (art. 48) e del **rappresentante dei lavoratori di sito produttivo** (art. 49).

Il *primo* opera in *tutte le aziende* o *unità produttive del territorio* o del *comparto* di competenza, in cui *non* si è proceduto alla elezione o designazione di un rappresentante, mentre il *secondo* è individuato su iniziativa dei RLS per favorire la sinergia tra le rappresentanze presenti in *specifici contesti produttivi* caratterizzati dalla compresenza di più aziende o cantieri (porti, centri intermodali di trasporto, impianti siderurgici ecc.).

In attuazione della *delega alla contrattazione collettiva*, contenuta nel D.Lgs. 81/2008 relativa al *numero*, alle *modalità di designazione* o di *elezione* e alle modalità per l'*esercizio delle funzioni* del rappresentante dei lavoratori per la sicurezza (RLS) (artt. 47, comma 5 e 8; 50, comma 3); alle *modalità di elezione* o *designazione* del rappresentante dei lavoratori per la sicurezza territoriale (RLST) (art. 48, comma 2) e all'individuazione del rappresentante dei lavoratori di sito produttivo (art. 49, comma 3), è stato concluso l'**Accordo interconfederale sulla rappresentanza e pariteticità in materia di salute e sicurezza**, che costituisce parte integrante dell'Intesa del 12-12-2018 sui temi della *salute e sicurezza sul lavoro*.

Le **attribuzioni** dei rappresentanti sono rilevanti (art. 50 T.U.), avendo essi *accesso ai luoghi di lavoro* e dovendo essere *consultati* in ordine all'attuazione della maggior parte degli obblighi previsti dalla legge, quali la *valutazione dei rischi*, la *designazione degli addetti al servizio di pre-*

venzione e del *medico competente*, *la formazione* dei lavoratori ecc. Inoltre i RLS devono ricevere tutte le *informazioni e la documentazione aziendale inerente la valutazione dei rischi e le misure di prevenzione relative*, devono *partecipare alla riunione periodica* sulla prevenzione ed hanno *facoltà* di fare *proposte* in merito all'attività di prevenzione.

I RLS hanno diritto ad una *formazione adeguata* relativamente al compito da svolgere e conforme alle previsioni del T.U. Nell'esercizio delle ampie attribuzioni previste dal T.U. il RLS *non può subire pregiudizio* alcuno a causa dello svolgimento della propria attività e nei suoi confronti si applicano le stesse *tutele* previste dalla legge per i membri delle rappresentanze sindacali.

8.7 La sorveglianza sanitaria obbligatoria

La **sorveglianza sanitaria** dei lavoratori costituisce un preciso *obbligo del datore di lavoro* derivante dal generale dovere di garantire la tutela dell'integrità psicofisica dei propri dipendenti (art. 2087 c.c.).

La sorveglianza sanitaria è **obbligatoria** soltanto *se espressamente prevista dalla legislazione vigente*.

Alle diverse ipotesi esistenti, alcune risalenti a provvedimenti degli anni '50, si aggiungono le previsioni dello stesso T.U. che riguardano l'obbligatorietà degli accertamenti sanitari in caso di attività che espongono i lavoratori a specifici fattori nocivi (amianto, rumore, radiazioni ionizzanti, agenti chimici, cancerogeni, mutageni o biologici, movimentazione manuale dei carichi, uso di videoterminali ecc.).

La sorveglianza sanitaria, che deve essere svolta esclusivamente tramite il *medico competente*, è effettuata a *cura e spese del datore di lavoro*.

Le **tipologie** di visite sanitarie cui può essere sottoposto il lavoratore sono (art. 41, comma 2, T.U.):

— visite mediche *preventive* intese a constatare l'assenza di controindicazioni al lavoro cui il lavoratore è destinato;
— visite mediche *periodiche* per controllare lo stato di salute dei lavoratori;
— visite mediche su *richiesta del lavoratore*;
— visite mediche in occasione del *cambio della mansione*;
— visite mediche alla *cessazione del rapporto di lavoro* nei casi previsti dalla normativa vigente;
— visita medica preventiva in fase *preassuntiva*;
— visita medica *precedente alla ripresa del lavoro*, a seguito di assenza per motivi di salute di durata superiore ai 60 giorni continuativi.

Il T.U. pone poi, a garanzia della *libertà e dignità del lavoratore*, il **divieto** di ogni controllo sanitario effettuato per **scopo illecito**, stabilendo espressamente che le suddette visite mediche non *possono essere effettuate per accertare stati di gravidanza* e sono precluse negli altri casi vietati dalla normativa vigente (art. 41, comma 3).

La sorveglianza sanitaria è finalizzata a valutare l'**idoneità** del lavoratore alle **mansioni specifiche cui è destinato**. Al termine degli accertamenti, ed in base al loro esito, spetta al medico competente decidere sull'idoneità del lavoratore.

Se il dipendente è giudicato *idoneo* potrà svolgere regolarmente l'attività prevista.

Nel caso invece di *inidoneità* alla mansione specifica, il datore di lavoro adibisce il lavoratore, ove possibile, ad *altra mansione compatibile con il suo stato di salute*.

A tutela del lavoratore il T.U. ha stabilito che nel caso in cui venga adibito a mansioni inferiori, egli conserva la retribuzione corrispondente alle mansioni precedentemente svolte.

9
La retribuzione

1 L'obbligazione retributiva

1.1 I requisiti della retribuzione

La retribuzione costituisce, secondo la definizione generale desumibile dagli **artt. 2094** e **2099 c.c.**, la *prestazione fondamentale* cui è obbligato il datore di lavoro nei confronti del lavoratore.

Essa indica il **corrispettivo del lavoro prestato**, cioè il complessivo trattamento economico che deve essere corrisposto al lavoratore in dipendenza del rapporto di lavoro come *diritto soggettivo irrinunciabile* sancito e tutelato dalla Costituzione.

L'**art. 36 Cost.**, infatti, dispone che la retribuzione deve essere *proporzionata alla quantità e qualità del lavoro*, nonché in ogni caso *sufficiente a garantire al lavoratore ed alla sua famiglia una esistenza libera e dignitosa*.

La norma individua nella *proporzionalità* e nella *sufficienza* i requisiti essenziali della retribuzione in virtù dei quali:

— la retribuzione deve essere determinata secondo un criterio di *equivalenza alla quantità e qualità del lavoro prestato* (requisito della **proporzionalità**), tenendo cioè presenti tutti gli elementi della prestazione (orario di lavoro, tipo di mansioni ecc.);

— è sancita una *misura minima di livello retributivo* (requisito della **sufficienza**), *idonea ad assicurare non solo al lavoratore, ma anche alla sua famiglia una esistenza libera e dignitosa*: libera, nel senso di salvaguardare l'esigenza di non essere oppressi dal bisogno economico; dignitosa, nel senso di godere di un tenore di vita decoroso.

Per quanto riguarda la vincolatività di tali principi, la giurisprudenza e la dottrina attribuiscono all'art. 36 Cost. natura **immediatamente precettiva**, per cui la norma è *direttamente vincolante* nei confronti della autonomia privata, e ogni pattuizione che non attribuisce al lavoratore una *giusta* retribuzione, secondo quanto previsto dalla norma costituzionale, è *invalida*.

1.2 Il principio della corrispettività

Il rapporto di lavoro si configura dal punto di vista civilistico come:

— un **rapporto oneroso**, in virtù dell'**obbligo retributivo** del datore di lavoro.

Tale requisito esclude la possibilità di inquadrare in contratti di lavoro gli apporti lavorativi caratterizzati dalla *gratuità*;

— di **scambio** o a **prestazioni corrispettive**, in quanto la prestazione del datore di lavoro è *strutturalmente e funzionalmente correlata alla esecuzione della prestazione di lavoro.*

Alla retribuzione viene, quindi, attribuito il carattere della **corrispettività**, in quanto prestazione dovuta dal datore di lavoro *in dipendenza* della prestazione lavorativa effettuata dal lavoratore.

Tale principio della corrispettività, valevole per la disciplina generale dei contratti di scambio, non ha vigenza assoluta per il contratto di lavoro, in quanto è attenuato dalla sussistenza del principio del *favor prestatoris* che, in determinate ipotesi *tassativamente* individuate, fa sì che il datore di lavoro sia tenuto al **pagamento della retribuzione anche in assenza di prestazione lavorativa**.

2 La struttura della retribuzione

2.1 Le tipologie retributive indicate nell'art. 2099 c.c.

La retribuzione ha una **struttura complessa** in quanto comprende una serie di attribuzioni patrimoniali che presentano forme, funzioni e denominazioni differenziate.

L'**art. 2099 c.c.** contempla diverse *tipologie retributive*, stabilendo che la retribuzione può essere determinata: **a tempo**, **a cottimo**, con **partecipazione agli utili** o **ai prodotti**, con **provvigione** ed, infine, **in natura**.

Tali sistemi costituiscono **metodi per calcolare l'ammontare della retribuzione**, a sua volta determinata dai contratti collettivi o dagli accordi individuali. Il metodo adoperato in maniera pressoché *esclusiva* è quello della *retribuzione a tempo*, in quanto le altre forme costituiscono compensi *parziali* o *elementi della retribuzione*, la quale mantiene sempre una *parte fissa*, determinata a tempo, al fine di garantire al lavoratore un minimo retributivo dovuto per il semplice fatto di aver prestato l'attività per un determinato periodo di tempo.

2.2 Le forme ordinarie di retribuzione. Il cottimo

Ai sensi dell'**art. 2099, comma 1, c.c.**, rappresentano *forme ordinarie* di retribuzione:

— la **retribuzione a tempo**, che costituisce, come appena detto, il sistema classico e più diffuso di retribuzione consistente nella corresponsione di una somma di denaro stabilita **in rapporto al tempo di lavoro** (euro x ora, giorno, mese ed anno); pertanto, è importante sapere l'*orario di lavoro* effettuato, che rappresenta la base per la determinazione della retribuzione indipendentemente dal risultato raggiunto.

Nell'ambito della retribuzione a tempo, si è soliti distinguere tra:

— *retribuzione mensile*, denominata **stipendio** che compete ai dirigenti, quadri ed impiegati;
— *retribuzione oraria*, denominata **salario** che viene corrisposta agli operai e a speciali qualifiche;

— la **retribuzione a cottimo** rappresenta l'altro fondamentale sistema di retribuzione previsto dalla norma. In tale sistema, nella determinazione della retribuzione, si tiene conto non soltanto del tempo impiegato, ma anche del *risultato*, della *produttività del lavoro* e, quindi, del **rendimento fornito dal lavoratore** (es. numero di scarpe prodotto in una determinata unità di tempo).

Di regola, la *retribuzione a cottimo si combina con la retribuzione a tempo*, ed in tal caso si parla di **cottimo misto**, nel quale il cottimo si configura come una *maggiorazione* (cd. *percentuale o utile di cottimo*) **integrativa della retribuzione fissa** (o paga base) calcolata a tempo.

In concreto, nel cottimo misto la *retribuzione si suddivide nelle seguenti tre fasce*: *paga base*, pari alla retribuzione a tempo; *cottimo minimo garantito*; *cottimo effettivo*, che oscilla di volta in volta.

Costituisce perciò un'eccezione il **cottimo puro o pieno**, nel quale la retribuzione viene *interamente determinata* in base al sistema del cottimo. La sua principale applicazione avviene nel *lavoro a domicilio*, in cui il lavoro *non si svolge nell'impresa* e quindi non può essere controllato il tempo impiegato per il suo svolgimento, potendosi al contrario, valutare *unicamente* il *risultato* (in tal caso, il *cottimo è obbligatorio* ai sensi dell'art. 8, L. 877/1973).

Va segnalato anche:

— il **cottimo collettivo** (di squadra o di gruppo), che si caratterizza per essere una forma particolare di retribuzione del lavoro subordinato legata al rendimento, non individualmente misurato, ma *riferito ad un gruppo di lavoratori* organizzato dall'impresa;

— il **concottimo**, che sta ad indicare il particolare trattamento retributivo riservato ai *lavoratori non cottimisti* che, in ragione delle mansioni espletate, sono *condizionati al ritmo di lavoro dei cottimisti* e perciò partecipano ai benefici del cottimo.

L'**art. 2100 c.c.** stabilisce che il lavoratore deve essere **obbligatoriamente** retribuito con il sistema del cottimo quando è vincolato all'osservanza di un determinato *ritmo produttivo* (es. catena di montaggio) e nel caso in cui la retribuzione è calcolata in base a minute rilevazioni, che accertano i tempi di lavoro per ogni singola operazione.

È, invece, *vietato* il cottimo nell'*apprendistato* allo scopo di evitare che il giovane apprendista sia spinto ad incentivare la quantità del proprio lavoro, con pregiudizio dell'attività formativa che è alla base del rapporto (natura tipica del rapporto.

La **disciplina del cottimo**, ferme le disposizioni degli artt. 2100 e 2101 c.c., è quasi interamente contenuta nella *contrattazione collettiva* che interviene in tutti gli aspetti dell'istituto, con funzione di controllo del potere del datore di lavoro, in particolare circa la fissazione delle tariffe e del minimo garantito di cottimo, la rilevazione dei tempi, la disciplina delle pause ecc.

Per determinare la retribuzione a cottimo, cioè la *tariffa di cottimo*, devono essere osservati i *principi generali* fissati dall'art. 2101 c.c. Al fine di garantire il lavoratore da eventuali *modifiche* stabilite unilateralmente dal datore per ridurre i tempi di lavoro (cd. taglio dei tempi), è, infatti, previsto che:

— il datore di lavoro deve in primo luogo *comunicare* (nella cd. *bolla di cottimo*) al lavoratore gli *elementi costitutivi della tariffa* di cottimo, le *lavorazioni* da eseguire ed il relativo *compenso*, nonché i dati relativi alla *quantità di lavoro* eseguito e al *tempo impiegato*;
— il datore può sostituire o modificare tali elementi solo se si verificano *mutamenti oggettivi* delle condizioni di lavoro;
— la *tariffa di cottimo diviene definitiva* solo dopo il periodo di esperimento previsto dai contratti collettivi.

2.3 Le forme speciali di retribuzione

Vengono qualificate come *speciali* le ulteriori forme retributive contemplate dall'**art. 2099 c.c.** In specie:

a) **retribuzione in natura**: si sostanzia nella fornitura al lavoratore di determinati beni o servizi, come ad es. vitto e alloggio, in cambio della prestazione lavorativa.

   Costituisce una *ipotesi residuale* che trova applicazione limitatamente a certe forme di lavoro domestico, agricolo e nel settore della pesca;

b) **provvigione**: consiste in una *percentuale sugli affari* conclusi dal lavoratore nei casi in cui oggetto della prestazione sia la trattazione di affari in nome e per conto del datore di lavoro (es. rappresentanti, piazzisti, venditori in genere);
c) **partecipazione agli utili e al capitale dell'impresa**: il compenso è legato al *risultato dell'impresa*, in quanto viene commisurato agli *utili netti* (non vi è partecipazione alle perdite) che, nel caso di imprenditore obbligato alla pubblicazione del bilancio, sono quelli risultanti dall'ultimo bilancio approvato e pubblicato (art. 2102 c.c.);
d) **retribuzione differita**: nella quale si fanno rientrare tutti quegli emolumenti, quali la 13ª mensilità o gratifica natalizia, la 14ª o gratifica di bilancio, il trattamento di fine rapporto di lavoro ecc., che maturano nel corso del rapporto di lavoro, ma vengono erogati in *un momento successivo*.

3 La determinazione della retribuzione

3.1 Le fonti della retribuzione

La retribuzione è in concreto stabilita (**art. 2099, commi 1-2 c.c.**):

— dalla **contrattazione collettiva** (dovendosi così intendere il rinvio che l'articolo fa alle soppresse norme corporative).

Si riconosce, in tal modo, ai contratti collettivi la fondamentale funzione di determinare la retribuzione minima, inderogabile *in peius*, ma suscettibile di *modifiche migliorative* da parte del contratto individuale (i cd. *superminimi*);

— dall'**accordo delle parti**, che opera soprattutto nell'ipotesi in cui manchino contratti collettivi che stabiliscano la misura della retribuzione.

La contrattazione individuale può solo apportare modifiche migliorative a quella collettiva e *non anche viceversa* (art. 2077 c.c.);

— dal **giudice**, in caso di mancata determinazione collettiva o negoziale.

3.2 Il principio di non discriminazione

Lo Statuto dei Lavoratori (art. 16) **vieta** la concessione di **trattamenti economici di maggior favore aventi carattere discriminatorio** (cioè determinati esclusivamente da ragioni politiche, sindacali, religiose ecc.).

La Costituzione — e in particolare i principi di eguaglianza e di non discriminazione — hanno spinto a sostenere l'esistenza con riguardo all'obbligo retributivo, del cd. **principio di parità retributiva**, in base al quale *ai lavoratori, a parità di mansioni ed anzianità, spetterebbe un medesimo trattamento retributivo, senza alcuna possibilità per il datore di trattamenti preferenziali*.

Secondo la *prevalente giurisprudenza e dottrina*, fermo restando il **divieto di discriminazione** (e cioè la corresponsione di una diversa retribuzione determinata da motivi di sesso, politici, sindacali ecc.), deve *escludersi l'esistenza* di un *generale ed assoluto principio di uguaglianza retributiva*, in quanto **non sussiste una automatica equazione qualifica-retribuzione**: gli unici principi sussistenti sono quelli della garanzia del minimo retributivo e quello di non discriminazione.

Eventuali trattamenti retributivi differenziati sono, pertanto, leciti purché non ledano il principio di non discriminazione e, quindi, siano giustificati da ragioni *oggettive,* quali, ad esempio, *mansioni di alta specializzazione* oppure la *qualificazione professionale* del prestatore.

4 Gli elementi della retribuzione

La retribuzione si compone di *vari elementi*, dal cui insieme si ricava il trattamento economico complessivo corrisposto al lavoratore. Tali voci retributive sono:

a) **paga base** (cd. *paga o minimo tabellare*): è determinata dai *contratti collettivi* ed è connessa alla categoria e alla qualifica attribuita al lavoratore. Si aggiungono alla paga base — e ne costituiscono parte integrante — gli **scatti di anzianità**, che consistono in aumenti periodici di retribuzione (di solito biennali e di regola proporzionati alla paga base) legati alla permanenza del lavoratore presso il medesimo datore;

b) **elemento distinto della retribuzione** (**E.D.R.**): è costituito da una somma mensile di € 10,33 erogata per 13 mensilità, introdotta dal Protocollo d'intesa del 31 luglio 1992 per tutti i *lavoratori del settore privato* (senza distinzione di qualifica o di contratto collettivo applicato).

L'E.D.R. è stato introdotto per compensare l'abolizione dell'**indennità di contingenza** che è stata erogata ai lavoratori sino al 31 dicembre 1991. Tale indennità aveva la funzione di adeguare le retribuzioni all'aumento del costo della vita e, difatti, era regolata dal meccanismo della **scala mobile**, che prevedeva un adeguamento automatico delle retribuzioni all'aumento dei prezzi (*inflazione*). Dal 1° gennaio 1992, è cessata la scala mobile, sicché da questa data viene pagata solo l'indennità di contingenza maturata fino ad allora. In molti contratti collettivi, essa è stata conglobata nella paga base o minimo contrattuale;

c) **attribuzioni patrimoniali accessorie**: trattasi di *attribuzioni corrisposte in via saltuaria* o anche *continuativa*, previste nei contratti collettivi o individuali *in aggiunta alla retribuzione normale minima* e si distinguono in:

   1. **attribuzioni retributive**, le quali, anche se saltuarie ed occasionali, costituiscono un *corrispettivo della prestazione di lavoro* e, qualora assumano carattere continuativo, devono essere comprese, a tutti gli effetti, nella retribuzione.

      Sono tali, ad esempio, la maggiorazione per lavoro straordinario, i premi di operosità, rendimento, produzione, le mensilità supplementari (es. 13ª, 14ª mensilità), i compensi per ferie non godute, le indennità (es. di cassa e di maneggio denaro), i superminimi ecc.;

   2. **attribuzioni non retributive**, che invece *non hanno carattere corrispettivo*, anche se sono di natura continuativa.

      In tale categoria rientrano, ad esempio, le *indennità di rimborso spese*, che hanno natura non retributiva quando sono dirette a restituire forfettariamente le spese incontrate dal lavoratore in occasione di riunioni, trasferte ecc.; l'*assegno per il nucleo familiare* eventualmente percepito dal lavoratore, che ha natura previdenziale.

5 L'adempimento dell'obbligazione retributiva

La corresponsione della retribuzione è disciplinata da *norme generali in tema di obbligazioni*, trovando applicazione gli **artt. 1176** e **1218 c.c.**: la *prima* norma impone al datore di lavoro la *diligenza* nell'adempimento e la *seconda* sancisce la sua *responsabilità* in caso di inadempimento.

L'**art. 2099 c.c.** stabilisce inoltre che la retribuzione deve essere corrisposta con le *modalità* e nei *termini* in uso **nel luogo in cui il lavoro viene eseguito**. Pertanto, la retribuzione deve essere corrisposta nella *sede di lavoro* ovvero nel luogo in cui il lavoratore presta la propria attività.

Di regola, la retribuzione deve essere corrisposta nel **termine** stabilito dai *contratti* collettivi o individuali (in mancanza, dagli *usi*).

In ogni caso, il diritto al pagamento della retribuzione *sorge* a lavoro compiuto. È questo il **principio della postnumerazione**, in forza del quale il pagamento della retribuzione è *posticipato* rispetto allo svolgimento della prestazione lavorativa.

A seguito della L. 205/2017 (legge di bilancio 2018), i datori di lavoro o committenti **non possono corrispondere** la retribuzione **per mezzo di denaro contante** direttamente al lavoratore, qualunque sia la tipologia del rapporto di lavoro instaurato.

Si è ritenuto, tra l'altro, che tale disposizione si applichi anche laddove sia stato **accertato l'impiego di lavoratori in nero** e sia stato **riscontrato che la remunerazione degli stessi sia avvenuta in contanti**. Si è infatti precisato che — benché debba ritenersi piuttosto remota la possibilità che il lavoratore in nero venga remunerato utilizzando strumenti tracciabili — non può escludersi, anche in questi casi, l'applicazione al datore di lavoro della sanzione amministrativa pecuniaria prevista dalla legge di bilancio 2018, consistente nel pagamento di una somma da 1.000 a 5.000 euro. D'altra parte, si è osservato, quando il Legislatore ha voluto escludere l'applicazione di ulteriori sanzioni in caso di contestazione della maxisanzione per lavoro nero, lo ha fatto espressamente (nota INL 9-11-2018, n. 9224).

A far data dal 1° luglio 2018, i datori di lavoro o committenti corrispondono ai lavoratori la retribuzione, nonché ogni anticipo di essa, attraverso una banca o un ufficio postale mediante:

— *bonifico* sul conto identificato dal codice IBAN indicato dal lavoratore;

- *strumenti di pagamento elettronico*;
- *pagamento in contanti* presso lo *sportello bancario o postale dove il datore di lavoro abbia aperto un conto corrente di tesoreria con mandato di pagamento*;
- emissione di un *assegno* consegnato direttamente al lavoratore o, in caso di suo comprovato impedimento, a un suo delegato.

Per quanto riguarda il *campo di applicazione* della disciplina in esame, si è precisato che gli strumenti di pagamento indicati si riferiscono soltanto alle somme erogate a titolo di retribuzione. Pertanto, l'utilizzo di detti strumenti *non è obbligatorio* per la corresponsione di *somme dovute a diverso titolo* (es. vitto, alloggio), che potranno, quindi, continuare ad essere corrisposte in contanti (Nota INL 7369/2018).

Con specifico riferimento alle modalità da osservare per la corresponsione della retribuzione, il datore di lavoro ha l'obbligo di consegnare al lavoratore, unitamente alla retribuzione, un **prospetto di paga** nel quale devono essere indicate chiaramente le diverse voci che compongono la retribuzione, unitamente a tutte le ritenute di legge, fiscali (IRPEF), previdenziali ed assistenziali (art. 1, L. 4/1953).

La firma apposta dal lavoratore sulla busta paga **non costituisce prova** dell'avvenuto pagamento della retribuzione (art. 1, comma 912, L. 205/2017, legge di bilancio 2018).

La sottoscrizione è prova soltanto dell'avvenuta consegna della busta paga e non del pagamento della cifra ivi contenuta (Cass. ord. 21699/2018).

Il prospetto di paga deve essere consegnato *contestualmente* alla corresponsione della retribuzione al fine di verificare immediatamente la *corrispondenza* tra le annotazioni riportate sulla busta paga e la retribuzione percepita.

Il datore di lavoro può adempiere all'obbligo di consegna anche dando al lavoratore *copia delle scritturazioni effettuate nel libro unico del lavoro*.

10
Luogo e durata della prestazione e i rapporti di lavoro ad orario flessibile

1 Il luogo della prestazione. Il trasferimento del lavoratore

1.1 La sede di lavoro

La prestazione di lavoro va eseguita nel **luogo stabilito dalle parti nel contratto** o dall'imprenditore nel regolamento di impresa.

Il luogo in cui deve essere eseguita la prestazione di lavoro coincide normalmente con l'*unità produttiva* che viene specificata nel contratto di lavoro. Se il contratto non indica il luogo, allora la prestazione va eseguita nella **sede dell'impresa** (o in una delle sue sedi).

Il lavoratore disabile, che usufruisce dei permessi *ex* art. 33, D.Lgs. 104/1992, ha diritto di *scegliere la sede di lavoro più vicina al proprio domicilio*. Analogamente, il lavoratore che assiste un familiare disabile, usufruendo dei medesimi permessi, ha diritto di *scegliere la sede di lavoro più vicina al domicilio della persona da assistere*.

1.2 Il trasferimento del lavoratore

Il datore di lavoro può **modificare unilateralmente** il luogo della prestazione e trasferire il lavoratore da una sede di lavoro all'altra.

Tale potere trova significativi **limiti** nell'**art. 2103 c.c.** che subordina il **trasferimento del lavoratore** da *un'unità produttiva ad un'altra* alla sussistenza di «*comprovate ragioni tecniche, organizzative e produttive*».

Il legislatore ha quindi previsto la sussistenza di *ragioni obiettive* che devono poter essere *dimostrate* dal datore di lavoro in caso di giudizio.

La finalità della norma è quella di evitare un abuso del trasferimento da parte del datore di lavoro, che potrebbe utilizzarlo come strumento per punire il lavoratore che, ad esempio, partecipa a scioperi o per indurre a dimissioni il lavoratore che non può licenziare.

Il legislatore, però, non prende in considerazione qualsiasi trasferimento, ma solo quello posto in essere da un'*unità produttiva ad un'altra* appartenente *allo stesso datore di lavoro* (se fosse di pertinenza di un soggetto diverso, si configurerebbe un caso di *distacco* e non di trasferimento).

L'**art. 15 L. 300/1970** (Statuto dei lavoratori) sancisce inoltre la *nullità* di qualsiasi atto o fatto volto *a discriminare il lavoratore nel trasferimento*.

1.3 La trasferta e il trasfertismo

La **trasferta** del lavoratore è caratterizzata da un **mutamento** solo **provvisorio** e **temporaneo** del luogo di adempimento della prestazione del lavoratore subordinato. Si tratta, quindi, di una modifica del luogo di svolgimento della prestazione che, per la sua *provvisorietà*, non è in grado di comprimere in maniera rilevante l'interesse del lavoratore alla stabilità del luogo di lavoro e, di riflesso, della sua vita privata.

Quando, invece, la trasferta diviene una *modalità normale* e non più sporadica della prestazione di lavoro, anzi è **strutturalmente connessa** alla stessa, tal che non *sussiste più un legame funzionale del lavoratore con la sede di lavoro*, si parla di **trasfertismo**: il lavoratore trasfertista non ha una sede di lavoro fissa, ma è obbligato a prestare la propria attività in luoghi sempre diversi, anche se all'interno di un'area di lavoro individuata contrattualmente.

La differenza tra trasferta e trasfertismo rileva soprattutto ai fini del trattamento economico (indennità di trasferta per la prima, indennità di trasfertismo per la seconda) e per la disciplina previdenziale e fiscale (maggiormente favorevole per la trasferta).

A tal proposito, il D.L. 193/2016 (cd. *decreto fiscale*) conv. in L. 225/2016, ai fini dell'applicazione del *testo unico delle imposte sui redditi* (art. 51, comma 6) ha chiarito che debbano considerarsi trasfertisti i lavoratori per cui sono presenti contestualmente le seguenti condizioni:

- la *mancata indicazione* nel contratto e/o lettera di assunzione della *sede di lavoro;*
- lo svolgimento di una attività lavorativa che richiede la *continua mobilità* del dipendente;
- la corresponsione al dipendente, in relazione allo svolgimento dell'attività lavorativa in luoghi variabili e diversi, di *una indennità o maggiorazione di retribuzione in misura fissa,* attribuiti senza distinguere se il dipendente si è effettivamente recato in trasferta e dove la stessa si è svolta.

2 La durata della prestazione e i criteri per la determinazione dell'orario di lavoro

2.1 Funzione dell'orario di lavoro e fonti normative

L'orario di lavoro è un elemento fondamentale del contratto di lavoro in quanto serve a **calcolare la retribuzione** spettante al lavoratore, commisurata appunto al *tempo* di lavoro.

Inoltre, l'orario di lavoro ha storicamente costituito un **limite alla durata giornaliera e settimanale della prestazione lavorativa**, evitando l'eccessivo logoramento delle energie psico-fisiche del lavoratore e proteggendo, quindi, il bene supremo della sua *salute*.

La principale fonte normativa in materia di orario di lavoro è rappresentata dall'**art. 36 Cost.**, che ha stabilito una *riserva di legge* per la durata massima della *giornata* lavorativa.

La disciplina dell'orario di lavoro è stata completamente riformata dal **D.Lgs. 8 aprile 2003, n. 66**, di attuazione delle direttive 93/104/CE e 2000/34/CE che, in un'ottica di semplificazione e razionalizzazione, coordina in un *unico testo normativo* le previgenti disposizioni anche in materia di ferie e festività, pause, orario notturno, lavoro straordinario ecc.

La normativa **si applica** alla *generalità dei lavoratori subordinati*, salvo esclusioni previste dalla legge (es. lavoro della gente di mare).

L'**orario di lavoro** è definito come qualsiasi periodo in cui **il lavoratore sia al lavoro**, a **disposizione del datore di lavoro** e nell'**esercizio della sua attività** o delle sue funzioni (art. 1, comma 2, lett. *a*), D.Lgs. 66/2003).

L'orario di lavoro deve essere specificato nel *regolamento di azienda* e deve essere *comunicato al lavoratore* mediante il contratto di lavoro o la lettera di assunzione.

L'orario di lavoro è unilateralmente **stabilito dal datore di lavoro** nell'osservanza delle disposizioni di **legge**. In realtà è il **contratto collettivo** che contiene la disciplina dell'orario di lavoro *effettivamente applicabile* per una determinata categoria (es. commercio, metalmeccanici, turismo ecc.) e in una specifica azienda (in caso di contratto collettivo aziendale).

2.2 L'orario normale settimanale e l'orario multiperiodale

Il parametro di riferimento nella disciplina del D.Lgs. 66/2003 è la *settimana lavorativa*. Per cui l'orario di lavoro è **determinato su base settimanale** ed in particolare (art. 3, D.Lgs. 66/2003):

- l'orario normale di lavoro stabilito dalla legge è pari a **40 ore settimanali**. Questa durata settimanale del lavoro è definita *normale* perché tutte le ore di lavoro richieste ed effettuate *oltre* tale orario saranno classificate come *lavoro straordinario* (**regime legale**);

— l'orario *normale* di lavoro settimanale può essere stabilito dal contratto collettivo in **misura inferiore** rispetto alla durata legale, ad esempio introducendo la settimana lavorativa di 36 o 38 ore (**regime contrattuale**). Le ore di lavoro effettuate in più saranno considerate **lavoro supplementare** (fino al limite legale di 40 ore) o straordinario (oltre le 40 ore);
— l'orario settimanale può essere fissato dalla contrattazione collettiva come **durata media** delle prestazioni di lavoro in un periodo non superiore all'anno e con la possibilità di compensare orari settimanali differenti nel periodo prescelto (regime contrattuale di **orario multiperiodale**, articolato o plurisettimanale).

Dunque, l'orario *normale* di lavoro (40 ore stabilite dalla legge o la durata inferiore stabilita dal contratto collettivo) è un **orario rigido** che deve essere osservato in *ciascuna settimana*; l'orario *multiperiodale* è un **orario flessibile**, in quanto l'orario normale (40 ore settimanali o meno in base al contratto collettivo) deve essere osservato come **media** in un certo periodo di riferimento stabilito dallo stesso contratto collettivo. In effetti, con tale regime, il datore di lavoro può organizzare il lavoro dei dipendenti in base al ciclo di mercato, *programmando* periodi di più intensa attività produttiva con prestazioni più lunghe rispetto all'orario normale settimanale e viceversa. Il vantaggio è che la compensazione permette di ridurre il lavoro straordinario (più costoso).

2.3 Il limite massimo settimanale

La **durata massima settimanale** del lavoro, comprendendo sia il lavoro *ordinario* o normale sia quello *straordinario*, non può superare le **48 ore per ogni periodo di 7 giorni** (art. 4, comma 2, D.Lgs. 66/2003).

Il periodo di riferimento è quello di *sette giorni* (e *non la settimana*) per cui esso può anche andare, ad esempio, dal martedì al martedì successivo o dal mercoledì a quello successivo.

Questo limite massimo settimanale deve essere osservato *non* rigidamente in ciascuna settimana, ma come **media in un periodo non superiore a 4 mesi** (elevabile a 6 e fino a 12 mesi a fronte di ragioni obiettive, tecniche o organizzative) o *diverso* periodo specificato dal contratto collettivo.

In concreto, il limite di 48 ore settimanali può essere quindi *superato* in un sistema di *compensazione* che ne consenta l'osservanza nel periodo, più ampio della settimana, fissato dal CCNL.

Ad es., in un periodo di 4 mesi dal 1° gennaio al 30 aprile, l'orario *settimanale* di lavoro del mese di gennaio potrebbe essere di 60 ore, di 40 ore il mese di febbraio e di 35 ore il mese di marzo e di 48 ore il mese di aprile (circ. Min. Lav. 8/2005).

2.4 Il riposo obbligatorio settimanale

Un ulteriore elemento importante da considerare nell'organizzazione dell'orario di lavoro è l'obbligo di osservare il **riposo settimanale**, per cui il lavoratore ha diritto **ogni 7 giorni a un periodo di riposo di almeno 24 ore consecutive**, di regola in *coincidenza con la domenica, da cumulare* con le ore di riposo giornaliero (art. 9 D.Lgs. 66/2003).

Requisiti del riposo settimanale sono: la *periodicità* (ogni 7 giorni), la durata di 24 ore, la coincidenza di regola con la *domenica* e la *consecutività* con il riposo giornaliero (Min. Lav., risposta ad interpello n. 2186/2005).

La pausa settimanale *può* essere calcolata anche come **media in un periodo non superiore a 14 giorni** (art. 41, comma 5, D.L. 112/2008, conv. in L. 133/2008).

Il diritto al riposo settimanale è **irrinunciabile**, come è espressamente previsto dall'art. 36, comma 3, Cost.; una eventuale pattuizione contraria di un contratto collettivo o di un contratto individuale sarebbe radicalmente *nulla*.

Lo stesso D.Lgs. 66/2003 prevede però un notevole ventaglio di **deroghe** sia alla regola della coincidenza con la domenica, sia a quella del riposo ogni 7 giorni. In tutti i casi in cui, in virtù di tale deroghe, sia richiesto di espletare attività lavorativa *eccezionalmente* durante la domenica, al lavoratore spetterà, oltre alla paga normale per la giornata lavorativa, una *maggiorazione e una giornata di riposo compensativo* da godere in un giorno normalmente lavorativo.

2.5 L'orario di lavoro giornaliero e le pause intermedie

Il D.Lgs. 66/2003 *non* prevede una *durata massima giornaliera*, ma stabilisce che:

— il lavoratore ha diritto a *11 ore di riposo consecutivo ogni 24 ore* (cd. **riposo giornaliero**), per cui si ricava *a contrario* che la **durata massima** della giornata lavorativa è di **13 ore**. Qualsiasi *accordo* che riduca il riposo giornaliero è *nullo* e sostituito, di diritto, dalla disposizione normativa violata.

  Il riposo giornaliero deve essere fruito in modo *consecutivo,* fatte salve le attività caratterizzate da periodi di lavoro frazionati durante la giornata o da *regimi di reperibilità* (art. 7 D.Lgs. 66/2003);

— se l'orario di lavoro giornaliero *eccede il limite di 6 ore*, il lavoratore ha diritto a delle **pause** per recuperare le energie psico-fisiche, per attenuare il lavoro monotono e ripetitivo e, eventualmente, per consumare il pasto (art. 8).

  Le modalità e la durata delle pause sono stabilite dai CCNL; in mancanza, al lavoratore deve essere concessa una pausa di almeno *10 minuti*, anche sul posto di lavoro, tra l'inizio e la fine di ogni periodo giornaliero di lavoro.

2.6 L'aumento dell'importo delle sanzioni stabilito dalla legge di bilancio 2019

Per la violazione delle disposizioni previste dal D.Lgs. 66/2003 in materia di orario massimo settimanale (art. 4, comma 2), di riposo obbligatorio settimanale (art. 9, comma 1) e di riposo giornaliero (art. 7), la L. 30 dicembre 2018, n. 145 (legge di bilancio 2019) (art. 1, comma 445) ha stabilito un aumento del 20% degli importi delle sanzioni previste dal cit. D.Lgs. 66/2003 (art. 18bis, commi 3 e 4), prevedendo che le *maggiorazioni* sono *raddoppiate* ove il datore di lavoro, nei tre anni precedenti, sia stato destinatario di sanzioni amministrative o penali per i *medesimi illeciti*.

Con particolare riferimento al raddoppio delle maggiorazioni (ove il datore di lavoro, nei *tre anni precedenti*, sia stato destinatario di sanzioni amministrative o penali per i *medesimi illeciti*), l'INL ha chiarito che, ai fini della *recidiva* (nota 1148/2019):

— il destinatario delle sanzioni va individuato nel soggetto che, nell'ambito della medesima impresa, in caso di violazioni amministrative, ha rivestito la qualità di «**trasgressore**»;

— occorre fare riferimento ad **illeciti definitivamente accertati** (es. per avvenuto pagamento della sanzione ingiunta), è necessario, cioè, essere stati destinatari di *provvedimenti divenuti definitivi nel triennio precedente* alla commissione del nuovo illecito per il quale va effettuato il calcolo della sanzione.

A tale riguardo, è stato ulteriormente precisato che l'arco triennale di riferimento deve essere inteso **sia quale periodo in cui l'illecito è stato commesso, sia quale periodo in cui lo stesso è stato definitivamente accertato** (nota INL 2594/2019).

Sono però da considerarsi **ostative all'applicazione dell'aumento** per la prevista recidiva, in ogni caso, le ipotesi di estinzione degli illeciti amministrativi contestati:

— qualora sia avvenuto il *pagamento in misura ridotta* della sanzione prevista (art. 16, L. 689/1981; art. 13, D.Lgs. 124/2004);

— qualora il contravventore abbia adempiuto alla *prescrizione* impartita dall'organo di vigilanza, effettuando i relativi pagamenti (artt. 20 e 21, D.Lgs. 758/1994 e 15 D.Lgs. 124/2004).

Infine, si è ribadito che gli illeciti pregressi, rilevanti ai fini dell'applicazione delle citate maggiorazioni, *non* devono essere stati *commessi dopo l'entrata in vigore della nuova disposizione*.

2.7 Il lavoro straordinario

Il **lavoro straordinario** è «*il lavoro prestato oltre l'orario normale di lavoro*», cioè oltre la quarantesima ora (art. 1, comma 2, lett. *c*), D.Lgs. 66/2003).

Se il contratto collettivo prevede una durata settimanale del lavoro *inferiore alla durata legale* (*40 ore settimanali*), le ore lavorate in più rispetto all'orario contrattuale e fino al limite legale costituiscono **lavoro supplementare**.

Per la maggiore fatica che comporta, il lavoro straordinario deve essere *computato a parte* e compensato con le **maggiorazioni retributive** previste dai contratti collettivi di lavoro oppure, *in alternativa* o *in aggiunta* a dette maggiorazioni, con **riposi compensativi**.

Sono, inoltre, previsti dei **limiti**, giornalieri e settimanali, al lavoro straordinario derivanti:

- dall'obbligo di osservare, per ogni 24 ore di lavoro, un periodo di riposo di almeno 11 ore: quindi la prestazione di lavoro non può durare, continuativamente, *più di 13 ore nelle 24 ore considerate, compreso l'eventuale straordinario*;
- dall'obbligo di osservare il limite massimo settimanale del lavoro pari a 48 ore, *compreso l'eventuale lavoro straordinario*.

Il limite delle 48 ore settimanali, comprensive del lavoro straordinario, deve essere osservato come *media* in un determinato periodo di tempo (4, 6 o eccezionalmente 12 mesi).

Il legislatore, inoltre, dispone in via generale che il **ricorso a prestazioni di lavoro straordinario deve essere contenuto** (art. 5, comma 1).

Le *modalità effettive di esecuzione* del lavoro straordinario devono essere comunque stabilite dalla **contrattazione collettiva**.

In *assenza* di un'apposita disciplina collettiva, il lavoro straordinario è ammesso solo previo **accordo** tra lavoratore e datore di lavoro e per un massimo di **250 ore annuali**.

Nel caso in cui esista una regolamentazione collettiva, non è quindi necessario il consenso del lavoratore, per cui il lavoro straordinario è esigibile dal datore di lavoro a semplice *richiesta*.

Il legislatore individua alcune **causali** che legittimano comunque il ricorso al lavoro straordinario, salva diversa previsione collettiva (es. *eccezionali esigenze tecnico-produttive* ed impossibilità di fronteggiarle attraverso l'assunzione di altri lavoratori).

3 Le ferie annuali e le festività

3.1 Il diritto al riposo annuale (ferie)

L'istituto delle ferie è previsto dall'**art. 36 Cost.**, che sancisce il diritto del lavoratore a fruire di **ferie annuali retribuite**.

La previsione di un *periodo di riposo* annuale è diretta a tutelare interessi superiori, quali la *salute* del lavoratore consentendogli di recuperare le *energie psico-fisiche usurate dal lavoro nonché di partecipare più incisivamente alla vita familiare e sociale*.

Per l'importanza della funzione svolta, il diritto alle ferie annuali è **irrinunziabile** ed ogni accordo che dispone in senso contrario è radicalmente *nullo*.

Il periodo di riposo annuale deve essere inoltre:

- **congruo**, cioè avere durata adeguata;
- possibilmente fruito in **maniera continuativa** (criterio specificato anche nell'art. 2109 c.c.);
- **retribuito**;
- **effettivo**, cioè le giornate di riposo devono essere godute concretamente dal lavoratore.

Il diritto al riposo annuale spetta **a tutti i lavoratori subordinati**, indipendentemente dalla tipologia contrattuale e dalla qualifica rivestita e *qualunque sia l'anzianità di servizio*.

3.2 La durata del periodo feriale

Per la **durata** delle ferie il codice civile rimanda alla *legge*, ai *contratti collettivi*, agli *usi* o all'*equità*. Fino all'emanazione del D.Lgs. 66/2003, la durata delle ferie era disciplinata solo dai contratti collettivi, mentre attualmente il decreto *quantifica* direttamente il **periodo minimo feriale**, stabilendo (art. 10) che «il prestatore di lavoro ha diritto a un **periodo annuale di ferie retribuite non inferiore a 4 settimane**» (28 giorni di calendario).

La contrattazione collettiva ha però facoltà di *derogare in senso più favorevole*, prevedendo cioè *periodi più lunghi* di ferie.

Il **momento di godimento delle ferie**, per ciascun lavoratore, è stabilito dal *datore di lavoro* che deve tenere conto delle *esigenze dell'impresa* e degli *interessi del lavoratore*, salvaguardando il principio di massima della *continuità* del periodo feriale.

Il lavoratore *matura* il diritto al periodo feriale in base ai *giorni lavorati in un periodo di 12 mesi*, per cui, in caso di assunzione *infrannuale*, il lavoratore avrà diritto ad un numero di giorni di ferie *proporzionali* ai giorni di lavoro lavorati.

Posto il periodo di ferie stabilito dal CCNL, di regola, ogni mese il lavoratore matura un *rateo* del periodo feriale, pari ad 1/12 del periodo stesso. Le frazioni di mese inferiori a 15 giorni, secondo la maggior parte dei CCNL, *non* valgono ai fini della maturazione del *rateo* di ferie, mentre quelle superiori valgono come *mese intero*.

Ad es. se il lavoratore è assunto il 17 gennaio 2021, al 31 marzo 2021, gli spetteranno solo 2 ratei del periodo feriale (a gennaio ha lavorato meno di 15 giorni, quindi non matura alcun rateo di ferie).

3.3 Il principio dell'effettivo godimento delle ferie

Il D.Lgs. 66/2003 ha introdotto il **divieto di monetizzazione delle ferie** e il principio dell'**effettività del loro godimento**: in pratica *non è ammissibile* che il lavoratore *rinunci* a fruire delle stesse, ottenendo in cambio il controvalore della giornata lavorativa a titolo di maggiorazione.

Vi sono dei casi, però, in cui la **monetizzazione è legittima**. In particolare:

— nei *contratti a tempo determinato di durata inferiore all'anno*, in quanto in tali rapporti di lavoro il godimento delle ferie annuali può *non* essere effettivamente fruito, in tutto o in parte, mediante giorni di riposo, ma può essere sostituito dalla relativa *indennità* (Min. Lav., risposta ad interpello 27-7-2005, n. 2041);

— nel caso di *cessazione del rapporto di lavoro nel corso dell'anno*.

Il principio dell'effettivo godimento delle ferie implica che esse siano **fruite effettivamente nell'anno di maturazione**.

Questo principio non si applica, tuttavia, a tutto il periodo spettante (4 settimane previste dalla legge o il periodo più lungo stabilito dal contratto collettivo), ma solo ad un **periodo minimo di 2 settimane**.

Le restanti due settimane di ferie spettanti possono essere godute dal lavoratore **nei 18 mesi successivi al termine dell'anno di maturazione**.

Se poi il contratto collettivo o individuale prevede un periodo feriale più lungo di quello legale (4 settimane), i giorni di ferie (o settimane) in più possono essere fruiti anche *oltre i 18 mesi successivi alla maturazione*, nel rispetto di quanto convenuto contrattualmente. Tali giorni in più possono essere anche liberamente monetizzati, ove non fruiti alle scadenze stabilite dal contratto collettivo o individuale.

Si possono distinguere tre differenti regimi:

- un primo periodo di ferie, di almeno *2 settimane*, deve essere consumato in modo possibilmente ininterrotto nel corso dell'anno di maturazione, su richiesta del lavoratore (*non è posticipabile*);
- un secondo periodo, di *2 settimane*, può essere fruito anche in modo *frazionato* ed entro (e non oltre) i *18 mesi dal termine dell'anno di maturazione*, salvi i più ampi periodi di differimento stabiliti dalla contrattazione collettiva;
- un terzo periodo, corrispondente agli eventuali *giorni in più previsti dal contratto collettivo* o individuale, può essere fruito in modo frazionato, *entro il termine stabilito dall'autonomia privata*, e può essere *monetizzato* ove non sia stato consumato entro detto termine.

Il mancato godimento delle ferie può essere provato dal lavoratore con le buste paga. È onere del datore di lavoro, poi, contestare l'insussistenza probatoria delle buste paga prodotte dal dipendente (Cass. 16656/2019).

La L. 145/2018 (*legge di bilancio 2019*) ha previsto, anche per la violazione degli obblighi in materia di ferie (art. 10, comma 1, D.Lgs. 66/2003), un aumento del 20% delle sanzioni previste dalla legge.

Il D.Lgs. 151/2015 ha previsto che i lavoratori possono **cedere i riposi e le ferie** da loro maturati *ai lavoratori dipendenti dallo stesso datore di lavoro*. È però necessario che la fruizione dei riposi e delle ferie ceduti sia finalizzata ad agevolare il lavoratore che ne beneficia nell'**assistenza dei figli minori che, per le particolari condizioni di salute, necessitano di cure costanti**.

La cessione, inoltre, può avvenire a **titolo gratuito** e in ogni caso nel rispetto dei diritti previsti in materia dal D.Lgs. 66/2003, per cui deve ritenersi che non potranno essere ceduti i riposi e le ferie che il legislatore considera *obbligatori* e *irrinunciabili.*

La contrattazione collettiva dovrà comunque determinare in che *misura* e a quali *condizioni* sia possibile la cessione.

3.4 Eventi che determinano una sospensione delle ferie in godimento

Dall'applicazione del principio dell'effettività del godimento delle ferie, dovrebbe conseguire la *sospensione* delle stesse in tutti quei casi in cui il lavoratore sia impedito da eventi oggettivi che inficiano quei benefici che esse comportano.

In effetti, a tale conclusione si è giunti soprattutto grazie all'intervento giurisprudenziale che ha in tal modo cercato di presidiare l'importante funzione dell'istituto delle ferie.

In particolare, la giurisprudenza ha riconosciuto il **diritto alla sospensione del decorso delle ferie per malattia** intervenuta durante la fruizione delle ferie quando sussiste una **specifica incompatibilità** con l'essenziale funzione di riposo e recupero delle energie psicofisiche del lavoratore (Corte Cost. 616/1987).

Una previsione normativa in tal senso è quella contenuta nel Testo Unico per la tutela della maternità e paternità ove si stabilisce che il *ricovero ospedaliero per malattia del bambino* interrompe, a richiesta del genitore, il decorso delle ferie in godimento (art. 47, comma 4, D.Lgs. 151/2001).

La sospensione del godimento delle ferie è ammessa anche nel caso di intervenuta necessità di *assistenza al disabile* con fruizione del relativo permesso durante il periodo di ferie programmate (Min. Lav. interpello 20/2016).

Per quanto riguarda la sospensione del decorso delle ferie per malattia intervenuta durante il periodo feriale si è pronunciata favorevolmente la Corte costituzionale che, con la sentenza n. 616 del 30-12-1987, ha dichiarato la illegittimità costituzionale dell'art. 2109 c.c. nella parte in cui *non prevede*, appunto, che «*la malattia insorta durante il periodo feriale ne sospenda il decorso*». Al riguardo, la Cassazione (sent. 23-2-1998, n. 1947) ha però precisato che la regola della sospensione delle ferie per sopravvenuta malattia non ha valore assoluto, in quanto è necessario che sussista una *specifica incompatibilità* della malattia stessa con l'essenziale funzione di riposo e recupero delle energie psico-fisiche propria delle ferie.

3.5 Le festività

Oltre al riposo giornaliero, settimanale e annuale, spetta al lavoratore la sospensione dal lavoro in occasione delle **festività nazionali** previste dalla L. 27 maggio 1949, n. 260, dalla L. 5 marzo 1977, n. 54 e dal D.P.R. 28 dicembre 1985, n. 792.

Esse sono:

- il *primo giorno dell'anno*;
- il giorno dell'*Epifania* (6 gennaio);
- il *25 aprile* (ricorrenza della *Liberazione*);
- il *lunedì dopo Pasqua*;
- il 1° maggio (*festa del lavoro*);
- la festa nazionale della Repubblica (*2 giugno*);
- il giorno dell'*Assunzione della Beata Vergine* (15 agosto);
- il giorno di *Ognissanti* (1° novembre);
- il giorno della festa dell'Immacolata Concezione (*8 dicembre*);
- il giorno di *Natale* (25 dicembre);
- il giorno di *Santo Stefano* (26 dicembre).

La contrattazione collettiva generalmente considera festivo il giorno di celebrazione del *Santo Patrono del Comune*, per i soli lavoratori che lì svolgono la loro attività.

Per i lavoratori di *fede ebraica*, è ammessa un'organizzazione del lavoro che tenga conto delle ricorrenze religiose specifiche (D.M. 15-11-2005).

Durante le festività, ai lavoratori è dovuta la **normale retribuzione giornaliera**, compreso ogni elemento accessorio (art. 5 L. 260/1949).

Se la festività cade di *domenica*, il lavoratore retribuito in *misura fissa* ha diritto, oltre alla retribuzione globale di fatto, anche ad un'*ulteriore retribuzione corrispondente all'aliquota giornaliera*, poiché è privato di un giorno di riposo in più, cui ha diritto se la festività cade in un giorno lavorativo.

Ai lavoratori che *eccezionalmente* prestino la loro opera *durante le giornate festive*, spetta *oltre* la normale retribuzione globale di fatto giornaliera compreso ogni elemento accessorio, la **retribuzione per il lavoro espletato** (che corrisponde alla *retribuzione giornaliera* per gli impiegati, a quella relativa alle *ore di lavoro effettivamente prestate* per gli operai) con la **maggiorazione** per il lavoro festivo.

4 Il lavoro notturno

4.1 Disciplina e ambito di operatività

Il lavoro notturno, frequentemente utilizzato nelle grandi imprese dove vi sia un ciclo di lavorazione continua, è una tipologia di lavoro che comporta un *maggiore affaticamento psicofisico* e *sacrifici alla vita affettiva, familiare e di relazione del lavoratore*.

Il legislatore è intervenuto a disciplinare tale fattispecie inizialmente per gli aspetti puramente economici stabilendo, con l'**art. 2108, comma 2**, c.c. che il lavoro notturno*, non compreso in regolari turni periodici, deve essere retribuito con una maggiorazione rispetto al lavoro diurno*.

La disciplina organica del lavoro notturno è contenuta nel **D.Lgs. 66/2003**, il quale stabilisce i *criteri* per individuare *quando* e *in favore di chi* debba essere applicata (non tutti i lavoratori che prestano la propria attività nelle ore notturne, infatti, devono essere considerati «lavoratori notturni»). Pertanto:

- si ha **lavoro notturno** quando l'attività è svolta nel corso di un *periodo notturno* pari ad *almeno 7 ore consecutive* comprendenti l'intervallo tra la *mezzanotte e le ore 5 del mattino* (art. 1, lett. *d)*).

  Ai fini dell'*individuazione* delle 7 ore consecutive di lavoro, si dovrà fare riferimento all'orario di lavoro osservato secondo le indicazioni del *contratto collettivo* e del *contratto individuale* (nota INL 26-11-2020, n. 1050; nota Min. Lav. 26-11-2020, n. 12165);

- è **lavoratore notturno** quel lavoratore che, durante il periodo notturno, svolga almeno una *parte del suo orario di lavoro* secondo le disposizioni del contratto collettivo. In assenza di disciplina collettiva, è considerato lavoratore notturno chi svolga *per almeno 3 ore* lavoro notturno per *almeno 80 giorni lavorativi annui* (art. 1, lett. *e*).

È demandata alla *contrattazione collettiva* l'individuazione sia del *numero di ore giornaliere* di lavoro da effettuarsi durante il periodo notturno (che potrebbe essere, pertanto, *inferiore* o *superiore alle 3 ore*), sia del *numero di giornate necessarie* per rientrare nella categoria di «lavoratore notturno». Qualora la contrattazione *non specifichi* il numero di ore rilevanti ai fini della qualificazione del lavoratore come «notturno», oppure si limiti ad individuare *uno solo dei parametri* utili alla predetta definizione, viene applicata la disciplina normativa (nota INL 26-11-2020, n. 1050).

In concreto, il periodo notturno può andare dalle *22,00 alle 5,00* o dalle *23,00 alle 6,00* o dalle *24,00 alle 7,00* (e anche, naturalmente dalle 22,20 alle 5,20, dalle 22,30 alle 5,30 ecc.). La prestazione del lavoratore, perché questi sia considerato *notturno*, deve ricadere, in base al CCNL, stabilmente *per almeno 3 ore* all'interno di uno di questi intervalli. Ad es.: se il CCNL pone l'orario settimanale in 40 ore su 5 giorni lavorativi, è *notturno* il lavoratore che presti la propria attività giornaliera dalle 22,00 alle 6,00.

4.2 Durata e organizzazione del lavoro notturno

La disciplina del lavoro notturno deve essere predisposta dalla **contrattazione collettiva**, nel rispetto però delle disposizioni del D.Lgs. 66/2003, ed in particolare della **durata massima della prestazione**.

L'orario di lavoro dei lavoratori notturni **non può superare le 8 ore in media nelle 24 ore**, salva l'individuazione da parte dei contratti collettivi, di un periodo di riferimento più ampio sul quale calcolare come media il suddetto limite (art. 13, comma 1).

L'Ispettorato Nazionale del Lavoro ha fornito indicazioni per la corretta modalità di individuazione dell'**arco temporale di riferimento sul quale calcolare il rispetto del limite della media di ore notturne lavorate** (8 ore nelle 24), rispondendo al seguente quesito: il parametro della settimana lavorativa deve essere riferito all'articolazione dell'orario settimanale del singolo lavoratore (che può essere organizzato su 5 o su 6 giorni di lavoro alla settimana) oppure deve essere inteso in termini astratti (cioè sempre riferito a 6 giorni di lavoro)?

In particolare, si è ritenuto che, in assenza di una definizione normativa o contrattuale, la settimana lavorativa *può* essere individuata nell'*astratto* periodo di 6 giorni (quindi, nel caso di prestazione lavorativa su 5 giorni, il sesto giorno è da considerarsi giornata di lavoro a zero ore) e, cioè, nell'arco temporale settimanale **al netto del giorno obbligatorio di riposo** (previsto dall'art. 7 del D.Lgs. 66/2003).

A parere dell'INL, tale soluzione, *che prescinde da una valutazione caso per caso legata al singolo orario di lavoro del dipendente*, consente un'applicazione più uniforme della disciplina in materia di lavoro notturno, tenendo in debito conto il fatto che il lavoratore abitualmente impiegato su 5 giorni a settimana avrebbe comunque 2 giorni per il recupero delle proprie energie psicofisiche (nota INL 14-2-2019, n. 1438).

Il limite posto dalla norma *non* riguarda solo la prestazione lavorativa resa in periodo notturno, ma l'*orario generale* che devono osservare i lavoratori notturni.

Il limite, normalmente calcolato come *media* del periodo fissato dal CCNL (es. la settimana), opera invece in modo rigido per i lavoratori notturni addetti ad una serie di *attività pericolose*, *faticose* e *insalubri* (art. 13, comma 3): in tal caso, il lavoratore notturno non può lavorare più di 8 ore ogni 24 ore.

È previsto altresì che la contrattazione collettiva stabilisca *la riduzione dell'orario di lavoro normale* nei confronti dei lavoratori notturni e/o una **maggiorazione retributiva**.

4.3 Tutela della salute dei lavoratori notturni

Lo svolgimento di prestazioni di lavoro notturno non può avvenire in danno della salute e dell'integrità psico-fisica del lavoratore.

Pertanto, è obbligo del datore **accertare lo stato di salute dei lavoratori addetti al lavoro notturno** attraverso **controlli preventivi e periodici** adeguati al rischio cui il lavoratore è esposto, secondo le disposizioni previste dalla legge e dai contratti collettivi (art. 14).

Nel caso di sopravvenuta *inidoneità alla prestazione di lavoro notturno*, accertata dal medico competente o dalle strutture sanitarie pubbliche, il D.Lgs. 66/2003 prevede che «il lavoratore verrà *assegnato al lavoro diurno*, in altre mansioni equivalenti, *se esistenti e disponibili*» (è legittimo anche lo spostamento del lavoratore a mansioni *inferiori*, in caso estremo).

Il D.Lgs. 66/2003 *non* prevede quindi divieti soggettivi di effettuazione di lavoro notturno, assumendo invece il più efficace *principio generale* che esso non deve essere richiesto ogni qualvolta risulti **incompatibile** con le condizioni di salute del lavoratore.

La *contrattazione collettiva* può dare effettività a tale principio, stabilendo i requisiti dei lavoratori che devono ritenersi *esclusi* dall'obbligo di effettuare lavoro notturno.

È comunque **vietato** *«adibire le donne al lavoro, dalle ore 24 alle ore 6, dall'accertamento dello stato di gravidanza fino al compimento di un anno di età del bambino»* (art. 11 D.Lgs. 66/2003).

Inoltre è previsto che **non sono obbligati** (il rifiuto non può essere sanzionato) a prestare lavoro notturno:
- la lavoratrice *madre di un figlio di età inferiore a 3 anni* o, in alternativa, il *padre* convivente con la stessa;
- la lavoratrice o il lavoratore che sia l'*unico genitore* affidatario di un figlio convivente di età inferiore a *12 anni*;
- la lavoratrice *madre adottiva* o *affidataria* di un minore, nei primi 3 anni dall'ingresso del minore in famiglia, e comunque *non oltre il 12 anno di età* o, in alternativa ed alle stesse condizioni, il lavoratore padre adottivo o affidatario convivente con la stessa;
- la lavoratrice o il lavoratore che abbia a proprio carico un *soggetto disabile ex* L. 104/1992.

5 Il lavoro a tempo parziale

5.1 Caratteristiche

Il **D.Lgs. 81/2015** contiene la disciplina organica dei contratti di lavoro e stabilisce che nel rapporto di lavoro subordinato, anche a tempo determinato, l'assunzione può avvenire a tempo pieno, o a tempo parziale.

Il regime del tempo parziale può essere applicato, nell'ambito di *qualsiasi contratto di lavoro subordinato*, anche di *apprendistato* e nella *somministrazione.*

Il **lavoro a tempo parziale** si sostanzia in un *rapporto di lavoro subordinato*, a tempo indeterminato o a termine, caratterizzato da un **orario di lavoro inferiore** rispetto all'orario di lavoro a tempo pieno.

L'orario pieno di lavoro cui fare riferimento è quello stabilito dalla legge (*40 ore settimanali ex* D.Lgs. 66/2003) o il *minor orario settimanale fissato dal contratto collettivo.*

Il D.Lgs. 81/2015 non prevede alcun limite minimo o massimo di orario perché la prestazione si ritenga effettuata in regime di part-time, né individua espressamente tipologie specifiche di part-time. La precedente normativa (D.Lgs. 61/2000), invece, distingueva tra:
- rapporto di lavoro a tempo parziale di tipo **orizzontale**, cioè quello in cui la riduzione di orario rispetto al tempo pieno è prevista in relazione all'orario normale *giornaliero* di lavoro (*si lavora tutti i giorni ma per un orario inferiore*);
- rapporto di lavoro a tempo parziale di tipo **verticale**, in cui l'attività lavorativa è svolta a tempo pieno, ma *limitatamente* a periodi predeterminati nel corso della *settimana*, del *mese* o dell'*anno* (si lavora ad orario pieno ma *solo per alcuni giorni della settimana, o per alcune settimane del mese o mesi dell'anno*);
- rapporto di lavoro a tempo parziale di tipo **misto**, consistente in una *combinazione* delle precedenti tipologie.

Il contratto di lavoro a tempo parziale deve essere stipulato in **forma scritta** al fine di *provare* la sussistenza del rapporto stesso (*forma ad probationem*) (art. 5, comma 1, D.Lgs. 81/2015).

Se non si riesce a fornire la prova circa la stipulazione a tempo parziale del contratto di lavoro, potrà essere dichiarata, *a domanda del lavoratore*, la sussistenza fra le parti di un **rapporto di lavoro a tempo pieno** (art. 10, D.Lgs. 81/2015).

Nel contratto di lavoro a tempo parziale, inoltre, devono essere specificate, la **durata** della prestazione lavorativa e la **collocazione temporale** dell'orario con riferimento al giorno, alla settimana, al mese e all'anno.

5.2 Il lavoro supplementare e straordinario

Il datore di lavoro può richiedere al lavoratore in regime di tempo parziale **ore di lavoro in più** rispetto all'orario parziale concordato (art. 6, D.Lgs. 81/2015).

In particolare, nel rispetto di quanto previsto dai *contratti collettivi* ed entro i *limiti dell'orario normale di lavoro*, il datore di lavoro può chiedere al lavoratore di effettuare prestazioni di **lavoro supplementare**, definite dal D.Lgs. 81/2015 come *prestazioni di lavoro svolte oltre l'orario concordato fra le parti* anche in relazione alle *giornate*, alle *settimane* o ai *mesi*.

Se, ad esempio, si tratta di un part-time con 30 ore settimanali, il lavoro supplementare può essere svolto per le restanti 10 ore settimanali (fino al limite delle 40 ore settimanali).

In mancanza di previsioni del contratto collettivo, il lavoro supplementare può essere svolto entro i limiti posti dal D.Lgs. 81/2015, per cui:

- il datore di lavoro può richiederlo *in misura non superiore al 25%* delle ore di lavoro settimanali concordate;
- il lavoratore può *rifiutarsi* se sussistono *comprovate esigenze lavorative*, di *salute*, *familiari* o di *formazione professionale*;
- deve essere retribuito con una maggiorazione del 15% della retribuzione oraria globale di fatto.

Il prestatore in regime di part-time può effettuare, inoltre, su richiesta del datore, **lavoro straordinario** (attività lavorativa svolta oltre l'orario legale settimanale, cd. tempo pieno).

5.3 Le clausole di elasticità

Nel contratto di lavoro part-time è possibile variare la *collocazione temporale della prestazione lavorativa* e/o *aumentare la durata stessa della prestazione* mediante la stipulazione di apposite **clausole di elasticità** (art. 6, D.Lgs. 81/2015).

Le clausole di elasticità devono essere stipulate per *iscritto* e nel rispetto di quanto previsto dalla **contrattazione collettiva**.

In mancanza di regole definite dal *contratto collettivo*, per l'apposizione della clausola di elasticità, il D.Lgs. 81/2015 prevede che:

- la clausola deve essere pattuita per *iscritto* avanti alle *commissioni di certificazione*;
- la clausola deve prevedere, a *pena di nullità*, le condizioni e le modalità con le quali il datore di lavoro, con *preavviso di 2 giorni lavorativi*, può modificare la collocazione temporale della prestazione e variarne in aumento la durata;
- la misura massima dell'aumento dell'orario non può eccedere il *limite del 25%* della normale prestazione annua a tempo parziale;
- il lavoratore ha diritto ad una *maggiorazione* del 15% della retribuzione oraria.

La possibilità di **revocare** il consenso allo svolgimento di clausole di elasticità è poi riconosciuta *solo ad alcuni lavoratori* che si trovano nelle condizioni specificate dallo stesso legislatore (art. 6, comma 7, D.Lgs. 81/2015) (es. *patologie oncologiche* di cui siano affetti i lavoratori stessi o il coniuge, i figli o i genitori del lavoratore).

In ogni caso, il **rifiuto** del lavoratore di concordare variazioni dell'orario di lavoro *non* costituisce *giustificato motivo di licenziamento* (art. 6, comma 8, D.Lgs. 81/2015).

5.4 La trasformazione del rapporto da tempo pieno in part-time

Il rapporto di lavoro a tempo parziale può costituirsi a seguito di *assunzione* del lavoratore direttamente con contratto part-time oppure mediante *trasformazione successiva* di un rapporto da tempo pieno in tempo parziale.

Per la trasformazione da tempo pieno al regime di lavoro a tempo parziale, è necessario un **accordo scritto** tra lavoratore e datore di lavoro (art. 8, comma 2, D.Lgs. 81/2015).

Se la richiesta proviene dal datore, il lavoratore può legittimamente *rifiutarsi* senza incorrere nell'intimazione di un *licenziamento per giustificato motivo oggettivo*.

Comunque, la trasformazione del rapporto di lavoro da tempo pieno in part-time, salvo eccezioni previste dalla legge (es. lavoratori affetti da *patologie oncologiche*) **non costituisce un diritto del lavoratore** che, pur richiedendola, non ha la certezza di ottenere l'adozione di un orario di lavoro ridotto. La legge si limita a prevedere un mero **obbligo informativo**, in capo al datore di lavoro, che deve dare tempestiva *informazione al personale già dipendente con rapporto a tempo pieno* delle nuove assunzioni in regime di part-time che intende effettuare ed è tenuto a «*prendere in considerazione*» le eventuali domande di trasformazione a tempo parziale presentate dai dipendenti a tempo pieno.

Per determinati lavoratori, è prevista una semplice *priorità* alla richiesta di trasformare in part-time i rapporti di lavoro a tempo pieno (es. lavoratori che assistono una *persona convivente con totale e permanente inabilità* lavorativa grave che ha necessità di assistenza continua).

5.5 Il diritto di precedenza nella trasformazione del rapporto in tempo pieno

Dato che il rapporto a tempo parziale comporta il sacrificio di una minore retribuzione (perché si lavora meno), si tende a favorire la sua trasformazione a tempo pieno e, per tale motivo, al lavoratore è riconosciuto il cd. **diritto di precedenza**, cioè il diritto ad essere preferiti rispetto ad altri lavoratori, nel caso di *nuove assunzioni* a tempo pieno da parte del datore di lavoro.

In particolare, il diritto di precedenza compete per i *lavoratori assunti a tempo pieno che poi hanno trasformato il rapporto in tempo parziale*, ed è previsto per le assunzioni con contratto a tempo pieno per l'*espletamento delle stesse mansioni* o di *mansioni di pari livello e categoria legale* rispetto a quelle oggetto del rapporto di lavoro a tempo parziale.

5.6 Il principio di non discriminazione

Il legislatore (art. 7, D.Lgs. 81/2015) stabilisce che il lavoratore a tempo parziale *non deve ricevere un trattamento meno favorevole* rispetto al lavoratore a tempo pieno di *pari inquadramento* (**principio di non discriminazione**).

Il lavoratore a tempo parziale, quindi, ha i medesimi diritti di un lavoratore a tempo pieno comparabile ed il suo trattamento economico e normativo è riproporzionato in ragione della ridotta entità della prestazione lavorativa (principio di proporzionalità).

Alla contrattazione collettiva è data facoltà di modulare la durata del *periodo di prova*, del *periodo di preavviso* in caso di licenziamento o dimissioni e quella del periodo di conservazione del posto di lavoro in caso di *malattia* ed *infortunio* in relazione all'articolazione dell'orario di lavoro.

6 Il lavoro intermittente

6.1 Campo di applicazione

Il lavoro intermittente è definito, dal **D.Lgs. 81/2015** (art. 13), come il contratto mediante il quale *un lavoratore si pone a disposizione di un datore di lavoro* che ne può utilizzare la prestazione lavorativa in **modo discontinuo o intermittente**.

Il contratto, che può essere a tempo determinato o indeterminato, determina la facoltà per il datore di *chiamare una o più volte il lavoratore*, per lo svolgimento della prestazione (viene infatti definito anche **lavoro a chiamata**).

Elemento peculiare di tale tipologia contrattuale è che la *prestazione non* è *effettuata con continuità*, come accade in un normale rapporto di lavoro subordinato, ma solo **su richiesta del datore** che può utilizzare il lavoratore intermittente solo quando ne ha effettivamente bisogno.

Le *esigenze* per le quali è legittimo il ricorso al lavoro intermittente sono individuate dai **contratti collettivi**, anche con riferimento alla possibilità di svolgere le prestazioni in *periodi predeterminati* nell'arco della *settimana*, del *mese* o dell'*anno*.

In mancanza di contratto collettivo, i casi di utilizzo del lavoro intermittente sono individuati dal D.M. 23-10-2004 (che rinvia alla tabella allegata al R.D. 2657/1923).

La contrattazione collettiva può soltanto individuare le esigenze che giustificano il ricorso al lavoro intermittente, ma **non può vietarlo** (circ. INL 8-2-2021, n. 1).

Oltre che nei casi previsti dai contratti collettivi, il contratto di lavoro intermittente è attivabile con **soggetti con più di 55 anni** di età e con soggetti con **meno di 24 anni di età**.

Per la stipulazione del contratto il lavoratore *non deve ancora aver compiuto 24 anni*, mentre ai fini della durata del rapporto, esso deve concludersi *entro il compimento del 25° anno di età*.

Il ricorso al lavoro intermittente è ammesso, comunque, *per ciascun lavoratore con lo stesso datore di lavoro*, nel limite di un periodo complessivamente non superiore alle **400 giornate** di effettivo lavoro nell'arco di *3 anni solari*.

Tale limite *non* trova applicazione nei settori del *turismo*, dei *pubblici esercizi* e dello *spettacolo*.

L'eventuale superamento del limite in questione è sanzionato con la **trasformazione** del rapporto in un normale rapporto di **lavoro a tempo pieno e indeterminato**.

Il lavoro intermittente è **vietato**:
- per la *sostituzione* di lavoratori che esercitano il *diritto di sciopero*;
- presso unità produttive nelle quali si è proceduto, entro i 6 mesi precedenti, a *licenziamenti collettivi*, che hanno riguardato lavoratori adibiti alle stesse mansioni cui si riferisce il contratto di lavoro intermittente, ovvero presso unità produttive nelle quali sono operanti una *sospensione del lavoro* o una *riduzione dell'orario* in regime di *cassa integrazione guadagni*, che interessano lavoratori adibiti alle mansioni cui si riferisce il contratto di lavoro intermittente;
- ai datori di lavoro che non hanno effettuato la *valutazione dei rischi* in applicazione della normativa di tutela della *salute e della sicurezza dei lavoratori*.

6.2 Contratto di lavoro

Il contratto di lavoro intermittente deve essere stipulato in **forma scritta** ai *fini della prova*.

Nel contratto devono essere indicati:
- *durata* e *ipotesi*, oggettive o soggettive, che consentono la stipulazione del contratto;
- *trattamento economico* e *normativo* spettante al lavoratore per la prestazione eseguita e relativa *indennità di disponibilità*, ove prevista;
- *forme* e *modalità*, con cui il datore di lavoro è legittimato a richiedere l'esecuzione della prestazione di lavoro, nonché *modalità di rilevazione della prestazione*;
- *misure di sicurezza necessarie* in relazione al tipo di attività dedotta in contratto.

Nel contratto di lavoro devono essere indicati anche il *luogo* e le *modalità* della **disponibilità**, eventualmente garantita dal lavoratore. Il contratto intermittente, infatti, *non genera automaticamente un obbligo del lavoratore di rispondere positivamente alla chiamata* del datore. Perché tale obbligo sussista, è necessario che sia oggetto di apposita ed espressa previsione da parte del contratto individuale.

Si distingue infatti:

- **lavoro intermittente con espressa pattuizione dell'obbligo di disponibilità** del lavoratore: questi è *obbligato* a restare a disposizione del datore di lavoro per effettuare prestazioni lavorative quando il datore stesso le richiede;
- **lavoro intermittente senza obbligo di disponibilità del lavoratore**, in cui il prestatore *non si impegna contrattualmente* ad accettare la chiamata del datore di lavoro (resta libero di accettare ed eseguire la prestazione o no).

Il contratto deve indicare anche il **preavviso** a cui è tenuto il datore di lavoro per la chiamata del lavoratore, che non può essere inferiore a *un giorno lavorativo*.

In caso di ricorso alle prestazioni del lavoratore intermittente, il datore di lavoro deve effettuare anche una *comunicazione amministrativa preventiva* alla sede territoriale dell'Ispettorato del lavoro.

Tale onere informativo si aggiunge alla *comunicazione preventiva di assunzione* prevista per la generalità dei rapporti di lavoro e deve essere effettuata, prima dell'inizio della *prestazione di lavoro intermittente* o di un *ciclo integrato di prestazioni* di durata non superiore a 30 giorni, mediante *SMS o posta elettronica*.

6.3 Diritti del lavoratore e indennità di disponibilità

Il lavoratore intermittente ha diritto, per i *periodi lavorati*, a un **trattamento economico e normativo** complessivamente *non meno favorevole di quello di un lavoratore di pari livello*, a parità di mansioni svolte e in proporzione alla prestazione lavorativa effettivamente eseguita (art. 17, D.Lgs. 81/2015).

Nei periodi in cui non viene utilizzata la prestazione, il lavoratore non *matura alcun trattamento economico e normativo*. Tuttavia, quando il lavoratore è **obbligato contrattualmente a rispondere alla chiamata del datore di lavoro**, egli ha diritto a percepire una **indennità mensile di disponibilità** per i periodi in cui è *in attesa di utilizzazione*.

La misura dell'indennità di disponibilità è stabilita dalla contrattazione collettiva, nell'osservanza della misura *minima* fissata con decreto del Ministro del Lavoro.

Nel caso in cui sussista l'obbligo a rispondere alla chiamata del datore, nell'ipotesi di *temporanea indisponibilità a rispondere alla chiamata* (malattia o altro evento), il lavoratore non matura l'indennità ed è tenuto a informare tempestivamente il datore di lavoro, pena la **perdita del diritto alla indennità** per un periodo di 15 giorni, salva diversa previsione del contratto individuale.

Inoltre, il *rifiuto ingiustificato* alla chiamata del datore può comportare la **risoluzione del contratto** e la restituzione della quota di indennità di disponibilità riferita al periodo successivo all'ingiustificato rifiuto.

7 Permessi e congedi che determinano la sospensione del rapporto di lavoro

Per la trattazione dei permessi e congedi parentali, si rinvia al relativo capitolo in cui è approfondita la tutela della genitorialità.

7.1 Permessi e congedi in generale

I lavoratori sono legittimati ad assentarsi dal lavoro usufruendo dei **congedi** e dei **permessi** disciplinati dal legislatore. Si tratta di ipotesi di previsione legale (o contrattuale) in cui si consente, per brevi periodi, la *sospensione dell'obbligazione di lavoro*, garantendo però la conservazione del posto di lavoro e, in alcuni casi, anche la retribuzione.

Un esempio è costituito dai permessi e congedi riconosciuti a *tutela della genitorialità*.

I principali **permessi retribuiti** riguardano:

— i *donatori di sangue*, che hanno diritto di astenersi dal lavoro nel giorno del prelievo (L. 584/1967, D.M. 8 aprile 1968 e L. 219/2005);
— i *lavoratori-studenti* che, oltre a particolari agevolazioni nei turni di lavoro e sul lavoro straordinario, hanno diritto a *permessi giornalieri* per sostenere prove di esame presso ogni ordine e grado di scuole (art. 10 L. 20 maggio 1970, n. 300, cd. Statuto dei Lavoratori) mentre i *lavoratori in genere* hanno la possibilità di utilizzare *150 ore di permesso annuale* per formazione;
— i *dirigenti delle rappresentanze sindacali aziendali*, di cui alla L. 300/1970 cit., che hanno diritto a *permessi* (art. 23) in misura proporzionata alle dimensioni dell'azienda; a *permessi analoghi* nella misura prevista dai contratti collettivi hanno diritto (art. 30) i *dirigenti sindacali provinciali e nazionali*;
— il lavoratore che contragga *matrimonio* al quale deve essere concesso, a sua richiesta, un periodo di congedo generalmente pari a 15 giorni (la durata è variabile a seconda delle qualifiche e del settore produttivo);
— le *lavoratrici gestanti*, che hanno diritto a permessi retribuiti per l'effettuazione di *esami prenatali, accertamenti clinici* ovvero *visite mediche specialistiche*, nel caso in cui questi debbano essere eseguiti durante l'orario di lavoro (art. 14 D.Lgs. 151/2001);
— i *consiglieri comunali* (che non chiedano di essere collocati in aspettativa), che hanno diritto a permessi per il tempo necessario allo svolgimento delle loro funzioni (art. 32 L. 300/1970).

Tra i più importanti **permessi e congedi non retribuiti** vi sono quelli riconosciuti:

— ai *dirigenti delle rappresentanze sindacali aziendali* che hanno diritto, oltre ai permessi retribuiti previsti dall'art. 23 dello Statuto dei Lavoratori, a non meno di 8 giorni annui di permesso (non retribuito) per convegni, congressi e iniziative sindacali in genere (art. 24 L. 300/1970);
— ai lavoratori *eletti* a ricoprire *cariche pubbliche* (Parlamento nazionale o europeo, assemblee regionali ecc.) o *sindacali nazionali o provinciali*, esse hanno diritto ad un periodo di aspettativa non *retribuita* pari alla durata del mandato;
— *per adempiere a doveri civici* (es.: votazioni, comparizioni in giudizio come parte o come teste ecc.);
— ai lavoratori con anzianità di servizio di almeno 5 anni, che hanno diritto (salvo comprovate esigenze aziendali) ad uno speciale congedo *non retribuito* di 11 mesi, continuativi o frazionati, per *conseguire titoli di studio o partecipare ad attività formative*, ferme restando le disposizioni previste dall'art. 10 L. 300/1970.

7.2 Permessi e congedi per eventi particolari

La L. 53/2000, finalizzata alla promozione del migliore «equilibrio tra tempi di lavoro, di cura, di formazione e di relazione» prevede che i lavoratori possono fruire di speciali **permessi retribuiti** (*3 giorni* lavorativi all'anno), in caso di **eventi particolari** quali il decesso o la grave malattia del coniuge o convivente o di un parente entro il secondo grado ecc. (D.M. 21 luglio 2000, n. 278). In alternativa, nei casi di documentata grave infermità, il lavoratore o la lavoratrice può concordare con il datore *diverse modalità di espletamento* della prestazione lavorativa. I lavoratori hanno, inoltre, diritto a un **periodo di congedo**, continuativo o frazionato, non superiore a 2 anni, per *gravi e documentati motivi familiari* (durante il congedo il dipendente *non* può svolgere alcun tipo di attività lavorativa).

7.3 Congedo per le donne vittime di violenza di genere

A tutela delle donne *lavoratrici* che siano *vittime di violenza di genere* è stato introdotto un apposito **congedo** per le **lavoratrici inserite in percorsi di protezione** debitamente *certificati* dai *servizi sociali* del comune di residenza, dai *centri antiviolenza* o dalle *case rifugio*.

Il congedo è stato previsto in *via sperimentale* per l'anno 2015 *ex* D.Lgs. 80/2015 (art. 24). In forza del D.Lgs. 148/2015, la misura è stata estesa anche gli anni successivi, salve eventuali rideterminazioni da parte dei ministeri vigilanti.

Il diritto ad astenersi dal lavoro compete, *per motivi connessi al percorso di protezione*, sia alle lavoratrici private che del settore pubblico.

Possono beneficiarne anche le *lavoratrici titolari di rapporti di collaborazione coordinata e continuativa*, le *lavoratrici autonome* (*ex* L. 232/2016, *legge di bilancio 2017*) e le *lavoratrici domestiche* in origine escluse (L. 205/2017, cd. legge di bilancio 2018).

Relativamente al settore privato, le **lavoratrici co.co.co.** hanno diritto alla sospensione del rapporto di collaborazione, ma non all'indennità (circ. INPS 65/2016).

L'astensione può avere una durata massima di *3 mesi* e può essere fruita su *base oraria* o *giornaliera* nell'arco temporale di 3 anni.

Durante il periodo di congedo, la lavoratrice ha diritto ad un'*indennità economica,* corrispondente all'ultima retribuzione, erogata dal datore di lavoro secondo le modalità previste per la corresponsione dei trattamenti economici di maternità.

Le lavoratrici vittime di violenza di genere possono, inoltre, chiedere *la trasformazione del rapporto di lavoro* da tempo pieno *in part-time*. L'esercizio di tale diritto è subordinato, però, alla sussistenza di *posti disponibili in organico*. La lavoratrice può, invece, trasformare nuovamente, semplicemente richiedendolo, il part-time in rapporto di lavoro a tempo pieno.

7.4 Congedi e permessi per la disabilità

La **L. 104/1992**, nell'ambito di una serie di misure a favore dei soggetti disabili, prevede una importante forma di tutela per i **lavoratori con handicap in situazione di gravità**, finalizzata «a far superare i molteplici ostacoli che il disabile incontra quotidianamente nelle attività sociali e lavorative e nell'esercizio di diritti costituzionalmente protetti» (Corte Cost. 325/1996).

La legge riconosce ai lavoratori disabili il diritto a **2 ore di permesso giornaliero** retribuito o, in *alternativa*, a **3 giorni di permesso mensile** retribuiti e fruibili in maniera *continuativa* o *frazionata* (art. 33, comma 6, L. 104/1992).

La persona handicappata maggiorenne in situazione di gravità che usufruisce dei predetti permessi ha il diritto di scegliere, ove possibile, la **sede di lavoro più vicina** al proprio domicilio e non può essere trasferita in altra sede, senza il suo consenso.

Anche i **familiari**, lavoratori dipendenti, **che assistono persone con disabilità grave**, hanno diritto a **3 giorni al mese di permesso retribuito**, fruibili anche in maniera continuativa.

In particolare, i familiari legittimati a prestare assistenza sono (art. 33, comma 3, L. 104/1992):

— il *coniuge*;
— i *parenti* o *affini* entro il *secondo grado* del disabile in condizione di gravità che non sia ricoverato a tempo pieno.

La giurisprudenza ha ritenuto, tuttavia, che è *possibile* usufruire dei permessi se il familiare è ricoverato presso *strutture di tipo sociale* (es.: case di riposo), in quanto in queste ipotesi *non* c'è assistenza sanitaria *continuativa* (Cass. 14-9-2019, n. 21416).

Anche i parenti e gli affini entro il *terzo grado* beneficiano dei permessi, ma solo se i genitori o il coniuge della persona con disabilità da assistere *hanno compiuto i 65 anni di età* o se anche essi sono *affetti da patologie invalidanti*, o sono *deceduti* o *mancanti*.

I 3 giorni di permesso mensile ex art. 33, comma 3 e 6, L. 104/1992 spettano **integralmente** anche in caso di lavoro **part-time orizzontale**, nonchè di part-time **verticale o misto** con percentuale *superiore al 50% del tempo pieno* previsto dal contratto collettivo (Cass. 4069/2018; circ. INPS 45/2021).

In caso, invece, di part-time verticale o misto con percentuale *fino al 50% del tempo pieno*, con svolgimento di attività lavorativa *limitata ad alcuni giorni lavorativi del mese*, i 3 giorni di permesso mensili vanno **riproporzionati**.

Il diritto ai permessi *non* può essere riconosciuto a più di un lavoratore dipendente per l'assistenza alla stessa persona (principio del cd. **referente unico**).

Secondo la prassi amministrativa, per **referente unico** deve intendersi *colui che beneficia dei permessi mensili per tutti i mesi di assistenza alla persona con handicap grave* con esclusione, quindi, di altri eventuali soggetti (Min. Lav. interpello 24/2011).

Lo stesso lavoratore, però, può assistere più persone in situazione di disabilità grave, come pure il lavoratore disabile che già fruisce dei 3 giorni di permesso per se stesso può assistere altro soggetto che si trovi nella stessa condizione, beneficiando di ulteriori 3 giorni di permesso (circ. INPS 45/2011).

Il lavoratore che assiste il familiare con disabilità grave ha diritto a scegliere, *ove possibile*, la **sede di lavoro più vicina** al domicilio della persona da assistere e non può essere trasferito senza il suo consenso ad altra sede.

Nel caso in cui il disabile risiede in un Comune situato a **distanza stradale superiore a 150 km** rispetto a quello del lavoratore che presta assistenza, quest'ultimo deve attestare, con *un titolo di viaggio* o altra documentazione idonea, il *raggiungimento del luogo di residenza dell'assistito* (art. 33, comma 3bis, L. 104/1992).

Il datore di lavoro può richiedere al lavoratore di **programmare in anticipo** i 3 giorni di permesso mensile a condizione che: il lavoratore che assiste il disabile sia in grado di individuare preventivamente le giornate di assenza; **non venga compromesso il diritto del disabile ad avere una effettiva assistenza**; tale programmazione segua criteri condivisi con i lavoratori e le loro rappresentanze.

In ogni caso, il dipendente può modificare autonomamente la giornata in precedenza programmata per la fruizione del permesso, spostandola ad altra data.

Resta fermo, comunque, il principio secondo cui le esigenze di assistenza e di tutela del disabile devono prevalere sempre sulle esigenze organizzative imprenditoriali (Min. Lav. risposta ad interpello 1/2012; 31/2010).

Un particolare regime è riconosciuto, poi, ai **genitori che assistono un figlio con disabilità grave minore di età** (artt. 33, L. 104/1992 e 33, 42 D.Lgs. 151/2001).

In particolare, i genitori che assistono un figlio con disabilità grave, possono scegliere tra:

- **2 ore giornaliere** di permessi retribuiti, fino al compimento del terzo anno di vita del bambino;
- **3 giorni di permesso mensile** retribuito.

Per i genitori che assistono i figli disabili *non* vale la regola del *referente unico* in quanto, nell'intento di favorire la cura e l'assistenza della prole e tenuto conto del ruolo diverso che i genitori esercitano sul bambino, il diritto ai permessi mensili è *riconosciuto per lo stesso figlio ad entrambi i genitori* che ne possono godere, però, *alternativamente*.

In alternativa a tali permessi, è previsto, fino a 12 anni di vita del bambino, il **prolungamento del congedo parentale** per un *periodo massimo di 3 anni* (comprensivo di eventuali periodi di congedo parentale ordinario fruiti *ex* art. 32 T.U.).

7.5 Il congedo straordinario di due anni

In caso di assistenza ad un *soggetto con disabilità grave*, il lavoratore ha diritto a fruire di un **congedo straordinario** (art. 42, comma 5, D.Lgs. 151/2001).

Il diritto al congedo compete ad una *pluralità di soggetti*, secondo un *ordine* che tiene conto dell'eventuale decesso, mancanza, o impossibilità di assistenza del soggetto deputato a prestarla.

In particolare, il congedo spetta:

- al **coniuge** convivente del soggetto con handicap in situazione di gravità;
- al **padre** o alla **madre** anche adottivi, in caso di *mancanza, decesso o in presenza di patologie invalidanti del coniuge*;
- ad uno dei **figli** conviventi, in caso di *mancanza, decesso* o in *presenza di patologie invalidanti del coniuge, del padre e della madre*;

— ad uno dei **fratelli** o **sorelle** conviventi, in caso di *mancanza, decesso o in presenza di patologie invalidanti dei figli*;
— al **parente** o **affine** entro *il terzo grado convivente*, in caso di *mancanza, decesso o in presenza di patologie invalidanti di tutti gli altri soggetti su indicati*.

Il congedo ha durata massima complessiva di **due anni**, per una stessa persona da assistere, nell'*arco della vita lavorativa*.

La Corte Costituzionale, con **sent. 232/2018**, ha dichiarato l'*illegittimità costituzionale dell'art. 42, comma 5, D.Lgs. 151/2001, nella parte in cui non prevedeva il beneficio al congedo straordinario per l'assistenza al genitore anche al figlio non convivente per l'assistenza del padre.*

È stato, infatti, affermato che il diritto al congedo straordinario per assistere il genitore gravemente disabile spetti **anche al figlio con lui non convivente**, in *mancanza di tutti gli altri familiari legittimati a godere del beneficio*, secondo l'ordine di priorità indicato dalla legge: e cioè, in primo luogo, il coniuge convivente; poi il padre e la madre (anche adottivi); poi i figli conviventi, i fratelli e le sorelle conviventi; infine, i parenti o gli affini entro il terzo grado conviventi (Corte Cost. 203/2013).

Se, infatti, la *ratio* della norma in esame, nel richiedere il requisito della precedente convivenza con il disabile, è quella di assicurare la *continuità delle relazioni affettive e di cura*, prevedere tale requisito come criterio indefettibile ed esclusivo può pregiudicare il padre disabile, nel caso in cui manchino i familiari conviventi indicati in via prioritaria dalla legge e vi sia solo un figlio che, all'origine non convivente, voglia convivere *ex post* e prestare la necessaria assistenza.

In altri termini, *la non convivenza non può precludere al figlio originariamente non convivente di adempiere, in via residuale e sussidiaria, i doveri di cura e assistenza, quando nessun altro familiare convivente possa farlo.*

Tuttavia, la Corte Costituzionale ha precisato che il figlio, dopo aver conseguito il congedo straordinario, ha l'**obbligo di instaurare una convivenza** che garantisca al genitore disabile un'assistenza permanente e continuativa.

7.6 Permessi per le unioni civili e le convivenze di fatto ex L. 76/2016

La normativa sui *permessi per handicap* (art. 33, L. 104/1992) e sul *congedo straordinario biennale* (art. 42, D.Lgs. 151/2001) si applica anche alle **unioni civili** (ossia unioni costituite da due persone maggiorenni dello stesso sesso mediante dichiarazione di fronte all'ufficiale di stato civile ed alla presenza di due testimoni), in virtù della previsione, a carattere *generale*, contenuta nella **L. 76/2016** che le ha introdotte e disciplinate, secondo cui «le disposizioni che si riferiscono al matrimonio e le disposizioni contenenti le parole *coniuge*, *coniugi* o termini equivalenti, ovunque ricorrono nelle leggi, negli atti aventi forza di legge, nei regolamenti nonché negli atti amministrativi e nei contratti collettivi, si applicano anche ad ognuna delle parti dell'unione civile tra persone dello stesso sesso» (art. 1, comma 20, L. 76/2016).

In particolare, la parte dell'unione civile usufruisce dei permessi e del congedo solo nel caso presti *assistenza all'altra parte dell'unione* e non nel caso in cui l'assistenza sia rivolta ad un *parente* dell'unito, non essendo configurabile, a differenza del coniuge, un rapporto di *affinità* (circ. INPS 27-2-2017, n. 38).

La L. 76/2016 disciplina anche le **convivenze di fatto**, rispetto alle quali, però, non è stata introdotta alcuna norma che consenta di estendere ad esse la normativa in esame. L'applicazione, sia pur limitatamente ai permessi previsti dall'art. 33 L. 104/1992, è avvenuta a seguito dell'intervento della *Corte Costituzionale*, che ha dichiarato l'*illegittimità costituzionale* dell'art. 33 nella parte in cui non include il convivente tra i soggetti legittimati a fruire del permesso mensile retribuito per l'assistenza alla persona con handicap in situazione di gravità, in alternativa al coniuge, parente o affine entro il secondo grado (comma 3) (sent. 213/2016).

8 La sospensione del rapporto di lavoro per fatti riferibili al lavoratore

8.1 Disciplina

L'esecuzione del contratto di lavoro può essere talvolta **sospesa** per effetto di determinate vicende che *impediscono temporaneamente* l'adempimento della prestazione di lavoro.

Ciò può essere dovuto anche a *fatto imputabile*, ma *non* a titolo di colpa, al **datore di lavoro**: si tratta di situazioni riconducibili all'organizzazione del lavoro, a situazioni contingenti o strutturali di mercato o ad eventi dovuti a forza maggiore (incendi, alluvioni, sisma ecc.), a fronte dei quali è previsto quasi sempre l'intervento di appositi sostegni del reddito in favore dei lavoratori.

In questo paragrafo saranno analizzate solo le cause di sospensione *riferibili al fatto del lavoratore* (nell'ipotesi in cui l'impedimento *non* sia a lui addebitabile a titolo di colpa, il che darebbe luogo ad un comportamento *sanzionabile sul piano disciplinare* fino al giustificato motivo di licenziamento).

Gli **artt. 2110 e 2111 c.c.** disciplinano i casi più rilevanti di sospensione della prestazione dipendenti da fatto del lavoratore (**malattia**, **infortunio**, **gravidanza e puerperio**, **servizio militare**).

In passato tale norma si estendeva anche al *servizio militare*, ma, a seguito del D.Lgs. 215/2001 — che ha introdotto il *servizio di leva professionale e volontario* — e della L. 226/2004, che ha *sospeso* il servizio di leva obbligatorio a decorrere dal 1-1-2005, la conservazione del posto di lavoro non trova più applicazione nel caso in esame. Analogamente deve ritenersi per il nuovo servizio civile, disciplinato dal D.Lgs. 6 marzo 2017, n. 40 in attuazione della L. 106/2016, per il quale è prevista l'impossibilità dell'operatore a svolgere alcun tipo di attività autonoma o subordinata che sia incompatibile con il corretto svolgimento del *servizio civile universale*. La conservazione del posto di lavoro è invece teoricamente possibile, secondo il dettato normativo dell'art. 2111 c.c., per il caso del *richiamo alle armi*.

Al riguardo è stabilito che:

a) il lavoratore ha **diritto alla conservazione del posto** per il periodo stabilito dalla legge;
b) i periodi di assenza sono computati nell'**anzianità di servizio** a tutti gli effetti;
c) il lavoratore ha diritto ad apposite *indennità* a carico degli enti previdenziali, in sostituzione della *retribuzione* per il periodo e nella misura stabiliti dalla legge o dai contratti collettivi;
d) per un certo *periodo di tempo*, il datore non può recedere dal rapporto di lavoro (**periodo di comporto**); il superamento determina la *facoltà* datoriale di intimare il licenziamento per *impossibilità del lavoratore di fornire la propria prestazione*.

8.2 La malattia del lavoratore

Una rilevante ipotesi di sospensione del rapporto è rappresentata dalla **malattia del lavoratore** (ogni *alterazione* dello stato di salute fisica e psichica del lavoratore, che determini una sua incapacità totale e parziale di attendere proficuamente allo svolgimento dell'attività lavorativa e che richieda *cure* sanitarie, comprese quelle termali).

Oltre all'effetto *sospensivo* sul rapporto di lavoro, rileva la disciplina del **trattamento economico** spettante al lavoratore, che trova il suo fondamento direttamente nel diritto al sostentamento e all'assistenza previsto dall'art. 38 Cost. Le retribuzioni da corrispondere ai lavoratori ammalati aventi qualifica di *impiegato* e *quadro* (con esclusione di quelli operanti nel commercio) sono a carico del *datore di lavoro*, mentre per tutte le altre categorie è a carico dell'*INPS* l'**indennità giornaliera di malattia** (dal terzo giorno di assenza in poi) (art. 6 R.D.L. 1825/1924).

Il periodo di sospensione del rapporto di lavoro — e di conservazione del posto di lavoro — è stabilito dal *contratto collettivo* e la sua durata *varia* in funzione dell'anzianità di servizio. Può essere *unico* (cd.

comporto secco) o *frazionato* (più periodi di malattia in un determinato arco temporale, intervallati dalla effettiva ripresa dell'attività tra un periodo ed un altro); in quest'ultimo caso, l'estinzione del rapporto di lavoro è legittima solo se la sommatoria dei singoli episodi morbosi superi il periodo massimo stabilito (cd. *licenziamento per eccessiva morbilità*).

Il lavoratore deve **giustificare** al datore di lavoro l'assenza dal lavoro, mediante apposita **certificazione**, che deve essere trasmessa per via *telematica direttamente dal sanitario all'istituto previdenziale* il quale provvederà a sua volta a comunicarla al datore di lavoro (art. 25 L. 183/2010, cd. collegato lavoro).

L'invio telematico sostituisce l'obbligo del lavoratore di consegnare al datore di lavoro la *certificazione medica*, egli è comunque tenuto però a comunicare in tempo utile la propria assenza.

In data *26-7-2018*, l'INPS ha pubblicato una *guida sulla certificazione telematica* e sulle visite mediche di controllo.

La legge, inoltre, riconosce sia al datore di lavoro sia all'ente previdenziale la facoltà di effettuare *accertamenti* sullo stato di malattia del lavoratore, ma esclusivamente in determinati intervalli di tempo (cd. **fasce di reperibilità**).

Le fasce orarie di reperibilità per i lavoratori del *settore privato* sono *10.00-12.00* e *17.00-19.00.*

In caso di assenza *ingiustificata*, è prevista la perdita dell'indennità per un periodo di volta in volta definito.

Il D.Lgs. 151/2015 (art. 24) ha previsto l'introduzione di **causali di esenzione** dall'obbligo di reperibilità durante le assenze dal lavoro per malattia.

In attuazione di tale disposizione, il D.M. 11-1-2016 esenta dall'obbligo di reperibilità i lavoratori subordinati assenti: per *patologie gravi* che richiedono *terapie salvavita*; *stati patologici* sottesi o connessi alla *situazione di invalidità riconosciuta* con riduzione della capacità lavorativa nella misura pari o superiore al 67% (circ. INPS 7-6-2016, n. 95).

L'INPS ha precisato che le suddette norme non prevedono l'esonero dal controllo medico domiciliare, ma soltanto l'esonero dalla reperibilità (comunicato 23-10-2018).

11
La cessazione del rapporto di lavoro

1 Le cause di estinzione del rapporto di lavoro

1.1 Tipologia

Il rapporto di lavoro può *estinguersi* per una *pluralità* di cause previste dall'ordinamento. In particolare:

a) per **scadenza del termine**, se trattasi di rapporti di lavoro che prevedono una scadenza finale;
b) per **morte del lavoratore**.

Non produce, invece, l'estinzione del rapporto di lavoro la *morte del datore di lavoro* in quanto l'attività produttiva continua, di regola, con chi *succede* nella titolarità dell'impresa;

c) per **risoluzione consensuale** (o mutuo consenso) che è la *causa generale* di risoluzione dei contratti e che trova pertanto applicazione anche per il contratto di lavoro (*ex* art. 1372 c.c.);
d) per **impossibilità sopravvenuta** della prestazione o per **forza maggiore**.

Tali circostanze possono attenere sia al *lavoratore* (es. la sua carcerazione oppure la sopravvenuta assoluta inidoneità fisica al lavoro) che al *datore* (es. requisizione o distruzione per fatti naturali degli impianti aziendali).
Secondo le *disposizioni di diritto civile* (artt. 1463 ss. c.c.), nei contratti a prestazioni corrispettive (e tale è anche il contratto di lavoro), l'impossibilità di una delle prestazioni determina la risoluzione del contratto liberando entrambe le parti, debitore e creditore. Le ordinarie regole civilistiche non trovano tuttavia piena applicazione nell'ambito del rapporto di lavoro, in quanto l'impossibilità sopravvenuta della prestazione *non comporta l'automatica estinzione del rapporto*, che potrà derivare soltanto a seguito di licenziamento;

e) per altre specifiche **cause previste dalla legge**: a titolo esemplificativo, se a seguito dell'ordine del giudice di reintegrazione nel posto di lavoro, il lavoratore esercita l'opzione per l'indennità sostitutiva (cd. *opting out*), ovvero non riprende servizio entro 30 giorni dall'invito da parte del datore di lavoro, il rapporto di lavoro si *risolve* (*ex* art. 18, comma 1-4, L. 300/1970 e art. 2, comma 3, D.Lgs. 23/2015).

Alle precedenti cause di estinzione del rapporto di lavoro, va aggiunto il **recesso** che è l'ipotesi più ricorrente e più importante e che, pertanto, necessita di una trattazione a sé (*v. successivi paragrafi*).

1.2 Il recesso di una delle parti del rapporto

Il recesso è un **atto unilaterale recettizio** con cui si manifesta la volontà di *porre fine al rapporto di lavoro*: se proviene dal lavoratore assume comunemente la denominazione di **dimissioni**, se proviene dal datore quella di **licenziamento**.

Esso acquista, quindi, *efficacia* nel momento in cui viene *a conoscenza dell'altra parte*.

La disciplina del recesso nel **rapporto di lavoro a tempo determinato** è contenuta nel codice civile (**art. 2119 c.c.**) ed è sostanzialmente *unitaria*, nel senso che ad *entrambe* le parti, lavoratore e datore, *non è consentito* recedere dal rapporto *prima del termine stabilito*, a meno che si verifichi una **giusta causa**.

Il recesso dal **rapporto a tempo indeterminato** è, invece, disciplinato in modo *diverso* tra lavoratore e datore di lavoro: mentre infatti le *dimissioni* non necessitano di alcuna giustificazione, il *licenziamento* è sottoposto alla sussistenza di una causa giustificatrice, secondo una *normativa di carattere speciale* a tutela del lavoratore.

Particolare rilievo, infatti, ha il recesso del datore di lavoro per il quale l'ordinamento appresta una disciplina diretta a limitarne l'esercizio, con la conseguente affermazione del *principio di tipicità delle cause di estinzione del rapporto di lavoro*, nel senso che né la contrattazione collettiva né il contratto individuale possono *prevedere cause estintive del rapporto a tempo indeterminato diverse* rispetto a quelle già individuate e disciplinate dall'ordinamento (quali licenziamento, dimissioni, mutuo consenso), ovvero alle ulteriori specifiche ipotesi previste dalla legge, né una risoluzione automatica del rapporto. In proposito, la giurisprudenza ha affermato che le norme che disciplinano i licenziamenti sono *imperative*, con la conseguente nullità delle disposizioni contrattuali ad esse contrastanti *ex* art. 1418 c.c. (Cass. 6175/2000, Cass. 1011/2001).

1.3 L'obbligo di preavviso

La parte recedente da un contratto di lavoro a *tempo indeterminato* ha l'obbligo di dare alla parte receduta il **preavviso** (art. 2118 c.c.), che determina il differimento della cessazione del rapporto di lavoro per un certo periodo di tempo (CARINCI).

In generale, l'istituto del preavviso risponde all'elementare esigenza di evitare che la parte che patisce il recesso si trovi all'improvviso di fronte alla rottura del contratto (PERA) ed è perciò diretto a consentire al datore di lavoro, nel caso di dimissioni, di ricercare «un *sostituto* nel mercato del lavoro» (ROCCELLA), e al lavoratore, nel caso di licenziamento, di avere il tempo per *procurarsi un'altra occupazione* (Cass. 1998/112).

La **durata** del periodo di preavviso è stabilita dai *contratti collettivi di categoria* e varia in relazione alla qualifica e all'anzianità di servizio dei lavoratori.

Durante il periodo di preavviso, il *rapporto di lavoro continua normalmente* con la conseguenza che entrambe le parti sono tenute ad osservare tutti gli obblighi ad esso connessi: pertanto, deve essere *eseguita la prestazione* (ed infatti si dice che «il preavviso deve essere *lavorato*») e *pagata la retribuzione*.

La prestazione deve essere *effettivamente eseguita* per cui, da un lato, i giorni di ferie maturati e *non* consumati non possono essere portati a decurtazione del periodo di preavviso (art. 2109, comma 4, c.c.), dall'altro, esso rimane *sospeso* se dopo la comunicazione interviene la malattia, l'infortunio o la gravidanza del prestatore.

Il periodo di *preavviso lavorato* è computato, ad ogni effetto, ai fini dell'anzianità.

In *mancanza di preavviso*, la parte recedente deve corrispondere all'altra un'indennità equivalente all'importo della retribuzione che sarebbe spettata per il periodo di preavviso (cd. **indennità sostitutiva del preavviso**).

L'obbligo del preavviso tuttavia *non* sussiste se il recesso avviene per **giusta causa**.

In tal caso, occorre tuttavia distinguere:

— nel caso di *licenziamento*, il datore di lavoro è dispensato dall'obbligo di preavviso e dalla corresponsione dell'indennità sostitutiva;
— nel caso di *dimissioni*, il lavoratore è dispensato dall'obbligo di preavviso e benché parte recedente non solo non è tenuto alla corresponsione dell'indennità sostitutiva, ma ha diritto egli stesso a percepirla. In sostanza, l'atto di recesso, in quanto fondato sua una giusta causa (v. *infra*), produce il *duplice effetto* di consentire la cessazione immediata del rapporto di lavoro e, nel contempo, di avere diritto all'indennità economica. Ciò perché le dimissioni non dipendono da una libera scelta del lavoratore, ma da un *comportamento colpevole* del datore di lavoro (si pensi alla mancata corresponsione della retribuzione protrattasi nel tempo). Ne consegue che l'indennità sostitutiva che il datore di lavoro è tenuto a corrispondere al lavoratore recedente svolge una funzione, si potrebbe dire, latamente «risarcitoria».

L'indennità si calcola computando le provvigioni, i premi di produzione, le partecipazioni agli utili o ai prodotti ed ogni altro compenso di carattere *continuativo*, con *esclusione* di quanto è corrisposto a titolo di rimborso spese (art. 2121, comma 1, c.c.).

In caso di **morte** del lavoratore, l'indennità è corrisposta a taluni familiari superstiti, quali il coniuge, nonché la parte dell'unione civile (art. 1, comma 17, L. 76/2016), i figli e, se vivevano a carico del prestatore di lavoro, i parenti entro il terzo grado e gli affini entro il secondo grado (cd. **indennità *mortis causa***). La ripartizione dell'indennità, se *non vi è accordo* tra gli aventi diritto, deve farsi secondo il *bisogno* di ciascuno. In mancanza di tali soggetti, l'indennità è attribuita secondo le norme della *successione legittima* (art. 2122 c.c.).

Analoga disposizione si applica anche per il TFR.

2 La disciplina delle dimissioni e delle risoluzioni consensuali

Il **D.Lgs. 151/2015** (art. 26) ha ridisegnato, in chiave di *semplificazione*, la disciplina delle *dimissioni volontarie* e delle *risoluzioni consensuali* del rapporto di lavoro per la **generalità dei lavoratori**, prevedendo una **procedura on line**, che opera ormai dal 12-3-2016. Da tale data è conseguentemente venuta meno la *procedura di convalida* delle dimissioni e delle risoluzioni consensuali (cartacee) introdotta dalla legge Fornero (art. 4, comma 16-23, L. 92/2012).

Sono **esclusi** dalla procedura telematica le dimissioni e le risoluzioni consensuali:

- delle lavoratrici in *stato di gravidanza* o delle lavoratrici o dei lavoratori *durante i primi tre anni di vita del bambino*, nonché nei primi tre anni di accoglienza del minore *adottato* o in *affidamento*, o, in caso di *adozione internazionale*, nei primi tre anni decorrenti dalla comunicazione della proposta di incontro con il minore o dell'invito a recarsi all'estero per la proposta di abbinamento. In tal caso continua infatti ad applicarsi la specifica procedura che si svolge dinanzi all'Ispettorato territoriale del lavoro, che provvede alla convalida dell'atto di risoluzione e alla quale è *sospensivamente* condizionata l'efficacia (art. 55, comma 4, D.Lgs. 151/2001);
- avvenute nell'ambito del lavoro *domestico*;
- intervenute in una delle *sedi qualificate* previste dalla legge ossia innanzi al *giudice*, alla *commissione di conciliazione* (presso la *sede territoriale dell'Ispettorato nazionale del lavoro*), alle *organizzazioni sindacali* e al *collegio di conciliazione e arbitrato irrituale* (art. 2113, comma 4, c.c.), nonché innanzi alle *commissioni di certificazione*.

Per entrambi gli atti di cessazione del rapporto di lavoro il lavoratore deve utilizzare, a pena di *inefficacia*, il **modulo predefinito** reso disponibile dal sito del Ministero del Lavoro (www.lavoro.gov.it) che deve essere trasmesso al datore di lavoro e alla sede territoriale dell'Ispettorato nazionale del lavoro (INL) esclusivamente con **modalità telematiche**.

Salvo che il fatto costituisca reato, il datore di lavoro che alteri il modulo è punito con la *sanzione amministrativa* da € 5.000 ad € 30.000. L'accertamento e l'irrogazione della sanzione sono di competenza delle sedi territoriali dell'INL.

Il lavoratore può trasmettere il modulo *direttamente* o *tramite soggetti abilitati* (es. organizzazioni sindacali).

Entro sette giorni dalla data di trasmissione del modulo il lavoratore può revocare le dimissioni e la risoluzione consensuale con le medesime modalità (cd. **diritto di ripensamento**).

3 La disciplina del licenziamento individuale

3.1 Evoluzione normativa

Nel **codice civile del 1865**, la materia del lavoro era circoscritta in una visione economica esclusivamente di tipo liberale, sostanzialmente ribadita dal **codice civile del 1942** (artt. 2118 e

2119 c.c.), che prevedeva (e prevede) univocamente la *libertà del recesso* del datore e del prestatore dal contratto di lavoro a tempo indeterminato, ponendo entrambi su un *formale* piano di parità.

Sennonché, l'affermazione dei **principi costituzionali** (1947) dell'uguaglianza *sostanziale* (art. 3, comma 2) e della *tutela del lavoro* (artt. 4, 41, comma 2) ha posto le basi per l'emanazione di una legge che prevedesse il divieto dei licenziamenti *immotivati*.

È stata la **L. 15 luglio 1966, n. 604** che, mantenendo intatta la libertà di dimissioni, ha sancito l'*illegittimità* dei licenziamenti intimati *senza una giusta causa o un giustificato motivo*, trovando però applicazione solo nelle imprese con *più di 35 dipendenti*.

Un decisivo passo in avanti verso la tutela effettiva della stabilità del rapporto di lavoro è stata poi compiuta dalla **L. 20 maggio 1970, n. 300** (*Statuto dei Lavoratori*) che ha previsto, all'art. 18, la reintegrazione nel posto di lavoro del lavoratore illegittimamente licenziato.

La **L. 11 maggio 1990, n. 108** ha poi dato un *nuovo assetto* alla normativa del licenziamento, modificando le predette leggi: la L. 604/1966 è estesa anche alle aziende di piccole dimensioni, mentre la tutela dell'art. 18, L. 300/1970 viene applicata ai lavoratori delle imprese con più di 15 dipendenti.

A distanza di 20 anni dall'ultima modifica, interviene sulla disciplina dei licenziamenti la **L. 4 novembre 2010, n. 183**, cd. collegato lavoro, che, tuttavia, si limita ad innovare il *regime di impugnazione del licenziamento*, non intaccando le tutele dei lavoratori contro i licenziamenti illegittimi, che *verranno invece integralmente stravolte dopo pochi anni*.

3.2 Le modifiche della riforma Fornero

Nel **2012** la cd. **legge Fornero** (L. 28 giugno 2012, n. 92) modifica integralmente il sistema della tutela reale contenuto nell'art. 18, L. 300/1970 *riducendone sensibilmente* il campo di applicazione: il diritto alla reintegrazione nel posto di lavoro (applicato in *tutti i casi* di licenziamento illegittimo) viene, infatti, limitato alle *ipotesi di illegittimità più gravi*, riconoscendo in tutte le *altre ipotesi* unicamente un'indennità economica a titolo di risarcimento del danno causato dal licenziamento illegittimo.

La legge Fornero apporta alla disciplina dei licenziamenti individuali anche **ulteriori modifiche**:

- viene introdotta, per il licenziamento per *giustificato motivo oggettivo*, una *procedura di conciliazione obbligatoria* che il datore di lavoro con più di 15 lavoratori deve attivare prima della comunicazione del licenziamento;
- viene posto a carico del datore di lavoro l'obbligo di *specificare nella lettera di licenziamento i motivi* che lo hanno determinato;
- viene ridotto da 270 a *180 giorni* il termine entro il quale deve essere *depositato il ricorso giudiziale* o comunicato alla controparte il *tentativo di conciliazione o arbitrato* a seguito dell'impugnazione stragiudiziale;
- viene introdotto un *rito specifico per le controversie aventi ad oggetto l'impugnativa dei licenziamenti* nelle ipotesi regolate dal novellato art. 18.

Rimane invece *immutato* il regime di tutela obbligatoria dei licenziamenti illegittimi nelle imprese fino a 15 dipendenti (così come disciplinato dell'art. 8, L. 604/1966).

3.3 La disciplina dei licenziamenti *ex* D.Lgs. 23/2015

Allo scopo di *rafforzare le opportunità di ingresso nel mondo del lavoro da parte di coloro che sono in cerca di occupazione*, la L. 183/2014, cd. *Jobs Act*, ha delegato il Governo ad emanare uno o più decreti legislativi che prevedessero, per le *nuove assunzioni*, il *contratto a tempo indeterminato a tutele crescenti* (cd. **CATUC**) con:

- esclusione, per i **licenziamenti economici**, della reintegrazione nel posto di lavoro, e riconoscimento solo di un indennizzo economico;

— diritto del lavoratore alla reintegrazione nel posto di lavoro nelle ipotesi di **licenziamenti nulli e discriminatori** e in specifiche fattispecie di **licenziamento disciplinare**.

A differenza della legge Fornero, la L. 183/2014 *non modifica* l'art. 18, L. 300/1970, ma mira a creare *un nuovo regime sanzionatorio* dei licenziamenti illegittimi.

In attuazione del Jobs Act, viene, infatti, emanato il **D.Lgs. 23/2015** che disciplina il regime sanzionatorio del licenziamento illegittimo per i *lavoratori con qualifica di operai, impiegati o quadri assunti, dalla data di entrata in vigore (7 marzo 2015), con contratto a tempo indeterminato a tutele crescenti*.

Tenuto conto che i lavoratori cui si applicano le disposizioni del D.Lgs. 23/2015 sono soltanto quelli con qualifica di *operai, impiegati e quadri*, integralmente immutata resta la disciplina dei *licenziamenti dei dirigenti* (e più in generale dei lavoratori rientranti nell'area del recesso *ad nutum*).

Come si vedrà, inoltre, il campo di applicazione del D.Lgs. 23/2015 è in realtà più *ampio*, rientrandovi, a determinate condizioni, anche lavoratori assunti prima dell'entrata in vigore della nuova normativa.

Il D.Lgs. 23/2015 delinea un sistema «completo» che si affianca non solo disciplinando tutti i tipi di licenziamento, affiancandosi sia al regime sanzionatorio dell'art. 18, sia alla tutela obbligatoria dell'art. 8 della L. 604/1966.

In sostanza, le **nuove disposizioni** coprono l'area dei licenziamenti *nulli*, ove si prescinde dalle dimensioni occupazionali del datore di lavoro, nonché quella dei licenziamenti *ingiustificati* o *inefficaci*, diversificando a seconda del possesso o meno da parte del datore di lavoro dei requisiti dimensionali determinati secondo i criteri di computo dell'art. 18, commi 8-9, L. 300/1970.

In sintesi, il D.Lgs. 23/2015 introduce una disciplina specifica dei licenziamenti, per cui:

— per i lavoratori di **imprese medio/grandi** (art. 18, comma 8, L. 300/1970), la **tutela reale** è prevista *unicamente* nei casi di licenziamento per giustificato motivo soggettivo o per giusta causa se è direttamente dimostrata in giudizio dal lavoratore l'insussistenza del fatto materiale contestatogli. In *tutti gli altri casi di licenziamento per giustificato motivo oggettivo e soggettivo e di licenziamenti inefficaci per vizi di motivazione e procedurali* è prevista la **tutela risarcitoria** e l'indennità è determinata entro un limite minimo e massimo;

— per i lavoratori di **piccole imprese** viene dettata una disciplina *ad hoc* che prevede per *tutti* i casi di licenziamenti ingiustificati e inefficaci per vizi di motivazione e procedurali solo la **tutela risarcitoria**; in tal caso l'indennità risarcitoria *non è però posta in alternativa alla riassunzione*, come previsto per la tutela obbligatoria *ex* art. 8, L. 604/1966, e gli importi sono *dimezzati* rispetto a quelli stabiliti per le imprese medio/grandi.

Il D.Lgs. 23/2015, inoltre, si compone di *ulteriori disposizioni* che prevedono:

— l'*esclusione* dal suo campo di applicazione del cd. *rito Fornero* e della *procedura conciliativa obbligatoria* prevista per i licenziamenti per giustificato motivo oggettivo nelle imprese con più di 15 addetti (*ex* art. 7 L. 604/1966);

— un nuovo regime sanzionatorio dei licenziamenti nelle cd. *organizzazioni di tendenza*, che viene equiparato a quello delle altre imprese;

— la possibilità per il datore di lavoro, al fine di evitare un eventuale giudizio, di offrire al lavoratore licenziato un importo entro un limite minimo ed un limite massimo (cd. *offerta di conciliazione standard o agevolata*);

— un nuovo regime sanzionatorio per i *licenziamenti collettivi*.

L'attuale disciplina dei licenziamenti illegittimi si basa, dunque, su **due complessi normativi**: uno si fonda sugli *artt. 18, L. 300/1970 e 8, L. 604/1966*, l'altro sulle disposizioni del *D.Lgs. 23/2015*.

In prospettiva, nelle intenzioni del legislatore, queste ultime finiranno con l'essere sostanzialmente la *principale normativa* da applicare, man mano che, col passare degli anni, la stragrande maggioranza dei rapporti di lavoro soggetti ai citati articoli 18 e 8 andranno a cessare.

Ciò spiega perché il D.Lgs. 23/2015 disciplini *compiutamente e autonomamente* la materia dell'illegittimità dei licenziamenti, anche laddove avrebbe potuto operare anche un rinvio all'art. 18 (come nei casi di *licenziamenti discriminatori, nulli e orali*, di *opzione per l'indennità sostitutiva della reintegrazione* ovvero di *revoca del licenziamento*).

3.4 Gli ultimi interventi sulla disciplina dei licenziamenti

La disciplina dei licenziamenti contenuta nel D.Lgs. 23/2015 è stata oggetto di **interventi di modifica** nel periodo 2018-2020: il cd. **Decreto Dignità** (art. 3 D.L. 87/2018, conv. in L. 96/2018) ha *elevato i limiti* entro cui deve essere determinata l'**indennità** stabilita dall'art. 3, comma 1, nell'ipotesi di *illegittimità del licenziamento ingiustificato* nelle imprese di maggiori dimensioni, ma sono le due pronunce della **Corte Costituzionale** ad aver avuto maggior peso sull'intero impianto normativo.

Con l'espressione «tutele crescenti» si intende fare riferimento alle **modalità di determinazione dell'indennità risarcitoria in caso di illegittimità dei licenziamenti**: essa viene stabilita applicando rigidamente e *automaticamente il criterio dell'anzianità di servizio*. Tale criterio prevede che l'importo sia pari al numero di mensilità fissato dalla norma (a seconda del tipo di illegittimità) moltiplicato per gli anni di servizio del lavoratore licenziato. La previsione *non* lascia spazio ad una valutazione del caso concretamente realizzatosi.

Con sentenza **8-11-2018, n. 194**, viene così dichiarato illegittimo l'art. 3, comma 1, D.Lgs. 23/2015, laddove stabilisce che l'indennità deve essere «*di importo pari a due mensilità dell'ultima retribuzione di riferimento per il calcolo del trattamento di fine rapporto per ogni anno di servizio*». Viene sottolineata l'**illegittimità** del meccanismo di quantificazione dell'indennità, che la rendono rigida e *non graduabile* in relazione a parametri diversi dall'anzianità di servizio. È pertanto necessario, in considerazione del caso concreto, applicare *anche* gli ulteriori criteri già rinvenibili nella disciplina sui licenziamenti quali: il *numero dei dipendenti occupati*, le *dimensioni dell'attività economica*, il *comportamento* e le *condizioni delle parti*.

Analoghi motivi sono alla base anche della successiva sentenza **16-7-2020 n. 150**, che ha dichiarato l'**illegittimità costituzionale dell'art. 4**, limitatamente alle parole «*di importo pari a una mensilità dell'ultima retribuzione di riferimento per il calcolo del trattamento di fine rapporto per ogni anno di servizio*». Anche in questo caso, per determinare l'indennità, il criterio dell'anzianità di servizio, che rappresenta la base di partenza della valutazione, deve essere «**corretto**» utilizzando *anche gli altri criteri* indicati dalla normativa sui licenziamenti.

Inoltre, il Tribunale di Roma, con **ordinanza 24-2-2021**, ha sollevato questione di illegittimità costituzionale dell'**art. 9, comma 1**, D.Lgs. 23/2015, nella parte in cui riconosce ai lavoratori di piccole imprese un'indennità risarcitoria «dimezzata» che, in ogni caso, non può superare il limite massimo di 6 mensilità. Il Tribunale richiama sia le due suddette pronunce della Corte costituzionale, sia, in particolare, la decisione 11-2-2020 del *Comitato europeo dei diritti sociali* che ribadisce la necessità di prevedere indennità di importo sufficientemente elevato, al fine di dissuadere il datore di lavoro e compensare il danno subito dal lavoratore. Ebbene, il Tribunale ritiene che, nel sistema di tutele disegnato dalla norma, il criterio del numero degli occupati non solo costituisce «l'unico» effettivo criterio di determinazione dell'indennità, ma anche che non serve ad adeguare l'indennità, bensì unicamente a limitarla ed il limite massimo previsto è del tutto inadeguato e per nulla dissuasivo.

Un importante intervento della Corte costituzionale riguarda, poi, l'art. 18 L. 300/1970: con sentenza **1-4-2021, n. 59**, è stata dichiarata l'*illegittimità costituzionale del comma 7* laddove, nel caso di *licenziamento economico*, non dispone l'obbligatorietà della reintegrazione nel posto di lavoro in caso di fatto *manifestamente insussistente*.

4 La regolamentazione del licenziamento

4.1 I presupposti di legittimità del licenziamento

La specifica disciplina del licenziamento trova applicazione soltanto nei **rapporti di lavoro a tempo indeterminato**, sia nella sua forma «tradizionale» che in quella nuova «a tutele crescenti» (cd. **CATUC**).

Tale disciplina impone il rispetto di requisiti sia sostanziali che formali per la legittimità del recesso datoriale.

I requisiti **sostanziali** si traducono nell'obbligo di una *causa giustificatrice del recesso*: il licenziamento del prestatore di lavoro, infatti, non può avvenire che per **giusta causa** (art. 2119 c.c.) o per **giustificato motivo**, distinto in *soggettivo* e *oggettivo* (art. 1, L. 604/1966).

I requisiti **formali** riguardano essenzialmente la *forma* e il *contenuto* dell'atto di recesso, nonché la *procedura* di comunicazione, *diversa*, in generale, a seconda della *causa giustificatrice* e delle *dimensioni occupazionali* del datore di lavoro.

La **violazione delle disposizioni relative ai requisiti**, sia sostanziali che formali, produce conseguenze sanzionatorie a carico del datore di lavoro (artt. 8, L. 604/1966, 18, L. 300/1970 e 2-4 e 9, D.Lgs. 23/2015).

4.2 L'onere della prova

In base all'art. 5, L. 604/1966, l'**onere della prova** della sussistenza della *giusta causa* o del *giustificato motivo* di licenziamento spetta al *datore di lavoro*.

La norma dunque espressamente mira a favorire la posizione processuale del lavoratore al quale spetta solo dimostrare l'esistenza del rapporto di lavoro e l'avvenuto licenziamento, in quanto è sul datore di lavoro che, titolare del potere di recesso, incombe l'onere di provarne la legittimità, ossia l'esistenza dei presupposti previsti dalla legge (MAZZOTTA).

Qualora si tratti di licenziamento per giustificato motivo soggettivo o per giusta causa soggetto alla disciplina del decreto di attuazione della L. 183/2014, il lavoratore è tenuto tuttavia a dimostrare «*direttamente*» l'*insussistenza del fatto materiale contestatogli* al fine di poter beneficiare della tutela reale (v. *infra*).

Nel caso di *licenziamento per motivi discriminatori* (v. *infra*), spetta al lavoratore *provare* l'esistenza del motivo illecito dell'atto di recesso del datore, fermo restando che il datore di lavoro deve dimostrare la causa giustificatrice.

Fornire siffatta prova è però nella pratica così arduo che suole essere definita *diabolica*.

In considerazione di ciò, la *specifica normativa antidiscriminatoria* ha introdotto delle facilitazioni, consentendo al lavoratore di avvalersi di *presunzioni* e di *dati statistici* per fornire la prova della discriminazione subita, con la conseguenza che spetta poi al datore di lavoro provarne l'insussistenza.

Si tratta della normativa sulle discriminazioni di genere (art. 40, D.Lgs. 198/2006) e sulle discriminazioni per motivi di razza, origine etnica, religione ecc. (art. 28, comma 4, D.Lgs. 150/2011).

5 I requisiti sostanziali

5.1 La giusta causa

L'**art. 2119 c.c.** disciplina la «giusta causa» come causa *che non consente la prosecuzione, anche provvisoria, del rapporto*. Si tratta di un **qualsiasi fatto di oggettiva gravità, riferibile tanto alla sfera contrattuale quanto a quella extracontrattuale**.

Possono infatti integrare una giusta causa di licenziamento anche comportamenti diversi dall'inadempimento contrattuale, se fanno venir meno la fiducia su cui è improntato il rapporto (es. un impiegato di banca affiliato alla criminalità organizzata).

Si dice comunemente che la giusta causa sussiste quando i fatti addotti configurano una irrimediabile *negazione degli elementi essenziali del rapporto di lavoro*.

Il licenziamento motivato da una giusta causa non impone al datore di lavoro di **rispettare i termini di preavviso** (cd. *licenziamento in tronco*).

5.2 Il giustificato motivo soggettivo

Il giustificato motivo soggettivo consiste nel «**notevole inadempimento degli obblighi contrattuali del prestatore di lavoro**» (art. 3 L. 604/1966). Si tratta, in specie, di **fatti** o **comportamenti colposi del lavoratore** (*strettamente attinenti al rapporto di lavoro*) che, sebbene *meno gravi* rispetto all'ipotesi di *giusta causa*, sono tali da far venir meno nel datore di lavoro la fiducia posta a fondamento del rapporto e da fargli fondatamente dubitare dell'attitudine del lavoratore medesimo all'espletamento delle sue mansioni.

La differenza tra giusta causa e giustificato motivo soggettivo consiste, quindi, essenzialmente nella **gravità** del fatto addebitato al lavoratore e nelle **conseguenze** che ne derivano: nel *primo caso* (giusta causa), il recesso è *immediato senza obbligo di preavviso* ed il lavoratore *non ha diritto all'indennità di mancato preavviso*; nel *secondo* (giustificato motivo soggettivo), svolgerà il preavviso lavorato e avrà diritto alla relativa retribuzione.

5.3 Il licenziamento disciplinare

Il licenziamento **motivato dall'inadempimento degli obblighi contrattuali** da parte del lavoratore si qualifica come *disciplinare* risolvendosi nella **più grave sanzione disciplinare** adottabile dal datore di lavoro.

Tuttavia, la *non immediata irrogazione di un provvedimento disciplinare* può essere intesa quale *acquiescenza* alle giustificazioni addotte dal lavoratore il quale, a ragione, può ritenere che la mancanza contestata non sia meritevole della massima sanzione espulsiva (Cass. 27-11-2018, n. 30676).

La legittimità del licenziamento disciplinare è subordinata all'osservanza dei **requisiti stabiliti dalla L. 604/1966** e **dall'art. 7 della L. 300/1970**, che disciplina le modalità di irrogazione delle sanzioni disciplinari.

5.4 Il giustificato motivo oggettivo

Il licenziamento può essere intimato anche per **fatti inerenti «all'attività produttiva, all'organizzazione del lavoro e al regolare funzionamento di essa»** (art. 3 L. 604/1966).

Vi rientrano tutte quelle **situazioni aziendali** che possono condurre alla *soppressione di un posto di lavoro*, dall'ipotesi di fattori eccezionali o determinati da cause contingenti e imprevedibili (una crisi di mercato o l'obsolescenza di una merce) alle scelte imprenditoriali concernenti le strategie produttive o organizzative (ad es. l'automazione di un processo produttivo).

L'imprenditore è infatti *libero* di determinare l'assetto aziendale più confacente alle esigenze produttive (art. 41 Cost.) anche se ciò può comportare uno o più licenziamenti.

Il giudice *non* può sindacare il merito delle scelte imprenditoriali, ma deve limitarsi a verificare che esse *non siano fittizie* e valutare la sussistenza del *nesso di causalità* tra le ragioni addotte e il licenziamento effettuato.

Al giustificato motivo oggettivo si riconducono anche **fatti attinenti alla sfera del lavoratore** ma a lui *non imputabili a titolo di colpa*, che hanno una ricaduta sull'organizzazione aziendale e che legittimano l'interruzione del rapporto.

Si pensi alla perdita di titoli professionali necessari per lo svolgimento di una attività oppure alla sopravvenuta inidoneità fisica permanente alla mansione a seguito della quale il datore esercita il recesso.

La differenza tra il licenziamento per giustificato motivo *oggettivo concernente il lavoratore* e il licenziamento per giustificato motivo *soggettivo* riguarda l'elemento della **colpa**: anche se in entrambi i casi infatti si pone a base del recesso un inadempimento contrattuale, nel primo caso (motivo oggettivo) il lavoratore *non ne ha colpa*, nel secondo caso (motivo soggettivo) *sì*.

Quando il motivo del licenziamento è oggettivo, in capo al datore di lavoro sussiste l'obbligo di verificare la possibilità di un'*altra proficua utilizzazione* del lavoratore (cd. **obbligo di repêchage**).

In caso di *sopravvenuta inidoneità fisica o psichica del lavoratore*, prima di procedere al licenziamento per giustificato motivo oggettivo, il datore di lavoro ha l'obbligo di verificare la possibilità di repêchage, cioè la possibilità di ricollocare all'interno dell'assetto organizzativo aziendale il lavoratore in *mansioni compatibili con il suo stato di salute*, anche se inferiori rispetto a quelle svolte in precedenza. Qualora non si proceda a tale verifica, il motivo posto a giustificazione del *licenziamento* è da intendersi *insussistente* (Cass. 26675/2018).

La medesima motivazione, concernente le cause indicate dall'art. 3 L. 604/1966, può essere posta a fondamento di più licenziamenti.

Se ricorrono determinati presupposti (5 licenziamenti in 120 giorni) si applica la disciplina sui licenziamenti collettivi per riduzione di personale di cui alla L. 223/1991 (art. 11 L. 604/1966). In caso contrario, il recesso intimato per fatti organizzativi dell'impresa, anche quando coinvolge più lavoratori, è considerato *licenziamento individuale e non collettivo*: si parla di licenziamento individuale plurimo per giustificato motivo oggettivo. In effetti non esiste una differenza intrinseca tra le due fattispecie (licenziamento collettivo e licenziamento plurimo) se non per il fatto che quando il licenziamento coinvolge un certo numero di lavoratori (5 lavoratori in 120 giorni), la legge richiede (L. 223/1991) il coinvolgimento delle organizzazioni sindacali e la ricerca di soluzioni alternative.

6 I divieti di licenziamento

Il recesso del datore di lavoro **è vietato** nei seguenti casi:

a) **matrimonio della lavoratrice**. Il licenziamento non può essere intimato nel periodo compreso *dal giorno della richiesta delle pubblicazioni fino ad un anno dopo la celebrazione del matrimonio* (art. 35, D.Lgs. 198/2006);
b) **stato di gravidanza e di puerperio**. Il divieto opera *dall'inizio dello stato di gravidanza fino al compimento di un anno di età del bambino* (art. 54 D.Lgs. 151/2001).

   Analogamente è *vietato* il licenziamento del lavoratore causato dalla domanda o dalla fruizione del *congedo di paternità* e quello dei lavoratori (uomo o donna) che abbiano chiesto o fruito del *congedo parentale* (art. 54, commi 6 e 7, D.Lgs. 151/2001);

c) **infortunio o malattia**. Il divieto dura per tutto il periodo previsto dalla legge o dai contratti collettivi (art. 2110 c.c.);
d) **richiamo alle armi**. Il lavoratore *richiamato* alle armi ha diritto alla conservazione del posto per il periodo del richiamo e non può essere licenziato prima che siano trascorsi tre mesi dalla ripresa dell'occupazione (artt. 2110 e 2111 c.c.).

È altresì vietato il licenziamento dei **dirigenti delle rappresentanze sindacali aziendali**, dei **candidati** e dei **membri di commissione interna**, fino ad un anno dalla cessazione dell'incarico (tre mesi dalle elezioni, per i *candidati non eletti*) (artt. 18 e 22 L. 300/1970), dei **lavoratori eletti a svolgere pubbliche funzioni** (art. 51 Cost.) e dei lavoratori che partecipano a **scioperi** (art. 15 L. 300/1970).

L'arco di tempo durante il quale opera il divieto di licenziamento è chiamato **periodo di comporto** e la sua durata è generalmente definita dalla contrattazione collettiva.

7 Il licenziamento discriminatorio

È **discriminatorio** il licenziamento determinato da motivi di *credo politico* o *fede religiosa*, dall'appartenenza ad un *sindacato* e dalla *partecipazione ad attività sindacali*, nonché da ragioni connesse all'*etnia*, alla *lingua*, al *genere* e all'*orientamento sessuale*.

La legislazione *antidiscriminatoria*, che in ambito lavoristico inizialmente si limitava a reprimere le disparità di trattamento tra *uomo e donna*, copre ormai tutta la gamma dei *fattori* che sono espressione della sfera personale dell'individuo.

8 I requisiti formali

8.1 La comunicazione del licenziamento: forma e contenuto

Il datore di lavoro deve **comunicare per iscritto** il licenziamento al lavoratore, anche se dirigente (art. 2, comma 1 e 4, L. 604/1966).

È comunque ammessa la *forma orale* per i licenziamenti dei *lavoratori domestici*, dei *lavoratori ultrasessantenni in possesso dei requisiti pensionistici* (Cass. 7359/2005) e dei *lavoratori in prova* (Cass. 10834/2000).

Il datore di lavoro deve inoltre **specificare nella comunicazione i motivi** che hanno determinato il licenziamento (art. 2, comma 2, L. 604/1966).

La riforma Fornero (L. 92/2012) ha modificato il comma 2 dell'art. 2 della L. 604/1966 che, nel testo previgente, consentiva al lavoratore di *richiedere i motivi* del licenziamento *entro 15 giorni* dalla sua comunicazione, con obbligo per il datore di lavoro di *comunicarli per iscritto entro 7 giorni*.

Pertanto, la *contestuale comunicazione* del recesso e dei relativi motivi era soltanto una *mera facoltà*, ferma restando l'insorgenza di un obbligo di comunicazione dei motivi nel caso di richiesta da parte del lavoratore.

8.2 La procedura per l'intimazione del licenziamento disciplinare

Prima di intimare il licenziamento per motivi disciplinari, il datore di lavoro deve osservare la **procedura** prevista dall'art. 7 della L. 300/1970 e pertanto deve:

- **contestare preventivamente** al lavoratore l'addebito;
- consentire al lavoratore di **difendersi**, anche con l'assistenza di un rappresentante sindacale.

Le previsioni dell'art. 7 assegnano un ruolo centrale al *principio del contraddittorio*, più che mai cruciale nell'esercizio di un potere privato che si spinge fino a irrogare la sanzione espulsiva (Corte. Cost. 150/2020).

8.3 La procedura per l'intimazione del licenziamento per giustificato motivo oggettivo

Prima di comunicare al lavoratore il *licenziamento per giustificato motivo oggettivo*, il datore di lavoro con più di 15 dipendenti deve *obbligatoriamente* attivare una specifica **procedura** con finalità conciliative che prevede l'intervento della sede territoriale dell'Ispettorato nazionale del lavoro (INL) (art. 7, L. 604/1966).

Il datore di lavoro deve infatti inviare all'Ispettorato una **comunicazione**, da *trasmettere per conoscenza allo stesso lavoratore*, nella quale dichiara la sua *intenzione di procedere al licenziamento* per motivo oggettivo, indicando i *motivi* e le eventuali *misure di assistenza* alla ricollocazione del lavoratore interessato.

Nel **termine perentorio di 7 giorni** dalla ricezione della richiesta, l'ITL trasmette la convocazione, sia al datore di lavoro che al lavoratore, per un **incontro** innanzi alla *commissione di conciliazione* (art. 410 c.p.c.), nel quale le parti possono essere *assistite* dalle organizzazioni di rappresentanza cui sono iscritte o conferiscono mandato oppure da un componente della rappresentanza sindacale dei lavoratori, ovvero da un avvocato o un consulente del lavoro.

Durante lo svolgimento della procedura, le parti, con la partecipazione attiva della commissione, esaminano anche *soluzioni alternative al recesso*.

La procedura deve **concludersi entro 20 giorni** dalla trasmissione della comunicazione di convocazione all'incontro, salvo che le parti, di comune avviso, non intendano proseguire la discussione per il raggiungimento di un accordo.

In caso di legittimo e documentato *impedimento* del lavoratore a presenziare all'incontro, la procedura può essere *sospesa per un massimo di 15 giorni*.

Se la conciliazione ha **esito positivo** e prevede la **risoluzione consensuale del rapporto di lavoro**, si applicano le disposizioni in materia di NASPI e può essere previsto l'*affidamento* del lavoratore ad un'*agenzia per il lavoro*, ovvero di *somministrazione*, di *intermediazione* e di *supporto alla ricollocazione professionale* (art. 4, comma 1, lett. *a*), *c*) ed *e*), D.Lgs. 276/2003). Se invece il tentativo di conciliazione ha **esito negativo** e, comunque, è decorso vanamente il termine di 7 giorni per la trasmissione della convocazione, il datore di lavoro *può comunicare il licenziamento al lavoratore*.

In caso di *giudizio*, il giudice dovrà tener conto del *comportamento complessivo delle parti*, desumibile anche dal verbale redatto in sede di commissione di conciliazione e dalla proposta conciliativa avanzata dalla stessa, ai fini della determinazione dell'*indennità risarcitoria* e della *condanna alle spese processuali* (artt. 91 e 92 c.p.c).

La descritta procedura obbligatoria di conciliazione si applica anche in caso di **licenziamenti individuali plurimi**, anche per i medesimi motivi, purché nell'arco temporale di 120 giorni *non* sia raggiunta la soglia di 5 recessi, in quanto, in tal caso, deve essere attivata la diversa procedura della L. 223/1991 in tema di licenziamenti collettivi (v. *infra*) (circ. Min. Lav. 3/2013).

Essa trova altresì applicazione per i licenziamenti per giustificato motivo oggettivo effettuati da una *agenzia di somministrazione*, qualora sussistano i requisiti dimensionali prescritti, «nei confronti dei dipendenti dell'agenzia assunti a tempo indeterminato, siano essi alle dirette dipendenze dell'agenzia o inviati in missione nell'ambito di un contratto di somministrazione» (Min. Lav. interpello 27/2013).

Al contrario, la procedura *non* trova applicazione in caso di (art. 7, comma 6, L. 604/1966, art. 3, comma 3, D.Lgs. 23/2015):

- licenziamento per *superamento del periodo di comporto*;
- licenziamento effettuato in conseguenza di *cambi di appalto*, qualora sia succeduta l'assunzione presso altro datore di lavoro;
- interruzione del rapporto di lavoro a tempo indeterminato per *completamento delle diverse fasi lavorative* e *chiusura cantiere* nel settore delle costruzioni edili;
- licenziamento per giustificato motivo oggettivo rientrante nel campo di applicazione del D.Lgs. 23/2015.

8.4 Gli effetti del licenziamento

Il licenziamento intimato all'esito del procedimento disciplinare o di quello per licenziamento per giustificato motivo oggettivo **produce effetto dal giorno della comunicazione** con cui il procedimento medesimo è stato avviato, salvo il diritto del lavoratore al *preavviso* o alla relativa *indennità sostitutiva*. Il periodo di *eventuale lavoro svolto in costanza della procedura* si considera come preavviso lavorato (art. 1, comma 41, L. 92/2012).

È tuttavia fatto salvo l'effetto *sospensivo*:

- disposto dalle norme a *tutela della maternità* (D.Lgs. 151/2001);
- in caso di impedimento derivante da *infortunio occorso sul lavoro*.

9 L'illegittimità del licenziamento e le conseguenze sanzionatorie

9.1 Le diverse ipotesi di illegittimità

Il licenziamento intimato in **violazione dei requisiti sostanziali e formali** prescritti è illegittimo dovendosi così distinguere: la mancanza di un requisito *sostanziale* rende il licenziamento **annullabile**, mentre la mancanza di un requisito *formale* ne determina l'**inefficacia**.

Alle suddette violazioni, si applicano **conseguenze sanzionatorie** differenziate:

- innanzitutto, è necessario distinguere tra *imprese piccole e imprese medio/grandi*. A tal fine si applicano i criteri fissati dall'art. 18, commi 8-9, L. 300/1970;
- inoltre, a seguito del D.Lgs. 23/2015 che ha creato un autonomo regime sanzionatorio che si affianca a quello degli artt. 18 L. 300/1970 e 8 L. 604/1966, è opportuno distinguere tra «vecchio» e «nuovo».

Il licenziamento per motivi *discriminatori* o altro *motivo illecito* è **nullo** ed è sottoposto invece ad un regime sanzionatorio indipendente dalle dimensioni occupazionali del datore di lavoro, applicato anche al licenziamento *orale*, e che *non* presenta sostanziali differenze tra vecchio e nuovo (artt. 18, commi 1-3, L. 300/1970 e 2, D.Lgs. 23/2015).

Nell'ambito della nullità rientra anche il licenziamento *ritorsivo* o *discriminatorio* del lavoratore (o della lavoratrice) che abbia presentato denuncia di molestie o molestie sessuali (art. 26, comma 3bis, D.Lgs. 198/2006), ovvero segnala condotte illecite sul posto di lavoro di cui sia venuto a conoscenza in ragione delle funzioni svolte (cd. whistleblowing ex art. 6, comma 2quater, D.Lgs. 231/2001, art. 2 L. 179/2017).

9.2 I requisiti dimensionali del datore di lavoro ai fini dell'applicazione dei regimi sanzionatori

I regimi sanzionatori dei licenziamenti **ingiustificati o inefficaci** (non orali) si distinguono, tra l'altro, in base alla **dimensioni** del datore di lavoro. A tal fine occorre fare riferimento ai criteri indicati nei commi 8 e 9 dell'art. 18 L. 300/1970, richiamati espressamente anche dal D.Lgs. 23/2015 (art. 9, comma 1), con la conseguenza che essi sono i **medesimi** per tutti i licenziamenti, indipendentemente dal regime sanzionatorio, vecchio o nuovo, applicabile.

In generale, ai fini delle disposizioni in materia di licenziamenti, l'ordinamento distingue tra imprese *medio/grandi* e imprese *piccole*, a seconda del numero dei lavoratori occupati. In particolare, sono **medio/grandi** se il datore di lavoro (art. 18, comma 8, L. 300/1970):

- in ciascuna sede, stabilimento, filiale, ufficio o reparto autonomo (cd. *unità produttiva*) nel quale ha avuto luogo il licenziamento, occupa alle sue dipendenze **più di 15 lavoratori** (e quindi almeno 16) o, se si tratta di imprenditore agricolo, *più di* 5 *lavoratori* (e quindi almeno 6);
- nell'ambito dello *stesso Comune*, occupa alle sue dipendenze **più di 15 lavoratori** (e quindi almeno 16) e, se imprenditore agricolo, *più di 5 lavoratori* (e quindi almeno 6), anche se ciascuna unità produttiva, singolarmente considerata, *non raggiunge tali limiti*;
- in ogni caso, occupa **più di 60 dipendenti** (e quindi almeno 61).

Le imprese che *non* raggiungono i predetti limiti occupazionali sono considerate di **piccole dimensioni**.

9.3 Il campo di applicazione del nuovo regime sanzionatorio

Ferma restando la distinzione tra imprese piccole e medio/grandi in base ai criteri precedentemente indicati, il regime sanzionatorio dei licenziamenti individuali illegittimi disciplinato dal **D.Lgs. 23/2015** si applica esclusivamente (art. 1):

- ai lavoratori con *qualifica di operai, impiegati e quadri assunti a decorrere dal 7 marzo 2015* con contratto a tempo indeterminato (cd. CATUC);

— ai casi di *conversione, successiva al 7 marzo 2015,* di contratto a tempo determinato o di apprendistato in contratto a tempo indeterminato.

La Cassazione (sent. 16-1-2020, n. 823), tuttavia, ha individuato delle ipotesi di contratti a termine stipulati prima dell'entrata in vigore del D.Lgs. 23/2015 che si *convertono* in contratti a tempo indeterminato dopo tale data: conversione *volontaria*, ossia per effetto di una manifestazione di volontà delle parti successiva all'entrata in vigore del decreto, con effetto novativo; conversione *giudiziale* di contratti a termine stipulati prima del decreto, ma che producono i loro effetti di conversione dopo la sua entrata in vigore, perché il vizio che li colpisce è successivo (es. riassunzione del lavoratore avvenuta senza il rispetto degli intervalli previsti dalla legge, qualora il secondo contratto — che si considera a tempo indeterminato — sia stato stipulato dopo il 7 marzo 2015);

— ai *lavoratori già assunti prima del 7 marzo 2015* che lavorano alle dipendenze di piccole imprese che, in conseguenza di *assunzioni successive* alla predetta data, *integrino i requisiti dimensionali indicati dall'art. 18, comma 8, L. 300/1970.*

9.4 Le conseguenze sanzionatorie per i licenziamenti illegittimi di lavoratori soggetti al vecchio regime

Il vecchio regime sanzionatorio (**art. 18, L. 300/1970** e **art. 8, L. 604/1966**) prevede:

1) tutela **reale piena** (o *reintegratoria forte*), per le ipotesi di licenziamento *discriminatorio, nullo, orale*, che prevede il diritto del lavoratore alla *reintegrazione* nel posto di lavoro e al *risarcimento* del danno *in misura non inferiore a 5 mensilità*;
2) tutela **reale limitata** (o *reintegratoria debole*), per i casi di licenziamento *ingiustificato più gravi*, che prevede il diritto del lavoratore alla *reintegrazione* nel posto di lavoro e al *risarcimento* del danno *in misura non superiore a 12 mensilità*;
3) tutela **risarcitoria forte** (o *indennitaria forte*), per i casi di licenziamento *ingiustificato meno gravi*, che prevede il diritto del lavoratore al *risarcimento* del danno *in misura compresa tra 12 e 24 mensilità*;
4) tutela **risarcitoria debole** (o *indennitaria debole*), per i casi di licenziamento *inefficaci* per vizi diversi dall'assenza di forma scritta, che prevede il diritto del lavoratore al *risarcimento* del danno *in misura compresa tra 6 e 12 mensilità*;
5) tutela **obbligatoria**, per i casi di licenziamenti ingiustificati che prevede la *riassunzione* del lavoratore o, in alternativa, il *risarcimento* del danno entro un limite minimo e uno massimo.

La tutela di cui al *n. 1* si applica indipendentemente dai limiti dimensionali del datore di lavoro, mentre le tutele di cui ai *nn. 2-4* si applicano ai datori di lavoro con limiti occupazionali medio/grandi e la relativa disciplina è contenuta nell'**art. 18, L. 300/1970**; la tutela di cui al *n. 5* si applica alle imprese di piccole dimensioni e si basa sulle disposizioni dell'**art. 8, L. 604/1966**.

9.5 Le conseguenze sanzionatorie per i licenziamenti illegittimi di lavoratori soggetti al nuovo regime (D.Lgs. 23/2015)

Il **nuovo** regime sanzionatorio si articola in:

1) tutela **reale piena** (o *reintegratoria forte*), per le ipotesi di licenziamento *discriminatorio, nullo* per espressa previsione di legge, *orale*, nonché privo di giustificazione per motivo consistente nella disabilità fisica o psichica del lavoratore, che prevede il diritto del lavoratore alla *reintegrazione* nel posto di lavoro e al *risarcimento* del danno *in misura non inferiore a 5 mensilità*;
2) tutela **reale limitata** (o *reintegratoria debole*), per i casi di licenziamento per giustificato motivo soggettivo o per giusta causa nell'unica ipotesi in cui sia *direttamente dimostrata in giudizio l'insussistenza del fatto materiale contestato al lavoratore*, che prevede il diritto

dello stesso alla *reintegrazione* nel posto di lavoro e al *risarcimento* del danno *in misura non superiore a 12 mensilità*;

3) tutela **risarcitoria forte** (o *indennitaria forte*), per *ogni altro caso di licenziamento ingiustificato* diverso dalle ipotesi indicate al *n. 2*, che prevede il diritto del lavoratore al pagamento di un'indennità *in misura non inferiore a 6 e non superiore a 36 mensilità*.

   A seguito della dichiarazione di illegittimità costituzionale dell'art. 3, comma 1, l'indennità risarcitoria non deve essere più determinata nella misura pari a 2 mensilità dell'ultima retribuzione di riferimento per il calcolo del TFR per ogni anno di servizio;

4) tutela **risarcitoria debole** (o *indennitaria debole*), nei casi di *licenziamento inefficace*, per vizi diversi dall'assenza di forma scritta, che prevede l'*estinzione del rapporto di lavoro* e il diritto del lavoratore al pagamento di un'indennità *in misura non inferiore a 2 e non superiore a 12 mensilità*.

   A seguito della dichiarazione di illegittimità costituzionale dell'art. 4 D.Lgs. 23/2015, l'indennità risarcitoria *non* deve essere più determinata nella misura pari a una mensilità dell'ultima retribuzione di riferimento per il calcolo del TFR per ogni anno di servizio;

5) tutela **risarcitoria dimezzata**, nei casi di licenziamenti ingiustificati e inefficaci (non orali), che prevede il *dimezzamento* delle indennità risarcitorie previste nei casi di applicazione della tutela risarcitoria forte e debole.

In base al **D.Lgs. 23/2015**, la tutela di cui al *n. 1* si applica indipendentemente dai limiti dimensionali del datore di lavoro (art. 2), quelle di cui ai *nn. 2-4* trovano applicazione nel caso di datori di lavoro con limiti occupazionali medio/grandi (artt. 3 e 4), mentre la tutela di cui al *n. 5* si applica alle imprese di piccole dimensioni (art. 9, comma 1).

9.6 L'indennità sostitutiva della reintegrazione (cd. *opting out*)

In tutti i casi in cui trova applicazione la tutela reale, il lavoratore può rinunciare alla reintegrazione nel posto di lavoro, optando, in sostituzione, per un'**indennità pari a 15 mensilità** (cd. **opting out**).

Il diritto all'indennità sostitutiva della reintegrazione, nonché i termini e le modalità per esercitarlo, sono i *medesimi*, sia se il lavoratore è soggetto al *vecchio* regime sanzionatorio (art. 18 L. 300/1970) che al nuovo (artt. 2, comma 3, e 3, comma 2, D.Lgs. 23/2015), così come, in entrambe le ipotesi, la richiesta dell'indennità sostitutiva determina la risoluzione del rapporto di lavoro.

Ricevuto dal giudice l'ordine di reintegrare il lavoratore nel posto di lavoro, il datore di lavoro è tenuto ad *invitarlo a riprendere servizio*. Se però il lavoratore *non* vi provvede entro 30 giorni dall'invito, il **rapporto di lavoro si intende risolto**: in ogni caso, entro detto termine, può chiedere al datore di lavoro la corresponsione dell'indennità sostitutiva.

Anche *in mancanza di invito*, il lavoratore può chiedere il pagamento di tale indennità, ma in tal caso il termine di 30 giorni per l'esercizio dell'opzione *decorre* dalla comunicazione del deposito della sentenza.

10 L'impugnazione, l'offerta conciliativa standard (o agevolata) e la revoca del licenziamento

10.1 I termini e le modalità di impugnazione

La L. 604/1966 (art. 6) disciplina le modalità di impugnazione del licenziamento che il lavoratore deve seguire se intende contestarne la legittimità.

A tal fine, il lavoratore deve impugnare il licenziamento entro il **termine di decadenza di 60 giorni** dalla ricezione della relativa comunicazione in forma scritta, con qualsiasi atto scritto, *anche stragiudiziale*, idoneo a *rendere nota la sua volontà*.

Il lavoratore può anche richiedere l'intervento dell'organizzazione sindacale diretto ad impugnare il licenziamento.

Il termine di decadenza di 60 giorni per l'impugnazione del licenziamento «può essere autonomamente interrotto dall'organizzazione sindacale, senza che sia necessaria né una procura *ex ante* del lavoratore, né una ratifica successiva dello stesso lavoratore» (Cass. 27-11-2013, n. 26514).

Entro i successivi **180 giorni**, a pena di *inefficacia* dell'impugnazione, il lavoratore deve *depositare il ricorso giudiziale* ovvero comunicare alla controparte la *richiesta di tentativo di conciliazione* o *arbitrato* (art. 6, comma 2, L. 604/1966).

L'impugnazione è inefficace *anche se non è seguita*, entro il termine di 180 giorni, *dal deposito del ricorso cautelare* e per *provvedimento d'urgenza anteriore alla causa* (ex artt. 669bis, 669ter e 700 c.p.c.) (Corte Cost. 22-9-2020, n. 212).

Se il lavoratore, poi, anziché depositare il ricorso giudiziale, decide di optare per la *conciliazione* o l'*arbitrato* e questi sono *rifiutati* o non è raggiunto l'accordo, deve depositare il ricorso giudiziale, a pena di decadenza, *entro 60 giorni* dal rifiuto o dal mancato accordo.

I suddetti termini ulteriori di 180 e 60 giorni sono stati introdotti dalla L. 183/2010 per superare l'incertezza, *suscettibile di incidere in modo significativo sull'organizzazione e sulla gestione dell'impresa*, in cui si trovava in precedenza il datore di lavoro quando, dinanzi alla sola impugnazione stragiudiziale (nel termine di 60 giorni), poteva attendere anche anni prima di sapere se, poi, il lavoratore volesse o meno presentare ricorso. È, pertanto, a tal fine, «che è stata introdotta la *perdita di efficacia dell'impugnativa stragiudiziale dell'atto datoriale, se non coltivata tempestivamente nella sede giudiziaria o in altra analoga* (quella conciliativa o arbitrale)» (Corte Cost. 212/2020).

Il complesso sistema di impugnazione opera in **tutti i casi di invalidità del licenziamento**, compresi i licenziamenti che presuppongono la risoluzione di questioni relative alla *qualificazione* del rapporto di lavoro (art. 32, commi 2-3, L. 183/2010).

La suddetta estensione del campo di applicazione dell'art. 6 L. 604/1966 è contenuta nel cd. collegato lavoro. In particolare, «il termine invalidità ha un significato preciso, che presuppone che l'atto sia inficiato nella sua validità per un *vizio intrinseco derivante dal discostamento dal modello legale* o per effetto di una previsione legale che colleghi alla mancanza di requisiti che devono caratterizzare l'atto la conseguenza della invalidità». La L. 183/2010 ha così inteso ricomprendere nell'ambito del regime caducatorio disciplinato *ex novo* rispetto all'art. 6 L. 604/1966 casi di nullità e, in generale, di invalidità esterni alla medesima L. 604/1966 (Cass. 8-1- 2020, n. 148).

Tale sistema di impugnazione si applica anche ai licenziamenti che presuppongono la risoluzione di questioni relative alla *qualificazione del rapporto di lavoro* (art. 32, L. 183/2010).

I termini per l'impugnazione del licenziamento, per effetto della L. 183/2010, trovano applicazione anche in altre *fattispecie diverse*, quali (art. 32, commi 3 e 4):

- il *recesso del committente* nei rapporti di collaborazione coordinata e continuativa (art. 409, n. 3, c.p.c.);
- il *trasferimento del lavoratore da una unità produttiva ad un'altra* (art. 2103 c.c.), con termine decorrente dalla data di ricezione della comunicazione di trasferimento;
- la cessione del contratto di lavoro a seguito di *trasferimento di azienda* (art. 2112 c.c.), con termine decorrente dalla data del trasferimento;
- *somministrazione irregolare* con termine decorrente dalla data in cui il lavoratore ha cessato di svolgere la propria attività presso l'utilizzatore e *ogni altro caso in cui il lavoratore chiede la costituzione o l'accertamento di un rapporto di lavoro in capo ad un soggetto diverso dal titolare del contratto*. Vi rientrano dunque anche le ipotesi di *appalto non genuino* (art. 29, comma 3bis, D.Lgs. 276/2003) e di *distacco illegittimo* (art. 30, comma 4bis, D.Lgs. 276/2003).

Anche i contratti a termine possono essere impugnati secondo le modalità previste per il licenziamento, ma il *primo termine è di 180 giorni* (anziché di 60 giorni) che decorre dalla cessazione del singolo contratto (art. 28, D.Lgs. 81/2015).

10.2 L'offerta di conciliazione standard o agevolata

Il D.Lgs. 23/2015 ha introdotto uno specifico strumento di conciliazione per la **risoluzione stragiudiziale** delle controversie sui licenziamenti dei lavoratori assunti con contratto a tempo indeterminato a tutele crescenti (art. 6).

Tale modalità conciliativa si applica ai lavoratori che, a partire dal 7 marzo 2015 (nota Min. Lav. 2788/2015):

— sono *assunti* con contratto a tempo indeterminato a tutele crescenti;
— sono interessati da una *trasformazione da contratto a tempo determinato a contratto a tempo indeterminato*;
— *da apprendisti sono passati in qualifica*.

Alle suddette categorie di lavoratori si aggiungono, eccezionalmente, i *lavoratori assunti prima del 7-3-2015* da aziende che, dopo tale data, *superano la soglia dei 15 dipendenti*.

La conciliazione è **facoltativa** e si aggiunge alle altre forme di conciliazione stragiudiziale già previste dall'ordinamento di cui, pertanto, possono avvalersi anche i predetti lavoratori.

Nel termine previsto per l'impugnazione stragiudiziale del licenziamento, il datore di lavoro può offrire al lavoratore un importo pari a:

— *una mensilità* dell'ultima retribuzione di riferimento per il calcolo del TFR, per ogni anno di servizio, in **misura comunque compresa tra 3 e 27 mensilità**, se si tratta di impresa con più di 15 dipendenti (ex art. 18, comma 8, L. 300/1970, art. 6, comma 1, D.Lgs. 23/2015);
— *0,5 mensilità dell'ultima retribuzione di riferimento per il calcolo del TFR*, per ogni anno di servizio, in misura comunque compresa *tra 1,5 e 6 mensilità*, se si tratta di impresa fino a 15 dipendenti (art. 9, comma 1, D.Lgs. 23/2015).

La somma che il datore di lavoro deve offrire al lavoratore deve essere determinata in base ai predetti criteri e **non è assoggettata né ad imposizione fiscale né a contribuzione previdenziale** (si parla, infatti, di conciliazione *standard* o *agevolata*).

La corresponsione deve avvenire, mediante **assegno circolare**, in una delle *sedi protette*, ossia innanzi alle apposite commissioni istituite presso gli Ispettorati territoriali del lavoro (ITL) o di certificazione del rapporto di lavoro, ovvero in sede sindacale (o nella sede prevista dai contratti collettivi), o innanzi al collegio di conciliazione e arbitrato irrituale (artt. 2113, comma 4, c.c., e 76 D.Lgs. 276/2003).

L'**accettazione dell'assegno** da parte del lavoratore comporta l'**estinzione del rapporto** alla data del licenziamento e la **rinuncia all'impugnazione** del licenziamento, anche se già proposta.

10.3 La revoca del licenziamento

L'istituto della *revoca del licenziamento* è disciplinato, in modo *identico*, dall'*art. 18*, comma 10, L. 300/1970 e dall'*art. 5* del D.Lgs. 23/2015.

Il datore di lavoro, infatti, può revocare il recesso entro il **termine di 15 giorni dalla comunicazione dell'impugnazione** da parte del lavoratore.

In tal caso, il rapporto di lavoro si intende *ripristinato senza soluzione di continuità* — con diritto del lavoratore alla retribuzione maturata nel periodo precedente alla revoca — e *non* trovano applicazione i regimi sanzionatori previsti dall'art. 180 L. 300/1970 e dal D.Lgs. 23/2015.

11 Il regime sanzionatorio dei licenziamenti discriminatori, nulli e orali

In base alla disciplina dell'**art. 18**, commi 1-3, **L. 300/1970**, nel caso di licenziamento **discriminatorio**, *indipendentemente dalla motivazione* formalmente addotta dal datore di lavoro e quale che sia il *numero dei lavoratori occupati dal datore di lavoro*, trova applicazione la tutela **reale piena**; infatti, il giudice:

— dichiara **nullo** il licenziamento;
— ordina al datore di lavoro, imprenditore o non imprenditore, la **reintegrazione del lavoratore nel posto di lavoro** (con diritto per il lavoratore di optare per l'*indennità sostitutiva*), anche se con qualifica di *dirigente*;
— condanna altresì il datore di lavoro al **risarcimento del danno** subito dal lavoratore, stabilendo, a tal fine, un'*indennità* commisurata all'ultima retribuzione globale di fatto maturata dal giorno del licenziamento sino a quello dell'effettiva reintegrazione, ma in ogni caso in misura *non inferiore a 5 mensilità* della retribuzione globale di fatto.

Dall'indennità risarcitoria va *dedotto* quanto percepito, nel periodo di estromissione, per lo svolgimento di altre attività lavorative. Si tratta del cd. *aliunde perceptum* ossia dell'importo da dedurre dall'ammontare del risarcimento tutte le volte in cui il lavoratore, dopo il licenziamento, svolge un'attività lavorativa percependo un reddito;

— condanna inoltre, per il medesimo periodo, il datore di lavoro al **versamento dei contributi previdenziali e assistenziali**.

La tutela reale piena trova applicazione anche nel caso di **licenziamento orale**, in ogni caso di **nullità** previsto dalla legge e nelle seguenti ulteriori ipotesi **previste dall'art. 18**, quali:

— il licenziamento della lavoratrice in concomitanza col **matrimonio** (art. 35, D.Lgs. 198/2006);
— il licenziamento della lavoratrice dall'inizio della **gravidanza** fino a tutto il periodo di interdizione dal lavoro prescritto dalla legge, causato dalla domanda o dalla fruizione del **congedo parentale** e per la **malattia del bambino** e del congedo di paternità, comprese le ipotesi di affidamenti ed adozioni (art. 54, comma 1, 6, 7 e 9 D.Lgs. 151/2001);
— il licenziamento determinato da un **motivo illecito determinante** (art. 1345 c.c.).

Il D.Lgs. 23/2015 prevede la tutela reale piena anche per i lavoratori soggetti alla nuova disciplina, nei casi di nullità del licenziamento perché *discriminatorio* (ex art. 15 L. 300/1970) ovvero perché *riconducibile agli altri casi di nullità espressamente previsti dalla legge* (art. 2).

Tale tutela viene altresì **estesa** alle ipotesi in cui il giudice accerta il *difetto di giustificazione per motivo consistente nella disabilità fisica o psichica del lavoratore* (art. 2, comma 4).

Sia nel vecchio che nel nuovo regime sanzionatorio, la tutela reale piena trova applicazione nel caso di **licenziamento orale**.

Il licenziamento intimato senza l'osservanza della forma scritta è qualificato dalla legge come *inefficace* (art. 2, comma 3, L. 604/1966). Si tratta di un'ipotesi ritenuta particolarmente grave al punto che il licenziamento orale viene ritenuto *inidoneo a risolvere il rapporto di lavoro e comunque nullo* (*ex* art. 1418 c.c.) o «inesistente», in ogni caso improduttivo di qualsivoglia effetto.
Ai fini sanzionatori, pertanto, il legislatore colloca il licenziamento orale fra le ipotesi di nullità.

12 Il vecchio regime sanzionatorio dei licenziamenti illegittimi

12.1 La tutela nei casi di licenziamento ingiustificato (imprese con più di 15 dipendenti)

Nelle *imprese con più di 15 dipendenti* (ossia nelle imprese *medio/grandi*), l'**art. 18 L. 300/1970** prevede un regime sanzionatorio dei licenziamenti illegittimi ingiustificati differenziato in relazione alla gravità del vizio accertato, dovendosi, infatti, distinguere tra tutela reale limitata e tutela risarcitoria.

La tutela **reale limitata** si applica nei casi di **licenziamento ingiustificato più gravi**, ossia (art. 18, commi 4 e 7, L. 300/1970) quando:

— non ricorrono gli estremi del *giustificato motivo soggettivo o della giusta causa* addotti dal datore di lavoro, per *insussistenza del fatto contestato* ovvero perché il *fatto rientra tra le condotte punibili con una sanzione conservativa* sulla base delle previsioni dei contratti collettivi ovvero dei codici disciplinari applicabili;
— vi è *manifesta insussistenza del fatto* posto a base del licenziamento per *giustificato motivo oggettivo*;
— vi è difetto di giustificazione del licenziamento intimato per motivo oggettivo consistente nell'*inidoneità fisica o psichica del lavoratore* (L. 68/1999) ovvero in violazione delle disposizioni in materia di *malattia o infortunio del lavoratore* (art. 2110, comma 2, c.c.).

Nei predetti casi, il giudice (art. 18, comma 4, L. 300/1970):

— **annulla** il licenziamento;
— condanna il datore di lavoro alla **reintegrazione nel posto di lavoro**;
— condanna il datore di lavoro al pagamento di un'**indennità risarcitoria** commisurata all'ultima retribuzione globale di fatto dal giorno del licenziamento sino a quello dell'effettiva reintegrazione, in ogni caso, *non superiore a 12 mensilità della retribuzione globale di fatto.*

  Dall'indennità risarcitoria deve essere *dedotto* quanto il lavoratore ha percepito, nel periodo di estromissione, per lo svolgimento di altre attività lavorative (cd. *aliunde perceptum*), nonché quanto avrebbe potuto percepire dedicandosi con diligenza alla ricerca di una nuova occupazione (cd. *aliunde percipiendum*);

— condanna il datore di lavoro al **versamento dei contributi previdenziali e assistenziali** dal giorno del licenziamento fino a quello della effettiva reintegrazione.

  I contributi sono *maggiorati degli interessi nella misura legale* senza applicazione di sanzioni per omessa o ritardata contribuzione, per un importo pari al *differenziale contributivo* esistente tra la contribuzione che sarebbe stata maturata nel rapporto di lavoro risolto dall'illegittimo licenziamento e quella accreditata al lavoratore in conseguenza dello svolgimento di altre attività lavorative.

In tutte le **altre ipotesi di licenziamento ingiustificato** si applica, invece, la tutela **risarcitoria forte**; infatti, il giudice (art. 18, commi 5 e 7, L. 300/1970):

— dichiara **risolto il rapporto di lavoro** con effetto dalla data del licenziamento;
— condanna il datore di lavoro al pagamento di un'**indennità risarcitoria onnicomprensiva** determinata tra un *minimo di 12 e un massimo di 24 mensilità* dell'ultima retribuzione globale di fatto, in relazione all'*anzianità del lavoratore* e tenuto conto del numero dei *dipendenti occupati*, delle *dimensioni dell'attività economica*, del *comportamento* e delle *condizioni* delle parti, con onere in capo al giudice di fornire specifica motivazione a tale riguardo.

Nel caso di licenziamento per giustificato motivo oggettivo, ai fini della determinazione dell'indennità risarcitoria il giudice, oltre che dei suddetti criteri, tiene conto anche delle *iniziative assunte dal lavoratore per la ricerca di una nuova occupazione*, nonché del *comportamento delle parti durante la procedura conciliativa* attivata *obbligatoriamente* prima della comunicazione del licenziamento.

Se tuttavia nel corso del giudizio, in base alla *domanda formulata dal lavoratore*, dovesse risultare che il licenziamento è stato determinato per *motivi discriminatori o disciplinari* si applicano le relative tutele.

In caso di *manifesta insussistenza del fatto* posto a base del **licenziamento per giustificato motivo oggettivo**, in base al *comma 7* dell'art. 18 L. 300/1970, il giudice «può» applicare la tutela reale (*comma 4*) in luogo della tutela risarcitoria forte (*comma 5*). Il Tribunale di Ravenna, con *ordinanza 7-2-2020*, ha sollevato questione di *illegittimità costituzionale* del predetto comma. La norma, in modo chiaro ed inequivocabile, prevede espressamente un *potere discrezionale* in capo al giudice al quale viene rimessa la scelta dell'applicazione della tutela reale o risarcitoria, configurandosi, nel contempo, come norma «in bianco», «ossia del tutto priva di criteri applicativi» ai quali il giudice possa fare riferimento. Secondo il Tribunale la norma si appalesa costituzionalmente illegittima dovendo *prevedere esclusivamente il «dovere» del giudice di reintegrare il lavoratore*, così come previsto dallo stesso art. 18 al comma 4 nel caso di *insussistenza del fatto contestato al lavoratore nell'ambito del licenziamento per giusta causa o per giustificato motivo soggettivo*. La questione è stata ritenuta *fondata* dalla Corte costituzionale che, con **sentenza 1°-4-2021, n. 59**, ha dichiarato l'illegittimità costituzionale del *comma 7* laddove, nel caso di *licenziamento economico*, non dispone l'obbligatorietà della reintegrazione nel posto di lavoro in caso di *fatto manifestamente insussistente*.

12.2 La tutela nei casi di licenziamenti inefficaci (imprese con più di 15 dipendenti)

Nelle *imprese con più di 15 dipendenti* (ossia nelle imprese *medio/grandi*), se il licenziamento viene intimato in **violazione dell'obbligo di motivazione** o delle **procedure** previste per il licenziamento disciplinare o per giustificato motivo oggettivo, si applica la tutela **risarcitoria debole**, infatti il giudice (art. 18, comma 6, L. 300/1970):

— dichiara **risolto** il rapporto di lavoro;
— condanna il datore di lavoro a corrispondere al lavoratore un'**indennità risarcitoria onnicomprensiva** determinata, in relazione alla *gravità della violazione* formale o procedurale commessa dal datore di lavoro, tra un *minimo di 6 ed un massimo di 12 mensilità* dell'ultima retribuzione globale di fatto.

Se però il giudice, sulla base della *domanda del lavoratore*, accerta che vi è *anche un difetto di giustificazione del licenziamento*, applica la relativa disciplina sanzionatoria.

12.3 La tutela obbligatoria (imprese fino a 15 dipendenti)

Ai lavoratori illegittimamente licenziati da imprese *fino a 15 dipendenti*, si applica la tutela **obbligatoria** dell'**art. 8 L. 604/1966** secondo cui, nei casi di **licenziamento ingiustificato**, il giudice condanna il datore di lavoro a **riassumere il lavoratore entro 3 giorni** oppure a **risarcire il danno** da questi patito, versandogli un'*indennità* di importo compreso tra un *minimo di 2,5* ed un *massimo di 6 mensilità* dell'ultima retribuzione globale di fatto, avuto riguardo al numero dei dipendenti occupati, alle dimensioni dell'impresa, all'anzianità di servizio del prestatore di lavoro, al comportamento e alle condizioni delle parti.

Inoltre, nel definire le *conseguenze* da riconnettere al licenziamento, per *determinare l'entità dell'indennità risarcitoria*, il giudice tiene ugualmente conto degli *elementi* e dei *parametri* fissati dai contratti collettivi, nonché dai contratti individuali certificati e comunque considera (art. 30, comma 3, L. 183/2010):

— le *dimensioni* e le *condizioni dell'attività* esercitata dal datore di lavoro;
— la *situazione del mercato del lavoro locale*;
— l'*anzianità* e le *condizioni del lavoratore*;
— il *comportamento delle parti* anche prima del licenziamento.

Nei casi di licenziamento *discriminatorio* o altrimenti *nullo* ovvero *orale* si applica la *tutela reale piena* di cui ai primi tre commi dell'art. 18 L. 300/1970.

13 Il nuovo regime sanzionatorio dei licenziamenti illegittimi

13.1 La tutela nei casi di licenziamenti ingiustificati (imprese con più di 15 dipendenti)

Nelle *imprese con più di 15 dipendenti*, nella sola ipotesi di **licenziamento per giustificato motivo soggettivo o per giusta causa in cui sia direttamente dimostrata in giudizio dal lavoratore l'insussistenza del fatto materiale** contestatogli, si applica la tutela **reale limitata** (art. 3, comma 2, D.Lgs. 23/2015). Infatti il giudice:

— **annulla** il licenziamento;
— condanna il datore di lavoro alla **reintegrazione del lavoratore nel posto di lavoro**;
— condanna il datore di lavoro al pagamento di un'**indennità risarcitoria** commisurata all'ultima retribuzione di riferimento per il calcolo del TFR dal giorno del licenziamento fino a quello dell'effettiva reintegrazione. In ogni caso, la misura dell'indennità risarcitoria relativa al *periodo antecedente alla pronuncia di reintegrazione* non può essere superiore a *12 mensilità* dell'ultima retribuzione di riferimento per il calcolo del TFR;
— condanna, altresì, il datore di lavoro al **versamento dei contributi previdenziali e assistenziali** dal giorno del licenziamento fino a quello dell'effettiva reintegrazione.

In tutti gli **altri casi di licenziamento ingiustificato**, si applica la tutela **risarcitoria forte** (art. 3, comma 1, D.Lgs. 23/2015); il giudice infatti:

— dichiara **estinto** il rapporto di lavoro alla data del licenziamento;
— condanna il datore di lavoro al pagamento di un'**indennità** di importo *non inferiore a 6 mensilità e non superiore a 36 mensilità*.

Per effetto della **sentenza della Corte Cost. 194/2018**, il giudice, fermi i limiti minimo e massimo indicati, ai fini della determinazione dell'indennità, dovrà tener conto — oltre che del criterio dell'anzianità di servizio del prestatore di lavoro — anche degli altri criteri desumibili dalla disciplina limitativa in materia di licenziamento (es. numero dei dipendenti occupati).

Nel caso invece di difetto di giustificazione del licenziamento intimato per motivo consistente nella **disabilità fisica o psichica del lavoratore** (artt. 4, comma 4, e 10, comma 3, L. 68/1999), si applica la tutela **reale piena**.

13.2 La tutela nei casi di licenziamenti inefficaci (imprese con più di 15 dipendenti)

Nelle *imprese con più di 15 dipendenti* (imprese medio/grandi), nell'ipotesi in cui il licenziamento sia intimato in violazione del **requisito di motivazione** (art. 2, comma 2, L. 604/1966) o in violazione della **procedura in caso di licenziamento disciplinare** (art. 7 L. 300/1970), si applica la tutela **risarcitoria debole**. Il giudice infatti (art. 4 D.Lgs. 23/2015):

— dichiara **estinto** il rapporto di lavoro alla data del licenziamento;
— condanna il datore di lavoro al pagamento di un'**indennità** in misura *non inferiore a 2 mensilità e non superiore a 12 mensilità*.

La determinazione dell'indennità dovrà avvenire, a seguito della **sentenza della Corte Cost. 150/2020**, nel rispetto dei limiti minimo e massimo fissati dal legislatore, tenendo conto, innanzitutto, dell'*anzianità di servizio*, che rappresenta la base di partenza della valutazione, ma anche degli *altri criteri* desumibili dal sistema, quali: la gravità delle violazioni, il numero degli occupati, le dimensioni dell'impresa, il comportamento e le condizioni delle parti.

Se, in base alla *domanda* del lavoratore, il giudice accerta la sussistenza dei presupposti per l'applicazione delle tutele previste per i licenziamenti nulli o ingiustificati, applica le rispettive tutele (artt. 2 e 3 D.Lgs. 23/2015).

13.3 La tutela risarcitoria dimezzata (imprese fino a 15 dipendenti)

Ai lavoratori illegittimamente licenziati da *imprese fino a 15 dipendenti* (piccole imprese) si applica la tutela **risarcitoria** dell'**art. 9, comma 1, D.Lgs. 23/2015**, in quanto il giudice dichiara **estinto** il rapporto di lavoro alla data del licenziamento e condanna il datore di lavoro al pagamento di un'**indennità** in misura *non inferiore a 3 mensilità*, nei casi di **licenziamenti ingiustificati**, e *non inferiore a una mensilità*, nei casi di **licenziamenti inefficaci** per violazione dell'obbligo di motivazione ovvero della procedura dei licenziamenti disciplinari. In tutte le ipotesi, l'indennità *non può superare* il limite di *6 mensilità*.

L'art. 9, comma 1, richiama espressamente sia l'art. 3, comma 1, che l'art. 4, che sono stati dichiarati *parzialmente illegittimi* (Corte Cost. 194/2018 e 150/2020): il criterio dell'anzianità di servizio, per la sua rigidità ed automaticità, non può essere l'unico da utilizzare ai fini della determinazione dell'indennità risarcitoria.

14 L'area residuale del recesso *ad nutum*

Il sistema delle garanzie sostanziali e procedurali ed il relativo regime di tutela *non* si applicano a tutti i rapporti di lavoro.

Infatti, nel nostro ordinamento permane ancora un'**area di non applicazione** della disciplina limitativa del licenziamento individuale.

Si tratta di ipotesi *limitate*, in cui è consentito al datore di lavoro di recedere **senza necessità di alcuna motivazione** e perciò si parla in proposito di **recesso *ad nutum*** (letteralmente con un semplice *cenno*).

Il lavoratore ha però diritto al *preavviso* (art. 2118 c.c.), salvo il caso di una *giusta causa* di recesso (art. 2119 c.c.). Nel caso di lavoratori in prova, il recesso *non* comporta alcun obbligo di preavviso o di indennità sostitutiva (art. 2096, comma 3, c.c.).

La possibilità di licenziamento *ad nutum* riguarda:

— i **dirigenti**, espressamente esclusi dal campo di applicazione della L. 604/1966 (art. 10).

  Nei confronti dei dirigenti si applica però l'obbligo di *comunicazione scritta* del licenziamento (art. 2, comma 4, L. 604/1966);

— i **lavoratori in prova**, nel termine di 6 mesi dall'assunzione;

— gli **sportivi professionisti**;

— gli assunti con contratto di **lavoro domestico**;

— i **lavoratori ultrasessantenni** in possesso dei requisiti pensionistici che non decidono di proseguire l'attività lavorativa.

Va tuttavia evidenziato che anche ai suddetti rapporti si applica il generale divieto di *licenziamento discriminatorio* (per i dirigenti espressamente stabilito dall'art. 3 L. 108/1990) o comunque motivato «da ragioni in stridente contrasto con diritti fondamentali garantiti dalla Costituzione» (GALANTINO).

15 La disciplina dei licenziamenti collettivi

15.1 Le finalità

La materia dei *licenziamenti collettivi per riduzione di personale* è disciplinata dalla **L. 23 luglio 1991, n. 223** nell'ambito di una regolamentazione a largo raggio delle *crisi* d'impresa, che presenta il comune denominatore di perseguire la ricerca di *soluzioni alternative al licenziamento* e di garantire comunque *misure per la rioccupazione* dei lavoratori coinvolti nei processi di ridimensionamento, riorganizzazione o ristrutturazione aziendale.

La riforma Fornero (L. 92/2012) è intervenuta anche in materia di licenziamenti collettivi, apportando alcune modifiche alla *procedura*, all'*impugnazione* dei licenziamenti e soprattutto innovando il **regime sanzionatorio** nei casi di illegittimità, tenendo conto del nuovo testo dell'art. 18, L. 300/1970.

Il **D.Lgs. 23/2015** ha poi previsto un autonomo regime sanzionatorio per i licenziamenti collettivi illegittimi dei lavoratori rientranti nel suo campo di applicazione.

Per effetto del D.Lgs. 23/2015, pertanto, anche con riferimento ai licenziamenti collettivi illegittimi coesistono **due distinti regimi sanzionatori**:

— il *vecchio* regime fondato sull'*art. 18 L. 300/1970* (come richiamato dall'art. 5, comma 3, L. 223/1991);
— il *nuovo* regime di cui all'*art. 10 D.Lgs. 23/2015*, per i licenziamenti rientranti nel suo ambito di applicazione (*ex* art. 1).

15.2 I presupposti per la procedura di riduzione di personale

La procedura prevista dalla L. 223/1991 (art. 4, comma 2) si applica quando:

1) si tratta di un datore di lavoro, imprenditore o non, che occupa **più di 15 dipendenti**, compresi i *dirigenti*.

   Il requisito dimensionale (almeno 15 dipendenti) deve essere accertato con riferimento *all'intera impresa e non solo all'unità produttiva* interessata dal licenziamento collettivo;

2) sia avvenuta una **riduzione** o **trasformazione di attività o lavoro** o si intenda **cessare l'attività**;
3) si intendano effettuare **almeno 5 licenziamenti** nell'arco di **120 giorni**;
4) ciò avvenga nell'ambito della *medesima unità produttiva* o nell'ambito di più unità produttive della *stessa Provincia*;
5) detti licenziamenti, nello stesso arco di tempo e nello stesso ambito, siano comunque riconducibili alla *medesima* riduzione o trasformazione di attività o lavoro.

La procedura di licenziamento collettivo si applica anche all'impresa che è stata **ammessa al trattamento straordinario di integrazione salariale** (CIGS), quando nel corso di attuazione del programma ritiene di non essere in grado di garantire il reimpiego a tutti i lavoratori sospesi e di non poter ricorrere a misure alternative (art. 4, comma 1).

15.3 La procedura

Il datore di lavoro deve preliminarmente dare **comunicazione** dei previsti licenziamenti alle **rappresentanze sindacali aziendali** nonché alle rispettive **associazioni di categoria** (art. 4, L. 223/1991).

Per la comunicazione nell'ambito della procedura di licenziamento collettivo riguardante i *membri dell'equipaggio di una nave marittima*, la legge distingue a seconda che la procedura di licenziamento collettivo sia relativa a *membri dell'equipaggio di cittadinanza italiana* ovvero il cui *rapporto di lavoro* sia *disciplinato dalla legge italiana oppure* riguardi membri dell'equipaggio di una *nave marittima battente bandiera diversa da quella italiana* (art. 4, comma 2, L. 223/1991).

La *comunicazione* deve indicare:

— i *motivi* che determinano la situazione di eccedenza di personale;
— i *motivi tecnici, organizzativi e/o produttivi* per i quali si ritiene di non potere evitare i licenziamenti;
— il *numero*, la *collocazione aziendale* e i *profili professionali* del personale eccedente e di quello normalmente occupato.

In questa fase preliminare, pertanto, il **sindacato** riveste un *ruolo centrale*, rafforzato dalla previsione secondo cui gli eventuali **vizi della comunicazione** possono essere *sanati*, ad *ogni* *effetto di legge*, nell'ambito di un **accordo sindacale** concluso nel corso della procedura di licenziamento collettivo.

A seguito di tale comunicazione le rappresentanze sindacali aziendali (RSA) e le associazioni di categoria, eventualmente assistite da esperti, possono chiedere un **esame congiunto della situazione** e, qualora *non* sia possibile evitare la riduzione di personale, mediante *misure alternative*, è esaminata la possibilità di ricorrere a **misure sociali di accompagnamento** intese, in particolare, a facilitare la riqualificazione e la riconversione dei lavoratori licenziati.

Nel caso in cui il datore di lavoro intenda procedere al licenziamento di uno o più *dirigenti*, all'esame congiunto relativo ai dirigenti eccedenti si procede in appositi incontri.

In caso di *esito negativo*, la struttura territoriale dell'Ispettorato del lavoro può convocare le parti per effettuare un ulteriore tentativo di accordo.

15.4 I criteri di scelta e il recesso

Esaurita la precedente fase, con o senza accordo, il datore di lavoro può procedere ai licenziamenti, individuando i **lavoratori da licenziare** tra tutti quelli eccedenti.

L'individuazione dei lavoratori da licenziare, tra quelli eccedenti, deve avvenire in relazione alle *esigenze tecnico-produttive, ed organizzative del complesso aziendale*, in base ai **criteri di scelta stabiliti nei contratti collettivi** oppure, ove questi manchino, nel rispetto dei seguenti **criteri legali**, in *concorso tra loro* (art. 5 L. 223/1991):

— *carichi di famiglia*;
— *anzianità*;
— *esigenze tecnico-produttive ed organizzative*.

Una volta individuati i lavoratori, il datore di lavoro può esercitare il diritto di **recesso** che deve essere *comunicato per iscritto al singolo lavoratore* e nel rispetto del termine di *preavviso*.

Entro 7 giorni dalla comunicazione dei recessi, deve essere *comunicato per iscritto*, all'Ispettorato interregionale del lavoro (IIL) e alle associazioni di categoria, l'*elenco dei lavoratori* licenziati (indicando per ciascun soggetto il nominativo, il luogo di residenza, la qualifica, il livello di inquadramento, l'età e il carico di famiglia), con la *puntuale indicazione delle modalità* con le quali sono stati applicati i criteri di scelta (art. 4, comma 9, L. 223/1991).

Il predetto termine di 7 giorni è stato previsto dalla L. 92/2012 (art. 1, comma 44). In precedenza, la comunicazione doveva avvenire *contestualmente* alla comunicazione del recesso ai lavoratori. Sull'interpretazione della «contestualità» in passato erano però sorte notevoli incertezze: tendenzialmente veniva intesa *non* in termini di contemporaneità (Cass. 1722/2009), ma di *immediatezza* (Cass. 4970/2006).

15.5 Impugnazione del licenziamento

Il lavoratore al quale è stato *comunicato il recesso*, a seguito della procedura di licenziamento collettivo, può **contestarne la legittimità** per: vizio di forma scritta, violazione della procedura e violazione dei criteri di scelta.

A tal fine è tenuto a rispettare i *termini* e le *modalità* previsti per l'**impugnazione** dei licenziamenti individuali.

15.6 Il vecchio regime sanzionatorio (L. 223/1991)

Il vecchio regime sanzionatorio dei licenziamenti collettivi illegittimi si articola sui seguenti **tre livelli** in relazione alle diverse ipotesi di illegittimità. Infatti, se il licenziamento è illegittimo:

— per **violazione della forma scritta**, il giudice ordina al datore di lavoro la *reintegrazione* del lavoratore nel posto di lavoro (con diritto di optare per l'indennità sostitutiva) e lo condanna al *risarcimento del danno* e al *versamento dei contributi* previdenziali e assistenziali (cd. tutela **reale piena** *ex* art. 18, commi 1-3, L. 300/1970);

— per **violazione della procedura sindacale** prevista dalla L. 223/1991 (art. 4, comma 12, L. 223/1991), il giudice dichiara *risolto* il rapporto di lavoro con effetto dalla data del licenziamento e condanna il datore di lavoro al pagamento di un'*indennità risarcitoria onnicomprensiva* compresa tra un *minimo di 12 mensilità ed un massimo di 24 mensilità* dell'ultima retribuzione globale di fatto (**tutela risarcitoria forte** *ex* art. 18, comma 7, L. 300/1970);

— per **violazione dei criteri di scelta**, il giudice *annulla il licenziamento* e ordina al datore di lavoro la *reintegrazione* del lavoratore nel posto di lavoro (con diritto di optare per l'indennità sostitutiva) e lo condanna al pagamento di un'*indennità risarcitoria* non superiore a 12 mensilità e al *versamento dei contributi previdenziali e assistenziali* (**tutela reale limitata** *ex* art. 18, comma 4, L. 300/1970).

15.7 Il nuovo regime sanzionatorio (D.Lgs. 23/2015)

Nei confronti dei lavoratori (operai, impiegati e quadri) rientranti nel campo di applicazione del **D.Lgs. 23/2015** (art. 10), si applica il *nuovo* regime sanzionatorio basato, invece, su **due livelli di tutela**. Infatti, se il licenziamento è illegittimo:

— per **violazione della forma scritta**, il giudice ordina al datore di lavoro la *reintegrazione del lavoratore nel posto di lavoro* e lo condanna al *risarcimento del danno* e al *versamento dei contributi previdenziali e assistenziali* (cd. **tutela reale piena**, art. 2 D.Lgs. 23/2015);

— per **violazione della procedura sindacale e dei criteri di scelta** (art. 5, comma 1, L. 223/1991), il giudice dichiara **estinto** il rapporto di lavoro alla data del licenziamento e condanna il datore di lavoro al pagamento di un'**indennità**, in misura comunque *non inferiore a 6 e non superiore a 36 mensilità* (cd. **tutela risarcitoria forte**) (art. 3, comma 1, D.Lgs. 23/2015).

Nel caso di **illegittimità del licenziamento del dirigente**, per violaziona della procedura o dei criteri di scelta, il datore di lavoro è tenuto al pagamento di un'indennità, in misura compresa tra *12 e 24 mensilità*, fatte salve le diverse previsioni sulla misura dell'indennità nei contratti e negli accordi collettivi (art. 24, comma 1quinquies, L. 223/1991).

In caso di illegittimità dovuta a *violazione della forma scritta*, vale il regime previsto per la generalità dei dipendenti.

12
Il sistema degli ammortizzatori sociali

1 Ambito di operatività e distinzioni

Il sistema degli **ammortizzatori sociali** è costituito dall'insieme degli **strumenti predisposti dallo Stato al fine di fornire una tutela del reddito** ai lavoratori che si trovano a dover affrontare, nel corso della loro vita lavorativa, periodi più o meno lunghi *senza lavoro per riduzione o cessazione dell'attività lavorativa*.

Il legislatore interviene mediante **misure di natura economica** che *integrano il reddito di lavoro*, che si è ridotto a causa della sospensione dell'attività, o che *sostengono il lavoratore* improvvisamente privato della retribuzione a causa della cessazione del rapporto.

Gli ammortizzatori sociali rappresentano, pertanto, misure di **politica passiva del lavoro** che si aggiungono alle misure finalizzate alla rioccupazione e alla riqualificazione del lavoratore rientranti nell'ambito della **politica attiva del lavoro**.

Nell'ambito degli ammortizzatori sociali può effettuarsi la seguente *distinzione*:

- strumenti che intervengono *in caso di disoccupazione,* quando cioè il rapporto di lavoro è definitivamente *cessato*, determinando la *perdita* della retribuzione. In tale ambito, si colloca l'indennità erogata dalla nuova assicurazione sociale per l'impiego (**NASPI**);
- strumenti che intervengono **in costanza di rapporto**, quando cioè il rapporto di lavoro è soltanto *sospeso*, e non cessato, determinando una *riduzione* della retribuzione, di diversa entità. Si collocano in tal ambito, ad esempio, le **integrazioni salariali**.

A tali strumenti vanno aggiunti, poi, i **sussidi straordinari** che sono stati introdotti nel tempo, e perpetuati, al fine di fornire una tutela economica a tutte quelle categorie che *non* beneficiavano degli ordinari ammortizzatori sociali.

2 La NASPI

2.1 Fondamento normativo e funzione

L'**art. 38 della Costituzione** sancisce solennemente il diritto dei lavoratori a mezzi adeguati alle loro esigenze di vita in caso (tra gli altri) di «*disoccupazione involontaria*».

Questo ci dà il segno dell'importanza che il legislatore annette alla tutela del lavoratore nel delicato momento in cui **viene a trovarsi senza lavoro** e, di conseguenza, privo delle fonti di sostentamento per sé e per la sua famiglia.

L'espressione più importante di tutta la tutela in caso di perdita del lavoro è stata a lungo rappresentata dall'**assicurazione generale obbligatoria contro la disoccupazione involontaria** istituita con R.D.L. 19 ottobre 1919, n. 2214.

Dal **1° gennaio 2013**, in sostituzione dell'assicurazione contro la disoccupazione, è stato introdotto un *nuovo ed unico strumento a sostegno del reddito in caso di disoccupazione*, denominato Assicurazione sociale per l'impiego, cd. **ASPI** (art. 2, commi 1 ss., L. 92/2012).

Dal **1° maggio 2015**, per effetto del **D.Lgs. 22/2015**, opera la **Nuova prestazione dell'Assicurazione sociale per l'impiego**, cd. **NASPI**, che ha sostituito le prestazioni dell'ASPI, con riferimento agli eventi di disoccupazione verificatisi dalla predetta data.

Tale forma assicurativa, come precedentemente l'ASPI, fa capo all'**INPS**, nell'ambito della *Gestione prestazioni temporanee*.

L'ASPI, prima, e, poi, la NASPI, hanno sostituito le principali indennità per la copertura della perdita economica derivante dalla cessazione del rapporto di lavoro. In particolare la NASPI prende il posto a tutti gli effetti delle seguenti prestazioni:

— *disoccupazione ordinaria non agricola a requisiti normali*;
— *disoccupazione ordinaria non agricola a requisiti ridotti*;
— *disoccupazione speciale edile* (dal 2017);
— *mobilità* (dal 2017).

La NASPI ha la funzione di fornire una *tutela di sostegno al reddito ai lavoratori con rapporto di lavoro subordinato che abbiano perduto involontariamente la propria occupazione* (artt. 1 e 14, D.Lgs. 22/2015, msg. INPS 4441/2015).

La tutela della **NASPI** interviene nei casi di *cessazione del rapporto di lavoro* che comporta lo **stato di disoccupazione involontario** del lavoratore.

Lo stato di disoccupazione presuppone l'*assenza di un lavoro* e la presentazione della *dichiarazione di immediata diponibilità* (DID) da parte del lavoratore.

La disoccupazione che dà luogo alle prestazioni previdenziali è «*quella che deriva dall'estinzione di un rapporto di lavoro*» (PERSIANI) e quindi non è né la disoccupazione *in genere* né la disoccupazione che sia *conseguenza* di scelte o condizioni soggettive del lavoratore.

In primo luogo, pertanto, la NASPI si applica ai **licenziamenti**, siano essi individuali che collettivi (dal 1° gennaio 2017).

Tuttavia, ai fini del diritto alla NASPI, sono considerate ipotesi di **perdita involontaria del posto di lavoro**, anche:

— il *licenziamento disciplinare* (pertanto, nonostante la cessazione del rapporto sia conseguenza di un comportamento colpevole del lavoratore);
— la *risoluzione consensuale del rapporto di lavoro* purché avvenuta per accettazione da parte del lavoratore licenziato dell'*offerta economica agevolata* propostagli dal datore di lavoro (art. 6, D.Lgs. 23/2015) o per *rifiuto* del lavoratore al proprio *trasferimento* ad altra sede della stessa azienda distante più di 50 km dalla residenza del lavoratore e/o mediamente raggiungibile in 80 minuti o più con i mezzi pubblici, oppure consegua all'esito positivo della procedura di *conciliazione obbligatoria* prevista per i licenziamenti per giustificato motivo oggettivo (art. 7, L. 604/1966);
— le dimissioni per *giusta causa* o intervenute *durante il periodo tutelato di maternità* (da 300 giorni prima della data presunta del parto e fino al compimento del primo anno di vita del figlio) (circ. INPS 94/2015).

La NASPI si applica alla generalità dei *settori produttivi* e comprende **tutti i lavoratori subordinati**, sia con contratto a tempo indeterminato che a termine, inclusi gli *apprendisti* e i *soci lavoratori di cooperativa* che abbiano stabilito con la stessa un rapporto di lavoro in forma subordinata (artt. 2 e 15, D.Lgs. 22/2015).

Sono invece **esclusi** dalla NASPI:

— i *dipendenti pubblici assunti a tempo indeterminato*;
— gli *operai agricoli a tempo determinato o indeterminato*, che continuano a beneficiare dell'apposito trattamento di disoccupazione agricola, anche speciale.

2.2 Requisiti

Per il diritto al trattamento a sostegno del reddito erogato dalla NASPI, oltre a sussistere lo stato di disoccupazione involontario, il lavoratore deve essere in possesso dei seguenti **requisiti** (art. 3, D.Lgs. 22/2015):

— almeno **13 settimane di contributi** versati nei *4 anni* che precedono l'inizio della disoccupazione.

Il requisito *contributivo* risulta soddisfatto quando, *contando a ritroso 4 anni* dal primo giorno di disoccupazione, risultano accreditate almeno 13 settimane di contributi *obbligatori*, comprensivi di quelli finalizzati alla tutela contro la disoccupazione;

— almeno **30 giornate di lavoro effettivo** nei *12 mesi* che precedono l'inizio della disoccupazione.

Devono essere considerate le giornate di lavoro effettivo cioè di *effettiva presenza al lavoro*, a prescindere dall'orario osservato, e quindi *non* si considera, ad esempio, il periodo di astensione al lavoro per malattia o per infortunio, con la conseguenza che se tali periodi si verificano nei 12 mesi che precedono l'inizio della disoccupazione, si determina «un *ampliamento* — pari alla durata degli eventi medesimi — del periodo di 12 mesi all'interno del quale ricercare il requisito delle 30 giornate» (circ. INPS 94/2015).

2.3 La procedura per l'erogazione dell'indennità

In presenza dei requisiti oggettivi (stato di disoccupazione) e soggettivi (contributi e effettività di lavoro), l'interessato presenta la **domanda** per la NASPI all'INPS — per via *telematica* — entro il termine (a pena di *decadenza*) di 68 giorni dalla cessazione del rapporto di lavoro (art. 6, D.Lgs. 22/2015).

La presentazione della domanda di NASPI all'INPS **equivale** alla dichiarazione di immediata disponibilità del lavoratore (DID) (art. 21, comma 1, D.Lgs. 150/2015) ed è trasmessa dall'INPS all'ANPAL, ai fini dell'inserimento nel *Sistema informativo unitario delle politiche del lavoro*.

L'indennità spetta:

— dall'**ottavo giorno successivo** alla data di cessazione del rapporto di lavoro, se la domanda viene presentata *entro l'ottavo giorno*;
— dal **giorno successivo a quello di presentazione della domanda**, nel caso in cui questa sia presentata *successivamente all'ottavo giorno*.

2.4 La misura dell'indennità

L'**importo** dell'indennità su base *mensile* varia a seconda che la retribuzione mensile sia pari, inferiore o superiore ad una certa soglia soggetta a rivalutazione annuale (art. 4, comma 2, D.Lgs. 22/2015).

La retribuzione mensile da prendere come **base di calcolo** è la retribuzione imponibile ai fini previdenziali degli ultimi 4 anni, comprensiva degli elementi continuativi e non continuativi e delle mensilità aggiuntive, divisa per il numero di settimane di contribuzione (indipendentemente dal minimale) e moltiplicando il risultato per 4,33 (art. 4, comma 1, D.Lgs. 22/2015).

L'indennità NASPI è soggetta a **riduzione** in base al tempo di fruizione. Infatti, a partire dal primo giorno del *quarto mese di percezione*, l'importo dell'indennità si riduce del **3% al mese**.

La NASPI è *di regola* corrisposta *mensilmente*. Tuttavia, al fine di incentivare l'*autoimprenditorialità*, è prevista la **liquidazione anticipata** delle rate di NASPI in un'**unica volta**.

Il lavoratore può richiedere, infatti, la liquidazione anticipata del trattamento NASPI spettante e non ancora erogato, per l'avvio di un'attività lavorativa autonoma o di impresa individuale.

Il lavoratore che instaura un rapporto di lavoro subordinato prima della scadenza del periodo per cui è riconosciuta la liquidazione anticipata della NASPI è tenuto a *restituire per intero* l'anticipazione ottenuta.

2.5 La durata dell'indennità

La **durata** dell'indennità è in funzione dell'*anzianità lavorativa* del soggetto interessato.

Essa è pari alla **metà delle settimane coperte da contribuzione** degli ultimi *4 anni*. I periodi contributivi che *hanno già dato luogo ad erogazione delle prestazioni di disoccupazione* (DS, ASPI e NASPI) non devono essere considerati.

Se l'indennità di cui si è già beneficiato è la NASPI, vale il seguente criterio: «le indennità NASPI già percepite determinano il *non computo* di un numero di settimane di contribuzione *doppio* rispetto alla durata della prestazione NASPI percepita» (circ. INPS 94/2015).

I periodi di contribuzione *successivi* all'ultima prestazione di disoccupazione sono *sempre utili* ai fini della determinazione della durata di una nuova NASPI.

3 La contribuzione a carico del datore di lavoro per il finanziamento della NASPI

3.1 La contribuzione ordinaria

L'onere della NASPI è posto interamente a carico dei **datori di lavoro**. La contribuzione viene versata **mensilmente** ed è pari generalmente all'aliquota dell'**1,31%** della retribuzione imponibile ai fini previdenziali.

All'aliquota contributiva dell'1,31% deve essere aggiunto il contributo dello **0,30%** per il finanziamento dei *fondi interprofessionali per la formazione continua* o di appositi fondi ministeriali. Il contributo **complessivo** è quindi pari all'**1,61%**.

3.2 Il contributo addizionale per i rapporti a tempo determinato

A carico del datore di lavoro è posto, inoltre, un **contributo addizionale** pari all'**1,4%** della retribuzione imponibile ai fini previdenziali (art. 2, comma 28, L. 92/2012).

Per effetto del **Decreto Dignità** (D.L. 87/2018, conv. in L. 96/2018), a decorrere dal 14 luglio 2018 (data di entrata in vigore del decreto), il contributo è *incrementato dello 0,5%* in occasione di ciascun *rinnovo* del contratto a tempo determinato, anche in somministrazione.

Ne consegue che al *primo* rinnovo la misura ordinaria dell'1,4% andrà incrementata dello 0,5%. In tal modo verrà determinata la *nuova misura* del contributo addizionale cui *aggiungere nuovamente l'incremento dello 0,5%* in caso di *ulteriore rinnovo*. Tale criterio di calcolo deve essere utilizzato anche per *eventuali rinnovi successivi*, avuto riguardo all'ultimo valore base che si sarà venuto a determinare per effetto delle maggiorazioni applicate in occasione di precedenti rinnovi (circ. Min. Lav. 31-10-2018, n. 17).

La maggiorazione dello 0,5% non si applica in caso di *proroga* del contratto (circ. Min.Lav. 17/2018), né ai contratti di lavoro domestico (art. 2, comma 28, L. 92/2012).

Il contributo deve essere versato in relazione ai dipendenti in organico il cui **rapporto di lavoro non sia a tempo indeterminato**. Vanno considerate, quindi, tutte le tipologie di contratto di lavoro che prevedano una *scadenza finale*.

Il contributo addizionale non si applica:

- ai *lavoratori assunti a termine in sostituzione di lavoratori assenti*;
- ai lavoratori addetti alle *attività stagionali* stabilite dalla legge (D.P.R. 1525/1963);

— agli *apprendisti* (per i quali grava la contribuzione ordinaria);
— ai lavoratori dipendenti delle Pubbliche Amministrazioni.

È prevista la **restituzione** del contributo addizionale versato (art. 2, comma 30, L. 92/2012) quando:

— successivamente al decorso del periodo di prova, il datore di lavoro procede alla *trasformazione del contratto da tempo determinato a tempo indeterminato*;
— cessato il rapporto a termine, il datore di lavoro *assume entro 6 mesi il lavoratore con contratto di lavoro a tempo indeterminato*.

In tal caso, la restituzione del contributo avviene *detraendo* da quanto versato un numero di mensilità pari ai mesi trascorsi dalla cessazione del precedente rapporto di lavoro a termine.

3.3 Il contributo (o ticket) di licenziamento

A titolo di finanziamento della NASPI, il datore è tenuto a versare anche una somma *una tantum*, cd. **contributo (o ticket) di licenziamento** (art. 2, commi 31 ss., L. 92/2012).

Il contributo deve essere versato in conseguenza della **cessazione del rapporto di lavoro a tempo indeterminato**, dalla quale derivi il diritto (teorico) del lavoratore al trattamento NASPI, a prescindere dall'effettiva percezione.

Quindi, ad esempio, il contributo è dovuto in caso di *licenziamento per giustificato motivo oggettivo* e *per giusta causa*; in caso di *dimissioni per giusta causa* o intervenute durante il periodo di *maternità* (circ. INPS 19 marzo 2020, n. 40).

La somma è pari al **41% del massimale mensile NASPI**, per ogni *12 mesi di anzianità di servizio* del dipendente negli *ultimi 3 anni*.

Il contributo, pertanto, è **scollegato** dall'importo della prestazione individuale; di conseguenza, lo stesso è dovuto in *misura identica a prescindere dalla tipologia di lavoro*, sia esso part-time o full-time.

Al fine di definire l'**esatto importo dovuto**, è necessario prioritariamente determinare l'*anzianità lavorativa* del lavoratore cessato; il contributo, infatti, deve essere calcolato in *proporzione ai mesi di anzianità aziendale* (circ. INPS 17 settembre 2021, n. 137).

Il contributo dovuto è pari a:

— *41% del massimale mensile NASPI* in caso di *anzianità aziendale di un anno*;
— *82% del massimale mensile NASPI* in caso di *anzianità aziendale di 2 anni*;
— *123% del massimale mensile NASPI* in caso di *anzianità aziendale di 3 o più anni*.

Il contributo **non è dovuto** in caso di licenziamenti effettuati in conseguenza di *cambi di appalto*, ai quali siano succedute assunzioni presso altri datori di lavoro, in applicazione di clausole sociali che garantiscano la continuità occupazionale, nonché in caso di interruzione di rapporti di lavoro a tempo indeterminato nel *settore delle costruzioni edili*, per **completamento delle attività e chiusura del cantiere** (circ. INPS 40/2020).

Per comprovare la condizione di esonero, in mancanza di altra documentazione idonea a tal fine, il datore di lavoro deve produrre la *lettera di assunzione*, riportante il cantiere o la sede legale e la mansione per cui il lavoratore è assunto, e la *lettera di licenziamento*, da cui risultino la motivazione «fine cantiere o completamento lavori» e la data di cessazione del rapporto di lavoro (msg. INPS 24 ottobre 2018, n. 3933).

Sono inoltre esonerate dal versamento del contributo di licenziamento, per gli **anni 2020, 2021 e 2022**, le *società in procedura fallimentare* o in *amministrazione straordinaria* che abbiano usufruito, negli anni *2019*, *2020* e *2021*, del trattamento di CIGS per crisi aziendale (artt. 43bis e 44, D.L. 109/2018, conv. in L. 130/2018, circ. Min.Lav. 11-12-2018, n. 19).

Nell'ipotesi di cessazione del rapporto di lavoro per **licenziamento collettivo** vigono poi specifiche *regole*.

Innanzitutto, dal 1° gennaio 2017, se la dichiarazione di eccedenza del personale *non ha formato oggetto di accordo sindacale*, la misura del contributo deve essere **moltiplicata per tre volte**.

Inoltre, dal *1° gennaio 2018*, per i datori di lavoro *tenuti al finanziamento della CIGS*, l'aliquota percentuale del contributo è **raddoppiata per ciascun licenziamento** effettuato a conclusione di una procedura di licenziamento collettivo (art. 1, comma 137, L. 205/2017).

Sono, pertanto, soggetti al contributo maggiorato *esclusivamente* i datori di lavoro tenuti al versamento della contribuzione per il finanziamento dell'integrazione salariale straordinaria pari a *0,90%* (art. 23, D.Lgs. 148/2015) che, come tali, rientrano nel campo di applicazione della CIGS (msg. INPS 594/2018).

4 L'indennità di disoccupazione DIS-COLL per i lavoratori parasubordinati

Per effetto del **D.Lgs. 22/2015** (art. 15), ai *collaboratori coordinati e continuativi* assicurati in *via esclusiva* presso la relativa gestione previdenziale dell'INPS (cd. Gestione separata) è corrisposta, per gli eventi di disoccupazione involontaria, l'apposita **indennità di disoccupazione DIS-COLL**.

Tale misura, introdotta in via *sperimentale* e *prorogata più volte* (art. 1, comma 310, L. 208/2015, art. 3, comma 3octies, D.L. 244/2016, conv. in L. 19/2017), è stata infine resa *stabile* dal 1° luglio 2017, dalla L. 81/2017 (art. 7).

Oltre che ai collaboratori coordinati e continuativi, l'indennità spetta, per gli eventi di disoccupazione verificatisi dal 1° luglio 2017, anche agli *assegnisti* e ai *dottorandi di ricerca con borsa di studio*, iscritti in via esclusiva alla Gestione separata presso l'INPS, non pensionati e privi di partita IVA, che abbiano perduto involontariamente la propria occupazione (circ. INPS 115/2017).

I **requisiti**, che devono sussistere *congiuntamente*, per il diritto al trattamento sono i seguenti (art. 15, comma 2, D.Lgs. 22/2015):

— il lavoratore deve trovarsi in *stato di disoccupazione* al momento della domanda del trattamento;
— deve risultare accreditato *almeno un mese* di contribuzione nel periodo che va dal primo gennaio dell'anno civile *precedente* l'evento di cessazione dal lavoro al predetto evento.

Il requisito contributivo è stato così fissato dal cd. *decreto tutela lavoro* (art. 2, D.L. 101/2019, conv. in L. 128/2019): in precedenza, era invece pari a tre mesi.

La DIS-COLL è rapportata al **reddito imponibile ai fini previdenziali** risultante dai versamenti contributivi effettuati relativo all'anno in cui si è verificata la cessazione dal lavoro e all'anno solare precedente, diviso per il numero di mesi di contribuzione, o frazione di essi.

Ai fini della determinazione dell'importo, si applicano criteri analoghi a quelli della NASPI.

L'indennità è concessa su **domanda** dell'interessato, da presentare per via telematica, a pena di decadenza, all'INPS, entro il termine di 68 giorni dalla cessazione del rapporto di lavoro.

L'indennità spetta a **decorrere** dall'*ottavo giorno successivo alla* cessazione del rapporto di lavoro nel caso di domanda presentata entro detto termine; nel caso di domanda presentata successivamente, il trattamento spetta dal primo giorno successivo alla data di presentazione della domanda.

La **durata** dell'indennità è in funzione dell'*anzianità contributiva* del soggetto interessato.

L'indennità è corrisposta, infatti, per un numero di mesi pari alla *metà dei mesi coperti da contribuzione*, da intendersi come mesi o frazioni di mese di *durata del rapporto di collaborazione* (circ. INPS 83/2015 e nota Min. Lav. 21 aprile 2015); il periodo in cui verificare il predetto parametro è quello che va dal primo gennaio dell'anno civile *precedente* l'evento di cessazione del lavoro al predetto evento.

In ogni caso è previsto il **limite massimo** di durata di *6 mesi*.

5 L'indennità straordinaria di continuità reddituale e operativa (ISCRO)

La **legge di bilancio 2021** ha previsto, in via *sperimentale* per il *triennio 2021-2023* e nelle more della riforma degli ammortizzatori sociali, l'**indennità straordinaria di continuità reddituale e operativa** (ISCRO) in favore dei lavoratori iscritti alla gestione separata INPS che esercitano, per professione *abituale*, attività di *lavoro autonomo* (art. 1, commi 386 ss., L. 178/2020).

L'indennità è **erogata** dall'INPS ed è riconosciuta ai soggetti in possesso dei seguenti **requisiti** (art. 1, comma 388; msg. INPS 22 settembre 2021, n. 3180):

— *non* essere *titolari di trattamento pensionistico diretto* e *non* essere *assicurati* presso altre forme previdenziali obbligatorie;
— *non* essere *beneficiari del Reddito di cittadinanza*.

Questi primi due requisiti devono essere *mantenuti* anche durante la percezione dell'indennità (art. 1, comma 389);

— aver prodotto un *reddito di lavoro autonomo*, nell'anno precedente alla presentazione della domanda, *inferiore al 50 %* della media dei redditi da lavoro autonomo conseguiti nei 3 anni precedenti all'anno precedente alla presentazione della domanda.

Pertanto, il reddito utile per la verifica di questo requisito *varia* in funzione dell'anno di presentazione della domanda (circ. INPS 30-6-2021, n. 94);

— aver dichiarato, nell'anno precedente alla presentazione della domanda, un *reddito non superiore a euro 8.145*;
— essere *in regola con la contribuzione previdenziale obbligatoria*.

Tale requisito è verificato dall'INPS attraverso il sistema *Durc on line*;

— essere *titolari di partita IVA attiva da almeno 4 anni* alla data di presentazione della domanda, per l'*attività che ha dato titolo all'iscrizione* alla gestione previdenziale in corso.

Prima della presentazione della domanda, è inoltre necessario che i potenziali destinatari procedano alla *formale iscrizione alla gestione separata*: tale iscrizione è il **presupposto** per l'accesso all'indennità in esame (circ. INPS 94/2021).

Il lavoratore deve presentare la domanda all'INPS, in via *telematica*, entro il *31 ottobre* dell'anno in cui si vuole richiederla (art. 1, comma 389): nella domanda devono essere *autocertificati* i redditi prodotti per gli anni di interesse; l'INPS poi, ai fini della **verifica** dei requisiti, comunica all'Agenzia delle entrate i dati identificativi dei soggetti che hanno presentato la domanda.

L'indennità, pari al 25% su base semestrale dell'ultimo reddito certificato dall'Agenzia delle entrate, spetta a decorrere dal primo giorno successivo alla data di presentazione della domanda ed è erogata per *6 mensilità*.

L'importo dell'indennità *non può superare* il limite di *euro 800* mensili e *non può essere inferiore a euro 250 mensili*, salvo rivalutazione annuale.

La prestazione può essere richiesta **una sola volta nel triennio** (art. 1, comma 394).

L'erogazione dell'indennità è accompagnata dalla partecipazione a **percorsi di aggiornamento professionale**, individuati con decreto ministeriale: il monitoraggio della partecipazione ai percorsi è stato affidato all'ANPAL (art. 1, comma 400).

La **cessazione** della **partita IVA** nel corso dell'erogazione dell'indennità determina l'immediata cessazione della stessa, ed è previsto il recupero delle mensilità eventualmente erogate dopo la data di cessazione dell'attività.

L'indennità in esame *non* concorre alla formazione del reddito ai sensi del D.P.R. 917/1986.

6 L'indennità ordinaria di disoccupazione per i lavoratori agricoli

Le **indennità di disoccupazione per gli operai agricoli a tempo determinato o indeterminato** non sono state assorbite nella nuova assicurazione sociale per l'impiego (ASPI), né dalla successiva NASPI.

Hanno diritto alle indennità in questione i *lavoratori agricoli subordinati*, iscritti negli elenchi nominativi di lavoratori agricoli, i quali possano far valere questi **requisiti**:

— *due anni di assicurazione* (in pratica il lavoratore deve essere iscritto negli elenchi per l'anno per il quale è richiesta l'indennità e per l'anno precedente);
— un minimo di *102 contributi giornalieri* nell'anno precedente quello di richiesta del trattamento.

Con riferimento ai trattamenti, in favore degli operai agricoli a tempo determinato **(OTD)** l'indennità è fissata nella misura del **40% della retribuzione**, mentre per gli operai a tempo indeterminato (**OTI**), l'importo è pari al **30%** della retribuzione.

La **durata** dell'indennità di disoccupazione agricola è pari al *numero di giornate di iscrizione negli elenchi nominativi*, entro il limite di 365 giornate del parametro annuo di riferimento (art. 1, comma 55, L. 247/2007).

Dal limite delle 365 giornate del parametro annuo di riferimento devono essere *detratte* le giornate di *lavoro agricolo*, ed eventualmente *non* agricolo, nonché le giornate *eventualmente indennizzate ad altro titolo* (circ. INPS 20-2-2009, n. 24).

7 Le integrazioni salariali

7.1 Finalità e disciplina

Le integrazioni salariali sono strumenti di **politica passiva del lavoro** volti a tutelare la posizione contrattuale del prestatore di lavoro di fronte alle *situazioni variabili dell'impresa*, garantendo per quanto possibile il diritto alla retribuzione dalle vicende che possono incidere negativamente sul rapporto di lavoro (cd. **principio della continuità del salario**).

Sul terreno legislativo il principio della garanzia della retribuzione ha trovato la sua massima espressione nel sistema degli interventi di integrazione salariale, che si suddividono in un intervento *ordinario* — anche denominato Cassa integrazione guadagni (**CIGO**) — e un intervento *straordinario*, anche denominato Cassa integrazione guadagni straordinaria (**CIGS**): entrambi hanno la *finalità* di assicurare al lavoratore, in caso di *eventi oggettivi* che determinano la totale o parziale riduzione dell'attività lavorativa, la corresponsione di un **trattamento economico** (l'integrazione salariale) a compensazione del reddito perso a causa della riduzione dell'orario di lavoro.

Entrambi gli interventi sono gestiti dall'INPS tramite l'apposita «*Gestione prestazioni temporanee ai lavoratori dipendenti*», in cui confluiscono le tre Casse (agricoltura, industria ed edilizia), autonome tra loro, preposte alla gestione dei trattamenti integrativi nei diversi settori.

Le integrazioni salariali intervengono pertanto in **costanza di rapporto**, quando vengono *sospese* le obbligazioni principali connesse al rapporto medesimo, cioè la *prestazione di lavoro* e la *retribuzione* per fatti *non* imputabili alla volontà del datore di lavoro (contrazione dell'attività, crisi, calamità naturali ecc.).

Cessata la causa che ha legittimato la sospensione, il rapporto *riprende* regolarmente. Nei casi di integrazione salariale, pertanto, vi è la prospettiva della cessazione dell'evento sospensivo e, quindi, della *ripresa dell'attività produttiva*.

La cassa integrazione copre **tutti i lavoratori subordinati** (*esclusi* i dirigenti e i lavoratori a domicilio) compresi gli *apprendisti con contratto professionalizzante*, che abbiano un'*anzianità* *di effettivo lavoro di almeno 90 giorni* presso l'unità produttiva per la quale è richiesto il trattamento di integrazione salariale.

La sussistenza dei 90 giorni deve essere verificata con riferimento alla data di presentazione della domanda del trattamento (circ. INPS 14/2017). Tale requisito non è richiesto per i trattamenti di CIGO per *eventi oggettivamente non evitabili* (L. 208/2015).

Il trattamento di integrazione salariale **ammonta all'80% della retribuzione globale** che sarebbe spettata al lavoratore per le ore di lavoro non prestate, comprese fra le ore zero e il limite dell'orario contrattuale e si **calcola** tenendo conto dell'orario di ciascuna settimana indipendentemente dal periodo di paga (art. 3, D.Lgs. 148/2015).

La misura dell'indennità è soggetta comunque a *limiti massimi* (cd. tetti), annualmente *rivalutati*, stabiliti in rapporto alla retribuzione mensile.

La **durata massima complessiva** degli interventi di integrazione salariale è **pari a 24 mesi** in un *quinquennio mobile*, con la possibilità di arrivare a *36 mesi* in caso di stipula di un contratto di solidarietà.

Il limite riguarda dunque il *complesso* dei trattamenti fruiti, cumulando i periodi di CIGO, di CIGS e di eventuale solidarietà (es. 12 mesi di CIGO + 12 mesi di CIGS, 12 mesi di CIGO + 24 mesi di CDS ecc.).

7.2 La Cassa integrazione guadagni ordinaria (CIGO)

L'**intervento ordinario** di integrazione salariale (CIGO) **si applica** a tutte le **aziende industriali**, ivi comprese le cooperative di produzione e lavoro, nonché al settore edile e lapideo.

I **presupposti** consistono nella *contrazione o sospensione* dell'attività produttiva, per le seguenti *causali*:

- **situazioni aziendali**, dovute ad *eventi transitori* e non imputabili all'imprenditore o ai dipendenti, incluse le intemperie stagionali;
- **situazioni temporanee di mercato**.

La CIGO è un ammortizzatore a cui si può ricorrere per **crisi di breve durata** e di **natura transitoria** (circ. INPS 197/2015) e non imputabili all'impresa o ai dipendenti. Sono, ad esempio, incluse le *intemperie stagionali* e le *situazioni temporanee* di mercato; mentre non giustificano la concessione della CIGO la chiusura per ferie o la mancanza di fondi (circ. INPS 139/2017). In particolare, la *transitorietà* della situazione aziendale e la *temporaneità* della situazione di mercato sussistono quando è prevedibile, al momento della presentazione della domanda di CIGO, che l'impresa *riprenda la normale attività lavorativa* (D.M. 15 aprile 2016, n. 95442).

Ai fini della concessione del trattamento di CIGO, il datore di lavoro è tenuto a presentare, infatti, una *relazione tecnica dettagliata*, recante le ragioni che hanno determinato la sospensione o riduzione dell'attività lavorativa nell'unità produttiva interessata dimostrando, sulla base di *elementi oggettivi* attendibili, che la stessa continui ad operare sul mercato. Le cause integrabili la CIGO devono essere valutate, comunque, tenendo conto, complessivamente, del *ciclo di produzione interessato* e della *situazione complessiva del settore* e dell'azienda, nonché della *natura dei prodotti e dei servizi coinvolti* (circ. INPS 139/2016).

Ai lavoratori è corrisposta un'**indennità** per un periodo massimo di **13 settimane** continuative, *prorogabili* trimestralmente fino ad un massimo complessivo di **52 settimane** continuative.

Al termine del periodo massimo, vi deve essere la *ripresa dell'attività* (e, pertanto, i lavoratori sospesi devono rientrare nel posto di lavoro).

Per accedere al trattamento di CIGO, l'impresa deve espletare una specifica **procedura** che prevede una fase di consultazione sindacale e una fase amministrativa.

Nella fase di **consultazione sindacale**, il datore di lavoro deve *comunicare preventivamente* alle rappresentanze sindacali aziendali (RSA/RSU), se esistenti, e agli organismi territoriali dei sindacati più rappresentativi a livello nazionale, le cause della contrazione o sospensione, la durata prevedibile e il numero dei lavoratori interessati.

Su richiesta di una delle parti, può essere convocato un incontro per un *esame congiunto* della situazione, avente a oggetto la tutela degli interessi dei lavoratori in relazione alla crisi dell'impresa.

L'intera procedura deve esaurirsi *entro 25 giorni* dalla data della comunicazione della sospensione; per le imprese fino a 50 dipendenti il termine è di 10 giorni.

La **fase amministrativa** è finalizzata a richiedere l'*ammissione al trattamento*, tramite presentazione, per via telematica, di apposita *domanda all'INPS* in cui il datore di lavoro deve indicare la causa della sospensione o riduzione dell'orario di lavoro e la presumibile durata, il numero dei lavoratori interessati e le ore di effettivo lavoro. Deve essere, inoltre, data comunicazione dell'avvenuta fase di consultazione sindacale.

Il *termine di presentazione* della domanda è di *15 giorni* dall'inizio della sospensione o riduzione dell'attività. Nel caso, invece, di domande per eventi oggettivamente non evitabili, si applica il termine della fine del mese successivo a quello in cui si è verificato l'evento (art. 15, comma 2, D.Lgs. 148/2015). In caso di *invio tardivo*, il trattamento di integrazione salariale *non* potrà aver luogo per periodi anteriori di una settimana rispetto alla data di presentazione (circ. INPS 9/2017).

Se dall'omessa o tardiva presentazione deriva a danno dei lavoratori la *perdita* del diritto all'integrazione salariale, il datore di lavoro deve erogare ai lavoratori una *somma equivalente all'integrazione salariale non percepita* (art. 15, comma 4, D.Lgs. 148/2015).

7.3 La Cassa integrazione guadagni straordinaria (CIGS)

L'**intervento straordinario** di integrazione salariale (CIGS) **si applica** a tutte le *aziende industriali* che hanno occupato in media *15 dipendenti* (computando anche gli apprendisti e i dirigenti) nel semestre antecedente la richiesta e alle *aziende del commercio* con *più di 50 lavoratori*.

L'intervento di CIGS può essere richiesto in caso di *sospensione o riduzione di attività* motivate dalle seguenti *causali*:

— **riorganizzazione aziendale**.

Sono state così *aggregate* le causali previste dalla normativa previgente, ovvero la *ristrutturazione* (mutamento di tecnologie), la *riorganizzazione* (mutamento dell'organizzazione aziendale) e la *riconversione* aziendale (mutamento dell'attività stessa);

— **crisi aziendale**, compresi i casi di crisi per andamento involutivo o negativo degli indicatori economici-finanziari e di crisi determinata da evento improvviso e imprevisto (circ. Min. Lav. 24/2015);
— **contratto di solidarietà difensiva**.

Presupposto necessario per l'erogazione del trattamento è la predisposizione da parte del datore di lavoro di un **programma** da presentare ai sindacati in sede di (eventuale) esame congiunto.

Ferma restando la durata complessiva dei trattamenti, l'indennità di CIGS è corrisposta per **durate differenziate** in base alla *causale* d'intervento:

— in caso di **riorganizzazione**, l'indennità spetta per una durata massima di **24 mesi**, continuativi o non. I limiti di durata, in caso di più interventi *non consecutivi*, sono da computarsi in un *quinquennio mobile*;
— in caso di **crisi aziendale**, l'intervento spetta per una durata massima di **12 mesi**, continuativi o non.

In caso di periodi *non* continuativi, una nuova domanda di CIGS può essere presentata solo *dopo* che sia decorso un periodo pari a *2/3* di quello concesso e fruito;

— in caso di **contratto di solidarietà difensiva**, l'indennità spetta per una durata massima di **24 mesi**, anche continuativi, in un quinquennio mobile.

Dal *24 settembre 2017* per le causali di riorganizzazione e crisi aziendale, possono essere autorizzate sospensioni del lavoro soltanto nel limite dell'80% delle ore lavorabili nell'unità produttiva nell'arco di tempo indicato nel programma autorizzato (artt. 22, comma 4, D.Lgs. 148/2015; circ. INPS 16/2017).

Per accedere alla CIGS per le causali di riorganizzazione e crisi aziendale, l'impresa deve espletare una specifica **procedura** che prevede una fase di consultazione sindacale e una fase amministrativa.

Nella fase di **consultazione sindacale**, il datore di lavoro deve *comunicare preventivamente* alle rappresentanze sindacali aziendali (RSA/RSU) e agli organismi territoriali dei sindacati più rappresentativi a livello nazionale, le cause della contrazione o della sospensione, la durata prevedibile e il numero dei lavoratori interessati.

Su richiesta di una delle parti, può essere convocato un incontro per un *esame congiunto* della situazione avente a oggetto il *programma*, la *durata* e il *numero dei lavoratori interessati* e le *ragioni che non rendono praticabili forme alternative di riduzioni di orario*, nonché le *misure* per la gestione delle eventuali eccedenze di personale, i *criteri di scelta* dei lavoratori da sospendere e le modalità della *rotazione* tra i lavoratori o le ragioni tecnico-organizzative della mancata adozione di meccanismi di rotazione.

La L. 205/2017 (legge di bilancio 2018) ha, inoltre, previsto che nei casi di riorganizzazione ovvero di crisi aziendale *per i quali non sia espressamente previsto il completo recupero occupazionale*, la procedura di consultazione può concludersi con un accordo che preveda un **piano di ricollocazione**, con l'indicazione degli ambiti aziendali e dei profili professionali a rischio di esubero.

I lavoratori rientranti nei predetti ambiti o profili possono richiedere all'ANPAL, entro 30 giorni dalla data di sottoscrizione dello stesso accordo, l'attribuzione anticipata dell'*assegno di ricollocazione* (cd. AdR CIGS).

Le parti devono, poi, espressamente *dichiarare* la non percorribilità della causale di contratto di solidarietà (tale regola non si applica alle imprese edili e affini).

L'intera procedura deve esaurirsi *entro 25 giorni* dalla data della richiesta.

Per le imprese fino a 50 dipendenti, il termine è di 10 giorni.

La **fase amministrativa** è finalizzata a richiedere l'*ammissione al trattamento*, tramite presentazione, per via telematica, di apposita *domanda*, da presentare al Ministero del Lavoro entro *7 giorni* dalla fine della fase di consultazione sindacale (art. 25, comma 5, D.Lgs. 148/2015).

La sospensione ha inizio *entro 30 giorni* dalla data di presentazione della domanda.

Se, dall'omessa o tardiva presentazione della domanda, deriva a danno dei lavoratori la *perdita* del diritto all'integrazione salariale, il datore di lavoro deve erogare ai lavoratori una *somma equivalente all'integrazione salariale non percepita.*

La concessione del trattamento avviene con **decreto** del Ministero del Lavoro *entro 90 giorni* dalla presentazione della domanda.

8 Gli ammortizzatori sociali in deroga

Gli ammortizzatori sociali in deroga sono trattamenti a sostegno del reddito concessi ai lavoratori **derogando alla normativa vigente**.

Le diverse ipotesi riguardano essenzialmente trattamenti in **deroga ai limiti massimi di durata** stabiliti per la CIGS (*ex* artt. 4 e 22, D.Lgs. 148/2015). In specie:

— per gli *anni 2021 e 2022*, può essere autorizzato sino ad un *massimo di 12 mesi complessivi*, previo accordo stipulato in sede governativa, il trattamento di CIGS per **crisi aziendale** qualora l'azienda abbia **cessato** o **cessi l'attività produttiva** e sussistano concrete prospettive di cessione dell'attività con conseguente *riassorbimento occupazionale*, oppure laddove sia possibile realizzare interventi di *reindustrializzazione del sito produttivo*, nonché in alternativa attraverso specifici percorsi di politica attiva del lavoro posti in essere dalla Regione interessata.

Tale trattamento, previsto per gli anni 2019 e 2020 (art. 44, D.L. 109/2018, conv. in L. 130/2018), è stato *prorogato*, per gli anni **2021** e **2022**, dalla **legge di bilancio 2021** (art. 1, comma 278, L. 178/2020). L'erogazione del trattamento avviene esclusivamente con la modalità di **pagamento diretto da parte dell'INPS**; inoltre, l'ammissione al trattamento (come negli anni 2019 e 2020) è subordinato, tra l'altro, alla conclusione di un accordo presso il Ministero del Lavoro per verificarne la sostenibilità finanziaria (circ. INPS 17-2-2021, n. 28);

— per gli *anni 2021 e 2022*, alle **imprese con rilevanza economica strategica** che presentino rilevanti problematiche occupazionali con esuberi significativi nel contesto territoriale, previo accordo stipulato in sede governativa con la presenza della Regione interessata, o delle Regioni interessate nel caso di imprese con unità produttive coinvolte ubicate in due o più Regioni, può essere concessa la *proroga dell'intervento di CIGS*, sino al **limite massimo di 12 mesi**, qualora il programma di *riorganizzazione aziendale* sia caratterizzato da *investimenti complessi* non attuabili nel limite temporale di durata di 24 mesi, ovvero qualora il programma di riorganizzazione aziendale presenti piani di recupero occupazionale per la ricollocazione delle risorse umane e azioni di riqualificazione non attuabili nel medesimo limite temporale. Alle *medesime condizioni* può essere concessa la proroga dell'intervento di CIGS, sino al **limite massimo di 6 mesi**, in caso di crisi aziendale, qualora il piano di risanamento presenti *interventi correttivi complessi* volti a garantire la continuazione dell'attività aziendale e la salvaguardia occupazionale, non attuabili nel limite temporale di durata di 12 mesi, nonché per la causale *contratto di solidarietà* sino al limite massimo di 12 mesi, qualora permanga, in tutto o in parte, l'esubero di personale già dichiarato nell'accordo (art. 22bis, comma 1, D.Lgs. 148/2015; circ. Min. Lav. 3-4-2019, n. 6).

Tale ammortizzatore, introdotto dalla L. 205/2017 (art. 1, comma 133, legge di bilancio 2018) per gli anni 2018-2019, è stato *esteso*, per l'anno 2020, dal D.L. 4/2019, conv. in L. 26/2019 (art. 26bis) e, per gli anni **2021** e **2022**, dalla **legge di bilancio 2021** (art. 1, comma 285, L. 178/2020);

— in presenza di piani pluriennali di riorganizzazione già oggetto di specifico accordo stipulato in sede ministeriale, che coinvolgono imprese operanti in più Regioni con un **organico superiore a 500 unità lavorative con gravi ricadute occupazionali concentrate nelle aree di crisi complessa**, conseguenti alle difficoltà di implementazione delle azioni di riorganizzazione e di accesso alle fonti di finanziamento, il Ministero del Lavoro, valutate le problematiche di ordine occupazionale e la necessità di successive verifiche per accertare tutti i requisiti sulla base della preventiva istruttoria da parte degli uffici competenti, può autorizzare acconti per 6 mensilità di integrazione salariale straordinaria, al fine di garantire la continuità del sostegno al reddito dei lavoratori sospesi (art. 22bis, comma 1bis, D.Lgs. 148/2015);
— le Regioni e le Province autonome di Trento e Bolzano possono autorizzare, per un periodo massimo di 12 mesi, la proroga delle prestazioni di cassa integrazione guadagni in deroga già concesse al fine del compimento dei piani di nuova industrializzazione, di recupero o di tenuta occupazionale relativi a **crisi aziendali incardinate presso le unità di crisi delle Regioni** (*ex* art. 1, comma 145, L. 205/2017), previa acquisizione dell'accordo tra l'azienda e le parti sociali per la proroga delle citate prestazioni, integrato da un apposito piano di politiche attive, sostenuto dalla Regione e dalle Province autonome, a favore dei lavoratori interessati (art. 26ter, comma 2, D.L. 4/2019, conv. in L. 26/2019; circ. INPS 101/2019).

Nell'ambito delle risorse finanziarie *già stanziate* in favore dei suddetti Enti territoriali — ad esempio, per trattamenti di integrazione salariale in deroga e per misure di politica attiva del lavoro, nonché per attuare piani di nuova industrializzazione, recupero o tenuta occupazionale (artt. 44, comma 6bis, D.Lgs. 148/2015; 26ter, comma 3, D.L. 4/2019, conv. in L. 26/2019) — la **legge di bilancio 2021** ha riconosciuto, anche per l'**anno 2021**, la possibilità per le Regioni e le Province autonome di concedere *ulteriori* periodi di trattamento di integrazione salariale in deroga, nel limite massimo di *12 mesi*, anche non continuativi (art. 1, commi 286 ss., L. 178/2020).

Il trattamento può essere concesso dalle Regioni o dalle Province autonome solo previa **verifica**, da parte dell'INPS, dell'effettiva *disponibilità finanziaria*, nei limiti delle predette risorse già stanziate: è comunque stato stabilito un *limite massimo di risorse per l'anno 2021*.

Ai beneficiari dei suddetti trattamenti di integrazione salariale è assicurata l'applicazione di misure di *politica attiva*, individuate in accordo con le organizzazioni sindacali maggiormente rappresentative, in un apposito piano regionale da comunicare al Ministero del Lavoro e all'ANPAL (art. 1, comma 288, legge di bilancio 2021).

Particolari disposizioni sono state previste per le **aree di crisi industriale complessa**, cioè territori soggetti a *recessione economica* e *perdita occupazionale di rilevanza nazionale* e con impatto significativo sulla politica industriale nazionale.

La complessità può derivare o da *crisi di una o più imprese* di grande o media dimensione o da grave *crisi di uno specifico settore industriale* con elevata specializzazione sul territorio.

In queste aree, è stata prevista la possibilità di concedere un intervento di **cassa integrazione guadagni straordinaria in deroga**, entro il limite massimo di *12* mesi per ciascun anno di riferimento, sulla base di specifici accordi stipulati in sede governativa (art. 44, comma 11bis, D.Lgs. 148/2015). A tal fine, le imprese hanno l'obbligo di presentare un **piano di recupero occupazionale** che preveda appositi percorsi di politiche attive del lavoro concordati con la Regione e finalizzati alla rioccupazione dei lavoratori.

La **legge di bilancio 2021** (art. 1, comma 289) ha stabilito il *rifinanziamento*, per il *2021*, delle misure relative al suddetto piano di recupero occupazionale (per l'anno 2020, tale rifinanziamento era stato stabilito dalla legge di bilancio 2020, art. 1, comma 492).

È stato inoltre previsto un trattamento di **mobilità in deroga** (*ex* art. 1, comma 142, L. 205/2017), per *12 mesi*, in favore dei lavoratori (licenziati) che avessero cessato la mobilità ordinaria o in deroga, a condizione che a tali lavoratori fossero contestualmente applicate misure di *politica attiva*, individuate in un apposito piano regionale da comunicare al Ministero del Lavoro e all'ANPAL (art. 25ter, D.L. 119/2018, conv. in L. 136/2018).

La mobilità in deroga nelle aree di crisi industriale complessa è stata prorogata, alle medesime condizioni, per l'*anno 2019*; nonché per l'*anno 2020* anche per i lavoratori che hanno cessato la mobilità ordinaria o in deroga entro il 31 dicembre 2020 (art. 11quater, comma 4, D.L. 162/2019, conv. in L. 8/2020).

Al fine di assicurare la prosecuzione degli interventi di cassa integrazione guadagni straordinaria e di mobilità in deroga nelle aree di crisi industriale complessa individuate dalle Regioni per l'anno 2020 e *non autorizzate per mancanza di copertura finanziaria*, la **legge di bilancio 2021** ha istituito un **Fondo** per il sostegno al reddito dei lavoratori delle predette aree (art. 1, comma 290, L. 178/2020).

Si ricordano, infine, le misure a sostegno del reddito in favore dei lavoratori dipendenti dalle aziende del settore dei **call center** (art. 44, comma 7, D.Lgs. 148/2015): tenuto conto delle sofferenze occupazionali che caratterizzano tale ambito, tali misure sono state prorogate e rifinanziate per il *2019* (art. 26sexies, D.L. 4/2019, conv. in L. 26/2019), per il *2020* (art. 11quater, cd. mille proroghe 2020) e, per il **2021** (art. 1, comma 280, **legge di bilancio 2021**).

La misura è costituita da un'**indennità** pari al trattamento massimo di integrazione salariale straordinaria (circ. INPS 28/2020).

9 I contratti di solidarietà

9.1 I contratti di solidarietà difensiva

I contratti di solidarietà difensiva sono **accordi sindacali** (contratti collettivi *aziendali*) aventi la finalità di **evitare in tutto o in parte la diminuzione dei livelli occupazionali** attraverso una generalizzata diminuzione dell'orario di lavoro dei lavoratori occupati nell'impresa.

Sono definiti di *solidarietà difensiva* poiché introducono e disciplinano una diminuzione dell'orario di lavoro che, a fronte della diminuzione delle esigenze produttive, consente di evitare licenziamenti per eccedenza di personale.

La riduzione dell'orario di lavoro è compensata attraverso l'erogazione del *trattamento straordinario di integrazione salariale*, a copertura economica delle ore di lavoro perse (non lavorate) a seguito della riduzione dell'orario.

Con il D.Lgs. 148/2015, la stipulazione di un contratto di solidarietà difensivo è diventata, a decorrere dal 24 settembre 2015, una specifica **causale dell'intervento di CIGS** con conseguente applicazione della medesima disciplina.

La stipulazione del contratto di solidarietà determina l'*elevazione* della durata massima dell'integrazione salariale complessiva.

Possono fare ricorso ai contratti di solidarietà difensiva solo le **imprese rientranti nell'ambito di applicazione della CIGS**.

Il contratto di solidarietà può avere ad oggetto **tutti i lavoratori** in forza, sia a tempo indeterminato che a termine, compresi gli apprendisti con contratto di apprendistato professionalizzante, ad *esclusione* dei dirigenti e dei lavoratori a domicilio.

È richiesto il requisito di almeno *90 giorni di lavoro effettivo.*

Nel contratto di solidarietà deve essere quantificata la **riduzione dell'orario di lavoro**, che può avvenire su base *giornaliera*, *settimanale* o *mensile*, e *non* può superare il **60%** dell'orario di lavoro contrattuale dei lavoratori coinvolti, riguardo tuttavia alla *media* di riduzione dell'orario di lavoro di tutti i lavoratori.

Ciò vuol dire che, per alcuni lavoratori, la riduzione su base settimanale può essere superiore al limite del 60%, per altri invece inferiore, in modo che risulti comunque rispettato il limite come *media*.

In ogni caso, per ciascun lavoratore, la riduzione complessiva dell'orario di lavoro *non può essere superiore al 70%* nell'intero periodo per il quale il contratto di solidarietà è stipulato.

Ai lavoratori interessati dal contratto di solidarietà difensiva compete la normale **indennità** di integrazione salariale, pari all'**80%** della retribuzione persa a seguito della riduzione dell'orario di lavoro.

9.2 I contratti di solidarietà espansiva

I contratti di solidarietà espansiva sono accordi stipulati tra imprese e rappresentanze sindacali, nei quali viene stabilita una *generalizzata diminuzione* dell'orario di lavoro dei lavoratori occupati nell'impresa in virtù di un intento di solidarietà sociale.

Tali contratti, anche denominati *strutturali* o *esterni*, mirano infatti a favorire, a fronte della riduzione dell'orario di lavoro, l'**assunzione di nuovo personale** per incrementare l'organico aziendale.

Il D.Lgs. 148/2015 (art. 41) conferma tale finalità, stabilendo che, con il contratto di solidarietà espansiva:

— da un lato, viene programmata la **riduzione stabile dell'orario di lavoro**. La riduzione del lavoro determina, per i lavoratori interessati, una corrispondente *riduzione della retribuzione*;

— dall'altro, si procede alla contestuale **assunzione di nuovo personale**. I contratti di lavoro, per espressa previsione, devono essere *a tempo indeterminato*.

9.3 Il contratto di espansione

In luogo dei contratti di solidarietà espansiva, è stato introdotto, in *via sperimentale* per gli anni *2019-2020*, l'istituto del **contratto di espansione**: l'art. 41, D.Lgs. 148/2015 è stato integralmente sostituito dal cd. **decreto crescita** (D.L. 34/2019, conv. in L. 58/2019, art. 26quater).

La **legge di bilancio 2021** ha poi prorogato l'applicazione dell'istituto in esame *anche per il 2021*, introducendo alcune novità (art. 1, comma 349, L. 178/2020).

L'istituto del contratto di espansione è stato previsto a vantaggio delle *imprese con organico superiore alle 1000 unità lavorative* che perseguano, anche solo in parte, *modifiche strutturali* dei processi aziendali finalizzate al progresso e allo sviluppo tecnologico, cui consegua, pertanto, la *necessità di modificare le competenze professionali in organico* mediante un loro più razionale impiego e prevedendo, in ogni caso, l'*assunzione di nuove professionalità*. A tal fine, l'impresa interessata può avviare una *procedura di consultazione sindacale*, finalizzata a stipulare in sede governativa un *contratto di espansione con il Ministero del Lavoro* e con le *associazioni sindacali comparativamente più rappresentative* sul piano nazionale o con le loro rappresentanze sindacali aziendali ovvero con la rappresentanza sindacale unitaria (art. 41, comma 1).

Esclusivamente per l'anno **2021**, la legge di bilancio 2021 ha esteso la possibilità di ricorrere al contratto di espansione anche alle imprese che abbiano un **minimo di 500 unità lavorative** in organico e, *limitatamente* a determinati effetti, a **250 unità lavorative**, calcolate complessivamente nelle ipotesi di *aggregazione* di imprese stabile, con un'*unica finalità produttiva o di servizi* (art. 41, comma 1bis, D.Lgs. 148/2015).

Ai fini della sussistenza dei *requisiti occupazionali*, si deve fare riferimento ai lavoratori, di qualunque qualifica (es. lavoratori a domicilio, dirigenti), occupati *mediamente* nel semestre precedente la data di sottoscrizione del contratto di espansione (circ. INPS 24-3-2021, n. 48).

Ai fini della stipula del contratto di espansione, l'impresa interessata in possesso dei requisiti di legge deve avviare una *procedura di consultazione sindacale*, analoga a quella prevista per la CIGS (*ex* art. 24, commi 1 e 2, D.Lgs. 148/2015).

Il contratto di espansione è di *natura gestionale* e deve contenere una serie di elementi, come ad esempio (art. 41, comma 2): il *numero dei lavoratori da assumere*; l'indicazione dei relativi *profili professionali* compatibili con i piani di reindustrializzazione o riorganizzazione; la *programmazione* temporale delle *assunzioni*.

Parte integrante del contratto di espansione è il **progetto di formazione e di riqualificazione**, che l'impresa è *tenuta* a presentare (art. 41, comma 8). Ai fini della stipula del contratto di espansione, il Ministero del Lavoro deve verificare il suddetto progetto, nonché il numero delle assunzioni (art. 41, comma 4).

Il progetto di formazione e di riqualificazione deve contenere, in generale, le misure idonee a garantire l'effettività della formazione, necessarie per far conseguire competenze tecniche idonee alla mansione a cui sarà adibito il lavoratore (art. 41, comma 8).

Nell'ambito del contratto di espansione, è poi possibile prevedere l'**uscita anticipata dei lavoratori prossimi alla pensione** (cd. *scivolo pensionistico*), ossia di coloro che si trovino a non più di *60 mesi* dal conseguimento della *pensione di vecchiaia* (e abbiano maturato il *requisito minimo contributivo*) o della *pensione anticipata* (art. 41, comma 5).

Previo esplicito consenso scritto degli interessati, il datore di lavoro riconosce, a fronte della risoluzione del rapporto, per tutto il periodo fino al raggiungimento del primo diritto a pensione, un'**indennità mensile**, ove spettante comprensiva dell'indennità NASPI, commisurata al trattamento pensionistico lordo maturato dal lavoratore al momento della cessazione del rapporto di lavoro, così come determinato dall'INPS. Tale prestazione può essere riconosciuta anche per il tramite dei fondi di solidarietà bilaterali.

La **legge di bilancio 2021** ha riconosciuto lo scivolo pensionistico anche ai lavoratori di imprese con un minimo di **250 unità lavorative** (art. 41, comma 5bis, D.Lgs. 148/2015).

Anche per queste imprese di minori dimensioni, cioè, la legge ha previsto la possibilità di un'*uscita anticipata* dei lavoratori più vicini all'età pensionabile e la corresponsione di un'indennità, da parte del datore di lavoro, a fronte della cessazione del rapporto di lavoro. A differenza di quanto previsto in caso di scivolo pensionistico nell'ambito di imprese con più di 1000 dipendenti, tuttavia, per la determinazione dell'importo di tale indennità sono previsti criteri diversi. Ad esempio, per l'intero periodo di spettanza teorica della NASPI al lavoratore, il versamento a carico del datore di lavoro per l'indennità mensile è ridotto dell'importo equivalente alla somma della prestazione della stessa NASPI, mentre per le imprese di maggiori dimensioni, come accennato, la legge prevede un'indennità mensile, ove spettante comprensiva dell'indennità NASPI.

Si tenga presente, però, che il **decreto Sostegni-bis** ha previsto un'ulteriore riduzione delle soglie dimensionali previste dalla legge di bilancio 2021: con effetto *dal 26 maggio 2021*, infatti, potranno accedere al contratto di espansione (e, quindi, in presenza dei requisiti di legge, anche allo scivolo pensionistico) le imprese che abbiano un **minimo di 100 unità lavorative** (art. 39, D.L. 25 maggio 2021, n. 73, conv. in L. 23 luglio 2021, n. 106).

A favore delle imprese, o gruppi di imprese, con un organico *superiore a 1.000 unità lavorative*, che attuino piani di *riorganizzazione* o di *ristrutturazione* di particolare rilevanza strategica e che si impegnino ad effettuare **almeno un'assunzione per ogni tre lavoratori**, è stata, poi, prevista un'ulteriore riduzione dei costi, a carico del datore di lavoro, relativi al prepensionamento.

I lavoratori che, invece, *non siano in possesso dei requisiti* per aderire allo *scivolo pensionistico* e *non abbiano* le competenze necessarie all'implementazione delle modifiche dei processi aziendali possono essere coinvolti nel contratto di espansione nella parte che prevede *piani di formazione e riqualificazione*: a questi lavoratori si applica una **riduzione dell'orario di lavoro**, integrata da un **intervento straordinario di integrazione salariale** (art. 41, commi 3 e 7).

La formazione e la riqualificazione potrà cioè essere svolta *attraverso* la riduzione dell'orario di lavoro del personale dipendente, integrato dal predetto trattamento di integrazione salariale. L'onere formativo posto a carico dell'impresa che sottoscrive il contratto di espansione può considerarsi assolto anche nell'ipotesi in cui, tramite l'applicazione pratica dell'opera lavorativa svolta nella stessa azienda, siano stati impartiti insegnamenti e aggiornamenti ai lavoratori tali da far acquisire loro una *diversa competenza tecnica professionale* (cd. formazione *on the job*) (art. 41, comma 8; circ. Min. Lav. 16/2019).

L'intervento straordinario di integrazione salariale può essere richiesto, in deroga agli artt. 4 e 22, D.Lgs. 148/2015, per un *periodo non superiore a 18 mesi*, anche non continuativi.

L'intervento straordinario di integrazione salariale collegato alla riduzione dell'orario di lavoro è riconducibile alla causale di intervento della *riorganizzazione aziendale* di cui all'art. 21, comma 1, lett. *a)*, D.Lgs. 148/2015 (circ. INPS 3-9-2020, n. 98; circ. INPS 9-12-2020, n. 143) ed è espressamente riferito alle *imprese rientranti nel campo di applicazione della CIGS* (circ. Min. Lav. 17-10-2019, n. 18).

Il contratto di espansione è **compatibile con l'utilizzo degli altri ammortizzatori sociali** previsti dal D.Lgs. 148/2015 (art. 41, comma 10).

10 I fondi di solidarietà

La previsione dei cd. **fondi di solidarietà**, cd. *bilaterali* o *settoriali,* risale a metà degli anni Novanta, come *misura sperimentale* finalizzata a fornire un sostegno del reddito e a favorire le politiche attive nell'ambito di processi di ristrutturazione aziendale (art. 2, comma 28, L. 662/1996).

La disciplina e le regole di funzionamento dei fondi di solidarietà, già oggetto di riforma con la cd. legge Fornero (L. 92/2012), sono state modificate dal D.Lgs. 148/2015 per *ampliarne il raggio d'azione* e assicurarne l'*effettiva operatività* (art. 26).

La costituzione dei fondi è **obbligatoria** per le categorie di lavoratori e i settori d'impresa *sprovvisti di un sistema pubblico di ammortizzatori sociali* (in quanto settori *non* coperti dalla CIG): in particolare, l'adesione ai fondi è obbligatoria per i datori di lavoro che occupano *in media più di 5 dipendenti*, compresi gli apprendisti.

L'**istituzione** dei fondi è rimessa alla *contrattazione collettiva* allo **scopo** di assicurare una *tutela economica* in costanza di rapporto di lavoro, nei casi di *riduzione o sospensione dell'attività lavorativa* per le stesse *cause* previste dalla normativa in materia di CIGS.

I fondi di solidarietà erogano la *prestazione economica di integrazione salariale* a *tutto il personale*, compresi gli apprendisti (con contratto di apprendistato professionalizzante), esclusi i dirigenti (salva diversa previsione nel regolamento del fondo).

Tale prestazione corrisponde ad un **assegno ordinario**, di importo almeno pari all'integrazione salariale.

La **durata** massima dell'assegno ordinario è stabilita dal regolamento del fondo; in ogni caso, *non* deve essere inferiore a *13 settimane* in un biennio mobile, né superiore alle *durate massime* previste per le integrazioni salariali.

Le prestazioni del fondo di solidarietà sono finanziate mediante *contribuzione* a carico delle *imprese* e dei *lavoratori* appartenenti ai settori rientranti nella specifica sfera di operatività del fondo.

I fondi già esistenti devono essere *adeguati* alle nuove disposizioni e i datori di lavoro con più di 5 dipendenti devono provvedere all'adesione. In caso contrario, vengono fatti aderire *coattivamente* al **Fondo di integrazione salariale (FIS)** che garantisce un assegno di *solidarietà* e un assegno *ordinario* (D.M. 94343/2016; msg. INPS 4885/2016).

Oltre ad assicurare ai lavoratori una **tutela in costanza di rapporto di lavoro** nei casi di riduzione o sospensione dell'attività lavorativa, i fondi svolgono anche **finalità ulteriori**, quali (art. 26, comma 9, D.Lgs. 148/2015):

- assicurare ai lavoratori una *tutela integrativa* rispetto alle prestazioni pubbliche erogate in caso di cessazione del rapporto di lavoro, nonché delle integrazioni salariali;
- prevedere *assegni straordinari per il sostegno al reddito*, riconosciuti nel quadro dei processi di *agevolazione all'esodo*, a lavoratori che raggiungano i requisiti previsti per il pensionamento di vecchiaia o anticipato nei successivi 5 anni;
- contribuire al *finanziamento di programmi formativi di riconversione o riqualificazione professionale*.

Alle predette finalità se ne aggiungono altre, come ad esempio quella prevista dal decreto pensioni 2019 (art. 22, D.L. 4/2019, conv. in L. 26/2019): ai fondi è consentito altresì erogare un **assegno straordinario** per il sostegno al reddito ai lavoratori che raggiungano i requisiti previsti per l'accesso alla *pensione quota 100* (almeno 62 anni di età + 38 anni di contributi) entro il 31 dicembre 2021. L'assegno può essere erogato *solo* in presenza di *accordi collettivi* di livello aziendale o territoriale sottoscritti con le organizzazioni sindacali comparativamente più rappresentative a livello nazionale nei quali è stabilito, a garanzia dei livelli occupazionali, *il numero di lavoratori da assumere in sostituzione dei lavoratori che accedono a tale prestazione* (circ. INPS 10/2019).

11 La decadenza dai trattamenti a sostegno del reddito connessi allo stato di disoccupazione

Nel caso dei **trattamenti a sostegno del reddito corrisposti alla cessazione di un rapporto di lavoro** o comunque connessi allo stato di disoccupazione, si prevedono casi di decadenza, ovvero di *perdita* del diritto a fruire dei suddetti trattamenti.

In generale, in applicazione del **principio di condizionalità**, il percettore dei trattamenti a sostegno del reddito è tenuto a partecipare alle *misure di politica attiva del lavoro*, con la conseguenza che, in caso contrario e senza giustificato motivo, è sottoposto all'applicazione di sanzioni che vanno dalla *decurtazione* alla *sospensione* o *decadenza* dalle prestazioni.

12 Ulteriori ipotesi sanzionatorie

Si decade dalla fruizione della NASPI e della DIS-COLL nelle seguenti ipotesi:

- **raggiungimento dei requisiti per il pensionamento di vecchiaia o anticipato**;
- acquisizione del diritto all'**assegno ordinario di invalidità** (salvo il diritto del lavoratore di optare per il trattamento di disoccupazione).

Inoltre si decade dalla NASPI o dalla DIS-COLL nei casi di **perdita dello stato di disoccupazione**, facendosi riferimento alla successiva *rioccupazione* del soggetto percettore del trattamento di disoccupazione.

In particolare, nel caso di instaurazione di un **rapporto di lavoro subordinato** durante il periodo di fruizione della *NASPI*, occorre fare riferimento al *reddito annuale* del lavoratore (art. 9, D.Lgs. 22/2015):

- se *superiore* al reddito minimo escluso da imposizione fiscale, si ha la *decadenza* dalla prestazione, salvo il caso in cui la durata del rapporto di lavoro non sia superiore a 6 mesi. In tal caso la prestazione è, infatti, *sospesa* d'ufficio per la durata del rapporto di lavoro.

  In presenza di rioccupazione con rapporti di lavoro che si susseguono nel tempo senza soluzione di continuità per periodi singolarmente non superiori a 6 mesi, ma la cui somma superi detto limite, si verifica la decadenza dalla prestazione di disoccupazione NASPI per superamento del semestre previsto (msg. INPS 1162/2018);

- se *inferiore* al reddito minimo escluso da imposizione fiscale, permane il diritto alla prestazione che però viene ridotta, a condizione che il lavoratore provveda a comunicare all'INPS entro 30 giorni dall'inizio dell'attività il reddito annuo previsto.

La decadenza, la perdita o la sola riduzione della NASPI operano, in funzione del reddito, anche nel caso di svolgimento di un'**attività lavorativa autonoma** o di impresa individuale (art. 10, D.Lgs. 22/2015).

Per quanto riguarda la **DIS-COLL**, in via generale, lo svolgimento di una nuova attività lavorativa o l'instaurazione di un nuovo rapporto di lavoro subordinato **non è compatibile** con la fruizione dell'indennità e comporta la decadenza dalla stessa. Vanno considerate le seguenti ipotesi di **lavoro** (circ. INPS 115/2017):

- in caso di nuova occupazione del lavoratore con contratto di lavoro *subordinato* di durata *non superiore a 5 giorni*, è prevista la *sospensione* del trattamento. Al termine del rapporto, l'indennità riprende ad essere corrisposta per il periodo *residuo* spettante;
- in caso di nuova occupazione del lavoratore con contratto di lavoro *subordinato* di durata *superiore a 5 giorni*, si perde il diritto all'indennità;
- nel caso in cui il beneficiario intraprenda un'attività lavorativa *autonoma*, di *impresa individuale* o un'attività *parasubordinata*, dalla quale derivi un reddito inferiore al limite di reddito previsto, l'indennità è soggetta a riduzione.

Il lavoratore deve comunicare all'INPS, entro *30 giorni* dall'inizio dell'attività, il reddito annuo presunto.

13 La decadenza dai trattamenti a sostegno del reddito in costanza di rapporto di lavoro

13.1 Il principio di condizionalità

La legge individua le ipotesi in cui il lavoratore decade dal diritto alle **indennità a sostegno del reddito erogate in costanza di rapporto di lavoro**.

Si tratta di ipotesi in cui si sanziona con la perdita del diritto alle suddette indennità il comportamento del lavoratore che *non si sia reso adeguatamente attivo nell'effettuazione di attività formative ovvero di riqualificazione*.

Ne sono interessati, nel caso dei trattamenti in costanza di rapporto, i *lavoratori beneficiari di integrazioni salariali per i quali è programmata una sospensione o riduzione superiore al 50%* dell'orario di lavoro in 12 mesi. Il **principio di condizionalità** impone, infatti, come già detto, l'adesione del lavoratore alle misure di politica attiva attuate dal centro per l'impiego (il diritto al trattamento a sostegno del reddito è condizionato alla partecipazione effettiva a tali misure).

13.2 Svolgimento di altra attività

Il lavoratore che svolga **attività di lavoro autonomo o subordinato remunerata** durante il periodo di cassa integrazione *non ha diritto al trattamento di integrazione salariale per le giornate di lavoro effettuate*.

Il divieto di cumulo (indennità CIG + reddito da lavoro) riguarda anche attività iniziate *prima* della collocazione del lavoratore in cassa integrazione (art. 8, D.Lgs. 148/2015 e circ. INPS 197/2015). In caso di *contratto di solidarietà*, il lavoratore interessato dalla riduzione di orario può svolgere attività lavorativa presso terzi, ma *non ha diritto* al trattamento per le giornate di lavoro effettuate; tale regola si applica anche in caso di assunzione con contratto di lavoro *part-time* in orario coincidente con quello interessato dalla solidarietà (Min.Lav. risposta ad interpello 3/2016).

Le comunicazioni di assunzione, cessazione, trasformazione e proroga del rapporto di lavoro sono valide ai fini dell'assolvimento di tutti gli obblighi di comunicazione anche dei lavoratori che pertanto non sono più tenuti a comunicare all'INPS lo svolgimento dell'attività lavorativa durante il periodo di integrazione salariale (l'ente ne acquisisce informazione mediante le suddette comunicazioni obbligatorie effettuate dai datori di lavoro) (circ. Min. Lav. 35/2013, circ. INPS 197/2015).

L'occupazione del lavoratore con un **nuovo rapporto di lavoro subordinato** a tempo pieno ed indeterminato comporta la risoluzione del rapporto precedente e, quindi, *la perdita del diritto al trattamento di integrazione salariale* per cessazione del rapporto di lavoro che ne costituiva il fondamento (Corte Cost. 195/1995).

In determinati casi, tuttavia, è possibile *effettuare attività lavorativa e continuare a fruire in tutto o in parte dell'integrazione salariale*.

Ad esempio, quando il compenso per l'attività lavorativa è *inferiore all'integrazione salariale*, l'integrazione spetta in misura *ridotta* (pari alla differenza tra l'intero importo dell'integrazione salariale e il compenso percepito per l'attività lavorativa).

Un'ulteriore ipotesi è costituita da quella in cui la nuova attività di lavoro, per la *collocazione temporale in altre ore della giornata o in periodi diversi dell'anno* (ad es. nel caso di due rapporti di lavoro part-time), sarebbe stata comunque compatibile con l'attività lavorativa sospesa che ha dato luogo all'integrazione salariale; in tal caso l'integrazione è *pienamente cumulabile* con la remunerazione derivante dalla nuova attività lavorativa (circ. INPS 107/2010).

13
La disciplina del trattamento di fine rapporto (TFR)

1 La disciplina del TFR

1.1 L'attuale disciplina (art. 2120 c.c.)

Secondo l'**art. 2120 c.c.**, nel testo vigente **dal 1° giugno 1982** dopo le modifiche della L. 297/1982, il prestatore di lavoro ha diritto ad un **trattamento di fine rapporto** (**TFR**) *in ogni caso di cessazione del rapporto di lavoro subordinato,* e quindi indipendentemente dalle motivazioni che l'hanno determinata.

Esso *matura* durante lo svolgimento del rapporto di lavoro ed è di *importo variabile* in quanto è in funzione dell'ammontare della retribuzione percepita dal lavoratore.

Il TFR è la **somma delle quote della retribuzione**, periodicamente **rivalutate** ed **accantonate**, che viene pagata in un momento successivo rispetto a quello in cui viene prestato il lavoro, ossia alla *fine del rapporto di lavoro* (salvo determinate ipotesi di anticipazione in costanza di rapporto, v. *infra*).

L'art. 2120 c.c. **si applica a tutti i rapporti di lavoro subordinato del settore privato** per i quali siano previste forme di indennità di anzianità, di fine lavoro, di buonuscita, comunque denominate e da qualsiasi fonte disciplinate.

1.2 La disciplina previgente: l'indennità di anzianità

L'art. 2120 c.c., *prima delle modifiche della L. 297/1982*, prevedeva, in caso di *cessazione del rapporto di lavoro a tempo indeterminato*, la corresponsione al prestatore di lavoro di un'**indennità di anzianità proporzionale agli anni di servizio**, salvo il caso di licenziamento per giusta causa («*per di lui colpa*») o di dimissioni volontarie. L'ammontare dell'indennità (nota anche come liquidazione, buonuscita ecc.) era determinato, in base *all'ultima retribuzione* e in relazione alla *categoria di appartenenza del prestatore di lavoro*.

In particolare, il calcolo dell'indennità di anzianità seguiva modalità *diverse* a seconda che si trattava di *impiegati* o *operai*.

Per i *primi*, l'indennità doveva essere corrisposta in misura *non* inferiore all'importo di tante mensilità di retribuzione per quanti erano gli anni di servizio prestati. Ai fini della determinazione dell'importo dell'indennità dovuta agli impiegati si moltiplica l'*ultima retribuzione mensile per ogni anno di servizio* (L. 1561/1960).

Per gli *operai*, invece, l'indennità di anzianità veniva corrisposta secondo i criteri indicati dal contratto collettivo applicabile al settore di appartenenza ed aveva come base di riferimento l'*ultima retribuzione oraria* che veniva moltiplicata, in linea generale, per un numero fisso di ore stabilito convenzionalmente, per gli anni di servizio.

1.3 Il sistema misto per i rapporti a cavaliere del 1° giugno 1982

La L. 297/1982 (art. 5) ha dettato specifiche **disposizioni transitorie** per adeguare la nuova normativa a quella precedente.

L'indennità di anzianità che sarebbe spettata ai singoli prestatori di lavoro in caso di cessazione del rapporto dall'entrata in vigore della legge è calcolata secondo *la disciplina vigente sino a tale momento* e si *cumula* a tutti gli effetti con il TFR.

Pertanto, per i *rapporti iniziati prima del 1° giugno 1982 e destinati a cessare dopo tale data* si applica un **sistema misto** che è basato sui seguenti meccanismi di calcolo:

1. per gli *anni di lavoro prestati anteriormente al 1° giugno 1982* si applica il criterio di calcolo precedente la L. 297/1982: in pratica si moltiplica la retribuzione di maggio 1982 (priva degli scatti di contingenza maturati dal 1° febbraio 1977 al 31 maggio 1982) per gli anni di servizio prestati fino al 31-5-1982. La somma così ottenuta viene poi rivalutata, anno per anno, su base composta, con un tasso costituito dall'1,5% in cifra fissa, più il 75% dell'aumento dei prezzi ISTAT;
2. per gli *anni di lavoro prestati dopo il 1° giugno 1982* si applica il vigente criterio di calcolo di cui alla L. 297/1982.

Il TFR spettante sarà dunque costituito dalla *somma* degli importi ottenuti con i due criteri di calcolo.

2 Il calcolo del TFR

Il TFR si **calcola** accantonando, al termine di *ciascun anno di servizio*, una *quota* pari, e comunque non superiore, all'*importo della retribuzione dovuta per l'anno stesso,* costituita dalla somma di tutte la retribuzioni mensili, *diviso per 13,5* (la quota da accantonare è all'incirca pari al *6,91% della retribuzione annua*).

La retribuzione che si deve prendere in considerazione è quella *lorda* erogata al lavoratore durante l'anno.

In particolare, la **base** di calcolo per il TFR è costituita dalle «*somme*, incluso l'equivalente delle prestazioni in natura, *corrisposte in dipendenza del rapporto di lavoro*, *a titolo non occasionale* e con *esclusione* di quanto è corrisposto a titolo di *rimborso spese*» (art. 2120, comma 2, c.c.).

Sostanzialmente, quindi, devono essere ricompresi tutti i **compensi aventi carattere continuativo**, che hanno nel rapporto di lavoro la loro causa tipica, quali minimo contrattuale, i superminimi, EDR, indennità sostitutiva del preavviso, scatti di anzianità ecc.

Al contrario, *oltre al rimborso spese*, sono *esclusi* dalla retribuzione anche *tutti i compensi aventi carattere occasionale* ossia quelli a carattere discontinuo o corrisposti dal datore di lavoro per mera liberalità.

È consentito tuttavia alla **contrattazione collettiva** di stabilire quali elementi retributivi debbano essere presi in considerazione ai fini del calcolo del TFR, prevedendone *ulteriori* rispetto alla legge, ma anche *escludendone* altri, purché ciò avvenga senza che la retribuzione accantonabile vada poi *al di sotto* del limite minimo garantito dalla Costituzione (principio della proporzionalità e sufficienza della retribuzione *ex* art. 36 Cost.) (art. 2120, comma 2, c.c.).

La quota di TFR accantonata, ad eccezione di quella maturata nell'anno in corso, deve essere incrementata, su base composta, al 31 dicembre di ogni anno, con l'applicazione di un **tasso costituito dall'1,5% in misura fissa e dal 75% dell'aumento dell'indice ISTAT** dei prezzi al consumo per le famiglie di operai ed impiegati (cd. indice FOI), rispetto al mese di *dicembre* dell'anno precedente (art. 2120, comma 4 e 5 c.c.).

Ciò significa che l'**accantonamento complessivo** è dato dalla quota di TFR accantonata per l'anno corrente più le quote di TFR accantonate e rivalutate relative agli anni precedenti.

3 La liquidazione, le anticipazioni e l'indennità sostitutiva del TFR

3.1 La liquidazione del TFR alla cessazione del rapporto

All'atto della cessazione del rapporto di lavoro, il lavoratore ha **diritto alla liquidazione di tutto il TFR maturato** nel corso del rapporto medesimo e sino a tale momento.

Il trattamento spettante corrisponde alla somma degli accantonamenti annuali, come rivalutati al 31 dicembre di ogni anno, cui si aggiunge la *quota maturata* nell'anno di cessazione del rapporto di lavoro. L'importo ottenuto è quello *lordo*, dal quale deve essere poi detratta l'imposta dovuta ed a seguito di tale operazione si determina *l'importo netto di TFR* che costituisce quanto deve essere effettivamente pagato al lavoratore.

3.2 Le anticipazioni sul TFR durante il rapporto

La legge consente al lavoratore un certo margine di disponibilità anticipata del **TFR maturato**.

È previsto, infatti (art. 2120, commi 6-11, c.c.), che il lavoratore, con **almeno otto anni di servizio** presso lo stesso datore di lavoro, possa chiedere, in costanza di rapporto di lavoro, **una anticipazione non superiore al 70%** sul TFR cui avrebbe diritto nel caso di cessazione del rapporto alla data della richiesta.

La richiesta deve essere giustificata da:

a) **spese sanitarie** per terapie e interventi straordinari riconosciuti dalle competenti strutture pubbliche;
b) **acquisto della prima casa di abitazione** per sé o per i figli;
c) **spese** da sostenere durante i periodi di **fruizione dei congedi parentali** (cioè durante il periodo di congedo facoltativo, fruibile fino a 12 anni di età del bambino) e per **formazione del lavoratore** (art. 5 D.Lgs. 151/2001 e artt. 5, 6, 7 L. 53/2000).

Indipendentemente dalla ragione addotta a giustificazione della richiesta, la possibilità di ottenere l'anticipazione è subordinata alle seguenti **limitazioni** di ordine generale:

— l'anticipazione deve essere contenuta nei *limiti del 70%* del trattamento spettante nel caso di cessazione del rapporto alla data della richiesta nonché nei limiti *del 10% degli aventi titolo* e del *4%* del numero totale dei dipendenti (art. 2120, commi 6 e 7, c.c.);
— l'anticipazione può essere ottenuta *una sola volta* nel corso del rapporto di lavoro (art. 2120, comma 9, c.c.).

L'anticipazione non può essere richiesta da lavoratori dipendenti di aziende dichiarate in *crisi* (art. 4, comma 3, L. 297/1982).

3.3 L'indennità sostitutiva del TFR in caso di morte del lavoratore

In caso di **morte del lavoratore**, al *coniuge*, o alla parte dell'*unione civile*, ai *figli* e, se vivevano a carico del prestatore di lavoro, ai *parenti entro il terzo grado* e agli *affini entro il secondo* spettano il *TFR* e l'eventuale *indennità di mancato preavviso* da ripartire, in mancanza di accordo, secondo il bisogno di ciascuno (art. 2122 c.c.).

In *mancanza* delle predette persone, le indennità spettano agli *altri eredi* secondo le regole della *successione* testamentaria o legittima (anche Corte cost. 19-1-1972, n. 8).

4 Il Fondo di garanzia del TFR

4.1 Soggetti tutelati e garanzia del TFR

La legge garantisce ai lavoratori di riscuotere il TFR anche nei casi di **insolvenza del datore di lavoro**. A tal fine, è stato istituito presso l'INPS il «*Fondo di garanzia per il trattamento di fine rapporto*» che si sostituisce al datore di lavoro nel pagamento del TFR (art. 2 L. 297/1982).

Possono richiedere l'intervento del Fondo i lavoratori *subordinati*, i *soci lavoratori di cooperativa* e i loro *aventi diritto*.

Il Fondo di garanzia interviene a tutela dei lavoratori anche nel caso di *imprese insolventi operanti in più Stati membri*, se il lavoratore svolge *abitualmente la sua attività in Italia* (D.Lgs. 186/2015).

In caso di *decesso del lavoratore*, la garanzia del Fondo spetta ai superstiti (es. coniuge) individuati secondo le disposizioni dell'art. 2122 c.c. (circ. INPS 15-7-2008, n. 74).

Il Fondo è alimentato con un *contributo a carico dei datori di lavoro* pari allo 0,20% delle retribuzioni (0,40% per i dirigenti di aziende industriali ex INPDAI) (circ. INPS 27-12-2010, n. 162, Allegato 1).

4.2 L'intervento del Fondo di garanzia

Il diritto all'intervento del Fondo di garanzia si perfeziona sulla base di **due presupposti**:

- *esistenza e certezza del credito* vantato dal lavoratore;
- *incapacità del datore* di farvi fronte perché *insolvente* (es. pignoramento negativo).

La **domanda** di intervento del Fondo deve essere presentata all'INPS, in *via telematica*, dal lavoratore o dai suoi eredi.

Il termine di *prescrizione* entro cui deve essere presentata la domanda al Fondo è quinquennale (art. 2948, comma 1, n. 5, c.c.).

L'INPS **liquida il TFR** a carico del Fondo di garanzia, con i relativi oneri accessori per rivalutazione monetaria e interessi, nel termine di 60 giorni dalla data di presentazione della domanda (art. 2, comma 7, L. 297/1982).

5 La devoluzione del TFR alla previdenza complementare

I lavoratori che intendono aderire alla previdenza complementare possono decidere di devolvere le **quote mensili di TFR ai cd. fondi pensione**.

Tale modalità è divenuta *obbligatoria* dal 2007 e comporta la devoluzione *integrale* del TFR maturando alla previdenza complementare (art. 8 D.Lgs. 252/2005).

Precedentemente, invece, l'adesione avveniva mediante una *percentuale della retribuzione*, anche se era prevista la *facoltà* di destinare alle forme pensionistiche complementari, istituite su base contrattuale collettiva, una quota dell'*accantonamento di TFR*.

Attualmente, tuttavia, per effetto della **L. 4 agosto 2017, n. 124**, cd. *legge annuale per il mercato e la concorrenza*, è possibile anche la destinazione *non integrale del TFR*: è consentito infatti alle fonti istitutive dei fondi pensione di «stabilire la percentuale minima di TFR maturando da destinare alla previdenza complementare». In difetto di indicazioni, «il conferimento deve intendersi corrispondente al 100% del TFR annualmente maturato». Ne consegue che la *regola ordinaria* rimane comunque quella della devoluzione integrale del TFR maturando (circ. COVIP 5027/2017).

I lavoratori che hanno destinato il TFR al fondo pensione *non* lo ricevono più come tale alla cessazione del rapporto di lavoro.

Tutti i lavoratori subordinati del settore privato **devono scegliere di aderire o meno** alla previdenza complementare *entro 6 mesi dalla data dell'assunzione*.

Pertanto, il lavoratore:

- può decidere di *aderire alla previdenza complementare*, indicando il fondo pensione prescelto e dichiarando la propria volontà di conferirvi a titolo di contribuzione il TFR maturando (**adesione esplicita**);
- può decidere di *non aderire*, dichiarando *espressamente* il proprio *diniego* (**rifiuto esplicito**).

Se il lavoratore si esprime negativamente, optando per il mantenimento del TFR maturando presso il proprio datore di lavoro, può sempre successivamente *revocare* tale scelta e aderire ad un fondo pensione.

Dal *1° gennaio 2007*, i datori di lavoro *con almeno 50 addetti* devono versare le quote di TFR dei lavoratori che *non* hanno aderito alla previdenza complementare ad un *apposito fondo*, denominato **Fondo di Tesoreria** gestito dall'INPS per conto dello Stato.

Se il lavoratore lascia passare *inutilmente* i 6 mesi previsti dalla legge, l'*adesione al fondo pensione avviene automaticamente* (**adesione tacita**) e comporta la *devoluzione integrale* del TFR maturando (cd. **meccanismo del silenzio-assenso**).

L'adesione alla previdenza complementare comporta una trasformazione del regime concernente il TFR, infatti:

— se il lavoratore *aderisce* alla previdenza complementare, al termine del rapporto di lavoro, **non gli sarà erogato il TFR**, ma riceverà una **pensione integrativa** alla *maturazione dei requisiti pensionistici* previsti nel sistema pubblico.

  Il lavoratore che ha aderito alla previdenza complementare solo ad un certo punto della sua vita lavorativa, alla cessazione del rapporto di lavoro avrà diritto alle quote di TFR maturate fino alla data di adesione al fondo pensione;

— se il lavoratore *non aderisce* alla previdenza complementare, continuerà a maturare il TFR che sarà **liquidato in «regime di retribuzione differita»** (art. 2120 c.c.) al termine del rapporto di lavoro.

14
La tutela dei diritti del lavoratore

1 I privilegi, le garanzie e l'indisponibilità dei diritti del lavoratore da parte dei terzi

1.1 Le forme di prelazione per la soddisfazione dei crediti di lavoro

Il **privilegio** è una *qualità* del credito di lavoro e costituisce un **titolo di prelazione** riconosciuto al lavoratore che produce l'effetto di *favorirlo* nel pagamento del credito rispetto ad altri eventuali creditori (del datore di lavoro) non privilegiati (detti chirografari).

I **crediti del lavoratore** nei confronti del datore di lavoro (debitore per le retribuzioni) per le indennità dovute per effetto della cessazione del rapporto di lavoro, per il risarcimento dei danni subiti a seguito di un licenziamento illegittimo o conseguenti alla mancata corresponsione da parte del datore di lavoro dei contributi previdenziali e assistenziali obbligatori:

— *in via principale*, sono assistiti dal **privilegio generale sui beni mobili del datore** (art. 2751bis c.c.).

  Si tratta di un privilegio generale che *prevale su ogni altro*, con la sola *eccezione* delle spese di giustizia (art. 2777 c.c.);

— *in via sussidiaria*, cioè in caso di infruttuosa esecuzione sui beni mobili, insufficienti a soddisfare i crediti, si collocano **sul prezzo degli immobili**, con preferenza rispetto ai creditori chirografari, ma dopo i crediti relativi al TFR e all'indennità di mancato preavviso.

  L'ordine di soddisfazione dei crediti in via sussidiaria è il seguente (art. 2776 c.c.):

  1. crediti relativi al TFR e all'indennità di mancato preavviso;
  2. crediti di lavoro *ex* art. 2751bis c.c.;
  3. crediti dello Stato *ex* art. 2752, comma 3, c.c.;
  4. crediti chirografari.

1.2 Il Fondo di garanzia presso l'INPS

La natura privilegiata dei crediti del lavoratore nei confronti del datore di lavoro a nulla serve se questi non ha beni sufficienti su cui rivalersi. Ciò può accadere nelle ipotesi in cui il datore di lavoro versi in *stato di insolvenza* a seguito di procedure concorsuali o l'esecuzione forzata sui suoi beni abbia dato *esito negativo* perché inesistenti o insufficienti.

In questi casi, per garantire la soddisfazione dei crediti del lavoratore opera il **Fondo di garanzia** presso l'INPS che si *sostituisce* al datore di lavoro nel *pagamento non solo del TFR* (v. retro), *ma anche dei crediti retributivi* relativi *agli ultimi tre mesi del rapporto di lavoro* purché rientrino *nei 12 mesi che precedono i termini definiti dalla legge* (artt. 2, comma 2, L. 297/1982 e 2, comma 1, D.Lgs. 80/1992).

1.3 La parziale indisponibilità dei diritti retributivi

La retribuzione — intesa in senso ampio, comprensiva cioè anche del TFR e delle altre indennità relative al rapporto di lavoro — è destinata a *soddisfare le esigenze vitali del lavoratore e della sua famiglia*.

Pertanto, il legislatore ha voluto vincolarla in tutto o in parte a questa finalità ed ha di conseguenza ridotto la possibilità da parte dei *creditori del lavoratore* di soddisfare su di essa le loro pretese.

Secondo la disciplina vigente infatti la retribuzione può essere oggetto di *pignoramento, sequestro e compensazione* solo entro determinati **limiti**.

È infatti previsto che:

— la retribuzione può essere **pignorata** dai creditori del lavoratore per un *importo non superiore ad un quinto* (art. 545 c.p.c.).

  Limiti diversi e regole specifiche sono previsti nel caso di *crediti alimentari e erariali*, o se concorrono *più crediti*, e per la retribuzione che confluisce sul *conto corrente intestato al lavoratore*;

— negli *stessi limiti in cui è consentito il pignoramento*, il creditore, se teme di perdere la garanzia di un credito che vanta nei confronti del lavoratore, può chiedere al giudice che gli venga sequestrata la retribuzione (**sequestro conservativo**).

  L'art. 671 c.p.c. prevede infatti che la *retribuzione è sequestrabile negli stessi limiti in cui è pignorabile*;

— se il lavoratore è debitore verso il datore di lavoro (il quale è debitore verso il primo per la retribuzione), i due debiti possono estinguersi, per le quantità corrispondenti, mediante **compensazione**. Tuttavia, poiché l'art. 1246, n. 3, c.c. stabilisce che non si può ricorrere a tale istituto «quando uno dei due crediti è impignorabile», e poiché la retribuzione è pignorabile (in generale) solo fino al quinto del suo ammontare, tale limite vale anche per la compensazione.

  La compensazione può applicarsi solo se i rapporti dai quali nascono i contrapposti crediti (del datore verso il lavoratore e viceversa) sono *autonomi*. Pertanto, opera il limite del quinto solo se il credito del datore di lavoro *non* nasce dallo stesso rapporto di lavoro che è fonte del credito del lavoratore alla retribuzione (Cass. 12-5-2006, n. 11030).
  Se invece i rispettivi crediti e debiti hanno origine dallo stesso rapporto di lavoro, non opera la compensazione, ma un semplice *conguaglio dare/avere*, sicché la detrazione dalla retribuzione, dell'importo del credito che il datore di lavoro ha verso il lavoratore non è soggetta a limitazioni (Cass. 4-7-1997, n. 6033).

2 Rinunzie, transazioni e quietanze a saldo

2.1 Rinunzie e transazioni invalide

L'**art. 2113 c.c.** sancisce espressamente l'**invalidità** delle *rinunzie* e delle *transazioni* effettuate dal prestatore di lavoro su *diritti derivanti da disposizioni inderogabili di legge o di contratto o accordo collettivo di lavoro*.

La **rinunzia** è l'atto (*negozio unilaterale recettizio*, *ex* art. 1324 c.c.) tendente alla *dismissione* di un diritto soggettivo da parte del titolare, mentre la **transazione** (art. 1965 c.c.) è il *contratto* mediante il quale le parti, facendosi reciproche concessioni, rimuovono una lite esistente o prevengono una lite eventuale.

Dette rinunzie e transazioni possono essere **impugnate** dal lavoratore, con qualsiasi *atto scritto* (anche stragiudiziale) idoneo a renderne nota la volontà, entro il *termine di decadenza di 6 mesi* decorrente dalla data di cessazione del rapporto ovvero dalla data della rinunzia o della transazione, se queste siano intervenute dopo la cessazione medesima.

2.2 Rinunzie e transazioni valide

Gli atti dispositivi del lavoratore possono tuttavia essere **sottratti al regime di impugnazione**, se avvengono mediante *conciliazioni* concluse presso le *sedi stabilite dalla legge*, ove la presenza di *terzi* soggetti è diretta a garantire la genuinità della volontà abdicativa e transattiva delle parti, ed in particolare quella del lavoratore, escludendo così una possibile sopraffazione del datore di lavoro (in questi casi si parla di *volontà assistita*).

Non possono essere infatti impugnate le rinunzie e transazioni stipulate (art. 2113, comma 4, c.c.):

— innanzi alle apposite **commissioni** istituite presso gli Ispettorati territoriali del lavoro (ITL) (art. 410 c.p.c.).

Sono pure inoppugnabili gli atti dispositivi intervenuti per effetto della *proposta per la bonaria definizione della controversia*, formulata dalla stessa commissione in sede di tentativo di conciliazione (art. 411 c.p.c.);

- in sede **sindacale** (art. 412ter c.p.c.);
- innanzi al **collegio di conciliazione ed arbitrato irrituale** (art. 412quater c.p.c.);
- innanzi al **giudice** che nella prima udienza deve tentare la conciliazione della lite formulando, altresì, una *proposta transattiva* o conciliativa (art. 420 c.p.c.).

Inoltre, sono inoppugnabili gli atti di disposizione certificati presso le apposite **commissioni di certificazione** del rapporto di lavoro (art. 82, D.Lgs. 276/2003).

Rientra nell'ambito dell'art. 2113, comma 4, c.c., la *conciliazione avvenuta in sede sindacale nella quale il lavoratore rinunci al diritto di impugnare il licenziamento*, anche nell'ipotesi in cui lo stesso sia stato effettuato in violazione della procedura prevista per il licenziamento per giustificato motivo oggettivo nelle aziende con più di 15 addetti (Min. Lav. risposta ad interpello 22-1-2014, n. 1).

È altresì inoppugnabile la cd. *conciliazione standard o agevolata* (art. 6, D.Lgs. 23/2015).

2.3 Inderogabilità delle norme e indisponibilità dei diritti

La tutela negoziale del lavoratore, considerato parte debole del rapporto, è stata assicurata sia stabilendo l'**inderogabilità delle norme** che attribuiscono al lavoratore diritti soggettivi sia sancendo l'**invalidità delle rinunzie e transazioni** aventi ad oggetto tali diritti allorché esse avvengano al di fuori delle sedi e modalità protette previste dalla legge (ITL, giudice, procedure sindacali, commissioni di certificazione).

Bisogna puntualizzare però quanto segue:

- nella **fase costitutiva del rapporto di lavoro** le norme sono *inderogabili* e i diritti che ne derivano sono *assolutamente indisponibili* e *irrinunciabili* (riguardano le *condizioni minimali* del rapporto di lavoro, come retribuzione, orario, riposi, ferie ecc.), in quanto *non* sono entrati ancora nella sfera giuridica del lavoratore. Pertanto, dovendosi applicare il trattamento economico e normativo spettante per legge o per contratto collettivo, in caso di *violazione* il contratto individuale di lavoro è *parzialmente nullo* (art. 1419, comma 2, c.c.);
- nella **fase successiva alla costituzione del rapporto**, i diritti sono ormai entrati nella sfera giuridica del lavoratore e in alcuni casi possono essere oggetto di contrattazione con il datore.

Tra i diritti *inderogabili* si è soliti annoverare il diritto al riposo giornaliero e settimanale o alle ferie; tra quelli *derogabili* e liberamente disponibili da parte del lavoratore rientrano il diritto ai superminimi, premi di produzione, ore di permesso retribuito in più, benefits corrisposti a titolo personale ecc.

2.4 Quietanze a saldo

Gli atti di rinuncia e/o di transazione non vanno confusi con le cd. *quietanze a saldo*, cioè quei documenti che il lavoratore firma — di regola alla cessazione del rapporto — dichiarando di aver ricevuto una certa somma (ratei di retribuzione, 13ª mensilità ecc.) e di ritenersi soddisfatto di ogni suo credito e di non aver più nulla a pretendere.

Una quietanza così formulata è considerata *una mera dichiarazione di scienza e di opinione*, con la conseguenza che non potendosi configurare come una rinunzia, il lavoratore che l'abbia sottoscritta potrà far valere entro il *termine prescrizionale* (senza il vincolo cioè del termine di decadenza previsto dall'art. 2113 c.c.) eventuali crediti derivanti dal rapporto di lavoro.

3 La prescrizione

La *prescrizione* determina l'*estinzione dei diritti* quando il titolare *non li esercita entro l'arco di tempo previsto dalla legge*.

Tale prescrizione è detta **estintiva** in quanto comporta il venir meno del diritto del lavoratore per effetto della sua *inerzia*. In materia di lavoro è possibile distinguere:

— termine di **prescrizione decennale** (art. 2946 c.c.) che si applica ai diritti *non retributivi* (es. diritto alla qualifica superiore);
— termine di **prescrizione quinquennale** (art. 2948, nn. 4 e 5, c.c.) che si applica a tutte le prestazioni *periodiche* quali, appunto, la retribuzione (n. 4) e le indennità spettanti al lavoratore per la cessazione del rapporto di lavoro (n. 5).

Solo per i **crediti retributivi**, il decorso del tempo può determinare anche la *presunzione dell'avvenuto pagamento* del credito. In questo caso si parla di **prescrizione presuntiva** poiché i crediti si *presumono soddisfatti* se non sono rivendicati dal lavoratore entro il periodo di tempo indicato dalla legge.

È possibile superare la presunzione di pagamento soltanto in un giudizio mediante *confessione* del debitore (il datore di lavoro ammette che l'obbligazione retributiva non è estinta, *ex* art. 2959 c.c.) o con *deferimento del giuramento decisorio* (il lavoratore deferisce al datore di lavoro il giuramento per verificare se si è verificata l'estinzione del debito, *ex* art. 2960 c.c.).

Si distingue tra:

— prescrizione presuntiva **triennale** (art. 2956, n. 1, c.c.) per le *retribuzioni* corrisposte per i periodi *superiori* al mese (es. tredicesima mensilità);
— prescrizione presuntiva **annuale** (art. 2955, n. 2, c.c.) per le *retribuzioni* corrisposte a periodi non *superiori* al mese (es. compensi per lavoro straordinario).

I termini di prescrizione *decorrono dal giorno in cui il diritto può essere fatto valere* (art. 2935 c.c.), quindi il lavoratore, per non incorrere nella prescrizione, dovrebbe attivarsi già *nel corso* del rapporto di lavoro, ma la posizione di inferiorità del lavoratore nei confronti del datore di lavoro non ne garantisce la piena libertà di esercizio. Pertanto, si è affermato un orientamento giurisprudenziale (Corte Cost. sent. 63/1966 e 174/1972) che ha previsto una deroga della disciplina ordinaria sulla prescrizione, in base alla maggiore o minore tutela di cui gode il lavoratore nell'ambito del rapporto di lavoro, così distinguendo:

a) se il rapporto di lavoro risulta garantito dalla *stabilità reale* (*reintegrazione nel posto di lavoro*), la prescrizione dei *crediti retributivi* decorre **in corso** di rapporto;
b) ove invece *non esiste la stabilità*, la prescrizione dei crediti retributivi *resta sospesa* nel corso del rapporto ed inizia il suo decorso solo alla **cessazione** del rapporto stesso.

La previsione di cui alla lettera a) si fondava sul presupposto che la tutela reale, garantita ai lavoratori di aziende con più di 15 dipendenti dall'art. 18, L. 300/1970 in tutti i casi di illegittimità dei licenziamenti, fosse idonea ad eliminare ogni timore ad esercitare i propri diritti già durante il rapporto di lavoro.

Senonché, la modifica dell'art. 18 ad opera della riforma Fornero (L. 92/2012) che ha fortemente ridimensionato il campo di applicazione della tutela reale, sostituita in molte ipotesi con quella risarcitoria, ha ormai privato il lavoratore della tutela della stabilità del rapporto, con conseguenti effetti anche sul tema della prescrizione. Tale riflessione ha indotto molti ad auspicare un intervento del Legislatore o comunque a rimeditare il suddetto orientamento giurisprudenziale.

L'intervento chiarificatore è ancor più necessario a seguito della nuova disciplina dei licenziamenti in vigore dal 7 marzo 2015 (*ex* D.Lgs. 23/2015) che ha affermato la regola della «monetizzazione del licenziamento illegittimo», riducendo ulteriormente l'area della stabilità reale.

Tali constatazioni derivano dal fatto che in sostanza, «*l'art. 18 non identifica più ormai quell'area dei rapporti di lavoro caratterizzata dalla stabilità reale*» con la conseguenza che dovrebbe ritenersi «*impedita sempre la decorrenza della prescrizione dei crediti retributivi ... in costanza di rapporto*» (AMOROSO, DI CERBO).

Per i termini di prescrizione relativi, invece, a **diritti non retributivi** (es. diritto alla qualifica superiore) non esiste alcuna differenziazione con la disciplina ordinaria, per cui decorrono *sempre e comunque durante* il rapporto di lavoro.

4 La decadenza

Spesso il prestatore di lavoro ha l'*onere* di esercitare i propri diritti in un preciso arco di tempo, decorso il quale ciò non sarà più possibile (si verificherà, cioè, la decadenza del lavoratore dai diritti a lui spettanti).

La decadenza può essere:

a) *prevista dalla legge* (cd. **decadenza legale**).

Fra i casi più importanti possiamo ricordare:

- il termine di *60 gg.* per impugnare il licenziamento (art. 6, L. 15 luglio 1966, n. 604);
- quello *semestrale* per impugnare le rinunzie e transazioni (art. 2113 c.c.);
- quelli in tema di procedimenti disciplinari (art. 7 Statuto dei Lavoratori);

b) *stabilita dalle parti* (cd. **decadenza convenzionale**). Si applicano, in tale ipotesi, le regole generali degli artt. 2965 ss. c.c. In particolare, la decadenza può essere stabilita soltanto dal contratto collettivo e per i diritti attribuiti o regolati dal contratto stesso, mai, invece, dal contratto individuale.

Gli esempi più importanti sono quelli relativi ai reclami da parte dei lavoratori, al datore di lavoro, per differenze di paga, errori materiali nei conteggi ecc., reclami che, secondo vari contratti collettivi, possono essere presentati entro brevi termini di decadenza.

5 La morte e l'estinzione del datore di lavoro

Il datore di lavoro può essere tanto una *persona fisica* (imprenditore individuale) quanto una *persona giuridica* (ad es. una società per azioni). Tali soggetti possono venir meno per *morte* (le persone fisiche) o per *estinzione* (le persone giuridiche).

Nel primo caso, la **morte** dell'imprenditore individuale non è causa di estinzione dei rapporti di lavoro che proseguono con i suoi eredi.

Nel caso di **estinzione** della persona giuridica, il rapporto di lavoro prosegue fino alla conclusione della fase di liquidazione dell'ente.

6 La tutela giudiziaria dei lavoratori subordinati

6.1 Caratteri del processo del lavoro

Come si è gia avuto modo di vedere per alcuni istituti (crediti, pignoramenti ecc.), la tutela dei lavoratori impone un trattamento differenziato rispetto a quello previsto dalla disciplina comune. Tale esigenza è soddisfatta anche con riguardo al processo del lavoro regolato in modo differente rispetto a quello civile ordinario.

Il processo del lavoro (artt. 414 e ss. c.p.c.) è caratterizzato da:

- l'**oralità** (soltanto il ricorso introduttivo e la memoria difensiva devono essere redatti per iscritto).

  Le parti non devono redigere altri atti se non, eventualmente, note difensive autorizzate nei casi previsti;

- l'**immediatezza** (fra il deposito del ricorso e l'udienza di discussione non dovrebbero decorrere più di 60 giorni; sono vietate le udienze di mero rinvio ecc.);
- la **massima concentrazione** degli atti processuali;
- **ampi poteri istruttori** del giudice.

6.2 Ambito di applicazione

Il rito del lavoro si applica alle controversie riguardanti i rapporti di (art. 409 c.p.c.):

— **lavoro subordinato privato**, anche se non svolto nell'ambito di un'impresa (es. il lavoro domestico);
— **lavoro agricolo**;
— **agenzia** e **rappresentanza**, nonché collaborazione coordinata e continuativa, prevalentemente personale, anche se non a carattere subordinato;
— dipendenti da **enti pubblici economici**;
— **pubblico impiego**, per i quali le leggi speciali *non prevedano la giurisdizione di altro giudice*.

Ai sensi dell'art. 442 c.p.c. il rito del lavoro si applica anche alle controversie **previdenziali** ed **assistenziali** (v. *infra*).

Con riferimento alle **controversie in tema di estinzione del rapporto di lavoro**, occorre tuttavia distinguere: quelle relative ai licenziamenti soggetti al *nuovo regime sanzionatorio delineato dal D.Lgs. 4-3-2015, n. 23* e alla *tutela obbligatoria ex L. 604/1966* sono assoggettate al rito ordinario del lavoro; quelle invece relative ai licenziamenti sottoposti al *regime sanzionatorio dell'art. 18, L. 300/1970* ne sono *esclusi* dovendosi applicare il cd. *rito Fornero*.

6.3 L'autorità giudiziaria competente

Le controversie individuali di lavoro sono di *competenza*:

— in primo grado, del **Tribunale**, in funzione di giudice del lavoro ed *in composizione monocratica*;
— in secondo grado, della **Corte di Appello**, in funzione di giudice del lavoro ed *in composizione collegiale*.

Le *controversie in materia di contratti agrari* sono state invece attribuite alle sezioni specializzate agrarie presso i Tribunali e le Corti d'appello, ferma restando l'applicabilità del rito ordinario del lavoro (art. 9, L. 29/1990 e art. 11, D.Lgs. 150/2011).

La competenza **per territorio** è determinata a scelta del ricorrente (sono *fori alternativi concorrenti*) tra: il *luogo in cui è sorto* il rapporto di lavoro (per tale intendendosi quello della stipulazione del contratto di lavoro), il *luogo ove si trova l'azienda* o una sua dipendenza, alla quale è addetto il lavoratore, il luogo presso il quale il lavoratore prestava la sua opera al momento della *fine del rapporto* (art. 413 c.p.c.).

Tale competenza *permane* dopo il *trasferimento di azienda* o la *cessazione di essa* o di una sua dipendenza, purché la domanda giudiziale sia proposta entro 6 mesi dal trasferimento o dalla cessazione.

7 Il procedimento

7.1 Fase introduttiva del giudizio

La domanda giudiziale si propone con **ricorso** (art. 414 c.p.c.) che deve contenere:

— l'*indicazione del giudice e delle parti;*
— l'*esposizione dei fatti e degli elementi di diritto su cui si fonda la domanda*;
— la *determinazione dell'oggetto;*
— l'*indicazione dei mezzi di prova di cui il ricorrente intende avvalersi ed in particolare i documenti che si offrono in comunicazione.*

Salvo eccezioni rigorose, *non è consentito produrre ulteriori documenti in corso di causa,* così come *non è ammessa la formulazione di nuove domande od eccezioni* rispetto a quelle contenute nel ricorso introduttivo.

Nelle controversie di *impugnazione* (di licenziamento ecc.), è espressamente prevista la possibilità di «*produrre nuovi documenti formatisi dopo il deposito del ricorso*» (art. 32, comma 1, L. 183/2010).

Depositato il ricorso, il giudice, *entro cinque giorni*, fissa *l'udienza di discussione* con decreto da notificarsi, a cura del ricorrente, al convenuto *entro dieci giorni* dall'emissione del decreto e comunque *non meno di trenta giorni prima dell'udienza*, a pena di *improcedibilità* della domanda.

Il *convenuto ha l'onere di costituirsi, a pena di decadenza dalle eccezioni processuali e di merito,* almeno *dieci* giorni prima dell'udienza mediante il deposito di una **memoria difensiva**.

7.2 Istruzione e discussione della causa

L'**udienza di discussione** costituisce il fulcro di tutto il processo del lavoro, in quanto in tale udienza dovrebbe esaurirsi tutto il procedimento, in attuazione dei principi di oralità, concentrazione e immediatezza che ispirano il rito del lavoro.

Le parti infatti devono *comparire di persona* per consentire al giudice di procedere al loro libero *interrogatorio*, di tentare la *conciliazione* della lite e di formulare una *proposta transattiva* o *conciliativa*. La *mancata comparizione personale delle parti* o il *rifiuto* della proposta transattiva o conciliativa, senza giustificato motivo, costituiscono comportamento valutabile dal giudice ai fini del giudizio (art. 420 c.p.c.).

Se la *conciliazione riesce*, viene redatto processo verbale con efficacia di titolo esecutivo, altrimenti il giudice *decide la causa*, invitando le parti alla discussione, o dispone per l'**istruzione**.

Il giudice ha *ampi poteri istruttori* potendo (art. 421 c.p.c.):

- indicare alle parti in ogni momento le irregolarità degli atti e dei documenti che possono essere sanate, assegnando un termine per provvedervi;
- disporre in ogni momento l'ammissione di ogni mezzo di prova, *anche fuori dei limiti stabiliti dal codice civile,* ad eccezione del giuramento decisorio;
- disporre, se necessario, *su istanza di parte,* l'accesso sul luogo di lavoro;
- disporre la comparizione anche di persone che siano incapaci di testimoniare per *interrogarle liberamente* sui fatti di causa;
- convocare *rappresentanti sindacali* per richiedere informazioni scritte ed orali sulle norme dei contratti collettivi.

Se per definire la controversia si rende necessario risolvere una **questione pregiudiziale** concernente *l'efficacia, la validità o l'interpretazione delle clausole di un contratto o accordo collettivo nazionale*, il giudice la decide con *sentenza*, impartendo distinti provvedimenti per l'*ulteriore istruzione* o, comunque, per la *prosecuzione della causa* (art. 420bis c.p.c.).

7.3 Sentenza ed esecuzione

Il giudice, esaurita la discussione orale e udite le conclusioni delle parti, pronuncia **sentenza** con cui definisce il giudizio, dando *lettura del dispositivo* ed *esponendo le ragioni di fatto e di diritto della decisione* (art. 429, comma 1, c.p.c.).

La sentenza è *immediatamente esecutiva*; il lavoratore che ha ottenuto una pronuncia favorevole con *condanna* del datore di lavoro al pagamento di somme, può iniziare l'*esecuzione forzata* sulla base della *sola copia del dispositivo*, nell'attesa che venga depositata la sentenza (completa di motivazione).

Nella sentenza di condanna a somma di danaro, il giudice ai sensi dell'art. 429, comma 3, c.p.c. oltre agli *interessi* nella misura legale (art. 1284 c.c.), deve determinare il maggior danno da *svalutazione monetaria*, con decorrenza dalla maturazione del diritto. Tale calcolo deve però avvenire *esclusivamente* sulla base degli indici ISTAT (art. 150, disp. att. c.p.c.).

7.4 Il controllo giudiziale

Il controllo del giudice deve svolgersi secondo determinati **criteri**, in ragione dell'oggetto della controversia sottoposta al suo esame.

Innanzitutto, in tutti i casi nei quali le disposizioni di legge concernenti il lavoro subordinato e gli altri rapporti indicati nell'art. 409 c.p.c., nonché i rapporti di lavoro alle dipendenze delle P.A., contengono **clausole generali**, ivi comprese le norme in tema di instaurazione di un rapporto di lavoro, esercizio dei poteri datoriali, trasferimento di azienda e recesso, il controllo giudiziale è **limitato** esclusivamente, in conformità ai princìpi generali dell'ordinamento, all'accertamento del presupposto di legittimità e **non può essere esteso** al sindacato di merito sulle *valutazioni tecniche, organizzative e produttive che competono al datore di lavoro o al committente* (art. 30, comma 1, L. 183/2010)

L'inosservanza da parte del giudice dei limiti al sindacato di merito delle valutazioni tecniche, organizzative e produttive che spettano al datore di lavoro, costituisce un *motivo di impugnazione* della sentenza per violazione delle norme di diritto (art. 1, comma 43, L. 92/2012).

Inoltre, nella **qualificazione del contratto di lavoro** e nell'**interpretazione** delle relative clausole, il giudice *non può discostarsi dalle valutazioni che le parti contraenti hanno espresso in sede di certificazione* (salvi i casi di erronea qualificazione del contratto, vizi del consenso o di difformità tra il programma negoziale certificato e successivo svolgimento) (art. 30, comma 2, L. 183/2010), mentre, nel valutare le **motivazioni del licenziamento**, deve *tener conto delle tipizzazioni di giusta causa e di giustificato motiv*o presenti nei contratti collettivi di lavoro (stipulati dai sindacati comparativamente più rappresentativi) o nei contratti individuali di lavoro certificati (art. 30, comma 3, L. 183/2010).

In particolare, nel caso di *licenziamento per giustificato motivo oggettivo*, il giudice non può «sindacare la scelta dei criteri di gestione dell'impresa, atteso che tale scelta è espressione della libertà di iniziativa economica tutelata dall'art. 41 Cost.», potendo e dovendo solo controllare la reale *sussistenza*, l'*effettività* e la *non pretestuosità* del motivo addotto dal datore di lavoro (Cass. 30-11-2010, n. 24235). Il giudice cioè deve limitarsi a verificare che le scelte imprenditoriali non *siano fittizie* e valutare la sussistenza del *nesso di causalità* tra le ragioni adottate e il licenziamento effettuato.

Nel caso invece di *licenziamento per giustificato motivo soggettivo o giusta causa* soggetto alla tutela reale in base al *nuovo regime sanzionatorio* (art. 3, comma 2, D.Lgs. 23/2015), al giudice è preclusa ogni valutazione circa la *sproporzione del licenziamento* rispetto all'inadempimento del lavoratore.

7.5 La fase di impugnazione

L'**appello** contro le sentenze del Tribunale deve essere proposto con ricorso davanti alla **Corte di appello** territorialmente competente in funzione di giudice del lavoro (art. 433 c.p.c.).

Nel giudizio di secondo grado vigono in generale le *stesse norme e gli stessi principi che regolano il grado precedente* (competenza, forma dell'atto, deposito, decreto di fissazione dell'udienza, costituzione del convenuto ecc.), fermo restando che *non sono ammesse nuove domande o eccezioni, né nuove prove*, salvo che la Corte, anche d'ufficio, li ritenga *indispensabili* per decidere la causa (art. 437 c.p.c.).

L'appello deve essere motivato e la **motivazione** deve indicare, a *pena di inammissibilità* (art. 434 c.p.c.):

— le *parti del provvedimento che si intende appellare* e le *modifiche che vengono richieste* alla ricostruzione del fatto compiuta dal giudice di primo grado;
— le *circostanze da cui deriva la violazione della legge* e la loro *rilevanza ai fini della decisione impugnata*.

Tra le ipotesi di inammissibilità dell'appello, rientra anche il caso in cui l'impugnazione *non ha una ragionevole probabilità di essere accolta*.

Le sentenze emesse in appello possono essere **impugnate in Cassazione**, secondo i principi generali che regolano tale grado di giudizio.

Con riferimento ai *motivi* di impugnazione, oltre a quelli *generali* (es. nullità della sentenza), è possibile far valere come vizi della sentenza anche la *violazione o falsa applicazione dei contratti e accordi collettivi nazionali di lavoro* (art. 360, comma 1, n. 3, c.p.c.).

8 Il cd. rito specifico per le controversie in tema di licenziamento

8.1 Campo di applicazione e caratteristiche

Alle **controversie di impugnazione dei licenziamenti nelle ipotesi regolate dall'art. 18 L. 300/1970**, anche quando devono essere risolte *questioni relative alla qualificazione del rapporto di lavoro*, si applica il cd. **rito Fornero** (L. 92/2012), che si svolge dinanzi alla *stessa autorità giudiziaria* prevista per le altre controversie di lavoro.

Si tratta di un rito particolarmente **semplificato** e **celere**, in cui è eliminata ogni formalità *non essenziale* ed i *termini* previsti per lo svolgimento delle diverse fasi del giudizio sono *molto ristretti*. Inoltre, al fine di dare una più veloce risoluzione delle controversie, la loro trattazione deve avere una *priorità* sulle altre, riservando ad esse *particolari giorni nel calendario delle udienze* (art. 1, comma 65, L. 92/2012).

8.2 Il giudizio di primo grado

Il giudizio di primo grado si articola in *due fasi* (art. 1, comma 48-57, L. 92/2012).

La **prima fase** ha carattere *sommario* ed ha inizio con *ricorso* (art. 125 c.p.c.) che deve contenere *esclusivamente* l'*impugnativa del licenziamento*, non essendo possibile proporre *domande diverse*, salvo siano fondate sugli *identici fatti costitutivi* dell'impugnativa.

A seguito della presentazione del ricorso il giudice fissa con decreto l'*udienza di comparizione* delle parti, *non oltre 40 giorni* dal deposito del ricorso, ed assegna al *ricorrente* un termine per la *notifica al convenuto* del ricorso e del decreto, nonché un termine per la costituzione dello stesso.

All'udienza di comparizione, il giudice *sente le parti* e procede nel modo che ritiene più opportuno agli atti di istruzione indispensabili richiesti dalle parti o disposti d'ufficio (art. 421 c.p.c.) e provvede con *ordinanza all'accoglimento o al rigetto della domanda.*

L'ordinanza è *immediatamente esecutiva* e tale efficacia *non può essere sospesa o revocata* fino alla sentenza che definisce il giudizio instaurato a seguito dell'opposizione eventualmente proposta.

La **seconda fase** del giudizio è *eventuale* e consegue all'*opposizione* proposta contro la predetta ordinanza con ricorso (art. 414 c.p.c.) allo stesso *Tribunale* che ha emesso il provvedimento opposto, a pena di *decadenza*, *entro 30 giorni dalla notificazione* dello stesso, o dalla comunicazione se anteriore.

Il giudice fissa l'*udienza di discussione* da tenersi *non* oltre i successivi 60 giorni, assegnando all'opposto un termine per *costituirsi fino a 10 giorni prima dell'udienza*, depositando in cancelleria una *memoria difensiva* (art. 416 c.p.c.).

All'udienza di discussione, il giudice *sente le parti* e procede nel modo che ritiene più opportuno agli *atti di istruzione* ammissibili e rilevanti richiesti dalle parti, nonché disposti d'ufficio (art. 421 c.p.c.).

Al termine il giudice emette *sentenza di accoglimento o di rigetto della domanda, provvisoriamente esecutiva*, da depositare in cancelleria *entro 10 giorni* dall'udienza di discussione *completa di motivazione.*

8.3 I giudizi di impugnazione

Contro la sentenza che definisce il giudizio di primo grado è possibile presentare **reclamo** davanti alla Corte di appello, mediante un *ricorso* da depositare, a pena di *decadenza*, entro 30 giorni dalla comunicazione, o dalla notificazione se anteriore.

A seguito della proposizione del ricorso, la Corte di appello fissa l'*udienza di discussione* nei successivi 60 giorni.

Se ricorrono gravi motivi, alla prima udienza la Corte può *sospendere l'efficacia della sentenza reclamata*, *sente le parti* e procede nel modo che ritiene più opportuno agli *atti di istruzione* eventualmente ammessi e provvede con *sentenza all'accoglimento o al rigetto della domanda*.

Contro la sentenza, è possibile proporre **ricorso per cassazione**, a pena di decadenza, *entro 60 giorni* dalla comunicazione della stessa, o dalla notificazione se anteriore.

La Corte di cassazione fissa l'*udienza di discussione non oltre 6 mesi dalla proposizione del ricorso*.

9 Gli strumenti per la risoluzione stragiudiziale delle controversie di lavoro

9.1 Tentativo di conciliazione stragiudiziale

Chi intende agire in giudizio ha **facoltà** di promuovere, prima dell'azione giudiziaria, anche tramite l'associazione sindacale alla quale aderisce o conferisce mandato, un **tentativo di conciliazione** (art. 410 c.p.c.).

Il tentativo di conciliazione è stato reso *facoltativo* dalla L. 183/2010: in precedenza era obbligatorio e condizione di procedibilità dell'azione giudiziaria per qualsiasi controversia di lavoro.

Continua invece ad essere *obbligatorio* il tentativo di conciliazione che deve svolgersi dinanzi alla commissione che ha adottato l'atto di certificazione (art. 80, comma 4, D.Lgs. 276/2003).

La conciliazione può svolgersi:

— in sede *amministrativa* presso l'apposita **commissione di conciliazione dell'ITL**;
— in sede *sindacale*, con le **procedure previste dai contratti collettivi** (non si applica infatti la procedura di cui all'art. 410 c.p.c.);
— presso le **commissioni di certificazione** (art. 76, D.Lgs. 276/2003).

9.2 La risoluzione arbitrale delle controversie di lavoro

Per la risoluzione stragiudiziale di una controversia di lavoro, le parti possono anche ricorrere all'**arbitrato** attraverso il quale deferire ad un *terzo* soggetto il potere di decidere la controversia insorta fra loro.

In generale, l'arbitrato **trova origine** nella *convenzione d'arbitrato* in cui rientrano:

— il *compromesso* con cui le parti deferiscono all'arbitro la composizione della lite insorta (art. 807 c.p.c.);
— la *clausola compromissoria* (art. 808 c.p.c.), ossia la clausola con cui le parti, nel contratto che stipulano, stabiliscono che le controversie nascenti dal contratto medesimo siano decise da arbitri.

La decisione degli arbitri prende il nome di **lodo** che:

— nell'arbitrato *rituale*, ha gli stessi *effetti della sentenza* pronunciata dall'autorità giudiziaria (art. 824bis c.p.c.);
— nell'arbitrato *irrituale* ha gli *effetti di un contratto* (art. 1372 c.c.).

Sono previste diverse *modalità* di ricorso all'arbitrato.

Innanzitutto, durante lo svolgimento del tentativo di conciliazione o al suo termine in caso di mancata riuscita, le parti possono affidare alla stessa **commissione di conciliazione presso l'ITL** (art. 412 c.p.c.) il mandato a *risolvere in via arbitrale la controversia*.

È possibile altresì avvalersi dell'arbitrato presso le **sedi sindacali**, da svolgere secondo le modalità previste dai *contratti collettivi* (art. 412ter c.p.c.), ovvero innanzi ad un **collegio di conciliazione e arbitrato irrituale** (art. 412quater c.p.c.), caratterizzato da una procedura simile ad un vero e proprio processo. Le parti possono infine decidere di definire le controversie innanzi alle apposite **camere arbitrali** costituite dagli **organi di certificazione** (art. 31, comma 12, L. 183/2010).

9.3 La risoluzione arbitrale della controversia mediante clausola compromissoria

Il datore di lavoro e il lavoratore possono pattuire **clausole compromissorie** (art. 808 c.p.c.) con le quali devolvere ad arbitri eventuali **controversie nascenti dal rapporto di lavoro**.

La clausola può essere **inserita nel contratto di lavoro** solo se sussistono le seguenti *condizioni*:

- tale possibilità deve essere **prevista da accordi interconfederali o contratti collettivi di lavoro**;
- la clausola deve essere **certificata**, a pena di nullità, innanzi alle *commissioni di certificazione*.

In ogni caso, la clausola compromissoria *non può riguardare le controversie relative alla risoluzione del contratto di lavoro* e non può essere pattuita né sottoscritta prima che sia *concluso il periodo di prova*, se previsto, e, in tutti gli altri casi, se **non sono trascorsi almeno 30 giorni dalla data di stipulazione del contratto di lavoro**.

9.4 L'offerta conciliativa. Rinvio

Ferme le suddette forme di conciliazione, il **D.Lgs. 23/2015** ha riconosciuto alle parti una *nuova modalità conciliativa* (cd. **conciliazione standard o agevolata**) per evitare il giudizio nei casi di licenziamento rientranti nel suo campo di applicazione, trattata nel capitolo relativo alla cessazione del rapporto di lavoro, cui pertanto si rinvia.

10 Le controversie previdenziali e l'accertamento tecnico preventivo

Ai procedimenti relativi a controversie derivanti dall'applicazione delle norme riguardanti le **assicurazioni sociali**, gli **infortuni sul lavoro**, le **malattie professionali**, gli **assegni per il nucleo familiare**, nonché ogni altra forma di previdenza e di assistenza obbligatoria, si applica il rito del lavoro (art. 442 c.p.c.).

Allo stesso regime sono assoggettate le *controversie* relative all'inosservanza degli *obblighi di assistenza e di previdenza* derivanti da *contratti o accordi collettivi* (art. 442, comma 2, c.p.c.).

Prima della instaurazione del giudizio deve svolgersi il **procedimento amministrativo** previsto in relazione alla prestazione richiesta, che è *condizione di procedibilità della domanda giudiziale* (art. 443 c.p.c.).

La L. 222/1984 prevede all'art. 11 che se è stata presentata domanda intesa ad ottenere il riconoscimento del diritto all'assegno di invalidità o alla pensione di inabilità non può essere presentata «*ulteriore domanda per la stessa prestazione* fino a quando non sia esaurito l'iter di quella in corso in sede amministrativa o, nel caso di ricorso in sede giudiziaria, fino a quando non sia intervenuta sentenza passata in giudicato». Tale disposizione si applica anche «alle domande volte a ottenere il riconoscimento del diritto a pensioni, assegni e indennità comunque denominati spettanti agli *invalidi civili nei procedimenti in materia di invalidità civile, cecità civile e sordomutismo*» (art. 56, comma 2, L. 69/2009).

Nel caso di controversie in materia di *invalidità civile*, *cecità civile*, *sordità civile*, *handicap* e *disabilità*, nonché di *pensione di inabilità* e di *assegno di invalidità ex* L. 222/1984 (**ATP**), a seguito di esito negativo dell'iter amministrativo, prima di agire in giudizio è necessario presentare istanza di **accertamento tecnico preventivo obbligatorio** da proporre con ricorso al giudice. Tale accertamento è diretto alla verifica *preventiva delle condizioni sanitarie* legittimanti la pretesa fatta valere.

Se l'accertamento *non è stato richiesto* ovvero è iniziato, *ma non si è ancora concluso*, il giudice assegna alle parti il termine di 15 giorni per la presentazione dell'istanza di accertamento tecnico ovvero di completamento dello stesso.

Terminate le operazioni di consulenza, il giudice fissa un termine perentorio entro il quale le parti devono dichiarare, con *atto scritto*, se intendono *contestare le conclusioni* del consulente tecnico d'ufficio.

Se *non vi è contestazione*, il giudice, se non intende rinnovare la consulenza, *omologa* l'accertamento del requisito sanitario che viene notificato agli enti competenti per il pagamento delle prestazioni. Se *la parte invece contesta* le conclusioni del consulente tecnico deve depositare, presso il giudice, entro il termine perentorio di 30 giorni, il *ricorso giudiziale*, specificando, a *pena di inammissibilità*, i motivi della contestazione e la sentenza che definisce il giudizio è *inappellabile*.

11 La tutela processuale contro la condotta antisindacale del datore di lavoro

L'art. 28 della L. 20 maggio 1970, n. 300 (cd. Statuto dei Lavoratori) riconosce alle organizzazioni sindacali, il diritto di chiedere la tutela giurisdizionale degli *interessi collettivi* violati dalla **condotta antisindacale** del datore di lavoro.

Il legislatore ha usato una formula amplissima e generica per definire la condotta del datore da perseguire, individuandola in **qualsiasi comportamento diretto ad impedire o limitare l'esercizio della libertà e dell'attività sindacale nonché del diritto di sciopero**.

La condotta antisindacale può essere costituita da un *atto negoziale* (es. un licenziamento intimato per motivi sindacali) o da un *comportamento materiale* (es. lo strappo di un manifestino sindacale) ed inoltre da *comportamenti attivi* (es. minacce) o anche *omissivi* (es. rifiuto di concedere una bacheca per le affissioni).

In ogni caso per integrare la condotta antisindacale è *sufficiente* che il comportamento leda *oggettivamente* gli *interessi collettivi* non essendo necessario (ma neppure sufficiente) uno specifico intento (elemento soggettivo) lesivo da parte del datore di lavoro (Cass. SS.UU. 12-6-1997, n. 5295).

Il procedimento è estremamente semplice.

I soggetti **legittimati ad agire** e a stare in giudizio sono solamente gli *organismi locali delle associazioni nazionali che vi abbiano interesse*.

Il sindacato può perseguire il comportamento del datore di lavoro in base all'art. 28 St. Lav., non solo quando questo leda autonomamente un diritto sindacale, ma anche quando leda, *contemporaneamente*, un diritto individuale ed un diritto sindacale (cd. *plurioffensività* del comportamento antisindacale).

In questo caso anche il *singolo lavoratore* può agire in giudizio ma utilizzando le procedure ordinarie (e non la specifica procedura *ex* art. 28).

Competente è il *Tribunale*, in composizione monocratica, del luogo ove è posto in essere il comportamento antisindacale denunziato.

Oggetto della tutela è il libero esercizio dei diritti sindacali di tutti i lavoratori e, perciò, non solo dei rappresentanti sindacali. In seguito al ricorso presentato dall'associazione sindacale, il giudice, *nei due giorni successivi,* convocate le parti ed assunte *sommarie informazioni*, qualora ritenga sussistente la violazione denunciata, con *decreto motivato ed immediatamente esecutivo*, ordina al datore di lavoro la **cessazione del comportamento illegittimo** e la **rimozione degli effetti** di esso.

Contro il decreto è ammessa *opposizione*, entro 15 giorni dalla comunicazione, davanti allo stesso giudice del lavoro. In questo caso si apre una eventuale e successiva fase del procedimento a *cognizione piena* che comunque non sospende l'efficacia del decreto che non può essere revocato fino alla sentenza con cui il giudice definisce il giudizio.

Il datore di lavoro che non ottempera al decreto o alla successiva sentenza è punito, ai sensi dell'art. 650 c.p., con l'*arresto* fino a 3 mesi o con un'*ammenda* e la sentenza penale è soggetta a pubblicazione ai sensi dell'art. 36 c.p.

15
La vigilanza in materia di lavoro

1 La riforma della vigilanza in attuazione del Jobs Act

1.1 Funzione e oggetto della vigilanza

Gran parte delle disposizioni di diritto del lavoro e di legislazione sociale ha carattere *inderogabile* in quanto basata su norme *imperative* e, spesso, *coercitive*, tali, cioè, da non poter essere modificate in senso peggiorativo dall'autonomia collettiva (contrattazione collettiva) né da quella individuale (accordo delle parti del singolo rapporto di lavoro).

In ciò si manifesta la più importante concretizzazione del principio della tutela del lavoratore quale *contraente più debole*.

Per la effettiva attuazione di tale principio, lo **Stato** svolge un'attività di **vigilanza** allo scopo di prevenire le *infrazioni* e accertare le eventuali *violazioni* della normativa.

La competenza statale risponde all'esigenza di garantire *livelli di tutela omogenei su tutto il territorio nazionale*, in conformità al principio di eguaglianza di cui all'art. 3 Cost., esigenza che sarebbe irrimediabilmente *frustrata* da un assetto decentrato o regionale della vigilanza.

Oggetto della vigilanza è tutta la materia dei *rapporti di lavoro* e dei *livelli essenziali delle prestazioni concernenti diritti civili e sociali*, l'osservanza complessiva della *normativa di legislazione sociale e del lavoro*, compresa l'applicazione dei *contratti collettivi e della disciplina previdenziale*.

La vigilanza concerne **tutti i rapporti di lavoro**, a prescindere dal *luogo in cui è prestata l'attività* e dallo *schema contrattuale* utilizzato.

Gli organi di vigilanza hanno competenza non solo in relazione alla *generalità dei rapporti di lavoro subordinato*, compresi i cd. *contratti speciali*, ma anche per le forme di *lavoro parasubordinato, autonomo* e *associativo*. Anzi, la parte più consistente dell'attività di vigilanza è rappresentata proprio dalla verifica della *genuinità* dei vari rapporti di collaborazione oltre che naturalmente della stessa *sussistenza e regolarità del rapporto* (si pensi al fenomeno del *lavoro nero o sommerso*). L'organo di vigilanza svolge inoltre *attività di prevenzione e promozione*, su questioni di ordine generale, presso i datori di lavoro, finalizzata al rispetto della normativa in materia lavoristica e previdenziale, con particolare riferimento alle questioni di maggiore rilevanza sociale, nonché alle novità legislative e interpretative.

1.2 Dal D.Lgs. 124/2004 al decreto di attuazione del Jobs Act (D.Lgs. 149/2015)

Con il **D.Lgs. 124/2004** è stato operato un significativo riassetto della vigilanza in materia di lavoro e previdenza sociale, con l'obiettivo di **razionalizzare le funzioni ispettive** allo scopo di superare l'eccessiva *frammentazione* dei compiti di vigilanza attribuiti ad una pluralità di organi (Servizi ispettivi del Lavoro, ASL, enti previdenziali ecc.) e di pervenire ad un *sistema organico e coerente di tutela del lavoro*.

La vigilanza in materia di *sicurezza del lavoro* è stata poi oggetto del Testo Unico della sicurezza sul lavoro (D.Lgs. 81/2008).

Sennonché, nell'ambito della vasta riforma prefigurata dal Jobs Act (L. 183/2014), è stata inclusa anche la vigilanza. Il **D.Lgs. 14 settembre 2015, n. 149** di attuazione, infatti, persegue lo scopo espresso di «rendere più efficiente l'attività ispettiva», mediante una imponente *razionalizzazione e semplificazione*.

A tal fine viene prevista l'istituzione di un'*agenzia unica per le ispezioni del lavoro*, denominata **Ispettorato nazionale del lavoro** (INL), di seguito anche Ispettorato, che accentra in sé la totalità dei *servizi ispettivi* aventi ad oggetto l'osservanza della normativa in materia di lavoro e legislazione sociale.

Attraverso l'istituzione dell'Ispettorato, il provvedimento ha così inteso *integrare in un'unica struttura* i servizi ispettivi del Ministero del Lavoro, dell'INPS e dell'INAIL.

Con una serie di provvedimenti si è proceduto, progressivamente, all'attuazione della nuova organizzazione che è divenuta operativa dal **1° gennaio 2017** (circ. INL 2/2017): da tale data è *cessata* l'attività sia della Direzione generale per l'attività ispettiva del Ministero del Lavoro, le cui funzioni sono state trasferite all'INL, sia delle DIL e DTL (articolazioni locali del Ministero del Lavoro) che sono state *sostituite* dalle nuove sedi territoriali dell'INL, rispettivamente **Ispettorato interregionale** (**IIL**) e **territoriale** (**ITL**) del lavoro.

Nel 2017 l'Ispettorato ha sottoscritto **Protocolli di Intesa** sia con l'INPS (21 febbraio) sia con l'INAIL (10 luglio) finalizzati ad un efficace svolgimento dell'attività di vigilanza, in chiave di collaborazione istituzionale, in materia di contribuzione obbligatoria e assicurativa.

2 L'Ispettorato nazionale del lavoro

2.1 La devoluzione delle funzioni di vigilanza all'Ispettorato nazionale del lavoro

Per effetto del **D.Lgs. 149/2015** (art. 1), i servizi ispettivi già esercitati dal Ministero in materia di lavoro e dagli enti previdenziali (INPS e INAIL) in materia di legislazione sociale sono devoluti all'**Ispettorato nazionale del lavoro**.

Resta invece **esclusa** la vigilanza in materia di **sicurezza sul lavoro**, ad eccezione dei settori esposti a particolari rischi, e di *ambiente*, che rientrano, rispettivamente, nella competenza delle aziende sanitarie locali (ASL) e delle Agenzie regionali per la protezione ambientale (ARPA) (in materia di sicurezza del lavoro).

L'Ispettorato è **istituito** presso il *Ministero del Lavoro* ed è sottoposto alla vigilanza dello stesso Ministero. È dotato di *personalità giuridica di diritto pubblico e di autonomia organizzativa e contabile*; si articola in una *sede centrale* a Roma e in *sedi territoriali*.

L'Ispettorato svolge sia **funzioni di indirizzo** che di **coordinamento** delle attività di vigilanza, dettando le *linee di condotta* e le *direttive di carattere operativo* e definendo la *programmazione ispettiva*, comprese le *specifiche modalità di accertamento* (art. 7, D.Lgs. 149/2015).

2.2 Le funzioni dell'Ispettorato nazionale del lavoro

All'Ispettorato compete l'esercizio, in conformità alle *direttive* del Ministero del Lavoro, dei numerosi **compiti** e **funzioni** in cui si concreta l'attività di vigilanza.

In particolare, tra le sue principali attribuzioni, l'Ispettorato:

- esercita e coordina su tutto il territorio nazionale, la *vigilanza in materia di lavoro, contribuzione e assicurazione obbligatoria nonché legislazione sociale*;
- emana *circolari interpretative* in materia ispettiva e sanzionatoria, nonché *direttive operative* rivolte al personale ispettivo;
- propone gli *obiettivi quantitativi e qualitativi delle verifiche* ed effettua il *monitoraggio* sulla loro realizzazione;
- cura la *formazione* e l'*aggiornamento del personale ispettivo*;
- svolge le attività di *prevenzione e promozione della legalità*;
- svolge *ogni ulteriore attività*, connessa allo svolgimento delle funzioni ispettive, ad esso *demandata* dal Ministro del Lavoro.

Inoltre, sono attribuiti all'Ispettorato gli accertamenti in materia di *riconoscimento del diritto a prestazioni* per infortuni su lavoro e malattie professionali, di *esposizione al rischio nelle malattie professionali* e di *caratteristiche dei vari cicli produttivi* ai fini dell'applicazione della tariffa dei premi assicurativi.

Per quanto concerne la materia della **sicurezza sul lavoro**, per effetto delle modifiche del D.L. 146/2021, conv. in **L. 17 dicembre 2021, n. 215**, il potere di svolgere attività di vigilanza e accertare eventuali illeciti in materia prevenzionistica, indipendentemente dal settore di intervento, spetta, al pari dell'**azienda sanitaria locale** (ASL), anche all'Ispettorato nazionale del lavoro. La vigilanza viene esercitata secondo una *programmazione coordinata* di interventi prevedendosi a tal fine, oltre al Comitato nazionale di coordinamento, anche un *Comitato in ogni Regione e Provincia autonoma* che provvede a riunirsi almeno due volte l'anno e che può essere convocato anche su richiesta dell'ufficio territoriale dell'Ispettorato nazionale del lavoro (artt. 5, 7 e 13 D.Lgs. 81/2008). Si tratta di una importante *novità* dal momento che in precedenza l'attività di vigilanza dell'Ispettorato in materia di salute e sicurezza nei luoghi di lavoro aveva carattere *residuale*. A seguito di tale *estensione* delle competenze, l'Ispettorato ritiene necessario intensificare «a livello locale ogni utile raccordo con i servizi di prevenzione delle ASL anche al fine di sviluppare modelli operativi condivisi da attuare in attività di vigilanza coordinate e congiunte» (circ. INL 9 dicembre 2021, n. 4).

In materia di prevenzione incendi, la competenza, in via esclusiva, spetta al *Corpo nazionale dei vigili del fuoco* (e alle relative strutture territoriali).

2.3 Semplificazione delle procedure di competenza dell'Ispettorato nazionale del lavoro

Di recente, sono state introdotte alcune **semplificazioni delle procedure** di competenza dell'Ispettorato nazionale del lavoro (art. 12bis, D.L. 76/2020, conv. in L. 120/2020, cd. decreto semplificazioni).

In primo luogo, i **provvedimenti autorizzativi** dell'INL, individuati con atto del direttore, *si intendono rilasciati decorsi 15 giorni dalla relativa istanza*.

Ad esempio, tale disciplina si applica all'autorizzazione all'impiego dei *minori* in attività lavorative nel *settore dello spettacolo* (art. 4, comma 2, L. 977/1967).

Inoltre, le procedure *amministrative* o *conciliative* che presuppongono la *presenza fisica* dell'istante, individuate con provvedimento del direttore, possono essere effettuate **attraverso strumenti di comunicazione da remoto**, che consentano in ogni caso l'identificazione degli interessati o dei soggetti dagli stessi delegati e l'*acquisizione della volontà* espressa. In queste ipotesi, il provvedimento finale o il verbale si **perfezionano** con la sola *sottoscrizione* del funzionario incaricato.

La medesima disciplina si applica anche alle **istruttorie finalizzate al rilascio della convalida delle dimissioni** presentate:

- dalla lavoratrice durante il periodo di *gravidanza*, nonché dalla lavoratrice o dal lavoratore durante i *primi 3 anni di vita del bambino* (art. 55, comma 4, D.Lgs. 151/2001);
- dalla lavoratrice nel periodo intercorrente dal giorno della richiesta delle pubblicazioni di *matrimonio* a un anno dalla celebrazione (art. 35, comma 4, D.Lgs. 198/2006).

3 L'attività ispettiva

3.1 L'ispezione

L'accertamento di eventuali inosservanze della legislazione lavoristica e previdenziale presuppone che gli organi di vigilanza pongano in essere un'*attività conoscitiva dei luoghi e delle attività produttive* in cui si svolge la prestazione lavorativa dei privati, e che si sostanzia, appunto, nell'**ispezione**.

In particolare, nell'esercizio delle funzioni di vigilanza gli ispettori sono legittimati ad *accedere a tutti i locali delle imprese* al fine di raccogliere *documenti* e assumere dai datori di lavoro, dai lavoratori, dalle rispettive rappresentanze sindacali e dagli istituti di patronato, *dichiarazioni e notizie* per l'accertamento di eventuali inosservanze delle norme.

L'ispezione si sostanzia, quindi, in un'**attività di accertamento** che può consistere in:

- *assunzione di informazioni* da datori e lavoratori, nel rispetto del diritto alla riservatezza e della libertà di espressione, al fine di raccogliere la notizia dell'illecito;
- *ispezione* di cose e luoghi diversi dalla dimora privata;
- *acquisizione di rilievi* segnaletici, descrittivi e fotografici ed ogni altra operazione tecnica che possa essere utile ad assicurare la prova del fatto;
- *sequestro cautelare* delle cose che, essendo servite a commettere l'illecito o essendone il prezzo, il prodotto od il profitto, possono successivamente formare oggetto di confisca amministrativa.

Affinché l'accertamento ispettivo raggiunga gli scopi propri deve includere, tra l'altro, l'*identificazione* delle persone presenti e l'*acquisizione delle dichiarazioni* dei lavoratori, che devono essere rese *senza* la presenza del datore di lavoro, di altri superiori gerarchici o di altri soggetti presenti sul luogo di lavoro (art. 3, comma 1, D.L. 463/1983, conv. in L. 638/1983, circ. INPS 21/1991).

3.2 La verbalizzazione

Gli accertamenti effettuati dal personale di vigilanza devono risultare da appositi **verbali** che costituiscono *fonte di prova* relativamente agli elementi di fatti acquisiti e documentati (art. 10, comma 5, D.Lgs. 124/2004).

In occasione del *primo accesso ispettivo*, viene rilasciato al datore di lavoro il **verbale di primo accesso ispettivo** contenente, tra l'altro, l'identificazione dei *lavoratori* trovati intenti al lavoro, le *modalità* del loro impiego e le eventuali *dichiarazioni* rese dal datore di lavoro (art. 13, comma 1, D.Lgs. 124/2004).

Nel caso in cui le verifiche effettuate in sede di primo accesso non siano sufficienti a definire l'accertamento, il personale ispettivo notifica un *verbale interlocutorio*, in cui devono essere indicate le ragioni del differimento delle indagini.

A conclusione dell'*ispezione*, qualora il personale ispettivo rilevi inadempimenti alla disciplina normativa o contrattuale da cui deriva l'applicazione di sanzioni amministrative, viene rilasciato al datore di lavoro, il **verbale unico di accertamento e notificazione**.

Tale verbale unifica, nello stesso documento, la *contestazione* e la *notificazione* degli illeciti amministrativi riscontrati e deve contenere:

- gli *esiti dell'accertamento*, con indicazione puntuale delle fonti di prova degli illeciti rilevati;
- la *diffida a regolarizzare gli inadempimenti* e la possibilità di estinguere gli illeciti attraverso il pagamento della sanzione in misura ridotta (art. 16, L. 689/1981);
- l'indicazione degli *strumenti di difesa* e degli organi ai quali proporre ricorso.

Se al termine dell'ispezione non sono riscontrate violazioni, il personale ispettivo è comunque tenuto a dare conto della conclusione degli accertamenti mediante una *specifica comunicazione scritta* da trasmettere per posta elettronica o ordinaria (circ. Min. Lav. 6/2014).

4 Gli strumenti dell'attività di vigilanza

4.1 L'interpello

L'**interpello** è la *facoltà*, riconosciuta a *soggetti pubblici e privati* nei confronti dell'Amministrazione, di porre «**quesiti di ordine generale sull'applicazione delle normative** di competenza del Ministero del Lavoro», onde pervenire ad un *chiarimento*.

L'interpello esplica soprattutto una funzione di *prevenzione* e di *promozione* dell'osservanza della disciplina lavoristica e previdenziale, in quanto il chiarimento fornito ne agevola la *corretta applicazione* e *previene*, in tal modo, eventuali comportamenti illeciti.

L'interpello deve essere proposto su problematiche *attuali*, cioè su questioni sulle quali *non* sia ancora intervenuto alcun chiarimento da parte dell'Amministrazione mediante circolare o in risposta ad un precedente interpello (circ. Min. Lav. 49/2004), così differenziandosi dalla semplice *attività informativa* svolta dal personale ispettivo.

Possono attivare il diritto di interpello gli *organismi associativi a rilevanza nazionale degli enti territoriali, gli enti pubblici nazionali*, nonché le *organizzazioni sindacali* dei lavoratori e dei datori di lavoro maggiormente rappresentative sul piano nazionale e i *consigli nazionali degli ordini professionali* (art. 9, comma 1, D.Lgs. 124/2004).

Tali soggetti di propria iniziativa o su segnalazione dei propri iscritti *inviano quesiti* al Ministero del Lavoro, *esclusivamente tramite posta elettronica*. In particolare, la *cura* e la *gestione* del diritto di interpello spettano alla *Direzione generale dei rapporti di lavoro e delle relazioni industriali*, che è una delle articolazioni attraverso cui il Ministero del Lavoro esplica i compiti ad esso demandati (artt. 2, comma 1, e 6, comma 1, lett. *v)*, D.P.R. 57/2017).

L'adeguamento del datore di lavoro (cd. **comportamento adesivo**) alle indicazioni fornite mediante interpello *esclude l'applicazione di sanzioni penali, amministrative e civili* (art. 9, comma 2, D.Lgs. 124/2004).

4.2 Il potere di disposizione

Il personale dell'Ispettorato nazionale del lavoro può adottare, nei confronti del datore di lavoro, un provvedimento di disposizione, **immediatamente esecutivo**, in tutte le ipotesi nelle quali le irregolarità rilevate in materia di lavoro e legislazione sociale *non siano già soggette a sanzioni penali o amministrative* (art. 14, comma 1, D.Lgs. 124/2004).

Si tratta di un **presidio sanzionatorio** stabilito in relazione a *tutti gli obblighi normativi e contrattuali per i quali non è prevista alcuna conseguenza in caso di mancata o errata applicazione*. Il potere di disposizione può dunque trovare applicazione in caso di mancato rispetto *sia di norme di legge* sprovviste di una specifica sanzione, *sia di norme del contratto collettivo* applicato, anche di fatto, dal datore di lavoro e con riguardo alla parte normativa ed economica (nota INL 15 dicembre 2020, n. 4539).

Il ricorso al potere di disposizione non appare opportuno, invece, in riferimento agli obblighi che trovano la loro *fonte in via esclusiva in una scelta negoziale delle parti*, non derivanti, quindi, dalla legge o da previsioni collettive, fermo restando che, qualora tali obblighi abbiano *natura patrimoniale*, sussiste *sempre* la possibilità di ricorrere alla conciliazione monocratica o alla diffida accertativa (circ. INL 30-9-2020, n. 5).

Contro il provvedimento di disposizione è possibile presentare **ricorso**, entro *15 giorni*, al direttore dell'Ispettorato territoriale del lavoro, il quale *decide entro i successivi 15 giorni*. Il ricorso **non sospende l'esecutività** della disposizione ma, decorso inutilmente il termine previsto per la decisione, esso si *intende respinto* (art. 14, comma 2, D.Lgs. 124/2004).

La **mancata ottemperanza** alla disposizione comporta l'applicazione della *sanzione amministrativa da euro 500 a euro 3.000* e non è possibile applicare la procedura della diffida obbligatoria (art. 14, comma 3, D.Lgs. 124/2004).

4.3 La conciliazione monocratica

La **conciliazione monocratica** è diretta a *prevenire l'insorgenza di controversie tra le parti del rapporto di lavoro* (art. 11, D.Lgs. 124/2014).

La conciliazione monocratica opera nel caso in cui l'inadempimento del datore è di tipo **civile** o **amministrativo** e riguarda **diritti patrimoniali del lavoratore** ovvero *crediti di lavoro* derivanti dal mancato rispetto degli obblighi retributivi e contributivi.

La conciliazione avviene ad un *unico* funzionario (da qui l'attributo *monocratica*) e può essere:

— **contestuale**, quando viene attivata direttamente, previo *consenso* delle parti, dall'*ispettore* nel corso dell'espletamento di un accesso ispettivo;
— **preventiva**, quando l'ispettore, a seguito di una *richiesta di intervento* da parte del lavoratore o dell'organizzazione sindacale che lo rappresenta, verificata l'esistenza di elementi per una *soluzione conciliativa, convoca gli interessati ed effettua un tentativo di conciliazione* fra prestatore e datore di lavoro.

Le parti *possono* farsi assistere da associazioni, sindacati o professionisti a cui abbiano conferito mandato.

Il tentativo di conciliazione può portare ad un *accordo*, che deve risultare da apposito *verbale avente piena efficacia*.

Se il funzionario conciliatore riscontra l'*evidente mancanza di una genuina e libera manifestazione del consenso da parte del lavoratore*, può rifiutarsi di sottoscrivere l'accordo.

In base all'accordo raggiunto, il datore di lavoro sarà tenuto al **pagamento delle somme dovute** al lavoratore, nella misura *concordata*, e al versamento dei contributi previdenziali e assicurativi.

Il verbale di accordo è *inoppugnabile* ai sensi dell'art. 2113 c.c. e acquista efficacia di *titolo esecutivo* con *decreto del giudice competente*, su istanza della parte interessata (art. 11, comma 3bis, D.Lgs. 124/2004).

Il pagamento, da parte del datore di lavoro, delle somme concordate e il versamento dei contributi previdenziali e dei premi assicurativi **estingue il procedimento ispettivo** e fa sì che *non* sia applicata alcuna sanzione.

Se la procedura si risolve **negativamente** (le parti *non raggiungono un accordo* oppure se con il loro comportamento non consentono di effettuare il tentativo di conciliazione monocratica), si fa seguito all'accertamento ispettivo.

4.4 La diffida accertativa per crediti patrimoniali

Il potere di **diffida accertativa per crediti patrimoniali** è esercitato in sede di indagine ispettiva *a seguito di accertamento di violazioni di norme di legge o contrattuali* da cui derivano *crediti patrimoniali in favore dei lavoratori* (art. 12, D.Lgs. 124/2004).

Si può trattare, ad *esempio*, delle somme spettanti per l'effettuazione di lavoro straordinario o notturno, oppure delle differenze retributive allorché le retribuzioni siano al di sotto dei minimi tabellari previsti dal CCNL.

Presupposto operativo per l'esercizio della diffida accertativa è che tali **somme siano certe**, sia sotto l'aspetto del *diritto del lavoratore*, sia sotto l'*aspetto quantitativo*.

Più precisamente, la certezza sulla *sussistenza* del credito, sulla sua *determinazione quantitativa* e sulla sua *esigibilità*, derivanti da fonti, fatti e circostanze oggettivamente valutabili e predeterminati, può essere ricondotta sia al credito *preesistente* all'accertamento ispettivo che *scaturire dallo stesso* (circ. Min. Lav. 8 gennaio 2013, n. 1).

L'ispettore *diffida* il datore di lavoro **a corrispondere al lavoratore le somme dovute**, da indicare al *lordo* delle ritenute fiscali e previdenziali, entro il termine di 30 giorni (nota INL 23 dicembre 2021, n. 2002).

Ai fini dell'adozione della diffida devono essere considerati soltanto *i crediti da lavoro con termine quinquennale di prescrizione non ancora maturato*. In presenza di *atti scritti* che il lavoratore ha trasmesso al datore di lavoro manifestandogli la *volontà di ottenere il soddisfacimento del proprio diritto*, così da interrompere il decorso della prescrizione, la diffida può essere adottata *anche per crediti risalenti nel tempo*, sempreché non siano comunque decorsi cinque anni dall'ultimo atto interruttivo della prescrizione (nota INL 23 gennaio 2020, n. 595).

La diffida trova applicazione *anche* nei confronti dei **soggetti che utilizzano le prestazioni di lavoro**, da ritenersi **solidalmente responsabili** dei crediti accertati (art. 12, comma 1, D.Lgs. 124/2004).

In termini generali, può essere destinataria del provvedimento anche la *pubblica amministrazione*: se però è poco realistica l'ipotesi in cui essa non corrisponda le retribuzioni ai propri dipendenti «diretti», invece è, in concreto, realizzabile quella in cui la P.A. sia chiamata a rispondere quale *obbligata in solido con il datore di lavoro privato*. In tal caso, si ritiene possibile adottare il provvedimento di diffida accertativa per i crediti maturati dai lavoratori impiegati nell'appalto (secondo le regole dell'art. 1676 c.c., non trovando applicazione l'art. 29, comma 2, D.Lgs. 276/2003) (nota INL 14 gennaio 2021, n. 62; nota INL 17 gennaio 2020, n. 422).

A seguito della notifica dell'atto di diffida, il datore può:

- *adempiere*, corrispondendo le somme direttamente al lavoratore;
- *promuovere*, entro 30 giorni dalla notifica del provvedimento, un *tentativo di conciliazione presso l'ITL*;
- in *alternativa al tentativo di conciliazione*, promuovere, entro 30 giorni dalla notifica del provvedimento, *ricorso avverso il provvedimento di diffida* al direttore dell'ufficio che ha adottato l'atto.

  Il ricorso, *notificato* anche al lavoratore, **sospende l'esecutività della diffida** ed è *deciso* nel termine di *60 giorni* dalla presentazione;

- *non adempiere*.

Il provvedimento di **diffida perde efficacia** nel caso di *adempimento*, ovvero di *accordo* in sede conciliativa risultante da *verbale* sottoscritto dalle parti.

Eventuali *rinunzie* o *transazioni* effettuate su diritti del lavoratore in sede di conciliazione sono perfettamente **valide** (per il verbale, infatti, non trovano applicazione le disposizioni di cui all'art. 2113, commi 1-3, c.c.).

La diffida **acquista**, invece, **efficacia di titolo esecutivo** nel caso di *mancato raggiungimento dell'accordo*, di *rigetto del ricorso*, oppure è *decorso inutilmente il termine di 30 giorni*.

4.5 La diffida obbligatoria come forma di estinzione degli illeciti amministrativi

Il **potere di diffida** ha la funzione di promuovere l'estinzione degli **illeciti amministrativi**, cioè degli inadempimenti per la cui violazione è prevista l'applicazione di una *sanzione pecuniaria amministrativa*: in tale ipotesi, l'organo di vigilanza **diffida il datore di lavoro alla regolarizzazione delle inosservanze sanabili**, fissando il *termine* di 30 giorni per adempiere (art. 13, D.Lgs. 124/2004).

L'illecito è *sanabile* in tutti i casi di *adempimenti omessi ma ancora materialmente realizzabili*. La diffida è possibile anche per gli *adempimenti tardivi*, cioè quando il datore di lavoro pone in essere *volontariamente* — prima dell'adozione della diffida — il comportamento previsto dalla norma, ma *oltre il termine stabilito* (cd. «diffida ora per allora» che ha la finalità di non penalizzare ingiustamente «chi effettua comunque un adempimento dovuto oltre il termine previsto rispetto a chi lo ometta totalmente») (circ. Min. Lav. 24/2004).

La diffida è **obbligatoria** in quanto costituisce *condizione di procedibilità* per l'applicazione di sanzioni conseguenti ad *illeciti amministrativi* che risultino *accertati* e *provati* (circ. Min. Lav. 24/2004).

In presenza dei presupposti previsti dalla legge, il personale di vigilanza adotta la diffida mediante il *verbale unico di accertamento e notificazione*.

In caso di **ottemperanza alla diffida**, il datore di lavoro (o l'eventuale obbligato in solido) deve provvedere a *rimuovere le violazioni* riscontrate *entro 30 giorni* dalla notificazione del verbale e *pagare la sanzione ridotta*, pari al doppio del minimo o ad *1/4* della sanzione prevista in misura fissa. Il pagamento **estingue il procedimento sanzionatorio** limitatamente alle violazioni oggetto di diffida e a condizione dell'effettiva ottemperanza alla diffida stessa.

Il pagamento della somma deve avvenire *entro 15 giorni* dalla scadenza del termine di 30 giorni previsto per la regolarizzazione.

L'adempimento *non* estingue però il procedimento *ispettivo* che può continuare con riferimento alle violazioni, eventualmente riscontrate, per le quali *non* è stata adottata la diffida.

Se, invece, il datore di lavoro **non ottempera alla diffida**, il procedimento sanzionatorio *riprende il suo corso*, con la contestazione e la notificazione dell'illecito.

4.6 La prescrizione obbligatoria come forma di estinzione degli illeciti penali

La prescrizione è una **forma di estinzione dei reati penali di natura contravvenzionale** in materia di lavoro e legislazione sociale (artt. 15, D.Lgs. 124/2004 e 20, D.Lgs. 758/1994).

Se nell'esercizio delle funzioni di vigilanza emergono **indizi di reato**, gli ispettori devono darne tempestivamente *notizia al Pubblico Ministero o ufficiale di polizia giudiziaria* (art. 331 c.p.p.) e provvedere all'*acquisizione degli elementi di prova* (artt. 55 c.p.p. e 8, D.P.R. 520/1955).

La prescrizione è *obbligatoria*: costituisce, al verificarsi dei presupposti di legge, un preciso dovere del personale ispettivo, che assume il valore di *condizione di procedibilità* dell'azione penale (il mancato esercizio della prescrizione impedisce l'azione penale).

La prescrizione consiste nell'emanazione, da parte dell'organo di vigilanza, di apposite **direttive** per rimuovere o far cessare la violazione.

Il trasgressore deve **adempiere** entro il termine stabilito e successivamente pagare una somma di denaro a titolo di penale (cd. **oblazione**), beneficiando in tal modo della **estinzione del reato**.

Il **procedimento** si articola nelle seguenti fasi:

- **accertamento della contravvenzione**: l'organo di vigilanza dotato di *funzioni di polizia giudiziaria* constata l'illecito contravvenzionale;
- **prescrizione**, con la quale l'ispettore intima al trasgressore l'*adempimento specifico* richiesto per eliminare l'illecito. Per la regolarizzazione è concesso un *termine* non superiore a 6 mesi, prorogabile al massimo di altri 6 mesi;
- **informazione all'autorità giudiziaria**: a seguito dell'accertamento dell'illecito, l'organo di vigilanza è tenuto a trasmettere per iscritto la *notizia di reato* al Pubblico Ministero che ne effettua l'iscrizione nell'apposito registro delle notizie di reato (artt. 347, 335 c.p.p.);
- **sospensione del procedimento penale**: dal momento dell'iscrizione della notizia di reato nel *registro* il procedimento penale è *sospeso di diritto*;

— **verifica dell'adempimento**, da parte degli stessi organi di vigilanza *entro 60 giorni dalla scadenza* del termine concesso al contravventore (artt. 15, D.Lgs. 124/2004, 20-25, D.Lgs. 758/1994 e circ. INAIL 86/2004). Nel caso di *positivo* riscontro, l'ispettore ne da comunicazione all'autorità giudiziaria e ammette il trasgressore al pagamento di una **sanzione pecuniaria** in sede *amministrativa* pari ad *1/4* dell'importo massimo dell'ammenda previsto dalla norma penale;
— **estinzione del reato**, a seguito dell'adempimento alla prescrizione e del pagamento della sanzione, il *giudice* deve dichiarare *estinto* il reato.

In caso di **mancato adempimento**, l'organo di vigilanza ne dà comunicazione al P.M. ed il *procedimento penale riprende corso.*

5 Il libro unico del lavoro

Il **libro unico del lavoro** è stato introdotto dal D.L. 112/2008, conv. in L. 133/2008 (artt. 39-40) in sostituzione degli «storici» libri aziendali, di matricola e paga.

Ogni datore di lavoro privato, con la sola esclusione del datore di *lavoro domestico*, deve istituire e tenere aggiornato il libro unico del lavoro in cui devono essere iscritti e registrati tutti i **lavoratori subordinati** e i **collaboratori coordinati e continuativi**.

Il libro unico deve essere compilato per ciascun *mese* di riferimento entro la fine del mese successivo e deve essere *conservato*, per *5 anni* dalla data dell'ultima registrazione, presso la sede legale del datore di lavoro per poter essere *esibito agli organi di vigilanza*.

La **finalità** del libro unico è quella di documentare lo *stato effettivo di ogni rapporto di lavoro* e di rivelare agli organi di vigilanza lo stato occupazionale dell'impresa.

Il libro unico ha, infatti, un duplice **contenuto**:

— *informazioni di natura prettamente economico-retributiva*, in quanto devono essere registrate le *dazioni in danaro o in natura* corrisposte o gestite dal datore di lavoro, comprese le somme a titolo di rimborso spese, le trattenute a qualsiasi titolo effettuate, le detrazioni fiscali, i dati relativi agli assegni per il nucleo familiare, le prestazioni ricevute da enti e istituti previdenziali. Le somme erogate a titolo di premio o per prestazioni di lavoro straordinario devono poi essere indicate specificatamente;
— *informazioni relative alle presenze*, poiché all'interno del libro è inserito un apposito *calendario delle presenze*, da cui deve risultare, per ogni giorno, il numero di ore di lavoro effettuate da ciascun lavoratore subordinato, nonché l'indicazione delle ore di straordinario, delle eventuali assenze dal lavoro, anche non retribuite, delle ferie e dei riposi.

Il libro unico consente una significativa *semplificazione* degli adempimenti relativi alla gestione del rapporto di lavoro. A seguito dell'introduzione della *comunicazione preventiva di assunzione*, che dimostra, in caso di accertamento, la *regolarità* del rapporto di lavoro, la documentazione aziendale permette agli organi ispettivi di accertare la corretta *gestione dei rapporti di lavoro*, con riguardo ai *profili retributivi, assicurativi, previdenziali e fiscali* (circ. Min. Lav. 21 agosto 2008, n. 20).

È previsto un *sistema sanzionatorio* articolato in relazione alle diverse ipotesi di violazioni. In particolare, l'omessa o infedele registrazione dei dati, esclusi i casi di errore meramente materiale, è punita con la sanzione amministrativa pecuniaria da euro 150 a euro 1.500, se determina differenti trattamenti retributivi, previdenziali o fiscali. L'importo tuttavia *aumenta* in relazione al numero dei lavoratori coinvolti e alla durata della violazione: se la violazione si riferisce a più di 5 lavoratori ovvero a un periodo superiore a 6 mesi, la sanzione va da euro 500 a euro 3.000, mentre, se si riferisce a più di 10 lavoratori ovvero a un periodo superiore a 12 mesi, va da euro 1.000 a euro 6.000.

6 La maxisanzione amministrativa per il lavoro nero

Nelle scienze economiche e sociali l'espressione **lavoro nero** indica una molteplicità di fenomeni unificati dal comune denominatore della *non regolarità* dell'occupazione (si parla anche di *economia sommersa*).

In ambito giuridico, in relazione alle misure che l'ordinamento prevede per la *repressione* del fenomeno, si adotta una nozione *più selettiva* in quanto si fa riferimento esclusivamente ai **rapporti di lavoro totalmente inesistenti per i competenti uffici pubblici**.

Attualmente, quindi, si qualifica come lavoro nero il rapporto di lavoro per il quale **non è stata effettuata la comunicazione preventiva di assunzione** al Ministero del Lavoro.

Il lavoro nero nasconde, nella generalità dei casi, un *trattamento normativo ed economico* dei lavoratori *inferiore* agli standard di legge e contrattuali, fino a condizioni di vero e proprio *sfruttamento*. Dal punto di vista *previdenziale*, il lavoro nero costituisce un'**evasione contributiva** in quanto non sono versati all'ente assicurativo i contributi dovuti e comporta l'applicazione di una *sanzione civile* (art. 116, L. 388/2000) salvo che per i casi più gravi (rilevante entità dell'evasione) cui si applica la sanzione *penale* (art. 37, L. 689/1981).

L'ordinamento prevede per l'impiego di lavoratori in nero l'applicazione di una **sanzione amministrativa pecuniaria**, cd. **maxisanzione**, nel tempo oggetto di reiterate *modifiche*: in particolare, il D.Lgs. 151/2015 ha graduato la sanzione «**per fasce**», in relazione alla durata del comportamento illecito, mentre la L. 145/2018 (art. 1, comma 445, lett. *d)*, *legge di bilancio 2019*) ha *elevato gli importi del 20%*, prevedendone altresì il raddoppio in caso di *recidiva*.

Si tratta di una *sanzione di natura aggiuntiva*: la sua applicazione, infatti, si *aggiunge* ad ogni ulteriore provvedimento di carattere sanzionatorio legato all'utilizzo di manodopera irregolare e all'evasione contributiva (ad es. sanzioni per omesse registrazioni nel libro unico) (circ. Min. Lav. 38/2010).

La maxisanzione si **applica** esclusivamente nel caso di impiego di *lavoratori subordinati* per i quali **non risulti effettuata la preventiva comunicazione** di instaurazione del rapporto di lavoro da parte del datore di lavoro privato, ad *eccezione* dei lavoratori domestici.

A seguito della L. 205/2017, dal 1° luglio 2018, non è più possibile corrispondere la retribuzione per mezzo di denaro contante direttamente al lavoratore, pena l'applicazione di una sanzione amministrativa pecuniaria. Tale *sanzione è applicabile anche in caso di contestazione della maxisanzione per lavoro in nero, quando il pagamento dei lavoratori sia avvenuto in contanti*. Infatti, nonostante sia piuttosto remota la possibilità che il lavoratore in nero sia remunerato dal datore di lavoro utilizzando strumenti tracciabili, quando il legislatore ha voluto escludere l'applicazione di ulteriori sanzioni in caso di contestazione della maxisanzione, lo ha fatto espressamente (nota INL 9 novembre 2018, n. 9294).

Tale sanzione si applica anche nel caso di *mancata esibizione*, da parte del datore, di documentazione attestante il pagamento con strumenti tracciabili, anche a fronte di dichiarazione del lavoratore che *confermi* di non essere stato pagato in contanti (nota INL 22 marzo 2021, n. 473).

La maxisanzione è articolata in diversi importi, in funzione del tempo di *impiego irregolare* del lavoratore. A seguito della *legge di bilancio 2019*, si applicano i seguenti **importi** (per ciascun lavoratore irregolare) (circ. INL 14-1-2019, n. 2):

- *da euro 1.800 a euro 10.800*, in caso di impiego del lavoratore *sino a 30 giorni* di effettivo lavoro;
- *da euro 3.600 a euro 21.600*, in caso di impiego del lavoratore *da 31 e sino a 60 giorni* di effettivo lavoro;
- *da euro 7.200 a euro 43.200*, in caso di impiego del lavoratore *oltre 60 giorni* di effettivo lavoro.

In caso di **recidiva**, come detto, gli importi sono *raddoppiati*. Si ha recidiva se il datore di lavoro, nei *tre anni precedenti*, è stato destinatario di sanzioni amministrative o penali per i medesimi illeciti: a tal fine, occorre fare riferimento ad *illeciti definitivamente accertati* (nota INL 5 febbraio 2019, n. 1148), tenendo presente che l'*arco triennale* deve essere inteso sia quale *periodo in cui l'illecito è stato commesso*, sia quale periodo in cui lo stesso è stato *definitivamente accertato* (nota INL 14 marzo 2019, n. 2594).

Gli importi sono *aumentati poi del 20%* se il lavoratore irregolare è uno *straniero privo del permesso di soggiorno*, o con *permesso scaduto* (del quale *non* sia stato chiesto, nei termini di legge, il rinnovo), *revocato* o *annullato*, o un *minore in età non lavorativa*, o un lavoratore beneficiario del Reddito di cittadinanza.

Per la violazione soggetta a maxisanzione trova applicazione, inoltre, la **procedura di diffida**, disciplinata *in via generale* dall'art. 13, D.Lgs. 124/2004.

Nell'ambito *specifico* della maxisanzione, la diffida è però sottoposta a differenti condizioni e termini di adempimento. Essa infatti prevede, in relazione ai lavoratori irregolari ancora in forza presso il datore di lavoro e fatta salva l'ipotesi in cui risultino regolarmente occupati per un periodo lavorativo successivo, *la stipulazione di un contratto di lavoro subordinato a tempo indeterminato*, anche a *tempo parziale* con *riduzione dell'orario* di lavoro non superiore al 50% dell'orario a tempo pieno, o con *contratto a tempo pieno* e *determinato* di durata *non inferiore a 3 mesi*, nonché il mantenimento in servizio degli stessi per almeno 3 mesi.

7 Il provvedimento di sospensione dei lavori

Nell'ambito di una serie di provvedimenti volti a contrastare il lavoro irregolare (lavoro nero) e a garantire la salute e la sicurezza dei lavoratori nei luoghi di lavoro, è stata introdotta una speciale misura di natura cautelare (precauzionale) che si sostanzia nell'ordine, impartito dall'organo di vigilanza, di **sospensione dell'attività imprenditoriale** nel caso in cui siano rilevate determinate violazioni.

L'istituto è **disciplinato** dall'art. 14 del D.Lgs. 81/2008, integralmente *sostituito* dall'art. 13 del D.L. 146/2021, conv. in **L. 17 dicembre 2021, n. 215**, che ha apportato una serie di sostanziali modifiche (circ. INL 9 novembre 2021, n. 3).

Al fine di far cessare il pericolo per la salute e la sicurezza dei lavoratori, nonché di contrastare il lavoro irregolare, l'Ispettorato nazionale del lavoro adotta un **provvedimento** di sospensione se riscontra che:

- al momento dell'accesso ispettivo, **almeno il 10% dei lavoratori presenti sul luogo di lavoro** risulti **occupato senza la preventiva comunicazione di instaurazione del rapporto di lavoro** ovvero inquadrato come **lavoratori autonomi occasionali** in *assenza delle condizioni* richieste dalla *normativa*;
- a prescindere dal settore di intervento, vi sono **gravi violazioni in materia di tutela della salute e della sicurezza del lavoro** così come indicate nell'Allegato I del D.Lgs. 81/2008 (di seguito anche solo Allegato I, su cui v. tabella).

Il provvedimento di sospensione *non trova però applicazione* se il lavoratore irregolare è l'*unico lavoratore ad essere occupato nell'impresa*.

La sospensione riguarda la **parte dell'attività imprenditoriale** interessata dalle violazioni, per cui va circoscritta alla singola unità produttiva ove si sono verificati i presupposti per la sua adozione (ovvero il singolo cantiere nel settore dell'edilizia), oppure, in alternativa, l'**attività lavorativa dei lavoratori** che non hanno ricevuto dal datore di lavoro la formazione e l'addestramento, ovvero i necessari dispositivi di protezione individuale in violazione delle specifiche disposizioni in materia di salute e sicurezza sul lavoro (n. 3 e 6 Allegato I, circ. INL 3/2021). In tale ultima ipotesi, il datore di lavoro, da un lato, non potrà avvalersi della prestazione lavorativa del singolo lavoratore sospeso, dall'altro, essendo responsabile della violazione, dovrà comunque corrispondergli il trattamento retributivo dovuto e versargli la relativa contribuzione (circ. INL 3/2021).

A fronte di un accertamento sulla *contestuale* presenza di più violazioni (siano queste riferibili tutte all'Allegato I ovvero in parte all'Allegato I e in parte all'occupazione di personale irregolare), il personale ispettivo adotterà sempre un *unico provvedimento* di sospensione «della parte dell'attività imprenditoriale interessata dalle violazioni» (circ. INL 3/2021).

La normativa fa comunque salve le attribuzioni previste dal D.Lgs. 758/1994 dirette a far cessare il pericolo per la tutela della salute e la sicurezza dei lavoratori, nonché a contrastare il lavoro irregolare. Infatti, allo scopo di eliminare la contravvenzione accertata, l'organo di vigilanza impartisce al contravventore un'apposita **prescrizione**, fissando per la regolarizzazione un termine non eccedente il periodo di tempo tecnicamente necessario (art. 20). Inoltre, entro e non oltre sessanta giorni dalla scadenza del termine fissato nella prescrizione, l'organo di vigilanza verifica se la violazione è stata eliminata secondo le modalità e nel termine indicati dalla prescrizione (art. 21).

Unitamente al provvedimento di sospensione l'Ispettorato *può* imporre poi **specifiche misure** (es. la disposizione) dirette a far cessare il pericolo per la sicurezza o per la salute dei lavoratori durante il lavoro.

Tali provvedimenti sono **adottati** dall'Ispettorato tramite il proprio personale ispettivo nell'*immediatezza degli accertamenti* nonché, su segnalazione di altre amministrazioni, *entro sette giorni dal ricevimento del relativo verbale*. Tuttavia, gli **effetti** della sospensione possono essere fatti decorrere dalle ore 12 del giorno lavorativo successivo ovvero dalla cessazione dell'attività lavorativa in corso che non può essere interrotta, salvo che non si riscontrino *situazioni di pericolo imminente o di grave rischio per la salute dei lavoratori o dei terzi o per la pubblica incolumità*.

Nell'adozione del provvedimento vi è *assenza* di ogni forma di discrezionalità da parte dell'organo di vigilanza, il quale può invece valutare l'opportunità di differirne l'efficacia ad un momento successivo (circ. INL 3/2021).

I poteri dell'Ispettorato sono esercitati anche dai **servizi ispettivi delle aziende sanitarie locali** (ASL) nell'ambito di accertamenti in materia di tutela della salute e della sicurezza del lavoro, mentre, limitatamente agli accertamenti di violazioni in materia di **prevenzione incendi**, in via esclusiva, dal Comando provinciale dei vigili del fuoco territorialmente competente.

Durante il periodo di sospensione l'impresa non può contrattare con la pubblica amministrazione: a tal fine il provvedimento di sospensione è comunicato all'Autorità Nazionale Anticorruzione (ANAC), al Ministero delle infrastrutture e della mobilità sostenibili (MIMS), per gli aspetti di rispettiva competenza.

Il provvedimento di sospensione può essere **revocato** dall'organo che lo ha adottato se il datore di lavoro ha provveduto:

- alla *regolarizzazione* dei lavoratori non risultanti dalle scritture o da altra documentazione obbligatoria anche sotto il profilo degli adempimenti in materia di salute e sicurezza;
- a *ripristinare le regolari condizioni di lavoro* nelle ipotesi di violazioni della disciplina in materia di tutela della salute e della sicurezza sul lavoro;
- a *rimuovere le conseguenze pericolose delle violazioni* in materia di tutela della salute e della sicurezza sul lavoro indicate nell'Allegato I.

Il datore di lavoro, inoltre, deve effettuare il **pagamento**, nelle ipotesi di *lavoro irregolare*, di una somma aggiuntiva *pari a 2.500 euro qualora siano impiegati fino a cinque lavoratori* irregolari e *pari a 5.000 euro qualora siano impiegati più di cinque lavoratori* irregolari, e, nelle ipotesi di cui all'*Allegato I*, il pagamento di una somma aggiuntiva di importo pari a quanto indicato nello stesso Allegato I con riferimento a ciascuna fattispecie. Tali somme sono *raddoppiate* nelle ipotesi di *recidiva*, ossia se, *nei cinque anni precedenti* all'adozione del provvedimento, la *medesima impresa sia stata destinataria di un provvedimento di sospensione*.

Su istanza del datore di lavoro, e ferme le suddette condizioni, la revoca è concessa anche *subordinatamente* al pagamento del 20% della somma aggiuntiva dovuta. L'importo residuo, maggiorato del 5%, è versato entro sei mesi dalla data di presentazione dell'istanza di revoca. In caso di *mancato versamento o di versamento parziale dell'importo residuo entro detto termine*, con il provvedimento di accoglimento dell'istanza è possibile ottenere l'importo non versato (tecnicamente si dice che il provvedimento è «titolo esecutivo»).

Se il datore di lavoro **non ottempera al provvedimento di sospensione** è sottoposto alle *sanzioni penali*, diversificate a seconda che si tratti di violazione in materia di tutela della salute e della sicurezza sul lavoro o di lavoro irregolare.

VIOLAZIONI (*) IN MATERIA DI SALUTE E SICUREZZA SUL LAVORO AI FINI DELL'ADOZIONE DEL PROVVEDIMENTO DI SOSPENSIONE DELL'ATTIVITÀ IMPRENDITORIALE (ALLEGATO I D.LGS. 81/2008 – CIRC. INL 3/2021)		
	VIOLAZIONE	**IMPORTO SOMMA AGGIUNTIVA (EURO)**
1	Mancata elaborazione del documento di valutazione dei rischi (DVR)	2.500
2	Mancata elaborazione del Piano di Emergenza ed evacuazione	2.500
3	Mancata formazione ed addestramento	300 per ciascun lavoratore interessato
4	Mancata costituzione del servizio di prevenzione e protezione (SPP) e nomina del relativo responsabile (RSPP)	3.000
5	Mancata elaborazione del Piano operativo di sicurezza (POS)	2.500
6	Mancata fornitura del dispositivo di protezione individuale (DPI) contro le cadute dall'alto	300 per ciascun lavoratore interessato
7	Mancanza di protezioni verso il vuoto	3.000
8	Mancata applicazione delle armature di sostegno, fatte salve le prescrizioni desumibili dalla relazione tecnica di consistenza del terreno	3.000
9	Lavori in prossimità di linee elettriche in assenza di disposizioni organizzative e procedurali idonee a proteggere i lavoratori dai conseguenti rischi	3.000
10	Presenza di conduttori nudi in tensione in assenza di disposizioni organizzative e procedurali idonee a proteggere i lavoratori dai conseguenti rischi	3.000
11	Mancanza di protezione contro i contatti diretti ed indiretti (impianto di terra, interruttore magnetotermico, interruttore differenziale)	3.000
12	Omessa vigilanza in ordine alla rimozione o modifica dei dispositivi di sicurezza o di segnalazione o di controllo	3.000
12bis	Mancata notifica all'organo di vigilanza prima dell'inizio dei lavori che possono comportare il rischio di esposizione all'amianto	3.000
(*) È sufficiente l'accertamento di una delle violazioni per consentire l'adozione del provvedimento.		

16
Attività e diritti sindacali, contratto collettivo e sciopero

1 Il diritto sindacale e il concetto di sindacato in generale

Il **diritto sindacale** può definirsi come quella *parte del diritto del lavoro* che, attraverso norme strumentali, poste dallo Stato o dalle stesse organizzazioni di lavoratori e degli imprenditori, **mira a regolare i conflitti nascenti dalle relazioni industriali**.

Il diritto sindacale, in pratica, concerne la disciplina delle associazioni professionali, i rapporti sindacali, la contrattazione collettiva, lo sciopero, e più in generale le vicende collettive nel mondo del lavoro.

Nei paragrafi che seguono saranno esaminati, rispettivamente, l'*attività sindacale*, la *contrattazione collettiva* e l'*autotutela sindacale* (con particolare riguardo al diritto di *sciopero*).

Nel nostro ordinamento *non esiste una nozione normativa* di sindacato. Secondo la ricostruzione dottrinale e giurisprudenziale, il sindacato è «un'**associazione libera e spontanea di singoli individui** nel particolare status di prestatori di lavoro subordinato o in quello di datori di lavoro*; è un'associazione che rappresenta* attraverso i suoi organi elettivi interni, *tutti gli individui che la compongono nella loro qualità di soci; è un'associazione che agisce collettivamente al fine di tutelare i comuni interessi professionali nei confronti degli stessi soci, delle altre associazioni, di altri soggetti giuridici*» (MAZZONI).

2 Il sindacato nell'ordinamento italiano: l'art. 39 Cost. e i sindacati come enti di fatto

L'**art. 39** della Costituzione sancisce, al 1° comma, il principio della **libertà di organizzazione sindacale** e nei commi successivi dispone che:

— ai sindacati non può essere imposto altro *obbligo* oltre a quello della **registrazione** (presso uffici centrali o periferici) (comma 2);
— *condizione* per ottenere la registrazione è che i sindacati abbiano un **ordinamento interno a base democratica** (comma 3);
— con la registrazione i sindacati acquistano *personalità giuridica* e la capacità di *stipulare*, attraverso rappresentanze unitarie, **contratti collettivi con efficacia *erga omnes*** (comma 4).

In virtù della mancata attuazione dell'art. 39 Cost., nel nostro ordinamento, i sindacati sono configurabili come associazioni *prive di personalità giuridica*, cioè *enti di fatto* a cui si applica la **normativa di diritto comune**: in specie gli artt. 36, 37 e 38 c.c. recanti la disciplina delle **associazioni non riconosciute**.

Dall'applicabilità ai sindacati di tale normativa consegue che:

a) l'*ordinamento interno* e l'*amministrazione* sono regolati dagli accordi degli associati (art. 36 c.c.);
b) i contributi dei soci ed i beni acquistati costituiscono il *fondo comune* che appartiene a *tutti i soci*, a titolo di comproprietà. Il fondo comune non può essere diviso finché dura l'associazione, e i soci recedenti hanno diritto alla propria quota solo allo scioglimento dell'associazione (art. 37 c.c.);
c) il fondo comune è dotato di *autonomia patrimoniale*, in quanto i creditori del sindacato non possono far valere i loro diritti sul patrimonio dei singoli associati ma solo sul fondo comune e, a loro volta, i creditori dei singoli soci non possono agire sul fondo comune.

Tale autonomia è però *imperfetta*, in quanto delle obbligazioni assunte dal sindacato rispondono anche, personalmente e solidalmente, le persone che hanno agito in nome e per conto del sindacato stesso (art. 38 c.c.);

d) il sindacato *può stare in giudizio* nella persona di coloro ai quali sono state conferite la presidenza o la direzione (art. 36, comma 2, c.c.).

3 L'organizzazione dei sindacati

L'associazionismo sindacale si realizza attraverso criteri e sistemi *diversi* a seconda che si tratti di prestatori ovvero di datori di lavoro.

Per i **lavoratori** può avvenire in due modi:

a) su **base professionale** (cd. **organizzazione orizzontale** o **per mestiere**), quando il sindacato raccoglie tutti coloro che esercitano uno stesso *mestiere*, indipendentemente dall'impresa in cui lavorano (es.: dirigenti di azienda, giornalisti professionisti, piloti dell'aviazione civile, primari ed aiuto ospedalieri ecc.);
b) sulla **base dell'impresa** (cd. **organizzazione verticale**), quando il sindacato raggruppa *tutti coloro che prestano la loro opera in imprese del medesimo settore produttivo o merceologico* (es.: sindacato dei lavoratori della gomma, sindacati dei lavoratori tessili ecc.).

Per quanto riguarda, invece, i **datori di lavoro**, coesistono sistemi diversi anche se la tendenza è quella di uniformarsi alle linee strutturali dei sindacati dei lavoratori.

4 La libertà sindacale

L'**art. 39**, comma 1, della **Costituzione** sancisce la **libertà di organizzazione sindacale** definita come la «*facoltà di coalizione e di azione per la difesa di interessi collettivi professionali*» (VALLEBONA).

La previsione costituzionale vale ad affermare che, alla base dell'organizzazione, della funzione e della stessa azione sindacale, vi è la *libertà* intesa come **diritto soggettivo assoluto**.

Così concepita la libertà sindacale, che è un principio normativo di **immediata applicazione**, ha una molteplicità di esplicazioni, sia nei confronti dello Stato che delle stesse organizzazioni sindacali e dei singoli lavoratori e datori di lavoro.

Tale libertà si manifesta nel diritto di costituire associazioni sindacali, di iscriversi o anche *di non iscriversi ad un sindacato*, di *svolgere ogni forma di attività sindacale* ecc.

L'espressione più importante dell'autonomia e della libertà sindacale è rappresentata dalla *contrattazione collettiva*, ossia dalla complessa attività attraverso cui le contrapposte organizzazioni dei datori di lavoro e dei lavoratori determinano le condizioni di lavoro e risolvono i loro conflitti di interesse.

5 Lo Statuto dei Lavoratori

La fonte normativa più importante dopo la Costituzione in materia di *libertà* ed *attività sindacale*, è la **L. 20 maggio 1970, n. 300**, meglio nota come **Statuto dei Lavoratori**.

Con essa il legislatore ha inteso perseguire due obiettivi di fondo: **tutelare la libertà e dignità del prestatore**, beni esposti a pericolo di pregiudizio, data la posizione subordinata che il lavoratore assume nell'ambito dell'organizzazione aziendale, e **sostenere la presenza del sindacato sui luoghi di lavoro**, ritenendo tale presenza la migliore garanzia concreta dell'effettivo rispetto della personalità del lavoratore.

Specificamente dedicate alla *tutela della libertà e dignità del lavoratore* sono le norme del **Titolo I** (artt. 1-13).

In particolare:

- l'*art. 1* garantisce la libertà di opinione politica, religiosa ecc. tutelando il lavoratore da eventuali discriminazioni dovute a ragioni ideologiche;
- gli *artt. 2* e *3* limitano l'impiego delle guardie giurate, non utilizzabili per vigilare sull'attività lavorativa;
- l'*art. 4* disciplina la *sorveglianza a distanza dei lavoratori*;
- l'*art. 5* disciplina le modalità di svolgimento degli accertamenti sanitari sul lavoratore;
- l'*art. 6* limita le perquisizioni personali;
- l'*art. 7* regola l'esercizio del potere disciplinare;
- l'*art. 8* vieta ogni indagine sulle opinioni politiche, religiose o sindacali del lavoratore;
- l'*art. 9* tutela la salute e l'integrità fisica dei lavoratori.

I restanti articoli del Titolo I regolano, rispettivamente, i permessi per agevolare il completamento dell'istruzione dei lavoratori studenti, le attività culturali e ricreative organizzate nell'azienda, gli istituti di patronato e di assistenza, le mansioni del lavoratore.

Il **Titolo II** (artt. 14-18) ha invece la funzione di *garantire il rispetto della libertà sindacale*, riconosciuta in linea di principio dall'art. 39 Cost., nell'ambito dei singoli luoghi di lavoro.

In particolare:

- l'*art. 14* prevede il diritto a svolgere liberamente *attività* e *propaganda* sindacale nei luoghi di lavoro;
- l'*art. 15* vieta *patti* ed *atti discriminatori* in relazione all'attività sindacale dei prestatori e contro la loro personalità e dignità;
- l'*art. 16* vieta, per le medesime ragioni, i *trattamenti economici discriminatori*;
- l'*art. 17* vieta espressamente la costituzione ed il sostegno da parte dei datori (e le loro organizzazioni sindacali) di *sindacati «di comodo»*, ossia controllati, anche occultamente, dai datori stessi;
- l'*art. 18* tutela il lavoratore in caso di *licenziamento illegittimo*.

Particolare rilievo ha il **Titolo III** (artt. 19-27), contenente una serie di **misure di sostegno dell'attività sindacale**. Il legislatore cioè non si è limitato a sancire il principio della libertà dell'azione sindacale, ma ha inteso riconoscere al sindacato dei veri e propri **diritti soggettivi** nei confronti dell'imprenditore, il cui rispetto è garantito dalla speciale procedura di cui all'art. 28 che reprime la cd. *condotta antisindacale* del datore di lavoro.

6 Le rappresentanze sindacali dei lavoratori in azienda

6.1 Le rappresentanze sindacali aziendali (RSA)

L'**art. 19 St. Lav.** garantisce la presenza del sindacato in azienda mediante la possibilità di costituire, nelle unità produttive con più di 15 dipendenti, **rappresentanze sindacali aziendali**. Esse sono costituite ad *iniziativa dei lavoratori* a condizione che la *nomina* sia riconosciuta da un sindacato in possesso di determinati *requisiti*.

La norma, nel testo originario, sostanzialmente riconosceva il diritto alla costituzione delle RSA alle associazioni aderenti alle *confederazioni maggiormente rappresentative* sul piano nazionale, determinando di fatto una *posizione di privilegio* per i sindacati affiliati alle tre storiche confederazioni italiane (CGIL, CISL e UIL).

Per effetto delle modifiche apportate a seguito del **referendum popolare**, l'art. 19 dello Statuto (*ex* D.P.R. 28-7-1995, n. 312) è stato così formulato: «*Rappresentanze sindacali aziendali possono essere costituite ad iniziativa dei lavoratori in ogni unità produttiva nell'ambito delle associazioni sindacali che siano firmatarie di contratti collettivi di lavoro applicati nell'unità produttiva*».

Il referendum, in sostanza, facendo venir meno il riferimento alla maggiore rappresentatività, ha avuto l'effetto di riconoscere a *qualsiasi associazione sindacale* (anche minoritaria o non confederale) il diritto alla costituzione di una propria RSA. Infatti l'unico requisito posto dalla norma è, per tutte le associazioni sindacali, la stipulazione di un contratto collettivo di lavoro (di *qualsiasi* livello) applicato nell'unità produttiva.

Viene incluso, ai fini dell'abilitazione alla costituzione della RSA, anche il livello contrattuale *aziendale*. In pratica, per avere diritto alla RSA, il contratto collettivo applicato all'unità produttiva non deve essere più necessariamente di livello nazionale, come previsto originariamente (art. 19 St.Lav., lett. *b*). Sicché, dopo il referendum: da un lato, sono relativamente avvantaggiati i *sindacati non confederali* che difficilmente avrebbero avuto la forza di concludere da soli un contratto di livello nazionale, ma sì quello aziendale, se forti nell'unità produttiva, accedendo così alla RSA; dall'altro, i *sindacati confederali* devono dimostrare un'effettiva capacità di rappresentanza in quanto non è più sufficiente l'adesione alla confederazione «maggiormente rappresentativa» (art. 19 St.Lav., lett. *a*).

6.2 L'accertamento della rappresentatività sindacale ai fini della costituzione delle RSA dopo la sentenza 231/2013

Negli ultimi anni, dalla divergenza della linea d'azione delle tre confederazioni sindacali (CIGL, CISL e UIL), è scaturito un pesante contenzioso nelle aule giudiziarie (in relazione al cd. caso FIAT, la *mancata sottoscrizione del contratto collettivo* da parte del sindacato metalmeccanico della CGIL, la FIOM, aveva determinato l'*esclusione* di tale sindacato dalla rappresentanza nelle fabbriche del gruppo).

In esito a tale contenzioso, la **Corte costituzionale**, con la **sent. 23-7-2013, n. 231**, ha offerto una *nuova lettura dell'art. 19 dello Statuto dei Lavoratori* e dei criteri per l'**accertamento della rappresentatività sindacale** ai fini della costituzione di una **RSA**.

La Corte costituzionale ha dichiarato l'*illegittimità costituzionale dell'art. 19, primo comma, lett. b, dello Statuto dei Lavoratori*, nella parte in cui «non prevede che la rappresentanza sindacale aziendale possa essere costituita anche nell'ambito di associazioni sindacali che, pur *non* firmatarie dei contratti collettivi applicati nell'unità produttiva, **abbiano comunque partecipato alla negoziazione relativa agli stessi contratti quali rappresentanti dei lavoratori dell'azienda**». Tenuto conto del mutato scenario delle relazioni sindacali, caratterizzate, negli ultimi anni, dalla *rottura dell'unità di azione* delle organizzazioni maggiormente rappresentative e dalla conclusione di *contratti collettivi separati*, si è inteso *riallineare il contenuto precettivo dell'art. 19 St. Lav. alla sua finalità* (promuovere l'attività del sindacato quale soggetto portatore d'interesse del maggior numero dei lavoratori). Con la sent. 231/2013, la Corte costituzionale *non* effettua un'abrogazione della norma posta al suo vaglio, e del relativo criterio selettivo, che avrebbe dato luogo ad un vuoto normativo. La Consulta è intervenuta con una *pronuncia* avente l'effetto di *estendere la legittimazione* alla costituzione di RSA, e quindi di riconoscerne la rappresentatività, «anche ai sindacati che abbiano **attivamente partecipato alle trattative** per la stipula di contratti collettivi applicati nell'unità produttiva, ancorché non li abbiano poi sottoscritti (per ritenuta loro *non* idoneità a soddisfare gli interessi dei lavoratori)».

In ossequio al dettato della Corte costituzionale, le confederazioni hanno ritenuto opportuno *riformulare* il requisito della rappresentatività. L'**accordo Confindustria - CGIL, CIL, UIL del 10-1-2014**, recante il «*Testo Unico della rappresentanza*», *esplica* il criterio della «*partecipazione alla negoziazione*» cui fa riferimento la Consulta ai fini del riconoscimento del diritto alla rappresentanza aziendale. In particolare, l'associazione sindacale: deve raggiungere il *5% di rappresentanza*; deve aver contribuito alla definizione della *piattaforma negoziale*; deve aver fatto parte della *delegazione trattante* l'ultimo rinnovo del contratto collettivo secondo le nuove regole dettate dallo stesso accordo interconfederale.

6.3 Il passaggio alle rappresentanze sindacali unitarie (RSU). L'accordo interconfederale del 10 gennaio 2014 e l'accordo del 28 febbraio 2018

In base agli stessi accordi interconfederali, le confederazioni sindacali hanno assunto l'impegno alla progressiva sostituzione delle RSA con le **rappresentanze sindacali unitarie** (**RSU**). La prima previsione in tale senso è contenuta nel *Protocollo d'intesa del 23-7-1993*, sulla base delle indicazioni dell'accordo quadro del 1991; tale impegno è stato ribadito con l'**accordo Confindustria-CGIL, CISL, UIL del 10-1-2014**, recante il **Testo Unico della rappresentanza**, in attuazione di quanto stabilito negli accordi interconfederali del 28-6-2011 e del 31-5-2013.

Le disposizioni di tale accordo del 2014 vanno ad integrare e, ove opportuno, sostituire quelle già previste dall'accordo interconfederale del 20-12-1993, che aveva disciplinato la costituzione, i compiti e il funzionamento delle RSU.

L'**accordo Confindustria e CGIL, CISL, UIL del 28-2-2018** (Patto per la fabbrica) sulle relazioni industriali e la contrattazione collettiva ha poi *consolidato i principi e le procedure del Testo Unico sulla rappresentanza del 2014*. L'acquisizione dei dati relativi alla *misura della rappresentanza* (iscritti e voti) delle parti stipulanti i contratti collettivi, sindacali e datoriali, e la loro *certificazione* è essenziale per rendere efficaci ed esigibili i contratti collettivi.

Il **12-12-2018** è stata siglata da Confindustria e CGIL, CISL, UIL l'**Intesa di attuazione del Patto per la fabbrica** (accordo del 28-2-2018), che riguarda in particolare i temi della *salute* e *sicurezza sul lavoro*.
Nell'ambito dell'Intesa, è compreso l'**Accordo interconfederale sulla rappresentanza e pariteticità in materia di salute e sicurezza**, con il quale è stato integralmente sostituito l'Accordo del 1995.

Come per le RSA, anche le RSU possono essere costituite nelle unità produttive di aziende che hanno più di 15 dipendenti.
Il **diritto** a partecipare alla RSU aziendale è riconosciuto, secondo quanto stabilito dall'accordo interconfederale del 2014, ai *sindacati aderenti alle confederazioni firmatarie dell'accordo* stesso o alle *organizzazioni sindacali firmatarie del contratto collettivo nazionale di lavoro applicato all'unità produttiva*.

Possono partecipare all'elezione della RSU anche le organizzazioni sindacali di categoria non confederali o non firmatarie del contratto collettivo nazionale di lavoro, a condizione che abbiano comunque effettuato *adesione formale al contenuto dei suddetti accordi interconfederali* e che abbiano una certa *rappresentatività* nell'unità produttiva (la lista da esse presentata deve essere corredata da un determinato numero di firme di lavoratori occupati nell'unità produttiva, almeno il 5% dei lavoratori nelle aziende con più di 60 dipendenti).

Il **numero** dei componenti le RSU varia a seconda del numero di lavoratori occupati in ciascuna unità produttiva.

Alla costituzione della RSU si procede mediante elezione a *suffragio universale* (votano tutti i lavoratori non in prova) ed a scrutinio segreto tra liste concorrenti. I componenti le RSU sono determinati con **criterio proporzionale** in relazione ai voti conseguiti dalle singole liste concorrenti. Le RSU durano in carica **3 anni** e *godono degli stessi diritti e doveri* previsti dallo Statuto dei Lavoratori in riferimento ai membri delle RSA.

6.4 La tutela dei rappresentanti sindacali

Onde rendere effettivo il diritto a svolgere l'attività sindacale all'interno dell'azienda, lo Statuto dei Lavoratori prevede, come già detto, al Titolo III, una serie di **garanzie** a tutela dell'attività delle rappresentanze sindacali all'interno dell'azienda.
In effetti, il legislatore salvaguarda l'attività dei rappresentanti sindacali su un duplice piano: da un lato, mira a tutelare l'effettivo esercizio dell'attività dell'*organizzazione sindacale,* ad esempio attraverso la concessione di permessi; dall'altro, tutela i sindacalisti quali *persone sindacalmente più attive* e, pertanto, maggiormente esposte alle ritorsioni del datore di lavoro, con una tutela che può essere definita *privilegiata*.

È prevista, infatti, una tutela in materia di *licenziamenti*, mediante una particolare procedura cautelare e d'urgenza per ottenere la immediata *reintegra* nel posto di lavoro del sindacalista *illegittimamente licenziato* (art. 18, commi 11-14). Inoltre, il *trasferimento* da una unità produttiva ad un'altra è consentito solo *previo nulla osta del sindacato di appartenenza* (art. 22). Sono previsti, poi, in favore dei dirigenti delle rappresentanze sindacali dei *permessi* che possono essere retribuiti (per l'espletamento del loro mandato in azienda) e non retribuiti (per partecipare a trattative sindacali o a congressi e convegni di natura sindacale) (artt. 23 e 24).

I rappresentanti sindacali sono titolari del potere di indizione del **referendum sindacale** (art. 21) attraverso cui i lavoratori partecipano alle decisioni sindacali e di convocare l'**assemblea dei lavoratori** (art. 20) che hanno *diritto a riunirsi nell'unità produttiva*, in cui prestano la propria opera, al di fuori dell'orario di lavoro o durante l'orario suddetto, ma entro il limite di 10 ore annue, normalmente retribuite.

Rientra inoltre nelle competenze delle rappresentanze aziendali il **diritto di affiggere** (art. 25), in appositi spazi che il datore di lavoro ha l'obbligo di predisporre in luoghi accessibili a tutti i lavoratori all'interno dell'unità produttiva, *pubblicazioni, testi e comunicati inerenti materie di interesse sindacale e del lavoro*.

In ultimo, deve ricordarsi l'importante funzione che svolgono le rappresentanze sindacali in ordine al **diritto di consultazione e informazione** mediante il quale i lavoratori *prendono parte* ai processi decisionali dell'azienda che incidono sul rapporto di lavoro.

7 L'informazione e la consultazione delle rappresentanze aziendali

Il **D.Lgs. 6 febbraio 2007, n. 25** ha disciplinato, in attuazione della dir. 2002/14/CE, l'*informazione*, la *consultazione* e la *partecipazione dei lavoratori* nelle imprese o unità produttive (con almeno 50 dipendenti) che hanno la propria sede in Italia. L'obiettivo è permettere e favorire il *coinvolgimento dei lavoratori* sull'andamento dell'imprese e, a tal fine, viene introdotto un vero e proprio **diritto generale di informazione e consultazione delle rappresentanze sindacali aziendali** (RSA e RSU), la cui effettiva regolamentazione è demandata alla **contrattazione collettiva**.

Affinché il diritto di informazione sia effettivamente esigibile è necessario, quindi, che i contratti collettivi di categoria definiscano le modalità concrete di informazione e consultazione. Alla sede contrattuale è, infatti, demandato il compito di contemperare gli interessi dell'impresa con quelli dei lavoratori in modo da garantire la collaborazione tra datore di lavoro e rappresentanti dei lavoratori, nel rispetto dei reciproci diritti ed obblighi.

Il D.Lgs. 25/2007 stabilisce un apposito *apparato sanzionatorio* (si applica una sanzione amministrativa pecuniaria) per la violazione degli obblighi di informazione e consultazione posti a carico del datore di lavoro.

Ciò assume un'importanza determinante considerato che, nelle precedenti ipotesi in cui la legge ha previsto diritti di informazione in favore delle rappresentanze sindacali, non era stata posta alcuna sanzione per il datore di lavoro che non fosse ottemperante.

8 Il contratto collettivo di lavoro

8.1 Caratteristiche

La **contrattazione collettiva** costituisce il principale *strumento di regolazione delle relazioni industriali*, mediante la composizione dei contrapposti interessi dei lavoratori e dei datori di lavoro nel contratto collettivo.

La dottrina dominante definisce il **contratto collettivo** di lavoro come «*l'accordo tra un datore di lavoro (o un gruppo di datori di lavoro) ed un'organizzazione o più di lavoratori, allo scopo di stabilire il trattamento minimo garantito e le condizioni di lavoro alle quali dovranno conformarsi i singoli contratti individuali stipulati sul territorio nazionale*».

Da tale definizione si ricava che il contratto collettivo si **caratterizza** per:

a) i *soggetti,* considerato che viene stipulato tra parti, di cui una almeno, quella dei prestatori di lavoro, deve essere costituita da **soggetti coalizzati**;
b) l'*oggetto,* in quanto con esso si intende **predeterminare**, con carattere impegnativo tra le parti, le clausole e le condizioni dei **futuri contratti individuali** dei singoli prestatori appartenenti alla categoria.

Scopo dei contratti collettivi è, infatti, quello di stabilire le **condizioni uniformi e obbligatorie** valide per tutti i prestatori di una determinata categoria.

Occorre poi distinguere un contenuto *normativo* ed un contenuto *obbligatorio* del contratto collettivo:

— il **contenuto normativo** attiene al complesso di clausole che sono destinate ad avere efficacia nei singoli rapporti di lavoro (es. livelli retributivi, orario di lavoro, ferie ecc.);
— il **contenuto obbligatorio** è quello che vincola a determinati comportamenti le *associazioni* (dei lavoratori e datori) tra loro (es. clausole di tregua sindacale).

8.2 Evoluzione storica

Nel **regime fascista**, la L. 563/1926, istitutiva dell'ordinamento corporativo, riconosceva per ciascuna categoria di lavoratori o di datori di lavoro **una sola organizzazione professionale** che aveva *personalità di diritto pubblico* e la *rappresentanza legale* della categoria professionale ed era, pertanto, legittimata a stipulare i *contratti collettivi corporativi.*

Tali contratti avevano **efficacia erga omnes** in quanto costituivano una fonte obiettiva del diritto (art. 1 preleggi); la loro osservanza era, quindi, garantita da *sanzioni civili* e *penali.*

Con la caduta del fascismo e l'abolizione dell'ordinamento corporativo, la posizione del contratto collettivo ritornò ad una situazione di incertezza.

Fu allora ideato un sistema (che doveva essere transitorio) che, a norma dell'**art. 43 del D.Lgs. Lgt. 23 novembre 1944, n. 369**, lasciava *in vigore indefinitivamente* tutti i contratti stipulati dalle disciolte organizzazioni corporative e ciò anche per non privare, d'un tratto, i lavoratori della tutela costituita dalle norme ivi contenute.

Alle nuove organizzazioni sindacali post-corporative non fu attribuito il potere di stipulare contratti con efficacia *erga omnes,* per cui, al fine di poter garantire la generale osservanza di un *nuovo* contratto collettivo, se ne inseriva il testo in un *provvedimento legislativo* (tipico esempio di tale sistema è il D.Lgs.Lgt. 2-11-1944, n. 303).

La necessità di garantire la generale osservanza dei contratti collettivi come vere e proprie norme fu riaffermata in sede di Assemblea costituente e portò alla formulazione dell'**art. 39** della **Costituzione**, che prevede la possibilità per i *sindacati registrati* di stipulare **contratti collettivi con efficacia obbligatoria per tutti gli appartenenti alle categorie alle quali il contratto si riferisce**.

L'art. 39 della Costituzione, però, è rimasto a tutt'oggi **inattuato**, per cui, anche dopo la sua entrata in vigore, permane il problema dell'efficacia dei contratti collettivi.

La mancata attuazione dell'art. 39 Cost. portò il legislatore ad emanare la L. 14 luglio 1959, n. 741 (cd. **Legge Vigorelli**), intitolata: *«Norme transitorie per garantire minimi di trattamento economico e normativo ai lavoratori».*

Tale legge, infatti, attribuiva la delega al Governo ad emanare *decreti legislativi* aventi come contenuto la *determinazione di condizioni minime di lavoro per ciascuna industria*, condizione minima di lavoro da desumere, però, dalle *clausole dei contratti collettivi esistenti*, alle quali il Governo doveva uniformarsi.

In pratica, con tale legge, le singole clausole contrattuali venivano avulse dal contratto ed acquistavano efficacia *erga omnes* non in quanto clausole contrattuali, ma come norme fatte proprie dal legislatore con i vari decreti.

La L. 741/1959 fu tacciata di *incostituzionalità* dalla dottrina e dalla giurisprudenza, ma il giudice costituzionale la ritenne legittima, stante la sua «*transitorietà, provvisorietà ed eccezionalità*».

Fu invece dichiarata incostituzionale la L. 1027/1960 che, prorogando la legge precedente, ne fece venir meno il carattere eccezionale e temporaneo.

9 Il contratto collettivo di diritto comune

9.1 Effetti

L'unico tipo di contratto collettivo che possa oggi realizzarsi nel nostro ordinamento è il cd. **contratto collettivo di diritto comune**, così chiamato in quanto regolato dalle norme di diritto comune valide in materia contrattuale (libro IV del codice civile: art. 1322 in particolare).

Il contratto collettivo di diritto comune *non* costituisce una fonte del diritto come i contratti corporativi, *non* ha quindi efficacia *erga omnes* ma, analogamente a tutti gli altri contratti disciplinati dal codice civile, **vincola esclusivamente gli iscritti alle organizzazioni sindacali che lo hanno stipulato** (art. 1372, comma 2, c.c.).

Tuttavia, nel tempo, si sono formati diversi meccanismi che hanno reso possibile l'applicabilità del contratto collettivo **anche ai soggetti non iscritti alle parti stipulanti**.

In primo luogo, il contratto collettivo può trovare comunque applicazione quando vi sia stata, da parte dei soggetti del rapporto individuale, una **adesione** ai contratti collettivi ovvero una **ricezione** di essi nei contratti individuali.

Più specificamente il contratto individuale può fare riferimento:

- ad un determinato *contratto collettivo*, e in tal caso, è solo il contenuto di tale contratto che viene fatto proprio dal contratto individuale, ma non anche le sue successive modificazioni (*rinvio materiale*);
- genericamente alla *contrattazione collettiva* vigente o da stipularsi, per una determinata categoria. In tal caso, sarà recepito non solo il contenuto del contratto vigente al momento della stipula, ma anche tutte le sue successive modifiche (*rinvio formale*).

Anche la **giurisprudenza** ha consentito l'*estensione soggettiva* del contratto collettivo di diritto comune mediante l'applicazione dell'**art. 36 Cost.**

Va osservato, poi, che è sempre più sentita l'esigenza di individuare un meccanismo giuridico in grado di conferire certezza circa l'*applicabilità* e l'*efficacia* del contratto collettivo.

In tal senso si sono mosse le stesse confederazioni sindacali, mediante atti propri del cd. *ordinamento endosindacale*, espressione dell'autonomia sindacale: gli accordi interconfederali del 2009, 2011, 2013, l'**accordo Confindustria CGIL, CISL, UIL del 10-1-2014** e l'accordo confindustria CGIL, CISL, UIL del 28-2-2018.

9.2 Inderogabilità

Per la funzione di tutela svolta dalla contrattazione collettiva, è prevista l'**inderogabilità da parte del contratto individuale delle disposizioni del contratto collettivo**, salvo che le disposizioni del contratto individuale siano più *favorevoli*. In sostanza il contratto individuale può derogare quello collettivo *in melius* ma non *in peius*.

Da ciò consegue la **nullità** delle clausole del contratto individuale difformi in senso peggiorativo rispetto a quelle del contratto collettivo.

Tuttavia, tale nullità non travolge l'intero contratto individuale, ma comporta solo l'**inserzione automatica delle corrispondenti clausole generali previste dal contratto collettivo** in luogo delle clausole contenute nel contratto individuale risultanti al di sotto dello *standard* di tutele previste dal contratto collettivo.

9.3 Interpretazione

Dalla natura privatistica del contratto collettivo, si desume che esso debba essere interpretato secondo le norme vigenti in tema di interpretazione dei contratti di cui agli **artt. 1362 e ss. c.c.**

Dovrà, quindi, ricercarsi la *comune volontà* delle parti contraenti basandosi sulle intenzioni che emergono dal *dettato letterale* considerato unitariamente e, nei casi di dubbia interpretazione, si dovrà tener conto anche del *comportamento complessivo* tenuto dai contraenti sia prima che dopo la stipulazione del contratto collettivo. Non è ammessa l'*interpretazione analogica* neanche per colmare eventuali lacune del contratto collettivo o del contratto individuale.

Ai sensi dell'**art. 360 c.p.c.**, è possibile ricorrere in Cassazione per **violazione o falsa applicazione dei contratti o accordi collettivi di lavoro nazionali**.

L'effetto diretto di tale disposizione è quello di consentire alla Corte di Cassazione una *conoscenza diretta* del contenuto del contratto collettivo, in modo da fornire un giudizio di legittimità sulla corretta interpretazione del contratto.

10 Le regole della contrattazione collettiva

10.1 Un complesso sistema di regole

La struttura, le modalità e gli effetti della contrattazione collettiva sono stati a lungo regolati dall'accordo interconfederale del 23-7-1993, che ha costituito una vera e propria *pietra miliare* del nostro sistema di relazioni industriali.

Tale sistema è perdurato per oltre 15 anni. Sennonché, verso la fine del primo decennio del nuovo secolo, si è manifestata l'esigenza di una *revisione* delle regole, che è avvenuta *gradualmente*, mediante diversi accordi interconfederali conclusi, a partire dal 2009.

Attualmente la contrattazione collettiva è governata quindi da un *articolato sistema di regole*, facente capo a **diversi accordi interconfederali**: il Protocollo del 1993, gli **accordi del 22-1-2009** e del **28-6-2011**, il **Protocollo d'Intesa del 31-5-2013**, l'**accordo Confindustria - CGIL, CISL, UIL del 10-1-2014**, recante il Testo Unico sulla rappresentanza e l'**accordo Confindustria CGIL, CISL, UIL del 28-2-2018**.

Le nuove regole in materia di contrattazione collettiva si applicano soltanto alle *parti firmatarie* degli accordi interconfederali (CGIL, CISL e UIL, Confindustria e le relative associazioni affiliate); le altre associazioni datoriali e sindacali possono, però, aderirvi.

Infine, in data **19 settembre 2019**, per dare completa attuazione al Testo Unico del 2014, è stata firmata la **Convenzione** tra INPS, INL, Confindustria e CGIL, CISL, e UIL **sulla misurazione della rappresentanza dei sindacati** (con *validità triennale*), al fine di combattere la prassi dei cd. *contratti pirata*, ossia di contrattazioni al ribasso sottoscritte da associazioni sindacali meno rappresentative.

Tale fenomeno, infatti, determina un peggioramento delle condizioni di lavoro (rispetto ai contratti di settore) e una *concorrenza sleale* tra imprese (basata soltanto su un più basso costo del lavoro, cd. **dumping contrattuale**).

Al fine di contrastare questo fenomeno, già il Patto per la fabbrica aveva ribadito l'importanza della *misura della rappresentanza, anche di parte datoriale*.

10.2 La struttura della contrattazione collettiva: i livelli contrattuali

In base agli accordi del 2009, 2011, 2014 e 2018, la **struttura** della contrattazione collettiva è articolata sui tradizionali **due livelli** di contrattazione, quello *nazionale* e quello *decentrato*. In particolare, il **contratto collettivo nazionale** ha la funzione di garantire la certezza dei *trattamenti* *economici e normativi comuni per tutti i lavoratori del settore*, ovunque impiegati nel territorio nazionale, mentre il **contratto collettivo aziendale** è finalizzato ad *adattare la disciplina generale alle specifiche realtà produttive*.

Nell'accordo interconfederale del 2009, in *alternativa* al livello aziendale, è previsto il livello di *contrattazione territoriale*.

Il **rapporto tra i due livelli** di contrattazione è un rapporto *funzionale*. Il contratto collettivo nazionale è *gerarchicamente sovraordinato* rispetto al contratto collettivo aziendale, costituendo, dunque, «ancora il *perno* del sistema contrattuale» (GALANTINO). La contrattazione collettiva aziendale si esercita per le *materie delegate dal contratto collettivo nazionale* di lavoro di categoria o dalla legge.

Il livello nazionale mantiene un *ruolo centrale*, stabilendo le materie e le voci della contrattazione decentrata. Però quest'ultima può anche *derogare* in via temporanea su singoli istituti economici e normativi disciplinati dai contratti nazionali (cd. *clausole di uscita*).

L'accordo interconfederale del 2014 prevede espressamente la possibilità di stipulare a livello aziendale *intese modificative* delle regolamentazioni contenute nei contratti collettivi nazionali. In linea di principio, è necessario rispettare i *limiti* e le *procedure* previste dal contratto collettivo nazionale in modo da evitare il completo sganciamento dalla linea nazionale. Tuttavia, lo stesso accordo prevede che, al fine di gestire *situazioni di crisi* o, viceversa, in presenza di investimenti finalizzati allo sviluppo economico ed occupazionale dell'impresa, le intese modificative possono essere stipulate indipendentemente dalle previsioni del contratto collettivo nazionale e disciplinare, anche *in deroga* a quest'ultimo, aspetti relativi alla prestazione lavorativa, all'orario e all'organizzazione del lavoro, acquisendo *efficacia generale*.

10.3 La tempistica della contrattazione

La **durata** del contratto collettivo è di **3 anni** sia per la *parte economica* che *normativa*.

Inoltre, l'accordo prevede che per il cd. *periodo di vacanza contrattuale* (cioè dalla scadenza del contratto alla stipula del rinnovo) deve essere riconosciuta ai lavoratori una **copertura economica**, il cui importo è demandato ai singoli contratti collettivi nazionali di categoria.

10.4 L'adeguamento economico delle retribuzioni

Il rinnovo del contratto collettivo ha anche la funzione di permettere la negoziazione di *aumenti salariali*, che sono per lo più riferiti all'esigenza di *compensare* la perdita del valore reale (cd. potere d'acquisto) delle retribuzioni.

In base all'accordo del 2009, l'adeguamento delle retribuzioni all'andamento dell'inflazione avviene sulla base di un parametro costituito dall'**Indice dei prezzi al consumo armonizzato in ambito europeo per l'Italia**, depurato dalla dinamica dei prezzi dei beni energetici importati (**IPCA**).

Questo meccanismo si *sostituisce*, ai fini della rivalutazione delle retribuzioni, al precedente meccanismo previsto dal Protocollo del 1993, basato sul tasso di inflazione programmata. Entro la vigenza di ciascun contratto nazionale, sarà effettuato il *recupero* dell'inflazione effettiva, secondo rilevazioni effettuate da un Comitato paritetico costituito a livello interconfederale.

10.5 La determinazione dei premi di produttività e l'elemento di garanzia retributiva

L'accordo del 2009 **valorizza il ruolo della contrattazione collettiva di secondo livello**, territoriale o aziendale, quale strumento di ripresa della *crescita della produttività* e quindi delle *retribuzioni reali*. È previsto, infatti, che il contratto aziendale o alternativamente quello territoriale possono stabilire l'erogazione di **premi variabili** a seconda del raggiungimento di determinati obiettivi di produttività, efficienza e competitività delle imprese.

Al fine di garantire una maggiore equità salariale, è stato, comunque, introdotto un **elemento di garanzia retributiva** per i lavoratori dipendenti da aziende *prive di contrattazione di secondo livello* e che quindi non potrebbero altrimenti usufruire dei premi variabili da essa disposti.

L'elemento di garanzia retributiva è riconosciuto ai lavoratori che *non* percepiscono altri trattamenti economici individuali o collettivi oltre a quanto spettante per contratto collettivo nazionale di categoria.

L'**accordo Confindustria - CGIL, CISL, UIL del 28-2-2018** ha previsto due **nuovi indicatori in materia di retribuzioni**, il *trattamento economico minimo* e il *trattamento economico complessivo*. La loro determinazione, per ciascuna categoria, è demandata ai singoli *contratti collettivi nazionali*.

Il **trattamento economico minimo** (TEM) è costituito dai *minimi tabellari* per il periodo di vigenza contrattuale. L'adeguamento salariale nei rinnovi contrattuali corrisponderà alla *variazione dei valori del TEM* ed avverrà in funzione degli scostamenti registrati nel tempo dall'*IPCA*. Il contratto collettivo nazionale di categoria potrà modificare il valore del TEM anche in ragione dei processi di trasformazione e/o di innovazione organizzativa.

Il **trattamento economico complessivo** (TEC) sarà costituito dal *trattamento economico minimo* (TEM) e da *ogni altra attribuzione economica* prevista dal contratto collettivo nazionale di categoria e qualificata come *comune a tutti i lavoratori del settore*, a prescindere dal livello di contrattazione a cui il medesimo contratto collettivo nazionale di categoria ne affiderà la disciplina. Nelle altre attribuzioni di cui tenere conto, potranno essere comprese anche eventuali forme di *welfare aziendale*. Il contratto collettivo nazionale determinerà la *durata* e la *causa* di tali trattamenti economici aggiuntivi al minimo tabellare e il livello di contrattazione a cui vengono affidati.

10.6 La titolarità della contrattazione: i soggetti legittimati

Con l'accordo del 2011, il Protocollo del 2013, l'accordo interconfederale del 2014 e la Convenzione del 2019, sono stati definiti i criteri per accertare la **rappresentatività sindacale** ai fini della **contrattazione collettiva nazionale e aziendale**, onde evitare i cd. *contratti separati*.

Il meccanismo è basato su **requisiti di rappresentatività**, da accertare in riferimento alla *consistenza associativa* e/o all'effettiva *presenza del sindacato nelle aziende*.

In particolare, l'accordo interconfederale del 10-1-2014 ha stabilito che sono ammesse alla *contrattazione collettiva nazionale* le Federazioni delle organizzazioni sindacali firmatarie degli accordi 2011, 2013 e 2014, che abbiano, nell'ambito di applicazione del contratto collettivo nazionale di lavoro, una *rappresentatività non inferiore al 5%*, considerando a tale fine la media fra il dato associativo (*percentuale delle iscrizioni al sindacato*) e il dato elettorale (*percentuale voti ottenuti nelle elezioni delle RSU*).

A seguito dell'Accordo del 4-7-2017, come confermato dalla Convenzione del 2019 (art. 1), l'INPS *pondera* il dato associativo con quello elettorale (funzione prima svolta del CNEL).

La **Convenzione del 2019** ha, poi, rinnovato l'affidamento all'INPS del servizio di raccolta, elaborazione e comunicazione del cd. **dato associativo** e, in collaborazione con l'Ispettorato Nazionale del Lavoro (INL), la raccolta del cd. **dato elettorale** (art. 1).

La partecipazione alle trattative è, parimenti, riservata soltanto ai sindacati *con almeno il 5% di media tra iscritti e voti nelle RSU*.

10.7 Applicazione ed esigibilità del contratto collettivo

Giova ricordare che, stante la mancata attuazione dell'art. 39 Cost., il contratto collettivo ha natura civilistica, non è fonte di diritto obiettivo e quindi *è vincolante soltanto per gli iscritti alle associazioni stipulanti*. Di fatto, tuttavia, in un sistema caratterizzato a lungo dall'unità sindacale, il problema di definire *a quali lavoratori si applicasse il contratto collettivo* non si è posto. Infatti, una volta stipulato o rinnovato *unitariamente* l'accordo, il contratto collettivo è stato applicato dal datore di lavoro a tutti i lavoratori della categoria. In tempi più recenti, tuttavia, la conflittualità sviluppatasi in alcuni settori economici, con la conseguente definizione di *contratti separati*, ovvero di contratti stipulati solo da alcune sigle sindacali, hanno posto con impellenza la necessità di un sistema di regole certe. Sicché, l'accordo interconfederale del 2011, il Protocollo d'Intesa del 2013 e l'accordo del 2014 individuano un **procedimento per conferire efficacia vincolante ai contratti collettivi**.

In pratica, gli accordi definiscono un *iter* a cui devono ritenersi assoggettate le confederazioni (CGIL, CISL e UIL) che hanno sottoscritto i predetti accordi. Tali confederazioni sono, poi, *garanti* dell'osservanza delle predette regole da parte delle Federazioni di categoria e delle rappresentanze sindacali aziendali ad esse aderenti.

10.8 L'efficacia dei contratti collettivi nazionali

In sede di rinnovo del contratto collettivo, i sindacati aderenti alle confederazioni firmatarie degli accordi del 2011, 2012 e 2014 devono verificare, la possibilità di convergere verso una **piattaforma unitaria**.

Nel caso in cui, per dissenso tra le sigle sindacali, *non* si riesca a pervenire ad una piattaforma unitaria, l'associazione rappresentativa dei datori di lavoro è tenuta ad avviare le trattative sulla base della **piattaforma presentata dalle organizzazioni sindacali** che abbiano complessivamente un livello di *rappresentatività nel settore pari almeno al 50% + 1*.

In entrambi i casi (piattaforma unitaria e non), acquistano piena efficacia i contratti collettivi nazionali di lavoro che soddisfino entrambe le seguenti condizioni:

— sono stati sottoscritti dalle *organizzazioni sindacali che costituiscono almeno il 50% + 1 della rappresentanza nel settore*;
— sono stati approvati dai lavoratori mediante una *preventiva consultazione certificata* sull'esito della negoziazione.

Il contratto collettivo così sottoscritto ed approvato è **efficace nei confronti di tutti i lavoratori della categoria** (nei limiti in cui appartengono ad imprese associate con la parte firmataria) ed è **esigibile** verso **tutte le organizzazioni sindacali** aderenti alle confederazioni firmatarie degli accordi interconfederali.

La **convenzione del 2019** ha ribadito che, ai fini della contrattazione collettiva nazionale, sono validi soltanto quei contratti sottoscritti da organizzazioni sindacali che rappresentino almeno il *50% + 1 della media del dato associativo e del dato elettorale*.

La medesima maggioranza è necessaria per la *consultazione certificata* dei lavoratori.

10.9 L'efficacia dei contratti collettivi aziendali

Anche per il contratto collettivo di livello aziendale gli accordi di riforma individuano meccanismi per conferire ad esso *efficacia* **erga omnes**, cioè nei confronti di *tutti* i lavoratori dell'impresa. I criteri in questione, *differenziati* a seconda della presenza nel contesto aziendale di RSU o di RSA, sono i seguenti:

— nel caso in cui a livello aziendale vi siano **RSU** — che negoziano unitariamente — il contratto aziendale deve essere *approvato dalla maggioranza dei componenti della RSU presente in azienda*;
— nel caso in cui a livello aziendale vi siano **RSA**, è necessaria l'approvazione delle *RSA costituite nell'ambito delle associazioni sindacali* che, singolarmente o insieme ad altre, risultino destinatarie della *maggioranza delle deleghe relative ai contributi sindacali* conferite dai lavoratori dell'azienda nell'anno precedente a quello in cui avviene la stipulazione.

Le parti economiche e normative del contratto aziendale stipulato nell'osservanza dei criteri anzidetti diventano **efficaci per tutto il personale in forza** e *vincolano tutte le associazioni sindacali* presenti nell'azienda, che aderiscono alle confederazioni firmatarie dell'accordo interconfederale del 2011, 2013 e 2014 (sindacati di categoria aderenti a CGIL, CISL e UIL e ulteriori sindacati aderenti).

11 Lo sciopero

11.1 Natura e caratteristiche

Lo **sciopero**, da sempre mezzo tipico di lotta sindacale, può considerarsi la principale forma di *autotutela dei lavoratori*.

Esso si configura come una **astensione totale e concertata dal lavoro da parte di più lavoratori subordinati per la tutela dei loro interessi collettivi**.

In base all'**art. 40 Cost.**, lo sciopero costituisce un *diritto soggettivo fondamentale ed irrinunciabile* del *prestatore di lavoro* (la Costituzione non prevede alcun analogo riconoscimento per i datori di lavoro).

11.2 I limiti esterni al diritto di sciopero

Secondo la Costituzione, lo sciopero *si esercita nell'ambito delle leggi che lo regolano*. In realtà esiste una scarna regolamentazione normativa dello sciopero che per lo più è stato oggetto di elaborazione dottrinale e giurisprudenziale.

Proprio in virtù dell'attività di ricostruzione operata dalla giurisprudenza costituzionale, il diritto di sciopero non è soggetto ad alcuna limitazione, se non a quelle derivanti da *norme che tutelano posizioni giuridiche concorrenti* quali il diritto alla vita e all'incolumità personale, nonché la libertà della iniziativa economica.

Tali limiti si configurano come **limiti esterni** soggettivi o oggettivi, in quanto relativi ad eventuali contrasti tra l'interesse garantito dal diritto di sciopero con altri **interessi costituzionalmente tutelati**.

Per quanto riguarda i limiti esterni soggettivi, la *ratio* va individuata nella necessità di assicurare il godimento di diritti costituzionalmente garantiti che ha comportato l'*esclusione dalla titolarità del diritto di sciopero per tutti quei lavoratori occupati in attività connesse o strumentali alla tutela* di tali diritti (es. militari e forze di polizia).

Per quanto concerne i limiti esterni oggettivi, attualmente, anche al lume della prassi giurisprudenziale, è opinione prevalente che lo sciopero, inteso come *totale astensione dal lavoro*, si legittimi pienamente tutte le volte che sia **finalizzato alla tutela degli interessi dei lavoratori**, interessi che non vanno riferiti alle sole rivendicazioni retributive, ma (secondo quanto ha precisato la Corte Costituzionale, con sent. n. 1 del 14-1-1974) coinvolgono e ricomprendono quel *vario complesso di beni riconosciuti e tutelati nella disciplina costituzionale dei rapporti economici* (artt. 35-47 Cost.).

Tale orientamento ha consentito di superare una serie di limiti posti alla configurazione di determinate ipotesi di sciopero considerate illegittime quali: lo sciopero attuato per **finalità politiche**, lo **sciopero di solidarietà** (quando i prestatori si astengano dal lavoro unicamente per appoggiare uno sciopero già intrapreso da altri lavoratori per aumentarne la forza di pressione, senza avere nella controversia alcun interesse diretto), lo **sciopero di protesta** (quando i lavoratori scioperano per *ritorsione* contro atteggiamenti vessatori o provvedimenti del datore di lavoro nei confronti di un singolo o di più prestatori diversi da quelli che scioperano).

In particolare, la Corte costituzionale (sent. 27-12-1974, n. 290) ha ritenuto **legittimo** lo sciopero per *finalità politiche*, ponendo così fine ad un lungo contrasto giurisprudenziale e dottrinario. Già in passato, comunque, si era ritenuto che «nell'attuale ordinamento giuridico, lo sciopero costituisce esercizio legittimo di un diritto, senza possibilità di discriminazione fra scioperi economici, politici, di solidarietà e di protesta» (la Corte di Assise di Lucera, 5-4-1953; in dottrina, GIUGNI). Con la sentenza citata, la Consulta ha dichiarato l'**illegittimità dell'art. 503 c.p.** che punisce come delitto lo sciopero attuato per fini non contrattuali.

Resta, invece, la **sanzione penale** dell'art. 503 c.p. nel caso di sciopero politico volto *a sovvertire l'ordinamento costituzionale* ovvero ad *impedire o ostacolare il libero esercizio dei poteri legittimi nei quali si esprime la sovranità popolare*.

11.3 I limiti interni al diritto di sciopero

La giurisprudenza della Corte costituzionale e della Cassazione, fino all'inizio degli anni '80, oltre alla classe dei limiti esterni, riconosceva anche la categoria dei cd. **limiti interni**, derivanti, cioè, dalla stessa nozione di sciopero quale **astensione concertata** e **continuativa dal lavoro di tutti i dipendenti**. Ne conseguiva l'illegittimità di tutte quelle forme di lotta sindacale attuate con **modalità anomale e particolari** (sciopero a sorpresa, a singhiozzo, a scacchiera ecc.) rispetto a tale definizione canonica di sciopero (GIUGNI).

Il fondamento giuridico di tale posizione era individuato nella considerazione che lo sciopero attuato con modalità anomale arrecava al datore di lavoro un **danno ingiusto** in quanto maggiore di quello necessario per perseguire la finalità cui lo sciopero tende per cui veniva a mancare la **corrispettività** tra il danno arrecato all'impresa (inteso come lucro cessante) e la sospensione della retribuzione ai lavoratori scioperanti, elemento ritenuto necessario per la legittimità dello sciopero.

Tuttavia, a partire dagli anni '80 (sent. 30-1-1980, n. 711), la Cassazione ha **mutato orientamento**, precisando che la nozione di sciopero deve essere desunta dal *comune linguaggio adottato nell'ambiente sociale*, vale a dire dalla prassi delle relazioni industriali. Dunque, se non tutte le forme di lotta possono essere ritenute legittime, per gran parte di esse, *pur non rientranti nella nozione consolidata di sciopero, va ammessa l'applicazione diretta dell'art. 40* che ne legittima la pratica.

Conseguentemente a tale pronuncia, ha perso rilievo la categoria dei cd. limiti interni al diritto di sciopero.

Al principio della corrispettività dei danni si è sostituita la distinzione tra **danno alla produzione** e **danno alla produttività**, per cui lo sciopero è legittimo se determina una maggiore disorganizzazione in termini di svolgimento dell'*attività produttiva*, non invece se determina una lesione duratura della *capacità produttiva* dell'impresa.

Tra le forme di *sciopero anomalo* si distingue:

- lo **sciopero a sorpresa**: attuato, cioè, *senza preavviso*;
- lo **sciopero dello straordinario**: consistente nel *rifiuto collettivo* di prestare lo straordinario richiesto dal datore di lavoro ai sensi del contratto collettivo;
- lo **sciopero a singhiozzo**: caratterizzato dal fatto che l'astensione dal lavoro è frazionata nel tempo in brevi periodi;
- lo **sciopero a scacchiera**: consistente nell'astensione dal lavoro in reparti alternati e in tempi successivi;
- lo **sciopero parziale**: realizzato in settori o durante fasi lavorative la cui interruzione comporta un notevole ritardo (fino all'intera giornata lavorativa) nella ripresa dell'attività.

Le ultime tre modalità di sciopero, nella terminologia sindacale corrente, prendono il nome di **sciopero articolato**.

12 Lo sciopero nei servizi pubblici essenziali

12.1 Ambito di operatività

L'ultima parte dell'art. 40 Cost., secondo cui lo sciopero deve esercitarsi «... *nell'ambito delle leggi che lo regolano*» è stata per lungo tempo disattesa. Solo con la **L. 12 giugno 1990, n. 146** è stata introdotta una disciplina legislativa che regolamenta l'esercizio del diritto di sciopero in determinati settori.

Tale legge intende «**contemperare l'esercizio del diritto di sciopero nei servizi pubblici essenziali con il godimento dei diritti della persona**, costituzionalmente tutelati, alla vita, alla salute, alla libertà ed alla sicurezza, alla libertà di circolazione, all'assistenza e previdenza sociale, all'istruzione ed alla libertà di comunicazione» (art. 1, commi 1, 2).

Successivamente, è intervenuto il legislatore nuovamente in materia con la **L. 11 aprile 2000, n. 83**, che ha modificato ed integrato in più punti la L. 146/1990.

In particolare, tra le modifiche di maggior rilievo, si segnala l'**ampliamento del campo di applicazione** della normativa che, circoscritto originariamente ai soli lavoratori subordinati occupati in servizi essenziali, è stato esteso anche a *lavoratori autonomi, professionisti o piccoli imprenditori* (art. 2bis) in caso di astensioni collettive a fini di protesta o di rivendicazione di categoria che incidano sulla funzionalità dei servizi pubblici (ad esempio astensioni di avvocati, farmacisti, medici ecc.).

La L. 146/1990 definisce **essenziali** i servizi **finalizzati a garantire i diritti della persona costituzionalmente tutelati**. I diritti in relazione ai quali è possibile individuare i servizi essenziali sono tassativamente individuati (art. 1, comma 1) nel diritto alla *vita*, alla *salute*, alla *libertà* ed alla *sicurezza*, alla *libertà di circolazione*, all'*assistenza* e *previdenza sociale*, all'*istruzione* ed alla *libertà di comunicazione*.

In relazione ai diritti sono poi indicati i servizi (art. 1, comma 2):

- per quanto concerne la *tutela della vita, della salute, della libertà e sicurezza della persona, dell'ambiente e del patrimonio storico artistico*: i servizi che garantiscono la sanità, l'igiene, la protezione civile, la raccolta e lo smaltimento dei rifiuti urbani e di quelli speciali, tossici e nocivi, l'approvvigionamento di energie, di prodotti energetici, di risorse naturali e beni di primaria necessità, l'apertura al pubblico regolamentata di musei e altri istituti e luoghi della cultura;
- per quanto concerne la *tutela della libertà di circolazione*: i trasporti pubblici urbani ed extraurbani, ferroviari, aerei e di collegamento con le isole;
- per quanto concerne l'*assistenza* e la *previdenza sociale*: i servizi che garantiscono quanto economicamente necessario al soddisfacimento delle necessità della vita attinenti ai diritti della persona (pagamento delle retribuzioni e delle pensioni);
- per quanto riguarda l'*istruzione pubblica*: i servizi che garantiscono la continuità del servizio negli asili nido, nelle scuole materne ed elementari (ora, rispettivamente, scuola dell'infanzia e scuola primaria, *ex* L. 53/2003), nonché lo svolgimento degli scrutini finali e degli esami conclusivi dei cicli di istruzione;
- per quanto riguarda la *libertà di comunicazione*: le poste, le telecomunicazioni e l'informazione radiotelevisiva pubblica.

12.2 Condizioni per l'esercizio del diritto di sciopero

Nei servizi essenziali l'esercizio del diritto di sciopero è consentito (art. 2, comma 1) nel rispetto delle seguenti **condizioni**:

- adozione di misure dirette a consentire l'**erogazione delle prestazioni indispensabili** per garantire le finalità che la legge stessa si prefigge;
- osservanza di un **preavviso minimo** non inferiore a *10 giorni*, al fine di predisporre l'erogazione di prestazioni indispensabili e per attivare tentativi di composizione dei conflitti;
- obbligo di fornire **informazioni alle utenze circa lo sciopero** da parte delle amministrazioni o aziende erogatrici di servizi pubblici essenziali, almeno *5 giorni* prima dell'inizio dello sciopero;
- esperimento di un **tentativo di conciliazione**, vincolante e obbligatorio per le parti (datore di lavoro e sindacati), che può svolgersi sia secondo le *procedure stabilite nei contratti collettivi* sulle prestazioni essenziali, sia in *sede amministrativa*, presso un apposito ufficio del Ministero del lavoro per i conflitti di rilievo nazionale, o presso la Prefettura.

La L. 83/2000 ha formalizzato, nel comma 6 dell'art. 2 della L. 146/1990, il divieto del cd. **effetto annuncio** (o anche sciopero virtuale), stabilendo che la *revoca spontanea* dello sciopero proclamato dopo che ne sia stata data informazione all'utenza costituisce **forma sleale di azione sindacale**. Tale comportamento è oggetto di valutazione da parte della Commissione di garanzia ai fini sanzionatori ed è assolutamente *vietato*, salvo che sia intervenuto un accordo tra le parti ovvero vi sia stata una richiesta in tal senso da parte della Commissione o dell'autorità precettante.

12.3 Il contenuto degli accordi o dei contratti collettivi

Gli accordi o contratti collettivi tra amministrazioni pubbliche (o imprese private che gestiscono il servizio collettivo) e associazioni sindacali dei lavoratori *integrano* la disciplina di legge che, quale norma astratta e generale, non specifica in ciascun ambito quante e quali prestazioni debbano essere assicurate all'utenza, demandando tale compito alla contrattazione collettiva.

A tal fine, nei contratti o accordi collettivi, per ciascun comparto della P.A. che eserciti un servizio pubblico essenziale, devono essere individuate:

- le **prestazioni indispensabili** assicurate in caso di sciopero e le *modalità e le procedure di erogazione e le altre misure* necessarie al raggiungimento delle finalità della legge;
- gli **intervalli minimi** da osservare tra un'astensione e quella successiva, per evitare scioperi proclamati in successione da soggetti sindacali diversi che incidono sullo stesso servizio finale o sullo stesso bacino di utenza (**obbligo di rarefazione**);
- le **procedure di raffreddamento** e **di conciliazione**, obbligatorie per entrambe le parti, da esperire prima della proclamazione dello sciopero.

12.4 Il giudizio di idoneità della Commissione di garanzia

I contratti collettivi che individuano le prestazioni indispensabili, nonché i codici di autoregolamentazione per le categorie di lavoratori autonomi, liberi professionisti e piccoli imprenditori, che erogano servizi di pubblica utilità, devono essere sottoposti al **vaglio della Commissione di garanzia** che opera sentite *le associazioni dei consumatori e degli utenti* (art. 13, comma 1, lett. *a*).

Qualora le previsioni degli accordi collettivi siano giudicate *non idonee sulla base di specifica motivazione*, la Commissione:

- elabora *una proposta* sull'insieme delle misure da assicurare e la sottopone alle parti che *devono pronunciarsi entro* 15 giorni dalla notifica. In tale fase, esse possono accettare la proposta o anche predisporre un nuovo testo negoziale su cui comunque dovrà aversi il giudizio della Commissione;
- in caso di *inerzia* delle parti sulla proposta, effettua, nel termine di 20 giorni, delle *audizioni* per verificare la possibilità di giungere ad un accordo;
- se le consultazioni danno esito negativo, adotta con propria delibera la **provvisoria regolamentazione** delle prestazioni indispensabili, delle procedure di raffreddamento e di conciliazione e delle altre misure di contemperamento necessarie per la tutela dei diritti della persona costituzionalmente garantiti. La provvisoria regolamentazione è *vincolante*: essa è comunicata alle parti interessate che sono tenute ad osservarla finché non adottino accordi collettivi giudicati idonei.

La Commissione, ricevuta la comunicazione dello sciopero (*ex* art. 2, comma 1, L. 146/1990), può convocare le parti in apposite *audizioni*, per verificare, tra l'altro, se esistono le **condizioni per comporre la controversia** (art. 13, comma 1, lett. *c*), L. 146/1990). Alla Commissione è infatti consentito *assumere informazioni* e sono attribuiti *poteri di impulso*. Considerata la *posizione di terzietà* rispetto alle parti in conflitto, alla Commissione è riconosciuto anche il potere di formulare una *proposta di risoluzione della controversia*. Tale proposta *non è tuttavia vincolante*, in quanto va comunque salvaguardato il principio della libertà sindacale. In caso però di *espressa adesione*, l'accordo assume l'efficacia propria della *transazione*, divenendo cioè *obbligatorio tra le parti sociali* che, al pari di altri accordi collettivi, può essere fatto valere, nell'ipotesi di *inadempimento*, innanzi all'autorità giudiziaria.

Inoltre, in caso di *mancata partecipazione senza giustificato motivo* al procedimento di composizione del conflitto, ovvero nel caso di *mancata attuazione dell'accordo raggiunto*, la Commissione può procedere anche all'irrogazione delle *sanzioni* previste dalla legge (delibera 15-12-2014).

12.5 Il referendum dei lavoratori

La L. 146/1990 (art. 14) prevede una apposita **procedura di consultazione** dei lavoratori da attuarsi in caso di **dissenso tra le organizzazioni sindacali dei lavoratori** su clausole del contratto collettivo concernenti l'individuazione o le modalità di effettuazione delle prestazioni indispensabili.

La consultazione deve svolgersi nei 15 giorni successivi alla sua indizione, fuori dell'orario di lavoro, nei locali dell'impresa o dell'amministrazione interessata, sotto la vigilanza dei servizi ispettivi dell'Ispettorato del lavoro competente.

A seguito del referendum, la Commissione può formulare una propria proposta sulle prestazioni da assicurare alle utenze sia nell'ipotesi in cui non si sia pervenuto ad un accordo, sia nel caso in cui valuti non adeguate le misure individuate nel contratto od accordo eventualmente stipulato dopo la consultazione.

12.6 La precettazione

Tale istituto costituisce un vero e proprio *limite di natura pubblicistica all'esercizio del diritto di sciopero*.

Il procedimento di precettazione **può essere attivato**:

— *su segnalazione della Commissione di garanzia*, quando dallo sciopero possa derivare un pericolo grave per le utenze (ciò può verificarsi particolarmente quando lo sciopero rischia di aver luogo in carenza di un accordo collettivo e in difformità dalla provvisoria regolamentazione disposta dalla Commissione);

— *autonomamente e direttamente dalle autorità competenti* (Presidente del Consiglio dei ministri o Prefetto, secondo la rilevanza nazionale o locale del conflitto), in casi di necessità e urgenza, *dandone preventiva informazione alla Commissione*.

Le autorità precettanti, a seguito della segnalazione, emanano una *ordinanza* affinché le parti *desistano* dai comportamenti contrari alla disciplina di legge o pattizia e promuovono l'esperimento di un *tentativo di conciliazione*.

Solo se tale tentativo non dia esito positivo, viene emanata l'**ordinanza di precettazione** che può disporre che lo sciopero sia *posticipato*, che ne sia *ridotta la durata* o che avvenga con *modalità diverse*, tali da garantire le finalità della legge. Essa deve essere adottata *entro 48 ore dallo sciopero*, eccetto che sia in corso il tentativo di conciliazione o vi siano urgenze particolari.

12.7 Le sanzioni

La Commissione ha i seguenti **poteri sanzionatori**:

— *di deliberare la generalità delle sanzioni previste dall'art. 4 della legge* (sanzioni nei confronti dei sindacati e delle P.A. o imprese erogatrici di servizi);

— *di prescrivere al datore di lavoro l'applicazione delle sanzioni nei confronti dei lavoratori*.

La **procedura per l'irrogazione delle sanzioni** prevede che (art. 4, comma 4quater, L. 146/1990):

— il procedimento si *apre* ad iniziativa della Commissione, o dei sindacati dei lavoratori e dei datori, o delle associazioni di rappresentanza delle varie utenze e delle autorità nazionali e locali interessate;

— il *contraddittorio* si svolge entro 30 giorni dalla notifica dell'apertura del procedimento alle parti che, entro detto termine, possono presentare osservazioni e chiedere audizione alla Commissione;

— decorso il termine, la Commissione *deve esprimere la propria valutazione* e contestualmente, in caso di giudizio negativo, *deliberare le sanzioni*.

Nei confronti dei **lavoratori** la sanzione è di tipo *disciplinare*; essa deve quindi essere irrogata secondo le garanzie dell'art. 7 St. Lav.

Alle **associazioni sindacali** possono essere *sospesi i permessi sindacali retribuiti e/o i contributi sindacali* per la durata dell'astensione stessa e comunque per un ammontare economico complessivo compreso tra € 2.500 e € 50.000, tenuto conto della gravità della violazione, della eventuale recidiva e della gravità dei danni arrecati alle utenze (L. 228/2012). Le stesse possono essere altresì *escluse dalle trattative sindacali* per un periodo non superiore a due mesi.

La violazione delle disposizioni contenute nella L. 146/1990 è punita con sanzioni di *natura amministrativa*.

13 Gli effetti dello sciopero sul rapporto di lavoro

L'effettuazione di uno sciopero, stante la garanzia costituzionale, costituisce un *fatto giuridicamente lecito* e non una ipotesi di inadempimento contrattuale.

Sul piano degli effetti civilistici l'esercizio del diritto di sciopero dà luogo alla **sospensione bilaterale delle due prestazioni fondamentali del rapporto di lavoro**: della **prestazione del lavoro** da parte dei dipendenti e della corresponsione della **retribuzione** da parte dei datori di lavoro. Al di fuori delle anzidette conseguenze, durante l'esercizio del diritto di sciopero, il rapporto di lavoro resta in vigore ed operante ad ogni altro possibile fine: ad es. per le prestazioni degli enti previdenziali che vengono regolarmente erogate al lavoratore anche durante il periodo di astensione dal lavoro.

14 I mezzi di lotta del datore di lavoro: la serrata

La **serrata** è la **chiusura, da parte del datore** (o dei datori) **di lavoro, dei normali luoghi di lavoro**, in modo da rendere impossibile lo svolgimento dell'attività lavorativa da parte dei prestatori (MAZZONI) e ciò allo scopo di impedire azioni illegittime dei prestatori medesimi (occupazioni di fabbrica, danneggiamenti, boicottaggi ecc.) ovvero di indurre gli stessi a recedere da un determinato comportamento (tipico esempio la cd. *serrata di ritorsione* che l'imprenditore attua per «*punire*» uno sciopero) (PROSPERETTI).

La nostra *Costituzione*, mentre riconosce lo sciopero come diritto fondamentale del lavoratore (art. 40), *tace per quanto concerne la serrata*.

La Corte costituzionale, con sentenza n. 29 del 4-5-1960, dichiarò l'*illegittimità* costituzionale dell'*art. 502 c.p.* che *sanzionava penalmente* (unitamente allo sciopero economico) la serrata per *fini contrattuali*.

Partendo da questa circostanza, taluni hanno ritenuto *lecita* la serrata che garantirebbe la posizione contrattuale del datore di lavoro costituendo, analogamente allo sciopero, una **forma di autotutela**.

Per la maggior parte dei giuslavoristi, però, l'assenza di una previsione dell'istituto nella Carta costituzionale equivale ad una mancata ammissione di un «*diritto di serrata*» contrapposto ad un analogo «*diritto di sciopero*».

È da rilevare, poi, che, per costante giurisprudenza (ad es. Cass. 12-4-1979, n. 2179), l'imprenditore può legittimamente rifiutare la prestazione di lavoratori quando questa non sia *proficuamente* utilizzabile in concreto, a causa dello sciopero di altri dipendenti (es. lavorazioni «a monte» e «a valle» del processo produttivo).

C'è infine da sottolineare che la Cassazione (sent. 28-8-1968) ha esplicitamente ammesso la legittimità della cd. **serrata per ritorsione** nel caso che essa costituisca una risposta a uno *sciopero illegittimo*.

VI Accesso al mercato del lavoro, politiche attive e gestione dei servizi per l'impiego

Sommario Parte VI

1
Politiche attive e mercato del lavoro

1 Il sistema del collocamento e le politiche attive (D.Lgs. 150/2015)

1.1 Il collocamento della manodopera come pubblica funzione di esclusiva competenza statale

Nel nostro Paese il collocamento, inteso come sistema di *mediazione* fra domanda e offerta di lavoro in vista dell'assunzione di manodopera, ha costituito una **funzione pubblica** avente a fondamento, secondo la maggiore dottrina, l'**art. 35, comma 1, Cost.** che affida allo Stato il compito di «*tutelare il lavoro in tutte le sue forme e applicazioni*».

Altri ritengono che si possa addirittura risalire all'articolo 4, comma 1, Cost., in quanto il collocamento costituisce certamente uno dei mezzi attraverso i quali la Repubblica promuove le «*condizioni che rendano effettivo il diritto al lavoro riconosciuto a tutti i cittadini*».

Il collocamento della manodopera ha rappresentato, a lungo, la più importante *forma di intervento dello Stato sul mercato del lavoro*, con l'effetto di fornire tutela al lavoratore, quale contraente *debole*, in una fase addirittura *antecedente* alla costituzione del rapporto di lavoro.

La **disciplina originaria** risale alla **L. 29 aprile 1949, n. 264**, emanata con l'intento di *eliminare la mediazione privata* nel campo del lavoro e affidare allo **Stato** la distribuzione delle opportunità di lavoro.

Tale disciplina era fortemente *limitativa* del potere negoziale dei privati in merito alla costituzione del rapporto di lavoro, impedendo al datore di lavoro di scegliere liberamente la controparte contrattuale, cioè il lavoratore da assumere.

L'impostazione *restrittiva* derivava, in effetti, dalla visione *dirigistica del lavoro* propria dell'ordinamento corporativo (art. 2098 c.c.) in cui lo Stato svolgeva la funzione di *controllore* e coordinatore degli interessi delle contrapposte categorie sociali.

Nella L. 264/1949, durata per più di mezzo secolo, il sistema del collocamento era quindi basato sulla **esclusiva competenza dello Stato**, sia per la *regolamentazione* dello stesso, sia per la sua concreta *gestione*, attuandosi pertanto un vero e proprio **monopolio statale**.

Da ciò derivava:

— il **divieto di mediazione privata**, posto dalla stessa L. 264/1949;
— il **divieto di interposizione nei rapporti di lavoro**, posto dall'art. 2127 c.c. e dalla L. 23 ottobre 1969, n. 1369.

Nel primo caso veniva vietata l'iniziativa privata, in concorrenza con quella pubblica, nell'attività *di collocamento della manodopera* (*mediazione*); nel secondo caso si vietava il fenomeno in cui lavoratori, assunti formalmente da un soggetto, prestavano la propria attività in favore di altro che, in tal modo, si avvantaggiava di un più basso costo del lavoro senza assumere le responsabilità proprie della posizione datoriale (*interposizione*).

Nel sistema originario del collocamento, il datore di lavoro aveva l'*obbligo* di procedere all'assunzione di lavoratori facendone **richiesta** all'ufficio del lavoro competente territorialmente (art. 11 L. 264/1949).

Inizialmente tale richiesta era **numerica**: il datore poteva indicare solo il *numero* dei prestatori di cui avesse bisogno per ogni qualifica; l'ufficio selezionava i lavoratori idonei e li avviava al lavoro).

Questo sistema è rimasto sostanzialmente inalterato fino a tutto il 1970, cioè sino all'introduzione del *collocamento speciale in agricoltura* (L. 11 maggio 1970, n. 83), e fino alla introduzione nel 1990 della **chiamata nominativa** (art. 25, comma 1, L. 23 luglio 1991, n. 223). Con questo ultimo meccanismo si consentiva ai datori di lavoro di assumere i lavoratori già individuati, facendone richiesta nominativamente ai competenti organi del collocamento. Gli uffici di collocamento avevano l'obbligo di provvedere all'avviamento dei lavoratori mediante un atto avente natura di **provvedimento di autorizzazione**. L'autorizzazione (detta anche **nulla-osta**) veniva rilasciata dalla sezione circoscrizionale per l'impiego *entro dieci giorni* successivi a quello di ricezione della richiesta, salvo diverse e motivate esigenze.

Potevano essere *assunti direttamente* dal datore di lavoro senza il nulla-osta degli uffici di collocamento (art. 11, L. 264/1949) *soltanto* poche categorie di soggetti (coniuge, parenti e affini, entro il 3° grado, del datore stesso; dirigenti; portieri, addetti a studi professionali e addetti ai servizi domestici; lavoratori destinati a piccole imprese, con non più di 3 dipendenti; lavoratori esclusivamente a compartecipazione, compresi mezzadri e coloni parziari).

1.2 La deregolamentazione delle assunzioni e il decentramento amministrativo del collocamento

L'organizzazione e la disciplina del collocamento ha subito, a partire dal **1996**, un lungo e complesso **processo di riforma**, generato dall'oggettiva *inefficienza* della gestione pubblica.

Il collocamento italiano risultava *oneroso* per le aziende, a causa delle lungaggini burocratiche, *inutile* per le persone in cerca di lavoro, in quanto incapace di intermediare realmente tra domanda e offerta di lavoro, nonché *costoso* ed *obsoleto* in quanto funzionava con modalità lontane dagli standard europei.

La riforma ha avuto un impatto epocale determinando:

— la **deregolamentazione delle assunzioni**, con una disciplina meno vincolante, basata sul meccanismo dell'*assunzione diretta del lavoratore* da parte del datore di lavoro (D.L. 1° ottobre 1996, n. 510, conv. in L. 28 novembre 1996, n. 608).

Non scomparivano gli uffici pubblici di collocamento ma, *venendo meno l'obbligo* della mediazione statale tra domanda e offerta di lavoro, l'attività da essi svolta si limitava sempre più alla «*mera registrazione delle autonome dinamiche del mercato del lavoro*» (GHERA).
Il meccanismo di assunzione diretta fa sì che «il ricorso ad un intermediario (pubblico o privato che sia) rappresenti oggi soltanto un'*opportunità* offerta dal sistema, *non* essendo però configurabile come un passaggio necessario ai fini dell'instaurazione di un rapporto di lavoro» (ROCCELLA) (sulle attuali modalità di assunzione, si rinvia alla sez. II di questo Capitolo);

— il **trasferimento alle Regioni del compito di gestire il collocamento**, sino ad allora svolto dagli uffici periferici del Ministero del Lavoro (D.Lgs. 23 dicembre 1997, n. 469).

Tale passaggio di competenza, ispirato dalle cd. leggi *Bassanini* (D.Lgs. 112/1998 e L. 59/1997), intendeva *innovare* il collocamento pubblico, improntato ad un modello gestionale *verticistico*, distante dalle realtà territoriali e dai bisogni del cittadino.
L'attuazione del decentramento ha richiesto un *ingente trasferimento di beni e risorse* finanziarie, umane e strumentali (D.P.C.M. 9 ottobre 1998 e 5 agosto 1999) e l'emanazione in ciascuna Regione di apposite *leggi* in materia di «politiche regionali e di servizi per l'impiego», in seguito alle quali sono state definitivamente *soppresse le vecchie strutture amministrative*;

— la **legittimazione della mediazione privata**, in quanto lo stesso D.Lgs. 469/1997 riconosceva la legittimità delle *imprese private di mediazione*.

È la *fine del monopolio pubblico del collocamento*: da questo momento l'attività di mediazione tra domanda e offerta di lavoro, nonché di intermediazione, è stata svolta anche da *imprese private in contemporanea agli uffici pubblici*.

1.3 La natura pubblico-privata dell'attività di mediazione

L'attuale regolamentazione del mercato del lavoro è ispirata al *modello* organizzativo e gestionale della **cooperazione e la competizione tra strutture pubbliche, organismi convenzionati e agenzie private di collocamento**.

La *cooperazione* tra pubblico e privato è necessaria in quanto si ritiene «improponibile» per l'operatore pubblico fare a meno dei privati «immaginando di poter gestire efficacemente in house l'intero spettro di servizi» (Relazione di accompagnamento al D.Lgs. 276/2003). Ma è anche necessaria, nel nuovo modello organizzativo, la «*competizione*» tra operatore pubblico e operatore privato poiché dalla mediazione privata, svolta con criteri di imprenditorialità e di efficienza, si ritiene possa derivare una costante sollecitazione per l'operatore pubblico al miglioramento della propria performance.

L'attività di mediazione tra domanda e offerta di lavoro *non è più considerata una funzione esclusivamente pubblica*, ma viene concepita in termini di **servizio ai lavoratori e alle imprese**, che può essere reso tanto dagli operatori *pubblici* che da quelli *privati*.

L'attività di collocamento non è più una *funzione* pubblica, ma è concepita come *servizio pubblico* (ROCCELLA). Essa continua ad essere svolta da organismi pubblici, ma *non più in via esclusiva, né in regime vincolistico* (CARINCI, DE LUCA TAMAJO, TOSI, TREU).

Di conseguenza, con l'espressa *abrogazione della L. 264/1949*, da parte del D.Lgs. 276/2003, viene dato pieno riconoscimento al principio della **natura pubblico-privata dell'attività di mediazione** (non solo avviamento, ma anche selezione del personale, formazione, riqualificazione ecc.).

La mediazione privata si avvantaggia dell'*ampliamento della gamma di attività* che possono essere svolte in contemporanea dal medesimo operatore e della *semplificazione del regime autorizzatorio* (è sufficiente un'*unica* autorizzazione per svolgere più attività).

La compresenza pubblico-privato nel mercato del lavoro ha comportato una **specializzazione** dei due soggetti su segmenti dell'offerta di servizi, piuttosto differenziati.

Agli operatori privati (agenzie per il lavoro) sono riconosciuti *ampi margini operativi*. Essi possono agire a 360° sul lato della domanda e/o dell'offerta (mediazione, ricerca e selezione del personale, supporto alla ricollocazione del personale ecc.) e possono spingersi oltre la figura pura del collocatore, esercitando anche la fornitura di lavoro a terzi (somministrazione di lavoro).

La pura attività di mediazione tra domanda e offerta di lavoro (la tradizionale funzione di collocamento) è affidata al *libero mercato* in un regime di concorrenza tra strutture pubbliche e agenzie private. In tale ambito, tuttavia, la capacità di penetrazione delle agenzie private come pure quella degli operatori pubblici resta abbastanza modesta, anche a causa del significativo e persistente ricorso, nel nostro Paese, ai canali informali (reti amicali e parentali) per la ricerca dell'impiego (Rapporto sul mercato del lavoro 2013-2014, CNEL, 2014).

Per quanto concerne le funzioni di *politica attiva del lavoro*, ai servizi pubblici è assegnato il compito di erogare determinati interventi di contrasto alla disoccupazione e per il reimpiego, soprattutto nei confronti delle categorie disagiate (cd. *lavoratori svantaggiati*). Anche in questo campo, determinante per il raggiungimento degli obiettivi occupazionali prefissati nelle «agende» europee, i servizi pubblici per l'impiego (SPI) sono risultati sino ad ora spesso inefficienti manifestando carenze dovute ad una molteplicità di fattori (scarsezza di risorse, dispersione di competenze, burocrazia ecc.).

Attiene, poi, all'operatore pubblico una serie di compiti in materia di mercato del lavoro di natura prettamente *amministrativa*, come l'accertamento dello stato di disoccupazione.

1.4 La riforma dei servizi per il lavoro e delle politiche attive

Con il **D.Lgs. 14 settembre 2015, n. 150**, di attuazione del Jobs Act, è stata globalmente ridefinita tutta la struttura di quello che un tempo veniva denominato il sistema di collocamento e che oggi più correttamente si potrebbe definire come **sistema pubblico-privato di media-**

zione e per l'employability dei lavoratori, in quanto, sia agli operatori pubblici, sia agli operatori privati è affidato il compito, non solo di *intermediare* tra domanda e offerta di lavoro, ma soprattutto di promuovere l'*occupabilità* (employability) dei lavoratori, attraverso un insieme di strategie, interventi e azioni, che vanno sotto il nome di «**politiche attive del lavoro**».

Rientrano nella «politica attiva del lavoro» gli interventi mirati all'orientamento, alla formazione e alla ricollocazione, attuati verso i soggetti inoccupati e disoccupati, con particolare riguardo ai percettori di strumenti a sostegno del reddito (cd. welfare to work), e ai lavoratori svantaggiati, cioè a categorie di soggetti che hanno difficoltà a entrare, senza assistenza, nel mercato del lavoro.

La finalità dell'intervento operato con il D.Lgs. 150/2015 è stata, in sostanza, realizzare l'impianto normativo, e conseguentemente organizzativo e tecnico, per la **modernizzazione del mercato del lavoro**, mettendo in grado le strutture pubbliche, anche in cooperazione con le strutture private, da un lato, di esercitare validamente la tradizionale funzione di intermediazione tra domanda e offerta di lavoro, dall'altro, di offrire il supporto necessario per il funzionamento del cd. *work to fare*, in cui la fruizione di strumenti a sostegno del reddito è condizionata ad un comportamento attivo del beneficiario.

A tal fine il D.Lgs. 150/2015 ha ridefinito l'**organizzazione a livello centrale e regionale dei servizi per il lavoro** e delle altre misure di politica attiva. Il D.Lgs. 150/2015 ha provveduto all'esatta individuazione delle funzioni dello Stato e delle Regioni, istituendo, per il necessario raccordo, l'**Agenzia nazionale per le politiche attive del lavoro** (**ANPAL**) con compiti di determinazione, coordinamento, controllo e gestione. Tra l'altro, l'ANPAL, sulla base di appositi programmi di riallineamento, effettua interventi di supporto, fino alla *gestione diretta dei servizi per il lavoro e delle politiche attive*, nelle aree per le quali non siano rispettati i livelli essenziali delle prestazioni.

Il Ministero del Lavoro stipula con ogni Regione e con le Province autonome una *convenzione* per definire i reciproci rapporti e obblighi nella gestione dei servizi e delle politiche attive.

Il D.Lgs. 150/2015 ha completato la complessiva riforma che è stata effettuata dal Jobs Act, innovando l'assetto dei servizi per l'impiego e delle politiche attive, allo scopo di corrispondere *maggiori garanzie di assistenza del lavoratore sul mercato*, in particolare nelle fasi di transizione da una precedente occupazione ad una nuova. Nel modello della **flexicurity**, questo tipo di tutela rappresenta il *contraltare* della maggiore flessibilità del posto di lavoro, conseguente ad un alleggerimento dei vincoli e dei limiti alla risoluzione del rapporto. Ricordiamo, infatti, che l'introduzione del contratto a tutele crescenti (CATUC), con cui sono effettuate tutte le assunzioni a tempo indeterminato, ha comportato la modificazione del regime sanzionatorio in caso di illegittimità del licenziamento, con applicazione, nella maggior parte delle ipotesi, di una tutela prevalentemente monetaria.

Nell'impianto della riforma viene **valorizzato il sistema pubblico** che torna, come un tempo, a rivestire un ruolo fondamentale, non più però meramente di tipo burocratico-amministrativo, bensì di *centro propulsivo ed erogatore delle politiche attive*, a livello regionale, ma in stretto raccordo con le strutture centrali dello Stato.

2 Funzioni e compiti dell'operatore pubblico (Stato e Regioni)

2.1 Le funzioni dello Stato e delle Regioni

Nella riorganizzazione del mercato del lavoro operata dal D.Lgs. 150/2015, lo **Stato** ha il fondamentale ruolo di **indirizzo politico e di coordinamento**, mediante l'individuazione di strategie, obiettivi e priorità. In particolare, al Ministero del Lavoro compete fissare *le linee di indirizzo triennali e gli obiettivi annuali dell'azione in materia di politiche attive,* specificare i **livelli essenziali delle prestazioni (LEP)**, che devono essere erogati su tutto il territorio nazionale, il potere di *indirizzo e vigilanza* sull'ANPAL, nonché le competenze in materia di *verifica e control-*

lo del rispetto dei LEP e di *monitoraggio* delle politiche occupazionali e del lavoro (art. 3, comma 1, D.Lgs. 150/2015).

In tale contesto rileva l'attribuzione al Ministero del Lavoro anche della responsabilità del *monitoraggio* dell'attuazione e della valutazione del **Reddito di cittadinanza** che costituisce, appunto, *livello essenziale delle prestazioni* nei limiti delle risorse disponibili (artt. 1, comma 1, e 10, D.L. 4/2019, conv. in L. 26/2019).

Le **Regioni** e le **Province autonome** esercitano, con il Ministro del Lavoro, il ruolo di **indirizzo politico** in materia di politiche attive per il lavoro (art. 1 D.Lgs. 150/2015). Alle Regioni e Province autonome restano inoltre assegnate le competenze in materia di *programmazione* di politiche attive del lavoro, e in particolare l'identificazione della *strategia regionale per l'occupazione*, in coerenza con gli indirizzi generali definiti dal Ministero del Lavoro (art. 11 D.Lgs. 150/2015).

In ciascuna Regione, è demandata ad una **legge regionale** l'organizzazione del mercato del lavoro e la definizione delle modalità con cui esercitare le funzioni di competenza.

Le Regioni erogano concretamente i servizi per il lavoro e attuano le misure di politica attiva del lavoro mediante uffici territoriali *aperti al pubblico* denominati **centri per l'impiego** (artt. 11, 18 D.Lgs. 150/2015).

I *centri per l'impiego*, istituiti sulla scorta del decentramento operato dal D.Lgs. 469/1997, sono stati definiti, nell'*Accordo quadro tra Governo, Regioni e Province autonome in materia di politiche attive per il lavoro per il 2017* (del 22-12-2016), come *infrastrutture pubbliche indispensabili* per la gestione e il funzionamento dei servizi e delle politiche attive del lavoro, anche alla luce dei compiti affidati dal D.Lgs. 150/2015 e secondo quanto sottoscritto nel precedente *Accordo quadro per il 2015-2016*.

Le **competenze della Regione** (o Provincia autonoma) sono, inoltre, le seguenti (art. 11 D.Lgs. 150/2015):

- svolgimento delle *funzioni e dei compiti amministrativi* in materia di intermediazione e politiche attive del lavoro, compresi il collocamento dei disabili e l'avviamento a selezione per le assunzioni nelle Pubbliche Amministrazioni dei lavoratori da inquadrare nei livelli retributivo-funzionali per i quali non è richiesto il titolo di studio superiore a quello della scuola dell'obbligo;
- individuazione di *misure di attivazione dei beneficiari di ammortizzatori sociali* residenti nel territorio della Regione.

Tra i compiti delle Regioni vi era la tenuta delle *liste di mobilità* in cui venivano iscritti i lavoratori a seguito di licenziamenti collettivi per riduzione di personale. L'istituto è stato soppresso a decorrere dal 1° gennaio 2017.

Si conferma il **principio di unicità del mercato del lavoro italiano**: ogni Regione deve rendere disponibili i servizi e le misure di politica attiva del lavoro a *tutti i residenti sul territorio italiano*, a prescindere dalla Regione di appartenenza dell'interessato.

2.2 I livelli essenziali delle prestazioni (LEP)

I **LEP** si concretizzano, in particolare, nelle seguenti attività (art. 18 D.Lgs. 150/2015):

- *orientamento di base*, analisi delle competenze in relazione alla situazione del mercato del lavoro locale e profilazione;
- *ausilio alla ricerca* di un'occupazione, anche mediante sessioni di gruppo, entro 3 mesi dalla registrazione;
- *orientamento specialistico e individualizzato*, mediante bilancio delle competenze ed analisi degli eventuali fabbisogni in termini di formazione, esperienze di lavoro o altre misure di politica attiva del lavoro, con riferimento all'adeguatezza del profilo alla domanda di lavoro espressa a livello territoriale, nazionale ed europea;

- *orientamento individualizzato all'autoimpiego* e tutoraggio per le fasi successive all'avvio dell'impresa;
- *avviamento ad attività di formazione* ai fini della qualificazione e riqualificazione professionale, dell'autoimpiego e dell'immediato inserimento lavorativo;
- *accompagnamento al lavoro*, anche attraverso l'utilizzo dell'assegno individuale di ricollocazione;
- *promozione di esperienze lavorative* ai fini di un incremento delle competenze, anche mediante lo strumento del tirocinio;
- *gestione*, anche in forma indiretta, di *incentivi all'attività di lavoro autonomo*;
- gestione di *incentivi alla mobilità territoriale*;
- gestione di *strumenti finalizzati alla conciliazione dei tempi di lavoro* con gli obblighi di cura nei confronti di minori o di soggetti non autosufficienti;
- promozione di *prestazioni di lavoro socialmente utile*.

I LEP sono definiti dallo Stato ed erogati dalle Regioni, mediante i *centri per l'impiego*. Le attività che rientrano nei LEP possono essere garantite anche attraverso il modello dell'*outsourcing*, cioè affidandole ai *soggetti privati accreditati*.

2.3 L'Agenzia nazionale per le politiche attive del lavoro (ANPAL) e la Rete dei servizi per le politiche del lavoro

L'**ANPAL** è stata istituita, a decorrere dal 1° gennaio 2016, dal D.Lgs. 150/2015 (art. 4), con compiti di coordinamento in materia di servizi e misure di **politica attiva del lavoro**, tra cui il coordinamento della gestione dell'assicurazione sociale per l'impiego (*NASPI*), degli interventi per il *collocamento dei disabili* e degli interventi di *attivazione dei lavoratori disoccupati beneficiari di prestazioni a sostegno del reddito*.

In particolare, con riguardo a tali ultimi soggetti, l'ANPAL svolge le attività già in capo al Ministero del lavoro in materia di *promozione e coordinamento dei programmi formativi* destinati alle persone disoccupate, ai fini della *qualificazione* e *riqualificazione professionale*, dell'*autoimpiego* e dell'immediato inserimento lavorativo, nel rispetto delle competenze delle Regioni e delle province autonome (art. 9 D.Lgs. 150/2015).

Sulla base di apposite *convenzioni* stipulate tra il Ministero del Lavoro e le Regioni, l'ANPAL provvede alla gestione dei *programmi per il riallineamento* delle aree per le quali non siano rispettati i livelli essenziali delle prestazioni in materia di politiche attive del lavoro o vi sia un rischio di mancato rispetto dei medesimi livelli essenziali; nelle aree in cui i livelli essenziali delle prestazioni non sono stati assicurati, l'ANPAL può provvedere alla **gestione diretta** dei servizi per il lavoro e delle politiche attive del lavoro.

L'ANPAL fornisce assistenza e consulenza in caso di *crisi di aziende* aventi unità produttive ubicate in diverse Province della stessa Regione o in più Regioni, anche ai fini della gestione dei programmi di reimpiego e ricollocazione dei lavoratori.

Inoltre, il D.Lgs. 150/2015 ha istituito la **Rete nazionale dei servizi per le politiche del lavoro** (art. 1), di cui fanno parte, tra l'altro, anche i centri per l'impiego, l'INPS, in relazione alle competenze in materia di incentivi e strumenti a sostegno del reddito, e l'INAIL, in relazione alle competenze in materia di reinserimento e di integrazione lavorativa delle persone con disabilità da lavoro, le Agenzie per il lavoro, i soggetti autorizzati alle attività di intermediazione e i soggetti accreditati ai servizi per il lavoro. Il coordinamento della Rete dei servizi per le politiche del lavoro è svolto dall'ANPAL.

La Rete ha il compito di promuovere l'effettività dei diritti al lavoro, alla formazione ed all'elevazione professionale ed il diritto di ogni individuo ad accedere a servizi di collocamento gratuito, assicurando, tramite l'attività posta in essere dalle strutture pubbliche e private, accreditate o autorizzate, ai datori di lavoro il soddisfacimento dei fabbisogni di competenze ed ai lavoratori il sostegno nell'inserimento o nel reinserimento al lavoro.

3 I sistemi di raccolta dei dati, di interoperabilità e di coordinamento

3.1 Il Sistema informativo unitario delle politiche del lavoro (SIUPL o SIU)

Allo scopo di rafforzare l'*interoperabilità* tra gli enti con competenze in materia e la *disponibilità* e lo *scambio di dati e informazioni*, il D.Lgs. 150/2015 (art. 13) ha istituito il **Sistema informativo unitario delle politiche del lavoro (SIUPL)**, la cui gestione è affidata all'ANPAL.

Al SIULP, che consta di un **nodo di coordinamento nazionale** e dei **nodi di coordinamento regionali**, affluisce una pluralità di dati e comunicazioni, quali quelli relativi ai *lavoratori percettori di trattamenti a sostegno del reddito,* ai *servizi per il lavoro e le politiche attive del lavoro* e ai servizi per la *formazione professionale.*

Al SIULP affluiscono i dati relativi alle *schede anagrafico-professionali* già nella disponibilità delle Regioni e delle Province autonome, inoltre, sulla base di specifiche convenzioni, i dati relativi alle *dichiarazione dei redditi* (scaturenti dai modelli 730, 770, dalle certificazioni uniche dei sostituti d'imposta) ai *redditi catastali* e di *pubblicità immobiliare* e ai *titoli di studio* dei lavoratori risultanti dall'anagrafe degli studenti universitari.

Il SIULP costituisce il *patrimonio informativo comune* del Ministero del Lavoro, dell'INPS, dell'INAIL, dell'INAPP, delle Regioni e Province autonome, nonché dei centri per l'impiego, per lo svolgimento dei rispettivi compiti istituzionali.

Tramite il SIULP, l'ANPAL mette a disposizione delle agenzie per il lavoro e degli ulteriori soggetti accreditati le informazioni relative alle persone in stato di disoccupazione o a rischio di disoccupazione (art. 1, comma 803, L. 205/2017).

I dati e le informazioni del Sistema informativo costituiscono la base per la formazione e il rilascio del **fascicolo elettronico del lavoratore**, liberamente accessibile, a titolo gratuito, mediante metodi di lettura telematica, da parte dei singoli soggetti interessati. Vi saranno registrate tutte le informazioni concernenti l'*istruzione*, la *formazione* e la *carriera lavorativa* del soggetto registrato nelle anagrafi pubbliche (in relazione ai percorsi educativi e formativi, ai periodi lavorativi, alla fruizione di provvidenze pubbliche e ai versamenti contributivi ai fini della fruizione di ammortizzatori sociali).

3.2 La Borsa continua nazionale del lavoro: dal sistema Clic-lavoro allo SPID

Per conferire *integrazione e coordinamento* al sistema di intermediazione caratterizzato dalla *coesistenza* tra soggetti pubblici e soggetti privati, è stata istituita la **Borsa continua nazionale del lavoro**, quale *sistema aperto e trasparente* di incontro tra domanda e offerta di lavoro per una maggiore *efficienza* del mercato del lavoro (artt. 15 e 16 D.Lgs. 276/2003 e D.M. 13-10-2004).

Tale sistema, *organizzato su una rete telematica di nodi informativi regionali*, è basato (art. 15):
- sulla raccolta di dati provenienti sia dagli *operatori pubblici e privati*, autorizzati o accreditati, sia direttamente dai *lavoratori* e dalle *imprese*;
- sulla *libera accessibilità* da parte dei lavoratori e delle imprese che hanno facoltà di inserire nuove candidature o richieste di personale *direttamente* e senza rivolgersi ad alcun intermediario;
- sull'immediato *accesso al sistema da un qualunque punto della rete* mediante centri di connessione disponibili presso gli operatori pubblici e privati.

Le imprese private e tutti gli altri soggetti che operano nel campo della mediazione hanno l'**obbligo di garantire l'interconnessione con la Borsa** e l'**invio di ogni informazione** strategica per un efficace funzionamento del mercato del lavoro (art. 5, comma 1, lett. *f)*, D.Lgs. 276/2003).

Vanno indicati anche i casi in cui un soggetto percettore di sussidio a sostegno del reddito rifiuti senza giustificato motivo un'offerta formativa o di inserimento nel mercato del lavoro.

La Borsa è nata per garantire la **libera accessibilità da parte dei lavoratori e delle imprese** e la **consultabilità da un qualunque punto della rete**, attraverso gli accessi appositamente dedicati da tutti gli operatori pubblici e privati, autorizzati o accreditati.

La Borsa continua nazionale del lavoro è stata *concretamente* operativa mediante il sistema **Clic-lavoro**, portale gestito telematicamente dal Ministero del Lavoro.

Attualmente, tuttavia, per *accedere a tutti i servizi on-line del Ministero del Lavoro*, l'unico strumento di autenticazione è lo **SPID**, il *Sistema Pubblico di Identità Digitale* (cd. «SPID-Only»): il Ministero del Lavoro, infatti, ha comunicato lo «**switch-off**» delle credenziali «Clic-lavoro» in favore dello SPID (circ. 1°-9-2021, n. 2721).

Tale soluzione consente agli utenti di interagire non solo con il Ministero del Lavoro, ma anche con l'intero sistema pubblico e con i soggetti privati che aderiscono, attraverso un **Pin unico** e **univoco di identificazione** (composto da *username* e *password*).

L'identità digitale SPID (con credenziali di livello 2 o 3), infatti, può essere usata per l'accesso ai servizi in rete delle *Pubbliche Amministrazioni dell'Unione Europea*, ponendo così l'amministrazione in regola con le disposizioni del Regolamento (UE) n. 910/2014 (c.d. *Regolamento eIDAS*), secondo il quale tutte le pubbliche amministrazioni, che rendono accessibili i propri servizi on line con credenziali SPID di livello 2 o 3, hanno l'obbligo di rendere *accessibili* detti servizi anche con gli *strumenti di autenticazione notificati* dagli altri Stati membri.

Restano fuori soltanto quegli Stati stranieri che non adottano le regole eIDAS e per i quali l'accesso ai servizi digitali è garantito tramite credenziali rilasciate dall'Help Desk del Ministero, previo riconoscimento tramite documento d'identità emesso nello Stato di appartenenza ovvero passaporto in corso di validità.

3.3 La Banca dati delle politiche attive e passive

Nell'ambito delle strutture del Ministero del lavoro, è costituita la **Banca dati delle politiche attive e passive**, al fine di *razionalizzare* gli interventi di tutti gli organismi centrali e territoriali coinvolti (art. 8, D.L. 76/2013, conv. in L. 99/2013).

La Banca dati raccoglie le informazioni concernenti i *soggetti da collocare nel mercato del lavoro*, i *servizi erogati* per una loro migliore collocazione nel mercato stesso e le *opportunità di impiego* nonché le informazioni relative agli *incentivi*; comprende, poi, un'apposita sezione denominata **fascicolo dell'azienda**, che contiene le informazioni concernenti le assunzioni, le trasformazioni e le cessazioni di rapporti di lavoro.

Nella Banca dati delle politiche attive e passive è istituita, inoltre, *ex* D.Lgs. 151/2015, una specifica sezione denominata *Banca dati del collocamento mirato*, che raccoglie le informazioni concernenti i datori di lavoro pubblici e privati obbligati e i lavoratori interessati, al fine di razionalizzare la raccolta sistematica dei dati disponibili sul *collocamento mirato* (art. 9, comma 6bis, L. 68/1999).

3.4 Il sistema informativo del Reddito di cittadinanza

Presso il Ministero del Lavoro è stato istituito il **Sistema informativo del Reddito di cittadinanza**, per permettere l'*operatività* e il *monitoraggio* della misura rendendo disponibili le informazioni alle amministrazioni centrali e ai servizi territoriali coinvolti. Nell'ambito del Sistema operano (art. 6, comma 1, D.L. 4/2019, conv. in L. 26/2019):

— una **Piattaforma digitale presso l'ANPAL**, per il *coordinamento dei centri per l'impiego*;
— una **Piattaforma digitale presso il Ministero del Lavoro**, per il *coordinamento dei Comuni*, in forma singola o associata.

4 L'attività di mediazione e i soggetti abilitati

4.1 La mediazione e le altre attività

Il termine **mediazione** può essere utilizzato per indicare in senso generico *l'insieme* delle attività che gli operatori, pubblici o privati, possono attuare sul mercato del lavoro e che sono rivolte ai *datori di lavoro* e ai *lavoratori*.

Tali attività sono articolate nelle seguenti *tipologie* (art. 2, D.Lgs. 276/2003):

— l'**intermediazione** pura, ovvero «l'attività di *mediazione tra domanda e offerta di lavoro*, anche in relazione all'inserimento lavorativo dei disabili e dei gruppi di lavoratori svantaggiati».

Si tratta dell'attività più ampia, che comprende, tra l'altro, la *raccolta dei curricula* dei potenziali lavoratori, la *preselezione*, la costituzione di *banche dati*, la promozione e gestione dell'incontro tra domanda e offerta di lavoro, l'effettuazione, su richiesta del committente, delle *comunicazioni relative assunzioni*, l'*orientamento professionale* e la progettazione ed erogazione di *attività formative* finalizzate all'inserimento lavorativo;

— la **ricerca e selezione del personale**, cioè «l'attività di *consulenza di direzione* finalizzata alla risoluzione di *una specifica esigenza dell'organizzazione committente*, attraverso l'individuazione di candidature idonee a ricoprire una o più posizioni lavorative in seno all'organizzazione medesima, *su specifico incarico della stessa*».

Tale attività è mirata a soddisfare una *specifica esigenza aziendale*, ed è quindi articolata in una serie di servizi resi all'azienda committente che vanno dall'analisi dell'organizzazione committente e dall'esatta definizione del profilo di competenze e di capacità della candidatura ideale, fino allo svolgimento concreto della ricerca delle candidature attraverso una pluralità di canali di reclutamento e all'assistenza e verifica nella fase di inserimento dei candidati;

— il **supporto alla ricollocazione professionale**, cioè «l'attività effettuata su specifico ed esclusivo *incarico dell'organizzazione committente*, anche in base ad accordi sindacali, finalizzata alla *ricollocazione* nel mercato del lavoro di prestatori di lavoro, singolarmente o collettivamente considerati».

Si tratta delle cd. attività di *outplacement*, cioè degli interventi finalizzati ad un nuovo inserimento lavorativo di soggetti o gruppi di soggetti in esubero;

— la **somministrazione di lavoro**, cioè la *fornitura professionale di manodopera* da un'impresa ad un'altra per il soddisfacimento di esigenze produttive di quest'ultima.

Lo svolgimento di tali attività **non è soggetto a limiti di esclusività** in quanto possono essere svolte anche *congiuntamente*.

4.2 Le agenzie per il lavoro

Le attività di mediazione possono essere svolte, oltre che dagli operatori pubblici, anche da *soggetti privati*, denominati **agenzie per il lavoro**.

Il D.Lgs. 276/2003 ha completato il processo di *privatizzazione* del collocamento e delle altre *attività di servizio* per il mercato del lavoro.

La privatizzazione era cominciata a partire dal D.Lgs. 469/1997 (art. 10) che aveva riconosciuto la legittimità delle imprese di mediazione anche se, qualche mese prima, già la L. 196/1997, legittimando le agenzie del lavoro interinale, aveva, per la prima volta in assoluto, scalfito il monopolio pubblico del collocamento.

La vera innovazione del D.Lgs. 276/2003 è consistita nel fatto che ha attuato un *intervento di principio*: infatti, abrogando la L. 264/1949 e la L. 1369/1960, ha posto su un piano di *parità* l'*operatore pubblico con quello privato*, in una prospettiva di collaborazione, ma anche di *competizione*, del tutto assente nella disciplina previgente (D.Lgs. 469/1997 e L. 196/1997).

Le agenzie private devono essere **autorizzate dal Ministero del Lavoro** ed **iscritte** in un apposito **Albo** istituito presso lo stesso Ministero e tenuto dall'ANPAL (art. 4 D.Lgs. 276/2003 e art. 9 D.Lgs. 150/2015).

L'Albo è suddiviso in *cinque* sezioni (art. 2 D.M. 23-12-2003). Nelle prime due sezioni sono iscritte le agenzie che esercitano la *somministrazione*, differenziate in base al tipo di autorizzazione, se *generale* (sez. 1) che abilita sia alla somministrazione a tempo indeterminato sia a termine, oppure solo per l'esercizio della *somministrazione di lavoro a tempo indeterminato* (sez. 2).

Nelle ulteriori sezioni sono iscritte: le agenzie di *intermediazione* (sez. 3), le agenzie di *ricerca e selezione del personale* (sez. 4) e le agenzie di *supporto alla ricollocazione professionale* (sez. 5).

L'abolizione dei precedenti limiti di esclusività dell'oggetto sociale fa sì che l'autorizzazione ad esercitare una determinata attività comporti *l'automatica iscrizione* in altre sezioni dell'Albo, con la conseguente *autorizzazione ad esercitare le relative attività.*

Ai fini dell'autorizzazione le agenzie devono essere in possesso di determinati *requisiti giuridici e finanziari* (art. 5, D.Lgs. 276/2003 e D.M. 5 maggio 2004).

Tra i requisiti richiesti vi è l'obbligo di ubicare la *sede legale* (o dipendenza) dell'agenzia nel territorio dello Stato italiano (o di altro Stato della UE), la disponibilità di *uffici idonei*, anche sotto il profilo tecnologico, e il possesso di adeguati *requisiti professionali e di onorabilità* in capo agli esponenti aziendali.

Una volta autorizzata, l'agenzia *non* può trasferire o concedere l'autorizzazione a soggetti terzi, anche a titolo non oneroso, e neanche effettuare una cessione parziale di attività (*divieto di transazione commerciale dell'autorizzazione*) (circ. Min. Lav. 25/2004). Inoltre lo *svolgimento* dell'attività non può essere demandato dall'agenzia autorizzata a terzi, neanche limitatamente ad aspetti parziali (es. selezione dei candidati, gestione delle banche dati, stipulazione di contratti ecc.) ma deve essere svolto *direttamente attraverso le proprie strutture* e il proprio personale dipendente (*divieto di esternalizzazione*).

L'autorizzazione ministeriale abilita l'agenzia ad **operare su tutto il territorio nazionale**. Essa è rilasciata, per il primo biennio di attività, a titolo *provvisorio*; poi, *decorsi due anni*, su richiesta del soggetto autorizzato, il Ministero rilascia l'*autorizzazione a tempo indeterminato* subordinatamente alla verifica del corretto andamento della attività svolta e del rispetto degli obblighi di legge e del contratto collettivo (art. 4, comma 2, D.Lgs. 276/2003).

L'autorizzazione a titolo provvisorio è rilasciata dal Ministero del Lavoro *entro 60 giorni* dalla richiesta. L'autorizzazione a tempo indeterminato deve essere richiesta *entro 90 giorni* e, ricorrendone i presupposti, è rilasciata dal Ministero *entro 90 giorni dalla richiesta* (art. 4, comma 2, D.Lgs. 276/2003).

Nei casi di svolgimento delle attività di intermediazione in forma **abusiva**, cioè *senza autorizzazione*, opera un rigoroso **regime sanzionatorio**, che contempla *pene aggravate in caso di sfruttamento dei minori* (art. 18 D.Lgs. 276/2003).

A seguito del D.Lgs. 8/2016, che ha *depenalizzato* (ossia trasformato in illeciti amministrativi) numerose ipotesi di reato, l'*esercizio abusivo della attività di intermediazione* resta punito con sanzione penale (arresto fino a 6 mesi e ammenda da € 1.500 a € 7.500) (art. 18, comma 1, D.Lgs. 276/2003) esclusivamente nei casi in cui si accerti lo *scopo di lucro*; anche nel caso di *sfruttamento di minori* resta la sanzione penale (arresto fino a 18 mesi e ammenda fino € 300); negli altri casi la sanzione è depenalizzata e consta in una *sanzione amministrativa pecuniaria* (art. 1, D.Lgs. 8/2016).

La *legge di bilancio 2019* (art. 1, comma 445, L. 145/2018) ha disposto la maggiorazione degli importi delle sanzioni amministrative e ha stabilito che, nel caso in cui nei 3 anni precedenti il datore di lavoro sia stato destinatario di sanzioni (amministrative o penali) per i medesimi illeciti, tali maggiorazioni sono raddoppiate. A tal riguardo è stato precisato che l'arco triennale di riferimento deve essere inteso sia quale periodo in cui l'illecito è stato commesso, sia quale periodo in cui lo stesso è stato definitivamente accertato (circ. INL 2594/2019).

4.3 Altri soggetti abilitati

Accanto agli operatori pubblici (centri per l'impiego) e quelli privati (agenzie per il lavoro), vi sono *ulteriori soggetti* che possono effettuare l'**attività di mediazione**, a condizione che sia svolta *senza* finalità di lucro.

In particolare, sono abilitati ad esercitare le attività di mediazione i seguenti soggetti (art. 6 D.Lgs. 276/2003):

- gli **istituti di scuola secondaria di secondo grado**, statali e paritari, a condizione che rendano *pubblici* e gratuitamente accessibili sui relativi siti istituzionali i *curricula dei propri studenti* all'ultimo anno di corso e fino ad almeno 12 mesi successivi alla data del conseguimento del titolo di studio;
- le **Università pubbliche e private** ed i consorzi **universitari**, a condizione di rendere *pubblici* i *curricula dei propri studenti* nei *siti internet dell'Ateneo* per i 12 mesi successivi alla data di conseguimento del diploma di laurea;
- i **Comuni singoli o associati** nelle forme delle unioni di Comuni e delle Comunità montane e le **Camere di commercio**;
- le **associazioni dei datori di lavoro e dei lavoratori**, comparativamente più rappresentative sul piano nazionale, che possono operare anche mediante *associazioni territoriali* e *società di servizi controllate*;
- i **patronati**, gli **enti bilaterali** e le **associazioni senza fini di lucro** che hanno per oggetto la tutela del lavoro, l'assistenza e la promozione delle attività imprenditoriali, la progettazione e l'erogazione di percorsi formativi e di alternanza, la tutela della disabilità;
- i **gestori di siti internet**, a condizione che svolgano la predetta attività *senza finalità di lucro*;
- l'**Ente nazionale di previdenza per i lavoratori dello spettacolo** e dello sport professionistico, con esclusivo riferimento ai lavoratori dello spettacolo;
- l'**Ordine nazionale dei Consulenti del lavoro** mediante la costituzione di una apposita *fondazione* (o altro soggetto dotato di personalità giuridica costituito nell'ambito del Consiglio nazionale dei consulenti del lavoro).

L'attività di intermediazione deve essere svolta a livello *nazionale* previa iscrizione della fondazione nell'Albo delle agenzie per il lavoro. È in ogni caso fatto *divieto* ai consulenti del lavoro di *esercitare individualmente*, anche attraverso ramificazioni a livello territoriale, l'attività di intermediazione.

4.4 L'accreditamento dei soggetti abilitati

Le Regioni possono istituire appositi elenchi regionali per l'**accreditamento** degli operatori pubblici e privati che operano sul territorio regionale (art. 7, D.Lgs. 276/2003).

Il D.Lgs. 150/2015 (art. 12) ha ridefinito i principi per i regimi di accreditamento delle Regioni, tra cui rilevano in particolare i seguenti **criteri**:

- coerenza con il sistema di autorizzazione allo svolgimento delle attività di somministrazione, intermediazione, ricerca e selezione del personale, supporto alla ricollocazione professionale;
- definizione di requisiti minimi di solidità economica ed organizzativa, nonché di esperienza professionale degli operatori, in relazione ai compiti da svolgere;
- obbligo di interconnessione con il Sistema informativo unitario delle politiche del lavoro, nonché di invio all'ANPAL di ogni informazione utile a garantire un efficace coordinamento della Rete dei servizi per le politiche del lavoro.

I soggetti accreditati a svolgere funzioni e compiti in materia di politiche attive del lavoro sono iscritti in un apposito **Albo nazionale tenuto dall'ANPAL**: vi sono iscritte, in particolare, le agenzie per il lavoro accreditate ad operare su tutto il territorio nazionale e le agenzie che intendono operare nel territorio di Regioni che non abbiano istituito un proprio regime di accreditamento.

Considerata la necessità di *valorizzare la cooperazione tra servizi pubblici e privati* che operano nel mercato del lavoro, anche al fine di *rafforzare le capacità di incontro tra domanda e offerta di lavoro*, nonchè l'esigenza di garantire una maggiore *trasparenza* e *tracciabilità* dei servizi di politica attiva del lavoro, con **D.M. 11 gennaio 2018**, in attuazione dei principi individuati dall'art. 12 D.Lgs. 150/2015 (e 7 D.Lgs. 276/2003), sono stati definiti i **criteri per l'accreditamento dei servizi per il lavoro**.

I regimi di accreditamento dei servizi per il lavoro adottati dall'ANPAL, dalle Regioni e dalle Province autonome di Trento e di Bolzano sono finalizzati a garantire *servizi di qualità* agli utenti.

L'accreditamento è la procedura mediante la quale l'ANPAL, le Regioni e le Province autonome riconoscono a un operatore, pubblico o privato, l'*idoneità a erogare i servizi al lavoro* negli ambiti territoriali di riferimento, anche mediante l'utilizzo di risorse pubbliche, nonchè la partecipazione attiva alla rete dei servizi per le politiche del lavoro, con particolare riferimento ai **servizi di incontro fra domanda e offerta di lavoro** (art. 2, D.M. 11 gennaio 2018).

Il soggetto accreditato eroga i servizi per il lavoro secondo le disposizioni nazionali e regionali e nel rispetto dei principi di *legalità*, *non discriminazione*, *buon andamento*, *trasparenza* e *imparzialità*.

I **requisiti per l'accreditamento regionale** individuati dal D.M. 11 gennaio 2018 sono distinti in (artt. 4, 5 e 6):

a) *requisiti generali di ammissibilità* (es.: i soggetti accreditati ai servizi per il lavoro devono dotarsi di un **codice etico**);
b) *requisiti di ammissibilità di carattere giuridico-finanziario* (es.: avere uno statuto che preveda *tra le attività quella per cui si chiede l'accreditamento*; essere in regola con le disposizioni di legge riguardanti il *collocamento al lavoro delle persone con disabilità*; avere una dichiarazione da parte di un istituto di credito che *attesti la solidità economica* per i soggetti diversi dalla società di capitali, dalle società cooperative e dalle amministrazioni pubbliche di cui all'art. 1 D.Lgs. 165/2001);
c) *requisiti strutturali* (es. alla data di presentazione della domanda, è necessario possedere la *conformità delle sedi alle norme in materia di igiene, salute e sicurezza sul lavoro*; la conformità delle sedi alle *norme in materia di barriere architettoniche* e *accessibilità* e *visitabilità* per le persone con disabilità; indicazione visibile all'esterno dei locali di una *targa con l'indicazione dell'amministrazione che ha rilasciato l'accreditamento*).

Oltre ai suddetti requisiti, ogni sistema di accreditamento, nell'ambito delle proprie specificità territoriali, può poi prevedere **requisiti aggiuntivi** (art. 7).

I soggetti accreditati devono *confermare* il possesso dei suddetti requisiti ogni tre anni all'amministrazione che ha rilasciato l'accreditamento: il **mantenimento** del possesso dei requisiti per l'accreditamento è verificato dalle Regioni e dalla Province autonome.

In caso di accertamento di eventuali difformità nello svolgimento delle attività oggetto di accreditamento, rispetto alle disposizioni attuative previste, l'amministrazione competente deve comunicare al soggetto interessato l'irregolarità riscontrata e assegnare un termine perentorio, non inferiore a 15 giorni, per sanare la situazione di irregolarità. In caso di mancato adeguamento rispetto alle prescrizioni, l'amministrazione **sospende** l'accreditamento per un periodo di durata *non superiore a tre mesi*, comunicando l'avvenuta sospensione alle altre amministrazioni (art. 13, comma 2).

In caso di sospensione, **il soggetto accreditato può continuare a svolgere eventuali attività finanziate da amministrazioni pubbliche** che presuppongono l'accreditamento, *salvo* che la stessa non ne disponga, in via cautelativa, l'*interruzione* (art. 13, comma 5).

In alcuni casi, è peraltro disposta la **revoca** dell'accreditamento (art. 13, comma 6) (es. gravi irregolarità nello svolgimento delle attività oggetto di accreditamento; mancanza dei requisiti di accreditamento).

In caso di revoca dell'accreditamento, il soggetto accreditato (art. 13, commi 7 e 8):

a) *non può presentare una nuova domanda di accreditamento nei dodici mesi successivi* al provvedimento di revoca;
b) deve, nell'interesse degli utenti, *portare a termine eventuali attività finanziate da amministrazioni pubbliche che presuppongono l'accreditamento, salvo che la stessa non ne disponga l'interruzione*.

5 Obblighi comportamentali per gli operatori pubblici e privati

Specifici **obblighi comportamentali** sono previsti a carico delle *agenzie per il lavoro*, degli *operatori pubblici* e di tutti gli altri soggetti abilitati ad operare sul mercato. Tali obblighi concernono:

— il **divieto di campagne informative anonime**. Sono, infatti, vietate comunicazioni di tipo pubblicitario relative a servizi per l'impiego effettuate in forma anonima o a soggetti non autorizzati o accreditati.

  In tutte le comunicazioni e nelle inserzioni o annunci per la ricerca di personale, gli operatori, pubblici o privati, autorizzati o accreditati, devono indicare *gli estremi del provvedimento di autorizzazione o di accreditamento*, obbligo che si estende alle comunicazioni con qualunque mezzo effettuate (stampa, internet, televisione o altri mezzi di comunicazione) (art. 9);

— il **divieto di indagini sulle opinioni personali del lavoratore e divieto di trattamenti discriminatori**. È vietato agli operatori pubblici e privati, autorizzati o accreditati, effettuare indagini, trattamenti di dati o preselezione dei lavoratori, neanche se vi è il loro consenso, in base alle *convinzioni personali*, all'*affiliazione sindacale o politica*, al *credo religioso*, al *sesso* e all'*orientamento sessuale*, allo *stato matrimoniale* o di famiglia o di gravidanza, all'*età*, allo *stato di salute* e all'*eventuale handicap*, all'origine etnica, all'ascendenza, all'origine nazionale e al gruppo linguistico, nonché alle *eventuali controversie con precedenti datori di lavoro*.

  Al divieto si può *derogare* solo se tali dati concernono caratteristiche che incidono sulle modalità di svolgimento della attività lavorativa o costituiscono un requisito essenziale e determinante ai fini dello svolgimento dell'attività lavorativa, oppure se sono necessari al fine di fornire specifici servizi o azioni mirate (art. 10);

— il **divieto di oneri in capo ai lavoratori**. Gli operatori che svolgono servizi per l'impiego non possono esigere o percepire, direttamente o indirettamente, compensi dal lavoratore.

  I contratti collettivi stipulati da associazioni dei datori e dei prestatori di lavoro, comparativamente più rappresentative a livello nazionale o territoriale, possono stabilire che il divieto *non si applichi per specifiche categorie di lavoratori altamente professionalizzati o per specifici servizi* offerti dai soggetti autorizzati o accreditati (art. 11).

2
Le modalità di assunzione dei lavoratori

1 L'assunzione diretta dei lavoratori

Nella generalità dei casi l'instaurazione del rapporto di lavoro avviene mediante **assunzione diretta del lavoratore** (art. 4bis, D.Lgs. 181/2000). Con tale meccanismo i rapporti di lavoro possono lecitamente costituirsi *senza* l'intervento degli uffici pubblici, mediante *contatto diretto* tra lavoratore e datore di lavoro.

Agli uffici è rimesso essenzialmente il compito di *registrare* le assunzioni avvenute e verificare *formalmente* che non siano in violazione di norme inderogabili.

Oltre ai *divieti di discriminazione* (artt. 8 e 15 St. lav.), devono essere osservate le norme poste *a tutela dei lavoratori*, con particolare riguardo ai *minori* e alle *donne* (età minima per l'ammissione al lavoro di cui art. 3, L. 977/1967; divieto di adibire gli adolescenti ai lavori potenzialmente pregiudizievoli per il pieno sviluppo fisico, di cui all'art. 6, L. 977/1967; divieto di adibire le donne in stato di gravidanza o puerperio a determinate lavorazioni rischiose per la loro salute o per quella del nascituro, di cui all'art. 7, D.Lgs. 151/2001).

I *datori di lavoro privati* e gli *enti pubblici economici* procedono all'**assunzione diretta di tutti i lavoratori per qualsiasi tipologia di rapporto di lavoro**, salvo l'obbligo di assunzione mediante concorso eventualmente previsto dagli statuti degli enti pubblici economici (art. 4bis, D.Lgs. 181/2000).

La modalità dell'assunzione diretta si estende a *qualsiasi tipologia occupazionale*, anche diversa dal rapporto a tempo pieno e indeterminato, quale ad esempio l'apprendistato o il contratto di lavoro a tempo determinato.

Regole particolari restano, oltre che per le assunzioni nella P.A., per le assunzioni di *lavoratori cittadini di Stati non appartenenti all'Unione Europea residenti all'estero,* della *gente di mare* e di *lavoratori disabili*, che ancora fanno capo a forme di collocamento *speciali*.

2 La comunicazione obbligatoria di assunzione e di instaurazione del rapporto

2.1 La comunicazione anticipata

Nel sistema vigente di assunzione diretta del lavoratore, l'unico *adempimento* che permane per i datori di lavoro è quello di effettuare una **comunicazione agli uffici pubblici**.

Allo scopo di semplificare gli adempimenti per i datori di lavoro, la comunicazione è **inviata**, in via *telematica*, al **Ministero del Lavoro**, che la *mette a disposizione* dell'ANPAL, delle Regioni, dell'INPS, dell'INAIL e dell'Ispettorato nazionale del lavoro (INL) per le attività di rispettiva competenza (art. 13, comma 4, D.Lgs. 150/2015).

La **comunicazione deve essere effettuata entro il giorno antecedente l'instaurazione del rapporto di lavoro** (anche se festivo).

La comunicazione telematica garantisce la certezza circa la *data* di trasmissione: il servizio telematico rilascia una *ricevuta* dell'avvenuta trasmissione *indicante la data e l'ora di ricezione*, che fa fede, salvo prova di falso, per *documentare l'adempimento di legge*.

La scadenza del termine è fissata alle *ore 24* del giorno antecedente a quello di effettivo *inizio* del rapporto di lavoro.

Eccezioni all'obbligo di comunicazione preventiva ricorrono per le assunzioni effettuate in caso di:
- *urgenza connessa ad esigenze produttive* (la comunicazione può essere effettuata entro 5 giorni dall'instaurazione del rapporto di lavoro, ma è comunque necessario inviare una informativa il giorno prima);
- *forza maggiore* (la comunicazione deve essere effettuata entro il primo giorno utile e, comunque, non oltre il quinto giorno).

Un'ulteriore eccezione è prevista per le *agenzie di somministrazione* e le *pubbliche amministrazioni*, che effettuano la suddetta comunicazione entro il *ventesimo giorno del mese successivo alla data di assunzione* (art. 9bis, comma 2, D.Lgs. 181/2000).

Copia della comunicazione preventiva di assunzione deve essere **consegnata al lavoratore** dal datore di lavoro all'*atto dell'assunzione* e prima dell'inizio dell'attività (art. 40, comma 2, D.L. 112/2008, conv. in L. 133/2008). Tale adempimento può essere assolto anche con la consegna al lavoratore di copia del contratto individuale di lavoro.

L'occupazione di lavoratori *senza che risulti effettuata la comunicazione preventiva di assunzione* si configura come **lavoro in nero** e determina l'applicazione di pesanti sanzioni.

2.2 Applicazione e contenuto

La comunicazione preventiva deve essere effettuata per **tutte le tipologie contrattuali di lavoro subordinato**, anche quelle relative ai cd. contratti *speciali* (es. apprendistato, part-time).

L'obbligo di comunicazione dell'instaurazione del rapporto sussiste anche per le tipologie di lavoro che si realizzano in una collaborazione *coordinata e continuativa* del prestatore d'opera con un *unico committente*. Deve essere altresì comunicata l'instaurazione di rapporti di agenzia e di rappresentanza commerciale, se caratterizzati da prestazione coordinata e continuativa prevalentemente personale e la collaborazione coordinata e continuativa nelle pubbliche amministrazioni.

Deve essere comunicata, inoltre, l'instaurazione:
- di **rapporti di lavoro subordinato** o di **collaborazione coordinata e continuativa** stipulati con i soci lavoratori di cooperativa;
- di **tirocini di formazione e orientamento** e di ogni altro tipo di esperienza lavorativa ad essi assimilabile.

Tra i rapporti esclusi dall'*obbligo di comunicazione* (nota Min. Lav. 14-2-2007), ricordiamo: tutte le forme di *lavoro autonomo* reso ai sensi dell'art. 2222 c.c.; le attività rientranti nell'esercizio di una *professione intellettuale*; i periodi di *pratica professionale* e le prestazioni rese nell'ambito del cd. *volontariato*.

L'obbligo di comunicazione preventiva si applica a **tutti i datori di lavoro**, senza alcuna esclusione settoriale o tipologica (lavoro agricolo, marittimo, domestico, datore persona fisica, società, ente ecc.).

I datori di *lavoro domestico* possono trasmettere le comunicazioni obbligatorie secondo modalità semplificate e *direttamente all'INPS*.

Oltre che ai datori di lavoro *privati*, l'obbligo di comunicazione preventiva si applica anche ai datori di lavoro *pubblici* in qualsiasi forma avvenga l'assunzione (concorso, avviamento a selezione ecc.). Si tratta quindi degli **enti pubblici economici** e delle **pubbliche amministrazioni** di cui al D.Lgs. 165/2001.

Le pubbliche amministrazioni non sono tenute ad effettuare la comunicazione dell'assunzione quando si tratta dell'instaurazione di rapporti di lavoro con le categorie *escluse dalla privatizzazione* (es. magistrati, personale militare e delle forze di polizia ecc.) (nota Min. Lav. 14-2-2007).

La comunicazione riporta le seguenti **informazioni**: *dati anagrafici* del lavoratore; *data* di assunzione e di *cessazione* del rapporto di lavoro; *tipologia contrattuale* con cui il lavoratore viene occupato; *qualifica* professionale attribuita al lavoratore all'atto dell'assunzione; *trattamento economico* e *normativo* applicato. Inoltre, per effetto del **D.L. 4/2019, conv. in L. 28-3-2019, n. 26** (art. 3, comma 8) la comunicazione di assunzione deve contenere, a decorrere dal mese di aprile 2019, i dati relativi al *compenso o retribuzione* spettante al lavoratore, ai fini del monitoraggio sull'eventuale Reddito di cittadinanza fruito.

3 Comunicazioni obbligatorie relative alle vicende modificative e alla cessazione del rapporto di lavoro

Oltre all'assunzione, il datore di lavoro è obbligato a comunicare anche alcune **vicende modificative del rapporto di lavoro**, nonché la **cessazione** dello stesso.

In particolare vanno comunicate **entro 5 giorni** dal verificarsi dell'evento (art. 4bis, comma 5, D.Lgs. 181/2000):

- la trasformazione da rapporto di *tirocinio* o stage in rapporto di *lavoro subordinato*;
- la *proroga* del termine inizialmente fissato nel lavoro a tempo determinato e la trasformazione in rapporto di lavoro a tempo *indeterminato*;
- la trasformazione da *tempo parziale* a tempo *pieno*;
- la trasformazione da contratto di *apprendistato* a contratto a tempo *indeterminato*;
- il *trasferimento* e il *distacco* del *lavoratore*;
- la modifica della *ragione sociale* del datore di lavoro;
- il *trasferimento d'azienda* o di ramo di essa.

La **cessazione del rapporto di lavoro** a tempo *determinato* (se avviene in data anticipata rispetto al termine comunicato all'atto dell'assunzione) e del lavoro a tempo *indeterminato* deve essere comunicata **entro 5 giorni** dal verificarsi dell'evento (art. 21, comma 1, L. 264/1949).

Fanno eccezione le *pubbliche amministrazioni* che effettuano la suddetta comunicazione entro il *ventesimo giorno del mese successivo* a quello in cui è intervenuta la trasformazione o la cessazione del rapporto di lavoro (art. 4bis, comma 5, D.Lgs. 181/2000).

Per effetto del **D.Lgs. 23/2015**, per i rapporti di lavoro rientranti nel relativo campo di applicazione, in aggiunta alla predetta comunicazione di cessazione del rapporto, il datore di lavoro deve effettuare un'**ulteriore comunicazione**, entro 65 giorni dalla cessazione del rapporto, nella quale è indicata l'avvenuta ovvero la non avvenuta *conciliazione*, a seguito di apposita offerta (cd. conciliazione standard).

4 La pluriefficacia delle comunicazioni

La comunicazione anticipata di assunzione e le comunicazioni relative alle vicende modificative e alla cessazione del rapporto di lavoro sono *valide anche ai fini dell'assolvimento di tutti gli obblighi di comunicazione* che, a qualsiasi fine, sono a carico del datore di lavoro e dei lavoratori nei confronti (cd. **pluriefficacia**) (artt. 4bis, comma 6, D.Lgs. 181/2000; 9, comma 5, D.L. 76/2013, conv. in L. 99/2013):

- delle *sedi territoriali dell'Ispettorato del Lavoro*;
- dell'*INPS*;
- dell'*INAIL*;
- di *altre forme previdenziali sostitutive* o *esclusive*.

3

Gestione dei servizi per l'impiego, con particolare riferimento ai servizi ai cittadini e alle imprese

1 I servizi per l'impiego

1.1 L'elenco anagrafico e le schede professionali

La semplificazione delle modalità di assunzione ha comportato l'esigenza di *rinnovamento dell'apparato amministrativo*.

Innanzitutto, le liste di collocamento sono state sostituite dall'**elenco anagrafico** informatico, tenuto dai centri per l'impiego, in cui sono iscritte, a richiesta dell'interessato, le persone *inoccupate*, *disoccupate*, oppure occupate ma *in cerca di altro lavoro* (D.P.R. 442/2000).

La *distinzione*, di matrice economicistica, tra *inoccupati* (chi *non* ha mai lavorato) e *disoccupati* (chi è stato parte di un rapporto di lavoro, *poi cessato*), *non rileva* nella nozione di *disoccupazione* ai fini degli interventi di politica attiva del lavoro (condizione di colui che è *privo di lavoro — indipendentemente dall'aver svolto o meno in precedenza attività lavorativa* — e che è disponibile ad una occupazione).

Al fine di garantire effettiva *parità di trattamento* tra le persone in cerca di occupazione, l'iscrizione nell'elenco anagrafico è ammessa per *tutti i cittadini italiani, i cittadini di Stati membri dell'UE* e per gli *stranieri regolarmente soggiornati in Italia*.

Sono inoltre previste apposite **schede professionali** che riportano le *informazioni anagrafiche e professionali* del lavoratore e costituiscono, contemporaneamente, la base per le comunicazioni obbligatorie relative alle assunzioni (D.M. 30 ottobre 1997).

La scheda ha *valore certificativo* relativamente ai dati contenuti che riguardano lo stato di **disoccupazione** e la sua *durata*, nonché l'iscrizione in liste o elenchi speciali.

Secondo le previsioni del **D.Lgs. 150/2015**, il modello di scheda anagrafica e professionale dei lavoratori, viene definito dall'ANPAL, unitamente alle modalità di interconnessione tra i centri per l'impiego e il Sistema informativo unitario delle politiche del lavoro.

1.2 L'accertamento dello stato di disoccupazione

Lo stato di disoccupazione è attribuito ai **soggetti privi di impiego** che dichiarano, in forma telematica, al *Sistema informativo unitario delle politiche del lavoro*, la propria **immediata disponibilità allo svolgimento di attività lavorativa** (DID) e alla **partecipazione alle misure di politica attiva del lavoro** concordate con i centri per l'impiego (art. 19, comma 1, D.Lgs. 150/2015).

Inoltre, per effetto dell'introduzione del **Reddito di cittadinanza** ad opera del D.L. 4/2019, conv. in L. 26/2019, si considerano in stato di disoccupazione, sia per le finalità di cui al cit. Decreto sia *ad ogni altro fine*, anche *i lavoratori il cui reddito da lavoro dipendente o autonomo corrisponde a un'imposta lorda pari o inferiore alle detrazioni spettanti ai sensi dell'art. 13 del D.P.R. 917/1986* (art. 4, comma 15quater D.L. 4/2019, conv. in L. 26/2019).

Conseguentemente, il combinato disposto dell'art. 19, D.Lgs. 150/2015 e dell'art. 4, comma 15quater D.L. 4/2019 cit. comporta che sono in «stato di disoccupazione», i soggetti che rilasciano la DID e che *alternativamente* soddisfano uno dei seguenti requisiti (circ. ANPAL 23-7-2019, n. 1):

— *non svolgono attività lavorativa* sia di tipo subordinato che autonomo;

— sono lavoratori il cui *reddito da lavoro dipendente o autonomo corrisponde a un'imposta lorda pari o inferiore alle detrazioni* spettanti ai sensi dell'art. 13 del D.P.R. 917/1986.

La registrazione è effettuabile dal lavoratore dal momento stesso della comunicazione di licenziamento, anche in pendenza del periodo di preavviso; in tal caso il sistema lo classifica formalmente come *soggetto a rischio di disoccupazione*, permettendo l'immediato avvio della fase di presa in carico.

Lo stato di disoccupazione costituisce il *requisito necessario* per avere accesso agli strumenti a sostegno del reddito, nonché per l'iscrizione nell'elenco tenuto dai servizi per il collocamento mirato (art. 8, L. 68/1999).

La presentazione della domanda di prestazioni a sostegno del reddito (NASPI o DIS-COLL) *equivale* alla dichiarazione di immediata disponibilità del lavoratore (DID), ed è trasmessa dall'INPS all'ANPAL, ai fini dell'inserimento nel Sistema informativo unitario delle politiche del lavoro.

Per l'accesso ai servizi ed alle *misure di politica attiva del lavoro*, invece, lo stato di disoccupazione *non rappresenta un elemento esclusivo*.

Lo stato di disoccupazione è **sospeso** in caso di rapporto di lavoro subordinato di durata fino a 6 mesi.

In alcune ipotesi, invece, si **decade** dallo stato di disoccupazione (es. *mancata accettazione* di un'*offerta di lavoro congrua*).

Il lavoratore che abbia **perso** lo stato di disoccupazione *non può effettuare una nuova registrazione* prima che siano decorsi 2 mesi.

1.3 L'offerta di lavoro congrua

Con D.M. 10-4-2018 si è provveduto a definire i criteri di congruità dell'**offerta di lavoro** presentata al soggetto disoccupato, o con trattamenti a sostegno del reddito, nell'ambito degli interventi attivati da parte delle competenti strutture pubbliche (art. 25, D.Lgs. 150/2015).

L'offerta di lavoro deve contenere, al momento della sua presentazione, le seguenti **informazioni** minime: qualifica da ricoprire e mansioni; requisiti; luogo e orario di lavoro; tipologia contrattuale; durata del contratto di lavoro; retribuzione prevista o i riferimenti al CCNL applicato. La congruità sussiste se risultano soddisfatte una serie di condizioni in riferimento a diversi **parametri**, quali soprattutto la *tipologia contrattuale*, le *competenze* del lavoratore e la *distanza* dal domicilio del lavoratore.

In particolare, l'offerta di lavoro è considerata **congrua** se:

— risulta *coerente con le esperienze e competenze* maturate dall'interessato, secondo quanto definito dal patto di servizio personalizzato con i centri per l'impiego. L'offerta deve *corrispondere all'area o aree di attività relative al settore economico professionale* cui si riferiscono le competenze dell'interessato, con estensione anche ad aree di attività o settori professionali di tipo diverso, rispettivamente in caso di disoccupazione di durata superiore a 6 mesi o a 12 mesi, purché vi sia continuità dei contenuti professionali rispetto alle esperienze e competenze comunque maturate dall'interessato;

— il *luogo di lavoro*, per i soggetti in stato di disoccupazione da massimo 12 mesi, non dista più di *50 Km* dal domicilio del soggetto o comunque deve risultare raggiungibile mediamente in *80 minuti* con i mezzi di trasporto pubblici. Per i soggetti in stato di disoccupazione da oltre 12 mesi, la distanza del luogo di lavoro è elevata a 80 Km dal domicilio del soggetto o comunque deve risultare raggiungibile mediamente in 100 minuti con i mezzi di trasporto pubblici. Nel caso in cui il luogo di lavoro non sia raggiungibile con i mezzi di trasporto pubblici, le predette distanze si considerano ridotte del 30%;

— consiste in un *rapporto di lavoro* a tempo *indeterminato* oppure *determinato* o di somministrazione di *durata non inferiore a 3 mesi*, a tempo pieno o con un orario di lavoro non inferiore all'80% di quello dell'ultimo contratto di lavoro dell'interessato, e prevede una *retribuzione non inferiore ai minimi tariffari dei CCNL*. Per i soggetti *percettori di misure di sostegno al reddito*, indipendentemente dalla durata dello stato di disoccupazione, l'entità della retribuzione, al netto dei contributi a carico del lavoratore, deve risultare superiore di almeno il 20% all'indennità percepita nel mese precedente. Per i beneficiari del Reddito di cittadinanza, l'entità della retribuzione viene calcolata con criteri particolari.

2 L'assistenza alla ricerca di impiego

2.1 I destinatari

In ogni Regione, i servizi pubblici per l'impiego sono tenuti ad effettuare gli interventi di politica attiva del lavoro definiti a livello nazionale nell'ambito dei *LEP* e, per ciascuna Regione, dalle *convenzioni* concluse con l'ANPAL.

Vi rientrano gli interventi mirati all'*accoglienza* e *prima informazione*, all'*orientamento*, alla *formazione* e alla *ricollocazione*, rivolti a **soggetti inoccupati e disoccupati**, con particolare riguardo ai *percettori di ammortizzatori sociali* e ai *lavoratori svantaggiati*, cioè a categorie di soggetti che hanno difficoltà a entrare, senza assistenza, nel mercato del lavoro.

In particolare, le misure di *assistenza intensiva alla ricerca di un'occupazione* sono *prioritariamente* destinate ai *soggetti disoccupati*, per i quali sia stato validamente accertato il possesso dello stato di disoccupazione.

L'accesso alla *generalità* delle misure di politica attiva del lavoro, invece, *non* è subordinato al possesso, da parte dell'interessato, dello stato di disoccupazione: pertanto, la profilazione dell'utente, la sua presa in carico, l'assistenza nella ricerca di occupazione e l'orientamento verso percorsi di riqualificazione è prestata dalle strutture pubbliche nei confronti di **tutti i richiedenti**, anche se trattasi di soggetti già impegnati in attività lavorative, che possono essere interessati comunque ad un diverso impiego (perché ad esempio non sono occupati a tempo pieno o ricevono una bassa remunerazione o svolgono attività non confacenti al proprio livello professionale) (circ. Min. Lav. 34/2015).

Per la generalità delle misure di politica attiva, inoltre, l'utente potrà scegliere, su *tutto il territorio nazionale*, il centro per l'impiego di riferimento, stante il principio secondo cui «i servizi e le misure di politica attiva del lavoro sono disponibili a tutti i residenti sul territorio nazionale, a prescindere dalla Regione o Provincia autonoma di residenza» (art. 11, D.Lgs. 150/2015 e circ. Min. Lav. 34/2015).

2.2 I servizi ai cittadini individuati dal D.M. 11 gennaio 2018, n. 4

Il **D.M. 11 gennaio 2018, n. 4** ha specificato i *livelli essenziali delle prestazioni* da erogare su tutto il territorio nazionale, ad integrazione di quelle già previste dal D.Lgs. 150/2015, al quale il citato decreto rinvia.

Tra le principali prestazioni rivolte alle *persone in cerca di lavoro*, il D.M. 11 gennaio 2018, n. 4 indica, ad esempio, le seguenti (All. B):

— **accoglienza e prima informazione**.

Tali attività hanno la funzione, nel *primo incontro* con la persona, di presentare il *catalogo dei servizi* e delle *misure fruibili* nel mercato del lavoro a livello *locale, regionale e nazionale*, al fine di soddisfare le prime richieste della persona di tipo *informativo* o *amministrativo*. In pratica, i **servizi di prima informazione** consistono in un *iniziale approccio*, finalizzato a fornire indicazioni sui *servizi per il lavoro* e sul *percorso di attivazione* della persona e sono volti a far acquisire le *informazioni di base sulle opportunità di formazione e lavoro*;

— **aggiornamento della scheda anagrafica professionale**, sulla base delle informazioni raccolte;
— **supporto** per l'accesso alla **DID on line**;
— **orientamento di base**.

Tale servizio *analizza le competenze* della persona in relazione alla situazione del mercato del lavoro locale, la supporta nella *comprensione del proprio bisogno* e mira ad *orientarla* sulle opportunità di formazione e lavoro che meglio si *adattano* al suo profilo, privilegiando un percorso *individualizzato* di inserimento e di *disponibilità* allo svolgimento di determinate attività;

- **orientamento specialistico**.

  Questo servizio consiste nella valutazione della *tipologia di esigenza* espressa dalla persona e nell'*individuazione delle competenze* della stessa per avviarla a percorsi maggiormente *rispondenti* alle proprie potenzialità;

- **supporto all'inserimento o al reinserimento lavorativo**.

  Tale servizio mira a supportare la persona nella *ricerca di un'opportunità di lavoro*, tra quelle disponibili, anche attraverso *laboratori di ricerca attiva*. Tali attività sono in pratica finalizzate a favorire l'attivazione della persona e lo sviluppo di *abilità di ricerca del lavoro*, supportandola *operativamente* nella realizzazione del *piano di ricerca attiva del lavoro* e progettando le *misure di inserimento* lavorativo e/o formativo. Ad esempio, attività in cui il servizio in esame si *concretizza* sono quelle finalizzate: all'*accompagnamento al lavoro* (es. supporto nella redazione del CV; *preparazione* ad un'adeguata conduzione di *colloqui di lavoro*); all'*incontro tra domanda e offerta di lavoro* (es. *promozione dei profili*, delle *competenze* e della *professionalità* dei soggetti presso il sistema imprenditoriale; contatto dei potenziali candidati per la *verifica della loro effettiva disponibilità*); all'attivazione di *tirocini*, ai fini della promozione di una *esperienza formativa on the Job* ai fini di un incremento delle competenze;

- **avviamento a formazione**.

  Questo servizio permette di fornire alla persona gli strumenti per conoscere l'offerta formativa per l'*adeguamento delle competenze*, la *qualificazione* e la *riqualificazione professionale*;

- gestione di **strumenti finalizzati alla conciliazione dei tempi di lavoro** con gli obblighi di **cura** nei confronti di **minori** o di **soggetti non autosufficienti**;
- **collocamento mirato**.

  Questo servizio viene svolto dall'operatore in *front office* in presenza della persona, al fine di *iscriverla al collocamento mirato* e, in un secondo momento, in *back office* per la verifica dei requisiti. Concretamente, l'iscrizione al collocamento mirato comprende, ad esempio, le attività di *acquisizione della documentazione*; di *verifica della sussistenza dei requisiti* richiesti (età lavorativa, status occupazionale, percentuale di invalidità, residue capacità lavorative); eventuali richieste di certificazioni/contatti INPS- INAIL.
  Nell'ambito di tale servizio sono, inoltre, comprese le attività di *orientamento di base*, *incontro tra domanda e offerta di lavoro* e di *orientamento specialistico*;

- **supporto all'autoimpiego**.

  Tale servizio di carattere orientativo mira a *verificare* con la persona le *attitudini imprenditoriali* e a renderla consapevole sulle reali *propensioni individuali*. Alla persona viene presentata la panoramica degli enti sul territorio titolati a supportare i processi di avvio all'impresa, anche attraverso incentivi e a seguirne i primi passi con il tutoraggio.

Oltre ai suddetti servizi, il D.M. 11 gennaio 2018, n. 4 ne individua altri, ugualmente importanti e che saranno esaminati a breve, come ad esempio *la profilazione*, la *presa in carico* dell'utente e l'*assegno di ricollocazione*.

2.3 Il principio di condizionalità

Nel nuovo modello di integrazione delle politiche attive e passive, il diritto ai trattamenti a sostegno del reddito è condizionato ad un **comportamento attivo del lavoratore** che deve rendersi *disponibile rispetto alle iniziative di orientamento e di natura formativa, di riqualifica-*

zione, di ricerca e accettazione di un nuovo impiego, proposte dai servizi per l'impiego (**principio di condizionalità**).

Tale principio, già avanzato in precedenti disposizioni normative (dal D.Lgs. 181/2000 all'art. 4, comma 40 ss., L. 92/2012), è risultato per il passato di scarsa effettività, soprattutto a causa dell'inefficienza delle strutture pubbliche. Il D.Lgs. 150/2015 ne prevede, ora, una regolamentazione, sia per i percettori di trattamenti a sostegno del reddito in costanza di rapporto, sia per i percettori di trattamenti a sostegno del reddito in caso di perdita dell'occupazione, con l'obbligo delle strutture pubbliche di comunicare l'inerzia dell'interessato e con l'applicazione in caso di inosservanza di *sanzioni*.

Le sanzioni sono adottate dal centro per l'impiego e vanno dalla *decurtazione della prestazione alla perdita della stessa e dello stato di disoccupazione* (la sanzione è comunicata all'INPS e all'ANPAL).

2.4 La profilazione e la presa in carico dell'utente

L'attività di profilazione, cui provvede il *Sistema informativo unitario delle politiche del lavoro* dopo la registrazione, consiste nella *raccolta dei dati della persona* relativamente al *percorso formativo e lavorativo* intrapreso fino a quel momento.

La profilazione è in pratica lo strumento che **misura la distanza della persona rispetto al lavoro** (D.M. 11 gennaio 2018, n. 4, All. B), che serve per effettuare una *segmentazione* dell'utenza: infatti, mediante una *procedura automatizzata* di elaborazione dei dati, sulla base delle informazioni fornite, l'utente è assegnato ad una *classe di profilazione*, che serve a valutarne il livello di occupabilità.

Anche ai *lavoratori autonomi* è garantito l'accesso alle *informazioni* sul mercato e ai servizi personalizzati di *orientamento, riqualificazione* e *ricollocazione* mediante un apposito sportello (L. 81/2017).

Sempre a seguito della registrazione dell'utente, il centro per l'impiego provvede, poi, giuridicamente alla sua **presa in carico**, mediante la stipula del *Patto di servizio personalizzato* (art. 20 D.Lgs. 150/2015) che, a seguito dell'introduzione del Reddito di cittadinanza (Rdc), come si vedrà, ha assunto la denominazione di **Patto per il Lavoro** (sia in relazione al Rdc che per ogni altro fine).

Nel Patto sono formalizzate, da un lato, le *misure che saranno attuate dal centro per l'impiego*, dall'altro, il *profilo personale di occupabilità* del lavoratore e la sua disponibilità alle iniziative che gli saranno proposte.

Particolare rilevanza ha il *profilo personale di occupabilità*: infatti, l'elaborazione del Patto deve prevedere un **percorso individuale**, coerente rispetto alle caratteristiche personali, formative e professionali della persona e alla profilazione (D.M. 11 gennaio 2018, n. 4, All. B).

Le misure del Patto vanno da interventi di *orientamento*, per il rafforzamento delle competenze nella *ricerca attiva* di lavoro (ad esempio, mediante stesura del curriculum vitae, preparazione a colloqui e selezioni di lavoro), fino ad iniziative di *formazione* e *riqualificazione* e alla vera e propria offerta di lavoro (D.M. 11 gennaio 2018, n. 4, All. B; art. 20, D.Lgs. 150/2015).

Per ottenere il Patto, l'utente, entro *30 giorni* dalla registrazione nel Sistema informativo unitario delle politiche del lavoro, deve **contattare il centro per l'impiego**. Il termine è ridotto a 15 giorni per i disoccupati titolari di trattamento a sostegno del reddito (es. NASPI). In caso di omissione, è lo stesso centro per l'impiego a convocare direttamente il lavoratore.

La convocazione da parte del centro per l'impiego deve avvenire nei successivi *30 giorni* (o *15 giorni* nel caso di soggetti fruitori di trattamenti a sostegno del reddito); il termine ultimo è comunque di 90 giorni dall'inizio della disoccupazione.

Se dopo 60 giorni dalla registrazione il lavoratore disoccupato *non* è stato ancora convocato, ha diritto a richiedere la *profilazione* direttamente (telematicamente) all'**ANPAL**.

2.5 Le misure per i lavoratori titolari di trattamenti a sostegno del reddito

Quando il Patto è stipulato con soggetti **titolari di trattamenti a sostegno del reddito** connessi alla perdita dell'occupazione o in costanza di rapporto, il centro per l'impiego deve attuare le misure previste dal D.Lgs. 150/2015 (art. 21), che costituiscono per il lavoratore o il disoccupato il *presupposto* per la fruizione dell'indennità.

Le misure del Patto di servizio sono *differenziate* a seconda del trattamento di cui si beneficia.

In particolare, per i **trattamenti connessi alla perdita dell'occupazione** (NASPI, indennità DIS-COLL), il Patto deve prevedere la partecipazione a iniziative e laboratori per il *rafforzamento delle competenze nella ricerca attiva di lavoro*, la partecipazione a iniziative di carattere *formativo* o di *riqualificazione* o altra iniziativa di politica attiva o di attivazione e l'accettazione di *congrue offerte di lavoro*. L'attivazione del disoccupato deve avvenire nei tempi previsti dal Patto.

La richiesta all'INPS di uno dei trattamenti a sostegno del reddito connessi allo stato di disoccupazione determina automaticamente l'*immediata disponibilità* dell'interessato a svolgere un'*attività lavorativa*, alla *ricerca attiva di lavoro* e alla partecipazione a percorsi di *riqualificazione professionale*, secondo le modalità definite dai servizi competenti. Ricevuta la richiesta per il trattamento, l'INPS trasmette i dati del lavoratore all'ANPAL ai fini dell'*inserimento nel Sistema informativo unitario delle politiche del lavoro.*

I lavoratori dipendenti con **trattamenti a sostegno del reddito in costanza di rapporto** (integrazioni salariali, contratto di solidarietà, prestazioni dei fondi bilaterali), per i quali la riduzione di orario sia superiore al 50 % dell'orario di lavoro, calcolato in un periodo di 12 mesi, devono essere convocati in *orario compatibile* con la prestazione lavorativa e il patto di servizio personalizzato può essere stipulato sentito il datore di lavoro e con l'eventuale concorso dei fondi interprofessionali per la formazione continua (art. 22, D.Lgs. 150/2015 e art. 8, D.Lgs. 148/2015).

Il datore di lavoro, *entro 120 giorni* dall'inizio della procedura, deve comunicare al centro per l'impiego i nominativi dei lavoratori interessati dalla **riduzione** dell'**orario di lavoro superiore al 50%**. Il centro per l'impiego deve convocare i lavoratori nel termine di 30 giorni dal ricevimento della comunicazione (D.M. 4/2018).

Il Patto deve prevedere, come per il primo caso, l'individuazione di un *responsabile delle attività,* la definizione del *profilo personale di occupabilità* dell'interessato e le modalità con cui la ricerca attiva di lavoro è dimostrata al responsabile delle attività.

Per tale specifico caso non sarà prevista, invece, la definizione degli *atti di ricerca attiva* che devono essere compiuti e la *tempistica* degli stessi e la *frequenza ordinaria* di contatti con il responsabile delle attività.

L'attivazione del lavoratore deve avvenire nei tempi previsti dal Patto. In caso di *inerzia* o di *rifiuto ingiustificato*, il lavoratore è soggetto alle **sanzioni** stabilite dal D.Lgs. 150/2015: si va dalla *perdita dello stato di disoccupazione* alla *decurtazione* dei trattamenti a sostegno del reddito eventualmente fruiti fino alla *perdita del diritto* allo stesso nei casi più gravi (ad esempio in caso di ripetuta mancata partecipazione ad iniziative formative o di riqualificazione o, per i titolari di trattamento connesso alla perdita di lavoro, in caso di rifiuto ingiustificato di un'offerta di lavoro congrua).

2.6 Il programma GOL

Al fine di favorire la *transizione occupazionale* mediante il potenziamento delle politiche attive del lavoro e di sostenere il percorso di riforma degli ammortizzatori sociali, la **legge di bilancio 2021** (L. 30-12-2020, n. 178) ha istituito il «**Fondo per l'attuazione di misure relative**

alle politiche attive rientranti tra quelle ammissibili dalla Commissione europea nell'ambito del programma React EU» (art. 1, comma 324).

L'intento è stato quello di utilizzare le risorse del Fondo, in parte, per l'istituzione di un Programma nazionale, denominato **Garanzia di occupabilità** (GOL), finalizzato all'inserimento occupazionale mediante l'erogazione di *servizi specifici di politica attiva del lavoro*, nell'ambito del Patto di servizio personalizzato (ora Patto per il Lavoro) stipulato, ai sensi dell'art. 20 del D.Lgs. 150/2015, tra i soggetti disoccupati e i centri per l'impiego.

Il Programma GOL nasce nell'ambito delle iniziative varate dal Governo, ritenute necessarie ad accompagnare la ripresa economica dopo la crisi dovuta alle conseguenze della pandemia.

Le singole **concrete** misure di politica attiva sono demandate alle **Regioni**, sulla base degli *standard* fissati a *livello nazionale.*

Il GOL è stato adottato con *decreto 5 novembre 2021.*

2.7 L'assegno di ricollocazione

L'**assegno individuale di ricollocazione** (Adr) è una somma di denaro spendibile presso i centri per l'impiego e i servizi accreditati, al fine di ottenere un servizio di **assistenza intensiva nella ricerca di lavoro**: l'assistenza consiste nel fornire un *sostegno continuativo* al soggetto in tutte le attività necessarie alla sua ricollocazione, attraverso l'assegnazione di un *tutor*, la definizione e la condivisione di un *programma personalizzato* per la ricerca attiva di lavoro, la *promozione del profilo professionale* verso i potenziali datori di lavoro.

L'assegno di ricollocazione rientra nelle misure di *supporto all'inserimento/reinserimento lavorativo* (D.M. 11 gennaio 2018, n. 4, All. B).

L'erogazione dell'assegno non è destinata alla persona disoccupata, ma all'operatore incaricato della fornitura del servizio, in misura *proporzionale al risultato occupazionale raggiunto* e soltanto se la persona trova lavoro.

Il D.Lgs. 150/2015 (art. 23) individua, come **beneficiario** dell'assegno di ricollocazione, il lavoratore fruitore dell'indennità NASPI, in stato di disoccupazione *per un periodo superiore a 4 mesi.*

L'erogazione di tale assegno per i percettori di NASPI era stata in realtà sospesa, *fino al 31-12-2021*, dal D.L. 4/2019, conv. in L. 26/2019 (art. 9, comma 7) che, contemporaneamente, l'aveva prevista per i beneficiari del Reddito di cittadinanza tenuti a stipulare il Patto per il lavoro.

Tuttavia, la **legge di bilancio 2021**, nell'abrogare la predetta disposizione del D.L. 4/2019, conv. in L. 26/2019 (art. 1, comma 327), che sospendeva l'erogazione dell'assegno per i percettori di NASPI, ha stabilito che i centri per l'impiego possano riconoscere l'assegno di ricollocazione, **per il 2021** e nel rispetto dei *limiti legislativi di spesa*, anche a coloro che si trovino in una delle seguenti condizioni (art. 1, comma 325):

- *percezione di NASPI* e *DIS-COLL da oltre 4 mesi*;
- *collocazione in cassa integrazione guadagni ai sensi dell'art. 24bis del D.Lgs. 148/2015* (accordo di ricollocazione);
- sospensione del rapporto di lavoro con collocazione in *cassa integrazione per cessazione di attività* (ex art. 44 D.L. 109/2018, conv. in L. 130/2018).

Dai beneficiari dell'assegno di ricollocazione, la legge di bilancio 2021 ha **escluso** coloro che, beneficiando degli ammortizzatori sociali, al termine della fruizione degli stessi, sono *in grado di raggiungere i requisiti per l'accesso al pensionamento*.

L'assegno di ricollocazione deve prevedere, insieme con il bilancio delle competenze e con l'analisi di eventuali bisogni formativi di qualificazione delle competenze, il **piano di riqualificazione** necessario affinché la persona possa colmare il proprio *fabbisogno formativo* (art. 1, comma 326, legge di bilancio 2021).

3 Il Reddito di cittadinanza

3.1 Funzione e soggetti beneficiari

Il Reddito di cittadinanza (RdC) è stato istituito, a decorrere dal *mese di aprile 2019*, dal D.L. 28-1-2019, n. 4, conv. in L. 28-3-2019, n. 26: trattasi di un sostegno economico che, in presenza dei requisiti richiesti dalla legge, è riconosciuto a soggetti che si trovino *momentaneamente* in difficoltà, con l'obiettivo di *reinserirli* lavorativamente e socialmente.

Il Reddito di cittadinanza ha **sostituito il Reddito di inclusione**.

Il ReI era stato istituito, a decorrere dal 1° gennaio 2018, dal D.Lgs. 147/2017, quale misura nazionale unica di contrasto alla povertà, in sostituzione dell'assegno di disoccupazione (cd. ASDI). Il beneficio era riconosciuto sulla base dei requisiti previsti dalla legge (di cittadinanza, di residenza e soggiorno; condizione di bisogno) ed era *erogato dall'INPS*, mediante l'utilizzo di una carta di pagamento elettronica (cd. carta REI), per un *periodo continuativo non superiore a 18 mesi*, salvo rinnovo, per non più di 12 mesi, dopo che fossero trascorsi almeno 6 mesi dalla data di cessazione del godimento della prestazione.

L'**ultima data utile per la presentazione della domanda di ReI è stata il 28-2-2019**.

Il Reddito di cittadinanza è definito «**misura fondamentale di politica attiva del lavoro** a garanzia del diritto al lavoro, di *contrasto alla povertà*, alla disuguaglianza e all'esclusione sociale, destinata a favorire il diritto all'informazione, all'istruzione, alla formazione e alla cultura attraverso politiche volte al **sostegno economico** e all'**inserimento sociale** dei soggetti a rischio di emarginazione nella società e nel mondo del lavoro» (art. 1, D.L. 4/2019, conv. in L. 26/2019; circ. INPS 43/2019).

In alcune ipotesi previste dalla legge (es. nuclei familiari composti esclusivamente da uno o più componenti di età pari o superiore a 67 anni), il RdC assume la denominazione di **Pensione di cittadinanza** (PdC), che consiste in un *sussidio economico per le persone anziane in difficoltà*.

Il Reddito di cittadinanza è riconosciuto ai nuclei familiari che, al momento della presentazione della domanda e per tutta la durata dell'erogazione del beneficio, siano in possesso, *cumulativamente*, di alcuni requisiti previsti dalla legge. In particolare, sono richiesti:

- per il **richiedente il beneficio**, requisiti di *cittadinanza*, *residenza* e *soggiorno* (es. possesso della *cittadinanza italiana o di Paesi facenti parte dell'Unione europea*; *residenza in Italia per almeno 10 anni*, di cui gli ultimi 2, in modo continuativo).

  Ai fini dell'*accertamento del requisito della residenza in Italia* per almeno 10 anni, di cui gli ultimi 2 in modo continuativo, i competenti servizi comunali possono chiedere ai soggetti, con regolare titolo di soggiorno, richiedenti il RdC, di dimostrare, qualora non risultasse sufficiente il ricorso alle verifiche anagrafiche, la sussistenza della **residenza effettiva**, mediante oggettivi ed univoci elementi di riscontro (nota Min. Lav. 14-4-2020, n. 3803);

- per il **nucleo familiare**, requisiti *reddituali* e *patrimoniali* (es. *valore del patrimonio immobiliare, in Italia e all'estero, diverso dalla casa di abitazione, non superiore ad una soglia massima prevista dalla legge*);
- requisiti relativi al **godimento di beni durevoli** (es. nessun componente il nucleo familiare deve essere *intestatario o deve avere piena disponibilità di autoveicoli immatricolati la prima volta nei 6 mesi antecedenti la richiesta*);
- per il **richiedente il RdC**, la **mancata sottoposizione a misura cautelare personale** (anche adottata a seguito di convalida dell'arresto o del fermo), nonché la **mancanza di condanne definitive**, intervenute nei 10 anni precedenti la richiesta, per alcuni delitti indicati dal D.L. 4/2019, conv. in L. 26/2019 (es. *Associazioni con finalità di terrorismo anche internazionale o di eversione dell'ordine democratico ex* art. 270bis c.p.).

Qualora il beneficiario venga sottoposto a misura cautelare, è prevista la **sospensione del beneficio** (art. 7ter, D.L. 4/2029 conv. in L. 26/2019).

Tale **sospensione** è **legittima**, in quanto il legislatore ha previsto un particolare requisito di onorabilità per la richiesta del Reddito di cittadinanza — appunto la mancata soggezione a misure cautelari personali — che, al pari di qualsiasi altro requisito, deve sussistere non solo al momento della domanda, ma anche per tutta la durata dell'erogazione del beneficio economico.

Il provvedimento di sospensione in caso di misure cautelari sopravvenute, quindi, altro non è che la conseguenza del *venir meno di un requisito necessario* alla concessione del beneficio e rientra, per ciò stesso, tra i casi in cui la giurisprudenza costituzionale riconosce la legittimità di sospensione, revoca o decadenza, anche attraverso meccanismi automatici (Corte Cost. sent. 126/2021).

Non ha diritto al Rdc il componente del nucleo familiare disoccupato a seguito di **dimissioni volontarie**, nei *12 mesi successivi* alla data delle dimissioni, fatte salve le dimissioni per *giusta causa* (es.: dimissioni per *mancato pagamento della retribuzione*).

Possono accedere al Reddito di cittadinanza **anche le persone** «**senza dimora**», se in possesso dei requisiti di *residenza e soggiorno*, nonché degli altri requisiti richiesti dalla legge (nota Min. Lav. 19-2-2020, n. 1319).

3.2 Presentazione della domanda, riconoscimento ed erogazione del beneficio

La **domanda** per ottenere il Reddito di cittadinanza può essere presentata in *modalità cartacea* (presso gli *uffici abilitati* alla gestione del servizio); *on line*, direttamente sul sito del Ministero del Lavoro; presso i *Centri di Assistenza Fiscale* (CAF), previa stipula di una convenzione con l'INPS; presso gli *Istituti di patronato*.

Il Reddito di cittadinanza è **riconosciuto dall'INPS**, previa verifica del possesso dei requisiti previsti dalla legge: il beneficio è riconosciuto per il periodo durante il quale il beneficiario si trova nelle condizioni richieste dalla legge per un *periodo continuativo non superiore a 18 mesi, salvo rinnovo* per *ulteriori 18 mesi*. Il beneficio è erogato tramite la Carta per il Reddito di cittadinanza («**carta RdC**»), cioè una carta prepagata sulla quale, mensilmente, è accreditato il beneficio.

La carta RdC può essere utilizzata, ad esempio, per *pagare le utenze*; le *spese* condominiali, per fare alcune spese di *beni di consumo*; per *prelevare mensilmente contanti entro i limiti di legge*. Tuttavia, al fine di prevenire e contrastare fenomeni di impoverimento e l'insorgenza dei disturbi da gioco d'azzardo (DGA), è previsto il **divieto di utilizzo del beneficio** economico per giochi che prevedono vincite in denaro o altre utilità. Inoltre, la carta non può essere usata per esigenze legate all'acquisto di alcuni beni e servizi (es.: *articoli di gioielleria*) (D.M. 19 aprile 2019).

Con **Decreto 30 aprile 2021**, il Ministero del Lavoro ha stabilito *nuove modalità di erogazione* del Reddito di cittadinanza. Tra le novità, rileva la possibilità di richiedere, nel rispetto delle condizioni e dei limiti previsti dalla legge, che il beneficio venga erogato *anche dividendo l'importo complessivo tra i vari componenti maggiorenni del nucleo familiare* (art. 2).

3.3 Condizioni richieste per ricevere il Reddito di cittadinanza

L'erogazione del RdC è condizionata alla **dichiarazione di immediata disponibilità al lavoro** (da rendere entro *30 giorni dal riconoscimento* del beneficio) da parte dei componenti del nucleo familiare maggiorenni e all'adesione ad un **percorso personalizzato di accompagnamento all'inserimento lavorativo e all'inclusione sociale**, che prevede *attività al servizio della comunità*, di *riqualificazione professionale*, di *completamento degli studi* e altri impegni individuati dai servizi competenti finalizzati all'inserimento nel mercato del lavoro e all'inclusione sociale.

In particolare, all'obbligo di partecipazione a un percorso di inserimento lavorativo o di inclusione sociale, sono tenuti tutti i componenti del nucleo familiare che siano: *maggiorenni*; *non già occupati* e *non frequentanti un regolare corso di studi*.

Nel concetto di «regolare corso di studio», possono essere inclusi, ad esempio: l'iscrizione e la regolare frequenza ad una *scuola secondaria superiore di secondo grado* (es.: licei); l'iscrizione e la regolare frequenza ad un *corso di istruzione e formazione professionale*; l'iscrizione ad un *corso di specializzazione o di dottorato* (circ. ANPAL 15-11-2019, n. 3).

Inoltre, con riferimento ai **lavoratori occupati**, occorre specificare che i lavoratori che conservano lo stato di disoccupazione, in quanto svolgano attività di lavoro dipendente o autonomo da cui ricavano un reddito corrispondente a un'imposta lorda pari o inferiore alle detrazioni spettanti ai sensi dell'art. 13 D.P.R. 917/1986, non sono esclusi dagli obblighi, ma **possono esserne esonerati** (circ. Min. Lav. 14-1-2020, n. 187).

La legge, infatti, prevede dei casi di **esclusione** dai predetti obblighi, come ad esempio per i beneficiari della Pensione di cittadinanza; per le persone con disabilità come definita ai sensi della L. 68/1999 (es. *persone non vedenti o sorde*).

Dagli obblighi di legge possono essere altresì **esonerati** alcuni soggetti, come ad esempio i componenti con carichi di cura, valutati con riferimento alla presenza di soggetti minori di 3 anni di età ovvero di componenti il nucleo familiare con disabilità grave o non autosufficienza; coloro che frequentano corsi di formazione.

L'esonero può avvenire *in occasione della convocazione* dei beneficiari da parte dei centri per l'impiego ovvero da parte dei servizi competenti dei Comuni/Ambiti Territoriali (circ. Min. Lav. 14-1-2020, n. 187).

Il richiedente il RdC è infatti convocato dai centri per l'impiego ovvero dai servizi comunali competenti per il contrasto della povertà per una valutazione preliminare, all'esito della quale i beneficiari sottoscrivono:

— un **Patto per il Lavoro**, nel caso in cui emerga che i *bisogni del nucleo familiare* siano *prevalentemente connessi alla situazione lavorativa* (e in presenza dei requisiti previsti dalla legge);
— un **Patto per l'inclusione sociale**, nel caso in cui, invece, si rilevi che i *bisogni del nucleo familiare* siano complessi e *multidimensionali*.

3.4 Il Patto per il Lavoro: l'accompagnamento all'inserimento lavorativo

I componenti dei nuclei familiari beneficiari di RdC (tra quelli tenuti agli obblighi di legge di cui all'art. 4, D.L. 4/2019 conv. in L. 26/2019) sono resi noti (ai centri per l'impiego) tramite la **Piattaforma digitale del Reddito di cittadinanza per il Patto per il Lavoro**, perché siano convocati presso i centri per l'impiego competenti.

Il **criterio** adottato per individuare il centro per l'impiego competente è quello della *residenza*: ciò in quanto i beneficiari sono tenuti ad offrire la propria disponibilità per la partecipazione ai progetti a titolarità dei Comuni, utili alla collettività di cui al D.M. 22-10-2019.

I predetti soggetti sono convocati presso i centri per l'impiego se, al momento della richiesta del RdC, sono in possesso di uno o più dei seguenti **requisiti**:

— siano *privi di occupazione da non più di 2 anni*;
— siano *beneficiari della NASPI ovvero di altro ammortizzatore sociale* per la disoccupazione involontaria o ne abbiano terminato la fruizione da non più di un anno;
— abbiano sottoscritto, negli ultimi 2 anni, un *Patto di servizio attivo* presso i centri per l'impiego.

In questa ipotesi, rientrano *anche soggetti che abbiano stipulato un Patto di servizio personalizzato* (siano, pertanto, sottoscrittori anche di un progetto personalizzato nell'ambito di quanto previsto dall'art. 6 D.Lgs. 147/201) e che, successivamente, siano divenuti beneficiari di RdC (circ. ANPAL 3/2019);

— *non abbiano sottoscritto il progetto personalizzato* di cui all'art. 6, D.Lgs. 147/2017.

Tramite la suddetta Piattaforma digitale, sono resi noti ai centri per l'impiego anche:

— i *beneficiari di RdC maggiorenni e di età pari o inferiore a 29 anni*, indipendentemente dal possesso dei citati requisiti;
— l'elenco dei beneficiari di RdC, che siano componenti dei nuclei familiari dei soggetti in possesso dei requisiti legislativi e che *abbiano reso dichiarazione di immediata disponibilità al lavoro*.

Nel caso in cui l'operatore del centro per l'impiego riconosca che, nel nucleo familiare dei beneficiari nelle condizioni di legge, siano presenti particolari criticità in relazione alle quali sia **difficoltoso l'avvio di un percorso di inserimento al lavoro**, invia il richiedente ai *servizi comunali* competenti per il contrasto della povertà.

Il Patto per il lavoro è stipulato presso i *centri per l'impiego* ovvero, laddove previsto da provvedimenti regionali, presso i soggetti accreditati ai sensi dell'art. 12, D.Lgs. 150/2015.

Il beneficiario che stipula il Patto per il Lavoro è tenuto a collaborare alla definizione del Patto, nonché ad accettare espressamente gli obblighi e a rispettare gli impegni previsti nel Patto medesimo (es. svolgere *ricerca attiva del lavoro*; *accettare di essere avviato alle attività individuate nel Patto per il Lavoro*).

Come già accennato, il **Patto per il lavoro equivale al Patto di servizio personalizzato** (art. 20, D.Lgs. 150/2015) già in uso presso i centri per l'impiego per la generalità dei lavoratori: ai fini del RdC e ad ogni altro fine, il Patto personalizzato assume la *denominazione* di Patto per il Lavoro.

Ai beneficiari del Reddito di cittadinanza tenuti a stipulare il Patto per il Lavoro con il centro per l'impiego, è riconosciuto, *fino al 31-12-2021*, un assegno di ricollocazione (**AdRdC**), per ottenere un servizio di *assistenza intensiva nella ricerca del lavoro* dai centri per l'impiego o da altri soggetti accreditati.

Le **modalità operative per l'erogazione dell'assegno di ricollocazione** riconosciuto ai beneficiari di Reddito di cittadinanza tenuti a stipulare il Patto per il Lavoro (**AdRdC**) sono state precisate dall'ANPAL (deliberazione 17-10-2019, n. 17).

Il beneficiario di RdC è convocato dai centri per l'impiego territorialmente competenti per verificare se vi sono condizioni di esclusione o esonero dagli obblighi di legge. In caso di *esito positivo della verifica*, il soggetto viene **preso in carico** e gli viene assegnato l'AdRdC entro e non oltre *60 giorni dal riconoscimento* del beneficio: **l'assegno è erogato non al beneficiario di RdC, ma all'operatore incaricato della fornitura del servizio**, in *misura proporzionale al risultato occupazionale raggiunto*. L'importo dell'assegno varia da un minimo di 250 euro ad un massimo di 5.000 euro, a seconda del tipo di contratto concluso e del *grado di difficoltà per ricollocare* la persona disoccupata. Il diritto al corrispettivo *matura* se il soggetto è assunto; tuttavia, se l'obiettivo occupazionale non è raggiunto, è comunque prevista l'erogazione di un importo di 106,50 euro, per coprire le spese comunque sostenute nell'ambito del percorso di ricollocazione.

I beneficiari di RdC che hanno **già in essere misure di politica attiva** del lavoro *continuano* a partecipare alle misure medesime, senza necessità di modificare il proprio percorso di inserimento professionale e conservano il diritto al beneficio. Ai predetti soggetti viene differita l'attribuzione dell'assegno di ricollocazione: tale assegno verrà infatti corrisposto dall'ANPAL qualora, al termine della misura di politica attiva del lavoro, il beneficiario sia ancora in stato di disoccupazione (circ. ANPAL 3/2019).

3.5 Il Patto per l'inclusione sociale: l'accompagnamento all'inclusione sociale

I nuclei familiari beneficiari che non abbiano componenti nelle condizioni per la stipula del Patto per il Lavoro sono individuati e resi noti ai Comuni affinché, entro 30 giorni dal riconoscimento del beneficio, siano convocati dai servizi competenti per il contrasto della povertà.

Agli interventi connessi al RdC — incluso il percorso di accompagnamento all'inserimento lavorativo — il richiedente e il suo nucleo familiare accedono previa **valutazione multidimensionale**, finalizzata ad identificare i bisogni del nucleo familiare.

Con Decreto 18-9-2019, il Ministero del Lavoro ha approvato le **Linee guida per la definizione dei Patti per l'inclusione sociale**, che costituiscono il principale riferimento per la valutazione multidimensionale dei nuclei familiari beneficiari del Reddito di cittadinanza.

La valutazione multidimensionale è composta: 1) dall'*analisi preliminare*, obbligatoria per tutti i nuclei convocati dai servizi dei Comuni; 2) dal *quadro di analisi*, solo per i nuclei in cui sono presenti bisogni complessi che richiedono un approfondimento.

Dunque, il «**punto di partenza**» è individuato nell'*analisi preliminare* e il «**punto di arrivo**» nella *chiusura del percorso di presa in carico*, 18 mesi dopo, passando per la definizione di un Patto per l'inclusione, che prevede l'attivazione dei relativi servizi e il monitoraggio di tutto il percorso.

Qualora, in esito all'analisi preliminare, la situazione di povertà emerga *come esclusivamente connessa alla dimensione della situazione lavorativa*, i beneficiari sono indirizzati al competente centro per l'impiego per la sottoscrizione del Patto per il Lavoro, entro 30 giorni dall'analisi preliminare. Nel caso in cui, invece, il bisogno sia complesso e multidimensionale, i beneficiari sottoscrivono un **Patto per l'inclusione sociale** e i servizi si coordinano in modo da fornire risposte unitarie nel Patto, con il coinvolgimento, oltre ai centri per l'impiego e ai servizi sociali, degli altri servizi territoriali competenti.

L'**obiettivo** del Patto per l'inclusione sociale è quello di accompagnare il sostegno economico con un progetto *concretamente orientato* alla rimozione delle condizioni che sono alla radice della situazione di povertà (D.I. 18 settembre 2019).

Il Patto per l'inclusione sociale, ove non diversamente specificato, **assume le caratteristiche del progetto personalizzato** (che era previsto per i beneficiari del Reddito di inclusione).

Per consentire l'attivazione e la *gestione dei Patti per il lavoro e dei Patti per l'inclusione sociale*, e per finalità di analisi, monitoraggio, valutazione e controllo del programma del RdC, presso il Ministero del lavoro, è stato istituito il **Sistema informativo del Reddito di cittadinanza** (D.M. 2 settembre 2019, n. 108), nell'ambito del quale operano **due** apposite **piattaforme digitali dedicate al RdC** (art. 1, D.M. 22 ottobre 2019): una presso l'ANPAL, per il *coordinamento dei centri per l'impiego* (**Piattaforma per il Patto per il lavoro**); l'altra presso il Ministero del lavoro, per il *coordinamento dei comuni*, in forma singola o associata (**Piattaforma per il Patto di inclusione sociale**: Piattaforma GEPI).

Le piattaforme rappresentano *strumenti per rendere disponibili le informazioni* alle amministrazioni centrali e ai servizi territoriali coinvolti e costituiscono il portale delle comunicazioni tra i centri per l'impiego, i soggetti accreditati ai sensi di legge, i Comuni, l'ANPAL, il Ministero del Lavoro e l'INPS (es.: mediante le Piattaforme del RdC, è comunicata l'avvenuta o la mancata sottoscrizione del Patto per il lavoro o del Patto per l'inclusione sociale). Le piattaforme rappresentano, poi, uno strumento utile al *coordinamento dei servizi a livello territoriale* (es. le piattaforme dialogano tra di loro al fine di svolgere le funzioni di coordinamento del lavoro tra gli operatori dei centri per l'impiego, i servizi sociali e gli altri servizi territoriali, con riferimento ai beneficiari per i quali il bisogno sia complesso e multidimensionale, al fine di consentire la sottoscrizione dei Patti per l'inclusione sociale).

3.6 Sanzioni

Al fine di assicurare il regolare funzionamento del Reddito di cittadinanza, sono previste delle sanzioni (art. 7, D.L 4/2019, conv. in L. 26/2019).

In alcune ipotesi, il Legislatore ha previsto **sanzioni penali** a presidio del corretto svolgimento dell'obbligo di informazione che grava sui richiedenti in merito al possesso dei requisiti di legge, sia nella fase di presentazione dell'istanza di RdC, sia in costanza di fruizione del beneficio nell'ipotesi di variazioni intervenute successivamente alla presentazione dell'istanza.

In particolare, è *punito penalmente* chi:

- al fine di **ottenere indebitamente il Reddito di cittadinanza**, rende o utilizza dichiarazioni o *documenti falsi o attestanti cose non vere*, ovvero *omette informazioni dovute*. In questa ipotesi, si tratta di una *condotta penalmente rilevante in fase di presentazione della domanda* di fruizione di RdC: si fa, cioè, riferimento ai casi in cui il richiedente abbia fornito informazioni non vere o abbia omesso le informazioni dovute per legge. Ad esempio, se prima della presentazione dell'istanza di RdC, sia stata intrapresa attività lavorativa «in nero» e il compenso percepito in ragione di tale attività lavorativa sia stato omesso all'atto di presentazione della domanda, ai fini della configurabilità del reato, assumerà rilievo la constatata omissione o la falsità delle informazioni sulla situazione reddituale del nucleo familiare (circ. INL 25-7-2019, n. 8). A commettere reato, in questa ipotesi, è il richiedente il beneficio (cioè chi presenta la domanda), anche laddove quest'ultimo non coincida con il lavoratore «in nero» (nota INL 11-9-2019, n. 7964);
- **omette di comunicare variazioni del reddito o del patrimonio**, anche se provenienti da attività irregolari, nonché altre informazioni dovute e rilevanti ai fini della revoca o della riduzione del beneficio entro i termini di legge. In questa ipotesi, si tratta di una *condotta penalmente rilevante dopo la presentazione della domanda di RdC*: ad esempio, se la variazione del reddito deriva dallo svolgimento di attività lavorativa (iniziata nel corso della fruizione del beneficio), ai fini della configurabilità del reato in esame, rileverà l'omessa comunicazione del reddito percepito in ragione della predetta attività, che avrebbe potuto comportare, ove correttamente comunicato, la riduzione o anche il venir meno del beneficio. In questo caso, però, la condotta è *imputabile al lavoratore* (cioè **è il lavoratore che commette il reato**), **anche se non sia stato quest'ultimo a presentare istanza di RdC**, ma un altro componente del nucleo familiare (circ. INL 25-7-2019, n. 8; nota INL 11-9-2019, n. 7964).

In altre ipotesi, è prevista:

- la **decadenza dal beneficio**, ad esempio quando uno dei componenti il nucleo familiare *non effettua la dichiarazione di immediata disponibilità al lavoro* o *non sottoscrive il Patto per il lavoro* o, ancora, *non accetta almeno una di tre offerte congrue ai sensi di legge*.

  Poiché il posto di lavoro offerto, di norma, non è nelle disponibilità del centro per l'impiego e la valutazione circa l'assunzione spetta al datore di lavoro, per «offerta di lavoro» deve intendersi l'**offerta di una candidatura per una posizione vacante segnalata da un datore di lavoro** (o da un intermediario autorizzato). Pertanto, il rifiuto di un'offerta di lavoro va inteso come rifiuto a candidarsi ad una posizione di lavoro vacante. Nell'ipotesi in cui, invece, il posto di lavoro offerto sia nella disponibilità del servizio per il lavoro, costituisce causa di decadenza dal beneficio il rifiuto di sottoscrivere un contratto di lavoro congruo da parte del beneficiario di RdC (circ. ANPAL 3/2019);

- la **riduzione del RdC**, con eventuale decadenza dallo stesso, ad esempio in caso di *mancata presentazione alle convocazioni*, in assenza di giustificato motivo, presso le sedi competenti;
- la **sospensione dell'erogazione del beneficio**, ad esempio nei confronti di colui a cui è applicata una *misura cautelare personale*.

4 I servizi alle imprese individuati dal D.M. 11 gennaio 2018, n. 4

Nell'ambito dei livelli essenziali delle prestazioni da erogare su tutto il territorio nazionale, il **D.M. 11 gennaio 2018, n. 4** (All. B), oltre a specificare le prestazioni rivolte alle persone in cerca di lavoro, indica anche le *prestazioni rivolte alle imprese*.

Con la dicitura «imprese» si fa riferimento alla *nozione europea* di impresa, che comprende *anche l'attività dei professionisti*.

I **servizi rivolti alle imprese** specificati dal D.M. 11 gennaio 2018, n. 4 sono i seguenti:

- **accoglienza e informazione**.

  Tali attività sono finalizzate a supportare le imprese, i professionisti e i soggetti abilitati a rappresentarli nell'*acquisizione di informazioni utili* a verificare la *regolarità* della propria *posizione in relazione alla disciplina giuslavoristica* (es. *contrattualistica* e *normativa in materia di lavoro*; *comunicazioni obbligatorie*, *collocamento mirato*) e a utilizzare nel modo appropriato *incentivi* e *agevolazioni* per le assunzioni, *misure di politica attiva* di interesse per le imprese e *forme contrattuali* specifiche (es. apprendistato);

— **incontro tra domanda e offerta di lavoro**.

Tali servizi sono finalizzati a soddisfare il *fabbisogno di personale* delle imprese, favorendo l'*incontro tra la domanda di lavoro* espressa dalle imprese e l'*offerta*, anche in relazione al lavoro autonomo (es. individuazione delle *candidature maggiormente rispondenti ai requisiti della ricerca*; supporto alla *pubblicizzazione delle posizioni vacanti*; contatto dei *potenziali candidati* per la verifica della loro *effettiva disponibilità*);

— **attivazione dei tirocini**.

Il servizio è volto a soddisfare la domanda di tirocinio espressa dalle imprese, *supportandole* nella fase di *attivazione* e di *gestione amministrativa* dello strumento. In concreto, nell'ambito di tale servizio rientrano, ad esempio, le attività di *scouting* dei *profili corrispondenti alle opportunità di tirocinio* segnalate dalle imprese; di *proposta* di una rosa delle candidature preselezionate all'impresa; di assistenza per la definizione del *Piano formativo*;

— **collocamento mirato**.

Questo servizio è finalizzato a permettere ai datori di lavoro di assolvere all'obbligo di assunzione dei *disabili* e delle *altre categorie protette*, fornendo le informazioni e l'assistenza di cui necessitano (es. computo/determinazione del *numero di soggetti da assumere*; stipula delle *convenzioni* come da normativa vigente; analisi dei posti di lavoro per la verifica della delle *condizioni per l'inserimento*).

4
I collocamenti speciali

1 L'avviamento al lavoro dei disabili

1.1 Il principio del collocamento mirato

L'**art. 38, comma 3, Cost.** stabilisce che «gli *inabili* ed i *minorati* hanno diritto all'educazione e all'*avviamento professionale*».

La concreta attuazione dell'impegno così assunto dallo Stato è rappresentata dal **collocamento obbligatorio**, istituto che esprime chiaramente l'alto valore *etico-sociale* riconosciuto al lavoro dalla Costituzione, obbligando i datori di lavoro ad assumere, per una certa percentuale dell'organico, persone che a causa della loro disabilità sarebbero di certo esclusi dal mercato del lavoro.

Regolato per tantissimo tempo dalla L. 482/1968, il collocamento obbligatorio è stato completamente riformato dalla **L. 12 marzo 1999, n. 68** che ha sostituito al rigido precedente impianto normativo, dal quale scaturiva meramente l'obbligo datoriale di assumere il disabile avviato dall'ufficio di collocamento, una disciplina in grado di *valorizzare le residue capacità lavorative del disabile* e di **collocarlo nell'occupazione a lui più idonea** e, al contempo, più proficua per l'impresa.

È indicativo, in tal senso, il cambiamento della denominazione dell'istituto: da collocamento *obbligatorio* (epigrafe della L. 482/1968) alla nuova di **collocamento mirato dei disabili**, della L. 68/1999 (art. 2).

La legge definisce il collocamento mirato «*quella serie di strumenti tecnici e di supporto che permettono di valutare adeguatamente le persone con disabilità nelle loro capacità lavorative e di inserirle nel posto adatto, attraverso analisi di posti di lavoro, forme di sostegno, azioni positive e soluzioni dei problemi connessi con gli ambienti, gli strumenti e le relazioni interpersonali sui luoghi quotidiani di lavoro e di relazione*».

I servizi per il collocamento mirato dei disabili sono di competenza delle **Regioni** che li erogano mediante le proprie strutture *in raccordo con i servizi sociali, sanitari, educativi e formativi* del territorio.

L'*INAIL* è invece individuato, dal D.Lgs. 151/2015 (art. 1), tra i *soggetti costitutivi* della rete dei servizi per le politiche del lavoro, in relazione alle competenze in materia di *reinserimento* e di *integrazione lavorativa* delle persone con **disabilità da lavoro** da realizzare con una serie di specifici interventi (tra l'altro, *progetti personalizzati* mirati alla conservazione del posto di lavoro o alla ricerca di nuova occupazione, *interventi formativi di riqualificazione professionale* e con interventi di adeguamento delle postazioni di lavoro).

Si fa riferimento a soggetti che, a causa di un *infortunio sul lavoro o di una malattia* professionale, abbiano riportato una menomazione fisica, psichica o sensoriale, stabilizzata o progressiva, che, indipendentemente dal grado della menomazione stessa, è causa di difficoltà motorie o sensoriali, di apprendimento e di relazione, tale da determinare problematiche di integrazione lavorativa nonché processi di svantaggio sociale o di emarginazione (circ. INAIL 51/2016). La L. 30 dicembre 2018, n. 145 (cd. *legge di bilancio 2019*, art. 1, comma 533) ha previsto una serie di *misure finalizzate ad incentivare il reinserimento* delle persone con disabilità da lavoro. Ad esempio, l'INAIL può *rimborsare* il *60% della retribuzione* effettivamente corrisposta dal datore di lavoro alla persona con disabilità da lavoro destinataria di un progetto di reinserimento mirato alla conservazione del posto di lavoro che, alla cessazione dello stato di inabilità temporanea assoluta, non possa attendere al lavoro senza la realizzazione degli interventi individuati nell'ambito del suddetto progetto di reinserimento. In particolare, sono rimborsabili le retribuzioni corrisposte dalla data di manifestazione della volontà da parte del datore di lavoro e del lavoratore di attivare il progetto fino alla realizzazione degli interventi in esso individuati e, comunque, per un periodo *non superiore ad un anno*. Tuttavia, qualora gli interventi individuati nell'ambito del progetto di reinserimento lavorativo personalizzato non siano attuati per immotivato unilaterale recesso del datore di lavoro, quest'ultimo è tenuto a restituire all'INAIL l'intero importo del rimborso.

Il **D.Lgs. 151/2015**, nell'ambito di un intervento di *semplificazione* di ampia portata, ha operato anche la *revisione* e la *razionalizzazione* di alcuni adempimenti in materia di inserimento mirato, che devono tendere all'*inclusione sociale*, all'*inserimento* e all'*integrazione* del soggetto nel mercato, avendo cura di valorizzarne le competenze.

1.2 Lavoratori beneficiari

Il collocamento mirato **si applica** ai seguenti **soggetti** (art. 1, L. 68/1999):

— alle persone in età lavorativa affette da *minorazioni fisiche, psichiche o sensoriali* e ai *portatori di handicap intellettivo*, con una riduzione della capacità lavorativa superiore al 45%, nonché ai *titolari di assegno di invalidità*;
— alle *persone invalide del lavoro* con un grado di invalidità superiore al 33%;
— alle *persone non vedenti* o *sorde*;
— alle persone *invalide di guerra*, *invalide civili di guerra* e *invalide per servizio* con minorazioni ascritte dalla prima all'ottava categoria (secondo le tabelle annesse al Testo Unico delle norme in materia di pensioni di guerra).

Possono essere iscritti nelle liste del collocamento mirato, sussistendone i relativi requisiti di *disabilità*, oltre che i cittadini di Stati appartenenti all'UE, anche i *cittadini di Stati non appartenenti all'UE* (Corte Cost. 16-12-1998, n. 454).

L'attuale sistema del collocamento mirato è *riservato* ai soggetti con *disabilità psicofisiche*. In linea di principio non vi dovrebbero più avere diritto quei soggetti che, pur *non* affetti da disabilità, in forza del **vincolo di parentela** (figli o coniuge superstite) con soggetti gravemente invalidi o deceduti per causa di lavoro, servizio o guerra, nel previgente sistema rientravano egualmente nelle *categorie protette* (così venivano definiti i soggetti cui si applicava la L. 482/1968). In realtà, anche nell'attuale sistema del collocamento mirato — nell'attesa di una disciplina organica — si continua a prevedere, opportunamente, per tali categorie una **specifica quota di riserva**, di *un'unità*, nelle imprese da 50 a 150 dipendenti, e dell'*1%*, in quelle oltre detta soglia, relativamente alle assunzioni effettuate dai datori di lavoro pubblici e privati (art. 18, comma 2, L. 68/1999).

Le categorie che beneficiano di questa speciale tutela sono rappresentate dagli *orfani* e dal *coniuge superstite* (in alternativa tra loro) dei *deceduti per causa di lavoro, di guerra o di servizio* (o deceduti in conseguenza dell'aggravarsi dell'invalidità riportata per tali cause) e dei *grandi invalidi* per causa di guerra, di servizio e di lavoro, nonché dei *profughi italiani* e dei familiari delle *vittime del terrorismo e della criminalità organizzata* (L. 407/1998). A tali categorie si è aggiunta, poi, quella degli orfani e del coniuge superstite (in alternativa) delle *vittime di infortuni sul lavoro* o di soggetti deceduti a causa dell'aggravarsi delle infermità derivanti dall'infortunio (art. 3, comma 123, L. 244/2007); nonché quella dei *figli orfani per crimini domestici* (art. 6 L. 4/2018).

Il D.L. 34/2020, conv. in L. 77/2020 (cd. **Decreto Rilancio**) (art. **67bis**) ha attribuito la *quota di riserva* di cui all'art. 18, comma 2, L. 68/1999 *anche in favore di coloro che*, al compimento della *maggiore età*, vivono *fuori dalla famiglia* di origine sulla base di un *provvedimento dell'autorità giudiziaria*.

1.3 Accertamento dello stato di disabilità

L'**accertamento delle condizioni di disabilità** che danno diritto al sistema di assunzione della L. 68/1999 (D.P.C.M. 13 gennaio 2000) è effettuato:

— dalle *commissioni mediche della ASL*, se si tratta di **invalidi civili**.

La commissione medica dell'ASL, in raccordo con l'apposito *comitato tecnico*, formula la *diagnosi funzionale* della persona disabile, che ne descrive la compromissione dello stato psico-fisico e sensoriale e ne individua la *capacità globale per il collocamento lavorativo*. Sulla base della diagnosi funzionale, entro 4 mesi dalla data della prima visita, viene formulata la *relazione conclusiva*, con l'indicazione di eventuali forme di sostegno e strumenti tecnici necessari per l'occupazione del disabile; copia della *relazione conclusiva* è inviata alla persona disabile e al *comitato tecnico* ai fini della definizione del *percorso di inserimento al lavoro* più adatto;

— dall'*INAIL* per i disabili con invalidità derivante da **infortunio sul lavoro e malattie professionali**;
— da apposite *commissioni di verifica* per gli **invalidi di guerra, invalidi civili di guerra e per servizio** (D.P.R. 915/1978 e circ. Min. Lav. 66/2001).

1.4 Datori di lavoro soggetti all'obbligo di assunzione e quote di riserva

Sono obbligati ad assumere disabili, per una percentuale che varia in base all'organico in forza, tutti i **datori di lavoro che occupano da 15 dipendenti in poi**.

Sono soggetti all'obbligo di assunzione, sia pure limitatamente alla parte di organico che opera nell'area tecnico-esecutiva e svolge funzioni amministrative, anche i *partiti politici*, le *organizzazioni sindacali* e le *organizzazioni no profit*, nonché la polizia, la protezione civile e la difesa nazionale, sempre con riferimento esclusivo ai servizi amministrativi.

Per tenere conto di specifiche situazioni, la legge prevede un regime di **esonero** dall'obbligo di assumere lavoratori disabili.

L'esonero è riconosciuto nei confronti dei datori di lavoro privati o pubblici economici che, per le *speciali condizioni della loro attività*, non possono occupare, in tutto o in parte, la percentuale dei disabili imposta dalla legge (D.M. 7 luglio 2000, n. 357).

Inoltre, gli obblighi di assunzione previsti dalla legge possono essere **sospesi** nei confronti delle imprese che versano in condizioni di *temporanea difficoltà produttiva o occupazionale*.

Tutti i datori di lavoro obbligati al rispetto della L. 68/1999 sono tenuti ad assumere una determinata **quota** (cd. quota di riserva) di lavoratori disabili che varia in ragione del numero dei lavoratori occupati, e pari a (art. 3, L. 68/1999):

— **un lavoratore** per i datori che hanno tra i *15 e i 35 dipendenti*;
— **due lavoratori** per i datori che hanno tra i *36 e i 50 dipendenti*;
— **7%** dei lavoratori occupati per i datori con *più di 50 dipendenti*.

I datori di lavoro privati che hanno unità produttive dislocate in diverse aree del Paese sono tenuti a soddisfare la quota di lavoratori disabili *a livello nazionale*, effettuando automaticamente le *compensazioni* necessarie (essi possono assumere presso un determinato stabilimento un numero di lavoratori aventi diritto al collocamento mirato *superiore* a quello prescritto, *portando in via automatica le eccedenze a compenso del minor numero di lavoratori assunti in altre unità produttive*) (art. 5, L. 68/1999).

La legge stabilisce i **criteri** per la determinazione dell'**organico aziendale** ai fini del calcolo della quota di assunzioni obbligatorie da effettuare. In particolare, devono essere *inclusi* nell'organico aziendale *tutti* i rapporti di lavoro subordinati, compresi quelli a *termine* purché di durata superiore a 6 mesi (art. 4, L. 68/1999).

Sono inclusi nel computo della quota di riserva anche i lavoratori in smart-working (Min. Lav. interp. 9-6-2021, n. 3). *Non sono invece computabili*: i lavoratori occupati con *contratto a tempo determinato di durata fino a 6 mesi*, i *soci di cooperative di produzione e lavoro*, i *dirigenti*, i lavoratori occupati con *contratto di somministrazione presso l'utilizzatore*, i lavoratori assunti per *attività da svolgersi all'estero* per la durata di tale attività, i soggetti impegnati in *lavori socialmente utili*, i *lavoratori a domicilio*. Restano valide le ulteriori esclusioni previste dalle discipline di settore e le particolari regole che si applicano ai *lavoratori in part-time*, questi devono essere computati in misura proporzionale all'orario effettivamente svolto.

Ancora, sono esclusi dalla base di computo della quota di riserva i lavoratori che, in caso di **cambio di appalto**, siano stati *assorbiti* in adempimento di un obbligo di legge, contratto collettivo o clausola contenuta nel bando (nota INL 26-11-2020, n. 1046).

Possono essere computati nella quota di riserva anche i cd. **disabili interni** ovvero i lavoratori, già disabili prima della costituzione del rapporto di lavoro, *anche se non assunti tramite il collocamento obbligatorio*.

È necessaria una riduzione della capacità lavorativa *pari o superiore* al 60% o disabilità intellettiva e psichica, con riduzione della capacità lavorativa superiore al 45% o specifiche minorazioni previste dalle tabelle annesse al testo unico delle norme in materia di pensioni di guerra (D.P.R. 915/1978) (art. 4, comma 3 bis, L. 68/1999).

Nel caso in cui, nel corso dell'anno, siano intervenuti *cambiamenti nella situazione occupazionale* tali da modificare l'obbligo o da incidere sul computo della quota di riserva, il datore di lavoro deve inviare, entro il 31 gennaio dell'anno seguente, agli uffici competenti, un **prospetto informativo** da cui risulti l'organico in forza (art. 9, comma 6, L. 68/1999).

I prospetti sono *pubblici* e consultabili presso le sedi degli uffici del lavoro competenti.

1.5 L'elenco regionale e le modalità di assunzione

Le persone disabili, che risultano disoccupate e aspirano ad una occupazione conforme alle proprie capacità lavorative, devono iscriversi in apposito *elenco* tenuto dai centri per l'impiego da cui risulta la **graduatoria unica regionale**.

Al fine di razionalizzare la raccolta sistematica dei dati, il D.Lgs. 151/2015 ha istituito, inoltre, la *Banca Dati del collocamento mirato*.

Per ogni persona iscritta, viene definito, da un apposito comitato tecnico, il **profilo funzionale**, con le capacità lavorative, le abilità, le competenze e le inclinazioni, nonché la natura e il grado della disabilità.

Al raggiungimento della *soglia dimensionale* prevista dalla L. 68/1999 nasce, per il datore di lavoro, l'**obbligo legale di stipulare il contratto di lavoro con l'invalido** iscritto nella graduatoria regionale (GALANTINO).

Circa le **modalità di assunzione**, è prevista la facoltà di **richiesta nominativa** per tutte le assunzioni da effettuare. In alternativa, è possibile ricorrere allo strumento delle **convenzioni**.

L'obbligo di assunzione scatta quando il datore di lavoro si colloca, per la prima volta, in *una delle fasce di organico* cui la legge collega le varie quote di riserva (circ. Min. Lav. 2/2010). In tal caso, la richiesta di adeguamento deve essere inoltrata *entro i 60 giorni successivi* (circ. Min. Lav. 4/2000).

Ad es. il datore che *passa da 34 a 37 dipendenti* (la quota di riserva diventa di *due* unità), deve adeguare il numero di disabili occupato facendo richiesta di avviamento nei 60 giorni successivi.

L'inosservanza dell'obbligo di assumere disabili comporta, a carico del il datore di lavoro, l'applicazione di diverse misure, che non sono comunque mai di natura penale, e soprattutto *sanzioni amministrative*.

In particolare, trascorsi 60 giorni dalla data in cui insorge l'obbligo di assunzione, per ogni giorno lavorativo durante il quale risulti non coperta la quota di riserva, il datore di lavoro è tenuto al versamento di una sanzione amministrativa per ciascun lavoratore disabile che risulta non occupato (art. 15, comma 4, L. 68/1999).

Per tale violazione si applica la procedura di *diffida* che prevede, in relazione alla quota d'obbligo non coperta, la presentazione agli uffici competenti della richiesta di assunzione o la stipulazione del contratto di lavoro con la persona con disabilità avviata dagli uffici, ma non potrà contemplare anche la richiesta di convenzione (art. 15, comma 4bis, L. 68/1999; nota INL 23-3-2017, n. 2283).

2 Lo strumento della «convenzione» per l'occupazione di lavoratori svantaggiati e disabili

2.1 Principi generali

Al fine di favorire l'inserimento lavorativo dei **lavoratori svantaggiati e disabili** i servizi per l'impiego possono stipulare apposite **convenzioni quadro** su base *territoriale* con le associazioni sindacali dei datori di lavoro e dei prestatori di lavoro, con le associazioni di rappresentanza, assistenza e tutela delle cooperative, con i consorzi e con le imprese sociali (art. 14, D.Lgs. 276/2003).

Tali convenzioni disciplinano il *conferimento di commesse di lavoro alle cooperative sociali* e imprese sociali da parte delle imprese associate o aderenti, sul presupposto che le attività commissionate siano svolte con il lavoro dei soggetti svantaggiati e disabili, inseriti nella cooperativa.

Lo strumento della convenzione è individuato anche dalla L. 68/1999, al fine di promuovere il cd. diritto al lavoro dei **disabili** attraverso l'occupazione in mansioni confacenti alle loro potenzialità lavorative.

Anche in questo caso si prevede il conferimento di commesse di lavoro da parte delle *imprese soggette all'obbligo di assunzione dei disabili* in base alla L. 68/1999 a cooperative o imprese sociali al fine dell'inserimento dei soggetti disabili nella cooperativa stessa.

2.2 Tipi di convenzioni per le assunzioni dei disabili

Il *primo tipo* di convenzione è quello finalizzato alla **formazione dei disabili** (art. 12, L. 68/1999) e infatti deve contenere la descrizione del **piano personalizzato di inserimento lavorativo**.

La convenzione è stipulata dagli uffici pubblici competenti con i datori di lavoro privati e i cd. *soggetti ospitanti* ovvero **cooperative sociali**, **imprese sociali** o **disabili liberi professionisti**.

La convenzione prevede l'impegno dei datori di lavoro ad **affidare commesse di lavoro al soggetto ospitante**. Il datore di lavoro che ha stipulato la convenzione è tenuto comunque ad *assumere a tempo indeterminato il disabile* ai fini della quota imposta dalla L. 68/1999, ma **il disabile viene impiegato presso i soggetti ospitanti** cui è assegnata la commessa di lavoro e i relativi oneri retributivi, previdenziali e assistenziali sono posti a carico di questi ultimi per tutta la *durata* della convenzione (massimo 12 mesi, prorogabili di ulteriori 12 mesi da parte degli uffici competenti).

È espressamente previsto che l'ammontare delle commesse che il datore di lavoro si impegna ad affidare ai soggetti ospitanti sia tale da consentire ad essi di *applicare la parte normativa e retributiva dei contratti collettivi nazionali di lavoro,* ivi compresi gli oneri previdenziali e assistenziali.

Un *altro tipo* di convenzione (art. 12bis, L. 68/1999) è finalizzato all'**assunzione di persone disabili che presentino particolari caratteristiche e difficoltà di inserimento** nel ciclo lavorativo ordinario. La convenzione è conclusa, in questo caso, tra uffici pubblici competenti, datori di lavoro che occupano più di 50 dipendenti (cd. *soggetti conferenti*) e cooperative sociali o imprese sociali (cd. *soggetti destinatari*).

I disabili sono **assunti direttamente dai soggetti destinatari**, sulla base di un **piano personalizzato di inserimento lavorativo**, fermo restando che nell'organico del soggetto destinatario vi sia almeno un lavoratore dipendente che possa svolgere le funzioni di *tutor*.

La stipula della convenzione è ammessa nei limiti del *10%* della quota di assunzioni obbligatorie cui sono tenuti i datori di lavoro conferenti (7% della forza lavoro occupata *ex* art. 3, comma 1, lett. *a)*, L. 68/1999).

Dall'altra parte, i datori di lavoro conferenti devono assumere l'impegno ad affidare ai soggetti destinatari **commesse di lavoro** per la durata della convenzione (minimo 3 anni).

Alla scadenza della convenzione, salvo il ricorso ad altri istituti previsti dalla legge, il datore di lavoro conferente, previa valutazione degli uffici competenti, può:

- *rinnovare la convenzione* una sola volta per un periodo non inferiore a 2 anni;
- *assumere il lavoratore disabile* dedotto in convenzione con contratto a tempo indeterminato.

3 Idoneità lavorativa

Il principio generale affermato dalla L. 68/1999 (art. 10) è che il *disabile* deve svolgere *una prestazione compatibile con la sua invalidità*.

Qualora si riscontri una condizione di **aggravamento** che sia incompatibile con la prosecuzione dell'attività lavorativa, o tale incompatibilità sia accertata con riferimento alla variazione dell'organizzazione del lavoro, il disabile ha diritto alla *sospensione non retribuita del rapporto di lavoro fino a che l'incompatibilità persista*.

Il rapporto di lavoro con il disabile può essere **risolto** nel caso in cui, anche attuando i possibili adattamenti dell'organizzazione del lavoro, si accerti la *definitiva impossibilità di reinserire il disabile all'interno dell'azienda*.

In caso di risoluzione del rapporto di lavoro, il datore di lavoro è tenuto a darne comunicazione, nel termine di 10 giorni, agli uffici competenti, al fine della *sostituzione del lavoratore* con altro avente diritto all'avviamento obbligatorio.

Il licenziamento per *riduzione di personale* o per *giustificato motivo oggettivo*, esercitato nei confronti del lavoratore disabile occupato è *annullabile* qualora, ai sensi della L. 68/1999, nel momento della cessazione del rapporto, il numero dei rimanenti lavoratori occupati, risulta *inferiore* alla quota di riserva prevista dalla legge (art. 10, comma 4).

4 Le assunzioni dei lavoratori stranieri

Le norme sono differenti secondo che si tratti di **cittadini di paesi membri dell'Unione Europea (UE)** ovvero di **lavoratori appartenenti a Stati che non aderiscano ai predetti organismi internazionali**.

4.1 Lavoratori cittadini di Stati membri dell'Unione Europea

Per i **lavoratori appartenenti all'UE** vige una normativa particolare, volta ad *eliminare ogni discriminazione tra i cittadini degli Stati membri* nel porre in essere e svolgere un rapporto di lavoro subordinato.

A tal fine è sancito il principio della **libera circolazione dei lavoratori** da cui consegue il *diritto dei cittadini dell'Unione e dei loro familiari di circolare e di soggiornare liberamente nel territorio degli Stati membri*. Essi hanno diritto di esercitare *qualsiasi attività economica autonoma o subordinata*, escluse le attività che la legge riserva ai cittadini italiani (art. 19, D.Lgs. 30/2007).

4.2 Lavoratori cittadini di Stati non appartenenti all'Unione Europea: il principio del contingentamento

Le assunzioni dei **lavoratori di Stati non appartenenti all'UE** sono disciplinate dal **D.Lgs. 25 luglio 1998, n. 286** (cd. Testo Unico sull'immigrazione) e dal relativo regolamento di attuazione (D.P.R. 31 agosto 1999, n. 394).

Il D.Lgs. 286/1998 si applica ai cittadini di *Stati non appartenenti all'Unione Europea* e agli *apolidi* (persona che nessun Stato considera come proprio cittadino agli effetti della propria legislazione *ex* L. 306/1962). La normativa non si applica ai *cittadini degli Stati membri dell'Unione Europea* salvo quanto previsto dalle norme di attuazione dell'ordinamento europeo (art. 1, comma 2, D.Lgs. 286/1998).

Punto di partenza è il principio per cui l'ingresso del lavoratore straniero nel territorio italiano *per motivi di lavoro* debba avvenire nell'ambito di **quote massime**, distinte a seconda se trattasi di lavoro subordinato o autonomo, stabilite *annualmente* con **decreto** (cd. decreto flussi) del Presidente del Consiglio dei Ministri al fine di garantire la massima compatibilità degli *ingressi* con le potenzialità di inserimento nel mercato del lavoro (art. 21, D.Lgs. 286/1998 e art. 29, D.P.R. 394/1999).

Il decreto annuale che definisce le quote massime è adottato sulla base dei criteri generali per la definizione dei flussi d'ingresso individuati nel *documento programmatico triennale sulla politica dell'immigrazione e degli stranieri* nel territorio dello Stato, tenendo anche conto dei dati sull'*effettiva richiesta di lavoro* suddivisi per Regioni e per bacini provinciali di utenza (art. 21, comma 4bis, D.Lgs. 286/1998). In caso di mancata pubblicazione del decreto annuale, il Presidente del Consiglio dei Ministri può provvedere, in via transitoria, con proprio decreto (art. 3, D.Lgs. 286/1998).

I *visti di ingresso* ed i permessi di soggiorno per lavoro subordinato, anche per esigenze di carattere stagionale, e per lavoro autonomo, sono rilasciati *entro il limite delle quote predette* (art. 3, comma 4, D.Lgs. 286/1998).

Il sistema del collocamento dei lavoratori stranieri è quindi sottoposto a penetranti forme di *controllo pubblico*, sia per quanto riguarda l'accesso stesso nel territorio italiano, sia con riguardo all'intera procedura di assunzione attivata mediante richiesta nominativa o numerica allo Sportello unico dell'immigrazione, a cui fa capo l'intero procedimento.

Per determinate categorie di lavoratori, l'ingresso per motivi di lavoro può avvenire *al di fuori dei limiti previsti dalle quote annuali* e mediante una **procedura semplificata**. Tali modalità riguardano tra l'altro determinate categorie di lavoratori stranieri (lettori universitari, dirigenti e personale altamente specializzato, professori universitari che devono svolgere in Italia un incarico accademico, marittimi ecc.) (artt. 26, 27 D.Lgs. 286/1998); l'ingresso in Italia di lavoratori extraUE nell'ambito di una *prestazione trasnazionale di servizi* (i lavoratori sono assunti da datori di lavoro residenti o aventi sede in uno Stato UE e il committente, presso cui deve essere eseguita la prestazione, risiede in Italia, D.L. 10/2007, conv. in L. 46/2007); i *soggiorni di breve durata* degli stranieri per *motivi di studio, lavoro, affari* ecc. (L. 68/2007); il *volontariato* e per *ricerca scientifica* (artt. 27bis e 27ter, D.Lgs. 286/1998); i *lavoratori dello spettacolo* (art. 8, D.L. 64/2010, conv. in L. 100/2010).

Una particolare procedura regola, poi, l'ingresso e il soggiorno dei lavoratori stranieri assunti per lo svolgimento di **attività altamente qualificate**. Con il D.Lgs. 28 giugno 2012, n. 108, in attuazione della dir. 2009/50/CE, è stato previsto il rilascio della **Carta blu UE** (Blue Card) che permette l'ingresso dello straniero in Italia al fine di esercitare i predetti lavori qualificati, per periodi superiori a 3 mesi, a *prescindere dai limiti derivanti dal meccanismo delle quote* (artt. 9ter e 27quater, D.Lgs. 286/1998).

In attuazione della dir. 2014/66/UE, è stato poi emanato il D.Lgs. 29 dicembre 2016, n. 253 che regolamenta l'ingresso e il soggiorno nell'ambito di *trasferimenti intra-societari*, al di fuori delle quote, per lo svolgimento di lavoro subordinato, di dirigenti, lavoratori specializzati, lavoratori in formazione di Paesi terzi.

4.3 La procedura per l'assunzione di lavoratori extra UE non residenti in Italia

L'assunzione di **cittadini extra UE residenti all'estero** è sottoposta a una *procedura restrittiva di natura amministrativa* finalizzata al rilascio del *primo permesso di soggiorno* per motivi di lavoro subordinato, che si perfeziona con i seguenti adempimenti fondamentali:

- rilascio del **nulla-osta all'assunzione** da parte della competente struttura pubblica, denominata **Sportello unico per l'immigrazione**, istituita presso la Prefettura-ufficio territoriale del Governo.

  Lo Sportello unico opera in rete con i *centri per l'impiego*, attraverso un'*anagrafe* annuale informatizzata delle offerte e delle richieste di lavoro subordinato dei lavoratori stranieri, che è anche collegata con l'archivio organizzato dall'INPS e con le Questure;

- stipulazione del **contratto di soggiorno per lavoro subordinato** presso lo Sportello unico.

La procedura prende avvio da una espressa **richiesta**, effettuata in via *telematica*, al competente Sportello unico, da parte del *datore di lavoro* che intende instaurare un rapporto di lavoro subordinato con uno straniero *residente all'estero*.

La richiesta di assunzione dei lavoratori stranieri deve contenere i seguenti *elementi essenziali*:

- le generalità del datore di lavoro e dell'impresa, e l'indicazione del luogo di lavoro;
- nel caso di richiesta *nominativa*, le *generalità del lavoratore* straniero che si intende assumere, mentre nel caso di richiesta *numerica*, il *numero* dei lavoratori da assumere;
- il trattamento *retributivo ed assicurativo*, conforme alle previsioni legali e contrattuali;
- l'impegno del datore a fornire un *adeguato alloggio* al lavoratore e a sostenere le spese per l'eventuale *rientro del lavoratore* nello Stato di provenienza;
- l'impegno a comunicare ogni *variazione* concernente il rapporto di lavoro.

Nei casi in cui il datore di lavoro *non* abbia una conoscenza diretta dello straniero, la richiesta di assunzione è *numerica* ed il nulla osta è rilasciato per una o più persone iscritte nelle liste istituite sulla base di appositi accordi bilaterali tra l'Italia ed altri Stati (artt. 21, comma 5, 22, comma 3, D.Lgs. 286/1998).

A seguito della richiesta del datore, lo Sportello unico *verifica*, presso la Questura, l'*assenza di motivi ostativi* all'ingresso dello straniero, né di impedimenti a carico del datore stesso.

Sono definite, per legge, le *violazioni che impediscono il rilascio del nulla-osta* (es. favoreggiamento dell'immigrazione clandestina, sfruttamento della prostituzione, impiego di minori in attività illecite, intermediazione illecita e sfruttamento del lavoro, impiego di lavoratori stranieri privi del permesso di soggiorno) (art. 22, comma 5bis ss., D.Lgs. 286/1998).

Deve, inoltre, essere *verificata l'indisponibilità all'occupazione* di un lavoratore già presente sul territorio nazionale.

In assenza di motivi ostativi, nel termine massimo di 60 giorni dalla richiesta, lo Sportello unico convoca il datore di lavoro e **rilascia il nulla-osta all'assunzione**, trasmettendolo agli uffici consolari (art. 22 D.Lgs. 286/1998). Il nulla-osta deve essere utilizzato *entro 6 mesi* dalla sua emissione.

Il lavoratore straniero, informato dell'avvenuto rilascio del nulla-osta, richiede il *visto d'ingresso* alla rappresentanza diplomatica o consolare italiana all'estero. Questa, alla quale nel frattempo è pervenuta la documentazione relativa all'assunzione, informa lo straniero circa le condizioni contrattuali e *rilascia il visto d'ingresso*, dandone comunicazione alle autorità italiane interessate (Ministero dell'Interno, Ministero del Lavoro, INPS, INAIL).

Entro *8 giorni* dall'ingresso in Italia, il lavoratore extra UE deve presentarsi presso il competente Sportello unico per la sottoscrizione del **contratto di soggiorno per lavoro subordinato** (art. 5bis D.Lgs. 286/1998).

Lo Sportello unico fa sottoscrivere *contestualmente* al lavoratore straniero la **richiesta di permesso di soggiorno**.

Nelle more del rilascio del permesso di soggiorno, il lavoratore straniero può *legittimamente soggiornare nel territorio dello Stato e svolgere temporaneamente l'attività* lavorativa (art. 40, D.L. 201/2011, conv. in L. 214/2011 e dir. Min. Interno 20-2-2007). La stessa disciplina si applica ai richiedenti il *permesso di soggiorno per motivi familiari*, ai quali è consentito in generale di svolgere attività lavorativa senza la necessità di convertire il suddetto permesso in permesso per lavoro subordinato. Pertanto, nelle *more del rilascio* del permesso di soggiorno per motivi familiari, i richiedenti dello stesso *possono iniziare a svolgere attività lavorativa*, nel rispetto degli obblighi previsti dalla legge (nota Min. Lav. 4079/2018).

Con il D.Lgs. 40/2014 è stato introdotto il *permesso unico* che, nell'ottica della semplificazione, prevede un'unica autorizzazione per il soggiorno e per lo svolgimento del lavoro subordinato.

Il contratto di lavoro è *conservato* dallo stesso Sportello e copia è *inviata*, fra gli altri, al datore di lavoro (art. 35, D.P.R. 394/1999).

Il lavoratore straniero deve sottoscrivere anche l'**accordo di integrazione** (D.P.R. 179/2011 e art. 4bis D.Lgs. 286/1998).

Obiettivo dell'accordo di integrazione, articolato per crediti, è pianificare il «processo finalizzato a promuovere la *convivenza dei cittadini italiani e di quelli stranieri*, nel rispetto dei valori sanciti dalla Costituzione italiana, con il reciproco impegno a partecipare alla vita economica, sociale e culturale della società». Allo straniero sono, altresì, fornite informazioni sui *diritti* derivanti dal permesso di soggiorno (D.Lgs. 40/2014).

La stipula dell'accordo di integrazione rappresenta *condizione necessaria* per il rilascio del permesso di soggiorno. La perdita integrale dei crediti determina la *revoca* del permesso di soggiorno e l'*espulsione* dello straniero dal territorio dello Stato, salvo casi eccezionali (ad es. straniero soggiornante per motivi umanitari ecc.).

Il permesso di soggiorno per motivi di lavoro subordinato è **rilasciato** dalla Questura entro *60 giorni* dalla domanda e riporta la dicitura «*permesso unico lavoro*» (D.Lgs. 40/2014). La **durata** del permesso di soggiorno *corrisponde a quella stabilita dal contratto di lavoro* e comunque *non può superare* (D.Lgs. 286/1998, art. 5, comma 3bis):

- *un anno*, se è stato stipulato *un unico* contratto di lavoro subordinato a tempo *determinato*;
- *due anni*, se è stato stipulato un contratto di lavoro subordinato a tempo *indeterminato*;
- *9 mesi*, se è stato stipulato un contratto di lavoro stagionale.

La *perdita del posto di lavoro*, indipendentemente dalla causa (licenziamento, dimissioni ecc.), *non* costituisce motivo di revoca del permesso di soggiorno per motivi di lavoro. Il lavoratore straniero può ricercare una nuova occupazione per un certo periodo di tempo (massimo *un anno* o, nel caso di percezione di un trattamento a sostegno del reddito, per tutta la durata dello stesso, se superiore) (cd. *permesso di soggiorno per attesa occupazione*) (art. 22, comma 11, D.Lgs. 286/1998).

Allo *scadere del permesso di soggiorno*, il lavoratore extra UE deve lasciare il territorio italiano e **ritornare nel Paese di origine**, salvo che abbia ottenuto una nuova occupazione o il rinnovo del permesso ad altro titolo.

Il datore di lavoro che occupa alle proprie dipendenze lavoratori stranieri *privi del permesso di soggiorno* (o con permesso scaduto, revocato o annullato) è punito con la *reclusione da 6 mesi a 3 anni* e con la *multa di € 5.000* per ogni lavoratore impiegato (art. 22, comma 12, D.Lgs. 286/1998). Ai fini della determinazione delle somme dovute dal datore di lavoro a titolo retributivo, contributivo e fiscale, *si presume* che il rapporto di lavoro instaurato con il lavoratore straniero privo del permesso di soggiorno abbia avuto una durata di almeno *3 mesi*, salvo prova contraria fornita dal datore di lavoro o dal lavoratore.

Il D.Lgs. 109/2012, di attuazione della dir. 2009/52/UE, volta a rafforzare la cooperazione degli Stati membri nella lotta all'immigrazione illegale, ha determinato un *inasprimento del regime sanzionatorio in caso di impiego di stranieri il cui soggiorno sia irregolare*, introducendo delle specifiche *aggravanti* nei casi di particolare sfruttamento. È stabilito un *aumento della pena* (da un terzo alla metà) quando i lavoratori occupati sono *più di 3*, se i lavoratori occupati sono *minori* o se i lavoratori occupati sono sottoposti a condizioni lavorative di particolare *sfruttamento*. In tal caso è previsto il rilascio da parte del questore di un *permesso di soggiorno* che reca la dicitura «*casi speciali*» (art. 22, comma 12sexies, D.Lgs. 286/1998). Tale permesso — che ha durata di 6 mesi, salvo la possibilità di rinnovo o di revoca — consente lo *svolgimento di attività lavorativa* e ne può beneficiare lo straniero che abbia presentato denuncia e cooperi nel procedimento penale instaurato nei confronti del datore di lavoro. Alla scadenza, il permesso «per casi speciali» può essere *convertito* in permesso di soggiorno per lavoro subordinato o autonomo.

Inoltre, con la sentenza di condanna, scatta la sanzione amministrativa accessoria del *pagamento del costo medio di rimpatrio del lavoratore straniero assunto illegalmente* (art. 22, commi 12bis-quinquies, D.Lgs. 286/1998).

4.4 La procedura per l'assunzione di lavoratori extra UE residenti in Italia

L'assunzione dei **cittadini extra UE regolarmente residenti in Italia** è soggetta a regole *differenti*.

È il caso, ad esempio, di un lavoratore straniero provvisto del permesso di soggiorno per *altri* motivi (ricongiungimento familiare, asilo ecc.) che legittima comunque allo svolgimento di un'attività lavorativa oppure del lavoratore che, cessato il precedente rapporto di lavoro, è alla *ricerca di nuova occupazione* (la perdita del posto di lavoro, quale che sia la causa, *non* implica, infatti, l'inefficacia del permesso di soggiorno).

Nel caso di lavoratore extra UE, residente in Italia ed in possesso di permesso di soggiorno in corso di validità, **il contratto di soggiorno per lavoro subordinato è concluso direttamente tra le parti** e la comunicazione obbligatoria di assunzione *assolve ad ogni obbligo di comunicazione dovuto dal datore di lavoro* (art. 17 D.L. 5/2012, conv. in L. 35/2012).

Il contratto di lavoro *non* viene stipulato presso lo Sportello unico per l'immigrazione in quanto non è necessario espletare la procedura per il rilascio del permesso di soggiorno.

4.5 L'accesso al lavoro degli stranieri soggiornanti di lungo periodo

Un regime agevolato di accesso al lavoro si applica ai **cittadini di Paesi extra UE soggiornanti di lungo periodo**. Sono considerati tali coloro che risiedono *regolarmente* in Italia da almeno **5 anni** (da tale data sono in possesso del permesso di soggiorno ancora valido).

Tali soggetti possono ottenere l'apposito **permesso di soggiorno UE per soggiornanti di lungo periodo**, che sostituisce la precedente carta di soggiorno per cittadini stranieri e che è *a tempo indeterminato* (art. 9, D.Lgs. 286/1998 e art. 3, comma 1, D.Lgs. 12/2014).

Il permesso di soggiorno in questione viene rilasciato dal *Questore* competente per territorio. Per ottenerlo lo straniero deve dimostrare la disponibilità di un certo *reddito* annuo (non inferiore all'importo dell'assegno sociale) e di un idoneo *alloggio*. Inoltre il rilascio del permesso è subordinato al superamento, da parte del richiedente, di un *test di conoscenza della lingua italiana* (D.M. 4 giugno 2010 e art. 9, comma 2bis, D.Lgs. 286/1998). È comunque escluso il rilascio del permesso in specifici casi quali pericolosità dello straniero per lo Stato e l'ordine pubblico, presenza di condanne anche non definitive per determinati reati ecc.

Il permesso di soggiorno in questione consente al titolare di svolgere nel territorio dello Stato ogni attività lavorativa subordinata (o autonoma) **senza necessità di stipulare il contratto di soggiorno di lavoro**.

Inoltre il lavoratore può fare *ingresso nel territorio nazionale in esenzione di visto* e circolare liberamente sul territorio nazionale (con una sostanziale facilitazione di spostamento sia in ambito UE sia da e verso lo Stato extra UE di origine).

È previsto poi che gli stranieri provenienti da uno Stato membro UE diverso dall'Italia, in possesso di un **permesso di soggiorno per lungo periodo rilasciato da altro Stato membro**, possano *trasferirsi* e risiedere in Italia per un periodo superiore a 3 mesi, al fine di esercitare *un'attività come lavoratore subordinato* (o autonomo), oltre che per altri scopi.

In tal caso allo straniero è rilasciato un permesso di soggiorno secondo le modalità previste dal D.Lgs. 286/1998 ed è necessario seguire la procedura di stipula del contratto di soggiorno per motivi di lavoro.

4.6 Il principio di parità di trattamento

Per quanto concerne lo svolgimento del rapporto di lavoro, in ossequio al principio di *non discriminazione*, il trattamento normativo ed economico del lavoratore extra UE deve essere **equiparato** a quello di un lavoratore italiano di pari mansioni e inquadramento.

La parità di trattamento si realizza in particolare relativamente:

— alle *condizioni d'impiego* e di *lavoro* (retribuzione, licenziamento, sicurezza e salute del lavoro, CIG, mobilità ecc.);
— ai *diritti sindacali* (iscrizione, referendum, sciopero ecc.);
— alle prestazioni *assistenziali* (es. in favore della famiglia) e *previdenziali*, salvo specifiche eccezioni.

5
Gli incentivi all'occupazione

1 Le agevolazioni per l'assunzione di lavoratori e il Repertorio nazionale degli incentivi

Il legislatore ha da sempre cercato di rendere *conveniente* per il datore di lavoro l'effettuazione di nuove assunzioni soprattutto mediante la previsione di un *abbattimento del costo del lavoro*, attraverso **riduzioni e sgravi dei contributi** dovuti dal datore di lavoro per le assicurazioni sociali.

In effetti, si tratta di una serie di agevolazioni, contemplate nelle più disparate disposizioni legislative, e frequentemente nelle leggi di bilancio e nelle manovre economiche, di cui è difficile fornire una classificazione precisa in quanto non collegate ad un unico criterio.

Alcune agevolazioni vengono infatti concesse in relazione alla stipulazione di determinate *tipologie contrattuali* (ad esempio, apprendistato), altre in relazione all'assunzione di determinate *categorie di lavoratori* (ad esempio, i disabili).

Spesso le agevolazioni contributive sono specificamente finalizzate a favorire la *ricollocazione* di lavoratori interessati da licenziamenti collettivi (*cassaintegrati, disoccupati* ecc.) oppure a ridurre la gravità della disoccupazione strutturale nel Paese.

Il **D.Lgs. 150/2015** (artt. 29-32) ha ridefinito i criteri di fruizione delle agevolazioni all'assunzione. Inoltre, il provvedimento prevede la realizzazione, presso l'ANPAL, di un **Repertorio nazionale degli incentivi all'occupazione**.

Il Repertorio deve riportare, in relazione a ciascun incentivo, almeno le seguenti informazioni:

- categorie di *lavoratori interessati*;
- categorie di *datori di lavoro interessati*;
- *modalità di corresponsione* dell'incentivo;
- *importo* e *durata* dell'incentivo;
- *ambito territoriale* interessato;
- *conformità* alla normativa in materia di aiuti di Stato.

Al fine di aggregare anche i dati relativi ad incentivi introdotti a livello regionale, si prevede che le Regioni e le Province autonome diano comunicazione all'ANPAL di eventuali agevolazioni da introdurre.

Nel sito istituzionale dell'ANPAL (*Repertorio nazionale degli incentivi all'occupazione*) vi è l'elenco degli incentivi di livello nazionale e regionale corredati da una scheda descrittiva e di quelli regionali corredati da scheda descrittiva e link da cui scaricare la documentazione.

2 I criteri generali per la fruizione degli incentivi

2.1 I criteri derivanti dalla normativa interna

Il **D.Lgs. 150/2015** (art. 31) delinea i **principi generali** per la fruizione di benefici e sgravi contributivi connessi all'assunzione dei lavoratori, al fine di garantirne un'omogenea applicazione.

In particolare, gli incentivi **non spettano** quando:

- l'assunzione costituisce **attuazione di un obbligo preesistente**, stabilito da norme di legge o della contrattazione collettiva. Tale condizione si verifica quando il «*datore di lavoro non è libero di scegliere chi assumere*». In pratica, l'assunzione per la quale si intende usufruire dell'agevolazione riguarda *un lavoratore che il datore è obbligato ad assumere* in base ad una disposizione di legge o della contrattazione collettiva (circ. INAIL 28/2014);

— l'assunzione **viola il diritto di precedenza** di un altro lavoratore. Si tratta del caso in cui «ricorre un diritto all'assunzione in capo a un determinato lavoratore, ma il datore di lavoro ne *assume al suo posto un altro*» (circ. INAIL 28/2014).

Ad esempio, ha diritto di precedenza, nelle assunzioni a tempo indeterminato, il lavoratore assunto a termine, che ha prestato attività lavorativa per un periodo superiore a 6 mesi, il cui rapporto sia cessato nei 12 mesi precedenti la prevista nuova assunzione (art. 24, D.Lgs. 81/2015);

— il datore di lavoro abbia in atto **sospensioni dal lavoro** connesse ad una *crisi* o ad una *riorganizzazione aziendale*.

È possibile comunque usufruire dell'agevolazione quando l'assunzione riguarda un lavoratore con *professionalità e competenze* (inquadramento a un livello diverso) sostanzialmente *diverse* da quelle dei lavoratori sospesi oppure quando la prevista assunzione sia effettuata in un'unità operativa diversa da quella ove è in atto la sospensione (circ. INAIL 28/2014);

— per le assunzioni di *lavoratori licenziati*, nei 6 mesi precedenti, da parte di un datore di lavoro che, al momento del licenziamento, presenti **assetti proprietari sostanzialmente coincidenti** con quelli del datore di lavoro che assume ovvero risulti con quest'ultimo in rapporto di collegamento o controllo.

Gli ulteriori principi stabiliti dal D.Lgs. 150/2015 riguardano i seguenti aspetti:

— **lavoratori in regime di somministrazione**. I benefici economici legati all'assunzione o alla trasformazione di un contratto di lavoro spettano all'*utilizzatore*; in caso di incentivo soggetto al regime *de minimis*, il beneficio viene *computato* in capo all'utilizzatore;
— **cumulo dei periodi**. Ai fini della determinazione del diritto e della durata massima dell'incentivo, la legge stabilisce un'*equivalenza tra l'utilizzazione diretta e indiretta di uno stesso lavoratore*: vengono così computati sia i periodi in cui il lavoratore era alle dirette dipendenze del datore di lavoro sia i periodi di utilizzazione del lavoratore in modo indiretto mediante un contratto di *somministrazione*. Non si cumulano, invece, le prestazioni in somministrazione effettuate dallo stesso lavoratore nei confronti di *diversi utilizzatori*, anche se fornite dalla medesima agenzia di somministrazione di lavoro, salvo che tra gli utilizzatori ricorrano assetti proprietari sostanzialmente coincidenti ovvero intercorrano rapporti di collegamento o controllo;
— **obblighi di comunicazione**. L'invio *tardivo* delle comunicazioni telematiche obbligatorie inerenti l'instaurazione e la modifica di un rapporto di lavoro o di somministrazione producono la perdita di quella parte dell'incentivo relativa al *periodo compreso tra la decorrenza del rapporto agevolato e la data della tardiva comunicazione*.

Infine, come regola generale finalizzata ad assicurare la massima trasparenza e la riduzione degli oneri amministrativi, è previsto che i benefici *economici* connessi ad un incentivo all'occupazione sono fruiti mediante **conguaglio** sul versamento dei contributi previdenziali.

Va tenuto presente che la *fruizione di benefici normativi e contributivi* previsti dalla normativa in materia di lavoro e legislazione sociale è subordinata al possesso, da parte dei datori di lavoro, del **DURC** (documento unico di regolarità contributiva), nonché al rispetto degli *obblighi di legge* e dei *contratti collettivi* di lavoro (art. 1, comma 1175, L. 296/2006). L'assenza del DURC costituisce *causa ostativa* al godimento dei benefici. È stato chiarito che, una volta esaurito il periodo di non rilascio del DURC, l'impresa potrà tornare a godere dei benefici di cui è ancora possibile usufruire, compresi quelli non legati a particolari vincoli temporali (Min.Lav. risposta ad interpello 33/2013). Nei casi in cui si accertino violazioni, diverse da omissioni contributive, che incidono sulla tutela dei lavoratori, i benefici devono considerarsi non recuperabili. Nel caso di violazioni di altri obblighi di legge connesse al singolo rapporto di lavoro, la violazione incide relativamente alla perdita dei benefici, *soltanto sul lavoratore cui gli stessi benefici si riferiscono* ed esclusivamente per una durata pari al periodo in cui essa si sia protratta (INL circ. 3/2017).

2.2 I criteri derivanti dalla normativa UE

La normativa europea pone delle condizioni affinché talune categorie di **aiuti di Stato all'occupazione** possano essere considerate compatibili con il mercato interno, in quanto, in linea di principio, sono *vietati* dal Trattato sul funzionamento dell'Unione europea (TFUE).

Il divieto è sancito all'art. 107, paragrafo 1, che tuttavia nei paragrafi successivi individua gli aiuti che, in deroga, sono compatibili con il mercato interno o possono essere considerati tali.

Si applicano, in particolare, i criteri stabiliti nel **regolamento UE 651/2014** (che ha abrogato il precedente regolamento 800/2008).

Il regolamento UE 651/2014 si applica fino al *31 dicembre 2023* (art. 59).

Ai sensi dell'art. 107, paragrafo 3, lettere a) e c), del TFUE, la Commissione europea può considerare compatibili con il mercato interno gli aiuti di Stato destinati a favorire lo sviluppo economico di determinate zone svantaggiate all'interno dell'Unione europea. Gli aiuti di Stato di questo tipo sono definiti *aiuti a finalità regionale*. Nella «Carta degli aiuti a finalità regionale 2014-2020» sono indicate Regioni ammissibili ai finanziamenti nell'ambito dei fondi strutturali dell'Unione Europea.

Il **campo di applicazione** del regolamento riguarda, tra l'altro, gli aiuti di Stato alla formazione (art. 31), all'assunzione e all'occupazione di lavoratori svantaggiati e di lavoratori con disabilità (artt. 32-35).

In generale, ai fini della concessione dell'aiuto, l'assunzione deve determinare un aumento netto del numero di dipendenti dell'impresa interessata rispetto alla media dei dodici mesi precedenti (cd. **incremento occupazionale netto**).

Ai fini della *determinazione dell'incremento occupazionale,* il numero dei dipendenti è calcolato in Unità di Lavoro Annuo (U.L.A.), secondo il criterio convenzionale proprio del diritto europeo, secondo cui per incremento occupazionale netto deve intendersi «*l'aumento netto del numero di dipendenti dello stabilimento rispetto alla media relativa ad un periodo di riferimento; i posti di lavoro soppressi in tale periodo devono essere dedotti e il numero di lavoratori occupati a tempo pieno, a tempo parziale o stagionalmente va calcolato considerando le frazioni di unità di lavoro - anno*» (art. 2, paragrafo 32, Reg. UE 651/2014).

Nell'operare la valutazione dell'incremento dell'occupazione «*si deve porre a raffronto il numero medio di unità lavoro - anno dell'anno precedente all'assunzione con il numero medio di unità lavoro - anno dell'anno successivo all'assunzione*» (Corte di giustizia UE sent. 2-4-2009, n. C-415/07).

Come precisato dalla prassi amministrativa (circ. INPS 40/2017), l'impresa deve verificare l'**effettiva forza lavoro** presente nei dodici mesi successivi l'assunzione agevolata e non una occupazione *stimata*. Ne consegue che l'incremento occupazionale dei dodici mesi successivi all'assunzione agevolata va verificato tenendo in considerazione l'effettiva forza occupazionale media al termine del periodo dei dodici mesi e non la forza lavoro stimata al momento dell'assunzione. Pertanto, se al termine dell'anno successivo all'assunzione si riscontra un incremento occupazionale netto in termini di U.L.A., l'incentivo deve essere riconosciuto legittimo per l'intero periodo previsto e le quote mensili eventualmente già godute si «consolidano»; in caso contrario, l'incentivo non può essere riconosciuto e l'impresa deve restituire le singole quote di incentivo eventualmente già godute in mancanza del rispetto del requisito richiesto (circ. INPS 40/2017).

È da precisare che l'incentivo è comunque applicabile qualora l'incremento occupazionale netto non si realizzi in quanto il posto o i posti di lavoro precedentemente occupati si siano resi vacanti a seguito di (art. 32, comma 3, Reg. cit.):

- *dimissioni volontarie*;
- *invalidità*;
- *pensionamento per raggiunti limiti d'età*;
- *riduzione volontaria dell'orario di lavoro*;
- *licenziamento per giusta causa*.

Peraltro, poiché in base al D.Lgs. 150/2015 (art. 31, comma 1, lett. *f*) il calcolo della forza lavoro mediamente occupata deve essere effettuato per ogni mese, avuto riguardo alla *nozione di impresa unica* (ex art. 2, paragrafo 2, regolamento UE 1408/2013), l'incremento deve essere valutato in relazione all'intera organizzazione del datore di lavoro e non rispetto alla singola unità produttiva presso cui si svolge il rapporto di lavoro.

Secondo quanto dispone l'art. 2, paragr. 2, Reg. (UE) n. 1407/2013, per «impresa unica» si intende l'*insieme delle imprese* fra le quali esiste *almeno una delle seguenti relazioni*:

- un'impresa detiene la *maggioranza dei diritti di voto* degli azionisti o soci di un'altra impresa;
- un'impresa ha il *diritto di nominare o revocare la maggioranza dei membri del consiglio di amministrazione, direzione o sorveglianza di un'altra impresa*;
- un'impresa ha il diritto di *esercitare un'influenza dominante* su un'altra impresa in virtù di un contratto concluso con quest'ultima o in virtù di una clausola dello statuto di quest'ultima;
- un'impresa azionista o socia di un'altra impresa *controlla da sola*, in virtù di un accordo stipulato con altri azionisti o soci dell'altra impresa, *la maggioranza dei diritti di voto degli azionisti o soci* di quest'ultima.

È stato, inoltre, precisato che, ai fini dell'applicazione della normativa dell'Unione europea in materia di aiuti di stato, la nozione di impresa ricomprende ogni entità, *indipendentemente dalla forma giuridica rivestita*, che eserciti un'*attività economica* (circ. INPS 104/2019).

Il rispetto del requisito dell'incremento occupazionale è richiesto nelle ipotesi in cui si intende godere dell'incentivo oltre i limiti del *de minimis*.

In base al reg. UE 18 dicembre 2013, n. 1407, per la generalità dei casi, l'importo complessivo degli aiuti «de minimis» concessi da uno Stato membro a un'impresa *non può superare* euro *200.000 nell'arco di tre esercizi finanziari* (cioè l'esercizio finanziario nel quale è concesso l'aiuto e i 2 esercizi finanziari precedenti). Tuttavia, per alcuni **settori specifici** si applicano **importi diversi** di aiuti *de minimis* (sempre considerati nell'arco di tre esercizi finanziari).

Il regolamento UE 651/2014 prevede, inoltre, in relazione alla tipologia di incentivo, **limiti di intensità massima dell'aiuto**.

Con la L. 234/2012 (art. 52), è stato istituito il **Registro nazionale degli aiuti di Stato** (*Registro nazionale aiuti* o «*RNA*»), cioè una *banca dati* istituita presso il Ministero dello sviluppo economico, alla quale i soggetti, pubblici o privati, che concedono ovvero gestiscono gli aiuti trasmettono le relative informazioni, al fine di garantire il rispetto dei divieti di cumulo e degli obblighi di trasparenza e di pubblicità previsti dalla normativa europea e nazionale in materia.

Con D.M. 115/2017, è stato poi emanato il **Regolamento per disciplinare il funzionamento del Registro nazionale aiuti**, specificando la tipologia di aiuti di Stato oggetto di registrazione e gli adempimenti a carico delle amministrazioni preposte alla concessione e alla gestione degli aiuti, ai fini dell'implementazione della predetta banca dati.

Con specifico riferimento agli aiuti da erogare nei limiti del «de minimis», la concessione dell'agevolazione in favore degli aventi diritto è subordinata alla **verifica preventiva da parte dell'INPS** del rispetto dei massimali previsti dai regolamenti europei: a decorrere *dal 1° luglio 2020*, la predetta verifica avviene *in via esclusiva attraverso il Registro nazionale aiuti* (circ. INPS 20-2-2019, n. 157).

3 Gli incentivi alle assunzioni dei soggetti beneficiari del Reddito di cittadinanza

L'art. 8 del D.L. 4/2019 conv. in L. 26/2019 ha introdotto **incentivi a favore dei datori di lavoro che assumano** soggetti **beneficiari del Reddito di cittadinanza**, nonché a favore degli enti di formazione accreditati, qualora questi *concorrano* all'assunzione dei predetti soggetti.

Il beneficio in esame si applica ai datori di lavoro **privati**, sia *imprenditori* (art. 2082 c.c.) che *non imprenditori* (es.: studi professionali) (circ. INPS 104/2019).

Il beneficio **non si applica**, invece, nei confronti della *Pubblica Amministrazione* (es.: *amministrazioni dello Stato*, compresi gli istituti e le scuole di ogni ordine e grado; le *Regioni*; le *Pro-*

vince; le *Università*; le amministrazioni, le aziende e gli enti del *Servizio sanitario nazionale*; le *Aziende sanitarie locali*).

L'esonero contributivo riguarda **tutte le assunzioni con contratto di lavoro subordinato a tempo indeterminato**, a condizione che il relativo rapporto di lavoro sia **basato sul tempo pieno**.

È stato, tuttavia, precisato che, qualora il rapporto di lavoro sia *inizialmente stipulato a tempo pieno* ma, nelle particolari ipotesi ammesse dalla legge, sia **trasformato**, su richiesta del lavoratore dipendente, **in** rapporto di **lavoro a tempo parziale** (cd. part-time), è **possibile continuare a fruire dell'agevolazione** in esame, seppur *in misura proporzionalmente ridotta* (circ. INPS 104/2019). In particolare, si tratta di ipotesi nelle quali è ammessa la trasformazione del rapporto di lavoro da tempo pieno in part-time, per tutelare particolari situazioni soggettive del lavoratore (es.: *gravi patologie* per le quali residui una ridotta capacità lavorativa) (art. 8, D.Lgs. 81/2015).

Tra i rapporti di lavoro incentivati rientrano anche il contratto di *apprendistato*; nonchè il contratto di *somministrazione*.

In particolare, lo sgravio spetta **per le assunzioni a tempo indeterminato con il regime del tempo pieno a scopo di somministrazione**, ancorché la somministrazione sia resa verso l'utilizzatore nella forma del tempo determinato (circ. INPS 104/2019): in altri termini, mentre il *rapporto di lavoro tra agenzia e lavoratore dovrà essere a tempo indeterminato*, le singole missioni *presso l'utilizzatore* potranno *anche essere a tempo determinato*.

È stato chiarito che è possibile il **trasferimento del diritto di fruizione dell'incentivo** in caso di **cessione del contratto a tempo indeterminato** (art. 1406 c.c.): infatti, con il passaggio del dipendente al cessionario (nuovo datore di lavoro), la fruizione del beneficio (già riconosciuto al datore di lavoro cedente) può essere trasferita al datore di lavoro subentrante per il *periodo residuo non goduto*; ciò in quanto, in questo caso, si verifica soltanto una *modificazione soggettiva* del rapporto di lavoro già in atto, che *prosegue* con il datore di lavoro cessionario.

La fruizione dell'esonero è possibile anche in caso di **trasferimento d'azienda** ex art. 2112 c.c.: si trasferisce, cioè, nei confronti del cessionario per il *periodo residuo non goduto* dal cedente in quanto, anche in questa ipotesi, il rapporto di lavoro *prosegue* con il cessionario e il lavoratore conserva tutti i diritti che ne derivano (circ. INPS 104/2019).

Alcuni rapporti di lavoro, per le caratteristiche che presentano, devono tuttavia ritenersi **esclusi** dall'incentivo in esame.

Si fa riferimento ad esempio (circ. INPS 104/2019):

- alle *prestazioni occasionali ex* art. 54bis, D.L. 50/2017, conv. in L. 96/2017, in virtù del fatto che tra i rapporti di lavoro incentivati, come detto, rientrano quelli a tempo indeterminato e a tempo pieno;
- al *lavoro intermittente* a tempo indeterminato, la cui caratteristica principale è quella di «modulare» la durata delle prestazioni lavorative alla *variabilità delle esigenze aziendali* (e, quindi, è un tipo di contratto che non garantisce l'utilizzo del lavoratore per il tempo di lavoro stabilito dai contratti collettivi).

Il datore di lavoro interessato ad accedere all'incentivo dovrà inviare, *telematicamente*, la **domanda per il riconoscimento** dell'agevolazione, nonché la determinazione dell'importo e della durata.

Il diritto alla legittima fruizione dell'esonero contributivo è subordinato al rispetto di alcune **condizioni**.

In primo luogo, il datore di lavoro deve **comunicare** alla *piattaforma digitale dedicata al RdC presso l'ANPAL*, le *disponibilità dei posti vacanti* in azienda ed è su tali posizioni che dovrà avvenire l'assunzione, anche attraverso l'attività svolta da un *soggetto accreditato* (es.: agenzia per il lavoro): l'agevolazione in esame può essere **riconosciuta solo per i rapporti di lavoro che abbiano caratteristiche corrispondenti a quelle comunicate**, avuto riguardo alla *qualifica contrattuale* del lavoratore e alla relativa *sede di lavoro* (circ. INPS 104/2019).

Inoltre, il datore di lavoro deve realizzare un *incremento occupazionale netto* del numero di dipendenti mediamente occupati e deve rispettare gli *ulteriori principi generali* previsti in materia di incentivi dalla normativa generale, sia interna (*ex* art. 31, D.Lgs. 150/2015), sia europea (rispetto dei limiti di fruizione degli incentivi entro le soglie «de minimis»); deve essere in regola con il DURC (art. 1, comma 1175, L. 296/2006); ancora, deve essere *in regola con gli obblighi di assunzione previsti dalla normativa sui disabili* (art. 3 L. 68/1999), *fatta salva l'ipotesi* di assunzione di *beneficiario di Rdc* iscritto alle liste di cui alla cit. L. 68/1999.

L'INPS, dopo aver ricevuto la domanda telematica (circ. INPS 104/2019; msg. INPS 4099/2019):

— *verifica* preventivamente che il datore di lavoro abbia *comunicato la disponibilità dei posti vacanti* (vacancy) alla piattaforma digitale dedicata al RdC presso l'ANPAL;
— *calcola l'ammontare* e la *durata del beneficio*;
— verifica che, per quel datore di lavoro, vi sia possibilità di riconoscere aiuti «de minimis»;
— fornisce un *riscontro di accoglimento della domanda*, contestualmente elaborando il relativo *piano di fruizione*, qualora risulti che il datore di lavoro abbia rispettato le condizioni richieste dalla legge.

Una volta riconosciuto l'incentivo, il datore di lavoro sarà **esonerato dal versamento dei contributi previdenziali e assistenziali a carico del datore di lavoro e del lavoratore**, con *esclusione* dei premi e dei contributi dovuti all'INAIL, ferma restando l'aliquota di computo delle prestazioni previdenziali.

Il datore di lavoro, contestualmente all'assunzione del beneficiario di RdC, stipula, presso il centro per l'impiego, ove necessario, un **Patto di formazione**, con il quale garantisce al beneficiario un *percorso formativo* o di *riqualificazione professionale*.

L'esonero è **limitato** all'importo mensile del Rdc percepito dal lavoratore all'atto dell'assunzione ed è corrisposto per un **periodo** pari alla *differenza* tra 18 mensilità e le mensilità già godute dal beneficiario e, comunque, per un importo *non superiore a 780 euro mensili* e per un periodo *non inferiore a 5 mensilità*.

In caso di **rinnovo** del RdC, l'esonero è concesso nella *misura fissa di 5 mensilità*.

In presenza di un nucleo familiare composto da più soggetti per i quali è previsto l'inserimento lavorativo, è possibile riconoscere lo sgravio in esame *anche per più di un'assunzione dei componenti del medesimo nucleo*, purché, a seguito della prima assunzione incentivata, sussista un eventuale **residuo di Rdc** (circ. INPS 104/2019).

È previsto in ogni caso un **limite massimo**: l'importo del beneficio mensile non può comunque eccedere l'ammontare totale dei contributi previdenziali e assistenziali a carico del datore di lavoro e del lavoratore assunto per le mensilità incentivate, con esclusione dei premi e contributi dovuti all'INAIL.

Se l'assunzione avviene a seguito del percorso formativo e di riqualificazione professionale svolto a favore del beneficiario di Rdc dagli **Enti di formazione accreditati**, che hanno stipulato un Patto di Formazione presso i centri per l'impiego e presso i soggetti accreditati (se tale possibilità è prevista da provvedimenti regionali), l'incentivo è riconosciuto sia al datore di lavoro che assume, sia all'Ente di formazione accreditato.

Il Patto di formazione deve garantire al beneficiario un percorso formativo o di riqualificazione professionale, anche mediante il coinvolgimento di Università ed enti pubblici di ricerca, secondo i più alti standard di qualità della formazione e sulla base di indirizzi definiti con accordo in sede di Conferenza permanente per i rapporti tra lo Stato, le regioni e le province autonome di Trento e Bolzano.

Il Patto di formazione può essere stipulato anche dai *fondi paritetici professionali per la formazione continua* (L. 388/2000), attraverso specifici avvisi pubblici, previa intesa in sede di Conferenza unificata.

Il beneficio consiste, per il *datore di lavoro*, nell'**esonero dal versamento dei contributi previdenziali ed assistenziali** a suo carico e a carico del lavoratore, con *esclusione* dei premi e contributi dovuti all'INAIL (ferma restando l'aliquota di computo delle prestazioni previdenziali), nel **limite** della metà dell'importo mensile del Rdc percepito dal lavoratore all'atto dell'assunzione, per un **periodo** pari alla differenza tra 18 mensilità e il numero delle mensilità già godute dal beneficiario e, comunque, per un importo *non superiore a 390 euro* e per un periodo *non inferiore a 6 mensilità*.

In caso di **rinnovo** del RdC, l'esonero è concesso nella misura fissa di 6 mensilità per metà dell'importo del Rdc.

L'**importo massimo** del beneficio mensile comunque non può eccedere l'ammontare totale dei contributi previdenziali e assistenziali a carico del datore di lavoro e del lavoratore assunto per le mensilità incentivate, con esclusione dei premi e contributi dovuti all'INAIL.

All'*ente di formazione accreditato*, che ha garantito al lavoratore assunto il predetto percorso formativo o di riqualificazione professionale, il **beneficio** è pari alla *restante metà dell'importo mensile del Rdc percepito dal lavoratore* all'atto dell'assunzione, per un *massimo* di € 390 mensili e per un periodo *non inferiore* a 6 mensilità. Per tali enti, l'incentivo è riconosciuto sotto forma di *sgravio contributivo* applicato ai contributi previdenziali e assistenziali dovuti per i propri dipendenti sulla base delle stesse regole valide per il datore di lavoro che assume il beneficiario del Rdc.

L'incentivo goduto dal datore di lavoro, sia per l'assunzione diretta, sia per l'assunzione a seguito di percorso formativo e di riqualificazione professionale, deve essere **restituito** nel caso di *licenziamento del beneficiario di Rdc*, effettuato *nei 36 mesi successivi all'assunzione*, salvo sia avvenuto per giusta causa o giustificato motivo. In particolare, il datore di lavoro deve restituire l'incentivo fruito **maggiorato delle sanzioni civili** previste per mancato o ritardato pagamento di contributi o premi (art. 116, comma 8, L. 388/2000).

La sanzione civile è pari, in ragione d'anno, al tasso di interesse dell'eurosistema, maggiorato di 5,5 punti.

4 L'esonero contributivo per promuovere l'occupazione giovanile (under 36)

La **legge di bilancio 2021** è intervenuta in materia di *incentivi all'occupazione giovanile*, modificando la disciplina prevista dalla legge di bilancio 2018 (L. 205/2017).

La L. 205/2017 (art. 1, comma 100 ss.), in particolare, ha stabilito, in favore dei datori di lavoro che — a decorrere dal 1° gennaio 2018 — assumessero lavoratori con *contratto di lavoro subordinato a tempo indeterminato a tutele crescenti*, l'esonero dal versamento del *50%* dei complessivi contributi previdenziali, ad esclusione dei premi e dei contributi dovuti all'INAIL e ferma restando l'aliquota di computo delle prestazioni pensionistiche.

L'esonero è stato riconosciuto per un *periodo massimo di 36 mesi* e nel limite massimo di *€ 3.000* su base annua, riparametrato e applicato su base mensile.

L'incentivo è stato previsto dalla legge di bilancio 2018 come *misura strutturale*, per l'assunzione di giovani *fino a 30 anni* di età (cd. «under 30») (art. 1, comma 101, L. 205/2017); come *misura sperimentale*, per le assunzioni di giovani *fino a 35 anni* di età (cd. «under 35») (art. 1, comma 102, L. 205/2017). Per effetto di una serie di modifiche legislative, tra cui quella ad opera della legge di bilancio 2020 (art. 1, comma 10, L. 169/2019), la misura sperimentale relativa agli «*under 35*» era stata prevista per le assunzioni effettuate *entro il 31 dicembre 2020*. Come presupposto comune ai fini dell'operatività degli incentivi in esame è stato previsto che i giovani da assumere, sia gli «under 30» che gli «under 35», non fossero stati occupati a tempo indeterminato con il medesimo o con altro datore di lavoro.

La **legge di bilancio 2021** (L. 178/2020) (art. 1, commi 10-15) è intervenuta in materia riconoscendo, per le *nuove assunzioni a tempo indeterminato* e per le *trasformazioni* dei contratti a tempo determinato in contratti a tempo indeterminato effettuate nel *biennio 2021-2022* (tra il 1° gennaio 2021 e il 31 dicembre 2022), l'**esonero contributivo nella misura del 100%** (comma 10):

- per i soggetti che, alla data della prima assunzione a tempo indeterminato incentivata ai sensi della L. 178/2020, *non abbiano compiuto 36 anni* (under 36);
- per un *periodo massimo di 36 mesi*;
- nel *limite massimo* di importo pari a *€ 6.000 annui*.

Sono stati **esclusi** dall'esonero i *premi* e i *contributi* relativi all'assicurazione obbligatoria contro gli infortuni sul lavoro e le malattie professionali.

L'agevolazione in esame — ferme restando le suddette condizioni — è stata riconosciuta per un periodo massimo di **48 mesi** (in luogo di 36 mesi) ai datori di lavoro privati che effettuino assunzioni in una sede o in un'unità produttiva situata nelle seguenti Regioni: *Abruzzo, Molise, Campania, Basilicata, Sicilia, Puglia, Calabria* e *Sardegna* (comma 11).

Fermi restando i principi generali di fruizione degli incentivi (art. 31, D.Lgs. 150/2015), in deroga a quanto previsto dalla legge di bilancio 2018 (art. 1, comma 104), l'esonero contributivo previsto dalla legge di bilancio 2021 spetta ai datori di lavoro che *non* abbiano proceduto, nei **6 mesi precedenti** l'assunzione, né procedano, nei **9 mesi successivi** alla stessa, a *licenziamenti individuali per giustificato motivo oggettivo* ovvero a *licenziamenti collettivi* (L. 223/1991) nei confronti di lavoratori inquadrati con la *medesima qualifica nella stessa unità produttiva* (comma 12).

L'efficacia del beneficio è subordinata all'**autorizzazione della Commissione europea**.

La **legge di bilancio 2021** ha infine *escluso* l'applicazione dell'incentivo in commento in alcune ipotesi in cui già opera uno sgravio contributivo del 100%, come ad esempio in caso di *prosecuzione di un contratto di apprendistato in rapporto di lavoro a tempo indeterminato*.

5 Gli incentivi per le assunzioni di apprendisti di primo livello

La legge di bilancio 2020 (art. 1, comma 8, L. 160/2019) ha riconosciuto, in favore dei datori di lavoro con un numero di addetti alle proprie dipendenze *pari o inferiore a 9* che assumessero, *tra il 1° gennaio 2020 e il 31 dicembre 2020*, con contratto di **apprendistato di primo livello** (per la qualifica e il diploma professionale, il diploma di istruzione secondaria superiore e il certificato di specializzazione tecnica superiore), uno **sgravio contributivo** previdenziale del **100%**, per i periodi contributivi maturati *nei primi 3 anni di contratto*.

L'incentivo è stato riconosciuto e finanziato **anche per il 2021** dal cd. Decreto Ristori (art. 15bis, comma 12, D.L. 137/2020, conv. in L. 176/2020): quindi, anche per i contratti di apprendistato di primo livello stipulati nel 2021, è stato previsto per i datori di lavoro con un *numero di addetti pari o inferiore a 9* uno *sgravio contributivo del 100%* nei primi 36 mesi del rapporto di lavoro (nei primi 3 anni di contratto).

Per gli *anni di contratto successivi al terzo*, si applica la misura ordinaria: livello di aliquota del 10% per i periodi contributivi maturati.

6 Gli incentivi per l'assunzione di studenti

A decorrere dal 1° gennaio 2018, la L. 205/2017 (art. 1, comma 108, legge di bilancio 2018) ha rimodulato l'incentivo per le assunzioni di studenti **entro 6 mesi dall'acquisizione del titolo di studio**, già previsto in precedenza per il 2017.

L'incentivo consiste nell'**esonero totale** dei contributi previdenziali a carico dei datori di lavoro — ad esclusione dei premi e contributi INAIL — entro il *limite massimo di € 3.000* su base annua, da riparametrare su base mensile (circ. INPS 40/2018).

L'esonero è riconosciuto ai datori di lavoro privati che assumono, con *contratto di lavoro subordinato a tempo indeterminato a tutele crescenti*, gli studenti che **non hanno compiuto il 30° anno di età**. Inoltre, lo studente deve avere svolto, presso il medesimo datore di lavoro che procede all'assunzione, periodi di *apprendistato di primo o terzo livello*, nonché percorsi per le competenze trasversali per l'orientamento.

7 Gli incentivi per le assunzioni di giovani diplomati

Il cd. decreto Crescita (art. 49bis, D.L. 34/2019, conv. in L. 58/2019) ha previsto — per le imprese che dispongono **erogazioni liberali** in favore di istituzioni scolastiche secondarie di secondo grado con percorsi di istruzione tecnica o di istruzione professionale, anche a indirizzo agrario, per la *realizzazione*, la *riqualificazione* e l'*ammodernamento* di laboratori professionalizzanti, e che, a conclusione del loro ciclo scolastico, **assumano** con contratto di lavoro a tempo indeterminato *giovani diplomati* presso le medesime istituzioni scolastiche — il **parziale esonero** dal versamento dei contributi previdenziali, con esclusione dei premi e dei contributi dovuti all'INAIL, per un *periodo massimo di 12 mesi* decorrenti dalla data di assunzione.

Le erogazioni liberali devono essere di importo *non inferiore a € 10.000* nell'arco di un anno.

Ai fini del riconoscimento dell'incentivo, le **tipologie di interventi** ammesse sono le seguenti:

- laboratori professionalizzanti per lo *sviluppo delle competenze*;
- laboratori e ambienti di apprendimento innovativi per l'*utilizzo delle tecnologie*;
- ambienti digitali e innovativi per la *didattica integrata*;
- attrezzature e dispositivi *hardware* e *software per la didattica*.

L'incentivo è riconosciuto soltanto nel caso in cui le erogazioni liberali siano effettuate, sul conto di tesoreria delle istituzioni scolastiche interessate, con sistemi di *pagamento tracciabili*.

8 Decontribuzione Sud

Il cd. decreto Agosto (art. 27, D.L. 104/2020, conv. in L. 126/2020) ha previsto un **esonero del 30% dei complessivi contributi previdenziali** — con esclusione dei premi e dei contributi spettanti all'INAIL — in riferimento ai *rapporti di lavoro subordinato* nelle aziende che abbiano la **sede di lavoro** ubicata in determinate Regioni che, in base ad alcuni parametri legislativi, sono state individuate come «**svantaggiate**» e cioè: *Abruzzo*, *Basilicata*, *Calabria*, *Campania*, *Molise*, *Puglia*, *Sardegna* e *Sicilia*.

Si tratta delle Regioni che, nel 2018, presentavano un *prodotto interno lordo pro capite inferiore al 75% della media EU27* o comunque compreso *tra il 75% e il 90%*, e un *tasso di occupazione inferiore alla media nazionale*.

Per **sede di lavoro** si intende l'unità operativa presso cui sono denunciati in UNIEMENS i lavoratori (circ. INPS 22-2-2021, n. 33).

La misura è stata prevista — ad esclusione del settore agricolo e dei contratti di lavoro domestico — in relazione a *tutti* i rapporti di lavoro subordinato, **sia a quelli già instaurati che a quelli ancora da instaurare**.

In sostanza, tale incentivo è volto sia al *mantenimento* dell'occupazione dei lavoratori già in forza, che all'*assunzione* di lavoratori, purché sia **rispettato il requisito geografico** della sede di lavoro: in quest'ottica, si è ritenuto che l'agevolazione in commento non abbia natura di incentivo all'assunzione e che, pertanto, non sia soggetta all'applicazione dei principi generali in materia di incentivi all'occupazione (circ. INPS 22-10-2020, n. 122; circ. INPS 22-2-2021, n. 33).

Il decreto Agosto ha inizialmente riconosciuto il beneficio in esame dal 1° ottobre 2020 al 31 dicembre 2020; la **legge di bilancio 2021** ne ha poi prorogato l'applicazione *fino al 31-12-2029* (art. 1, comma 161), con *progressive* riduzioni dell'aliquota:

- in misura pari al *30%* dei complessivi contributi previdenziali da versare *fino al 31-12-2025*;
- in misura pari al *20%* dei complessivi contributi previdenziali da versare *per gli anni 2026 e 2027*;
- in misura pari al *10%* dei complessivi contributi previdenziali da versare *per gli anni 2028 e 2029*.

L'agevolazione in alcuni casi **non si applica**: ad esempio agli *enti pubblici economici*, ai *consorzi industriali*, agli *enti ecclesiastici*.

La **legge di bilancio 2021** ha previsto che l'agevolazione in esame (art. 1, commi 164-165):

- *dal 1° gennaio 2021 al 30 giugno 2021*, è concessa nel rispetto delle condizioni del «Quadro temporaneo per le misure di aiuto di Stato a sostegno dell'economia nell'attuale emergenza del COVID-19»;
- *dal 1° luglio 2021 al 31 dicembre 2029*, è subordinata all'autorizzazione della Commissione europea e al rispetto delle condizioni previste dalla disciplina europea in materia di aiuti statali alle imprese.

In data *18-2-2021*, peraltro, la Commissione europea ha autorizzato la possibilità di concedere l'esonero in esame fino al *31-12-2021*: a seguito dell'autorizzazione della Commissione europea, l'INPS (circ. 33/2021) ha, quindi, «sbloccato» la misura in esame fino alla suddetta data.

9 Gli incentivi per il lavoro nello sport

La legge di bilancio 2020 (art. 1, comma 181), al fine di promuovere il *professionismo* nello **sport femminile** ed estendere alle atlete le condizioni di tutela previste dalla normativa sulle prestazioni di lavoro sportivo, ha previsto che le società sportive femminili che stipulano con le atlete contratti di lavoro sportivo (ai sensi degli artt. 3 e 4, L. 91/1981), possono richiedere, *per gli anni 2020, 2021 e 2022*, l'**esonero dal versamento del 100% dei contributi previdenziali e assistenziali**, con esclusione dei premi per l'assicurazione obbligatoria infortunistica, entro il *limite massimo di € 8.000* su base annua.

Con la **legge di bilancio 2021** (L. 178/2020) (art. 1, commi 34-35), al fine di garantire la sostenibilità della *riforma del lavoro sportivo*, è stata poi prevista l'istituzione di un apposito **Fondo** per finanziare l'*esonero*, anche parziale, dal *versamento dei contribuiti previdenziali* a carico delle *federazioni sportive nazionali*, delle *discipline sportive associate*, degli *enti di promozione sportiva*, delle *associazioni* e *società sportive dilettantistiche*, con esclusione dei premi e dei contributi dovuti all'INAIL, relativamente ai rapporti di lavoro sportivo instaurati con *atleti*, *allenatori*, *istruttori*, *direttori tecnici*, *direttori sportivi*, *preparatori atletici* e *direttori di gara*.

10 Gli incentivi per le assunzioni di percettori di ammortizzatori sociali

10.1 Assunzioni di lavoratori fruitori di NASPI

I datori di lavoro che assumono a tempo pieno e indeterminato i **lavoratori disoccupati fruitori del trattamento NASPI** possono godere di un incentivo consistente, per ogni mensilità di retribuzione effettivamente erogata, in un **contributo mensile** pari al **20%** dell'indennità mensile residua che sarebbe stata corrisposta al lavoratore se non fosse stato assunto (ossia per il periodo non goduto di NASPI) (art. 2, comma 10bis, L. 92/2012; circ. INPS 175/2013).

Il beneficio è **escluso** con riferimento a quei lavoratori che siano stati licenziati, nei 6 mesi precedenti, da parte di impresa dello stesso o diverso settore di attività che, al momento del licenziamento, presenta assetti proprietari sostanzialmente coincidenti con quelli dell'impresa che assume, ovvero risulta con quest'ultima in rapporto di collegamento o controllo.

10.2 Assunzioni di lavoratori in CIGS in esubero coinvolti nell'accordo di ricollocazione

È previsto un apposito **esonero contributivo** per i datori di lavoro che assumono lavoratori risultati in *esubero* al termine della procedura di consultazione sindacale per la richiesta di CIGS e che abbiano aderito ad un apposito **accordo di ricollocazione**.

L'esonero è pari al **50%** dei contributi previdenziali a carico dei datori di lavoro, esclusi i premi e i contributi INAIL, entro un limite massimo su base annua, annualmente rivalutato.

L'esonero è riconosciuto per una **durata non superiore** a (art. 24bis, comma 6, D.Lgs. 148/2015):

- *18 mesi*, in caso di assunzione con contratto a tempo *indeterminato*;
- *12 mesi*, in caso di assunzione con contratto a tempo *determinato*, con possibilità di proroga *per ulteriori 6 mesi* in caso di conversione in contratto a tempo indeterminato nel corso di svolgimento del rapporto di lavoro.

11 Le agevolazioni per l'assunzione di determinate categorie di lavoratori

11.1 Assunzioni di lavoratori disoccupati di età non inferiore a 50 anni e di donne disoccupate

Appositi incentivi sono finalizzati a favorire l'occupazione di **lavoratori disoccupati di età non inferiore a 50 anni** e delle **donne disoccupate** (art. 4, commi 8-11, L. 92/2012; circ. Min. Lav. 34/2013 e circ. INAIL 28/2014).

Ricordiamo che, ai sensi del combinato disposto dell'art. 19, D.Lgs. 150/2015 e dell'art. 4, comma 15quater, D.L. 4/2019, conv. in L. 26/2019, sono «**disoccupati**» i lavoratori che dichiarano *telematicamente* la propria immediata disponibilità al lavoro (DID) e a partecipare alle misure di politica attiva concordate con i centri per l'impiego, nonché i lavoratori il cui *reddito da lavoro dipendente o autonomo corrisponde a un'imposta lorda pari o inferiore alle detrazioni spettanti ai sensi dell'art. 13, D.P.R. 917/1986.*

L'incentivo spetta in caso di assunzione a tempo *indeterminato* o *determinato* (anche part-time).

In particolare, ai fini dello sgravio, i lavoratori, *uomini e donne*, da assumere devono essere di *età pari o superiore a 50 anni (cd. «over 50»)* e devono risultare **disoccupati da almeno 12 mesi**.

Un regime più vantaggioso riguarda l'assunzione delle **donne**. In tal caso, l'agevolazione può essere fruita — *indipendentemente dall'età* — se risultano prive di impiego regolarmente retribuito da almeno **24 mesi**, che si riducono a *6 mesi* per le *residenti* in Regioni rientranti nelle cd. *aree svantaggiate* o *ad alto tasso di disparità occupazionale uomo-donna*.

In caso di *lavoratrici non residenti* nelle aree svantaggiate, il requisito dell'*assenza di impiego* regolarmente retribuito deve essere accertato in un periodo di *24 mesi* antecedente la data di assunzione, verificando che, in tale periodo, la lavoratrice considerata non abbia svolto un'attività di lavoro subordinato con un contratto di durata di almeno 6 mesi ovvero un'attività di collaborazione coordinata e continuativa la cui remunerazione annua sia superiore ai medesimi importi di cui sopra (circ. Min. Lav. 34/2013).

Per quanto riguarda le *aree geografiche svantaggiate*, esse consistono nelle Regioni ammissibili ai finanziamenti nell'ambito dei fondi strutturali dell'UE e nelle Regioni che, per specifici settori o professioni, registrano un tasso di disparità uomo-donna che supera almeno del 25% la disparità media uomo-donna.

Il requisito dell'*assenza di impiego regolarmente retribuito* deve essere inteso soprattutto considerando la «rilevanza del lavoro sotto il profilo della **durata** (per il lavoro subordinato) o della **remunerazione** (per il lavoro autonomo)». Di conseguenza, il requisito si deve ritenere soddisfatto in presenza di lavoratrici che, in caso di residenza nelle aree svantaggiate, «negli ultimi 6 mesi *non* hanno prestato attività lavorativa riconducibile ad un rapporto di lavoro subordinato della durata di almeno 6 mesi ovvero coloro che negli ultimi 6 mesi hanno svolto attività lavorativa in forma autonoma o parasubordinata dalla quale derivi un reddito che corrisponde a un'imposta lorda pari o inferiore alle detrazioni spettanti ai sensi dell'art. 13 T.U. delle imposte sui redditi – D.P.R. 917/1986 (D.M. 17 ottobre 2017).

Il **beneficio** è rappresentato da uno **sgravio contributivo** del **50%** della contribuzione a carico del datore di lavoro, che spetta per *18 mesi* in caso di *assunzione sin dall'inizio a tempo indeterminato* e per *12 mesi* in caso di assunzione con *contratto a termine*, con possibilità di ulteriori 6 mesi di sgravio in caso di successiva trasformazione del contratto a tempo indeterminato.

Peraltro, la **legge di bilancio 2021** (L. 178/2020) (art. 1, commi 16-19) ha previsto, in via *sperimentale* per il **biennio 2021-2022**, uno *sgravio contributivo pari al 100%* e nel limite massimo di importo pari a *€ 6.000* annui, per i datori di lavoro che assumano *lavoratrici donne*.

Tale esonero si configura come un'**estensione** dell'esonero di cui all'art. 4, commi 9-11, della L. 92/2012, in virtù dell'espresso richiamo operato dalla legge di bilancio 2021 (art. 1, comma 16). Per tale motivo, sebbene la previsione normativa preveda letteralmente che il beneficio trovi applicazione «*per le assunzioni di donne lavoratrici*», tale espressione è da intendersi come «*per le assunzioni di donne lavoratrici svantaggiate*» e cioè (circ. INPS 22-2-2021, n. 32):

— donne con *almeno 50* anni e *disoccupate da oltre 12 mesi*;
— donne di *qualsiasi età*, residenti in Regioni che possono essere ammesse ai finanziamenti nell'ambito dei fondi strutturali dell'Unione europea, *prive di un impiego regolarmente retribuito da almeno 6 mesi*.

  È necessario che la lavoratrice risulti residente in una delle aree individuate dalla *Carta degli aiuti a finalità regionale 2014-2020*, approvata dalla Commissione europea il 16-9-2014 e successivamente modificata con decisione della medesima Commissione del 23-9-2016;

— donne di *qualsiasi età* che svolgono professioni o attività lavorative in settori economici caratterizzati da un'accentuata *disparità occupazionale* di genere e *prive di un impiego regolarmente retribuito da almeno 6 mesi*;
— donne di *qualsiasi età*, ovunque residenti e *prive di un impiego regolarmente retribuito da almeno 24 mesi*.

  Occorre considerare il periodo di 24 mesi *antecedente la data di assunzione* e verificare che, in quel periodo, la lavoratrice non abbia svolto un'attività di lavoro subordinato legata a un *contratto di durata di almeno 6 mesi* ovvero un'attività di *collaborazione coordinata e continuativa* (o altra prestazione di lavoro di cui all'art. 50, comma 1, lett. *c-bis)*, TUIR) la cui remunerazione annua sia superiore a *€ 8.145* o, ancora, un'attività di lavoro autonomo tale da produrre un reddito annuo lordo superiore a *€ 4.800*.

L'INPS ha chiarito che la nozione di «**impiego regolarmente retribuito**» viene riferita *non* tanto alla condizione di *regolarità contributiva* del rapporto di lavoro, quanto alla rilevanza del lavoro sotto il profilo della *durata* (per il lavoro subordinato) o della *remunerazione* (per il lavoro autonomo o parasubordinato): pertanto, i rapporti di lavoro subordinato di durata inferiore a 6 mesi sono considerati non «regolarmente retribuiti»; analogamente, sono considerate non «regolarmente retribuite» le attività di lavoro autonomo o parasubordinato la cui remunerazione, su base annuale, è inferiore ai limiti esenti da imposizione (circ. 32/2021).

L'agevolazione riguarda *tutti i datori di lavoro privati*, anche non imprenditori, compresi i datori di lavoro del settore agricolo.

Sono **escluse** dall'incentivo le **Pubbliche Amministrazioni** individuabili assumendo a riferimento la nozione e l'elencazione di cui all'art. 1, comma 2, D.Lgs. 165/2001.

Lo sgravio contributivo spetta (circ. INPS 32/2021; msg. INPS 1421/2021):

- per le assunzioni *a tempo determinato*, fino a 12 mesi. L'incentivo si applica anche in caso di *proroga del rapporto*, effettuata in conformità alla disciplina del rapporto a tempo determinato, fino al limite complessivo di 12 mesi;
- per le assunzioni *a tempo indeterminato*, per 18 mesi;
- per le *trasformazioni a tempo indeterminato di un precedente rapporto agevolato* o *non agevolato*, per complessivi 18 mesi a decorrere dalla data di assunzione.

Il requisito di *svantaggio* della lavoratrice deve sussistere *alla data dell'evento per il quale si intende richiedere il beneficio*: pertanto, se si intende richiedere il beneficio per un'*assunzione a tempo determinato*, il requisito di svantaggio deve sussistere *alla data di assunzione* e non a quella della eventuale proroga o trasformazione del rapporto a tempo indeterminato; se, invece, si intende richiedere il beneficio per una trasformazione a tempo indeterminato, senza avere richiesto lo stesso per la precedente assunzione a termine, il rispetto del requisito è richiesto alla data della trasformazione (msg. INPS 1421/2021).

L'incentivo spetta *anche* in caso di *part-time* e in riferimento ai rapporti di lavoro a scopo di *somministrazione*; al contrario, *non spetta* per i rapporti di lavoro *intermittente*, nelle ipotesi di instaurazione delle *prestazioni di lavoro occasionale*, per i rapporti di *apprendistato* e per i contratti di *lavoro domestico*.

Il periodo di fruizione dell'incentivo può essere *sospeso* esclusivamente nei casi di *assenza obbligatoria dal lavoro per maternità*: in questa ipotesi, è consentito il *differimento temporale* del periodo di godimento.

Condizione per la fruizione dell'incentivo è che le assunzioni comportino un **incremento occupazionale netto**, calcolato sulla base della differenza tra il numero dei lavoratori occupati, rilevato in ciascun mese, e il numero dei lavoratori mediamente occupati nei 12 mesi precedenti.

Per i dipendenti con **contratto di lavoro a tempo parziale**, il calcolo è ponderato in base al rapporto tra il numero delle ore pattuite e il numero delle ore che costituiscono l'orario normale di lavoro dei lavoratori a tempo pieno.

L'efficacia del beneficio è subordinata all'*autorizzazione della Commissione europea*; inoltre, l'aiuto è concesso alle condizioni e nei limiti stabiliti dalla medesima Commissione con il «*Quadro temporaneo sugli aiuti di Stato*», contenente misure finalizzate a consentire agli Stati membri di avvalersi pienamente della flessibilità prevista dalle norme sugli aiuti di Stato, per sostenere l'economia nel contesto dell'epidemia da COVID-19.

11.2 Assunzioni in sostituzione di lavoratori in congedo

Ai datori di lavoro con *meno di 20 dipendenti*, che assumono lavoratori con contratto a tempo determinato, in sostituzione di lavoratori in congedo, spetta uno **sgravio contributivo** nella misura del **50%** dei contributi a proprio carico, ferma restando la contribuzione a carico del lavoratore che continua ad essere dovuta nella misura prevista per la generalità dei lavoratori (art. 4, comma 3, D.Lgs. 151/2001; circ. INPS 136/2001).

L'agevolazione spetta per la **sostituzione di lavoratori assenti** in quanto fruitori di *uno dei congedi* previsti dal T.U. della maternità e paternità (D.Lgs. 151/2001) (congedo di maternità o paternità, congedo parentale, congedo per malattia del figlio).

L'orario di lavoro del lavoratore assunto *non* deve essere superiore a quello del lavoratore sostituito.

L'assunzione può avvenire anche con *anticipo* fino ad un mese rispetto al periodo di inizio dell'astensione, salvo periodi superiori previsti dalla contrattazione collettiva.

Il beneficio contributivo trova applicazione *fino al compimento di un anno di età* del figlio del lavoratore in congedo.

11.3 Assunzioni di lavoratori disabili

La normativa sul collocamento mirato prevede uno specifico **sistema di incentivi** per l'assunzione dei disabili (art. 13, L. 68/1999).

Tale sistema si basa su un **beneficio di natura economica**, gestito dall'INPS, riconosciuto per ogni soggetto disabile assunto *a tempo indeterminato*, di **importo variabile** in funzione del grado di invalidità del soggetto assunto:

- per i soggetti con *riduzione della capacità lavorativa superiore al 79%* (o minorazioni ascritte dalla prima alla terza categoria di cui alle tabelle delle pensioni di guerra, ad esempio *perdita dei quattro arti fino al limite della perdita delle due mani* e di un *piede* insieme), è pari al **70% della retribuzione** mensile lorda imponibile ai fini previdenziali;
- per i soggetti con *riduzione della capacità lavorativa compresa tra il 67% e il 79%* (o minorazioni ascritte dalla quarta alla sesta categoria di cui alle tabelle delle pensioni di guerra, ad esempio la *perdita totale di tre dita tra le due mani*, compresi ambo i pollici), è pari al **35% della retribuzione** mensile lorda imponibile ai fini previdenziali;
- per i soggetti con disabilità intellettiva e psichica che comporti una *riduzione della capacità lavorativa superiore al 45%,* è pari al **70% della retribuzione** mensile lorda imponibile ai fini previdenziali. L'incentivo è corrisposto anche in caso di assunzione a *tempo determinato*, purché di durata non inferiore a 12 mesi.

La **durata** dell'incentivo è, nei primi due casi, di *36 mesi*; nel terzo caso (disabili intellettivi e psichici), la durata è di *60 mesi*, se l'assunzione è a tempo indeterminato, mentre corrisponde alla durata del contratto, se l'assunzione è a tempo determinato.

VII

Lingua inglese e Tecnologie informatiche

Sommario Parte VII

1
Lingua inglese

1 Quesiti grammaticali con soluzioni commentate

Fill in the blanks with the right words (1 to 10)

1 **My name ... Annie. I ... a teacher.**

A) is - am
B) is - are
C) has - am
D) are - am

2 **Mary always ... elegant dresses.**

A) buies
B) buys
C) is buying
D) buyies

3 **Paul is in the garden, he ... some flowers.**

A) picking
B) picks
C) is picking
D) pick

4 **I ... to any political party.**

A) don't belong
B) am not belonging
C) not belong
D) doesn't belong

5 **My grandparents ... a wonderful garden.**

A) don't have got
B) hasn't got
C) have got not
D) haven't got

6 **He ... speak English very well.**

A) is able
B) cans
C) be able to
D) can

7 **Peter is ... honest man.**

A) a
B) —
C) the
D) an

8 **Who is ... man over there?**

A) these
B) this
C) that
D) those

9 **I have three ...: a son and two ...**

A) childrens - daughters
B) children - daughters
C) childs - daughters
D) children - daughteres

10 **I like ... to parties and ...**

A) going - dancing
B) go - dance
C) going - dance
D) go - to dance

Choose the correct sentence (11 to 14)

11

A) Catch you the train at 7.00 every morning?
B) Is your brother a clerk?
C) Don't you are a teacher?
D) Come not to see me tomorrow?

12

A) Do you really have going?
B) Have you really to go?
C) Do you really have to go?
D) Does you really have to go?

13

A) I love roses reds
B) I love reds roses
C) I love roses red
D) I love red roses

14

A) What lovely girl!
B) What a lovely girl!
C) She is a such lovely girl!
D) What girl lovely!

Complete the following sentences (15 to 20)

15 I want to introduce you to Jana and ... brother.

A) hers
B) his
C) the
D) her

16 Gary and ... share a very small flat in the centre of Buenos Aires.

A) mine
B) I
C) me
D) my

17 Next August they ... to Paris because they want to improve ... French.

A) will go - their
B) go - their
C) are going - their
D) have been going - his

18 "How long ... here?". "I ... here ... 3 years".

A) have you lived - 've lived - for
B) has you lived - 's lived - since
C) you have lived - 've lived - for
D) did you live - 've lived - for

19 Jeff loves ... music ... the garage.

A) listening - in
B) to listen to - at
C) listening - to
D) listening to - in

20 Fred's house has 3 bedrooms and Carol's has 1. Carol's house is ... Fred's.

A) smaller than
B) not big as
C) more small than
D) smallest of

Find the right translation of the following sentences (21 to 24)

21 Most of the Americans I know are from California.

A) Molti Americani che conosco sono della California
B) La maggior parte degli Americani conoscono la California
C) Molti Americani conoscono la California
D) La maggior parte degli Americani che conosco sono della California

22 Despite the fact that James is very rich and successful, he isn't happy.

A) Nonostante il fatto che James sia molto ricco e di successo, non è felice
B) Non essendo molto ricco e di successo, James non è felice
C) Anche se James fosse molto ricco e di successo, non sarebbe felice
D) Quando di fatto James sarà molto ricco e di successo, sarà felice

23 Would you like me to drive you home?

A) Vuoi portarmi a casa?
B) Vuoi che ti porti a casa?
C) Vorresti portarmi a casa?
D) Vorresti guidare fino a casa?

24 The man who's speaking to Sarah is her new assistant.

A) L'uomo che sta parlando con Sarah è il suo nuovo assistente
B) L'uomo con cui sta parlando Sarah è il suo nuovo assistente
C) L'uomo di cui sta parlando Sarah è il suo nuovo assistente
D) L'uomo che sta parlando di Sarah è il suo nuovo assistente

Insert the correct verb forms (25 to 31)

25 I ... tomorrow at 7.30.

A) am leaving
B) will leave
C) shall leave
D) would leave

26 I want to go to the cinema with my friends this evening, ...?

A) will you come
B) are you coming
C) are you going
D) will you to come

27 We ... by train, but it depends on the strike.

A) will to leave
B) going to travel
C) are going to travel
D) have been going to travel

28 John ... all around Europe last year.

A) travel
B) have travelled
C) had travelled
D) travelled

29 "I don't feel well". "You had better ... working so hard".

A) to stop
B) stop
C) stopping
D) stopped

30 He ... me he ... in love with Susan.

A) told - had fallen
B) had told - had fallen
C) told - is falling
D) told - falls

31 Where do you keep the butter? The butter is ... here.

A) kept
B) keeped
C) keep
D) keept

Complete the sentences correctly (32 to 38)

32 My hair is ... yours.

A) less curly
B) least curly than
C) less curly of
D) less curly than

33 **His ... son is still at school.**

A) eldest
B) bigger
C) younger
D) the young

34 **This is the ... film I have ever seen.**

A) worse
B) better
C) worsest
D) worst

35 **A boy of sixteen is often ... his father.**

A) as tall as
B) tall as
C) tall like
D) so tall as

36 **Joe and Ted are good friends. The ... lives in England, the ... lives in America.**

A) first - second
B) nearest - furthest
C) first - last
D) former - latter

37 **She becomes ... beautiful every day.**

A) always more
B) more and more
C) much more
D) always much

38 **... knows what to do.**

A) All
B) Each
C) Every
D) Every all

Indicate the correct spelling

39 **100, 1000.**

A) one hundred - one thousand
B) hundred - thousand
C) a hundred - the thousand
D) the hundred - a thousand

Indicate the expression that has a different meaning (40 to 45)

40

A) I will be there in two weeks
B) I'll be there in a fortnight
C) I'll be there in a week
D) I'll be there today fortnight

41

A) I am fed up with it
B) I'm annoyed by it
C) I'm bored of it
D) I have had enough of this

42

A) She is so rude
B) She is really down-to-earth
C) She is not a conceited girl
D) She is a simple girl

43

A) It went on raining the whole day
B) It poured down the whole day
C) It kept on raining the whole day
D) It has been raining since this morning

44

A) I managed to drive my brother's motorcar
B) I was able to drive my brother's motorcar
C) I succeeded in driving my brother's motorcar
D) I failed to drive my brother's motorcar

45

A) She longs for a child
B) She is expecting a child
C) She is eager for a child
D) She craves for a child

Complete the sentences correctly (46 to 59)

46 They will ... study very hard if they want to succeed.

A) must
B) have
C) have to
D) ought

47 I ... him recently.

A) didn't see
B) don't see
C) haven't seen
D) will not see

48 It ... yesterday.

A) didn't rain
B) hasn't rain
C) wasn't raining
D) hadn't rained

49 I ... TV now.

A) watch
B) am watching
C) have watched
D) watched

50 She can't help ... people what to do.

A) tell
B) to tell
C) have told
D) telling

51 You ... smoke in the classroom.

A) mustn't
B) haven't to
C) can't
D) don't want

52 The teacher glanced ... my homework and realized it was wrong.

A) –
B) to
C) at
D) for

53 Tell the milkman ... us any milk.

A) not to bring
B) to not bring
C) don't bring
D) to bring not

54 I am happy to be ... friends again.

A) between
B) among
C) by
D) in

55 ... my uncle, he works hard.

A) As
B) Like
C) How
D) Such as

56 Do they get ... freedom?

A) much
B) very
C) many
D) a lot of

57 We are interested ... this basket match.

A) in
B) of
C) on
D) at

58 **He is a teacher ... Japanese.**

A) by
B) in
C) about
D) of

59 **The film starts at ...**

A) half eight
B) eight and half
C) half past eight
D) past eight

Indicate the expression that has a different meaning (60 to 65)

60

A) I cannot bear my brother-in-law
B) I can't see my brother-in-law
C) I can't stand my brother-in-law
D) I cannot endure my brother-in-law

61

A) Bye bye
B) Hallo
C) Cheerio
D) See you

62

A) Don't mention it
B) You're welcome
C) Please
D) Not at all

63

A) Go on!
B) Come on!
C) Cheer up!
D) Hurry up!

64

A) Please
B) I beg your pardon
C) Sorry
D) Excuse me

65

A) I'm fond of music
B) I like music
C) I'm keen on music
D) I hate music

Indicate the correct sentence (66 to 68)

66

A) I am hunger
B) I have hungry
C) I am hungry
D) I had hungry

67

A) They also came to the cinema with us last night
B) They as well came to the cinema with us last night
C) They too came to the cinema with us last night
D) They came also to the cinema with us last night

68

A) I was born at the third of March
B) I am born on the three March
C) I born on March the third
D) I was born on March the third

Indicate the wrong sentence (69 to 70)

69

A) She stops typing
B) She stopped to type
C) She stopped to typing
D) She stops to type

70

A) She should study, shouldn't she?
B) They can't speak English, don't they?
C) Her parents will leave tomorrow, won't they?
D) They did not go to school, did they?

Choose the correct alternative to complete the following sentences (71 to 92)

71 Your father wanted you ... a doctor.

A) to become
B) became
C) become
D) would become

72 The nominating committee generally met behind closed ...

A) windows
B) doors
C) gates
D) fences

73 I always have ... in my stomach before an exam.

A) butterflies
B) flies
C) mosquitoes
D) bugs

74 I didn't think you would succeed ... doing such hard work.

A) at
B) to
C) in
D) with

75 I am very tired. I think it's time to call it a ...

A) year
B) week
C) month
D) day

76 Why don't you ask John to help you with your homework? He knows Maths inside ...

A) out
B) outside
C) inwards
D) outwards

77 You can't ignore his opinion; he has a finger in every ...

A) dish
B) soup
C) meal
D) pie

78 I really put my ... in it with Angie. I didn't know she was Tom's wife.

A) toe
B) feet
C) nail
D) foot

79 Only if he is ill, ... at home.

A) he stay
B) does he stay
C) he is staying
D) he would stay

80 Under no circumstances ... to open the safe box.

A) are you allowed
B) you are allow
C) you will be allowed
D) you will allow

81 **It is worth ...**

A) do
B) to do
C) doing
D) to be doing

82 **This is the first time ...**

A) it happens
B) it has happened
C) it is happening
D) it happened

83 **He has ...**

A) a car such old
B) a such old car
C) such old car
D) such an old car

84 **We were bowled ... by the elegance of his girlfriend.**

A) down
B) over
C) up
D) on

85 **The workers have been called ... to protest against the dismissal.**

A) off
B) in
C) out
D) forth

86 **We were shopping at the market when the child disappeared in the ... of an eye.**

A) twinkling
B) flashing
C) blanking
D) sparkling

87 **The President hadn't prepared a speech, so he made one ... the cuff.**

A) over
B) out
C) off
D) on

88 **His first book sold over 50,000 copies, but it was a flash in the ...**

A) light
B) sky
C) pan
D) above

89 **She likes telling ... stories, in fact nobody believes her.**

A) tall
B) short
C) high
D) small

90 **What I am telling you is strictly ... the record and nobody must know.**

A) away
B) out
C) over
D) off

91 **... I like Caroline personally, I don't think she is the person best qualified for the job.**

A) However
B) Nevertheless
C) Despite
D) Although

92 **The manager thinks we should accept the contract and I ...**

A) was agreed
B) agree
C) agreeable
D) am agree

Choose the right answers (93 to 94)

93 **A sign in the airport says "We are reconfiguring this area to make the security service we provide more effective for you". What is exactly happening?**

A) the area is being redesigned
B) the area is being cleaned
C) the area is being demolished
D) the area is being abandoned

94 **Which of the following would you put at the end of a "formal letter"?**

A) I am waiting for your news
B) I look forward to hearing from you soon
C) I expect to listen to your reply
D) See you soon

Answer correctly the following linguistic questions (95 to 100)

95 **What is an "allophone"?**

A) a phoneme cluster
B) the smallest unit of speech distinguishing one word from another
C) a phonetic variant of a phoneme
D) a phoneme inventory

96 **The aspect of a verb concerns:**

A) the manner in which the verbal action is expressed or regarded
B) the time of an action
C) the correspondence between the form of a verb and time
D) the relation of the verbal action to such conditions like certainty or necessity

97 **In the sentence "*What's happening*?", what do we call the contraction of the morpheme "is"?**

A) a suffix
B) a clitic
C) an affix
D) a collocation

98 **Read the following sentence: "*Are you listening*?". Which function of the language does it perform?**

A) poetic
B) metalingual
C) referential
D) phatic

99 **Which of the following is an example of a "cleft sentence"?**

A) It was John who took the money
B) It is John's money
C) The money is John's, not yours
D) Be careful! Don't let John take the money

100 **How is the letter "*o*" pronounced in the word "*shopping*"? Choose from the following:**

A) /ɒ/
B) /əʊ/
C) /ə/
D) /ʌ/

2 Quesiti grammaticali e comprensione di brani con soluzioni non commentate

Read the text and answer the following questions or complete the sentences with the correct alternative.

Kensington and Chelsea, like most local authorities, are on an economy drive. Having identified litter in the streets as a significant cost, the borough's management looked for ways to reduce the expense. A study revealed that litter bins were at the root of the problem, because they attract litter, often more of it than they can accommodate. The council considered various solutions. Ideas for bigger bins, more bins, and emptying them more frequently were all rejected before the borough's boffins came up with a brilliant solution: get rid of litter bins entirely. With no bins, people will take their rubbish somewhere else, Hammersmith or Westminster, with a bit of luck. If the scheme is successful, the council will consider getting rid of expensive hospitals, because they attract too many sick people, and jails, which are a Mecca for criminals.
Sterling's supporters are wondering if they could achieve equal results by getting rid of the SELL button on FX traders' keyboards. There must be at least a suspicion that they were testing the idea yesterday; the pound lost less than half a cent to the Canadian and New Zealand dollars, and made headway on almost every other front. Its biggest gain was two and a half yen, and it starts today at its highest level for three years against the Japanese currency.

1 **What does the text deal with?**

A) the effect possible saving economy measures may have
B) rivalry among various London borough councils
C) Japanese reaction to British saving policies
D) a concerted effort to boost sterling

2 **In the passage, what does "boffin" mean?**

A) member
B) unofficial expert
C) supporters
D) detractors

3 **The text examines the council's decision on bins:**

A) tongue in cheek
B) as a responsible measure to be used in other sectors
C) as an admirable way to clean the streets
D) advocating similar steps elsewhere

For questions 4 to 5, read the text and fill in the gaps with the correct word.

Investors were [1] the yen, allegedly, because they believe Prime Minister Fumio Kishida has lined [2] a new Bank of Japan governor who will back his call for extreme monetary easing.

4 **Which is the correct word for the space 1 from (A) to (D)?**

(A)	(B)	(C)	(D)
support	bought	sold	selling

5 **Which is the correct word for the space 2 from (A) to (D)?**

(A)	(B)	(C)	(D)
up	into	prepared	against

Read the text and complete the following sentences with the correct option.

The price of a can of chopped tomatoes — my personal measure of South African food inflation — has increased by almost 10% in the past year.
When food prices go up, consumers have less cash left over for discretionary spending. In addition, lenders have to deduct necessary spending, which includes food, before they can calculate how much a prospective borrower has left over for repayments.
The National Agricultural Marketing Council's latest quarterly report on food prices clearly says: "The cost of the food basket expressed as a share of the average monthly income of the poorest 30% of the population increased from 38% in January 2018 to 40.4% in January 2019. The cost of the food basket expressed as a share of the average monthly income of the wealthiest 30% of the population increased from 3% to 3.2%".
Its analysis highlights two facts: the two percentage points more of its income the average low-income household now spends on food than it did a year ago, and the huge extent of the inequality in South Africa, as the top 30% spends 3.2% of their income on food when the bottom 30% spends just over 40% on it. The recent rand weakness raises concerns that food price inflation will remain high as the year progresses. However, there are several dynamics that have turned more positive in recent weeks. South African food inflation peaked in December 2018 at 7.4%, according to South African statistics. The uptick was driven by surging grain prices, but pushed meat and dairy prices higher as 2018 progressed. In the first three months of 2019, food price inflation has slowly trended lower, coming in at 6.3% in March as grain price inflation subsided. South African grain prices are benchmarked off international prices. However, the dependence on wheat imports means that wheat is benchmarked off the higher import parity price, while the excess supply of maize means that the lower export parity price is key for the latter.

6 The text states:

- **A)** rich South Africans pay less for food
- **B)** South-Africans in the lower wage-earning bracket prefer to spend a large portion of their earnings on food
- **C)** the cost of the food basket has pushed up the South African currency
- **D)** better-off South Africans are less penalized by food price increases

7 According to the passage:

- **A)** a South-African export fetches a comparatively lower price than what has to be paid for an essential import, considered a little expensive
- **B)** South-Africa has excess meat and dairy production
- **C)** decreasing food costs depend solely on expensive imports
- **D)** the first quarter 2019 follows the trend of end 2018

8 In the passage, it can be deduced that:

- **A)** a weaker rand will favour the better-off
- **B)** just under a third of the population spends over a third of its income on food
- **C)** it would be better to produce more maize
- **D)** money will be lent readily irrespective of food prices

For questions 9 to 10, read the text and fill in the gaps with the correct word / words.

With just the one ecostat with [1] to redeem itself, sterling will stand or fall today on the UK manufacturing purchasing managers' index: [2] below 50 would make life most uncomfortable for the pound.

9 **Which is the correct word for the space 1 from (A) to (D)?**

(A)	(B)	(C)	(D)
out of	which	whom	that

10 **Which is the correct word for the space 2 from (A) to (D)?**

(A)	(B)	(C)	(D)
everyone	nowhere	anything	rising

Read the text and answer the following questions or complete the sentences with the correct alternative.

The number of new jobs was weaker than the rise of about 200,000 predicted by economists, and will raise new concerns about the strength of US economic recovery. At the same time, the US jobless rate declined to 7.6% from 7.7% in February. A drop in retail employment was a factor behind the disappointing rise in overall job creation. The data from the Labour Department showed that this sector lost 24,000 jobs in March. 12,000 jobs were lost in the US Postal Service, making staff redundant as it aims to cut losses. Other sectors performed much better, with 51,000 extra professional and business services jobs created, and 23,000 new healthcare positions. The March rise in job creation was half the level of the past six months, when there was an average monthly decline of 196,000. Economists expect Federal spending cuts, coming into effect on 1 March, to have had an impact on confidence among companies and the numbers of people hired. The total unemployed in the US, in March, was 11.7 million. For adult men, the unemployment rate was 6.9%, and 7% for women. For teenagers, the rate was 24.2%, almost one in four people.

11 **What is the main message of the text?**

A) teenagers are not having difficulty in getting into the job market
B) even though there are signs of a recovery, certain data in the work sector are disappointing
C) how unemployment rose in the period
D) it is better to hold a job in the public sector

12 **In the passage, what does "redundant" mean?**

A) made useful
B) laid off because of circumstances
C) dismissed as incapable
D) made unemployable

13 **Considering the job market, the trend is:**

A) to impact confidence in companies ready to hire personnel
B) increased employment for women
C) nobody wants to work in Postal Services any more
D) expansion in extra-professional, business, and healthcare services

---

For questions 14 to 15, read the text and fill in the gaps with the correct word / words.

The US economy needs to add about 90,000 jobs [1] month just to keep up with population growth. The negative data came after other reports [2] that the US economic recovery is continuing.

14 Which is the correct word for the space 1 from (A) to (D)?

(A)	(B)	(C)	(D)
each	all	one	other

15 Which is the correct alternative for the space 2 from (A) to (D)?

(A)	(B)	(C)	(D)
had indicated	will indicate	denies	was indicating

Read the text and complete the following sentences with the correct alternative.

Will Mozambique end up like Nigeria or Norway? The 2011 discovery of a major off-shore gas field, with extensive coal reserves inland, has prompted to suggest that Mozambique, one of the world's poorest countries, has hit the jackpot. The gas is thought to be worth an estimated $350bn, while projections predict that from 2015 the country could produce 100 million tonnes a year, putting it just outside the top 10 producers in the world.
Such riches, for a country producing just $26bn a year and rebuilding itself after a 16-year brutal civil war that ended in 1992, does sound promising. It is enough to make a difference to Mozambique, which is around bottom in a range of indices measuring poverty, health, and education for decades. But turning those resources into riches is not easy. Consider the experiences of Norway and Nigeria, which made oil finds in the 1960s. Today, Norway exports six times more energy than it consumes and is one of the richest countries in the world. Nigeria still imports energy and at least 400bn dollars of oil revenue is thought to have disappeared since independence in 1960. It remains one of the poorest nations and comparison is unfair — for example, with a population of 162 million, Africa's most populous nation dwarfs Norway, which has just five million inhabitants.

16 The text states:

A) Mozambique is more similar to Norway than Nigeria
B) three countries have natural resources, either already exploited or about to be exploited
C) it is an advantage to have such a large population
D) there has been a civil war since 1992

17 In the passage, "to hit the jackpot" means:

A) to lose the lottery
B) to change its economic policy
C) to achieve success where it is least expected
D) to run into difficulty

18 According to the text, the advent of the discovery of natural resources:

A) increased Norway's imports
B) could allow Mozambique to change from its present state of poverty
C) led to increased energy exports in Nigeria
D) automatically eliminates poverty

For questions 19 to 20, read the text and fill in the gaps with the correct word / words.

Nigeria's vast size raises immense challenges that Norway simply doesn't have to contend [1]. Nevertheless, the contrasting fortunes of the two countries starkly illustrate [2] an abundance of natural resources does not automatically lead to wealth and prosperity.

19 **Which is the correct alternative word for the space 1 from (A) to (D)?**

(A)	(B)	(C)	(D)
after	whithout	with	against

20 **Which is the correct alternative for the space 2 from (A) to (D)?**

(A)	(B)	(C)	(D)
which	even though	that	in spite of

---

21 **First read the passage, then choose the correct answer.**

Machine is out of order. Please try machines on the opposite platform or the ticket office outside the station.

Which is true?

A) the machine has been moved
B) there are other ticket machines in the station
C) the ticket office is on the opposite platform
D) the machine has been located in the ticket office

22 **First read the advertisement, then choose the correct answer.**

Room Wanted: In the centre of town, close to the Metro; 22-year-old female teacher; max. 400€ per month, bills included. Contact Tracy on 356 9847626.

Which is true?

A) Tracy wants to live with a teacher
B) Tracy wants to share a room in the centre of town
C) Tracy is searching for a place to live
D) the room is being offered as all-inclusive

23 **First read the message, then choose the correct answer.**

Dear miss Harrison,
Toby can't do games today as he hurt his leg at the weekend riding his bicycle.
Thank you,
Mrs. Gregson

Which is true?

A) Toby can't ride his bicycle this weekend
B) Toby has a games lesson today
C) Mrs. Gregson is Toby's teacher
D) Toby hurt his leg at school

24 **First read the passage, then choose the correct answer.**

So what is the best way to break the ice? The fact that the British talk perennially about the weather is not a stereotype; it is, in fact, one of the most common topics in this context. Americans seem to prefer to find out where you are from and then seek a geographical link, such as "Oh, I had an uncle who once worked in Detroit". If you are a foreigner, you may well be asked about your country, where exactly your home town is, and so forth. If you are arriving somewhere, you are likely to be asked about your journey. Express interest in the other person, but don't be too inquisitive!

Which sentence is correct?

A) British weather is very bad
B) the British are not family conscious
C) the British and Americans ask different questions to get acquainted
D) Americans complain about the British weather

25 **First read the dialogue, then complete the sentence.**

PERSON 1: "Can you please tell me if my insurance policy covers me for accidental damage?".
PERSON 2: "It does, provided that you were paying due care and attention, and didn't leave the phone unattended or let it out of your possession. There should be no problem with your claim unless the examination of the phone contradicts your story".

Person 1 will receive an insurance payment if:

A) his friend dropped the phone in a puddle
B) the examination shows persistent damage, consistent with long-term carelessness
C) a thief ripped his bag from his back, and his phone fell on the floor
D) he left his phone unattended for only a short period of time

26 **Complete the sentence with the correct answer.**

Yesterday, Coral ... to me with a problem.

A) has come
B) came
C) went
D) goes

27 **Complete the sentence with the correct answer.**

I don't know who ... ice cream.

A) is liking
B) like
C) are liking
D) likes

28 **Complete the sentence with the correct answer.**

Betty didn't thank me for the present. That is ... annoyed me.

A) the thing
B) the which
C) what
D) that which

29 **Complete the sentence with the correct answer.**

Tim always wants ... money.

A) so much
B) a few
C) too many
D) another

30 **Complete the sentence with the correct answer.**

I've ... for the job.

A) appointed
B) presented
C) applied
D) succeeded

31 **Complete the sentence with the correct answer.**

Stuart is so mean that he wouldn't give a beggar a ... of bread.

A) peel
B) shell
C) crust
D) skin

32 Complete the sentence with the correct answer.

Only a few miles more to go! We're ... home.

A) nearly
B) quickly
C) immediately
D) well

33 Complete the sentence with the correct answer.

My boss was ... my work and put up my salary.

A) sure about
B) pleased with
C) worried about
D) engaged to

34 Read the message, then complete the sentence.

Do not throw litter in the park. Please use the bins provided in the picnic area.

You are not allowed to:

A) eat a picnic in the park
B) use the bins outside the picnic area
C) leave rubbish on the ground
D) carry litter outside the park

35 First read the passage, then answer the question.

What began as a romantic idyll and as a relationship envied by all around them soon turned sour. She began to feel trapped and frustrated, and what she once saw as touching and caring became annoying and clingy. For his part, he clung tighter, desperately hoping to stifle the feelings that were tearing him apart.

Which of the following alternatives best shows the trajectory of their relationship?

A) he liked her more, but she started to feel more for him with time
B) she wanted too much, so he broke up with her
C) he felt more and more certain that she could make him happy
D) she became less enamoured as time went on

36 First read the passage, then choose the correct answer.

Noah Webster had started out with big plans for reforming English spelling. Unfortunately, in his *Blue-Backed Speller*, Webster had adopted, with minor changes, the spelling introduced by his British rival Samuel Johnson, the founder of modern English lexicography. So it was ironically through the success of his own book, studied by millions of children at school, that the old spellings had been disseminated far and wide, and become part of the establishment, blocking any further attempt to reform English spelling and pronunciation.

Why did Webster's plan to reform the English spelling system fail?

A) Johnson's spelling system proved to be superior to the reforms introduced by Webster
B) Webster himself had contributed to promoting the old English spelling system
C) his new spelling system proved to be more difficult to use than the old one
D) American schools were unprepared to introduce the new system

37 First read the passage, then complete the sentence.

That's it then, Michael. I can't express how sorry I feel for what has happened. No need to tell you, we have taken into consideration any practicable alternative option. Anyhow, I think you would be the first to admit the situation has worsened over the last few months, so we had to take a final decision. Having looked at the problem from all possible angles, that's what I've decided.
However, I can't tell you how much I've appreciated the marvellous job you have done here — may I say your outstanding commitment. And I can only tell you what everybody else thinks — that the company is what it is very much because of what you have accomplished here. And I mean it. As for compensation, I've worked out a solution that I hope you'll find satisfactory. Well, what can I say? You know, Carl seems to be a decent guy.

The speaker is trying to:

A) praise Michael
B) promote Michael
C) fire Michael
D) hire Michael

38 **Complete the sentence with the correct answer.**

Excuse me, would you mind … a little more slowly?

A) to speak
B) speaking
C) if you spoke
D) to speaking

39 **Complete the sentence with the correct answer.**

… of us enjoyed the meal because it was overcooked.

A) Both
B) Nor
C) Neither
D) Either

40 **Complete the sentence with the correct answer.**

He hasn't done … homework yet.

A) some
B) any
C) a few
D) a lot

41 **Complete the sentence with the correct answer.**

What's the name of the woman … book you borrowed?

A) whose
B) whom
C) who
D) which

42 **Complete the sentence with the correct answer.**

… anybody waiting for this little girl?

A) It's
B) Is it
C) There is
D) Is there

43 **Complete the sentence with the correct answer.**

I've decided to take a … across Europe this summer by car.

A) voyage
B) travel
C) journey
D) crossing

44 **Complete the sentence with the correct answer.**

My aunt … her children without any help from her husband.

A) grew
B) grew up
C) brought up
D) bringed up

45 **Complete the sentence with the correct answer.**

Lunch will be ready …, but we have time for a drink.

A) presently
B) currently
C) lately
D) suddenly

46 **Complete the sentence with the correct answer.**

It's too expensive for me. I can't … it.

A) pay
B) spend
C) cost
D) afford

47 **Complete the sentence with the correct answer.**

It's the ... in this country to go out and pick flowers on the first day of spring.

A) use
B) normal
C) custom
D) rule

48 **First read the passage, then answer the question.**

Even if the tax havens are genuine about espousing greater transparency, not much will happen soon. In my modest opinion, it is disingenuous of our governments to claim that the clampdown on tax paradises might have any significant relevance to our current financial crisis.
Let's be frank; tax havens played no part whatever in the madness of bank lending, nor in the credit crunch, nor in the breakdown of businesses worldwide.

Which sentence is closest to the text?

A) tax havens have no responsibility for the current financial crisis
B) tax havens are partly responsible for the credit crunch
C) the fight against fiscal paradises is difficult
D) governments should take tougher actions against tax havens

49 **First read the passage, then complete the sentence.**

The great Austrian writer Bernhard transformed angry eloquence into art while waging war on the Viennese arts scene's smugness and hypocrisy. In this masterful Dostoevsky-like diatribe, the narrator, a writer, having accepted an invitation to a dinner given in honour of an actor, waits for the guest to appear and offers a running commentary on his former friends, including a woman who has just killed herself — as indeed did Bernhard, five years after publication.

The book reviewer suggests that:

A) the author is angry about self-satisfaction and double standards in the Viennese arts scene
B) this book is a powerful critique of Viennese society at its most smug and hypocritical
C) Bernhard committed suicide in despair over the state of the Viennese art scene
D) Bernhard was a masterful writer of diatribes against smug and hypocritical Viennese women

50 **First read the passage, then complete the sentence.**

You may also note that the Ginetex care labels in clothes still specify high washing temperatures — up to 95°C — for certain textiles. I do think you can worry too much about what's lurking in the laundry basket, but at the same time I've always thought blanket advice to turn the dial to specific temperatures has been oversold. In fact, there are four factors at play with household laundry: time, temperature, agitation, and detergent.

The writer of this extract is:

A) bothered because blankets may get destroyed if not washed properly
B) irate because temperature is not the only factor in deciding how to wash clothes
C) amused because some people stupidly exaggerate the danger of washing clothes at the wrong temperature
D) sceptical because clothes labels often exaggerate the temperatures that garments should be washed at

51 **First read the passage, then choose the correct answer.**

What's so bad about being kind and in control of your emotions? And why shouldn't I be a bit timid? I'm not constantly focussed on what I'm going to say next. I try to really hear what people are saying. No doubt, most women tend to get a little bossy when they reach a certain position. They accomplish so much and can multitask to such a great extent that they are not as patient with the laggards.

How does she describe herself?

A) she is focussed on what she is saying
B) she has good listening skills
C) she has no patience with lazy people
D) she is overbearing and outspoken

52 Complete the sentence with the correct answer.

Working on the early shift means ... at 4 a.m. every day.

A) get up
B) to getting up
C) to get up
D) getting up

53 Complete the sentence with the correct answer.

Clever ... he is, I wouldn't trust him an inch.

A) for
B) enough
C) although
D) though

54 Complete the sentence with the correct answer.

You ... have received my reply by now.

A) should
B) ought
C) did
D) must to

55 Complete the sentence with the correct answer.

Two cars and a motorbike ... in the fire.

A) were been destroyed
B) destroyed
C) have destroyed
D) were destroyed

56 Complete the sentence with the correct answer.

The introduction of bar coding has ... major improvement in our stock control.

A) come about
B) come to
C) brought about
D) brought round

57 Complete the sentence with the correct answer.

Professor Miller is an authority ... seventeenth century French painting.

A) on
B) in
C) over
D) with

58 Complete the sentence with the correct answer.

After three years of losses, the firm managed to ... this year.

A) go flat
B) break even
C) level out
D) equalise

59 Complete the sentence with the correct answer.

He couldn 't ... have known the password, so how did he access the computer?

A) likely
B) probably
C) possibly
D) definitely

60 Complete the sentence with the correct answer.

It stands to ... that people work better if they are respected and well-paid.

A) reason
B) logic
C) argument
D) analysis

61 **First read the message, then choose the correct answer to the question. Only one answer is correct.**

Dear Grace,
I am going home tomorrow for a week. Please call me later if you want to see me before I go.
Love, Peter

Which is true?

A) in a week Peter is going home
B) Peter will call Grace tonight
C) Peter will spend a week at home
D) Grace wants to see Peter

62 **First read the passage, then choose the correct answer to the question. Only one answer is correct.**

Free Booking line: 800 4756 4343. Open between 9 a.m. and 5 p.m. For last minute tickets visit the theatre ticket office after 5.30 p.m. on the evening of the play.

Which is true?

A) tickets can only be bought at the theatre
B) it costs nothing to call the booking line
C) tickets can only be bought before 5 p.m.
D) for last minute tickets, you have to visit the theatre the day before the play

63 **First read the passage, then choose the correct answer to the question. Only one answer is correct.**

Summer Courses: All adults with a degree are welcome on our computer courses. Beginners: June 4th - June 28th; Intermediate: June 30th - July 20th; Advanced: July 22nd - August 15th. Call our office for pricing details.

Which is true?

A) the courses are free if you have a degree
B) graduates can join the courses
C) children are welcome on the beginners' course
D) adults need to start with the beginners' course

64 **First read the sentence, then choose the correct answer to the question. Only one answer is correct.**

'Please be quiet. Exam in progress'.

What does it say?

A) be silent while students are taking their examination
B) do not talk to the instructor
C) the examiner will tell you when you can leave the room
D) the examination will be over when everyone has finished

65 **First read the dialogue, then choose the correct answer to the question. Only one answer is correct.**

SHOP ASSISTANT: "That looks lovely on you. The colour is perfect, and the skirt is the right length".
CUSTOMER: "You're right about the length, but do you have it in green?".
SHOP ASSISTANT: "No, I'm afraid we don't, madam".

Which is true?

A) the customer wants a longer skirt
B) they have the skirt in green
C) they agree about the length
D) they think the colour is perfect

66 **Complete the sentence with the correct answer. Only one answer is correct.**

Aren't they friends …

A) of you?
B) of yours?
C) to you?
D) to yours?

67 **Complete the sentence with the correct answer. Only one answer is correct.**

He works … engineer.

A) like
B) as
C) the same as
D) as an

68 **Complete the sentence with the correct answer. Only one answer is correct.**

When … Spanish?

A) has he begun to study
B) has he begun study
C) did he begin to study
D) did he begin study

69 **Complete the sentence with the correct answer. Only one answer is correct.**

Joe didn't study much for the exam, but if he had studied more, he … it.

A) would have passed
B) could pass
C) passed
D) passes

70 **Complete the sentence with the correct answer. Only one answer is correct.**

The bank is offering a … to anyone who can give information about the robbery.

A) compensation
B) prize
C) reward
D) premium

71 **Complete the sentence with the correct answer. Only one answer is correct.**

She … us because she went to an expensive school.

A) looks above
B) looks over
C) looks down on
D) looks up to

72 **Complete the sentence with the correct answer. Only one answer is correct.**

He … me by four games to two.

A) beat
B) conquered
C) gained
D) won

73 **Complete the sentence with the correct answer. Only one answer is correct.**

I usually … my old clothes to a charity in my area.

A) give out
B) give away
C) give up
D) give in

74 **First read the sentence, then choose the correct answer to the question. Only one answer is correct.**

Terrible Teachers Terrorise!

What does this newspaper article report?

A) badly behaved pupils abusing their teachers
B) new government initiatives on school discipline
C) badly behaved teachers
D) more training courses for teachers

75 **First read the sentence, then choose which sentence follows on. Only one sentence is appropriate.**

On the surface it appears chaotic: the crazy traffic, the noise, and the people shouting.

A) yet beneath this show of disorder, there lies behaviour that is regulated and ordered
B) conversely, the trains never run on time; nothing seems to work
C) moreover, it is never noisy but rather calm and tranquil
D) nevertheless, there are no rules to control the behaviour of the various players

76 **First read the passage, then choose the correct answer to the question. Only one answer is correct.**

In my experience, the Spanish are a much more open nationality. They are gregarious and lively, and are always eager to experience new things. They appreciate the good things in life: food, drink, socializing, and they generally have a keen sense of culture.

Which words best describe the Spanish, according to the author?

A) lithe, shameful, and tolerant
B) outgoing, epicurean, and cultured
C) enthusiastic, short-tempered, and spontaneous
D) helpful, rude, and affectionate

77 **First read the dialogue, then choose the correct answer to the question. Only one answer is correct.**

SARAH: "Hi Tom, how was South Africa?".
TOM: "Fantastic, working in the hospital was amazing but really hard. I saw loads of things that really shook me up. But then I went surfing for a couple of weeks, which took my mind off all that!".

Which is true?

A) Tom found his work to be difficult and upsetting
B) Tom went surfing before working in the hospital
C) Tom thinks surfing is easy
D) Tom thinks that surfing needs a lot of endurance

78 **Complete the sentence with the correct answer. Only one answer is correct.**

David is going to buy ... new trousers.

A) some pair of
B) some
C) a couple of
D) this

79 **Complete the sentence with the correct answer. Only one answer is correct.**

She'll be 34 tomorrow, ...

A) is she?
B) isn't she?
C) won't she?
D) will she?

80 **Complete the sentence with the correct answer. Only one answer is correct.**

That crazy man can't stop me ... the football match on my radio.

A) to listen
B) listening
C) listen to
D) listening to

81 **Complete the sentence with the correct answer. Only one answer is correct.**

It's nice to go for a walk ... a summer evening.

A) on
B) in
C) at
D) during

82 **Complete the sentence with the correct answer. Only one answer is correct.**

I'm not used to ... late.

A) get up
B) be getting up
C) the getting up
D) getting up

83 Complete the sentence with the correct answer. Only one answer is correct.

In England, the money you borrow to buy a house is called a ...

A) loan
B) contract
C) mortgage
D) search fee

84 Complete the sentence with the correct answer. Only one answer is correct.

I never expected you to turn ... at the meeting.

A) around
B) on
C) up
D) in

85 Complete the sentence with the correct answer. Only one answer is correct.

He ... out of the window for a moment and then went on reading.

A) glanced
B) viewed
C) glimpsed
D) regarded

86 Complete the sentence with the correct answer. Only one answer is correct.

I ... an answer to my letter within a few days.

A) hope
B) wait
C) look forward
D) expect

87 Complete the sentence with the correct answer. Only one answer is correct.

They had every reason to sack him, but he still feels ... done by.

A) hard
B) unjust
C) harsh
D) unfair

88 First read the passage, then choose the correct answer to the question. Only one answer is correct.

Thomas Midgley, the inventor of leaded petrol and CFC gases, not only gave us two of the most destructive inventions in human history, but also managed to engineer his own demise. Ironically, the scientist met his end tangled in the cords of a contraption he invented to facilitate movement.

Why is this described as ironic?

A) because Midgley's career was ruined once the effects of CFCs and leaded petrol were discovered
B) because Midgley unwittingly destroyed himself, just as his inventions have done much towards destroying our planet
C) because the cords should not have been tangled
D) because he deliberately brought about his own death

89 First read the passage, then choose the correct answer to the question. Only one answer is correct.

Choosing a mobile phone and call package can be a bewildering experience. You are confronted with a vast array of models, all with different combinations of features. Unless you have some proper guidance from someone in the know, your final choice can be little more than a stab in the dark.

Which is the best summary of the argument?

A) without talking to a phone company employee, you will have little choice of phone
B) the mobile phone market has too little choice
C) taking advice makes your choice of phone less random and better informed
D) mobile phone companies take into account the needs of the users

90 **First read the passage, then choose the correct answer to the question. Only one answer is correct.**

Entrance fee voluntary. Please leave whatever you can afford to give for the upkeep of the church in the box on the way out.

Which is true?

A) everyone must make a donation
B) it costs money to look after the church
C) the box is outside the church
D) some people can't afford to give donations

91 **First read the email, then complete the sentence. Only one answer is correct.**

Dear Nora, glad you had a nice time away at the weekend. After the bombshell we all needed some time to lick our wounds! Great news about the work at the Ministry, it sounds as if things may be getting better for you.
There is life after the British Academy after all! And thanks for thinking of me, too; I'll certainly send my CV to Mr. Smith at the Ministry.
Luv, Jonny

The writer of this email is probably:

A) a colleague of Nora's who is envious of her new job at the Ministry
B) a friend of Nora's who is hoping that she will offer him a job
C) a colleague of Nora's who was also in shock after some unexpected news
D) an employee of Nora's who worked for her at the Ministry

92 **Complete the sentence with the correct answer. Only one answer is correct.**

He was a good runner, so he … escape from the police.

A) succeeded to
B) might
C) managed
D) was able to

93 **Complete the sentence with the correct answer. Only one answer is correct.**

When you … the furniture, please tell us.

A) will finish to move
B) finish to move
C) will finish moving
D) have finished moving

94 **Complete the sentence with the correct answer. Only one answer is correct.**

… lovely food!

A) What
B) What a
C) Which
D) Which a

95 **Complete the dialogue with the correct answer. Only one answer is correct.**

"Is he going to school?". "No, …".

A) he doesn't
B) he cycles
C) he gets by bus
D) to the shops

96 **Complete the sentence with the correct answer. Only one answer is correct.**

He's been working too hard, and he's … He needs a rest.

A) broken apart
B) broken up
C) run down
D) run over

97 **Complete the sentence with the correct answer. Only one answer is correct.**

We went to the station to …

A) see them off
B) see them out
C) goodbye them
D) say them goodbye

98 Complete the sentence with the correct answer. Only one answer is correct.

The police, despite very careful ..., still don't know who the murderer is.

A) undertakings
B) enquiries
C) searches
D) surveys

99 Complete the sentence with the correct answer. Only one answer is correct.

He'll ... his nervousness once he's on stage.

A) get away
B) get off
C) get over
D) get into

100 Complete the sentence with the correct answer. Only one answer is correct.

I'm afraid you've been ... This bank note is a forgery.

A) taken in
B) taken up
C) taken down
D) taken out

Read the text and answer the following questions or complete the sentences with the correct alternative.

Again on Saturday anti-spending-cuts protestors hijacked a peaceful anarchists' rally in London. While the anarchists were harmlessly attacking police and good-naturedly vandalising shops in Oxford Street, the leader of the opposition was seeking to politicise the march by attacking government policy. Mr Miliband lent his support to those who wanted to see a continuation of Prime Minister's borrow-and-squander strategy. He likened them to the suffragettes and to the American civil rights movement "who fought the horror of that system and won".

There was similarly little action at the summit meeting of EU leaders. They told Ireland that, as long as it clung to its low rate of corporation tax, it would have to live with the existing rate of interest on its bailout money. They agreed to stress-test Europe's nuclear reactors (hopefully in a more rigorous way than they stress-tested the Irish banks). They agreed on the principle of a permanent stability fund but not its size, nor who would put up the money. They also apparently decided that Portugal was in a financially sound condition and did not need a bailout, at the same time penciling a date for it in May. All in all, the achievements of the meeting did not go down well with investors, who were inclined to sell the euro. German chancellor Merkel's electoral defeat by the anti-nuclear Green party, in Baden Württemberg, on Sunday, was of no help to the euro either. It gapped half a cent lower as the Far East market got under way this morning.

101 What is the text largely about?

A) overall European reaction to spending and saving policies
B) Irish anarchists protesting against banking policies
C) Merkel's internal problems leading to the London protests
D) dominance of the Far Eastern markets

102 In the passage, what does "hijacked" mean?

A) to join secretly
B) to take control of
C) to approve of
D) to expand

103 According to the text, Mr Miliband:

A) is basically against spending cuts
B) wants Prime Minister to return
C) agrees with the rally's vandalism
D) was at the rally with Prime Minister

For questions 104 to 105, read the text and fill in the gaps with the correct word.

At the same time the US dollar has received a boost from comments by two regional Federal Reserve presidents. St Louis' James Bullard asked [1] a review of the second round of quantitative easing, suggesting it might not need to run its whole course to June. His colleague in Philadelphia, Charles Plosser, [2] already said on Friday that the Fed should now be setting out a strategy for selling the assets gathered during its QE program and preparing to raise interest rates.

104 **Which is the correct word for the space 1 from (A) to (D)?**

(A)	(B)	(C)	(D)
in	after	to	for

105 **Which is the correct word for the space 2 from (A) to (D)?**

(A)	(B)	(C)	(D)
had	has	will	should

Read the text and complete the following sentences with the correct alternative.

M/s Bullard and Plosser are still in a minority among the Federal Open Market Committee, but their comments provided welcome (to the dollar) evidence that there are two sides to the argument.
Investors have been totally lacking in sympathy for sterling. As the euro faded against the US dollar, the pound faded with it, touching its lowest level of the year. Only against the Swiss frane was it able to make any progress: the Swiss lost ground as investors felt less need for its safe-haven qualities.
Friday's economic data had little influence on the day's activities. IFO's survey of German business confidence delivered figures roughly in line with expectations. The revision to US fourth quarter gross domestic product growth was upwardly revised to an annualized 3.1%, lifting quarterly growth to 0.8%. Consumer confidence was revised down to 67.5 by the University of Michigan.
Today will be another thin one for tradable statistics. There is nothing whatsoever from Europe. The only guidance for investors will come from the States, in the shape of personal income and spending, and pending home sales, none of which are particularly compelling data. Coming out overnight will be the New Zealand balance of trade, Japanese unemployment, and retail sales.
As London opened, it looked as though investors were fighting their boredom by betting against the pound.

106 **The text states:**

A) the Swiss economy is in deep trouble
B) investors abandoned the US dollar
C) Swiss and German currencies are at the moment stable
D) investors preferred sterling to the Swiss frane

107 **According to the passage, the UK currency may face:**

A) another decrease
B) partial recovery against the dollar
C) full recovery against the euro
D) a rise in investor confidence on the London Stock Exchange

108 **In the passage, with regard to tradable statistics, there will be:**

A) important indications from the USA
B) relative inactivity
C) only slight European input
D) difficulties because of different opening times on world stock exchanges

---

For questions 109 to 110, read the text and fill in the gaps with the correct word / words.

Perhaps they have been [1] the sterling / euro chart, [2] appears to leave the way open for another two cents of downside.

109 **Which is the correct alternative for the space 1 from (A) to (D)?**

(A)	(B)	(C)	(D)
looked after	looking at	looking forward	watching out

110 **Which is the correct word for the space 2 from (A) to (D)?**

(A)	(B)	(C)	(D)
whose	where	which	then

---

111 **Complete the sentence with the correct answer.**

There is not … to go skiing this weekend.

A) snow enough
B) too snow
C) quite snow
D) enough snow

112 **Complete the sentence with the correct answer.**

"How long … guitar lessons?".
"For two years. I started when I finished university".

A) have you taking
B) have you been taken
C) have you took
D) have you been taking

113 **Complete the sentence with the correct answer.**

You … take the bus; I'll drive you to work.

A) needn't
B) should
C) have to
D) don't

114 **Complete the sentence with the correct answer.**

By next June, Tim … enough money to buy a new car.

A) will be saving up
B) will have saved up
C) is saving up
D) saved up

115 **Complete the sentence with the correct answer.**

The school started a special programme to … paper, so that used paper can become something useful again.

A) improve
B) pollute
C) recycle
D) contain

116 **Complete the sentence with the correct answer.**

Our services are provided free of ...

A) charge
B) cost
C) deposit
D) sale

117 **Complete the sentence with the correct answer.**

I never have time to read more than the newspaper ...

A) sections
B) chapters
C) headlines
D) titles

118 **First read the passage; then choose the correct answer.**

Letter from Ruth to her parents: We're staying in Truro longer than we intended because of storms on the coast. We'll go to the coast before returning home, if the weather improves.

A) Ruth has kept to her plan despite the change in the weather
B) Ruth may not visit the coast if the bad weather continues
C) Ruth intends to leave the mountains early to visit the coast
D) Ruth doesn't want to go back home

119 **First read the passage; then answer the question.**

I feel British although both my parents, who own a Chinese restaurant in Bangor, North Wales, were born in Hong Kong. They came over just before I was born because my grandfather thought there would be more opportunities for them in Britain. I've been to China only once, and I liked it a lot. It's so different from the Welsh countryside. I have lots of friends from different countries, from Chinese and British to Greeks and South Africans. I often cook Chinese food for them. They love it!

Where was the writer of the text born?

A) in Britain
B) in China
C) in Hong Kong
D) in South Africa

120 **First read the passage; then answer the question.**

For a really good night's entertainment, why not go along and see Richard Head's latest film *I Spy.* Though I found Hedi Lopez's performance disappointing and the special effects could have been improved on, the storyline and the plot more than made up for it, and Jed Baxter was brilliant in his role.

Which of the following statements would the writer of the text agree with?

A) the film was enjoyable
B) the special effects were wonderful
C) the movie was disappointing
D) it is Richard Head's best film

121 **Complete the sentence with the correct answer.**

I wish he ... hang around with those three mates of his — they're nothing but trouble.

A) won't
B) wasn't
C) weren't
D) wouldn't

122 **Complete the sentence with the correct answer.**

I tend to get up very early, ... my husband almost always likes a lie-in.

A) as opposed to
B) whereas
C) regardless of
D) whatever

123 **Complete the sentence with the correct answer.**

The suppliers usually request ... the damaged goods back.

A) to send
B) you sending
C) sending
D) that you send

124 **Complete the sentence with the correct answer.**

Every month, as soon as he'd been paid, he ... her out for a special meal.

A) was taking
B) had been taking
C) would take
D) usually takes

125 **Complete the sentence with the correct answer.**

The London Trade Centre is on the north ... of the River Thames.

A) border
B) shore
C) coast
D) bank

126 **Complete the sentence with the correct answer.**

The failure to follow proper business practices ... to the company's bankruptcy.

A) created
B) led
C) produced
D) provoked

127 **Complete the sentence with the correct answer.**

Five bottles? They won't go very ... among eight people.

A) long
B) much
C) many
D) far

128 **First read the passage; then answer the question.**

Woody Allen, the American director, screenwriter, actor, and author is best known for his bitter sweet comedies. His pale, thin, bespectacled appearance, together with his clever observations of humanity, leads people to regard him as an intellectual. However, Woody Allen confesses that he'd rather go to a bar or a baseball game than read philosophy. Many people think these comments are insincere, but Woody insists that he has never been a high culture person. In addition, genuine intellectuals consider that he is not in their class.

What is meant by "genuine intellectuals consider that he is not in their class"?

A) they believe his appearance is ridiculous
B) they believe he is modest
C) they believe he doesn't deserve the title "intellectual"
D) they believe he is not well-educated

129 **First read the passage; then complete the sentence.**

Each week, *The Economist* invites an expert to tell us what book — novel, guide, or textbook — has most influenced him or her. Here, Martha Holmes, journalist, TV presenter, and film producer, reveals all. "I'm a very keen reader, but selecting the book which has influenced me most was some challenge, until I thought back to my childhood. Then it was easy. Where the book came from is a mystery, and I have never met anyone who has heard of it. It is Rita Richie's *The Golden Rule.* I read it when I was about 10 years old, and I remember to this day the effect it had on me".

When first asked to choose a book, Martha Holmes:

A) was influenced by the experts
B) chose one she had read recently
C) had difficulty in making a decision
D) was pleased to have been approached

130 **Read part of an article about a mystery shopper named Laura and select the answer that is true according to the text.**

Like most full-time mystery shoppers, Laura is self-employed, taking jobs from ABA and other mystery shopping companies as and when they come up. Her incarne is typically £30,000 to £40,000 a year, and that doesn't include all the freebies she gets on the job. "With the perks, it's enough to live on. But I don't do it because I love shopping. In fact, I hate shopping now. When I'm not working, it pains me to have to go out and buy a pint of milk".

A) Laura loves shopping
B) Laura works full-time for ABA
C) Laura can keep the products she buys as a mystery shopper
D) Laura earns a typical wage

131 **Complete the sentence with the correct answer.**

It's going to take several days to … I just can't believe I've won this medal.

A) step out
B) bring out
C) count in
D) sink in

132 **Complete the sentence with the correct answer.**

How strange that you … both have been trying to ring each other at the same time!

A) should
B) shall
C) will
D) can

133 **Complete the sentence with the correct answer.**

It has been easy for United so far this season, but today they are … a much tougher team.

A) up to
B) down to
C) down against
D) up against

134 **Complete the sentence with the correct answer.**

If you'd rung to tell me, I … picked you up at the station.

A) can have
B) had
C) could have
D) have

135 **Complete the sentence with the correct answer.**

Apparently, within the next decade, money as we … it will probably cease to exist.

A) know
B) have
C) feel
D) believe

136 **Complete the sentence with the correct answer.**

We made an initial … payment of £400; then we're paying the rest in instalments of £200.

A) monthly
B) down
C) capital
D) stock

137 **Complete the sentence with the correct answer.**

I've got to be back here by early evening, so it's going to have to be a … visit.

A) racing
B) flying
C) running
D) flashing

138 **First read the passage; then complete the sentence.**

Many countries in the developed and rapidly developing world have come to the realisation that a far greater number of a country's population need to be at university or other places of higher education to ensure that their knowledge-based economies can compete with others. At the same time, there is a strong feeling that universities, traditionally made up of small elites, need to ensure that disadvantaged groups get equal access. The effect of all this has been the ballooning of student numbers in higher education, in the last ten years and in many countries, from Australia to South Korea, to Britain, to Canada, and to others.

Canada is mentioned because:

A) disadvantaged persons there now enter higher education
B) it is part of the developed world
C) the student population there has increased
D) it is representative of North America

139 **First read the passage; then complete the sentence.**

Domestic telephone services have been in place for over a century, but calls overseas were, until recently, fraught with difficulties. After the war, calls to Asia and Europe used to rely on short-wave radio signals that bounced off the ionosphere, the electrically active layer of the atmosphere that lies between 50 and 250 miles above the Earth's surface. Setting up a call involved hours of preparation and, when the call was made, sound quality was often affected by static.

Long-distance calls after the war were:

A) restricted by distance
B) enabled by cables
C) often of poor quality
D) limited in time

140 **First read the passage; then complete the sentence.**

Cables are made from different materials, which in turn are reflected in the price. Copper and silver are excellent conductors of electricity, whereas aluminium is not. It is highly unlikely, though, that any self-respecting manufacturer would supply anything below copper cables. Best of all are fibre optic cables that allow the transmission of laser-generated light signals with hardly any electrical resistance, but these come with a much higher price tag.

The word "these" in the last sentence refers to:

A) copper cables
B) fibre optic cables
C) light signals
D) electrical resistance

141 **Complete the sentence with the correct answer.**

You ... if you don't want to miss your flight!

A) hurry
B) 'd better hurry
C) would hurry
D) will hurry

142 **Complete the sentence with the correct answer.**

No one is answering the phone; they ... out.

A) could go
B) must have gone
C) can have gone
D) are gone

143 **Complete the sentence with the correct answer.**

At the end of the hour, our teacher told us that we could ... the test if we hadn't finished yet.

A) carry on with
B) carry on
C) carry out
D) carry out with

144 **Complete the sentence with the correct answer.**

My cousin ... cheating in his final exams.

A) had caught
B) caught
C) was caught
D) is been caught

145 Complete the dialogue with the correct answer.

"Richard really went out of his way to help me".
"…".

A) Yes, he's a good friend!
B) I can't believe my eyes!
C) Did he find his way in the end?
D) Does he not live near here?

146 Complete the sentence with the correct answer.

What do you … to do about the problem now that this solution has failed?

A) attempt
B) think
C) intend
D) pretend

147 Complete the sentence with the correct answer.

"Do you know anybody who would be good for the job?".
"Yes, actually, I …".

A) have someone in mind
B) know someone in charge
C) see what you mean
D) know the just person

148 First read the passage; then answer the question.

A woman with a stolen passport was arrested yesterday at Dublin Airport while she was checking in. According to the police, the passport had the name of a woman whose handbag had been stolen in a Dublin restaurant last month. However, the photograph on the passport had been replaced by a photograph of the woman arrested. The police are investigating the matter to find out whether the woman has stolen other passports as well.

Why was the woman arrested?

A) because she used to steal passports
B) because the passport she had didn't belong to her
C) because she changed the photograph on her passport
D) because she had a criminal record

149 First read the passage; then answer the question.

You see this notice in a room: "Will the last person to leave please switch off the lights".

What does the notice mean?

A) don't turn the lights on until it is necessary
B) switch the lights on when you're in the room
C) switch off the lights if you see they are on
D) don't leave the lights on if the room is empty

150 First read the passage; then answer the question.

Try to get cash out during the day and when you're with someone. Don't visit the cashpoint if there are other people around, and don't let anyone else know your PIN (Personal Identification Number). Put your money and your wallet away before leaving. Don't just stand there chatting to your friends or on your mobile phone.

Who is this warning aimed at?

A) people queuing in the bank to make a withdrawal
B) people taking money out of a bank cash machine
C) people who don't want to use a bank cash machine
D) tourists visiting a city

151 Complete the sentence with the correct answer.

We have to clean up the room; …, we can't go on holiday tomorrow.

A) supposing
B) otherwise
C) if so
D) because

152 Complete the sentence with the correct answer.

If you get a free moment, perhaps you ... look over my application form.

A) were to
B) will
C) would
D) may

153 Complete the sentence with the correct answer.

I hardly think it's fair to ... William as a shining example of good behaviour!

A) hold out
B) set out
C) hold up
D) set down

154 Complete the sentence with the correct answer.

This is an age when technology is developing faster than ... before.

A) once
B) ever
C) only
D) always

155 Complete the sentence with the correct answer.

We have a lot of work to do, so the most important thing is to ... started.

A) appear
B) be
C) get
D) feel

156 Complete the sentence with the correct answer.

The *Stones* have chosen the "Concert Hall" as the ... for the final concert of their tour.

A) venue
B) post
C) site
D) hub

157 Complete the sentence with the correct answer.

What could he ... have done to deserve such a telling off?

A) likely
B) probably
C) doubtless
D) possibly

158 First read the passage; then answer the question.

It was past twelve o'clock when I awoke, and the sun was streaming in through the curtains of my room in long slanting beams of dusty gold. I told my servant that I would be at home to no one. After I had had a cup of hot chocolate and a bread roll, I took down my copy of Shakespeare' s sonnets from the bookshelf and began to go carefully through them. Every poem seemed to me to support Cyril Graham's theory. I felt as if I had my hand upon Shakespeare's heart and was counting each separate throb and pulse of passion.

What did the writer do as soon as he had had breakfast?

A) he gave his servant instructions
B) he read Cyril Graham's theory
C) he searched through his bookshelves for a book
D) he read some poetry

159 First read the passage; then complete the sentence.

By the time of his death in 1896, the Swedish inventor and philanthropist Alfred Nobel had accumulated a fortune equivalent to one hundred and fifty million pounds in today's terms. According to his will, the bulk of his fortune was put into a trust and the interest from this should be used to fund five yearly prizes awarded to individuals or institutions who distinguish themselves in the fields of physics, chemistry, medicine, literature, and intemational peace. The Nobel Prize for literature, which is awarded by the Swedish Academy in Stockholm, has become the most prestigious literary award in the world today.

According to Nobel's will, the interest coming from his fortune should:

A) fund prizes awarded to five outstanding scientists
B) fund prizes granted for excellence in five areas of human endeavour
C) be given to five distinguished philanthropists
D) be spent by the Swedish Academy in Stockholm

160 **First read the passage; then answer the question.**

It is a sad fact that the blues are more often associated with male singers than with their female counterparts. Men like Louis Armstrong and Duke Ellington were wonderful performers but are wrongly credited with being blues pioneers. It was actually the women who established the genre. In fact, the blues started out not only as a black women's movement, but as one that gave voice to black women's issues.

What is unfair about the history of the blues?

A) Duke Ellington and Louis Armstrong are not mentioned
B) not enough credit is given to those who started it all
C) it does not mention the feminist movement
D) it concentrates only on the music and not on the performers

161 **Complete the sentence with the correct answer.**

Digital cameras and camera phones have made it easier to … newsworthy events.

A) grasp
B) capture
C) seize
D) trap

162 **Complete the sentence with the correct answer.**

Should you wish to use copyrighted material, permission must first be …

A) applied
B) sought
C) demanded
D) searched

163 **Complete the sentence with the correct answer.**

I succeeded … my report before the deadline.

A) to finish
B) finishing
C) in finishing
D) on finishing

164 **Complete the sentence with the correct answer.**

Our mood … as soon as we had something to eat.

A) rose
B) increased
C) climbed
D) lifted

165 **Complete the sentence with the correct answer.**

"I'm not … surprised at your behaviour", said the head teacher crossly.

A) in slightest
B) the smallest amount
C) for nothing
D) the least bit

166 **Complete the sentence with the correct answer.**

"In spite of the current difficulties in his department, the government has … confidence in the Finance Minister", said a spokesperson.

A) most
B) every
C) all
D) whole

167 **Complete the sentence with the correct answer.**

At the ... of the 20th century, photography was very much still in its early stages.

A) turn
B) origin
C) introduction
D) root

168 **First read the passage; then complete the sentence.**

Francis Scott Fitzgerald started writing at an early age, seeing a detective story appear in a school newspaper at the age of thirteen. At Princeton University, he continued his literary apprenticeship at the expense of his studies. There he contributed to various magazines and formed literary friendships. He joined the army in 1917 as a commissioned officer. Believing that he would die in the war, he rapidly wrote a novel, *The Romantic Egotist,* which was turned down by "Scribners", the publishing house. It was subsequently revamped after army service and published as *This Side of Paradise.* It made him rich and famous. Money fuelled a lifestyle that allowed him to live extravagantly with his flamboyant wife, Zelda Sayre. His next novel was poorly received, but he achieved continued success with an abundance of short stories.

The novel* "The Romantic Egotist"*:

A) disappointed the critics
B) was renamed after being rejected
C) was originally written for a magazine
D) failed to sell well

169 **First read the passage; then complete the sentence.**

To counter-act the long term effects of downsizing, managers need to understand how organizations slip into "down-cycles". An organizational down-cycle can be characterized as a long-term process during which the organization becomes progressively more depressed, insular, protective, and confused. The important thing to note is that this process occurs slowly, sometimes imperceptibly, and that if the process is allowed to continue unchecked, it gets worse. The down-cycling organization loses its positive momentum and enthusiasm. A vicious circle is formed. Bad feelings and depression become the norm rather than occasional, until, in extreme cases, the organization becomes unable to move effectively, and the work climate can become intolerable for everyone.

According to the text, "down-cycles" occur:

A) occasionally
B) in all big companies
C) gradually
D) in every business cycle

170 **First read the passage; then complete the sentence.**

While a consultant may bring specialized skills that are lacking in the organization, the most important reason for using an outside consultant is that the "outsider" has no history with the organization, no preconceptions, and may have more credibility than someone who is perceived as having his / her own agenda. Consider hiring an outside consultant to help. However, the team should not become dependent on the consultant and must ultimately develop the ability to improve on its own. Look to a consultant if there is a high degree of negativism about the team or there are unresolved conflicts or emotions related to the team or management.

The real reason for bringing in a consultant is to:

A) strengthen the team
B) add a specialist skill
C) get advice from an outsider
D) get advice on team-building

171 **Complete the sentence with the correct answer.**

I won't do it ... you help me — I can't do it on my own.

A) as soon as
B) if
C) unless
D) in case

172 **Complete the sentence with the correct answer.**

I ... for five years now.

A) am studying
B) have been studying
C) studied
D) did study

173 **Complete the sentence with the correct answer.**

"That's the phone. Can you answer it?".
"OK. ... it".

A) I'm going to get
B) I'll get
C) I'm getting
D) I get

174 **Complete the sentence with the correct answer.**

This tea is ... ; I can't drink it.

A) too much sweet
B) sweet enough
C) enough sweet
D) too sweet

175 **Complete the sentence with the correct answer.**

Did you ... any sightseeing when you were in Frankfurt?

A) make
B) do
C) spend
D) catch

176 **Complete the sentence with the correct answer.**

I can't come out tonight because I'm looking ... my little sister.

A) out
B) to
C) after
D) off

177 **Complete the sentence with the correct answer.**

Is that your brother? You don't look ... him.

A) like
B) at
C) for
D) on

178 **First read the email; then complete the sentence with the correct answer.**

TO: Jack FROM: Gina

Anna's going to book the hotel tonight. She wants you to send her £50 as she has to pay a deposit. Ring her if that's a problem.

Gina wants Jack to:

A) let Anna know if he isn't able to give her £50
B) tell Anna if he doesn't want to go to the hotel
C) send the deposit to the hotel for Anna
D) find out what the problem is

179 **First read the notice; then choose the correct sentence.**

You shouldn't put petrol in your car without checking you are able to pay.

A) you must pay before you put petrol in the car
B) make sure you have enough money with you before filling your car with petrol
C) you must check you have chosen the right petrol before filling your car
D) you can pay with cash or credit card after filling your car with petrol

180 **First read the passage; then choose the correct answer.**

Mark Marshes is a rising star in mountain biking. He has raced since he was 12 and has had both successes and disappointments in that time. His worst moment so far was during a recent world championship: his front tyre started to lose air in the last part of the race, and he finished fourth. This was not the first time he'd been unlucky. In a previous race, it was raining heavily, and he crashed his bike minutes after the start.

What happened towards the end of one of Mark's races?

A) he fell off his bike
B) the weather got really bad
C) he was involved in an accident
D) there was a problem with his bike

181 **Complete the sentence with the correct answer.**

This time next week … on the beach.

A) I'm lying
B) I'll lie
C) I'll be lying
D) I going to lie

182 **Complete the sentence with the correct answer.**

When I was a learner, I … study every evening.

A) use to
B) would
C) got used to
D) was

183 **Complete the sentence with the correct answer.**

… your plane is late, phone me.

A) As soon as
B) Until
C) In the event
D) Unless

184 **Complete the sentence with the correct answer.**

If I … your number, I would have phoned you.

A) would have taken
B) had taken
C) took
D) would take

185 **Complete the sentence with the correct answer.**

I don't … with my sister. We're very different kinds of people.

A) get up
B) get over
C) get around
D) get on

186 **Complete the sentence with the correct answer.**

I'm addicted … chocolate.

A) for
B) to
C) by
D) with

187 **Complete the sentence with the correct answer.**

Please … the table — lunch is nearly ready.

A) clear
B) empty
C) lay
D) put

188 **First read the passage; then complete the sentence with the correct answer.**

Sir Isaac Newton was drinking tea under an apple tree, in his garden, one summer afternoon in 1665, when an apple fell from an overhanging branch, hit him on the head, and immediately provided the inspiration for his law of gravitation. According to the story, that is how it happened. It may indeed be true, but no one knows for certain. Even the famed British astronomer, Sir Harold Spencer Jones, who stated in 1944 that the story was probably true, later changed his mind, noting that "one cannot be sure either way". The story of Newton's apple first appears in Voltaire's *Elements de la Philosophie de Newton,* published in 1738, long after the great Englishman had died and 73 years from the time the disputed apple fell.

The legend that's being questioned in the passage:

A) has been shown to be complete nonsense
B) refers to how Newton was prompted to investigate gravitation
C) was first created by Sir Harold Spencer Jones
D) is a complete fiction invented by the French author Voltaire

189 **First read the passage; then complete the sentence with the correct answer.**

The word 'politics' comes from the Latin *politia*, and politics is generally defined as the science or art of government. Politics has played an increasing part in human affairs since men and women first organised themselves into societies, and most of history is an account of politics in one form or another. There were brief periods of relatively free or representative government during the Greek and Roman eras. But until the seventeenth century, politics was mostly the concern of powerful monarchs or other people in positions of high authority, such as church leaders. The rise of political parties during the seventeenth and eighteenth centuries introduced the concept of government by consent rather than by force.

In the writer's opinion, politics:

A) has always been dominated by monarchs or religious leaders
B) has had little effect on ordinary people since the beginning of history
C) is really what a great deal of history is about
D) is a much more interesting subject than history

190 **First read the passage; then complete the sentence with the correct answer.**

In 1948, in an effort to stabilise the currency, the Chinese government announced the issue of a new form of currency, called the "Gold Yuan Certificate". This measure was necessary because the people had lost all confidence in the old currency, called the "*Fa Bi*". Inflation had escalated to the point where one US dollar was worth 11 million *Fa Bi*. Official announcements called for all Chinese to turn in their old banknotes, their gold and silver, and their foreign currency. Gold Yuan Certificates would be given in exchange, supposedly backed by gold and each worth four to one American dollar. Immediately, there was a gold rush, as most private depositors withdrew their precious metals and foreign currency from local banks, because no one with common sense believed that there was any gold to back those certificates.

One may deduce that people rushed to take their valuables out of the bank:

A) because they believed the certificates were worthless
B) in order to buy more gold in the gold rush
C) because banks were going bankrupt
D) so that they could buy "Gold Yuan Certificates"

191 **Complete the sentence with the correct answer.**

Please excuse my delay …

A) in replying
B) to reply
C) for replying
D) on replying

192 **Complete the sentence with the correct answer.**

Such … that we were left speechless.

A) the shock was
B) was the shock
C) shocking it was
D) shocking was it

193 **Complete the sentence with the correct answer.**

… your financial support, the business would have failed.

A) Unless
B) Not unless
C) But far
D) Otherwise

194 **Complete the sentence with the correct answer.**

Alex is ... the nicest person you could ever hope to meet.

A) considerably
B) far
C) very
D) just about

195 **Complete the sentence with the correct answer.**

Some politicians ... concerns about the latest wave of immigration.

A) spoke
B) voiced
C) talked
D) told

196 **Complete the sentence with the correct answer.**

We ... a survey as to how many people actually use the sports facilities.

A) conducted
B) led
C) followed
D) asked

197 **Complete the sentence with the correct answer.**

I don't ... the thought of having to move to Kazakhstan.

A) relish
B) accept
C) abide
D) bear

198 **First read the passage; then answer the question.**

If you've ever thought that talking to someone was a waste of breath, you might be comforted to know that in some cases you are right — the words we utter have very little effect on people compared with how we say them and what we are doing when we say them. Recent research has shown that in a presentation before a group of people, 55 per cent of the effect on the audience is determined by the body language of the speaker, 38 per cent by their tone of voice, and only 7 per cent by the actual content of what is being said. Body language speaks louder than words. Just try watching a politician on television — what they do is likely to be truer than what they are actually saying.

What has recent research into the way people speak shown?

A) certain kinds of body language create distrust
B) a person's tone of voice often does not match what they are saying
C) politicians are seldom considered to be telling the truth
D) failure to communicate well has little to do with what you say

199 **First read the passage; then complete the sentence with the correct answer.**

There are two quite distinct types of memory — short-term and long-term. Our short term memories are those which we hold on to for just as long as we need them. The vast majority of our everyday thoughts, sights, and impressions are registered in the short-term memory only. They take the form of patterns, or linked pathways, created by circulating currents of electrical energy. So long as the current is burning around its little route, the memory that it represents stays in the mind. But once the current dies down, the memory, too, starts to fade. While short-term memories consist of active electrical circuits, long-term memories are quite literally etched into our brains. It seems that if the pathways taken by a particular electrical current are well-trodden or if the current passing along them is strong enough, the cells along the way change, so that the route or pattern is permanently marked.

Events enter the long-term memory if:

A) we think about them constantly
B) we are determined to remember them
C) they are repeated many times
D) they happen unexpectedly

200 **First read the passage; then answer the question.**

Nowhere can a new architectural style be seen more clearly than in that icon of 20th century Modernism, New York, and in the erection of its greatest railway station, "Pennsylvania Station", begun in 1905 and opened in 1910. Pennsylvania Station was vast, covering two entire city blocks. The latest technology was used there to dizzying effect, with towering steel columns and acres of curving glass. Its planning was a masterpiece of transport integration that has rarely been equalled. Platforms ran below the station, separated from the waiting rooms and passenger areas above. Carriage (and later car), bus, train, and foot passengers all had their own approach, integrated and yet distinct. Provision was even made for connection to a future subway line. Thus, Pennsylvania Station lay at the cutting edge of modern transportation.

Which of the following does the writer emphasize about "Pennsylvania Station"?

A) the striking contrast between the materials used in its construction
B) the huge influence it had on transportation planning
C) the enormous extent of its popularity with users
D) the sheer scale of the building

201 **Complete the sentence with the correct answer.**

It is very difficult for us ... the new financial regulations.

A) implement
B) implementing
C) to implement
D) to have implemented

202 **Complete the sentence with the correct answer.**

Mount Everest is the ... mountain in the world.

A) higher
B) highest
C) most high
D) more high

203 **Complete the sentence with the correct answer.**

They told ... that the meeting would be at 11 o'clock tomorrow.

A) our
B) we
C) us
D) ours

204 **Complete the sentence with the correct answer.**

... cartoons when you were young?

A) Have you watched
B) Were you watching
C) Did you watch
D) Have you been watching

205 **Complete the sentence with the correct answer.**

I don't know what time the flight arrives. Can you ... it on the airport Web site?

A) look
B) search
C) check
D) control

206 **Complete the sentence with the correct answer.**

The company has very ... rules regarding new insurance contracts.

A) strong
B) heavy
C) stern
D) strict

207 Complete the sentence with the correct answer.

Amy: "How do I get to your office by bus?".
Brian: "When you reach Central Square, … the bus and take the first street on your left; our office is at no. 57".

A) get down
B) get out
C) get from
D) get off

208 Complete the sentence with the correct answer.

… the weather was bad, we decided to go for a walk in the hills.

A) In spite of
B) Although
C) Despite
D) However

209 Read the following text and select the statement that is true, according to the text.

Passenger car production in Japan fell at the end of the nineties. But since the beginning of this century, production has risen from eight million to around ten million. In the USA, production also dropped at the end of the nineties. But since then, the number of cars has continued to decrease. In fact, the new car production has fallen by two million since 1997. The performance of the German car industry has been less disappointing than the USA. Car production grew from five to five point five million at the end of the nineties. Since 1999, it has remained stable at just under six million vehicles per year.

A) Japanese car production has increased since 1999
B) USA car production has increased since 1999
C) German car production has increased since 1999
D) USA car production increased during the 1990s

210 Read the following text and select the statement that is true, according to the text.

Trevor: "I travel a lot because I'm in sales. So I get a company car with the job. I can use it at weekends, too, which is great as I get cheap petrol. They also give me a laptop for doing all my reports and a mobile phone. I can use the phone for personal calls, too, which is useful. And the kids can use the laptop at the weekends. I also get free gym membership. A lot of people go to the gym in the lunch hour and after work. But it's not much use to me because I'm always on the road".

A) Trevor doesn't have to pay for the petrol in his staff car
B) Trevor is allowed to make personal calls from his work phone
C) Trevor bought a laptop for his kids
D) Trevor often uses the company gym membership

211 Complete the sentence with the correct answer.

You aren't coming to the conference next week, …?

A) do you
B) aren't you
C) you aren't
D) are you

212 Complete the sentence with the correct answer.

If I … more money, I would buy a new car.

A) have
B) would have
C) had
D) was having

213 Complete the sentence with the correct answer.

There was … a big choice of hotels, I found it difficult to choose one.

A) a so
B) a such
C) such
D) so

214 **Complete the sentence with the correct answer.**

This is quite a relaxed office. I like the fact that you ... wear a suit and tie every day.

A) don't have to
B) must
C) can't
D) could

215 **Complete the sentence with the correct answer.**

I didn't like the restaurant last night. For the amount of money you spend, you would ... far better service.

A) pretend
B) claim
C) think
D) expect

216 **Complete the sentence with the correct answer.**

You should put a lot of sun cream on because your skin is very ...

A) sensitive
B) sensible
C) sensory
D) sensational

217 **Complete the sentence with the correct answer.**

What it all ... is that if we don't negotiate an agreement with the staff, they'll go on strike.

A) blows up to
B) comes around to
C) sums up to
D) boils down to

218 **Complete the sentence with the correct answer.**

There were some relatively ... issues with the presentation, but we managed to resolve them in time for the conference.

A) light
B) minor
C) smaller
D) slim

219 **Read the following text and complete the sentence with the correct answer.**

In 1930, much of the United States and Canada, but particularly the area of the Great Plains, was affected by a long-term drought, which continued for a decade. Years of bad farming practices, including the removal of native grasses and their replacement with seasonal crops, were disastrous for farmers in the area. When the drought caused the crops to fail, there was nothing left to anchor the top soil, which had turned to dust. The winds that often blow across the plains picked up the fine dust, which formed into massive dark clouds that made breathing difficult and farm machinery useless. The ecological disaster known as the "Dust Bowl" lasted through the 1930s, resulting in useless farmland and hundreds of thousands of homeless people. Many went to California in search of work, but the situation was no better there. After the Stock Market crashed in 1929, millions of people were out of work across the whole of the USA.

The "Dust Bowl":

A) caused the Stock Market Crash
B) was caused by farmers changing farming methods
C) affected the whole of North America
D) was caused by a mixture of natural and manmade factors

220 **Read the following text and select the statement that is true, according to the text.**

Henry Ford was born in 1863 in Wayne County, Michigan, one of five brothers and sisters. His parents were Irish immigrant farmers. After leaving school, be went to Detroit to become an apprentice mechanist. In Detroit, he worked with the internal combustion engine for the first time. After three years, he retumed to his father's farm. He spent nine years working part time for Westinghouse and working on private projects in his own machine shop on the farm. During this time, he built a steam-powered tractor. He moved back to Detroit in 1891 and in 1893 became chief engineer at the Detroit

Edison Company. In 1896, he built his first automobile: the Quadricycle. In 1903, he formed the Ford Motor Company, which was an immediate success. His most famous automobile, the Model T, appeared in 1908. During its nineteen years on the market, 15.5 million were sold in the USA. In fact, 50% of all the cars sold in the world were Model Ts.

A) Henry Ford wanted to work on the family farm
B) the Model T accounted for half of the cars sold in the world during the 1910s
C) the first automobile Henry Ford designed was a tractor
D) Henry Ford studied engineering before working for Westinghouse

221 **Complete the sentence with the correct answer.**

I really love this town; I could definitely see myself living here when I ...

A) retire
B) will retire
C) am going to retire
D) would retire

222 **Complete the sentence with the correct answer.**

If only I ... that the meeting would be cancelled, I could have caught up on some of my paperwork.

A) knew
B) would have known
C) had known
D) have known

223 **Complete the sentence with the correct answer.**

It's no use ... with them about the price of the renovation: it has to be completed as soon as possible, regardless of the cost.

A) to argue
B) argue
C) not argue
D) arguing

224 **Complete the sentence with the correct answer.**

Given the results of the customer survey, I would suggest the company ... a new product range aimed at young people.

A) to launch
B) launch
C) launching
D) launches

225 **Complete the sentence with the correct answer.**

Stewart is a really difficult colleague to work with; he always interrupts other people during meetings, and he ... attention.

A) craves
B) yearns
C) wishes
D) longs

226 **Complete the sentence with the correct answer.**

It's a pretty ... job, not what you would call exciting. My main duties are data entry and dealing with customers.

A) out-of-the-way
B) easy-going
C) run-of-the-mill
D) up-and-coming

227 **Complete the sentence with the correct answer.**

If you practise your presentation too many times, it could have an over-rehearsed ...

A) sight
B) taste
C) touch
D) feel

228 **Complete the sentence with the correct answer.**

... to popular British opinion, many foreigners do speak English.

A) Versus
B) Opposite
C) Against
D) Contrary

229 Read the following text and complete the sentence with the correct answer.

Transport engineering is not just the hidden face of engineering; it is very nearly the hidden face of civil engineering, of which it is a specialisation. The sandwich placement of her degree course put Christine Thompson off "straight" civil engineering, but when she opted instead for transport, she had no idea what she had let herself in for. In explaining transport engineering, Christine likes to quote her boss: "If it moves, we're interested in it — pedestrians, cars, lorries, planes, and ships". Though she considers herself a jack-of-all-trades, Christine's job has two main components: transportation modelling, and traffic engineering.

Christine Thompson:

A) chose to work in a major sector of her field
B) found her perfect work environment during her university internship
C) was drawn to transport engineering due to a lifelong interest in machines
D) feels comfortable doing many different types of jobs

230 Read the following text and select the statement that is true, according to the text.

Close up, plastic packaging can be a marvellous thing. Those who make a living from it call it a forgotten infrastructure that allows modern urban life to exist. Plastics have helped society defy natural limits, such as the seasons, the rotting of food, and the distance most of us live from where our food is produced. And yet we do not like it. In 2008, the UK produced around two million tonnes of plastic waste, twice as much as in the early 1990s. The very qualities of plastic — its cheapness, its indestructible aura — make it a reproachful symbol of an unsustainable way of life. The facts, however, do not justify our unease. All plastics are, at least theoretically, recyclable. Plastic packaging makes up just 6 to 8 per cent of the contents of British dustbins by weight and less than 3 per cent of landfill. Supermarkets and brands, which are under pressure to reduce the quantity of packaging of all types that they use, are finding good environmental reasons to turn to plastic: it's lighter, so requires less energy for transportation than glass, for example; it requires relatively less energy to produce, and it is often reusable. A recent study found that if plastic packaging were removed from the supply chain, other packaging would have to increase fourfold to make up for it.

A) people have a rational dislike of plastic
B) plastic makes up the majority of household waste
C) plastic is an inefficient packaging material
D) plastic makes it possible to buy food that otherwise would not be accessible to the consumer

231 Complete the sentence with the correct answer.

That's the girl ... parents I met.

A) which
B) whom
C) who
D) whose

232 Complete the sentence with the correct answer.

I ... get in through the window.

A) managed to
B) could to
C) was able
D) succeeded to

233 Complete the sentence with the correct answer.

They won't ... use their mobiles.

A) can
B) be able to
C) be able
D) to

234 Complete the sentence with the correct answer.

I don't know what to do. The sailing weekend coincides ... a big swimming competition I'm supposed to be in.

A) in
B) for
C) by
D) with

235 **Complete the sentence with the correct answer.**

Is there a tennis ... near here?

A) pitch
B) place
C) field
D) court

236 **Complete the sentence with the correct answer.**

I can't ... to buy a new car.

A) afford
B) spend
C) permit
D) think

237 **Complete the sentence with the correct answer.**

Most women in the past had few ... to study.

A) classes
B) customs
C) teachers
D) opportunities

238 **First read the passage; then choose the correct sentence.**

This car park is locked after business hours each day.

A) the park is a good place for business
B) people can park here, while they are at work
C) employees only can park here
D) users must lock their cars

239 **First read the passage; then choose the correct answer.**

Business can be fun; a business can be run with love, and it can do good. In business, as in life, I need to enjoy myself, to have a feeling of family, and to feel excited by the unexpected. I have always wanted the people who work for this company to feel the same way.

What kind of employees does the writer like to employ?

A) workers who can explain her ideas
B) workers who get on well with the public
C) workers who have the same attitudes as she does
D) workers who have their own families

240 **First read the passage; then complete the sentence.**

"The best age to start learning the violin is between three and six", says Margaret Porter, a violinist and music teacher. "It's the time when you are learning about the world". Margaret, who lives in London, prefers to take pupils at three and four, although she has made lots of exceptions for keen five-year-olds. When she started teaching the violin in 1972, her first class consisted of her children's five-year-old schoolfriends.

Margaret's first pupils were:

A) her children
B) three- and four-year-olds
C) her own friends
D) her children's friends

241 **Complete the sentence with the correct answer.**

It's almost as if he ... terrified of revealing anything about himself.

A) be
B) were
C) would be
D) would have been

242 **Complete the sentence with the correct answer.**

I'll call ... you at 8.30 and give you a lift to work.

A) in
B) for
C) at
D) up

243 Complete the sentence with the correct answer.

I never expected you to turn ... at the meeting. I thought you were abroad.

A) up
B) round
C) on
D) in

244 Complete the sentence with the correct answer.

I'm ... I didn't pass the examination, but I'll do better next time.

A) deceived
B) despaired
C) disillusioned
D) disappointed

245 Complete the sentence with the correct answer.

I ... an answer to my letter within a few days.

A) hope
B) wait
C) look forward
D) expect

246 Complete the sentence with the correct answer.

The ... outside the house said "Private".

A) advice
B) label
C) notice
D) signal

247 Complete the sentence with the correct answer.

Excuse me, Mrs. Jones, would you mind ... me a favour?

A) making
B) doing
C) offering
D) giving

248 First read the passage; then choose the correct answer.

"My parents were both supportive and relaxed", Wilber says. "I don't think I would have responded very well to being pushed. And, rather than feeling threatened by my brother Orville's academic success, I found that I had something to aspire to". Now 22, he is beginning to make his own mark in the world.

What do we learn about Wilber's intellectual development?

A) his parents' attitude has played little part in it
B) it was slow because he lacked determination
C) his brother's achievements gave him an aim
D) he wanted it to be different from his brother's

249 First read the passage; then choose the correct answer.

I was about seven when I first started kicking a ball around with my brother. I was the only girl I knew who was keen on the game, but I didn't care. Most of my friends were boys, and I enjoyed spending time with them, and that meant playing a game of football. It was my dad who noticed I had the skills to become a good player.

Why did the girl start playing football?

A) she liked being with boys
B) her father realised she was good
C) her brother played in the same team
D) the boys saw she was skilful

250 First read the passage; then complete the sentence.

In a discovery with frightening implications for human dominance of the Earth, scientists have learned that a massive comet or asteroid, similar to the one that killed off the dinosaurs, wiped out the giant reptile's predecessors about 200 million years earlier.

Scientists have recently discovered that a huge comet or asteroid wiped out:

A) the dinosaurs
B) giant reptiles
C) creatures before the dinosaurs
D) creatures similar to the dinosaurs

3 *Reading comprehension* con soluzioni commentate in lingua

Read the following passages and complete the sentences or answer the related questions on the basis of what is explicitly or implicitly stated in the texts rather than on the basis of the knowledge you may have of the issues

Text n. 1

A hardball game on price may leave Russia empty-handed after 15 years of talks on a deal to supply China with gas, with Beijing able to shop around thanks to a wider choice of suppliers.
As China's new President Xi Jinping meets Russian President Vladimir Putin, prospects are dim for substantial progress on a deal between the world's largest conventional gas producer and its fastest growing energy consumer.
The failure stands in sharp contrast to the Russian-Chinese trade in crude oil, which helped finance Moscow's push to supply Asia from new East Siberian fields, and is likely to be expanded with new supply deal during Xi's visit.
The gas deal has been held up by Russian gas export monopoly *Gazprom*'s determination to match the returns it makes on high-priced European deliveries and cover the $38 billion cost of bringing its untapped East Siberian gas resources to market.
China, for its part, says it cannot afford to pay *Gazprom*'s asking price, which analysts and sources in the gas industry peg at $300 per thousand cubic meters. Instead, sources say *China National Petroleum Corp.* has dug in at $250 as the price it can pay without forcing its energy firms into losses or eroding the cost advantage which makes Chinese producers competitive in the world.
Gazprom has said it is aiming to sign a gas deal by the end of the year, and analysts say that is realistic if Russia moves quickly and shows a newfound willingness to compromise. "With competitors from Africa and Australia lined up to meet China's additional demand, Russia needs to send a clear signal to Asian markets if it wants to gain market share in China before 2030", Tatiana Mitrova, head of the oil and gas department of the Russian Academy of Sciences Energy Research Institute, said. Mitrova estimates that a supply gap begins to emerge in China in 2020 and rises to 66 billion cubic meters (bcm) of gas per year by 2030. But that market niche could be filled as China moves quickly to top up existing arrangements with suppliers, such as Myanmar and the former Soviet Republics of Central Asia, and moves to secure new contracts for increased supplies.
Gazprom, which puts up about a tenth of Russian budget revenues and subsidizes the domestic economy with regulated gas prices, is under orders from Putin to look east as a defense against weak demand and rising competition in Europe. But he has shown no inclination to force *Gazprom*'s hand in the talks, which have been a history of often-embarrassing false starts. A Chinese deal would secure demand for reserves of gas in the ground in East Siberia, enabling the Russian export monopoly to push ahead with its plans for field development, pipeline construction, and a liquefied natural gas (LNG) plant at Vladivostok.
Mitrova and Keun-Wook Paik, a senior research fellow at Oxford Institute for Energy Studies, argue that China could be a gateway for pipeline deliveries across Bohai Bay to Korea and even on to Japan, for a total of 45 bcm in annual pipeline deliveries. For China, a deal could open up a large new source of future supply, which could be delivered overland at less risk than supplies of LNG delivered by tanker from as far away as Australia and Africa.

1 Which of the following statements is "correct"?

A) *Gazprom* accounts for over a tenth of Russian budget revenues
B) The Russian economy is subsidized with regulated gas prices
C) European gas has become extremely competitive on the Chinese market
D) Experts calculated that China's need for gas will double by the year 2030

2 What has been Vladimir Putin's role in *Gazprom*'s strategy?

A) Vladimir Putin ordered *Gazprom* to act very cautiously in this matter, in order to avoid one more false start

B) The Russian President is merely helping the Russian gas company expand its business in the Far East through diplomatic talks

C) Putin is directing *Gazprom*'s strategy aimed at opening a new market for Russian gas as a defense against declining demand and increasing competition in Europe

D) Putin has been trying to persuade *Gazprom* to lower its expectations, in order to reach a compromise at any cost

3 *China National Petroleum Corp.* is determined not to pay more than $250 per thousand cubic meters of gas because:

A) this would result in a loss of competitiveness for both Chinese energy firms and producers worldwide

B) this would make Chinese producers less competitive on world markets and cause losses to Chinese energy firms

C) this would cause losses to other suppliers, such as Myanmar and the former Soviet Republics of Central Asia

D) this is the price they pay for gas from Myanmar and the former Soviet Republics of Central Asia

4 Which of the following elements is NOT one of the purposes behind *Gazprom*'s attempted expansion into the Chinese market?

A) The market share of Russian gas in Europe is decreasing, so *Gazprom* needs to open a new market in China

B) *Gazprom* is planning field development and the construction of a liquefied natural gas plant at Vladivostok

C) Russian gas could eventually reach Korea and even Japan via a new pipeline passing through China

D) *Gazprom* needs to secure a deal with China, in order to keep domestic gas prices low and help Russian economic growth

Text n. 2

Hours after NATO Defence Ministers agreed to use their maritime force in the eastern Mediterranean to help combat traffickers, Supreme Allied Commander Gen. Philip Breedlove said he was working quickly to design the mission.

"We are sailing the ships in the appropriate direction," Breedlove told a news conference, and the mission plan would be refined during the time they were en route. "That's about 24 hours," he said. The plan, which was first raised only on Monday by Germany and Turkey, took NATO by surprise and is aimed at helping the Continent tackle its worst migration crisis since World War II. More than a million asylum-seekers arrived last year.

Unlike the EU's maritime mission off the Italian coast, which brings rescued migrants to Europe's shores, NATO will return migrants to Turkey even if they are picked up in Greek waters.

Britain's Defence Minister said that marked a significant change in policy. "They won't be taken to Greece and that's a crucial difference," Michael Fallon told reporters.

NATO will also monitor the Turkey-Syria land border for people-smugglers, said NATO Secretary-General Jens Stoltenberg.

Although the plan is still to be detailed by NATO generals, the allies are likely to use the ships to work with Turkish and Greek coastguards, and the European Union border agency Frontex.

"There is now a criminal syndicate that is exploiting these poor people and this is an organized smuggling operation," U.S. Secretary of Defence Ash Carter told reporters.

"Targeting that is the way that the greatest effect can be had... That is the principal intent of this," Carter said.

The numbers of people fleeing war and failing States, mainly in the Middle East and North Africa, show little sign of falling, despite winter weather that makes sea crossings even more perilous. A 3€ billion deal

between the EU and Turkey to stem the flows has yet to have a big impact. Germany said it would take part in the NATO mission along with Greece and Turkey, while the United States, NATO's most powerful member, said it fully supported the plan.
The alliance's so-called Standing NATO Maritime Group Two has five ships near Cyprus, led by Germany and with vessels from Canada, Italy, Greece, and Turkey. Breedlove said NATO would need allies to contribute to sustain the mission over time.
Denmark is expected to offer a ship, according to a German government source. The Netherlands may also contribute.
"It is important that we now act quickly," German Defence Minister Ursula von der Leyen said. Intelligence gathered about people-smugglers will be handed to Turkish coastguards to allow them to combat the traffickers more effectively, rather than having NATO act directly against the criminals, diplomats said.
Greek and Turkish ships will remain in their respective territorial waters, given sensitivities between the two countries.
NATO and the EU are eager to avoid the impression that the 28-Nation military alliance is now tasked to stop refugees or treat them as a threat.
"This is not about stopping or pushing back refugee boats," Stoltenberg said.

5 **What does "people-smuggler" mean?**

A) a "people-smuggler" is a person who takes illegal immigrants back to their origin country
B) a "people-smuggler" is a person who illegally transports other people across an international border
C) people-smugglers are people who monitor state borders in order to stop illegal migration
D) people-smugglers are the undocumented immigrants who try to enter a State illegally

6 **What is the criminal syndicate doing?**

A) it is now cooperating with the NATO with the aim to organise smuggling operations
B) it is now taking economical advantages at the expense of the poor people willing to enter Europe illegally
C) it is now trying to provide economical help to the migrants, in order to let them cross the border in a legal way
D) it is now trying to organise operations to fight and stop the smuggling

7 **What changes in the migration flow are being produced by the current winter season?**

A) fortunately, the winter weather is making sea crossing more dangerous and so the process of migration has been interrupted
B) unfortunately, despite the complications due to winter, the flow of migration is increasing
C) unexpectedly, the winter weather has made sea crossing even more perilous, thus stopping the migration flow from Middle East and North Africa
D) unfortunately, the effects of winter season are not that relevant, the migration flow has lightly decreased, but it still continues

8 **What is the NATO's intervention about migrants collected in Greek waters?**

A) they are brought to Greece
B) they are sent back to Turkey
C) they are taken to the country they have applied to for the asylum
D) they are taken either to Turkey or Greece, according to their preference

9 **Identify the "correct" sentence.**

A) Thanks to the help coming from the NATO's intervention, Turkish coastguards will no more have to handle the problem of people-smuggling directly
B) NATO will directly act against the smugglers
C) Italy has set five ships near Cyprus to sustain the operations against people-trafficking
D) Denmark and the Netherlands are expected to take part in these anti-smuggling operations soon

Text n. 3

UNION INVESTIGATION PROCEDURE

Article 4

1. Without prejudice to *Article 7*, the Union investigation procedure shall be implemented before any safeguard measure is applied.
2. Using as a basis the factors referred to in *Article 9*, the investigation shall seek to determine whether imports of the product in question are causing or threatening to cause serious injury to the Union producers concerned.
3. The following definitions shall apply:
(a) 'serious injury' means a significant overall impairment in the position of Union producers;
(b) 'threat of serious injury' means serious injury that is clearly imminent;
(c) 'Union producers' means the producers as a whole of like or directly competing products operating within the territory of the Union, or those whose collective output of like or directly competing products constitutes a major proportion of the total Union production of those goods and services.

Article 5

1. Where it is apparent to the Commission that there is sufficient evidence to justify the initiation of an investigation, the Commission shall initiate an investigation within 1 month of the date of receipt of information from a Member State and publish a notice in the *Official Journal* of the European Union. That notice shall:
(a) give a summary of the information received, and require that all relevant information is to be communicated to the Commission;
(b) state the period within which interested parties may make known their views in writing and submit information, if such views and information are to be taken into account during the investigation;
(c) state the period within which interested parties may apply to be heard orally by the Commission, in accordance with *Paragraph 4*. The Commission shall commence the investigation, acting in cooperation with the Member States.
The Commission shall provide information to the Member States concerning its analysis of the information normally within 21 days of the date on which the information is provided to the Commission itself.
2. The Commission shall seek all information it deems necessary and, where it considers it appropriate, after having informed the Member States, endeavour to check that information with importers, traders, agents, producers, trade associations, and organisations.
The Commission shall be assisted in this task by staff of the Member State on whose territory those checks are being carried out, provided that the Member State so wishes.
3. The Member States shall supply the Commission, at its request and following procedures laid down by it, with the information at their disposal on developments in the market of the product being investigated.
4. Interested parties which have come forward pursuant to the first *subparagraph* of *Paragraph 1* and representatives of the exporting country may, upon written request, inspect all information made available to the Commission in connection with the investigation other than internal documents prepared by the authorities of the Union or its Member States, provided that the information is relevant to the presentation of their case and not confidential within the meaning of *Article 8*, and that it is used by the Commission in the investigation.
Interested parties which have come forward may communicate their views on the information in question to the Commission. Those views may be taken into consideration where they are backed by sufficient evidence.
5. The Commission may hear the interested parties. Such parties must be heard where they have made a written application within the period laid down in the notice published in the *Official Journal* of the European Union, showing that they are actually likely to be affected by the outcome of the investigation and that there are special reasons for them to be heard orally.
6. When information is not supplied within the time limits set by this Regulation or by the Commission pursuant to this Regulation, or the investigation is significantly impeded, findings may be made on the basis of the facts available. Where the Commission finds that any interested party or third party has supplied

it with false or misleading information, it shall disregard that information and may make use of facts available.
7. Where it appears to the Commission that there is insufficient evidence to justify an investigation, it shall inform the Member States of its decision within 1 month of the date of receipt of the information from the Member States.

10 **Identify the "correct" sentence.**

A) The investigation is an exclusive deal of the Commission and the Member States can be informed only when it has been completed
B) The Commission should look for all information considered necessary and then, independently from the willing of the Member State, procede to check that information with importers, traders, agents, etc.
C) If the Member State agrees, the Commission should be supported in the checking of information on the territory by staff of the Member State
D) The Member States must be informed by the Commission about the investigation generally within two weeks from the date on which the Commission receives the information

11 **What does "misleading information" mean?**

A) obsolete information
B) advantageous information
C) reliable information
D) deceptive information

12 **Complete the following sentence in order not to change the meaning of the original one. "Interested parties and representatives of the exporting country ... information made available to the Commission in connection with the investigation".**

A) must be enabled to receive all
B) can, by a written request, change or rectify some
C) , after having written to the Commission, can add other
D) , after they have applied in writing form, can have access to all

13 **Which of the following points is not mentioned in the extract?**

A) the conditions under which the interested parties can be heard orally by the Commission
B) what the Commission does after the investigation has been completed
C) what a "serious injury to the Union producers" is
D) cooperation between the Commission and the Member State

14 **Which of the following *Paragraphs* doesn't refer to application, communication, or respect of fixed time limits?**

A) *Article 5, Paragraph 2*
B) *Article 5, Paragraph 7*
C) *Article 5, Paragraph 1*
D) *Article 5, Paragraph 5*

15 **When the Commission has to start an investigation, a notice must be published. This notice:**

A) sums up all the information received about the investigation and requires that all relevant information must be communicated to the Commission
B) has to be published on website of the European Union
C) establishes the period within which the interested parties should apply to be heard orally by the Council of the Member State, in accordance with *Article 4*
D) states the period within which the goods interested in the investigation must be delivered to the Commission

16 **Which *Paragraph* of which *Article* talks about "inadequate evidence to legitimate an investigation"?**

A) *Article 4, Paragraph 2*
B) *Article 5, Paragraph 2*
C) *Article 5, Paragraph 7*
D) *Article 5, Paragraph 3*

Text n. 4

"Ministers to investigate claims British suicide bomber Jamal al-Harith handed £1m taxpayer compensation to Isis"

Ministers acted on Thursday to limit the fallout over fears that a British suicide bomber handed Isis up to £1m of taxpayers' money paid to him by Government in compensation.
Security Minister Ben Wallace told the House of Commons he would ensure any agreements relating to the pay-outs to Jamal al-Harith and others are monitored correctly, with attempts made to recover money in the event of a breach.
Earlier in the day, ex-Home Secretary David Blunkett said the Government needed to be clear over whether restrictions on the money had been robust enough to stop it getting into the hands of the extremist group Harith eventually joined.
The situation has called into question Theresa May's record as Home Secretary, given that Harith was both paid the money and allowed to flee to Syria on her watch.
Speaking to MPs on Thursday, Mr Wallace replied: "I will go from here and make sure that where we have legally binding agreements that they are correctly monitored, and where there is a breach, we shall recover any monies we can".
A civil case with Harith and other former detainees, alleging ill treatment by MI6 while they were being held by the Americans at Guantanamo Bay, was settled by David Cameron's coalition Government in 2010.
It has been claimed Harith, previously known as Ronald Fiddler before converting to Islam, received £1 million compensation — a sum denied by his family. Conservative Philip Davies said taxpayers had been "ripped off" as he criticised those who "celebrated the release" of Harith, who was reportedly killed in an Isis suicide bomb attack in Iraq.
Ms May's spokesman has, until now, refused to answer questions on how Harith managed to slip through the net, or on whether Ms May approved of the compensation given to him in 2010, at the start of her tenure in the Home Office.
Mr Blunkett said on Thursday morning: "We need to examine whether the money laundering requirements in these cases have been robust enough, not because we know that any of this money has been transferred out of the country, but because we need to reassure people".
He added: "We need a logical and rational response, and I hope that the Government will give that, because they ___________ the last 24 hours".
On the other hand, if Harith is confirmed to have participated in a suicide bombing in Iraq, experts said that it fits the group's template for using foreign fighters in its propaganda strategy.
"ISIS really wants to be the most global of jihadist organizations", Jonathan Russell, head of policy at the Quilliam Foundation, a London-based counter-extremism group, told NBC News. "They enjoy claiming that they have recruits from over 80 countries, because it shows that their appeal is global. This confirms that, nowadays, the media must be considered as real and effective instrument of war, sometimes even more powerful than armory and soldiers."

17 **Which of the following sentences is "correct"?**

- **A)** Harith managed to flee from the Guantanamo Bay's prison
- **B)** Harith gave £1m to the British Government to help them fighting against suicide bombers
- **C)** Harith, aka Ronald Fiddler, is a Muslim *muezzin*
- **D)** Harith joined an Islamic extremist group

18 **Which one of the following options could replace "to recover money in the event of a breach"?**

- **A)** to get back money in case of violation of an agreement
- **B)** to redeem money in the event of a bankruptcy
- **C)** to provide money to the counterpart in the event of a new established pact
- **D)** to save money in case of emergency

19 Which of the following sentences "isn't correct"?

A) Media and technology can be used as "war weapons"
B) ISIS tries to show that they get approval and support also from foreign people
C) ISIS is not interested in recruiting foreign fighters as the jihad is a holy war and it has to be carried on only by jihadists
D) ISIS's propaganda strategy involves the use of the media as a channel to provide worldwide the image of ISIS: a global jihadist organization

20 Which one of the following options can fill the gap ___________?

A) haven't over
B) don't for
C) didn't between
D) haven't had by

21 Complete the following sentence with the suitable option.
"Ex-Home Secretary David Blunkett...".

A) , who is the new Security Minister, ensured that any agreements with Harith were correctly monitored
B) thinks that further inquiries about the money laundering requirements are to be done, in order to reassure people
C) has refused to answer any questions about Harith, in order to protect Theresa May's reputation
D) is the one who payed Harith and allowed him to excape to Syria after having accomplished a terrorist attack

22 What does "ripped off" mean?

A) dismissed
B) conferred
C) summoned
D) cheated

Text n. 5

"U.N. Human Rights Experts Unite to Condemn China Over Expulsions of Tibetans"

A half-dozen United Nations experts, who investigate human rights abuses, have taken the rare step of banding together to condemn China for expulsions of monks and nuns from major religious enclaves in a Tibetan region.
In a sharply worded statement, the experts expressed alarm about "severe restrictions of religious freedom" in the area.
Most of the expulsions mentioned by the experts have taken place at Larung Gar, the world's largest Buddhist institute and one of the most influential centers of learning in the Tibetan world. Officials have been demolishing some of the homes of the 20,000 monks and nuns living around the institute, in a high valley in Sichuan Province.
The statement also cited accusations of evictions at Yachen Gar, sometimes known as Yarchen Gar, an enclave largely of nuns that is also in Sichuan and has a population of about 10,000.
"While we do not wish to prejudge the accuracy of these allegations, grave concern is expressed over the serious repression of the Buddhist Tibetans' cultural and religious practices, and learning in Larung Gar and Yachen Gar," the statement said.
It was signed by six of the United Nations experts, or special rapporteurs, who come from various countries. They each specialize in a single aspect of human rights, including cultural rights, sustainable environment, and peaceful assembly. It is unusual for so many of them to collaborate in this manner.
The statement was sent to the Chinese Government in November, but was made public only in recent days, before the start of this year's session of the United Nations Human Rights Council in Geneva. The session began Monday and is scheduled to end on March 24. The United Nations experts have asked Beijing to address the reports of evictions and demolitions. The release of the statement before the session in Geneva puts more pressure on China to explain the actions taking place at the two Tibetan Buddhist institutions. China says matters related to Tibet are internal affairs, but Chinese officials in Beijing have privately

expressed some concern over outside perceptions of the demolitions and evictions at Larung Gar, and related Western news coverage.
Over the summer, Chinese officials began deporting monks and nuns living at Larung Gar who were not registered residents of Garze, the prefecture where the institution is. Since then, hundreds of clergy members have been forced out, and workers have demolished small homes clustered along the valley walls. One day, last fall, I watched workers ___________ wooden homes, sometimes using a chain saw.
Official reports have said the demolition is part of a project to improve safety in the area, because people live in such tight quarters there. In 2014, a fire destroyed about 100 homes.
The United Nations experts said in the statement that while they awaited China's response, they "urge that all necessary *interim* measures be taken to halt the alleged violations and prevent their reoccurrence".

23 Which of the following sentences "isn't correct"?

A) China is expulsing monks and nuns from religious institutes
B) The cooperation shown by the six experts of the United Nations, who signed the statement, is not a common circumstance
C) The United Nations are condemning the restriction of religious freedom, acted by the Chinese Government, against the monks and nuns
D) A half-dozen United Nations experts have decided to praise China

24 The United Nations experts have asked Beijing to address the reports of evictions. What does "eviction" refer to?

A) the removal of a tenant from possession of premises in which he or she resides or has a property interest, done by a landlord either by reentry upon the premises or through a court action
B) the right of a landlord to sell abandoned personal property, left on rented or leased premises by a former tenant to cover unpaid rent or damages to the property
C) withdrawing any legal document in a lawsuit or other legal proceeding, or withdrawing a promise or offering of contracts
D) an easement (a right to use another's property for a particular purpose) which allows access and/or egress, but does not spell out the exact dimensions and location of the easement

25 What is an "*interim* measure"?

A) it is a security measure
B) it is a provisional and temporary measure
C) it is an oppressive and scathing measure
D) it is definitive and long-lasting measure

26 What did Chinese officials in Beijing express some concern over?

A) a potential revenge by the monks and the nuns
B) the future of Larung Gar's Institute
C) the release of the statement before the session in Geneva
D) the external impressions

27 What is the official excuse mentioned by the Government to justify the demolition of Larung Gar?

A) it is that the monks and nuns are not registered residents of Garze
B) it is that atrocities and crimes were being committed inside the Tibetan Buddhist Institute
C) it is that matters related to Tibet are internal affairs
D) it is that the demolition aims at getting the area safer

28 Which option can fill the gap ___________?

A) lodging at
B) tearing and cutting apart
C) fabricating and assembling
D) renting out

Text n. 6

"Animal rights group PETA claims responsibility for Crufts chaos after Vegan Strike Group activists invades arena"

Crufts 2018 descended into chaos tonight, after two animal rights activists stormed the arena in a protest against extreme breeding.
The security scare, which PETA (People for the Ethical Treatment of Animals) claimed full responsibility for, caused the winner's owner Yvette Short, of Edinburgh, to clutch her two-year-old whippet bitch Tease, as the commotion unfolded at the NEC Birmingham.
Members of the Vegan Strike Group — an organization which fights against animal abuse — tore onto the green holding a poster, which read "Crufts: Canine Eugenics".
The winner was in the process of being announced on live television.
Both intruders, one male and one female, were quickly wrestled to the ground.
"Crufts glorifies pedigree fetishists' twisted pursuit of the 'perfect' dog", says PETA Director Elisa Allen.
"There's nothing natural about breeding dogs with extreme and debilitating physical traits, and PETA urges everyone to stay away from this cruel beauty pageant".
There were 9,000 people crammed into the NEC Arena, in Birmingham, to watch judge Jill Peak crown the winner.
According to witnesses, two protesters holding up signs broke through the barrier and ran onto the green in the direction of the lineup of dogs.
All the dogs were fine and most were **(H)** ___________, once their handlers realized what was happening.
There were boos from the large crowd as they slammed the intruders, whose shouts were drowned out, for ruining the special moment as the trophy was lifted away.
PETA — whose *motto* reads, in part, that "animals are not ours to abuse in any way" — said breeding pedigree dogs in abnormal shapes and sizes leaves them with genetic predispositions to epilepsy, heart disease, deafness, hip dysplasia, and numerous other health problems.
Many bulldogs, pugs, Pekingese, and other brachycephalic (flat-faced) dogs cannot **(R)** ___________ — let alone go for a walk or chase a ball without gasping for air — because of their unnaturally shortened airways, the group said.
A spokesman said: "**(Q)** ___________ the message that purebred dogs are more desirable than mixed-breeds, leading many people to buy 'must-have' breeds, while thousands of healthy, lovable dogs languish in animal shelters, desperately in need of good homes".

29 **What did Yvette Short do when the chaos broke out at the NEC Birmingham?**

A) she ran towards the emergency exit with her dog
B) she started to cry as her dog was barking
C) she hit her dog strongly
D) she clung to her dog

30 **Fill in the blank marked by letter (H) with the "suitable" option.**

A) vivisected
B) ushered off
C) hospitalized
D) ripped apart

31 **Fill in the blank marked by letter (R) with the "suitable" option.**

A) move well
B) breathe well
C) hear well
D) see well

32 **Some words have been removed from the extract; put them in the correct order by the blank marked by letter (Q).**

A) Further harm causes Crufts sending by
B) Causes further harm by sending Crufts
C) Crufts further harm causes sending by
D) Crufts causes further harm by sending

33 What does "both intruders were quickly wrestled to the ground" mean?

A) it means that both interlopers were slaughtered and assaulted
B) it means that both infringers were tackled and floored
C) it means that both invaders fainted on the ground
D) it means that both gatecrashers stumbled on the green

34 Complete the following sentence with the correct option: "The message that PETA would like to convey is that ___________".

A) crufts should include a special prize also for mixed-breed dogs
B) , making your dog participate to Crufts, you expose your pet to the danger of developing epilepsy and heart disease
C) dog shows, like Crufts, are brutal and ruthless events, which people should steer clear of
D) dog shows are praiseworthy and meritorious displays

Text n. 7

"China's Parliament unveils major Ministry shake-up plan"

China has said it plans to merge its banking and insurance regulators as part of sweeping changes to its central government structure. The planned shake-up, along with the creation of several new Ministries, was announced by the annual sitting of the National People's Congress (NPC).
The move will combine the insurance and banking bodies, and is aimed at reducing systemic risk in the financial sector.
Reforming China's financial landscape has been a central task for Beijing.
(Y) ___________.
The China Banking Regulatory Commission (CBRC) will be combined with the China Insurance Regulatory Commission (CIRC) to form a super regulator, overseeing all of China's banking and insurance sector.
Some of their roles will be transferred to the central bank — the People's Bank Of China (PBOC) — which will take on responsibility for making new laws and regulations.
President Xi Jinping's top economic advisor, Liu He, said the sweeping reforms would be "profound" and would **(W)** ___________ across State agencies.
"Deepening the reform of the party and State institutions is an inevitable requirement for strengthening the long-term governance of the party," Mr Liu said.
Why does China say this is needed?
The reforms are part of President Xi's plans to strengthen the central government's control over the economy, **(Z)** ___________.
The rising level of debt being carried by some Chinese firms, by State-owned enterprises, and by local governments has been a widespread cause for concern for several years.
Central bank governor Zhou Xiaochuan said that loopholes in the financial regulatory system needed to be closed and that flaws in regulations needed to be corrected, in order to defuse financial risk across the sector.
On the sidelines of the NPC — the annual parliamentary meeting — last week, he said the PBOC would take the lead in coordinating those efforts.

35 Some words have been removed from the extract; put them in the correct order by the blank marked by letter (Z).

A) crack down and risk on the financial industry, and excessive against borrowing guard
B) guard on down the borrowing financial, and risk against excessive crack and industry
C) guard against risk excessive and industry crack borrowing down on the financial
D) crack down on the financial industry, and guard against excessive borrowing and risk

36 Fill in the blank marked by letter (Y) with the "suitable" option.

A) What will happen under the merger?
B) The stagnation will persist: let's go into details

C) Nothing's happened in China and for sure nothing will
D) When specifically will the change get started? Let's look at the timing

37 ***True* or *False*? Read the following sentences and decide whether they are "true" or "false".**

***) The planned shake-up focuses on cutting down systemic risk in the sector of finance.**

#) The reform of China's financial structure hasn't been a key point for Beijing.

A) sentence *) is "true", while sentence #) is "false"
B) sentence #) is "true", while sentence *) is "false"
C) both sentences are "true"
D) both sentences are "false"

38 **How could the title of the extract be replaced without changing its meaning?**

A) China: the Parliament makes the major Ministry's reorganization plan public
B) China major Ministry: the Parliament tarnish the new action plan
C) A groundbreaking parliamentary plan: China conceals its major Ministry
D) Chinese Parliament: a conservative plan is announced by the Prime Minister

39 **Some Chinese companies, State-run enterprises, and local governments have been carrying an increasing level of debt during the last few years. Has this fact caused a great and broad deal of disquiet in China?**

A) yes, it has
B) I can't answer this question, because the extract doesn't explicit this information
C) no, it hasn't, because the Chinese Government has always managed to successfully cope with the debt-level problem
D) not at all

40 **Fill in the blank marked by letter (W) with the "suitable" option.**

A) stop fighting corruption
B) improve lapsing
C) help abolish inefficiencies
D) prevent eliminating disorganization

Text n. 8

People have donated over one billion dollars to rebuild the *Notre Dame* Cathedral in Paris. The 850-year-old Cathedral was badly damaged in a fire **(1)** ___________. The *UNESCO World Heritage* site is one of the most important cultural buildings in France. Wealthy people from all over France and around the world have given hundreds of millions of dollars **(2)** ___________ the Cathedral to its "former glory". French President Emmanuel Macron told the Nation, in a televised address, that he would make sure the reconstruction would be finished within five years. This would be in time for the opening of the Paris *Olympics* in 2024. However, architects say it could take decades to rebuild the world-famous landmark. Some of the donors that are handing **(3)** ___________ cash are French billionaires. They include the owners of the luxury brand *Louis Vuitton* and the cosmetics company *L'Oreal*. The French oil company *Total* is also pledging 100 million euros. *Apple* CEO Tim Cook tweeted that his company would donate an unspecified amount. He said: "We are heartbroken for the French people and those around the world for whom *Notre Dame* is a symbol of hope. Relieved that everyone is safe. *Apple* will be donating to the rebuilding efforts to help the restoring of *Notre Dame*'s precious heritage for future generations". However, many people are asking whether the money would be better spent on helping the world's poor.

41 **Find the "right" sentence.**

A) *Apple*, as CEO Tim Cook said, will be donating 100 million euros
B) *Apple*'s CEO assured that the company will donate some money, but he wonders if the money would be better spent to help poor people
C) *Apple* will donate some money for the reconstruction plan, but the amount has not been specified yet
D) *Apple*'s CEO said that, although *Apple* is really concerned about this huge loss and relieved that everybody is safe, the company won't be supporting the reconstruction

42 Find the "wrong" sentence.

A) Emmanuel Macron promised that *Notre Dame* will be reconstructed by 2024
B) Some experts think that more than ten years might be necessary to rebuild the famous Cathedral
C) If Emmanuel Macron is right about the time needed to rebuild *Notre Dame*, the Cathedral will be ready for the Paris *Olympics* in 2024
D) Architects agree with President Macron about the timing of the reconstruction

43 Fill in the gap (1) with the "suitable" option.

A) on the 15 April 2019
B) on 15 of April of 2019
C) on 15th April 2019
D) on the 15th April's 2019

44 What option could replace "former glory"?

A) original probity
B) ancient shame
C) previous magnificence
D) formal beauty

45 Fill in the gap (3) with the "suitable" option.

A) beneath
B) over
C) by
D) through

46 Fill in the gap (2) with the "suitable" option.

A) to help restore
B) to help to restoring
C) helping to restoring
D) to helping restore

Text n. 9

A Tokyo power company **(1)** ___________ fuel rods from Japan's Fukushima nuclear power plant. The plant was badly damaged and suffered meltdowns, after a huge earthquake and tsunami hit it in 2011. The work started last Monday, five years **(2)** ___________. The work to move the hazardous rods was delayed because of many malfunctions in the devices that were designed for the removal operation. Another factor **(3)** ___________ delays was high levels of radiation in the area. This created a "significant challenge" for engineers. The company is removing seven unspent nuclear fuel rods from the reactor's pool. There are a total of 1,573 fuel rods at the power plant. These rods will be transferred to safer storage pools. The work should be finished by the end of March 2021. A company spokesman said: "I believe everything is going well so far. We will watch the progress at the site as we put safety first. Our goal is not to rush the process, but to carefully proceed". Another spokesman said: "Safety is our priority. We will carefully continue this work". Japan's Prime Minister said Japan would do its best regarding the damaged plants.

47 Fill in the gap (2) with the "suitable" option.

A) beneath agenda
B) before programme
C) back calendar
D) behind schedule

48 Find the "wrong" sentence.

A) A spokesman of the company said that he is satisfied about how the work is proceeding
B) The Prime Minister of Japan promised that the country will do as much as possible to help remove the nuclear plants
C) Both spokesmen of the company said that they are trying to end the work as soon as possible
D) Both spokesmen of the company stated that safety is the major priority

49 What option could replace "a significant challenge"?

A) a concrete problem
B) a worthless question
C) an absolute failure
D) a relevant dare

50 **Fill in the gap (1) with the "suitable" option.**

A) has started removing
B) started to removing
C) had started remove
D) starting removing

51 **Fill in the gap (3) with the "suitable" option.**

A) preventing
B) denying
C) avoiding
D) causing

52 **Find the "right" sentence.**

A) Delays have been determined by both high levels of radiation and unsafe work conditions
B) Delays have been determined by both malfunctions and lack of storage pools
C) Delays have been determined by both lack of storage pools and unsafe work conditions
D) Delays have been determined by both malfunctions and high levels of radiation

Text n. 10

Italian scientists say sewage water from two cities contained "Coronavirus" traces in December, long before the country's first confirmed cases. The National Institute of Health (ISS) said water from Milan and Turin showed genetic virus traces on 18 December: it adds to evidence from other countries that the virus may have been circulating much earlier than thought. Chinese officials confirmed the first cases at the end of December. Italy's first case was in mid-February. In May, French scientists said tests on samples showed a patient treated for suspected "pneumonia" near Paris on 27 December actually had the Coronavirus. Meanwhile, in Spain, a study found virus traces in waste water collected in mid-January in Barcelona, some 40 days before the first local case was discovered. In their study, ISS scientists examined 40 sewage samples collected from wastewater treatment plants in Northern Italy between last October and February. "Samples from October and November came back negative, showing that the virus had not yet arrived," ISS water quality expert Giuseppina La Rosa said. Waste water from Bologna began showing traces of the virus in January. "The findings could help scientists realize how the virus began circulating in Italy," Ms La Rosa said. However, she said the research did not "automatically imply that the main transmission chains that led to the development of the epidemic in our country originated from these very first cases." Italy's first known non-imported virus case was a patient in the town of Codogno, in the Lombardy Region. The town was closed off and declared a "red zone" on 21 February. The ISS says it aims to begin a (________) monitoring waste water at tourist resorts in July, with a view to setting up a nationwide waste water monitoring network later this year.

53 **Which of the following could be the "suitable title" for the article you have read?**

A) Waste water studies halt research about Coronavirus
B) Waste water studies as a new way to extend knowledge about Coronavirus
C) Studies conducted on waste water as a new remedy to treat Coronavirus
D) Waste water studies show how the virus has been defeated

54 **Why are ISS scientists examining sewage samples from waste water treatment plants?**

A) to help understand how Coronavirus can be transmitted from plants to humans
B) to help understand how Coronavirus has been genetically modified
C) to help understand how Coronavirus can't survive into sewage water
D) to help understand how Coronavirus has been spreading in Italy

55 **Choose the correct alternative to put into the brackets: "= a small scale project initiated prior to a much wider rollout".**

A) pilot project
B) "*in vivo*" trial
C) case study
D) blind project

56 A "non-imported virus case" can be defined as:

A) an "out-of-state virus case"
B) an "isolated case"
C) an "indigenous virus case"
D) a "suspected virus case"

57 Which of the following sentences is "true"?

A) Traces of Coronavirus have been found in China at the end of February
B) Traces of Coronavirus have been found in Paris at the beginning of December
C) Traces of Coronavirus have been found in Italy in the middle of November
D) Traces of Coronavirus have been found in Barcelona in the middle of January

58 What does "sewage water" mean?

A) waste water and liquids from toilets
B) spring source water
C) mineral water
D) pure water obtained by distillation

Text n. 11

All week, millions of Russians have been voting to reform their Constitution, many using (________) set up on tree stumps, park benches, and even car boots.
Giant prize draws have helped induce them to the ballot, with the chance of winning everything from shopping vouchers to a car or flat.
Opposition figures have dismissed the whole process as a "farce", stretched over seven days with no proper monitoring or independent scrutiny.
But, for the Kremlin, the amendments are vital. The vote will clear the way for Vladimir Putin to stay in power up to 2036, if he chooses.
Not that the President mentioned that in his address to the Nation ahead of the final day of voting.
"We are voting for the country we want to live in… and which we want to hand down to our children," Mr Putin declared, standing beneath a giant, ghostly new statue of a Soviet soldier, to underline the "patriotic" theme that runs through this process.
The biggest overhaul of the Constitution since 1993, this vote is partly about setting down Vladimir Putin's vision of Russia: spelling out the values and priorities he has established during two decades in the Kremlin.
"Putin can't just say to himself, 'I need to do everything possible to stay in power!'," argues Tatiana Stanovaya, the head of *R. Politik*, a political think-tank.

59 All the given options complete the following statement in a correct way, "except for one": find it. "Mr Vladimir Putin ...".

A) chose not to underline the "patriotic" theme in his address to the Nation
B) might stay in power up to 2036
C) made his speech to the Nation standing beneath a statue of a Soviet soldier
D) reminded to Russian people that they are voting for the country they want to live in

60 Which mean was used to entice people to vote?

A) the menace to be excluded from the distribution of shopping vouchers
B) the promise to get an apartment
C) the possibility to win a prize
D) the guarantee to receive a car in exchange

61 Which of the following could be the "suitable title" for the article you have read?

A) Russia: Putin appeals to patriotism as key vote reaches climax
B) Elections in Russia are giving a surprising demonstration of civilization and democracy
C) Russian people are voting to bring down the government
D) Putin: people try to hide the low things they're doing within something more grandiose and positive

62 Fill in the gap with the correct definition: "= the place where people go to vote in an election".

A) polling stations
B) rally points
C) ballots
D) swap meets

63 What does "political think-tank" mean?

A) a person who is expert in the formal rules and procedures of deliberative assemblies and other formal organizations
B) the major political party opposed to the party in power and seeking to replace it
C) a body of experts providing advice and ideas on specific political problems
D) a person who keeps a journal, diary, or other record of daily events related to politics

64 Which of the following sentences is "true"?

A) The "Opposition" is complaining because the election has been properly monitored
B) In the Opposition's opinion, the whole election has been a "mockery"
C) According to the "Opposition", there shouldn't have been an independent scrutiny
D) The "Opposition" is satisfied with the outcomes of the election

Risposte

1 Quesiti grammaticali con soluzioni commentate

1 **Risposta esatta: A**

L'**indicativo presente** del verbo *to be* è: *I am, you are, he / she / it is, we are, you are, they are*. La **forma contratta** è: *I'm, you're, he / she / it's, we're, you're, they're.*

2 **Risposta esatta: B**

L'**indicativo presente** di tutti i verbi, regolari e irregolari, si ottiene togliendo all'infinito la particella *to*. Tutte le persone hanno la stessa desinenza, tranne la III singolare a cui si aggiunge una ***-s*** (*to talk → I talk, you talk, he / she / it talks, we talk, you talk, they talk*). I verbi che terminano in *-s, -ss, -o, -x, -z, -sh, -ch* prendono, alla III persona singolare, la desinenza *-es* (*I wish → he wishes*). I verbi che terminano con una *-y* preceduta da *consonante* perdono la *y* e aggiungono *-ies* (*I study → he studies*).

3 **Risposta esatta: C**

Il ***present continuous*** corrisponde alla forma gerundiva italiana e si usa per indicare un'azione in pieno svolgimento o un'azione che si ripete continuamente nel presente, per un periodo limitato. Esso si ottiene con «il presente indicativo del verbo *to be* più la *-ing form* del verbo da coniugare».
Per costruire la forma *-ing* esistono alcune **regole ortografiche**. Se il verbo termina in *-e*, questa cade davanti alla desinenza *-ing* (*to take → taking*); fanno eccezione il *to be* (*→ being*) e i verbi terminanti in *-ee* (*to see → seeing*). I verbi monosillabici che finiscono con una sola consonante, preceduta da una sola vocale accentata, raddoppiano la vocale finale (*to stop → stopping, to travel → travelling*). I verbi che terminano in *-ie* mutano in *-y* e aggiungono *-ing* (*to die → dying, to lie → lying*).

4 **Risposta esatta: A**

La **forma negativa del presente semplice** di tutti i verbi si costruisce con l'ausiliare ***to do*** (***does*** alla III persona singolare), secondo lo schema: «soggetto + *do not* (*don't*) / *does not* (*doesn't*) + verbo». Non si usa *to do* con i verbi *to have got, to be* e con i *verbi difettivi* (detti anche *modali*), che invece costruiscono la forma negativa con la semplice aggiunta del *not* (*I am not, we haven't got, they can't, you may not, he wouldn't*).

5 **Risposta esatta: D**

Il presente del verbo ***to have (got)*** è: *I have (got), you have (got), he / she / it has (got), we have (got), you have (got), they have (got)*. La forma **contratta** è: *I've (got), you've (got), he / she / it's (got), we've (got), you've (got), they've (got)*. La forma **interrogativa** del verbo *to have got* scaturisce dall'inversione tra soggetto e verbo (*you have got → have you got?*). La forma **negativa** si ottiene facendo seguire il verbo da *not* (*I have got → I haven't got*). La forma **interrogativo-negativa** si costruisce aggiungendo a quella interrogativa la negazione *not* (*they have got → haven't they got?*).
La coniugazione del verbo ***to have*** senza il rafforzativo *got*, nelle forme interrogativa, negativa e interronegativa, segue le regole dei verbi ordinari e richiede, pertanto, l'ausiliare ***do*** (*we have → do we have?, we don't have, don't we have?*).
È importante sottolineare che *to have got* si utilizza principalmente nel *British English*, mentre *to have* ricorre di più nell'*American English*.

6 **Risposta esatta: D**

Can (che vuol dire «potere» come indice di abilità e di capacità, nel senso di «saper fare» o «avere la possibilità di fare») è un **verbo difettivo**, presenta cioè alcune irregolarità: non prende la *-s* alla III persona singolare del *simple present*, è seguito dall'infinito senza *to*, manca di alcuni modi e tempi. *Be able to* significa «essere in grado di» e sostituisce *can* nei tempi in cui quest'ultimo, appunto, «difetta».

7 Risposta esatta: D

Gli **articoli** sono invariabili. L'**articolo determinativo** è ***the***, *mentre quello* **indeterminativo** ha due forme: ***a***, ***an***. *A* si usa davanti alle consonanti, all'-*h* aspirata, alle semivocali -*w* e -*y*, a -*u* nei casi in cui questa si pronuncia come una consonante. *An*, invece, precede le parole che iniziano per vocale e per -*h* muta (*heir*, *honest*, *honour*, *hour*).

8 Risposta esatta: C

Gli aggettivi **dimostrativi**, così come i pronomi dimostrativi, hanno una forma unica per quanto riguarda il genere (ma non per il numero); essi sono: ***this*** (questo/a), ***these*** (questi/e), ***that*** (quello/a) e ***those*** (quei, quegli, quelli/e). I primi due si utilizzano per indicare cose e persone «vicine» a chi parla, mentre i restanti due si adoperano in riferimento a persone e cose «lontane» da chi parla: la vicinanza e la lontananza possono essere intese in senso spaziale, temporale o psicologico.

9 Risposta esatta: B

In inglese, il **plurale dei sostantivi** si forma solitamente aggiungendo una ***-s*** al singolare.
I nomi che terminano in -*o*, -*s*, -*ss*, -*sh*, -*ch*, -*x* e -*z* formano il plurale aggiungendo -*es* (*kiss* → *kisses*, *tomato* → *tomatoes*).
I nomi che terminano in -*y*, quando questa segue una consonante, costruiscono il plurale cambiando la -*y* in -*i* e aggiungendo -*es* (*cry* → *cries*, *country* → *countries*, *city* → *cities*); quando la -*y* segue una vocale, invece, si aggiunge semplicemente una -*s* (*boy* → *boys*, *way* → *ways*, *ray* → *rays*).
Alcuni sostantivi che terminano in -*f* o in -*fe* formano il plurale in -*ves* (*life* → *lives*, *half* → *halves*); altri, però, non seguono tale regola e aggiungono normalmente una -*s* (*roof* → *roofs*, *chief* → *chiefs*).
I *nomi composti*, di norma, formano il plurale solo nell'ultima parola (*bookcase* → *bookcases*), ma se contengono preposizioni o avverbi mantengono la -*s* solo nella prima parola (*son-in-law* → *sons-in-law*).
Hair, *fish* e *fruit*, sebbene siano al singolare, hanno valore di plurale; talvolta vengono adoperati nella forma plurale, ma solo se sono riferiti a singole unità. Pertanto si dice: *Fish are strange animals*, ma *Mary has got two red fishes*.
Alcuni sostantivi hanno la forma del singolare *uguale* a quella del plurale (*species*, *sheep*...).
Altri nomi, come *glasses*, *trousers*..., sono sempre plurali; sostantivi come *people*, *police*..., pur presentandosi come singolari, sono plurali.
Taluni nomi, infine, costruiscono il plurale in modo irregolare (*man* → *men*, *woman* → *women*, *child* → *children*, *tooth* → *teeth*, *mouse* → *mice*, *ox* → *oxen*, *foot* → *feet*, *goose* → *geese*, *louse* → *lice*).

10 Risposta esatta: A

Alcuni **verbi che esprimono gusti o preferenze** — come *to like* (piacere, amare, gradire), *to hate* (odiare, avere in odio, dispiacere immensamente), *to love* (amare, essere innamorato di, adorare), *to prefer* (preferire) — sono normalmente seguiti da un **sostantivo** oppure da un **verbo**, che può essere coniugato sia all'**infinito** sia nella ***-ing form***: ad esempio, *I like flowers* (Mi piacciono i fiori), *I love to meet people* (Amo incontrare gente), *I hate going to school* (Odio andare a scuola).
Per semplificare, possiamo dire che tali verbi sono seguiti dal *gerundio* quando si parla di qualcosa a «carattere generale» (*I love dancing*, Adoro ballare); dall'*infinito* quando ci si riferisce a un'«occasione particolare», come nelle espressioni in cui si adopera un *condizionale* (*I would like to dance with you*, Mi piacerebbe ballare con te).

11 Risposta esatta: B

Le **forme interrogativa** e **interrogativo-negativa** del *simple present* di tutti i verbi si ottengono usando il presente del verbo ***to do*** (***does*** alla III persona singolare): «*do* / *does* + soggetto + verbo» per la *forma interrogativa*; «*don't* / *doesn't* + soggetto + verbo» per la *forma interrogativo-negativa*.
I verbi *to be*, *to have got* e tutti i difettivi costruiscono la forma interrogativa e interrogativo-negativa con la semplice inversione del soggetto e del verbo (*Are you thirty years old?*, *Haven't we got an umbrella?*, *Must they always speak so loud?*).

12 Risposta esatta: C

In questo caso, *have* non è ausiliare ma vuol dire «**dovere**». ***To have to***, usato al presente, ha un significato lievemente diverso da *must*: mentre quest'ultimo esprime la decisione di chi parla (*You must tell me the truth*, Devi dirmi la verità), *have to* si riferisce alla decisione di un'altra persona o a qualcosa che è al di fuori del controllo di chi parla (*I absolutely have to go to work today*, Devo assolutamente andare al lavoro oggi).

13 Risposta esatta: D

L'**aggettivo** è la parte del discorso che accompagna il sostantivo per indicarne una qualità o per meglio definirlo. La principale caratteristica dell'aggettivo qualificativo in inglese è la sua **invariabilità** nel genere e nel numero: infatti ha la medesima forma per il singolare e per il plurale, per il maschile e per il femminile, non esistendo concordanza di nessun tipo con il nome a cui si riferisce e che generalmente **precede** (*You are a tall woman*, Sei una donna alta; *You are a tall man*, Sei un uomo alto; *A group of tall men were standing outside a closed door*, Un gruppo di uomini alti erano fuori a una porta chiusa).

14 Risposta esatta: B

Il **«che» esclamativo** si traduce con *what*: se nella proposizione è presente un sostantivo singolare numerabile (*countable*), s'inserisce l'**articolo indeterminativo tra *what* e il nome** stesso (*What **a** fine day!*, Che bella giornata!), **ma** con un sostantivo plurale o con uno non numerabile (*uncountable*) ciò non avviene (*What interesting books!*, Che libri interessanti!; *What good water it is!*, Che buona acqua è questa!); in alcune frasi idiomatiche, comunque, si adopera sempre l'articolo indeterminativo (*What a pity!*, Che peccato!; *What a shame!*, Che vergogna!).
«**Bello**» si può tradurre con *beautiful* quando si vuole indicare la «bellezza» da un punto di vista estetico; si utilizza per persone o cose e ha un valore superlativo. Anche ***lovely*** ha un valore superlativo, ma si adopera per denotare, più che altro, «simpatia» o «trasporto». Un altro vocabolo che ha un significato simile è *nice*; è molto colloquiale e vuol dire «simpatico, gradevole, gentile». *Fine* suggerisce bellezza interiore o di atteggiamenti e si usa anche in riferimento al tempo. Infine, si ricorre a *handsome* per evidenziare la bellezza esteriore, per lo più maschile.

15 Risposta esatta: D

Gli **aggettivi possessivi** inglesi sono: *my*, *your*, *his / her / its*, *our*, *your*, *their*. I **pronomi possessivi** sono: *mine*, *yours*, *his / hers*, *ours*, *yours*, *theirs*. Essi sono parti del discorso che servono per indicare a chi appartiene qualcuno o qualcosa e non sono mai preceduti né dall'articolo né dagli aggettivi dimostrativi, numerali e indefiniti (a eccezione di *all* e *both*). Gli aggettivi possessivi si collocano sempre prima del sostantivo a cui si riferiscono e, soprattutto, sono **invariabili** nel genere e nel numero, **tranne quelli di III persona singolare**, i quali concordano con il possessore e non con la cosa posseduta (cosicché ***his*** è usato per possessori maschili, ***her*** per possessori femminili, ***its*** per cose e animali).

16 Risposta esatta: B

I **pronomi personali soggetto** devono essere sempre espressi all'interno di una frase. Essi sono: *I*, *you*, *he / she / it*, *we*, *you*, *they*. Il pronome di I persona singolare (***I***) deve essere scritto sempre con la lettera maiuscola; inoltre, quando accompagna nomi o altri pronomi, **si colloca sempre per ultimo**, come forma di cortesia (*Simon and I went to the disco last night*).

17 Risposta esatta: C

Per esprimere l'intenzione di compiere un'azione, per indicare che qualcosa sta per accadere, o per parlare di qualcosa che è stata già decisa, nella lingua inglese si usa il **futuro intenzionale** che si forma così: *simple present* di *to be* (*I am*, *you are…*) + il *going to* + l'infinito senza il *to* del verbo da coniugare (*I'm going to drink*, *He is going to leave*).
Nel caso della domanda proposta nel quesito, il *go* prima di *Paris* è sottinteso (si evita infatti di dire *I'm going to go*, anche se grammaticalmente non sarebbe scorretto). Possiamo tradurre la frase in

questo modo: «Il prossimo agosto andranno a Parigi perché vogliono migliorare il loro francese»; ***their*** è il pronome possessivo che sta a indicare il corrispondente dell'italiano «loro».

18 **Risposta esatta: A**

La domanda richiede l'uso del ***present perfect*** (passato prossimo); questo tempo viene utilizzato per:

- azioni che sono cominciate nel passato e continuano tuttora (in tal caso nella frase spesso si adoperano le preposizioni ***for***, se si indica un «periodo di tempo», e ***since***, se ci si riferisce a un «momento preciso nel tempo»: *He has lived in England* for *six years*, Lui ha vissuto in Inghilterra per sei anni; *I have worked at the University of Rome* since *1999*, Lavoro all'Università di Roma dal 1999);
- azioni che sono avvenute nel passato, in un periodo imprecisato di tempo;
- azioni accadute nel passato, ma i cui effetti continuano ancora nel presente.

Il *present perfect* si forma con l'ausiliare *have* al presente + il participio passato (*past participle*) del verbo principale (*I have walked, you have eaten…*). Da notare che *I've lived* è la **forma contratta** di *I have lived*.

19 **Risposta esatta: D**

Non esiste una definizione in grado di comprendere tutti i verbi che, grammaticalmente, richiedono di essere seguiti dalla ***-ing form***; alcuni dei più comuni tra questi verbi sono quelli che esprimono «sentimenti» o che indicano «l'inizio, lo svolgimento, la fine» di un'azione (*to avoid*, evitare; *to dislike*, dispiacere; *to enjoy*, gioire; *to finish*, finire; *to go on / to continue*, continuare; *to keep on*, continuare [a tenere]; *to mind*, badare; *to practice*, praticare; *to stop*, fermare; *to suggest*, suggerire).
Dopo verbi come *to begin* (iniziare), *to forget* (dimenticare), *to hate* (odiare), *to like* (piacere), ***to love*** (amare), *to prefer* (preferire), *to remember* (ricordare), *to start* (iniziare), *to try* (cercare) si può adoperare **sia la forma *-ing*** (quando si parla di qualcosa a carattere generale) **sia l'infinito** (quando il riferimento è a un'occasione particolare).
Nella frase del quesito, il verbo che segue *loves* è *to listen* (ascoltare) — nella forma ***listening*** — che vuole sempre la particella ***to***.

Inoltre, la **preposizione di stato in luogo** da usare è ***in***; essa si utilizza:

- quando si considera un luogo come tridimensionale (*in the garden, in my pocket, in the kitchen, in the room*);
- quando si considera un luogo come area geografica (*in the park, in Milan, in England*);
- con le automobili (*in my car*);
- con i nomi delle strade (*in Bond Street*).

20 **Risposta esatta: A**

Nella frase *Fred's house has 3 bedrooms and Carol's has 1. Carol's house is* smaller than *Fred's* (La casa di Fred ha 3 stanze e quella di Carol 1. La casa di Carol è *più piccola di quella* di Fred) è richiesto l'uso del **comparativo di maggioranza**, che in inglese si forma nei seguenti modi:

- con gli aggettivi monosillabici → aggettivo + *er* + *than* (*My car is* faster than *William's*, La mia auto è più veloce di quella di William);
- con tutti gli altri aggettivi → *more* + aggettivo + *than* (*The film is* more interesting than *I expected*, Il film è più interessante di quello che mi aspettavo).

Ci sono, comunque, **svariate eccezioni a questa regola di base**.

21 **Risposta esatta: D**

Most of traduce l'espressione «la maggior parte di, il maggior numero di», mentre *are from* (*to be from*) significa «sono di, provengono da»; da notare come nella frase proposta nel quesito il «che» pronome relativo (il quale nello specifico si può rendere con *who, whom, that*) sia sottinteso.
Most, appartenente alla macro-categoria dei *determiners* generici, è esattamente un ***quantifier*** (quantificatore), cioè una parola che dà un'indicazione indeterminata sulla quantità dei sostantivi numerabili e non numerabili.

«*Most* + nome» non è preceduto dall'articolo quando il sostantivo in questione è:

- singolare non numerabile (*Most coffee comes from Brazil*, La maggior parte del caffè viene dal Brasile);
- plurale numerabile (*Most students don't like this subject*, La maggior parte degli studenti non ama questa materia).

Si usa ***most + of*** se a seguire abbiamo un:

- pronome personale complemento (*Most of them work a lot*, La maggior parte di loro lavora molto);
- nome (numerabile o non numerabile) preceduto da un determinatore come *the*, *this*, *that*, *my*, *your*... (*I lost most of my money in that business*, Ho perso la maggior parte del mio denaro in quell'attività).

Bisogna notare come, in tutti questi esempi, il verbo concordi sempre con il numero del soggetto.
In inglese **il pronome relativo si può omettere**, a meno che non sia soggetto e a patto che l'omissione non ingeneri degli equivoci nel significato (nella frase *the man* [*who / whom / that*] *I see*, l'uomo che vedo → «che» non è soggetto e il senso è chiaro; **ma** in *the man who speaks*, l'uomo che parla → «che» è soggetto e, pertanto, non si può omettere); se si omette il relativo preceduto da preposizione, quest'ultima viene collocata in fondo alla frase (*the man of whom I speak → the man I speak of*, l'uomo del quale parlo).

22 Risposta esatta: A

Despite the fact that significa «nonostante il fatto che, sebbene»; *he isn't* è la forma contratta di *he is not* e vuol dire «lui non è».

23 Risposta esatta: B

Si ricorre al verbo modale ***would*** nelle domande, quando si chiede la volontà di chi ascolta (si tratta di una richiesta più cortese rispetto a *will*). Spesso seguito dal verbo ***like***, *would* viene utilizzato per «offrire» qualcosa, per formulare un «invito» e, in generale, per rendere il condizionale di «volere»: nella frase del quesito, ***Would you like me...?*** è traducibile con «vuoi che io...?, vorresti che io...?, gradiresti che io...?, ti piacerebbe che io...?».
Quando «si consiglia, si chiede, si ordina, si dice...» a qualcuno di fare qualcosa, se la persona di cui si parla è espressa da un pronome, si usa, in inglese, il **pronome complemento**, e il verbo che segue va coniugato all'**infinito** (*I would like them to help me with the homework*, Vorrei che loro mi aiutassero con i lavori domestici).
Dal canto suo, ***to drive you*** significa, in questo contesto, «portarti, condurti».

24 Risposta esatta: A

Il pronome relativo ***who*** (che, il quale) viene usato per le **persone** in posizione di **soggetto** (*Jana, who is an architect, lives in Berlin*, Jana, che è un architetto, vive a Berlino); ma nella lingua parlata informale può essere adoperato anche con funzione di **complemento**, sempre in riferimento a *persone* (*She is the woman who we saw yesterday*, Lei è la donna che vedemmo ieri).
To speak to Sarah significa «parlare a Sarah, parlare con Sarah» e **non** «parlare di Sarah».

25 Risposta esatta: A

Per esprimere **azioni future già organizzate e prestabilite**, della cui attuazione si è praticamente certi, si usa il ***present continuous*** o «presente progressivo» (con un significato abbastanza simile a quello di *to be going to*); ad esempio, una persona che ha già il biglietto, la quale è dunque sicura di partire, dirà: *I'm leaving to America*, Partirò per l'America.
Per parlare di un «programma» o di un «orario futuro» è possibile ricorrere al *simple present* (*The football match begins at 3.00 p.m. and ends at 5.00 p.m.*, L'incontro di calcio inizierà alle 15.00 e finirà alle 17.00).

26 Risposta esatta: A

Il **futuro** nella sua forma più comune e diffusa (futuro predicente) si costruisce con gli ausiliari ***will*** e ***shall*** (il secondo soltanto per la I persona singolare e plurale e in contesti particolarmente formali)

più l'«infinito del verbo senza *to*» (*I shall go to Australia*, Andrò in Australia; *You will miss me*, Mi mancherai); la forma **contratta** è *I'll, you'll...*
La forma **interrogativa** si ottiene facendo precedere il soggetto dall'ausiliare (*Will you go to Argentina?*, Andrai in Argentina?). La forma **negativa** si ottiene aggiungendo all'ausiliare la negazione *not* (*They will not go...*, Non andranno...); la forma contratta di *will not* è *won't*, di *shall not* è *shan't*. Le forme **interrogativo-negative** si costruiscono aggiungendo *not* a quelle interrogative (*Will he not go...?*, Lui non andrà...?), laddove le voci contratte sono uguali a quelle delle forme negative, seppure, ovviamente, con il soggetto posposto (*Won't she go...?*, Lei non andrà...?).

27 **Risposta esatta: C**

Quando con il **futuro** si intende esprimere una **precisa intenzione**, o un **evento probabile**, si usa «*to be going to* + l'infinito del verbo senza *to*»; ad esempio, se si dice *I'm going to leave to Ireland*, si vuole intendere che la persona che adopera questa forma è intenzionata ad andare in Irlanda e si accinge a organizzare concretamente il viaggio.
Le forme **negativa**, **interrogativa** e **interrogativo-negativa** seguono la medesima costruzione a cui si ricorre per il verbo «essere».

28 **Risposta esatta: D**

I **verbi regolari** formano il passato (***simple past***) e il participio passato (ovvero la II e la III voce del paradigma) aggiungendo all'infinito del verbo senza *to* la desinenza ***-ed*** (*to work* → *worked*), o semplicemente *-d*, se il verbo finisce in *-e* (*to live* → *lived*). I verbi che terminano in *-y* preceduta da *consonante* mutano la *-y* in *-i* (*to try* → *tried*); se la *y* è preceduta da *vocale* si aggiunge solo *-ed* (*to play* → *played*). I monosillabi, i bisillabi accentati sull'ultima sillaba e le parole terminanti in *-l*, se terminano con una sola consonante preceduta da un'unica vocale, *raddoppiano la consonante finale* (*to stop* → *stopped*, *to refer* → *referred*, *to travel* → *travelled*, **ma** nell'*American English* → *traveled*).
Nei **verbi irregolari** il *simple past* corrisponde alla **II voce del paradigma** e va (purtroppo!) imparato a memoria.
Le **forme negativa**, **interrogativa** e **interrogativo-negativa** del *simple past* si costruiscono in maniera analoga per tutti i verbi, sia regolari che irregolari, e si ottengono attraverso l'utilizzo dell'ausiliare ***did*** (*When did he write that book?*, Lui quando ha scritto quel libro?).
Con il *simple past* si esprime un'**azione compiuta e conclusasi nel passato**, e che quindi non ha più alcun rapporto con il presente (*Yesterday I went to the cinema*, Ieri andai al cinema).

29 **Risposta esatta: B**

Si usa ***had better*** (*'d better* nella forma contratta) per **dare con forza un consiglio** o per dire a qualcuno (compresi noi stessi) che cosa fare. Quest'espressione si riferisce all'immediato futuro ma la sua forma grammaticale è sempre passata (*have better...*, infatti, **non** si può dire), esprime un'urgenza maggiore rispetto a *should* o a *ought to* e non si utilizza nelle richieste gentili. Il verbo che segue *had better* va all'**infinito senza il *to*** (*You'd better turn that music down before your dad gets angry*, Faresti meglio ad abbassare il volume di quella musica prima che tuo padre si arrabbi).
Di norma, la frase negativa si costruisce così: «sogg. + *had better not* + verbo all'infinito privo del *to*» (*You'd better not wake me up when you come in*, Faresti meglio a non svegliarmi quando rientri). Occorre aggiungere che l'impiego della forma negativa contratta — *You hadn't better wake me up...* — è possibile ma inusuale.

30 **Risposta esatta: A**

Il trapassato prossimo (***past perfect***) dei verbi regolari e irregolari si forma con «il passato di *to have* (ossia *had*) + il participio passato del verbo da coniugare». Questo tempo esprime un'**azione che si è completata nel passato prima di un'altra azione passata** (*When I telephoned Sue, she had gone out*, Quando telefonai a Sue, lei era già uscita).
Le *forme negativa*, *interrogativa* e *interrogativo-negativa* seguono le regole valide per il *past perfect* del verbo «avere».

31 Risposta esatta: A

Il participio passato (***past participle***) è **invariabile**, ossia non distingue il maschile dal femminile, né il singolare dal plurale.
Nei verbi **regolari** è identico alla forma del *simple past*, cioè si ottiene aggiungendo alla *dictionary form* del verbo il suffisso ***-ed*** (*to work - worked -* ***worked***); in quelli **irregolari** corrisponde alla **III voce del paradigma** (*to go - went -* ***gone***).

Esso è utilizzato principalmente:

- per costruire i **tempi composti** con il verbo *to have* (*They have arrived…*, Sono arrivati…);
- per accompagnare *to be* nella costruzione della **forma passiva** (*She was seen with Mark last night*, Fu vista con Mark l'altra notte);
- come **aggettivo** (*He had a broken arm*, Lui aveva un braccio rotto).

32 Risposta esatta: D

Il **comparativo di maggioranza** si costruisce aggiungendo la desinenza *-er* agli aggettivi / avverbi monosillabi e agli aggettivi bisillabi accentati sull'ultima sillaba, negli altri casi si forma con «*more* + aggettivo»; il secondo termine di paragone è introdotto sempre da *than* (*Mary is happier / more beautiful than Ann*, Mary è più felice / più bella di Ann).
Il **comparativo di minoranza** si forma con «***less*** **+ aggettivo +** ***than***» (*Mary is less young than Ann*, Mary è meno giovane di Ann).
Il **superlativo relativo di maggioranza** si ottiene aggiungendo l'articolo *the* e il suffisso *-est* agli aggettivi monosillabi o bisillabi accentati sull'ultima sillaba e con «*the most* + aggettivo» negli altri casi (*Mary is the prettiest of them*, Mary è la più carina tra loro; *Mary is the most beautiful girl that I know*, Mary è la più bella ragazza che conosco).
Il **superlativo relativo di minoranza** si forma con «*the least* + aggettivo» (*Mary is the least rich in my family*, Mary è la meno ricca nella mia famiglia).
Per entrambi i superlativi relativi il *complemento partitivo* è introdotto da *of / in* o *that*.
Il **superlativo assoluto** si costruisce premettendo all'aggettivo l'avverbio *very*, «molto» (*Mary is very poor*, Mary è poverissima), e si può rafforzare ripetendolo per due volte, oppure usando la parola *indeed* in fine di frase.
Prima di formare i comparativi e i superlativi degli aggettivi secondo queste indicazioni di base, bisogna tener conto d'innumerevoli **regole ortografiche**.

33 Risposta esatta: A

Alcuni aggettivi e avverbi di uso comune hanno **forme irregolari per il comparativo e il superlativo relativo**. Uno di questi è ***old*** (vecchio), che ha due forme per il superlativo, *the oldest* e *the eldest*, e due per il comparativo, *older* ed *elder*. Le voci *older / the oldest* si possono utilizzare sempre, mentre *elder / the eldest* si usano soltanto in riferimento all'età delle persone, soprattutto all'interno del contesto familiare: *elder*, in particolare, si adopera solo se seguito direttamente da un sostantivo (*She is Andrew's elder sister*, Lei è la sorella maggiore di Andrew; *Jeff is older than Miriam*, Jeff è più anziano di Miriam; *He is the eldest in his family,* Lui è il più anziano della sua famiglia).

34 Risposta esatta: D

Tra i più comuni aggettivi / avverbi che formano il *comparativo* e il *superlativo relativo* in modo **irregolare** abbiamo ***good***, «buono» (rispettivamente: *better*, *best*), e ***bad***, «cattivo» (rispettivamente: *worse*, ***worst***).
La frase del quesito, che significa «Questo è il peggior film che ho mai visto», richiede l'aggettivo al grado superlativo relativo.

35 Risposta esatta: A

Il **comparativo di uguaglianza** degli aggettivi (e degli avverbi) si forma con «***as*** **+ aggettivo +** ***as***» nelle **frasi affermative** (*Mary is as young as Ann*, Mary è tanto giovane quanto Ann); con «*not so / not as* + aggettivo + *as*» in quelle negative (*Mary isn't so young as Ann*, Mary non è così giovane quanto Ann). Nella forma «*not as… as*» viene spesso utilizzato in luogo del comparativo di minoranza.

36 Risposta esatta: D

Former significa «primo/a» tra due persone o cose già menzionate e si usa in correlazione con *latter* (secondo/a) nell'espressione, molto comune in lingua inglese, ***the former... the latter...*** (*Pirandello and Brecht were great playwrights: the former was Italian, the latter German*, Pirandello e Brecht furono grandi drammaturghi: il primo era italiano, il secondo tedesco).

37 Risposta esatta: B

Nell'ambito del discorso riguardante il *comparativo di maggioranza*, è importante ricordare due **costruzioni particolari**:

- «**comparativo di maggioranza +** ***and*** **+ comparativo di maggioranza**», con la quale si rende l'espressione italiana «**sempre più**» (*It is getting warmer and warmer*, Sta facendo sempre più caldo; *This work becomes more and more difficult*, Questo lavoro diventa sempre più difficile);
- «***the*** **+ comparativo +** ***the*** **+ comparativo**», corrispondente al cosiddetto «comparativo correlativo» (usato per descrivere una causa e il suo effetto), che traduce l'espressione «quanto più... tanto più... / più... più» (*The longer I waited, the more furious I got*, Più a lungo aspettavo, più diventavo furioso).

38 Risposta esatta: B

Gli **aggettivi** e i **pronomi indefiniti** denotano una quantità indeterminata; tra i più comuni nella lingua scritta e parlata ci sono *every* (ogni, tutti/e), *each* (ciascuno/a, ogni) e *all* (tutto/a/i/e), i quali esprimono tutti e tre l'idea di totalità, ma con un significato che assume sfumature diverse.
Every — che **dei tre è l'unico che non può avere funzione di pronome** — si usa con i **sostantivi singolari** e con i **nomi numerabili**, in riferimento a un gruppo indefinito e numeroso di persone o cose, rimarcando il concetto di «tutti senza alcuna eccezione» (*Every worker has to be here at 6 a.m.*, Ogni lavoratore deve essere qui alle 6 del mattino); mentre ***each*** (che nella frase del quesito ha valore di pronome) indica le **singole persone o cose di un gruppo** ben definito e spesso ristretto (*Each student has the right to be protected by his school*, Ogni / Ciascuno studente ha il diritto di essere protetto dalla sua scuola).
All, a sua volta, utilizzabile davanti ai **sostantivi plurali** e ai **nomi non numerabili**, si riferisce a un insieme di cose o persone considerate come gruppo (*All cats drink milk*, Tutti i gatti bevono il latte).

39 Risposta esatta: A

Dozen (dozzina), ***hundred*** (centinaio), ***thousand*** (migliaio) e ***million*** (milione), impiegati da soli, possono essere preceduti sia da ***one*** (*one hundred books*, un centinaio di libri) che da ***a*** (*a thousand people*, un migliaio di persone); se sono seguiti da altri numeri, invece, devono essere preceduti da *a*.
Di regola, *dozen*, *hundred*, *thousand* e *million* non prendono la *-s* del plurale, eccetto quando si usano come espressioni indefinite (*There were thousands of men in Central Park*, C'erano migliaia di uomini a Central Park).
Million resta assolutamente invariato se è seguito da un altro numero o da un sostantivo (*four million dollars*, quattro milioni di dollari), mentre può prendere la *-s* del plurale se adoperato da solo (*five millions*, cinque milioni), anche se questa regola è ritenuta ormai arcaica e nella lingua contemporanea è caduta in disuso.

40 Risposta esatta: C

Two weeks e *a fortnight* hanno lo stesso significato (**due settimane**).

41 Risposta esatta: B

I'm fed up with..., *I'm bored of...* e *I have had enough of...* sono espressioni che significano «**ne ho abbastanza di...**»; *I'm annoyed by...* vuol dire, invece, «**sono infastidito da...**».

42 Risposta esatta: A

She is so rude significa «Lei **è così maleducata!**», mentre le altre espressioni indicano che la persona di cui si parla «**non è affatto presuntuosa**».

43 **Risposta esatta: B**

It poured down the whole day significa che «**è piovuto *a dirotto* per tutto il giorno**», mentre le altre espressioni fanno intendere semplicemente che «è piovuto per tutta la giornata / dalla mattina», senza porre alcuna enfasi sulla quantità di pioggia caduta.

44 **Risposta esatta: D**

To manage, *to succeed* e *to be able* significano «**riuscire**», laddove *to fail* vuol dire esattamente l'opposto (**fallire, non riuscire**).

45 **Risposta esatta: B**

She's expecting a child significa «Lei **aspetta un bambino**»; le altre espressioni, invece, esprimono chiaramente che «Lei **desidera un bambino**», ma non lo aspetta concretamente.

46 **Risposta esatta: C**

In molti casi, la lingua d'Oltremanica presenta forme verbali più precise e specifiche rispetto all'italiano: uno di questi riguarda il verbo «**dovere**». È facile infatti confondersi nel tradurre questo verbo, visto che il termine italiano ha un ampio spettro di significati, che vengono invece «coperti» in maniera diversa dall'inglese.
I modi più comuni per esprimere l'idea di «dovere» nell'idioma britannico, comunque, sono quelli che richiedono l'utilizzo del «verbo difettivo» ***must*** e del (frequentissimo) ***to have to***. Nella *forma positiva*, al *presente*, gli Inglesi tendono ad usare i due verbi in modo spesso intercambiabile. Diciamo che nella forma affermativa la vera differenza sta nella provenienza «interna» o «esterna» del «dovere»: se sono io che impongo a me stesso qualcosa, allora adopererò *must* (*I must clean my teeth*, Devo lavarmi i denti); se invece mi viene richiesto da qualcun altro, vuol dire che ricorrerò a *to have to* (*They told me that I have to take the bus in 5 minutes*, Mi hanno detto che devo prendere l'autobus tra 5 minuti), anche se il confine tra le due sfumature di significato, nella lingua di tutti i giorni, non è mai così netto.
In definitiva, *must* è utilizzato solo al **presente**; la *forma negativa* è *must not* (*mustn't*), quella *interrogativa* si costruisce con la semplice «inversione di soggetto e verbo», mentre l'*interrogativo-negativa* si ottiene aggiungendo alla forma interrogativa la negazione *not*. **In tutti i tempi mancanti, *must* è sostituito da *to have to*** (nella frase proposta è coniugato al futuro), il quale nelle *forme negativa*, *interrogativa* e *interrogativo-negativa* richiede l'ausiliare *to do*.

47 **Risposta esatta: C**

Gli **avverbi di tempo** definiscono il **momento in cui avviene l'azione** descritta nella frase e si distinguono in *due grandi gruppi*:

— gli avverbi di tempo **determinato** (i più comuni sono: *now*, ora; *today*, oggi; *tomorrow*, domani; *tonight*, stanotte; *yesterday*, ieri; *next week / month…*, la prossima settimana / il prossimo mese…), che suggeriscono un momento più o meno preciso, si posizionano alla fine o all'inizio della frase e, di norma, si adoperano con i verbi al *simple present* (presente semplice), al ***simple past*** (passato remoto) o al *future* (futuro);
— gli avverbi di tempo **indeterminato** (i più comuni sono: *already*, già; *just*, appena, proprio; *lately*, ultimamente; *later*, più tardi; *once*, una volta; ***recently***, recentemente; *still*, ancora; *yet*, ancora, già), che indicano un periodo di tempo non ben definito e, per lo più, si utilizzano con il ***present perfect*** (passato prossimo → «*have / has + past participle* del verbo da coniugare»): *They've recently met her at a party*, L'hanno recentemente incontrata a una festa.

Anche con gli **avverbi di frequenza** si usa in inglese, spesso, il *present perfect*. Strettamente legati al concetto di *tempo*, essi denotano, appunto, la «frequenza» con cui avviene l'azione espressa nella frase e rispondono alla domanda: «quante volte?». I più ricorrenti sono: *almost* (quasi), *already* (già), *always* (sempre), *ever* (sempre, mai), *frequently* (frequentemente), *generally* (generalmente), *hardly* (quasi mai), *just* (appena), *mostly* (per lo più), *never* (mai), *normally* (normalmente), *not ever* (non sempre), *now and then* (di quando in quando), *occasionally* (occasionalmente), *often* (spesso), *rarely / seldom* (raramente), *recently* (recentemente), *sometimes* (qualche volta) e *usually* (di solito).

In linea di massima, si posizionano subito **prima del verbo principale** (ma dopo *to be*) e nei tempi composti si collocano sempre **tra l'ausiliare e il verbo principale.**

48 Risposta esatta: A

In inglese, sono rispettate in maniera più rigorosa rispetto all'italiano le **distinzioni nell'utilizzo del *simple past* e del *present perfect***: di conseguenza, è indispensabile usare i due tempi quanto più correttamente possibile.

In sintesi:

— si ricorre al ***simple past*** → quando il periodo di tempo è finito; allorché si fornisce un'informazione datata; se il tempo è specificato (in questo caso, il verbo è spesso accompagnato da un avverbio o da un'espressione di tempo determinato: *yesterday, last week, last month...*); con *for* e *since*, laddove le azioni sono già finite;
— si ricorre al ***present perfect*** → quando il periodo di tempo non è finito; nel caso in cui si danno notizie recenti; laddove il tempo non è specificato; con *for* e *since*, se le azioni non sono ancora finite.

49 Risposta esatta: B

L'avverbio di tempo (determinato) ***now*** presuppone un'**azione che si sta svolgendo nel momento o nel periodo in cui se ne parla** e quindi la formazione della frase prevede il ricorso al ***present continuous*** o *present progressive* (presente continuato o progressivo), il quale si costruisce con «il presente indicativo di *to be* + la *-ing form* del verbo da coniugare» (*I'm making a cake now*, Sto preparando un dolce ora).
Si ricordi, tuttavia, che non sono coniugabili nella *-ing form* i verbi di *percezione* (*to feel*, sentire, percepire; *to hear*, sentire; *to taste*, gustare; *to see*, vedere; *to smell*, odorare...), i verbi indicanti *relazione* o *esistenza* (*to belong to*, appartenere a; *to concern*, riguardare; *to depend on*, dipendere da; *to have*, avere; *to possess*, possedere; *to require*, richiedere...) e quelli che denotano *stati mentali* o *sentimenti* (*to believe*, credere; *to care*, curarsi; *to desire*, desiderare; *to fear*, temere; *to forget*, dimenticare; *to know*, conoscere; *to like*, piacere; *to mean*, significare; *to think*, pensare; *to understand*, capire; *to want*, volere...).
Le *forme negativa*, *interrogativa* e *interrogativo-negativa* del *present continuous* seguono le regole valide per *to be* (*I'm studying* → *I am not / I'm not studying, Am I studying?, Am I not / Aren't I studying?*).
Il *present continuous* si adopera anche per esprimere **azioni di durata temporanea** (*We are writing a touching essay*, Stiamo scrivendo un saggio toccante).

50 Risposta esatta: D

È possibile l'**uso idiomatico** di *can't / couldn't* nelle seguenti costruzioni:

— *can't / couldn't* + verbo nella forma base, ovvero «non riuscire a» (*Richard can't / couldn't do without football*, Richard non riesce / non riusciva a rinunciare al calcio);
— ***can't / couldn't help* + verbo nella *-ing form*, nel significato di «non poter fare a meno di»** (*He can't / couldn't help talking*, Lui non può / non poteva fare a meno di parlare);
— *can't stand / bear* + verbo nella *-ing form* **oppure** *couldn't stand / bear* + verbo nella *-ing form*, nel senso di «non sopportare» (*Your sister can't stand / bear being late*, Tua sorella non sopporta di essere in ritardo; *I couldn't stand / bear her so miserable, so I gave her the money*, Non sopportavo di vederla così malridotta, per cui le diedi il denaro);
— *can't / couldn't but* + verbo nella forma base, ossia «non rimanere altro che» (*You can't / couldn't but cry at his words*, Non vi rimane / rimaneva altro che piangere alle sue [di lui] parole).

51 Risposta esatta: C

Il **«verbo modale» *can*** (potere, saper fare, avere la possibilità di fare) viene usato anche per **chiedere o accordare, in modo informale** (al posto del più cortese *may*), **il permesso di fare qualcosa** (*Can I smoke in the library?*, Posso fumare in biblioteca?). Nel caso della frase presente nel quesito, il verbo è in forma negativa, quindi il permesso non viene accordato.
Essendo un verbo **difettivo**, resta inalterato per tutte le persone; la *forma negativa* è ***can not / cannot (can't)***, quella *interrogativa* si costruisce con l'**inversione di soggetto e verbo**, mentre l'*interronegativa* si ottiene aggiungendo la negazione ***not*** alla forma interrogativa.

Con il significato di «potere, sapere», *can* si adopera soprattutto al **presente** e qualche volta con valore di **futuro**.

52 Risposta esatta: C

L'espressione *to glance at* significa «**dare un'occhiata**» (*I glanced at my watch and realized it was late*, Diedi un'occhiata al mio orologio e mi resi conto che andava indietro).

53 Risposta esatta: A

In inglese, l'**imperativo** corrisponde alla **forma base del verbo** (infinito senza *to*) e si utilizza quasi esclusivamente alla **II persona singolare e plurale** (*Take off your coat*, Togliti / Toglietevi il cappotto). Per le altre persone si ricorre a ***to let*** (permettere, lasciare), seguito dall'**accusativo + infinito senza *to*** (*Let them go, they are so stupid!*, Lasciali / Lasciateli andare, sono così stupidi!).
La frase riportata nel quesito, «Di' / Dite al lattaio di *non portare* il latte oggi», si traduce **anteponendo *not* al verbo all'infinito**. Ecco un altro esempio: *Remember not to eat too many sweets*, Ricordati di non mangiare troppi dolci.

54 Risposta esatta: B

Between e *among* (tra, fra) sono due **preposizioni di luogo** denotanti **posizione**, tra le più frequenti nel linguaggio quotidiano e in quello scritto.
Between si utilizza per indicare la **posizione** di un oggetto o di una persona **tra «due»** oggetti o persone (*Mrs. Moore was sitting on the bus between her two children*, La signora Moore era seduta nell'autobus tra i suoi due bambini), mentre ***among*** si usa per individuare la posizione di un oggetto o di una persona **tra un «numero imprecisato»** di altri oggetti o persone (*I was born in a village among some lovely hills*, Sono nato in un paese tra delle belle colline). Sinonimo di *among* è *amid*, impiegata prettamente nel linguaggio poetico.
In inglese, la preposizione «tra, fra» può essere tradotta anche con *in*, in presenza di un'espressione di tempo (*I'll finish this work in two hours*, Terminerò questo lavoro fra due ore); e con *to*, se nella frase vi è un pronome riflessivo (*I never speak to myself*, Non parlo mai tra me e me).

55 Risposta esatta: B

L'italiano «**come**» viene tradotto in inglese in **tre modi** diversi:

- ***how***, che significa «come?, come!» nel senso di «in che modo», si utilizza nelle **interrogazioni dirette** (*How did you go to Madrid?*, Come andasti a Madrid?) e **indirette** (*I don't know how you came to Naples*, Non so come venisti a Napoli), nonché nelle **esclamazioni**. In queste ultime, l'aggettivo e l'avverbio devono seguire immediatamente *how* (*How well he works!*, Come lavora bene lui!). *How* può tradurre anche «quanto» (*How ugly this dog is!*, Quanto è brutto questo cane!);
- ***as***, che vuol dire «come» nel senso di «nel modo in cui, nella maniera di, al modo di, in qualità di, da», serve per indicare la **professione** svolta da una persona o la **funzione** di un oggetto (*I once worked as a disk jockey*, Una volta facevo il disk jockey; *He came to me as a friend*, Lui venne da me come amico; *Say "a" as in "cat"*, Dici «a» come in «gatto»);
- ***like***, che significa «come» nel senso di «simile a, similmente a, che assomiglia a», si pone **prima di un nome**, di un **pronome**, o davanti alla **forma *-ing*** e si utilizza per **confrontare** due cose o persone **simili** (*She is like her mother*, Lei è come sua madre).

As if (come se) si adopera prima di una frase per esprimere somiglianza o per spiegare come sembra che stia qualcuno o qualcosa (*It looks like as if it's going to stop snowing*, Sembra come se stesse smettendo di nevicare).

56 Risposta esatta: A

«**Molto**» si esprime in inglese **in modo diverso**, a seconda che venga utilizzato con un *aggettivo*, con un *avverbio*, con un *sostantivo* oppure con un *verbo*:

- ***very*** si adopera **davanti a un aggettivo o a un avverbio** (*She is very clever*, Lei è molto intelligente; *It's very late*, È molto tardi). L'intensità di *very* può essere modulata sostituendolo con uno dei

seguenti avverbi: *really*, veramente (molto utilizzato nell'inglese parlato informale); *extremely*, estremamente (usato in modo enfatico); *quite*, piuttosto (può essere più o meno forte di *very*, dipende dal tono e dal contesto in cui viene impiegato); *fairly*, abbastanza (usato nell'inglese informale, meno forte di *very*). Nell'inglese informale, *very* può essere utilizzato con aggettivi in forma superlativa, allo scopo di **enfatizzare** ciò che si sta dicendo (*This has been my very best work*, Questo è stato veramente il mio miglior lavoro); *very* può anche accompagnare un sostantivo, sempre con un fine enfatico (*at this very moment*, proprio in questo momento);
— ***a lot of*** e ***lots of*** costituiscono il modo più semplice per rendere l'idea di una quantità elevata (nel linguaggio informale semplicemente ***lots***); si possono usare con **tutti i sostantivi** (numerabili e non numerabili) e di solito compaiono nelle **frasi enunciative affermative** (*A lot of women are attracted by this beauty center*, Molte donne sono attratte da questo centro di bellezza; *They had lots of problems in finding that place*, Hanno avuto tanti problemi a trovare quel posto), ma talvolta *a lot of* e *a lot* figurano anche in frasi negative e interrogative, principalmente in un linguaggio piuttosto formale;
— ***much*** e ***many***, con il **primo** che si adopera solo con **sostantivi non numerabili** e il **secondo** con **sostantivi numerabili plurali**; di solito compaiono in **frasi interrogative e negative** (*Is there much sugar in the coffee?*, C'è molto zucchero nel caffè?; *I didn't take many photos*, Non ho fatto molte fotografie), mentre si usano più **raramente in quelle affermative**, dove figurano soprattutto come soggetti (in una lingua parecchio formale).

57 **Risposta esatta: A**

In inglese, ci sono molti **aggettivi** e **verbi** che **richiedono una preposizione diversa da quella italiana**. Gli esempi sarebbero innumerevoli, ma ne forniamo solo qualcuno per chiarire il concetto:
— *I'm afraid* of *lions* (Ho paura dei leoni);
— *She doesn't want to be dependent* on *her parents* (Lei non vuole dipendere dai suoi genitori);
— *Lady Archer is interested* ***in*** *microwave ovens* (La signora Archer si interessa di forni a microonde).

58 **Risposta esatta: D**

La **preposizione *of*** (di) è una delle più usate in inglese; essa può indicare:
— possesso (*the bicycle* of *Ben*, la bicicletta di Ben);
— specificazione (*the lyric* of *Keats*, le liriche di Keats);
— età (*a child* of *five*, un bambino di cinque anni);
— denominazione (*the city* of *Birmingham*, la città di Birmingham);
— argomento (*the lecture* of *history*, la conferenza di storia);
— origine (*He is sprung* of *an ancient family*, Lui discende da un'antica famiglia);
— qualità (*a boy* of *tact*, un ragazzo di tatto);
— contenuto (*a bottle* of *wine*, una bottiglia di vino);
— materia (*a case made* of *leather*, una valigia di cuoio);
— separazione (*We were deprived* of *our car*, Fummo privati della nostra automobile);
— causa (*He died* of *pneumonia*, Lui morì di polmonite).

59 **Risposta esatta: C**

In inglese, per esprimere l'**ora** si utilizza il verbo sempre al **singolare** (*What's the time?* **oppure** *What time is it?*, Che ore sono?). ***O'clock*** si usa solo per indicare l'ora intera (*It's two o'clock*, Sono le due) e si può omettere nella lingua parlata informale.
Per individuare le ore si ricorre esclusivamente ai numeri **da 1 a 12**, seguiti dalle abbreviazioni latine ***a.m.*** (*ante meridiem*, prima di mezzogiorno) e ***p.m.*** (*post meridiem*, dopo mezzogiorno), oppure dalle espressioni *in the morning / in the afternoon / in the evening / at night* (*It's 7.00 a.m. / It's seven a.m. / It's seven o'clock in the morning*, Sono le sette; *It's 10.00 p.m. / It's ten p.m. / It's ten o'clock in the evening*, Sono le ventidue).
L'ora **fino a «e 30»** si indica con **«*minutes past*» più l'ora precedente**, mentre **dopo «e 30»** si esprime con **«*minutes to*» più l'ora successiva**. Nel fare riferimento a intervalli di tempo di cinque minuti in

cinque minuti (5-10-15…), la parola *minutes* può anche essere omessa (*It's seven minutes past three*, Sono le tre e sette minuti; *It's 10 [minutes] to 5*, Sono le cinque meno dieci).
Di regola, il **quarto d'ora** e la **mezzora** si indicano adoperando le espressioni ***a quarter past***, «e un quarto»; ***half past***, «e trenta, e mezzo»; ***a quarter to***, «meno un quarto» (*It's half past eight*, Sono le otto e trenta; *It's a quarter to nine*, Sono le nove meno un quarto).
Per specificare il **mezzogiorno** e la **mezzanotte** si impiegano, rispettivamente, i termini ***midday*** e ***midnight*** (*It's midday*, È mezzogiorno; *It's midnight*, È mezzanotte).
In particolari situazioni (annunci effettuati con l'altoparlante, orari di mezzi di trasporto…), per esprimere l'ora si indicano semplicemente **prima le ore e poi i minuti** (*The bus leaves at six twenty*, Il treno parte alle sei e venti).

60 **Risposta esatta: B**

I cannot bear, *I can't stand* e *I cannot endure* significano «**non posso sopportare**»; *I can't see* vuol dire «**non posso vedere / incontrare**».

61 **Risposta esatta: B**

Bye bye, *Cheerio* e *See you* sono **formule di saluto usate per congedarsi**; *Hallo* è anch'essa una formula di saluto, ma la si utilizza solo quando **s'incontra qualcuno** e mai quando si prende congedo.

62 **Risposta esatta: C**

Please conclude una richiesta ed equivale all'italiano «**per favore**». *Don't mention it*, *You're welcome* e *Not at all* si adoperano in risposta a un ringraziamento e corrispondono all'italiano «**prego, non c'è di che**».

63 **Risposta esatta: C**

Go on!, *Come on!* e *Hurry up!* sono **incitazioni ad andare avanti**, muoversi, camminare; *Cheer up!*, dal canto suo, equivale all'italiano «**tirati su, stai allegro**».

64 **Risposta esatta: A**

Please **conclude una richiesta**; *Sorry, I beg your pardon* ed *Excuse me* sono espressioni usate per **chiedere scusa**.

65 **Risposta esatta: D**

I'm fond of music, *I'm keen on music* e *I like music* significano «**sono appassionato di musica, amo la musica**»; *I hate music* esprime un senso esattamente contrario.

66 **Risposta esatta: C**

Le seguenti espressioni, che in italiano richiedono l'utilizzo del verbo «avere», in inglese si costruiscono sempre con il verbo *to be*:

- ***to be hungry*** (aver fame);
- *to be thirsty* (aver sete);
- *to be sleepy* (aver sonno);
- *to be cold* (aver freddo);
- *to be warm* (aver caldo);
- *to be hot* (aver molto caldo).

67 **Risposta esatta: A**

«**Anche**» si può tradurre in quattro modi:

- ***too***, che è quello più usato, si colloca dopo la parola a cui si riferisce, ma generalmente in fine di proposizione (*They said that too*, Anche loro dissero ciò; *I'm happy too*, Anch'io sono felice);
- ***also*** precede di solito il verbo, fatta eccezione per il verbo *to be* (*Rose also goes to the cinema*, Anche Rose va al cinema; *Also you came here*, Anche tu / voi venisti / veniste qui; *You're also angry*, Anche tu sei nervosa);

— ***as well*** si utilizza alla fine della frase (*He's my brother as well*, Anche lui è mio fratello);
— ***even***, adoperato con il significato di «persino» (*Even a child can understand it*, Persino un bimbo può capire ciò).

68 **Risposta esatta: D**

Il verbo «**nascere**» si traduce con ***to be born*** (da *to bear - bore - born*, che vuol dire «generare»): bisogna sottolineare che, in questo caso, in inglese, il verbo «essere» si rende al passato anche quando in italiano è al presente (Io sono nato nel 1969, *I was born in 1969*).

Le **preposizioni** usate con i complementi di tempo sono:

— *in* (davanti a mesi, stagioni, anni, secoli e parti della giornata);
— ***on*** (con i giorni della settimana e quelli del mese);
— *at* (per esprimere le ore, per indicare un momento particolare della giornata, per le festività religiose e per le età);
— *about* (per indicare un tempo approssimativo);
— *by* (per denotare un limite di tempo: «entro, per»).

Per indicare una **data** si adoperano i **numeri ordinali preceduti dall'articolo determinativo *the***, che viene sempre pronunciato, ma non necessariamente scritto (*What day of the month is it? / What is the day of the month? / What is the date? / What day is it today?*, Quanto ne abbiamo / Che giorno è oggi?; *It's the third*, Ne abbiamo tre; *It's January the eleventh / It's January 11th / It's the eleventh of January*, È l'11 gennaio).
Una stessa data si può scrivere in diversi modi: *May 2nd 2011, May 2 2011, 2nd May 2011, 2 May 2011* → 2 maggio 2011.
Se essa viene espressa solo in cifre, nel *British English* si pone **prima il giorno, poi il mese** e **infine l'anno** (15-7-1974 → *the fifteenth of July nineteen seventy-four*); mentre nell'*American English* **il mese precede il giorno** (7-15-1974 → *July 15th nineteen seventy-four*).
A differenza dell'italiano, poi, in inglese i nomi dei **giorni della settimana** e quelli **dei mesi** dell'anno si scrivono sempre con l'**iniziale maiuscola**, mentre resta la **minuscola** per i nomi delle **stagioni**.

69 **Risposta esatta: C**

To stop seguito dal **verbo nella *-ing form*** (gerundio) significa «smettere di compiere l'azione espressa dal verbo al gerundio» (*to stop singing*, smettere di cantare); seguito dal **verbo nella *dictionary form*** (infinito con il *to*), invece, suggerisce l'idea di «smettere di fare qualcosa per compiere (successivamente) l'azione espressa dal verbo all'infinito» (*to stop to rest*, smettere per riposare).

70 **Risposta esatta: B**

In inglese, la ***tag question*** o ***question tag*** è una struttura grammaticale usata alla fine di una proposizione enunciativa oppure imperativa per trasformarla in una domanda o, meglio, in una domanda retorica; corrisponde alle espressioni italiane «**...è vero? / ...non è vero?, ...non pensi? / ...sbaglio?**».
Se la frase è affermativa, la *question tag* va costruita nella forma negativa (*The box is full, isn't it?*, La scatola è piena, non è vero?); **mentre se la frase è negativa, bisogna fare il contrario** (*They won't come, will they?*, Loro non verranno, è vero?). Anche il tono della voce con cui si formula la domanda può far variare il significato: se la voce «scende», non si sta ponendo un vero quesito, ma semplicemente si chiede una conferma all'altra persona circa il fatto di essere d'accordo con il parlante. Possono anche essere utilizzate come commento a una frase, ma nella stessa forma di questa (positiva o negativa) e con il significato italiano di «davvero?».
Di norma, si costruiscono adoperando **il medesimo verbo ausiliare o difettivo che si trova nella frase principale**, coniugato allo stesso modo (ricorrendo a ***to do*** se l'ausiliare o il difettivo manca), seguito dall'eventuale **negazione** (quando la principale è affermativa) **nella forma contratta** e dal **soggetto** (sotto forma di **pronome personale**) impiegato nella principale.

71 **Risposta esatta: A**

Il verbo *to want* (volere) può essere seguito:

- da un *complemento oggetto* (Vuoi un libro?, *Do you want a book?*);
- da un *verbo all'infinito*, e pertanto la particella *to* deve essere mantenuta (Volevo essere là, *I wanted to be there*);
- da una *costruzione oggettiva*, cioè da «complemento oggetto + infinito del verbo». Si parla, in questo caso, della **regola dell'accusativo + infinito nelle frasi oggettive** (Voglio che [lui] venga immediatamente, *I want him to come at once*; Volevano che restassi a cena, *They wanted me to stay to dinner*; Tuo padre voleva che tu diventassi un dottore, *Your father wanted you* ***to become*** *a doctor*).

72 **Risposta esatta: B**

"*Behind closed* ***doors***" è un'**espressione idiomatica** che si utilizza quando succede qualcosa lontano da occhi indiscreti (in privato, tra quattro mura, tra le mura domestiche): il senso, appunto, della frase proposta nel quesito.
Le *frasi idiomatiche* sono delle espressioni tipiche di una lingua, le quali non possono essere rese «alla lettera», in quanto il significato originario potrebbe esserne stravolto. Spesso si tratta di proverbi o di motti entrati a far parte del linguaggio corrente; altre volte sono più semplicemente dei modi di dire, che tradotti letteralmente in un idioma straniero risulterebbero pressoché incomprensibili.

73 **Risposta esatta: A**

"*To get / have* ***butterflies*** *in the stomach*" è un'**espressione idiomatica** che vuol dire «essere ansioso» o «avere una strana sensazione allo stomaco». Altri esempi possibili, oltre alla frase del quesito, possono essere i seguenti:

- *Whenever I have to do a theory test, I get butterflies in my stomach*;
- *It was frightening enough to give me butterflies in my stomach.*

74 **Risposta esatta: C**

"*To succeed* ***in*** *doing something*" è la corretta forma lessicale da utilizzare in questo quesito; l'espressione significa «raggiungere un risultato che ci si è prefisso».
"*To succeed in*" (riuscire a / in) non è esattamente un *phrasal verb*, ma appartiene a quella categoria di verbi, detti "*compound verb*", che reggono una determinata *preposizione* (*to feel like, to dream of, to think about, to insist on*…).

75 **Risposta esatta: D**

La conoscenza dei più diffusi modi di dire e delle principali espressioni inglesi ci permette non solo di approfondire la conoscenza della «vera» lingua parlata, ma anche di comprendere meglio letture che possono sembrare di primo acchito misteriose. Talune di queste espressioni sono analoghe ai nostri modi dire, altre invece, tradotte testualmente, non avrebbero alcun senso.
"*To call it a* ***day***" (che alla lettera si potrebbe tradurre «chiamarlo un giorno») è una **frase idiomatica**, usatissima nel Regno Unito, il cui significato è «considerare finita la giornata lavorativa / smettere di fare qualcosa, specialmente un lavoro / dire basta».

Altri esempi di proposizioni che contengono quest'espressione sono i seguenti:

- *Come on, it's already 7 o'clock! Let's call it a day and go home!*
- *Our staff were all very tired after such a long working day, so we decided to call it a day, go out, and get a beer.*

76 **Risposta esatta: A**

"***Inside out***" è una forma avverbiale che può avere un doppio significato:

- «al rovescio, alla rovescia, rivoltato», in inglese "*with the inner side reversed to face the outside*" (ad esempio: *The dressmaker turned the overcoat inside out*);

— «interamente, completamente, del tutto, alla perfezione», in inglese "*thoroughly, completely*" (ad esempio: *She knew the work inside out*).

La corretta traduzione della frase del quesito risulta essere questa: «Perché non chiedi a John di aiutarti con i compiti? Egli conosce la matematica *alla perfezione*».

77 Risposta esatta: D

La frase idiomatica "*To have a finger in every **pie***" significa «avere le mani in pasta dappertutto» (ad esempio: *The European Union is a super-State which has its finger in every pie*, L'Unione Europea è un super-Stato che si occupa di tutto e di tutti). L'origine precisa della metafora, la quale presumibilmente allude al fatto di gustare ogni torta o di essere impegnati nel loro impasto, è stata persa.

78 Risposta esatta: D

L'espressione informale — utilizzata tanto nel *British English* quanto nell'*American English* — "*To put your **foot** in it*" oppure "*To put your foot in your mouth*" significa «fare una gaffe, dire la cosa sbagliata al momento sbagliato e, magari, anche alla persona meno indicata!» (ad esempio: *When you asked Noemi about Will, you really put your foot in it! Don't you know they got divorced last month?*). In un inglese più formale, per esprimere il medesimo concetto, diremmo, probabilmente: "*To make a tactless remark*" (*I don't like Mr. Campbell; he keeps making tactless remarks and causes embarrassment to everyone!*).

79 Risposta esatta: B

Il **periodo ipotetico del tipo zero** (il cosiddetto "*Zero Conditional*") è una struttura grammaticale adoperata per parlare di verità generali, di fatti scientifici, di cose che accadono sempre a certe condizioni e, quindi, rappresentano una situazione reale, assoluta e anche attuale. Una frase con «condizionale zero» è composta da due proposizioni: una *principale* (*main clause*) e una *secondaria* (*if-clause*). Se *when* viene usato invece di *if*, nella maggior parte dei casi le frasi avranno lo stesso significato.

In ogni proposizione di un periodo ipotetico di questa tipologia si utilizza la medesima forma del verbo, ossia il ***simple present***:

— *If you eat a lot, you put on weight!* (Se mangi molto, ingrassi);
— *If you heat ice, it melts* (Se riscaldi il ghiaccio, si liquefa);
— *My boss gets angry if I am late for work* (Il mio capo si arrabbia se ritardo al lavoro).

C'è da dire, inoltre, che nella frase del quesito è operata un'*inversione* — che è abbastanza frequente in inglese — degli elementi della frase: ovvero l'ausiliare (che in questo caso, tra l'altro, è aggiunto forzatamente) precede il soggetto (***does he stay***) per dare enfasi al concetto.

80 Risposta esatta: A

La costruzione "***to be allowed to***" può essere utilizzata al posto di *may* o di *can* nel significato di «**avere / non avere il permesso di (fare qualcosa)**»; si tratta di una *forma passiva*, nella quale la persona a cui è consentita l'azione è il *soggetto* e ciò che si ha il permesso di fare va all'*infinitive form* (*She has been allowed to come back home at midnight*, Lei ha avuto il permesso di rientrare a mezzanotte; *We shall not be allowed to play*, Non potremo giocare / Non ci danno il permesso di giocare).
A proposito del verbo *to allow*, possiamo dire che esso può essere seguito dalla costruzione «complemento oggetto + infinito» (*I do not allow you to smoke in the bedroom*, Non ti consento di fumare in camera da letto) e che, quando non c'è il complemento oggetto, dopo *allow* può essere utilizzata la forma in *-ing* (*I do not allow smoking in the bedroom*, Non permetto di fumare in camera da letto). Nelle frasi passive, poi, possono essere usate entrambe le forme (*They are not allowed to smoke in the bedroom / Smoking is not allowed in the bedroom*, Non è permesso fumare in camera da letto), ma non è ammesso l'impersonale (ossia una frase del genere è **errata**: ~~*It is not allowed to smoke in the bedroom*~~).
Nella frase del quesito è corretto utilizzare la "*negative inversion*" per dare una sorta di enfasi: tale genere d'inversione si riscontra dopo alcuni avverbi o espressioni negative, come *never, nowhere, rarely, under no circumstance...* (*Under no circimstances **are you allowed** to open the safe box*, In

nessuna circostanza ti è permesso aprire la cassetta di sicurezza). Nelle *negative inversions*, verbo e soggetto si comportano come nelle *forme interrogative*, cioè con l'aggiunta dell'ausiliare e l'inversione della posizione soggetto-verbo.

81 **Risposta esatta: C**

Il termine ***worth*** — che in qualità di *aggettivo predicativo* significa «che vale, del valore di, valevole, degno, meritevole, che vale la pena» e come *sostantivo* vuole dire «valore, prezzo, merito, pregio» — di solito **accompagna il verbo *to be*** ed è sempre seguito da un nome, un pronome, un numero o dalla ***ing-form*** di un verbo (mai dall'infinito):

- *How much is it worth?* (Che valore ha?);
- *It's not worth the effect* (Non ne vale la pena);
- *He gave her a ring that is worth nothing* (Lui le dette un anello di nessun valore);
- *She is worth a million pounds* (Lei ha un patrimonio di un milione di sterline);
- *Life is worth living* (La vita vale la pena di essere vissuta), *It is worth* ***doing*** (Vale la pena di farlo).

Con il suo utilizzo più frequente, in sostanza, si può esprimere «quanto vale un oggetto / un'azione…» oppure che «c'è una buona ragione per fare qualcosa, perché importante / utile…».

82 **Risposta esatta: B**

Dopo espressioni quali:

- *this / that / it is the first / second / third / fourth…*;
- *this / that / it is the only...*;
- *this / that / it is the best / finest / worst / most interesting...*,

è corretto l'utilizzo del ***present perfect tense***.

Ecco alcune frasi esemplificative:

- *This is the first time* ***it has happened***; *That's the seventh beer you've drunk this evening*;
- *This is the only party I've ever really enjoyed in my life*;
- *It's one of the most interesting books I've ever read*.

83 **Risposta esatta: D**

"*So*" e "*such*" enfatizzano gli *aggettivi* inglesi dando maggiore importanza a quel che si dice: *so* si adopera quando l'aggettivo è solo, ovvero quando *non* è seguito dal *sostantivo*; *such*, invece, si utilizza nelle frasi in cui l'aggettivo è accompagnato dal *sostantivo*.

Per entrare maggiormente nel dettaglio, nella costruzione di una frase con *such*, a seconda che il sostantivo in questione sia *singolare (numerabile)* o *plurale*, l'aggettivo che lo «qualifica» è preceduto o meno dall'*articolo indeterminativo*.

Ma vediamo in concreto:

- in presenza di un **sostantivo singolare numerabile**, abbiamo la seguente struttura: ***such*** **+ articolo indeterminativo + aggettivo + sostantivo** (*He has* ***such an old car***, Lui ha un'auto tanto vecchia; *I have never had such a busy day*, Non ho mai avuto una giornata così occupata);
- in presenza di un **sostantivo plurale**, differentemente, **l'aggettivo non è preceduto da alcun articolo indeterminativo** (*They sang with such bad voices!*, Cantarono con delle voci così brutte!).

Da notare che *such* si può usare anche con un **sostantivo da solo**, e la regola grammaticale su esposta non cambia (*This is such a surprise!*, Questa è una tale sorpresa!; *I have never heard such stories as he tells*, Non ho mai sentito storie [tali] come quelle che racconta lui).

84 **Risposta esatta: B**

Con la denominazione di "***phrasal verb***" s'intende una particolare costruzione della lingua inglese che prevede l'uso di un *verbo* seguito da una *particella avverbiale*: la struttura grammaticale così composta può anche mantenere il significato del verbo-base e dell'avverbio da cui deriva, ma, nella maggior parte dei casi, assume un significato del tutto diverso (ad esempio: *to look* = «guardare»;

ma *to look for* = «cercare», *to look after* = «badare a qualcuno, accudire», *to look forward* = «non vedere l'ora di»).
Un altro modo di spiegare cosa sono i *phrasal verbs* consiste nel considerarli una sorta di «espressioni idiomatiche», ovvero costruzioni / locuzioni comunemente comprensibili dai parlanti di una lingua, il cui senso letterale, però, è diverso da quello delle singole parole che le compongono. Abbiamo qualcosa di simile anche noi in italiano, con espressioni come «tirare avanti», «portarlo fuori», «tirarsi su»..., le quali ovviamente, alla lettera, vogliono dire qualcosa di molto differente da quello che noi — la comunità dei parlanti — gli attribuiamo all'interno del discorso.
I *phrasal verbs* sono largamente usati sia nell'inglese scritto che in quello parlato e molto spesso ne vengono generati di nuovi, in quanto rappresentano una maniera piuttosto flessibile di creare ulteriori significati e sfumature semantiche.

Le suddivisioni di tali verbi si articolano in questo modo:

— *intransitive phrasal verbs*, i quali, pertanto, non hanno un complemento oggetto (*He suddenly showed up*, Lui è arrivato all'improvviso);
— *transitive phrasal verbs*, i quali hanno il complemento oggetto (*I made up the story*, Mi sono inventato la storia) e, a loro volta, si distinguono in:
  - *separable phrasal verbs*, cioè che **possono** avere la costruzione «verbo + complemento oggetto + particella avverbiale», in cui il «verbo frasale» o «fraseologico» viene separato tramite il complemento oggetto (*I talked my mother into letting me borrow the car*, Ho convinto mia madre a lasciarmi prendere in prestito l'auto);
  - *inseparable phrasal verbs*, nei quali il complemento oggetto si posiziona sempre dopo la particella avverbiale (*I ran into an old friend yesterday*, Ho incontrato [per caso] un vecchio amico ieri).

È importante sottolineare, dunque, che alcuni *phrasal verbs* transitivi possono avere il complemento oggetto sia dopo sia prima la particella avverbiale (*I looked up the number in the phone book / I looked the number up in the phone book*, Ho cercato il numero nell'elenco telefonico). Ma attenzione: se il *complemento oggetto* è un *pronome*, allora la posizione corretta è tra il verbo e l'avverbio (*I looked it up in the phone book* [e **non** ~~*I looked up it in the phone book*~~], L'ho cercato nell'elenco telefonico).
To bowl over (sbalordire, lasciare a bocca aperta) è un *separable phrasal verb*: bisogna notare, però, che la frase del quesito è in *forma passiva* (*We were bowled* ***over*** *by the elegance of his girlfriend*, Fummo sbalorditi dall'eleganza della sua ragazza); qualora fosse stata *attiva*, avremmo la costruzione «verbo + complemento oggetto + particella avverbiale» (*The elegance of his girlfriend bowled us over*, L'eleganza della sua ragazza ci ha sbalordito).

85 **Risposta esatta: C**

L'analisi del significato della frase posta dal quesito ci suggerisce l'utilizzo del verbo "***to call out***", *phrasal verb* che vuol dire «invitare a uscire, far uscire, chiamare ad alta voce» (*The workers have been called* ***out*** *to protest against the dismissal*, I lavoratori sono stati invitati a uscire per protestare contro le dimissioni); ma anche, in altri contesti, «chiedere a qualcuno di fare qualcosa, esclamare, sfidare a duello, chiamare in aiuto».

Tra i più utilizzati *phrasal / prepositional verbs*, ottenibili aggiungendo particelle avverbiali o preposizioni al verbo *to call*, possiamo elencare:

— *to call back* (richiamare, revocare, ritrattare);
— *to call down* (far scendere, chiamar giù e — nello *slang* americano — ingiuriare, rimproverare);
— *to call forth* (causare, suscitare, far nascere, evocare);
— *to call in* (invitare a entrare, far entrare, convocare, farsi restituire [denaro], ricorrere a);
— *to call off* (rompere, venir meno a, cancellare, rimandare [qualcosa]);
— *to call over* (chiamare facendo l'appello);
— *to call up* (chiamare al telefono, richiamare [alle armi], [far] ricordare, rievocare).

86 Risposta esatta: A

L'espressione "*in the **twinkling** of an eye*" significa, in senso figurato, «in un batter di ciglia, in un batter d'occhio, molto rapidamente» e bene si adatta al contesto della frase indicata nel quesito. Tale modo di dire è celeberrimo in terra d'Oltremanica, in quanto fu usato anche dal grande Shakespeare nell'opera *The Merchant Of Venice*: "*I'll take my leave of the Jew in the twinkling of an eye*".

87 Risposta esatta: C

Se qualcuno dice una cosa o pronuncia un discorso "*off the cuff*" (espressione idiomatica che, alla lettera, significa «fuori dal polsino»), vuol dire che lo fa «istintivamente, in modo estemporaneo, senza tanta preparazione, a braccio» (*The President hadn't prepared a speech, so he made one **off** the cuff*, Il Presidente non aveva preparato un discorso, così ne fece uno a braccio; *Regarding the last question, I must ask you to bear with me since I cannot give an off the cuff answer*, Per quanto concerne l'ultima domanda, devo chiedervi di avere pazienza con me poiché non sono in grado di darvi una risposta immediata e istintiva).

88 Risposta esatta: C

La frase del quesito si completa con l'espressione idiomatica "*a flash in the **pan***", traducibile in italiano con «fuoco di paglia» e riferita a qualcosa che accade solo per breve tempo e non sarà ripetuta, a qualcosa che promette bene e poi delude, a un successo o a una popolarità di breve durata (*His first book sold over 50,000 copies, but it was a flash in the pan*, Il suo [di lui] primo libro vendette più di 50.000 copie, ma fu un fuoco di paglia; *The question is: "What is the Commission going to do to ensure that this initiative is more than a mere flash in the pan?"*, La domanda è: «Che cosa intende fare la Commissione affinché l'iniziativa non sia destinata a essere solamente un fuoco di paglia?»). Qualche volta è utilizzata la forma contraria "*not a flash in the pan*" per indicare, invece, un «successo prolungato» (*This trend is not a flash in the pan*, Questa moda non è un fuoco di paglia; *But this also means that negative real interest rates are not a flash in the pan*, Però questo significa anche che i tassi d'interesse reali negativi non sono un fuoco di paglia [ma che, anzi, ci faranno compagnia a lungo!]).

89 Risposta esatta: A

L'espressione "***tall** story*" è un idioma riferito a un'affermazione / una storia con elementi incredibili, fantasiosi, insoliti, riportati come se fossero veri (*She likes telling **tall** stories, in fact nobody believes her*, A lei piace raccontare storie fantasiose, infatti nessuno le crede; *So I think that part of his attraction for me was that I loved listening to his tall tales*, Credo che parte del suo [di lui] interesse per me fosse perché amavo ascoltare i suoi ampi resoconti). Nella narrativa, i racconti di Poe, sempre bizzarri, strampalati e paradossali, possono essere considerati come "*tall tales*", cioè «racconti di esagerazione».

90 Risposta esatta: D

L'espressione idiomatica "***off** the record*" (letteralmente «fuori dalla registrazione»), a volte utilizzata come avverbio, altre come aggettivo, vuol dire «in modo confidenziale / ufficioso / informale»; viene adoperata quando non si vuole che qualcosa sia pubblicamente riportata (*What I am telling you is strictly **off** the record and nobody must know*, Quello che ti sto raccontando è strettamente confidenziale e nessuno deve saperlo; *The President comment was off the record and it shouldn't have been published*, Il commento del Presidente non era ufficiale e non avrebbe dovuto essere pubblicato).

91 Risposta esatta: D

Come avviene per l'italiano, in inglese le **congiunzioni** (che, come suggerisce il termine, servono a «unire, congiungere» due parti di una frase) possono essere divise in:

— **coordinanti** o *coordinative* (*for, and, nor, but, or, yet, so…*), le quali **uniscono due proposizioni principali**, ovvero due proposizioni che hanno la medesima importanza, oppure due elementi simili (i sostantivi con i sostantivi, gli aggettivi con gli aggettivi ecc.).

A loro volta sono distinte in:

- **congiuntive**,
- e **disgiuntive**;

- **subordinanti** o *subordinative* (*after, although, though, because, as, as if, as long as, as much as, as soon as, before, even if, even though, how if, in order that, provided, since, so that, than that, till, unless, until, when, whenever, where, wherever, while...*), che servono a **congiungere le proposizioni subordinate alla principale**.

Il loro utilizzo è, per lo più, uguale nelle due lingue; tuttavia, bisogna tener presente che nell'inglese «corretto» le congiunzioni si adoperano molto meno rispetto all'italiano. Infatti, il frequente impiego di *because, therefore, since, though* e così via può rendere la costruzione della frase / l'esposizione «pesante», nonché poco elegante. La coordinazione delle proprie idee e l'ordine in cui esse sono espresse suppliscono all'uso di questa parte invariabile del discorso.

La *congiunzione subordinante* «***although***», che è tra le più comuni:

- di solito si colloca **a inizio frase** (a differenza di *though*, che ha il suo stesso significato ma si posiziona, invece, all'interno della frase);
- ed è sempre **seguita da soggetto e verbo** (quest'ultimo quasi sempre coniugato al modo *indicativo*, perché nell'inglese moderno il *congiuntivo* si adopera di rado).

È traducibile in diverse maniere:

- nonostante;
- malgrado;
- benché;
- sebbene;
- anche se.

La frase del quesito (*Although I like Caroline personally, I don't think she is the person best qualified for the job*), dunque, può essere resa così: «Anche se a me, personalmente, piace Carolina, non penso sia la persona più qualificata per il lavoro».

92 Risposta esatta: B

In inglese, l'espressione «**essere d'accordo**» si traduce con il verbo ***to agree*** (*The manager thinks we should accept the contract and I agree*, Il manager pensa che dovremmo accettare il contratto e io sono d'accordo), il quale si coniuga come tutti gli altri e non vuole assolutamente il verbo «essere» (l'espressione ~~*to be agree*~~ non esiste), diversamente dall'italiano.

93 Risposta esatta: A

Se su un cartello in aeroporto è scritto: «Stiamo riconfigurando quest'area per rendere il servizio di sicurezza da noi fornito più efficace / efficiente per te / voi» (*We are reconfiguring this area to make the security service we provide more effective for you*), vuol dire, chiaramente, che «l'area (in questione) è stata ridisegnata» (***the area is being redesigned***).

94 Risposta esatta: B

In base al contesto e al mittente, è fondamentale in inglese, come in qualunque lingua del mondo, concludere una *lettera* nel modo più appropriato. Vogliamo porre una domanda? Siamo interessati a comunicare la nostra disponibilità? Oppure, semplicemente, desideriamo ringraziare? Diamo un'occhiata ad alcune delle più comuni «formule conclusive» per chiudere la nostra «**lettera formale**» senza sbavature:

- ***I look forward to hearing from you soon*** (Spero di risentirla presto);
- *If you need any additional assistance, please contact me* (In caso avesse bisogno di assistenza, non esiti a contattarmi);
- *If we can be of any further assistance, please let us know* (Se possiamo esserle di ulteriore aiuto, non esiti a contattarci);
- *I would be most grateful if you could look into this matter as soon as possible* (Le sarei grato/a se potesse occuparsi della questione il prima possibile);
- *I look forward to discussing this with you at your earliest convenience* (Spero di poterne discutere con Lei il prima possibile);

— *Please reply as soon as possible because...* (La preghiamo di contattarci il prima possibile poiché...);
— *Thank you for your help in this matter* (La ringrazio per l'aiuto nella risoluzione di questa questione);
— *If you require more information...* (Nel caso fossero necessarie maggiori informazioni...);
— *Thanking you in advance...* (Ringraziandola anticipatamente...);
— *Should you need any further information, please do not hesitate to contact us* (Doveste aver bisogno di ulteriori informazioni, non esitate a contattarci);
— *If you require any further information, please feel free to contact me* (Nel caso avesse bisogno di ulteriori informazioni, non esiti a contattarmi).

95 Risposta esatta: C

Può accadere che uno stesso *fonema* abbia manifestazioni fonetiche diverse, ossia corrisponda a «*foni*» differenti (ma, in un certo senso, foneticamente simili) in contesti distinti: tali *foni* vengono definiti «**allofoni**». Essi corrispondono allo stesso *fonema*, cioè alla medesima *unità distintiva*, poiché i parlanti della lingua in questione non percepiscono questi *foni* come entità indipendenti, ma appunto come manifestazioni leggermente diverse della medesima unità. Gli *allofoni* di uno stesso fonema non sono in opposizione distintiva, dato che hanno distribuzione complementare, ovvero la loro occorrenza è predicibile in base al contesto. Ad esempio, la cosiddetta «*r moscia*» (vibrante uvulare) non è un «fonema», ma un «allofono» di /r/ (vibrante alveolare) proprio di alcuni parlanti, in quanto non associamo significati diversi alla parola *ramo* pronunciata con la *vibrante uvulare* o *alveolare*.

96 Risposta esatta: A

L'**aspetto verbale** è, sostanzialmente, la caratteristica che **indica la dimensione temporale attribuita dal parlante all'azione espressa dal verbo**, per niente connessa al «tempo assoluto» in cui l'azione è collocata. Esso definisce la durata nel tempo di un'azione — la momentaneità, la ripetitività, l'inizio / la fine di un processo, la compiutezza / l'incompiutezza dell'atto — e si distingue essenzialmente (nel presente, nel passato e nel futuro) in aspetto *perfettivo* e *imperfettivo*:

— il *primo* descrive «azioni delimitate nel tempo» (*Anna wrote a letter / John has written a book*);
— il *secondo* descrive «azioni che durano a lungo» (*Andrea has been writing a book*).

97 Risposta esatta: B

In linguistica, un **clitico** è un elemento che ha, nel contempo, alcune proprietà di una parola indipendente e altre tipiche di un *affisso* (ovvero un elemento che si aggiunge a un termine per formarne un altro); esso, inoltre, si aggancia a una parola adiacente, che viene definita «*parola ospite*». La caratteristica comune a molti *clitici* è quella di essere fonologicamente «deboli», ossia il monosillabo si «appoggia» a un vocabolo tonico, costituendo con esso un unico «gruppo accentuale».

In virtù delle convenzioni ortografiche, i *clitici* si formano in modi diversi:

— alcuni sono indicati come termini differenti;
— altri sono scritti come un'unica parola assieme alla «parola ospite»;
— altri, ancora, sono uniti alla «parola ospite» tramite un *segno d'interpunzione* o uno *diacritico* (lineetta, apostrofo).

Un *affisso* si congiunge sintatticamente e foneticamente a un morfema basilare di una certa parte del discorso, come un verbo o un sostantivo, per generare una nuova parola; un *clitico*, invece, si unisce soltanto foneticamente alla parola ospite, a qualsiasi parte del discorso essa appartenga. Queste forme mostrano spesso la tendenza a subire fenomeni di riduzione o indebolimento segmentale, tipici delle sillabe atone; tale propensione, poco evidente nell'italiano standard, è ben visibile in inglese: si pensi alle contrazioni utilizzate sovente per le forme abbreviate del verbo *to be* *(I'm, you're, he's…)* e dei verbi *ausiliari* (*we'll, they've…*), nonché ai clitici usati per esprimere *possesso* *(…'s… → The boy next door'**s** cat…).*

98 Risposta esatta: D

La frase "*Are you listening?*" è un esempio emblematico della **funzione «fàtica» del linguaggio**, la quale è riferita a quella parte della *comunicazione* atta al controllo del *canale* attraverso cui essa si stabilisce, con espressioni mirate alla verifica del suo funzionamento e che hanno lo scopo, appunto, di stabilire, mantenere, verificare o interrompere la comunicazione stessa. Dire al telefono «*pronto?*» oppure pronunciare frasi / espressioni come «*stammi a sentire*», «*attenzione*», «*prego*», «*capito?*», «*prova microfono!*»... sono casi tipici in cui emerge in primo piano la *funzione fàtica*, **espressione di contatto tra *mittente* e *destinatario***. Le formule convenzionali di saluto e di augurio o anche il linguaggio odierno degli SMS e delle *chat*, dove non è importante «quello che viene detto», ma il fatto che «venga detto», esprimono in concreto tale dimensione della comunicazione, fungendo da strumento per la costruzione e il mantenimento dei rapporti sociali. In linguistica, il concetto di «funzione fàtica» fu introdotto da *Bronislaw Malinowski* e venne ripreso da *Roman Jakobson*.

99 **Risposta esatta: A**

Una ***cleft*** (participio passato del verbo *to cleave*, «fendere, fendersi, spaccare, spaccarsi») ***sentence*** rappresenta una struttura sintattica, costituita da due frasi, che nella lingua inglese rientra nell'uso comune. Una *cleft sentence*, letteralmente «*frase scissa*», evidenzia esplicitamente le «polarità» della sua struttura informativa. La frase principale veicola un'*asserzione* contenente l'elemento che il parlante ritiene essenziale per l'interlocutore (spesso accompagnato da una particolare intonazione) e prevede l'utilizzo del *verbo essere*, senza soggetto, seguito dall'elemento scisso, mentre la secondaria esprime il resto del contenuto proposizionale, dato per *presupposto* dal parlante, ed è introdotta da «*che*»: *It was John* (asserzione) *who took the money* (presupposto). Tale esempio indica letteralmente una «dislocazione», cioè il costituente scisso sarebbe estratto dalla frase non marcata e portato in primo piano nella frase principale, in posizione di argomento del verbo essere.
Dal punto di vista della distribuzione, il *focus informativo* di una *frase scissa* precede obbligatoriamente il *contenuto presupposto*, realizzando così una struttura informativa «inversa» rispetto a quella *standard*.

100 **Risposta esatta: A**

Nella lingua inglese, una *sillaba* è detta:

- *aperta* o *libera*, quando termina per *vocale*;
- *chiusa* o *implicata*, se finisce per *consonante*.

Nelle *sillabe chiuse accentate*, le vocali si pronunciano come suoni brevi: nel caso della vocale «***o***» nella parola ***shopping***, la pronuncia ha un suono aperto (/ɒ/) come in «*rosa*».

2 Quesiti grammaticali e comprensione di brani con soluzioni non commentate

1 **Risposta esatta:** A
2 **Risposta esatta:** B
3 **Risposta esatta:** A
4 **Risposta esatta:** D
5 **Risposta esatta:** A
6 **Risposta esatta:** D
7 **Risposta esatta:** A
8 **Risposta esatta:** B
9 **Risposta esatta:** B
10 **Risposta esatta:** C
11 **Risposta esatta:** B
12 **Risposta esatta:** B
13 **Risposta esatta:** D
14 **Risposta esatta:** A
15 **Risposta esatta:** A
16 **Risposta esatta:** B
17 **Risposta esatta:** C
18 **Risposta esatta:** B
19 **Risposta esatta:** C
20 **Risposta esatta:** C
21 **Risposta esatta:** B
22 **Risposta esatta:** C
23 **Risposta esatta:** B
24 **Risposta esatta:** C
25 **Risposta esatta:** C
26 **Risposta esatta:** B
27 **Risposta esatta:** D
28 **Risposta esatta:** C
29 **Risposta esatta:** A
30 **Risposta esatta:** C
31 **Risposta esatta:** C
32 **Risposta esatta:** A
33 **Risposta esatta:** B
34 **Risposta esatta:** C
35 **Risposta esatta:** D
36 **Risposta esatta:** B
37 **Risposta esatta:** C
38 **Risposta esatta:** B
39 **Risposta esatta:** C
40 **Risposta esatta:** B
41 **Risposta esatta:** A
42 **Risposta esatta:** D
43 **Risposta esatta:** C
44 **Risposta esatta:** C
45 **Risposta esatta:** A
46 **Risposta esatta:** D
47 **Risposta esatta:** C
48 **Risposta esatta:** A
49 **Risposta esatta:** A
50 **Risposta esatta:** D
51 **Risposta esatta:** B
52 **Risposta esatta:** D
53 **Risposta esatta:** D
54 **Risposta esatta:** A
55 **Risposta esatta:** D
56 **Risposta esatta:** C
57 **Risposta esatta:** A
58 **Risposta esatta:** B
59 **Risposta esatta:** C
60 **Risposta esatta:** A
61 **Risposta esatta:** C
62 **Risposta esatta:** B
63 **Risposta esatta:** B
64 **Risposta esatta:** A
65 **Risposta esatta:** C
66 **Risposta esatta:** B
67 **Risposta esatta:** D
68 **Risposta esatta:** C
69 **Risposta esatta:** A
70 **Risposta esatta:** C
71 **Risposta esatta:** C
72 **Risposta esatta:** A
73 **Risposta esatta:** B
74 **Risposta esatta:** C
75 **Risposta esatta:** A
76 **Risposta esatta:** B
77 **Risposta esatta:** A
78 **Risposta esatta:** B
79 **Risposta esatta:** C
80 **Risposta esatta:** D
81 **Risposta esatta:** A
82 **Risposta esatta:** D
83 **Risposta esatta:** C
84 **Risposta esatta:** C
85 **Risposta esatta:** A
86 **Risposta esatta:** D
87 **Risposta esatta:** A
88 **Risposta esatta:** B
89 **Risposta esatta:** C
90 **Risposta esatta:** B
91 **Risposta esatta:** C
92 **Risposta esatta:** D
93 **Risposta esatta:** D
94 **Risposta esatta:** A
95 **Risposta esatta:** D
96 **Risposta esatta:** C

97 **Risposta esatta:** A
98 **Risposta esatta:** B
99 **Risposta esatta:** C
100 **Risposta esatta:** A
101 **Risposta esatta:** A
102 **Risposta esatta:** B
103 **Risposta esatta:** A
104 **Risposta esatta:** D
105 **Risposta esatta:** A
106 **Risposta esatta:** D
107 **Risposta esatta:** A
108 **Risposta esatta:** B
109 **Risposta esatta:** B
110 **Risposta esatta:** C
111 **Risposta esatta:** D
112 **Risposta esatta:** D
113 **Risposta esatta:** A
114 **Risposta esatta:** B
115 **Risposta esatta:** C
116 **Risposta esatta:** A
117 **Risposta esatta:** C
118 **Risposta esatta:** B
119 **Risposta esatta:** A
120 **Risposta esatta:** A
121 **Risposta esatta:** D
122 **Risposta esatta:** B
123 **Risposta esatta:** D
124 **Risposta esatta:** C
125 **Risposta esatta:** D
126 **Risposta esatta:** B
127 **Risposta esatta:** D
128 **Risposta esatta:** C
129 **Risposta esatta:** C
130 **Risposta esatta:** C
131 **Risposta esatta:** D
132 **Risposta esatta:** A
133 **Risposta esatta:** D
134 **Risposta esatta:** C
135 **Risposta esatta:** A
136 **Risposta esatta:** B
137 **Risposta esatta:** B
138 **Risposta esatta:** C
139 **Risposta esatta:** C
140 **Risposta esatta:** B
141 **Risposta esatta:** B
142 **Risposta esatta:** B
143 **Risposta esatta:** A
144 **Risposta esatta:** C
145 **Risposta esatta:** A
146 **Risposta esatta:** C
147 **Risposta esatta:** A
148 **Risposta esatta:** B
149 **Risposta esatta:** D
150 **Risposta esatta:** B
151 **Risposta esatta:** B
152 **Risposta esatta:** C
153 **Risposta esatta:** C
154 **Risposta esatta:** B
155 **Risposta esatta:** C
156 **Risposta esatta:** A
157 **Risposta esatta:** D
158 **Risposta esatta:** D
159 **Risposta esatta:** B
160 **Risposta esatta:** B
161 **Risposta esatta:** B
162 **Risposta esatta:** B
163 **Risposta esatta:** C
164 **Risposta esatta:** D
165 **Risposta esatta:** D
166 **Risposta esatta:** B
167 **Risposta esatta:** A
168 **Risposta esatta:** B
169 **Risposta esatta:** C
170 **Risposta esatta:** C
171 **Risposta esatta:** C
172 **Risposta esatta:** B
173 **Risposta esatta:** B
174 **Risposta esatta:** D
175 **Risposta esatta:** B
176 **Risposta esatta:** C
177 **Risposta esatta:** A
178 **Risposta esatta:** A
179 **Risposta esatta:** B
180 **Risposta esatta:** D
181 **Risposta esatta:** C
182 **Risposta esatta:** B
183 **Risposta esatta:** C
184 **Risposta esatta:** B
185 **Risposta esatta:** D
186 **Risposta esatta:** B
187 **Risposta esatta:** C
188 **Risposta esatta:** B
189 **Risposta esatta:** C
190 **Risposta esatta:** A
191 **Risposta esatta:** A
192 **Risposta esatta:** B
193 **Risposta esatta:** C
194 **Risposta esatta:** D
195 **Risposta esatta:** B
196 **Risposta esatta:** A
197 **Risposta esatta:** A
198 **Risposta esatta:** D
199 **Risposta esatta:** C
200 **Risposta esatta:** D
201 **Risposta esatta:** C

202 **Risposta esatta:** B
203 **Risposta esatta:** C
204 **Risposta esatta:** C
205 **Risposta esatta:** C
206 **Risposta esatta:** D
207 **Risposta esatta:** D
208 **Risposta esatta:** B
209 **Risposta esatta:** A
210 **Risposta esatta:** B
211 **Risposta esatta:** D
212 **Risposta esatta:** C
213 **Risposta esatta:** C
214 **Risposta esatta:** A
215 **Risposta esatta:** D
216 **Risposta esatta:** A
217 **Risposta esatta:** D
218 **Risposta esatta:** B
219 **Risposta esatta:** D
220 **Risposta esatta:** B
221 **Risposta esatta:** A
222 **Risposta esatta:** C
223 **Risposta esatta:** D
224 **Risposta esatta:** B
225 **Risposta esatta:** A
226 **Risposta esatta:** C
227 **Risposta esatta:** D
228 **Risposta esatta:** D
229 **Risposta esatta:** D
230 **Risposta esatta:** D
231 **Risposta esatta:** D
232 **Risposta esatta:** A
233 **Risposta esatta:** B
234 **Risposta esatta:** D
235 **Risposta esatta:** D
236 **Risposta esatta:** A
237 **Risposta esatta:** D
238 **Risposta esatta:** B
239 **Risposta esatta:** C
240 **Risposta esatta:** D
241 **Risposta esatta:** B
242 **Risposta esatta:** B
243 **Risposta esatta:** A
244 **Risposta esatta:** D
245 **Risposta esatta:** D
246 **Risposta esatta:** C
247 **Risposta esatta:** B
248 **Risposta esatta:** C
249 **Risposta esatta:** A
250 **Risposta esatta:** C

3 *Reading comprehension* con soluzioni commentate in lingua

1 **Correct Answer: B**

The focal point within the passage that makes us realize which is the "correct" statement is the following: Gazprom, *which puts up about a tenth of Russian budget revenues and* ***subsidizes the domestic economy with regulated gas prices****, is under orders from Putin to look east as a defense against weak demand and rising competition in Europe.*

2 **Correct Answer: C**

The focal points in the passage that allow us to understand which is the "correct" answer are the following:

- *With competitors from Africa and Australia lined up to meet China's additional demand,* ***Russia needs to send a clear signal to Asian markets if it wants to gain market share*** *in China before 2030, Tatiana Mitrova, [...], said*;
- **Gazprom**, *which puts up about a tenth of Russian budget revenues and subsidizes the domestic economy with regulated gas prices,* ***is under orders from Putin to look east as a defense against weak demand and rising competition in Europe***.

3 **Correct Answer: B**

The focal point within the text that allows us to understand what is the alternative to complete "correctly" the sentence is the following: *[...] sources say* China National Petroleum Corp. *has dug in at $250* ***as the price it can pay without forcing its energy firms into losses or eroding the cost advantage which makes Chinese producers competitive in the world.***

4 **Correct Answer: D**

The focal point within the passage that makes us realize which is the "correct" answer is the following: *The gas deal has been held up by Russian gas export monopoly* ***Gazprom's determination to match the returns it makes on high-priced European deliveries*** *and cover the $38 billion cost of bringing its untapped East Siberian gas resources to market.* ***China, for its part, says it cannot afford to pay Gazprom's asking price****, which analysts and sources in the gas industry peg at $300 per thousand cubic meters.*

5 **Correct Answer: B**

The focal points within the text that allow us to understand which is the "correct" answer are the following:

- *NATO will also monitor the Turkey-Syria land border for people-smugglers, said NATO Secretary-General Jens Stoltenberg*;
- *Intelligence gathered about people-smugglers will be handed to Turkish coastguards to allow them to combat the traffickers more effectively, rather than having NATO act directly against the criminals, diplomats said.*

6 **Correct Answer: B**

The focal point within the text that makes us realize which is the "correct" answer is the following: *"****There is now a criminal syndicate that is exploiting these poor people*** *and this is an organized smuggling operation", U.S. Secretary of Defence Ash Carter told reporters.*

7 **Correct Answer: D**

The focal point within the text that allows us to understand which is the "right" answer is the following: *The numbers of people fleeing war and failing States, mainly in the Middle East and North Africa,* ***show little sign of falling, despite winter weather that makes sea crossings even more perilous.***

8 **Correct Answer: B**

The focal point in the text that makes us realize which is the "correct" answer is the following: *Unlike the EU's maritime mission off the Italian coast, which brings rescued migrants to Europe's shores,* ***NATO will return migrants to Turkey even if they are picked up in Greek waters.***

9 **Correct Answer: D**

The focal point within the text that allows us to identify the "correct" sentence as answer is the following: ***Denmark is expected to offer a ship****, according to a German government source.* ***The Netherlands may also contribute.***

10 **Correct Answer: C**

The focal point in the text that makes us identify the "correct" sentence as answer is the following: *The Commission shall seek all information it deems necessary and, where it considers it appropriate, after having informed the Member States, endeavour to check that information with importers, traders, agents, producers, trade associations, and organisations.*
The Commission shall be assisted in this task by staff of the Member State on whose territory those checks are being carried out, provided that the Member State so wishes.

11 **Correct Answer: D**

The adjective "*misleading*" means:

- "tending to confuse or mislead";
- "designed to deceive or mislead either deliberately or inadvertently";
- "tending to lead one into error";
- "**deceptive**".

The focal point within the text that allows us to understand which is the "correct" meaning of "*misleading information*" is the following: *Where the Commission finds that any interested party or third party has supplied it with* ***false*** *or misleading information, it shall disregard that information and may make use of facts available.*

12 **Correct Answer: D**

The focal point within the text that allows us to understand what is the option that completes the sentence of the question in order not to change the meaning of the original one is the following: ***Interested parties*** *which have come forward pursuant to the first* subparagraph *of* Paragraph 1 ***and representatives of the exporting country may, upon written request, inspect all information made available to the Commission in connection with the investigation*** [...].
The verb "***to apply***", in fact, within the option D, means "to request something, usually officially, especially in writing".

13 **Correct Answer: B**

As can be seen from the text, **"we are not informed" about Commission's actions after the investigation has been completed.**

14 **Correct Answer: A**

The *paragraph* of ***Article 5*** which "doesn't refer to application, communication, or respect of fixed time limits" is ***Paragraph 2***. It states that: *The Commission shall seek all information it deems necessary and, where it considers it appropriate, after having informed the Member States, endeavour to check that information with importers, traders, agents, producers, trade associations, and organisations.*
The Commission shall be assisted in this task by staff of the Member State on whose territory those checks are being carried out, provided that the Member State so wishes.

15 Correct Answer: A

The focal point within the text that allows us to understand which is the "correct" answer is the following: *That notice* ***shall give a summary of the information received and require that all relevant information is to be communicated to the Commission****.*

16 Correct Answer: C

Article 5, Paragraph 7 talks about "inadequate evidence to legitimate an investigation". It says that: *Where it appears to the Commission that there is insufficient evidence to justify an investigation, it shall inform the Member States of its decision within 1 month of the date of receipt of the information from the Member States.*

17 Correct Answer: D

The focal point within the extract that makes us realize which is the "correct" statement is the following: *Earlier in the day, ex-Home Secretary David Blunkett said the Government needed to be clear over whether restrictions on the money had been robust enough to stop it getting into the hands of* ***the extremist group Harith eventually joined****.*

18 Correct Answer: A

The right option to replace the expression "*to recover money in the event of a breach*" is "**to get back money in case of violation of an agreement**". The term "*breach*" means "breaking of a law or a rule; violation". The focal point within the passage where are mentioned *agreements*, a *breach*, and *money* to be recovered is the following: *Speaking to MPs on Thursday, Mr Wallace replied: "I will go from here and make sure that where we have legally binding* agreements *that they are correctly monitored, and where there is a* breach*, we shall recover any* monies *we can".*

19 Correct Answer: C

The focal points in the extract that make us realize which is the "wrong" statement are the following:

- *On the other hand, if Harith is confirmed to have participated in a suicide bombing in Iraq, experts said that it fits the group's template* ***for using foreign fighters*** *in its propaganda strategy.*
- *"ISIS really wants to be the most global of jihadist organizations", Jonathan Russell, head of policy at the Quilliam Foundation, a London-based counter-extremism group, told NBC News. "They enjoy claiming that* ***they have recruits from over 80 countries****, because it shows that their appeal is global […]".*

20 Correct Answer: A

The "correct" option to fill the gap is "***haven't over***". The complete sentence is the following: *[…] "We need a logical and rational response, and I hope that the Government will give that, because they* haven't over *the last 24 hours".*

21 Correct Answer: B

The sentence is completed "correctly" in this way: *Ex-Home Secretary David Blunkett* ***thinks that further inquiries about the money laundering requirements are to be done in order to reassure people****.*
The focal point within the passage that allows us to realize which is the "suitable" option is the following: *Mr Blunkett said on Thursday morning: "*We need to examine whether the money laundering requirements in these cases have been robust enough*, not because we know that any of this money has been transferred out of the country, but because* we need to reassure people*".*

22 Correct Answer: D

The phrasal verb "*to rip off*" means "to tear violently or roughly (from); to steal from or **cheat** (someone)". The focal point within the text that allows us to understand which is the "alternative" meaning of "*ripped off*" is the following: *It has been claimed Harith, previously known as Ronald Fiddler* *before converting to Islam, received £1 million compensation — a sum denied by his family. Conservative Philip Davies said taxpayers had been* "ripped off" *as he criticised those who "celebrated the release" of Harith, who was reportedly killed in an Isis suicide bomb attack in Iraq.*

23 Correct Answer: D

The "wrong" sentence is: ***A half-dozen United Nations experts have decided to praise China***. The focal point in the extract that makes us realize which is the "wrong" statement is the following: A half-dozen United Nations experts, *who investigate human rights abuses,* have taken the rare step of banding together to condemn China *for expulsions of monks and nuns from major religious enclaves in a Tibetan region*.

24 Correct Answer: A

In the passage, the word "*eviction*" refers to "**the removal of a tenant from possession of premises in which he or she resides or has a property interest, done by a landlord either by reentry upon the premises or through a court action**". The focal point in the extract, speaking about the "eviction" and explaining it, is the following: *Over the summer,* Chinese officials began deporting monks and nuns living at Larung Gar who were not registered residents of Garze, *the prefecture where the institution is. Since then,* hundreds of clergy members have been forced out, *[…].*

25 Correct Answer: B

An "*interim measure*" is a "**provisional and temporary one**", as we can understand from the following point within the text: *The United Nations experts said in the statement that* while they awaited China's response, *they "urge that all necessary* interim measures *be taken to halt the alleged violations and prevent their reoccurrence".*

26 Correct Answer: D

In the extract is said that *Chinese officials in Beijing express some concern over* ***the external impressions***. The focal point within the passage that allows us to read about "Chinese concern" is the following*: China says matters related to Tibet are internal affairs, but* Chinese officials *in Beijing have privately* expressed some concern over outside perceptions *of the demolitions and evictions at Larung Gar, and related Western news coverage*.

27 Correct Answer: D

The official excuse mentioned by the Chinese Government to justify the demolition of Larung Gar **is that the demolition aims at getting the area safer**. The focal point within the extract that makes us realize which is the "correct" answer is the following: *Official reports have said* the demolition is part of a project to improve safety in the area, *because people live in such tight quarters there*.

28 Correct Answer: B

The logical option which can fill the gap is "***tearing and cutting apart***". It's an obvious answer considering the mention of *wooden homes* and the *use of a chain saw* in the following sentence within the passage: *One day, last fall, I watched workers* tearing and cutting apart *wooden homes, sometimes using a chain saw.*

29 Correct Answer: D

When the chaos broke out at the NEC Birmingham, Yvette Short **clung to her dog**. The focal point within the passage that makes us realize which is the "correct" option is the following: *The security scare, which PETA (People for the Ethical Treatment of Animals) claimed full responsibility for, caused the winner's owner* Yvette Short, *of Edinburgh,* to clutch her two-year-old whippet bitch Tease, *as the commotion unfolded at the NEC Birmingham.* "*To cling (to)*" means "to hold fast or adhere to somebody/something, as by grasping, sticking, embracing, or entwining" and it's the correct synonym to use in place of "*to clutch*" (i.e., "to grasp and hold tightly"), utilized in the sentence above.

30 Correct Answer: B

The "suitable" option to fill the gap marked by the *letter (H)* is "***ushered off***": "*to usher off/out*", in fact, means "to accompany someone out (of some place or event)". In the text, it's written that *two protesters holding up signs broke through the barrier running onto the green in the direction of the lineup of dogs*. As a consequence: *All the dogs were fine and most were* ushered off, *once their handlers realized what was happening*.

31 Correct Answer: B

The "suitable" option to fill in the blank marked by the *letter (R)* is "***breathe well***": "*to breathe*", in fact, means "to inhale and exhale air using the lungs". In the extract, it's said that *Many bulldogs, pugs, Pekingese, and other brachycephalic (flat-faced) dogs* cannot be *let alone go for a walk or chase a ball* without gasping for air — because of their unnaturally shortened airways.

32 Correct Answer: D

The "correct" option, from a semantic and grammatical point of view, to complete the sentence of the bottom part of the text is the "choice D", which put the words in the "right order". What the *spokesman said* is that: "***Crufts causes further harm by sending*** *the message that purebred dogs are more desirable than mixed-breeds, leading many people to buy 'must-have' breeds, while thousands of healthy, lovable dogs languish in animal shelters, desperately in need of good homes*".

33 Correct Answer: B

The sentence "*both intruders were quickly wrestled to the ground*" means that "the two animal rights activists, one male and one female, who stormed the arena to protest against *Crufts 2018*, were promptly stopped and knocked down". In other words, "**both infringers were tackled and floored**". Stopping them was undoubtedly necessary, because *the winner was in the process of being announced on live television*.

34 Correct Answer: C

The message that PETA would like to convey is that **dog shows, like Crufts, are brutal and ruthless events, which people should steer clear of**. The focal point in the extract that makes us understand which is the "correct" option is the following: "*There's nothing natural about breeding dogs with extreme and debilitating physical traits, and PETA urges everyone to stay away from this cruel beauty pageant*".

35 Correct Answer: D

The option with words removed from the extract put in the right sequence, in order to complete the gap marked by *letter (Z)*, is the "choice D". The grammar is conforming to standards and the meaning preserved. The whole passage is the following: *The reforms are part of President Xi's plans to strengthen the central government's control over the economy,* ***crack down on the financial industry, and guard against excessive borrowing and risk***.

36 Correct Answer: A

The "suitable" option to fill in the blank marked by *letter (Y)* is: ***What will happen under the merger?***

It can be inferred by reading the following focal points:

- *China has said it plans to merge its banking and insurance regulators as part of sweeping changes to its central government structure.*
- *The planned shake-up, along with the creation of several new Ministries, was announced by the annual sitting of the National People's Congress (NPC).*
- *The move will combine the insurance and banking bodies, and is aimed at reducing systemic risk in the financial sector.*

37 Correct Answer: A

The focal points within the text, that make us understand which is the "correct" option, through the identification of the "true" and "false" sentences, are the following:

- The planned shake-up, *along with the creation of several new Ministries, was announced by the annual sitting of the National People's Congress (NPC). The move will combine the insurance and banking bodies, and* is aimed at reducing systemic risk in the financial sector. Therefore, **sentence *) is "true"**.
- *Reforming China's financial landscape* has been *a central task for Beijing*. Therefore, **sentence #) is "false"**.

38 Correct Answer: A

The title of the extract (i.e., *China's Parliament unveils major Ministry shake-up plan*), without change its meaning, could be replaced with another one mentioning a certain determination about letting it be known a political reformation, reorganization (i.e., **China: the Parliament makes the major Ministry's reorganization plan public**).

39 Correct Answer: A

To identify the "correct" answer is important to pay attention to the clarifying information in the extract. The focal point to be read carefully is the following: *The rising level of debt being carried by some Chinese firms, by State-owned enterprises, and by local governments* has been a widespread cause for concern for several years. In other words, some Chinese companies, State-run enterprises, and local governments have been carrying an increasing level of debt during the last few years. **This fact has caused a great and broad deal of disquiet in China.**

40 Correct Answer: C

The right option to fill in the blank, which makes sense because grammatically correct and semantically connected with the idea, present throughout the text, of a radical reorganization capable of producing new laws and regulations, is the "choice C". The whole passage is the following: *President Xi Jinping's top economic advisor, Liu He, said the sweeping reforms would be "profound" and would **help abolish inefficiencies** across State agencies.*

41 Correct Answer: C

The focal point within the extract that makes us realize which is the "right" sentence is the following: **Apple *CEO Tim Cook tweeted that his company would donate an unspecified amount***. *He said: "[...]* Apple *will be donating to the **rebuilding efforts to help the restoring** of* Notre Dame*'s precious heritage for future generations".*

42 Correct Answer: D

The focal point within the text that makes us understand which is the "wrong" sentence among the given options is the following: *French President Emmanuel Macron told the Nation, in a televised address, that he would make sure the reconstruction would be finished within five years. This would be in time for the opening of the Paris* Olympics *in 2024. However, **architects say it could take decades to rebuild the world-famous landmark***.

43 Correct Answer: C

From a grammatical point of view, the "suitable" option to fill in the blank is: ***on 15th April 2019***. That's the date of the *fire* broke out in the *Cathedral*.

44 Correct Answer: C

The adjective "*former*" means "relating to or taking place in the past; having been so in the past; previous; one time". The name "*glory*", in turn, means "exaltation, praise, or honour, as that accorded by general consent; something that brings or is worthy of praise; pomp; splendor; magnificence; fame". Said that, the exact alternative to replace the expression "*former glory*" is "**previous magnificence**".

45 Correct Answer: B

The "suitable" option to fill in the gap is "***over***". The phrasal verb "*to hand over*" means "to give or pass; to release or relinquish to another; to surrender possession of; to transfer". The whole passage is the following: *Some of the donors that are handing* over *cash are French billionaires.*

46 Correct Answer: A

The "suitable" option to fill in the gap is the expression "***to help restore***". The complete passage is the following: *Wealthy people from all over France and around the world have given hundreds of millions of dollars* to help restore *the Cathedral to its "former glory".*
You can also use "*help*" as "transitive verb" or as an "intransitive one": in both case, it can be followed by an "infinitive", with or without "*to*". For example, you can say "I helped him to move the desk" or "I helped him move the desk": there is no difference in meaning. Be Careful! Don't use an "*-ing form*" after *help*. Don't say, for example, "~~I helped moving the desk~~" or "~~I helped him moving the desk~~".

In general, verbs in English are easier to learn than in other languages. There are, however, two important exceptions:

- one is the *phrasal verbs*;
- the other is the *verbs followed by another verb*, which may be either in the *infinitive* or in the *gerund*:
  - in some cases, a verb can "only" be followed by a "gerund" or by an "infinitive";
  - in other cases, it can accept "both".

In this last case, two situations can occur:

- the verb can maintain the same meaning with both constructions;
- or, on the contrary, a "change" in the construction can "change" the meaning.

In short, it is important to consult the dictionary when you have doubts. This is also because there is no precise rule you can apply, making it necessary to memorize the correct form for each verb.

47 Correct Answer: D

The "suitable" option to fill in the gap is "***behind schedule***". The expression means "not having progressed as much as is necessary to meet a particular deadline; having failed to do something by the appointed time, especially the time given on a written plan". To identify the correct answer is important to pay attention to the following focal point within the text: *The work to move the hazardous rods* was delayed *because of many malfunctions in the devices that were designed for the removal operation.*

48 Correct Answer: C

The "wrong" sentence among the given options is: **Both spokesmen of the company said that they are trying to end the work as soon as possible**.

The focal points within the text that make us understand which is the "wrong" sentence are the following:

- A company spokesman said: "I believe everything is going well so far. *We will watch the progress at the site as* we put safety first. *Our goal is not to rush the process, but to carefully proceed".*
- Another spokesman said: "Safety is our priority. *We will carefully continue this work".*
- Japan's Prime Minister said Japan would do its best regarding the damaged plants.

49 Correct Answer: D

The word "*challenge*" means: "a stimulating task or problem; a test of one's abilities or resources in a demanding but stimulating undertaking; dare". As a result, the equivalent option to replace the expression "*a significant challenge*" is "**a relevant dare**".

50 Correct Answer: A

The grammatically "correct" option to fill in the blank is the "choice A", namely "***has started removing***". The whole passage is the following: *A Tokyo power company* has started removing *fuel rods from Japan's Fukushima nuclear power plant.*

The *present perfect* is the "verb tense" to be used. Sometimes referred to as the "*present perfect simple tense*", it is formed by using the "present tense" of the "auxiliary verb *have*" (or "*has*", if used with "third-person" singular pronouns) along with the "past participle" of the "main verb". Despite its name, the *present perfect* is used to give general information about something that happened in the past (anytime "before now"), but which did not occur at a definitive point in time.

You can use a "*to-infinitive*" or an "*-ing form*" after "*start*":

- *It has started to remove*;
- or *It has started removing*.

51 **Correct Answer: D**

Considering the meaning of the whole text, the "suitable" option to fill in the gap is the "choice D": ***causing*** ("present participle" of *to cause*: i.e., "to be the cause of or reason for"). The complete sentence is, in fact, the following: *Another factor* causing *delays was high levels of radiation in the area*.

52 **Correct Answer: D**

The focal points within the extract that make us realize which is the "right" sentence are the following:

- ***The work*** *to move the hazardous rods* ***was delayed because of*** *many* ***malfunctions*** *in the devices that were designed for the removal operation.*
- ***Another factor causing delays was high levels of radiation*** *in the area.*

53 **Correct Answer: B**

The "suitable title" of the extract could be "**Waste water studies as a new way to extend knowledge about Coronavirus**". In fact, the core of the article is that some scientists had found Coronavirus traces in waste water before first confirmed cases, putting in evidence that the virus may have been circulating much earlier than thought.

54 **Correct Answer: D**

The focal point within the text that makes us understand which is the "correct" answer is the following: *In their study, ISS scientists examined 40 sewage samples collected from wastewater treatment plants [...] "**The findings could help scientists realize how the virus began circulating in Italy**", [...].*

55 **Correct Answer: A**

The "correct" alternative to put into the brackets is "**pilot project**". This expression refers to those projects of an experimental nature undertaken in order to verify the feasibility of an action and its usefulness. Otherwise stated, a "*pilot project*" is "an activity planned as a test or trial".

56 **Correct Answer: C**

A "*non-imported virus case*" can be defined as an "**indigenous virus case**", something not coming from abroad but originating naturally in a particular place.

57 **Correct Answer: D**

The focal point within the passage that makes us realize what is the "true" sentence among options provided is the following: *[...]* ***in Spain, a study found virus traces in waste water collected in mid-January in Barcelona****, some 40 days before the first local case was discovered.*

58 **Correct Answer: A**

The word "*sewage*" means "waste matter from domestic or industrial establishments that is carried away in sewers or drains for dumping or conversion into a form that is not toxic". So the expression "*sewage water*", mentioned in the article and studied by scientists, is referred to **waste water and liquids from toilets**.

59 Correct Answer: A

To identify the option that does not complete the sentence of the question in a correct way, we can read the following focal points within the extract:

- *The vote will clear the way for Vladimir Putin to stay in power up to 2036, if he chooses* (i.e, Mr Vladimir Putin *might stay in power up to 2036*);
- *"We are voting for the country we want to live in... and which we want to hand down to our children," Mr Putin declared [...]* (namely, Mr Vladimir Putin *reminded to Russian people that they are voting for the country they want to live in*);
- *[...] Mr Putin declared standing beneath a giant, ghostly new statue of a Soviet soldier, to underline the "patriotic" theme that runs through this process* (in other words, Mr Vladimir Putin *made his speech to the Nation standing beneath a statue of a Soviet soldier*).

The alternative, therefore, which has no connection with the content of the article is: *Mr Vladimir Putin* **chose not to underline the "patriotic" theme in his address to the Nation**.

60 Correct Answer: C

The focal point within the text that makes us understand which is the "correct" answer is the following: *Giant prize draws have helped induce them to the ballot,* ***with the chance of winning everything*** *from shopping vouchers to a car or flat.*

61 Correct Answer: A

The "suitable" title for the article could be "**Russia: Putin appeals to patriotism as key vote reaches climax**". It can be deduced from the following focal point: *"We are voting for the country we want to live in... and which we want to hand down to our children," Mr Putin declared, standing beneath a giant, ghostly new statue of a Soviet soldier, to underline the "patriotic" theme that runs through this process.* In summary, Putin appeals to national pride, to the feeling of devotion and attachment to the "homeland" Russia to be voted by citizens.

62 Correct Answer: A

The "correct" definition to fill in the gap is "***polling station***": i.e., the place where people go to vote in an election. The complete sentence is the following: *All week, millions of Russians have been voting to reform their Constitution, many using* polling station *set up on tree stumps, park benches, and even car boots.*

63 Correct Answer: C

The term "*think-tank*" refers to "a group of specialists organized by a business enterprise, governmental body, etc., and commissioned to undertake intensive study and research into specified problems". Consequently, the expression "*political think-tank*" means: "**a body of experts providing advice and ideas on specific political problems**". In the extract, *Tatiana Stanovaya, the head of* R. Politik, *a political think-tank*, gives her interpretation of the figure of Putin.

64 Correct Answer: B

The focal point within the text that makes us realize which is the "true" sentence is the following: ***Opposition figures have dismissed the whole process as a "farce"***, *stretched over seven days with no proper monitoring or independent scrutiny.*

2
Tecnologie informatiche

1 **Un disco fisso è:**

A) Un disco, interno al computer, usato per memorizzare grandi quantità di dati
B) Un disco di un computer che non può essere trasportato per non perdere i dati memorizzati su di esso
C) Il disco più grande di un gruppo di computer collegati in rete tra loro
D) Un disco floppy di grosse dimensioni

2 **In ambito informatico, l'acronimo «RAM» rappresenta:**

A) Il Rapido Avanzamento del Mouse
B) Il disco fisso di un calcolatore
C) Lo stato di standby del PC
D) La memoria elettronica ad accesso casuale che permette di conservare i dati solo fino a quando il calcolatore è acceso

3 **In «Calc di Open Office» o in «Excel di Microsoft», che cosa indica il riferimento D4?**

A) La cella situata all'intersezione della colonna D con la riga 4
B) Le prime quattro colonne della riga 4
C) La cella situata all'intersezione della riga D con la colonna 4
D) Le prime quattro righe della colonna D

4 **In un foglio di calcolo, è possibile selezionare celle non adiacenti tra loro?**

A) No, in un foglio di calcolo non è possibile selezionare celle non adiacenti tra loro
B) Sì, selezionando la prima cella e quindi, tenendo premuto il tasto Ctrl, selezionando le altre
C) Sì, selezionando la prima cella e quindi, tenendo premuto il tasto Shift, selezionando le altre
D) Sì, selezionando la prima cella e quindi, tenendo premuto il tasto Alt, selezionando le altre

5 **In un foglio elettronico, è possibile inserire delle formule per effettuare calcoli. In che modo si può prelevare il contenuto di una cella per inserirlo nella formula?**

A) Con la procedura di «copia e incolla»
B) È necessario inserire direttamente il contenuto della cella
C) Specificando le coordinate della cella
D) Specificando le coordinate della cella, ma avendo abilitato la cella ad essere inserita nella formula con l'opzione di «formattazione cella»

6 **In «Excel di Microsoft» o in «Calc di Open Office», qual è l'effetto dell'istruzione: =G1-30?**

A) Nessuno, essa riporta il valore dell'istruzione
B) Causa un messaggio di errore
C) Ripete il carattere «-» per trenta volte
D) Sottrae 30 al valore della cella G1

7 **In Excel o in Calc, quale delle seguenti formule dà come risultato 30?**

A) '=(10+2)+6-8
B) '=(10+2)+(6+8)
C) '=10+2+(6+8)
D) '=10+2*6+8

8 **In «Calc di Open Office» o in «Excel di Microsoft», quale delle seguenti formule dà come risultato 9?**

A) ‘=2*5+10/5-3
B) ‘=2*5+10/(5-3)
C) ‘=2*(5+10/5-3)
D) ‘=2*(5+10)/(5-3)

9 **In «Calc di Open Office» o in «Excel di Microsoft», quale tra i seguenti non è un operatore aritmetico?**

A) *
B) %
C) &
D) /

10 **In Calc o in Excel, l’istruzione: =F3*5% cosa fa?**

A) Calcola il 3% del valore inserito nella cella F5
B) Causa un messaggio d’errore
C) Calcola il 5% del valore inserito nella cella F3
D) Moltiplica per 5 il valore contenuto nella cella F3

11 **Cos’è una linea ADSL (Asymmetric Digital Subscriber Line)?**

A) Una tecnica di connessione a larga banda che utilizza il doppino telefonico
B) Il collegamento dei telefoni domestici per via satellitare
C) Una linea di collegamento seriale a livelli elettrici sbilanciati tipo RS 232
D) La connessione ad Internet che utilizza la porta parallela del computer

12 **Quale tra i seguenti indirizzi Internet è formalmente corretto?**

A) http://ftp.akel.cal.mips.connecticut
B) http://www.fbi.gov
C) http://http.www.centro.communication
D) htwp://www,kataweb.it

13 **Cos’è un «Internet caffè»?**

A) È la denominazione di un’attività in franchising per la vendita tramite Internet
B) È il sito Internet ufficiale dell’Associazione Produttori del Caffè (www.internet.caffè.apc.it)
C) È la denominazione di un’associazione di attività commerciali, nel cui sito (www.internet_caffè.it) è possibile effettuare ordinazioni
D) È una struttura all’interno di un’attività commerciale in cui vi sono varie postazioni informatiche che, a noleggio, permettono di navigare su Internet

14 **Uno dei seguenti indirizzi Internet contiene un errore di forma. Quale?**

A) http://www.turismo.pratonevoso.it
B) http://www.hotels;troisetoils.fr/index.html
C) http://www.saintmoritz.ch.eu
D) ftp://ftp.corvara.taa

15 **Quali funzioni hanno i programmi che utilizzano Internet?**

A) Controllare il modem, garantire il corretto flusso di dati in ingresso e in uscita, e rendere possibile le operazioni che desideriamo compiere in rete
B) Nessuna delle risposte proposte è corretta
C) Garantire il corretto flusso dei dati in ingresso attraverso il modem
D) Permettere di stabilire un controllo seriale

16 Il termine «directory» sta ad indicare:

A) Un nome atto a raggruppare un insieme di file
B) La direzione da seguire per raggiungere un'informazione specifica
C) Un insieme di record di database
D) La raccolta dei file documento di Word o di Writer

17 Con il termine «telelavoro» si indica:

A) Il lavoro realizzato senza la necessità di recarsi in «ufficio» mediante l'utilizzo di sistemi informatici (computer e sistemi di comunicazione)
B) L'insieme dei posti di lavoro generati dai programmi TV offerti dalla televisione digitale
C) Il lavoro di sorveglianza delle trasmissioni televisive realizzato da impiegati di enti quali l'Authority per le telecomunicazioni
D) Il lavoro degli operatori televisivi (cameramen, elettricisti specializzati, addetti alle luci etc.)

18 Cosa s'intende per «tabulazione»?

A) L'impostazione di un riferimento in una determinata posizione orizzontale, immediatamente raggiungibile con la pressione del tasto TAB
B) L'operazione di allineamento delle finestre presenti a video
C) L'operazione di allineamento del testo alle figure e ai disegni presenti nel documento
D) L'impostazione di tabelle di dati omogenei

19 Quale delle seguenti procedure non è utile a mantenere la sicurezza dei dati archiviati in un computer?

A) Usare un firewall nel collegarsi ad internet
B) Formattare periodicamente il disco fisso
C) Effettuare regolarmente il backup
D) Usare dei software antivirus

20 Su una tastiera estesa per PC, i tasti contrassegnati come F1 - F12 sono denominati:

A) Tasti funzione
B) Tasti invio
C) Tasti per applicazioni
D) Tasti di Windows

21 Un lettore DVD serve a:

A) Riorganizzare la memoria del disco
B) Verificare l'integrità del sistema
C) Leggere dati su un supporto digitale
D) Gestire le periferiche

22 Il modem:

A) Costituisce l'unità centrale di elaborazione di dati e programmi
B) Serve a mandare e ricevere dati connettendosi a una rete telematica tramite una comune linea telefonica
C) Si limita esclusivamente a ricevere dati
D) Serve a parcheggiare temporaneamente dati e programmi

23 La cartuccia d'inchiostro va cambiata, quando esaurita, su una stampante di tipo:

A) Laser
B) Ad aghi
C) A getto d'inchiostro
D) Termica

24 L'hardware fondamentale per eseguire una stampa è:

A) La stampante
B) Il lettore CD
C) La tastiera
D) Il mouse

25 Quale dei seguenti non è un dispositivo di archiviazione dati?

A) Stampante
B) CD-ROM
C) Hard disk
D) Pen drive

26 La dimensione della memoria centrale si misura in:

A) Pixel
B) Gigabyte
C) Driver
D) Centrimetri

27 Quale tra le seguenti unità non è contenuta nell'unità base di un computer?

A) Hard disk
B) Tastiera
C) RAM
D) Scheda madre

28 Una pen drive può essere utilizzata:

A) Finché è piena. Una volta riempita, essa ha terminato per sempre l'operatività
B) Una sola volta
C) Per non più di un anno
D) Un numero illimitato di volte

29 Il modem:

A) Trasforma i testi in immagini
B) È una scheda virtuale creata da Windows solo nella versione XP
C) Permette il collegamento di un computer ad una linea telefonica
D) È anche detto Internet Point

30 Quale dei seguenti termini, in un computer, è riferibile alla memoria?

A) DOS
B) RAM
C) DOC
D) INKEJ

31 Le dimensioni di uno schermo video si misurano in:

A) Hertz
B) Pixel
C) Pollici
D) Kilobyte

32 In uno schermo, i pixel misurano:

A) Il numero di colori
B) La dimensione
C) La luminosità
D) La risoluzione

33 In una tabella di un database, che cos'è un record?

A) Una particolare vista di una tabella
B) Un insieme di campi che contengono informazioni relative a un elemento di una tabella
C) Un generico oggetto del database
D) La stampa del logfile di una sessione di accesso al database

34 Un database è utilizzato per:

A) Connessioni in ambiente Internet
B) Creare e gestire una banca dati
C) Elaborare testi
D) Elaborare fogli elettronici

35 In un database, lo scopo degli indici è quello di:

A) Riassumere le informazioni contenute nell'archivio
B) Trovare oppure ordinare più rapidamente i record dell'archivio
C) Misurare la ridondanza dei dati registrati nell'archivio
D) Controllare l'accesso condiviso ai record dell'archivio

36 Quale delle seguenti affermazioni meglio definisce una *query*?

A) Seleziona e presenta i dati che soddisfano le condizioni specificate
B) Serve esclusivamente per introdurre i dati in un database
C) Stampa i dati
D) Verifica la consistenza dei dati nel database

37 In un database, l'insieme che raggruppa i campi (*fields*) si definisce:

A) Chiave
B) File
C) Query
D) Record

38 In «Base di Open Office» o in «Access di Microsoft», quale strumento costituisce un efficace mezzo per presentare i dati in un formato adatto ad essere stampato, in cui le informazioni possano essere organizzate in modo chiaro ed efficace?

A) Query
B) Maschera
C) Report
D) Campo

39 In un database, quale operatore logico va utilizzato per recuperare i record che contengano almeno uno dei termini richiesti?

A) AND
B) XOR
C) OR
D) NOT

40 La query ad un insieme di record viene utilizzata:

A) Solamente in Word di Microsoft
B) Solamente in Lotus Domino della IBM
C) Solamente in Calc di Open Office
D) In un database

41 Il sito Internet «www.google.it» è un potente:

A) Gestore di siti per comunicare con altri utenti
B) Gestore di posta elettronica
C) Motore di ricerca
D) Browser di collegamento ad Internet

42 Dei seguenti indirizzi di posta elettronica, uno solo potrebbe essere potenzialmente corretto poiché non contiene errori formali. Quale?

A) fabbrica.internazionale.tappi@tin.com
B) http:fabbrica\internazionale\tappi@tin.com
C) fabbrica@internazionale@tappi@tin.com
D) www:fabbrica\internazionale\tappi@tin.com

43 Quali file è conveniente non copiare da INTERNET per evitare di scaricare file contenenti virus?

A) Esclusivamente i file documento con estensione «.txt» e «.doc»
B) Non vi è possibilità di scaricare file infetti via INTERNET
C) I file eseguibili con estensione «.exe» e «.com»
D) I file di immagini con estensione «.pcx» e «.bmp»

44 **Quale, tra i seguenti, non è un indirizzo di posta elettronica formalmente valido?**

A) bella.italia@server.gov
B) bella@italia.uni.gov
C) italia@tin.gov
D) www.bella.\italia@tin.gov

45 **Per gestire la posta elettronica occorre un opportuno programma. Quale tra i seguenti è adatto allo scopo?**

A) Access
B) Excel
C) Writer
D) Exchange

46 **Per installare un'applicazione su un PC è consigliabile:**

A) Rimuovere tutti i file documento dall'hard disk
B) Lanciare il relativo programma di installazione
C) Avviare il programma SETUP di Windows
D) Copiare i file «.EXE» sull'hard disk

47 **Su una tastiera estesa per PC, il tasto denominato «Caps Lock» ha la funzione di:**

A) Bloccare la tastiera in modo che non possa essere utilizzata da estranei
B) Simulare la presenza di una tastiera di una nazionalità diversa
C) Far sì che le lettere siano riprodotte in maiuscolo
D) Simulare la continua pressione del tasto «Shift» (Maiuscolo) per tutti i tasti

48 **Quale delle seguenti affermazioni è falsa?**

A) Windows non è un sistema operativo
B) Esistono stampanti ad aghi a colori
C) Per poter utilizzare un PC non è indispensabile disporre di una stampante
D) Esistono monitor più grandi di 17 pollici

49 **Cosa s'intende per «formattazione di un disco»?**

A) La procedura che prepara un disco affinché possa essere utilizzato
B) La procedura che prepara il disco affinché possa essere utilizzato per la sola lettura di file
C) La procedura che copia su disco alcune informazioni di sistema
D) La procedura che assegna a ciascun file presente un proprio spazio

50 **In ambiente Windows, dovendo cancellare un carattere da un file di testo, qual è la differenza di comportamento tra il tasto BackSpace e il tasto Canc?**

A) Il tasto BackSpace cancella il carattere su cui è posizionato il cursore, mentre il tasto Canc cancella un carattere sulla sinistra del cursore
B) Il tasto BackSpace non cancella nessun carattere ma sposta solo il cursore di uno spazio a sinistra, mentre il tasto Canc cancella il carattere su cui è, in quel momento, posizionato il cursore
C) Il tasto Backspace muove solamente il cursore di uno spazio verso sinistra, mentre il tasto Canc cancella un carattere alla sinistra del cursore
D) Il tasto BackSpace cancella un carattere sulla sinistra del cursore, mentre il tasto Canc cancella il carattere su cui è posizionato il cursore

51 **Quale tra le seguenti non è un'unità periferica?**

A) Stampante
B) Scanner
C) ROM
D) Mouse

52 Una periferica che riporta su carta i dati di un applicativo è definita:

A) Stampante
B) Mouse
C) Monitor
D) Modem

53 Una periferica che visualizza i dati di un applicativo è definita:

A) Mouse
B) Monitor
C) Stampante
D) Modem

54 Quale delle seguenti affermazioni è vera?

A) Per avere una risoluzione a 1024 x 768 punti è necessario un monitor a 17"
B) La risoluzione di un monitor è dipendente dalla sua dimensione
C) La risoluzione di un monitor dipende dal tipo di hard disk presente
D) La risoluzione di un monitor è indipendente dalla sua dimensione

55 Cosa significa che la risoluzione di uno schermo è 640 x 480?

A) Che l'area dello schermo è suddivisa in 640 x 480 punti
B) Che si possono visualizzare 480 sfumature di 640 colori base
C) Che l'area dello schermo è di 640 x 480 mm
D) Che si può visualizzare un'immagine di 640 x 480 punti

56 Avendo un file salvato su pen drive, è possibile accedervi direttamente e modificarlo?

A) Sì
B) No, possiamo accedervi ma non modificarlo
C) No, bisogna prima salvarlo sul proprio disco fisso
D) Sì, ma sarà possibile salvare le modifiche solo sul disco fisso

57 Cosa si deve conoscere, del destinatario, per inviare un messaggio di posta elettronica?

A) L'indirizzo Internet
B) L'indirizzo E-Mail
C) L'indirizzo del suo Provider
D) L'indirizzo E-Mail e l'indirizzo Internet

58 Quale tra i seguenti indirizzi Internet è formalmente errato?

A) htwp://www,kataweb.it
B) http://www.concorso.it/index.html
C) http://www.concorso.it
D) 255.25.192.154

59 Quale, tra i seguenti, non è un indirizzo di posta elettronica formalmente valido?

A) ciao.maria@server.com
B) maria@tin.com
C) www.ciao./maria@libero.com
D) ciao@maria.uni.com

60 In informatica, a cosa ci si riferisce parlando di «URL»?

A) Ad una tecnologia audio/video
B) Ad un tipo di virus
C) Ad uno dei parametri tecnici per collegarsi ad Internet
D) All'indirizzo di una pagina Web

61 Quale delle seguenti affermazioni è vera?

A) Un file con estensione «.TXT» è un file di sistema
B) Un file con estensione «.EXE» è un file eseguibile
C) Un file con estensione «.EXE» è un file di testo
D) Un file con estensione «.TXT» è un file eseguibile

62 Il software completamente gratuito e a disposizione degli utenti è chiamato:

A) Beta release
B) Premium edition
C) Freeware
D) Alfa version

63 La memoria interna (RAM):

A) Costituisce l'unità centrale di elaborazione di dati e programmi (CPU)
B) Non è presente nei PC di ultima generazione
C) Serve a parcheggiare temporaneamente dati e programmi in attesa di elaborazione da parte dell'unità centrale (CPU)
D) Serve a inviare e ricevere dati

64 Cos'è un «gruppo di continuità»?

A) Un programma per l'elaborazione continua di file multimediali
B) Un sistema a batterie tampone per sopperire ad eventuali black-out della rete elettrica
C) Una periferica per la connessione continua in rete
D) Una stampante laser per modulo continuo

65 L'Universal Serial Bus (USB):

A) È uno standard di comunicazione seriale basato su cablaggi in fibra ottica
B) È uno standard di comunicazione seriale che consente di collegare diverse periferiche ad un computer
C) È uno standard di comunicazione seriale utilizzato esclusivamente in campo industriale medio-alto, in quanto i prezzi dei supporti per questo standard risultano essere ancora troppo elevati
D) È uno standard di comunicazione analogica che consente di collegare più dispositivi video (monitor, videoproiettori etc.) ad un computer

66 Cosa s'intende per «laptop»?

A) Un sinonimo del desktop
B) Un programma musicale
C) Un computer portatile
D) Un cartella contenente i file più estesi

67 Quale dei seguenti nomi identifica un sistema operativo?

A) Open Office
B) Avast!
C) Windows 7
D) Google Chrome

68 Che cos'è una «Guida in linea» (accezione informatica)?

A) Un aiuto sul programma utilizzato, fornito da personale specializzato contattato telefonicamente
B) Una simulazione del programma che ne spiega le caratteristiche principali con esempi
C) Un aiuto presente all'interno di quasi tutti i programmi per Windows, consultabile durante l'esecuzione del programma stesso
D) Un manuale fornito con il programma

69 Cos'è «Google Chrome»?

A) Un sistema operativo
B) Un programma per la videoscrittura
C) Un browser, cioè un programma per navigare in Internet
D) Un programma che genera pagine Web

70 A quale paese appartiene il sito «http://www.londra.fl»?

A) Inghilterra
B) Finlandia
C) Spagna
D) Italia

71 È definito «home banking»:

A) L'accesso, da casa, dei dipendenti di una banca all'archivio della banca stessa
B) L'accesso via Internet ai servizi della banca
C) L'insieme dei programmi applicativi utilizzati da una banca
D) L'insieme dei servizi forniti da una banca alle famiglie

72 Cos'è un Trojan?

A) Una scheda video che permette di visualizzare contemporaneamente due applicazioni
B) Una scheda madre che esegue innumerevoli applicazioni in simultanea
C) Un programma in grado di eseguire calcoli molto complessi
D) Un particolare programma che nasconde (come il cavallo di Troia) un altro programma, in grado di far penetrare altre persone nel nostro PC

73 Cosa s'intende con il termine «download»?

A) «Scaricare» un file dall'hard disk ad un supporto di memoria mobile (es. USB key)
B) Inviare un file via e-mail
C) «Scaricare» un file da Internet sul proprio computer
D) Leggere un documento utilizzando uno scanner

74 Quale tra i seguenti indirizzi Internet appartiene a un sito del Portogallo?

A) http://www.parigi.fr
B) htwp://www.berlino.de
C) http://www.lisbona.pt
D) http://www.roma.it

75 Quale delle seguenti affermazioni relative ai documenti letti con uno scanner è corretta?

A) Possono sempre essere elaborati in forma grafica
B) Sono generati esclusivamente in formato XLS
C) Sono generati esclusivamente in formato DOC
D) Sono esclusivamente elaborati in tabelle MDB

76 Quale delle seguenti tecnologie viene utilizzata per la memorizzazione dei dati sugli hard disk?

A) Chimica
B) Laser
C) Ottica
D) Magnetica

77 Cosa s'intende per memoria virtuale?

A) L'uso del disco fisso quando la quantità di dati supera la capacità della RAM
B) Una parte della cache di secondo livello
C) Un tipo di memoria estremamente veloce
D) Una parte della cache di primo livello

78 La memoria permanente e non modificabile del computer è la:

A) CPU
B) ROM
C) Cache
D) Flash

79 Quale delle seguenti tipologie di memoria conserva il proprio contenuto anche in assenza di alimentazione?

A) ROM
B) RAM
C) DIMM
D) DRAM

80 La pagina iniziale di un sito Internet si chiama:

A) Name page
B) Home page
C) Init page
D) House page

81 Quale, tra i seguenti, è un programma per la gestione della posta elettronica?

A) Word
B) PowerPoint
C) Post it
D) Outlook Express

82 Di seguito sono indicati due indirizzi di posta elettronica e due indirizzi di siti Internet. Indicare quale tra essi non è formalmente corretto.

A) ministroperlafamiglia@governo.it
B) http://www.lavoro.gov.it/lavoro
C) http://www.infrastrutturetrasporti.it
D) www.urpdfp@funzione;pubblica.gov@alice.it

83 Indicare quale tra le seguenti affermazioni relative a Internet e al suo utilizzo è corretta:

A) Per collegarsi ad Internet è indispensabile utilizzare un computer multimediale
B) Word e Writer sono software per la navigazione in Internet
C) Internet è un insieme di reti di computer dislocati in tutto il mondo che condividono informazioni mediante lo stesso protocollo di comunicazione
D) Un sito Internet può contenere un numero qualsiasi di pagine, ma non più di 50 fotografie o disegni

84 Quale tra i seguenti file in allegato a messaggi di posta elettronica è consigliabile non aprire?

A) «Pippo.pdf»
B) «Pippo.exe»
C) «Pippo.rtf»
D) «Pippo.asc»

85 Come si chiama il server della posta in uscita?

A) POP3 - post office protocol 3
B) POP - point of presence
C) FTP - file transfer protocol
D) SMTP - simple mail transport protocol

86 Quale, tra i seguenti, è un linguaggio usato per la realizzazione delle pagine Web?

A) HTML
B) RpgII
C) Basic
D) Pascal

87 Che cosa rappresenta il formato MP3?

A) Uno standard per la compressione di immagini
B) Uno standard per la compressione di suoni
C) Uno standard per la compressione di messaggi SMS
D) Uno standard per la compressione di testi

88 Un bit può assumere:

A) Infiniti valori
B) 2 valori
C) 3 valori
D) Dipende dal sistema operativo

89 Da quanti bit è composto un byte?

A) 2
B) 4
C) 6
D) 8

90 Il codice ASCII è utilizzato per:

A) La rappresentazione convenzionale dei caratteri
B) La costruzione di circuiti integrati, in funzione delle operazioni fondamentali dell'algebra della logica
C) La definizione dei parametri delle diverse architetture dei microprocessori
D) Indicare i comandi di sistema

91 Un gigabyte corrisponde a:

A) 1024 Byte
B) 1024 Kilobyte
C) 1024 Megabyte
D) 1024 Bit

92 Il software è costituito da:

A) Un insieme di circuiti
B) Un insieme di istruzioni
C) Un insieme di linguaggi
D) Un insieme di numeri

93 La frequenza dei cicli viene misurata in:

A) GigaWatt (GW)
B) MegaByte (Mb)
C) KiloByte (Kb)
D) GigaHertz (GHz)

94 Quando si spegne il computer, cosa rimane in memoria RAM?

A) Soltanto il sistema operativo
B) Nulla
C) L'ultimo programma oggetto di elaborazione
D) Tutti i programmi oggetto di elaborazione

95 Relativamente alla formattazione di un disco, quale di queste affermazioni è falsa?

A) Rende il disco inutilizzabile
B) Cancella tutti i dati presenti su disco
C) Prepara il disco a ricevere dati
D) Divide il disco in tracce e settori

96 Un tablet è:

A) Una postazione computerizzata fissa
B) Un elaboratore molto potente per velocità di calcolo e capacità di memorizzazione
C) Un computer spesso utilizzato come server
D) Un computer di dimensioni ridotte

97 RSS è l'acronimo di:

A) Really Simple Software
B) Really Simple Syndication
C) Ready Storage System
D) Ready Simple Syndication

98 Un podcast è assimilabile a:

A) Una trasmissione televisiva
B) Un volantino pubblicitario
C) Una trasmissione radiofonica
D) Un invio di una cartolina

99 **Http è:**

A) Un nome di dominio
B) Una tipologia di rete
C) Un link
D) Un protocollo

100 **Un indirizzo IP è formato da:**

A) Una sequenza di 4 numeri, compresi tra 0 e 255
B) Una sequenza di numeri e lettere
C) Una sequenza di 4 lettere, comprese tra A e Z
D) Una sequenza di numeri, compresi tra 0 e 1

Risposte commentate

1 **Risposta esatta: A**

Il disco fisso, o disco rigido, o hard disk è costituito fondamentalmente **da uno o più piatti** in rapida rotazione, realizzati **in alluminio** o vetro, rivestiti di materiale ferromagnetico e da due testine per ogni disco (una per lato), le quali, durante il funzionamento «volano» alla distanza di poche decine di nanometri dalla superficie del disco leggendo e scrivendo i dati.

2 **Risposta esatta: D**

RAM è l'acronimo di **Random Access Memory**, o memoria ad accesso casuale. Il contenuto della RAM viene perso quando il computer si spegne.

3 **Risposta esatta: A**

L'**intersezione** di una riga e di una colonna è detta **cella**, ed è identificata dalla lettera della colonna seguita dal numero della riga. Ad esempio la cella D4 è data dall'intersezione della colonna D con la riga 4.

4 **Risposta esatta: B**

In generale, nei software che girano sotto Windows, il tasto **CTRL** si utilizza, in combinazione con il mouse, per la **selezione di elementi NON adiacenti**, mentre il tasto **MAIUSC** per la **selezione di elementi adiacenti**.

5 **Risposta esatta: C**

Quando si realizza una formula con un programma di foglio elettronico, è possibile, invece di digitare i valori, **far riferimento alle celle che li contengono**. Ad esempio: la cella A1 contiene il valore 1 e la cella A3 contiene il valore 2. Vogliamo calcolare la somma di questi valori nella cella A3. Invece di digitare i valori, possiamo utilizzare i riferimenti di cella e digitare, nella cella A3, la formula =A1+A2.

6 **Risposta esatta: D**

Quando si realizza una formula con un programma di foglio elettronico, è possibile, invece di digitare i valori, **far riferimento alle celle che li contengono**. Nel caso in esame si è utilizzato un metodo «misto», cioè si è utilizzato sia un riferimento di cella, sia un valore.

7 **Risposta esatta: D**

Excel e Calc, così come avviene normalmente in aritmetica, seguono questo ordine delle operazioni: **prima le moltiplicazioni e le divisioni**, e **poi le addizioni e le sottrazioni**. Quindi la formula relativa alla risposta esatta si può anche scrivere: =10+12+8 che dà come risultato 30.

8 **Risposta esatta: A**

Excel e Calc, così come avviene normalmente in aritmetica, seguono questo ordine delle operazioni: **prima le moltiplicazioni e le divisioni**, e **poi le addizioni e le sottrazioni**. Quindi la formula relativa alla risposta esatta si può anche scrivere: =10+2-3 che dà come risultato 9.

9 **Risposta esatta: C**

Il simbolo **%** calcola la **percentuale**; il simbolo * indica la **moltiplicazione**; il simbolo / indica la **divisione**.

10 **Risposta esatta: C**

La sintassi utilizzata indica che si tratta di una formula (=), che coinvolge un riferimento di cella (F3), del cui contenuto si vuole **calcolare il 5%** (*5%).

11 **Risposta esatta: A**

In telecomunicazioni, il termine ADSL indica una classe di tecnologie di trasmissione utilizzate per l'accesso digitale a Internet ad **alta velocità di trasmissione su doppino telefonico**.

12 **Risposta esatta: B**

Una delle risposte errate contiene una virgola nell'URL, mentre nelle altre due errate il dominio di primo livello non è corretto (connecticut, communication).

13 **Risposta esatta: D**

Il concetto di «Internet caffè» o «café» è ormai entrato nel gergo comune, e nelle città è sempre più facile trovare strutture commerciali che dispongano di **postazioni per la navigazione in Internet**.

14 **Risposta esatta: B**

L'indirizzo è errato perché contiene al suo interno un punto e virgola (;), **simbolo non consentito** per gli URL.

15 **Risposta esatta: A**

La risposta esatta, per quanto generica, è l'unica che soddisfa il requisito.

16 **Risposta esatta: A**

Il **termine directory era utilizzato con il sistema operativo MS-DOS** e con le prime versioni di Windows. Oggi si parla più propriamente di «cartella», tuttavia il significato è il medesimo: un «raccoglitore» nel quale possono prendere posto file o altre cartelle.

17 **Risposta esatta: A**

Il telelavoro può essere inteso come un modo di lavorare **indipendente dalla localizzazione geografica** dell'ufficio o dell'azienda, facilitato dall'uso di strumenti informatici e telematici e caratterizzato da una flessibilità sia nell'organizzazione, sia nelle modalità di svolgimento.

18 **Risposta esatta: A**

In caso di difficoltà, si può facilmente risalire alla risposta esatta per esclusione, in quanto **allineamento e tabulazioni sono concetti completamente differenti**, e la risposta «L'impostazione di tabelle di dati omogenei» è completamente fuori contesto.

19 **Risposta esatta: B**

Formattando un disco fisso i dati presenti su di esso vengono cancellati.
Un firewall previene l'accesso non autorizzato ad una rete; il backup consiste nella copia di sicurezza dei dati su un supporto esterno; un antivirus individua file potenzialmente infetti che potrebbero danneggiare i dati.

20 **Risposta esatta:** A

Nella parte alta della tastiera sono presenti **12 tasti identificati dalla lettera F** (funzione) e da un numero da 1 a 12. Questi tasti funzione svolgono determinate attività, a seconda dell'ambiente in cui ci si trova. Ad esempio, solitamente nei programmi Windows la pressione del tasto **F1** corrisponde all'apertura della Guida in linea del programma.

21 **Risposta esatta:** C

Un lettore DVD serve, come dice il nome stesso, a «**leggere**» **DVD**, che sono supporti digitali scritti con tecnologia laser.

22 **Risposta esatta:** B

Con il termine modem si indica un **dispositivo di ricetrasmissione** che ha funzionalità di modulazione/demodulazione in trasmissioni analogiche e digitali.

23 **Risposta esatta:** C

La **stampante ad aghi utilizza un nastro inchiostrato**; la stampante **laser** utilizza il **toner**; la stampante **termica** utilizza **testine termiche**.

24 **Risposta esatta:** A

La **stampante** è la periferica di output deputata a trasferire su carta i risultati di un'elaborazione.

25 **Risposta esatta:** A

Tra le opzioni proposte nel quesito, la **stampante** è l'unica a non rappresentare un dispositivo di archiviazione dati. Infatti, in un elaboratore elettronico, essa costituisce un'unità periferica che «stampa», appunto, i risultati dei vari processi su fogli di carta o su tabulati a striscia continua.

26 **Risposta esatta:** B

Il pixel è l'**unità minima mostrata su schermo**; un driver è un file (o un insieme di file) che permette al sistema operativo di comunicare con una periferica; il centimetro non è un'unità di misura utilizzata in informatica.

27 **Risposta esatta:** B

Hard disk, RAM e scheda madre sono **componenti interni di un computer** (anche se in realtà esistono hard disk esterni); la tastiera, invece, è esterna al computer.

28 **Risposta esatta:** D

Una Pen drive, così come qualsiasi altro supporto di memorizzazione di massa scrivibile, **può essere utilizzato tutte le volte che si vuole**. Ovviamente, una volta raggiunta la massima capienza, alcuni dati dovranno essere cancellati per far posto a quelli nuovi che si intende memorizzare.

29 **Risposta esatta:** C

Con il termine modem si indica un **dispositivo di ricetrasmissione che ha funzionalità di modulazione/demodulazione** in trasmissioni analogiche e digitali.

30 **Risposta esatta:** B

RAM è l'acronimo di **Random Access Memory**, o memoria ad accesso casuale. Il contenuto della RAM viene perso quando il computer si spegne.

31 **Risposta esatta:** C

Il pollice è l'**unità di misura della diagonale degli schermi**. Maggiore è il numero, maggiore sarà la diagonale e, di conseguenza, la dimensione del monitor.

32 **Risposta esatta:** D

Il pixel è l'unità minima visualizzata sullo schermo. Maggiore è la risoluzione, maggiore è il numero di pixel visualizzato sul monitor.

33 **Risposta esatta:** B

Una tabella di un database è composta da record e campi. Ciascun campo contiene un attributo unico (ad esempio, in una tabella di dati anagrafici, un campo potrebbe contenere il nome, un altro il cognome, un altro ancora la data di nascita e così via). L'insieme dei campi relativi ad un unico elemento del database, costituisce un record.

34 **Risposta esatta:** B

In informatica, il termine **database**, banca dati o **base di dati**, indica un **archivio dati**, o un insieme di archivi, in cui le **informazioni** in esso contenute sono **strutturate e collegate tra loro**.

35 **Risposta esatta:** B

Si pensi all'indice di un database con l'indice analitico di un libro: il suo utilizzo **semplifica e velocizza il reperimento dell'informazione cercata**.

36 **Risposta esatta:** A

Si pensi a una query come all'**interrogazione di un database**: nel database di una biblioteca, ad esempio, possiamo chiedere di visualizzare tutti i libri dati in prestito, o tutti quelli pubblicati da un certo autore, o quelli pubblicati in un determinato anno.

37 **Risposta esatta:** D

Una **tabella** di un database è **composta da record e campi**. Ciascun campo contiene un attributo unico (ad esempio, in una tabella di dati anagrafici, un campo potrebbe contenere il nome, un altro il cognome, un altro ancora la data di nascita e così via). L'**insieme dei campi** relativi ad un unico elemento del database, **costituisce un record**.

38 **Risposta esatta:** C

Una maschera è un'**interfaccia di rappresentazione dei dati**; una query è un'interrogazione del database; un campo contiene un attributo all'interno della tabella.

39 **Risposta esatta:** C

And restituisce Vero se Espr1 ed Espr2 sono vere;
Or restituisce Vero se Espr1 o Espr2 è vera;
Not Restituisce Vero se Espr non è vera;
Xor Restituisce Vero se Espr1 è vera o se Espr2 è vera, ma non entrambe.

40 **Risposta esatta:** D

Si pensi a una query come all'**interrogazione di un database**: nel database di una biblioteca, ad esempio, possiamo chiedere di visualizzare tutti i libri dati in prestito, o tutti quelli pubblicati da un certo autore, o quelli pubblicati in un determinato anno.

41 **Risposta esatta: C**

La domanda non necessita di particolare commento in quanto Google è ormai universalmente conosciuto ed è il **motore di ricerca più usato in Internet**.

42 **Risposta esatta: A**

Un indirizzo di posta elettronica **non può contenere più volte il simbolo @**. Inoltre, la maggior parte dei *provider* non consente l'utilizzo del simbolo \.

43 **Risposta esatta: C**

I file eseguibili (quindi con estensione exe o com) possono essere **potenziali fonti di contagio virale**. È quindi sconsigliabile di scaricare questo tipo di file a meno che non si sia assolutamente certi della loro provenienza.

44 **Risposta esatta: D**

Un indirizzo di posta elettronica non può contenere il **simbolo **.

45 **Risposta esatta: D**

Qualora non si conosca il programma Exchange, si può risolvere il quesito per esclusione: **Excel** è il **foglio elettronico di Office; Access** è il programma di **gestione dei database** di Office; **Writer** è il **word processor** di OpenOffice.

46 **Risposta esatta: B**

Un programma, per essere utilizzato, deve essere prima **installato**. L'installer provvederà a copiare i file nelle directory e nel registro di sistema, e a creare i collegamenti per permettere all'utente di accedere al programma stesso.

47 **Risposta esatta: C**

Il CAPS LOCK è un tasto (di solito contrassegnato da un lucchetto) che permette di **scrivere i caratteri maiuscoli**. Va premuto una volta e resta attivo finché non viene premuto di nuovo. L'attivazione del CAPS LOCK viene normalmente segnalata da una spia luminosa presente sulla tastiera.

48 **Risposta esatta: A**

La domanda non abbisogna di particolari commenti: **Windows è il sistema operativo Microsoft** ed è tra i più usati dagli utenti di personal computer.

49 **Risposta esatta: A**

In informatica, il termine «formattazione» può assumere **due significati**. Può essere la **preparazione di un supporto per la successiva scrittura** dei dati (ad esempio formattazione di un disco) o può intendersi con l'accezione «dare forma» implicando ad esempio la **modifica della grandezza**, del tipo e del **colore del font**, o degli attributi di un dato numerico (che può essere formattato come valuta, come percentuale ecc.).

50 **Risposta esatta: D**

I tasti **CANC** e **BACKSPACE** consentono di cancellare caratteri o blocchi di testo all'interno di un documento.

51 **Risposta esatta: C**

Anche se non si sa cosa sia la ROM, è facile risalire alla risposta esatta per esclusione, in quanto le altre risposte le riguardano le periferiche. In ogni caso, **ROM è l'acronimo di Read Only Memory**, o memoria di sola lettura.

52 **Risposta esatta: A**

La stampante è la periferica di output deputata a **trasferire su carta** i risultati di un'elaborazione.

53 **Risposta esatta: B**

Il monitor, o schermo, è la periferica di output mediante la quale **vengono mostrati i risultati dell'elaborazione**.

54 **Risposta esatta: D**

Non esiste una correlazione diretta tra la dimensione di un monitor e la risoluzione che può supportare.

55 **Risposta esatta: A**

La risoluzione dello schermo è il **numero dei pixel orizzontali e verticali** presenti in uno schermo.

56 **Risposta esatta: A**

Un file su una pen drive è come un file presente su un disco o qualsiasi supporto su cui sia possibile scrivere: è **possibile accedervi e modificarlo**, a meno che non vi siano particolari restrizioni.

57 **Risposta esatta: B**

Per inviare un messaggio di posta elettronica, è sufficiente **conoscere l'indirizzo e-mail del destinatario**.

58 **Risposta esatta: A**

Nella risposta esatta, è **sbagliato sia il protocollo** (che deve essere http) **che l'indirizzo** (c'è la virgola dopo www invece del punto). Il candidato non si lasci ingannare dalla risposta 255.25.192.154: questo è un indirizzo IP che, seppur normalmente non usato, è a tutti gli effetti un indirizzo corretto che può essere collegato ad un sito Internet.

59 **Risposta esatta: C**

Il **carattere** / non può essere presente in un indirizzo di posta elettronica.

60 **Risposta esatta: D**

URL è l'acronimo di **Uniform Resource Locator**, una sequenza di caratteri che identifica univocamente l'indirizzo di una risorsa in Internet.

61 **Risposta esatta: B**

Un file EXE è un **file eseguibile**; un file TXT è un file di testo.

62 **Risposta esatta: C**

Beta release e Alfa version **sono versioni incomplete del software** e vengono usate in fase di testing per verificare la presenza di bug. Una premium edition è una **versione del software**

che contiene funzionalità maggiori rispetto alla sua versione «normale». Il termine freeware indica un software che viene distribuito in modo gratuito.

63 **Risposta esatta:** C

Nella RAM (Random Access Memory) **vengono mandati in esecuzione i programmi e vengono elaborati i dati**. La RAM, quando si spegne il computer, perde tutto il suo contenuto.

64 **Risposta esatta:** B

Un gruppo statico di continuità (detto anche UPS, dall'Inglese Uninterruptible Power Supply) è un'apparecchiatura utilizzata per **mantenere costantemente alimentati elettricamente in corrente alternata apparecchi elettrici**. Si rivela necessario laddove le apparecchiature elettriche non possono in nessun caso rimanere senza corrente (ad esempio in luoghi pubblici come ospedali, centrali ecc.) evitando di creare un disservizio più o meno grave. È utilissimo soprattutto nei paesi dove si producono frequenti e sistematici black-out.

65 **Risposta esatta:** B

L'Universal Serial Bus (USB) è uno standard di comunicazione seriale che consente di **collegare diverse periferiche a un computer**. È stato progettato per consentire a più periferiche di essere connesse usando una sola interfaccia standardizzata e un solo tipo di connettore e per migliorare la funzionalità plug-and-play consentendo di collegare o scollegare i dispositivi senza dover riavviare il computer.

66 **Risposta esatta:** C

«Laptop» è uno dei modi con cui viene indicato il **computer portatile**. La parola deriva da «lap» che, in inglese, indica il grembo.

67 **Risposta esatta:** C

Windows 7 è una delle più recenti versioni del popolare sistema operativo Windows, prodotto da Microsoft.

68 **Risposta esatta:** C

Oltre al sistema operativo, tutti gli applicativi hanno una **guida in linea** che offre la possibilità di avere un aiuto sulle funzioni del programma o del sistema operativo. Di solito per attivare la guida in linea è sufficiente **utilizzare il tasto F1**.

69 **Risposta esatta:** C

«Chrome» è il **browser web prodotto da Google**, distribuito nell'autunno del 2008. Per diffusione è il primo browser web seguito da Firefox e Microsoft Internet Explorer.

70 **Risposta esatta:** B

.fi è il dominio di primo livello che identifica tutti i siti che sono stati registrati tramite una **Registration Authority** finlandese. Alcuni domini di primo livello fanno riferimento a paesi, nazioni o aree geografiche. Questi domini sono detti anche «codice paese».

71 **Risposta esatta:** B

Attraverso un servizio di Home Banking è ormai possibile **compiere quasi tutte le operazioni che una volta si facevano allo sportello bancario**. La connessione con i servizi di home banking è protetta da protocolli di trasmissione che fanno uso di crittografia in modo da garantire l'assoluta sicurezza.

72 **Risposta esatta: D**

La risposta esatta non usa una forma particolarmente felice. Il trojan è un programma che **si nasconde in un altro programma** di solito innocuo. Una volta eseguito il programma innocuo viene eseguito anche il trojan che permette, ad esempio, ad altre persone, di entrare tramite Internet nel computer o fargli compiere azioni non desiderate.

73 **Risposta esatta: C**

Il download è la procedura con cui **scaricano file da un server rete verso il nostro computer**. L'operazione contraria, cioè scaricare file dal nostro computer verso un server della rete, si chiama upload.

74 **Risposta esatta: C**

.pt è il dominio di primo livello che identifica tutti i siti che sono stati registrati tramite la **Registration Authotity portoghese**. Alcuni domini di primo livello fanno riferimento a paesi, nazioni o aree geografiche. Questi domini sono detti anche «codice paese».

75 **Risposta esatta: A**

Un documento letto con uno scanner può essere elaborato, e quindi salvato, in forma grafica (cioè come immagine). Se il PC dispone di **software OCR** è possibile anche far sì che questo «legga» il contenuto del documento, trasformandolo in un file che può essere **salvato in un formato testuale**, così da essere anche editabile con i normali programmi di videoscrittura.

76 **Risposta esatta: D**

Il disco rigido, o hard disk, è costituito da uno o più piatti in rapida rotazione, in alluminio o vetro, rivestiti di **materiale ferromagnetico** e da due **testine magnetiche** che leggono e scrivono i dati.
La tecnologia ottica, è invece, utilizzata per i CD-ROM e i DVD.

77 **Risposta esatta: A**

Se durante le elaborazioni la **quantità di dati supera la capacità della RAM**, allora il sistema operativo può prevedere che si utilizzi anche una parte del disco fisso per gestire quei dati. L'elaborazione sarà più lenta in quanto l'accesso al disco rigido è sempre più lento di quello alla RAM.

78 **Risposta esatta: B**

Per definizione la **ROM è una memoria di sola lettura** (Read Only Memory) ed è una memoria che contiene alcuni dati o programmi utilizzati dal computer al momento dell'accensione fino a quando il sistema operativo non è eseguito.

79 **Risposta esatta: A**

La **memoria ROM conserva sempre il suo contenuto** anche quando il computer è spento. È una memoria di sistema fondamentale perché contiene tutti i dati necessari per il funzionamento del PC e per l'accesso all'hardware del computer e delle periferiche integrate.

80 **Risposta esatta: B**

La home page di un sito è la **pagina iniziale**, quella che appare quando si digita l'indirizzo web del dominio senza indicare una pagina in particolare.

81 **Risposta esatta:** D

Outlook express è il **programma di gestione della posta elettronica** sviluppato da Microsoft e incluso nei suoi sistemi operativi fino a Windows 7. Da Windows 7 in poi è stato sostituito da Windows Mail.

82 **Risposta esatta:** D

Non è possibile che nell'indirizzo di un sito Internet sia presente il **simbolo @**.

83 **Risposta esatta:** C

Pur essendo la risposta corretta formulata in maniera molto «tecnica», si può tuttavia facilmente procedere per esclusione: **Word e Writer sono due Word processor**; la multimedialità di un computer non è requisito necessario affinché esso possa essere connesso a Internet; non esistono limiti al numero di immagini che un sito Internet può contenere.

84 **Risposta esatta:** B

I file eseguibili (**con estensione EXE**) possono essere fonte di contagio virale, in quanto il codice eseguibile può contenere al suo interno un virus. È quindi sconsigliabile scaricare ed eseguire sul proprio PC file di questo tipo, a meno che la fonte non sia assolutamente sicura.

85 **Risposta esatta:** D

STMP indica sia il protocollo che il server utilizzato per **inviare la posta elettronica**. Il protocollo per utilizzato per ricevere la posta elettronica è, invece, POP3.

86 **Risposta esatta:** A

HTML è l'acronimo di **HyperText Markup Language** e indica il linguaggio utilizzato **per creare i documenti ipertestuali** come le pagine WEB.

87 **Risposta esatta:** B

Il formato MP3 è un formato di **compressione dei file audio** che permette di ridurre le originali dimensioni anche del 90%. È un formato **molto diffuso** e utilizzato e, di fatto, è uno standard.

88 **Risposta esatta:** B

L'informazione minima che può essere trattata dal computer è il **bit**, che può assumere i valori 0 e 1. Una sequenza di 8 bit è chiamata **byte**.

89 **Risposta esatta:** B

Il **sistema numerico binario** conosce solo **due cifre, 0 e 1**. A queste due cifre corrispondono l'assenza (0) e la presenza (1) di segnale elettrico in un circuito. Tutte le informazioni elaborate in un computer vengono «tradotte» in bit mediante un processo chiamato «codifica».

90 **Risposta esatta:** C

L'era dell'informazione digitale è iniziata con la possibilità di tradurre ogni tipo di informazione (testi, suoni e immagini) in **sequenze di bit**, potendo poi elaborarle, manipolarle e consultarle con il computer.

91 **Risposta esatta:** C

Un gigabyte è pari a **1024 Mb**, cioè a 1.048.576 Kb, oltre un miliardo di byte.

92 **Risposta esatta: B**

Il software è la **parte immateriale** del sistema informatico, mentre i vari tipi di linguaggio sono soltanto gli strumenti per la creazione del software stesso.

93 **Risposta esatta: D**

Ogni **GigaHertz** è pari ad un miliardo di cicli al secondo.

94 **Risposta esatta: B**

La memoria RAM è una memoria «volatile»; **ciò che contiene viene cancellato allo spegnimento**, voluto o indesiderato, del computer.

95 **Risposta esatta: A**

La formattazione è il **processo di preparazione iniziale** che le memorie di massa subiscono per poter essere correttamente interpretate da hardware e sistema operativo.

96 **Risposta esatta: D**

Un tablet è un computer di dimensioni ridotte il cui nome deriva dalla sua forma (tablet = tavoletta). Le dimensioni, pari a quelle di un piccolo libro, consentono l'utilizzo del computer in qualsiasi luogo. La modalità di dialogo tra macchina e utente è fondata sull'uso esclusivo delle dita attraverso il video **touch-screen**.

97 **Risposta esatta: B**

RSS (acronimo di *Really Simple Syndication)* può essere definito come un **formato per la distribuzione di contenuti Web** che è stato uno standard di comunicazione e diffusione di contenuti. Per essere gestito e utilizzato era necessario un programma chiamato *feed reader*.

98 **Risposta esatta: C**

Il *podcast* è **un file in formato audio** (di solito Mp3) che, una volta scaricato, può essere ascoltato dall'utente direttamente dal computer o trasferito in lettore multimediale. Attraverso il podcast chiunque può creare qualcosa di assimilabile ad una trasmissione radiofonica autoprodotta e diffusa in Internet. La parola *podcast* deriva dalla fusione di una parola inglese: «broadcast», che significa «trasmissione» e «Ipod», il lettore multimediale della *Apple* che era già molto popolare all'epoca in cui si diffusero i primi *podcast*. Malgrado questa associazione evidente al dispositivo della *Apple*, il *podcast* può essere ascoltato con qualsiasi lettore multimediale o direttamente con il proprio personal computer.

99 **Risposta esatta: D**

Http è l'acronimo di **hyper text transfer protocol** (protocollo per il trasferimento degli ipertesti) ed è il protocollo utilizzato per far viaggiare gli ipertesti in rete.

100 **Risposta esatta: A**

Gli indirizzi dei siti presenti nel Web si chiamano indirizzi IP e sono formati da **una sequenza di 4 numeri** (ciascuno compreso tra 0 e 255) **divisi da un punto** (ad esempio: 213.92.14.34).

Indice

Parte I Diritto amministrativo

Capitolo 1 Il diritto amministrativo e le sue fonti

Capitolo 2 Le situazioni giuridiche soggettive del diritto amministrativo

Capitolo 3 Lo Stato e gli enti territoriali

Capitolo 4 Gli enti pubblici

Capitolo 7 I contratti della pubblica amministrazione

Capitolo 8 La responsabilità della P.A. e verso la P.A.

Capitolo 9 I beni pubblici

Capitolo 10 La giustizia amministrativa

Parte II Disciplina del pubblico impiego e C.C.N.L. Funzioni locali

Capitolo 1 Evoluzione normativa e fonti del rapporto di pubblico impiego: il D.Lgs. 165/2001 e il CCNL Funzioni locali

Capitolo 2 Svolgimento del rapporto di lavoro alle dipendenze della pubblica amministrazione

PARTE III Trattamento dei dati personali, anticorruzione e trasparenza

Capitolo 1 Le discipline sull'accesso

Capitolo 2 La normativa sulla protezione dei dati personali: la privacy

Capitolo 3 Il sistema anticorruzione e trasparenza

Parte IV Reati contro la pubblica amministrazione

Capitolo 1 I reati contro la pubblica amministrazione in generale

Capitolo 2 I delitti dei pubblici ufficiali contro la pubblica amministrazione

Capitolo 3 I delitti dei privati contro la pubblica amministrazione

Parte V Diritto del lavoro

Capitolo 1 Nozione e fonti del diritto del lavoro

Capitolo 2 La disciplina del contratto di lavoro subordinato

Capitolo 3 Lavoro autonomo, parasubordinazione e altre forme di lavoro

Capitolo 4 La disciplina dei contratti di lavoro speciali

Capitolo 5 Decentramento produttivo, somministrazione di lavoro e appalto

Capitolo 6 Il lavoro minorile. Parità, pari opportunità e divieto di discriminazioni nel rapporto di lavoro

Capitolo 7 La prestazione di lavoro

Capitolo 8 Poteri e obblighi del datore di lavoro

Capitolo 9 La retribuzione

Capitolo 10 Luogo e durata della prestazione e i rapporti di lavoro ad orario flessibile

Capitolo 11 La cessazione del rapporto di lavoro

Capitolo 12 **Il sistema degli ammortizzatori sociali**

Capitolo 13 **La disciplina del trattamento di fine rapporto (TFR)**

Capitolo 14 La tutela dei diritti del lavoratore

Capitolo 15 La vigilanza in materia di lavoro

Capitolo 16 Attività e diritti sindacali, contratto collettivo e sciopero

PARTE VI Accesso al mercato del lavoro, politiche attive e gestione dei servizi per l'impiego

Capitolo 1 Politiche attive e mercato del lavoro

Capitolo 2 Le modalità di assunzione dei lavoratori

Capitolo 3 Gestione dei servizi per l'impiego, con particolare riferimento ai servizi ai cittadini e alle imprese

Capitolo 4 I collocamenti speciali

Capitolo 5 Gli incentivi all'occupazione

Parte VI Lingua inglese e Tecnologie informatiche

1 Lingua inglese

2 Tecnologie informatiche

ACCEDI AI SERVIZI SIMONE

Utilizza il codice identificativo contenuto nel riquadro per accedere alle espansioni riservate del libro

341_1

CODICE IDENTIFICATIVO
4IQSKCBLWNJ

Come accedere alle risorse online

Per attivare le espansioni, collegati al sito www.**simone.it** e segui le istruzioni per accedere all'area riservata

SE SEI REGISTRATO AL SITO	SE NON SEI REGISTRATO AL SITO
• clicca su **accedi** • inserisci *email* e *password* • clicca su *espansioni online* • inserisci il codice **ISBN** del libro (lo trovi sopra il codice a barre) • inserisci il tuo **codice identificativo** per sbloccare i contenuti riservati del libro	• clicca su **accedi/registrati** • registrati al sito • clicca su *espansioni online* • inserisci il codice **ISBN** del libro (lo trovi sopra il codice a barre) • inserisci il tuo **codice identificativo** per sbloccare i contenuti riservati del libro

Le espansioni online sono valide fino alla data di pubblicazione della nuova edizione.